tomato TV 방송용 교재

합격으로 가는 하이패스

토마토패스

KB091741

무역영어

1급 초단기완성+기출문제

이소현 편저

예믐에듀
EDU

저자약력

―

이소현

- 現 에이스관세법인 이사
- 前 SBA TRADE ON 자문위원
- 前 한국무역협회 국제무역사 자격시험 출제위원
- 前 제주상공회의소 「제주 FTA 트레이드 캠프」 무역실무, 무역영어 실무교육
- 前 [한국무역협회 아카데미] 제19기 글로벌무역인턴십 국내교육
- 前 정운관세법인 수출 및 C/S통관팀
- 경기대학교 무역학 전공

- 보유 자격증
  - 원산지관리사
  - 외환전문역2종
  - 국제무역사
  - 무역관리사
  - 무역영어 1급
  - 보세사

머리말

세계 무역 환경의 글로벌화로 국제교역의 규모가 점차 커짐에 따라 국제무역에서 무역영어의 중요성은 더욱 높아지고 있습니다. 무역영어는 국제거래의 실무와 불가분의 관계를 맺고 있으며, 국제무역거래의 교섭 및 계약의 체결부터 대금결제의 전 과정에 이르기까지 신속한 정보 전달의 기능을 수행하는 수단으로서 일반화되고 있습니다.

또한, 각 업종에서 국제화에 수반하여 국제거래의 공통어로 영어를 사용하고 있으며, 각종 경영 및 경제에 관련된 정보력이 기업의 국제화와 성장의 결정 요인으로 작용하고 있기 때문에 경영, 기술적 측면 등에서 무역영어는 국제 기업 경영의 필수 불가결한 요인이 되고 있습니다.

현재 무역 업종은 무역 관련 전공자뿐만 아니라 다양한 분야의 전공자들도 지원을 하고 있으며, 이에 따라 '무역영어' 자격증 취득은 취직에 있어 더욱 중요한 비중을 차지하게 되었습니다.

저 역시 관세사 준비를 하며 많은 수험서를 접하였고, 그런 만큼 수험생 분들의 마음을 잘 알고 있습니다. 따라서 본 교재를 집필하면서 중요한 부분은 최대한 자세히 설명하고, 출제 비중이 낮고 중요하지 않은 부분들은 간략히 기재 하였습니다. 또한 무역 비전공자분들을 위해 어려운 용어들은 이해하기 쉽도록 PART 02에 따로 설명해 두었습니다. 최대한 완벽하게 집필하려고 하였으나, 부족한 부분이 있을 수 있습니다. 그런 부분은 언제든 말씀해 주시면 차차 고쳐 나가도록 노력하겠습니다.

무역영어 1급 교재를 집필하면서 많은 어려움이 있었지만, 묵묵히 기다려주시고 믿어주신 토마토패스 측과, 도서출판 예문에듀, 살아가면서 항상 저를 응원해주고 믿어주는 어머니, 아버지, 성운이와 많은 수험생분들께 진심으로 감사하단 말씀 꼭 전하고 싶습니다.

마지막으로 본 교재를 통하여 무역영어 자격시험을 준비하시는 수험생 여러분들께 진심으로 좋은 결과가 있길 바랍니다. 부족한 부분이 있거나 궁금하신 부분이 있으면 언제든 말씀해주시길 바랍니다. 감사합니다.

편저자 이소현 관세사

시험안내

시험명

국가공인 무역영어 1급(Trade English)

시험내용

국경 없는 무한경쟁의 시대에서 대외교역 확대를 위해서는 무역에 관한 전문지식이 필수적이다. 무역영어 검정은 무역 관련 영문 서류의 작성 및 번역 등 영어 구사 능력은 물론 무역 실무 지식을 평가하는 국가공인 자격시험이다.

• 1급 : 4년제 대학 경상계열 졸업자 혹은 대기업의 무역 실무 관리 책임자로서 갖추어야 할 무역실무 전반에 관한 지식
• 2급 : 전문대학 및 경상계열 재학생 혹은 기업의 무역 실무자로서 갖추어야 할 지식
• 3급 : 실업계열 고등학교 수준의 기본적으로 갖추어야 할 지식

응시정보

• 응시자격 : 제한 없음
• 시험과목 : 영문해석(25문항), 영작문(25문항), 무역실무(25문항)
• 출제형태 : 객관식 4지선다형
• 시험시간 : 총 90분
• 합격기준 : 매 과목 100점 만점에 평균 60점 이상(1급은 과목당 40점 미만인 경우 불합격)

과목구성

1 · 2급	3급
1. 무역실무 전반에 걸친 무역통신문	1. 무역통신문의 구성 및 형식
2. 해외시장조사, 신용조사방법, 수출입 개요 등	2. 거래관계의 개설(신용조회 및 보고, 거래제의)
3. 무역관계법(실무에 적용되는 것에 한함)	3. 거래관계의 성립(청약, 주문, 계약)
4. 무역계약	4. 신용장(발행신청, 통지 및 수정)
5. 대금결제	5. 선적과 운송서류(선적보험, 운송서류, 보험)
6. 운송, 용선계약, 적화보험	6. 기본 무역용어
7. 무역클레임과 상사중재	7. 상용회화
8. EDI에 의한 수출입 통관	

공부 방법

자격시험을 준비함에 앞서 마음을 다잡고 및 본인만의 공부 방법을 터득하여 자격시험을 준비하는 것이 가장 좋습니다. 공부 방법에 있어서 정답은 없습니다만, 무역영어 자격시험을 더 효율적으로 공부하시기를 바라는 마음에 몇 가지 언급 드립니다.

(1) 무역 용어 암기

무역 용어는 일반 실생활에서 쓰이는 영어 표현과는 다르기 때문에, 영어 실력이 높은 수험생 분들도 무역 용어를 암기하지 않은 상태로 시험에 임하시면 많은 어려움을 느끼실 수 있습니다. 영어 공부를 할 때 영단어 암기가 기본이 되듯이 무역영어 시험을 준비하시는 분들도 무역 용어 암기가 우선이 되어야 합니다. 실제 출제되는 문제들을 보면 무역 용어로 이루어진 번역 문제, 무역실무 문제가 많이 나옵니다.

(2) 순차적 회독

공부에 있어 '회독'은 정말 중요합니다. '회독'이란 읽었던 부분을 반복적으로 읽어 나가는 것으로 무역영어 시험을 준비하실 때는 무역영어 1권을 최소한 3회독 정도 하셔야 합니다. 또한, 공부를 하시면서 이해가 되지 않은 부분들은 교재나 메모장에 체크해 두시고 다음 부분으로 넘어가셔야 합니다. 수험서를 단 한 번만 보는 것보다 여러 번 회독을 하면 전체적으로 머리에 남는 부분들이 많습니다.

(3) 기출문제

기출문제는 정말 중요합니다. 저도 교재를 집필하는 과정에서 기출되었던 문제가 그대로 나온 경우를 많이 보았고, 심지어 답도 동일하게 출제되었습니다. 특히, 1과목과 2과목에 나오는 영어 지문 같은 경우 핵심 단어와 주어진 상황 및 특정 선박 이름이나 나라 이름을 잘 숙지해 두시면 도움이 많이 되리라 사료됩니다. 혹시나 시간이 촉박한 학생 분들은 우선적으로 기출문제를 보시고, 기출 부분에 나와 있는 이론을 보는 방식으로 공부하시는 것도 짧은 시간에 효율적인 공부 방법이 될 수 있습니다.

저는 오랜 시간 자격시험을 준비히시는 수험생 여리분들께서 얼마나 징신직 스트레스를 받고, 힘들어 하는지 살 알고 있습니다. 제가 여러분께 말씀드리고 싶은 점은 주위에서 "어떠한 공부방법이 가장 좋더라"라고 말하는 것에 현혹되지 마시고, 본인 스스로 현재 공부하고 있는 방법대로 하시는 것이 가장 옳은 방법이라는 것입니다. 설사 점수가 잘 안 나오더라도 낙심하지 마시고 끝까지 정말 최선을 다하신다면 좋은 결과가 있을 것이라고 확언합니다.

합격후기

무역영어 1급 환급반 합격후기 - 천*연

1. 취득 동기

작년에 우연히 무역 쪽으로 관심이 생겨서 대학교 타 전공으로 무역실무 수업도 들어보고 국제무역사도 취득하면서 무역 쪽으로 진로를 정하게 되었습니다. 국제무역사를 취득하고 일 년이 지나서야 무역 영어의 필요성을 느끼고 올해 도전해 보자는 생각을 가지고 시작하였습니다.

2. 토마토패스 장점

처음에는 국제무역사를 취득하였기에 무역영어 준비는 독학으로 해볼까라는 생각도 하였지만, 개념들이 잘 생각이 나지 않았습니다. 그래서 복습하는 개념으로 인터넷 강의를 듣기로 결심하고 어디서 들으면 좋을까 생각하다 후기가 가장 좋은 토마토패스 무역영어를 선택하여 듣게 되었고 그 결과 이렇게 합격하여 합격 후기를 쓰고 있습니다. **무역영어는 무.조.건 토마토패스 강의를 추천!! 합니다!!**

3. 공부 기간 및 방법

먼저 한 달 안에 인터넷 강의를 듣고 기출문제도 다 풀어야 했기에 하루에 인터넷 강의를 5개씩 들으며 정리 · 복습하고 바로 기출문제를 풀었습니다. 시험이 문제은행식이라 기출문제를 많이 푸시는 게 가장 좋은 공부 방법이라 생각합니다. 저는 책에 나와 있는 기출문제는 물론이고 따로 인터넷에 찾아보고 15년도, 16년도, 17년도 기출문제도 다 풀고 시험을 치러 갔습니다. (실제로 시험을 치는데 자주 보던 문제가 나와서 쉽게 풀었습니다.) 영어 부분은 책에 나와 있는 단어를 무조건 외웠고 (정말 도움이 많이 되었습니다. 다른 책보다 훨씬 좋아요) 문제를 풀다가 모르는 단어도 점검하면서 따로 외웠습니다. 인코텀즈, ucp, cisg 부분은 영어문장 통으로 그냥 외웠습니다. 이렇게 하니 조금씩 눈에 영어가 들어오고 답이 보였습니다.

4. 합격 팁

- 이소현 관세사님의 강의를 열심히 듣고 책에 나온 기출문제 풀고 기출문제 해석 강의도 열심히 듣고 틀린 문제는 무조건 오답 정리!
- 무역영어 단어 암기!
- 기출 문제 열심히 풀기! 최대한 많이!

겁먹지 마시고 **토마토패스만 믿고 따라오시면 합격이라는 결과가 자동으로 생기게 됩니다.** 다들 열심히 하시고 꼭 합격 하시길 바라겠습니다!

합격 무역영어 필기 1급					
수험번호:			시험일자:2023.04.04		
구분	1과목	2과목	3과목	4과목	5과목
점수	68	64	72	-	-
총점	204		평균	68	

무역영어 1급 합격후기 - 이*현

1. 취득 동기

저는 외국어고등학교 영어과를 나왔고, 대학교는 경제학과로 전공을 선택하여 전공이자 특기인 두 학문들을 활용한 진로 및 진로를 탐색하던 중 무역 관련 공기업, 공공유관기관에 관심이 생기게 되었습니다. 관련 자격증 공부를 통해 무역이론 전반 및 무역실무에 쓰이는 영어에 대해 공부하고 싶어서 무역영어 1급 필기를 취득하기로 결심했습니다.

2. 토마토패스 강좌의 장점

이소현 관세사님의 개념강의, 기출문제 풀이 강의를 들으면서 다른 책 및 자료는 보지 않고 그와 관련된 교재인 무역영어 기본서만 공부했습니다. 강의의 가장 큰 장점이라고 느껴졌던 점은 <u>관세사님께서 무역에 나오는 각종 법, 무역결제방식,</u> <u>운임방식 등 경제학과인 저에게는 매우 생소한 무역 개념들을 최대한 쉽게 풀어서 설명을 해주셨다는 점입니다.</u> 이해를 빠르게 돕는 강의 덕분에 기출문제 풀이를 하면서 응용문제들이 나왔을 때도 헷갈리지 않고 맞출 수 있었던 것 같습니다.

3. 공부기간 및 방법

약 3개월 정도 공부를 했는데, 방학 당시에는 시간을 많이 투자하여 이소현 관세사님의 개념 강의와, 기출문제 풀이 강의를 병행해서 매일 최소 3개 이상의 강의를 들을 수 있도록 노력했습니다. 또한 기출문제가 가장 중요하다고 판단 하여 기출문제를 최대한 많이 눈에 익숙하게 하려고 했고, 설령 모르는 개념이 있더라도 우선 최대한 암기 및 숙지를 해놓은 이후, 그 문제에 대한 원리 및 개념들을 기본서 및 강의에서 깨닫는 방식으로 공부를 했습니다.

4. 합격 팁

개념강의에만 시간을 너무 쏟지 않는 것입니다. 우선 무역이라는 학문의 개념들은 처음 봤을 때 매우 생소하고 어려우며, 본인이 이해했다 생각할지라도 막상 문제를 풀게 되면 잘 풀리지 않을 겁니다. 따라서 저는 무역에 대한 베이스가 없음에도 기출문제 풀이를 바로 들어가서 다 틀리더라도 기출문제들을 익숙하게 하고자 노력했으며, 그 과정에서 왜 틀렸는지 어떤 개념이 어떤 식으로 응용되는지, 자주 나오는지 역진적으로 공부했던 것 같습니다. 이를 통해 공부에 대한 적극성, 실전 훈련 모두 자연스럽게 가능했고, 이 방법 덕분에 합격할 수 있었다고 생각합니다.

합격 무역영어 필기 1급				
수험번호:			시험일자:2023.10.01	
구분	1과목	2과목	3과목	4과목	5과목
점수	76	80	52	-	-
총점	208		평균	69.33	

※ 해당 합격 후기는 모두 합격증이 웹상에 인증되어 있으며, 토마토패스 홈페이지 수강 후기에서 더 많은 후기들을 확인하실 수 있습니다.

CONTENTS
목차

PART 01

무역실무

합격으로 가는 하이패스

토마토패스

SECTION 1 무역의 개념 및 종류

제1부 무역의 개념과 특징

1. 무역의 개념

무역이란, 물품의 교환이나 매매를 통칭하는 용어로서 다음과 같이 정의할 수 있다.

(1) 협의의 무역

무역(International trade)이라 함은 상이한 국가 간에 **물품(Goods)**을 대상으로 이루어지는 상거래라고 정의할 수 있다.

(2) 광의의 무역

광의의 무역은 물품뿐만 아니라 용역거래(Service), 자본거래(Capital transaction), 이전거래(Transfer transaction)를 포함한 모든 국제 간의 상거래를 말한다.

(3) 대외무역법상 무역의 개념(대외무역법 제2조)

"무역"이라 함은 무역거래자에 의한 물품과 대통령령이 정하는 용역 및 전자적형태의 무체물의 수출 · 수입을 말한다. 여기서 "무역거래자"라 함은 수출 또는 수입을 하는 자, 외국의 수입사 또는 수출자의 위임을 받은 자 및 수출 · 수입을 위임하는 자 등 수출 · 수입행위의 전부 또는 일부를 위임하거나 행하는 자를 말한다. 또한 "물품"이라 함은 외국환거래법에서 정하는 지급수단 · 증권 및 채권을 화체한 서류 외의 동산을 말한다.

2. 무역계약의 의의

매도인이 **물품의 소유권을 양도**하고, 매수인이 이를 수령하여 물품대금을 지급할 것을 약정하는 것을 주요내용으로 하는 국제 간의 계약을 의미한다.

3. 무역계약의 요건

- 양 당사자의 의사표시의 합치 : 의사표시의 합치는 청약(Offer)과 승낙(Acceptance)을 전제로 한다.
- 약인(Consideration) : 대가의 상호 교환
- 거래의 목적물과 방법의 합법성
- 당사자 행위능력

4. 무역계약의 특수성

물품을 대상으로 한 무역계약은 매매당사자 간에 체결된 **주계약인 매매계약**과 동 계약을 이행하기 위한 운송계약, 금융계약, 보험계약 등의 **종속계약**을 수반한다.

제2부 무역관련 규칙 및 협약

1. 무역관련 규칙 및 협약

무역관련 규칙 및 협약은 크게 성립, 이행, 종료 단계로 나누어 살펴 볼 수 있다.

(1) 성립

1) 비엔나협약(Vienna convention)

UN협약이라고도 하며, 원래 이름은 '국제 물품 매매계약에 관한 유엔협약(CISG : The United Nations Convention on contracts for International Sale of Goods)'이다. 청약과 승낙, 물품인도 시기, 국제 물품 매매계약에서의 당사자의 의무와 구제에 관한 사항을 포함하고 있다.

2) 인코텀즈(Incoterms 2020 : International Commercial Terms)

국내 및 국제거래조건의 사용에 관한 ICC(International Chamber of Commerce : 국제 상업 회의소)의 규칙이다. 11가지의 정형거래 조건에 따라 무역거래 조건의 해석의 불확실성을 제거하고 상거래 분쟁을 감소시키는 역할을 한다.

3) SGA1979(Sales of Good Act 1979)

영국의 물품 매매법

(2) 이행

1) 결제

- 신용장 통일 규칙(UCP600 : Uniform Customs and Practice for Documentary Credits)
- 추심에 관한 통일 규칙(URC : Uniform Rules for Collections)
- 국제표준은행관행(ISBP : International Standard Banking Practice)

2) 운송

- 해상운송 관련 규칙 : 헤이그규칙, 헤이그비스비규칙, 함부르크규칙, 로테르담규칙
- 항공운송 관련 규칙 : 와르소(Warsaw)조약, Montreal Convention(몬트리올조약)
- 철도 및 도로운송 관련 규칙 : CIM Convention, CMR Convention
- 복합운송 관련 규칙 : 복합운송증권에 관한 통일규칙(URCTD)

3) 보험

- 영국의 해상보험법(MIA1906 : Marine Insurance Act 1906)
- ICC 협회적하약관(ICC : Institute Cargo Clause)
- 공동해손에 관한 국제적인 통일규칙(YAR : York-Antwerp Rules)

(3) 종료

- 뉴욕협약(New York Convention) : 외국 중재 판정의 승인과 집행에 관한 유엔협약
- 비엔나협약(국제물품매매계약에 관한 UN협약 : CISG)

제3부 무역의 종류

1. 물품의 이동방향에 따른 분류

(1) 수출무역(Export trade)

수출업자가 재화, 용역 등을 외국으로 반출하는 것으로, 단순히 말하자면 물품(Goods)을 국내에서 국외로 판매하는 경우를 말한다.

(2) 수입무역(Import trade)

재화, 용역 등의 물품(Goods)이 국외에서 국내로 반입되는 경우로서, 단순히 말하자면 외국으로부터 물품을 구매하는 경우를 말한다.

2. 물품의 형태에 따른 분류

(1) 유형무역(Visible trade)

형태를 갖추고 있는 상품을 수출입하는 경우로서, 일반적인 상품의 수출이 바로 유형무역이라 할 수 있다. 유형무역의 경우 반드시 수출입통관을 거치게 되어 있다.

(2) 무형무역(Invisible trade)

자본·노동 등의 생산요소나 용역 등을 거래하는 서비스 무역이다. 이자, 수수료, 기술사용료 등을 지급하거나 받는 것은 모두 무형무역이라 할 수 있으며, 수출입통관을 거치지 않기 때문에 무역통계에는 나타나지 않는다.

3. 매매방식의 직·간접에 따른 분류

(1) 직접무역(Direct trade, Principal to principal)

제3자의 개입 없이 수출자와 수입자의 직접거래로 이루어지는 것으로, 직수출(Direct export)과 직수입(Direct import)이 있다.

(2) 간접무역(Indirect trade)

거래당사자의 직접적인 계약에 의해 이루어지지 않고, 제3국의 중개상 등 제3자를 통하여 거래가 이뤄지는 경우를 말하는데 이는 다음과 같은 형태가 있다.

1) 중개무역(Merchandising trade)

수출국과 수입국의 중간에서 제3의 상인이 중개하여 거래가 이루어지는 경우를 말하며, 통상 대금결제는 매도인이 매수인으로부터 직접 회수한다. 제3자(중개인)의 경우 단순중개를 통해 중개수수료를 취득한다.

2) 중계무역(Intermediate trade)

수출물품이 수출국으로부터 수입국에 직접 이동되지 않고, 수출자가 자신의 위험 및 비용부담으로 수입하여 원상태 또는 단순한 가공을 거쳐 수입국에 재수출되는 거래를 말한다.

3) 통과무역(Transit trade)

물품이 수출국에서 수입국으로 직송되지 않고, 중간에 제3국을 경유하는 경우 그 경유국의 입장에서 볼 때의 무역을 말한다. 통과무역은 중계무역과 유사한 것 같지만 제3국의 무역상의 자의적인 개입이 없다는 점에서 중계무역과 다르다.

4) 스위치무역(Switch trade)

매매계약과 물품의 수출입은 수출입국가의 거래당사자 간에 직접 이루어지나, 대금결제만은 제3국의 상사를 통해 이루어지는 무역을 말한다. 계약은 직접거래이지만 대금결제는 간접거래이다.

C/h/e/c/k	중개무역과 중계무역의 비교			
구분	매매계약	소유권	수익	수익성 및 위험
중개무역	1건(실수출자 – 실수요자)	없음	중개수수료	수익성과 위험이 낮음
중계무역	2건(실수출자 – 중계업자, 중계업자 – 실수요자)	소유권 취득 후 이전	매매차익 (수입액 – 수출액)	수익성과 위험이 높음

4. 연계무역(Counter trade)

일반적으로 수출과 수입이 연계된 무역거래로서 물물교환(Barter trade), 구상무역(Compensation trade), 대응구매(Counter purchase), 제품 환매(Buy back) 등에 의해 이루어지는 수출입을 말한다.

(1) 물물교환(Barter trade)

연계무역의 가장 기본적인 형태로 매매당사자 간에 환거래가 발생하지 않는 물품의 직접교환방식을 말하며, 다음과 같은 특성이 있다.

- 교환물품의 양과 질에 의해 매매당사자 간 지급의무 상계
- 거의 동시에 동일한 가치의 물품이 교환됨
- 하나의 계약서로 거래가 성립
- 대응수입의무의 제3국 전가 불허

(2) 구상무역(Compensation trade)

환거래가 발생하고, 대응수입의무를 제3국에 전가할 수 있다는 점을 제외하고는 물물교환 형태와 동일하며 다음과 같은 특성이 있다.

- 하나의 계약서로 거래가 성립
- 물품의 수출입에 대한 대금결제를 그에 상응하는 수입 또는 수출로 상계함
- 동시발행신용장(Back to back L/C), 토마스신용장(Tomas L/C), 기탁신용장(Escrow L/C) 등 특수신용장 사용
- 거래당사자 간 합의된 통화로 대금결제가 이루어짐

(3) 대응구매(Counter purchase)

환거래가 발생하며, 대응수입 계약조건하에서 수출액의 일정비율에 상응하는 물품을 대응수입해야 하는 의무를 지는 거래방식을 말하며 다음과 같은 특성이 있다.

- 두 개의 별도계약서로 거래가 이루어짐
- 두 개의 일반신용장이 발행되고, 형식상 완전히 분리된 두 개의 일반무역거래형태
- 대응수입의무를 제3국으로 전가할 수 있음

(4) 제품환매(Buy back)

제품환매란 플랜트(Plant), 장비, 기술 등의 수출에 대응하여 동 설비나 기술로 생산되는 제품을 수입하는 거래형태로서, 다음과 같은 특성이 있다.

- 대응수입은 별도의 계약서에 의해 이루어지며, 제3국 전가도 가능함
- 대응수입품은 수출물품의 연관재임

5. 기타의 분류

(1) BWT(Bonded Warehouse Transaction)

1) 의의

수출상이 계약체결 전에 자신의 위험 및 비용부담으로 수입국의 보세창고에 물품을 반입하여 보관하고 있는 상태에서, 자신의 지사·대리인을 통하거나 또는 직접 수입상과 계약을 체결하여 수입국 보세창고에서 직접 물품인도가 이루어지는 거래형태이다.

2) 특징

- 매수인 미정상태로 수출
- 판매 시까지 수출상의 소유권 유보
- 수입통관 미필상태로 보관

(2) CTS(Central Terminal Station)

수출상이 교역상대국의 인가를 받아 해외에 현지법인을 설립하고, 그 법인 명의로 수입하여 현지에서 직접 판매하고 판매된 범위 내에서 대금을 결제하는 거래를 말하며, 해외시장개척을 위해 주로 이용된다.

(3) 녹다운 수출(Knock-down export)

완제품을 수출하는 것이 아니라 조립할 수 있는 설비와 능력을 가지고 있는 거래처에 부품이나 반제품의 형태로 수출하고 실수요지에서 제품으로 완성시키도록 하는 현지조립방식의 수출을 말한다.

(4) OEM(Original Equipment Manufacturing, 주문자상표부착생산방식)

- 수출자가 계약서상 수입자가 요구하는 상표를 부착하여 수출한 것을 약정함으로써 이루어지는 거래를 말한다. 즉, 물품의 생산자가 수입자의 상표를 부착하여 수출하는 방식이다.
- 일반적으로 유명 브랜드의 주문자가 건네준 설계도 및 생산 공정에 따라 생산하는 단순납품형이며 주문자 입장에서는 단순한 외주가공이다.
- ODM에 비해 수동적이며 자체 기술개발에 취약해지는 단점이 있으나 독자상표를 붙이지 못한다는 점은 ODM과 동일하다.

(5) ODM(Original development of Design Manufacturing, 개발자상표부착, 제조자개발생산)

- 제조업체가 보유하고 있는 기술력을 바탕으로 수입자가 요구하는 기술을 자체개발해서 공급하는 방식으로, 제조업체가 설계 및 개발한 제품을 유통업체나 브랜드 업체에 공급하며, 브랜드 개발에 대한 위험이 없으므로 일반적으로 중소기업이 적당하다.
- ODM은 제조자의 기술을 이용해 제품의 개발, 생산부터 출하에 이르기까지 제조자가 제품의 모든 과정에 관여한다.

• OEM에 비해 능동적이며 부가가치가 높다.

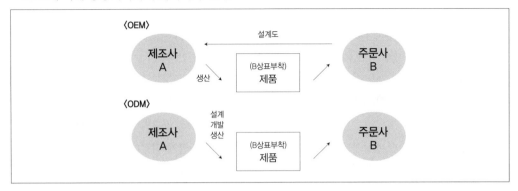

해외시장조사 및 수출입절차

제1부 해외시장조사

1. 개요

국제매매계약은 원칙적으로 해외시장을 통하여 거래처를 선정하고 신용조회를 한 다음, 일방의 청약에 대하여 상대방이 무조건적으로 승낙함으로써 성립된다.

2. 해외시장조사(Overseas market research)

무역거래를 하기 위한 최초의 단계로, 수출상이 무역거래를 위해 수출하고자 하는 물품의 판매가능성과 정보 등을 조사하는 것을 말하며, 해외시장조사는 특정시장에서 특정물품에 대하여 수출상은 판매가능성(Selling possibility)을, 수입상은 구매가능성(Purchasing possibility)을 측정하고 매매에 필요한 정보를 수집함을 목적으로 한다.

3. 거래처 발굴(Prospective buyer)

해외시장조사 결과 유망한 목적시장을 선정하면 그 시장에서 잠재적인 고객이나 거래처를 선정하는 과정으로, 가장 경제적이며 손쉬운 방법으로 인터넷 및 상공인명부(Directory)를 많이 이용하고 있다.

4. 거래제의(Business proposal)와 조회(Trade inquiry)

(1) 거래제의

수출상은 해외시장조사를 통해 거래대상자가 선정되면 무역거래를 하기 위해 선정된 거래대상자에게 거래권유장(Circular letter)을 통하여 자기회사를 소개하고 취급상품과 영업정보 등을 안내하여 거래의사를 타진하는 것으로, 계약을 체결(Conclude)하고자 하는 확정적인 의사표시인 Offer와 구분된다.

(2) 조회(Inquiry)

거래제의를 받은 당사자가 그 물품에 대한 관심이나 구매의사가 있게 되면 여러 가지 거래조건(Catalog, Offer)에 대하여 문의해 오게 되는데 이를 조회(Inquiry)라고 하며, 조회장(Inquiry letter)을 받았을 경우 신속하게 회신(Reply to the inquiry)해 주어야 한다.

5. 신용조회(Credit inquiry)

(1) 의의

신용조회란 어떠한 경로를 통하여 거래선의 상호와 주소를 알게 되었더라도 일단 그 거래처에 대한 신용상태에 대하여 조회함에 따라 상거래에 따른 위험을 예방할 수 있다. 즉 거래상대방의 계약의무 이행능력을 사전에 조사하여 장래의 의무이행에 대한 확실성을 예측하는 것이다.

(2) 신용조회의 내용

신용조회를 위해서는 3C'S라 하는 거래성격(Character), 자본(Capital), 거래능력(Capacity)을 필수적으로 조사하여야 한다. 이외에도 상대국의 정치·경제적 상황(Country), 통화상태(Currency), 거래조건(Condition), 상대 업체의 담보능력(Collateral)을 추가하여 7C's라고 한다.

1) 거래성격(Character)

신용조회의 내용 중 가장 중요한 것으로 상대방의 인격(Personality), 평판(Reputation), 채무에 대한 열의(Willingness to meet obligations), 성실성(Integrity) 등에 관한 것으로 주로 도덕성 등과 관련된 내용이 주를 이룬다.

2) 자본(Capital)

수권자본(Authorized capital)과 납입자본(Paid-up capital), 상대방의 재정상태(Financial status) 등 지급능력에 관한 내용으로 재무제표를 중심으로 하여 자본금 규모 등을 충분히 검토하여야 한다.

3) 거래능력(Capacity)

거래능력은 상대방의 연간매출액(Turnover), 영업형태 및 생산능력, 기업의 연혁, 거래관계 등 영업능력(Business ability)에 관한 내용이다.

(3) 신용조회방법

- 동업자조회(Trade reference) 또는 은행조회
- 무역진흥공사(KOTRA), 신용보증기금(KCGF) 등 국내 관련기관의 이용
- 각국의 상업흥신소 즉, 신용조사기관(Credit agency)을 통한 방법

C/h/e/c/k 신용조회(Credit Inquiry)와 관련된 표현

- **신용조회**
  - Messrs E Tomato& Co. (want to / wish to) (open an account / enter into business relation / with us).
    (이토마토 상사는 당사와의 거래관계를 원하고 있습니다.)
  - Messrs, E Tomato & Co. have referred us to you.
    (이토마토 상사는 귀사를 신용조회선으로 지정하였습니다.)
  - Please inform us in (confidence / confidentially / in strict confidence) of your opinion (about / as to / regarding) their (financial standing [status, position] / reliability / business integrity).
    (그 회사의 신용상태에 대한 귀사의 의견을 극비로 통지해 주십시오.)

- 유리한 회답
  - The firm enjoys (a good reputation / an absolute confidence / an excellent reputation) among the business circles here.
    (그 회사는 이곳 업계에서 절대적인 명성을 얻고 있습니다.)
  - They have a fairly good credit.
    (그 회사는 상당한 신용을 얻고 있습니다.)
- 불리한 회답
  - You would run some risk in entering into credit transaction with them.
    (동 상사와의 신용거래는 좀 위험하다고 봅니다.)
  - In response to your inquiry about Mr. John as a credit risk, we regret to inform you that our reply must be in the nature of a warning.
    (존 씨의 신용한도에 관한 조사보고입니다만, 주의하는 것이 좋습니다.)

제2부 수출입 절차

1. 수출절차

수출절차는 해외시장조사를 거쳐 거래처가 선정된 경우 무역계약을 체결하고 물품을 선적하여 대금회수에 이르기까지 일련의 절차를 말하는 것으로 다음과 같다.

(1) 청약과 승낙

청약(Offer)이란 청약자(Offeror)가 피청약자(Offeree)에게 매매계약성립을 기대하여 행하는 의사표시이며, 승낙(Acceptance)은 피청약자가 청약자에 대하여 그 청약에 응하여 계약을 성립시킬 목적으로 행하는 확정적인 의사표시이다. 무역계약은 청약에 대한 승낙이 있으면 계약이 성립된다.

(2) 수출계약의 체결

이론적으로는 청약과 승낙에 의해 매매계약이 성립되지만, 실무적으로는 매매계약서(Sales contract sheet) 작성을 통하여 계약을 체결하게 된다.

(3) 수출신용장의 내도

무역계약이 체결된 후 동 계약서상의 결제조건에 따라 대금결제수단인 이른바 신용장(Letter of Credit : L/C)을 통지은행(Advising bank)을 통하여 수령하게 된다.

(4) 수출승인

신용장을 수취한 수출상은 수출품이 수출입공고상에 수출이 허용되는 물품인지 여부를 검토하여야 하며, 만약 특별법에서 제한하는 품목인 경우에는 관련기관에서 수출승인(Export Licence : E/L)을 받아야 한다.

(5) 수출물품 확보

수출승인을 받은 후 수출물품을 확보하는 방법에는 자가공장에서 직접생산하거나 타사공장을 이용하여 생산하는 방식이 있으며 이 경우 거기에 소요되는 원자재를 내국신용장(Local L/C)이나 구매확인서를 이용하여 조달하게 된다.

(6) 무역금융의 이용

수출물품을 제조·가공하는 데는 자체자금에 의할 수도 있지만 대부분의 경우 무역금융을 이용하게 된다. 무역금융은 수출증대를 목적으로 수출상이 필요한 자금을 원화로 지원하는 수출지원자금이다.

(7) 수출물품 검사

수출물품을 생산하면 비검사 품목인 경우를 제외하고 품질검사, 포장조건검사 등을 주 내용으로 하는 수출검사를 받는다.

(8) 물품운송계약 및 적하보험부보

물품생산 및 포장을 완료하게 되면 매도인은 수출통관 수속을 하는 한편, 선적을 위하여 국제물품운송을 담당하는 운송인(Carrier)과 미리 물품운송계약을 체결한다. 수출자는 거래조건이 CIF, CIP일 경우 수입자를 위하여 보험회사와 적하보험계약을 체결하여야 한다.

(9) 수출통관 및 선적

수출물품에 대한 수출신고를 하고 수출신고필증을 교부받으며, 물품을 선적한 후 선박회사로부터 선하증권을 교부받는다.

(10) 수출환어음 매입 및 수출대금회수

수출통관과 선적이 완료되면 수출자는 신용장에서 요구하는 상업송장(Commercial invoice), 포장명세서(Packing list), 선하증권(Bill of Lading) 등을 준비하고 환어음(Bill of exchange : Draft)을 발행하여 거래외국환은행에 수출환어음매입(Negotiation)을 의뢰한다.

(11) 관세환급 및 사후관리

수출자가 수출물품을 제조·생산하기 위하여 해외에서 원자재를 수입한 경우 수입 시에 납부한 관세 등을 환급받는다.

2. 수입절차

가장 보편적인 거래형태인 화환신용장방식을 기준으로 한 단계별 일반수입절차는 다음과 같다.

(1) 수입계약체결

수입계약은 국외의 직접 청약(Offer)에 의하거나 보통 국내에서 외국 수출업자의 국내대리인을 통하여 물품매도확약서를 입수하게 된다. 경우에 따라서는 매수인의 청약(Buying offer)이 행해지고 매도인이 승낙함으로써 매매계약이 체결되는 경우도 있다.

(2) 수입승인

수입계약을 체결하고 난 후 물품을 수입하려면 우선 수입하고자 하는 물품이 수출입공고상의 수입제한승인품목이나 특별법으로 제한되는 품목일 경우에는 관계기관으로부터 수입승인(Import Licence : I/L)을 받아야 한다.

(3) 수입신용장 발행 및 통지

수입상은 발행은행(Issuing bank)에서 신용장발행신청서에 신용장조건 등을 기재하여 신용장발행을 의뢰한다. 신용장발행은행은 수수료 등을 징수하고 수출자 소재지의 통지은행(Advising bank) 앞으로 신용장을 전송(Teletransmission) 또는 우편(Mail)을 이용하여 송부하게 되고, 통지은행은 수출자에게 신용장도착을 통지하게 된다.

(4) 수입어음결제 및 도착서류수령

발행은행으로부터 서류도착 통지가 오면 신용장대금을 결제하고 선적서류 등을 수취한다.

(5) 수입통관 및 물품반출

수입자는 선하증권을 선박회사에 제시하고 화물인도지시서를 수령한다. 일반적으로 통관수속은 보통 관세사에게 수입통관을 의뢰하여 수입신고필증을 교부받는다. 수입신고필증을 교부받는 순간 비로소 외국물품이 내국물품으로 인정됨은 물론 두 가지 서류를 보세장치장에 제시하여 수입물품을 인수한다.

SECTION 3 무역계약 법적성격 및 성립 요건

제1부 무역계약의 개념 및 법적성격

1. 무역계약의 개념

계약(Contract)은 당사자 간의 합의 즉, 의사의 합치에 의하여 성립한다. 매매계약(Sales Contract)은 매도인이 매수인에게 물품의 소유권을 이전할 것을 약정하고, 매수인은 이에 대하여 대금을 지급할 것을 약정하는 계약이다.

2. 무역계약의 법적성격

국제매매계약은 낙성 · 쌍무 · 유상 · 불요식 계약의 법적성격을 지닌다.

(1) 낙성계약(Consensual contract)

일방의 청약(Offer)에 대하여 상대방이 승낙(Acceptance)함으로써 성립되는 계약을 말하며 합의계약이라고도 한다. 따라서 매매당사자의 합의가 있으면 그 자체로 계약이 성립되는 것으로 물품의 소유권이전이나 물품의 인도와 같은 법률사실이 있어야 성립되는 요물계약과 구별된다.

(2) 쌍무계약(Bilateral contract)

계약의 성립에 의하여 당사자 쌍방이 서로 대가적 의미를 가지는 채무를 부담하는 계약으로 매도인은 물품인도의무를 부담하고 매수인은 대금지급의무를 부담하는 것을 의미하며, 이는 편무계약과 반대되는 개념이다.

(3) 유상계약(Remunerative contract)

계약당사자가 서로 대가적 관계에 있는 급부를 목적으로 하는 계약을 말하며, 무상계약과 반대되는 개념이다. 물품매매계약에서는 우선 쌍방의 채무가 발생하게 되고 급부도 서로 대가를 이루어 그 대가의 보상으로서 금전지급을 원칙으로 한다.

(4) 불요식계약(Informal contract)

계약의 성립에 있어 특정한 형식에 구애받지 않고 문서나 구두(Oral)에 의한 명시계약(Express contract)이나 묵시계약(Implied contract)으로 성립되는 계약으로서 요식계약(Formal contract)과 반대되는 개념이다.

> **C/h/e/c/k** CISG 제11조(계약의 형식)
>
> A contract of sale need not be concluded in or evidenced by writing and is not subject to any other requirement as to form. It may be proved by any means, including witnesses.
> 매매계약은 서면에 의하여 체결되거나 또는 입증되어야 할 필요가 없으며, 또 형식에 관해서도 어떠한 다른 요건에 따라야 하지 아니한다. 매매계약은 증인을 포함하여 여하한 수단에 의해서도 입증될 수 있다.

제2부 무역계약의 성립 요건

1. 무역계약 요건

무역거래에서 무역계약이 유효하게 성립되어 법적 구속력을 갖기 위해서는 다음과 같은 요건이 충족되어야 한다.

(1) 의사표시의 합치(Agreement)

무역계약이 유효하게 성립되기 위해서는 기본적으로 계약당사자 간의 합의(Agreement)가 있어야 하며, 무역계약에서의 합의는 보통 청약(Offer)과 승낙(Acceptance)에 의하여 이루어진다.

(2) 법정방식(Contract under seal) 및 약인(Consideration)

영미법상 유효한 계약이 되기 위해서는 그 합의가 법정방식에 의해 행하여졌거나 약인이 수반된 것이어야 한다.

1) 법정방식

날인계약(Contract under seal)은 날인증서작성이라는 요식성에 계약 성립의 근거를 두고 있다.

2) 약인

단순계약(Simple contract)은 당사자 간의 합의 이외에 약인의 존재를 계약 성립의 근거로 삼고 있다. 여기서 약인(Consideration)이란 물품매매계약에서 물품인도약속에 대한 대금지급약속과 같이 계약상의 대가로 제공되는 행위, 즉 대가의 상호교환(Bargainded for exchange)을 말한다.

(3) 계약당사자의 행위능력(Capacity)

무역계약이 유효하게 성립되기 위해서는 계약당사자가 행위능력을 가지고 있어야 한다.

(4) 합법성(Legality)의 존재

계약의 성립과정이나 계약의 본질적 내용에 있어서의 합법성이 있어야 한다. 즉 허위계약, 사기, 강박에 의한 거래가 아닌 적법성을 가지고 있어야 한다.

제1부 개요

1. 무역서한의 개념

무역서한은 상거래에 관련된 이해 당사자인 수신자를 자신이 의도하는 대로 행동하도록 하여 거래를 성립시키는 데 그 목적이 있다. 일반적으로 무역서한은 5C's 에 의한 작성이 주류를 이루고 있다. 5C's란 Clearness(명확성), Correctness(정확성), Conciseness(간결성), Courtesy(예절성), Completeness (완비성)를 말한다.

2. 감사 · 기쁨 · 유감의 표현

감사를 나타내는 어구	We should be appreciated if you would~ We shall be obliged if you will do so. We shall appreciate it if you will do so. We thank you for~
기쁨을 나타내는 어구	We take the pleasure in~ We are pleased to do so. We have pleasure in ~ ing We are glad to do so. We are happy to do so.
유감을 나타내는 어구	We regret that we cannot do so. We regret to inform you that we cannot do so. We are sorry to say that we cannot do so. We are sorry we cannot do so.

예제

01 우리말을 영문으로 옮길 때 가장 적절한 것을 고르시오.

> 만일 귀사가 당사 취급품목에 흥미가 있다면 견본을 무료로 보내드리도록 하겠습니다.

① Please be kind enough to send us the sample if you are at all interested in the article we handle.

② We shall be very glad to send us the sample if you are at all interested in the article we handle.

③ Please be kind enough to send you very glad to send us the sample if you are at all interested in the article we handle.

④ We shall be very glad to send you the sample if you are at all interested in the article we handle.

해설 | • We shall be very glad to send you~ : 기꺼이 보내드리겠습니다.

   • Please be kind enough to send us : 보내주시면 대단히 고맙겠습니다.

02 다음 문장을 순서대로 바르게 나열한 것을 고르시오.

ⓐ Your name and address have been given by the Chamber of Commerce of your city, we understand that you are one of the leading importers and wholesalers of Electronic Products in your country.

ⓑ For our business and financial standing, we may refer you to our bankers, The ZOU Bank of Korea, Head Office, Seoul.

ⓒ We are exporters of the same lines of business background of 15. years, and are now interested in exporting to your country Electronic Products of all types.

ⓓ If you are interested in marketing these products in your territory, Please let us know and we shall be pleased to dispatch our latest catalog to you.

---

① ⓐ - ⓒ - ⓓ - ⓑ

② ⓒ - ⓓ - ⓐ - ⓑ

③ ⓓ - ⓐ - ⓒ - ⓑ

④ ⓐ - ⓓ - ⓑ - ⓒ

정답 | ①

해설 | 해당 내용은 "Selling Proposal"에 대한 것으로 올바른 순서는 다음과 같다.

ⓐ 상대방을 알게 된 경위 설명 → ⓒ 자사 소개 → ⓓ 자사상품 구매에 대한 관심여부 문의 → ⓑ 자사 신용조회처 소개

3. 무역서신의 구성요소

(1) 개요

무역서한의 구성요소 중 기본요소는 서한의 작성에 있어 반드시 기재하여야 하는 부분으로, ⓐ Letterhead(서두), ⓑ Date(발신일자), ⓒ Inside Address(수신인 주소), ⓓ Salutation(첫인사), ⓔ Body of Letter(본문), ⓕ Complimentary Close(끝인사), ⓖ Signature(서명)가 포함된다.

(2) 무역서한

ⓐ Letterhead (서두)	**E TOMATO TRADING CO., LTD.** 32, Yanghwajin 4-gil, Mapo-gu, Seoul, Republic of korea Importers & Exporters Tel : 812-23457. / FAX : 812-23459. / E-mail : e-tomato • kormail.net
ⓑ Date (발신일자)	September 1, 2024
ⓒ Reference Number (참조번호)	Refer No. 1371
ⓓ Inside Address	May Trading co., Ltd. 457. Plains Street, North Platte, Nebraska 79587, U.S.A
ⓔ Attention Line (특정 수신인명)	Attention : Miss Carol Baker Gentlemen :
ⓕ Subject (제목)	Subject : The Parts of Business Letter
ⓖ Body of Letter (본문)	We are pleased to have your Inquiry, and are enclosing the Price List you requested, together with our terms of sale. We have seen your advertisement in The Metalworker, and would be grateful if you would kindly send us details of your aluminium fitting. Please quote us for the supply of the items listed on the enclosed Inquiry form, giving your price CIF Melbourne. Will you please indicate delivery times, your terms of payment, and details of discounts for regular purchases and large orders from US. We look forward to receiving your quotation.
ⓗ Complimentary Close (끝인사)	Yours faithfully,
ⓘ Signature (서명)	E Tomato lee so hyun lee tomato President

4. 제품 거래선 확보를 위한 소개 의뢰

The ⓐ<u>Chamber of Commerce</u>   April 17, 2024
Of the State of New York
65. Liberty St, New York, N.Y.10005
U.S.A

Gentlemen :

For the past twenty years, we have been supplying all kinds of electric machines to our ⓑ<u>domestic market</u> and also to various markets abroad ⓒ<u>enjoying a good reputation.</u>

We are now desirous of ⓓ<u>extending</u> our business to your market and shall ⓔ<u>be much obliged if you</u> will introduce us to some ⓕ<u>reliable firms</u> in your city who ⓖ<u>are interested in</u> ⓗ<u>this line of business.</u>

ⓘ<u>As to</u> our ⓙ<u>credit standing,</u> the Korea Chamber of Commerce and Industry will supply necessary information.

We thank you for your trouble in advance and wait for your early reply.

                                                                Very truly yours,

                                                E TOMATO TRADING CO.,LTD.

                        32, Yanghwajin 4-gil, Mapo-gu, Seoul, Republic of Korea
                                                                Export Manager

(1) 내용요약

- 1단락 : 자사 소개
- 2단락 : 제품의 해외시장 개척을 위한 거래선 소개 의뢰
- 3단락 : 자사 신용상태에 대한 조회처
- 4단락 : 신속한 협력을 희망하는 결문

(2) 용어정의

ⓐ Chamber of Commerce : 국제상업회의소

ⓑ domestic market : 국내시장

ⓒ enjoying a good reputation : 좋은 평판을 유지하고 있다.

ⓓ extending : 확장하다, 연장하다.

ⓔ be much obliged if you will : 만약 ~한다면 매우 감사하겠습니다.

ⓕ reliable firms : 신뢰할 수 있는 회사

ⓖ be interested in : ~에 관심이 있는

ⓗ his line of business : 이 업종에서

ⓘ As to : ~에 관하여(= as for = as regards = in regard to = about = concerning)

ⓙ Credit standing : 신용상태(= Financial standing = business standing)

01 다음 문장 중 밑줄 친 부분을 영문으로 바르게 작성한 것을 고르시오.

> 우리 회사는 ⓐ합정역에 위치한 종합무역상사로서 다양한 제품을 수출하고 있고, 특히 최근에는 ⓑ골프공을 취급하고 있습니다.

	ⓐ	ⓑ
①	general trading company inside Hapjeong Station	deal of golf ball
②	general trading company located to Hapjeong Station	deal in golf ball
③	general trading company located for Hapjeong Station	deal with golf ball
④	general trading company in Hapjeong Station	deal with golf ball

정답 | ④

02 다음 빈칸에 들어갈 알맞은 것으로 고르시오.

> We are one of the leading firms in Incheon (   ) in the export of korean cotton goods especially clothes for men.

① making   ② dealing

③ specializing   ④ experiencing

정답 | ③

5. 신용조회

The President
Bank of SHIN, Ltd.
790, North Point
Los Angeles BA, 21659
U.S.A

Dear Sir,

The following firm given us to your name as ⓐa bank reference and they are proposing ⓑto establish between us:

E - TOMATO Co., Inc.
110, Kal street, Los Angeles, BA 85948

We are particularly interested to know ⓒin what line they are mainly engaged and if possible, your ⓓcandid opinion on their ⓔfinancial status, their ⓕmode of doing business and their general ⓖreputation they enjoy in New York.

Any information you may give us will ⓗbe treated as strictly confidence, and you will be quite free from any responsibilities concerning the contents.

Thank you very much for your cooperation and your prompt attention to this matter will be much appreciated.

Sincerely yours,
ORANGE TRADING CO.,LTD.
B. C. CHOL
B.C. Choi
Director

(1) 내용요약

- 1단락 : 신용조회선을 알게 된 동기
- 2단락 : 신용조회 할 기업 명시
- 3단락 : 신용조회항목
- 4단락 : 정보사항 제공 시 극비로 취급할 것임
- 5단락 : 협력에 대한 감사하다는 결문

(2) 용어정의

ⓐ a bank reference : 은행 조회처

ⓑ to establish between : ~와 거래를 설립하다(= open an account with ~).

ⓒ in what line : 취급물품의 종류

ⓓ candid opinion : 솔직한 의견

ⓔ financial status(= standing) : 재정상태

ⓕ mode of doing business : 영업유형

ⓖ reputation : 평판, 명성

ⓗ be treated as strictly confidence : 극비로 취급하다.

01 다음 문장을 순서대로 바르게 나열한 것을 고르시오.

> ⓐ E-TOMATO Co., Inc. 110. Kal street, Los Angeles, given us to your name as a reference and they are proposing to establish between us.
>
> ⓑ We are particularly interested to know in what line they are mainly engaged and of possible, your candid opinion on their financial status, their mode of doing business.
>
> ⓒ Thank you very much for your cooperation and your prompt attention to this matter will be much appreciated.
>
> ⓓ Any information you may give us will be treated as strictly confidence, and you will be quite free from and responsibilities concerning the contents.

① ⓓ - ⓑ - ⓐ - ⓒ   ② ⓐ - ⓑ - ⓓ - ⓒ

③ ⓑ - ⓒ - ⓓ - ⓐ   ④ ⓐ - ⓑ - ⓒ - ⓓ

정답 | ②

해설 | Credit inquiry의 올바른 순서로 ⓐ 신용조회선을 알게 된 경위, ⓑ 조회할 회사의 정보 제공 요청, ⓓ 제공된 정보에 대한 비밀취급 약속, ⓒ 협조에 대한 감사의 표시이다.

핵심 O/X

01 수출물품이 수출국으로부터 수입국에 직접 이동되지 않고, 수출자가 자신의 위험 및 비용부담으로 수입하여 원상태 또는 단순한 가공을 거쳐 수입국에 재수출되는 거래는 중개무역이다. (　　)

정답 | ×

해설 | 중개무역이 아니라 중계무역이다.

02 동시발행신용장(back to back L/C), 토마스신용장(Tomas L/C), 기탁신용장(Escrow L/C) 등 특수신용장을 사용하는 무역은 구상무역이다. (　　)

정답 | ○

03 신용조회의 3C'S 에는 거래성격(Character), 자본(Capital), 거래능력(Capacity)이 있으며, 신용조회의 내용 중 가장 중요한 것으로 도덕성 등과 관련된 내용을 담은 것은 거래성격(Character)이다. (　　)

정답 | ○

04 무역계약의 법적성격에는 4가지가 있으며, 4가지로는 낙성계약, 쌍무계약, 유상계약, 불요식계약이 있다. (   )

정답 | ○

05 무역계약이 유효하게 성립되기 위해서는 기본적으로 계약당사자 간의 합의(Agreement)가 있어야 하며, 무역계약에서의 합의는 보통 청약(Offer)과 승낙(Acceptance)에 의하여 이루어진다. (   )

정답 | ○

06 수출자가 계약서상 수입자가 요구하는 상표를 부착하여 수출한 것을 약정함으로써 이루어지는 거래방식을 ODM이라 하며, 제조업체가 보유하고 있는 기술력을 바탕으로 수입자가 요구하는 기술을 자체개발해서 공급하는 방식을 OEM이라고 한다. (   )

정답 | ×
해설 | 전자가 OEM(Original Equipment Manufacturing), 후자가 ODM(Original Development Manufacturing)이다.

기출문제

01 The followings are excerpts from the reply to 'credit inquiry'. Which of the followings implies different opinion from others?

① We have been doing business with them for more than ten years and there has been not a single instance in which they failed to meet their obligations.

② We have a favorable regard for the company and its management, and believe them responsible for their normal business obligations.

③ Our business relations with them have been rather satisfactory, but in recent years, payments have been irregularly made and many times we have had to press them for payment

④ We ourselves have now been doing business with them for over ten years on quarterly-account terms and although they have not as a rule taken advantage of our cash discounts they have always paid their account promptly on the net dates.

정답 | ③
해설 | • quarterly-account terms : 분기별 결제조건
　　　• irregularly : 불규칙적으로

02 Fill in the blanks with the most appropriate word(s) in order.

> Bill : Hi. It's Bill in Philadelphia. We still haven't received the last shipment. What's the problem?
>
> Mike : I don't understand it. We shipped it on the 12th. You should have had it yesterday at the latest.
>
> Bill : Something is definitely wrong then. I just called the (a)_____ on this end who says it definitely has not arrived at their warehouse.
>
> Mike : Okay, okay. I'm going to get on this right now. I promise you will find out what is going on.
>
> Bill : Please do that. My boss is really upset over this. Our customers are giving him a hard time over the (b)_____.
>
> Mike : I understand. I'll get back to you within the hour.

① sales manager − faults
② factory − payment
③ shipping agent − delay
④ an insurance company − damage

정답 | ③

해설 | • insurance company : 보험회사
  • warehouse : 창고
  • be gong to : ~할 예정이다.

03 Please put the sentences below in the most appropriate order.

> Thank you for your letter dated January 16, 2013. regarding the above-identified application.
>
> (A) Please confirm that you have received the payment of your invoice no. 2003031. in the amount of USD 2,000.00. and there is no outstanding invoice concerning the above case as yet.
>
> (B) Please acknowledge the receipt of this letter and we thank you for your kind cooperation in this regard.
>
> (C) However, this payment was made to you directly from our client for this once, and we will handle the future debit notes going forward.
>
> (D) Our client wanted to remit the payment at once and accordingly, they made payment of your invoice.

① D − B − C − A
② C − D − A − B
③ D − C − A − B
④ A − C − D − B

정답 | ③

04 Who is Ms. Chillingworth most likely to be?

To: Ms. Chillingworth

Subject: Slembrouck BVBA

I am very surprised that Slembrouck BVBA are not going to deliver the coffee and the rest of the tea until the end of the month. We have now found a new supplier, so please cancel our order with them.

You can also tell them that we are sorry, but we do not intend to do any more business with them.

① a purchasing supervisor   ② a sales consultant

③ a marketing manager   ④ a production manager

정답 | ①

해설 | "a purchasing supervisor"는 구매관리자를 의미한다.

제1부 의의와 종류

1. 의의

청약(Offer)이란 일반적으로 청약자(Offeror)가 피청약자(Offeree)에게 계약을 체결하고자 하는 의사표시를 말한다. 즉 청약은 매매관계에 있는 당사자의 일방이 그 상대방의 승낙(Acceptance)과 아울러 일정조건의 매매계약을 기대하고 행하는 의사표시이다.

2. 청약의 종류

(1) 청약의 주체 기준

1) 매도청약(Selling offer)

매도인의 매도의사를 말하며 무역거래에서의 일반적인 청약이라 하면 매도청약을 의미한다.

2) 매수청약(Buying offer)

매수인의 매입의사를 말하며 매입주문서(Purchase Order : P/O) 등의 형식으로 이루어진다.

(2) 청약의 발행지 기준

1) 국내발행청약

청약의 주체가 거래상대국의 물품공급업자 및 본사를 대리하여 국내에서 발행 또는 의사표시한 매도청약을 말하며, 일반적으로 청약이 영어로 작성되었다면 "offer sheet", 한국어로 작성되었다면 "물품매도확약서"라고 표현하고 있다.

2) 국외발행청약

거래상대국의 물품공급업자 또는 제3자인 청약의 주체가 국외에서 발행 또는 의사표시한 매도청약을 말한다.

(3) 청약의 확정력 기준

1) 확정청약(Firm offer)

- 청약자가 청약내용에 대하여 승낙회답의 유효기간(validity of offer)을 지정하고 그 기간 내에 승낙하면 계약이 성립되는 청약이다.
- 또한 유효기간을 정하지 아니한 경우라도 그 청약이 확정적(Firm) 또는 취소불능(Irrevocable)이라는 표시가 있거나, 승낙·회답의 유효기간과 확정적 또는 취소불능이라는 표시가 동시에 있는 청약도 확정청약이다.
- 계약이 Offer와 Acceptance로 성립된다고 할 때 Offer는 Firm offer를 말한다.

> **〈확정청약의 예〉**
>
> • We offer you firm subject to your reply reaching us not later than October 20.
>
> (당사는 귀사의 회신이 10월 20일보다 늦지 않게 당사에 도착하는 것을 조건으로 귀사에 확정 오퍼한다.)
>
> • This offer is valid until the end of August.
>
> (이 청약은 8월 말까지 유효하다.)

2) 불확정청약(Free offer)

- 청약자가 청약 시에 승낙·회답의 유효기간이나 확정적(Firm)이라는 표시를 하지 아니한 청약이다. 불확정청약의 경우 상대방의 승낙을 받기 전까지는 청약자가 청약내용을 일방적으로 철회하거나 변경할 수 있다.
- 불확정청약은 매도의사(Selling idea)만 제시될 뿐 조건은 자유로운 청약이다.

> **〈불확정청약의 예〉**
>
> We offer you the following merchandise in the terms and conditions mentioned hereunder.
>
> (당사는 아래에 언급된 조건에 따라 귀사에게 다음 상품에 대하여 청약한다.)

(4) 특수청약

1) 반대청약(Counter offer)

청약자의 청약에 대하여 피청약자가 청약내용(가격, 결제 등)의 일부 추가, 제한 및 변경 등 새로운 조건을 제의하는 청약을 말한다. 반대청약은 원래의 청약(Original offer)에 대한 거절인 동시에 새로운 청약이 되므로 원래의 청약은 반대청약에 의하여 소멸된다.

> **〈반대청약의 예〉**
>
> Your offer dated October 20. is too high. We can accept the offer at US Dollars 120. per set.
>
> (10월 20일 귀사가 오퍼한 가격은 다소 비싸다. 당사는 귀사가 1set에 120$의 오퍼에 대하여 승낙할 수 있다.)

2) 교차청약(Cross offer)

청약자와 피청약자 상호 간에 동일한 내용의 청약이 상호 교차되는 청약을 말한다.

3) 조건부청약(Conditional offer)

① 최종확인조건부청약(Sub-con offer, Offer subject to final confirmation)

피청약자가 offer를 승낙한 뒤 offer 발행자의 재고, 선적기한 등을 재검토하여 확인해주면 계약이 성립한다. 사실상 피청약자의 승낙이 offer에 해당하고 청약자의 확인이 승낙이 되며, 일반적으로 다음과 같은 내용이 삽입되는 것이 firm offer와 다른 점이다.

- subject to our (final) confirmation
- subject to change without (prior) notice

② 재고잔류조건부청약(Offer subject to being unsold)

선매조건부청약(Offer subject to prior sale)이라고도 하며, 피청약자의 승낙만으로 계약이 성립되지 않고 당해물품의 재고가 남아있을 경우에만 유효한 조건부 청약이다.

③ 점검매매조건부청약(Offer on approval)

피청약자가 물품을 점검해보고 구매의사가 있어 대금을 지급하면 승낙의 의사표시로 보며, 대금지급이 없으면 반품하는 조건이다.

④ 반환조건부청약(Offer on sale or return)

위탁판매조건의 offer로서 일정한 기한 내에 팔고 남는 것은 반품하는 조건으로 주로 잡지, 종교서적의 위탁판매에 사용된다.

⑤ 시황조건부청약(Offer subject to market fluctuation)

무확약청약(Offer without engagement)이라고도 하며, 시황변동에 따라 사전통지 없이 제시가격이 언제든 변경될 수 있다는 조건부 청약을 의미한다.

예제

01 다음 내용에 해당하는 Offer의 종류는?

> This offer is made subject to the goods being available when the order is received.

① Offer on sale or return   ② Offer on approval

③ Offer subject to prior sale   ④ Offer subject to market fluctuation

정답 | ③

제2부 청약의 유인과 효력

1. 청약의 유인(Invitation to offer, Invitation to treat)

- 청약의 유인은 상대방으로 하여금 자기에게 청약을 하도록 유도하는 것으로서, 청약의 준비 행위나 예비교섭에 불과하다. 즉, 상대방이 이를 수락하여도 계약이 성립되는 것이 아니라 유인한 측으로부터 승낙의 표시가 있어야 비로소 계약이 성립하는 것이다.

- 청약의 유인을 청약과 구별하는 것은 개별적 상황에 따라 다르다. 청약의 유인의 형태로는 최종확인 조건부청약(sub-con offer)과 상대방이 특정되지 아니한 신문, 방송에 의한 광고(Advertisement), 견적서(Quotation), 가격표(Price list), 물품목록(Catalog), 경매(Auction), 및 입찰(Bid) 등의 경우가 있다.

2. 청약의 법적 효력

(1) 청약의 효력 발생

1) 발생 시기

- 청약 효력의 발생 시기는 청약의 유효기간을 기산하는 기산일이 되며, 일반적으로 비엔나협약을 포함하여 '도달주의'를 규정하고 있다.
- CISG 제24조 도달의 정의
  - 청약, 승낙의 선언 또는 기타의 의사표시가 수신인에게 구두로 전해지거나, 또는 다른 방법으로 직접 수신인이나 그의 영업소 또는 우편 송부처에 전달된 때 상대방에게 도달한 것으로 본다.
  - 다만, 수신인의 영업소나 우편송부처가 없는 경우에는 상대방의 일상적인 거주지에 전달되었을 때 상대방에게 도달한 것으로 본다.

    (an offer, declaration of acceptance or any other indication of intention "reaches" the addressee when it is made orally to him or delivered by any other means to him personally, to his place of business or mailing address or, if he does not have a place of business or mailing address, to his habitual residence.)

2) 유효기간

- 청약 유효기간(Validity of offer)이란 청약의 효력이 존속되는 기간을 의미하며, 이 기간 내에 승낙이 있어야 계약이 성립된다.
- 확정청약(Firm offer)의 경우 청약의 유효기간이 명시되는 것이 일반적이다.
- 유효기간이 명시되지 않은 청약의 경우 '합리적 기간(Reasonable)' 또는 '상당한 기간' 이내에 승낙하면 계약이 유효하게 성립되는 것으로 본다.

(2) 청약의 효력 소멸

- 청약의 철회(Withdrawal)
- 승낙(Acceptance)
- 청약의 취소(Revocation)
- 청약의 거절(Rejection) 또는 반대청약(Counter offer)
- 시간의 경과(Passing of time)
- 후발적 위법(Subsequent illegality)
- 당사자의 사망

제1부 승낙의 정의와 원칙

1. 승낙의 정의

청약(Offer)에 대한 승낙(Acceptance)은 계약 성립을 완성시키는 행위이며 승낙은 피청약자가 청약자에게 청약에 응하여 계약을 성립시키는 것을 목적으로 행하는 의사표시이다. 청약이 승낙된 경우 상호의 동의(Mutual assent)가 성립하는 것으로 그 동의에 대한 의사표시가 곧 승낙이다. 실무상 "Accept or Accepted", "Confirm or Confirmed" 또는 "Agree or Agreed"와 같은 표현을 쓰고 있다.

2. 승낙의 원칙

(1) 경상의 원칙

- 승낙은 청약의 내용과 일치하여야 하며, 이를 경상의 원칙(Mirror image rule)이라고 한다.
- 승낙은 절대적(Absolute)이며 무조건적(Unqualified), 최종적으로 청약의 조건과 반드시 일치하여야 한다.

(2) 경상의 원칙 완화

경상의 원칙을 엄격히 적용할 경우 계약 체결이 원활하지 않을 수 있다. 따라서 청약의 내용에 대한 실질적 변경(Material alteration)을 가하는 승낙이 아니라면 사소한 내용 변경은 계약의 일부로 인정하여 계약을 성립시킬 수 있도록 하자는 취지로서 비엔나협약 제19조에 완화 규정을 두고 있다.

제2부 승낙의 효력

1. 승낙의 효력 발생 시기

- 승낙의 의사표시가 피청약자로부터 청약자에게 도달되는 어떤 시점에서 계약이 성립되는 가에 대해서 다음의 3가지가 있다.
  - 발신주의(Dispatch theory = Mail-box rule)
  - 도달주의(Receipt theory)
  - 요지주의
- 영미법계는 물론 대륙법계에서도 승낙의 의사표시에 관한 일반원칙으로 도달주의를 채택하고 있다.

2. 승낙의 효력 소멸

- 일반적으로 승낙은 청약자에게 의사표시를 할 때까시는 완전하지 않기 때문에 승낙 의사가 도달하기 전에는 철회될 수 있다.
- CISG 제22조(승낙의 철회)

An acceptance may be withdrawn if the withdrawal reaches the offeror before or at the same time as the acceptance would have become effective.

(승낙은 그 승낙의 효력이 발생하기 이전 또는 그와 동시에 철회가 청약자에게 도달하는 경우에는 이를 철회할 수 있다.)

3. 유효하지 않은 승낙

다음의 경우에는 계약이 성립되지 않는 것으로 본다.

(1) 반대청약(Counter offer)

승낙을 의도한 청약에 대한 응답으로서 청약에 내용을 부가(Additions), 제한(Limitations) 또는 기타 변경(Other modifications)을 가하고 있는 것은 청약의 거절이면서 반대청약을 한 것으로 규정하고 있다(CISG 제19조 1항).

(2) 부가조건부 승낙(Additional acceptance)

1) 원칙

청약자의 청약조건을 피청약자가 부가하여 승낙하는 이른바 부가조건부승낙(Additional acceptance)은 반대청약이 되어 계약이 성립하지 않는다.

2) 예외

비엔나협약에서는 청약에 대한 승낙을 의도한 응답으로서 청약의 조건을 실질적으로 변경하지 아니하는 조건 또는 상이한 조건을 포함한 응답이라면 청약자가 부당한 지체 없이 구두로 이를 반대하거나 그러한 취지의 통지를 하지 않는 한 승낙이 되며, 그러한 경우에는 승낙에 포함된 변경 내용대로 수정한 것이 계약조건이 된다고 규정하고 있다.

(3) 지연승낙(Late acceptance)

1) 원칙

청약의 유효기간이 경과되어 행해진 승낙의 효력이 발생되지 않는 것은 각 입법례에서 동일한 입장을 취하고 있다.

2) 예외

CISG에서는 지연된 승낙의 경우 청약자가 유효하다는 취지를 피청약자에게 구두로 알렸거나 그러한 취지의 통지를 발송하였다면 승낙으로서 효력을 갖게 된다.

(A late acceptance is nevertheless effective as an acceptance if without delay the offeror orally so informs the offeree or dispatches a notice to that effect.)

SECTION 3 | CISG(국제물품매매계약에 관한 UN협약)

제1부 CISG 개요

1. 의의

CISG는 국제물품매매계약에 관한 유엔협약(United Nations Convention on Contracts for the International Sale of Goods)으로 계약의 성립, 당사자의 의무, 계약의 위반 및 그에 대한 구제방안 등을 포괄하며 국제매매에 한정하여 적용되고 있다.

2. 구성

- 제1편 적용범위와 총칙 : 적용범위, 해석원칙
- 제2편 계약의 성립 : 청약과 승낙에 따른 계약의 성립
- 제3편 물품의 매매 : 매도인의 의무, 매수인의 의무, 위험의 이전, 매도인과 매수인의 의무에 공통되는 규정
- 제4편 : 최종규정

3. CISG 적용 요건

- 이 협약은 다음과 같은 경우 영업소가 상이한 국가에 있는 당사자 간의 물품매매계약에 적용된다.
  - 해당 국가가 모두 체약국인 경우
  - 국제사법의 규칙에 따라 어느 체약국의 법률을 적용하게 되는 경우
- 당사자가 상이한 국가에 그 영업소를 갖고 있다는 사실이 ① 계약의 체결 전 또는 ② 그 당시에 당사자 간에 행한 계약이나 모든 거래에서, 또는 ③ 당사자가 밝힌 정보로부터 나타나지 아니한 경우에는 이를 무시할 수 있다.
- 당사자의 ① 국적이나 ② 당사자 또는 ③ 계약의 민사상 또는 ④ 상사상의 성격은 이 협약의 적용을 결정함에 있어서 고려하지 아니한다.

제2부 CISG상 의무와 구제

1. 매도인의 의무

(1) 매도인의 의무 요약(제30조)

매도인은 계약과 이 협약에 의하여 요구된 바에 따라 물품을 인도하고, 이에 관련된 모든 서류를 교부하며, 또 물품에 대한 소유권을 이전하여야 한다.

(The seller must deliver the goods, hand over any documents relating to them and transfer the property in the goods, as required by the contract and this Convention.)

(2) 물품 인도 의무

1) 물품 인도 장소(제31조)

- 당사자 간 합의가 있는 경우 : 당사자 간 합의한 장소에서 물품을 인도하면 된다.
- 당사자 간 합의가 없는 경우 : '운송 포함 여부'에 따라 다음과 같이 구분하고 있다.
  - 매매계약이 물품의 운송을 포함하는 경우 : 물품을 "최초의 운송인"에게 인도하는 것
  - 매매계약이 물품의 운송을 포함하지 않는 경우 : ⓐ 특정물, ⓑ 특정한 재고품 중 일정한 수량을 매매, ⓒ 제조되거나 생산되어야 하는 불특정물 가운데 계약 체결 시에 물품이 특정한 장소에 존재하거나, 그 장소에서 제조되거나 생산된다는 것을 알고 있었던 경우 그 장소에서 물품을 매수인의 임의 처분하에 두는 것
  - 기타의 경우 : 계약 체결 시 매도인이 영업소를 가지고 있던 장소에서 물품을 매수인의 임의 처분하에 두는 것

2) 물품 인도에 수반하는 의무(제32조)

- 물품의 특정 : 매도인이 물품을 운송인에게 인도하는 경우 물품이 화인, 선적서류 또는 기타방법에 의하여 그 계약의 목적물로서 명확히 특정되어 있지 않은 경우에는 매도인은 물품을 특정하는 탁송 통지서를 송부하여야 한다.
- 운송의 수배(운송 계약) : 매도인이 물품의 운송을 수배하여야 할 의무(Be bound to arrange for carriage of the goods)가 있는 경우에는, 매도인은 상황에 따라 적절한 운송수단 및 그러한 운송의 통상적인 조건으로 운송계약을 체결하여야 한다.
- 보험부보에 필요한 정보제공 : 매도인이 물품의 운송에 관련한 보험에 부보하여야 할 의무가 없는 경우에도 매수인의 요청이 있는 경우, 매수인이 보험부보에 필요한 정보를 매수인에게 제공하여야 한다.

3) 물품 인도 시기(제33조)

매도인은 다음과 같은 시기에 물품을 인도하여야 한다.

기일이 계약에 따라 지정되어 있거나 또는 결정될 수 있는 경우 : 그 기일(On that date)

- 기간이 계약에 따라 지정되어 있거나 또는 결정될 수 있는 경우 : 그 기간(That period) 내의 어떠한 기일(Date)
- 기타의 경우 : 계약체결 후의 합리적 기간 내(Within a reasonable time)

(3) 매도인의 서류 제공 의무(제34조)

- 매도인은 계약에서 정한 시기와 장소, 방법에 따라 서류(Documents)를 교부하여야 한다.
- 매도인이 해당 시기 이전에 서류를 교부한 경우, 매도인은 그 해당 시기까지는(Up to that time) 서류상의 모든 하자를 보완할 수 있다. 다만, 이 권리의 행사가 매수인에게 불합리한 불편이나 비용을 발생하게 하여서는 아니 된다.
- 그러나 매수인은 이 협약에 따라 손해배상을 청구하는 모든 권리(Any right to claim damages)를 보유한다.

(4) 계약적합의무

1) 물적 적합의무(제35조)

- 물적 적합성 : 매도인은 계약에서 요구하고 있는 물품명세와 품질 등 계약내용과 엄격히 일치하는 물품을 인도하여야 할 의무가 있음을 의미한다.
- 계약상 합의 : 매도인은 계약에서 요구되는 수량(Quantity), 품질(Quality) 및 상품명세(Description)에 적합하고, 계약에서 요구되는 방법으로 용기에 담거나 포장된 물품을 인도하여야 한다.
- 객관적인 물품 적합성 : 당사자가 별도로 합의한 경우를 제외하고, 물품은 다음의 최소요건을 구비하여야 계약에 적합한 것이 된다.
  - 물품은 동일 종류의 물품이 통상적으로(Ordinarily) 사용되는 목적에 적합할 것
  - 물품은 계약체결 시에 명시적 또는 묵시적으로 매도인에게 알려져 있는 어떠한 특정의 목적에 적합할 것. 다만, 사정으로 보아 매수인이 매도인의 기량과 판단에 신뢰하지 않았거나 또는 신뢰하는 것이 불합리한 경우에는 제외한다.
  - 매도인이 매수인에게 견본(Sample) 또는 모형(Model)로 제시한 물품의 품질을 보유할 것
  - 물품은 통상(Usual)적인 방법 또는 물품 보존·보호에 적절한 방법으로 포장되어 있을 것
- 부적합 면책 : 매수인이 계약 체결 시에 물품의 부적합을 알았거나 알지 못하였을 수 없는 경우에는 매도인은 물품의 어떠한 부적합에 대하여 면책된다.

- 적합성의 판단 시기(제36조)
  - 매도인은 위험이 매수인에게 이전하는 때(When the risk passes to the buyer)에 존재한 어떠한 부적합에 대하여 책임을 진다. 이는 물품의 부적합이 그 이후에 드러난 경우에도 동일하다.
  - 매도인은 위험이전 시점 이후에 발생하는 부적합에 대하여 그것이 매도인의 어떠한 의무 위반에 기인하고 있는 경우 매도인이 책임을 진다. 또한 그러한 의무 위반에는 일정 기간 동안 물품이 통상적인 목적이나 특정의 목적에 적합성을 유지할 것이라는 보증(Guarantee) 또는 특정된 품질이나 특징을 보유할 것이라는 보증의 위반도 포함된다.
- 인도 기일 전 하자 보안권(제37조)
  - 매도인이 인도 기일 이전에(Before the date for delivery) 물품을 인도한 경우 매수인에게 불합리한 불편이나 비용을 발생시키지 않는 한, 매도인은 그 기일까지는 인도된 물품의 모든 부적합을 보완할 수 있다.
  - 부적합 보완 내용 : 인도된 물품의 모든 부족분, 수량 부족의 보충, 대체품의 인도, 인도된 물품의 부적합 보완 등
  - 그러나 매수인은 협약에 따라 손해배상청구권을 보유한다.
- 하자 통지의무(제39조)
  - 매수인이 물품의 부적합을 발견하였거나 또는 발견하였어야 한 때부터 합리적 기간 내에(Within a reasonable time) 매도인에게 부적합 통지를 하지 아니한 경우에는, 매수인은 물품 부적합을 주장할 권리를 상실한다.
  - 어떠한 경우에도, 물품이 매수인에게 현실적으로 인도된 날로부터 늦어도 2년 이내에(Within a period of two years) 매수인이 매도인에게 부적합 통지를 하지 아니한 경우 매수인은 물품 부적합을 주장할 권리를 상실한다. 단, 이러한 기간의 제한이 계약상의 보증기간과 모순된 경우에는 그러하지 아니한다.
- 물품의 검사(제38조)
  - 매수인은 그 사정에 따라 실행 가능한 짧은 기간 내(Within as short a period as is practicable in the circumstances)에 물품을 검사하거나 또는 물품이 검사되도록 하여야 한다.
  - 계약이 물품의 운송을 포함하고 있는 경우, 검사는 물품이 목적지에 도착한 이후까지 연기될 수 있다.
  - 물품이 매수인에 의한 검사의 합리적 기회도 없이 매수인에 의하여 운송 중에 목적지가 변경되거나 재발송되고, 또한 계약 체결 시에 매도인이 그러한 변경이나 재운송의 가능성을 알았거나 또는 알았어야 하는 경우, 검사는 물품이 새로운 목적지에 도착한 이후까지 연기될 수 있다.
- 매도인의 악의(제40조) : 물품의 부적합이 매도인이 알았거나 또는 알지 못하였을 수 없는 사실에 관련되고 매도인이 이를 매수인에게 고지하지 아니한 사실에도 관련되어 있는 경우에는, 매도인은 상기 '하자 통지 의무(제39조)' 및 '물품의 검사(제38조)'에 대한 매수인의 의무 위반 사실을 주장할 수 없다.

2) 법적 적합의무

- 제3자의 권리 · 청구권으로부터 자유로운 물품을 인도(제41조)
  - 매도인은 매수인이 제3자의 권리(Right) 또는 청구권(Claim)을 전제로 물품을 수령하는 것에 동의한 경우가 아닌 한, 제3자의 권리 또는 청구권으로부터 자유로운 물품을 인도하여야 한다.
  - 매도인이 상기 제41조를 위반한 경우 매수인은 특정이행청구와 계약 해제 및 손해배상청구를 할 수 있다.

- 제3자의 지적재산권으로부터 자유로운 물품을 인도(제42조)
  - 매도인은 계약 체결 시에 매도인이 알았거나 알지 못하였을 수가 없는 산업재산권(Industrial property) 또는 지적재산권(Intellectual property)에 기초를 두고 있는 제3자의 권리 또는 청구 권으로부터 자유로운 물품을 인도하여야 한다.
  - 다만, 그 권리 또는 청구권은 다음과 같은 국가의 법률에 의한 산업재산권 또는 지적재산권에 기초 를 두고 있는 경우에 한한다.

> - 당사자 쌍방이 계약 체결 시에 물품이 어느 국가에서 전매(Resold)되거나 또는 기타의 방법으로 사용 (Used)될 것임을 예상한 경우에는, 그 물품이 전매되거나 기타의 방법으로 사용되는 국가의 법률
> - 기타의 모든 경우 매수인이 영업소(Place of business)를 갖고 있는 국가의 법률

  - 매도인은 다음의 경우에는 산업재산권 또는 지적재산권에 기초한 제3자의 권리 또는 클레임에 대 한 책임이 없다.

> - 계약 체결 시에 매수인이 그 권리 또는 청구권을 알았거나 또는 알지 못하였을 수가 없는 경우, 또는
> - 그 권리 또는 청구권이 매수인에 의하여 제공된 기술적 설계, 디자인, 공식 또는 기타의 명세서에 매도인을 따른 결과로 발생한 경우

- 제3자의 권리 · 청구권에 대한 통지(제43조)
  - 매수인이 제3자의 권리 또는 청구권을 알았거나 알았어야 하는 때로부터 합리적인 기간 내에 매도인 에게 그 제3자의 권리 또는 청구권의 내용을 통지하지 아니한 경우에는 매수인은 매도인에게 상 기한 '제3자의 권리 · 청구권으로부터 자유로운 물품을 인도(제41조)', '제3자의 지적재산권으로부 터 자유로운 물품을 인도(제42조)'를 주장할 수 없다.
  - 매도인이 제3자의 권리 또는 청구권 및 그 내용을 알고 있었던 경우에 매수인은 매도인에게 상기 한 제41조와 제42조를 주장할 수 있다.
  - 매수인은 요구된 통지의 불이행에 대한 정당한 이유가 있는 경우에는 대금을 감액하거나 또는 이익 의 손실을 제외한 손해배상을 청구할 수 있다.

(5) 위험의 이전

1) 개념

위험(Risk)이란 매매의 목적물이 매도인의 과실도 매수인의 과실도 아닌 원인으로 멸실(Loss) 또는 손상 (Damage)을 입을 가능성을 의미하고, 또한 위험의 이전(Transfer of risk)이란 위험을 부담할 책임이 매 도인으로부터 매수인에게로 이전하는 것을 의미한다.

2) 위험이전과 관련된 각 법제의 구성

구분	기준	규정내용
SGA	소유권	위험은 소유권과 함께 이전한다고 규정
CISG	물품인도	• 운송을 약정한 매매계약의 경우 최초의 운송인에게 인도 • 운송 중 물품의 매매의 경우 계약 체결 시 • 운송을 약정하지 않는 경우 매수인이 물품을 인수한 때
인코텀즈	물품인도	매도인의 의무 A5와 매수인의 의무 B5에서 위험의 이전에 관한 규정

(6) 소유권의 이전

1) 소유권의 정의

소유권(Property)이란 물품에 대해 법률의 범위 안에서 사용 · 수익 · 처분할 수 있는 소유자의 권리를 말하며, 매도인은 매수인에게 물품의 소유권을 이전하여야 할 의무가 있다.

2) CISG와 Incoterms상의 규정

- CISG는 인도와 위험이전에 관하여 규정하고 있지만 소유권 이전 시기 등에 관하여는 규정하고 있지 않고, 각국의 국내법에 의해 해결하도록 하고 있다.
- Incoterms의 경우 매도인과 매수인 사이에 발생하는 물품의 멸실 또는 손상 등 위험이전의 문제는 정형거래조건별로 규정하고 있지만, 물품에 대한 소유권 이전에 관련된 문제는 규정하고 있지 않다.

2. 매수인의 의무

(1) 매수인의 의무 요약(제53조)

매수인은 계약 및 이 협약에서 요구된 바에 따라 물품의 대금을 지급하고, 물품의 인도를 수령하여야 한다.

(The buyer must pay the price for the goods and take delivery of them as required by the contract and this Convention.)

(2) 대금 지급 의무

대금 지급 의무는 매도인의 물품 인도 및 소유권 이전 의무에 대응하는 매수인의 가장 중요한 의무로서, CISG에서는 다음과 같이 규정하고 있다.

1) 대금지급을 위한 준비조치(제54조)

- 매수인의 대금지급의 의무는 지급을 가능하게 하기 위한 계약 또는 어떠한 법률 및 규정에 따라 요구되는 조치를 취하고 또 그러한 절차를 준수하는 것을 포함한다.
- 예컨대 신용장 방식으로 결제하기로 매도인과 합의한 경우 매수인은 발행은행(Issuing bank)과 신용장 발행약정을 미리 체결하고, 해외로 송금 시 규율하는 법 규정이 있는 경우 관련법상의 송금절차 등을 위한 준비를 하여야 한다.

2) 대금의 확정

- 대금이 미확정된 계약(제55조) : 계약이 유효하게 성립되었으나, 그 대금을 명시적 또는 묵시적으로 지정하지 않았거나 또는 이를 결정하기 위한 조항을 두지 아니한 경우에는, 당사자는 반대의 어떠한 의사표시가 없는 한 다음과 같은 대금을 묵시적으로 참조한 것으로 본다.

> 계약 체결 시에 관련거래와 유사한 사정하에서 매각되는 동종의 물품에 대하여 일반적으로 청구되는 대금

- 순중량에 의한 대금결정(제56조) : 대금이 물품의 중량에 따라 지정되는 경우에 이에 의심이 있을 때에는, 그 대금은 순중량(Netweight)에 따라 결정되어야 한다.

3) 대금지급의 장소(제57조)

- 합의한 지급장소 : 매수인은 계약에서 대금지급장소를 합의한 경우에는 CISG 제6조 당사자자치원칙에 따라 그 합의한 장소에서 대금을 지급하여야 한다.

- 특정한 장소에서 대금을 지급할 의무가 없는 경우
  - 매도인의 영업소, 또는
  - 지급이 물품 또는 서류의 교부와 상환으로 이루어져야 하는 경우에는 그 교부가 행하여지는 장소
- 비용부담 : 매도인은 계약체결 후에 그 영업소를 변경함에 따라 발생한 부수적인 비용의 모든 증가액을 부담하여야 한다.

4) 대금지급시기(제58조)
- 매수인이 어느 특정한 시기에 대금을 지급할 의무가 있는 경우 : 그 특정한 시기
- 매수인이 어느 특정한 시기에 대금을 지급할 의무가 없는 경우 : 매수인은 매도인이 계약 및 이 협약에 따라 물품 또는 그 처분을 지배하는 서류를 매수인의 임의 처분하에 인도한 때
  ※ 매도인은 매수인의 대금 지급을 물품 또는 서류 교부를 위한 조건으로 정할 수 있다.
- 계약이 물품의 운송을 포함하는 경우 : 매도인은 대금 지급과 상환하지 아니하면 물품 또는 그 처분을 지배하는 서류를 매수인에게 교부하지 않는다는 조건으로 물품을 발송할 수 있다.
- 매수인은 물품을 검사할 기회를 가질 때까지는 대금 지급 의무가 없다. 다만, 당사자 간에 합의된 인도 또는 지급의 절차가 매수인이 물품을 검사할 기회를 가지는 것과 모순되는 경우에는 그러하지 아니하다.

(3) 물품수령의무(제60조)

매수인의 물품수령의무는 다음과 같은 것으로 구성된다.

- 매도인에 의한 인도를 가능케 하기 위하여 매수인에게 합리적으로 기대될 수 있었던 모든 행위를 하는 것, 그리고
- 물품을 수령하는 것(In taking over the goods)

C/h/e/c/k CISG상 매도인과 매수인의 의무	
매도인의 의무	**매수인의 의무**
• 소유권의 이전(제30조) • 물품의 인도 의무(제31조~제33조) • 물품과 관련한 서류 인도 의무(제34조) • 계약 적합 의무(제35조~제44조)	• 대금 지급 의무(제54조~제59조) • 물품 수령 의무(제60조) • 물품 검사 의무(제38조) • 물품 부적합 통지 의무(제39조)

3. 매도인과 매수인의 구제

(1) 개요

구제(Remedy)라 함은 일정한 권리가 침해되는 경우에 그러한 침해를 방지하거나, 보상하게 하는 것을 말한다. 매매계약을 위반하였을 경우 매수인에 대한 배상을 매수인의 구제라 하고, 매도인에 대한 배상을 매도인의 구제라 한다.

구제권	매수인	매도인
특정이행청구권	○	○
추가기간지정권	○	○
계약 해제권	○	○
손해배상청구권	○	○
물품명세확정권	×	○
대체품인도청구권	○	×
하자(물품부적합)보완청구권	○	×
대금감액권	○	×
조기인도 및 양초과분거절권	○	×

Check 매수인과 매도인의 구제 방법 비교

(2) 매수인의 의무 위반에 따른 매도인의 구제

1) 특정이행청구권(Requiring performance)

- 매도인은 매수인으로 하여금 대금 지급, 물품 인도의 수령이나 기타 매수인의 의무를 이행하도록 요구할 수 있다.
- 매도인은 특정 이행을 청구하려면 계약해제권을 행사할 수 없다. 단, 손해배상청구는 특정이행청구권과 양립하여 청구할 수 있다.

2) 추가기간지정권(Additional period)

- 매도인은 매수인의 의무 이행을 위한 합리적인 추가 기간을 지정할 수 있다.
- 매도인은 매수인으로부터 그 지정된 추가 기간 내에 이행하지 않겠다는 통지를 수령하지 않는 한, 매도인은 그 기간 중에는 계약위반에 대한 어떠한 구제도 구할 수 없다.
- 그러나 매도인은 이로 인하여 이행지연에 대한 손해배상청구권을 상실하지 않는다.

3) 계약해제권(Avoidance of the contract)

매도인은 다음의 경우 계약해제를 선언(Declare the contract avoided)할 수 있다.

- 매수인의 어떠한 의무불이행이 본질적 계약위반(A fundamental breach of contract)에 해당하는 경우
- 매수인이 매도인이 지정한 추가 기간 내에 대금 지급 또는 물품 수령 의무를 이행하지 않은 경우
- 매수인이 매도인이 지정한 추가 기간 내에 대금 지급 또는 물품 수령 의무를 이행하지 않겠다고 선언한 경우

4) 물품명세확정권(Supply of missing specifications)

매도인은 계약상 매수인이 물품명세를 지정하기로 되어 있을 경우에 매수인이 합의된 기일 또는 합의 전 기간 내에 그 물품명세를 지정하지 않은 경우 매도인은 매수인의 요구조건에 따라 스스로 물품명세를 작성할 수 있으며, 이 경우 매수인에게 세부사항을 통지하여야 한다.

5) 손해배상청구권(Damages)

- 매수인이 계약 또는 CISG상의 의무를 이행하지 아니하는 경우 매도인은 손해배상청구권을 행사할 수 있다.

- 손해배상청구권은 계약해제권 등 그 밖의 다른 모든 구제 수단과 양립하여 청구할 수 있다. 즉, 매도인이 손해배상청구권을 행사하는 것은 다른 구제를 구하는 권리를 행사함으로써 상실되지 않는다.

6) 하자보안권(Supplementing defect)

매도인은 매수인에게 불합리한 비용 및 침해를 하지 않는 한, 인도된 물품이나 서류의 부적합에 대해 매도인자신의 비용으로 그 하자를 보완할 수 있다.

(3) 매도인의 의무 위반에 따른 매수인의 구제

1) 특정이행청구권

① 대체품인도청구권
- 물품이 계약과 일치하지 아니한 것이, 계약의 본질적 위반을 구성하고 또 대체품의 청구가 물품의 부적합통지와 동시 또는 그 후 합리적 기간 내에 행하여지는 경우에 한한다.
- 매도인은 물품의 부적합이 계약의 본질적 위반을 구성하는 경우 계약해제권 또는 대체품 인도 청구권 중 선택할 수 있다.
- 매수인이 대체품의 인도를 받기 위해서는 수령한 물품을 수령한 상태로 반환하지 못할 경우 매수인은 대체품인도청구권을 상실하게 된다.

② 하자보완청구권
- 물품이 계약과 일치하지 아니한 경우에는 매수인은 모든 사정으로 보아 불합리하지 아니하는 한, 매도인에게 하자에 대한 보완을 청구할 수 있다.
- 하자보완청구는 하자통지와 함께 또는 그 후 합리적인 기간 내에 행해져야 한다.

2) 손해배상청구권, 추가기간지정권

매도인의 구제권과 동일하게 적용된다.

3) 계약해제권

다음과 같은 경우 매수인은 계약을 해제(Avoidance of contract)할 수 있다.
- 매도인의 계약 위반이 본질적인 위반을 구성하는 경우
- 매수인이 정한 추가 기간 내에 매도인이 물품을 인도하지 않는 경우
- 매수인이 정한 추가 기간 내에 그 의무를 이행하지 아니할 것을 선언한 경우

4) 대금감액권

- 인도된 물품이 계약에 적합하지 않는 경우 대금이 이미 지급되었는지의 여부에 관계없이 매수인은 계약물품과 실제로 인도된 물품의 가치에 비례하는 만큼의 대금을 감액해 줄 것을 매도인에게 청구할 수 있다.
- 단, 매도인이 의무불이행을 보완하거나 보완이행을 매수인이 수락하지 않는 경우에는 대금감액청구권을 행사할 수 없다.

5) 일부 이행, 조기 이행, 초과 이행에 대한 구제

① 일부 이행
- 매도인이 물품의 일부만을 인도하거나 전부 인도되더라도 그 일부만이 계약에 적합한 경우 특정이행청구권, 추가기간지정권, 계약해제권, 대체품인도청구권, 대금감액청구권 등 매수인의 구제권은 그 불이행 또는 부적합한 부분에 대하여 인정된다.
- 단, 일부 불이행 또는 일부 부적합이 본질적 위반에 해당되는 경우에는 매수인은 계약전체에 대하여 해제권을 행사할 수 있다.

② 조기 이행

매도인이 약정된 기일 이전에 물품을 인도할 경우에 매수인은 인도를 수령하거나 거절할 수 있다.

③ 초과 이행

매도인이 계약에 정한 것보다 많은 수량을 인도한 경우 매수인은 초과 수량 인도를 수령하거나 거절할 수 있다. 만약 매수인이 초과 수량의 전부나 일부의 인도를 수령한 경우, 매수인은 계약상의 비율에 따라 대금을 지급하여야 한다.

4. 매도인과 매수인의 공통 규정

(1) 개요

CISG에서는 매도인과 매수인의 공통 적용 규정을 두고 있으며, 조항으로는 제71조부터 제88조까지 규정되어 있다.

조항	제목
제71조~제73조	이행기 전 계약 위반과 분할 이행 계약
제74조~제77조	손해배상
제78조	이자
제79조, 제80조	면책
제81조~제84조	계약 해제의 효과
제85조~제88조	물품의 보관

(2) 계약 해제

1) 계약 해제의 통지

계약 해제의 선언은 상대방에 대한 통지(Notice)로서 이를 행한 경우에 한하여 효력을 갖는다. 즉, 청약 및 승낙과는 달리 계약 해제의 통지는 '발신주의'를 택하고 있다.

2) 이행기 전 이행 정지(Suspend)

당사자 일방은 계약 체결 후 상대방이 그 의무의 어떤 실질적인 부분(A substantial part)을 이행하지 아니할 것이 명백한 경우(Become apparent)에는 자기의 의무 이행을 정지할 수 있다.

3) 이행기 전 계약 해제

- 계약의 이행기일 이전에 당사자 일방이 계약의 본질적인 위반(Fundamental Breach)을 범할 것이 분명(Is clear)한 경우에는 상대방은 계약의 해제를 선언할 수 있다.
- 시간이 허용되는 경우, 계약 해제를 선언하고자 하는 당사자는 상대방이 그 이행에 관하여 적절한 보장을 제공할 수 있도록 하기 위하여 상대방에게 합리적 통지를 발송하여야 한다.
  ※ 위 요건은 상대방이 그 의무를 이행하지 아니 할 것을 선언한 경우에는 적용하지 않는다.

4) 분할 이행 계약의 해제

- 물품의 분할 인도를 위한 계약에 있어 분할 부분에 당사자 일방의 의무 불이행이 그 분할 부분에 관하여 계약의 본질적 위반을 구성하는 경우 상대방은 그 분할 부분(With respect to that instalment)에 관하여 계약 해제를 선언할 수 있다.
- 단, 어느 분할 부분에 대한 상대방의 의무 불이행이 장래의 분할 부분에 관하여 본질적 계약 위반을 구성하게 되는 경우 장래의 분할 부분에 관하여 계약을 해제할 수 있다.

5) 계약 해제의 효과

① 계약상 의무 소멸 및 존속 의무

- 계약의 해제(Avoidance of the contract)는 이미 발생한 모든 손해배상의 의무를 제외하고 양당사자를 계약상의 의무로부터 면하게 한다.
- 해제는 분쟁 해결 조항이나 계약 해제 후 발생하는 당사자의 권리와 의무를 규율하는 조항에 영향을 미치지 않는다.

② 반환 의무

계약의 전부 또는 일부를 이행한 당사자는 상대방으로부터 수령한 물품이나, 지급한 대금을 반환할 것을 청구할 수 있다. 당사자 쌍방이 반환할 의무가 있는 경우에는 양 당사자는 동시에(Concurrently) 이를 이행하여야 한다.

(3) 손해배상

1) 손해배상액 산정의 원칙

- 손해배상액은 이익의 손실을 포함하여(Including loss of profit) 그 위반의 결과로 상대방이 입은 손실과 동등한 금액으로 한다.
- 손해배상액은 계약 체결 시에 위반의 당사자가 알았거나 알았어야 할 사실에 비추어 그 위반의 당사자가 계약 체결 시 계약 위반의 결과로 예상하였거나 예상하였어야 하는 손실을 초과할 수 없다.

2) 손해경감의무

- 계약 위반을 주장하는 자는 이익의 손실을 포함하여 그 위반으로부터 야기된 손실을 경감하기 위하여 그 사정에 따라 합리적 조치를 취하여야 한다.
- 그러한 조치를 취하지 않는 경우에는, 위반의 당사자는 경감되었어야 하는 손실액을 손해배상액에서 감액하도록 청구할 수 있다.

(4) 이자

- 당사자 일방이 대금 또는 기타 모든 연체된 금액을 지급하지 않는 경우, 상대방은 그 금액에 대한 이자(Arrears)를 청구할 수 있다.
- 이자지급청구권은 손해배상청구와 별도로 청구할 수 있다.

(5) 손해배상 책임의 면책

1) 면책 요건

① 계약당사자의 장애

- 통제할 수 없는 장애 : 자신의 통제를 벗어난 장애
- 예측불가능 : 계약 체결 시 그 장애를 고려하거나 장애 극복·회피를 합리적으로 기대할 수 없음
- 회피불가능 : 계약 체결 시 장애 극복·회피가 불가능
- 입증책임 : 의무불이행 당사자

② 제3자에 의한 장애 : 불이행이 제3자의 불이행에 기인한 경우 중 다음의 경우 면책된다.

- 당사자가 상기 ①의 규정에 따라 면책
- 당사자가 고용한 제3자가 상기 ①의 규정이 그에게 적용된다면 역시 면책

2) 면책 기간

면책은 장애가 존재하는 동안의 기간에만 효력이 발생한다.

3) 장애 발생의 통지(도달주의)

- 불이행 당사자는 장애(Impediment)와 장애가 자신의 이행 능력에 미치는 영향에 대하여 상대방에게 통지하여야 한다.
- 불이행 당사자가 장애를 알았거나 또는 알았어야 하는 때로부터 합리적 기간 내에 그 통지가 상대방에게 도착하지 않는 경우, 불이행 당사자는 그러한 불착으로 발생하는 손해배상액에 대한 책임이 있다.

4) 면책효력

면책은 손해배상액에만 국한하여 효력이 있다. 즉, 손해배상청구권 외 계약해제권, 하자보완청구, 대금감액청구권 등의 권리는 행사할 수 있다.

C/h/e/c/k CISG의 도달주의, 발신주의	
주요내용	**구분**
청약의 효력 발생 시기	도달주의
청약 철회의 효력 발생 시기	도달주의
청약취소권 효력 발생 시기	도달주의
청약취소권의 소멸 시기(승낙자가 발송하기 전까지 취소)	발신주의
승낙의 효력 발생 시기	도달주의
승낙의 철회의 효력 발생 시기	도달주의
계약 해제의 통지	발신주의
매도인의 하자보안권 행사에 따른 매수인의 이행 승낙 통지	도달주의
이행기 전 이행 정지의 통지	발신주의
이행기 전 계약 해제의 통지	발신주의
장애 발생의 통지	발신주의

핵심 ○/×

01 국제무역거래 간 청약에 있어서 승낙회답의 유효기간(validity of offer)이 없는 경우 어떠한 경우에도 확정청약이 될 수 없다. (   )

정답 | ×
해설 | 유효기간이 없더라도 그 청약이 확정적(firm) 또는 취소불능이라는 표시가 있으면 확정청약으로 간주한다.

02 CISG상 청약의 효력 발생시기는 수신인에게 구두로 전해지거나, 또는 기타 다른 방법으로 직접 수신인에게, 그의 영업소 또는 우편송부처에 전달된 때 상대방에게 도달한 것으로 본다. (   )

정답 | ○

03 반대청약(Counter offer)의 경우 청약에 대한 승인이며, 부가(Additions), 제한(Limitations), 또는 기타의 변경(Other modifications)을 가하고 있는 청약으로 본다. ( )

정답 | ×
해설 | 반대청약은 청약에 대한 거절이다.

04 청약의 유효기간이 경과되어 행해진 승낙은 어떤 경우에도 승낙으로서 효력이 없다. ( )

정답 | ×
해설 | 청약자가 의사를 표시하는 경우는 예외이다.

05 조건부 청약(Conditional offer)이란 청약에 일정한 조건이 부가된 청약을 의미하며, 이는 모두 불확정청약으로 보아야 한다. ( )

정답 | ×
해설 | 점검매매, 반품허용조건은 확정청약으로 본다.

06 확정청약(Firm offer)이 발행되는 경우 피청약자에게 도달하기 전 또는 도달과 동시에 청약자가 그 내용을 변경·철회할 수 있다. ( )

정답 | ○

07 CSIG상 청약에 대한 승낙으로 승낙의 침묵(Silence)은 승인이 될 수 없다. ( )

정답 | ○

08 청약의 유인(Invitation to offer, Invitation to treat)은 그 자체로 청약으로 본다. ( )

정답 | ×
해설 | 청약의 유인은 청약 자체가 아니고, 그 전 단계인 예비적 교섭에 불과하다.

09 지연된 승낙의 경우 청약자가 유효하다는 취지를 피청약자에게 구두로 알렸거나 그러한 취지의 통지를 발송하였다면 승낙으로서 효력을 갖게 된다. (　　)

정답 | ○

10 청약의 유효기간(Validity of offer)이란 청약의 효력이 존속되는 기간을 의미하며, 이 기간 내에 승낙이 있어야 계약이 성립된다. (　　)

정답 | ○

기출문제

01 Choose one that is NOT correctly written in English.

① 귀사가 다른 회사들처럼 가격을 10% 정도 할인해 주시면 귀사의 청약을 수락하겠습니다.
→ If you give us a 10% discount like other companies, we will accept your offer.

② 당사는 15%보다 더 높은 할인을 기대하며 귀사가 할인율을 한 번 더 고려해 줄 것을 기대합니다.
→ We hope that you will reconsider the discount rate with more than 15%.

③ 이것은 현재 당사가 제시할 수 있는 최고의 청약이며 더 이상의 저가에 의해서는 높은 품질이 유지될 수가 없습니다.
→ This is the best offer that we can make at present and the high quality of the goods cannot be maintained at lower prices.

④ 당사는 어떠한 수량의 주문도 주문 후 2주 이내에 인도를 할 수 있다는 것을 알려드립니다.
→ You are informed that we are able to supply any quantity after two weeks from your order

정답 | ④
해설 | after → within

02 What is the main purpose of the letter?

Thank you for shopping with us at Dembry's. We appreciate your patronage. In regards to the computer you bought at our store on October 12, 2014, we are sorry to inform you that the date you returned the computer was February 28, 2015, which is over our 60. day return policy. If you refer to the bottom of your receipt, our return policy is clearly displayed.

Once again, thank you for being a valued Dembry's customer and we look forward to seeing you at Dembry's once again in the near future.

① to thank the customer for buying a computer

② to decline a return request

③ to apologize for the inconvenience

④ to explain the merits of the computer which the customer bought

정답 | ②

해설 | • patronage : 후원, 단골
- 60. days return policy : 구입 후 60일 이내에는 반품을 받아주는 정책
- If you refer to the bottom of your receipt : 당신이 가지고 있는 영수증 맨 밑에 보면

03 청약의 요건으로 옳지 않은 것은?

① 1인 혹은 그 이상의 특정인에 대한 의사표시일 것

② 물품의 표시, 대금 및 수량에 관하여 충분히 확정적인 의사표시일 것

③ 승낙이 있는 경우 이에 구속된다는 의사표시가 있을 것

④ 상대방의 거래문의에 대한 응답으로 절대적이고 무조건적인 거래개설의 의사표시일 것

정답 | ④
해설 | 이는 승낙의 조건이다.

04 국제물품매매계약에 관한 UN협약(CISG)이 적용되는 매매계약에서 당사자들이 대금지급일자만 합의하고 대금 지급장소에 대하여는 아무런 합의도 하지 않았다고 할 때, 다른 특별한 사정이 없다면, 매수인은 어디서 대금을 지급하여야 하는가?

① 매도인의 영업소

② 매수인의 영업소

③ 계약체결지

④ 매수인이 선택하는 합리적인 장소

정답 | ①

CHAPTER 03 국제물품매매계약의 기본조건

제1부 개요

- 청약과 승낙에 의하여 계약은 성립될 수 있지만 실제 거래에서는 청약내용이 매우 간단하므로 상관습이 서로 다른 국가 간에 이루어지는 무역거래의 특성 때문에 매매당사자 간 거래조건에 대한 사전합의가 필요하다.
- 계약물품에 관한 기본적인 조건으로 품질(quality), 수량(quantity), 가격(price), 선적(shipment), 지급(payment), 보험(insurance), 포장(packing) 등이 있으며 아래에서는 무역계약 시 약정하여야 할 기본조건과 상거래분쟁에 대비한 법적 구제조건에 관하여 살펴보기로 한다.

제2부 품질조건

1. 의의

국제물품매매계약 시 매매대상 물품의 품질은 거래당사자 간 중요한 관심사인바, 품질로 인해 분쟁이 발생하는 경우가 많다. 따라서 거래당사자는 ① 품질의 결정방법, ② 품질의 결정시기, ③ 품질의 증명방법 등을 명확히 약정하여야 한다.

2. 품질의 결정방법

(1) 견본에 의한 매매(sales by sample)

① 견본매매란 매매당사자가 제시한 견본에 의해 물품의 품질수준을 결정하는 방법을 말하며, 오늘날 무역거래에서 가장 많이 이용되는 방법이며, 주로 대량생산되는 공산품을 대상으로 한다.

② 매매계약 시 주의하여야 할 사항은 견본에 관하여 품질은 "견본과 완전히 일치하는 것"으로 표현하지 않고 "대체로 견본과 비슷한 것"과 같이 완곡하게 표현하여야 마켓클레임(market claim)을 예방할 수 있다. 또한 최상품보다는 평균적(fair and average) 품질을 선택하여 제시하는 것이 바람직하다.

C/h/e/c/k 완전히 일치한다는 표현

- Quality to be fully equal to sample
- Quality to be same as sample

완곡한 표현

Quality to be con—sidered as being about equal to sample

---

(2) 상표에 의한 매매(sales by mark or brand)

국제적으로 널리 알려진 물품에 대해서 견본을 제시할 필요 없이 상표(trade mark)나 통명(brand)에 의하여 품질기준을 삼는 거래를 말한다.

(3) 규격에 의한 매매(sales by type or grade)

물품의 규격이 국제적으로 통일되어 있거나 수출국의 공적규격으로 특정되어 있는 경우에 이용되는 매매방법이다. ISO(Inter-national Organization for Standardization), 한국의 KS(Korean Standard) 등과 같은 규격을 이용하는 방법이다.

(4) 명세서에 의한 매매(sales by specification)

기계류나 선박, 철도차량, 중장비류 등의 거래에서는 견본을 사용하기 곤란하므로 거래물품의 구조, 성능 등에 대하여 상세한 명세서(specification)나 설명서(description), 설계도(plan) 등에 의하여 매매기준으로 삼는 방법이다.

(5) 표준품에 의한 매매(sales by standard)

① 의의 : 수확예정의 농산물, 어획예정의 수산물, 벌채예정의 원목 등을 거래하는 경우, 매매계약 시 현품이 없이 견본제공이 곤란하므로 그 표준품(standard)을 정하여 물품의 품질을 결정하는 방법이다.

② 표준품에 의한 품질의 결정방법

　㉠ 평균중등 품질조건(Fair Average Quality : F.A.Q) : 평균중등품질이란 주로 곡물류의 매매에 사용되는 품질조건으로 인도물품의 품질은 선적 시, 선적장소에서 당해계절의 출하품의 평균중등품질을 조건으로 하는 것을 의미한다.

　　※ 이 조건은 물품의 선물거래(future transaction)에 많이 이용된다. 선물매매의 경우 전년도 수확물의 평균중등품질을 채택하기도 한다.

　㉡ 판매적격품질(Good Merchantable Quality : G.M.Q) : 목재, 냉동어류 등과 같이 견본이용이 곤란하고 내부의 품질을 외관상으로 알 수 없는 물품에 사용되는 품질조건으로 매도인이 인도한 물품은 판매적격성(merchantability)을 지닌 것임을 보증하는 조건이다.

　㉢ 보통품질조건(Usual Standard Quality : U.S.Q) : 보통품질이란 주로 원사거래에 이용되는 품질조건으로 공인검사기관 또는 공인표준기준에 의하여 보통품질을 표준품의 품질로 결정하는 조건이다.

　　※ 대상품목에 대해 보통 1등급, 2등급 등으로 구분한다.

(6) 점검매매(sales by inspection)

매수인이 물품의 품질을 직접 확인한 후 구매여부를 결정하는 방법으로, 주로 보세창고도거래(BWT), COD거래 등에서 이용된다.

3. 품질의 결정시기

무역거래에서의 물품운송은 대부분 장거리 운송이기 때문에 선적시점과 양륙시점의 품질이 다를 수 있다. 따라서, 품질의 결정시기를 명시적으로 약정해두는 것이 사후분쟁을 예방할 수 있다.

(1) 일반물품의 품질결정시기

① 선적품질조건(shipped quality terms)

　㉠ 인도물품의 품질이 계약과 일치하는지의 여부를 선적 시의 품질에 의해 결정하는 방법이다.

　㉡ 즉, 선적 시의 품질이 계약과 일치하면 매도인은 운송 중 변질된 물품에 대해서는 책임을 지지 않는다. 이는 일반공산품 등에 널리 이용되고 있다.

ⓒ 일반적으로 EXW, FCA, FAS, FOB, CFR, CIF, CPT, CIP 규칙 및 표준매매의 FAQ, 곡물거래의 TQ가 있다.

② 양륙품질조건(landed quality terms)

ⓐ 인도물품의 품질이 계약과 일치하는지의 여부를 양륙 시 품질에 의해 결정하는 방법으로서, 매도인은 운송중 변질된 물품에 대해서 책임을 져야 한다.

ⓑ DAP, DAT, DDP 조건과 표준매매의 GMQ, 곡물거래의 RT가 있다.

(2) 곡물의 품질결정시기

① Tale Quale(T.Q.)

ⓐ "Such as it is"라는 의미로 이 조건은 선적품질조건으로 매도인은 약정한 물품의 품질을 선적할 때까지만 책임을 지는 조건이다.

ⓑ 예컨대, "Shipment in good condition but tale quale as regards condition on arrival"이라고 약정한다.

② Rye Terms(R.T.)

이 조건은 호밀(rye)거래에 사용되면서 물품이 도착 시 손상되어 있는 경우에 그 손해에 대하여 매도인이 변상하는 관례에서 생긴 것으로 양륙품질조건을 말한다.

③ Sea Damaged(S.D.)

ⓐ SD는 원칙적으로 선적품질조건이지만, 해상운송 중에 발생한 해수에 의한 손해는 매도인이 부담하는 조건으로 선적품질조건과 양륙품질조건을 절충한 조건부 선적품질조건이다.

ⓑ 예컨대, "Damaged by sea water, if any, to be seller's account"라고 약정한다.

4. 품질의 증명방법

① 물품의 품질에 대한 검사는 매매계약 시 당사자 간 합의하는 것이 원칙이지만, 일반적으로 품질의 입증은 선적품질조건의 경우에는 매도인이, 양륙품질조건의 경우에는 매수인이 입증책임을 져야 한다.

② 품질에 대한 입증은 검사, 감정 등을 업으로 하는 감정인(surveyor)의 감정보고서(surveyor's report)에 의한다.

③ 약정 시 "Seller's inspection to be final", "Buyer's inspection to be final", "Agency's inspection to be final" 중 하나로 한다.

제3부 수량조건(Quantity Terms)

1. 개요

무역거래에서 수량에 대한 관습이 나라에 따라 서로 다르기 때문에 분쟁이 발생되기 쉽다. 수량에 관한 조건에서는 ① 수량의 단위, ② 수량결정의 시기, ③ 과부족의 용인 등에 대하여 명확히 약정하여야 한다.

2. 수량의 단위

(1) 중량의 단위

중량은 무게를 나타내는 단위로서 kg, pound, ton 등이 사용되는데 이 중 ton은 다음과 같다.

① L/T(Long Ton ; English Ton ; Gross Ton) : 1L/T(=1,016kgs=2,240lbs)

② S/T(Short Ton ; American Ton ; Net Ton) : 1S/T(=907kgs=2,000Ibs)

③ M/T(Metric Ton ; French Ton ; Kilo Ton) : 1M/T(=1,000kgs=2,204Ibs)

(2) 용적의 단위

① 목재 : Cubic meter(M3 : CBM), Cubic feet(cft), Super feet(S.F)

② 액체 : gallon, liter, barrel

③ 곡물 : bushel

(3) 개수의 단위

① dozen(12개)

② Small gross(12×10개)

③ Gross(12×12개)

④ Great Gross(12×12×12개)

3. 수량결정시기

(1) 선적수량조건(shipped quantity terms)

① 선적시점에 검량한 수량이 계약에서 명시한 수량과 합치되면 운송 중에 감량이 되더라도 매도인은 이에 대하여 아무런 책임을 부담하지 않는 조건이다.

② 일반적으로 FOB, CIF조건 등이 선적수량조건에 해당된다.

(2) 양륙수량조건(landed quantity terms)

① 목적항에서 양륙하는 시점에서 검량하여 인도수량이 계약수량과 합치되어야 하는 조건이며 만일 운송 중 감량이 있는 경우에는 매도임이 책임을 부담하게 되는 조건이다.

② DAP, DAT 조건 등이 양륙수량조건에 해당된다.

4. 수량의 표현방법

(1) 개산수량조건(Approximate Quantity Terms)

① 의의

개산수량조건이란 "약(about)", "대략(approximately)"이라는 단어를 사용하여 수량의 과부족을 신축적으로 허용하는 것을 말한다.

② 내용

㉠ 합의가 있는 경우 : 합의한 범위만큼 과부족이 허용된다.

㉡ 신용장거래 시

• 금액, 수량, 단가 앞에 "약"이라는 용어를 사용하는 경우 10%의 과부족을 허용

• 산물(bulk cargo)뿐 아니라 **개별품목(individual item)**, **포장단위품목(packing unit)**에 대해서도 적용

(2) 과부족용인조항(M/L Clause : More or Less Clause)

① 의의

물품의 수량에 일정한 과부족의 한도를 정해두고 그 범위 내에서 물품을 인도하는 경우, 계약의 정당한 이행으로 간주한다는 조항이다.

② 내용

㉠ 합의가 있는 경우

- 합의한 범위만큼 과부족이 허용된다.
- 예를 들어, "Quantity shall be subject to a variation of 3% more or less at seller's option."과 같이 약정한다.

③ 신용장거래 시

㉠ 과부족금지조항이 없고, 환어음의 발행금액이 신용장금액을 초과하지 않는 한 **5% 과부족**을 허용

㉡ 개별품목, 포장단위품목이 아니고, 오로지 **살물(bulk cargo)**에만 적용

5. 중량의 측정방법

중량 측정방법에는 측정시 **포장의 무게를 포함하는지 여부**에 따라 다음과 같이 구분된다.

총중량조건 (Gross weight term)	외포장, 내포장, 물품의 자체중량까지 모두 합하여 중량을 측정하는 조건으로서 소맥분, 면화 등의 특수물품의 경우에만 채택된다.
순중량조건 (Net weight term)	총중량에서 외포장 무게를 제외한 중량으로 측정하는 조건으로서 비누, 화장품 등과 같이 소매로 판매할 때 이용되는 조건이다.
정미중량조건 (Net, Net weight term)	중량에서 내포장과 충전물을 제외한 내용물만의 순수한 중량만을 측정하는 조건이다.

제4부 가격조건(Price Terms)

1. 의의

가격조건은 거래물품의 가격과 관련된 사항을 약정하는 조건으로서, 가격조건을 결정하려면 매매가격을 합리적으로 산출하고 안정된 결제통화(Currency)를 결정하여야 한다.

2. 가격의 구성요소

가격의 구성요소에는 물품원가, 간접원가, 운송비 · 보험료 · 통관비용 등의 부대비용 및 예상이익 등이 있다.

3. 표시통화

통화는 국가마다 고유의 통화를 사용하고 있기 때문에 무역거래에 사용되는 통화는 안정성(Stability), 교환성(Convertibility), 유동성(Liquidity)을 고려하여야 한다.

4. 정형거래조건의 활용

① 무역거래에서 가격조건을 표시하는 경우 FOB, CIF 등의 정형거래조건을 사용한다. 또한 정형거래조건을 사용하는 경우에도 당사자가 어떤 거래관습의 조건을 채용할 것인지에 대해서도 협의하여야 한다.

② 매매계약 약정 예시로는 "The trade terms used under this contract shall be governed and interpreted by the provisions of INCOTERMS 2020"이 있다.

제5부 선적조건(Shipment Terms)

1. 의의

선적이란 본선적재(Loading on Board)만을 의미하는 것이 아니라, 운송을 위한 인수(Accepted for Carriage), 우편의 발송(Dispatch), 우편수령일(Date of Post), 접수일(Date of Pick-UP) 및 복합운송의 경우 수탁(Taking in Charge)의 뜻도 포함한다.

2. 선적시기의 약정

(1) 특정조건

① 단월선적조건 : Shipment shall be made during January 2024(매도인은 1월 1일부터 1월 31일까지 선적해야 한다).

② 연월선적조건 : Shipment shall be made during January and February(매도인은 특약이 없는 한 1월 1일부터 2월 28일 사이에 선적을 완료하면 된다).

(2) UCP600상 선적일자

UCP600 제3조에서는 다음과 같이 선적일자와 관련한 용어를 정의하고 있다.

① 즉시선적용어

"신속히(prompt)", "즉시(immediately)", "가능한 한 빨리(as soon as possible)" 등과 같은 애매한 표현은 사용하지 못하게 하고 있다.

Unless required to be used in a documentwords such as "prompt", "immediately" or "as soon as possible" will be disregarded.

② on or about 조건

지정일자를 기준으로 전후 5일의 기간 내에 선적이 이행되는 것으로 해석되며, 당해일자 포함 총 11일이 된다.

The expression "on or about" or similar will be interpreted as a stipulation that an event is to occur during a period of five calendar days before until five calendar days after the specified date, both start and end dates included.

"Shipment shall be effected on or about March 10, 2018" (선적이 지정일자인 3월 10일로부터 5일 전후까지의 기간 내에 선적이 이행되는 것으로 3월 5일부터 3월 15일까지 모두 11일이 된다.)

③ 기간관련용어

㉠ "to", "until", "till", "from" and "between" : 선적을 위해 사용된 경우 당해일자가 포함

㉡ "before" and "after" : 선적을 위해 사용된 경우 언급된 당해일자 제외

※ 주의
- "from"은 선적일자를 해석할 때는 포함하고, 환어음의 만기일을 결정할 때는 제외한다.
- "from" and "after" : 만기일을 결정하기 위하여 사용된 경우에는 언급된 당해 일자를 제외한다.
- "first half" and "second half" of a month : 지정한 달의 1일부터 15일까지, 16일부터 말일까지의 기간을 나타낸다.
- "beginning", "middle" and "end" of a month : 지정한 달의 1일부터 10일, 11일부터 20일, 21일부터 말일까지의 기간을 나타낸다.

3. 분할선적(Partial Shipment)

(1) 의의

분할선적이란 물품을 1회에 전량 선적하지 않고, 2회 이상 분할하여 선적하는 것을 말하며, 일반적으로 매도인이 물품의 수량이나 금액이 많아 한꺼번에 선적하기 곤란한 경우 사용되며, 매매계약 시에 분할선적을 허용하느냐의 유무는 보통 "Partial Shipment are allowed(or prohibited)" 등으로 약정하면 된다.

(2) UCP상 분할선적(제31조)

① 분할선적으로 보지 않는 경우

A presentation consisting of more than one set of transport documents evidencing shipment commencing on the same means of conveyance and for the same journey, provided they indicate the same destination, will not be regarded as covering a partial shipment, even if they indicate different dates of shipment or different ports of loading, places of taking in charge or dispatch. If the presentation consists of more than one set of transport documents, the latest date of shipment as evidenced on any of the sets of transport documents will be regarded as the date of shipment.
동일한 운송수단에 그리고 동일한 운송을 위하여 출발하는 선적을 증명하는 2조 이상의 운송서류를 구성하는 제시는, 이들 서류가 동일한 목적지를 표시하고 있는 한, 이들 서류가 상이한 선적일 또는 상이한 적재항, 수탁지 또는 발송지를 표시하고 있더라도, 분할선적이 행해진 것으로 보지 아니한다. 그 제시가 2조 이상의 운송서류를 구성하는 경우에는, 운송서류의 어느 한 조에 증명된 대로 최종선적일은 선적일로 본다.

② 분할선적으로 보는 경우

A presentation consisting of one or more sets of transport documents evidencing shipment on more than one means of conveyance within the same mode of transport will be regarded as covering a partial shipment, even if the means of conveyance leave on the same day for the same destination.
동일한 운송방식에서 2 이상의 운송수단상의 선적을 증명하는 2조 이상의 운송서류를 구성하는 제시는 그 운송수단이 동일한 일자에 동일한 목적지를 향하여 출발하는 경우에도 분할선적이 행해진 것으로 본다.

③ 특사수령증 · 우편영수증 · 우편증명서

A presentation consisting of more than one courier receipt, post receipt or certificate of posting will not be regarded as a partial shipment if the courier receipts, post receipts or certificates of posting appear to have been stamped or signed by the same courier or postal service at the same place and date and for the same destination.
2 이상의 특송화물수령증, 우편수령증 또는 우송증명서를 구성하는 제시는 그 특송화물 수령증, 우편수령증 또는 우송증명서가 동일한 장소 및 일자 그리고 동일한 목적지를 위하여 동일한 특송업자 또는 우편서비스에 의하여 스탬프 또는 서명된 것으로 보이는 경우에는 분할선적으로 보지 아니한다.

4. 할부선적(Instalment Shipment)

(1) 의의

특정기간 동안 일정량의 화물을 수회에 걸쳐 선적하는 것을 말하며, 분할선적과 달리 지정된 기간 내에 일정한 할부선적분을 반드시 이행하고 환어음을 발행하여야 한다.

(2) UCP상 할부선적(제32조)

If a drawing or shipment by instalments within given periods is stipulated in the credit and any instalment is not drawn or shipped within the period allowed for that instalment, the credit ceases to be available for that and any subsequent instalment.

일정기간 내에 할부에 의한 어음발행 또는 선적이 신용장에 명시되어 있고 어떠한 할부분이 그 할부분을 위하여 허용된 기간 내에 어음발행 또는 선적되지 아니한 경우에는, 그 신용장은 그 할부분과 그 이후의 모든 할부분에 대하여 효력을 상실한다.

5. 환적(Transhipment)

(1) 의의

환적이란 선적항에서 선적된 물품을 최종목적지로 운송하는 도중에 하나의 운송수단으로부터 양하하여 다른 운송수단으로 재적재하는 것을 말한다. 매매계약 시 환적을 허용하는지의 유무는 보통 "Transhipment is allowed(or prohibited)" 등으로 약정하면 된다.

(2) UCP상 환적

전체운송구간이 동일한 운송서류에 의해 커버된다는 전제하에 다음과 같다.

① 복합운송서류, 항공운송서류, 도로 · 철도 · 내수로 운송서류

ㄱ For the purpose of this article, transhipment means unloading from one means of conveyance and reloading to another means of conveyance (whether or not in different modes of transport) during the carriage from the place of dispatch, taking in charge or shipment to the place of final destination stated in the credit.

이 조에서, 환적이란 신용장에 명기된 발송, 수탁 또는 선적지로부터 최종목적지까지의 운송과정 중에 한 운송수단으로부터의 양화 및 다른 운송수단으로의 재적재를 말한다.

ㄴ A transport document may indicate that the goods will or may be transhipped provided that the entire carriage is covered by one and the same transport document.

운송서류는 물품이 환적될 것이라거나 또는 될 수 있다고 표시할 수 있다. 다만, 전 운송은 동일한 운송서류에 의하여 커버되어야 한다.

ㄷ A transport document indicating that transhipment will or may take place is acceptable, even if the credit prohibits transhipment.

신용장이 환적을 금지하고 있는 경우에도, 환적이 행해질 것이라거나 또는 행해질 수 있다고 표시하고 있는 운송서류는 수리될 수 있다.

② 선하증권 · 해상화물운송장

ㄱ A bill of lading indicating that transhipment will or may take place is acceptable, even if the credit prohibits transhipment, if the goods have been shipped in a container, trailer or LASH barge as evidenced by the bill of lading.

신용장이 환적을 금지하고 있는 경우에도, 물품이 선화증권에 의하여 입증된 대로 컨테이너, 트레일러 또는 래쉬선에 선적된 경우에는, 환적이 행해질 것이라거나 또는 행해질 수 있다고 표시하고 있는 선화증권은 수리될 수 있다.

ⓛ Clauses in a bill of lading stating that the carrier reserves the right to tranship will be disregarded.

운송인이 환적할 권리를 유보한다고 명기하고 있는 선화증권상의 조항은 무시된다.

③ 용선계약부 선하증권 및 특사수령증·우편수령증·우편증명서 : 환적에 대한 규정이 없다.

6. 선적지연(Delayed Shipment)

① 선적지연이란 약정된 선적기한 내에 선적을 이행하지 않는 것을 말한다.

② 선적지연이 매도인의 고의·과실에 의한 경우 매도인이 책임을 부담하여야 한다. 그러나 선적지연의 원인이 천재지변(Act of God) 등 기타 불가항력(Force Majeure)인 경우에는 불가항력조항(Force Majeure Clause)을 설정해 두었다면 선적지연에 따른 책임을 면할 수 있다.

제6부 대금결제조건(Payment Terms)

1. 의의

매매계약에서 매수인의 대금결제조건은 반드시 약정되어야 하는 조건이며, 기본적으로 대금결제방식, 지급시기 등에 대하여 약정을 하게 된다.

2. 대금결제방식

(1) 신용장(L/C)

① 신용장이란 신용장 개설의뢰인의 요청과 지시에 의하여 신용장 개설은행이 신용장조건과 일치하는 서류와의 상환으로 수출상인 수익자(Beneficiary)에게 행하는 조건부 지급확약이다.

② 예시로, "Payment Terms: Under irrevocable L/C at sight to be opened in favor of A & B CO., Ltd., Seoul."가 있다.

(2) 추심(Collection)방식

① 추심방식은 은행의 지급보증 없이 매수인의 신용만을 믿고 매매계약을 근거로 화환서류에 대하여 대금을 추심하는 방식으로서, D/P(지급인도조건)·D/A(인수인도조건)으로 구분된다.

② 예시로, "Payment Terms: Under D/A at 30 days after sight in U.S.Dollars."가 있다.

(3) 송금방식

① 송금방식은 수출상이 물품이나 권리증권 등의 서류를 인도하기 전 동시에 인도 후에 수출상에게 물품대금을 송금하여 결제하는 방법이다. 송금방식에는 송금수표(Demand Draft : D/D), 우편송금환(Mail Transfer : M/T), 전신송금환(Telegraphic Transfer : T/T) 방식이 있다.

② 예시로, "Payment Terms: Under T/T basis in U.S. Dollars."가 있다.

3. 대금결제시기

(1) 선지급(payment in advance)

선지급이란 물품이 선적·인도되기 전에 미리 대금을 지급하는 것으로서, 매도인에게 유리한 조건이다. 선지급에는 CWO(주문 시 현금지급), 전대신용장(Red Clause L/C), 사전송금(Advance Remittance Basis)이 있다.

(2) 동시지급(Concurrent Payment)

동시지급이란 수출상이 물품의 선적·인도나 물품에 대한 권리를 선적서류의 인도와 상환으로 대금을 지급하는 것으로서, 동시지급에는 COD(현품인도지급), CAD(서류상환지급), 일람불신용장(at sight L/C), D/P추심 등이 있다.

(3) 후지급

후지급이란 물품의 선적 또는 서류의 인도 후 일정기간이 경과된 후에 대금지급이 이루어지는 것을 말하며, 매수인에게 유리한 조건이다. 후지급에는 D/A, 기한부신용장(Usance L/C), 외상판매(Sales on Credit), 위탁판매(selling on consignment), 청산계정(Open account) 등이 있다.

제7부 보험조건(Insurance Terms)

1. 의의

보험조건이란 해상운송 중 선박의 침몰(sinking), 좌초(stranding) 등과 같은 위험에 대비해 무역계약 시 보험조건(insurance terms)을 약정하여 둘 필요가 있다.

2. 인코텀즈상 보험부보의무

CIF·CIP 규칙에서는 매도인은 보험업자와 보험계약을 체결하고 보험료를 지급하여야 하는 의무가 있다. 그러나 그 외의 정형거래조건에서는 당사자 간 약정에 따라 보험부보의무자가 결정된다.

3. 보험금액

(1) 보험가액(Insurable Value)

보험사고가 발생한 경우 피보험자가 입는 손해액의 최고한도액으로서 피보험이익의 평가액이다.

(2) 보험금액(insured amount)

손해발생 시 보험자가 부담하는 손해보상의 최고한도액을 말하며, 일반적으로 보험금액은 보험가액을 초과할 수 없다.

(3) 보험금액의 결정

일반적으로 보험금액은 CIF로 환산한 송장금액의 110%를 부보한다.

4. 담보조건

(1) 개요

적하보험에서의 보상범위는 계약에서 명시한 특정원인에서 발생한 멸실(loss) 및 손상(damage)에 한정되기 때문에, 담보조건의 선택은 중요하며 이러한 담보조건으로는 협회적하약관(ICC)이 있으며 신약관과 구약관이 모두 사용되고 있다.

(2) 보상범위

① 구약관 : 보상범위는 전 위험담보조건인 ICC(A/R), 분손담보조건인 ICC(WA), 단독해손부담보조건인 ICC(FPA)가 있으며 ICC(A/R)의 보상범위가 가장 넓다.

② 신약관 : ICC(A), ICC(B), ICC(C)가 있으며, 보상범위는 ICC(A)가 제일 넓으나, 전쟁위험이나 동맹파 업위험을 담보하지 않기 때문에 필요시 특약이 필요하다.

제8부 포장조건(Packing Terms)

1. 의의

포장조건이란 물품의 내용 및 외형을 보호함에 있어 미리 약정하는 조건으로 포장방법(packing method), 포장종류(kinds of package), 포장방법(packing method), 화인(shipping marks) 등에 대하여 약정한다.

2. 포장방법

① 개장(낱포장) : 하나의 용기에 물품을 낱개로 포장한 것을 말한다(최소묶음 포장).

② 내장(속포장) : 포장된 물품의 내부포장을 말한다(개장을 합하여 포장).

③ 외장(겉포장) : 물품의 외부포장을 말한다(상자, 부대 등을 사용).

3. 포장의 종류

포장의 종류에 따라 상자(carton), 베일(bale), 부대(bag), 살물(bulk cargo)의 경우 무용기포장으로 한다.

4. 화인(shipping marks : cargo marks)

① 화인이란 물품의 외장에 특정기호·포장번호 등의 표시를 하여 포장 상호 간 식별할 수 있도록 하는 것을 말한다.

② 화인에는 주화인(main mark), 부화인(counter mark), 중량(quantity mark), 목적항(destination mark), 화물번호(case number), 원산지(country of origin), 품질(quality mark), 주의표시(care mark)가 있다.

제9부 분쟁해결조항

1. 의의

무역계약체결 시 물품매매와 관련된 기본적인 조건 외에도 계약이행 이후에 발생될지도 모르는 분쟁과 계약 내용에 대한 법적 구제조건들에 대하여도 약정하여 두는 것이 중요하다.

2. 분쟁해결조항의 종류

(1) 클레임조항(Claim Clause)

클레임이란 매매당사자가 약정된 계약을 위반함으로써 상대방에게 상실된 권리의 회복을 요구하거나 손해배상을 청구하는 것으로 클레임조항에는 클레임 제기기간·제기의 근거·제기방법·해결방안 등을 명시한다.

(2) 중재조항(Arbitration Clause)

중재란 당사자 간의 합의로 사법상의 법률관계를 법원의 소송절차에 의하지 아니하고 제3자인 중재인을 선임하여 그 분쟁을 중재인에게 맡겨 중재인의 판단에 양 당사자가 절대 복종함으로써 최종적으로 해결하는 방법이며, 이러한 중재합의를 담은 것을 중재조항이라 한다. 또한 계약내용에 중재조항 삽입 시 중재기관 · 중재장소 · 준거법 등을 포함시키도록 한다.

(3) 재판관할조항(Jurisdiction Clause)

재판관할조항은 당사자의 분쟁해결에 관해서 어느 국가의 법원을 관할법원으로 할 것인가에 대해 정하는 조항으로써, 어느 국가의 법원이 관할권을 행사하는지 여부는 당사자들에게 중요한 사항이다.

(4) 준거법조항(Governing Law Clause)

준거법이란 어떤 법률관계에 대하여 법적판단을 내리는 경우 그 근거가 되는 법률을 말한다. 무역거래는 격지자 간 거래이기에 계약전반의 내용에 관해 어느 국가의 법률을 준거법으로 할 것인지에 대한 합의가 필요하며 이 경우 준거법조항을 삽입한다.

(5) 불가항력조항(Force Majeure Clause)

불가항력(Force Majeure)이란 당사자의 통제를 넘어서는 모든 사건을 말하며, 불가항력조항이란 불가항력 사유가 발생하여 계약당사자가 계약을 이행하지 못하게 되는 경우, 이러한 계약불이행에 대한 당사자의 면책을 규정한 조항을 말한다.

(6) 하드쉽조항(hardship Clause)

계약체결시 전혀 예상하지 못한 사정변경 발생하여 채무이행이 불가능하지는 않지만 이행을 강요한다면 불공평한 결과가 되는 경우, 당사자는 계약내용의 변경을 요구할 수 있고, 상대방은 반드시 이에 응해야 한다는 조항을 말한다.

(7) 완전합의조항(Entire agreement clause)

당사자 간의 합의사항은 모두 계약서에 기재된다는 것을 전제로 본계약이 성립한 이상 이전의 서명 · 구두에 의한 합의 등은 모두 본계약에 흡수되고 효력을 상실한다는 내용의 조항이다.

(8) 권리침해조항(Infringement clause)

매수인의 주문에 따라 생산하여 수출한 물품에 대하여 제3자가 특허권을 보유한 경우라도 매도인은 권리침해와 관련된 모든 책임으로부터 면책된다는 조항이다.

(9) 가격변동조항(An escalator clause)

가격변동조항은 계약이행기간이 장기인 경우에 계약성립 후에 원자재 · 운임 · 보험료 등의 상승, 환율의 변동에 따라 계약가격이 변동될 수 있다는 조건을 약정한 조항을 말한다.

(10) 권리불포기조항(Non waiver clause)

당사자 일방이 계약을 위반하는 경우 상대방이 이에 대해 이의를 제기하지 않았다는 것이 그의 어떠한 권리를 포기하는 것으로 해석되어서는 안 되며, 클레임이나 권리의 포기를 서면으로 인정하거나 확정한 경우에만 포기한 것으로 간주한다는 조항이다.

01 "Quality to be fully equal to sample"과 같은 문구를 사용하는 품질조건은 견본매매라고 한다. 이 경우 상품은 견본과 품질이 반드시 일치하여야 한다. (   )

정답 | ○

02 Fair Average Quality : F.A.Q의 경우 양륙지에서 판매적격여부를 판단하는 양륙지 품질조건이다. (   )

정답 | ×

03 Tale Quale(T.Q.)이란 Such as it is란 의미로 곡물의 양륙지에서의 판매적격여부를 판단하는 양륙지 품질조건이다. (   )

정답 | ×

04 Rye Terms(R.T.) 밀(rye)거래에 사용되면서 물품이 도착 시 손상되어 있는 경우에 그 손해에 대하여 매도인이 변상하는 관례에서 생긴 것으로 양륙품질조건을 말한다. (   )

정답 | ○

05 Sea Damaged(S.D.)는 선적품질조건으로 해상운송 중에 발생한 해수에 의한 손해를 매수인이 부담하는 조건이다. (   )

정답 | ×

06 개산수량조건이란 "약(about)", "대략(approximately)"이라는 단어를 사용하여 수량의 과부족을 신축적으로 허용하는 것을 말한다. (   )

정답 | ○

07 선적과 관련하여 on or about 조건을 지정하는 경우 지정일자를 기준으로 전후 10일의 기간 내에 선적이 이행되는 것으로 해석된다. ( )

정답 | ×

08 "to", "until", "till", "from" and "between" 등의 용어가 선적을 위해 사용된 경우 당해일자가 포함된다. ( )

정답 | ○

09 보험가액이란 손해발생 시 보험자가 부담하는 손해보상의 최고한도액을 말하며, 일반적으로 보험금액은 보험가액을 초과할 수 없다. ( )

정답 | ×

10 화인이란 물품의 외장에 특정기호, 포장번호 등의 표시를 하여 포장 상호 간 식별할 수 있도록 하는 것을 말한다. ( )

정답 | ○

01 다음은 중량단위에 대한 설명이다. ㄱ~ㄷ에 들어갈 중량 단위를 올바르게 연결한 것은?

> "총중량(Gross Weight)은 포장한 그대로의 중량을 대금 계산의 중량으로 하는 조건이며 포장용기(tare) 및 함유잡물(dust)이 일정한 면화, 소맥, 분발 등 그 성질상 포장과 분리가 어려운 특성을 지닌 제품에서 많이 사용된다. (ㄱ)은 총중량에서 포장물의 중량을 공제한 것을 대금계산의 단위로 하는 조건이다.
>
> (ㄴ)은 중량관세의 부과를 위하여 사용되는 중량으로 총중량에서 겉포장재료의 무게를 공제한 수량이다. (ㄷ)은 (ㄱ)에서 함유잡물(dust)의 중량을 제외하거나(⑩ 농산물) 부자재의 중량을 제외한 (⑩ 섬유류) 중량단위이다."

① ㄱ : 순중량(Net Weight)
  ㄴ : 정미순중량(Net)
  ㄷ : 법적순중량(Legal Net Weight)

② ㄱ : 순중량(Net Weight)
  ㄴ : 법적순중량(Legal Net Weight)
  ㄷ : 정미순중량(Net)

③ ㄱ : 정미순중량(Net)
  ㄴ : 법적순중량(Legal Net Weight)
  ㄷ : 순중량(Net Weight)

④ ㄱ : 법적순중량(Legal Net Weight)
  ㄴ : 순중량(Net Weight)
  ㄷ : 정미순중량(Net)

정답 | ②

02 수출자 X가 취할 조건으로 아래 공란을 올바르게 나열한 것은?

수출자 X는 최근 수출품목을 다변화하여 농산물, 임산물 또는 광산물과 같은 1차산품으로 확대하고자 한다. 그러나 문제는 이러한 1차산품이 주로 일정한 규격이 없어 품질을 약정하기가 곤란하다는 점을 알게 되었고, 이 경우 일정한 표준품을 추상적으로 제시하여 대체로 이와 유사한 수준의 품질을 인도하면 되는 것으로 알려졌다. 이에 최근 수입자 Y는 원목이나 냉동 수산물 등을 수입하고자 하나 이러한 물품의 대부분은 외관상으로는 좋게 보이지만, 그 내부가 부식되는 등 잠재하자 가능성이 높은 물품에 해당하여 수출자 X가 도착지에서 판매 적격성을 보증해주길 원하고 있다. 이에 수출자 X는 수입자 Y에게 품질결정방법으로 (a) 조건을 제시하고자 한다. 한편 또 다른 수입자 Z는 농산물 가운데 곡물류나 과일류 물품을 전년도 수확물의 평균중등품을 품질기준으로 선물거래에 의해 수입하기를 원하고 있어 그에게는 품질결정방법으로 (b) 조건을 제시하려고 한다. 그런데 수입자 Z는 특히 호밀의 수입을 원하며 품질검사의 기준시기로 양륙 시를 선호하고 있어 품질결정시기로 (c) 조건을 제시하려고 한다.

① a : GMQ b : FAQ c : RT

② a : FAQ b : USQ c : TQ

③ a : FAQ b : GMQ c : RT

④ a : GMQ b : USQ c : TQ

정답 | ①

03 Which of the following is LEAST likely to appear right after the passage below?

We regret to inform you that it has become impossible to complete the shipment of your Order No.367 as scheduled due to a recent storm. (   )

① Therefore, we are asking to extend the shipping date until the end of this month.

② Though the delay is beyond our control, we must apologize for any inconvenience you might have.

③ Your order was put on board, but the vessel has suffered serious damage and her departure was cancelled indefinitely.

④ We will complete your order as soon as the force-majeure disappears.

정답 | ③

해설 | ※ extend the shipping date : 선적기일을 연장하다

put on board : 선적되다

T r a d e   E n g l i s h **PART** 0 1

SECTION 1 | 인코텀즈2020 총론

1. 개요

① INCOTERMS란 "International Commercial Terms"의 약칭에서 따온 말로 국제물품매매에서 매매 당사자 간 의무의 불확실성을 해소하기 위해 ICC(국제상업회의소)에서 제정한 "국내 및 국제거래조건 의 사용에 관한 ICC규칙"을 말한다.

② 인코텀즈는 시대의 흐름에 따른 국제무역관습을 반영하기 위하여 10년 주기로 개정되어 왔고, 현재까 지 8차례 개정되었다.

③ 인코텀즈는 국내 · 국제거래조건의 사용에 관한 규칙이며, CISG(국제물품매매협약)과 함께 양대 매매 규범으로 사용된다.

2. CISG와 인코텀즈

① CISG 6조는 당사자 자치에 의해 CISG의 내용을 변경할 수 있음을 보여주는데, 이는 계약의 내용에 해당하는 당사자의 의사와 CISG규정 사이에 모순이 있는 경우, 당사자의 의사가 우선함을 뜻한다. 당사자는 인코텀즈를 채택함으로써 인코텀즈를 계약의 일부로 편입하게 된다. 그 결과 당사자가 합의 한 계약의 내용에 해당하는 인코텀즈 규칙이 CISG의 규정에 우선한다.

② CISG와 인코텀즈는 상호보완적 관계이다.

③ CISG의 경우 계약의 성립, 당사자의 권리 및 의무에 대해서 포괄적으로 규정하고 있으며, 인코텀즈의 경우 물품인도, 위험의 이전, 비용부담 등 당사자의 의무를 조건별로 상세히 규정하고 있으며, 대신 소 유권이전에 대해서는 규정하고 있지 않다.

3. 인코텀즈2020 주요 개정 특징

(1) 개별규칙 내 조항순서 변경

이번 인코텀즈2020에서는 중요한 규정을 앞쪽으로 배치하였으며, 비용조항의 경우에는 중요함에도 불 구하고 비용일람표(One-stop list)를 제공하는 목적에서 A9/B9(Allocation of costs)으로 조항의 순 서를 변경하였다. 즉, 인코텀즈2010호에서는 조항마다 다양한 비용부담의무가 규정되어 있었지만 인 코텀즈2020에서는 당사자가 부담할 모든 비용을 한번에 확인할 수 있도록 A9/B9에 모든 비용을 규 정하고 있다.

Incoterms 2010 조항순서	Incoterms 2020 조항순서
A1/B1 General obligations of the seller/buyer	A1/B1 General obligations
A2/B2 Licenses, authorizations, security clearances and other formalities	A2/B2 Delivery/Taking delivery
A3/B3 Contracts of carriage and insurance	A3/B3 Transfer of risks
A4/B4 Delivery/ Taking delivery	A4/B4 Carriage
A5/B5 Transfer of risks	A5/B5 Insurance
A6/B5 Allocation of costs	A6/B6 Delivery/transport document
A7/B7 Notices to the buyer/seller	A7/B7 Export/import clearance
A8/B8 Delivery document/ Proof of delivery	A8/B8 Checking/packaging/marking
A9/B9 Checking – packaging – marking/Inspection of goods	A9/B9 Allocation of costs
A10/B10 Assistance with information and related cost	A10/B10 Notices

(2) DAT규칙을 DPU규칙으로 명칭 변경

① DAT(Delivered at Terminal)를 DPU(Delivered at Place Unloaded)로 명칭을 변경하였다.

② DAT조건의 경우 도착터미널 인도조건으로 도착운송수단으로부터 물품을 양하(Unload)하여야 하고, 지정목적항 또는 지정목적지에 있는 지정터미널에서 매수인의 처분하에 둠으로써 인도하여야 한다고 규정하고 있다. DPU 규칙의 경우 인도장소를 터미널로 국한한 것을 터미널뿐만 아니라 어떠한 장소에서도 인도할 수 있도록 하였다. 즉, 인도장소(목적지)가 터미널로 제한되어 있지 않다.

③ DPU규칙과 DAP규칙의 차이점

    ㉠ DAP 규칙과 비교하였을 때, 양하이무를 명확히 구분함으로써 양하과정에서 문제 발생 시 책임소재를 명확히 하였다.

    ㉡ DPU : 물품을 도착운송수단으로부터 양하한 후 인도한다.

    ㉢ DAP : 물품을 도착운송수단에 실어둔 채 양하를 위하여 매수인의 처분하에 둠으로써 인도한다.

(3) CIP규칙의 보험 최대담보조건 변경

① CIP규칙의 보험 최소부보조건을 ICC(C)[최소부보의무]에서 ICC(A)[최대부보의무]로 변경하였다.

② 기존 인코텀즈2010에서 CIF규칙과 CIP규칙의 보험 최소담보조건이 ICC(C)약관으로 동일하였으나, CIP규칙의 보험부보조건을 변경함으로써 CIF규칙과 비교하였을 때, 보험 부보조건을 명확히 구분하여 활용 가능하도록 개정하였다.

③ 단, 인코텀즈규칙의 경우 임의규범이므로 당사자들의 합의에 따라 규정한 내용과 상관없이 낮은 수준의 약관으로 보험 부보가 가능하다.

④ CIF규칙의 경우 일차산품의 해상운송에 널리 사용되고 있기 때문에 개정되지 않고, 최소부보의무를 유지하였다.

(4) FCA규칙상 운송인의 본선적재표기가 있는 선하증권 발행의무 추가

① FCA규칙의 경우 매도인은 물품이 본선에 선적되기 전에 매수인이 지정한 운송인에게 물품을 인도할 의무를 부담한다. 이에 운송인은 운송계약상 물품이 실제로 선적된 후에 선적선하증권을 발행할 의무와 권리가 추가되었다.

② 신용장거래에서 개설은행은 선적선하증권(본선적재선하증권)을 요구하고 있기 때문에 운송인의 의무에 추가되었다.

FCA A6 선적선하증권제공의무(신설)	FCA B6 지시의무(신설)
매수인이 B6에 따라 매도인에게 운송서류를 발행하도록 운송인에게 지시한 경우에 매도인은 그러한 서류를 매수인에게 제공하여야 한다.	당사자들이 합의한 경우에 매수인은 물품이 적재되었음을 기재한(본선적 재표기가 있는 선하증권과 같은) 운송서류를 자신의 비용과 위험으로 매도인에게 발행하도록 운송인에게 지시하여야 한다.

(5) FCA, DAP, DPU, DDP 규칙에서 매도인 또는 매수인 자신의 운송수단에 의한 운송 허용

① FCA의 경우, 매수인은 지정인도장소에서 물품을 수취하기 위하여 또는 그 인도장소에서 자신의 영업구 내까지 운송하기 위하여 자신의 운송수단(예컨대 차량)을 사용할 수 있다.

② DAP/DPU/DDP의 경우, 매도인은 지정목적지까지 운송을 제3자에게 아웃소싱하지 않고 자신의 운송수단을 사용하여 운송할 수 있다.

③ 인코텀즈2010의 경우 제3자 운송인의 물품 운송을 전제로 하였지만, 인코텀즈2020의 경우에는 매도인 또는 매수인 자신의 운송수단을 이용하여 운송을 할 수 있도록 허용하였다.

FCA A6	DAP, DPU, DDP B6
"매수인은 자신의 비용으로 물품을 지정인도장소로부터 운송하는 계약을 체결하거나 그러한 운송을 마련하여야(arrange the carriage) 하되…"	"매도인은 자신의 비용으로 물품을 지정목적지까지 또는 그 지정목적지에 합의된 지점이 있는 때에는 그 지점까지 운송하는 계약을 체결하거나 그러한 운송을 마련하여야 한다."

(6) 운송의무 및 비용조항에 보안관련 의무 삽입

① 인코텀즈2010으로 개정된 후 테러 등에 대비한 보안문제에 따른 새로운 선적 관행이 어느 정도 정립됨에 따라 인코텀즈2020에서는 당사의 의무로 포함되었다.

② 보안통관은 운송 및 통관과 직접적으로 연결되기 때문에 각 인코텀즈 규칙의 A4(운송)와 A7(수출통관)에 보안관련 의무를 명시하였다.

③ 보안관련 비용의 경우 A9/B9(비용분담)에 규정하였다.

(7) 사용자를 위한 설명문(Explanatory Notes for Users)

① 인코텀즈2010에서의 "사용지침"(Guidance Note)을 개선해 인코텀즈2020에서는 "사용자를 위한 설명문"(Explanatory Notes for Users)으로 대체하였다.

② 해당 사용자를 위한 설명문에서는 개별 인코텀즈규칙의 기본적인 사항을 설명하고, 사용자들이 거래에 적합한 인코텀즈규칙을 정확하게 효율적으로 찾을 수 있도록 하였으며 개별 인코텀즈규칙의 해석이 필요할 때 지침을 제공한다.

(8) 소개문(Introduction) 강화

① Charles Debattista가 작성하였다.

② Incoterms 2020 ICC 공식원서 서두에 있는 "Introduction"(소개문)은 인코텀즈2020 규칙 자체의 일부를 구성하지 않는다.

③ 인코텀즈2020 자체의 기초적 사항들을 비교적 상세하게 설명하고 있다.

4. 인코텀즈2020의 구조

모든 운송방식에 사용되는 규칙	선적지 인도 규칙	① EXW(Ex Works : 공장인도규칙) ② FCA(Free Carrier : 운송인인도규칙) ③ CPT(Carriage Paid to : 운송비지급규칙) ④ CIP(Carriage and Insurance Paid to : 운송비보험료지급규칙)
	도착지 인도 규칙	① DAP(Delivered at Place : 도착지인도규칙) ② DPU(Delivered at Place Unloaded : 도착지양하조건) ③ DDP(Delivered Duty Paid : 관세지급인도규칙)
해상 · 내수로 운송 규칙	선적지 인도 규칙	① FAS(Free Alongside Ship : 선측인도규칙) ② FOB(Free on Board : 본선인도규칙) ③ CFR(Cost and Freight) : 운임포함인도규칙) ④ CIF(Cost, Insurance and Freight : 운임보험료포함인도규칙)

SECTION 2　세부규칙

제1장 모든 운송방식에 사용되는 규칙

1. EXW(EX WORKS, 공장인도)

(1) 개요

① 운송방식에 관계 없이 사용할 수 있으며, 2 이상의 운송방식이 채택된 경우에도 사용할 수 있다. 이는 국내거래에 적합하며, 국제거래에는 FCA가 적합하다. EXW는 매도인의 최소의무를 표방한다.

② "공장인도"란 매도인이 자신의 영업구내 또는 기타 지정장소(공장 · 창고 등)에서 물품을 매수인의 임의처분하에 두는 때에 인도되는 것을 의미한다.

③ 위험과 비용부담의 분기점은 인도기간 내에 매도인이 자신의 영업구 내에서 물품을 수취용 차량에 적재하지 않은 상태로 매수인의 임의 처분하에 두는 때이다.

④ 매도인은 수출통관의무가 없으며, 매수인이 수출통관을 못하면 EXW를 사용하지 않는 것이 좋다.

(2) 일반의무(A1/B1)

① 매도인은 매매계약에 일치하는 물품 제공 및 상업송장과 그 밖의 계약에서 요구될 수 있는 일치성에 관한 증거제공의무가 있다.

② 매수인은 매매계약에 따라 물품대금을 지급할 의무를 부담한다.

③ 합의가 없다면 양 당사자가 제공해야 할 서류는 종이서류 또는 전자적 방식으로 제공 가능하다.

(3) 인도와 인도의 수령(A2/B2)

① A2(인도)

㉠ 매도인은 지정장소에서, 그 지정장소에서 합의된 지점이 있는 경우에는 그 지점에서 물품을 수취용 차량에 적재하지 않은 채로 매수인의 처분하에 둠으로써 인도하여야 한다.

㉡ 지정장소 내에 합의된 특정한 지점이 없는 경우에 그리고 이용가능한 복수 지점이 있는 경우에 매도인은 그의 목적에 가장 적합한 지점을 선택할 수 있다.

② B2(인도의 수령) : 매수인은 물품이 A2에 따라 인도되고, A10에 따른 통지가 있는 때에 그 물품의 인도를 수령하여야 한다.

(4) 위험의 이전(A3/B3)

① A3 : 매도인은 물품이 A2에 따라 인도된 때까지 물품의 멸실 또는 훼손의 모든 위험을 부담한다. 단, B3에 따라 발생된 멸실 또는 훼손은 예외로 한다.

② B3

　㉠ 매수인은 물품이 A2에 따라 인도된 때부터 물품의 멸실 또는 훼손의 모든 위험을 부담한다.

　㉡ 매수인이 B10에 따른 통지를 매도인에게 하지 않은 경우에 매수인은 합의된 인도일 또는 합의된 인도기간의 만료일로부터 물품의 멸실 또는 훼손의 모든 위험을 부담한다. 단, 물품은 계약물품으로 명확히 특정되어 있어야 한다(위험의 조기이전).

(5) 운송(A4/B4)

① A4 : 매도인은 매수인에 대하여 운송계약을 체결할 의무가 없다. 단, 매도인은 매수인의 요청에 따라 매수인의 위험과 비용으로 운송관련 보안요건을 포함하여 매수인이 운송을 마련하기 위하여 필요한 정보를 매수인에게 제공하여야 한다.

② B4 : 매수인은 자신의 비용으로 물품을 지정인도장소로부터 운송계약을 체결하거나 그러한 운송을 마련하는 것은 매수인의 몫이다.

(6) 보험(A5/B5)

① A5 : 매도인은 매수인에 대하여 보험계약을 체결할 의무가 없다. 단, 매도인은 매수인의 요청에 따라 매수인의 위험과 비용으로 매수인이 부보하는 데 필요한 정보를 매수인에게 제공하여야 한다.

② B5 : 매수인은 매도인에 대하여 보험계약을 체결할 의무가 없다.

(7) 인도/운송서류(A6/B6)

① A6 : 매도인은 운송서류를 매수인에게 제공할 의무가 없다.

② B6 : 매수인은 물품의 인도를 수령하였다는 적절한 증거를 매도인에게 제공해야 한다.

(8) 수출/수입통관의 의무(A7/B7)

① 수출통관(A7)

　㉠ 해당되는 경우 매도인은 매수인의 요청에 따라 매수인의 위험과 비용으로 매수인이 수출 및 수입 통관의무를 부담한다(물품이 제3국을 통과할 경우 통과국 통관의무도 매수인이 부담하여야 한다. 또한, 선적전 검사와 그 밖의 공적인가도 매수인이 받아야 한다).

　㉡ 매도인은 매수인이 수출 및 수입의 통관절차에 관한 서류 및/또는 정보를 취득하는 데 매수인에게 협력해야 한다.

② 수입통관(B7) : 해당되는 경우 수출, 수입, 제3국 통과 시 통과국에 대한 통관절차 및 그에 관한 비용을 부담하는 것은 매수인의 몫이다.

(9) 점검/포장/하인의 표시(A8/B8)

① A8

　㉠ 매도인은 물품을 인도하기 위한 목적에서 필요한 점검작업에 드는 비용을 부담하여야 한다.

　㉡ 매도인은 자신의 비용으로 물품을 포장하여야 한다. 다만, 특정한 거래에서 통상적으로 포장되지 않고 매매되어 운송되는 형태의 물품의 경우에는 그러하지 아니하다.

ⓒ 매도인은 해당 운송에 적절한 방법으로 물품을 포장 및 하인 표시를 하여야 한다. 다만, 당사자들이 특정한 포장 또는 하인요건에 대하여 합의한 경우 그러하지 아니하다.

② B8 : 매수인은 매도인에 대하여 점검/포장/하인의 표시 의무가 없다.

(10) 비용분담(A9/B9)

① A9 : 매도인은 물품이 인도된 때까지 물품에 관한 모든 비용을 부담하여야 한다.

② B9

　　ⓐ 매수인은 물품이 인도된 때부터 물품에 관한 모든 비용을 부담하여야 한다.

　　ⓑ 매수인은 서류 및 정보를 취득하는 데 매도인이 협력을 제공하는 것과 관련하여 발생한 모든 비용을 상환하여야 한다.

　　ⓒ 매수인은 수출통관 및 수입통관에 부과되는 모든 관세, 세금 등을 부담하여야 한다.

　　ⓓ 매수인이 매도인의 물품인도완료가 된 시점부터 물품을 수령하지 않아 발생하는 추가비용을 부담하여야 한다. 다만, 물품은 계약물품으로 명확히 특정되어 있어야 한다.

(11) 통지(A10/B10)

매도인은 매수인이 물품을 수령할 수 있도록 하는 데 필요한 통지를 하여야 하며, 매수인은 물품을 수령할 장소 및 시기를 결정할 권리를 가지는 것으로 합의된 경우에는 충분한 통지를 매도인에게 해야 한다.

2. FCA(FREE CARRIER, 운송인 인도)

(1) 개요

① 운송방식에 관계없이 사용할 수 있으며, 2 이상의 운송방식이 채택된 경우에도 사용할 수 있다.

② "운송인인도"란 매도인이 물품을 자신의 영업구내 · 기타 지정장소에서 매수인이 지정한 운송인이나 제3자에게 인도하는 것을 의미한다.

③ 위험과 비용의 분기점은 다음과 같다.

　　ⓐ 지정장소가 매도인의 영업구내인 경우 : 매수인이 제공한 운송수단에 물품이 적재되는 때

　　ⓑ 그 밖의 장소에서 인도 시 : 물품이 매도인의 운송수단에 실린 채 양하준비된 상태로 매수인이 지정한 운송인이나 제3자의 처분하에 놓인 때

C/h/e/c/k **F규칙의 공통점**

① 매도인은 해상운송을 포함한 주된 운송구간의 운임을 지급하지 않는 주운임 미지급 조건이다.

② 매수인이 목적지까지 운송계약을 체결하고 운임을 지급한다(매도인은 매수인이 지정한 운송인이나 선박에 물품을 인도할 의무가 있다).

③ 위험과 비용의 분기점이 동일하게 이전된다.

---

(2) 일반의무(A1/B1)

① 매도인은 매매계약에 일치하는 물품 제공 및 상업송장과 그 밖의 계약에서 요구될 수 있는 일치성에 관한 증거제공의무가 있다.

② 매수인은 매매계약에 따라 물품대금을 지급할 의무를 부담한다.

③ 합의가 없다면 양 당사자가 제공해야 할 서류는 종이서류 또는 전자적 방식으로 제공 가능하다.

(3) 인도와 인도의 수령(A2/B2)

① A2(인도)

    ㉠ 매도인은 물품을 지정장소에서, 그 지정장소 내에 지정된 지점이 있는 경우에 그 지점에서 매수인이 지정한 운송인 또는 제3자에게 인도하거나 그렇게 인도된 물품을 조달하여야 한다.

    ㉡ 합의된 일자 또는 매수인으로부터 통지받은 합의된 기간 중 어느 시기 또는 그러한 시기가 통지되지 않은 경우에는 합의된 기간의 만료일에 인도하여야 한다.

    ㉢ 인도의 지정장소가 매도인의 영업구내인 경우 물품이 매수인이 제공한 운송수단에 적재된 때 또는 인도의 지정장소가 매도인의 영업구내가 아닌 경우에는 물품이 매도인의 운송수단에 실린 채 양하준비된 상태로 매수인이 지정한 운송인 또는 제3자의 처분에 놓인 때 인도가 완료된다.

    ㉣ 지정인도장소 내에 매수인이 통지한 특정한 지점이 없고 이용가능한 복수 지점이 있는 경우에 매도인은 그의 목적에 가장 적합한 지점을 선택할 수 있다.

② B2(인도의 수령) : 매수인은 물품이 A2에 따라 인도된 때에 물품의 인도를 수령하여야 한다.

(4) 위험의 이전(A3/B3)

① A3 : 매도인은 물품이 A2에 따라 인도된 때까지 물품의 멸실 또는 훼손의 모든 위험을 부담한다. 단, B3에 따라 발생된 멸실 또는 훼손은 예외로 한다.

② B3

    ㉠ 매수인은 물품이 A2에 따라 인도된 때부터 물품의 멸실 또는 훼손의 모든 위험을 부담한다.

    ㉡ 만약 매수인이 A2에 따라 운송인이나 제3자를 지정하지 않거나 B10에 따른 통지를 하지 않는 경우에 또는 매수인이 지정한 운송인이나 제3자가 물품을 수령하지 않는 경우 매수인은 물품의 멸실 또는 훼손의 모든 위험을 부담한다. 다만, 물품은 계약물품으로 명확히 특정되어 있어야 한다(위험의 조기이전).

(5) 운송(A4/B4)

① A4

    ㉠ 매도인은 매수인에 대하여 운송계약을 체결할 의무가 없다.

    ㉡ 단, 매도인은 매수인의 요청에 따라 매수인의 위험과 비용으로 운송관련 보안요건을 포함하여 매수인이 운송을 마련하기 위하여 필요한 정보를 매수인에게 제공하여야 한다.

    ㉢ 당사자 간 합의가 있는 경우 매도인은 매수인의 위험과 비용으로 통상적인 조건으로 운송계약을 체결하여야 하며, 매도인은 인도될 때까지 운송관련 보안요건을 준수하여야 한다.

② B4 : 매수인은 자신의 비용으로 물품을 지정인도장소로부터 운송계약을 체결하거나 그러한 운송을 마련하여야 한다. 단, 매도인이 운송계약을 체결하는 경우는 제외한다.

(6) 보험(A5/B5)

① A5 : 매도인은 매수인에 대하여 보험계약을 체결할 의무가 없다. 단, 매도인은 매수인의 요청에 따라 매수인의 위험과 비용으로 매수인이 부보하는 데 필요한 정보를 매수인에게 제공하여야 한다.

② B5 : 매수인은 매도인에 대하여 보험계약을 체결할 의무가 없다.

(7) 인도/운송서류(A6/B6)

① A6

㉠ 매도인은 자신의 비용으로 물품이 인도되었다는 통상적인 증거를 제공해야 하며, 매도인은 매수인의 요청에 따라 매수인의 위험과 비용으로 매수인이 운송서류를 취득하는 데 협력해야 한다.

㉡ 매수인이 매도인에게 운송서류를 발행하도록 운송인에게 지시한 경우에 매도인은 그러한 서류를 매수인에게 제공하여야 한다.

② B6

㉠ 매수인은 물품이 A2에 따라 일치하게 인도되었다는 증거를 인수하여야 한다.

㉡ 물품이 적재되었음을 기재한 운송서류(**예** 본선적재 선하증권)가 필요한 경우 매수인은 자신의 위험과 비용으로 운송서류를 매도인에게 발행하도록 운송인에게 지시해야 한다.

(8) 수출/수입통관의 의무(A7/B7)

① A7

㉠ 해당되는 경우 매도인은 수출국에서 부과되는 모든 수출통관절차(수출허가, 수출을 위한 보안통관, 선적전검사, 그 밖의 공적인가)를 수행하고 그에 따른 비용을 부담하여야 한다.

㉡ 해당되는 경우 매도인은 매수인의 요청에 따라 매수인의 위험과 비용으로 통과국 또는 수입국에 의하여 필요한 모든 통과, 수입통관절차(선적 전 검사, 보안통관)에 관한 서류 및/또는 정보를 취득하는 데 매수인에게 협력하여야 한다.

② B7

㉠ 해당되는 경우 매수인은 매도인의 요청에 따라 매도인의 위험과 비용으로 보안요건 또는 선적 전 검사를 포함하여 수출국에 의하여 필요한 모든 수출통관절차에 관한 서류 및/또는 정보를 취득하는 데 매도인에게 협력하여야 힌다.

㉡ 해당되는 경우 매수인은 통과국 및 수입국에 의하여 부과되는 모든 절차(수입 및 통과에 필요한 허가, 보안통관, 선적 전 검사, 그 밖의 공적인가)를 수행하고 그에 관한 비용을 부담하여야 한다.

(9) 점검/포장/하인의 표시(A8/B8)

① A8

㉠ 매도인은 물품을 인도하기 위한 목적에서 필요한 점검작업에 드는 비용을 부담하여야 한다.

㉡ 매도인은 자신의 비용으로 물품을 포장하여야 한다. 다만, 특정한 거래에서 통상적으로 포장되지 않고 매매되어 운송되는 형태의 물품의 경우에는 그러하지 아니하다.

㉢ 매도인은 해당 운송에 적절한 방법으로 물품을 포장 및 하인 표시를 하여야 한다. 다만, 당사자들이 특정한 포장 또는 하인요건에 대하여 합의한 경우 그러하지 아니하다.

② B8 : 매수인은 매도인에 대하여 점검/포장/하인의 표시 의무가 없다.

(10) 비용분담(A9/B9)

① A9

㉠ 매도인은 물품이 인도된 때까지 물품에 관한 모든 비용을 부담하여야 하며, 물품이 인도되었다는 통상적인 증거를 매수인에게 제공하는 데 드는 비용을 부담하여야 한다.

㉡ 수출통관에 부과되는 모든 관세, 세금 등을 부담하여야 하며, 서류와 정보를 취득하는 데 매수인이 협력을 제공하는 것과 관련한 모든 비용을 부담하여야 한다.

② B9

  ⊙ 매수인은 물품이 인도된 때부터 물품에 관한 모든 비용을 부담하여야 한다. 단, A9에 따라 매도인이
    부담하는 비용은 제외한다.

  ⓒ 서류와 정보를 취득하는 데 매도인이 협력을 제공하는 것과 관련된 모든 비용을 부담한다.

  ⓒ 통과 및 수입통관에 부과되는 모든 관세, 세금 등을 부담하여야 한다.

  ⓔ 매수인이 운송인이나 제3자를 지정하지 않는 경우 또는 매수인이 지정한 운송인이나 제3자가 물품을
    수령하지 않는 경우 매도인의 물품인도완료가 된 시점부터 물품을 수령하지 않아 발생하는 추가비용
    을 부담하여야 한다. 다만, 물품은 계약물품으로 명확히 특정되어 있어야 한다.

(11) 통지(A10/B10)

① A10 : 매도인은 물품이 인도된 사실 또는 매수인이 지정한 운송인이나 제3자가 합의된 시기 내에
  물품을 수령하지 않은 사실을 매수인에게 충분히 통지하여야 한다.

② B10 : 매수인은 매도인에게 다음과 같은 통지를 하여야 한다.

  ⊙ 운송인 또는 제3자의 이름. 이는 매도인이 물품을 인도할 수 있도록 충분한 기간 전에 통지되어야 한다.

  ⓒ 운송관련 보안요건을 포함하여 지정된 운송인 또는 제3자가 사용할 운송방식 및 지정인도장소 내에
    서 물품을 수령할 지점

  ⓒ 합의된 기간 내에 운송인이나 제3자가 물품을 수령할 것으로 선택된 시기가 있는 경우 그 시기

3. CPT(CARRIAGE PAID TO, 운송비지급인도)

(1) 개요

① "운송비지급인도"란 매도인이 합의된 장소에서 물품을 자신이 지정한 운송인이나 제3자에게 인도
  하고, 매도인이 물품을 지정목적지까지 운송하는 데 필요한 계약을 체결하며, 그 운송비용을 부담
  하여야 하는 것을 의미한다.

② 위험의 분기점은 인도장소에서 매도인이 운송계약을 체결한 운송인에게 물품을 인도하는 때까지
  모든 위험을 부담한다.

③ 비용의 분기점은 수입국내의 지정된 목적지까지이며, 매도인은 물품이 인도되는 때가지 발생하는
  운송비용, 운송계약상 매도인 부담인 양륙비 등이 포함된다.

(2) 일반의무(A1/B1)=CIP

① 매도인은 매매계약에 일치하는 물품 제공 및 상업송장과 그 밖의 계약에서 요구될 수 있는 일치성
  에 관한 증거제공의무가 있다.

② 매수인은 매매계약에 따라 물품대금을 지급할 의무를 부담한다.

③ 합의가 없다면 양 당사자가 제공해야 할 서류는 종이서류 또는 전자적 방식으로 제공가능하다.

(3) 인도 및 인도의 수령(A2/B2)=CIP

① A2(인도) : 매도인이 매인인과 계약을 체결한 운송인에게 물품을 인도하거나 그렇게 인도된 물품을
  조달하여야 하며, 매도인은 합의된 기일 또는 합의된 기간 내에 물품을 인도하여야 한다.

② B2(인도의 수령) : 매수인은 물품이 A2에 따라 인도된 때에 그 물품의 인도를 수령하여야 하고, 지정
  목적지에서 또는 합의된 경우 지정목적지 내의 지점에서 운송인으로부터 물품을 수령하여야 한다.

(4) 위험의 이전(A3/B3)＝CIP

① A3 : 매도인은 물품이 A2에 따라 인도된 때까지 물품의 멸실 또는 훼손의 모든 위험을 부담한다. 단, B3에 따라 발생된 멸실 또는 훼손은 예외로 한다.

② B3

㉠ 매수인은 물품이 인도된 때부터 물품의 멸실 또는 훼손의 모든 위험을 부담한다.

㉡ 매수인이 B10에 따른 통지를 하지 않은 경우에 매수인은 물품의 멸실 또는 훼손의 모든 위험을 부담하여야 한다. 단, 물품은 계약물품으로 명확히 특정되어 있어야 한다(위험의 조기이전).

(5) 운송(A4/B4)＝CIP

① A4

㉠ 매도인은 인도장소로부터, 그 인도장소 내에 합의된 지점이 있는 경우에는 그 지점으로부터 지정목적지까지 또는 합의가 있는 때에는 그 지정목적지 내의 어느 지점까지 물품 운송계약을 체결하거나 조달하여야 한다.

㉡ 매도인은 매매물품과 같은 종류의 물품을 운송하는 데 사용되는 통상적인 항로로 관행적인 방법으로 운송하는 내용이어야 한다.

㉢ 특정한 지점이 합의되지 않았거나 관례에 의하여 결정되지 않은 경우 매도인은 그의 목적에 가장 적합한 인도지점 및 지정목적지의 지점을 선택할 수 있다.

㉣ 매도인은 목적지까지 운송하는 데 요구되는 운송관련 보안요건을 준수하여야 한다.

② B4 : 매수인은 매도인에 대하여 운송계약을 체결할 의무가 없다.

(6) 보험(A5/B5)

① A5 : 매도인은 매수인에 대하여 보험계약 체결의 의무를 부담하지 않는다. 단, 매수인의 요청에 따라 매수인의 위험과 비용으로 매수인이 부보하는 데 필요한 정보를 매수인에게 제공하여야 한다.

② B5 : 매수인은 매도인에 대하여 보험계약 체결의 의무를 부담하지 않는다.

(7) 인도/운송서류(A6/B6)＝CIP

① A6

㉠ 관행이 있거나 매수인의 요청이 있는 경우 매도인은 자신의 비용으로 매수인에게 운송에 관한 통상적인 서류를 제공하여야 한다. 운송서류는 계약물품에 관한 것이어야 하고 합의된 선적기간 이내의 일자여야 한다.

㉡ 합의나 관행이 있는 경우 운송서류는 매수인이 지정목적지에서 운송인에 대하여 물품의 인도를 청구할 수 있도록 하는 것이어야 하고 매수인이 후속매수인에게 운송서류를 양도함으로써 또는 운송인에 대한 통지로써 운송 중에 물품을 매각할 수 있도록 하는 것이어야 한다.

㉢ 운송서류가 유통가능한 형식(negotiable form)으로 발행된 경우에는 원본의 전통(full set)이 매수인에게 제공되어야 한다.

② B6 : 매도인에 의해 제공된 서류가 계약에 일치할 때에는 매수인은 운송서류를 인수해야 한다.

(8) 수출/수입통관의 의무(A7/B7)＝CIP

① A7

㉠ 해당되는 경우 매도인은 수출국에서 부과되는 모든 수출통관절차(수출허가, 수출을 위한 보안통관, 선적전검사, 그 밖의 공적인가)를 수행하고 그에 따른 비용을 부담하여야 한다.

ⓛ 해당되는 경우 매도인은 매수인의 요청에 따라 매수인의 위험과 비용으로 통과국 또는 수입국에 의하여 필요한 모든 통과, 수입통관절차(선적전 검사, 보안통관)에 관한 서류 및/또는 정보를 취득하는 데 매수인에게 협력하여야 한다.

② B7

ㄱ 해당되는 경우 매수인은 매도인의 요청에 따라 매도인의 위험과 비용으로 보안요건 또는 선적 전 검사를 포함하여 수출국에 의하여 필요한 모든 수출통관절차에 관한 서류 및/또는 정보를 취득하는 데 매도인에게 협력하여야 한다.

ㄴ 해당되는 경우 매수인은 통과국 및 수입국에 의하여 부과되는 모든 절차(수입 및 통과에 필요한 허가, 보안통관, 선적전검사, 그 밖의 공적인가)를 수행하고 그에 관한 비용을 부담하여야 한다.

(9) 점검/포장/하인의 표시(A8/B8)＝CIP

① A8

ㄱ 매도인은 물품을 인도하기 위한 목적에서 필요한 점검작업에 드는 비용을 부담하여야 한다.

ㄴ 매도인은 자신의 비용으로 물품을 포장하여야 한다. 다만, 특정한 거래에서 통상적으로 포장되지 않고 매매되어 운송되는 형태의 물품의 경우에는 그러하지 아니하다.

ㄷ 매도인은 해당 운송에 적절한 방법으로 물품을 포장 및 하인 표시를 하여야 한다. 다만, 당사자들이 특정한 포장 또는 하인요건에 대하여 합의한 경우 그러하지 아니하다.

② B8 : 매수인은 매도인에 대하여 점검/포장/하인의 표시 의무가 없다.

(10) 비용분담(A9/B9)

① A9 : 매도인은 다음의 비용을 부담한다.

ㄱ 물품이 인도된 때까지 물품에 관한 모든 비용을 부담하여야 한다. 단, B9에 따라 매수인이 부담하는 비용은 제외한다.

ㄴ 운송비용 및 그 밖의 운송관련 모든 비용(물품적재비용과 운송관련 보안비용 포함)을 부담하여야 한다.

ㄷ 운송계약상 매도인이 부담하기로 한 양하비용

ㄹ 운송계약상 매도인이 부담하기로 한 통과비용

ㅁ 물품이 인도되었다는 통산적인 증거를 매수인에게 제공하는 데 드는 비용

ㅂ 해당되는 경우 수출통관에 관한 관세, 세금 그 밖의 비용 및 서류와 정보를 취득하는 데 매수인이 협력을 제공하는 것과 관련한 모든 비용

② B9

ㄱ 매수인은 물품이 인도된 때부터 물품에 관한 모든 비용을 부담하여야 한다. 다만, A9에 따라 매도인이 부담하는 비용은 제외한다.

ㄴ 양하비용. 다민, 운송계약상 매도인이 부담하기로 한 경우에는 제외한다.

ㄷ 통과비용. 다만, 운송계약상 매도인이 부담하기로 한 경우에는 제외한다.

ㄹ 서류 및 정보를 취득하는 데 매도인이 협력을 제공하는 것과 관련된 모든 비용과 해당되는 경우 통과 또는 수입통관에 관련된 관세, 세금 그 밖의 비용

ㅁ 매수인이 B10에 따른 통지를 하지 않는 경우에 발생하는 추가비용. 다만 물품이 계약물품으로 명확히 특정되어 있어야 한다.

(11) 통지(A10/B10)=CIP

① A10 : 매도인은 물품이 인도되었음을 매수인에게 통지하여야 하며, 매도인은 매수인이 물품을 수령할 수 있도록 하는 데 필요한 통지를 해야 한다.

② B10 : 매수인은 양 당사자 간 합의에 따라 물품의 발송시기 및/또는 지정목적지 내에 물품을 수령할 지점을 결정할 권리를 갖는 경우 매도인에게 충분한 통지를 하여야 한다.

4. CIP(CARRIAGE AND INSURANCE PAID TO, 운송비 · 보험료 지급인도)

(1) 개요

① "운송비 · 보험료 지급인도"란 매도인이 합의된 장소에서 물품을 자신이 지정한 운송인이나 제3자에게 인도하고, 매도인이 물품을 지정목적지까지 운송하는 데 필요한 계약을 체결하며, 그 운송비용을 부담하여야 하는 것을 의미한다(=CPT).

② 매도인은 운송 중 매수인의 물품의 멸실 · 손상의 위험에 대비하여 보험계약을 체결하며, 최대부보조건으로 보험에 부보한다. 당사자 간 합의에 따라 더 낮은 보험으로 부보가 가능하다.

③ 위험과 비용의 분기점은 CPT규칙과 동일하다.

C/h/e/c/k C규칙의 공통점

① 매도인은 해상운송을 포함한 주된 운송구간의 운임을 지급하는 주운임 지급조건이다.
② 매도인이 목적지(항)까지 운송계약을 체결하고 운임을 지급한다.
③ 위험과 비용의 분기점이 상이하게 이전된다.
④ 매도인은 선적지에서 물품인도의무가 완료되는 선적지 조건이다.

---

(2) 일반의무(A1/B1)

① 매도인은 매매계약에 일치하는 물품 제공 및 상업송장과 그 밖의 계약에서 요구될 수 있는 일치성에 관한 증거제공의무가 있다.

② 매수인은 매매계약에 따라 물품대금을 지급할 의무를 부담한다.

③ 합의가 없다면 양 당사자가 제공해야 할 서류는 종이서류 또는 전자적 방식으로 제공 가능하다.

(3) 보험(A5/B5)

① A5

㉠ 매도인은 매수인에 대하여 보험계약 체결의 의무를 가지며, ICC(A) 약관에 따른 최대부보의무로 보험에 가입해야 하며, 매매계약과 동일한 통화이어야 하고 매매대금의 110% 이상으로 부보되어야 한다. 또한, 매도인은 매수인에게 보험증권이나 보험증명서, 그 밖의 부보의 증거를 매수인에게 제공하여야 한다.

㉡ 보험계약은 평판이 양호한 보험인수업자나 보험회사와 체결하여야 하고, 보험은 매수인이나 물품에 피보험이익을 가지는 제3자가 보험자에 대하여 직접 청구할 수 있도록 하는 것이어야 한다.

㉢ 매수인의 요청이 있는 경우 매도인은 그가 요청하는 필요한 정보를 매수인이 제공하는 것을 조건으로 매수인의 비용으로 가능한 경우 협회전쟁약관 및/또는 협회동맹파업약관 그 밖에 이와 유사한 약관에 의한 담보조건과 같은 추가보험을 제공하여야 한다.

ⓔ 보험은 인도지점부터 적어도 지정목적지까지 부보되어야 한다.

　　　ⓜ 매도인은 매수인의 요청에 따라 매수인의 위험과 비용으로 매수인이 추가보험을 부보하는 데 필요한 정보를 제공하여야 한다.

　② B5 : 매수인은 매도인에 대하여 보험계약을 체결할 의무가 없다. 단, 매수인의 요청이 있는 경우 매도인이 매수인이 요청한 추가보험을 부보하는 데 필요한 정보를 제공하여야 한다.

(4) 비용분담(A9/B9)

　① A9 : 매도인은 다음의 비용을 부담한다.

　　　㉠ 물품이 인도된 때까지 물품에 관한 모든 비용을 부담하여야 한다. 단, B9에 따라 매수인이 부담하는 비용은 제외한다.

　　　㉡ 운송비용 및 그 밖의 운송관련 모든 비용(물품적재비용과 운송관련 보안비용 포함)을 부담하여야 한다.

　　　㉢ 운송계약상 매도인이 부담하기로 한 양하비용

　　　㉣ 운송계약상 매도인이 부담하기로 한 통과비용

　　　㉤ 물품이 인도되었다는 통상적인 증거를 매수인에게 제공하는 데 드는 비용

　　　㉥ 해당되는 경우 수출통관에 관한 관세, 세금 그 밖의 비용 및 서류와 정보를 취득하는 데 매수인이 협력을 제공하는 것과 관련한 모든 비용

　　　㉦ 보험부보비용

　② B9

　　　㉠ 매수인은 물품이 인도된 때부터 물품에 관한 모든 비용을 부담하여야 한다. 다만, A9에 따라 매도인이 부담하는 비용은 제외한다.

　　　㉡ 양하비용. 다만, 운송계약상 매도인이 부담하기로 한 경우에는 제외한다.

　　　㉢ 통과비용. 다만, 운송계약상 매도인이 부담하기로 한 경우에는 제외한다.

　　　㉣ 서류 및 정보를 취득하는 데 매도인이 협력을 제공하는 것과 관련된 모든 비용과 해당되는 경우 통과 또는 수입통관에 관련된 관세, 세금 그 밖의 비용

　　　㉤ 매수인이 B10에 따른 통지를 하지 않는 경우에 발생하는 추가비용. 다만 물품이 계약물품으로 명확히 특정되어 있어야 한다.

　　　㉥ 매수인의 요청에 따라 추가된 보험에 드는 비용

(5) 다음의 경우 상기 CPT조건을 참고한다.

　① 일반의무(A1/B1)

　② 인도 및 인도의 수령(A2/B2)

　③ 위험의 이전(A3/B3)

　④ 운송(A4/B4)

　⑤ 인도/운송서류(A6/B6)

　⑥ 수출/수입통관의 의무(A7/B7)

　⑦ 점검/포장/하인의 표시(A8/B8)

　⑧ 통지(A10/B10)

5. DAP(DELIVERED AT PLACE, 도착장소인도)

(1) 개요

① "도착장소인도"란 물품이 지정목적지에서 도착운송수단에 실린 채 양하준비된 상태로 매수인의 처분하에 놓이는 때에 매도인이 인도한 것으로 되는 것을 말한다.

② 매도인은 그 지정장소까지 물품을 운송하는 데 수반되는 모든 위험 및 비용을 부담한다.

(2) 일반의무(A1/B1)=DPU, DDP

① 매도인은 매매계약에 일치하는 물품 제공 및 상업송장과 그 밖의 계약에서 요구될 수 있는 일치성에 관한 증거제공의무가 있다.

② 매수인은 매매계약에 따라 물품대금을 지급할 의무를 부담한다.

③ 합의가 없다면 양 당사자가 제공해야 할 서류는 종이서류 또는 전자적 방식으로 제공 가능하다.

(3) 인도 및 인도의 수령(A2/B2)=DDP

① A2(인도) : 매도인은 물품을 지정목적지에서, 그 지정목적지 내에 합의된 지점이 있는 때에는 그 지점에서 도착운송수단에 실어둔 채 양하준비된 상태로 매수인의 처분하에 두거나 그렇게 인도된 물품을 조달하여야 하며, 매도인은 합의된 기일 또는 합의된 기간 내에 물품을 인도하여야 한다.

② B2(인도의 수령) : 매수인은 물품이 A2에 따라 인도된 때에 그 물품의 인도를 수령하여야 한다.

(4) 위험의 이전(A3/B3)=DPU, DDP

① A3 : 매도인은 물품이 A2에 따라 인도된 때까지 물품의 멸실 또는 훼손의 모든 위험을 부담한다. 단, B3에 따라 발생된 멸실 또는 훼손은 예외로 한다.

② B3

㉠ 매수인은 물품이 A2에 따라 인도된 때부터 물품의 멸실 또는 훼손의 모든 위험을 부담한다.

㉡ 매수인이 B7에 따른 수입통관/조력의무를 이행하지 않은 경우 또는 매수인이 B10에 따른 통지를 하지 않은 경우에 매수인은 물품의 멸실 또는 훼손의 모든 위험을 부담한다. 단, 물품은 계약물품으로 명확히 특정되어 있어야 한다(위험의 조기이전).

(5) 운송(A4/B4)=DPU, DDP

① A4

㉠ 매도인은 인도장소로부터, 그 인도장소 내에 합의된 지점이 있는 경우에는 그 지점으로부터 지정목적지까지 또는 합의가 있는 때에는 그 지정목적지 내의 어느 지점까지 물품 운송계약을 체결하거나 조달하여야 한다.

㉡ 특정한 지점이 합의되지 않았거나 관행에 의하여 결정되지 않은 경우 매도인은 그의 목적에 가장 적합한 인도지점 및 지정목적지의 지점을 선택할 수 있다.

㉢ 매도인은 목적지까지 운송하는 데 요구되는 운송관련 보안요건을 준수하여야 한다.

② B4 : 매수인은 매도인에 대하여 운송계약을 체결할 의무가 없다.

(6) 보험(A5/B5)=DPU, DDP

① A5(보험) : 매도인은 매수인에 대하여 보험계약을 체결할 의무가 없다.

② B5(보험) : 매수인은 매도인에 대하여 보험계약을 체결할 의무가 없다. 단, 매수인은 매도인의 요청에 따라 매도인의 위험과 비용으로 매도인이 부보하는 데 필요한 정보를 제공하여야 한다.

(7) 인도/운송서류(A6/B6)=DPU, DDP

① A6 : 매도인은 자신의 비용으로 매수인이 물품을 수령할 수 있도록 하는 데 필요한 서류를 제공하여야 한다.

② B6 : 매수인은 A6에 따라 제공된 서류를 인수하여야 한다.

> CPT, CIP규칙을 포함하여 복합운송 및 운송수단에 관계없는 운송서류로서 유통선하증권(Negotiable Bill of Lading), 비유통 해상화물운송장(Non-Negotiable Sea Waybill), 항공화물운송장(Airway Bill), 도로화물운송장(Road Consignment Note), 복합운송서류(Multimodal Transport Document) 등이 있다.

(8) 수출/수입통관의 의무(A7/B7)=DPU

① A7

ㄱ 해당되는 경우 매도인은 수출국에서 부과되는 모든 수출 및 통과국의 통관절차(수출 및 통과허가, 수출을 위한 보안통관, 선적 전 검사, 그 밖의 공적인가)를 수행하고 그에 따른 비용을 부담하여야 한다.

ㄴ 해당되는 경우 매도인은 매수인의 요청에 따라 매수인의 위험과 비용으로 수입국에 의하여 필요한 모든 수입통관절차(선적 전 검사, 보안통관)에 관한 서류 및/또는 정보를 취득하는 데 매수인에게 협력하여야 한다.

② B7

ㄱ 해당되는 경우 매수인은 매도인의 요청에 따라 매도인의 위험과 비용으로 보안요건 또는 선적 전 검사를 포함하여 수출국 및 통과국에 의하여 필요한 모든 수출 및 통과통관절차에 관한 서류 및/또는 정보를 취득하는 데 매도인에게 협력하여야 한다.

ㄴ 해당되는 경우 매수인은 수입국에 의하여 부과되는 모든 절차(수입에 필요한 허가, 보안통관, 선적 전 검사, 그 밖의 공적인가)를 수행하고 그에 관한 비용을 부담하여야 한다.

(9) 점검/포장/하인의 표시(A8/B8)=DPU, DDP

① A8

ㄱ 매도인은 물품을 인도하기 위한 목적에서 필요한 점검작업에 드는 비용을 부담하여야 한다.

ㄴ 매도인은 자신의 비용으로 물품을 포장하여야 한다. 다만, 특정한 거래에서 통상적으로 포장되지 않고 매매되어 운송되는 형태의 물품의 경우에는 그러하지 아니하다.

ㄷ 매도인은 해당 운송에 적절한 방법으로 물품을 포장 및 하인 표시를 하여야 한다. 다만, 당사자들이 특정한 포장 또는 하인요건에 대하여 합의한 경우 그러하지 아니하다.

② B8 : 매수인은 매도인에 대하여 점검/포장/하인의 표시 의무가 없다.

(10) 비용분담(A9/B9)

① A9 : 매도인은 다음과 같은 비용을 부담하여야 한다.

ㄱ 물품이 인도된 때까지 물품과 그 물품의 운송에 관련된 모든 비용. 다만, B9에 따라 매수인이 부담하는 비용은 제외한다.

ㄴ 목적지에서 양 당사자 간 합의에 따라 양하비용 중 매도인이 부담하기로 한 비용

ㄷ 물품을 인도하고 운송서류를 제공하는 데 드는 비용

ㄹ 해당되는 경우 수출국 및 통과국 통관에 따라 발생된 관세, 세금 및 그 밖의 비용

ㅁ 서류 및 정보를 취득하는 데 매수인이 협력함에 따라 발생된 모든 비용

② B9 : 매수인은 다음과 같은 비용을 부담하여야 한다.

    ㉠ 물품이 인도된 때부터 물품에 관한 모든 비용

    ㉡ 지정목적지에서 도착운송수단으로부터 물품의 인도를 수령하는 데 필요한 모든 양하비용 단, 그러한 비용을 매도인이 부담하기로 한 경우는 제외

    ㉢ 당되는 경우 매수인은 수입국 통관에 부과되는 모든 관세, 세금 등을 부담

    ㉣ 서류 및 정보를 취득하는 데 매도인이 협력함에 따라 발생된 모든 비용

    ㉤ 매수인이 수입통관 및 수입통관에 따른 협조 의무를 이행하지 않거나 B10에 따른 통지를 하지 않아 매도인에게 발생하는 추가비용 단, 물품은 계약물품으로 명확히 특정되어야 한다.

(11) 통지(A10/B10)=DPU, DDP

    ① A10 : 매도인은 매수인이 물품을 수령할 수 있도록 하는 데 필요한 통지를 해야 한다.

    ② B10 : 양 당사자 간 합의가 된 경우 매수인은 물품을 수령할 장소 및 시기에 대하여 충분한 통지를 매도인에게 해야 한다.

6. DPU(Delivered at Place Unloaded, 도착지양하조건)

(1) 개요

    ① "도착지양하조건"이란 물품이 지정목적지에서 도착운송수단으로부터 양하된 상태로 매수인의 임의처분하에 놓이는 때에 매도인이 인도한 것으로 되는 것을 말한다.

    ② 매도인은 그 지정장소에서 물품을 양하하는 데까지 수반되는 모든 위험 및 비용을 부담한다.

(2) 인도 및 인도의 수령(A2/B2)

    ① A2(인도) : 매도인은 물품을 도착운송수단으로부터 양하하여야 하고 또한 물품을 지정목적지에서, 그 지정목적지 내에 합의된 지점이 있는 때에는 그 지점에서 매수인의 처분하에 두거나 그렇게 인도된 물품을 조달하여야 하며, 매도인은 합의된 기일 또는 합의된 기간 내에 물품을 인도하여야 한다.

    ② B2(인도의 수령) : 매수인은 물품이 A2에 따라 인도된 때에 그 물품의 인도를 수령하여야 한다.

(3) 비용분담(A9/B9)

    ① A9 : 매도인은 다음과 같은 비용을 부담하여야 한다.

      ㉠ 물품이 양하되어 인도된 때까지 물품과 그 물품의 운송에 관련된 모든 비용. 다만, B9에 따라 매수인이 부담하는 비용은 제외한다.

      ㉡ 물품을 인도하고 운송서류를 제공하는 데 드는 비용

      ㉢ 해당되는 경우 수출국 및 통과국 통관에 따라 발생된 관세, 세금 및 그 밖의 비용

      ㉣ 서류 및 정보를 취득하는 데 매수인이 협력함에 따라 발생된 모든 비용

    ② B9 : 매수인은 다음과 같은 비용을 부담하여야 한다.

      ㉠ 물품이 인도된 때부터 물품에 관한 모든 비용

      ㉡ 해당되는 경우 매수인은 수입국 통관에 부과되는 모든 관세, 세금 등을 부담

      ㉢ 서류 및 정보를 취득하는 데 매도인이 협력함에 따라 발생된 모든 비용

      ㉣ 매수인이 수입통관 및 수입통관에 따른 협조 의무를 이행하지 않거나 B10에 따른 통지를 하지 않아 매도인에게 발생하는 추가비용. 단, 물품은 계약물품으로 명확히 특정되어야 한다.

(4) 다음의 경우 상기 DAP조건을 참고한다.

① 일반의무(A1/B1)

② 위험의 이전(A3/B3)

③ 운송(A4/B4)

④ 보험(A5/B5)

⑤ 인도/운송서류(A6/B6)

⑥ 수출/수입통관의 의무(A7/B7)

⑦ 점검/포장/하인의 표시(A8/B8)

⑧ 통지(A10/B10)

7. DDP(DELIVERED DUTY PAID, 관세지급인도)

(1) 개요

① "관세지급인도"란 수입통관된 물품이 지정목적지에서 도착운송수단에 실린 채 양하준비된 상태로 매수인의 처분하에 놓이는 때에 매도인이 인도한 것으로 되는 것을 말한다.

② 매도인은 목적지까지 물품을 운송하는 데 수반되는 모든 위험 및 비용을 부담하고, 물품의 수출입통관을 하고, 수출입관세를 부담하여야 하며, 모든 통관절차를 수행할 의무를 부담한다. 즉, DDP는 매도인의 최대의무를 나타낸다.

(2) 수출/수입통관의 의무(A7/B7)

① A7 : 해당되는 경우 매도인은 수출국, 통과국, 수입국에서 부과되는 모든 수출 및 통과국, 수입국의 통관절차(수출, 통과, 수입허가, 수출·통과·수입을 위한 보안통관, 선적 전 검사, 그 밖의 공적인가)를 수행하고 그에 따른 비용을 부담하여야 한다.

② B7 : 해당되는 경우 매수인은 매도인의 요청에 따라 매도인의 위험과 비용으로 수출국, 통과국, 수입국에 의하여 부과되는 모든 수출·통과·수입 통관절차(수출, 통과, 수입 허가, 보안통관, 선적전검사, 그 밖에 공적인가)에 관한 서류 및/또는 정보를 취득하는 데 매도인에게 협력하여야 한다.

(3) 비용분담(A9/B9)

① A9 : 매도인은 다음과 같은 비용을 부담하여야 한다.

㉠ 물품이 인도된 때까지 물품과 그 물품의 운송에 관련된 모든 비용. 다만, B9에 따라 매수인이 부담하는 비용은 제외한다.

㉡ 목적지에서 양 당사자 간 합의에 따라 양하비용 중 매도인이 부담하기로 한 비용

㉢ 물품을 인도하고 운송서류를 제공하는 데 드는 비용

㉣ 해당되는 경우 수출국 및 통과국, 수입국 통관에 따라 발생된 관세, 세금 및 그 밖의 비용

㉤ 서류 및 정보를 취득하는 데 매수인이 협력함에 따라 발생된 모든 비용

② B9 : 매수인은 다음과 같은 비용을 부담하여야 한다.

㉠ 물품이 인도된 때부터 물품에 관한 모든 비용

㉡ 지정목적지에서 도착운송수단으로부터 물품의 인도를 수령하는 데 필요한 모든 양하비용. 단, 그러한 비용을 매도인이 부담하기로 한 경우는 제외한다.

ⓒ 매수인이 수입통관 및 수입통관에 따른 협조 의무를 이행하지 않거나 B10에 따른 통지를 하지 않아 매도인에게 발생하는 추가비용. 단, 물품은 계약물품으로 명확히 특정되어야 한다.

(4) 다음의 경우 상기 DAP조건을 참고한다.

① 일반의무(A1/B1)

② 인도 및 인도의 수령(A2/B2)

③ 위험의 이전(A3/B3)

④ 운송(A4/B4)

⑤ 보험(A5/B5)

⑥ 인도/운송서류(A6/B6)

⑦ 점검/포장/하인의 표시(A8/B8)

⑧ 통지(A10/B10)

C/h/e/c/k D규칙의 공통점

① 매도인이 목적지까지 운송비를 지급하는 도착지조건이다.
② 매도인이 목적지(항)까지 운송계약을 체결하고 운송비를 지급한다.
③ 위험과 비용의 분기점이 동일하게 이전된다.

제2장 해상 · 내수로 운송규칙

1. FAS(FREE ALONGSIDE SHIP, 선측인도)

(1) 개요

① 해상 · 내수로운송에만 사용되어야 한다.

② "선측인도"란 물품이 지정선적항에서 매수인에 의해 지정된 본선의 선측에 놓이는 때에 매도인이 인도한 것으로 되는 것을 말한다.

③ 물품의 멸실 · 손상의 위험은 물품이 선측에 놓인 때에 이전하며, 매수인은 그러한 시점 이후의 모든 비용을 부담한다.

④ 매도인은 물품을 선측에 인도하거나, 선적을 위해 이미 인도된 물품을 조달(procure)하여야 한다.

⑤ 물품이 컨테이너에 적재되는 경우에는 매도인이 물품을 선측이 아니라 터미널에서 운송인에게 인계하는 것이 전형적이다. 이러한 경우에, FAS 조건은 부적절하며, FCA 조건이 사용되어야 한다.

(2) 일반의무(A1/B1)=FOB

① 매도인은 매매계약에 일치하는 물품 제공 및 상업송장과 그 밖의 계약에서 요구될 수 있는 일치성에 관한 증거제공의무가 있다.

② 매수인은 매매계약에 따라 물품대금을 지급할 의무를 부담한다.

③ 합의가 없다면 양 당사자가 제공해야 할 서류는 종이서류 또는 전자적 방식으로 제공 가능하다.

(3) 인도와 인도의 수령(A2/B2)

① A2(인도)

　㉠ 매도인은 물품을 지정선적항에서, 그 지정선적항 내에 지정된 적재지점이 있는 경우에 그 지점에서 매수인이 지정한 선박의 선측에 두거나 그렇게 인도된 물품을 조달하여야 한다.

　㉡ 합의된 일자 또는 매수인으로부터 통지받은 합의된 기간 중 어느 시기 또는 그러한 시기가 통지되지 않은 경우에는 합의된 기간의 만료일에 그 항구의 관행적인 방법으로 인도하여야 한다.

　㉢ 매수인이 지점을 표시하지 않은 경우 매도인은 지정선적항 내에서 그의 목적에 가장 적합한 지점을 선택할 수 있다.

② B2(인도의 수령) : 매수인은 물품이 A2에 따라 인도된 때에 물품의 인도를 수령하여야 한다.

(4) 위험의 이전(A3/B3)=FOB

① A3 : 매도인은 물품이 A2에 따라 인도된 때까지 물품의 멸실 또는 훼손의 모든 위험을 부담한다. 단, B3에 따라 발생된 멸실 또는 훼손은 예외로 한다.

② B3

　㉠ 매수인은 물품이 A2에 따라 인도된 때부터 물품의 멸실 또는 훼손의 모든 위험을 부담한다.

　㉡ 만약 매수인이 B10에 따른 통지를 하지 않는 경우에 또는 매수인이 지정한 선박이 정시에 도착하지 않거나, 물품을 수령하지 않거나, 일찍 선적을 마감하여 매도인이 인도 의무를 다할 수 없는 경우 매수인은 물품의 멸실 또는 훼손의 모든 위험을 부담한다. 다만, 물품은 계약물품으로 명확히 특정되어 있어야 한다(위험의 조기이전).

(5) 운송(A4/B4)=FOB

① A4

　㉠ 매도인은 매수인에 대하여 운송계약을 체결할 의무가 없다.

　㉡ 단, 매도인은 매수인의 요청에 따라 매수인의 위험과 비용으로 운송관련 보안요건을 포함하여 매수인이 운송을 마련하기 위하여 필요한 정보를 매수인에게 제공하여야 한다.

　㉢ 당사자 간 합의가 있는 경우 매도인은 매수인의 위험과 비용으로 통상적인 조건으로 운송계약을 체결하여야 하며, 매도인은 인도될 때까지 운송관련 보안요건을 준수하여야 한다.

② B4 : 매수인은 자신의 비용으로 물품을 지정인도장소로부터 운송계약을 체결하거나 그러한 운송을 마련하여야 한다. 단, 매도인이 운송계약을 체결하는 경우는 제외한다.

(6) 보험(A5/B5)=FOB

① A5 : 매도인은 매수인에 대하여 보험계약을 체결할 의무가 없다. 단, 매도인은 매수인의 요청에 따라 매수인의 위험과 비용으로 매수인이 부보하는 데 필요한 정보를 매수인에게 제공하여야 한다.

② B5 : 매수인은 매도인에 대하여 보험계약을 체결할 의무가 없다.

(7) 인도/운송서류(A6/B6)=FOB

① A6 : 매도인은 자신의 비용으로 물품이 인도되었다는 통상적인 증거를 제공해야 하며, 이러한 증거가 운송서류가 아니 경우 매도인은 매수인의 요청에 따라 매수인의 위험과 비용으로 매수인이 운송서류를 취득하는 데 협력해야 한다.

② B6 : 매수인은 물품이 A6에 따라 제공된 서류를 인수하여야 한다.

(8) 수출/수입통관의 의무(A7/B7)=FOB

① A7

  ㉠ 해당되는 경우 매도인은 수출국에서 부과되는 모든 수출통관절차(수출허가, 수출을 위한 보안통관, 선적전검사, 그 밖의 공적인가)를 수행하고 그에 따른 비용을 부담하여야 한다.

  ㉡ 해당되는 경우 매도인은 매수인의 요청에 따라 매수인의 위험과 비용으로 통과국 또는 수입국에 의하여 필요한 모든 통과, 수입통관절차(선적 전 검사, 보안통관)에 관한 서류 및/또는 정보를 취득하는 데 매수인에게 협력하여야 한다.

② B7

  ㉠ 해당되는 경우 매수인은 매도인의 요청에 따라 매도인의 위험과 비용으로 보안요건 또는 선적 전 검사를 포함하여 수출국에 의하여 필요한 모든 수출통관절차에 관한 서류 및/또는 정보를 취득하는 데 매도인에게 협력하여야 한다.

  ㉡ 해당되는 경우 매수인은 통과국 및 수입국에 의하여 부과되는 모든 절차(수입 및 통과에 필요한 허가, 보안통관, 선적전검사, 그 밖의 공적인가)를 수행하고 그에 관한 비용을 부담하여야 한다.

(9) 점검/포장/하인의 표시(A8/B8)=FOB

① A8

  ㉠ 매도인은 물품을 인도하기 위한 목적에서 필요한 점검작업에 드는 비용을 부담하여야 한다.

  ㉡ 매도인은 자신의 비용으로 물품을 포장하여야 한다. 다만, 특정한 거래에서 통상적으로 포장되지 않고 매매되어 운송되는 형태의 물품의 경우에는 그러하지 아니하다.

  ㉢ 매도인은 해당 운송에 적절한 방법으로 물품을 포장 및 하인 표시를 하여야 한다. 다만, 당사자들이 특정한 포장 또는 하인요건에 대하여 합의한 경우 그러하지 아니하다.

② B8 : 매수인은 매도인에 대하여 점검/포장/하인의 표시 의무가 없다.

(10) 비용분담(A9/B9)=FOB

① A9

  ㉠ 매도인은 물품이 인도된 때까지 물품에 관한 모든 비용을 부담하여야 하며, 물품이 인도되었다는 통상적인 증거를 매수인에게 제공하는 데 드는 비용을 부담하여야 한다.

  ㉡ 수출통관에 부과되는 모든 관세, 세금 등을 부담하여야 하며, 서류와 정보를 취득하는 데 매수인이 협력을 제공하는 것과 관련한 모든 비용을 부담하여야 한다.

② B9

  ㉠ 매수인은 물품이 인도된 때부터 물품에 관한 모든 비용을 부담하여야 한다. 단, A9에 따라 매도인이 부담하는 비용은 제외한다.

  ㉡ 서류와 정보를 취득하는 데 매도인이 협력을 제공하는 것과 관련된 모든 비용을 부담한다.

  ㉢ 통과 및 수입통관에 부과되는 모든 관세, 세금 등을 부담하여야 한다.

  ㉣ 매수인이 운송인이나 제3자를 지정하지 않는 경우 또는 매수인이 지정한 선박이 정시에 도착하지 않거나 물품을 수령하지 않거나, 일찍 선박을 마감하는 경우 발생하는 추가비용을 부담하여야 한다. 다만, 물품은 계약물품으로 명확히 특정되어 있어야 한다.

(11) 통지(A10/B10)=FOB

① A10 : 매도인은 물품이 인도된 사실 또는 매수인이 지정한 선박이 합의된 시기 내에 물품을 수령하지 않은 사실을 매수인에게 충분히 통지하여야 한다.

② B10 : 매수인은 매도인에게 운송관련 보안요건, 선박명, 적재지점, 양 당사자 간 합의된 인도기간 내에 인도일자가 정해져 있는 경우 그 일자를 충분히 통지하여야 한다.

2. FOB(FREE ON BOARD, 본선인도)

(1) 개요

① "본선인도"란 매도인이 물품을 지정선적항에서 매수인에 의해 지정된 본선에 적재하여 인도하거나 이미 그렇게 인도된 물품을 조달하는 것을 의미한다.

② 물품의 멸실·손상의 위험은 물품이 본선에 적재된 때에 이전하며, 매수인은 그러한 시점 이후의 모든 비용을 부담한다.

(2) 인도와 인도의 수령(A2/B2)

① A2(인도)

㉠ 매도인은 물품을 지정선적항에서, 그 지정선적항 내에 지정된 적재지점이 있는 경우에 그 지점에서 매수인이 지정한 선박에 적재하거나 그렇게 인도된 물품을 조달하여야 한다.

㉡ 합의된 일자 또는 매수인으로부터 통지받은 합의된 기간 중 어느 시기 또는 그러한 시기가 통지되지 않은 경우에는 합의된 기간의 만료일에 그 항구의 관행적인 방법으로 인도하여야 한다.

㉢ 매수인이 지점을 표시하지 않은 경우 매도인은 지정선적항 내에서 그의 목적에 가장 적합한 지점을 선택할 수 있다.

② B2(인도의 수령) : 매수인은 물품이 A2에 따라 인도된 때에 물품의 인도를 수령하여야 한다.

(3) 다음의 경우 상기 FAS조건을 참고한다.

① 일반의무(A1/B1)

② 위험의 이전(A3/B3)

③ 운송(A4/B4)

④ 보험(A5/B5)

⑤ 인도/운송서류(A6/B6)

⑥ 수출/수입통관의 의무(A7/B7)

⑦ 점검/포장/하인의 표시(A8/B8)

⑧ 비용분담(A9/B9)

⑨ 통지(A10/B10)

3. CFR(COST AND FREIGHT, 운임포함인도)

(1) 개요

① "운임포함인도"란 매도인이 물품을 본선에 적재하여 인도하거나 이미 그렇게 인도된 물품을 조달하는 것을 의미한다.

② 물품의 멸실·손상의 위험은 물품이 본선에 적재된 때에 이전한다.

③ 매도인은 물품을 지정목적항까지 운송하는 데 필요한 계약을 체결하고 그에 따른 비용과 운임을 부담하여야 한다.

(2) 일반의무(A1/B1)=CIF

① 매도인은 매매계약에 일치하는 물품 제공 및 상업송장과 그 밖의 계약에서 요구될 수 있는 일치성에 관한 증거제공의무가 있다.

② 매수인은 매매계약에 따라 물품대금을 지급할 의무를 부담한다.

③ 합의가 없다면 양 당사자가 제공해야 할 서류는 종이서류 또는 전자적 방식으로 제공 가능하다.

(3) 인도 및 인도의 수령(A2/B2)=CIF

① A2(인도) : 매도인은 물품을 선박에 적재하거나 또는 그렇게 인도된 물품을 조달하여야 하며, 매도인은 합의된 기일 또는 합의된 기간 내에 물품을 인도하여야 한다.

② B2(인도의 수령) : 매수인은 물품이 A2에 따라 인도된 때에 그 물품의 인도를 수령하여야 하고, 지정목적항에서 운송인으로부터 물품을 수령하여야 한다.

(4) 위험의 이전(A3/B3)=CIF

① A3 : 매도인은 물품이 A2에 따라 인도된 때까지 물품의 멸실 또는 훼손의 모든 위험을 부담한다. 단, B3에 따라 발생된 멸실 또는 훼손은 예외로 한다.

② B3

㉠ 매수인은 물품이 인도된 때부터 물품의 멸실 또는 훼손의 모든 위험을 부담한다.

㉡ 매수인이 B10에 따른 통지를 하지 않은 경우에 매수인은 합의된 선적기일 또는 선적기간의 만료일로부터 물품의 멸실 또는 훼손의 모든 위험을 부담하여야 한다. 단, 물품은 계약물품으로 명확히 특정되어 있어야 한다(위험의 조기이전).

(5) 운송(A4/B4)=CIF

① A4

㉠ 매도인은 인도장소로부터, 그 인도장소 내에 합의된 지점이 있는 경우에는 그 지점으로부터 지정목적지까지 또는 합의가 있는 때에는 그 지정목적지 내의 어느 지점까지 물품 운송계약을 체결하거나 조달하여야 한다.

㉡ 매도인은 매도인의 비용으로 운송계약을 통상적인 조건으로 체결하여야 한다.

㉢ 매도인은 매매물품과 같은 종류의 물품을 운송하는 데 통상적으로 사용되는 종류의 선박으로 통상적인 항로로 운송하는 내용이어야 한다.

㉣ 특정한 지점이 합의되지 않았거나 관례에 의하여 결정되지 않은 경우 매도인은 그의 목적에 가장 적합한 인도지점을 선택할 수 있다.

㉤ 매도인은 목적지까지 운송하는 데 요구되는 운송관련 보안요건을 준수하여야 한다.

② B4 : 매수인은 매도인에 대하여 운송계약을 체결할 의무가 없다.

(6) 보험(A5/B5)

① A5 : 매도인은 매수인에 대하여 보험계약을 체결할 의무가 없다. 단, 매도인은 매수인의 요청에 따라 매수인의 위험과 비용으로 매수인이 부보하는 데 필요한 정보를 매수인에게 제공하여야 한다.

② B5 : 매수인은 매도인에 대하여 보험계약을 체결할 의무가 없다.

(7) 인도/운송서류(A6/B6)=CIF

① A6

㉠ 매도인은 자신의 비용으로 매수인에게 운송에 관한 통상적인 서류를 제공하여야 한다. 운송서류는 계약물품에 관한 것이어야 하고 합의된 선적기간 이내의 일자여야 한다.

㉡ 운송서류는 매수인이 지정목적지에서 운송인에 대하여 물품의 인도를 청구할 수 있도록 하는 것이어야 하고 매수인이 후속매수인에게 운송서류를 양도함으로써 또는 운송인에 대한 통지로써 운송 중에 물품을 매각할 수 있도록 하는 것이어야 한다.

㉢ 운송서류가 유통가능한 형식(negotiable form)으로 발행된 경우에는 원본의 전통(full set)이 매수인에게 제공되어야 한다.

② B6 : 매도인에 의해 제공된 서류가 계약에 일치할 때에는 매수인은 운송서류를 인수해야 한다.

(8) 수출/수입통관의 의무(A7/B7)=CIF

① A7

㉠ 해당되는 경우 매도인은 수출국에서 부과되는 모든 수출통관절차(수출허가, 수출을 위한 보안통관, 선적전검사, 그 밖의 공적인가)를 수행하고 그에 따른 비용을 부담하여야 한다.

㉡ 해당되는 경우 매도인은 매수인의 요청에 따라 매수인의 위험과 비용으로 통과국 또는 수입국에 의하여 필요한 모든 통과, 수입통관절차(선적 전 검사, 보안통관)에 관한 서류 및/또는 정보를 취득하는 데 매수인에게 협력하여야 한다.

② B7

㉠ 해당되는 경우 매수인은 매도인의 요청에 따라 매도인의 위험과 비용으로 보안요건 또는 선적 전 검사를 포함하여 수출국에 의하여 필요한 모든 수출통관절차에 관한 서류 및/또는 정보를 취득하는 데 매도인에게 협력하여야 한다.

㉡ 해당되는 경우 매수인은 통과국 및 수입국에 의하여 부과되는 모든 절차(수입 및 통과에 필요한 허가, 보안통관, 선적 전 검사, 그 밖의 공적인가)를 수행하고 그에 관한 비용을 부담하여야 한다.

(9) 점검/포장/하인의 표시(A8/B8)=CIF

① A8

㉠ 매도인은 물품을 인도하기 위한 목적에서 필요한 점검작업에 드는 비용을 부담하여야 한다.

㉡ 매노인은 자신의 비용으로 물품을 포장하여야 한다. 다만, 특정한 거래에서 통상적으로 포장되지 않고 매매되어 운송되는 형태의 물품의 경우에는 그러하지 아니하다.

㉢ 매도인은 해당 운송에 적절한 방법으로 물품을 포장 및 하인 표시를 하여야 한다. 다만, 당사자들이 특정한 포장 또는 하인요건에 대하여 합의한 경우 그러하지 아니하다.

② B8 : 매수인은 매도인에 대하여 점검/포장/하인의 표시 의무가 없다.

(10) 비용분담(A9/B9)

① A9 : 매도인은 다음의 비용을 부담한다.

    ㉠ 물품이 인도된 때까지 물품에 관한 모든 비용을 부담하여야 한다. 단, B9에 따라 매수인이 부담하는 비용은 제외한다.

    ㉡ 운송비용 및 그 밖의 운송관련 모든 비용(물품적재비용과 운송관련 보안비용 포함)을 부담하여야 한다.

    ㉢ 운송계약상 매도인이 부담하기로 한 양하비용

    ㉣ 운송계약상 매도인이 부담하기로 한 통과비용

    ㉤ 물품이 인도되었다는 통상적인 증거를 매수인에게 제공하는 데 드는 비용

    ㉥ 해당되는 경우 수출통관에 관한 관세, 세금 그 밖의 비용 및 서류와 정보를 취득하는 데 매수인이 협력을 제공하는 것과 관련한 모든 비용

② B9 : 매수인은 다음의 비용을 부담한다.

    ㉠ 매수인은 물품이 인도된 때부터 물품에 관한 모든 비용을 부담하여야 한다. 다만, A9에 따라 매도인이 부담하는 비용은 제외한다.

    ㉡ 양하비용. 다만, 운송계약상 매도인이 부담하기로 한 경우에는 제외한다.

    ㉢ 통과비용. 다만, 운송계약상 매도인이 부담하기로 한 경우에는 제외한다.

    ㉣ 서류 및 정보를 취득하는 데 매도인이 협력을 제공하는 것과 관련된 모든 비용과 해당되는 경우 통과 또는 수입통관에 관련된 관세, 세금 그 밖의 비용

    ㉤ 매수인이 B10에 따른 통지를 하지 않는 경우에 발생하는 추가비용. 다만 물품이 계약물품으로 명확히 특정되어 있어야 한다.

(11) 통지(A10/B10)=CIF

① A10 : 매도인은 물품이 인도되었음을 매수인에게 통지하여야 하며, 매도인은 매수인이 물품을 수령할 수 있도록 하는 데 필요한 통지를 해야 한다.

② B10 : 매수인은 양 당사자 간 합의에 따라 물품의 발송시기 및/또는 지정목적항 내에 물품을 수령할 지점을 결정할 권리를 갖는 경우 매도인에게 충분한 통지를 하여야 한다.

4. CIF(COST INSURANCE AND FREIGHT, 운임 · 보험료 포함인도)

(1) 개요

① "운임 · 보험료포함인도"란 매도인이 물품을 본선에 적재하여 인도하거나 이미 그렇게 인도된 물품을 조달하는 것을 의미한다.

② 물품의 멸실 · 손상의 위험은 물품이 본선에 적재된 때에 이전한다.

③ 매도인은 물품을 지정목적항까지 운송하는 데 필요한 계약을 체결하고 그에 따른 비용과 운임을 부담하여야 한다.

④ 매도인은 운송 중 매수인의 물품의 멸실 · 손상의 위험에 대비하여 보험계약을 체결하며, 최소조건으로 보험에 부보한다. 매수인이 보다 넓은 보험의 보호를 원한다면 매도인과 합의 또는 스스로 추가보험을 들어야 한다.

(2) 보험(A5/B5)

① A5

㉠ 매도인은 매수인에 대하여 보험계약 체결의 의무를 가지며, ICC(C) 약관에 따른 최소부보의무로 보험에 가입해야 하며, 매매계약과 동일한 통화이어야 하고 매매대금의 110% 이상으로 부보되어야 한다. 또한, 매도인은 매수인에게 보험증권이나 보험증명서, 그 밖의 부보의 증거를 매수인에게 제공하여야 한다.

ㄴ 보험계약은 평판이 양호한 보험인수업자나 보험회사와 체결하여야 하고, 보험은 매수인이나 물품에 피보험이익을 가지는 제3자가 보험자에 대하여 직접 청구할 수 있도록 하는 것이어야 한다.

ㄷ 매수인의 요청이 있는 경우 매도인은 그가 요청하는 필요한 정보를 매수인이 제공하는 것을 조건으로 매수인의 비용으로 가능한 경우 협회전쟁약관 및/또는 협회동맹파업약관 그 밖에 이와 유사한 약관에 의한 담보조건과 같은 추가보험을 제공하여야 한다.

ㄹ 보험은 인도지점부터 적어도 지정목적항까지 부보되어야 한다.

ㅁ 매도인은 매수인의 요청에 따라 매수인의 위험과 비용으로 매수인이 추가보험을 부보하는 데 필요한 정보를 제공하여야 한다.

② B5 : 매수인은 매도인에 대하여 보험계약을 체결할 의무가 없다. 단, 매수인의 요청이 있는 경우 매도인이 매수인이 요청한 추가보험을 부보하는 데 필요한 정보를 제공하여야 한다.

(3) 비용분담(A9/B9)

① A9 : 매도인은 다음의 비용을 부담한다.

ㄱ 물품이 인도된 때까지 물품에 관한 모든 비용을 부담하여야 한다. 단, B9에 따라 매수인이 부담하는 비용은 제외한다.

ㄴ 운송비용 및 그 밖의 운송관련 모든 비용(물품적재비용과 운송관련 보안비용 포함)을 부담하여야 한다.

ㄷ 운송계약상 매도인이 부담하기로 한 양하비용

ㄹ 운송계약상 매도인이 부담하기로 한 통과비용

ㅁ 물품이 인도되었다는 통상적인 증거를 매수인에게 제공하는 데 드는 비용

ㅂ 해당되는 경우 수출통관에 관한 관세, 세금 그 밖의 비용 및 서류와 정보를 취득하는 데 매수인이 협력을 제공하는 것과 관련한 모든 비용

② B9

ㄱ 매수인은 물품이 인도된 때부터 물품에 관한 모든 비용을 부담하여야 한다. 다만, A9에 따라 매도인이 부담하는 비용은 제외한다.

ㄴ 양하비용(부선료 및 부두사용료 포함). 다만, 운송계약상 매도인이 부담하기로 한 경우에는 제외한다.

ㄷ 통과비용. 다만, 운송계약상 매도인이 부담하기로 한 경우에는 제외한다.

ㄹ 서류 및 정보를 취득하는 데 매도인이 협력을 제공하는 것과 관련된 모든 비용과 해당되는 경우 통과 또는 수입통관에 관련된 관세, 세금 그 밖의 비용

ㅁ 매수인이 B10에 따른 통지를 하지 않는 경우에 발생하는 추가비용. 다만 물품이 계약물품으로 명확히 특정되어 있어야 한다.

ㅂ 매수인의 요청에 따라 추가된 보험에 드는 비용

(4) 다음의 경우 상기 CFR조건을 참고한다.

① 일반의무(A1/B1)

② 인도 및 인도의 수령(A2/B2)

③ 위험의 이전(A3/B3)

④ 운송(A4/B4)

⑤ 인도/운송서류(A6/B6)

⑥ 수출/수입통관의 의무(A7/B7)

⑦ 점검/포장/하인의 표시(A8/B8)

⑧ 통지(A10/B10)

구분		CIF	CIP
공통점		• 선적지매매조건 • 매도인이 지정목적지까지 물품운송을 위한 운송비 · 보험료를 지급	
차이점	위험의 분기	선적항의 본선적재 또는 조달	최초의 운송인에게 인도될 때
	인도조건	서류인도조건	현물인도조건
	부보범위	최소부보의무 ICC(C)	최대부보의무 ICC(A)
	운송형태	해상운송 · 내수로운송	모든 운송형태
	운송서류	선적선하증권	단순화물 수취증
	비용의 분기	해상운임 + 보험료	운송비 + 보험료

01 인코텀즈의 매도인, 매수인 의무는 ① 매매대금이나 그 지급방법, ② 소유권의 이전, ③ 계약위반의 효과를 포함한다. (   )

정답 | ×

02 FAS · FOB · CFR · CIF는 해상 · 내수로운송 규칙이라 하며, 이들 규칙은 인도지점이 "선측난간(ship's rail)"이라는 의미이다. (   )

정답 | ×

03 F 조건은 매도인이 해상운송을 포함한 주된 운송구간의 운임을 지급하는 운송조건이다. (   )

정답 | ×

04 C 조건의 경우 위험과 비용의 분기점이 상이하게 이전된다. (   )

정답 | ○

05 D 조건의 경우 위험과 비용의 분기점이 동일하게 이전된다. (   )

정답 | ○

06 CIP 조건으로 수출 시, 매도인은 반드시 보험사고 발생 시 무역계약의 결제통화로 보험금을 받을 수 있도록 보험계약을 체결해야 한다. (   )

정답 | ○

01 Incoterms 2020의 FOB조건에 관한 설명 중 옳지 않은 것은?

① 선적항에서 매수인이 지정한 본선에 계약상품을 인도하면 매도인의 인도 의무가 완료된다.

② FOB조건은 매도인이 물품을 본선 갑판이 아닌 CY에서 인도하는 경우에도 사용한다.

③ FOB조건은 FAS조건에 매도인의 본선적재 의무가 추가된 조건이다.

④ 매수인은 자기의 책임과 비용부담으로 운송계약을 체결하고 선박명, 선적기일 등을 매도인에게 통지하여야 한다.

정답 | ②

해설 | FOB조건은 매수인이 지정한 본선에 적재하였을 때 매도인의 인도 의무를 다한 것으로 보는 조건으로 이는 해상 및 내수로 운송에 사용된다. 만약, 매도인이 물품을 CY에서 인도하는 경우에는 FCA조건을 사용하여야 한다.

02 Incoterms 2020에 대한 설명으로 부적절한 것은?

① 이전 버전과 같이 운송수단에 따라 2개 그룹으로 나뉜다.

② DAT규칙은 DPU규칙으로 변경되었으나 매도인의 위험과 비용은 DPU규칙에서도 동일하게 적용된다.

③ CPT규칙과 CIP규칙에서 매도인은 목적지에서 양하의무가 없다.

④ CIF규칙과 CIP규칙에서 매도인의 부보의무는 ICC(C)에 해당하는 최소부보 의무로 이전 버전과 같이 유지되었다.

정답 | ④

해설 | CIF규칙의 경우 이전과 동일하게 매도인은 ICC(C)에 해당하는 최소부보의무가 있으며, CIP의 경우 ICC(A)에 해당하는 최대부보의무로 변경되었다.

03 인코텀즈(Incoterms) 2020의 CIF조건에 대한 설명으로 옳지 않은 것은?

① 매도인이 부담하는 물품의 멸실 또는 손상의 위험은 물품이 선박에 적재된 때 이전된다.

② 물품이 컨테이너터미널에서 운송인에게 교부되는 경우에 사용하기 적절한 규칙은 CIF가 아니라 CIP이다.

③ 매도인은 물품이 제3국을 통과할 때에는 수입관세를 납부하거나 수입통관절차를 수행할 의무가 있다.

④ 매도인은 목적항에 물품이 도착할 때까지 운송 및 보험 비용을 부담하여야 한다.

정답 | ③

해설 | 매도인은 물품이 제3국을 통과할 때에는 수입관세를 납부하거나 수입통관절차를 수행할 의무가 없다.

04 비용의 분기가 선적지에서 이뤄지는 Incoterms 2020조건으로 옳은 것은?

① FOB   ② DAP   ③ DDP   ④ CIF

정답 | ①

해설 | F조건의 경우 선적지 인도조건으로 FOB조건은 선적항에서 매도인의 물품인도의무가 완료되며, 본선에 적재할 때가 위험 및 비용의 분기점이 된다.

05 Select the wrong one in the blank under Incoterms® 2020.

> The seller must pay (   ) under FCA.

① all costs relating to the goods until they have been delivered in accordance with this rule other than those payable by the buyer under this rule.

② the costs of providing the transport document to the buyer under this rule that the goods have been delivered.

③ where applicable, duties, taxes and any other costs related to export clearance under this rule.

④ the buyer for all costs and charges related to providing assistance in obtaining documents and information in accordance with this rule.

정답 | ②

해설 | 인코텀즈2020 규칙에서 빈칸에 잘못된 것을 고르는 문제로, 매도인은 자신의 비용으로 매수인에게 운송서류 (transport document)가 아닌 물품이 인도되었다는 통상적인 증거(usual proof)를 제공해야 한다. 매수인이 물품이 적재되었음을 기재한 운송서류가 필요한 경우 매수인은 자신의 위험과 비용으로 운송서류를 매도인에게 발행하도록 운송인에게 지시해야 한다.

SECTION 1 | 무역대금결제의 분류

제1부 무역계약과 대금결제

1. 무역계약과 무역대금결제와의 관계

- 무역 거래에서 무역계약은 매도인이 물품 인도 의무를 부담하고, 매수인은 대금 지급 의무를 부담하는 쌍무적 채무 부담과 함께 그 대가의 보상으로 금전 지급을 원칙으로 하는 것이 일반적이므로 매매당사자는 무역계약 시 대금결제 방식에 대하여 약정하게 된다.

- 무역 거래에서 이용되는 대금결제의 수단은 크게 **현금결제, 환결제 및 환어음결제**로 구분되며, 결제 방식에는 송금환(Remittance), 추심(Collection), 신용장(Letter of credit) 및 기타의 특수결제 방식으로 구분된다.

C/h/e/c/k 대금지급 방법 및 지급 시기 비교

대금결제 방법		대금결제 시기			
		선지급	동시지급	후지급	혼합지급
현금결제		• 주문 시 지급 (CWO) • 현금 선지급 (CIA)	• 현품인도결제 (COD) • 서류인도결제 (CAD)		
물품결제	물물교환				
환어음	신용장	선대신용장 (RedclauseL/C)	일람출급신용장 (At sight L/C)	기한부신용장 (Usance L/C)	할부지급신용장
	추심 방식		지급인도조건 (D/P)	인수인도조건 (D/A)	
송금환	• 전신환(T/T) • 우편환(M/T) • 송금수표(D/D)	사전송금방식	• 현품인도결제 (COD) • 서류인도결제 (CAD)	사후송금방식	
기타				• 외상판매 • 위탁판매 • 청산계정	• 일부 선지급 • 분할 지급
특수결제 방식	팩토링(Factoring), 포페이팅(Forfaiting), 인카소(INKASO), 에스크로(Escrow) 등				
전자결제	전자수표(Electronics), 무역카드(Trade card), 신용카드(Debit card) 등				

제2부 무역결제 형태 기준에 따른 분류

1. 신용장결제 방식

신용장결제 방식은 은행의 조건부지급확약(Conditional bank undertaking of payment)으로 신용장 조건에 일치하는 서류와 상환으로 수출상에게 대금 지급을 보증함은 물론 신용위험을 대폭 감소시킬 수 있는 편리성 때문에 무역대금의 결제수단으로 많이 이용되고 있다.

2. 무신용장결제 방식

(1) 송금결제 방식

- 계약물품을 선적하기 전에 수입상이 수출상 앞으로 대금을 송금하여 주는 방식으로 수출상의 입장에서는 대금결제에 대한 위험을 줄일 수 있지만, 수입상에게는 금융비용을 부담해야 하는 등 불리한 결제 방식이라고 할 수 있다.
- 송금 방식으로는 **전신송금환(T/T), 우편송금환(M/T), 송금수표(D/D)** 등과 같은 **지급수단**이 이용되고 있으며, 또한 수입지에서 현품과 대금을 교환하는 **현품인도결제(COD)**, 수출지에서 선적 서류와 교환하여 대금 지급이 이루어지는 **서류인도결제(CAD)** 방법이 있다.

(2) 추심결제 방식

- 은행의 지급보증 없이 수입자의 신용을 믿고 단순히 매매당사자 간의 계약에 의하여 수출상이 상품을 선적한 후 관련 서류를 첨부한 화환어음을 수입자에게 제시하면 수입자가 그 어음을 지급 또는 인수하여 결제하는 방법이다.
- 추심결제 방식에는 D/P(Documents against payment) 방식과 D/A(Documents against acceptance) 방식이 있다.

(3) 청산계정 방식(Open Account)에 의한 결제

매매당사자 간 매 거래 시에 물품대금을 결제하지 않고, 장부상에 상쇄하고 일정 기간마다 그 차액만을 청산하여 결제하는 방식이다.

(4) 금융 등 특수 방식에 의한 결제

- 국제팩토링(International factoring) : 팩토링회사(Factor)가 구매자에게 물품이나 용역을 제공함에 따라 발생하는 외상매출채권 관련 신용위험의 인수, 전도금융의 제공, 회계처리업무 등을 대행하는 무신장 방식의 금융서비스
- 포페이팅(Forfaiting) : 약속어음과 같은 기한부 신용 수단을 상환청구권 없이(Without recourse) 고정이자율로 할인·매입하는 수출 무역 금융의 형태
- 에스크로(Escrow) : 전자상거래에서 판매자와 구매자 사이에 체결된 거래를 중계하고 대금결제를 보호하는 서비스로 계약에 정한 조건이 성취될 때 대금결제가 완전히 이루어지는 방식이다.

제3부 환의 이동방향 기준

1. 순환 방식

순환 방식에 의한 대금결제는 송금환이 송금인인 매수인에게서 수취인인 매도인에게로 이동하고, 대금도 매수인에게서 매도인에게로 결제되는 **송금결제 방식**이 이에 속한다.

2. 역환 방식

역환 방식에 의한 대금결제는 환어음은 매도인에게서 매수인에게로 제시되지만 대금은 매수인에게서 매도인에게로 결제되는 **화환취결** 방식 또는 **추심환**이 이에 해당한다.

제4부 송금결제 방식(Remittance basis)

1. 정의

송금결제 방식이란 물품대금의 전액을 외화로 지급 또는 영수하는 조건으로 수입자가 물품의 인도 전 또는 인도와 동시에 또는 인도 후 수출자에게 물품대금 전액을 외화로 송금하여 지불함으로써 결제하는 방법이다.

2. 사전송금 방식(단순송금 방식, Payment in advance)

(1) 송금수표 방식(Demand Draft : D/D)

- 수입상이 미리 물품대금을 은행에 불입하고 은행이 송금수표(D/D)를 발급해 주면, 이를 수입자가 수출자에게 직접 우송하여 결제하는 방식이다.
- 개인적으로 소액을 송금하고 물품을 인도받는 경우에 사용된다.

(2) 우편송금환 방식(Mail Transfer : M/T)

수입자의 요청에 따라 송금은행이 지급은행에게 "수취인에게 일정금액을 지급하여 줄 것을 위탁하는 지급지시서"에 해당하는 우편환(M/T)을 발행하고 이를 송금은행이 직접 지급은행에 우송하는 방식이다.

(3) 전신송금 방식(Telegraphic Transfer : T/T)

- 수입자의 요청에 따라 송금은행이 지급은행에게 "수취인에게 일정금액을 지급하여 줄 것을 위탁하는 지급지시서"에 해당하는 우편환 대신 전신환(T/T)을 발행하고 이를 송금은행이 직접 지급은행에 우송하는 방식이다.
- 긴급을 요하거나 거액을 송금할 때 이용되며, 모든 위험은 은행이 부담한다.

3. 대금상환도 방식

(1) 의의

수입상이 물품 또는 서류가 인도될 당시 또는 인도된 후에 대금을 지급하는 것을 말한다. 이 방식은 대금과 상환으로 인도하여야 할 대상이 물품일 경우 COD 방식, 서류일 경우 CAD 방식으로 구분된다.

(2) COD(현물상환 방식, Cash On Delivery)

1) 의의

수출상이 물품 선적 후 수입국에 소재하는 수출상의 지사나 대리인에게 물품을 송부하고 수입상이 물품의 품질을 검사한 후 물품과의 상환으로 대금을 결제하는 방식이다.

2) 적합한 거래

- 보석류 · 귀금속 등 고가이면서 검사가 필요한 물품의 거래
- BWT 거래(BWT 거래는 Stale B/L 때문에 신용장 부적합)

(3) CAD(서류상환 방식, Cash Against Document)

1) 의의

수출상이 물품선적 후 이를 증명할 수 있는 선하증권·상업송장 등 운송서류를 수입상에게 직접 또는 수출국에 소재하는 수입상의 대리인이나 지사에게 제시하여 서류와 상환으로 대금을 결제하는 방식이다.

2) 요건

수입상의 지사·대리인 또는 은행 등이 수출국 내의 물품 제조 과정을 점검하고 수출 물품에 대한 선적 전 검사를 하므로 수출국에 수입상 대신 대금결제를 해줄 지사·대리인, 은행 등이 있을 경우 사용 가능하다.

3) 적합한 거래

서류를 통해 물품을 충분히 판단할 수 있는 거래에 적합하다.

C/h/e/c/k D/P 방식과의 차이점

은행을 통해 이루어지면 D/P 방식과 유사하지만, ⓐ 은행을 통하는 경우에도 환어음이 발행되지 않고, ⓑ 반드시 은행을 통할 필요는 없다는 점에서 D/P 방식과 구분되며, 유럽식 D/P라고도 한다.

실무상 유의 사항

실무적으로는 COD 60days 또는 CAD 60days와 같이 사후송금 방식으로 더욱 많이 이용된다.

---

4. 사후송금 방식

수출상이 대금을 받기 전에 수입상에게 물품과 선적서류를 발송하고, 수입상은 상품 수령 후에 대금을 결제하는 방식을 말하며, 환어음이 발행되지 않는다.

5. 추심결제 방식

(1) 의의

추심결제 방식이란 매매당사자 간의 계약에 의해 수출상이 물품을 선적한 후 선적서류를 첨부한 화환어음을 수입상에게 제시하고 수입상이 그 어음을 지급 또는 인수하여 결제하는 방법이다. 추심결제 방식에는 D/A·D/P가 있으며, 추심결제는 "URC522(추심에 관한 통일규칙)"를 따른다.

C/h/e/c/k 추심의 정의 URC522 제2조

"추심(Collection)"이란 은행이 접수된 지시에 따라 ⓐ 지급 또는 인수를 받거나, ⓑ 지급 인도 또는 인수 인도로 서류를 인도하거나, ⓒ 기타의 조건으로 서류를 인도하기 위하여 서류를 취급하는 것을 말한다.

---

(2) 추심서류

서류란 금융서류와 상업서류를 의미한다.

1) 금융서류(Financial documents)

환어음·약속어음·수표 또는 기타 금전을 지급받기 위해 사용되는 증서

2) 상업서류(Commercial documents)

송장·운송서류·권리증권, 기타 금융서류가 아닌 모든 서류

(3) 특징

- 환어음 사용
- 역환 방식(환과 대금의 이동 방향이 반대)
- 은행을 통한 거래
- 서류거래 방식

(4) 추심거래의 당사자

- 추심의뢰인(Principal) : 물품을 선적하고 거래은행에 추심을 의뢰하는 자
- 추심의뢰은행(Remitting bank) : 추심의뢰인으로부터 추심을 의뢰받은 수출국의 은행
- 추심은행(Collecting bank) : 추심의뢰은행이 요청한 추심의뢰서에 따라 지급인에게 추심하여 대금을 송부하는 은행
- 제시은행(Presenting bank) : 수입상인 지급인에게 직접 추심서류를 제시하는 은행으로서 추심은행에 포함되며, 추심은행이 수입상의 거래은행이 아닌 경우 제시은행이 존재한다.
- 지급인(Drawee) : 추심지시서에 따라 제시은행으로부터 지급·인수를 위한 제시를 받고 만기일에 대금을 지급하는 자(수입상)

(5) 추심결제 방식의 종류

1) D/P(지급인도조건, Documents against Payment)

① 의의

수출상이 물품선적 후 수입상을 지급인으로 하는 일람불환어음(Documentary sight bill)을 발행하고, 자신의 거래은행인 추심의뢰은행에 추심을 의뢰하면, 추심의뢰은행은 서류가 첨부된 환어음을 수입자의 기래은행인 추심은행으로 송부하고, 이러한 서류가 수입상에게 제시되었을 때 대금 지급이 있는 경우, 수입상에게 운송서류를 인도하는 방법이다.

※ D/P에서 기한부어음이 발행되면 D/P Usance

② 절차

㉠ 매매계약 체결

㉡ 수출상의 물품 선적

㉢ 관련 서류가 첨부된 **일람불환어음**을 수입상을 지급인으로 발행하여 추심의뢰은행에 추심의뢰

㉣ 추심의뢰은행이 수입자의 거래은행인 추심은행에게 서류가 첨부된 환어음을 송부하여 추심의뢰

㉤ 추심은행은 대금 지급을 받으면서 서류를 인도

㉥ 지급받은 대금은 추심의뢰은행을 통해 수출상이 대금 수취

2) D/A(인수인도조건, Documents against Acceptance)

① 의의

수출상이 물품 선적 후 수입상을 지급인으로 하는 기한부환어음(Documentary usance bill)을 발행하고, 운송서류가 추심의뢰은행·추심은행을 통하여 수입상에게 제시되었을 때 어음의 인수가 있는 경우 운송서류를 인도하는 방법이며, 수입상은 어음의 만기일에 대금을 지급하여야 한다.

② 절차

ⓐ 매매계약 체결

ⓑ 수출상의 물품 선적

ⓒ 관련 서류가 첨부된 **기한부환어음**을 수입상을 지급인으로 발행하여 추심의뢰은행에 추심의뢰

ⓓ 추심의뢰은행이 수입자의 거래은행인 추심은행에게 서류가 첨부된 환어음을 송부하여 추심의뢰

ⓔ 수입상의 어음인수가 있는 경우 서류를 인도하고 어음만기일에 대금을 지급받아 추심의뢰은행에 제시

ⓕ 지급받은 대금은 추심의뢰은행을 통해 수출상이 대금 수취

C/h/e/c/k D/P USANCE

• 추심은행에 서류가 도착하면 즉시 인도하는 것이 아니라 추심은행이 Usance 기간 동안 보관하다가 그 이후에 제시하여 대금지급과의 상환으로 서류를 인도하는 방식이다.

• D/A와 비교

구분		D/P Usance	D/A
공통점		은행 거래, 어음부 거래(추심거래 방식이므로)	
차이점	환어음	일람불환어음	기한부환어음
	결제 방식	서류가 도착하는 즉시 서류를 인도하는 것이 아니라, 반드시 일정 기간 후에 인도하여야 하며, 서류를 인수할 때 수입상은 대금을 지급하여야 한다("D/P at 45. days after B/L date"와 같이 기재).	서류가 도착하는 즉시 수입상이 인수하고 대금결제는 일정 기간 후에 한다.

---

(6) 추심거래은행의 의무와 책임

1) 신의성실 및 상당주의 의무(9조)

추심에 관여하는 은행은 신의성실(In good faith)에 따라 행동하고 상당한 주의(Reasonable care)를 하여야 한다.

2) 서류 확인 및 통지 의무(12조)

은행은 접수된 서류가 추심지시서에 기재된 것과 일치하는가를 확인하여야 하며, 누락사항이 있을 때에는 추심의뢰를 한 상대방에게 즉시 통지하여야 한다. 그러나 서류심사 의무는 부담하지 않는다.

3) 물품의 인수 · 보관 의무(10조)

• 사전 동의 없는 물품의 인수 · 보관 의무 없음

• 물품의 보호조치의 결과 등에 대한 의무 없음

• 물품에 대한 지시이행의 의무 없음

• 추심의뢰은행의 보상 의무

• 접수된 서류의 제시 의무

(7) 추심거래은행의 면책

1) 피지시자의 행위에 대한 면책(11조)

ⓐ 추심의뢰인의 지시를 이행하기 위해 단일 · 다수의 타 은행 서비스를 이용하는 은행은 추심의뢰인의 비용과 위험 부담으로 이를 행하며, ⓑ 은행은 자신이 전달한 지시가 이행되지 않은 것에 대하여 아무런 의무 · 책임을 부담하지 아니한다. 또한, ⓒ 다른 당사자에게 서비스의 이행을 지시한 당사자는 외국의 법률 · 관행에 따라 부과되는 모든 의무와 책임을 부담하여야 하며, 이에 대하여 지시받은 당사자에게 보상하여야 한다.

2) 접수된 서류에 대한 면책(12조)

서류가 추심지시서에 열거된 것과 외관상 일치하지 않는 경우, 추심의뢰은행은 추심은행에 의해 접수된 서류의 종류와 통수에 대해 반박할 수 없다.

3) 서류의 효력 등에 관한 면책(13조)

은행은 ⓐ 모든 서류의 형식·충분성·정확성·진정성·위조·법적 효력·서류상 제조건 등과, ⓑ 계약상의 여러 당사자에 대한 성실성·작위/부작위·지급능력·채무이행·재정상태 등에 대하여 아무런 의무·책임을 부담하지 않는다.

4) 송달 중의 지연·분실·번역에 관한 면책(14조)

은행은 ⓐ 모든 통신·서신·서류의 송달 중 지연·분실·훼손·오류 등으로 인한 결과 또는 전문 용어의 번역·해석상의 오류에 대하여 아무런 책임을 지지 않으며, ⓑ 접수된 어떠한 지시의 명확성을 취득하기 위한 필요성으로부터 기인하는 모든 지연에 대하여 책임지지 아니한다.

5) 불가항력의 사유로 인한 결과에 대한 면책(15조)

은행은 천재지변·소요·폭동·반란·전쟁 또는 기타 은행이 통제할 수 없는 원인에 의하거나, 동맹파업·직장 폐쇄에 의하여 은행업무가 중단됨으로써 발생하는 결과에 대하여 아무런 의무·책임을 부담하지 아니한다.

6. O/A 결제 방식(Open Account : O/A)

(1) 청산계정

당사자 간에 거래가 빈번하게 이루어지는 경우, 거래 시마다 직접 현금으로 결제하지 않고, 거래내역을 장부에 기입해두고 일정기간마다 그 대차의 잔액만을 현금 결제하는 방식이다.

(2) 선적통지부 결제 방식

- 수출업체가 수출품 선적을 완료하고 해외수입자에게 선적사실을 **통지함과 동시에 채권이 발생**하는 방식이다.
- 선적통지부 결제 방식 거래는 수출자가 수입자의 사업능력과 성실성을 신뢰해야만 거래가 이루어질 수 있다.

(3) 타 결제 방식과의 비교

1) 신용장 및 추심결제 방식

신용장방식의 수출은 환어음을 매개로 대금결제가 이루어지고, 추심방식의 수출은 환어음의 추심으로 대금이 결제되나, O/A방식의 수출은 수출채권을 표시하는 환어음 없이 수출입상 간의 신용에 의해 대금이 결제된다.

2) COD·CAD

사후송금방식 수출이라는 점에서 동일하나, COD·CAD는 선적서류 또는 물품이 수입상에게 인도되어야만 수출 채권이 성립하여 대금결제가 이루어지는 반면, O/A방식은 수출상이 물품을 선적한 후 해외수입상에게 선적 사실을 통지함과 동시에 수출 채권이 확정된다.

제1부 개요

1. 환어음의 정의

어음발행인(Drawer)이 지급인(Drawee)인 제3자로 하여금 일정금액을 수취인(Payee) 또는 그 지시인(Orderer) 또는 소지인(Bearer)에게 지급일에 일정장소에서 무조건 지급할 것을 위탁하는 요식유가증권이자 유통증권이다.

2. 환어음의 필요성

(1) 신용장

- 인수신용장 : 환어음의 무인적인 성질을 이용해 환어음의 인수형태를 빌려 금융이 이루어지므로 필요
- 매입신용장 : 환어음의 발행을 요구하는 어음부신용장의 형태를 취하므로 필요
- 자유매입신용장 : 동일 신용장으로 각각 다른 은행이 분할하여 매입하는 경우 매입의 경로나 사실을 알기 위해 필요
- 상환신용장 : 매입은행이 매입대금을 상환받기 위해 개설은행이 지정한 상환은행에게 대금을 청구할 경우 필요

(2) 추심거래

환어음의 발행을 요구하고 있기 때문에 필요

3. 환어음의 당사자

(1) 발행인(Drawer)

환어음을 발행하고 서명하는 자로 수출상이나 채권자를 말한다. 환어음이 유효하게 발행되기 위해서는 발행인의 기명날인(signature)이 있어야 한다.

(2) 지급인(Drawee)

환어음금액을 일정한 시기에 지급하여 줄 것을 위탁받은 채무자로, 일반적으로 신용장거래에서는 개설은행 또는 지정은행이 지급인이 되고, 추심거래에서는 수입상이 된다.

(3) 수취인(Payee)

환어음금액을 지급받을 자로 신용장거래에서는 일반적으로 환어음을 매입한 매입은행이 되며, 추심거래에서는 수출상이 된다.

제2부 환어음의 종류와 발행

1. 환어음의 종류

(1) 화환어음(Documentary bill)과 무담보어음(Clean bill)

화환어음은 어음에 운송서류가 첨부된 것이고, 무담보어음은 운송서류가 첨부되지 않은 어음이다.

(2) 일람출급어음(Sight bill)과 기한부어음(Usance bill)

일람출급어음은 제시되는 즉시 대금이 지급되어야 하는 어음이고, 기한부어음은 어음 발행 또는 제시후 일정기간이 지난 뒤 지급되는 어음이다.

(3) 지급인도어음(D/P bill)과 인수인도어음(D/A bill)

지급인도어음은 수입지의 은행으로부터 어음이 제시되었을 때 수하인이 어음대금을 지급하지 않으면 운송서류를 은행으로부터 수령할 수 없는 어음을 말한다. 인수인도어음이란 어음이 제시되었을 때 수하인이 어음의 대금을 지급하지 않고, 어음을 인수함으로써 운송서류를 수령할 수 있는 어음이다.

2. 환어음의 양도

(1) 환어음의 배서

배서(Endorsement)란 어음상의 권리를 타인에게 양도하는 방법으로, 어음 뒷면에 일정 사항을 기재하여 타인에게 교부하는 어음의 유통 행위이다.

- 기명식 배서 : 피배서인의 명칭을 기재하여 배서하는 방식
- 백지식 배서 : 피배서인은 서명하지 않고, 배서인만 서명하는 방식
- 추심위임배서 : 추심을 위한 위임을 표시하는 문언이 있는 방식

(2) 교부

환어음이 소지인식으로 발행된 경우 배서는 필요치 않으며, 환어음의 교부에 의해 양도 가능하다.

3. 환어음의 발행

환어음의 경우 필수 기재 사항과 임의 기재 사항이 있으며, 필수 기재 사항의 경우 그중 어느 하나라도 누락되면 어음으로서의 법적 효력을 갖지 못한다.

(1) 환어음의 필수 기재 사항

1) 환어음의 표시

환어음의 본문 중에 "환어음"이라는 문구가 있어야 한다. 보통 복본으로 발행되므로 "first(second) bill of exchange"로 표시된다.

2) 무조건의 지급 위탁 문언

환어음은 일정한 금액을 무조건으로 지급한다는 위탁문언이 표시되어 있어야 하며, 환어음금액은 상업송장금액과 일치되어야 하고, 신용장거래 시 신용장금액을 초과할 수 없다.

3) 지급인(Drawee)

어음의 끝부분인 "To" 이하에 기재되는 자를 지급인이라고 하며, 지급인은 어음지급을 위탁받은 자로서 신용장 방식의 경우에는 발행은행이 되고, D/P·D/A 방식의 경우 수입자가 된다.

4) 만기(지급기일)의 표시

어음의 만기(Maturity, Tenor)란 어음금액이 지급될 날로서 어음상의 문구 중 "at" 다음에 기재되는 것이 지급기일의 표시가 된다. 어음지급기일의 표시 방법에는 다음의 4가지가 있다.

- 일람출급(At sight) : 어음의 지급인에게 지급하는 날이 어음의 지급기일이 된다.
- 일람후정기출급(At ~days after sight) : 어음의 지급인에게 제시된 날로부터 일정 기일이 지난 후 어음의 만기일이 된다.

- 발행일자후정기출급(At ~days after date) : 어음이 발행되고 난 후 일정기일이 지난 후 어음의 만기일이 된다.
- 확정일출급(On a fixed date) : 어음상에 만기일을 기재하고 있는 어음을 말한다.

5) 수취인의 표시

어음금액의 지급받을 자를 표시하는 것으로, 어음상에 수취인을 기재하는 방법에 따라 기명식, 지시식, 소지인식의 세 가지 방법이 있다. 우리나라 어음법에서는 기명식과 지시식에 의한 발행만을 인정하고, 영미법에서는 모두 인정하고 있다.

- 기명식 : "Pay to ABC Bank"와 같이 환어음금액을 수취할 특정 은행명을 기재하여야 하며, 배서양도가 불가능하다.
- 지시식 : 기명식에 대응되는 개념으로 "Pay to ABC Bank or order", "Pay to the order of ABC Bank"로 표시되며, 지시식이란 어떤 자가 지시하는 자가 수취인이 되는 것으로 ABC Bank가 배서하여 제3자에게 양도할 수 있다.
- 지참인식 또는 소지인식 : "Pay to Bearer"와 같이 표시되고, 환어음의 지참인이 지급청구권을 갖는다. 또한 지참인(Bearer)은 환어음의 단순한 인도에 의하여 이를 양도할 수 있다.

6) 지급지의 표시

지급지는 어음금액이 지급될 일정한 지역을 의미하며, 지급지는 실제로 존재하는 도시명을 표시하면 된다.

7) 발행일자

환어음의 발행일은 어음이 발행된 날로 어음상에 기재된 일자이고, 어음의 발행일은 신용장의 유효기일 이내여야 한다.

8) 발행지

어음이 발행된 장소로, 어음법 적용의 근거가 된다.

9) 발행인의 기명날인 또는 서명

기명날인이란 환어음 발행인의 명칭으로 표시하고 인장을 찍는 것으로, 발행인의 기명날인 또는 서명이 없는 어음은 무효이다. 신용장 방식에서 발행인은 신용장상의 수익자가 된다.

(2) 임의 기재 사항

1) 어음금액(문자)

이 금액은 환어음의 금액과 일치하여야 하며 다른 경우 문자가 우선한다. 또한 통화의 종류도 정확히 표시하여야 한다.

2) 복본표시

환어음은 2통으로 발행되는 것이 일반적이며, 각각에 "First", "Second" 표시를 한다.

3) 파훼문구

복본인 환어음은 어느 한 통의 지급이 완료되면 다른 것은 자동으로 무효(Null and void)가 된다.

4) 신용장 발행은행, 번호, 발행일

환어음의 발행 근거가 되는 신용장에 대해서 기재한다.

5) 기타

환어음 번호, 어음 금액(숫자), 대기수취문언, 계정결제인 등이 있다.

예 환어음 양식

ⓐBILL OF EXCHANGE

ⓑNO .   ⓒDate, 2024.02.14. Korea

ⓓFOR U.S. $35,780.00   ⓔPlace : Seoul, Korea

ⓕAT XXXXXXXXXXX SIGHT OF THE FIRST BILL OF EXCHANGE
(SECOND OF THE SAME TENOR) AND DATE BEING UNPAID

ⓖPAY TO ⓗABC BANK OR ORDER THE SUM OF
ⓘUS DOLLARS THIRTY FIVE THOUSAND SEVEN HUNDRED EIGHTY ONLY

ⓙVALUE RECEIVED AND CHARGE THE SAME TO ACCOUNT OF
E-TOMATO CO., LTD.

ⓚDRAWN UNDER THE RORIA BANK LED,, TOKYO, JAPAN

ⓛL/C NO. LC-7201865-100   ⓜDATED 2024.01.02.

ⓝTO THE RORIA BANK LTD,, TOKYO, JAPAN

                                                            Sinsung Co., LTD.

                                                            PARK

                                                            H.S. Park, President

---

ⓐ 환어음의 표시, ⓑ 환어음 번호, ⓒ 발행일, ⓓ 환어음 발행 금액(숫자), ⓔ 발행지, ⓕ 지급만기일, ⓖ 무조건 지급위탁문언, ⓗ 수취인, ⓘ 환어음의 문자 금액, ⓙ 지급청구문언, ⓚ 신용장 발행은행, ⓛ 신용장번호, ⓜ 신용장 발행일자, ⓝ 지급인

Ⅽ/h/e/c/k 환어음의 배서(Endorsement)

환어음은 반드시 기명식 또는 지시식으로 발행하여야 한다. 환어음은 배서에 의해 유통되는데 배서를 통하여 어음상의 권리가 이전되는 동시에 배서인은 피배서인, 기타 후자에 대해 인수 및 지급해야 하는 것을 담보하게 된다. 환어음의 배서방식에는 다음과 같은 경우가 있다.

- 기명식 배서(Full endorsement) : "Pay to A bank"로 표시되며, 피배서인을 명시한 배서이다. 어음을 다시 유통시키기 위해서는 피배서인의 배서가 있어야 한다.
- 지시식 배서(Order endorsement) : "Pay to the order of A bank"로 표시되며, 피배서인의 지시에 따라 지급하라는 배서이다.
- 백지식 배서(Blank endorsement) : "Pay to the order of"라고 표시하며, 피배서인을 기재하지 않고 배서인이 단순히 배서 문구만을 기재하고 기명날인한 배서이다. 결론적으로 백지식 배서의 경우 어음 발행인과 최종양수인만 어음상에 표시된다.

제1부 개요

1. 의의

판매자가 구매자에게 물품을 외상 판매함에 따라 발생하는 **외상매출채권**을 팩토링 회사에 양도하면 팩토링 회사가 판매자 대신 구매자에 관한 신용조사 · 지급보증 · 대금회수 · 회계처리 등의 서비스를 제공하는 금융 기법이다.

2. 기능

(1) 신용위험의 인수

수입팩터는 수출팩터와의 약정에 따라 수입상에 대한 신용조사를 하고 수입상의 신용위험을 인수하며, 대금회수를 보장한다.

(2) 전도금융 제공

- 수출팩터 : 수출 채권을 관리하고 채권 금액 한도 내에서 수출상에게 전도금융을 제공
- 수입팩터 : 수입상에 대한 신용조사 후 신용한도 내에서 수입상이 결제자금 부족 시 금융 제공

(3) 회계업무 대행

- 수출팩터 : 회계업무를 대행함으로써 수출채권과 관련한 회계업무를 처리
- 수입팩터 : 결제 기일에 결제할 수 있도록 관리해 주고 이와 관련된 회계업무를 처리

3. 당사자

- 수출자 : 매매계약상 매도인으로, 물품을 외상으로 수출하는 조건으로 물품을 선적하고 송장 및 선적서류를 수출팩터에 양도하면서 전도금융을 제공받게 된다.
- 수입자 : 매매계약상 매수인으로, 수입팩터의 신용을 바탕으로 외상으로 물품을 수입하는 자이다. 매수인은 만기일에 대금을 지급할 의무가 있다.
- 수출팩터 : 수출자와 국제팩토링 계약을 체결하고, 수출자의 팩토링 채권을 매입하여 전도금융을 제공하며 회계 업무를 대행함으로써 매출채권과 관련된 회계장부를 정리해 준다.
- 수입팩터 : 수입자와 국제팩토링 계약을 체결하고, 수입자의 외상수입을 위하여 신용조사 및 신용승인의 위험을 인수한다.

제2부 국제팩토링의 효용과 절차

1. 효용

(1) 수출상

- 신용거래의 위험 제거 : 수출팩터가 수입팩터와의 업무 연계를 통해 대금회수를 보증하기 때문에 신용 거래에 따른 대금회수불능 위험을 제거할 수 있다.
- 신시장 개척 용이 : 수입상에게 자금 부담이 있는 신용장거래를 하지 않고도 대금지급보증을 받을 수 있고, 수입상의 신용상태를 팩터를 통해 쉽게 확인할 수 있으므로 신시장 개척이 용이하다.

- 절차의 간편성 : 신용장 방식 · 추심 방식에 비해 절차가 간편하다.
- 생산성 증대 : 생산 · 판매에만 전념함으로써 생산성 증대를 실현할 수 있다.
- 전도금융의 수혜 : 전도금융의 수혜로 효율적인 자금조달이 가능하다.

(2) 수입상
- 신용거래 가능 : 수입팩터가 지급을 보증함으로써 신용 한도 내에서 신용거래(외상거래)가 가능하다.
- 자금 부담의 경감
    - 신용장 발행 비용이 경감되며, 팩토링 수수료를 수출상이 부담하므로 자금 부담 경감
    - 대금 지급이 일정 시점 이후에 이루어지기 때문에 물품 판매 대금으로 추후 결제 가능
- 수입 금융의 수혜 : 결제 기일에 결제 자금이 부족한 경우 수입팩터로부터 금융을 제공받을 수 있다.
- 회계 서비스 : 수입팩터로부터 회계 관리 서비스를 제공받을 수 있다.

2. 거래절차
ⓐ 수입자로부터 물품주문을 받은 후 수출자는 수출팩터와 수출팩토링 거래약정을 체결한다.

ⓑ 수출자는 수출팩터에게 수입자에 대한 신용조사를 신용승인의뢰서(CAR)에 의하여 의뢰하고, 수출팩터는 신용승인신청서를 수입팩터에게 송부한다.

ⓒ 신용승인 요청을 받은 수입국 소재의 수입팩터는 수입자에 대한 신용상태를 조사하여 신용승인(Credit approval) 여부를 결정하고, 신용승인 여부 및 결과를 수출팩터에 통지한다. 또한, 수입자에 대한 승인 금액, 대금결제기간 등을 검토한 후 수출팩터를 통해 수출자에게 신용승인 통지를 전달한다.

ⓓ 수출자와 수입자 간 대금결제 조건 등을 신용승인 조건 범위 내로 하여 팩토링 방식에 의한 거래임을 명시하여 수출계약을 체결한다.

ⓔ 수출상은 계약에서 정한 기간 내에 약정물품을 선적한다.

ⓕ 수출자는 수출팩터에게 수출신고필증, 수출채권매입의뢰서, 선적서류 등을 제시한 후 수출채권액 범위 내에서 전도금융을 받을 수 있으며, 이때 수출팩터는 전도금융 이자와 팩토링 수수료를 선취한다.

ⓖ 수출팩터는 전도금융 제공 대가로 수출자로부터 양도받은 매출채권을 수입팩터에게 재양도함으로써 수입팩터에게 대금 회수를 요청한다.

ⓗ 수입자는 수입 대금의 지급 기일이 되면 수입대금을 수입팩터에게 지급하고, 수입팩터는 대금을 영수하면 즉시 수출팩터에게 송금한다.

ⓘ 수출팩터는 송금되어 온 수출대금을 수출자에게 지급하는데 이때, 전도금융 금액과 수입팩터로부터 송금되어 온 수출대금을 서로 상계하여 정산하여 잔액을 지급한다.

• 팩토링과 포페이팅의 비교

구분	팩토링	포페이팅
거래 금액	일반적으로 소액(30만불 미만)	비교적 거액(100만불 이상)
거래 방식	송금 방식이 가장 많음	환어음·약속어음 등을 활용
거래 대상	현재뿐만 아니라 미래에 발생할 매출채권	현재 확정된 매출채권
어음 기간	단기(1년 미만)	중장기(6개월~10년)
소구권	소구가능·불능 모두 인정	소구불능만 인정
금리	제한 없음	고정금리로 할인
지급 근거	수입팩터의 신용승인	보증은행의 지급보증·aval
비밀성	거래의 비밀성이 보장되지 않음	거래의 비밀성이 보장됨
위험부담	• 신용위험 : 팩터 • 비상위험 : 수출상	신용위험·비상위험 : 포페이터

• 국제팩토링과 수출어음보험의 비교

구분	국제팩토링	수출어음보험
담보 금액	송장금액의 100%	어음금액의 90%
담보되는 위험	해외수입자의 신용위험(지급불능, 지급지연 등)	수출자가 자기의 책임이 없음을 입증하는 수입자의 신용위험뿐만 아니라 시장위험, 비상위험도 담보됨

SECTION 4 　**포페이팅**

제1부 특징

1. 정의

- 현금을 대가로 채권을 포기·양도하는 것을 의미하며, 수출 거래에 따른 환어음·약속어음을 소구권 없이 고정이자율로 할인하여 신용판매를 현금판매로 전환시키는 금융 기법이다.
- 기한부 거래에서 사용되며, 통상적으로 기한부신용장으로서 연지급기간이 90일 이상~10년까지 가능하며 금액은 건당 3만$~2억$ 미만의 **수출환어음**이 대상이다.

2. 특징

- 어음 보증 : 포페이터가 인정하는 일류기업의 어음이 아닌 경우, 은행의 지급보증을 받거나 은행이 지급을 보증한다는 문구로 어음에 기재하는 Aval을 받아 포페이터도 대금회수불능위험 회피 가능
- 포페이팅 대상 : 국제적 관행 및 법적 지위가 확립된 환어음·약속어음
- 고정금리부 할인 : 중장기어음을 고정금리부로 할인하기 때문에 거래마진을 확정할 수 있으며, 수출계약 전에 포페이터와 협의를 통해 수출가격을 조정하면 수입상에게 금융비용을 전가

- 소구권 없는 할인 : 소구권 없이 어음을 할인하므로 수입상이 만기 시 대금지급불능 상태이더라도 수출상은 책임지지 않음
- 포페이터의 위험 부담 : 수출상은 물품의 인도에만 책임을 지고, 기타 모든 위험은 포페이터가 부담
- 포페이팅 한도 : 수출금액의 100%까지 포페이팅이 가능
- 표시통화의 한정 : 포페이팅 대상 어음은 미국 달러화 등 제한된 통화로 한정
- URF(포페이팅통일규칙) 적용 : 포페이팅은 국제규칙으로 URF 적용

3. 당사자

- 수출자 : 수출자는 채권자로서, 환어음의 경우 어음을 발행하는 자가 되며 포페이팅 금융의 수혜자가 된다.
- 수입자 : 수입자는 채무자이며, 어음의 인수자가 된다.
- 포페이터 : 포페이터는 어음을 할인·매입하는 금융기관을 말하는데, 주로 수출자의 은행으로서 수출자로부터 채권을 매입한다.
- 보증은행 : 보통 수입자의 은행으로서 별도의 보증서를 발급하거나 어음 면에 보증하는 형식(Aval)으로 관련 채권에 대해 보증한다.

제2부 거래 절차와 한계

1. 거래 절차

ⓐ 수출자와 수입자 간 무역계약 체결 시 포페이팅을 추가하는 조건으로 무역계약을 체결한다.

ⓑ 수입지 지급보증은행에 어음이나 한어음을 제출하면, 지급보증은행은 별도의 지급보증서를 발급하거나 환어음이나 어음상에 Aval을 추가하여 수출자에게 인도한다.

ⓒ 수출자는 포페이터와 포페이팅 계약을 체결하면, 포페이터는 어음을 일정률로 매입할 것을 약정하고, 어음보증 또는 Aval과 수입승인 등을 확인한다. 수출자가 선적을 완료하고, 선적서류가 구비되면 약정한 조건대로 할인지급을 받게 된다.

ⓓ 포페이터는 어음의 만기일에 어음을 지급보증은행에 제시하고, 지급보증은행은 포페이터에게 대금을 지급한다.

2. 한계

- 수출상 : ⓐ 신용장거래의 경우 기한부신용장만 포페이팅 가능하며, ⓑ 중장기 어음을 소구권 없이 할인받지만 고정금리부로 할인되므로 할인폭에 대한 부담이 크다.
- 포페이터 : 여러 위험에 노출되어, 위험 회피 방안을 준비해야 한다.

C/h/e/c/k 기타 방식과의 비교

결제 방식 내용	추심	신용장	국제팩토링	포페이팅
거래 근거	매매계약서	신용장	매매계약서	매매계약서
매도인 제공 서류	환어음 · 선적서류	환어음 · 선적서류	선적서류	환어음 · 선적서류 · 약속어음
지급보증	없음	개설은행	팩터	포페이터
결제 시기	일람불 · 기한부	일람불 · 기한부	수출상은 전도금융 수혜 시, 수입상은 기한부	기한부
대금 회수 위험	불안	안전	안전	안전
자금 회전	담보능력에 따라 다름	용이	용이	용이
수출 대금 회수	수출환어음 매입	수출환어음 매입	전도금융	어음의 할인

SECTION 5 신용장 일반

제1부 개요

1. 신용장의 의미

- 신용장이란 개설의뢰인의 요청과 지시에 의하여 신용장 개설은행이 신용장 조건과 일치하는 서류와의 상환으로 수익자인 수출상에게 대금을 지급할 것을 약정하는 "개설은행의 조건부 지급확약"이다.
- UCP에서는 "신용장이란 그 명칭과 상관없이 개설은행이 일치하는 제시에 대하여 결제하겠다는 확약으로서 취소 불가능한 약정을 말한다"고 규정하고 있다(UCP 2조).
  ※ 결제(Honour)란 ⓐ 일람지급의 경우 일람출급으로 지급, ⓑ 연지급의 경우 연지급을 확약하고 만기에 지급, ⓒ 인수의 경우 수익자가 발생한 환어음을 인수하고 만기에 지급하는 것을 말한다.

2. 신용장의 효용

(1) 수출자의 효용

- 수입자의 대금 지급 약속에 대한 신용위험(Credit risk)이 발행은행의 신용으로 대체되기 때문에 대금회수 확실성이 보장나.
- 신용장을 담보로 수출물품을 제조 · 가공하는 데 따른 원자재 조달을 위한 금융을 은행 측으로부터 수혜할 수 있다.
- 물품을 선적한 후 신용장 조건에 일치되는 서류의 제공 및 환어음의 할인으로 수출 대금을 즉시 회수할 수 있다.
- 신용장은 발행은행의 지급보장을 전제로 한 것이기 때문에 신용장의 발행은 수출상의 계약이행을 확실하게 보장하여 준다.

(2) 수입상의 효용

- 수입상은 은행의 신용을 이용하기 때문에 수출상과 매매계약 시에 가격·결제조건 등 계약을 유리하게 체결할 수 있다.
- 수입상은 신용장으로 물품대금을 선적 시부터 대금 지급 시까지 발행은행과 매입은행이 부담하기 때문에 그 기간만큼 금융 혜택이 있다.
- 수입상은 신용장에 선적기일(Shipping date)과 유효기일(Expiry date)을 명기하므로 자신이 원하는 기간 내에 물품의 수령을 보장받을 수 있다.

(3) 은행의 이점

- 신용장 발행은행은 신용장 발행 시 발행의뢰인에게 담보를 요구하므로 신용장 발행에 따른 위험을 발행의뢰인에게 전가시킬 수 있다.
- 은행은 신용장거래에 따라서 수입상으로부터 발행수수료, 우편료 등 각종수수료 및 외환매매차익과 수출상으로부터 환가료, 통지수수료 등의 각종수수료 수입을 갖는다.

3. 신용장거래의 기본원칙

신용장거래에서는 독립·추상성의 원칙, 완전성과 정확성의 원칙, 신용장과 서류의 엄밀일치 원칙과 서류거래의 원칙이 존중되고 있다.

(1) 신용장의 독립성

- 신용장의 독립성(Independence)이란, 신용장과 매매당사자 간의 근거계약(Underlying contract)이나 기타 거래와는 **별개의 독립된 거래**로 간주한다는 원칙으로 신용장의 본질을 규정하는 가장 중요한 조건이다.
- 신용장 문면에 만일 물품의 명세가 "as per sales note NO..dated.." 등과 같이 매매계약서의 일자나 번호가 명시되어 있어도 은행은 실질적인 조사 의무는 없으며, 제시된 서류의 문면에 이런 문언을 증명하는 내용의 문언이 있다면 충족한다고 할 수 있다.

(2) 신용장의 추상성

- 신용장의 추상성(Abstraction)이란 은행이 매매계약에서 언급된 물품이 계약내용과 일치하는지를 **신용장에서 요구하는 서류**만을 가지고 판단하는 원칙을 말한다.
- 은행은 물품에 대해 요구되는 전문적인 지식이 사실상 부족하기 때문에 신용장내용과 서류상의 문면을 기준으로 그 일치성을 판단하여 지급이행을 하도록 하고 있다.

(3) 완전·정확성의 원칙

- 신용장의 완전·정확성의 원칙(Doctrine of completeness and preciseness)이란 신용장 발행을 위한 지시, 신용장 그 자체, 신용장에 대한 조건변경 등 그 자체는 완전하고 정확하지 않으면 안 된다는 것을 말한다.
- 따라서 신용장에 너무 지나치게 상세한 명세를 삽입하는 것은 혼란을 초래할 수 있으므로 신용장발행은행은 발행의뢰인을 설득하여 이를 억제하도록 하고 있다.

(4) 엄밀일치의 원칙과 상당일치의 원칙

1) 엄밀일치의 원칙(Doctrine of strict compliance)

은행은 신용장조건에 엄밀히 일치하지 않는 서류에 대해서 거절할 수 있는 권리를 가지고 있다는 법률원칙이다. 즉, 은행은 제시된 서류가 **신용장조건의 문언과 합치되는** 것으로 판명되는 제시서류에 한하여 지급을 행할 수 있다는 원칙을 말한다.

2) 상당일치의 원칙(Doctrine of substancial compliance)

신용장통일규칙에서의 엄밀일치의 원칙을 다소 완화하여 제시된 서류가 신용장상의 제반조건과 **상호 모순되는** 내용이 아닌 한 어느 정도까지 일치하면 은행은 그러한 서류를 인수하여 대금지급을 할 의무가 있다고 하는 원칙이다.

(5) 서류거래의 원칙

신용장거래의 대상은 물품이나 서비스 그 자체나 계약의 이행이 아니고 서류이다. 즉, 신용장거래에서 모든 관계당사자는 **서류로 거래**하며, 그 서류가 관계된 물품·서비스·의무이행으로 거래하는 것은 아니라는 원칙을 말한다(5조).

제2부 신용장거래당사자와 거래 과정

1. 거래당사자

(1) 기본당사자

기본당사자는 신용장거래에서 직접적인 권리와 의무가 귀속되는 자로 **신용장의 조건변경·취소**에 관계되는 당사자를 말하며, 만약 신용장을 조건변경·취소하고자 하는 경우 기본당사자의 **전원 합의**가 있어야 한다.

1) 수익자(Beneficiary)

수익자는 신용장 개설을 통하여 이익을 받는 당사자를 말한다. 수익자는 계약과 일치하는 물품의 제공이나 신용장 조건에 일치하는 서류의 제시 의무를 가진다.

2) 발행은행(Issuing bank, Opening bank, Grantor)

- 발행은행은 개설의뢰인의 신청 또는 그 자신을 위하여 신용장을 개설한 은행을 말한다(UCP 2조).
- 일반적으로 수입상의 거래은행으로서 수입상의 요청으로 신용장을 개설하는 은행을 말한다. 일단 신용장이 발행되고 난 뒤에는 수익자에 대해서 **최종적인 책임**을 부담한다.

3) 확인은행(Confirming Bank)

- 확인은행은 **개설은행의 수권** 또는 요청에 의하여 신용장에 확인을 추가한 은행을 말한다(UCP 2조).
- 확인은행은 개설은행의 요청이나 수권에 의해서 개설은행의 대금지급확약에 추가하여 신용장조건과 일치하는 서류가 제시되는 경우 지급·인수·매입할 것을 확약하는 은행을 말한다.

(2) 기타당사자

기타당사자는 직접적인 권리와 의무를 부담하고 있지는 않지만 신용장의 원활한 거래를 위하여 간접적으로 협조하거나 참여하는 자를 말한다.

1) 개설의뢰인(Applicant)

개설의뢰인은 신용장 개설을 신청한 당사자를 의미한다. 개설의뢰인는 수출상과 무역계약을 체결하고, 수출상인 매도인을 수익자로 하는 신용장을 개설하여 줄 것을 거래은행에 신청한다.

2) 통지은행(Advising bank, Notifying bank, Transmitting bank)

통지은행은 개설은행의 요청에 따라 신용장을 통지하는 은행을 의미한다. 통지은행은 보통 수출국에 소재하는 개설은행의 본지점이거나 환거래은행으로서 개설은행으로부터 신용장의 통지를 위임받음과 동시에 지급·인수·매입을 행하는 지정은행이 되는 것이 보통이다.

3) 지정은행

지정은행은 신용장에서 지급·인수·매입의 권한을 받은 특정은행을 의미하며, 모든 은행에 대한 수권이 있는 경우에는 모든 은행을 의미한다.

① 지급은행(Paying bank)

- **수익자가 발행한 환어음에 대해서 직접 대금을 지급하여 주는 은행**으로서 어음금액을 지급하도록 수권받은 은행을 지급은행(Paying bank)이라고 한다. 그러나 어음 지급에 대한 **최종인 책임**은 지급은행이 아니고 **발행은행**이 지게 된다.
- 연지급신용장하에서 수익자가 제시하는 서류에 직접 대금을 지급한다.
- 수익자에게 소구(상환청구)를 요구할 수 없다.

② 인수은행(Accepting bank)

인수은행은 인수신용장하에서 수익자가 제시한 화환어음을 **인수(Acceptance)**하는 은행을 말한다. 인수은행은 수익자가 제시한 서류가 신용장 제조건과 일치할 경우 수익자가 발행한 기한부환어음(Usance bill)을 **인수**하고 **어음의 만기일에 어음대금을 지급**한다.

③ 매입은행(Negotiating bank)

- 매입은행은 수익자가 제시한 **선적서류와 환어음을 매입**하는 은행을 말한다. 매입은행은 일반적으로 수익자의 거래은행으로서 서류의 매입 시 개설은행으로부터 대금을 상환받을 수 있는 기간까지의 **이자와 환가료를 공제**하고 대금을 지급한다.
- 매입은 신용장 발행은행의 공신력을 담보로 한 은행의 여신 행위에 지나지 않으며, 신용장에 의한 대금의 결제를 구성하지 않는다. 따라서 수익자에 대한 **소구권이 존재**한다.

4) 상환은행(Reimbursing bank)

상환은행은 **개설은행으로부터 수권을 받은** 개설은행 이외의 타행으로서, 지급·인수·매입을 행한 은행의 상환 청구에 대해 개설은행을 대신하여 대금상환을 행하는 은행이다. 개설은행을 대신하여 결제하여 주므로 결제은행(Settling bank)이라고도 한다.

5) 양도은행(Transferring bank)

양도은행은 양도가능신용장의 권리의 전부·일부를 제1수익자의 요청으로 제2수익자에게 양도하는 절차를 취급하는 은행으로 일반적으로 지정은행이 양도은행의 역할을 한다.

C/h/e/c/k 수익자와 발행의뢰인의 용어 정리

수출자	수입자
• 매도인(Seller), 수출상(Exporter) • 신용장의 사용자(User) • 환어음발행인(Drawer) • 신용을 수혜하고 있는 신용수령인(Accreditee) • 신용장 수신인(Addressee) • 물품을 선적하는 송화인(Shipper)	• 매수인(Buyer), 수입상(Importer) • 지급의무가 있는 채무자(Accountee) • 신용장개설인(Opener) • 환어음지급인(Drawee)

2. 신용장거래 과정

(1) 매매계약 체결

거래당사자인 수출상과 수입상 간에 매매계약을 체결한다.

(2) 신용장 발행의뢰

수입상(발행의뢰인)은 자기가 거래하는 은행에 신용장 발행을 의뢰한다.

(3) 신용장 발행

발행은행은 발행의뢰인의 요청과 지시에 따라 신용장을 발행하고 우편(mail)이나 전송으로 통지은행 앞으로 송부하면서 수출상에게 통지해 줄 것을 요청한다.

(4) 신용장 통지

통지은행은 수익자에게 신용장 도착을 통지하고 이를 전달한다.

(5) 수출 준비

수익자는 물품을 제조·가공하거나 완제품을 공급받아 수출통관수속을 마치고 선적 완료 후 운송서류를 발급받는다. 이때 가격조건이 CIF나 CIP조건인 경우 보험회사에 적하보험을 부보하고 보험증권을 교부받는다.

(6) 매입 의뢰 및 대금 지급

수익자는 신용장에서 요구하는 서류를 준비하고 환어음을 발행하여 매입은행에 제시하고 수출환어음 매입을 의뢰한다. 매입은행은 신용장조건과 제시된 서류가 일치하는지 심사하고 수익자에게 대금을 지급한다.

(7) 매입은행의 상환청구

매입은행은 수익자에게 지급한 어음을 결제받기 위하여 수입국의 신용장 발행은행에 선적서류를 발송하고 어음 매입대전의 상환을 청구한다. 경우에 따라 상환은행 앞으로 환어음상환청구를 하고 서류는 발행은행 앞으로 송부하는 경우도 있다.

(8) 착화 통지 및 선적 서류 수입상에게 인도

발행은행은 선적 서류가 접수되면 도착사실을 수입상에게 통지하고 수입어음을 결제 또는 인수한 후 선적 서류를 수입상에게 인도한다.

(9) 물품인수

수입상은 선박회사 또는 항공회사로부터 화물도착통지서를 받으면 운임을 정산한 후 물품인도지시서(D/O)를 받고, 보세창고에 D/O 또는 항공화물운송장(AWB)을 제시하고 수입 물품의 인수 절차를 밟는다. 수입상은 세관에 관세 등 세금을 납부하고 수입통관절차를 밟아 선박회사로부터 화물을 인수받는다.

01 수출상이 물품선적 후 선적서류를 수입상이나 수입상의 대리인에게 제시하여 수출대금을 받고 선적서류를 인도하는 방식으로서 D/P 유럽 방식이라고도 불리며, 환어음이 개설되지 않는 방식을 CAD(서류인도방식)이라 부른다. (   )

정답 | ○

02 팩토링 방식은 환어음을 이용한 방식으로, 수출상, 수입상, 수출팩터, 수입팩터 4명이 거래당사자며, 팩토링회사가 판매자를 대신하여 구매자에 관한 신용조사 및 신용위험의 인수, 매출채권의 기일관리 및 대금회수 금융제공 등의 업무를 대행하는 금융서비스이다. (   )

정답 | ×

03 추심거래에서 추심의뢰서에 D/A나 D/P 등의 명시적인 언급이 없거나 불명확한 경우에는 D/A로 간주한다. (   )

정답 | ×

04 일반적인 사후송금 방식으로 빈번하게 수출입거래가 이루어지는 수출입자 간에 물품의 각 거래 시마다 결제하는 것이 아니라 일정한 정산기간마다 대금을 청산하는 외상 방식을 O/A 방식이라 한다. (   )

정답 | ○

05 신용장거래에서 수출상은 Seller, Exporter, Beneficiary, Addressee, Shipper, Consignor, Drawer, Accounter, Accreditee, Payee라 부른다. (   )

정답 | ○

06 신용장거래에서 확인은행은 일단 신용장에 자신의 확인(Confirmation)을 추가하면 이를 취소 또는 철회할 수 없다. (   )

정답 | ○

01 Below explains a trade finance method. What is this?

> THIS, being widely used at the international level, allows exporters to move to open account without fear of bad debts or overseas collection problems, many businesses involved in international trade are switching to factoring as a means of moving away from letter of credit or documentary collection terms to open account trading in line with market practice.
>
> Exporters tend to turn to factors when other means of short-term trade finance are unavailable or inappropriately.

① Aval   ② Forfaiting

③ Negotiation   ④ International factoring

정답 | ④

해설 | • without fear of bad debts or overseas collection problems : 악성채무나 채권의 해외추심 관련 문제에 대한 우려 없이
  • switching to factoring as a means of moving away from letter of credit or documentary collection terms to open account trading : 신용장방식 결제나 추심방식으로부터의 대안으로서 팩토링방식으로 전환
  • in line with market practice : 시장 관행에 따라

02 국제결제 방식 중 하나인 포페이팅결제에 대한 설명으로 옳지 않은 것은?

① 포페이터는 소구권이 없는 조건으로 채권을 매입하며, 수출자는 수입자(또는 거래은행)가 만기에 대금을 결제하지 않는 경우 대금을 반환할 책임이 없다.

② 포페이터는 수입자의 거래은행이 별도로 발행하는 지급보증서 또는 환어음(또는 약속어음)에 추가하는 지급확약(Aval), 그리고 수출자가 제공하는 별도의 보증이나 담보를 같이 요구한다.

③ 포페이팅 거래에서는 환어음과 약속어음만을 그 할인대상으로 하며 기타의 증권 또는 채권을 취급하지 않는다.

④ 포페이팅 거래의 할인대상은 통상 1~10년의 중장기 어음이며, 고정금리부로 할인이 이루어진다.

정답 | ②

해설 | 수출자에게 별도의 보증이나 담보를 요구하지 않는다.
  • Aval : 포페이팅 거래에서 수입상의 거래은행이 포페이터가 매입하는 환어음에 대하여 행하는 취소 불능의 무조건적인 보증을 말한다.

03 What risks is the Buyer exposed under Advance Payment method?

A. Country risk of seller	B. Seller's bank risk
C. Seller's performance risk	D. Country risk of buyer

① B & C ② A & D

③ A & C ④ A & B & D

정답 | ③

해설 | 매도자가 계약이행을 안 할 위험, 매도자의 국가로 인해 비롯될 수 있는 위험을 말한다.

　　　　• advance payment : 사전송금

04 URDG 758이 적용되는 청구보증의 양도에 관한 내용으로 옳지 않은 것은?

① 당해 청구보증에서 "transferable"이나 "assignable"이라고 명시된 경우에만 허용된다.

② 청구보증의 양도는 수익자를 변경시키는 결과를 낳는다.

③ 원칙적으로 청구보증은 전양도(Sub-assignment, 轉讓渡)가 허용되지만, 구상보증은 양도가 허용되지 않는다.

④ 원칙적으로 청구보증은 전부양도(全部讓渡)만 허용되고 일부양도(一部讓渡, Partial transfer)는 금지된다.

정답 | ①

해설 | 오직 transferable이라고 명시된 경우에만 가능하다.

05 포페이팅(Forfaiting) 거래방식의 설명으로 옳은 것은?

① 포페이터(forfaiter)의 무소구조건부 어음의 할인매입

② 포페이터(forfaiter)의 조건부 지급확약

③ 포페이터(forfaiter)의 무조건부 지급확약

④ 포페이터(forfaiter)의 소구권부 어음의 할인매입

정답 | ①

해설 | 포페이팅은 소구권 없이 어음을 할인하므로 수입자가 어음만기 시 대금지급불능 상태이더라도 수출자는 책임지지 않는다.

06 송금방식의 특징으로 옳지 않은 것은?

① 은행수수료가 저렴하다.

② 어음법의 적용을 받지 않는다.

③ 결제상의 위험을 은행에 전가할 수 있다.

④ 적용되는 국제 규칙이 없다.

정답 | ③

해설 | 송금결제방식은 물품대금을 외화로 영수 또는 지급하는 방식으로 송금결제방식을 통한 물품의 수출입은 결제자금의 금융적 편의 안정성의 문제를 커버하지 못한다. 즉, 은행에 결제상의 위험을 전가할 수 없다.

SECTION 1 신용장 종류

제1부 일반신용장

1. 신용장 용도에 따른 구분

(1) 상업신용장(Commercial credit)

상업신용장이란 무역거래 대금결제에 사용되는 신용장을 말한다. 상업신용장은 환어음·선적서류를 요구하는 화환신용장·선전서류가 요구되지 않는 무화환신용장으로 분류할 수 있다.

(2) 여행자신용장(Traveller's credit)

여행자 신용장이란 여행자의 의뢰에 따라 해외여행 시 필요한 자금을 인출할 수 있도록 개설은행이 해외 현지지점이나 현지은행을 지급은행으로 하고 여행자를 수익자로 하여 발행한 신용장을 말한다. 이는 개설의뢰인과 수익자가 동일인이라는 특징이 있다.

2. 선적서류 첨부 여부에 따른 구분

(1) 화환신용장(Documentary credit)

화환신용장이란 개설은행이 수익자가 발행한 환어음·선적서류를 첨부할 것을 요구하는 신용장을 말하며, 무역거래에서 가장 일반적으로 활용되는 신용장이다.

(2) 무화환신용장(Clean credit)

무화환신용장이란 선적서류의 제시 없이도 대금 지급을 확약하는 신용장으로 입찰보증(Bid bond), 계약이행보증(Performance bond), 은행의 지급보증서(Letter of guarantee), 보증신용장(Stand-by credit) 등이 여기에 속한다.

3. 취소 가능 여부에 따른 구분

(1) 취소가능신용장(Revocable credit)

취소가능신용장이란 신용장에 취소 가능이라는 표시가 있는 신용장이며, UCP600에서는 이에 대한 규정을 삭제하였다.

(2) 취소불능신용장(Irrevocable credit)

취소불능신용장이란 신용장에 취소 불능이라고 명시되어 있거나 아무런 표시가 없는 신용장으로서, 신용장이 개설되면 기본당사자 전원이 합의하지 않는 한 조건 변경이나 취소가 불가능한 신용장을 말한다. 또한, UCP600에서는 신용장은 명칭이나 표시에 관계없이 '취소불능'이라고 규정하고 있다.

4. 타 은행 확인 유무에 따른 구분

(1) 확인신용장(Confirmed credit)

확인신용장이란 개설은행 이외의 제3의 은행이 수익자가 발행하는 환어음의 지급·인수·매입을 확약하고 있는 신용장을 말한다. 확인은행의 확인(Confirmation)은 발행은행과는 별개의 독립된 것으로서, 수익자의 입장에서는 개설은행과 확인은행으로부터 이중으로 결제에 대한 확약을 받는 것이며 확인문언의 예는 다음과 같다.

"We hereby add our confirmation to this credit."

"We confirm the credit and thereby undertake that all drafts drawn and presented as above specified will be duly honored by us."

(2) 미확인신용장(Unconfirmed credit)

미확인신용장이란 개설은행 이외의 제3의 은행의 확약이 없는 신용장을 말하며, 대부분의 상업신용장은 미확인신용장으로 개설된다.

5. 양도 허용 여부에 따른 분류

(1) 양도가능신용장(Transferable credit)

양도가능신용장이란 신용장상에 "Transferable(양도 가능)"이라는 표시가 있고, 최초의 수익자가 제3자에게 권리의 전부·일부를 양도할 수 있도록 허용하고 있는 신용장을 말한다. 양도가능신용장은 1회에 한하여 양도가 허용되며, 분할선적이 금지되어 있지 않는 한 최초의 수익자는 다수의 제2수익자에게 분할양도할 수 있다. 단, 제2수익자는 제3자에게 재양도가 금지된다.

(2) 양도불능신용장(Non-transferable credit)

양도불능신용장이란 신용장상에 "Transferable"이라는 표시가 없는 신용장을 말하며, 양도사유가 발생하여도 신용장 양도는 할 수 없다. 즉, 오직 신용장상에 지정된 원수익자만이 이를 사용할 수 있다.

6. 대금 지급 시기에 따른 분류

(1) 일람출급신용장(Sight credit)

일람출급신용장이란 신용장에 의하여 발행되는 환어음이 지급인에게 제시되면 즉시 지급되어야 하는 일람불어음을 발행하거나 선적서류를 직접 제시하여 이를 일람한 즉시 지급한다고 확약하고 있는 신용장을 말한다. 또한 일람출급신용장은 환어음발행과 지급확약방식에 따라 일람지급신용장과 일람매입신용장으로 구분된다.

(2) 기한부신용장(Usance credit)

기한부신용장이란 신용장에 의해 발행되는 환어음이 지급인에게 제시되고 일정 기간이 경과한 후에 대금을 지급하는 신용장을 말한다. 기한부신용장은 환어음 발행과 지급확약 방식에 따라 연지급신용장(Deferred payment credit)·인수신용장(Acceptance credit)·기한부매입신용장(Usance negotiation credit)으로 구분할 수 있다.

(3) 할부지급신용장(Installment payment credit)

할부지급신용장이란 수입상이 선적서류를 인도받는 경우 대금의 일부만 지급하고, 잔액은 일정 기간별로 나누어 상환하도록 약정된 신용장을 말한다. 이는 기한부신용장의 일종으로 할부지급신용장은 플랜트 수출과 같이 금액이 크고 일시 지급이 불가능한 경우 수입상의 편익을 위해 사용된다.

Shipper's Usance Credit과 Banker's Usance Credit

구분	Shipper's Usance Credit	Banker's Usance Credit
정의	수출상이 수입상에게 기한부환어음의 만기일만큼 대금 지급을 유예해주는 신용장이며, 연지급신용장 · 인수신용장 · 기한부매입신용장 등이 사용된다.	수출상이 발행한 기한부환어음을 만기일 전에 은행이 매입하여 수출상에게는 대금을 일시불로 지급해주고, 수입상에게는 만기일까지 대금결제를 유예시켜주는 방식의 신용장을 말한다.
특징	• 일람출급매입허용 문언이 없음 • 어음기간 동안 수출상이 이자를 부담함 • 인수된 어음을 할인하여 만기 이전에 대금을 회수할 수 있음	• 일람출급매입허용 문언 있음 • 신용공여 주체가 국내개설은행인 경우 '내국 수입유전스 L/C', 해외개설은행인 경우 '해외은행 유전스 신용장'이라 함

7. 사용 방법에 따른 분류

(1) 지급신용장(Payment credit)

신용장 사용 방법이 지급으로 지정되어 발행된 신용장을 말하며, 환어음의 매입 여부에 대해서는 아무런 명시가 없고, 신용장 조건에 일치하는 서류가 개설은행 또는 개설은행이 지정하는 은행에 제시되면 지급할 것을 확약한 신용장이다.

구분	일람지급신용장	연지급신용장
정의	신용장 조건에 일치하는 서류가 지급은행에 제시되면 일람 후 서류와의 상환으로 신용장금액을 지급할 것을 확약하는 신용장	신용장 조건에 일치하는 서류가 제시되면 개설은행 또는 지정은행이 연지급확약 후 연지급확약서를 발급해주고, 만기일에 대금을 지급할 것을 확약하는 신용장
특징	• 일람출급신용장으로 사용 • 지급은행만이 지급업무 담당	• 기한부신용장으로만 사용 • 연지급은행만이 연지급업무 담당
공통점	• 환어음의 제시가 필요하지 않다. • 수출국 상대은행이 개설은행의 예치환거래은행인 경우에 사용된다. • 신용장 배면에 매입 사실의 배서를 요구하지 않는 비배서신용장이다. • 서류가 개설은행에 의해 부도반환되더라도 수익자에게 소구권을 행사할 수 없다.	

(2) 인수신용장(Acceptance credit)

기한부환어음과 신용장조건에 일치하는 서류가 개설은행 또는 지정은행에 제시되면 환어음을 인수(Acceptance)하고 만기일에 대금을 지급(Payment)할 것을 확약하는 신용장을 의미하며, 특징은 다음과 같다.

• 선적서류 제출 시 환어음을 제시하여야 하는 어음부신용장이다.
• 수출국 상대은행이 개설은행의 예치환거래은행인 경우에 사용된다.
• 서류가 개설은행에 의해 부도반환되더라도 수익자에게 소구권을 행사할 수 없다.
• 기한부신용장으로만 사용된다.
• 인수은행만이 인수업무를 담당할 수 있다.

(3) 매입신용장(Negotiation credit)

신용장의 사용 방법으로 매입을 표시하고 있는 것으로서 개설은행이 수익자뿐만 아니라 어음의 배서인(Endorser)·선의의 소지인(Bona fide holder)에게도 지급을 확약하는 신용장을 의미하며, 특징은 다음과 같다.

- 선적서류 매입의뢰 시 환어음을 제시하여야 하는 어음부신용장이다.
- 수출국 상대은행이 개설은행의 무예치환거래은행인 경우에 사용된다.
- 서류가 개설은행에 의해 부도반환되면 수익자에게 소구권을 행사할 수 있다.
- 일람출급·기한부신용장으로 사용된다.

C/h/e/c/k 지급·인수·매입신용장의 비교

신용장 종류	수출지 상대은행	매입은행 지정 유무	매입 인정 여부	어음지급 기간
지급신용장	예치환거래 은행	지정	불인정	일람출급, 기한부
인수신용장	예치환거래 은행	지정	불인정	기한부
매입신용장	무예치 환거래은행	제한 또는 자유매입	인정	일람출급, 기한부

8. 매입은행 지정 여부에 따른 분류

(1) 자유매입신용장(Freely negotiation credit)

자유매입신용장이란 신용장에 의해서 발행되는 어음의 매입을 특정은행에 제한시키지 않고 어느 은행에서나 매입할 수 있는 매입신용장을 말한다. 이 신용장은 수익자가 환어음 매입 시에 거래은행이나 유리한 은행을 자유롭게 선택할 수 있다. 또한, 매입은행에 대한 특별한 제한의 표시가 없으면 자유매입신용장으로 볼 수 있다.

(2) 매입제한신용장(Restricted credit)

매입제한신용장이란 매입이 특정 은행에서만 제한적으로 허용되는 신용장을 말한다. 매입은행을 제한하는 이유는 ⓐ 개설은행이 해외의 본·지점 간 환어음매입수수료의 수익증대를 위함이며 또한 ⓑ 환거래은행 간 업무 처리가 편리하기 때문이다.

9. 상환청구권 유무에 따른 분류

(1) 상환청구가능신용장(With recourse credit)

상환청구가능신용장이란 수익자가 발행한 환어음을 매입한 매입은행이 환어음의 지급인인 개설은행으로부터 지급·인수가 거절되었을 때 수익자인 환어음발행인에게 소구권을 행사할 수 있는 신용장을 말한다.

(2) 상환청구불능신용장(Without recourse credit)

상환청구불능신용장이란 환어음을 매입한 은행(소지인)의 상환청구에 대하여 환어음발행인이 상환의무를 부담하지 않는 신용장을 말한다. 이 신용장에는 '소구불능(Without recourse)'이라는 표시가 있어야 한다.

10. 원신용장(Master credit)과 내국신용장(Local credit)

(1) 원신용장(Master credit)

원신용장이란 최초의 신용장 수익자가 해외에서 수령한 수출신용장을 말한다. 즉 1차 내국신용장 발급의 근거가 되는 신용장을 의미한다.

(2) 내국신용장(Local credit)

내국신용장이란 외국으로부터 수출신용장을 받은 수출상이 국내생산업자·원자재공급업자로부터 물품을 공급받고자 할 때, 원신용장을 근거로 국내공급업자를 수익자로 하여 발행된 신용장을 말한다. 내국신용장은 원신용장과는 완전 별개로 보기 때문에 내국신용장의 지급확약은 원신용장발행은행의 확약과는 별개이다.

C/h/e/c/k **구매확인서**

무역금융부족 등으로 내국신용장을 발행할 수 없는 경우, 구매자가 국내에서 구매하는 원자재·완제품이 외화획득용으로 사용될 것이라는 사실을 외국환은행이 확인해 주는 증서로, ⓐ 수출실적으로 인정, ⓑ 영세율적용, ⓒ 관세 환급 가능, ⓓ 외국환은행이 발급해주는 것 등은 내국신용장과 동일하나, ⓐ 은행의 대금지급확약이 없는 것과 ⓑ 거래 대상 물품이 외화획득용 원료·기재라는 점이 다르다.

제2부 특수신용장

1. 전대신용장(Red clause credit ; Packing credit)

전대신용장이란 수출에 따른 물품의 생산·가공 등에 필요한 자금을 수익자에게 미리 융통해주기 위하여 물품의 선적과 관련된 선적서류 발행 전에 신용장금액을 수익자 앞으로 전대하여줄 것을 수권하고 있는 신용장을 말한다. 수입상 입장에서는 전대신용장이라 하고, 수익자 입장에서는 선수금신용장(Advance payment credit)이라고 할 수 있다.

2. 회전신용장(Revolving credit)

동일 거래처와 동일 물품을 지속적으로 거래하는 경우, 거래 시마다 신용장을 발행하면 비능률적·비경제적이므로 일정 기간 동안 일정 금액의 범위 내에서 신용장금액이 자동적으로 갱신될 수 있도록 발행되는 신용장을 의미한다. 신용장 사용문구 예시는 다음과 같다.

"The amount of drawing made under this credit become automatically reinstated on payment by us. Draft drawn under this credit must not be exceeded to US$300,000. in any calender month."

3. 구상무역신용장

구상무역(Compensation trade)이란 수출입물품의 대금을 그에 상응하는 수입·수출로 상계하는 수출입을 말한다. 구상무역신용장에는 ⓐ 동시발행신용장, ⓑ 기탁신용장, ⓒ 토마스신용장 등이 있다.

(1) 동시발행신용장(Back to back credit)

수입상이 수입신용장을 발행한 경우, 그 신용장은 수출국에서 수출상도 같은 금액의 수입신용장을 발행한 경우에만 유효하다는 조건이 있는 신용장으로, 수입상을 상대로 지정기일 내에 이미 발행된 신용장과 동액의 Counter L/C를 발행하면 현금 지급 없이 상계처리로 대금 지급 문제를 해결할 수 있다.

(2) 기탁신용장(Escrow credit)

수출상이 선적 후 수입상으로부터 대금을 지급받는 것이 아니라, 이를 기탁계정에 기탁해 두었다가 수입상으로부터 다른 물품을 수입할 때 그 결제대금으로만 사용하도록 하는 신용장을 말한다.

(3) 토마스신용장(TOMAS credit)

당사자 일방이 먼저 신용장을 발행한 경우, 상대방이 일정 기간 후 동액의 신용장을 발행하겠다는 보증서를 발행한 경우에만 유효한 신용장을 말한다.

4. 보증신용장(Stand-by credit)

보증신용장이란 일종의 무화환신용장으로 신용장발행은행이 지급보증상대은행으로 하여금 특정인에게 금융 지원 등 여신행위를 하도록 하고 채무의 상환을 이행하지 않을 경우에 지급을 이행하겠다는 약속증서로서 현지금융조달을 위한 담보 또는 지급보증수단으로 사용되는 채무보증신용장을 의미한다.

C/h/e/c/k 화환신용장 · 보증신용장 · 청구보증의 비교

구분	화환신용장	보증신용장	청구보증
의의	상품 거래에 따른 환어음과 이를 담보하는 운송서류의 제시를 요구하는 L/C	금융의 담보 · 채무이행의 보증을 목적으로 발행되는 Clean L/C	보증서의 외형만 지니고 있을 뿐 보증신용장과 성격 및 내용 면에서 동일함
용도	상품수출입대금결제용	입찰보증 · 선수금환급보증 · 이행보증 · 유보금환급보증 · 하자보증 등	보증신용장과 유사함
적용규칙	UCP600	UCP600 · ISP98	URDG
제시 서류	선적서류	불이행진술서	서면청구서 · 서면진술서
개설(보증)은행 지급의무 발생 시기	수익자가 L/C 조건에 일치하는 서류를 제시한 경우	개설의뢰인이 수익자와의 채무계약을 정당하게 이행하지 않았다는 확인이 이뤄진 때	수익자가 보증서에서 요구하는 서류의 지급을 유효기일 내에 청구한 때

청구보증(Demand guarantee)

1. **의의**

   청구보증(Demand guarantee)이란 보증서에 기재된 문언에서 요구하는 서류가 제시되면 원계약의 채무불이행이 실제로 존재하는지의 여부와 관계없이 약정된 금액이 지급된다는 특징을 가진 보증을 말하며, 독립된 보증(Independent guarantee) 또는 은행보증(Bank guarantee)이라고도 한다.

2. **특징**

   - 채권자(수익자)의 진술서만에 의해 은행이 채권자에게 약정금액을 지급하도록 함으로써 채무불이행에 따른 위험을 일단 채무자(발행의뢰인)에게 전가시키게 된다.
   - 청구보증은 어떤 명시된 조건들이 일치한다면 은행이 그 대금을 지급하도록 하는 은행의 독립적 의무를 설정하고 있다.

3. **일반보증서와 비교**

   일반보증은 보증인이 채권자에게 채무자의 채무이행을 보증한 증서로 채무자가 채무를 이행하지 아니한 때에 채무를 이행할 의무가 있다. 반면, 독립적 보증은 주 채무자의 채무불이행이 없는 경우에도 수익자의 보증조건에 따른 지급요구가 있는 경우 보증인이 지급의무를 부담한다.

4. **화환신용장과의 비교**

   화환신용장은 개설은행이 수익자에 대한 조건부 지급확약으로써 지급의 1차적인 책임을 부담하지만, 독립적 보증은 발행의뢰인이 1차적 채무를 부담하며 채무가 이행되지 않는 경우 보증인이 채무를 이행한다.

5. 유사신용장

유사신용장은 은행의 지급확약이 없으므로 엄밀한 의미에서 신용장은 아니지만, 신용장과 유사한 기능을 가지고 신용장과 함께 무역결제의 수단으로 사용되고 있다.

(1) 어음매입수권서(A/P : Authority to Purchase)

어음매입수권서란 수입국의 은행이 수입상의 요청에 따라 수출국의 본·지점 또는 환거래은행에 수출상이 수권서에 명시된 일정 조건의 서류를 준비하여 수입상을 지급인으로 하는 어음을 제시하면 매입할 수 있는 권한을 부여한 통지서를 말한다. 이는 은행이 어음의 지급에 대하여 확약하는 것이 아니고 어음지급인이 수입상이므로 지급이 거절되는 경우 어음발행인인 수출상은 상환청구에 응하여야 한다.

(2) 어음매입지시서(L/I : Letter of Instruction)

어음매입지시서란 수입국의 은행이 수출국에 있는 자신의 본·지점 앞으로 수출상이 일정 조건으로 일정 금액 이하의 환어음을 발행하였을 경우 그 환어음을 매입하여줄 것을 지시하는 통지서를 말한다. 기능 면에서는 어음매입수권서와 같지만 동일 은행의 본·지점 간에만 사용된다는 점이 다르다.

(3) 어음지급수권서(A/P : Authority to Pay)

어음지급수권서란 수입국의 은행이 수입상의 요청에 따라 수출국에 있는 자신의 본·지점 또는 환거래은행에 수출상이 일정한 조건하에 발행하는 환어음에 대하여 지급할 것을 지시하는 통지서를 말한다. 어음매입수권서와 다른 점은 어음지급수권서는 어음이 수입상 앞으로 발행되는 것이 아니라 통지은행 앞으로 발행되는 일람출급어음이라는 점이다.

제1부 개요

1. 의의

국제무역거래를 함에 있어 신용장거래 관습도 국가마다 상이하고, 신용장 조건의 해석 기준도 달라 대금결제 관련 분쟁이 증가됨에 따라 국제상업회의소(ICC)는 1933년 신용장통일규칙(Uniform Customs and Practice for Documentary Credits : UCP)을 제정하게 되었고, 이는 현재 6차의 개정에 이르고 있다.

신용장통일규칙(UCP600)은 신용장거래 당사자에게 신용장의 해석 기준과 준거법을 제공함으로써 분쟁 예방은 물론 원활한 무역대금결제 수행을 돕고 있다.

2. 신용장통일규칙의 법적 효력

신용장통일규칙(이하 'UCP600')은 그 적용에 대해서 "신용장통일규칙의 조항들은 별도의 명시적 합의가 없는 한 신용장의 모든 관계당사자를 구속한다"고 규정하고 있는데, 국제상업회의소는 동 규칙이 법적 구속력을 갖기 위한 신용장통일규칙 준거문언을 신용장에 삽입하도록 권고하고 있다. 그러나 신용장통일규칙은 강행법규가 아닌 임의법규이기 때문에 관계당사자 간에 다른 특약이 있을 경우에는 그 특약에 따라야 한다. 그렇기 때문에 당사자 간 합의에 따라 신용장거래에 UCP600을 적용한다는 준거문언이 삽입되는 경우에 비록 UCP600이 법률은 아니지만 신용장거래에 관련된 당사자를 구속하는 것이다.

제2부 UCP600에 반영된 특징

1. 신용장 발행 시 발행은행의 적극적 제지 의무

UCP600에서는 "발행은행은 신용장의 구성요소 부분으로서, 근거계약의 사본, 견적송장 및 기타 유사한 것을 포함시키고자 하는 모든 시도를 제지하여야 한다"라는 내용을 추가하여 은행과 기초계약 간 독립성을 구체화시키고, 신용장 발행 시 발행은행의 적극적인 검토를 강조하고 있다.

2. 통지은행의 역할 명확화 및 제2통지은행의 개념

UCP600에서는 확인은행이 아닌 통지은행은 인수·지급·매입확약 없이 신용장 및 모든 조건변경을 통지하도록 하는 내용을 반영하고 있으며, 현재 신용장통지 관행에서 필요에 따라 사용되고 있는 현실을 반영하여 제2통지은행의 개념을 새롭게 도입하였다.

3. 지정은행의 인수 또는 연지급신용장의 할인 허용 및 의무 부담

"환어음을 인수하거나 연지급확약 부담은행을 지정함으로써, 발행은행은 지정은행이 인수한 환어음 또는 부담한 연지급확약을 선지급하거나 구매하기 위하여 그 지정은행에 권한을 부여한다"라는 연지급신용장의 할인 허용 규정을 신설하였다. "확인은행이 아닌 지정은행에 의한 서류의 수령 또는 심사 및 발송은 인수·지급·매입할 의무를 그 지정은행에 부담시키는 것은 아니며, 그것은 인수·지급·매입을 구성하지 아니한다"라고 규정하여 지정은행의 인수·지급·매입 의무의 면제 규정을 신설하였다.

4. 은행 간 대금상환에 관한 준거규정 명시 의무 및 상환수권 부여

상환신용장을 발행할 경우 은행 간 대금상환에 관한 준거규정을 반드시 포함할 것을 규정하여 동 규칙에 따른 상환업무 처리를 할 수 있도록 하고 있으며, 그렇지 않은 경우에 필요한 적용기준에 대해서도 제시하고 있다. 또한, 상환수권 부여 및 상환수권의 유효기일에 대하여 규정하고 있다.

5. 서류심사기간 단축

서류심사기간은 제시가 일치하는 경우 제시기일과 관계없이 제시일 다음 날로부터 최대 제5은행영업일을 갖는다고 규정하고 있으며, 이는 UCP500보다 제2은행영업일이 단축된 것이다.

6. 불일치서류 통지기간의 단축

"서류의 거절 통지는 전기통신으로 또는 그 이용이 불가능한 경우 기타 신속한 수단으로 제시일 다음 날로부터 제5은행영업일의 마감시간까지 행해져야 한다"라고 규정하여 UCP500보다 제2은행영업일을 단축시켰다.

7. 일치성 기준의 확대

"은행이 신용장 심사를 함에 있어 서류의 데이터, 서류 그 자체 및 국제표준은행관행의 관점에서 검토하는 경우 서류의 데이터, 모든 기타 규정된 서류 또는 신용장상의 자료와 동일성을 요하지는 않지만 이와 상충되어서는 아니 된다"라는 규정을 신설하였다.

SECTION 3 UCP600의 해석

[Article 1] Application of UCP 600

The Uniform Customs and Practice for Documentary Credits, 2007. Revision, ICC Publication no. 600. ("UCP") are rules that apply to any documentary credit("credit") (including, to the extent to which <u>they</u> may be applicable, any standby letter of credit) when the text of the credit expressly indicates that it is subject to these rules. <u>They</u> are binding on all parties thereto unless expressly modified or excluded by the credit.

[제1조] 신용장통일규칙의 적용

화환신용장에 관한 통일규칙 및 관례, 2007년 개정, ICC 출판물번호, 제600호("UCP")는 신용장의 본문이 이 규칙에 따른다고 명시적으로 표시하고 있는 경우 모든 화환신용장(이하 "신용장"이라 한다) (적용 가능한 범위에서 모든 보증신용장을 포함한다)에 적용되는 규칙이다. 신용장에 명시적으로 수정되거나 또는 배제되지 아니하는 한, 이 규칙은 모든 관계당사자를 구속한다.

C/h/e/c/k 해석

- be subject to~ : ~의 적용을 받다.
- they : "신용장통일규칙"을 의미한다.

[Article 2] Definitions

For the purpose of these rules :

Advising bank means the bank that advises the credit at the request of the issuing bank.

Applicant means the party on whose request the credit is issued.

Banking day means a day on which a bank is regularly open at the place at which an act subject to these rules is to be performed.

Beneficiary means the party in whose favour a credit is issued.

Complying presentation means a presentation that is in accordance with the terms and conditions of the credit, the applicable provisions of these rules and international standard banking practice.

Confirmation means a definite undertaking of the confirming bank, in addition to that of the issuing bank, to honour or negotiate a complying presentation.

Confirming bank means the bank that adds its confirmation to a credit upon the issuing bank's authorization or request.

Credit means any arrangement, however named or described, that is irrevocable and thereby constitutes a definite undertaking of the issuing bank to honour a complying presentation.

Honour means :

   a. to pay at sight if the credit is available by sight payment.

   b. to incur a deferred payment undertaking and pay at maturity if the credit is <u>available by</u> deferred payment.

   c. to accept a bill of exchange ("draft") drawn by the beneficiary and pay at maturity if the credit is available by acceptance.

Issuing bank means the bank the issues a credit at the request of an applicant of on its own behalf.

Negotiation means the purchase by the nominated bank of drafts (<u>drawn on</u> a bank other than the nominated bank) and/or documents under a complying presentation, by advancing or agreeing to advance funds to the beneficiary on or before the banking day on which reimbursement is due to the nominated bank.

Nominated bank means the bank with which the credit is available or any bank in the case of a credit available with any bank.

Presentation means either the delivery of documents under a credit to the issuing bank or nominated bank or the documents so delivered.

Presenter means a beneficiary, bank or other party that makes a presentation.

[제2조] 정의

통지은행은 발행은행의 요청에 따라 신용장을 통지하는 은행을 말한다.

발행의뢰인은 신용장이 발행되도록 요청하는 당사자를 말한다.

은행영업일이라 함은 이 규칙에 따라 업무가 이행되는 장소에서 은행이 정상적으로 영업을 하는 일자를 말한다.

수익자는 그 자신을 수익자로 하여 신용장을 발행받는 당사자를 말한다.

일치하는 제시는 신용장의 제조건, 이 규칙 및 국제표준은행관행의 적용 가능한 규정에 따른 제시를 말한다.

확인은 발행은행의 확약에 추가하여 일치하는 제시를 지급이행 또는 매입할 확인은행의 확약을 말한다.

확인은행은 발행은행의 수권 또는 요청에 따라 신용장에 확인을 추가하는 은행을 말한다.

신용장은 그 명칭이나 기술에 관계없이 취소불능이며 일치하는 제시를 지급이행할 발행은행의 확약을 구성하는 모든 약정을 말한다.

지급이행은 다음을 말한다.

    a. 신용장이 일람지급에 의하여 사용될 수 있는 경우 일람 후 지급하는 것

    b. 신용장이 연지급에 의하여 사용될 수 있는 경우 연지급 확약의무를 부담하고 만기일에 지급하는 것

    c. 신용장이 인수에 의하여 사용될 수 있는 경우 수익자에 의하여 발행된 환어음("어음")을 인수하고 만기일에 지급하는 것

발행은행은 발행의뢰인의 요청에 따르거나 또는 그 자신을 위하여 신용장을 발행하는 은행을 말한다.

매입은 상환이 지정은행에 행해져야 할 은행영업일에 또는 그 이전에 수익자에게 대금을 선지급하거나 또는 선지급하기로 약정함으로써, 일치하는 제시에 따른 환어음(지정은행이 아닌 은행을 지급인으로 하여 발행된) 및/또는 서류의 지정은행에 의한 구매를 말한다.

지정은행은 신용장이 사용될 수 있는 은행 또는 모든 은행에서 사용될 수 있는 신용장의 경우에는 모든 은행을 말한다.

제시는 발행은행 또는 지정은행에게 신용장에 의한 서류를 인도하는 행위 또는 그렇게 인도된 서류를 말한다.

제시인은 제시를 행하는 수익자, 은행 또는 기타 당사자를 말한다.

C/h/e/c/k **해석**
- available by ～ : ～에 신용장의 사용방법(지급, 인수, 매입 등)이 나오고, "available with ～"에는 신용장 사용은행(지정은행)이 나온다.
- draw on ～ : ～를 지급인으로 하여 어음을 발행하다.

[Article 3] Interpretations

For the purpose of these rules :

Where applicable, words in the singular include the plural and in the plural include the singular.

A credit is irrevocable even if there is no indication to that effect.

A document may be signed by handwriting, facsimile signature, perforated signature, stamp, symbol or any other mechanical or electronic method of authentication.

A requirement for a document to be legalized, visaed, certified or similar will be satisfied by any signature, mark, stamp or label on the document which appears to satisfy that requirement.

Branches of a bank in different countries are considered to be separate banks.

Terms such as "first class", "well known", "qualified", "independent", "official", "competent" or "local" used to describe the issuer of a document allow any issuer except the beneficiary to issue that document.

Unless required to be used in a document, words such as "prompt", "immediately" or "as soon as possible" will be disregarded.

The expression "on or about" or similar will be interpreted as a stipulation that an event is to occur during a period of five calendar days before until five calendar days after the specified date, both start and end dates included.

The words "to", "until", "till", "from" and "between" when used to determine a period of shipment include the date or dates mentioned, and the words "before" and "after" exclude the date mentioned.

The words "from" and "after" when used to determine a maturity date exclude the date mentioned.

The terms "first half" and "second half" of a month shall be construed respectively as the 1st to the 15th and the 16th to the last day of the month, all dates inclusive.

The terms "beginning", "middle" and "end" of a month shall be construed respectively as the 1st to the 10th, the 11th to the 20th and the 21st to the last day of the month, all dates inclusive.

[제3조] 해석

이 규칙에서 :

적용할 수 있는 경우에는, 단수형의 단어는 복수형을 포함하고 복수형의 단어는 단수형을 포함한다.

신용장은 취소불능의 표시가 없는 경우에도 취소가 불가능하다.

서류는 수기, 모사서명, 천공서명, 스탬프, 상징 또는 기타 모든 기계적 또는 전자적 인증방법에 의하여 서명될 수 있다.

공인, 사증, 증명된 또는 이와 유사한 서류의 요건은 그러한 요건을 충족하는 것으로 보이는 서류상의 모든 서명, 표시, 스탬프 또는 부전에 의하여 충족된다.

다른 국가에 있는 어떤 은행의 지점은 독립된 은행으로 본다.

서류의 발행인을 기술하기 위하여 사용되는 "일류의(first class)", "저명한(well known)", "자격 있는 (qualified)", "독립적인(independent)", "공인된(official)", "유능한(competent)" 또는 "국내의(local)"와 같은 용어는 수익자 이외의 모든 서류발행인이 서류를 발행하는 것을 허용한다.

서류에 사용될 것이 요구되지 아니하는 한, "신속한(prompt)", "즉시(immediately)" 또는 "가능한 한 빨리(as soon as possible)"와 같은 단어는 부시된다.

"~경에(on or about)" 또는 이와 유사한 표현은 사건이 명시된 일자 이전의 5일부터 그 이후의 5일까지의 기간 동안에 발행하는 약정으로서 초일 및 종료일을 포함하는 것으로 해석된다.

"까지(to)", "까지(until)", "까지(till)", "부터(from)" 및 "사이(between)"라는 단어는 선적 기간을 결정하기 위하여 사용되는 경우에는 언급된 당해 일자를 포함하며, "이전(before)" 및 "이후(after)"라는 단어는 언급된 당해 일자를 제외한다.

"부터(from)" 및 "이후(after)"라는 단어는 만기일을 결정하기 위하여 사용된 경우에는 언급된 당해 일자를 제외한다.

어느 개월의 "전반(first half)", "후반(second half)"이라는 용어는 각각 해당 개월의 1일부터 15일까지, 그리고 16일부터 말일까지로 하고, 양끝의 일자를 포함하는 것으로 해석된다.

어느 개월의 "상순(beginning)", "중순(middle)" 및 "하순(end)"이라는 용어는 각각 해당 개월의 1일부터 10일까지, 11일부터 20일까지, 그리고 21일부터 말일까지로 하고, 양끝의 일자를 포함하는 것으로 해석된다.

C/h/e/c/k 중개무역과 중계무역의 비교	
언급일자 포함	언급일자 제외
to, until, till, from, between	before, after

※ from : 선적일자로 해석 시 포함, 환어음 만기일을 결정할 때는 제외

[Article 4] Credits v. Contracts

a. A credit by its nature is a separate transaction from the sale or other contract on which it may be based. Banks are in no way concerned with or bound by such contract, even if any reference whatsoever to it is included in the credit. Consequently, the undertaking of a bank to honour, to negotiate or to fulfil any other obligation under the credit is not subject to claims or defences by the applicant resulting from its relationships with the issuing bank or the beneficiary. A beneficiary can in no case avail itself of the contractual relationships existing between banks or between the applicant and the issuing bank.

b. An issuing bank should discourage any attempt by the applicant to include, as an integral part of the credit, copies of the underlying contract, proforma invoice and the like.

[제4조] 신용장과 계약

a. 신용장은 그 성질상 그것이 근거될 수 있는 매매계약 또는 기타 계약과는 독립된 거래이다. 은행은 그러한 계약에 관한 어떠한 참조사항이 신용장에 포함되어 있다 하더라도 그러한 계약과는 아무런 관계가 없으며 또한 이에 구속되지 아니한다. 결과적으로 신용장에 의하여 지급이행하거나, 매입하거나 또는 기타 모든 의무를 이행한다는 은행의 확약은 발행은행 또는 수익자와 발행의뢰인과의 관계로부터 생긴 발행의뢰인에 의한 클레임 또는 항변에 지배받지 아니한다. 수익자는 어떠한 경우에도 은행 상호 간 또는 발행의뢰인과 발행은행 간에 존재하는 계약관계를 원용할 수 없다.

b. 발행은행은 신용장의 필수적인 부분으로서, 근거계약의 사본, 견적송장 등을 포함시키고자 하는 어떠한 시도도 저지하여야 한다.

C/h/e/c/k 해석
제4조의 경우 신용장의 "독립성"과 관련된 내용으로, 신용장과 매매계약과의 관계는 독립적이라는 규정을 두고 있다.

[Article 5] Documents v. Goods, Services or Performance

Banks deal with documents and not with goods, services or performance to which the documents may relate.

[제5조] 서류와 물품, 용역, 이행

은행은 서류를 취급하는 것이며 그 서류와 관련될 수 있는 물품, 용역 또는 이행을 취급하는 것은 아니다.

> **C/h/e/c/k 해석**
> 제5조의 경우 신용장의 "추상성"과 관련된 내용으로, 은행은 신용장에서 요구하는 서류만 갖고 대금지급여부를 판단하게 된다.

[Article 6] Availability, Expiry Date and Place for Presentation

a. A credit must state the bank with which it is available or whether it is available with any bank. A credit available with a nominated bank is also available with the issuing bank.

b. A credit must state whether it is available by sight payment, deferred payment, acceptance or negotiation.

c. A credit must not be issued available by a draft drawn on the applicant.   .

d. ⅰ. A credit must state an expiry date for presentation. An expiry date stated for honour or negotiation will be deemed to be an expiry date for presentation.

   ⅱ. The place of the bank with which the credit is available is the place for presentation. The place for presentation under a credit available with any bank is that of any bank. A place for presentation other than that of the issuing bank is in addition to the place of the issuing bank.

e. Except as provided in sub-article 29. (a), a presentation by or on behalf of the beneficiary must be made on or before the expiry date.

[제6조] 사용가능성, 유효기일 및 장소

a. 신용장에는 그 신용장이 사용될 수 있는 은행을 또는 그 신용장이 모든 은행에서 사용될 수 있는지를 명기하여야 한다. 지정은행에서 사용될 수 있는 신용장은 발행은행에서도 사용될 수 있다.

b. 신용장은 그것이 일람지급, 연지급, 인수 또는 매입 중 어느 것에 의하여 사용될 수 있는지를 명기하여야 한다.

c. 발행의뢰인을 지급인으로 하여 발행된 환어음에 의하여 사용될 수 있는 신용장은 발행되어서는 아니 된다.

d. ⅰ. 신용장은 제시를 위한 유효기일을 명기하여야 한다. 지급이행 또는 매입을 위하여 명기된 유효기일은 제시를 위한 유효기일로 본다.

   ⅱ. 신용장이 사용될 수 있는 은행의 장소는 제시장소이다. 모든 은행에서 사용될 수 있는 신용장에 의한 제시장소는 모든 은행의 장소이다. 발행은행의 장소가 아닌 제시장소는 발행은행의 장소에 추가된다.

e. 제29조 a항에서 규정된 경우를 제외하고는, 수익자에 의하거나 또는 대리하는 제시는 유효기일에 또는 그 이전에 행하여져야 한다.

[Article 7] Issuing Bank Undertaking

a. Provided that the stipulated documents are presented to the nominated bank or to the issuing bank and that they constitute a complying presentation, the issuing bank must honour if the credit is available by :

   ⅰ. sight payment, deferred payment or acceptance with the issuing bank ;

   ⅱ. sight payment with a nominate bank and that nominated bank does not pay ;

   ⅲ. deferred payment with a nominated bank and that nominated bank does not incur its deferred payment undertaking or, having incurred its deferred payment undertaking, does not pay at maturity ;

   ⅳ. acceptance with a nominated bank and that nominated bank does not accept a draft drawn on it or, having accepted a draft drawn on it, does not pay at maturity ;

   ⅴ. negotiation with a nominated bank and that nominated bank does not negotiate.

b. An issuing bank is irrevocably bound to honour as of the time it issues the credit.

c. An issuing bank undertaking to reimburse a nominated bank that has honoured or negotiated a complying presentation and forwarded the documents to the issuing bank. Reimbursement for the amount of a complying presentation under a credit available by acceptance or deferred payment is due at maturity, whether or not the nominated bank prepaid or purchased before maturity. An issuing bank's undertaking to reimburse a nominated bank is independent of the issuing bank's undertaking to the beneficiary.

[제7조] 발행은행의 확약

a. 명시된 서류가 지정은행 또는 발행은행에 제시되고, 그 서류가 일치하는 제시를 구성하는 한, 신용장이 다음 중의 어느 것에 의하여 사용될 수 있는 경우에는, 발행은행은 지급이행하여야 한다.

   ⅰ. 발행은행에서 일람지급, 연지급 또는 인수 중의 어느 것에 의하여 사용될 수 있는 경우

   ⅱ. 지정은행에서 일람지급에 의하여 사용될 수 있고 그 지정은행이 지급하지 아니한 경우

   ⅲ. 지정은행에서 연지급에 의하여 사용될 수 있고 그 지정은행이 연지급 확약을 부담하지 아니한 경우 또는, 그 지정은행이 연지급 확약을 부담하였지만 만기일에 지급하지 아니한 경우

   ⅳ. 지정은행에서 인수에 의하여 사용될 수 있고 그 지정은행이 자행을 지급인으로 하여 발행된 환어음을 인수하지 아니한 경우 또는, 그 지정은행이 자행을 지급인으로 하여 발행된 환어음을 인수하였지만 만기일에 지급하지 아니한 경우

   ⅴ. 지정은행에서 매입에 의하여 사용될 수 있고 그 지정은행이 매입하지 아니한 경우

b. 발행은행은 신용장을 발행하는 시점부터 지급이행할 취소불능의 의무를 부담한다.

c. 발행은행은 일치하는 제시를 지급이행 또는 매입하고 그 서류를 발행은행에 발송하는 지정은행에게 상환할 것을 약정한다. 인수 또는 연지급에 의하여 사용될 수 있는 신용장에 따른 일치하는 제시금액에

대한 상환은 지정은행이 만기일 전에 선지급 또는 구매하였는지의 여부와 관계없이 만기일에 이행되어야 한다. 지정은행에 상환할 발행은행의 확약은 수익자에 대한발행은행의 확약으로부터 독립한다.

C/h/e/c/k UCP600에서 규정하고 있는 발행은행의 책임과 의무

1. 제7조(발행은행의 확약) : 발행은행의 지급이행 의무, 발행은행의 상환 의무
2. 제13조(대금상환 의무) : 지정은행에의 대금 상환 의무, 상환은행에의 대금 상환 의무
3. 제14조(서류심사 의무)
4. 제16조(불일치서류에 대한 조치 의무)

[Article 8] Confirming Bank Undertaking

a. Provided that the stipulated documents are presented to the confirming bank or to any other nominated bank and that they constitute a complying presentation, the confirming bank must :

   i. honour, if the credit is available by

      a) sight payment, deferred payment or acceptance with the confirming bank ;

      b) sight payment, deferred payment or acceptance with the confirming bank ;

      c) deferred payment with another nominated bank and that nominated bank does not incur its deferred payment undertaking or, having incurred its deferred payment undertaking, does not pay at maturity ;

      d) acceptance with another nominated bank and that nominated bank does not accept a draft drawn on it or, having accepted a draft drawn on it, does not pay at maturity;

      e) negotiation with another nominated bank and that nominated bank does not negotiate.

   ii. negotiate, without recourse, if the credit is available by negotiation with the confirming bank.

b. A confirming bank is irrevocably bound to honour or negotiate as of the time it adds its confirmation to the credit.

c. A confirming bank undertakes to reimburse another nominated bank that has honoured or negotiated a complying presentation and forwarded the documents to the confirming bank. Reimbursement for the amount of a complying presentation under a credit available by acceptance or deferred payment is due at maturity, whether or not another nominated bank prepaid or purchased before maturity. A confirming bank's undertaking to reimburse another nominated bank is independent of the confirming bank's undertaking to the beneficiary.

d. If a bank is authorized or requested by the issuing bank to confirm a credit but is not prepared to do so, it must inform the issuing bank without delay and may advise the credit without confirmation.

[제8조] 확인은행의 확약

a. 명시된 서류가 확인은행 또는 기타 모든 지정은행에 제시되고, 그 서류가 일치하는 제시를 구성하는 한, 확인은행은 :

  ⅰ. 신용장이 다음 중의 어느 것에 의하여 사용될 수 있는 경우에는, 지급이행하여야 한다.

    a) 확인은행에서 일람지급, 연지급 또는 인수 중의 어느 것에 의하여 사용될 수 있는 경우

    b) 다른 지정은행에서 일람지급에 의하여 사용될 수 있고 그 지정은행이 지급하지 아니한 경우

    c) 다른 지정은행에서 연지급에 의하여 사용될 수 있고 그 지정은행이 연지급확약을 부담하지 아니한 경우 또는, 그 지정은행이 연지급확약을 부담하였지만 만기일에 지급하지 아니한 경우

    d) 다른 지정은행에서 인수에 의하여 사용될 수 있고 그 지정은행이 자행을 지급인으로 하여 발행된 환어음을 인수하지 아니한 경우 또는, 그 지정은행이 자행을 지급인으로 하여 발행된 환어음을 인수하였지만 만기일에 지급하지 아니한 경우

    e) 다른 지정은행에서 매입에 의하여 사용될 수 있고 그 지정은행이 매입하지 아니한 경우

  ⅱ. 신용장이 확인은행에서 매입에 의하여 사용될 수 있는 경우에는, 상환청구 없이, 매입하여야 한다.

b. 확인은행은 신용장에 자행의 확인을 추가하는 시점부터 지급이행 또는 매입할 취소불능의 의무를 부담한다.

c. 확인은행은 일치하는 제시를 지급이행 또는 매입하고 그 서류를 확인은행에 발송하는 다른 지정은행에게 상환할 것을 약정한다. 인수 또는 연지급에 의하여 사용될 수 있는 신용장에 따른 일치하는 제시금액에 대한 상환은 다른 지정은행이 만기일 전에 선지급 또는 구매하였는지의 여부와 관계없이 만기일에 이행되어야 한다. 다른 지정은행에 상환할 확인은행의 확약은 수익자에 대한 발행은행의 확약으로부터 독립한다.

d. 어떤 은행이 발행은행에 의하여 신용장을 확인하도록 수권 또는 요청받았으나 이를 행할 용의가 없는 경우, 그 은행은 지체 없이 발행은행에게 통고하여야 하고 확인 없이 신용장을 통지할 수 있다.

[Article 9] Advising of Credits and Amendments

a. A credit and any amendment may be advised to a beneficiary through an advising bank. An advising bank that is not a confirming bank advises the credit and any amendment without any undertaking to honour or negotiate.

b. By advising the credit or amendment, the advising bank signifies that it has satisfied itself as to the apparent authenticity of the credit or amendment and that the advice accurately reflects the terms and conditions of the credit or amendment received.

c. An advising bank may utilize the services of another bank ("second advising bank") to advise the credit and any amendment to the beneficiary. By advising the credit or amendment, the second advising bank signifies that it has satisfied itself as to the apparent authenticity of the advice it has received and that the advice accurately reflects the terms and conditions of the credit or amendment received.

d. A bank utilizing the services of an advising bank or second advising bank to advise a credit must use the same bank to advise any amendment thereto.

e. If a bank is requested to advise a credit or amendment but elects not to do so, it must so inform, without delay, the bank from which the credit, amendment or advice has been received.

f. If a bank is requested to advise a credit or amendment but cannot satisfy itself as to the apparent authenticity of the credit, the amendment or the advice, it must so inform, without delay, the bank from which the instructions appear to have been received. If the advising bank or second advising bank elects nonetheless to advise the credit or amendment, it must inform the beneficiary or second advising bank that it has not been able to satisfy itself as to the apparent authenticity of the credit, the amendment or the advice.

[제9조] 신용장 및 조건변경의 통지

a. 신용장 및 모든 조건변경은 통지은행을 통하여 수익자에게 통지될 수 있다. 확인은행이 아닌 통지은행은 지급이행 또는 매입할 어떠한 확약 없이 신용장 및 모든 조건변경을 통지한다.

b. 신용장 또는 조건변경을 통지함으로써, 통지은행은 그 자신이 신용장 또는 조건변경의 외관상의 진정성에 관하여 스스로 충족하였다는 것과 그 통지가 수령된 신용장 또는 조건변경의 제조건을 정확히 반영하고 있다는 것을 의미한다.

c. 통지은행은 수익자에게 신용장 및 모든 조건변경을 통지하기 위하여 타은행("제2통지은행")의 서비스를 이용할 수 있다. 신용장 또는 조건변경을 통지함으로써 제2통지은행은 자신이 수령한 그 통지의 외관상의 진정성에 관하여 스스로 충족하였다는 것과 그 통지가 수령된 신용장 또는 조건변경의 제조건을 정확히 반영하고 있다는 것을 의미한다.

d. 신용장을 통지하기 위하여 통지은행 또는 제2통지은행의 서비스를 이용하는 은행은 이에 대한 모든 조건변경을 통지하기 위하여 동일한 은행을 이용하여야 한다.

e. 어떤 은행이 신용장 또는 조건변경을 통지하도록 요청되었지만 그렇게 하지 아니하기로 결정하는 경우에는, 그 은행은 신용장, 조건변경 또는 통지를 송부해 온 은행에게 이를 지체 없이 통고하여야 한다.

f. 어떤 은행이 신용장 또는 조건변경을 통지하도록 요청되었지만 신용장, 조건변경 또는 통지의 외관상의 진정성에 관하여 스스로 충족할 수 없는 경우에는, 그 은행은 그 지시를 송부해온 것으로 보이는 은행에게 이를 지체 없이 통고하여야 한다. 그럼에도 불구하고 통지은행 또는 제2통지은행이 그 신용장 또는 조건변경을 통지하기로 결정한 경우에는, 그 은행은 수익자 또는 제2통지은행에게 신용장, 조건변경 또는 통지의 외관상의 진정성에 관하여 스스로 충족할 수 없다는 것을 통고하여야 한다.

C/h/e/c/k UCP600 통지은행의 권리와 의무

통지은행의 권리	통지은행의 의무
• 수익자에 대한 통지여부의 자의적 결정권 • 지급 등의 약정 없는 단순통지 제공권 • 제2통지은행의 이용	• 발행은행의 통지요청 거절시 신용장, 조건변경 또는 통지를 송부한 은행에게 통고 의무 • 외관상 진정성 확인 의무 • 동일한 은행 이용 • 진정성 확인불능 시의 통고 의무

[Article 10] Amendment

a. Except as otherwise provided by article 38, a credit can neither be amended nor cancelled without the agreement of the issuing bank, the confirming bank, if any, and the beneficiary.

b. An issuing bank is irrevocably bound by an amendment as of the time it issues the amendment. A confirming bank may extend its confirmation to an amendment and will be irrevocably bound as of the time it advises the amendment. A confirming bank may, however, choose to advise an amendment without extending its confirmation and, if so, it must inform the issuing bank without delay and inform the beneficiary in its advice.

c. The terms and conditions of the original credit (or a credit incorporating previously accepted amendments) will remain in force for the beneficiary until the beneficiary communicates its acceptance of the amendment to the bank that advised such amendment. The beneficiary should give notification of acceptance or rejection of an amendment. If the beneficiary fails to give such notification, a presentation that complies with the credit and to any not yet accepted amendment will be deemed to be notification of acceptance by the beneficiary of such amendment. As of that moment the credit will be amended.

d. A bank that advises an amendment should inform the bank from which it received the amendment of any notification of acceptance or rejection.

e. Partial acceptance of an amendment is not allowed and will be deemed to be notification of rejection of the amendment.

f. A provision in an amendment to the effect that the amendment shall enter into force unless rejected by the beneficiary within a certain time shall be disregarded.

[제10조] 조건변경

a. 제38조에 의하여 별도로 규정된 경우를 제외하고는, 신용장은 발행은행, 확인은행(있는 경우) 및 수익자의 합의 없이는 변경 또는 취소될 수 없다.

b. 발행은행은 그 자신이 조건변경서를 발행한 시점부터 그 조건변경서에 의하여 취소불능의 의무를 부담한다. 확인은행은 그 자신의 확인을 조건변경에까지 확장할 수 있으며 그 변경을 통지한 시점부터 취소불능의 의무를 부담한다. 그러나 확인은행은 그 자신의 확인을 확장함이 없이 조건변경을 통지하기로 결정할 수 있으며 이러한 경우에는 발행은행에게 지체 없이 통고하고 그 자신의 통지서로 수익자에게 통고하여야 한다.

c. 원신용장(또는 이전에 승낙된 조건변경을 포함하고 있는 신용장)의 제조건은 수익자가 조건변경에 대한 그 자신의 승낙을 그러한 조건변경을 통지해 온 은행에게 통보할 때까지는 수익자에게는 여전히 유효하다. 수익자는 조건변경에 대하여 승낙 또는 거절의 통고(notification)를 행하여야 한다. 수익자가 그러한 통고를 행하지 아니한 경우, 신용장 및 아직 승낙되지 않은 조건변경에 일치하는 제시는 수익자가 그러한 조건변경에 대하여 승낙의 통고를 행하는 것으로 본다. 그 순간부터 신용장은 조건변경된다.

d. 조건변경을 통지하는 은행은 조건변경을 송부해 온 은행에게 승낙 또는 거절의 모든 통고를 통지하여야 한다.

e. 조건변경의 부분승낙은 허용되지 아니하며 그 조건변경의 거절의 통지로 본다.

f. 조건변경이 특정기한 내에 수익자에 의하여 거절되지 아니하는 한 유효하게 된다는 취지의 조건변경서 상의 규정은 무시된다.

C/h/e/c/k • 조건변경의 효력 발생 시기

담당은행	효력 발생 시기
발행은행	조건변경서를 발행한 시점(An amendment as of the time it issues the amendment)
확인은행	조건변경을 통지한 시점(As of the time it advises the amendment)
수익자	조건변경에 동의한 시점(Acceptance of the amendment)

• 신용장 취소의 요건

신용장은 발행은행, 확인은행(확인신용장의 경우) 및 수익자 전원의 합의가 있어야 비로소 이를 변경 또는 취소할 수 있다.

[Article 11] Teletransmitted and Pre-Advised Credits and Amendments

a. An authenticated teletransmission of a credit or amendment will be deemed to be the operative credit or amendment, and any subsequent mail confirmation shall be disregarded. If a teletransmission states "full details to follow" (or words of similar effect), or states that the mail confirmation is to be the operative credit or amendment, then the teletransmission will not be deemed to be the operative credit or amendment. The issuing bank must then issue the operative credit or amendment without delay in terms not inconsistent with the teletransmission.

b. A preliminary advice of the issuance of a credit or amendment ("pre-advice") shall only be sent if the issuing bank is prepared to issue the operative credit or amendment. An issuing bank that sends a pre-advice is irrevocably committed to issue the operative credit or amendment, without delay, in terms not inconsistent with the pre-advice.

[제11조] 전송 및 사전통지신용장과 조건변경

a. 신용장 또는 조건변경의 인증된 전송은 유효한 신용장 또는 조건변경으로 보며, 추후의 모든 우편확인 서는 무시된다. 전송이 "완전한 명세는 추후 통지함(full details to follow)"(또는 이와 유사한 표현)이 라고 명기하고 있거나 또는 우편확인서를 유효한 신용장 또는 조건변경으로 한다는 것을 명기하고 있는 경우에는 그 전송을 유효한 신용장 또는 조건변경으로 보지 아니한다. 발행은행은 전송과 모순되지 아 니한 조건으로 지체 없이 유효한 신용장 또는 조건변경을 발행하여야 한다.

b. 신용장의 발행 또는 조건변경의 예비통지("사전통지")는 발행은행이 유효한 신용장 또는 조건변경을 발 행할 용의가 있는 경우에만 송부된다. 사전통지를 송부하는 발행은행은 지체 없이 사전통지와 모순되지 아니한 조건으로 유효한 신용장 또는 조건변경을 발행할 것을 취소불능적으로 약속한다.

[Article 12] Nomination

a. Unless a nominated bank is the confirming bank, an authorization to honour or negotiate does not impose any obligation on that nominated bank to honour or negotiate, except when expressly agreed to by that nominated bank and so communicated to the beneficiary.

b. By nominating a bank to accept a draft or incur a deferred payment undertaking, an issuing bank authorizes that nominated bank to prepay or purchase a draft accepted or a deferred payment undertaking incurred by that nominated bank.

c. Receipt or examination and forwarding of documents by a nominated bank that is not a confirming bank does not make that nominated bank liable to honour or negotiate, nor does it constitute honour or negotiation.

[제12조] 지정

a. 지정은행이 확인은행이 아닌 한, 지급이행 또는 매입할 수권은 그 지정은행이 명시적으로 합의하고 이를 수익자에게 통보하는 경우를 제외하고는, 그 지정은행에게 어떠한 의무도 부과되지 아니한다.

b. 환어음을 인수하거나 또는 연지급확약을 부담할 은행을 지정함으로써 발행은행은 지정은행이 인수한 환어음 또는 부담한 연지급확약을 선지급 또는 구매하도록 그 지정은행에게 권한을 부여한다.

c. 확인은행이 아닌 지정은행에 의한 서류의 수령 또는 심사 및 발송은 지급이행 또는 매입할 의무를 그 지정은행에게 부담시키는 것은 아니며, 그것은 지급이행 또는 매입을 구성하지 아니한다.

C/h/e/c/k 연지급은행의 할인에 대한 UCP600 규정

- 의의 : UCP에서는 연지급은행의 할인(선지급·매입)을 인정하며, 연지급신용장의 경우에도 만기일전에 선지급 또는 매입할 수 있도록 허용하고 있다.
- 7조 C항 : 인수·연지급신용장의 경우, 일치하는 제시에 따른 대금의 상환은 지정은행이 만기일 전에 선지급·매입하였는지의 여부와 관계없이 만기일에 이루어져야 한다.
- 8조 C항 : 인수·연지급신용장의 경우, 일치하는 제시에 따른 대금의 상환은 다른 지정은행이 만기일 전에 선지급·매입하였는지의 여부와 관계없이 만기일에 이루어져야 한다.
- 12조 B항 : 환어음을 인수하거나 연지급확약을 부담할 은행을 지정함으로써, 개설은행은 지정은행이 인수한 환어음이나 발행한 연지급확약서를 선지급·매입하도록 그 지정은행에게 권한을 부여한다.

[Article 13] Bank-to-Bank Reimbursement Arrangements

a. If a credit states that reimbursement is to be obtained by a nominated bank ("claiming bank") claiming on another party ("reimbursing bank"), the credit must state if the reimbursement is subject to the ICC rules for bank-to-bank reimbursements in effect on the date of issuance of the credit.

b. If a credit does not state that reimbursement is subject to the ICC rules for bank-to-bank reimbursements, the following apply :

ⅰ. An issuing bank must provide a reimbursing bank with a reimbursement authorization that conforms with the availability stated in the credit. The reimbursement authorization should not be subject to an expiry date.

ⅱ. A claiming bank shall not be required to supply a reimbursing bank with a certificate of compliance with the terms and conditions of the credit.

iii. An issuing bank will be responsible for any loss of interest, together with any expenses incurred, if reimbursement is not provided on first demand by a reimbursing bank in accordance with the terms and conditions of the credit.

iv. A reimbursing bank's charges are for the account of the issuing bank. However, if the charges are for the account of the beneficiary, it is the responsibility of an issuing bank to so indicate in the credit and in the reimbursement authorization. If a reimbursing bank's charges are for the account of the beneficiary, they shall be deducted from the amount due to a claiming bank when reimbursement is made. If no reimbursement is made, the reimbursing bank's charges remain the obligation of the issuing bank.

c. An issuing bank is not relieved of any of its obligations to provide reimbursement if reimbursement is not made by a reimbursing bank on first demand.

[제13조] 은행 간 상환약정

a. 신용장에서 지정은행("청구은행")이 상환을 다른 당사자("상환은행")에게 청구하여 받는 것으로 명기하고 있는 경우에는 그 신용장은 상환이 신용장의 발행일에 유효한 은행 간 대금상환에 관한 ICC 규칙에 따르는지를 명기하여야 한다.

b. 신용장에서 상환이 은행 간 대금상환에 관한 ICC 규칙에 따른다고 명기하고 있지 아니한 경우에는 다음과 같이 적용된다.

ⅰ. 발행은행은 신용장에 명기된 유효성을 따르는 상환수권을 상환은행에 부여하여야 한다. 상환수권은 유효기일에 지배받지 아니하여야 한다.

ⅱ. 청구은행은 상환은행에게 신용장의 제조건과의 일치증명서를 제공하도록 요구되지 아니한다.

ⅲ. 상환이 최초의 청구 시에 신용장의 제조건에 따라 상환은행에 의하여 이행되지 아니한 경우, 발행은행은 부담된 모든 경비와 함께 이자손실의 책임을 부담하여야 한다.

ⅳ. 상환은행의 비용은 발행은행의 부담으로 하여야 한다. 그러나 그 비용이 수익자의 부담으로 되는 경우에는 발행은행은 신용장은 및 상환수권서에 이를 지시할 책임이 있다. 상환은행의 비용이 수익자의 부담으로 되는 경우에는 그 비용은 상환이 행해질 때 청구은행에 기인하는 금액으로부터 공제되어야 한다. 상환이 행해지지 아니한 경우에는 상환은행의 비용은 발행은행의 의무로 남는다.

c. 발행은행은 상환이 최초의 청구 시에 상환은행에 의하여 행해지지 아니하는 경우에는 상환을 이행해야 할 자신의 의무로부터 면제되지 아니한다.

[Article 14] Standard for Examination of Documents

a. A nominated bank acting on its nomination, a confirming bank, if any, and the issuing bank must examine a presentation to determine, on the basis of the documents alone, whether or not the documents appear on their face to constitute a complying presentation.

b. A nominated bank acting on its nomination, a confirming bank, if any, and the issuing bank shall each have a maximum of five banking days following the day of presentation to determine if a presentation is complying. This period is not curtailed or otherwise affected by the occurrence on or after the date of presentation of any expiry date of last day for presentation.

c. A presentation including one or more original transport documents subject to articles 19, 20, 21, 22, 23, 24. or 25. must be made by or on behalf of the beneficiary not later than 21. calendar days after the date of shipment as described in these rules, but in any event not later than the expiry date of the credit.

d. Date in a document, when read in context with the credit, the document itself and international standard banking practice, need not be identical to, but must not conflict with, date in that document, any other stipulated document or the credit.

e. In documents other than the commercial invoice, the description of the goods, services or performance, if stated, may be in general terms not conflicting with their description in the credit.

f. If a credit requires presentation of a document other than a transport document, insurance document or commercial invoice, without stipulating by whom the document is to be issued or its date content, banks will accept the document as presented if its content appears to fulfil the function of the required document and otherwise complies with sub−article 14. (d).

g. A document presented but not required by the credit will be disregarded and may be returned to the presenter.

h. If a credit contains a condition without stipulating the document to indicate compliance with the condition, banks bill deem such condition as not stated and will disregard it.

i. A document may be dated prior to the issuance date of the credit, but must not be dated later than its date of presentation.

j. When the addresses of the beneficiary and the applicant appear in any stipulated document, they need not be the same as those stated in the credit or in any other stipulated, but must be within the same country as the respective addresses mentioned in the credit. Contact details (telefax, telephone, email and the like) stated as part of the beneficiary's and the applicant's address will be disregarded. However, when the address and contact details of the applicant appear as part of the consignee or notify party details on a transport document subject to articles 19, 20, 21, 22, 23, 24, or 25, they must be as stated in the credit.

k. The shipper or consignor of the goods indicated on any document need not be the beneficiary of the credit.

l. A transport document may be issued by any party other than a carrier, owner, master or charterer provided that the transport document meets the requirements of articles 19, 20, 21, 22, 23, or 24. of these rules.

[제14조] 서류심사의 기준

a. 지정에 따라 행동하는 지정은행, 확인은행(있는 경우) 및 발행은행은 서류가 문면상 일치하는 제시를 구성하는지 여부("일치성")를 결정하기 위하여 서류만을 기초로 하여 그 제시를 심사하여야 한다.

b. 지정에 따라 행동하는 지정은행, 확인은행(있는 경우) 및 발행은행은 제시가 일치하는지 여부를 결정하기 위하여 지시일의 다음 날부터 최대 제5은행영업일을 각각 가진다. 이 기간은 제시를 위한 모든 유

효기일 또는 최종일의 제시일에 또는 그 이후의 사건에 의하여 단축되거나 또는 별도로 영향을 받지 아니한다.

c. 제19조, 제20조, 제21조, 제22조, 제23조, 제24조 또는 제25조에 따른 하나 또는 그 이상의 운송서류의 원본을 포함하는 제시는 이 규칙에 기술된 대로 선적일 이후 21보다 늦지 않게 수익자에 의하여 또는 대리하여 이행되어야 한다. 그러나 어떠한 경우에도, 신용장의 유효기일보다 늦지 않아야 한다.

d. 서류상의 자료는 신용장, 그 서류자체 및 국제표준은행관행의 관점에서 검토하는 경우, 그 서류, 기타 모든 명시된 서류 또는 신용장상의 자료와 동일할 필요는 없지만 이와 상충되어서는 아니 된다.

e. 상업송장 이외의 서류에 있어서, 물품, 용역 또는 이행의 명세는 명기된 경우 신용장상의 이들 명세와 상충되지 아니하는 일반용어로 기재될 수 있다.

f. 신용장에서 서류가 누구에 의하여 발행되는 것인가를 또는 서류의 자료내용을 명시하지 않고, 운송서류, 보험서류 또는 상업송장 이외의 서류의 제시를 요구하는 경우에는, 그 서류의 내용이 요구된 서류의 기능을 충족하는 것으로 보이고 기타의 방법으로 제14조 d항과 일치한다면, 은행은 그 서류를 제시된 대로 수리한다.

g. 제시되었지만 신용장에 의하여 요구되지 않은 서류는 무시되고 제시인에게 반송될 수 있다.

h. 신용장이 어떤 조건(condition)과의 일치성을 표시하기 위하여 서류를 명시하지 않고 그 조건을 포함하고 있는 경우에는, 은행은 그러한 조건을 명기되지 아니한 것으로 보고 이를 무시하여야 한다.

i. 서류는 신용장의 일자보다 이전의 일자가 기재될 수 있으나 그 서류의 제시일보다 늦은 일자가 기재되어서는 아니 된다.

j. 수익자 및 발행의뢰인의 주소가 모든 명시된 서류상에 보이는 경우에는 이들 주소는 신용장 또는 기타 모든 명시된 서류에 명기된 것과 동일할 필요는 없으나, 신용장에 언급된 각각의 주소와 동일한 국가 내에 있어야 한다. 수익자 및 발행의뢰인의 주소의 일부로서 명기된 연락처명세(모사전송, 전화, 전자우편 등)는 무시된다. 그러나 발행의뢰인의 모든 주소 및 연락처 명세가 제19조, 제20조, 제21조, 제22조, 제23조, 제24조 또는 제25조에 따라 운송서류상의 수화인 또는 착화통지처 명세의 일부로서 보이는 경우에는 이러한 주소 및 연락처명세는 신용장에 명기된 대로 이어야 한다.

k. 모든 서류상에 표시된 물품의 송화인 또는 탁송인은 신용장의 수익자일 필요는 없다.

l. 운송서류가 이 규칙의 제19조, 제20조, 제21조, 제22조, 제23조 또는 제24조의 요건을 충족하는 한, 그 운송서류는 운송인, 선주 또는 용선자 이외의 모든 당사자에 의하여 발행될 수 있다.

[Article 15] Complying Presentation

a. When an issuing bank determines that a presentation is complying, it must honour.

b. When a confirming bank determines that a presentation is complying, it must honour or negotiate and forward the documents to the issuing bank.

c. When a nominated bank determines that a presentation is complying and honours or negotiates, it must forward the documents to the confirming bank or issuing bank.

[제15조] 일치하는 제시

a. 발행은행이 제시가 일치한다고 결정하는 경우에는 그 발행은행은 지급이행하여야 한다.

b. 확인은행이 제시가 일치한다고 결정하는 경우에는 그 확인은행은 지급이행 또는 매입하고 발행은행에게 서류를 발송하여야 한다.

c. 지정은행이 제시가 일치한다고 결정하고 지급이행 또는 매입하는 경우에는 그 지정은행은 확인은행 또는 발행은행에게 서류를 발송하여야 한다.

[Article 16] Discrepant Documents, Waiver and Notice

a. When a nominated bank acting on its nomination, a confirming bank, if any, or the issuing bank determines that a presentation does not comply, it may refuse to honour or negotiate.

b. When an issuing bank determines that a presentation does not comply, it may in its sole judgement approach the applicant for a waiver of the discrepancies. This does not, however, extend the period mentioned in sub-article 14. (b).

c. When a nominated bank acting on its nomination, a confirming bank, if any, or the issuing bank decides to refuse to honour or negotiate, it must give a single notice to the effect to the presenter.

The notice must state :

ⅰ. that the bank is refusing to honour or negotiate ; and

ⅱ. each discrepancy in respect of which the bank refuses to honour or negotiate ; and

ⅲ. a) that the bank is holding the documents pending further instructions from the presenter ; or

b) that the issuing bank is holding the documents until it receives a waiver from the applicant and agrees to accept it, or receives further instructions from the presenter prior to agreeing to accept a waiver ; or

c) that the bank is returning the documents ; or

d) that the bank is acting in accordance with instructions previously received from the presenter.

d. The notice required in sub-article 16. (c) must be given by telecommunication or, if that is not possible, by other expeditious means no later than the close of the fifth banking day following the day of presentation.

e. A nominated bank acting on its nomination, a confirming bank, if any, or the issuing bank may, after providing notice required by sub-article 16. (c) (iii) (a) or (b), return the documents to the presenter at any time.

f. If an issuing bank or a confirming bank fails to act in accordance with the provisions of this article, it shall be precluded from claiming that the documents do not constitute a complying presentation.

g. When an issuing bank refuses to honour or a confirming bank refuses to honour or negotiate and has given notice to that effect in accordance with this article, it shall then be entitled to claim a refund, with interest, of any reimbursement made.

[제16조] 불일치서류, 권리포기 및 통지

a. 지정에 따라 행동하는 지정은행, 확인은행(있는 경우) 또는 발행은행은 제시가 일치하지 아니한 것으로 결정하는 경우에는 지급이행 또는 매입을 거절할 수 있다.

b. 발행은행은 제시가 일치하지 아니하다고 결정하는 경우에는 독자적인 판단으로 발행의뢰인과 불일치에 관한 권리포기의 여부를 교섭할 수 있다. 그러나 이것은 제14조 b항에서 언급된 기간을 연장하지 아니한다.

c. 지정에 따라 행동하는 지정은행, 확인은행(있는 경우)또는 발행은행은 지급이행 또는 매입을 거절하기로 결정한 경우에는 제시인에게 그러한 취지를 1회만 통지하여야 한다.

그 통지는 다음을 명기하여야 한다.

　ⅰ. 은행이 지급이행 또는 매입을 거절하고 있다는 것, 그리고

　ⅱ. 은행이 지급이행 또는 매입을 거절하게 되는 각각의 불일치사항, 그리고

　ⅲ. a) 은행이 제시인으로부터 추가지시를 받을 때까지 서류를 보관하고 있다는 것, 또는

　　　b) 발행은행이 발행의뢰인으로부터 권리포기를 수령하고 서류를 수리하기로 합의할 때까지, 또는 권리포기를 승낙하기로 합의하기 전에 제시인으로부터 추가 지시를 수령할 때까지 발행은행이 서류를 보관하고 있다는 것, 또는

　　　c) 은행이 서류를 반송하고 있다는 것, 또는

　　　d) 은행이 제시인으로부터 이전에 수령한 지시에 따라 행동하고 있다는 것

d. 제 16조 c항에서 요구된 통지는 전기통신(telecommunication)으로 또는 그 이용이 불가능한 때에는 기타 신속한 수단으로 제시일의 다음 제5은행영업일의 마감시간까지 행해져야 한다.

e. 지정에 따라 행동하는 지정은행, 확인은행(있는 경우) 또는 발행은행은, 제16조 c항 ⅲ호 (a) 또는 (b)에 의하여 요구된 통지를 행한 후에, 언제든지 제시인에게 서류를 반송할 수 있다.

f. 발행은행 또는 확인은행이 이 조의 규정에 따라 행동하지 아니한 경우에는, 그 은행은 서류가 일치하는 제시를 구성하지 아니한다고 주장할 수 없다.

g. 발행은행이 지급이행을 거절하거나 또는 확인은행이 지급이행 또는 매입을 거절하고 이 조에 따라 그러한 취지를 통지한 경우에는, 그 은행은 이미 행해진 상환금에 이자를 추가하여 그 상환금의 반환을 청구할 권리가 있다.

[Article 17] Original Documents and Copies

a. At least on original of each document stipulated in the credit must be presented.

b. A bank shall treat as an original any document bearing an apparently original signature, mark, stamp, or label of the issuer of the document, unless the document itself indicates that it is not an original.

c. Unless a document indicates otherwise, a bank will also accept a document as original if it :

　ⅰ. appears to be written, typed, perforated or stamped by the document issuer's hand ; or

　ⅱ. appears to be on the document issuer's original stationery ; or

　ⅲ. states that it is original, unless the statement appears not to apply to the document presented.

d. If a credit requires presentation of copies of documents, presentation of either originals or copies is permitted.

e. If a credit requires presentation of multiple documents by using terms such as "in duplicate", "in two fold" or "in two copies", this will be satisfied by the presentation of at least one original and the remaining number in copies, except when the document itself indicates otherwise.

[제17조] 원본서류 및 사본

a. 적어도 신용장에 명시된 각 서류의 1통의 원본은 제시되어야 한다(원본제시의 원칙).

b. 서류 그 자체가 원본이 아니라고 표시하고 있지 아니하는 한 명백히 서류발행인의 원본 서명, 표기, 스탬프, 또는 부전을 기재하고 있는 서류를 원본으로서 취급한다.

c. 서류가 별도로 표시하지 아니하는 한 서류가 다음과 같은 경우에는 은행은 서류를 원본으로서 수리한다.

   ⅰ. 서류발행인에 의하여 수기, 타자, 천공 또는 스탬프된 것으로 보이는 경우, 또는

   ⅱ. 서류발행인의 원본용지상에 기재된 것으로 보이는 경우, 또는

   ⅲ. 제시된 서류에 적용되지 아니하는 것으로 보이지 아니하는 한, 원본이라는 명기가 있는 경우

d. 신용장이 서류의 사본의 제시를 요구하는 경우에는 원본 또는 사본의 제시는 허용된다.

e. 신용장 "2통(in duplicate)", "2부(in two fold)", "2통(in two copies)"과 같은 용어를 사용함으로써 수통의 서류의 제시를 요구하는 경우에는 이것은 서류자체에 별도의 표시가 있는 경우를 제외하고는 적어도 원본 1통과 사본으로 된 나머지 통수의 제시에 의하여 충족된다.

[Article 18] Commercial Invoice

a. A commercial invoice :

   ⅰ. must appear to have been issued by the beneficiary (except as provided in article 38) ;

   ⅱ. must be made out in the name of the applicant (except as provided in sub-article 38. (g)

   ⅲ. must be made out in the same currency as the credit ; and

   ⅳ. need not be signed.

b. A nominated bank acting on its nomination, a confirming bank, if any, or the issuing bank may accept a commercial invoice issued for an amount in excess or the amount permitted by the credit, and its decision will be binding upon all parties, provided the bank in question has not honoured or negotiated for an amount in excess of that permitted by the credit.

c. The description of the goods, service or performance in a commercial invoice must correspond with that appearing in the credit.

[제18조] 상업송장

a. 상업송장은,

   ⅰ. 수익자에 의하여 발행된 것으로 보여야 하며(제38조에 규정된 경우를 제외한다),

ii. 발행의뢰인 앞으로 작성되어야 하며(제38조 g항에 규정된 경우를 제외한다),

iii. 신용장과 동일한 통화로 작성되어야 하며, 그리고

iv. 서명될 필요가 없다.

b. 지정에 따라 행동하는 지정은행, 확인은행(있는 경우) 또는 발행은행은 신용장에 의하여 허용된 금액을 초과한 금액으로 발행된 상업송장을 수리할 수 있으며, 그러한 결정은 모든 당사자를 구속한다. 다만 문제의 은행은 신용장에 의하여 허용된 금액을 초과한 금액으로 지급이행 또는 매입하지 아니하여야 한다.

c. 상업송장상의 물품, 용역 또는 이행의 명세는 신용장에 보이는 것과 일치하여야 한다.

[Article 19] Transport Document Covering at Least Two Different Modes of Transport

a. A transport document covering at least two different modes of transport (multimodal or combined transport document), however named, must appear to :

　i. indicate the name of the carrier and be signed by :

　　• the carrier or a named agent for or on behalf of the carrier, or

　　• the master or a named agent for or on behalf of the master.

　Any signature by the carrier, master or agent must be identified as that of the carrier, master or agent.

　Any signature by an agent must indicate whether the agent has signed for or on behalf of the carrier or for or on behalf of the master.

　ii. indicate that the goods have been dispatched, taken in charge or shipped on board at the place stated in the credit, by :

　　• pre-printed wording, or

　　• a stamp or notation indicating the date on which the goods have been dispatched, taken in charge or shipped on board.

　The date of issuance of the transport document will be deemed to be the date of dispatch, taking in charge or shipped on board, and the date of shipment. However, if the transport document indicates, by stamp or notation, a date of dispatch, taking in charge of shipped on board, this date will be deemed to be the date of shipment.

　iii. indicate the place of dispatch, taking in charge or shipment and the place of final destination stated in the credit, even if :

　　a) the transport document states, in addition, a different place of dispatch, taking in charge or shipment or place of final destination, or

　　b) the transport document contains the indication "intended" or similar qualification in relation to the vessel, port of loading or port of discharge.

　iv. be the sole original transport document or, if issued in more than one original, be the full set as indicated on the transport document.

v. contain terms and conditions of carriage or make reference to another source containing the terms and conditions of carriage (short form or blank back transport document). Contents of terms and conditions of carriage will not be examined.

vi. contain no indication that it is subject to a charter party.

b. For the purpose of this article, transhipment means unloading from one means of conveyance and reloading to another means of conveyance (whether or not in different modes of transport) during the carriage from the place of dispatch, taking in charge or shipment to the place of final destination stated in the credit.

c. i. A transport document may indicate that the goods will or may be transhipped provided that the entire carriage is covered by one and the same transport document.

ii. A transport document indicating that transhipment will or may take place is acceptable, even if the credit prohibits transhipment.

[제19조] 적어도 두 가지 다른 운송방식을 표시하는 운송서류

a. 적어도 두 가지의 다른 운송방식을 표시하는 운송서류(복합운송서류)는 그 명칭에 관계없이 다음과 같이 보여야 한다.

　i. 운송인의 명칭을 표시하고 다음의 자에 의하여 서명되어 있는 것 :

　　• 운송인 또는 운송인을 대리하는 지정대리인, 또는

　　• 선장 또는 선장을 대리하는 지정대리인

　　운송인 선장 또는 대리인에 의한 모든 서명은 운송인, 선장 또는 대리인의 것이라는 것을 확인하고 있어야 한다.

　　대리인에 의한 모든 서명을 그 대리인이 운송인을 대리하여 서명하였는지, 또는 선장을 대리하여 서명하였는지를 표시하여야 한다.

　ii. 다음에 의하여 물품이 신용장에 명기된 장소에서 발송, 수탁 또는 본선선적 되었음을 표시하고 있는 것 :

　　• 사전 인쇄된 문언, 또는

　　• 물품이 발송, 수탁 또는 본선선적된 일자를 표시하고 있는 스탬프 또는 표기

　　운송서류의 발행일은 발송, 수탁 또는 본선선적일, 및 선적일로 본다. 그러나 운송서류가 스탬프 또는 표기에 의하여 발송, 수탁 또는 본선선적일을 표시하고 있는 경우에는 이러한 일자를 선적일로 본다.

　iii. 비록 다음과 같더라도 신용장에 명기된 발송, 수탁 또는 선적지 및 최종목적지를 표시하고 있는 것 :

　　a) 운송서류가 추가적으로 다른 발송, 수탁 또는 선적지 또는 최종목적지를 명기하고 있더라도, 또는

　　b) 운송서류가 선박, 적재항 또는 양륙항에 관하여 "예정된" 또는 이와 유사한 제한의 표시를 포함하고 있더라도,

　iv. 단일의 운송서류 원본 또는, 2통 이상의 원본으로 발행된 경우에는 운송서류상에 표시된 대로 전통인 것

　v. 운송의 제조건을 포함하고 있거나, 또는 운송의 제조건을 포함하는 다른 자료를 참조하고 있는 것 (약식/배면백지식 운송서류). 운송의 제조건의 내용은 심사되지 아니한다.

vi. 용선계약에 따른다는 어떠한 표시도 포함하고 있지 아니한 것

b. 이 조에서 환적이란 신용장에 명기된 발송, 수탁 또는 선적지로부터 최종목적지까지의 운송과정 중에 한 운송수단으로부터의 양화 및 다른 운송수단으로의 재적재를 말한다.

c. ⅰ. 운송서류는 물품이 환적될 것이라거나 또는 될 수 있다고 표시할 수 있다. 다만, 전운송은 동일한 운송서류에 의하여 커버되어야 한다.

ⅱ. 신용장이 환적을 금지하고 있는 경우에도, 환적이 행해질 것이라거나 또는 행해질 수 있다고 표시하고 있는 운송서류는 수리될 수 있다.

[Article 20] Bill of Lading

a. A bill of lading, however named, must appear to :

ⅰ. indicate the name of the carrier and be signed by :

• the carrier or a named agent for or on behalf of the carrier, or

• the master or a named agent for or on behalf of the master.

Any signature by the carrier, master or agent must be identified as that of the carrier, master or agent.

Any signature by the agent must indicate whether the agent has signed for or on behalf of the carrier or for or on behalf of the master.

ⅱ. indicate that the goods have been shipped on board a named vessel at the port of loading sated in the credit by :

• pre-printed wording, or

• an on board notation indicating the date on which the goods have been shipped on board.

The date of issuance of the bill of lading will be deemed to be the date of shipment unless the bill of lading contains an on board notation indicating the date of shipment, in which case the date stated in the on board notation will be deemed to be the date of shipment.

If the bill of lading contains the indication "intended vessel" or similar qualification in relation to the name of the vessel, an on board notation indicating the date of shipment and the name of the actual vessel is required.

ⅲ. indicate shipment from port of loading to the port of discharge stated in the credit.

If the bill of lading does not indicate the port of loading stated in the credit as the port of loading, or if it contains the indication "intended" or similar qualification in relation to the port of loading, an on board notation indicating the port of loading as stated in the credit, the date of shipment and the name of the vessel is required. This provision applies even when loading on board or shipment on a named vessel is indicated by pre-printed wording on the bill of lading.

ⅳ. be the sole original bill of lading or, if issued in more than one original, be the full set as indicated on the bill of lading.

v. contain terms and conditions of carriage or make reference to another source containing the terms and conditions of carriage (short form or blank bill of lading). Contents of terms and conditions of carriage will not be examined.

vi. contain no indication that it is subject to a charter party.

b. For the purpose of this article, transhipment means unloading from one vessel and reloading to another vessel during the carriage from the port of loading to the port of discharge stated in the credit.

c. i. A bill of lading may indicate that the goods will or may be transhipped provided that the entire carriage is covered by one and the same bill of lading.

ii. A bill of lading indicating that transhipment will or may take place is acceptable, even if the credit prohibits transhipment, if the goods have been shipped in a container, trailer or LASH barge as evidenced by the bill of lading.

d. Clauses in a bill of lading stating that the carrier reserves the right to tranship will be disregarded.

[제20조] 선화증권

a. 선화증권은 그 명칭에 관계없이 다음과 같이 보여야 한다.

ⅰ. 운송인의 명칭을 표시하고 다음의 자에 의하여 서명되어 있는 것 :

• 운송인 또는 운송인을 대리하는 지정대리인, 또는

• 선장 또는 선장을 대리하는 지정대리인

운송인, 선장 또는 대리인에 의한 모든 서명은 운송인, 선장 또는 대리인의 것이라는 것을 확인하고 있어야 한다.

대리인에 의한 모든 서명은 그 대리인이 운송인을 대리하여 서명하였는지, 또는 선장을 대리하여 서명하였는지를 표시하여야 한다.

ⅱ. 다음에 의하여 물품이 신용장에 명기된 적재항에서 지정선박에 본선 선적되었음을 표시하고 있는 것 :

• 사전인쇄된 문언, 또는

• 물품이 본선선적된 일자를 표시하고 있는 본선적재표기

선화증권의 발행일은 선적일로 본다. 다만, 선화증권이 선적일을 표시하고 있는 본 선적재표기를 포함하고 있는 경우에는 그러하지 아니하며, 이 경우, 본선적재표기상에 명기된 일자는 선적일로 본다.

선화증권이 선박의 명칭에 관하여 "예정된 선박" 또는 이와 유사한 제한의 표시를 포함하고 있는 경우에는, 선적일 및 실제 선박의 명칭을 표시하고 있는 본선적재표기는 요구된다.

ⅲ. 신용장에 명기된 적재항으로부터 양륙항까지의 선적을 표시하고 있는 것

선화증권이 적재항으로서 신용장에 명기된 적재항을 표시하고 있지 아니한 경우에는, 또는 적재항에 관하여 "예정된" 또는 이와 유사한 제한의 표시를 포함하고 있는 경우에는, 신용장에 명기된 대로 적재항, 선적일 및 선박의 명칭을 표시하고 있는 본선적재표기가 요구된다. 이 규정은 비록 지

정된 선박에의 본선적재 또는 선적이 선화증권상에 사전에 인쇄된 문언에 의하여 표시되어 있더라
도 적용된다.

ⅳ. 단일의 선화증권 원본 또는, 2통 이상의 원본으로 발행된 경우에는 선화증권상에 표시된대로 전통
인 것

ⅴ. 운송의 제조건을 포함하고 있거나, 또는 운송의 제조건을 포함하는 다른 자료를 참조하고 있는 것
(약식/배면백지식 선화증권). 운송의 제조건의 내용은 심사되지 아니한다.

ⅵ. 용선계약에 따른다는 어떠한 표시도 포함하고 있지 아니한 것

b. 이 조에서 환적이란 신용장에 명기된 적재항으로부터 양륙항까지의 운송과정 중에 한 선박으로부터의
양화 및 다른 선박으로의 재적재를 말한다.

c. ⅰ. 선화증권은 물품이 환적될 것이라거나 또는 될 수 있다고 표시할 수 있다. 다만, 전운송이 동일한
선화증권에 의하여 커버되어야 한다.

ⅱ. 신용장이 환적을 금지하고 있는 경우에도 물품이 선화증권에 의하여 입증된 대로 컨테이너, 트레일
러 또는 래쉬선에 선적된 경우에는 환적이 행해질 것이라거나 또는 행해질 수 있다고 표시하고 있
는 선화증권은 수리될 수 있다.

d. 운송인이 환적할 권리를 유보한다고 명기하고 있는 선화증권상의 조항은 무시된다.

[Article 21] Non-Negotiable Sea Waybill

a. A non-negotiable sea waybill, however named, must appear to :

ⅰ. indicate the name of the carrier and be signed by :

• the carrier or a named agent for or on behalf of the carrier, or

• the master or a named agent for or on behalf of the master.

Any signature by the carrier, master or agent must be identified as that of the carrier,
master of agent.

Any signature by an agent must indicate whether the agent has signed for or on behalf
of the carrier or for or on behalf of the master.

ⅱ. indicate that the goods have been shipped on board a named vessel at the port of loading
stated in the credit by :

• pre-printed wording, or

• an on board notation indicating the date on which the goods have been shipped on board.

The date of issuance of the non-negotiable sea waybill will be deemed to be the date of
shipment unless the non-negotiable sea waybill an on board notation indicating the date
of shipment, in which case the date stated in the on board notation will be deemed to be
the date of shipment. If the non-negotiable sea waybill contains the indication "intended
vessel" or similar qualification in relation to the name of the vessel, an on board notation
indicating the date of shipment and the name of the actual vessel is required.

ⅲ. indicate shipment from the port of loading to the port of discharge stated in the credit.

If the non-negotiable sea waybill does not indicate the port of loading stated in the credit as the port of loading, or if it contains the indication "intended" or similar qualification in relation to the port of loading, an on board notation indicating the port of loading as stated in the credit, the date of shipment and the name of the vessel is required. This provision applies even when loading on board or shipment on a named vessel is indicated by pre-printed wording on the non-negotiable sea waybill.

    iv. be the sole original non-negotiable sea waybill or, if issued in more than one original, be the full set as indicated on the non-negotiable sea waybill.

    v. contain terms and conditions of carriage or make reference to another source containing the terms and conditions of carriage (short form or blank back non-negotiable sea waybill). Contents of terms and conditions of carriage will not be examined.

    vi. contain no indication that it is subject to a charter party.

b. For the purpose of this article, transhipment means unloading from one vessel and reloading to another vessel during the carriage from the port of loading to the port of discharge stated in the credit.

c. i. A non-negotiable sea waybill may indicate that the goods will or may be transhipped provided that the entire carriage is covered by one and the samenon-negotiable sea waybill.

    ii. A non-negotiable sea waybill indicating that transhipment will or may take place is acceptable, even if the credit prohibits transhipment, if the goods have been shipped in a container, trailer or LASH barge as evidenced by the non-negotiable sea waybill.

d. Clauses in a non-negotiable sea waybill stating that the carrier reserves the right to tranship will be disregarded.

[제21조] 비유통성 해상화물운송장

a. 비유통성 해상화물운송장은 그 명칭에 관계없이 다음과 같이 보여야 한다.

    i. 운송인의 명칭을 표시하고 다음의 자에 의하여 서명되어 있는 것 :

      • 운송인 또는 운송인을 대리하는 지정대리인, 또는

      • 선장 또는 선장을 대리하는 지정대리인

      운송인, 선장 또는 대리인에 의한 모든 서명은 운송인, 선장 또는 대리인의 것이라는 것을 확인하고 있어야 한다.

      대리인에 의한 모든 서명은 그 대리인이 운송인을 대리하여 서명하였는지, 또는 선장을 대리하여 서명하였는지를 표시하여야 한다.

    ii. 다음에 의하여 물품이 신용장에 명기된 적재항에서 지정선박에 본선선적되었음을 표시하고 있는 것 :

      • 사전 인쇄된 문언, 또는

      • 물품이 본선선적된 일자를 표시하고 있는 본선적재표기

      비유통성 해상화물운송장의 발행일은 선적일로 본다. 다만, 비유통성 해상화물 운송장이 선적일을 표시하고 있는 본선적재표기를 포함하고 있는 경우에는 그러하지 아니하며, 이 경우 본선적재

표기상에 명기된 일자는 선적일로 본다.

비유통성 해상화물운송장이 선박의 명칭에 관하여 "예정된 선박" 또는 이와 유사한 제한의 표시를 포함하고 있는 경우에는, 선적일 및 실제 선박의 명칭을 표시하고 있는 본선적 재표기는 요구된다.

iii. 신용장에 명기된 적재항으로부터 양륙항까지의 선적을 표시하고 있는 것

비유통성 해상화물운송장이 적재항으로서 신용장에 명기된 적재항을 표시하고 있지 아니한 경우에는, 또는 적재항에 관하여 "예정된" 또는 이와 유사한 제한의 표시를 포함하고 있는 경우에는, 신용장에 명기된 대로 적재항, 선적일 및 선박의 명칭을 표시하고 있는 본선적재표기가 요구된다. 이 규정은 비록 지정된 선박에의 본선적재 또는 선적이 비유통성 해상화물운송장에 사전에 인쇄된 문언에 의하여 표시되어 있더라도 적용된다.

iv. 단일의 비유통성 해상화물운송장 원본 또는, 2통 이상의 원본으로 발행된 경우에는 비유통성 해상화물운송장상에 표시된 대로 전통인 것

v. 운송의 제조건을 포함하고 있거나, 또는 운송의 제조건을 포함하는 다른 자료를 참조하고 있는 것 (약식/배면백지식 비유통성 해상화물운송장). 운송의 제조건의 내용은 심사되지 아니한다.

vi. 용선계약에 따른다는 어떠한 표시도 포함하고 있지 아니한 것

b. 이 조에서 환적이란 신용장에 명기된 적재항으로부터 양륙항까지의 운송과정 중에 한 선박으로부터의 양화 및 다른 선박으로의 재적재를 말한다.

c. i. 비유통성 해상화물운송장은 물품이 환적될 것이라거나 또는 될 수 있다고 표시할 수 있다. 다만, 전운송이 동일한 비유통성 해상화물운송장에 의하여 커버되어야 한다.

ii. 신용장이 환적을 금지하고 있는 경우에도, 물품이 비유통성 해상화물운송장에 의하여 입증된 대로 컨테이너, 트레일러 또는 래쉬선에 선적된 경우에는, 환적이 행해질 것이라거나 또는 행해질 수 있다고 표시하고 있는 비유통성 해상화물운송장은 수리될 수 있다.

d. 운송인이 환적할 권리를 유보한다고 명기하고 있는 비유통성 해상화물운송장상의 조항은 무시된다.

[Article 22] Charter Party Bill of Lading

a. A bill of lading, however named, containing an indication that it is subject to a charter party (charter party bill of lading), must appear to :

i. be signed by :

- the master or a named agent for or on behalf of the master, or

- the owner or a named agent for or on behalf of the owner, or

- the charterer or a named agent for or on behalf of the charterer.

Any signature by the master, owner, charter or agent must be identified as that of the master, owner, charterer or agent.

Any signature by an agent must indicate whether the agent has signed for or on behalf of the master, owner or charterer.

An agent signing for or on behalf of the owner or charterer must indicate the name of the owner or charterer.

ii. indicate that the goods have been shipped on board a named vessel at the port of loading stated in the credit by :

- pre-printed wording, or
- an on board notation indicating the date on which the goods have been shipped on board.

The date of issuance of the charter party bill of lading will be deemed to be the date of shipment unless the charter party bill of lading contains an on board notation indicating the date of shipment, in which case the date stated in the on board notation will be deemed to be the date of shipment.

iii. indicate shipment from the port of loading to the port of discharge stated in the credit. The port of discharge may also be shown as a range of ports or a geographical area, as stated in the credit.

iv. be the sole original charter party bill of lading or, if issued in more than one original, be the full set as indicated on the charter party bill of lading.

b. A bank will not examine charter party contracts, even if they are required to be presented by the terms of the credit.

[제22조] 용선계약선화증권

a. 용선계약에 따른다는 표시를 포함하고 있는 선화증권(용선계약선화증권)은 그 명칭에 관계없이 다음 과 같이 보여야 한다.

i. 다음의 자에 의하여 서명되어 있는 것 :
- 선장 또는 선장을 대리하는 지정대리인, 또는
- 선주 또는 선주를 대리하는 지정대리인, 또는
- 용선자 또는 용선자를 대리하는 지정대리인

선장, 선주, 용선자 또는 대리인에 의한 모든 서명은 선장, 선주, 용선자 또는 대리인의 것이라는 것을 확인하고 있어야 한다.

대리인에 의한 모든 서명은 그 대리인이 선장, 선주 또는 용선자 중 누구를 대리하여 서명하였는 지를 표시하여야 한다.

선주 또는 용선자를 대리하여 서명하는 대리인은 선주 또는 용선자의 명칭을 표시하여야 한다.

ii. 다음에 의하여 물품이 신용장에 명기된 적재항에서 지정선박에 본선선적되었음을 표시하고 있는 것 :
- 사전 인쇄된 문언, 또는
- 물품이 본선적된 일자를 표시하고 있는 본선적재표기

용선계약선화증권의 발행일은 선적일로 본다. 다만, 용선계약선화증권이 선적일을 표시하고 있는 본선적재표기를 포함하고 있는 경우에는 그러하지 아니하며, 이 경우, 본선적재 표기상에 명기된 일자는 선적일로 본다.

iii. 신용장에 명기된 적재항으로부터 양륙항까지의 선적을 표시하고 있는 것. 또한 양륙항은 신용장에 명기된 대로 항구의 구역 또는 지리적 지역으로 표시될 수 있다.

iv. 단일의 용선계약선화증권 원본 또는, 2통 이상의 원본으로 발행된 경우에는 용선계약 선화증권상에 표시된 대로 전통인 것

b. 용선계약서가 신용장의 조건(terms)에 따라 제시되도록 요구되더라도, 은행은 그 용선계약서를 심사하지 아니한다.

[Article 23] Air Transport Document

a. An air transport document, however named, must appear to :

ⅰ. indicate the name of the carrier and be signed by :

- the carrier, or

- a named agent for or on behalf of the carrier.

   Any signature by the carrier or agent must be identified as that of the carrier or agent. Any signature by an agent must indicate that the agent has signed for or on behalf of the carrier.

ⅱ. indicate that the goods have been accepted for carriage.

ⅲ. indicate the date of issuance. This date will be deemed to be the date of shipment unless the air transport document contains a specific notation of the actual date of shipment, in which case the date stated in the notation will be deemed to be the date of shipment.

   Any other information appearing on the air transport document relative to the flight number and date will not be considered in determining the date of shipment.

ⅳ. indicate the airport of departure and the airport of destination stated in the credit.

ⅴ. be the original for consignor or shipper, even if the credit stipulates a full set of originals.

ⅵ. contain terms and conditions of carriage or make reference to another source containing the terms and conditions of carriage. Contents of terms and conditions of carriage will not be examined.

b. For the purpose of this article, transhipment means unloading from one aircraft and reloading to another aircraft during the carriage from the airport of departure to the airport of destination stated in the credit.

c. ⅰ. An air transport document may indicate that the goods will or may be transhipped, provided that the entire carriage is covered by one and the same air transport document.

ⅱ. An air transport document indicating that transhipment will or may take place is acceptable, even if the credit prohibits transhipment.

[제23조] 항공운송서류

a. 항공운송서류는 그 명칭에 관계없이 다음과 같이 보여야 한다.

ⅰ. 운송인의 명칭을 표시하고 다음의 자에 의하여 서명되어 있는 것 :

- 운송인, 또는

• 운송인을 대리하는 지정대리인

　　운송인 또는 대리인에 의한 모든 서명은 운송인 또는 대리인의 것이라는 것을 확인하고 있어야 한다. 대리인에 의한 모든 서명은 그 대리인이 운송인을 대리하여 서명하였음을 표시하여야 한다.

ⅱ. 물품이 운송을 위하여 수취되었음을 표시하고 있는 것

ⅲ. 발행일을 표시하고 있는 것. 이 일자는 선적일로 본다. 다만, 항공운송서류가 실제의 선적일에 관한 특정표기를 포함하고 있는 경우에는 그러하지 아니하며, 이 경우 그 표기에 명기된 일자는 선적일로 본다. 운항번호 및 일자에 관하여 항공운송서류상에 보이는 기타 모든 정보는 선적일을 결정하는데 고려되지 아니한다.

ⅳ. 신용장에 명기된 출발공항과 목적공항을 표시하고 있는 것

ⅴ. 신용장이 원본의 전통을 명시하고 있는 경우에도, 탁송인 또는 송화인용 원본인 것

ⅵ. 운송의 제조건을 포함하고 있거나, 또는 운송의 제조건을 포함하는 다른 자료를 참조하고 있는 것. 운송의 제조건의 내용은 심사되지 아니한다.

b. 이 조에서 환적이란 신용장에 명기된 출발공항으로부터 목적공항까지의 운송과정 중에 한 항공기로부터의 양화 및 다른 항공기로의 재적재를 말한다.

c. ⅰ. 항공운송서류는 물품이 환적될 것이라거나 또는 될 수 있다고 표시할 수 있다. 다만, 전운송은 동일한 항공운송서류에 의하여 커버되어야 한다.

ⅱ. 신용장이 환적을 금지하고 있는 경우에도 은행은 환적이 행해질 것이라거나 또는 행해질 수 있다고 표시하고 있는 항공운송서류는 수리될 수 있다.

[Article 24] Road, Rail or Inland Waterway Transport Documents

a. A road, rail or inland waterway transport document, however named, must appear to :

ⅰ. indicate the name of the carrier and :

• be signed by the carrier or a named agent for or on behalf of the carrier, or

• indicate receipt of the goods by signature, stamp or notation by the carrier or a named agent for or on behalf of the carrier.

　　Any signature, stamp or notation of receipt of the goods by the carrier or agent must be identified as that of the carrier or agent. Any signature, stamp or notation of receipt of the goods by the agent must indicate that the agent has signed or acted for or on behalf of the carrier. If a rail transport document does not identify the carrier, any signature or stamp of the railway company will be accepted as evidence of the document being signed by the carrier.

ⅱ. indicate the date of shipment or the date the goods have been received for shipment, dispatch or carriage at the place stated in the credit. Unless the transport document contains a dated reception stamp, an indication of the date of receipt or a date of shipment, the date of issuance of the transport document will　be deemed to be the date of shipment.

ⅲ. indicate the place of shipment and the place of destination stated in the credit.

b. ⅰ. A road transport document must appear to be the original for consignor or shipper or bear no marking indicating for whom the document has been prepared.

ⅱ. A rail transport document marked "duplicate" will be accepted as an original.

ⅲ. A rail or inland waterway transport document will be accepted as an original whether marked as an original or not.

c. In the absence of an indication on the transport document as to the number of originals issued, the number presented will be deemed to constitute a full set.

d. For the purpose of this article, transhipment means unloading from one means of conveyance and reloading to another means of conveyance, within the same mode of transport, during the carriage from the place of shipment, dispatch or carriage to the place of destination stated in the credit.

e.

ⅰ. A road, rail or inland waterway transport document may indicate that the goods will or may be transhipped provided that the entire carriage is covered by one and the same transport document.

ⅱ. A road, rail or inland waterway transport document indicating that transhipment will or may take place is acceptable, even if the credit prohibits transhipment.

[제24조] 도로, 철도 또는 내륙수로운송서류

a. 도로, 철도 또는 내륙수로운송서류는 그 명칭에 관계없이 다음과 같이 보여야 한다.

ⅰ. 운송인의 명칭을 표시하고 있는 것 그리고,

• 운송인 또는 운송인을 대리하는 지정대리인에 의하여 서명되어 있는 것, 또는

• 운송인 또는 운송인을 대리하는 지정대리인에 의하여 행해진 서명, 스탬프 또는 표기에 의하여 물품의 수령을 표시하고 있는 것

물품의 수령에 관한 운송인 또는 대리인에 의한 모든 서명, 스탬프 또는 표기는 운송인 또는 대리인의 것이라는 것을 확인하고 있어야 한다.

물품의 수령에 관한 대리인에 의한 모든 서명, 스탬프 또는 표기는 그 대리인이 운송인을 대리하여 서명 또는 행동하였음을 표시하여야 한다. 철도운송서류가 운송인을 확인하지 아니한 경우에는, 철도회사의 모든 서명 또는 스탬프는 운송인에 의하여 서명되어 있는 서류의 증거로서 수리되어야 한다.

ⅱ. 선적일 또는 물품이 신용장에 명기된 장소에서 선적, 발송 또는 운송을 위하여 수령된 일자를 표시하고 있는 것. 운송서류가 일자기재의 수령스탬프, 수령일의 표시 또는 선적일을 포함하고 있지 아니하는 한, 운송서류의 발행일은 선적일로 본다.

ⅲ. 신용장에 명기된 선적지 및 목적지를 표시하고 있는 것

b. ⅰ. 도로운송서류는 탁송인 또는 송화인용 원본인 것으로 보여야 하거나 또는 그 서류가 누구를 위하여 작성되었는지를 표시하는 어떠한 표시도 기재하지 아니한 것으로 보여야 한다.

ⅱ. "부본(duplicate)"이 표시된 철도운송서류는 원본으로서 수리된다.

ⅲ. 철도 또는 내륙수로운송서류는 원본이라는 표시의 유무에 관계없이 원본으로서 수리된다.

c. 발행된 원본의 통수에 관하여 운송서류상에 표시가 없는 경우에는 제시된 통수는 전통을 구성하는 것으로 본다.

d. 이 조에서 환적이란 신용장에 명기된 선적, 발송 또는 운송지로부터 목적지까지의 운송 과정 중에, 동일한 운송방식 내에서, 한 운송수단으로부터의 양화 및 다른 운송수단으로의 재적재를 말한다.

e. ⅰ. 도로, 철도 또는 내륙수로운송서류는 물품이 환적될 것이라거나 또는 될 수 있다고 표시할 수 있다. 다만, 전 운송은 동일한 운송서류에 의하여 커버되어야 한다.

ⅱ. 신용장이 환적을 금지하고 있는 경우에도, 환적이 행해질 것이라거나 또는 행해질 수 있다고 표시하고 있는 도로, 철도 또는 내륙수로운송서류는 수리될 수 있다.

C/h/e/c/k   신용장에 명시적 환적금지 문언이 있는 경우 UCP 규정

- 복합운송서류(제19조) : 신용장에 환적이 금지되었다 하더라도 은행은 전 운송과정이 단일 및 동일한 복합운송서류에 의하여 커버되는 경우 환적이 이루어지거나 또는 이루어질 것이라는 명시가 된 복합운송서류는 수리한다.
- 선하증권(제20조) 및 비유통해상화물운송장(제21조) : 신용장에 환적이 금지되었다 하더라도 은행은 다음의 선하증권 및 비유통해상화물운송장은 수리하여야 한다.
  - 환적될 것이라는 표시가 있고, 전해상운송이 동일 및 단일 선하증권에 의해 포괄되고, 당해 물품이 컨테이너, 트레일러, 바지선에 적재되었음이 선하증권에 표시되어 있는 것
  - 운송인이 환적할 권리를 유보한다는 조항이 포함되어 있는 경우
- 항공운송서류(제23조) : 신용장에 환적이 금지되었다 하더라도 은행은 전 운송과정이 단일 및 동일한 항공운송서류에 의하여 커버되는 경우, 항공운송서류에 환적이 이루어지거나 또는 이루어질 것이라는 표시가 있으면 항공운송서류는 수리하여야 한다.
- 도로 · 철도 · 내수로 운송서류(제24조) : 신용장에 환적이 금지되었다 하더라도 은행은 전 운송과정이 동일 운송수단 내에서 단일 및 동일한 운송서류에 의하여 커버되는 경우, 도로 · 철도 · 내수로 운송서류에 환적이 이루어지거나 또는 이루어질 것이라는 표시가 있는 운송서류는 수리한다.

[Article 25] Courier Receipt, Post Receipt of Certificate of Posting

a. A courier receipt, however named, evidencing receipt of goods for transport, must appear to :

ⅰ. indicate the name of the courier service and be stamped or signed by the named courier service at the place from which the credit states the goods are to be shipped ; and

ⅱ. indicate a date of pick-up or of receipt or wording to this effect. This date will be deemed to be the date of shipment.

b. A requirement that courier charges are to be paid or prepaid may be satisfied by a transport document issued by a courier service evidencing that courier charges are for the account of a party other than the consignee.

c. A post receipt or certificate of posting, however named, evidencing receipt of goods for transport, must appear to be stamped or signed and dated at the place from which the credit states the goods are to be shipped. This date will be deemed to be the date of shipment.

[제25조] 특송화물수령증, 우편수령증 또는 우송증명서

a. 운송물품의 수령을 입증하는 특송화물수령증은 그 명칭에 관계없이 다음과 같이 보여야 한다.

ⅰ. 특송업자의 명칭을 표시하고, 신용장에서 물품이 선적되어야 한다고 명기하고 있는 장소에서 지정된 특송업자에 의하여 스탬프 또는 서명된 것; 그리고

ⅱ.접수일 또는 수령일 또는 이러한 취지의 문언을 표시하고 있는 것. 이 일자는 선적일로 본다.

b. 특송요금이 지급 또는 선지급되어야 한다는 요건은 특송요금이 수화인 이외의 당사자의 부담이라는 것을 입증하는 특송업자에 의하여 발행된 운송서류에 의하여 충족될 수 있다.

c. 운송물품의 수령을 입증하는 우편수령증 또는 우송증명서는 그 명칭에 관계없이 신용장에서 물품이 선적되어야 한다고 명기하고 있는 장소에서 스탬프 또는 서명되고 일자가 기재된 것으로 보여야 한다. 이 일자는 선적일로 본다.

[Article 26] "On Deck", "Shipper's Load and Count", "Said by Shipper to Contain" and Charges Additional to Freight

a. A transport document must not indicate that the goods are or will be loaded on deck. A clause on a transport document stating that the goods may be loaded on deck is acceptable.

b. A transport document bearing a clause such as "shipper's load and count" and "said by shipper to contain" is acceptable.

c. A transport document may bear a reference, by stamp or otherwise, to charges additional to the freight.

[제26조] "갑판적", "송화인의 적재 및 수량 확인" 및 운임의 추가비용

a. 운송서류는 물품이 갑판에 적재되었거나 또는 될 것이라고 표시해서는 아니 된다. 물품이 갑판에 적재될 수 있다고 명기하고 있는 운송서류상의 조항은 수리될 수 있다.

b. "송화인의 적재 및 수량확인(shipper's load and count)" 및 "송화인의 신고내용에 따름(said by shipper to contain)"과 같은 조항을 기재하고 있는 운송서류는 수리될 수 있다.

c. 운송서류는 스탬프 또는 기타의 방법으로 운임에 추가된 비용에 대한 참조를 기재할 수 있다.

C/h/e/c/k 부지약관(Unknown clause)

• 의의
컨테이너화물 중에서도 FCL화물의 경우 화주가 직접 컨테이너에 화물을 넣고 컨테이너를 봉인하기 때문에 운송인은 그곳에 무엇이 얼마나 들어있는지 확인할 수 없고, 화주의 말에 의존할 수밖에 없다. 따라서 운송인은 컨테이너의 내용물에 대해서 책임을 면제받기 위하여 "송화인의 적재 및 수량확인(shipper's load and count) 또는 "송화인의 신고내용에 따름(said by shipper to contain)" 과 이와 유사한 취지의 면책문언을 운송서류상에 기재하는데 이를 부지약관(Unknown clause)이라고 한다.

• 수리 여부
ucp600에서는 반대의 규정이 없는 한 운송서류의 문면상 "shipper's load and count" 또는 "said by shipper to contain" 또는 이와 유사한 문언이 포함되어 있는 서류는 수리한다고 규정하고 있다.

[Article 27] Clean Transport Document

A bank will only accept a clean transport document. A clean transport document is one bearing no clause or notation expressly declaring a defective condition of the goods or their packaging. The word "clean" need not appear on a transport document, even if a credit has a requirement for that transport document to be "clean on board".

[제27조] 무고장 운송서류

은행은 무고장 운송서류만을 수리한다. 무고장 운송서류는 물품 또는 그 포장에 하자 있는 상태를 명시적으로 표시하는 조항 또는 단서를 기재하고 있지 아니한 것을 말한다. 신용장에서 그 운송서류가 "무고장 본선적재(clean on board)"이어야 한다는 요건을 가지는 경우에도, "무고장(clean)"이라는 단어는 운송서류상에 보일 필요가 없다.

[Article 28] Insurance Document and Coverage

a. An insurance document, such as an insurance policy, an insurance certificate or a declaration under an open cover, must appear to be issued and signed by an insurance company, an underwriter or their agents or their proxies. Any signature by an agent or proxy must indicate whether the agent or proxy has signed for or on behalf of the insurance company or underwriter.

b. When the insurance document indicates that it has been issued in more than one original, all originals must be presented.

c. Cover notes will not be accepted.

d. An insurance policy is acceptable in lieu of an insurance certificate or a declaration under an open cover.

e. The date of the insurance document must be no later than the date of shipment, unless it appears from the insurance document that the cover is effective from a date not later than the date of shipment.

f. ⅰ. The insurance document must indicate the amount of insurance coverage and be in the same currency as the credit.

　ⅱ. A requirement in the credit for insurance coverage to be for a percentage of the value of the goods, of the invoice value or similar is deemed to be the minimum amount of coverage required. If there is no indication in the credit of the insurance coverage required, the amount of insurance coverage must be at least 110% of the CIF or CIP value of the goods. When the CIF or CIP value cannot be determined from the documents, the amount of insurance coverage must be calculated on the basis of the amount for which honour or negotiation is requested or the gross value of the goods as shown on the invoice, whichever is greater.

　ⅲ. The insurance document must indicate that risks are covered at least between the place of taking in charge or shipment and the place of discharge or final destination as stated in the credit.

g. A credit should state the type of insurance required and, if any, the additional risks to be covered. An insurance document will be accepted without regard to any risks that are not covered if the credit uses imprecise terms such as "usual risks" or "customary risks".

h. When a credit requires insurance against "all risks" and an insurance document is presented containing any "all risks" notation or clause, whether or not bearing the heading "all risks", the insurance document will be accepted without regard to any risks stated to be excluded.

i. An insurance document may contain reference to any exclusion clause.

j. An insurance document may indicate that the cover is subject to a franchise or excess(deductible).

[제28조] 보험서류 및 담보

a. 보험증권, 포괄예정보험에 의한 보험증명서 또는 통지서와 같은 보험서류는 보험회사, 보험업자 또는 이들 대리인 또는 이들 대리업자에 의하여 발행되고 서명된 것으로 보여야 한다. 대리인 또는 대리업자에 의한 모든 서명은 그 대리인 또는 대리업자가 보험회사를 대리하여 서명하였는지 또는 보험업자를 대리하여 서명하였는지를 표시하여야 한다.

b. 보험서류가 2통 이상의 원본으로 발행되었다고 표시하고 있는 경우에는 모든 원본은 제시되어야 한다.

c. 보험승인서는 수리되지 아니한다.

d. 보험증권은 포괄예정보험에 의한 보험증명서 또는 통지서를 대신하여 수리될 수 있다.

e. 보험서류에서 담보가 선적일보다 늦지 않은 일자로부터 유효하다고 보이지 아니하는 한, 보험서류의 일자는 선적일보다 늦어서는 아니 된다.

f. ⅰ. 보험서류는 보험담보의 금액을 표시하여야 하고 신용장과 동일한 통화이어야 한다.

　ⅱ. 보험담보가 물품가액 또는 송장가액 등의 비율이어야 한다는 신용장상의 요건은 최소담보금액이 요구된 것으로 본다. 요구된 보험담보에 관하여 신용장에 아무런 표시가 없는 경우에는, 보험담보의 금액은 적어도 물품의 CIF 또는 CIP 가격의 110%이어야 한다. CIF 또는 CIP 가격이 서류로부터 결정될 수 없는 경우에는, 보험담보금액은 지급이행 또는 매입이 요청되는 금액 또는 송장에 표시된 물품총가액 중에서 보다 큰 금액을 기초로 하여 산정되어야 한다.

　ⅲ. 보험서류는 위험이 적어도 신용장에 명기된 대로 수탁 또는 선적자와 양륙 또는 최종목적지간에 담보되었음을 표시하여야 한다.

g. 신용장은 요구된 보험의 종류를 명기하여야 하고 만일 부보되어야 하는 부가위험이 있다면 이것도 명기하여야 한다. 신용장이 "통상적 위험(usual risks)" 또는 "관습적 위험(customary risks)"과 같은 부정확한 용어를 사용하는 경우에는, 보험서류는 부보되지 아니한 어떠한 위험에 관계없이 수리되어야 한다.

h. 신용장이 "전위험"에 대한 보험을 요구하고 있는 경우, "전위험"이라는 표제를 기재하고 있는지의 여부와 관계없이 "전위험"의 표기 또는 조항을 포함하고 있는 보험서류가 제시된 경우에는, 그 보험서류는 제외되어야 한다고 명기된 어떠한 위험에 관계없이 수리되어야 한다.

i. 보험서류는 모든 면책조항(exclusion clause)의 참조를 포함할 수 있다.

j. 보험서류는 담보가 소손해면책률 또는 초과(공제)면책률을 조건으로 한다는 것을 표시할 수 있다.

[Article 29] Extension of Expiry Date or Last Day for Presentation

a. If the expiry date of a credit or the last day for presentation falls on a day when the bank to which presentation is to be made is closed for reasons other than those referred to in article 36, the expiry date or the last day for presentation, as the case may be, will be extended to the first following banking day.

b. If presentation is made on the first following banking day, a nominated bank must provide the issuing bank or confirming bank with a statement on its covering schedule that the presentation was made within the time limits extended in accordance with sub-article 29. (a).

c. The latest date for shipment will not be extended as a result of sub-article 29. (a).

[제29조] 유효기일의 연장 또는 제시를 위한 최종일

a. 신용장의 유효기일 또는 제시를 위한 최종일이 제36조에 언급된 사유 이외의 사유로 제시를 받아야 하는 은행의 휴업일에 해당하는 경우에는 그 유효기일 또는 제시를 위한 최종일은 경우에 따라 최초의 다음 은행 영업일까지 연장된다.

b. 제시가 최초의 다음 은행 영업일에 행해지는 경우에는 지정은행은 발행은행 또는 확인은행에 제시가 제29조 a항에 따라 연장된 기간 내에 제시되었다는 설명을 서류송부장(covering schedule)으로 제공하여야 한다.

c. 선적을 위한 최종일은 제29조 a항의 결과로서 연장되지 아니한다.

Check UCP600 제29조, 제36조 기일 정리		
조항	기일	내용
UCP 제29조	• 신용장유효기일(expiry date of the credit)의 연장 • 선적을 위한 최종일(Date for shipment)	• "신용장의 유효기일" 또는 "제시를 위한 최종일"이 은행의 휴업일에 해당하는 경우에는 최초의 다음 은행영업일까지 연장됨 • "선적을 위한 최종일"은 신용장의 유효기일 또는 제시를 위한 최종일의 연장의 결과로서 연장되지 아니함
UCP 제36조	신용장유효기일(expiry date of the credit)의 연장과 불가항력	은행은 천재, 폭동, 소요, 반란, 전쟁, 폭력주의의 행위에 의하거나 동맹파업 또는 직장폐쇄에 의하거나 또는 기타 은행이 통제할 수 없는 원인에 의한 은행업무의 중단으로 인하여 발생하는 결과에 대하여 어떠한 의무 또는 책임도 부담하지 아니하므로 이로 인하여 "신용장의 유효기일" 또는 "제시를 위한 최종일"이 연장되지 아니함

[Article 30] Tolerance in Credit Amount, Quantity and Unit Prices

a. The words "about" or "approximately" used in connection with the amount of the credit or the quantity or the unit price stated in the credit are to be construed as allowing a tolerance not to exceed 10% more or 10% less than the amount, the quantity or the unit price to which they refer.

b. A tolerance not to exceed 5% more or 5% less than the quantity of the goods is allowed, provided the credit does not state the quantity in terms of a stipulated number of packing units or individual items and the total amount of the drawings does not exceed the amount of the credit.

c. Even when partial shipments are not allowed, a tolerance not to exceed 5% less than the amount of the credit is allowed, provided that the quantity of the goods, if stated in the credit, is shipped in full and a unit price, if stated in the credit, is not reduced or that sub-article 30. (b) is not applicable. This tolerance does not apply when the credit stipulates a specific tolerance or uses the expressions referred to in sub-article 30. (a).

[제30조] 신용장금액, 수량, 단가의 과부족

a. 신용장에 명기된 신용장의 금액 또는 수량 또는 단가와 관련하여 사용된 "약(about)" 또는 "대략(approximately)"이라는 단어는 이에 언급된 금액, 수량 또는 단가의 10%를 초과하지 아니하는 과부족을 허용하는 것으로 해석된다.

b. 신용장이 명시된 포장단위 또는 개개의 품목의 개수로 수량을 명기하지 아니하고 어음발행의 총액이 신용장의 금액을 초과하지 아니하는 경우에는, 물품수량이 5%를 초과하지 아니하는 과부족은 허용된다.

c. 분할선적이 허용되지 아니하는 경우에도, 신용장금액의 5%를 초과하지 아니하는 부족은 허용된다. 다만, 물품의 수량은 신용장에 명기된 경우 전부 선적되고 단가는 신용장에 명기된 경우 감액되어서는 아니 되거나 또는 제30조 b항이 적용될 수 없어야 한다. 이 부족은 신용장이 특정 과부족을 명시하거나 또는 제30조 a항에 언급된 표현을 사용하는 경우에는 적용되지 아니한다.

C/h/e/c/k 개산수량 조건 및 과부족용인 조건		
구분	개산수량 조건	과부족용인 조건
허용범위	10% 과부족 허용	5% 과부족 허용
요건	• 금액, 수량, 단가 앞에 "약(about, circa, approximately)"이라는 수식어가 있어야 함 • 반드시 Bulk cargo일 필요는 없음	• 과부족금지 조항이 없고, 환어음의 발행금액이 신용장금액을 초과하지 않아야 함 • 품목이 포장단위품목(Packing units), 개별품목(Individual items)이 아니어야 하고, 주로 Bulk cargo에 적용

[Article 31] Partial Drawings or Shipments

a. Partial drawings or shipments are allowed.

b. A presentation consisting of more than one set of transport documents evidencing shipment commencing on the same means of conveyance and for the same journey, provided they indicate the same destination, will not be regarded as covering a partial shipment, even if they indicate different dates of shipment or different ports of loading, places of taking in charge or dispatch. If the presentation consists of more than one set of transport documents, the latest date of shipment as evidenced on any of the sets of transport documents will be regarded as the date of shipment. A presentation consisting of one or more sets of transport documents evidencing shipment on more than one means of conveyance within the same mode of transport will be regarded as covering a partial shipment, even if the means of conveyance leave on the same day for the same destination

c. A presentation consisting of more than one courier receipt, post receipt or certificate of posting will not be regarded as a partial shipment if the courier receipts, post receipts or certificates of posting appear to have been stamped or signed by the same courier or postal service at the same place and date and for the same destination.

[제31조] 분할어음발행 또는 선적

a. 분할어음발행 또는 분할선적은 허용된다.

b. 동일한 운송수단에 그리고 동일한 운송을 위하여 출발하는 선적을 증명하는 2조 이상의 운송서류를 구성하는 제시는, 이들 서류가 동일한 목적지를 표시하고 있는 한, 이들 서류가 상이한 선적일 또는 상이한 적재항, 수탁지 또는 발송지를 표시하고 있더라도 분할선적이 행해진 것으로 보지 아니한다. 그 제시가 2조 이상의 운송서류를 구성하는 경우에는 운송서류의 어느 한 조에 증명된 대로 최종선적일은 선적일로 본다. 동일한 운송방식에서 2 이상의 운송수단상의 선적을 증명하는 2조 이상의 운송서류를

구성하는 제시는 그 운송수단이 동일한 일자에 동일한 목적지를 향하여 출발하는 경우에도 분할선적이 행해진 것으로 본다.

c. 둘 이상의 특송화물수령증, 우편수령증 또는 우송증명서를 구성하는 제시는 그 특송화물 수령증, 우편수령증 또는 우송증명서가 동일한 장소 및 일자 그리고 동일한 목적지를 위하여 동일한 특송업자 또는 우편서비스에 의하여 스탬프 또는 서명된 것으로 보이는 경우에는 분할선적으로 보지 아니한다.

[Article 32] Instalment Drawings or Shipments

If a drawing or shipment by instalments within given periods is stipulated in the credit and any instalment is not drawn or shipped within the period allowed for that instalment, the credit ceases to be available for that and any subsequent instalment.

[제32조] 할부어음발행 또는 선적

일정기간 내에 할부에 의한 어음발행 또는 선적이 신용장에 명시되어 있고 어떠한 할부분이 그 할부분을 위하여 허용된 기간 내에 어음발행 또는 선적되지 아니한 경우에는, 그 신용장은 그 할부분과 그 이후의 모든 할부분에 대하여 효력을 상실한다.

[Article 33] Hours of Presentation

A bank has no obligation to accept a presentation outside of its banking hours.

[제33조] 제시시간

은행은 그 은행영업시간 이외의 제시를 수리할 의무가 없다.

[Article 34] Disclaimer on Effectiveness of Documents

A bank assumes no liability or responsibility for the form, sufficiency, accuracy, genuineness, falsification or legal effect of any document, or for the general or particular conditions stipulated in a document or superimposed thereon; nor does it assume any liability or responsibility for the description, quantity, weight, quality, condition, packing, delivery, value or existence of the goods, services or other performance represented by any document, or for the goods faith or acts or omissions, solvency, performance or standing of the consignor, the carrier, the forwarder, the consignee or the insurer of the goods or any other person.

[제34조] 서류효력에 관한 면책

은행은 모든 서류의 형식, 충분성, 정확성, 진정성, 위조성 또는 법적 효력에 대하여 또는 서류에 명시되거나 또는 이에 부가된 일반조건(general conditions) 또는 특별조건(particular conditions)에 대하여 어떠한 의무 또는 책임도 부담하지 아니하며, 또한 은행은 모든 서류에 표시되어 있는 물품, 용역 또는 기타 이행의 명세, 수량, 중량, 품질, 상태, 포장, 인도, 가치 또는 존재에 대하여 또는 물품의 송화인, 운송인, 운송주선인, 수화인 또는 보험자, 또는 기타 당사자의 성실성 또는 작위 또는 부작위, 지급능력, 이행능력 또는 신용상태에 대하여 어떠한 의무 또는 책임도 부담하지 아니한다.

[Article 35] Disclaimer on Transmission and Translation

A bank assumes no liability or responsibility for the consequences arising out of delay, loss in transit, mutilation or other errors arising in the transmission of any messages or delivery of letters or documents, when such messages, letters or documents are transmitted or sent according to the requirements stated in the credit, or when the bank may have taken the initiative in the choice of the delivery service in the absence of such instructions in the credit. If a nominated bank determines that a presentation is complying and forwards the documents to the issuing bank or confirming bank, whether or not the nominated bank has honoured or negotiated, and issuing bank or confirming bank must honour or negotiate, or reimburse that nominated bank, even when the documents have been lost in transit between the nominated bank and the issuing bank or confirming bank, or between the confirming bank and the issuing bank. A bank assumes no liability or responsibility for errors in translation or interpretation of technical terms and may transmit credit terms without translating them.

[제35조] 송달 및 번역에 관한 면책

모든 통신문, 서신 또는 서류가 신용장에 명기된 요건에 따라 송달 또는 송부된 경우 또는 은행이 신용장에 그러한 지시가 없으므로 인도서비스의 선정에 있어서 자발적으로 행하였을 경우에는 은행은 그러한 통신문(message)의 송달 또는 서신이나 서류의 인도 중에 지연, 분실, 훼손 또는 기타 오류로 인하여 발생하는 결과에 대하여 어떠한 의무 또는 책임도 부담하지 아니한다. 지정은행이 제시가 일치하고 있다고 결정하고 그 서류를 발행은 또는 확인은행에 발송하는 경우에는 서류가 지정은행과 발행은행 또는 확인은행 간에, 또는 확인은행과 발행은행 간에 송달중에 분실된 경우라 하더라도, 지정은행이 지급이행 또는 매입하였는지의 여부에 관계없이, 발행은행 또는 확인은행은 지급이행 또는 매입하거나 또는 그 지정은행에 상환하여야 한다. 은행은 전문용어의 번역 또는 해석상의 오류에 대하여 어떠한 의무 또는 책임도 부담하지 아니하며 신용장의 용어를 번역함이 없이 이를 송달할 수 있다.

[Article 36] Force Majeure

A bank assumes no liability or responsibility for the consequences arising out of the interruption of its business by Acts of God, riots, civil commotions, insurrections, wars, acts of terrorism, or by any strikes or lockouts or any other causes beyond its control. A bank will not, upon resumption of its business, honour or negotiate under a credit that expired during such interruption of its business.

[제36조] 불가항력

은행은 천재, 폭동, 소요, 반란, 전쟁, 폭력주의의 행위에 의하거나 또는 동맹파업 또는 직장 폐쇄에 의하거나 또는 기타 은행이 통제할 수 없는 원인에 의한 은행업무의 중단으로 인하여 발생하는 결과에 대하여 어떠한 의무 또는 책임도 부담하지 아니한다. 은행은 그 업무를 재개하더라도 그러한 업무의 중단 동안에 유효기일이 경과한 신용장에 의한 지급이행 또는 매입을 행하지 아니한다.

[Article 37] Disclaimer for Acts of an Instructed Party

a. A bank utilizing the services of another bank for the purpose of giving effect to the instructions of the applicant does so for the account and at the risk of the applicant.

b. An issuing bank or advising bank assumes no liability or responsibility should the instructions it transmits to another bank not be carried out, even if it has taken the initiative in the choice of that other bank.

c. A bank instructing another bank to perform services is liable for any commissions, fees, costs or expenses ("charges") incurred by that bank in connection with its instruction. If a credit states that charges are for the account of the beneficiary and charges cannot be collected or deducted from proceed, the issuing bank remains liable for payment of charges. A credit or amendment should not stipulate that the advising to a beneficiary is conditional upon the receipt by the advising bank or second advising bank of its charges.

d. The applicant shall be bound by and liable to indemnify a bank against all obligations and responsibilities imposed by foreign laws and usages.

[제37조] 피지시인의 행위에 대한 면책

a. 발행의뢰인의 지시를 이행하기 위하여 타 은행의 서비스를 이용하는 은행은 그 발행의뢰인의 비용과 위험으로 이를 행한다.

b. 발행은행 또는 통지은행이 타 은행의 선정에 있어서 자발적으로 행한 경우라 하더라도, 그 은행이 타 은행에 전달한 지시가 수행되지 아니하는 경우에는, 발행은행 또는 통지은행은 어떠한 의무 또는 책임도 부담하지 아니한다.

c. 타 은행에 서비스를 이행하도록 지시하는 은행은 그 지시와 관련하여 그러한 타 은행에 의하여 부담되는 모든 수수료, 요금, 비용 또는 경비("비용")에 대하여 책임을 부담한다. 신용장에 비용이 수익자의 부담이라고 명기하고 있고 비용이 대금으로부터 징수 또는 공제될 수 없는 경우에는, 발행은행은 비용의 지급에 대하여 책임을 부담한다. 신용장 또는 조건변경은 수익자에 대한 통지가 통지은행 또는 제2통지은행에 의한 통지비용의 수령을 조건으로 한다고 명시하여서는 아니 된다.

d. 발행의뢰인은 외국의 법률과 관행에 의하여 부과되는 모든 의무와 책임에 구속되며 이에 대하여 은행에게 보상할 책임이 있다.

[Article 38] Transferable Credits

a. A bank is under no obligation to transfer a credit except to the extent and in the manner expressly consented to by that bank.

b. For the purpose of this article :

Transferable credit means a credit that specifically states it is "transferable". A transferable credit may be made available in whole or in part to another beneficiary ("second beneficiary") at the request of the beneficiary ("first beneficiary"). Transferring bank means a nominated bank that transfers the credit or, in a credit available with any bank, a bank that is specifically authorized by the issuing bank to transfer and that transfers the credit. An issuing bank may be a transferring bank. Transferred credit means a credit that has been made available by the transferring bank to a second beneficiary.

c. Unless otherwise agreed at the time of transfer, all charges (such as commissions, fees, costs or expenses) incurred in respect of a transfer must be paid by the first beneficiary.

d. A credit may be transferred in part to more than one second beneficiary provided partial drawings or shipments are allowed. A transferred credit cannot be transferred at the request of a second beneficiary to any subsequent beneficiary. The first beneficiary is not considered to be a subsequent beneficiary.

e. Any request for transfer must indicate if and under what conditions amendments may be advised to the second beneficiary. The transferred credit must clearly indicate those conditions.

f. If a credit is transferred to more than one second beneficiary, rejection of an amendment by one or more second beneficiary does not invalidate the acceptance by any other second beneficiary, with respect to which the transferred credit will be amended accordingly. For any second beneficiary that rejected the amendment, the transferred credit will remain unamended.

g. The transferred credit must accurately reflect the terms and conditions of the credit, including confirmation, if any, with the exception of : − the amount of the credit, − any unit price stated therein, − the expiry date, − the period for presentation, or − the latest shipment date or given period for shipment, any or all of which may be reduced or curtailed. The percentage for which insurance cover must be effected may be increased to provide the amount of cover stipulated in the credit or these articles. The name of the first beneficiary may be substituted for that of the applicant in the credit. If the name of the applicant is specifically required by the credit to appear in any document other than the invoice, such requirement must be reflected in the transferred credit.

h. The first beneficiary has the right to substitute its own invoice and draft, if any, for those of a second beneficiary for an amount not in excess of that stipulated in the credit, and upon such substitution the first beneficiary can draw under the credit for the difference, if any, between its invoice and the invoice of a second beneficiary

i. If the first beneficiary is to present its own invoice and draft, if any, but fails to do so on first demand, or if the invoices presented by the first beneficiary create discrepancies that did not exist in the presentation made by the second beneficiary and the first beneficiary fails to correct them on first demand, the transferring bank has the right to present the documents as received from the second beneficiary to the issuing bank, without further responsibility to the first beneficiary.

j. The first beneficiary may, in its request for transfer, indicate that honour or negotiation is to be effected to a second beneficiary at the place to which the credit has been transferred, up to and including the expiry date of the credit. This is without prejudice to the right of the first beneficiary in accordance with sub−article 38. (h).

k. Presentation of documents by or on behalf of a second beneficiary must be made to the transferring bank.

[제38조] 양도가능신용장

a. 은행은 그 은행에 의하여 명시적으로 동의된 범위 및 방법에 의한 경우를 제외하고 신용장을 양도할 의무를 부담하지 아니한다.

b. 이 조에서 :

양도가능신용장이란 "양도가능(transferable)"이라고 특별히 명기하고 있는 신용장을 말한다. 양도가능신용장은 수익자("제1수익자")의 요청에 의하여 전부 또는 일부가 다른 수익자("제2수익자")에게 사용될 수 있도록 될 수 있다. 양도은행은 신용장을 양도하는 지정은행 또는 모든 은행에서 사용될 수 있는 신용장에 있어서, 발행은행에 의하여 양도하도록 특별히 수권되고 그 신용장을 양도하는 은행을 말한다. 발행은행은 양도은행일 수 있다. 양도된 신용장은 양도은행에 의하여 제2수익자에게 사용될 수 있도록 되는 신용장을 말한다.

c. 양도를 이행할 때에 별도의 합의가 없는 한, 양도와 관련하여 부담된 모든 비용(이를 테면 수수료, 요금, 비용, 경비)은 제1수익자에 의하여 지급되어야 한다.

d. 분할어음발행 또는 분할선적이 허용되는 한, 신용장은 2 이상의 제2수익자에게 분할양도될 수 있다. 양도된 신용장은 제2수익자의 요청에 의하여 그 이후의 어떠한 수익자에게도 양도될 수 없다. 제1수익자는 그 이후의 수익자로 보지 아니한다.

e. 양도를 위한 모든 요청은 조건변경이 제2수익자에게 통지될 수 있는지 그리고 어떤 조건으로 제2수익자에게 통지될 수 있는지를 표시하여야 한다. 양도된 신용장은 이러한 조건을 명확히 표시하여야 한다.

f. 신용장이 2 이상의 제2수익자에게 양도된 경우에는, 하나 또는 그 이상의 제2수익자에 의한 조건변경의 거절은 이로 인하여 양도된 신용장이 조건변경되는 기타 모든 제2수익자에 의한 승낙을 무효로 하지 아니한다. 조건변경을 거절한 제2수익자에 대하여는, 양도된 신용장은 조건변경 없이 존속한다.

g. 양도된 신용장은 다음의 경우를 제외하고는 확인(있는 경우)을 포함하여 신용장의 제조건을 정확히 반영하여야 한다. – 신용장의 금액, 신용장에 명기된 단가, 유효기일, 제시를 위한 기간, 또는 최종선적일 또는 정해진 선적기간 – 이들 중의 일부 또는 전부는 감액 또는 단축될 수 있다. 보험부보가 이행되어야 하는 비율은 이 규칙 또는 신용장에 명기된 부보금액을 충족시킬 수 있도록 증가될 수 있다. 제1수익자의 명의는 신용장상의 신용장발행의뢰인의 명의로 대체될 수 있다. 발행의뢰인의 명의가 송장 이외의 모든 서류에 표시되도록 신용장에 의하여 특별히 요구되는 경우에는, 그러한 요구는 양도된 신용장에 반영되어야 한다.

h. 제1수익자는 신용장에 명시된 금액을 초과하지 아니하는 금액에 대하여 제2수익자의 송장 및 환어음을 그 자신의 송장 및 환어음(있는 경우)으로 대체할 권리를 가지고 있으며, 그러한 대체 시에 제1수익자는 자신의 송장과 제2수익자의 송장 사이에 차액이 있다면, 그 차액에 대하여 신용장에 따라 어음을 발행할 수 있다.

i. 제 수익자가 그 1 자신의 송장 및 환어음(있는 경우)을 제공하여야 하지만 최초이 요구 시에 이를 행하지 아니하는 경우, 또는 제1수익자에 의하여 제시된 송장이 제2수익자에 의하여 행해진 제시에 없었던 불일치를 발생시키고 제1수익자가 최초의 요구 시에 이를 정정하지 아니한 경우에는, 양도은행은 제1수익자에 대한 더 이상의 책임 없이 제2수익자로부터 수령한 서류를 발행은행에 제시할 권리를 가진다.

j. 제1수익자는 그 자신의 양도요청으로 지급이행 또는 매입이 신용장의 유효기일을 포함한 기일까지 신용장이 양도된 장소에서 제2수익자에게 이행되어야 한다는 것을 표시할 수 있다. 이것은 제38조 h항에 따른 제1수익자의 권리를 침해하지 아니한다.

k. 제2수익자에 의하거나 또는 대리하는 서류의 제시는 양도은행에 행해져야 한다.

- 신용장의 양도란 양도가능신용장상 권리의 전부·일부를 제1수익자의 요청에 의해 제2수익자에게 양도하는 것을 말한다.
- **양도의 요건**
  - 양도가능문언 : 신용장상에 "양도가능(Transferable)"이라는 문언이 표시된 경우에만 양도 가능하다.
  - 양도은행의 지정 : 신용장의 양도는 지급·연지급·인수·매입을 수권받은 은행만 취급할 수 있으며, 그러한 은행이 지정되어 있지 않은 자유매입신용장의 경우 양도은행을 지정해야 한다.
  - 양도의 범위 : 신용장은 양도은행이 합의한 범위와 방법에 따라서만 양도 가능하다.
  - 양도의 횟수 : 신용장은 1회에 한하여 양도할 수 있으며, 제2수익자는 재양도할 수 없다. 다만, 제1수익자에게 재양도하는 것은 제외한다.
  - 분할양도 : 신용장은 분할선적이 허용된 경우에만 신용장 금액의 한도 내에서 분할양도가 가능하며, 분할선적이 금지된 경우에는 전액양도만 가능하다.
  - 원신용장 조건으로 양도 : 신용장은 원신용장 조건으로 양도하여야 한다. 다만, ⓐ 신용장의 금액, 단가, 유효기일, 서류제시기일, 선적기일은 감액·단축할 수 있으며, ⓑ 보험부보비율은 원신용장에서 요구하는 보험조건을 만족시킬 수 있도록 높일 수 있다.
  - 개설의뢰인 명의 : 제1수익자는 개설의뢰인의 명의를 자신의 명의로 대체할 수 있다. 그러나 원신용장이 개설의뢰인의 명의가 송장 이외의 모든 서류에 보일 것을 요구하는 경우 그 요구사항은 반드시 지켜져야 한다.
- **양도인의 권리**
  - 양도요청권 : 제1수익자는 원신용장의 전부·일부를 제2수익자에게 양도하도록 지급·인수·매입은행에게 요청할 수 있다.
  - 송장·환어음 대체권(h) : 제1수익자는 신용장금액을 초과하지 않는 한 제2수익자의 송장·환어음을 자신의 송장·환어음으로 대체할 권리를 가지며, 자신의 송장과 제2수익자의 송장과의 차액이 있다면 그 차액은 신용장하에서 청구할 수 있다.
  - 양도사항 불고지 요청권 : 제1수익자는 양도은행에게 양도관련사항을 개설은행·개설의뢰인에게 알리지 말 것을 요청할 수 있으며, 이는 개설의뢰인과 제2수익자의 직거래를 방지하여 양도차익을 획득하기 위함이다.
  - 양도지 결제·매입요구권 : 제1수익자는 양도 요청 시, 신용장이 양도된 장소에서 신용장 유효기일 내에 제2수익자에게 결제·매입이 이루어져야 한다는 것을 표시할 수 있으며, 이는 제1수익자의 송장·환어음 대체권을 침해하지 않는다.
- **양도인의 의무**
  - 수수료 지급 의무 : 양도 시 별도의 합의가 없는 한, 양도와 관련하여 발생한 모든 수수료는 1수익자가 지급한다.
  - 조건 변경 통지여부 : 1수익자는 2수익자에게 조건 변경을 통지해야 하는지, 어떤 조건에서 통지해야 하는지의 여부를 명시하여야 하며, 양도된 신용장은 그러한 조건을 명확하게 표시해야 한다.
  - 송장대체 요구 시 즉시 행사여부 : 1수익자가 2수익자의 송장을 대체하는 권리는 양도은행이 이를 최초로 요구할 때 즉시 행사하여야 하며, 그렇지 않은 경우, 2수익자의 송장을 수령한 그대로 개설은행에 송부할 수 있다.
- **양도된 신용장의 조건 변경**
  - 전액양도 : 신용장이 1인의 2수익자에게 전액양도된 경우 조건 변경 및 취소는 개설은행·양도은행·원수익자·2수익자 전원의 합의가 있어야 한다.
  - 분할양도 : 신용장이 2인 이상의 2수익자에게 양도된 경우 조건변경을 승낙한 2수익자에게는 변경된 신용장이 효력을 가지며, 거절한 2수익자에게는 원신용장의 효력이 유지된다.

[Article 39] Assignment of Proceeds

The fact that a credit is not stated to be transferable shall not effect the right of the beneficiary to assign any proceeds to which it may be or may become entitled under the credit, in accordance with the provisions of applicable law. This article relates only to the assignment of proceeds and not to the assignment of the right to perform under the credit.

[제39조] 대금의 양도

신용장이 양도 가능한 것으로 명기되어 있지 아니하다는 사실은 적용 가능한 법률의 규정에 따라 그러한 신용장에 의하여 수권되거나, 또는 될 수 있는 대금을 양도할 수익자의 권리에 영향을 미치지 아니한다. 이 조는 대금의 양도에만 관련되어 있으며 신용장에 따라 이행할 권리의 양도에 관련되는 것은 아니다.

C/h/e/c/k 신용장 양도(제38조) vs 대금의 양도(제39조)

	신용장 양도	대금의 양도
양도 대상	신용장 자체를 양도	대금을 받을 권리만 양도
적용 규정	UCP 38조	UCP 39조
양도 가능 문언	반드시 신용장에 기재	신용장에 기재되지 않아도 허용
의무이행 당사자	양수인	양도인
양도차익을 위한 서류 교체	관련 ○	관련 ×

SECTION 4 eUCP(전자적 제시를 위한 UCP의 추록)

1. 제정 배경

종이신용장에서 전자신용장으로의 점진적 변화추이에 대응하기 위해 이러한 변화에 대한 지침을 제공해주고자 ICC 은행위원회가 eUCP를 제정하여 2002년 4월 1일부터 적용하고 있다.

2. eUCP 특징

- eUCP는 제시가 완전히 전자적으로 이루어지는 것을 허용할 뿐만 아니라 종이서류와 전자제시의 절충 즉, 일부 전자제시, 일부 종이서류의 제시를 허용하는 절충적인 내용을 구성하고 있다.
- eUCP는 UCP상에서 전자제시와 관련하여 문제가 되는 사항을 새롭게 규정하고 있으며, 현행 UCP상의 용어가 전자제시를 수용하도록 허용하는 정의 제공 및 UCP와 함께 적용될 수 있도록 하고 있다.
- eUCP는 UCP의 보칙의 성격을 지니고 있기 때문에 전자신용장에 대한 전체적인 내용을 다루고 있지 않으며, eUCP의 모든 조항은 전자제시와 관련한 특별한 내용을 제외하고는 UCP와 일관성을 유지하고 있다.

3. eUCP의 적용범위

- eUCP는 전자기록 자체 또는 종이문서와 결합된 제시에 적용할 목적으로 UCP를 보충한다.
- eUCP는 신용장에 eUCP에 따른다는 명시가 있는 경우 UCP의 한 보칙으로서 적용한다.
- 이 버전은 1.1이며, 신용장에서 적용하는 eUCP 버전을 반드시 명시해야 한다.

4. eUCP와 UCP의 관계

- eUCP를 준수하는 신용장(eUCP신용장)은 UCP 적용의 표시가 없어도 UCP를 준수한다.
- eUCP를 적용하는 경우, eUCP 적용 결과와 다른 결과가 나와도 eUCP 조항이 적용된다.
- 만일 eUCP신용장이 수익자에게 전자기록과 종이서류의 제시를 선택할 수 있도록 허용하고 수익자가 종이서류의 제시만을 선택한 경우 그 제시에 대해서는 UCP만 적용된다. eUCP신용장이 종이서류만을 허용한 경우 UCP만 적용된다.

5. 형식

eUCP신용장은 전자기록이 제시되는 형식을 반드시 명시하여야 한다. 전자기록의 형식이 명시되지 않은 경우 어떠한 형식으로도 제시될 수 있다.

6. 심사

(1) 하이퍼링크를 포함하는 경우

- 하이퍼링크에 포함된 전자기록 및 시스템은 심사가 이루어질 전자기록으로 간주된다.
- 지시된 시스템으로의 접근실패는 불일치를 구성한다. 즉, 접근실패의 책임을 수익자 부담으로 하고 있다.

(2) 전자기록 발송의 효력

지정은행의 전자기록 발송은 전자기록에 대한 외관상의 진정성에 대하여 스스로 충족시켰다는 것을 의미한다.

(3) 전자기록을 심사하는 은행의 무능력

eUCP신용장에서 요구되는 형식의 전자기록 또는 아무런 형식이 요구되지 않은 경우, 제시된 형식의 전자기록을 심사함에 있어 개설은행·확인은행(있을 경우)의 무능력은 거절을 위한 근거가 되지 않는다.

7. 원본과 사본

전자기록의 하나 이상의 원본과 사본의 제시를 요구하더라도 UCP 또는 eUCP신용장의 모든 요구는 하나의 전자기록 제시에 의해 충족된다.

※ UCP 17조에서는 여러 통의 서류 요구 시 반드시 1통은 원본 서류로 제시하면 되고, 사본 요구 시 원본을 제시해도 된다고 규정하고 있다.

8. 발행일자

전자기록이 특정한 발행일자를 포함하지 않는 한 송신일자가 발행일자로 간주되며, 송신일자가 불분명한 경우 수신일자를 송신일자로 간주한다.

01 신용장은 통지은행을 통하여 수익자에게 통지될 수 있다. 이 경우 통지은행은 신용장을 통지함으로써 신용장에 대한 외견상의 진정서 및 송부받은 신용장의 조건들을 정확하게 반영하고 있는지는 확인하지 않는다. (   )

정답 │ ×

02 지급이행(Honour)이란 신용장이 일람지급(Sight payment), 연지급(Deferred payment), 매입(Negotiation)에 사용될 수 있는 경우 일람지급, 연지금, 매입하는 것을 의미한다. (   )

정답 │ ×

03 신용장은 성질상 그것이 근거가 될 수 있는 매매계약 또는 기타 계약과 상호 연관을 갖는 거래이다. (   )

정답 │ ×

04 신용장 및 모든 조건 변경은 통지은행을 통하여 수익자에게 통지될 수 있다. 확인은행이 아닌 통징은행이 지급이행 또는 매입에 대한 확약을 포함하여 수익자에게 조건변경의 통지를 하여야 한다. (   )

정답 │ ×

05 지정은행, 확인은행(있는 경우), 발행은행은 제시가 일치하는지 여부를 결정하기 위하여 제시일의 다음 날부터 최대 5영업일을 각각 가진다. (   )

정답 │ ○

06 UCP 규정에 따른 하나 또는 그 이상의 운송서류의 원본을 포함하는 제시는 이 규칙에 기술된 대로 선적일 이후 21일보다 늦지 않게 수익자에 의하여 또는 대리하여 이행되어야 한다. (   )

정답 │ ○

01 신용장의 종류에 대한 설명으로 옳지 않은 것은?

① 지급신용장 : 환어음의 배서인이나 선의의 소지인에 대한 약정이 없이, 수익자가 개설은행이나 지정은행에 직접 선적서류를 제시하면 지급하겠다는 약정만 있는 신용장이다.

② 연지급신용장 : 환어음이 첨부되지 않기 때문에 수익자가 서류를 제시할 때 만기일에 지급한다는 확약내용이 기재된 연지급 확약서(Deferred payment undertaking)를 연지급 은행이 발행한다.

③ 인수신용장 : 개설은행이 지정한 인수은행이 수익자가 발행한 기한부 환어음을 인수하고 어음의 만기에 개설은행으로부터 그 대금을 회수하는 형태의 신용장으로 서류가 부도 반환되면 수익자에게 소구권을 행사할 수 있다.

④ 매입신용장 : 환어음 발행인뿐만 아니라 배서인(endorser), 선의의 소지인(bona-fide holder)에 대해서도 개설은행이 지급을 확약하는 신용장이다.

정답 | ③

해설 | 인수은행은 개설은행의 역할을 대신하게 되므로, 개설은행의 지급은 개설은행의 최종지급과 같아서 수익자에게 소구권을 행사할 수 없다.

02 UCP 600이 적용되는 경우에 다음 중 신용장의 조건변경에 관한 내용으로 옳지 않은 것은?

① 개설은행은 수익자의 동의가 없이는 신용장의 조건변경을 할 수 없다.

② 신용장이 2015년 4월 1일에 개설되고, 그 후 4월 15일에 개설은행이 신용장 조건변경을 하고 수익자가 4월 17일에 이를 수락한 경우에 개설은행은 4월 15일부터 그 조건변경에 취소불능하게 구속된다.

③ 신용장이 2015년 4월 1일에 개설되고, 그 후 4월 15일에 개설은행이 신용장 조건변경을 하였으나 수익자가 아직 그에 대하여 동의하지 않고 있는 경우에 원래의 신용장조건은 수익자가 그에 대하여 동의할 때까지 수익자에 대하여 계속하여 효력을 갖는다.

④ 개설은행의 조건변경에 대하여 수익자가 일부에 한하여 동의한 경우에 그 조건변경은 수익자가 그렇게 동의한 부분에 한하여 유효할 뿐이다

정답 | ④

해설 | 일부에 대해서만 동의하는 것은 인정되지 않는다.

03 신용장거래에서 복합운송서류(MTD)의 수리 요건에 관한 설명으로 옳지 않은 것은?

① 선장의 대리인인 경우 선장의 명의를 기재하지 않고 서명할 수 있다.

② 목적지는 실제의 지명이 아닌 지리적인 구역으로 명시해서는 아니 된다.

③ 수통으로 발행된 경우 발행된 전통의 원본을 제시하여야 한다.

④ 운송인, 선장, 선주 또는 이들 대리인이 서명하고 발행할 수 있다.

정답 | ④
해설 | 운송인, 선장 또는 이들의 대리인이 발행 가능하다.

04 UCP 600이 적용되는 경우에 다음 중 수익자가 은행에 제시하는 항공운송서류에 관한 내용으로 옳지 않은 것은?

① 항공운송서류는 운송인이나 그의 기명대리인에 의하여 서명되어야 한다.

② 항공운송서류에는 물품이 운송을 위하여 수취되었다고 표시되면 충분하고, 항공기에 적재되었다고 표시될 필요는 없다.

③ 항공운송서류에는 신용장에 명시된 출발공항과 도착 공항이 표시되어야 한다.

④ 신용장에서 원본 전통(Full set)을 규정한 경우에 항공운송서류는 그 원본전통이 제시되어야 한다.

정답 | ④
해설 | 원본 3통 중 송하인용(Original)만 제시되면 된다.

05 내국신용장과 구매확인서의 비교 설명으로 옳지 않은 것은?

	구분	내국신용장	구매확인서
①	관련법규	무역금융관련규정	대외무역법
②	개설기관	외국환은행	외국환은행, 전자무역기반사업자
③	개설조건	원자재 금융한도	제한 없이 발급
④	발행제한	2차까지 개설 가능 (단, 1차 내국신용장이 완제품 내국신용장인 경우에는 차수 제한 없음)	차수 제한 없이 순차적으로 발급 가능

정답 | ④
해설 | 내국신용장도 차수 제한 없이 발급 가능하다.

SECTION 1 해상운송

제1부 해상운송의 개요

1. 해상운송의 의의

전통적으로 국제물품운송을 주도해 오고 있는 운송형태는 해상운송이다. 해상운송이란 해상에서 선박을 이용하여 인간 및 재화의 장소적·공간적 이전을 목적으로 하는 해상 서비스를 의미한다. 즉, 선박을 이용하여 선박의 장소적 이동에 따라 해운서비스를 생산하고, 이 운송 서비스를 수요자에게 제공하여 그 반대급부로서 운임을 획득하는 상행위를 말한다.

2. 해상운송의 장단점

(1) 장점

해상운송은 ⓐ 대량물품을 운송하고, ⓑ 원거리 운송이 가능하며, ⓒ 운송비가 다른 운송수단에 비해 저렴하고, ⓓ 운송로가 타 운송방식에 비해 자유롭다. 또한 ⓔ 부피나 중량이 큰 화물의 운송도 가능하다.

(2) 단점

해상운송은 ⓐ 항공운송에 비해 운송에 장기간이 소요되고, ⓑ 타 운송수단에 비해 속도가 느리며, ⓒ 날씨에 민감하다. 또한 해상운송을 위해서는 ⓓ 항만시설에 하역기기 등의 대규모 설치가 필요하며, ⓔ 타 운송수단에 비해 상대적으로 위험한 편이다.

제2부 해상운송의 형태

1. 해상운송의 구분

해상운송은 선박의 운항형태에 따라 정기선 운송, 부정기선 운송, 특수전용선 운송으로 구분할 수 있다.

2. 정기선 운송

(1) 의의

정기선(Liner)이란 정해진 항로를 따라 규칙적으로 반복 운항하는 선박을 말하며, 주로 소량화물 및 여객·우편물 등의 일반화물(General cargo)을 운송하는 데 이용된다.

(2) 특징

- 운항일정·운임요율표가 공시된다.
- 화물의 다소에 관계없이 특정 항로를 운항한다.

- 정기선 항로에 배선하는 선박회사끼리 해운동맹(Shipping conference)을 결성하는 것이 일반적이다.

(3) 장단점

1) 장점

- 고정된 항로를 규칙적으로 운항하기 때문에 선적기일을 맞추는 데 적합하다.
- 부정기선보다 신조선박이 많아 안정된 항행을 수행할 수 있다.

2) 단점

- 선박이 부정기선에 비해 고가이다.
- 화물의 다소에 관계없이 고정된 항로를 운항하기 때문에 많은 선박이 필요하다.
- 경영조직이 커야 하기 때문에 막대한 자본이 필요하다.

3. 부정기선 운송

(1) 의의

부정기선(Tramper)이란 운송수요자의 요구에 따라 수시로 어느 곳에나 운항하는 선박을 말하며, 정기선과는 달리 항로·화물·항해에 관한 아무런 제한을 받지 않고 집화가 가능한 곳을 찾아 어느 곳이나 운항한다.

(2) 특징

부정기선 운송은 운송수요가 급증하는 화물과 대량의 살물(Bulk cargo) 즉, 원유·곡물·광석 등을 주요 운송 대상으로 하며, 선박의 종류가 다양하다.

(3) 장단점

1) 장점

부정기선은 대량화물을 운송하기 때문에 정기선 운임보다 가격이 낮으며, 살물처럼 수시로 대량운송이 필요한 경우 편리하게 이용될 수 있다.

2) 단점

- 정기선의 운임이 공정운임률과 개품운송계약에 따라 결정되는 것과는 달리, 부정기선은 그 당시의 수요와 공급에 의하여 결정되므로 운임의 변동 폭이 크다.
- 부정기선에 이용되는 선박은 노후선박이 많아 항해의 위험도가 높다.

C/h/e/c/k 정기선 운송과 부정기선 운송의 비교

구분	정기선 운송	부정기선 운송
항로와 시기	지정된 항로를 일정한 시차를 두고 반복적으로 운행	항로가 일정치 않고 통상 항로는 반복되지 않음
운임	부정기선에 비하여 운임이 높음	정기선에 비하여 운임이 낮음
운임의 안정성	동일 선박에 같은 종류의 화물이면 동일한 운임이 적용되므로 안정적임	일정한 운임률표가 없고 시황에 따라 결정되므로 변동폭이 큼
선박	취항 항로의 특성에 맞춰 설계됨	벌크화물을 적재하므로 비교적 단순하게 설계됨
선사의 규모	선사의 규모가 큼	비교적 소규모임
운송계약	화주에게 통일된 운송계약서인 B/L을 발급함	선주와 용선계약을 체결하여 별도의 계약서가 존재함

4. 특수전용선 운송

(1) 의의

특수전용선(Specialized carrier)이란 특정한 화물만을 운송할 목적으로 건조된 선박이다. 광의로는 부정기선 운송의 일종이나 화물의 성질에 따라 특수한 시설이 갖추어져 있다.

(2) 종류

특수전용선의 종류로는 ⓐ 유류를 운송하는 유조선(Oil tanker), ⓑ 철광석과 원유를 선택해서 운송할 수 있는 O/O선(Ore or Oil carrier), ⓒ 수산물이나 청과물을 운송하는 냉동선(Refrigerated carrier), ⓓ 목재전용선(Log carrier) 등이 있다.

제3부 해상운송계약

1. 해상운송계약의 구분

선복을 확보함에 있어 화물의 성질, 수량, 포장상태에 따라 개개의 운송화물에 대하여 운송계약을 체결하는 개품운송계약과 선박의 전부 또는 일부를 빌리는 용선운송계약이 있다.

2. 개품운송계약(Contract of affreightment in a general ship)

(1) 의의

- 개품운송계약이란 정기선 운송에서의 계약형태로, 운송인이 개개의 화물의 운송을 인수하고 상대방이 운임을 지급할 것을 약정하는 해상운송계약이다.
- 운송인은 불특정 다수의 송하인으로부터 화물의 운송을 위탁받아 집화된 화물을 혼재하여 운송하게 된다.

(2) 운송계약의 체결

- 개품운송계약은 불요식계약(Informal contract)이며, 계약체결에 있어서 어떠한 방식도 요구되지 않으나 일반적으로 송하인(대리인)이 선복요청서를 제출하고 선박회사가 이를 승낙함으로써 성립된다.
- 별도의 운송계약서가 존재하지 않으며, 운송인이 발행하는 선하증권이 운송계약의 증거이다.

3. 용선계약(Contract of carriage by charter party)

(1) 의의

- 용선계약이란 선주가 선박의 전부·일부를 운송에 제공하여 물품을 운송할 것을 약정하고, 용선자는 이에 대한 보수로서 용선료를 지급할 것을 약정하는 운송계약이다.
- 용선계약에 따라 운송되는 물품은 주로 다량의 석탄, 광석, 원목 등과 같은 살물(Bulk cargo)이며 부정기선(Tramper)을 이용하는 것이 일반적이다.

(2) 용선계약서

- 용선계약은 용선자가 선주와 직접 또는 용선중개인을 통하여 체결하며, 계약이 체결되면 그 증거로서 용선계약서를 작성한다.

- 용선계약서는 상법상의 운송계약서로서 용선계약의 성립 및 내용을 증명하는 증거증권이며, B/L과 같은 유통성이 없다.
- 용선계약서는 선주와 용선자에 의해 작성된다.

C/h/e/c/k 선하증권과 용선계약의 비교		
구분	선하증권	용선계약서
작성 시기	① 물품 선적 시 또는 ② 운송인이 수령 시	① 물품의 선적 전, ② 용선계약 체결 후 ※ 운송인이 물품을 수령하였다는 증거증권이 아니므로 물품 수령 전에 작성하여도 상관없음
법적 성질	물품의 수령증이며, 상환으로 물품인도를 청구할 수 있는 유가증권	운송에 관한 계약서이며, 운송계약의 증거증권으로서의 기능만 있음
기재사항	법률로 정해져 있음	당사자가 자유롭게 기재
서류의 서명	① 선장·운송인이 발행하고 서명함 ② 송하인의 서명은 B/L의 효력에 영향 없음	① 선주와 용선자가 공동으로 작성하고, 양자가 서명함 ② 서명이 없으면 계약서로서의 효력 없음

(3) 용선범위에 따른 종류

- 전부용선(Whole charter) : 용선계약 시 선복의 전부를 빌리는 것으로 정기용선과 항해용선 및 나용선으로 구별된다.
- 일부용선(Partial charter) : 용선계약 시 선복의 일부만을 빌리는 경우 체결되는 용선계약을 말한다.

(4) 용선기간에 따른 종류

1) 정기용선계약(time charter)

① 의의

기간용선계약이라고도 하며, 선주가 용선자에게 선원이 승무하고 항해 장비를 갖춘 상태에서 내항성(Seaworthiness)이 있는 선박을 일정 기간 동안 제공하고, 이에 대한 대가로서 용선료를 지급할 것을 약정하는 계약을 말한다.

② 특징

- 선주는 용선기간 중에 선박의 선원비, 선용품비, 수리비, 검사비 등의 직접비(direct cost)와 선박의 감가상각비, 금리, 보험료 등의 간접비(indirect cost)를 부담하여야 하며, 용선자는 용선료 외에 연료비, 항만사용료, 운반비 등을 부담하여야 한다.
- 용선료 산출의 기준은 용선기간을 기준으로 한다.
- 효용으로는 선장이나 선원을 승무시킨 상태로 선박을 빌려주는 것이므로 ⓐ 선주는 선원을 통해 선박을 지배 및 관리할 수 있고, ⓑ 용선자는 선박의 수급 사정에 따라 용선하고 반선함으로써 운항선대의 규모를 조절할 수 있다.

2) 항해용선계약(Voyage charter : Trip charter)

① 의의

항해용선계약이란 한 항구에서 다른 항구까지의 일항차 또는 수개항차에 걸쳐 물품운송을 의뢰하는 용선주와 선박회사 사이에 체결하는 용선계약으로, 선주가 용선자에게 선원이 승무하고 항해장비를 갖춘 선박을 제공하여 항해에 사용하게 하고, 이에 대한 대가로서 용선료를 지급할 것을 약정하는 계약을 말한다.

② 특징

- 용선기간은 선적항에서 선적준비가 완료된 때부터 양륙지에서 운송물이 양륙될 때까지 계속된다.
- 용선료는 화물의 중량에 따라 결정되며, 선주는 직접비, 간접비, 운항비 등을 부담하므로 선주가 선박의 지배권을 가지고 있다.

③ 운임결정방식에 따른 분류

- 항차용선계약 : 운임을 톤당 얼마로 하여 화물의 실제 선적량에 따라 결정한다.
- 선복용선계약 : 운임을 화물의 선적량에 관계없이 일정 선복을 기준으로 결정한다.
- 일대용선계약 : 지정 선적항에서 화물을 적재한 날부터 지정 양륙지까지 운송하여 인도 완료 시까지의 기간 사이에 "1일당 얼마"라고 운임을 결정한다.

④ 하역비 부담조건

항해용선계약에서는 선주와 화주 중에 누가 하역비를 부담할 것인가에 대해 다음 중 1가지를 선택하여 약정해야 한다.

Berth Terms(= Liner Terms)	• 선적비용 및 양륙비용을 모두 선주가 부담 • 정기선 운송의 경우 많이 사용
F.I(Free In)	선적비용은 화주가 부담하고, 양륙비용은 선주가 부담
F.O(Free Out)	선적비용은 선주가 부담하고, 양륙비용은 화주가 부담
F.I.O(Free In and Out)	• 선적비용 및 양륙비용 모두 화주가 부담 • 용선운송의 경우 많이 사용
F.I.O.S.T(Free In, Free Out, Stowed, Trimmed)	선적, 양륙, 본선 내의 적부, 선창 내 화물정리비 모두 화주가 부담

⑤ 정박기간의 표시

- 정박기간(Laydays : Laytime)이란 화주가 용선한 선박에 계약물품을 적재 또는 양륙하기 위하여 그 선박을 선적항 또는 양륙항에 정박할 수 있는 기간을 말한다.
- 정박기간을 초과하면 화주는 체선료를 부담하며, 정박기간 이전에 하역이 완료되면 선주가 화주에게 조출료를 지급하여야 한다.
- 정박기간의 산정방법

관습적 조속하역 (Customary Quick Dispatch : C.Q.D)	항구의 관습적인 하역 방법 및 하역 능력에 따라 가능한 빨리 적재 또는 양륙하는 조건을 말한다. 불가항력에 의한 하역 불능은 정박기간에서 공제하며, 일요일 · 공휴일의 포함 여부는 특약이 없는 한 항구의 관습에 따른다.
연속하역일 (Running laydays)	하역 개시일부터 종료일까지의 경과일수를 계산하는 방법이며, 불가항력, 일요일 · 공휴일에 관계없이 모두 정박기간에 산입한다.

호천하역일 (Weather Working Days : W.W.D)	• 하역 가능한 좋은 일기상태의 날만 정박기간에 산입하는 방법으로, 현재 가장 많이 사용하고 있는 방법이다. • SHEX : 일요일 · 공휴일에 작업을 하더라도 정박기간에 산입하지 않는다. • SHEXUU : 일요일 · 공휴일에 작업 시에는 정박기간에 산입한다.

3) 나용선계약(Bareboat charter, Demise charter)

① 의의

선주가 내항성 있는 나선박을 운송업을 영위하는 선사에 용선하는 것으로 선박임대차라고도 하며, 용선자는 다시 재용선하여 그 차액을 얻는 경우가 많다.

② 특징

- 용선주가 선박 이외의 선원 · 장비 · 소모품 및 운항에 관한 모든 감독 · 관리에 대한 책임을 진다.
- 용선기간은 선주가 용선선박을 인도한 때부터 반선받을 때까지이다.
- 용선기간을 기준으로 계약을 체결한다.
- 선주는 임대인으로서 선박의 소유권만을 가지고 선박을 제공하며 간접선비를 부담하고, 용선주는 직접선비와 운항비를 부담한다.

C/h/e/c/k 용선계약의 비교

구분	항해용선계약	기간용선계약	나용선계약
계약의 본질	운송행위의 제공	운송능력의 제공	운송수단의 제공
용선방법	일정항구에서 다른 항구까지 일항차 · 수개항차 용선	일정기간을 정하여 용선	내항성 있는 나선박을 용선
용선기간	선적항에서 선적준비가 완료된 때부터 양륙지에서 운송물이 양륙된 때	약정기간으로서 용선 개시 시부터 기간이 종료하여 반선할 때까지	약정기간으로서 용선선박을 인도한 때부터 반선받을 때까지
용선료 산정	항해단위	기간단위	기간단위
용선료	선적화물의 중량에 따라 지급	용선기간에 따라 보통 3~6월 등 월수를 기초로 지급	매월 또는 상호 합의한 시기에 나용선료를 지급
용선료의 의미	운송행위의 보수로 선적량 · 총액운임	운송행위능력에 관한 보수로 기간운임	운송수단인 선박의 임차료
선박의 점유	선주(선박소유자)	선주(선박소유자)	나용선자
선주의 부담	간접선비 · 직접선비 · 운항비	간접선비 · 직접선비	간접선비
용선자의 부담	없음	운항비	직접선비 · 운항비
김항능력 유지시기	선적항을 출항할 때	용신계약 개시 시(용신계약기간 중에는 성능 유지)	선박 인도 시

제4부 해운동맹과 편의치적

1. 의의

해운동맹(Shipping conference)이란 특정 항로에 배선하고 있는 2개 이상의 해운업자들이 상호 간의 독립성을 유지하면서 경쟁을 피하고 상호 이익을 증진시키기 위해 해상화물의 운임·항로 등에 대해서 협정을 체결하는 국제카르텔을 말한다.

2. 종류

(1) 개방식 동맹(Open conference)

개방식 동맹이란 일정 수준의 서비스 능력을 갖춘 선사라면 동맹선사에 자유롭게 가입할 수 있는 동맹이며 미국식 해운동맹을 말한다.

(2) 폐쇄식 동맹(Closed conference)

폐쇄식 동맹이란 동맹선사들의 기득권을 존중하고 기존 질서 유지를 원하는 보수주의적 색채가 강한 동맹으로서 유럽식 해운동맹을 말한다.

3. 운영방식

(1) 대내적 결속수단

① 운임협정(Rate agreement) : 해운동맹에 공통되는 기본적 협정으로서, 운임의 과다경쟁으로 인한 운임 하락을 막기 위해 운임을 협정하는 것을 말한다. 즉, 협정된 공정운임표를 제정하고 동맹선사들이 협정운임을 지키는 방식이다.

② 항해협정(Sailing agreement) : 특정 항로의 배선 선복량을 조절·제한하고 선복 과잉에 의한 과다경쟁을 방지하려는 협정이다.

③ 공동계산협정(Pooling agreement) : 동맹선사가 특정 항로에서 일정 기간 동안 벌어들인 운임에서 순수입을 미리 정한 배분율에 따라 배분하는 협정이다.

④ 공동운항(Joint service) : 동맹선사 간의 경쟁 배제를 위해서 특정 항로에 한하여 일시적으로 경영을 공동으로 하는 것이다.

⑤ 중립감시기구(Neutral Body : N/B) : 동맹회원사 간 건전한 상거래 질서 유지를 위해 회원사의 부당행위를 감독하고 관리하여 위반 시에는 범칙금(Penalty)을 부과한다.

⑥ 선복임차(Slot charter) : 둘 이상의 선사가 배선 스케줄을 상호 조정하여 자사선의 일정 선복을 타사에 제공하고, 동시에 타사선의 일정 선복을 사용하는 방식이다.

(2) 대외적 운영방법

① 계약운임제(Contract rate system) : 화주가 동맹선에만 선적할 것을 계약하면 낮은 계약운임률을 적용하고 일반화주는 비계약요율을 적용하는 이중운임제를 말한다.

② 운임연환급제(Deferred rebate system) : 일정기간 동맹선에 선적한 화주에 대하여 계속해서 동맹에서만 선적할 것을 조건으로 하여, 그로부터 받은 운임의 일부를 환급해주는 제도이다.

③ 성실환급제(Fidelity rebate system) : 일정기간 동안 자신의 모든 화물을 동맹선에만 선적한 화주에 대하여 동맹선사가 받은 운임의 일정 비율을 일정 기간(통상 4개월)이 지나면 환급하는 제도이다. 이 제도는 운임연환급제와는 달리 거치기간이 없다.

4. 편의치적(Flag of convenience)

(1) 의의

선박은 특정한 국가에 등록하여 국적을 취득하여야 하며, 선박에 게양된 국기는 그 선박의 등록국을 나타낸다. 편의치적이란 소유 선박을 다른 나라의 국적으로 등록하여 치적국의 국기를 게양하는 것을 말한다.

(2) 취지

선주가 속한 국가의 엄격한 법률 규제를 회피하고, 해운서비스 생산요소를 자국보다 유리한 조건으로 고용함으로써 원가를 절감하여 이윤을 극대화하려는 데 있다.

(3) 특징

① 자국 선원을 승선시키지 않아도 되기 때문에 선원 공급원 선택의 자유와 이에 따른 비용 절감이 가능하다.

② 선박의 등록 절차가 간단하다.

③ 세제상의 이점 및 금융상의 이점이 있다.

④ 안전기준의 이행을 회피할 수 있다.

⑤ 운항에 제한이 없어 운항의 융통성이 있다.

⑥ 편의치적국의 법적 미비와 책임감 결여로 선박의 안전성과 선원의 기술 수준이 저하될 수 있다.

(4) 역외치적(Flagging out)

편의치적 대신 등장한 제도로, 선주 또는 선박운항회사가 소속된 국가의 자치령을 지정하여 선박을 등록하도록 하고 당해 선박에 대해서는 자국 국기를 게양하도록 하지만, 외국인 선원의 고용을 허용하고 조세부담을 경감시킨 제도이다. 선박 안전 등에 관한 사항은 자국적선과 동일하게 적용하며, 등록 선박에 대한 관리체제가 잘 정비되어 있다.

제5부 해상운임

1. 의의

해상운임이란 선박에 의한 화물의 운송에 대하여 지불되는 보수이며, 선복에 대한 수요와 공급에 의해서 결정된다. 해상운임은 정기선운임과 부정기선 운임이 있다.

2. 정기선 해상운임

정기선운임은 일반적으로 기본운임, 할증료 및 부대수수료 등으로 구성되고 있다.

(1) 기본운임(Basic freight)

1) 의의

기본운임은 해상운임을 일정 기준에 따라 산출한 것으로 운임 계산의 기초가 되며, 일반적으로 물품의 중량·용적·가격에 의해 결정된다.

2) 지급시기에 따른 분류

① 선불운임 : 선적지에서 미리 지급하는 운임으로서, 인코텀즈 C·D 규칙이 이에 해당한다.

② 후불운임 : 도착지에서 지급하는 운임으로서, 인코텀즈 E·F 규칙이 이에 해당한다.

3) 부과방법에 따른 분류

① 종가운임(Ad valorem freight) : 귀금속 등 고가품의 운송에 있어 화물의 가격을 기초로 일정률을 운임으로 징수하는 것이다.

② 최저운임(Minimum all kinds rate) : 화물의 용적·중량이 일정 기준 이하일 경우 설정되는 최저운임을 말한다.

③ 품목별 무차별운임(Freight All Kinds Rate ; FAK Rate) : 품목을 가리지 않고 일률적으로 부과하는 운임을 말한다.

④ 박스 기준 : 화물의 종류나 중량에 관계없이 컨테이너 개수를 기준으로 정한 운임을 말한다.

⑤ 운임톤(Revenue Ton ; R/T) : 기본운임은 중량·용적단위로 책정되며 2가지 중 운임이 높은 쪽이 실제 운임으로 결정된다. 이렇게 결정된 실제 운임을 운임톤이라 한다.

(2) 할증료(Surcharge)

1) 의의

할증료는 정기선이 기항하는 항구 간 기본운임 외에 특별히 부과하는 할증운임을 말한다.

2) 종류

① 유류할증료(Bunker Adjustment Factor ; BAF) : 유류가격의 인상으로 인한 손실을 보전하기 위해 부과하는 할증료

② 통화할증료(Currency Adjustment Factor ; CAF) : 환율 변화에 따라 운송인에게 환차손의 위험이 있는 경우, 그 손해를 화주에게 부담시키기 위한 할증료

③ 체선할증료(Congestion surcharge) : 도착항이 선박으로 복잡하여 바로 입항하지 못하고 지체되는 경우 받는 할증료

④ 특별운항할증료(Special operating service charge) : 비상사태에 대비하여 부과하는 할증료

⑤ 수에즈운하할증료(Suez surcharge) : 수에즈운하 봉쇄 시 회항에 따른 추가비용 보전을 위하 부과하는 할증료

⑥ 성수기할증료(Peak season charge) : 수출화물이 특정 기간에 집중되어 하주들의 선복 수요를 충족시키기 위해 선박용선료 등의 비용의 성수기 상승분을 보전받고자 적용되는 요금

(3) 기타 부대비용

① 터미널화물처리비(Terminal Handling Charge ; THC) : 화물이 컨테이너터미널에 입고된 순간부터 본선의 선측까지, 반대로 본선 선측에서 CY의 게이트를 통과하기까지 화물의 이동에 따르는 비용

② CFS 작업료(CFS Charge)

- 컨테이너 한 개의 분량이 못 되는 소량화물을 운송하는 경우 선적지 및 도착지의 CFS에서 화물의 혼재·분류작업을 하게 되는데 이때 발생하는 비용
- FCL 화물의 경우 CFS Charge를 청구하면 안 됨

③ 서류발급비(Documentation Fee) : 선사가 수출 시 선하증권(B/L)을 발급해 줄 때, 수입 시는 화물인도지시서(D/O)를 발급해 줄 때 징수하는 비용

④ 지체료(Detention Charge) : 화주가 컨테이너 또는 트레일러를 대여해 규정된 시간(Free time) 내에 반환하지 못할 경우 벌과금으로 운송업체에 지불해야 하는 비용

3. 부정기선 운임

1) 의의

부정기선 운임은 해운 시황에 따라 등락을 하기 때문에 정기선 운임과 달리 안정되지 않고 선적되는 화물의 톤당 얼마의 형식으로 표시된다.

2) 부정기선 운임의 종류

① 선복운임(Lump sum freight) : 화물의 개수, 중량, 용적과 관계없이 항해(Voyage) 또는 선복을 기준으로 하여 일괄 계산하는 운임으로, 주로 부적운임을 피하기 위해 사용되며 화주는 부적을 염려하지 않아도 된다.

② 부적운임(Dead freight)
- 선적하기로 계약했던 화물량보다 실제 선적량이 적은 경우 용선자(Charterer)인 화주가 그 부족분에 대해서도 지불하는 운임을 말하며, 일반적으로 톤당 운임으로 계약한다.
- 일종의 위약금의 개념으로 볼 수 있다.

③ 체선료(Demurrage) : 허용된 정박기간을 초과한 경우 초과일수에 대하여 화주가 선주에게 지급하는 초과비용으로, 체선료는 매일 지급되며, 일요일 · 공휴일, 악천우 등도 모두 체선기간에 포함된다.

④ 조출료(Dispatch) : 허용된 정박기간 이전에 하역이 완료된 경우 선주가 화주에게 지급하는 금액을 말한다. 조출료는 보통 체선료의 절반 정도를 지급한다.

⑤ 일대용선운임(Daily Charter Rate) : 본선이 계약 지정 선적항에서 화물을 적재한 날로부터 기산하여 계약 지정 양륙항까지 운송하여 화물을 인도 완료할 때까지 '1일' 기준으로 계산하는 운임이다.

제6부 해상운송관련규칙

1. 헤이그규칙(Hague Rules, 1924)과 헤이그-비스비규칙(Hague-Visby Rules, 1968)

(1) 개요

1) 헤이그규칙

정식 명칭은 "선하증권에 관한 법규의 통일을 위한 국제협약"으로, 운송인의 최소의무 · 최대면책 · 책임한도를 명확히 한 선주 중심의 규칙이다.

2) 헤이그-비스비규칙

정식 명칭은 "선하증권의 국제통일협약에 관한 개정의정서"로, 독립된 신조약이 아니라 헤이그규칙의 개정을 위한 조약으로서, 무역환경 변화 등을 반영하여 헤이그규칙의 일부를 수정하거나 새로운 내용을 추가한 것이다.

(2) 적용요건

1) 헤이그규칙
- B/L이 체약국에서 발행된 경우
- 용선계약 B/L이 제3자에게 양도된 경우(용선계약에는 원칙적으로 비적용)

2) 헤이그-비스비규칙
- B/L이 체약국에서 발행된 경우
- B/L에 준거법으로 명시된 경우
- 체약국 항구에서 운송이 개시된 경우

(3) 적용물품

ⓐ 산동물, ⓑ 갑판적화물, ⓒ 비상업적으로 운송되는 특수화물을 제외한 모든 화물

(4) 운송인의 책임

책임원칙은 멸실 · 손상에 대한 과실책임주의로 운송인의 책임은 다음과 같다.

1) 감항성 주의의무

운송인은 발항 당시 선박이 항해 중에 예상되는 통상의 위험을 견딜 수 있고, 화물을 목적지까지 안전하게 운송하는 데 적합한 감항성을 유지하기 위해 상당한 주의를 다할 의무가 있으며, 이를 게을리하여 생긴 결과에 대해 책임을 진다. 또한, 선박의 불감항성 때문에 멸실 · 손상이 발생하는 경우 상당한 주의를 다하였다는 입증 책임은 운송인에게 있다.

2) 상업과실에 대한 책임

운송인은 화물의 선적 · 적부 · 운송 · 보관 · 양하 등이 적절하고 신중하게 행해지지 않아서 발생한 화물의 손해에 대한 책임을 지며, 운송인의 책임을 경감 · 면제하는 특약은 무효이다.

3) 책임한도액

① 헤이그규칙 : 포장당 · 단위당 100파운드

② 헤이그–비스비규칙
- 한도 : 멸실 · 손상된 경우 ⓐ 포장당 · 단위당 666.67SDR, ⓑ kg당 2SDR 중 높은 금액
- 한도의 배제 : 운송인의 고의 · 과실에 의한 사고의 경우, 운송인은 무제한의 책임을 짐

(5) 운송인의 면책

1) 면책카탈로그

화재 · 항해 과실을 포함한 17가지의 운송인 면책을 규정한 면책카탈로그를 두고 있다.

2) 화재

운송인의 고의 · 과실에 의한 경우를 제외하고, 화재로 인한 손해는 원인 규명이 어렵다는 이유 등으로 면책이다.

3) 항해과실

운송인은 항해 또는 선박의 취급에 있어서 선장 · 선원 · 도선사 · 사용인의 작위, 부주의, 과실로 인한 손해 즉, 항해과실로 인한 물품의 손해에 대해서는 면책이다.

4) 이로

운송인은 해상에서 인명이나 재산을 구조하기 위한 이로로 인해 발생한 손해에 대해서는 면책이다.

2. 함부르크규칙(Hamburg Rules, 1978)

(1) 개요

정식 명칭은 "해상물품운송에 관한 UN협약"으로, 헤이그규칙은 선진국에게 유리하게 되어 있기 때문에 개도국의 주도하에 제정되었다. 비스비에 비해 운송인의 책임이 대폭 강화되었지만, 주요 국가들이 비준하지 않아 국제적으로 확산되지 않았다.

(2) 적용요건
- 운송서류가 체약국에서 발행된 경우
- 운송서류에 준거법으로 명시된 경우

- 선적항·양륙항이 체약국에 있는 경우
- 지상약관이 있는 경우

(3) 적용물품

ⓐ 산동물, ⓑ 관습·법령에 의한 갑판적화물 허용

(4) 운송인의 책임

운송인의 책임원칙은 멸실·손상·지연에 대한 추정과실책임주의로 운송인의 책임은 다음과 같다.

1) 감항능력 주의의무 부담구간

함부르크에서는 헤이그와 달리 감항능력 주의의무와 운송물에 대한 주의의무를 따로 구분하지 않았으며, 운송 전 구간에 걸쳐 감항능력 주의의무를 다해야 한다. 즉, 헤이그에 비해 감항능력 주의의무 부담구간이 늘어났다(발항 당시 → 운송인 관리하의 전 구간).

2) 기본 책임 원칙

운송인은 화물의 멸실·손상·인도지연으로 인한 사고가 운송인의 관리하에 있는 동안 발생한 때에는 그로 인한 손해에 대하여 책임을 진다. 다만, 운송인·사용인·대리인이 사고 및 그 결과를 방지하기 위해 합리적으로 요구되는 모든 조치를 취했다는 것을 운송인이 증명한 때에는 그렇지 않다.

3) 책임한도액

① 멸실·손상 : ⓐ 포장당·단위당 835SDR, ⓑ kg당 2.5SDR 중 높은 금액

② 인도지연 : 지연된 화물운임의 2.5배 → 총운임을 초과할 수 없다.

③ 한도의 배제 : 운송인의 고의·과실에 의한 사고의 경우, 운송인은 무제한의 책임을 진다.

(5) 운송인의 면책

1) 면책카탈로그 폐지

면책카탈로그를 폐지하고 운송인책임의 일반원칙을 따르게 되었다.

※ 일반원칙 : 운송인은 멸실·손상을 예방·경감하기 위해 합리적으로 요구되는 모든 조치를 취해야 하고, 조치를 취했음을 입증하지 못하면 운송인이 손해배상책임을 진다.

2) 화재면책 폐지

화재에 대한 면책은 폐지하였지만 입증책임은 화주에게 있으므로 실질적으로는 운송인의 면책이다.

3) 항해과실면책 폐지

항해기술의 발전으로 항해상의 안전이 매우 증대됨에 따라 항해과실면책을 폐지하였다. 이로 인해 운송 중 충돌사고 시 운송인이 책임을 부담할 가능성이 높아졌으며, P&I 보험료가 크게 인상되었다.

4) 운송인의 무과실 입증 시 면책

멸실·손상을 예방·경감하기 위한 합리적인 조치를 취했음을 입증해야 한다.

3. 로테르담규칙(Rotterdam rules, 2009)

(1) 개요

정식 명칭은 '국제물품 해상운송계약에 관한 UN협약'으로, 헤이그·비스비·함부르크 규칙에 기초하면서 이들 규칙에 대한 현대적 대안을 제공하며, 이전 규칙들이 채택된 이후에 컨테이너운송의 일반화, 택배운송의 증가, 전자운송서류의 발전 등 다양한 발전을 고려한 규칙이다.

(2) 적용요건

해상운송을 포함한 국제운송에 있어서 다음의 경우 적용한다.

- 수령지 · 인도지가 체약국인 경우
- 선적항 · 양륙항이 체약국인 경우
- 복합운송 : 해상운송을 포함하는 경우(반드시 포함)

(3) 적용물품

화물에 대한 제한은 없으나, 산 동물 · 갑판적화물은 일부 제한 가능하다.

(4) 운송인의 책임

책임원칙은 멸실 · 손상 · 지연에 대한 과실책임주의로 운송인의 책임은 다음과 같다.

1) 책임체계

이종책임체계를 따르며, 사고 발생 구간이 판명된 경우에도 당해 구간에 적용될 국제협약이 없다면 사고 구간이 판명되지 않은 경우와 마찬가지로 로테르담 규칙이 적용되므로 제한된 이종책임체계라고도 한다 (해당 구간에 적용될 국제협약이 있는 경우 그 국제협약 적용).

2) 감항성 주의의무

운송인은 해상운송기간 내내 선박의 감항능력에 대한 상당한 주의를 기울여야 하며, 불감항의 입증책임 은 송하인에게 있다(헤이그 · 비스비는 누가 입증책임을 지는지 규정하지 않고 있음).

3) 상업과실에 대한 책임

운송인은 화물의 선적 · 적부 · 운송 · 보관 · 양하 등이 적절하고 신중하게 행해지지 않아서 발생한 화물 의 손해에 대한 책임을 진다.

4) 화물의 운송과 인도

운송인은 화물을 목적지까지 운송하고 수하인에게 인도하여야 한다.

5) 책임한도액

① 멸실 · 손상 : ⓐ 포장당 · 단위당 875SDR, ⓑ kg당 3SDR 중 높은 금액

② 인도지연 : 지연된 화물운임의 2.5배. 만약 멸실 · 손상으로 인한 손해와 지연으로 인한 손해가 모두 발생한 경우 총 책임한도는 로테르담 규칙의 책임한도액(875SDR, kg당 3SDR)을 초과하지 못한다.

③ 한도의 배제 : 운송인의 고의 · 과실에 의한 사고의 경우, 운송인은 무제한의 책임을 진다.

(5) 송하인의 책임

송하인은 운송인이 송하인의 의무 위반에 의해 멸실 · 손상이 발생했음을 증명하면 운송인에 대해 책 임을 지게 된다. 다만, 멸실 · 손상의 원인이 송하인의 과실에 기인한 것이 아닌 경우 그 책임을 면할 수 있다.

(6) 운송인의 면책

- 항해과실면책 폐지
- 운송인 · 선원의 과실이 아닌 한 화재는 면책
- 면책카탈로그가 15개로 축소
- 운송인의 무과실 입증 시 면책

해상운송규칙의 특징

헤이그	비스비	함부르크	로테르담
1. 해상운송 관련 최초의 국제규칙 2. 선주중심의 규칙 3. 선하증권기재의 증거력에 해서 추정적 증거력을 부여함	1. 운송인의 책임한도 증가 2. 컨테이너조항 신설(Container, Pallet 등의 포장용기에 의한 포장단위를 인정함) 3. 선하증권의 유통성을 강화시키기 위해 선의의 선하증권소지인에 대한 관계에서는 선하증권기재의 절대적 증거력을 부여함	1. 운송인의 책임한도 증가 2. 면책조항 삭제 3. L/I의 효력 및 적용범위를 명문화함[송하인과 선박회사 사이에 편법으로 관행화되고 있는 파손화물보상장(L/I)이 송화인 이외의 선의의 선하증권 소지사에게 대항할 수 없다는 내용] 4. 재판관할조항 신설	1. 복합운송 환경을 반영 2. 기존 규칙에 대한 현대적 대안을 제시

제7부 해상운송절차

1. 선적절차

(1) 선적요청(Shipping Request)

수출자는 선적일에 맞추어 배선표(Sailing Date)를 참조하여 어느 선박에 적재할지 선박을 정한 후 선박회사에 선적요청서(Shipping Request : S/R)를 작성하여 제출한다.

(2) 인수확인(Booking)

수출자가 제출한 선적요청서에 승낙 또는 인수하면 인수확인서(Booking Note : B/N)를 교부한다.

(3) 선적지시(Shipping Order)

선박회사는 계약된 화물을 선박에 적재하여 목적항까지 운송할 것을 선장에 지시하는 선적지시서(Shipping Order : S/O)를 발급한다.

(4) 검수

화물을 선적, 양륙할 때 검수인(Tally man)이 입회하여 수량과 상태조사를 한 후 검수표(Tally Sheet)를 작성하여 일등항해사에게 전달한다.

(5) 본선수취증(Mate's Receipt)

일등항해사는 검수표(Tally Sheet)의 내용과 선적지시서(Shipping Order : S/O)의 내용을 대조 · 확인한 후 본선수취증(Mate's Receipt : M/R)을 수출자에게 발급한다.

(6) 선하증권(Bill of Lading) 발행

수출자는 물품 선적 후 교부받은 본선수취증(M/R)을 선박회사에 제출하면 선사는 수출자에게 선하증권(Bill of Lading : B/L)을 발행한다.

2. 양륙절차

(1) 수입화물의 도착통지(Arrive Notice)

선박회사는 선박이 입항하면 선하증권의 착화통지처(Notify Party)란에 기재된 수하인에게 통지한다.

(2) 화물인도지시서(Delivery Order) 발급

수하인은 수출자(또는 은행)로부터 입수한 선하증권을 선박회사에 제출한다. 선박회사는 동 선하증권과 상환으로 화물인도지시서(Delivery Order : D/O)를 교부한다.

(3) 수입화물의 양륙

수입화물은 양륙 후 FCL화물은 CY(컨테이너 야적장)로, LCL화물은 CY로 반입 후 CFS(컨테이너조작장)로 이송된다.

(4) 수입통관

보세구역에 반입된 양륙화물에 대하여 수하인은 세관에 수입신고 및 심사를 받게 되며, 관세를 납부 후 수입신고필증을 취득한다.

(5) 화물인도

수하인이 화물인도지시서(D/O)를 물품관리인에게 제시하면 화물을 인도받게 된다.

제8부 컨테이너 운송

1. 개요

컨테이너란 포장·운송·하역·보관 등 육로·해로·공로상의 모든 과정에서 안정성·신속성·경제성을 최대한 충족시키고 화물의 운송 도중 이적 없이 일관운송을 실현시키는 운송용기를 말하며, 화물의 단위화를 목적으로 한다. 컨테이너 운송이란 이 컨테이너를 이용하여 물품을 운송하는 형태이다.

2. 컨테이너운송의 장·단점

(1) 장점

- 컨테이너 운송은 일관운송체제를 갖추어 다른 운송방법보다 안정성·신속성·경제성을 도모할 수 있다.
- 선주 입장에서는 체항하는 시간을 단축시켜 선박의 가동률이 높아진다.
- 화주 입장에서는 포장비를 줄이고 안전하게 항해할 수 있다.

(2) 단점

- 컨테이너화를 위한 막대한 자본과 기술이 필요하다.
- 모든 화물을 컨테이너화할 수 없다. 즉, 고부가가치의 상품이나 의약품, 전자제품, 기타 일반소비재 등은 컨테이너 운송을 할 수 있지만, 곡물, 자갈, 석탄 등은 컨테이너 운송에 부적합한 화물이라 할 수 있다.

3. 컨테이너 화물

FCL (Full Container Load, 만재화물)	• 1개의 컨테이너에 하나의 화주의 화물이 적재되는 경우를 의미한다. • FCL화물을 취급하는 곳을 CY(Container Yard)라고 한다. • 일반적으로 화주의 공장이나 창고에서 컨테이너에 물건을 적입하여 CY에 반입된다.
LCL (Less than Container Load, 혼재화물)	• 1개의 컨테이너에 여러 화주의 화물이 혼적되는 경우를 의미한다. • LCL화물을 취급하는곳을 CFS(Container Freight Station)라고 한다. • LCL화물은 CFS에서 다른 화주의 화물들과 함께 혼재(consolidation) 완료 후 CY로 반입된다.

4. 컨테이너의 분류

(1) 크기에 따른 분류

현재 사용되고 있는 해상컨테이너는 20feet, 35feet 및 40feet의 세 가지 종류가 있다.

(2) 용도에 따른 분류

1) 건화물 컨테이너(Dry container)

전자제품, 의류 등의 일반잡화를 운송할 때 많이 이용되는 컨테이너로, 온도 조절이 필요하지 않은 다양한 마름화물 운송에 적합하며 가장 일반적인 컨테이너이다.

2) 냉동 컨테이너(Reefer container)

육류, 어류, 과일 등 냉동이 필요한 화물을 운송하는 데 사용되는 컨테이너로 온도를 임의로 조절할 수 있다.

※ 냉동품, 냉장품 등 온도 관리를 요하는 컨테이너를 총칭하여 Thermal container라고 한다.

3) 팬 컨테이너(Pen container)

소나 말 가축 또는 동물 등을 운송하기 위하여 통풍과 먹이를 주기에 편리하도록 만들어진 컨테이너로 'Live stock container'라고도 한다. 한편, 과일이나 야채 등의 부패 방지를 위하여 통풍구를 설치한 것은 'Ventilated container'라고 한다.

4) 오픈 탑 컨테이너(Open top container)

장척물이나 기계류 등을 수송하기 위하여 컨테이너 상부에서 van in/out할 수 있도록 터져 있으며, 개구부는 수밀도를 유지하도록 canvas나 tarpaulin으로 덮게 되어 있다.

5) 플랫 랙 컨테이너(Flat rack container)

① 기계류, 플랜트, 목재 등 중량 · 장척물을 운송하기 위하여 보통 컨테이너 바닥과 4개의 기둥만으로 구성되어 사방 및 상방에서 하역작업하기에 편리하도록 만들어진 컨테이너이다.

② 또한, 중량화물을 운송하는 상면의 구조로 된 플랫폼 컨테이너(Platform container)도 있다.

6) 탱크 컨테이너(Tank container)

액체상태의 유류, 주류, 화학제품 등을 운송하기 위하여 특별하게 제작된 컨테이너이다.

7) 행거 컨테이너(Hanger container)

신사복, 숙녀복 등의 정장, 실크, 밍크 등의 고급의류를 다림질하여 구겨지지 않게 옷걸이(hanger)에 걸어 수입지에서 그대로 판매할 수 있도록 만들어진 컨테이너이다.

5. 컨테이너선의 종류

컨테이너를 실어 나르는 선박은 그 형태와 하역방식에 따라 다음과 같이 분류할 수 있다.

(1) 선형에 따른 분류

세미컨테이너선 (semi-container ship)	재래선의 선창 중앙 또는 갑판에다 컨테이너 전용 장치를 설치한 선박이다.
컨테이너 전용선 (full-container ship)	대량의 컨테이너만을 적재할 수 있도록 전용화한 선박이다. 여기에는 Ro/Ro, Lo/Lo 방식이 있다.
랫쉬선 (Lighter aboard ship : LASH)	컨테이너의 변형으로 규격화된 전용부선(lighter)을 갠트리 크레인(gantry crane)으로 선미로부터 끌어 올려 화물을 적재한 채로 부선을 선박에 적입하여 수송하도록 설계된 선박이다.

(2) 하역방법에 의한 분류

1) Ro/Ro(Roll on/Roll off)방식

Ro/Ro선이란 본선의 선수, 선측 또는 선미에 설치된 개구부를 통하여 선내 경사로(Ramp way)를 이용하여 컨테이너 트레일러나 자동차가 굴러 들어갈 수 있도록 함으로써 수평으로 적·양화할 수 있도록 제작된 선박을 말한다.

2) Lo/Lo(Lift on/Lift off)방식

선상이나 육상의 크레인(Crane)을 이용하여 컨테이너를 본선에 수직으로 적재 또는 양화할 수 있도록 하는 방식이다.

3) Fo/Fo(Float on/ Flot off)방식

부선(Barge)에 화물을 적재하고 컨테이너 대신에 크레인으로 바지선을 적재 또는 양화하는 LASH선과 같은 하역방식을 말한다.

(3) 운송방식에 따른 분류

1) Piggy Back

철도운송과 트럭의 장점을 활용한 것으로, 화물을 적치한 트레일러 컨테이너를 무개화차에 그대로 적재하는 방식이다(The transportation of truck trailer and containers on specially equipped railroad flat-car).

2) Fish Back

도로운송과 해상운송의 장점을 활용한 트럭과 선박의 혼합이용운송방식이다.

3) Birdy Back

도로운송과 항공운송을 활용한 트럭과 항공기의 혼합운송방식을 말한다.

6. 운송형태

(1) CY/CY(FCL/FCL : Door to Door) → 단일의 송하인/단일의 수하인

단일 송하인의 생산공장이나 창고에서 컨테이너에 물품이 적재되어 단일 수하인의 창고까지 FCL화물을 인도하는 형태로서, 컨테이너 운송의 3요소인 안전성·신속성·경제성을 충족시키는 형태이다. 복합운송의 개념에 가장 부합하는 방식이다(문전에서 문전까지 운송).

(2) CY/CFS(FCL/LCL : Door to Pier) → 단일의 송하인/다수의 수하인

단일 송하인의 생산공장이나 창고에서 컨테이너에 적재한 FCL화물을 목적항에서 다수 수하인에게 전달하기 위해 CFS에서 해체하여 인도하는 형태이다(문전에서 부두까지).

(3) CFS/CY(LCL/FCL : Pier to Door) → 다수의 송하인/단일의 수하인

선적항의 CFS에서 다수 송하인의 화물을 혼재하여 목적지의 단일 수하인의 창고까지 운송하는 형태이다(부두에서 문전까지).

(4) CFS/CFS(LCL/LCL : Pier to Pier) → 다수의 송하인/다수의 수하인

선적항의 CFS에서 다수 송하인의 화물을 혼재하여 목적항에서 다수 수하인에게 인도하기 위해 CFS에서 화물을 해체하여 인도하는 형태로 컨테이너 운송의 장점을 살리지 못하는 방법이다.

7. 컨테이너 터미널의 구조

(1) 안벽(Berth)

항내에서 컨테이너선을 계선시키는 시설을 갖춘 접안장소를 의미한다.

(2) 에이프론(Apron)

안벽에는 갠트리 크레인(Gantry crane)용 철로가 가설되고, 그 철로 위에는 컨테이너화물 하역을 위해서 갠트리 크레인이 2~3대 이동한다. 이와 같은 지역을 에이프론이라 한다. 에이프론은 주로 컨테이너 화물의 선적·양화 등에 필요한 기기만 출입하는 곳이다.

(3) 마샬링 야드(Marshalling yard)

선적을 위한 컨테이너를 목적지별 또는 선내의 적치계획에 따라 미리 정렬해 두는 넓은 면적으로 에이프론(apron)과 인접해 있는 것이 일반적이다. 지면에는 구획선(Slot)을 표시해 컨테이너 배역을 편리하게 하고 있다.

(4) 컨테이너 야드(Container Yard : CY)

컨테이너를 인수·인도하고, 보관할 수 있는 곳을 말하며 마샬링 야드(Marshalling yard)에 인접해 있다.

(5) 컨테이너 화물조작장(Container Freight Station : CFS)

컨테이너 1대에 미달되는 소량화물을 반입하여 다른 송하인의 화물들과 함께 혼재하고 CFS Operator가 CYOperator에게 인도한다. 즉, 수출 시에 적입(Vanning)하거나 수입 시에 해체(Devanning)하는 장소를 말한다.

SECTION 2　항공운송

제1부 항공운송의 개요

1. 개요

항공운송(Air transportation)이란 항공기의 항복(Plane's space)에 승객·화물을 실어 공로(Air route)를 통하여 운송하는 것을 말한다. 항공운송의 대상화물은 승객의 수하물·우편물, 항공화물운송장 등에 의해 운송되는 화물이다.

2. 특징

- 계절유행상품이나 납기가 촉박한 상품과 같이 긴급물품의 수송에 적합하다.
- 해상운송에 비해 내륙지역으로의 접근성이 탁월하다.
- 신문, 잡지, 선적서류, 원고 등과 같은 화물의 경우 다른 운송수단에 비해 안전하게 국제운송할 수 있다.
- 화물 취급 및 안전운송으로 인한 화물에 대한 위험이 낮아 보험요율이 저렴하다.
- 해상운송보다 운임이 훨씬 비싸다.

3. 항공운송의 절차

(1) 항복예약(Plane's space booking)

송화인이 항공운송업자에게 항복예약을 하고 물품과 상업송장, 포장명세서, 수출승인서 등의 서류를 항공운송업자에게 인도한다.

(2) 보세창고 반입

항공운송업자는 화물을 송하인으로부터 Pick-up하여 공항으로 운송한 후 일단 보세창고에 반입한다.

(3) 검사, 통관

미통관화물은 소정의 세관검사 후 통관되며, 검사를 받고 통관이 완료되어 반입된 화물은 검정·검량만 한 후 보세구역에서 일정 기간 장치 후 기적되거나 장치기간이 유보되는 화물은 즉시 해당 항공기에 적재된다.

(4) 항공화물운송장 발급

항공운송업자는 화물을 인수함과 동시에 송하인에게 항공화물운송장(Air WayBill ; AWB)을 발행한다.

(5) 화물인도

항공운송인은 화물을 목적지까지 운송한다. 도착지항공운송업자가 수화인에게 화물도착통지를 하면, 수입상은 거래은행 또는 송화인을 통하여 수령한 서류를 이용해 수입통관수속을 마치고 항공화물운송장과 교환하여 물품을 인도받게 된다.

제2부 항공화물운송인

1. 항공화물운송대리점(Air cargo agents)

(1) 개요

항공사 또는 총대리점을 위하여 유상으로 항공기에 의한 화물운송계약체결을 대리하는 사업을 말한다.

(2) 역할

항공화물운송대리점은 항공사를 대리하여 항공사의 운송약관규칙, 운임률표와 운항시간표에 의거 항공화물을 모으고 항공화물운송장(Air WayBill)을 발행하며, 이에 부수되는 업무를 수행하여 그 대가로 소정의 수수료(Commission)를 받는다.

2. 항공화물운송주선업자(Air freight forwarder)

(1) 개요

혼재업자(Consolidator)라고도 하며, 타인의 수요에 응해 자기의 명의로 항공사의 항공기를 이용, 화물을 혼재·운송해 주는 사업자이다.

(2) 역할

혼재업자는 자체운송약관과 운임률표(Tariff)를 가지고 혼재되는 개개의 화물에 대해 혼재화물운송장(House Air Waybill : HAWB)을 발행한다. 혼재화물이 항공사에 인도될 때 혼재업자는 화물집화자이면서 송하인이 되어 항공사로부터 항공화물운송장(Master Air Waybill : MAWB)을 발급받게 된다. MAWB은 항공사와 혼재업자 간의 운송계약에 따른 증빙이며 항공화물을 수화인별로 분류하여 인도할 때 HAWB와 연결시켜 업무를 수행하게 된다.

C/h/e/c/k	항공화물대리점 VS 항공화물주선인	
구분	항공화물대리점	항공화물주선인
역할	항공사를 대리하여 운송서비스를 판매하고 항공운송계약을 체결한다. 주로 FCL 화물을 취급한다.	여러 화물을 자신의 명의로 집하·혼재하여 유상으로 직접 운송사업을 영위한다. 주로 LCL 화물을 취급한다.
화주에 대한 책임	항공사 책임	항공운송주선인 책임
운임률표	항공사의 운임률표 사용	자체 운임률표 사용
운송약관	항공사의 약관사용	자체의 약관사용
수수료	IATA에서 정한 5%의 수수료 및 취급수수료	수취운임과 지급운임의과의 차액을 수익으로 하거나 IATA에서 정한 5%의 수수료 및 취급수수료
항공화물운송장	항공사가 발행하는 MAWB	자신이 발행하는 HAWB

제3부 항공화물운임

1. 개요

IATA(국제항공운송협회)에서는 지나친 운임 경쟁을 방지하고자 화물운임·수수료 등을 결정하고 있다. 이것은 IATA의 가장 중요한 기능이며, 이렇게 정한 운임률은 각 항공사들이 자국의 국내법에 따라 정부에 허가를 신청하게 된다.

2. 운임의 종류

(1) 일반화물요율(General Cargo Rate : GCR)

- 특정품목할인요율 또는 품목분류요율이 적용되지 않는 모든 화물에 적용되는 가장 기본적인 요율이다.
- 최저운임(Minimum charge)인 45kg 미만 요율, 45kg 이상 요율, 100kg 이상 요율, 300kg 이상 요율 등으로 설정되어 있으며, 대체로 중량이 많을수록 더 싼 요율이 적용되도록 되어 있다.

(2) 특정품목할인요율(Specific Commodity Rate : SCR)

특정 구간에서 동일 품목이 계속적으로 반복 운송되는 품목에 대하여 일반 품목보다 낮게 적용하는 요율을 말한다.

(3) 품목분류요율(Commodity Classification Rate : CCR)

화물의 특성·가격 등을 고려하여 몇 가지 특정 품목·특정 지역 간에만 적용되는 요율로서, 신문·잡지 등은 할인된 요율이 적용되고, 귀중품·산동물·자동차 등은 할증된 요율을 적용한다.

(4) 종가운임(Valuation Charge : VC)

신고가격(Declared value)이 화물 1kg당 US$20을 초과하면 종가운임이 부과된다. 무신고(NVD)도 하나의 신고로 간주하며 귀금속·예술작품 등은 신고하여 할증된 종가운임을 지급한다.

(5) 팰릿·컨테이너 운임(Bulk Unitization Charge : BUC)

팰릿·컨테이너에 적입된 상태로 송하인이 항공사에 반입하여 그대로 수하인에게 인도되는 화물에 적용하는 운임으로서, 화물의 종류에 관계없이 일정 구간에 한해 팰릿·컨테이너 크기와 개수로 부과되는 운임을 말한다.

제4부 항공운송 관련 국제규칙

1. 바르샤바조약(Warsaw Convention)

(1) 개요

바르샤바조약은 항공운송이 국제적인 운송수단으로 발전하면서 항공업무의 국제적인 협조와 통일에 대한 요구가 나타남에 따라 1929년 10월 12일 국제항공법회의에서 체결되었으며, 정식 명칭은 "국제항공운송에 관한 통일조약"이다.

(2) 적용범위(헤이그의정서와 몬트리올 모두 같음)

1) 적용요건

- 출발지와 도착지가 체약국인 경우
- 체약국 단일 영역의 운송으로서 예정된 기항지가 타 국가에 존재하는 경우

2) 적용구간

화물이 운송인의 관리하에 있는 기간

3) 적용물품

유상으로 국제운송되는 승객 · 화물 · 수하물, 다만 우편물 운송에는 적용하지 않는다.

(3) 운송인의 책임

- 책임원칙은 멸실 · 손상 · 지연에 대한 추정과실책임주의로 운송인의 의무는 AWB작성청구권, 불완전서류의 수령에 대한 책임, 수하인에 대한 화물도착통지가 있다.
- 송하인의 청구에 따라 운송인이 항공운송장을 작성하였을 경우, 반증이 없는 한 운송인은 송하인 대신 AWB를 작성한 것으로 인정된다.

(4) 책임한도액

- 화물 : 1Kg당 250프랑(IATA에 의해 USD20으로 환산)
- 여객 : 125,000프랑
- 한도의 배제 : 운송인 또는 사용인의 고의 · 과실로 발생한 손해에 대해서는 한도액을 제한하지 않는다.

(5) 운송인의 면책

1) 무과실 입증

운송인이 운송인 및 그의 사용인이 손해를 방지하기 위해 필요한 모든 조치를 취하였다는 사실 또는 조치를 취할 수 없었다는 사실을 증명한 때에는 책임을 지지 않는다.

2) 피해자의 과실

피해자의 과실이 손해의 원인이 되었거나 원인의 일부가 되었다는 사실을 운송인이 증명한 경우, 법원은 자국의 법률에 따라 운송인의 책임을 면제 또는 경감할 수 있다.

3) 항공과실면책

운송인은 화물 및 수하물의 운송에 있어서 손해가 조종, 항공기의 취급 등에 관한 과실로부터 발생하였다는 사실과 운송인 및 그의 사용인이 손해를 방지하기 위해 필요한 모든 조치를 취했다는 사실을 증명한 때에는 책임을 지지 않는다.

※ 헤이그의정서에서는 항공과실면책이 삭제됨

2. 헤이그의정서(Hague Protocol ; 개정바르샤바조약)

(1) 개요

바르샤바조약의 개정판으로서 항공운송의 변화를 반영하고, 지나치게 낮았던 운송인의 책임한도를 상향조정하기 위해 개정되었으며, 1955년에 제정되었다.

(2) 운송인의 책임

- 책임원칙은 멸실 · 손상 · 지연에 대한 추정과실책임주의로 운송인의 의무는 AWB작성청구권, 불완전서류의 수령에 대한 책임, 수하인에 대한 화물도착통지가 있다.
- 송하인의 청구에 따라 운송인이 항공운송장을 작성하였을 경우, 반증이 없는 한 운송인은 송하인 대신 AWB를 작성한 것으로 인정된다.

(3) 책임한도액

- 화물 : 1Kg당 250프랑(IATA에 의해 USD 20으로 환산)
- 여객 : 250,000프랑
- 한도의 배제 : 운송인 또는 사용인의 고의 · 과실로 발생한 손해에 대해서는 한도액을 제한하지 않는다.

(4) 운송인의 면책

1) 무과실 입증

운송인이 운송인 및 그의 사용인이 손해를 방지하기 위해 필요한 모든 조치를 취하였다는 사실 또는 조치를 취할 수 없었다는 사실을 증명한 때에는 책임을 지지 않는다.

2) 피해자의 과실

피해자의 과실이 손해의 원인이 되었거나 원인의 일부가 되었다는 사실을 운송인이 증명한 경우, 법원은 자국의 법률에 따라 운송인의 책임을 면제 또는 경감할 수 있다.

3. 몬트리올협약(Montreal Protocol)

(1) 개요

기존 조약들을 현대화해 하나로 통합하였고, 바르샤바조약의 기본구조를 유지하고 있으나 차이점은 ⓐ 여객의 경우 피해보상액이 대폭 상승하였다는 점, ⓑ 엄격책임주의를 규정하고 있다는 점 등이다. 또한, 몬트리올협약 채택 시 그 외의 항공운송협약이 모두 폐기된다. 우리나라의 경우 2007년에 발효되었으며, 정식 명칭은 "국제항공운송에 관한 일부규칙의 통일에 관한 협약"이다.

(2) 운송인의 책임

- 책임원칙 : 멸실 · 손상 · 지연에 대한 엄격책임주의
- 여객 : 10만 SDR까지는 엄격책임주의, 그 이상은 추정과실책임주의
- 화물 : 화물의 멸실 · 손상은 엄격책임주의
- 지연 : 추정과실책임주의
- 수하인에 대한 화물도착통지의무가 있으며, 송하인의 청구에 따라 운송인이 항공운송장을 작성하였을 경우, 반증이 없는 한 운송인은 송하인 대신 AWB를 작성한 것으로 인정된다.

(3) 책임한도액

- 화물 : Kg당 17SDR(IATA에 의해 USD20으로 환산)
- 여객 : 책임제한이 철폐되었으나, 여객의 사망 · 부상에 대한 책임은 다음에 따른다.
  - 10만 SDR까지의 손해는 운송인의 과실여부를 불문하고 책임을 진다(엄격책임).
  - 10만 SDR을 초과하는 손해는 운송인의 과실이 있는 경우에만 책임을 지며, 무과실의 입증책임은 운송인에게 있다(과실책임).
- 한도의 배제 : 운송인 또는 사용인의 고의 · 과실로 발생한 손해에 대해서는 한도액을 제한하지 않는다.

(4) 운송인의 면책

1) 화물의 파괴, 멸실 · 손상

운송인은 화물의 파괴, 멸실 · 손상이 다음 중 1개 이상의 사유에 기인하여 발생했다는 것을 입증할 경우 책임을 지지 않는다.

- 화물 고유의 하자, 화물의 불완전
- 운송인 · 고용인 · 대리인 이외의 자가 수행한 화물의 결함이 있는 포장
- 전쟁 또는 무력분쟁행위
- 화물의 입출국 · 통과와 관련하여 행한 공공기관의 행위

2) 지연

운송인은 운송인 · 고용인 · 대리인이 손해를 피하기 위해 합리적으로 요구되는 모든 조치를 다하였거나, 조치를 취할 수 없었다는 것을 증명한 경우 책임을 지지 않는다.

3) 손해배상청구자의 과실에 의한 손해

손해배상을 청구하는 자 또는 그로부터 권한을 위임받은 자의 과실, 불법적인 작위 · 부작위가 손해에 기여한 정도에 따라 운송인은 책임을 면제받을 수 있다.

C/h/e/c/k 송하인의 의무	
바르샤바 · 헤이그의정서	① AWB 수령청구권 ② AWB의 정확성 담보 ③ 신고불비 등에 대한 책임 ④ 수입국절차에 대한 정보 제공
몬트리올협약	① AWB의 정확성 담보 ② 신고불비 등에 대한 책임 ③ 수입국절차에 대한 정보 제공

제1부 복합운송의 개요

1. 개요

복합운송(Multimodal Transport)이란 MT조약 제1조에서 "복합운송인이 화물을 인수한 어느 한 국가의 지점에서 다른 국가의 인도지점까지 복합운송계약에 의해 적어도 2종 이상의 운송방식에 의한 화물운송"을 말한다고 규정하고 있다.

2. 특징

(1) 단일운송계약

운송에 관한 모든 책임이 복합운송인에게 있으므로, 복합운송계약은 전 운송구간을 커버하는 단일운송계약이어야 한다.

(2) 단일책임

복합운송인은 전 운송구간에 걸친 복합운송의 인수인으로서 복합운송계약에 의한 권리·의무의 주체이며, 누가 운송하느냐에 관계없이 복합운송인이 전체 운송에 대한 책임을 진다.

(3) 단일운임

복합운송인은 전 구간에 대한 단일운임을 설정하여 화주에게 제시한다.

(4) 운송수단의 다양성

복합운송은 서로 다른 2종 이상의 운송수단에 의해 운송되어야 하며, 운송수단은 각각 다른 법적 규제를 받는 것이어야 한다.

(5) 복합운송증권의 발행

복합운송인은 화물을 인수한 경우 복합운송증권을 발행하여야 하며, 증권의 형식은 송하인의 선택에 따라 유통성·비유통성으로 발행되어야 한다.

3. 통운송과의 비교

통운송이란 하나의 운송계약에 복수의 운송인이 관여하는 운송을 말하며, 통운송 중에서 운송구간이 동일한 운송수단에 의하는 경우를 '단순통운송', 다른 운송수단에 의하는 것을 '복합운송'이라 한다. 복합운송은 통운송의 일종으로 볼 수 있지만, 양자 간에는 다음과 같은 차이점이 존재한다.

구분	복합운송	통운송
운송수단의 조합	이종수단과의 조합	동종·이종수단과의 조합
운송계약의 형태	복합운송계약	형태 불문(최종 목적지까지 일괄운송만으로 가능)
운송인의 책임 형태	전 구간 단일책임	각 운송인의 분할책임
운송인 간 관계	• 1차 운송인 : 원청운송인 • 2차 운송인 : 하청운송인	2차 운송인에 대한 1차 운송인의 지위는 화주의 단순 운송대리인
운송서류의 발행인	제한 ×(운송주선인도 가능)	선박회사와 그 대리인
운송서류의 형식	B/L 이외의 형식 가능	B/L 형식(Through B/L)

제2부 복합운송인(Multimodal Transport Operator : MTO)

1. 개요

스스로 또는 대리인을 통해서 복합운송계약을 체결하고 송하인이나 운송인의 대리인이 아닌 주체로서 행동하고 계약이행에 대한 책임을 지는 자를 의미한다.

2. 복합운송인의 유형

(1) 실제운송인형(Actual carrier)

자신이 직접 운송수단을 보유하면서 복합운송인의 역할을 수행하는 운송인으로 선박회사, 항공회사 등이 실제운송인에 해당된다.

(2) 계약운송인형(Contracting carrier)

운송수단을 직접 보유하지는 않으면서, 운송의 주체자로서 화물의 인수부터 인도까지 각 운송단계를 유기적으로 조작함으로써 복합운송인의 기능과 책임을 다하는 운송인이다. 화주에게는 운송인의 역할을 하며 실제운송인에게는 화주의 역할을 한다.

(3) 무선박운송인(Non-Vessel Operating Common Carrier : NVOCC)

운송주선인을 법적으로 실체화시킨 것으로서, 자기 스스로 선박을 직접 운항하지 않으면서 해상운송인(VOCC)에 대해서는 화주의 입장이, 화주에 대해서는 운송인의 입장이 된다.

> 예 A carrier issuing B/L for carriage of goods on vessels which he neither operate nor owns.

제3부 복합운송인의 책임

1. 책임원칙

MT조약에 따르면, 운송인의 추정 과실책임주의원칙에 따른다. 즉, 복합운송인은 자신의 관리하에 인도된 물품의 안전을 위하여 기울여야 할 주의를 게을리함으로써 발생된 멸실·손상에 대해서만 책임을 지며, 자신의 무과실을 입증하지 못하면 책임을 면할 수 없다.

C/h/e/c/k 책임의 구분	
과실책임원칙 (Liability for Negligence)	운송인이 주의의무를 다하지 못하여 발생한 손해에 대해서 책임을 져야 한다는 원칙을 말하며, 운송인이 면책을 받기 위해서는 자신의 무과실을 입증해야 한다.
과실추정주의 (presumption of Negligence)	운송 중에 발생하는 모든 사고에 대해 일단 운송인에게 과실이 있는 것으로 추정한다는 뜻으로, 운송인은 스스로 무과실을 입증해야 면책이 될 수 있다.
무과실책임원칙 (Liability without Negligence)	운송인의 과실 유무를 불문하고 책임을 지는 원칙을 말한다. 다만, 불가항력·포장의 불비·통상의 누손·화물 고유의 성질에 대해서는 면책을 인정하고 있다.
엄격책임원칙 (Strict Liability : 절대책임원칙)	운송인의 과실 유무를 불문하고 손해의 결과에 대해서 절대적으로 책임을 지는 원칙으로서, 면책의 항변이 절대 인정되지 않는 원칙이다.

2. 복합운송인의 책임체계

(1) 이종책임체계(Network liability system)

1) 개요

복합운송인의 책임을 손해발생구간을 아는 경우와 모르는 경우로 나누어 다른 책임체계를 적용하는 방법이다.

2) 운송인의 책임

① 손해발생구간을 아는 경우 : 운송인의 책임은 운송물의 멸실·손상이 생긴 운송구간에 적용될 국제조약 또는 강행적인 국내법에 따라 결정된다.

② 손해발생구간을 모르는 경우 : 손해발생구간을 모르거나 알더라도 그 구간에 적용될 국제조약이나 강행법규가 없는 경우, 일정한 국제협약이나 특정 국가의 국내법을 준거법으로 지정한다. 로테르담 규칙에서는 사고발생구간을 모르는 경우 '해상구간'에서 손해가 발생한 것으로 보아 운송인의 책임을 적용한다.

3) 장점

- 기존의 운송법상의 책임제도·책임한도와 조화를 이룬다.
- 실제 적용에 있어 무리가 없다.
- 복합운송의 이용이 원활해진다.

4) 단점

- 손해발생구간이 판명되지 않은 경우 책임한도액을 낮게 설정하면 운송인이 손해발생구간이 명확한 경우에도 불명확한 것으로 하여 책임한도액을 적게 부담할 수 있다.
- 실제 적용 시 입증 문제가 발생하는 등 분쟁 발생 가능성이 있다.

(2) 단일책임체계(Uniform liability system)

1) 개요

복합운송인이 물품의 멸실·손상 등의 손해가 발생한 운송구간이나 운송방식을 불문하고, 화주에 대하여는 전 운송구간에 걸쳐서 전적으로 동일한 내용의 책임을 부담하는 것을 말한다. 손해발생 시 책임은 복합운송인에게 있고, 손해방지를 위해 필요한 조치를 취했다는 사실을 증명한 경우에만 면책될 수 있다.

2) 장점

- 합리적이고 일관성이 있다.
- 간단명료하기 때문에 당사자 간 분쟁을 줄일 수 있다.
- 전 구간 대 화주 단일책임을 특징으로 하는 복합운송에 가장 적합한 형태이다.

3) 단점

- 각 운송구간의 국제법규와 충돌을 일으킬 수 있다.
- 실제 운송인에게 구상하는 절차가 복잡하고 비용이 증가할 가능성이 있다.

(3) 절충식책임체계(Flexible liability system)

1) 개요

이종책임체계와 단일책임체계를 절충한 것으로서 ⓐ 복합운송의 책임원칙과 면책은 일률적인 책임원칙을 따르고, ⓑ 책임의 한계는 손해가 발생한 구간의 규칙을 따른다.

2) 책임한도

MT조약에서는 손해발생구간의 확인 여부에 관계없이 동일한 책임원칙을 적용하지만, 손해발생구간이 확인되고 그 구간에 적용될 국제조약·강행법규에 따른 책임한도액이 MT조약의 한도액보다 높은 경우, 해당 금액을 따르고 그렇지 않은 경우 MT조약의 책임한도액을 적용한다.

제4부 복합운송의 주요경로

1. 해륙복합운송

랜드브리지란 해상-육상-해상으로 이어지는 운송구간 중 중간구간인 육상운송구간을 말하며, 육상운송을 이용하여 바다와 바다를 연결한다. 이는 운송시간 단축·운송비용 절감의 효과가 있으며, 해륙복합운송에는 랜드브리지 방식이 이용되고 있다.

(1) 차이나 랜드브리지(China Land Bridge : CLB)

한국, 일본 등의 극동지역에서 중국 대륙철도와 실크로드를 이용하여 유럽까지 화물을 운송하는 방식이다.

(2) 시베리아 랜드브리지(Siberia Land Bridge : SLB)

극동지역의 한국, 일본 등으로부터 대륙운송의 접점인 러시아의 나오트카(Nakhodka)나 보스토치니(Vostochny)까지 컨테이너선으로 해상운송하고 그곳에서 시베리아 철도에 의한 육상운송으로 유럽과 중동의 운송기관과 연결하여 목적지까지 운송하는 '극동-유럽-중동' 간 '해상-육상-해상' 경로에 의한 국제복합운송의 한 형태이다.

(3) 마이크로 랜드브리지(Micro Bridge Service : Interior Point Intermodal : IPI)

한국 등의 극동지역에서 미국 내륙의 주요 도시까지 화물을 운송하는 방식을 말한다. 즉, 한국·일본 등의 극동지역의 항만에서 선적된 화물을 북미 서안까지는 선박에 의해 해상운송한 후, 북미대륙의 횡단철도를 이용하여 미국 주요 내륙지점인 철도터미널 또는 내륙컨테이너터미널에서 화물의 인도를 행하는 복합운송을 말한다.

(4) 미니 랜드브리지(Mini-Land Bridge)

한국 등의 극동에서 선적된 화물을 미국 서해안 항구에서 양화하여 육상운송수단을 이용, 북미 대륙을 횡단해 미국 동부해안 및 걸프지역 항구까지 운송하는 복합운송서비스를 말한다.

(5) 캐나다 랜드브리지(Canada Land Bridge)

극동지역에서 캐나다의 밴쿠버까지 해상운송하고, 캐나다 횡단철도를 이용하여 캐나다 동부해안에 이른 다음 해상운송으로 유럽까지 운송하는 방식이다.

2. 해공복합운송(Sea and air)

해상운송의 저렴함과 항공운송의 신속성이 결합된 운송방식이다.

(1) 북미 경유의 해공복합운송

한국, 일본 등의 극동지역의 항만에서 컨테이너선으로 북미 서안의 항만까지 해상운송하고, 미국 서안을 중계지점으로 유럽, 중남미 등까지 항공운송하는 복합운송을 말한다.

(2) 동남아 · 중동 경유의 해공복합운송

한국, 일본 등 극동지역의 항만에서 컨테이너선으로 홍콩, 방콕, 두바이 등의 동남아시아 국가의 항만까지 해상운송하고, 항만에서 국제공항까지 트럭으로 운송한 후 공항에서 항공기에 탑재하여 유럽이나 중남미 각 지역의 공항까지 항공운송하는 방식이다.

제5부 복합운송 관련 국제법규

1. UN국제물품복합운송조약(MT조약, 1980)

(1) 개요

TCM조약안이 백지화되자 UNCTAD의 주도하에 작성 · 공표되어 1980년 채택되었으며, 함부르크규칙의 영향을 많이 받았다.

(2) 적용범위

- 적용요건 : 수출국 또는 수입국이 체약국인 경우. 다만, 단일운송수단이 사용될 경우 비적용됨
- 적용구간 : Door to Door(운송인은 화물을 자신의 관리하에 인수한 때부터 인도할 때까지 책임부담)
- 적용물품 : 송하인이 공급한 것인 경우에는 컨테이너 · 펠릿, 이와 유사한 운용용구 · 포장용구를 포함

(3) 운송인의 책임

- 책임원칙 : 멸실 · 손상 · 지연에 대한 추정과실책임주의
- 책임체계 : 절충식 책임체계(단일책임체계 + 이종책임체계)

(4) 운송인의 면책

면책규정이 없다.

(5) 책임한도액

1) 한도

- 포장당 920SDR, Kg당 2.75SDR 중 높은 금액(함부르크보다 10% 인상)
- 해상운송 미포함 시 8.33SDR
- 지연의 경우 화물운임의 2.5배(총 운임 범위 내)

2) 한도의 배제

운송인의 고의 · 과실로 인한 손해에 대해서는 한도액을 제한하지 않는다.

2. UNCTAD/ICC복합운송증권에 관한 규칙(UNCTAD/ICC Rules for Multimodal Transport Documents, 1992년)

(1) 개요

헤이그 – 비스비규칙 · MT조약 등을 기초로 UNCTAD와 ICC가 함께 제정하여 1992년부터 시행된 국제규칙이며, FIATA B/L의 이면약관으로 활용되고 있다.

(2) 적용범위

- 적용요건 : ⓐ 준거법으로 지정하는 경우, ⓑ FIATA B/L의 이면약관으로 삽입
- 적용구간(책임기간) : 복합운송인은 화물을 자신의 관리 아래로 수령한 때부터 인도할 때까지 전 운송구간에 걸쳐 책임을 부담한다(Door to Door).

(3) 운송책임

- 책임원칙 : 멸실·손상·지연에 대한 추정 과실책임주의 원칙에 따른다. 즉, 복합운송인은 자신의 관리하에 인도된 물품의 안전을 위하여 기울여야 할 주의를 게을리함으로써 발생된 멸실·손상에 대해서만 책임을 지며, 자신의 무과실을 입증하지 못하면 책임을 면할 수 없다.
- 책임체계 : 절충식 책임체계

(4) 면책

- 운송인 등의 항해과실(운송인·선주 등의 행위·태만·과실에 의한 선박관리 또는 항해과실)
- 화재(운송인의 고의·과실에 의한 경우는 면책되지 않음)
- 내항성 담보에 의한 멸실·손상(운송인이 무과실 입증 시 면책)

(5) 책임한도액

1) 한도

물품의 인수 전 물품의 종류와 가액을 통보하고 운송서류에 기재된 경우를 제외하고, 포장당 666.67SDR 또는 kg당 2SDR 중 높은 금액을 한도로 한다. 다만, 해상운송을 포함하지 않은 경우 8.33SDR을 한도로 한다(CIM·CMR).

2) 한도의 배제

운송인의 고의로 인한 손해에 대해서는 한도액을 제한하지 않는다.

3. ICC복합운송증권에 관한 통일규칙(UNCTAD, 1973)

(1) 개요

ICC에서는 TCM조약안이 백지화되자, 1973년 복합운송증권에 관한 통일규칙을 제정하였다. 이는 선하증권을 중심으로 한 신용장거래에서 복합운송서류의 수리가 불가피하여, 복합운송증권상의 운송인의 책임과 발행조건을 명확하게 하기 위하여 제정된 것이다.

(2) 적용범위

- 적용요건 : 준거법으로 지정하는 경우
- 적용구간(책임기간) : 복합운송인은 화물을 자신의 관리 아래로 수령한 때부터 인도할 때까지, 전 운송구간에 걸쳐 책임을 부담한다(Door to Door).

(3) 운송인의 책임

- 책임원칙 : 멸실·손상·지연에 대한 추정과실책임주의 원칙에 따름
- 책임체계 : 이종책임체계
- 면책 : 화주의 작위·부작위, 포장·화인의 불충분, 화주의 화물 취급에 의한 손해, 화물 고유의 하자, 동맹파업, 원자력사고

(4) 책임한도액

1) 한도

① 손해발생구간이 불명인 경우 : kg당 30포앙카레프랑
② 손해발생구간이 판명된 경우 : 각 운송구간에 적용되는 국제협약·국내법 적용

2) 한도의 배제

운송인의 고의로 인한 멸실·손상·지연에 대해서는 한도액을 제한하지 않는다.

01 부정기선(Tramper)이란 운송수요자의 요구에 따라 수시로 어느 곳에나 운항하는 선박을 말하며, 달리 항로 · 화물 · 항해에 관한 아무런 제한을 받지 않고, 화물의 다소에 관계없이 특정 항로를 운항하며, 운항일정 · 운임요율표가 공시된다. (　　)

정답 ｜ ×

02 편의치적이란 선주가 속한 국가의 엄격한 법률규제를 회피하고, 해운서비스 생산요소를 자국보다 유리한 조건으로 고용함으로써 원가를 절감하여 이윤을 극대화하고자 소유선박을 다른 나라의 국적으로 등록하여 치적국의 국기를 게양하는 것을 말한다. (　　)

정답 ｜ ○

03 선복운임(Lump sum freight)이란 화물의 개수, 중량, 용적과 관계없이 항해(Voyage) 또는 선복을 기준으로 하여 일괄 계산하는 운임으로, 주로 부적운임을 피하기 위해 사용되며 화주는 부적을 염려하지 않아도 된다. (　　)

정답 ｜ ○

04 FCL 화물이란 1개의 컨테이너에 여러 화주의 화물이 혼적되는 경우를 의미한다. (　　)

정답 ｜ ×

05 과실책임원칙(Liability for negligence)이란 운송인이 주의의무를 다하지 못하여 발생한 손해에 대해서 책임을 져야 한다는 원칙을 말하며, 운송인이 면책을 받기 위해서는 자신의 무과실을 입증해야 한다. (　　)

정답 ｜ ○

06 해상운임을 책정하는 데 있어 부가적으로 선사가 화주에게 청구하는 것을 할증료(Surcharge)라고 하며, 선박연료비의 급등으로 인한 손실을 보전하기 위한 할증료를 유가할증료(BAF)라 부르고, 선적할 때에 지정하였던 양륙항을 선적 후 변경할 경우 추가로 부과되는 운임을 항구 변경료(Diversion Charge)라고 한다. (   )

정답 | ○

기출문제

01 다음과 같은 경로와 방법으로 수행되는 국제복합운송을 무엇이라 하는가?

> 아시아 극동에서 미국의 서해안 항구까지는 선박으로 해상운송하고, 거기에서 철도로 미국 동해안 항만이나 걸프해안 항만까지 운송하는 국제복합운송

① American Land Bridge(ALB) ② Canadian Land Bridge(CLB)
③ Mini Land Bridge(MLB) ④ Reversed MLB

정답 | ③

---

02 해상운송에서 정기선 운송과 부정기선 운송을 비교한 내용으로 옳지 않은 것은?

① 부정기선 운송은 미리 정해진 항로가 없고 매 항차마다 항로가 달라지고 운항 스케줄도 수시로 결정된다.
② 정기선 운송은 미리 공시된 운임률표에 따라 운임이 결정되며 화주나 화물에 차별을 두지 않고 운송서비스를 제공한다.
③ 정기선 운송의 화물은 완제품 내지 반제품이 주종을 이루지만, 부정기선의 화물은 원자재나 농 · 광산물이 주종을 이룬다.
④ 부정기선의 운임은 물동량(수요)과 선복(공급)에 의존하므로 일반적으로 운임이 불안정하지만 정기선에 비하여 운임이 높다.

정답 | ④
해설 | 부정기선 운임은 수요와 공급에 따라 결정되기 때문에 상대적으로 정기선 운송보다 운임이 낮다.

03 복합운송인에 관한 설명으로 옳지 않은 것은?

① NVOCC는 운송수단을 직접 보유하지 않은 계약운송인형 복합운송인을 말한다.

② 자신의 명의로 운송계약을 체결하는 경우 운송주선인도 복합운송인이 될 수 있다.

③ NVOCC는 실제운송인에 대해서는 송하인, 운송을 위탁한 화주에 대해서는 운송인이 된다.

④ 우리나라의 물류정책기본법상 운송주선인은 복합운송인이 될 수 없다.

정답 | ④
해설 | NVOCC은 수송수단이 없는 해상화물운송업자를 말한다. 정기선 등을 운항하는 해운회사에 대비되는 용어이다.

04 항공화물대리점과 항공운송주선인에 대한 설명으로 옳지 않은 것은?

① 항공화물대리점은 항공사의 운송약관을 사용하지만, 항공운송주선인은 자신의 운송약관을 사용한다.

② 항공화물대리점은 항공사를 대리하여 운송계약을 체결하지만, 항공운송주선인은 자신이 당사자로서 화주와 운송계약을 체결하므로 화주에 대하여 직접 운송계약상의 책임을 부담한다.

③ 운송계약을 체결할 때 항공화물대리점은 항공사가 정한 운임률표를 사용하지만, 항공운송주선인은 자신이 정한 운임률표를 사용한다.

④ 항공화물대리점은 운송사 명의의 House AWB을 발행하지만, 항공운송주선인은 자기 명의의 Master AWB을 발행한다.

정답 | ④
해설 | 항공화물대리점은 항공사 명의로 Master AWB를 발행하고, 항공운송주선인은 자신의 명의로 House AWB를 발행한다.

SECTION 1 해상보험의 기초

제1부 해상보험의 개요

1. 해상보험의 정의

"해상보험"이란 해상위험에 의해 발생하는 손해를 보상할 것을 목적으로 하는 보험이며, 손해보험의 일종이다.

(1) MIA 1조

"해상보험계약"이란 보험자가 피보험자에게 계약에서 합의한 방법과 범위 내에서 해상사업에 수반되는 손해를 보상할 것을 약속하는 계약이다.

(2) 상법(693조)

해상보험계약의 보험자는 항해에 관한 사고로 인해 생길 손해를 보상할 책임이 있다.

2. 해상보험의 적용범위

(1) 개요

해상보험은 항해에 관한 위험을 담보하는 보험이지만 이와 병행하여 항해에 부수되는 육상·내륙수로·항공운송 중의 위험도 하나의 해상보험계약으로 담보할 수 있다.

(2) MIA 2조

해상보험계약은 명시적 또는 상관습에 의해서 그 담보 범위를 확장하여 해상에 부수되는 내륙수로·육상위험의 손해에 대해서도 피보험자를 보호할 수 있다.

제2부 해상보험의 종류

1. 피보험이익에 따른 분류

(1) 적하보험(Cargo insurance)

화물의 소유자가 적하에 대한 피보험이익을 부보하는 보험이다.

(2) 선박보험(Hull insurance)

선박의 소유자가 선박에 대한 피보험이익을 부보하는 보험이다.

(3) 운임보험(Freight insurance)

선주·운송인·운송주선인 등이 화물·여객을 운송한 경우에 얻을 운임을 보험가입대상으로 하는 보험이다.

(4) 희망이익보험(Insurance on respected profit)

보험의 목적인 화물의 안전한 도착으로 얻게 될 예상이익에 대한 피보험이익을 부보하는 보험이다.

2. 보험기간에 따른 분류

보험기간은 보험자의 책임이 존속되는 기간을 말하며, 보험기간을 정하는 방법에 따라서 기간보험, 항해보험, 혼합보험 등으로 구분된다(MIA 제25조 1항).

(1) 항해보험(Voyage insurance)

보험기간이 일정한 항해를 기준으로 정해지는 보험으로서 적하보험에 이용된다.

(2) 기간보험(Time insurance)

보험기간을 일정한 기간을 기준으로 하는 보험으로서 선박보험에 이용된다.

(3) 혼합보험(Mixed insurance)

보험기간을 항해와 기간을 기준으로 하는 보험으로서 선박보험에 이용된다.

3. 확정보험(Definite insurance)

보험계약 체결 시 보험가액, 보험금액, 선명 등 계약내용이 모두 확정되어 있는 보험이다.

4. 예정보험(Floating policy)

보험계약 체결 시 계약내용의 일부가 확정되어 있지 않은 보험으로, 그 자체가 보험계약이며 보험계약의 예약이 아니다(→ 보험계약 자체는 성립하지만 그 내용의 일부가 미확정).

C/h/e/c/k 예정보험

① 개별예정보험
  미확정 사항이 선명·보험금액과 같이 일부분인 경우로서, 개개의 화물에 대해 위험개시 전에 예정보험계약을 체결하고 위험개시와 동시에 보험자의 책임이 개시되는 보험(선적 1회분만 체결)

② 포괄예정보험
  다수의 보험의 목적에 대해 포괄적으로 계약하는 보험으로, 수출입 건수가 많아 이를 사전에 개별적으로 부보하는 것이 곤란한 경우 화물의 선적과 동시에 자동적으로 부보되도록 하는 예정보험

③ 보험기간과의 관계
  보험계약기간은 통상 보험기간과 동일하지만, 포괄예정보험의 경우 보험계약기간이 보험기간보다 빠름

제3부 해상보험의 기본원칙

1. 개요

'해상보험'이란 해상위험에 의해 발생하는 손해를 보상할 것을 목적으로 하는 보험이며, '해상보험계약'이란 보험자가 피보험자에게 계약에서 합의한 방법과 범위 내에서 해상사업에 수반하는 손해를 보상할 것을 약속하는 계약이다(MIA 1조).

2. 최대선의의 원칙

(1) 정의

보험계약자는 보험자에게 보험청약을 할 경우에 자기가 신고하는 모든 사항에 대하여 최대선의(Utmost good faith)에 의거하여 고지(Disclosure)하여야 한다.

(2) MIA(영국해상보험법) 제17조

해상보험계약은 최대선의를 기초로 한 계약이며 당사자 일방이 최대선의를 준수하지 않을 경우 상대방은 그 계약을 취소할 수 있다.

3. 근인주의(Doctrine of proximate cause)

(1) 개요

- 손해의 원인과 결과를 분석하여, 진정한 손해의 원인이 무엇인지를 결정하는 데 적용되는 원리이다.
- 피보험자가 보험사고로 인한 손해를 보상받기 위해서는 손해와 담보위험 사이에 인과관계가 성립되어야 한다.
- 초기의 근인원칙에서는 시간적으로 손해가 발생한 시각에 가까운 원인이 담보위험이면 보상하는 것으로 시간적 측면을 중요시하였지만, 근래에는 실질적으로 손해를 유발시킨 중요한 원인이 무엇인가를 규명하는 데 초점을 두고 있다.

(2) MIA 제55조

보험자는 피보험위험에 근인으로 일어나는 모든 손해에 대하여 보상책임을 진다고 규정하고 있다.

(3) 근인설

- 최후조건설 : 손해발생에 시간적으로 가장 가까운 원인을 근인으로 봄
- 최유력조건설 : 손해발생에 가장 유력하게 작용한 조건을 근인으로 봄
- 상당인과관계설 : 일반적인 가능성을 기준으로 조건을 선택하고 그 조건 전부를 원인으로 봄

4. 손해보상의 원칙(Principle of indemnity)

(1) 개요

실손보상의 원칙이라고도 하며, 해상보험계약에서 손해발생 시 손해금액을 한도로 지급되어야 한다는 원칙이다. 해상보험계약은 보험자가 피보험자에 대한 해상손해만을 보상하며, 그 외의 손해는 보상하지 않는다.

(2) 취지

보험계약은 보험자가 우연한 사고의 발생에 따른 손해를 보상한다는 점에서 사행계약(aleatory contract)이지만 보험에 의해 이득을 얻지는 못한다는 원칙이다.

(3) 특징

- 적하나 선박은 항상 이동하고 있기 때문에 장소 · 시간에 따라 보험가액을 측정하기 곤란한 경우가 많다. 그렇기 때문에 해상보험계약은 기평가보험증권(Valued Policy)으로 발행된다.
- 보험자는 대위의 원리(Doctrine of subrogation)에 의해 피보험자에게 보험금을 지급할 경우 피보험목적물에 대한 일체의 권리와 손해발생에 과실이 있는 제3자에 대한 구상권 등을 피보험자 대신 취득한다.

5. 담보(Warranty)

(1) 개요

담보는 최대선의의 원칙에서 파생된 것이며, 피보험자가 반드시 지켜야 할 약속으로 피보험자가 담보를 위반한 경우 보험자는 면책된다.

(2) 명시담보(Express warranties)

1) 개요

담보의 내용이 보험증권에 기재되어 있거나 명시적으로 언급되는 내용의 담보를 말하며, 명시담보는 묵시담보와 상반되지 않는 한 묵시담보를 배제하지 않는다.

2) 종류

① 안전담보(Warranty of good safety) : 보험의 목적이 특정일에 안전해야 한다는 담보를 말하며, 해당일의 어떤 시간이든 안전하면 충분하다.

② 중립담보(Warranty of neutrality) : 보험의 목적이 중립재산임을 확약하는 담보로서 이 담보는 선박 또는 적하가 교전국에 의하여 포획될 염려가 있느냐의 여부를 보험자가 확인하기 위하여 필요하다.

③ 항해담보(Institute warranty) : 선박이 운항할 수 없는 지역을 명시한 담보이다.

④ 선비담보(Disbursement warranty) : 선박보험에 추가하여 선비를 부보할 경우, 선비보험금액이 선박보험금액의 일정 비율을 넘지 못하도록 하는 담보이다.

(3) 묵시담보(Implied warranties)

1) 개요

보험증권에 명시되어 있지는 않지만 법적으로 요구되는 담보이므로, 계약당사자 상호 간의 합의 여부를 불문하고, 묵시적으로 피보험자가 반드시 충족시켜야 하는 담보이다.

2) 종류

내항성 담보 (감항성 담보, Warranty of seaworthiness)	• 선박이 항해를 개시할 때 항해를 완수할 수 있을 정도로 내항성이 있어야 한다는 담보 • 내항성이란 항해에서 통상적인 위험에 견딜 수 있는 능력을 말하며, 내항성은 화물의 적재 상태, 시간 · 장소 등에 따라 달라질 수 있다(항해보험증권에만 적용).*
적법성 담보 (Warranty of legality)	• 피보험자가 지배할 수 없는 경우를 제외하고, 모든 해상보험은 그 내용이 합법적이어야 한다는 담보 • 항해보험, 기간보험 여부를 불문하고 적용된다.

※ ICC 제5조 : 적하보험증권의 경우 화주는 선박의 내항성 유무를 알 수 없기 때문에 화주의 내항성 담보는 면책으로 규정

(4) 담보위반의 효과

1) 담보위반일부터 면책

담보는 명시담보이든 묵시담보이든 정확하게 충족되어야 하며, 충족되지 않으면 보험자는 보험증권에 명시적인 규정이 있는 경우를 제외하고 담보위반일부터 면책된다. 그러나 담보위반일 이전에 발생한 손해는 보상한다.

2) 경과보험료의 불환급

해지일자 이전의 경과보험료는 사고가 없더라도 환급되지 않는다.

비고	담보위반	고지위반
위반내역	어떠한 사항	중요한 사항
결과	보험계약의 해지	보험계약의 취소(소급)
효력	해지 시점 이후의 보험계약 무효	전 보험계약의 무효
보험료	일부 반환	전부 반환

6. 소급보상의 허용

보험계약체결 전에 발생한 손해라도 계약당사자 간 계약체결 시에 그 발생 여부를 알지 못했다면 소급보상에 대한 합의가 유효한 것으로 해석되어 보험자가 그 위험을 부담한다.

SECTION 2 해상보험계약

제1부 개요

1. 해상보험계약

"보험자가 피보험자에게 그 계약에서 합의한 방법과 범위 내에서 해상사업에 수반하는 손해를 보상할 것을 약속하는 계약"이다.

2. 법적 성질

낙성계약, 쌍무계약, 유상계약, 불요식계약, 부합계약, 사행계약, 최대선의 계약이 있다.

제2부 해상보험계약의 당사자

1. 보험자(Insurer ; Assurer ; Underwriter)

보험자란 보험사고 시 피보험자에게 보험금을 지급할 것을 약속하는 자로서, 일반적으로 보험회사를 말한다.

2. 보험계약자(Policy holder)

보험계약자란 보험자와 보험계약을 체결하고 보험료(Insurance premium)를 지불하는 자를 말한다. 일반적으로 보험계약자와 피보험자는 일치하지만, 보험계약자가 타인을 위해 보험에 가입한 경우에는 불일치할 수도 있다.

3. 피보험자(Assured ; Insured)

피보험자란 피보험이익(Insurable interest)을 갖는 자, 즉 피보험이익의 주체로서 보험사고가 발생한 경우 보험자로부터 손해보상을 받는 자를 말한다.

4. 보험대리점(Insurance agent)

보험대리점이란 일정한 보험자를 위해 계속적으로 보험계약의 체결을 대리하거나 중개하는 것을 업으로 하는 독립된 상인을 말한다.

5. 보험중개인(Insurance broker)

보험중개인이란 불특정 보험자를 위해 보험자와 보험계약자 사이에서 보험계약의 체결을 중개하는 자를 말한다.

제3부 고지의무와 통지의무

1. 고지의무(duty of disclosure) → 계약체결 전

(1) 개요

- 최대선의의 원칙에서 파생된 개념으로서, 보험계약자는 보험계약 체결 시 보험자에게 보험의 인수 여부나 계약내용의 결정에 영향을 미치는 모든 중요한 사실을 고지하여야 하는데 이를 고지의무라 한다.
- 보험자는 화물의 상태나 성질을 잘 모르기 때문에 보험자가 모든 중요한 사항을 일일이 점검하는 부담을 덜어 주기 위해서 고지의무가 생기게 되었다.

(2) 고지의무의 당사자

1) 고지의무자

- 피보험자 · 보험계약자가 동일인인 경우 피보험자 · 보험계약자
- 동일인이 아닌 경우 MIA에서는 피보험자로 한정

2) 고지수령자 : ① 보험자, ② 보험자를 위해 고지받을 대리권을 가지고 있는 자(대리인)

(3) 고지의무의 내용

1) 고지시기

피보험자의 고지의무는 계약 성립 시점에 종료된다.

2) 고지사항

보험자가 위험의 인수 여부나 보험료를 결정하는 데 영향을 미치는 사항을 말한다.

3) 고지가 필요 없는 사항

- 위험을 감소시키는 일체의 사항
- 보험자가 알고 있거나 알고 있는 것으로 추정되는 사항
- 보험자가 고지받을 권리를 포기한 사항
- 명시 · 묵시담보에 의해 고지가 필요 없는 사항

(4) 위반 시 조치

피보험자가 고지의무를 위반하면 보험자는 계약을 취소할 수 있다. 취소 시 계약은 처음부터 무효가 되어 보험료는 피보험자에게 환불되며, 보험자는 이미 지급한 보험금이 있으면 반환청구를 할 수 있다.

2. 통지의무 → 계약체결 후

(1) 개요

보험계약 체결 후 위험이 현저하게 변경·증가되거나, 보험사고가 발생한 경우 보험계약자는 보험자에게 통지하여야 한다.

(2) 위험의 현저한 변경 및 증가

보험계약자·피보험자는 보험기간 중에 위험이 현저하게 변경·증가된 사실을 안 때에는 지체 없이 보험자에게 통지하여야 하며, 통지의무 위반 시 보험자는 그 사실을 안 날부터 1월 내에 보험계약을 해지할 수 있다.

(3) 보험사고 발생

보험계약자·피보험자는 보험사고의 발생을 안 때에는 지체 없이 보험자에게 통지하여야 하며, 보험자는 통지의무의 위반으로 증가된 손해를 보상할 책임이 없다.

제4부 보험기간

1. 개요

보험기간이란 보험자의 책임의 시기와 종기를 말하며, 보험자는 보험기간 중에 발생한 손해를 보상할 책임이 있다. ICC에서는 제8조 운송약관(Transit clause)에 이를 규정하고 있다.

2. 특징

보험자는 손해가 보험기간 개시 후에 발생한 경우라도 그 원인인 사고가 보험기간 개시 전에 발생한 경우 손해보상 책임이 없다. 또한 보험기간 중에 사고가 발생한 경우 손해가 보험기간 종료 후에 발생하더라도 보험자는 손해보상 책임이 있다.

3. 보험기간의 시기

보험은 운송 개시를 위해 운송차량·기타 운송용구에 보험의 목적을 적재할 목적으로 창고·보관장소에서 보험의 목적이 최초로 움직인 때 개시되며, 통상의 운송 과정 중에 계속된다.

4. 보험기간의 종기

보험기간의 종기는 다음 중 먼저 발생한 때가 된다.

- 최종창고에서 운송차량 또는 기타 운송용구로부터 양하가 완료된 때
- 피보험자 또는 그 사용인이 통상의 운송과정이 아닌 보관·할당·분배를 위해 선택한 임의의 창고 또는 보관장소에서 운송차량 또는 기타 운송용구로부터 양하가 완료된 때
- 피보험자 또는 그 사용인이 통상의 운송 과정이 아닌 보관을 목적으로 운송차량·기타 운송용구·컨테이너를 사용하고자 선택한 때
- 최종양륙항에서 외항선으로부터 보험의 목적을 양륙 완료한 후 60일이 경과한 때

5. 양륙 후 목적지 변경 시의 종기

최종양륙항에서 외항선으로부터 양륙 후, 보험이 종료되기 전에 보험의 목적이 부보된 목적지 이외의 장소로 계속 운송되는 경우, 보험의 목적이 그 목적지로의 운송 개시를 위해 최초로 움직인 때 종료된다.

6. 피보험자의 귀책사유 없는 위험의 변경 시 보험자의 계속담보

보험은 피보험자가 좌우할 수 없는 지연 · 이로 · 부득이한 양하 · 재선적 · 환적 및 운송계약상 운송인에게 부여된 자유재량권의 행사로부터 생기는 위험의 변경기간 중에는 유효하게 계속된다.

7. 보험계약기간과의 관계

보험계약기간이란 보험계약이 유효하게 존속하는 기간이며, ⓐ 소급보험은 보험기간이 보험계약기간보다 빠르고, ⓑ 포괄예정보험은 보험계약기간이 보험기간보다 빠르다.

제5부 피보험이익(Insurable interest)

1. 개요

피보험이익이란 보험의 목적물에 대해 특정인이 갖는 경제적 이해관계를 말하며, 보험의 목적이 멸실 · 손상됨으로써 경제적 손실을 입게 되는 특정인이 보험계약에 따라 보험자로부터 보호받는 이익이다. 해상사업에 이해관계가 있는 자는 모두 피보험이익을 가진다.

2. 필요성

피보험자가 보험자로부터 보험금을 받기 위해서는 반드시 피보험이익을 가져야 하며, 피보험이익이 있으면 보험이고, 없으면 도박이다.

3. 피보험이익의 요건

(1) 경제성

피보험이익은 경제적 이익이어야 한다. 즉, 금전으로 평가할 수 있어야 하며, 금전으로 평가할 수 없는 감정적 · 도덕적 이익은 비경제적 이익이므로 피보험이익이 될 수 없다.

(2) 확정성

- 피보험이익은 손해발생 시까지 금전적으로 확정되고, 그 귀속이 결정될 수 있어야 한다.
- 피보험이익은 다른 피보험이익과 구분될 수 있어야 한다.
- 피보험이익은 보험계약 체결 시에는 존재하지 않아도 되지만, 손해발생 시까지는 확정되어야 한다.

(3) 적법성

피보험이익은 적법한 것이어야 하며, 마약 · 밀수품 등은 불법이기 때문에 피보험이익이 될 수 없다.

4. 피보험이익의 존재시기

일반적인 시기 (손해발생 시)	피보험이익은 보험계약 체결 시에는 존재하지 않아도 되지만 손해발생 시에는 반드시 존재하여야 하며, 피보험자는 손해발생 사실을 안 후에는 어떠한 행위에 의해서도 피보험이익을 취득할 수 없다.
예외적인 시기 (소급보상 시)	보험의 목적이 '멸실 여부를 불문함'이란 조건으로 보험에 가입된 경우, 피보험자는 손해발생 시까지 피보험이익을 취득하지 않아도 보상받을 수 있다. 다만, 보험계약 체결 시 피보험자는 손해발생 사실을 알고 있고 보험자는 몰랐을 경우에는 그렇지 않다.
ICC상 존재시기 (ICC 제11조)	① 피보험자가 보상을 받기 위해서는 손해발생 시에 보험의 목적에 대한 피보험이익을 갖고 있어야 하며, ② 보험의 담보기간 중에 발생하는 손해는 보험계약 체결 전에 발생한 경우에도 피보험자는 보상받을 수 있다. 다만, 피보험자는 손해발생 사실을 알고 있고 보험자는 몰랐을 경우에는 그렇지 않다.

제6부 보험가액과 보험금액

1. 보험가액(Insurable value)

(1) 개요

- 피보험이익의 평가액으로서 보험사고 발생 시 피보험자가 입는 손해의 최고한도액이다.
- 보험가액은 언제나 일정하지 않고, 시간·장소·물가에 따라 변동할 수 있다.

(2) 협정보험가액(보험가액의 평가)

- 보험의 목적인 선박과 적하는 항상 움직이고 있어 보험가액을 정확하게 평가하기 어렵기 때문에 보험계약 체결 시 피보험자와 보험자가 협의하에 보험가액을 평가하는 것을 말한다.
- 협정보험가액이 기재된 증권을 기평가보험증권이라 한다.

(3) 법정보험가액

- 일정한 시점 및 장소에서의 보험가액을 보험기간 중 불변의 가액으로 인정하여 보험가액을 손해가 발생한 때와 장소에 따라 산정한 것을 말한다.
- 법정보험가액으로 보험계약이 체결되고, 보험가액 합의 없이 발행된 증권을 미평가보험증권이라 한다.

2. 보험금액(Insured amount)

손해발생 시 보험자가 부담하는 보상책임의 최고한도액이며, 보험계약 체결에 있어 보험자와 피보험자 간에 약정된 금액이다. 일반적으로 보험금액은 보험가액을 초과할 수 없는 것이 원칙이다.

3. 보험가액과 보험금액의 관계

(1) 전부보험(Full insurance) → 보험가액 = 보험금액

- 보험가액이 보험금액과 동일한 경우의 보험을 말하며, 보험자는 소손해면책 등의 약정이 없는 한 피보험자의 손해액 전부를 보상한다.
- 일반적으로 보험계약자는 보험료를 절약하기 위해 일부보험을 이용하며, 전부보험은 드물다.

(2) 일부보험(Under insurance) → 보험가액 > 보험금액

- 보험금액이 보험가액보다 적은 경우이며, 보험계약 체결 시 보험료 절감을 위해 체결하거나 계약체결 시에는 전부보험이었지만 물가의 등귀로 일부보험이 되는 경우도 있다.
- 피보험자는 보험금액의 보험가액에 대한 비율에 따라 비례보상을 받는다.

(3) 초과보험(Over insurance) → 보험가액 < 보험금액

보험금액이 보험가액을 초과하는 경우의 보험을 말하며, 초과 부분은 무효가 된다. 이는 보험계약이 체결된 때뿐만 아니라 보험기간 중에 보험가액이 현저히 감소한 경우에도 성립될 수 있다.

(4) 중복보험(Double insurance) → 보험가액 < 보험금액(2인)

1) 정의

동일한 피보험이익 및 위험에 대하여 복수의 보험계약이 존재하고, 보험금액의 합계액이 보험가액을 초과하는 보험이다.

2) 성립요건

ⓐ 동일한 피보험이익, ⓑ 복수의 보험계약, ⓒ 담보위험의 동일, ⓓ 보험기간의 동일, ⓔ 초과보험 성립

3) 효과

① 선의로 성립된 경우 : 보험계약의 성립을 인정하지만 실제손해액을 한도로만 보상

② 사기로 성립된 경우 : 무효로 하며, 보험자는 그 사실을 안 때까지의 보험료를 청구 가능

(5) 공동보험(Coinsurance) → 보험가액 = 보험금액(2인)

중복보험과 같이 동일한 피보험이익 및 위험에 대하여 복수의 보험계약이 체결되지만, 보험금액의 합계액이 보험가액의 범위 내인 경우로서, 다수의 보험자가 각각 위험의 일부를 인수하는 경우이며, 각 보험자는 자신이 인수한 금액에 대해서만 보상한다.

(6) 재보험

보험을 다시 보험에 부보하는 것으로, 한 보험자가 인수한 보험계약상 책임을 다른 보험자에게 인수시키는 보험을 말한다.

SECTION 3 해상보험증권

제1부 개요

1. 정의

보험증권이란 보험계약의 성립과 내용을 증명하기 위하여 계약의 내용을 기재하고 보험자가 기명날인 · 서명하여 보험계약자(피보험자)에게 교부하는 증권을 말한다. 또한, 보험증권은 보험계약의 성립 여부에는 영향을 미치지 않는다.

2. 특성

- 보험계약에 관한 모든 사항은 보험증권의 내용에 의해서 결정되며, 보험증권에 기재되어 있지 않은 사항은 보험계약의 내용으로 인정받지 못한다. 이에 MIA에서는 "어떠한 제정법의 규정이 있는 경우를 제외하고, 해상보험계약은 본 법에 따라 해상보험증권에 구현되지 않는 한 증거로서 인정되지 않는다"라고 규정하고 있다.
- 해상적하보험증권은 일반적으로 2통이 발행된다.

3. 발행 시기

보험증권은 반드시 계약이 성립될 때 발행할 필요는 없으며, 계약 성립 후에도 발행할 수 있다.

제2부 해상보험증권의 해석원칙

1. 개요

보험증권의 해석에 있어서는 보험계약의 성질과 관련하여 신의성실의 원칙에 따라 공정하게 해석되어야 하며, 일반적인 해석원칙은 다음과 같다.

2. 수기문언(Handwriting wording) 우선의 원칙

해상보험증권은 본문약관·난외약관·이탤릭서체약관·협회특별약관·수기문언 등으로 구성되어 있는데 각 약관의 내용이 서로 다른 경우에는 수기문언을 가장 우선한다는 원칙을 말한다.

3. 계약당사자의 의사 존중과 판례의 적용

보험증권의 내용을 해석할 때에는 보험계약 당사자의 의도에 맞게 해석하여야 한다. 만약, 당사자의 의도를 알아냄에 있어 그 의도가 서로 일치하지 않는 경우에는 판례에 따라 해석하여야 한다.

4. P.O.P 해석의 원칙

해상보험증권의 내용을 해석할 때는 일반적인 관점에서 해석을 하여야 한다. 즉, 보험증권상의 문언은 ⓐ 평이하고(Plain), ⓑ 통상적이며(Ordinary), ⓒ 대중적인(Popular) 의미로 해석되어야 한다.

5. 문서작성자 불이익의 원칙

보험증권은 보험자가 일방적으로 작성하여 교부하므로 보험증권의 내용이 불분명한 경우 보험자에게는 불리하게, 보험계약자에게는 유리하게 해석해야 한다는 원칙이다.

6. 동종해석의 원칙(Principle of the like or some kind)

특정한 상황을 지칭하는 문언을 설명하기 위하여 사용되는 일반적인 문언은 특정한 상황을 지칭하는 문언의 의미와 동종인 것으로 해석한다는 원칙이다.

7. 합리적 해석의 원칙

해상보험증권의 해석은 합리적으로 이루어져야 한다. 보험계약자나 보험자에게 일방적으로 불리하게 해석되어서는 안 된다.

제3부 보험자의 면책비율

1. 개요

면책비율(Franchise)이란 특권 또는 특별면제를 뜻하는 것으로 보통 소손해면책률이라고 한다. 면책비율의 종류에는 공제면책비율과 비공제면책비율이 있다. 면책비율의 적용을 받지 않으려면 신용장 발행 의뢰인은 신용장상 보험서류에 동 조건을 명시토록 하여야 한다.

C/h/e/c/k 자주 쓰이는 영문 예시 표현

Certain commodities are much more likely to be damaged than other. Underwriters therefor, provide that they will pay claims only of the damage equals of exceeds a certain percentage of the insured value. That percentage below which the underwriters will not pay a claim is known as the franchise.

---

2. 공제면책비율(Deductible franchise ; Excess deductible)

손해가 일정 면책비율에 달했을 때 초과하는 부분의 손해액에 대해서만 보상하겠다는 면책비율이다. 예를 들어 3% 품목인 경우 5%의 손해가 났을 때 5% − 3% = 2%만 보상하는 면책비율이다.

예를 보면 다음과 같다.

"To pay the excess of the percentage specified in the policy."
"Average payable in excess of 3%."

3. 비공제면책비율(Non-deductible franchise)

손해가 면책비율에 달하지 않을 때에는 보상하지 않으나, 그 이상인 경우에 면책률을 금액에서 공제하지 않고 손해의 전부에 대하여 보상한다. 예를 들면 3% 품목에서 6%의 손해가 발생한 경우에 원칙적으로 6% − 3% = 3%만 보상하면 되는 것이지만, 6% 전부를 보상하는 것이다.

예를 보면 다음과 같다.

"Subject to average payable if amounting to 3%."
"Free from particular average unless amounting to 5% each to bales separately insured."

4. 면책률부적용조건

보험서류상에 WA 3%라고 기재되어 있으면 보험금액 3% 미만의 분손은 보험자가 면책된다. 만일 손해가 5%라면 3%를 공세하는 게 아니라 5% 선액을 보상한다. 그러나 WAIOP(With Average Irrespective of Percentage)조건으로 부보하였다면 보험자는 면책비율을 적용하지 않고 적은 분손이라도 보상하게 된다.

제4부 해상보험증권의 종류

항해보험증권	보험계약이 보험의 목적을 어느 장소로부터 다른 1개의 장소나 수 개의 장소까지 보험 인수하는 경우 그 보험증권을 '항해보험증권'이라 한다.
기간보험증권	보험계약이 보험의 목적을 일정 기간에 대하여 보험인수하는 경우, 그 보험증권을 '기간보험증권'이라 한다.
기평가보험증권 (Valued policy)	보험목적의 협정보험가액을 기재한 보험증권을 말한다. 사기가 없는 경우, 보험증권에 의해 정해진 가액은 보험자와 피보험자 사이에서는 손해가 전손이든 분손이든 관계없이 보험의 목적의 보험가액으로서 결정적이다.
미평가보험증권 (Unvalued policy)	보험의 목적의 가액을 기재하지 않고, 보험금액의 한도에 따라 보험가액이 추후 확정되는 보험증권이다.
선박의 부동보험증권 (Floating policy by ship or ships : 선명미상보험증권)	총괄적 문언으로 보험계약을 기술하고, 선박의 명칭과 기타 자세한 사항은 추후 확정통지에 의해 확정되도록 하는 보험증권이다.

SECTION 4 해상보험약관(Insurance clause)

제1부 개요

1. 정의

보험약관(Insurance clause)이란 보험자가 보험계약에 공통되는 표준적 사항을 미리 정하여 보험증권에 명시한 각종 약속과 규정을 말한다.

2. 협회적하약관

해상보험에서 1779년 Lloyd's에서 사용하기로 채택된 "Lloyd's S.G. Policy Form"이 200여 년 동안 사용되어 왔으나, 그간 동 증권양식은 중세의 고문으로 되어 있어 이해하기 어렵고 현실에 맞지 않는 점이 많았으므로 1912년 기술 및 약관위원회에서 "Lloyd's S.G. Policy Form"에 첨부하여 사용하기 위한 통일된 특별약관을 제정하게 되었는바 이것이 곧 협회적하약관(Institute cargo clauses)이다.

3. ICC

ICC에는 1963년 구협회적하약관(FPA, WA, AR)과 2009년 신협회적하약관[(A), (B), (C)] 두 가지가 있다.

제2부 구협회적하약관

1. 개요

협회적하약관은 런던보험자협회와 로이즈보험자협회가 공동으로 만든 약관으로 1912년에 FPA약관, 1921년에 WA약관, 1951년에 A/R약관을 제정하여 지금까지 사용하고 있다.

2. 구성

구협회적하약관은 분손부담보조건(FPA) · 분손담보조건(W/A) · 전위험담보조건(A/R)으로 구성되어 있으며, FPA · WA는 열거된 담보위험만을 보상하는 열거책임주의를 채택하고 있고, A/R은 면책위험을 제외한 모든 위험을 담보하는 포괄책임주의를 채택하고 있다.

3. 조건별 보상범위

ICC (A/R)	ICC (W/A)	ICC (FPA)	1. 전손(현실전손, 추정전손)
			2. 해손 ① 선박의 침몰 · 좌초 · 화재로 인하여 발생된 단독해손 ② 공동해손(공동해손희생손해 · 공동해손분담금)
			3. 확장담보 ① 선적 · 환적 또는 하역작업 중의 포장당 전손 ② 다음 위험과 상당인과관계의 단독해손 　－ 화재, 폭발, 충돌 　－ 운송용구와의 접촉 　－ 피난항에서의 화물의 하역 ③ 특별비용(손해방지비용, 구조비, 피난항에서의 특별비용 및 부대비용)
		4. 악천후 위험에 의한 해수손 ① WA 3% : 손해액이 전체의 3% 초과 시에만 손해액 전부보상 ② WAIOP : 면책비율에 관계없이 전부보상	
	5. 모든 외부적 · 우발적 원인에 의한 손해		

4. 보상되지 않는 손해(면책위험)

보험에 부보하더라도 보험자가 보상하지 않는 손해는 다음과 같다.

- 항해의 지연으로 인한 손해
- 화물 고유의 하자 또는 성질에 의한 손해(Inherent vice and nature of the goods)
- 피보험자의 고의적인 불법행위로 인한 일체의 손해
- 자연감소, 통상의 손실 등 위험요건을 구비하지 않은 사유에 의한 손해
- 화물의 포장불량으로 인한 손해

5. ICC(FPA), ICC(WA) 부보 시의 부가위험담보조건

A/R조건을 제외하고 ICC(FPA), ICC(WA)조건으로 부보하는 경우 화물의 종류, 성질, 포장상태 등을 고려하여 발생할 수 있는 위험들은 부가위험(Extraneous risks)으로 하여 담보받아야 한다.

1. 개요

신협회적하약관상에서는 ICC(A), UCC(B), ICC(C)조건으로 구분하고, 보험자가 담보하는 위험과 면책위험에 대하여 이해하기 쉽게 규정하고 있다. 해상위험은 해상보험계약에서 담보될 수 있는 모든 위험이라고 할 수 있다. MIA 55조에서는 담보위험과 면책위험에 대한 큰 개념을 규정하고 있지만, 실질적으로는 ICC특약에 의해 담보위험과 면책위험이 규정된다. ICC(A)는 포괄위험에 대하여 담보하며, ICC(B)·(C)는 열거위험에 대하여 담보한다. ICC는 총 19개의 조항으로 구성되어 있으며, 이 중 1·4·6조를 제외한 나머지 조항은 A·B·C 에 공통적으로 적용된다.

2. 2009. ICC의 담보 및 면책위험(제1조/제4조부터 제7조)

(1) 담보위험

1) ICC(A)

제4조부터 제7조까지 규정된 면책위험을 제외하고, 보험목적의 멸실·손상에 관한 모든 위험을 담보한다.

2) ICC(B)·(C)

제4조부터 제7조까지 규정된 면책위험을 제외하고, 다음의 멸실·손상에 관한 위험을 담보한다.

- 화재·폭발, 선박·부선의 좌초·교사·침몰·전복 등의 사유에 상당인과관계가 있는 보험목적의 멸실·손상
- 투하·공동해손희생으로 인한 보험목적의 멸실·손상

3) ICC(C) 비담보

다음은 ICC(A)·(B)에서는 담보하지만, (C)에서는 담보하지 않는다.

- 지진·화산의 분화·낙뢰와 상당인과관계가 있는 보험의 목적의 멸실·손상
- 갑판유실
- 보관 장소 등으로의 해수·강물 유입
- 본선 등에 선적·하역작업 중 바다로의 낙하·추락에 의한 포장단위당 전손으로 인하여 발생하는 보험목적의 멸실·손상

(2) 면책위험(제4조부터 제7조)

제4조와 제5조에 기인한 손해는 어떠한 경우에도 담보되지 않지만, 전쟁위험·동맹파업위험은 특약으로 담보가 가능하다.

1) 제4조 일반면책위험

제4조에서는 포장 또는 준비의 불완전·부적합, 화물 고유의 하자 등의 사항에 대해 ICC(A)·(B)·(C) 모두 면책을 규정하고 있다. 다만, 제3자의 불법행위에 기인한 고의적인 손상·파괴는 (B)·(C)에서는 면책이지만, (A)에서는 담보된다.

2) 제6조 전쟁면책

전쟁위험(전쟁·포획·폭탄 등)에 의한 손해에 대해 ICC(A)·(B)·(C) 모두 면책을 규정하고 있다. 다만, 해적행위에 의한 위험은 (A)에서는 담보하지만, (B)·(C)에서는 특약이 없는 한 담보하지 않는다.

3) 제5조 및 제7조

제5조(선박의 불감항성 · 부적합성)와 제7조(동맹파업)는 (A) · (B) · (C)에서 모두 면책된다.

–	조항	담보위험	(A)	(B)	(C)
담보위험	제1조	① 화재 · 폭발 ② 선박 · 부선의 좌초, 교사, 침몰, 전복 ③ 육상운송용구의 전복 · 탈선 ④ 선박 · 부선 · 운송용구의 타물과의 충돌 · 접촉 ⑤ 조난항에서의 화물의 양륙하역 ⑥ 공동해손희생 ⑦ 투하	전부담보	전부담보	전부담보
		⑧ 지진 · 분화 · 낙뢰 ⑨ 갑판유실 ⑩ 해수 · 호수 · 하천수의 운송용구 등으로의 유입 ⑪ 적재 · 양륙하역 중 낙하 · 추락에 의한 포장단위 전손			비담보
		⑫ 상기 이외의 일체 위험		×	
	제2조	⑬ 공동해손조항		담보	담보
	제3조	⑭ 쌍방과실충돌조항			
면책위험	제4조	① 피보험자의 고의적 불법행위 ② 통상의 누손 · 중량손 · 용적손 · 자연소모 ③ 포장 · 포장준비의 불완전, 부적합 ④ 물품 고유의 하자, 성질 ⑤ 지연 ⑥ 선박소유자 · 관리자 · 용선자 · 운항자의 지급불능/채무불이행으로 인해 발생한 멸실 · 손상 · 비용(피보험자가 이를 알았거나 알았어야 했던 경우에 한한다. 다만, 보험계약하에서 선의의 보험계약 양수인에게는 적용되지 않는다.) ⑦ 원자핵무기에 의한 손해	면책		
		⑧ 어떤 자의 불법행위에 의한 의도적인 손상 또는 파괴	담보	면책	
	제5조	⑨ 피보험자 · 그 사용인이 인지하는 내항성 결여 · 부적합성(피보험자 등이 불내항성 · 부적합성을 알고 있는 경우에 한한다. 다만 보험계약하에서 선의의 보험계약 양수인에게는 적용되지 않는다.)	면책		
	제6조	⑩ 전쟁위험			
	제7조	⑪ 동맹파업			

3. 기타 담보위험

(1) 공동해손(제2조) → (A) · (B) · (C) 공통조항

이 보험은 제4조부터 제7조의 면책사유를 제외한 일체의 사유에 따른 손해를 피하기 위하여 또는 피함과 관련하여 발생한, 해상운송계약 · 준거법 · 관습에 따라 정산되거나 결정된 공동해손과 구조료를 보상한다.

(2) 쌍방과실충돌약관(제3조) → (A) · (B) · (C) 공통조항

- 이 보험은 피보험자가 이 보험의 일체의 담보위험에 관하여 운송계약상의 쌍방과실충돌약관에 의해 부담하는 책임액을 보상한다.
- 상기 약관에 의거 운송인으로부터 청구를 받았을 경우, 피보험자는 그 취지를 보험자에게 통지할 것을 약속한다.
- 보험자는 자기의 비용으로 운송인의 청구에 대하여 피보험자를 보호할 권리를 가진다.

(3) ICC 2009상 보험기간(제8조)

1) 의의

ICC 제8조에서는 운송약관을 규정하고 있으며, 이는 해상적하보험에서 보험자의 책임의 시기와 종기를 규정한 약관이다.

2) 시기

보험은 운송개시를 위해 운송차량 · 기타 운송용구에 보험의 목적을 적재할 목적으로 창고 · 보관장소에서 보험의 목적이 최초로 움직인 때 개시되며, 통상의 운송과정 중에 계속된다.

3) 종기

보험기간의 종기는 다음 중 먼저 발생한 때가 된다.

- 최종창고에서 운송차량 등으로부터 양하가 완료된 때
- 피보험자 등이 통상의 운송과정이 아닌 보관 · 할당 · 분배를 위하여 선택한 임의의 창고 · 보관장소에서 운송차량 등으로부터 양하가 완료된 때
- 피보험자 등이 통상의 운송과정이 아닌 보관을 목적으로 운송차량 · 기타 운송용구 · 컨테이너를 사용하고자 선택한 때
- 최종양륙항에서 외항선으로부터 보험의 목적을 양륙 완료한 후 60일이 경과한 때

4) 양륙 후 목적지 변경 시의 종기

ⓐ 화물이 최종양륙항에서 외항선으로부터 양륙 후, ⓑ 그러나 보험이 종료되기 전에 보험의 목적이 부보된 목적지 이외의 장소로 계속 운송되는 경우에는 보험의 목적이 그러한 목적지로 운송되기 위해 최초로 움직인 때에 종료된다.

5) 피보험자의 귀책사유 없는 변경 시 보험자의 계속담보(종기의 확장)

이 보험은 피보험자가 좌우할 수 없는 지연 · 이로 · 부득이한 양하 · 재선적 · 환적 및 운송계약상 운송인에게 부여된 자유재량권의 행사로부터 생기는 위험의 변경기간 중에는 유효하게 계속된다.

(4) 계반비용(Forwarding charge)

이 보험에서 담보되는 위험의 발생 결과로 인하여 피보험운송이 이 보험에서 담보되는 보험목적의 목적지 이외의 항구 또는 장소에서 종료되는 경우에는, 보험자는 피보험자에 대하여 보험의 목적을 양하하고, 보관하고 또 이 보험증권에 기재된 목적지까지 계반하기 위하여 적절히 합리적으로 지출한 추가비용을 보상한다.

(5) 포기(Waiver)

보험의 목적을 구조하거나, 보호하거나 또는 회복하기 위하여 피보험자 또는 보험자가 취한 조치는 위부의 포기 또는 승낙으로 보지 아니하며, 또는 그 밖에 각 당사자의 권리를 침해하지도 아니한다.

(6) 피보험자의 의무

이 보험에 따라 보상하는 손해에 대하여 다음의 사항은 피보험자, 그 고용인 및 대리인의 의무이다.

- 그러한 손해의 방지 또는 경감을 위하여 합리적인 조치를 강구하는 것, 또는
- 운송인, 수탁자 또는 기타의 제3자에 대한 일체의 권리가 적절히 보전되고 행사되도록 확보하는 것

그리고 보험자는 이 보험에서 보상하는 손해에 추가하여 이러한 의무의 수행상 적절히 합리적으로 발생된 일체의 비용을 피보험자에게 보상한다.

4. 부가위험담보조건

(1) 의의

구협회적화약관의 FPA, W.A조건에서와 마찬가지로 신약관에서도 ICC(C)나 ICC(B)약관으로 적화보험을 부보할 경우, 화물의 성질이나 종류에 따라 특수위험이나 면책위험을 담보받으려면 보험자와 합의하여 추가보험료를 납부하고 부가조건을 부보하여야 한다.

(2) 부가위험 담보조건

1) 도난, 발하 불착(Theft, Pilferage and Non-Delivery : TPND)

도난, 포장내용물의 일부를 빼내는 발하와 타항에서의 양륙 또는 분실을 원인으로 한 포장 전체의 불착의 경우 발생하는 손해를 담보한다.

2) 빗물손 또는 담수손(Rain &/or Fresh Water Damage : RFWD)

화물이 바닷물 이외의 민물에 젖어 발생한 손해를 담보한다.

3) 유류 및 타물과의 접촉(Contact with Oil &/or Other Cargo : COOC)

선박의 연료유 등에 의해 화물이 입게 되는 유손(Oil damage), 적재된 타화물에 직접 접촉함으로써 피보험화물에 흠이 생기거나 파손 또는 오손되는 경우 등과 같은 위험이다.

4) 갑판유실(Washing Over Board : WOB)

갑판에 적재한 화물이 해수나 파도에 의하여 유실된 위험이다.

5) 갈고리 손해(Hook & hole)

하역작업 중 갈고리를 사용함으로써 생기는 손해로서, 직물이나 잡화 등을 마대 등으로 포장한 경우에는 이 위험을 추가담보할 필요가 있다.

6) 파손(Breakage)

도자기나 유리제품 등 깨지기 쉬운 화물의 경우는 보통, 담보위험 이외의 사유로 인한 파손을 보상받기 위해 특약하게 된다.

7) 누손, 부족손(Leakage &/or shortage)

용기의 틈이나 파손된 부분에서 화물이 누출하여 누손이나 내용물의 부족을 초래하는 위험으로서 주로 액체화물이나 분말류의 화물, 가스 등의 운송에서 이 위험을 추가하여 부보한다.

8) 습손과 열손(Sweat &/or Heating : SH)

습손은 선박 내와 선박 외의 기온차에 의하여 선창의 천정 또는 내벽에 응결한 수분과 접촉함으로써 화물이 젖게 되는 손해이며, 열손은 항해 중에 기온 등과 같은 온도의 변화에 의하여 생기는 위험이다.

9) 곡손(Denting &/or bending)

일반적으로 기계류에 생기기 쉬운 위험으로 'Denting'은 우그러지는 것이고, 'Bending'은 구부러지는 것을 의미한다.

10) 오염(Contamination)

액체화학약품이나 유류 등이 해수 또는 담수 등의 혼입으로 입게 되는 품질 저하의 위험이다.

11) 자연발화(Spontaneous combustion)

석탄, 성냥 등 항해 중 화물 자체의 화학적 변화에 의하여 자연발생하는 위험이다. 즉, 자연발화는 화물 고유의 하자 또는 성질에 의한 위험이다.

SECTION 5 | **해상위험**

제1부 개요

1. 해상위험의 정의

해상위험(Marine perils ; Marine risks)이란 항해에 기인하거나 부수하는 위험, 즉 해상 고유의 위험·화재·전쟁위험·투하·해적·강도·선원의 악행 등과 이와 동종의 위험 또는 보험증권에 기재된 일체의 위험을 말한다.

2. 해상위험의 요건

해상보험계약에서 보험자에게 보상책임을 부담시키기 위해서는 다음의 요건을 충족해야 한다.

- 위험은 반드시 불가항력적인 사건일 필요는 없다.
- 위험의 발생은 우연성을 가져야 한다.
- 위험은 장래뿐만 아니라 과거의 사건이라도 보험계약 체결 시 보험계약자가 이미 발생한 사실을 모르고 있을 경우에는 보험계약대상 위험이 될 수 있다(소급보험 필요).
- 위험으로 인해 손해가 발생되어야 한다.

3. 해상위험의 종류

(1) 해상 고유의 위험(Perils of the seas)

해상 고유의 위험에는 해상의 우연한 사고 또는 재난을 포함시키지만 풍파의 통상적인 작용은 제외한다.

- S.S.C. 위험 : 침몰(Sinking), 좌초(Stranding), 충돌(Collision)
- 악천후(Heavy weather)

(2) 해상위험(Perils on the seas)

ⓐ 화재(Fire ; Burning), ⓑ 투하(Jettison), ⓒ 선원의 악행(Barratry), ⓓ 해적, 표도, 강도(Pirates, Rovers, Thieves)

(3) 전쟁위험(War perils) 및 기타의 모든 위험(All other perils)

ⓐ 군함(Men of war), ⓑ 외적(Enemies), ⓒ 습격과 포획(Surprisals and capture), ⓓ 해상탈취 및 나포(Taking at sea & seizure) 등의 전쟁위험과 보험증권에 기재되는 기타의 모든 위험을 포함한다.

제2부 위험부담의 원칙과 담보방식

1. 위험부담의 원칙

(1) 담보위험(Perils covered)

보험자가 해상위험에 의해 발생한 손해를 보상할 것을 약속한 위험이다.

(2) 면책위험(Perils excluded)

보험자가 특정 위험으로 인해 발생한 손해를 책임지지 않는 위험이다.

(3) 비담보위험

담보위험 · 면책위험 이외의 모든 위험을 말한다.

2. 해상위험의 담보방식

(1) 포괄책임주의

보험자가 피보험목적물에 대하여 담보하는 위험을 모든 위험으로 규정하고 있는 방식이다. 입증책임은 보험자에게 있기 때문에 보험자는 손해가 면책위험에 의해 발생했다는 것을 입증해야 면책된다. ICC(A) · ICC(A/R)는 포괄책임주의를 채택하고 있다.

(2) 열거책임주의

보험자가 담보하는 위험을 구체적으로 열거해 두고 열거된 위험을 담보한다고 규정한 방식이다. 입증책임은 피보험자에게 있으며, 피보험자는 손해가 담보위험으로부터 발생했다는 것을 입증해야 보상받을 수 있다. ICC(B) · (C), ICC(FPA), ICC(WA)는 열거책임주의를 채택하고 있다.

제3부 위험의 변동

1. 개요

보험계약이 성립된 이후에는 보험자의 위험인수의 기초가 된 위험사정이 변동되지 않을 것을 전제로 한다. 위험의 변동이란 보험계약 성립 후 위험인수의 전제가 되었던 위험사정이 변동되는 것을 말하며, 원칙적으로 보험자는 변동 이후의 위험부담책임이 면제된다.

2. 위험의 변경 및 위험의 변혁(변종)

(1) 위험의 변경(Variation of risk)

1) 정의

보험계약의 기초가 된 위험사정의 일부 변경, 즉 위험율의 양적 변경을 말한다.

2) 위험변경의 유형

이로 (deviation)	이로란 선박이 선적항·목적항 변경 없이 항로가 보험증권에 특정되어 있는 경우에는 그 항로, 특정되어 있지 않은 경우에는 통상적이고 관습적인 항로를 이탈하거나 보험증권에 정해진 순서에 따르지 않고 기항하는 것을 의미한다.
항해의 지연 (delay in voyage)	항해보험의 경우 부보된 항해는 그 전체 항로에 상당한 속도로 수행되어야 하며, 적법한 이유 없이 상당한 속도로 수행되지 않는 경우, 부당한 지연이 생긴 때부터 보험자는 면책된다.
환적 (transshipment)	보험증권은 특정 선박에만 항해를 담보하기 때문에, 화물이 항해 중에 환적되면 보험자는 그 시점부터 면책된다. 다만, 환적하여 목적지까지 운송하는 것이 정당화되는 상황에서는 보험자의 책임이 계속된다.
강제하역 (forced discharge)	계약 당사자와 상관없는 제3자에 의해서 강제적으로 하역되는 것을 의미한다.

(2) 위험의 변혁(변종, Alteration of risk)

1) 정의

부보된 위험사정과는 내용적으로 전혀 다른 위험으로 바뀌는 경우로, 질적 변경을 의미한다.

2) 유형

항해의 변경* (change of voyage)	• 보험증권에 정해진 도착항 또는 목적지가 위험개시 후 임의로 변경되는 것을 의미한다. • 항해의 변경이 되기 위해서는 보험증권에 규정된 도착항이 피보험자에 의하여 임의로 변경되어야 하며, 항해의 변경은 항해변경의 의사가 명백해진 때 생기고, 규정된 항로를 떠났는지 여부는 중요하지 않다.
선박의 변경 (change of ship)	화물의 적재선박이 보험증권에 지정되어 있는 경우, 피보험화물을 그 지정선박 이외의 선박에 적재하는 것을 의미한다.

※ 이로와의 차이점 : 이로는 실제로 항로를 이탈한 경우 효과가 발생하지만, 항해의 변경은 항해변경의 의사가 명백해진 때 효과가 발생하며, 항로를 실제로 떠나지 않아도 된다.

SECTION 6   해상손해

제1부 개요

1. 정의

해상손해(Marine loss)란 항해사업(Marine adventure)에 관련된 적화·선박 기타의 보험목적물이 해상위험으로 인하여 전부 또는 일부가 멸실 또는 손상되어 야기되는 피보험자의 재산상의 불이익이나 경제상의 부담을 말한다.

2. 해상손해의 종류

(1) 물적 손해(Physical loss)

물품에 대한 멸실·손상이 발생하여 입은 손해를 말하며, 전손·분손으로 구분한다.

(2) 비용손해(Expenses)

물체의 멸실·손상과는 관계없이 보험사고로 인한 손해를 방지하기 위해 지출된 경비 등 부득이하게 지출된 비용을 말한다. 비용손해에는 구조비·손해방지비용·특별비용이 있다.

(3) 배상책임손해(Liability loss)

피보험선박이 타선과 충돌하여 피보험선박 자체가 입은 물적 손해는 물론 그 충돌로 인한 상대 선박의 선주·화주에 대하여 피보험자가 책임져야 하는 손해배상금을 보험자가 담보해주는 손해를 말하며, 배상책임손해에는 공동해손분담금·선박충돌배상책임 등이 있다.

손해의 유형			
1. 물적 손해 (Physical loss)	전손(Total loss)		현실전손(Actual total loss)
			추정전손(Constructive total loss)
	분손(Partial loss)		단독해손(Particular average)
			공동해손(General average)
2. 비용손해 (Expenses)	손해방지비용 (Sue & labour charge)		특징 : 보험가액을 초과해도 보상
	구조비 (Salvage charge)		• 임의구조 : 구조비 성격 • 계약구조(노동비용) : 공동해손·손해방지비용
	특별비용 (Particular charge)		공동해손·단독해손·구조비를 제외한 비용손해
3. 배상책임손해 (Liability loss)	선박충돌배상책임(Collision liability)		

제2부 물적 손해

1. 전손(Total loss)

(1) 정의

전손이란 보험의 목적이 전부 멸실된 경우를 말하며, 전손에 대한 보험은 현실전손·추정전손을 포함한다.

(2) 현실전손(Actual Total Loss : ATL)

1) 정의

보험의 목적이 파괴되거나, 보험에 가입된 물건으로서 존재할 수 없을 정도로 손상을 입은 경우 또는 피보험자가 보험의 목적을 박탈당하여 회복할 수 없는 경우를 말한다. 또한, 현실전손은 위부할 것이 없기 때문에 위부의 통지가 필요 없다.

2) 현실전손의 유형

① 실질적인 멸실 : 선박이나 적하 등이 충돌·침몰 등으로 인해 완전히 파괴되어 복구 가능성이 전혀 없는 상태 또는 화재에 의한 전소 등을 말한다.

② 성질의 상실 : 보험의 목적이 심하게 손상되어 부보된 물건으로서의 성질을 상실한 경우를 말한다.

③ 회복 가망이 없는 박탈 : 피보험자가 보험의 목적을 박탈당하여 회복 가능성이 없는 경우를 일컫는다.

④ 선박의 행방불명 : 선박이 행방불명되고, 상당 기간이 경과한 후에도 아무런 소식이 없는 경우 현실전손으로 추정할 수 있다.

(3) 추정전손(Constructive Total Loss : CTL)

1) 정의

보험의 목적의 현실전손을 피할 수 없거나, 보험의 목적의 가액을 초과하는 비용의 지출 없이는 현실전손을 피할 수 없기 때문에 보험의 목적을 합리적으로 포기한 경우를 말한다.

2) 추정전손의 유형

① 선박 · 화물의 점유 상실 : 피보험자가 보험사고로 인해 선박 · 화물의 점유를 상실하여, 회복 가능성이 없거나 회복비용이 회복되었을 때의 가액을 초과하는 경우이다.

② 선박의 손상 : 선박이 손상된 경우, 수리비용이 수리되었을 때의 선박가액을 초과하는 경우를 말한다.

③ 화물의 손상 : 손상의 수리비용과 그 화물의 목적지까지의 운송비용이 도착 시 화물가액을 초과하는 경우를 말한다.

3) 위부

추정전손을 전손으로 처리하기 위해서는 피보험자가 보험의 목적을 보험자에게 위부하여야 하며, 위부를 통지하여야 한다. 만약 위부의 통지를 하지 못하면 손해는 분손으로만 처리할 수 있으며, 위부의 통지가 승낙되는 경우 철회가 불가능하다.

4) 추정전손의 효과

추정전손이 있는 경우 피보험자는 손해를 분손처리하거나, 보험자에게 보험의 목적을 위부하고 전손처리 할 수 있다.

2. 분손(Partial loss)

(1) 정의

분손이란 보험의 목적의 일부에 생긴 손해를 말하며, 전손이 아닌 손해는 모두 분손으로 간주한다.

(2) 단독해손(Particular Average : P/A)

1) 정의

단돈해손이란 보험의 목적 일부의 멸실 · 손상으로 인한 손해 중 공동해손을 제외한 손해를 말하며, 피보험자가 단독으로 부담하는 손해이다.

2) 단독해손의 유형

① 선박의 단독해손 : 수선비 · 연료 등의 손해를 말하며 해수 유입, 선내 화재 등으로 인해 발생한다.

② 적하의 단독해손 : 해수 유입 · 화재에 의한 화물의 분손 등을 말한다.

③ 운임의 단독해손 : 화물의 일부가 멸실 · 손상을 입어 운임의 일부를 받지 못하거나 불필요하게 지급하게 되는 경우를 말한다.

(3) 공동해손(General Average)

1) 정의

보험의 목적이 공동의 안전을 위해 희생되었을 때 그 이해관계자가 공동으로 비례하여 분담하는 손해이다. MIA에서는 "공동해손손해란 공동해손행위로 인한 손해 또는 공동해손행위의 직접적인 결과로 발생하는 손해를 말하며, 공동해손희생 · 공동해손비용을 포함한다"고 규정하고 있다.

2) 성립요건

- 공동의 해상사업이 존재하여야 한다.
- 공동의 위험으로 인해 모든 항해단체에 동일한 영향을 주어야 한다.
- 공동의 안전을 위해 발생한 행위여야 한다.
- 공동해손은 임의적·합리적으로 발생하여야 하며, 조치는 합당해야 한다.

3) 공동해손행위

공동의 해상사업에 있어서 위험에 직면한 재산을 보존하기 위해 이례적인 희생(Extraordinary sacrifice) 또는 비용을 임의적·합리적으로 초래되거나 지출하는 행위를 말한다.

4) 공동해손손해

① 공동해손희생손해(General average sacrifice) : 공동의 안전을 위해 선박·적하의 일부를 희생시킴으로써 발생하는 손해 → 투하·임의좌초 등

② 공동해손비용손해(General average expenditure) : 공동의 위험에 대처하기 위해 선장이나 선주가 이례적으로 지출한 비용손해 → 구조비·자금조달비용·공동해손정산비용 등

③ 공동해손분담금(General average contribution) : 공동해손행위에 의해 구조된 모든 재산의 항해 종료 시에 공동해손에 의해 이익을 얻는 이해관계자가 그 손해액을 공평하게 분담하는 금액

5) 공동해손의 정산

공동해손이 발생하면 그 손해는 이해관계자가 공동으로 분담하는데, 이러한 절차를 공동해손의 정산이라 하며, 정산은 YAR에 따른다(CMI의 요오크 엔트워프규칙).

제3부 비용손해(Expense loss)

1. 개요

비용손해란 보험의 목적이 위험에 처했을 때 손해를 방지하기 위해 부득이하게 지출된 비용을 말한다.

2. 구조비(Salvage Charges : S/C)

(1) 정의

선박이나 적하가 해난을 당한 경우 계약과 관계없이 임의로 이를 구조한 자는 해법상 구조에 관하여 보수를 청구할 수 있는데 이를 구조비라 한다. 이는 보험자가 피보험자 대신 구조자에게 지급한다.

(2) 구조비 청구요건

- 위험의 존재 : 피보험목적물에 실제로 위험이 발생해야 한다.
- 구조된 재산이 있을 것 : 구조행위가 성공해야만 구조비를 청구할 수 있다.
- 제3자에 의한 구조일 것 : 선박의 사관 및 일반선원은 구조비를 청구할 수 없다.

(3) 손해방지비용과의 구분

구분	구조비	손해방지비용
공통점	비용손해	
행위의 주체	피보험자 · 대리인 등을 제외한 제3자	피보험자 · 그의 대리인
보상한도	보험금액을 한도로 보상	보험금액 초과 시에도 보상
구조 성공 여부	구조행위 성공 시에만 보상	구조행위 실패 시에도 보상
전손 발생	구조비 미지급	전손보험금과 손해방지비용 모두 지급

3. 손해방지비용(Sue and labour charge)

(1) 정의

보험사고 발생 시 손해를 방지 · 경감하기 위해 피보험자 · 그의 대리인이 합리적으로 지출하는 비용을 의미하며, 모든 경우에 있어서 손해를 방지 · 경감할 목적으로 합리적인 조치를 것은 피보험자와 그의 대리인의 의무이다.

(2) 보상한도

손해방지비용은 손해방지의무에 의해 지출된 비용이므로 특약이 없어도 보험자가 부담하고, 물적 손해 등 다른 손해에 대한 보상액과 손해방지비용의 합계액이 보험금액을 초과하는 경우에도 보험자가 부담한다.

(3) 보상요건

- 합리적으로 지출된 비용일 것
- 손해방지행위의 주체는 피보험자나 그의 대리인일 것
- 보험자가 보상하는 손해를 방지 · 경감하기 위한 비용일 것
- 피보험위험이 실제로 발생 또는 작용하고 있을 것
- 손해방지약관이 있을 것

4. 특별비용(Particular charges)

(1) 정의

특별비용이란 보험의 목적의 안전 · 보존을 위해 피보험자가 지출한 비용으로서, 공동해손과 구조비 이외의 비용을 말하며, 특별비용은 단독해손에 포함되지 않는다.

(2) 보상한도

손해방지비용은 보험금액을 초과해도 보상해주지만, 특별비용은 보험금액 한도로 보상한다.

C/h/e/c/k 배상책임손해

피보험선박이 타선과 충돌하여 발생한 물적 손해는 물론, 선주 및 화주에 대해 피보험자가 책임져야 하는 손해배상금을 보험자가 담보해주는 손해를 말한다.

제1부 대위(Subrogation)

1. 개요

- 대위란 보험자가 보험사고로 인한 손해를 피보험자에게 보상하는 경우, 지급한 보험금의 한도 내에서 피보험자가 보험의 목적이나 제3자에 대하여 가지는 권리를 법률상 취득하는 것을 말한다.
- 대위는 보험자가 피보험자에게 보험금을 지급한 때 성립된다.

2. 목적

대위의 목적은 피보험자가 보험금을 지급받고도 보험의 목적에 잔존하고 있는 권리나 제3자에 대한 손해배상청구권을 갖고 있는 경우, 피보험자의 부당이득을 방지하는 데 있다. 또한, 보험자는 대위를 통하여 자신이 지급한 보험금 이상을 회수하는 경우 그 차액을 피보험자에게 반환하여야 한다.

3. 종류

(1) 보험의 목적에 대한 대위(잔존물대위)

보험의 목적의 전부가 멸실한 경우 보험금의 전부를 지급한 보험자가 그 목적에 대한 피보험자의 권리를 취득하는 것을 말하며, 일부보험의 경우 보험금액의 보험가액에 대한 비율에 따라 그 권리를 취득하게 된다.

(2) 제3자에 대한 대위(구상권대위)

손해가 제3자의 행위로 인해 발생한 경우, 보험자는 지급한 보험금의 한도 내에서 제3자에 대한 피보험자의 권리를 취득한다. 이는 피보험자가 보험금의 청구와 손해배상청구권을 동시에 행사하여 얻는 부당이득을 방지하려는 것이다.

제2부 위부(Abandonment)

1. 개요

추정전손이 발생한 경우 피보험자가 보험의 목적에 대한 모든 권리를 보험자에게 양도하고 보험금의 전부를 청구할 수 있는 것을 말한다. 원래 피보험자가 보험금을 청구하기 위해서는 그 손해의 발생을 증명하여야 한다. 그러나 실제로 전손의 가능성이 결정적인 경우에도 그 사실을 증명하기 곤란한 경우 전손을 입증할 수 없어 보험자에게 보험금을 청구할 수 없게 된다. 위부는 이러한 필요에 따라 생기게 되었으며, 해상보험에 있어서의 특유한 제도이다.

2. 위부의 원인

ⓐ 선박·화물의 점유 상실, ⓑ 선박의 손상, ⓒ 화물의 손상이 있으며, 해상보험법 제60조에서는 전손의 발생이 불가피하다고 인정되는 경우나 손해의 정도가 너무 커서 보험의 목적의 가액을 초과하는 비용을 지출하지 않으면 전손을 면할 수 없는 경우에 추정전손이 성립하고 이러한 경우 위부할 수 있는 것으로 규정하고 있다.

3. 위부의 요건

- 무조건이어야 하며, 조건부·기한부로 해서는 안 된다.
- 보험의 목적의 전부에 대하여 하여야 한다(일부보험의 경우 보험금액의 보험가액에 대한 비율에 따라 위부 가능).
- 추정전손이 있어야 한다.

4. 위부의 통지

추정전손을 전손으로 처리하기 위해서는 피보험자가 보험의 목적을 보험자에게 위부하여야 하며, 위부를 통지하여야 한다. 만약 위부의 통지를 하지 못하면 손해는 분손으로만 처리할 수 있다.

5. 위부의 효과

- 보험자 : 보험의 목적에 대한 피보험자의 모든 권리를 취득한다.
- 피보험자 : 추정전손의 요건을 충족함에 따라 보험자에게 보험금 전액을 청구할 수 있다.

SECTION 3 위부와 대위의 비교

1. 공통점

보험사고로 인한 손해가 있고, 피보험자에게 보상하는 경우 행사할 수 있으며, 보험의 목적에 대한 권리가 보험자에게 이전되고 피보험자에게 보험금을 지급하는 제도이다.

2. 차이점

(1) 목적

- 대위 : 피보험자가 보험금을 지급한 보험자에게 보험금의 범위 내에서 권리를 양도하기 위한 것이다.
- 위부 : 위부는 추정전손이 발생한 경우, 이를 전손으로 처리하기 위한 것이다.

(2) 적용 보험

- 대위 : 해상보험을 포함한 모든 손해보험
- 위부 : 해상보험

(3) 적용 손해

- 대위 : 전손·분손
- 위부 : 전손 → 추정전손을 성립시키기 위한 요건이기 때문

(4) 통지 여부

- 대위 : 통지 여부를 불문한다.
- 위부 : 통지하여야 한다.

(5) 효과

- 대위 : 보험자는 보험금을 지급한 범위 내에서 잔존물에 대한 권리와 제3자에 대한 구상권을 취득한다.
- 위부 : 보험자는 보험의 목적에 대한 피보험자의 모든 권리를 취득하며, 피보험자는 보험자에게 보험금 전액을 청구할 수 있다.

핵심 ○/×

01 예정보험(Floating policy)이란 보험계약 체결 시 계약내용의 일부가 확정되어 있지 않은 보험이며, 그 자체는 보험계약의 예약이다. (   )

정답 | ×

02 보험금액(Insured amount)이란 손해발생 시 보험자가 부담하는 보상책임의 최고한도액이며, 보험계약 체결에 있어 보험자와 피보험자 간에 약정된 금액이다. (   )

정답 | ○

03 현실전손(Actual Total Loss : ATL)이란 보험의 목적이 파괴되거나, 보험에 가입된 물건으로서 존재할 수 없을 정도로 손상을 입은 경우 또는 피보험자가 보험의 목적을 박탈당하여 회복할 수 없는 경우를 말한다. 또한, 현실전손은 위부할 것이 없기 때문에 위부의 통지가 필요 없다. (   )

정답 | ○

04 대위(Subrogation)란 보험자가 보험사고로 인한 손해를 피보험자에게 보상하는 경우, 지급한 보험금의 한도 내에서 피보험자가 보험의 목적이나 제3자에 대하여 가지는 권리를 법률상 취득하는 것을 말한다. (   )

정답 | ○

05 위부(Abandonment)란 현실전손이 발생한 경우 피보험자가 보험의 목적에 대한 모든 권리를 보험자에게 양도하고 보험금의 전부를 청구할 수 있는 것을 말한다. (   )

정답 | ×

06 일부보험(Under insurance)이란 보험가액이 보험금액보다 적은 경우이며, 보험계약 체결 시 보험료 절감을 위해 체결하는 경우도 있고 계약 체결 시에는 전부보험이었지만 물가의 등귀로 일부보험이 되는 경우도 있다. (   )

정답 | ×

기출문제

01 협회적하약관 ICC(B)와 ICC(C)에 관한 설명으로 틀린 것은?

① 보험자의 위험부담원칙이 열거책임주의이기 때문에 위험약관에 보험자가 담보하는 위험이 구체적으로 열거되어 있다.

② 열거책임주의임에도 불구하고 일반면책, 불감항 · 부적합면책, 전쟁면책, 동맹파업면책 등의 면책조항이 있다.

③ 파도에 의한 갑판상 유실, 선박 내에 빗물 유입 및 지연에 의한 손실 등은 ICC(B)에서는 담보되나 ICC(C)에서는 보상하지 않는다.

④ 보험의 목적 또는 그 일부에 대해 발생된 여하한 자의 불법행위에 의한 고의적인 손상이나 파괴는 ICC(B)와 ICC(C) 모두 면책위험이다.

정답 | ③
해설 | 지연에 의한 손실은 ICC(C)는 물론 ICC(B)에서도 보상하지 않는 위험이다.

02 해상보험증권의 해석원칙으로 옳지 않은 것은?

① 난외약관은 본문약관에 우선하는 것이 원칙이다.

② 증권에 첨부되는 특별약관은 본문약관과 난외약관에 우선하는 것이 원칙이다.

③ 타자로 기입된 문언은 본문약관과 난외약관에 우선하는 것이 원칙이다.

④ 이탤릭서체로 된 약관은 수기문언에 우선하는 것이 원칙이다.

정답 | ④
해설 | 보험약관의 내용을 해석함에 있어 부동문자의 내용과 수기한 내용이 상치되어 양립하는 경우에는 수기한 내용을 우선하여 해석하여야 한다는 원칙이다.

03 What is suitable for the blank?

> General average is an internationally accepted (   ) dating back to ancient times. Essentially, if one or more interests involved in a maritime adventure voluntarily sacrifices all or part of their goods to save all interests from an impending peril or loss, the interests saved will reimburse the interest suffering the loss so that each shares the loss equally.

① claim principle   ② source of benefit

③ commercial terms   ④ principle of equity

정답 | ④

해설 | • principle of equity : 균등의 원칙
　　　　• General average : 공동해손
　　　　• dating back to ancient time : 오래 전 시기부터

04 Which of the following is MOST likely to be found in the previous letter?

> Pursuant to your instructions dated June 3, we have insured your shipment of 800. cases of Tinned Provisions, marked ABC, shipped at Incheon on board M/S "Hangeul"sailing for San Francisco on June 8, as per the Policy enclosed. We hand you herewith our account for $100,which amount please pass to our account.

① In compliance with your instruction, we have opened insurance for $100. on W.A. terms, inclusive of War Risk terms, with the Safe Insurance Company.

② Please effect the insurance against all risks for SD2,000. on 800. cases of Tinned Provisions, marked ABC, by M/S "Hangeul", sailing from Incheon on June 8. for San Francisco.

③ The best insurance terms available are FPA with Delay and Break-down, which means the delay of the vessel and the breakdown of the vessel's reefer system.

④ With reference to your letter No. 1015, we wish to call your attention to the fact that we do not often figure "All-Risk Insurance" in our CIF prices. We do cover, if needed, and charge our buyers with the additional premium.

정답 | ②

해설 | "Pursuant to your instructions dated June 3, we have insured~"에서 파악할 수 있듯이 보험 부보를 요청하는 내용이 있어야 한다.
　　　　• W.A. terms : 분손담보, 협회적하약관(ICC) 구약관에 의한 부보조건의 하나이다.

CHAPTER 09

무역계약의 종료 및 무역클레임과 상사중재

SECTION 1 | 무역계약의 종료

제1부 개요

1. 개요

무역계약의 종료란 일정한 사유로 인해 무역당사자 간의 계약관계가 종료되는 것을 말하며, 계약당사자는 매매계약상의 의무에서 해방된다. 무역계약은 당사자 간의 합의 · 기간만료 · 이행불능 · 계약위반 등을 이유로 종료된다. 계약이 정상적으로 이루어지지 않은 경우 계약위반을 근거로 클레임을 제기하기도 하며, 당사자 간 분쟁으로 확대되기도 한다.

2. 무역계약의 소멸사유

이행에 의한 소멸	계약상의 의무가 완전히 이행되었을 때 계약은 소멸
합의에 의한 소멸	• 당사자 간의 합의에 의하여 계약이 소멸 • CISG 제29조에서는 "계약은 당사자 쌍방의 단순한 합의만으로 변경 · 종료될 수 있다"고 규정
법률규정에 의한 소멸	국내외의 강행법규 등에 명시된 사유에 해당되어 강제적으로 계약이 소멸
기간만료에 의한 소멸	무역계약이 유효기간을 정하고 있는 경우에는 그 기간이 만료함에 따라 계약이 소멸
계약위반에 의한 소멸	계약당사자 일방의 귀책사유로 계약위반을 한 경우 그 상대방은 위반당사자에게 계약해제의 의사표시를 함으로써 계약이 소멸
이행불능에 의한 소멸	계약 성립 후 어떠한 사유에 의해 계약 이행이 불가능하게 되었을 때 계약이 해제됨으로써 그 계약은 자동적으로 소멸

제2부 계약위반 및 당사자의 구제

1. 개요

계약위반이란 계약당사자 일방의 귀책사유로 인하여 계약 및 그 준거법에 적합한 이행을 하지 않는 것을 말한다. CISG에서는 본질적인 계약위반이 있는 경우에는 계약을 해제시킬 수 있다고 규정하고 있다.

2. 계약위반의 유형

(1) 이행지체

이행지체란 당사자가 계약을 이행할 수 있음에도 불구하고 이행 기간에 이행하지 않고 고의 · 과실에 의하여 이행을 태만히 하는 것을 말한다.

(2) 이행거절

이행거절이란 계약당사자가 자신의 의무를 이행하지 않겠다는 의사표시를 하는 것을 말한다. 이행거절은 이행시기의 도래 전이나 후에도 성립할 수 있으며, 이행거절의 의사가 명확하게 표시되어야 한다.

(3) 불완전이행

불완전이행이란 계약의 이행은 이루어졌지만, 그 이행의 정도가 불완전한 경우를 말한다. 이 경우 하자보완을 청구하거나, 대체품 인도를 청구할 수 있다.

(4) 이행불능

1) 개요

이행불능이란 계약 성립 이후 물품의 소유권이 매수인에게 이전되기 전에 양 당사자의 과실에 의하지 않고 법적으로 이행이 불가능하게 되거나, 이행이 요구되는 상황이 계약체결 시 예상했던 것과 전혀 달라 이행할 가치가 없게 된 경우를 말한다.

2) 이행불능의 유형

① 원시적 이행불능 : 계약 성립 시에 이미 이행불능이 된 경우를 말하며, 이 경우 계약 자체가 무효이다.

② 후발적 이행불능 : 후발적 이행불능은 ⓐ 어느 한 당사자의 귀책사유에 의한 경우와 ⓑ 어느 당사자에게도 귀책사유가 없는 경우로 구분된다. 계약위반과 관련하여 문제가 있는 경우는 ⓐ에 의해 이행불능이 되는 경우이며, 피해당사자는 귀책사유가 있는 상대방에게 손해배상을 청구하거나 계약을 해제할 수 있다.

C/h/e/c/k 프러스트레이션(Frustration)

1. 정의

① 당사자 자신의 귀책사유 없이 계약 성립의 기초가 되었던 상황이 후발적으로 변경됨으로써 계약은 자동적으로 소멸하고, 양 당사자는 계약상의 모든 의무로부터 면책되는 원리

② 매매 당사자의 고의나 과실 없이 발생한 후발적 사정으로 계약이 해제됨으로써 당사자가 추구했던 계약 목적이 좌절되는 법리(⑩ It occurs only where, subsequent to the conclusion of the contract, a fundamentally different situation has unexpectedly emerged.)

2. 성립요건

① 계약목적물의 멸실 : 계약체결 후 계약목적물의 실질적인 멸실 또는 파손으로 계약이행 자체가 불가능할 경우 성립된다.

② 후발적 위법 : 전쟁의 발발 등 계약체결 후 발생한 사건으로 계약의 이행이 위법이 되면 성립된다.

③ 사정의 본질적 변화 : 계약당사자들이 계약체결 당시 계약체결 후의 변화된 상황을 예측했더라면 계약이 성립되지 않았을 것으로 인정되는 사건이 발생한 경우 성립된다.

④ 당사자의 사망 : 당사자의 사망으로 인해 계약의 이행이 불가능하게 된 경우 성립한다.

3. 효과

① 계약의 소멸

프러스트레이션이 성립되면 계약은 자동적으로 소멸되어, 양당사자의 의무를 면제시킨다. 이러한 점에서 프러스트레이션은 피해당사자가 계약의 소멸여부를 결정할 수 있는 계약위반과는 상이하다고 할 수 있다.

② 장래의 계약이행 면제

프러스트레이션은 계약을 소급하여 소멸시키는 것이 아니라 성립과 동시에 소멸하므로 장래의 계약이행만을 면제시킨다.

---

4. 방지방안

(1) 불가항력 조항(Force majeure Clause)
- 당사자가 계약체결 시 불가항력조항을 명시적으로 삽입하여 대비할 수 있다.
- 프러스트레이션과 불가항력의 사유가 발생할 경우에는 계약이행이 불가능한 점이 공통점이다.
- 전자는 계약 자체를 소멸시키지만, 후자는 계약조건의 불이행에 따른 면책을 인정한다.
- 서로 본질적인 역할은 같고 상호보완이 된다.

(2) 하드십 조항(Hardship clause)
- 계약소멸은 원하지 않고, 계약이행은 하고 싶은 경우로 이와 같은 상황에 부응하기 위하여 계약서에 하드십 조항을 설정한다.
- 가격조정, 시간의 연장 등 사정 변경이 발생한 경우 원래의 약정사항을 당사자의 우호적인 타협에 의하여 계약을 이행하고자 하는 취지로 사정 변경에 능동적으로 대응하기 위한 조항이다.

구분	프러스트레이션	불가항력
공통점	계약이행 불능	
형성법리	일반계약법에 의해 형성된 법리(영미법)	당사자 자치원칙에 의한 계약조항(대륙법)
적용	무조건 적용(사안에 따라 배제 가능)	명시규정으로 배제 가능
계약에 대한 효과	계약 자체를 소멸	① 계약조건 불이행에 따른 면책 인정 ② 계약이행기간 연장
관계	본질적 역할은 같고, 상호보완적(프러스트레이션 법리만을 가지고 이행불능에 대한 대응이 어렵기 때문에 불가항력 조항을 삽입)	

제3부 CISG상 계약위반 시 당사자의 권리구제

1. 개요

구제(Remedy)란 일정한 권리가 침해되는 경우 그러한 침해를 방지·시정하거나 보상하게 하는 것을 말한다. 우리나라는 CISG 체약국이기 때문에 일반적인 경우 CISG에서 정한 권리구제 수단을 활용할 수 있다.

2. 매수인의 구제방법

매도인이 계약 또는 CISG에서 규정한 의무를 이행하지 않는 경우, 매수인은 자신의 권리를 구제하기 위해 ⓐ 특정이행청구권, ⓑ 대체품인도청구권, ⓒ 하자보완청구권, ⓓ 추가기간설정권, ⓔ 계약해제권, ⓕ 대금감액청구권, ⓖ 조기인도 및 수량초과분 거절권, ⓗ 손해배상청구권 등의 권리를 행사할 수 있다.

3. 매도인의 구제방법

매수인이 계약 또는 CISG에서 규정한 의무를 이행하지 않은 경우, 매도인은 자신의 권리를 구제하기 위해 ⓐ 특정이행청구권, ⓑ 추가기간설정권, ⓒ 계약해제권, ⓓ 물품명세확정권, ⓔ 손해배상청구권 등의 권리를 행사할 수 있다.

제1부 개요

1. 개요

클레임(Claim)이란 매매당사자 중 일방이 매매계약 내용을 불이행함으로써 상대방에게 손해를 입힐 때 손해를 입은 당사자가 상대방에 대하여 손해배상을 청구하는 것을 말한다. 무역계약당사자는 계약 내용과 준거법에 적합한 이행을 하지 않는 경우 그로 인해 상실한 권리의 구제 및 손해배상 등을 위하여 클레임을 제기한다.

2. 무역클레임의 원인

(1) 직접적인 원인

1) 계약의 성립

계약의 성립요건인 청약과 승낙의 과정에서 유효하게 계약을 성립시키는지의 여부에 대하여 분쟁이 발생할 수 있으며, 이는 클레임의 원인이 될 수 있다.

2) 계약의 내용

매매계약의 내용이 불충분하면 클레임이 생기기 쉽다. 따라서 계약체결 시 금액·수량·단가·클레임조항·중재조항 등에 관한 명백한 합의가 필요하다.

3) 계약이행

계약의 이행 과정에서 품질불량·수량부족·대금지급거절 등의 요인이 클레임의 직접적 원인이 될 수 있다.

(2) 간접적인 원인

- 언어의 차이에 따른 의사소통의 문제
- 상관습과 법률에 의한 차이
- 신용조사의 미비로 선정된 상대방의 대금결제능력·도덕성의 결여 등
- 상대국 법규에 대한 무지

제2부 무역클레임의 종류 및 청구내용

1. 무역클레임의 종류

(1) 클레임 발생 원인에 따른 분류

무역클레임은 일반적으로 품질불량(Inferior quality), 규격상이(Different specification), 등급저하(Inferior grade), 손상(Damage), 변질(Deterioration), 변색(Discoloration) 등이 있다.

(2) 클레임 성격에 따른 분류

1) 일반적 클레임

무역거래를 수행하는 과정에서 매매당사자 간에 어느 일방의 과실이나 태만에 따라 계약을 위반하였을 때 발생되는 클레임을 말한다.

2) 마켓클레임(Market claim)

무역계약 성립 후 물품의 시세가 하락하여 손해를 입을 것으로 예상될 때 평소 같으면 클레임의 대상이 되지 않을 경미한 과실을 감가의 구실로 제기하는 클레임이다.

> ⓔ Non-L/C 베이스인 경우 대금지급을 거부하겠다고 위협할 가능성이 있기 때문에 거래 전 철저한 신용조사가 중요하다.

3) 계획적 클레임

매매당사자의 고의에 의한 클레임을 말한다.

2. 무역클레임의 청구내용

무역클레임의 청구내용은 금전의 청구, 금전 이외의 방법에 의한 손해배상의 청구 또는 양자를 합해서 청구하는 것으로 구별할 수 있다.

(1) 금전의 청구

ⓐ 대금지급거절, ⓑ 대금감액요청, ⓒ 손해배상청구, ⓓ 해약변상금 청구 등이 있다.

(2) 금전 이외의 청구

ⓐ 물품의 인수거절, ⓑ 대체품청구, ⓒ 계약이행청구, ⓓ 잔여계약의 해제, ⓔ 부족분의 추가 송부 등이 있다.

(3) 금전의 청구와 금전 이외의 청구를 합하여 클레임을 청구

예를 들어, 대체품을 송부하되 현지의 수요자에 대한 인도지연에 따른 과징금을 손해배상금으로 함께 청구하는 것 등이다.

제3부 무역클레임의 제기 및 처리방안

1. 무역클레임의 제기

(1) 개요

손해를 입은 당사자는 상대방에게 자신이 상실한 권리의 구제 및 손해배상 등을 위해 클레임을 제기한다. 클레임의 제기 기간은 가급적 계약에 정확하게 명시하여 계약내용에 따라 제기하는 것이 바람직하다.

(2) 클레임 제기 기간

1) 개요

클레임 제기 기간은 "클레임을 제기할 수 있는 권리의 행사기간"으로서 매매계약상의 클레임조항(Claim clause)에 따라 결정되지만, 계약서에 이를 명시하지 않은 경우에는 계약의 준거법에 따라 결정된다.

2) 약정기간이 있는 경우

당사자 간 계약에서 약정한 클레임 제기 기간이 있는 경우 그 기간 내에 클레임을 제기하여야 하며, 기간 내에 제기하지 못하면 클레임 제기권을 상실한다.

3) 약정기간이 없는 경우

당사자 간 계약에서 클레임 제기 기간에 관하여 특별한 약정이 없는 경우, 계약에서 적용되는 준거법에 따라 클레임의 제기 기간이 결정될 수 있다.

4) 각국의 입법례

우리나라 상법	하자 발견 시 즉시 통지
일본 상법	물품을 즉시 검사하고, 즉시 하자 통지
비엔나 협약(CISG)	단기간 내에 검사하고, 합리적인 기간 내에 하자 통지(2년 이내 소송 제기 의무)
CIF계약에 관한 와르소 옥스퍼드 규칙	합리적인 검사를 하고, 검사 완료 후 3일 이내에 하자 통지
UCC(미국통일상법전)	합리적인 기간 내에 물품검사 및 하자 통지
SGA(영국물품매매법)	합리적인 기간 내에 물품검사 및 하자 통지

2. 무역클레임의 해결방법

(1) 개요

클레임이 제기되면 피제기자가 제기자의 클레임을 수용하고 당사자 간 대화와 의견조율 등의 타협을 통해 해결하도록 노력함이 가장 바람직하나, 당사자 간의 해결이 불가능할 경우 그 해결을 위해 제3자를 개입시켜 알선·조정·중재·소송 등의 방법을 사용하여야 할 수 있다.

(2) 당사자 간 해결방법

1) 클레임의 포기(Waiver of claim)

피해당사자가 상대방에게 클레임을 행사하지 않거나, 제기한 클레임을 스스로 포기하는 것이다.

2) 화해(Amicable settlement)와 타협(Compromise)

클레임의 해결은 가급적 당사자 간에 타협과 화해를 통하여 해결하는 것이 가장 바람직하다.

(3) 제3자에 의한 해결방법(ADR : 알선·조정·중재)

1) 알선(Intermediation)

- 알선기관은 단순한 해결방안이나 조언을 제시할 뿐이며, 당사자들이 알선에 응하지 않으면 해결은 불가능하다. 즉, 쌍방의 협력이 있어야 하며 강제력이 없다.
- 조정·중재와는 달리 형식적인 절차를 요하지 않는다.
- 중재와 다른 점은 비형식적이며, 화해 결과가 법적 보호를 받지 못한다는 점이다.

2) 조정(Conciliation)

양 당사자가 공정한 제3자를 조정인(Conciliation)으로 선임하고 조정인이 제시하는 조정안에 합의함으로써 분쟁을 해결하는 것으로 특징은 다음과 같다.

- 일방의 당사자 마음대로 조정에 붙일 수 없다.
- 당사자는 조정안을 수락할 의무가 없다(수락 여부 결정 가능).
- 법률적 구속력이 없기 때문에 불완전한 해결방법이다.
- 신속하고 적은 비용으로 분쟁해결이 가능하다.
- 조정안이 성립되면 중재판정과 동일한 효력을 갖는다.
- 일정기간 내에 조정이 실패하면 조정절차는 폐기되고 자동적으로 중재절차로 넘어간다.

3) 중재(Arbitration)

당사자 간 합의에 의해 중재인(Arbitrator)을 선정하여, 사법상의 분쟁을 법원의 재판에 의하지 않고 중재인의 판정에 복종함으로써 분쟁을 해결하는 방법으로 특징은 다음과 같다.

- 단심제이므로 분쟁 해결이 신속하며, 경비가 소송에 비해 저렴하다.
- 중재인의 판정에 절대복종하여야 한다.
- 당사자 간 합의가 있어야 한다.
- 중재판정은 법원의 확정판결과 동일한 효력을 가진다.
- 판정은 국제적으로 효력을 미친다.

> **C/h/e/c/k 조정과의 차이점**
>
> 조정은 당사자의 자유의사에 따라서 조정안의 수락 여부를 결정할 수 있으나, 중재는 당사자가 중재판정을 거부할 수 없으며, 이러한 판정은 국제적으로 효력을 미친다. 또한 중재는 1회 판정으로 끝나며 중재에 의뢰한 사건은 소송에 의하여 다룰 수 없다.

> **C/h/e/c/k 영문예시표현**
>
> - A process of dispute resolution in which a neutral third party(arbitrator) renders a decision after a hearing at which both parties have an opportunity to be heard.
> - The process by which parties to a dispute submit their differences to the judgment of an impartial third person or group selected by mutual consent.

4) 소송(Litigation)

법원의 판결에 의해 분쟁을 강제적으로 해결하는 방법이다. 이는 시간과 비용이 가장 많이 소요되므로 극히 예외적인 경우에 한하여 사용된다. 또한 국제거래 시 소송의 효력이 국제적으로 미치지 않아 강제집행 등을 행사할 수 없는 경우가 발생할 수 있는바, 반드시 상대국의 법원에 제소하여야 한다.

> **C/h/e/c/k 영문예시표현**
>
> Legal action, including all proceedings therein. Contest in a court of law for the purpose of enforcing a right or seeking a remedy.

구분	소송	중재
대상	민사 · 형사 · 행정 등 모든 분쟁	당사자가 처분할 수 있는 사법상의 모든 분쟁
요건	당해 법원인 관할권을 가질 것	당사자 간 서면에 의한 중재합의
효력	구속력, 형식적 확정력, 집행력, 형성력	법원의 확정판결과 동일한 효력
신속성	복잡한 절차와 3심제로 인해 오랜 시일이 소요	단심제로서 절차가 간단하고 분쟁이 신속히 종결됨
비용	변호사보수, 인지대 등 많은 비용	단심제이므로 한 번의 중재비용 지출로 족하며, 변호사를 선임하지 않아도 되기 때문에 소송에 비해 저렴함
공개성	공개주의가 원칙이므로, 영업상 비밀 등이 외부에 누설될 위험이 있음	비공개주의이며, 비밀이 보장됨
국제적인 효력	재판은 국가공권력의 발동이므로 국제적으로 효력 없음	뉴욕협약에 의해 외국중재판정의 승인 및 집행이 용이함
상소제도	있음	없음(단심제)

제1부 개요

1. 개요

중재란 사법상의 분쟁을 법원의 판결에 의하지 아니하고, 당사자 간의 합의로 사인인 제3자, 즉 중재인(Arbitrator)에게 부탁(Refer)하여 구속력이 있는 판정(Award)을 구함으로써 최종적인 해결을 기하는 방법을 말한다. 한국의 중재법은 "이 법은 중재에 의하여 사법상의 분쟁을 적정·공평·신속하게 해결함을 목적으로 한다"고 규정하고 있다.

2. 중재제도의 장단점

(1) 장점

1) 자주적 분쟁해결 방식(Voluntary reference)

중재는 원칙적으로 중재계약으로부터 중재판정에 이르는 모든 절차를 당사자의 합의로 결정할 수 있는 자주적 분쟁해결방식이다.

2) 신속성

소송은 복잡한 절차와 3심제로 인해 오랜 시일이 소요되나, 중재는 단심제로서 절차가 간단하고 분쟁이 신속히 종결된다.

3) 저렴한 비용

소송은 변호사 비용 등 많은 비용이 소요되지만, 중재는 단심제이므로 한 번의 중재비용 지출로 족하며, 변호사를 선임하지 않아도 되기 때문에 소송에 비해 저렴하다.

4) 절차의 비공개

소송은 공개주의가 원칙이므로 영업상 비밀 등이 외부에 누설될 위험이 있으나, 중재는 비공개주의이며 비밀이 보장된다.

5) 중재인의 전문성

국제상거래는 상관습에 지배를 받는 경우가 많으므로 일반법만 전공한 법관보다 상거래와 관습에 정통한 중재인에게 판정을 맡기는 것이 현실적이고 합리적일 수 있다.

6) 국제적인 효력

재판은 국가공권력의 발동이므로 국제적으로 효력을 미칠 수 없으나, 중재는 뉴욕협약 등에 의해 외국중재판정의 승인 및 집행이 용이하다.

7) 평화적 분위기

중재는 상호 간 합의를 바탕으로 평화적 분위기에서 진행된다.

(2) 단점

1) 법률문제

중재인이 전문 분야가 아닌 법률문제를 판정할 경우, 판정 결과의 불완전성을 초래할 수 있다.

2) 상소제도의 결여

중재는 판정을 취소할 만한 중대한 결함이 없는 한 판정에 대한 불복신청이 인정되지 않는다.

3) 법적 안정성 결여

동일 사건도 중재인에 따라 다른 판정이 가능하므로 법적 안정성이 결여될 수 있다.

4) 양 당사자 주장의 절충

중재인은 법관과 같이 강제처분권이 없고, 판정 기간이 짧기 때문에 안일한 절충주의에 의해 판정을 내리는 경우가 있다.

5) 강제성 결여

소송의 경우 판사에게는 법률에 의해 각종 권한이 부여되어 있으나, 중재인에게는 아무런 강제적인 권한이 없다. 즉, 증거 조사에 있어 증인 및 감정인이 응하지 않을 경우 중재인은 법원의 협력을 구할 수밖에 없다.

제2부 중재합의(중재계약, Arbitration agreement)

1. 정의

계약상의 분쟁인지의 여부에 관계없이 일정한 법률관계에 관하여 당사자 간에 이미 발생하였거나 장래에 발생할 수 있는 분쟁의 전부 · 일부를 중재에 의해 해결하도록 하는 당사자 간의 합의를 말한다.

2. 대상

사법상의 법률관계, 특히 "당사자가 처분할 수 있는 법률관계에 관하여 현재 발생하여 있거나 또는 장래에 발생할 분쟁의 일부 또는 전부"를 그 대상으로 한다.

3. 중재계약의 방법

분쟁을 중재로 해결하기로 하는 당사자 간의 합의는 서면으로 작성되어야 하며, 단순한 구두합의는 인정되지 아니한다.

(1) 계약서상 중재조항의 삽입방법

매매계약서상에 만일 본 계약과 관련하여 분쟁이 발생되면 중재로 해결한다는 취지로 설정하는 것을 말한다.

(2) 독립문서에 의한 중재계약방법

독립문서에 의한 중재계약방법은 매매당사자의 계약서상에는 중재조항을 삽입하지 아니하고, 별도의 양식에 의거 독립계약(Seperate agreement) 또는 중재부탁합의서(Submission to arbitration)를 작성하는 것을 말한다.

4. 중재계약의 요건

- 중재계약은 당사자가 능력이 있으며, 중재 의사에 하자가 없고, 계약내용이 가능 · 확정 · 적법하고 사회적 타당성이 있어야 성립한다(뉴욕협약 제5조).
- 중재실무에서는 중재지 · 중재기관 · 준거법 3가지 유효요건을 갖추어야 유효한 중재계약이 될 수 있다.

중재지(place of arbitration)	중재절차 및 중재판정이 행하여지는 국가 또는 지역을 말하며, 계약자치의 원칙에 따라 당사자가 중재지를 약정할 수 있다.
중재기관(Arbitral Institution)	중재조항 또는 중재부탁합의서에 중재기관의 명칭을 명백하게 특정하여야 한다.
준거법(Applicable Law)	실체법(민법, 상법)보다는 절차법인 중재법 및 중재규칙을 의미한다. 중재는 본질상 분쟁당사자가 모든 절차를 중재계약 또는 기타특약으로 미리 약정할 수 있으며, 이러한 약정은 준거법의 규정보다 우선하여 적용된다.

5. 중재계약의 효력

(1) 직소 금지의 효력

중재계약이 있는 경우 법원에 소송을 제기할 수 없다. 다만, 중재계약이 무효·효력상실·이행불능의 상태에 있는 경우에는 그렇지 않다(중재법 제9조).

(2) 국제적 효력

서면으로 된 중재합의는 뉴욕협약에 따라 승인 및 집행이 인정된다(뉴욕협약 제2조).

(3) 재산 보전처분권

중재계약의 당사자는 중재절차의 개시 전 또는 진행 중에 법원에 보전처분을 신청할 수 있다(중재법 제10조).

제3부 중재의 절차

1. 개요

중재법의 강행규정에 반하는 경우를 제외하고, 당사자들은 중재 절차에 관하여 합의할 수 있으며, 합의가 없는 경우에는 중재판정부가 적절한 방법으로 중재 절차를 진행한다.

2. 중재신청

- 중재를 신청하고자 할 때에는 대한상사중재원에 중재합의서·중재신청서·서증 등을 제출하여야 한다.
- 중재원은 중재요청서를 접수하고 양 당사자에게 통지하며, 피신청인은 접수통지 수령일로부터 국제중재는 30일, 국내중재는 15일 이내에 답변서를 제출해야 한다.

3. 조정

조정이 개시되면 중재원에서 1인 또는 수인의 조정인을 신청한 후 조정안을 제시하게 되며, 조정인이 선정된 날로부터 30일 이내에 조정이 성립되지 않으면 조정절차가 종료되고 중재절차가 개시된다. 조정이 성립하면 그 효력은 중재판정의 효력과 동일하며, 법원의 확정판결과 동일한 효력을 갖는다.

4. 중재지

중재지란 중재절차·중재판정이 행하여지는 국가·지역을 말한다. 중재지는 당사자 간의 합의로 정하며, 합의가 없는 경우 중재판정부가 정한다.

5. 중재인의 선정

중재인이란 당사자의 합의로 중재판정을 내리는 권한이 부여된 사인인 제3자를 말하며, 중재인을 선정하는 방법은 당사자가 직접 선정하는 방법과 중재판정부가 선정하는 방법이 있다.

6. 심리

- 중재심리의 일시·장소·방식은 중재판정부가 결정한다.
- 사무국은 심리 일시와 장소의 결정을 심리개시일 기준으로 10일(국내)·20일(국제) 전까지 당사자에게 통지해야 한다.

제4부 중재판정

1. 정의

중재판정(Award)이란 중재계약의 당사자가 부탁한 분쟁의 해결을 위하여 중재인이 내리는 최종적인 결정(Final decision)을 말한다. 중재판정은 양 당사자를 구속하기 때문에 공평하고 정당하면서 확정적으로 판정되어야 한다.

2. 중재판정의 기간

중재판정부는 당사자 간 별도 약정이 없는 한 심리종결일로부터 30일 이내에 판정하도록 규정하고 있다.

3. 중재판정의 형식

- 서면으로 작성 : 중재판정은 서면으로 작성되어야 한다.
- 판정언어 : 원칙적으로 한국어로 작성하지만 당사자의 요구가 있거나 중재인 중 외국인이 있을 때에는 한국어와 영어를 병용할 수 있다.

4. 중재판정의 효력

(1) 국내적 효력

중재판정은 당사자 간에 있어서 법원의 확정판결과 동일한 효력을 가진다. 즉, 판정 후에는 판정을 고치거나 번복할 수 없다. 중재판정에 불복하고자 하는 경우에는 법원에 중재판정 취소의 소를 제기하는 방법으로만 할 수 있다.

(2) 국제적 효력

중재판정의 승인 및 집행에 관한 각국의 상이한 법제를 통일하기 위해 뉴욕협약이 채택되어 체약국 간에는 외국중재판정의 승인 및 집행이 보장되었다.

5. 중재판정의 취소

다음과 같은 경우에는 중재판정 취소의 소를 제기할 수 있다.

- 중재합의의 당사자가 준거법에 의하여 중재합의 당시 무능력자이거나 중재합의가 무효인 사실
- 중재인의 선정 또는 중재 절차에 관하여 적절한 통지를 받지 못하였거나, 변론을 할 수 없었던 사실

- 중재판정이 중재합의 대상이 아닌 분쟁을 다룬 사실
- 중재판정의 구성 또는 중재 절차가 당사자 간의 합의에 의하지 않거나, 중재법에 따르지 아니하였다는 사실

제5부 외국중재판정의 승인과 집행

1. 외국중재판정의 승인과 집행

(1) 개요

뉴욕협약상 외국중재판정의 효력은 승인 및 집행의 거부사유가 없으면 우리나라에서 자동적으로 인정된다. 승인(Recognition)이란 우리 법원이 외국중재판정에 대해 적법하게 내려진 것으로서 그 효력을 인정하는 것이며, 집행(Enforcement)이란 중재판정에서 이긴 자가 중재판정의 내용을 법적으로 실현시키는 행위이다.

(2) 승인과 집행의 요건

- 중재계약이 뉴욕협약의 적용범위 내에 들어가야 한다.
- 분쟁이 일정한 법률관계에 관련하여 발생하되, 동 분쟁은 중재계약의 범위 내에 있어야 한다.
- 중재계약의 서면성 요건이 구비되어야 한다.
- 중재계약이 무효·실효·이행불능이 되지 않아야 한다.
- 외국판정의 승인·집행이 그 국가의 공공질서에 반하지 않아야 한다.

(3) 승인과 집행의 효과

외국중재판정의 승인·집행의 청구인은 중재합의서·중재판정문을 집행국의 해당 법원에 제출하면 입증책임이 면제된다. 승인·집행의 절차는 집행판결을 구하는 소의 제기에 의하여 개시되고 집행판결을 받음으로써 승인·집행이 가능하게 된다.

2. 뉴욕협약(1958)

(1) 개요

뉴욕협약이란 1958년 뉴욕에서 채택된 "외국중재판정의 승인 및 집행에 관한 UN협약"을 말한다. 이는 국제적인 분쟁의 해결을 위해 중재인에 의하여 중재판정이 내려진 경우 판정국 이외의 국가에서 승인받아 집행할 수 있도록 하는 것을 주된 내용으로 하는 협약이다.

(2) 적용범위(제1조)

- 뉴욕협약은 외국중재판정에 대해서 적용된다. 외국중재판정이란 집행국 이외의 국가에서 내려진 판정과 집행국에서 국내판정이라고 인정하지 않는 판정을 말한다.
- 어느 국가든지 상호주의를 근거로 다른 체약국에서 내려진 판정에 한하여 협약을 적용할 것을 선언할 수 있다.
- 체약국의 국내법상 상사적이라고 인정되는 경우의 분쟁에 한하여 협약을 적용한다고 선언할 수 있다.
- 중재계약·중재합의에도 적용된다.

(3) 중재판정의 승인과 집행(제3조)

모든 체약국은 중재판정의 승인과 집행이 요구된 국가의 법절차에 따라 중재판정을 구속력 있는 것으로 승인하고 이를 집행하여야 한다.

(4) 승인과 집행의 거부사유

1) 집행피신청인의 주장 · 입증사유(제5조 제1항)

중재판정의 승인과 집행은 다음의 증거를 제출하는 경우에 한하여 거부될 수 있다.

- 중재합의의 당사자가 준거법에 따라 무능력자이거나 중재합의가 무효인 경우
- 집행피신청인이 중재인의 선정 · 중재 절차에 관하여 적절한 통지를 받지 아니한 경우
- 중재인이 권한을 초과하거나 중재에 의하지 않아야 할 사항에 대하여 판정한 경우
- 중재판정부의 구성이나 중재 절차가 당사자 간의 합의와 합치하지 않거나, 합의가 없는 경우 또는 중재지의 법령에 합치하지 않는 경우
- 중재판정이 이루어진 국가의 법에 따라 중재판정이 당사자에게 아직 구속력이 없거나 취소 · 정지된 경우
- 판정의 승인이나 집행이 그 국가의 공공질서에 반하는 경우

2) 집행국 법원의 직권판단 사유(제5조 제2항)

분쟁의 대상이 집행국의 법에 의하면 중재에 의해 해결할 수 없는 경우, 중재판정의 승인 · 집행이 집행국의 공공질서에 반하는 경우에는 중재판정의 승인과 집행을 거부할 수 있다.

핵심 ○/×

01 무역클레임 해결방안 중 알선(Intermediation)의 경우 알선기관은 단순한 해결방안이나 조언을 제시하며, 강제력이 있다. ( )

정답 | ×

02 중재(Arbitration)란 사법상의 분쟁을 법원의 판결에 의하지 아니하고, 당사자 간의 합의로 사인인 제3자, 즉 중재인(Arbitrator)에게 부탁(Refer)하여 구속력이 있는 판정(Award)을 구함으로써 최종적인 해결을 기하는 방법을 말한다. ( )

정답 | ○

03 조정(Conciliation)이란 양당사자가 공정한 제3자를 조정인(Conciliation)으로 선임하고, 조정인이 제시하는 조정안에 합의함으로써 분쟁을 해결하는 것을 말한다. ( )

정답 | ○

04 Force Majeure Clause란 당사자 자신의 귀책사유 없이 계약 성립의 기초가 되었던 상황이 후발적으로 변경됨으로써 계약은 자동적으로 소멸하고, 양당사자는 계약상의 모든 의무로부터 면책되는 원리를 말한다. (   )

정답 | ×

05 마켓클레임(Market claim)이란 무역계약 성립 후 물품의 시세가 하락하여 손해를 입을 것으로 예상될 때 평소 같으면 클레임의 대상이 되지 않을 경미한 과실을 감가의 구실로 제기하는 클레임이다. (   )

정답 | ○

06 중재판정은 단심제에 의하므로 판정내용에 불복하는 경우에는 다른 나라를 통해서 다시 중재를 신청하여야 한다. (   )

정답 | ×

기출문제

01 Choose the one which has the inappropriate part.

> 당사자의 일방이 범한 계약위반이 그 계약하에서 상대방이 기대할 권리가 있는 것을 실질적으로 박탈할 정도의 손해를 상대방에게 주는 경우가 근본적 위반이다. 다만 위반한 당사자가 그러한 결과를 예견하지 못하였으며, 또한 동일한 종류의 합리적인 자도 동일한 사정에서 그러한 결과를 예견할 수가 없었던 경우에는 그러하지 아니한다.

① A breach of contract committed by one of the parties is fundamental

② if it results in such detriment to the other party as substantially to deprive him of what he is entitled to expect under the contract,

③ unless the party of breach did not foresee and

④ a reasonable person of the same kind in the same circumstances would not have foreseen such a result.

정답 | ③
해설 | unless the party of breach did not foresee = if the party did forsee→ 예견하지 못하여야 하는데 반대로 표시되었다.

02 중재제도를 설명한 것으로 옳지 않은 것은?

① 중재는 판단기준이 명료하여 결과를 예측하는 데 소송보다 유리하다.

② 중재판정부는 제한된 권한으로 실체적 진실을 발견하는 데 부족하다.

③ 국내중재판정의 승인과 집행을 위하여는 새로운 절차를 밟아야 하므로 판결에 비하여 집행의 가능성이 감소한다.

④ 다수 당사자 간의 분쟁을 일거에 해결하는 데 소송절차보다 어렵다.

정답 | ①

해설 | 중재는 다양한 전문가가 담당하므로 각자의 주관에 따라 결과가 다르게 나올 가능성이 있고, 법률적으로 전문적이지 못한 경우도 있을 수 있다.

03 평소에는 무역클레임의 대상이 되지 않을 경미한 과실을 감가의 구실로 제기하는 클레임으로 가장 적합한 것은?

① 일반적 클레임　　　　　　　　② 마켓클레임

③ 계획적 클레임　　　　　　　　④ 간접적 클레임

정답 | ②

04 Read the following, and answer the questions.

> Dear Mr. Joo,
>
> The billing discrepancy between us and supplier XYZ seems to have reached an impasse. XYZ claims that we owe $14,000. for merchandise that was drop-shipped to various stores across the country. Our records, however, show that we only received $8,000. worth of merchandise.
>
> To resolve this situation, my suggestion is that we split the difference and offer them $3,000, which is half of the _6,000. discrepancy.
>
> May I have your approval to go ahead with this? I would like to get this matter settled by the end of the fiscal quarter.
>
> Regards,

What is the main subject of the letter?

① gap of orders　　　　　　　　② dispute resolution

③ request for discount　　　　　④ transfer of terms of payment

정답 | ②

해설 | dispute resolution → 분쟁해결

05 다음 중재제도에 관한 설명 중 옳지 않은 것을 고르시오.

① 중재계약은 계약자유의 원칙이 적용되는 사법상의 계약이라고 할 수 있다.

② 중재법정은 자치법정이라고 볼 수 있다.

③ 구제제도로서 중재판정취소의 소를 인정하고 있다.

④ 중재심문에는 증인을 출석시킬 수 있으며 선서도 시킬 수 있다.

정답 | ④

해설 | 중재제도의 경우 중재심문에 있어서 증인을 출석시킬 수 있는 강제규정은 없다. 또한 실제로 증인심문이 이루어지는 경우는 드문 편이다. 중재에서의 증인은 법원의 소송에서와는 달리 선서를 하지 않기 때문에 위증의 책임을 지지 않는다.

SECTION 1 개요

제1부 의의 및 분류

1. 의의

- 무역결제서류라 함은 물품에 대한 대금청구서인 상업송장(Commercial invoice)과 물품인도의 증거서류인 운송서류(Transport documents) 등 무역대금결제와 관련하여 사용되는 모든 문서를 총칭하는 말이다.

- 특히, 신용장에 의한 무역대금결제는 물품거래가 아닌 서류거래에 의해 이루어지고 있으며, 대부분의 무역거래도 물품이 아닌 서류(Document)라는 상징에 의해 대금결제가 이루어지고 있다.

- 신용장방식과 추심방식인 D/P · D/A 거래에서는 무역결제서류에 수출상이 환어음(Draft : Bill of exchange)을 발행하고 매입은행을 통하여 발행은행이나 추심은행 앞으로 서류를 송부하게 된다.

- 송금환방식이라 하더라도 대금은 물품선적 전에 선지급(Payment in advance)받지만 수출상은 수입상에게 물품선적 후 수입통관에 필요한 서류를 송부하는 것은 마찬가지이다.

2. 무역결제서류의 분류

무역결제서류는 기본서류로 상업송장, 운송서류*, 보험서류로 구분할 수 있다.

※ 운송서류(Transport documents)란 본선적재(Loading on board), 발송(Dispatch) 또는 복합운송의 경우 수탁(Taking in charge)을 나타내는 서류를 총칭한다.

SECTION 2 상업송장

제1부 의의 및 기능

1. 의의

상업송장(Commercial invoice)이란 수출상이 매매계약의 조건을 적합하게 이행하였음을 수입상에게 증명하는 서류로서 상거래상 선화증권과 함께 필수적인 선적서류로 사용된다. 물품의 거래에 있어서, 국제적으로 행하여지는 경우 매도인이 매수인 앞으로 해당 물품의 특성과 내용명세를 상세하고 정확하게 작성하여 송부하는 선적화물의 계산서 및 내용명세서이다.

2. 기능

선적물품 명세서	• 송장은 선적물품에 대한 명세서 역할을 한다. • 기재사항에서는 상품의 명칭, 종류, 품질, 화인, 수량, 중량, 용적, 단가, 총금액, 송화인, 수화인 등 상품매매에 필요한 사항을 모두 기재해야 한다.
매매물품의 계산서 및 대금청구서	• 매매되는 물품의 계산서 및 대금청구서 역할을 한다. 송장상의 금액은 수출금액을 표시하므로 환어음(Bill of Exchange)의 발행금액과 일치하여야 한다. • 추심결제방식인 D/P 및 D/A 조건에서는 송장 자체가 대금지급청구서의 역할을 하게 된다.
무역금융 담보물 명세서	• 무역금융에서 담보물의 명세를 밝히는 중요한 서류이다. • 수출업자가 발행하는 환어음을 매입은행이 매입할 때나 수입지 거래은행이 수입업자에게 화물대도(Trust Receipt : T/R)를 통해 화물을 인도할 때에도 운송서류에는 송장이 필히 포함되어야 한다.
과세가격산정 기준서류	• 수입업자에게 화물수취 안내서가 되고 수입지 세관에서는 과세가격산정의 필수 서류가 되고 있다. • 종가세(Ad valorem duties)가 적용되는 화물일 때는 송장금액이 과세가격산정의 기준이 된다.

제2부 종류

1. 개요

송장(Invoice)은 그 용도에 따라 상거래용으로 작성되는 상업송장(Commercial invoice)과 영사관이나 세관용으로 작성되는 공용송장(Official invoice)으로 대별할 수 있다.

2. 상업송장(Commercial invoice)

(1) 선적송장(Shipping invoice)

선적된 화물의 명세가 기재된 서류이며, 통상 상업송장이라 하면 이 선적송장을 가리킨다. 즉, 수출자가 계약물품 선적 후 발행하여 환어음, 선적서류 등과 함께 수입자에게 보내게 된다.

(2) 견적송장(Proforma Invoice : P/I)

장차 판매될 화물에 대해 견적용으로 작성되는 것이며, 일반적으로 견적송장은 수입상의 요청으로 수출상이 판매상품에 대한 견적서로서 제시하는 경우가 많다. 또한, 외환사정이 나쁜 일부 동남아시아나 아프리카 국가에서 견적송장을 요구하는 경우가 있는데, 이는 수입허가나 외화배정 등을 받기 위해 요구하는 것이다.

3. 공용송장(Official invoice)

(1) 영사송장(Consular invoice)

수입국이 수입세의 탈세 방지, 수입상의 외화 도피, 수출국의 덤핑(Dumping) 방지, 수입과세가격의 산정 등의 목적으로 송장 기재사항의 정확성에 대해서 수출국 주재 수입국 영사의 증명을 필요로 하는데, 이러한 목적하에 작성되는 것을 말한다.

(2) 세관송장(Customs invoice)

수입지 세관이 수입화물에 대한 관세가격의 기준 결정, 덤핑 유무의 확인, 쿼터 관리, 수입통계 등의 목적으로 요구함으로써 수입상이 수입화물의 통관 시에, 특히 세관용으로 제출하기 위하여 수출상이 작성하는 송장이다.

제1부 선하증권

1. 의의

선하증권(Bill of Lading : B/L)은 해상운송계약에 따라 운송인이 물품을 선적 또는 수취한 사실을 증명하는 증권으로서, 운송인이 동 증권과의 상환으로 물품을 인도할 것을 약정하는 유가증권이다.

2. 선하증권의 기능

- 운송계약의 증거 : 송하인과 운송인 사이에 운송계약을 나타내는 증거서류이다.
- 화물수취증 : B/L에 기재된 물품의 명세·수량·중량 및 상태와 동일한 물품을 수령했다는 화물수취증이며, 운송인은 B/L에 기재된 물품을 인도하여야 한다.
- 권리증권 : B/L 그 자체가 화물에 대한 권리를 나타내는 증권이며, B/L의 정당한 소지인은 운송인에게 화물의 인도를 청구할 수 있고, 화물을 다른 자에게 처분할 수 있는 권리가 있다. 또한, B/L의 인도는 물품의 인도와 같은 효과를 가진다.

3. 선하증권의 종류

(1) 선적선하증권(On board B/L)

화물을 본선에 적재한 후에 발행하는 선하증권으로서, 선하증권상에 "Shipped on Board"와 같이 실질적으로 화물의 선적 완료를 표시하고 있다. 이는 발행일이 선적일이 된다(FOB·CIF는 모두 본선인도를 전제로 하기 때문에 선적선하증권이 적합하다).

(2) 수취선하증권(Received B/L)

운송인이 송하인의 화물을 수취하였음을 증명하는 선하증권을 말한다. 이는 지정 선박이 항 내에 정박 중이거나 아직 입항되지 않았지만 선박이 지정된 경우, 운송인이 물품을 수령하고 선적 전에 발행한 선하증권이다.

(3) 무사고선하증권(Clean B/L)

화물의 상태가 양호하고 수량이 맞아 비고란에 아무것도 기재되지 않은 선하증권을 말한다. 은행은 무고장 운송서류만을 수리한다(UCP 27조).

(4) 사고부선하증권(Foul B/L or Dirty B/L)

선적된 물품의 포장상태의 불완전, 수량부족 등 물품에 이상이 있어 비고란에 사고문언의 표시가 기재되는 선하증권을 말한다. 은행은 사고부B/L을 수리하지 않으며, 이를 수리하기 위해서 수출상은 선박회사에 파손화물보상장을 제출하고 무사고B/L을 교부받을 수 있다.

C/h/e/c/k 파손화물보상장(Letter of Indemnity : L/I)

사고부B/L은 은행이 수리를 거절하므로 수출상에게 대체품이 없거나 원재료의 부족 등으로 사고물품을 그냥 선적해야 할 경우, 수출상이 무사고B/L을 발급받기 위해 선박회사에 제출하는 보증서이다. 즉, L/I란 본선수취증상의 비고란에 기재된 하자로 인해 운송 중 물품이 손상되어 운송인이 수하인에게 손해배상을 하는 경우, 송하인이 운송인에게 손해배상액을 보상하겠다고 약속하는 것을 말한다.

---

(5) 기명식선하증권(Straight B/L)

기명식선하증권이란 B/L의 수하인란에 수하인인 수입상의 이름이 기재된 선하증권을 말한다. 기명식으로 선하증권을 발행한 경우 일반적으로 유통 불능으로 판단하며, 수입상은 원본선하증권의 제시 없이도 화물을 인도받을 수 있다.

(6) 지시식선하증권 (Order B/L)

지시식선하증권이란 B/L의 수하인란에 특정의 수하인명이 개지되지 않고, 단순히 "to Order"·"to Order of Shipper" 등과 같이 지시인(Order)만 기재하여 유통을 목적으로 한 선하증권을 말한다. 선하증권은 일반적으로 지시식선하증권을 사용하며, 수입상의 이름과 주소는 착화통지처란에 기재된다. 또한, 지시식선하증권은 유통 가능하며 배서를 통해 양도가 가능하다.

(7) 유통가능선하증권(Negotiable B/L)

유통가능선하증권이란 서류의 유통이 가능한 선하증권을 말한다. 선박회사는 선하증권 발급 시 일반적으로 원본 3통을 발행하며, 이들 원본을 통해 서류의 양도가 가능하다.

(8) 유통불능선하증권(Non-negotiable B/L)

유통불능선하증권이란 서류의 유통이 불가능한 선하증권을 말한다. 선박회사가 발급하는 원본 이외의 모든 선하증권에는 발급될 때 이미 "Non-negotiable"이라는 도장이 찍혀 발급되기 때문에 이들 사본은 은행에서 수리되지 않는다.

(9) 용선계약부선하증권(Charter party B/L)

용선계약부선하증권이란 일반적으로 선주와 용선계약을 체결한 용선자의 선박에 화물을 운송할 경우 그 용선자가 임차인의 자격으로 발행하는 선하증권을 말한다. 이는 용선계약서를 근거로 발행되기에 완전한 운송계약의 증거서류라고 보기 어렵다.

(10) 정기선선하증권(Liner B/L)

정기선선하증권이란 개품운송계약에서 정기선 선사가 발행하는 일반적인 선하증권이다. 용선계약부선하증권과는 다르게 포괄적이고 구체적으로 발행되는 것이 특징이며, 운송계약의 증거 서류가 된다.

(11) 집단선하증권(Groupage B/L)

운송주선업자가 동일한 목적지로 가는 소량화물(LCL)을 혼재하여 하나의 그룹으로 만들어 선적하면 선사가 운송주선업자에게 발행하는 B/L을 말한다. 이는 집단선하증권, Master B/L이라고도 한다.

(12) 혼재선하증권(House B/L)

운송주선업자가 선사로부터 Groupage B/L을 발급받아 이를 개별 화주들에게 발행해주는 B/L을 말한다.

(13) 해양선하증권(Ocean B/L)

해양선하증권이란 해외운송에 대하여 발행되는 선하증권이다. 즉, 한 나라의 항구에서 다른 나라의 항구까지 운송되는 화물에 대하여 발급되는 선하증권을 말한다.

(14) 내국선하증권(Local B/L)

내국선하증권은 해외운송에 접속하는 국내운송의 경우에 발급되는 선하증권을 말한다.

(15) 정식선하증권(Long form B/L)

정식선하증권이란 선하증권의 필수기재사항과 운송약관이 모두 기재되어 발행되는 선하증권을 말한다. 대부분의 선하증권이 정식선하증권에 해당한다.

(16) 약식선하증권(Short form B/L)

약식선하증권이란 선하증권의 필수기재사항은 전부 기재되어 있으나 상세한 운송조건의 일부·전부를 기재하지 않고 중요한 조건만 발췌한 형식으로 발행하는 선하증권을 말한다.

(17) 제3자 선하증권(Third party B/L)

일반적인 선하증권상의 송하인은 신용장상의 수익자(Beneficiary)로 작성되나 중계무역(Intermediary trade)의 경우에는 제3자가 송하인으로 선하증권이 작성되는 경우가 있는데 이와 같은 선하증권을 제3자 선하증권이라 한다.

(18) 스위치선하증권(Switch B/L)

B/L상에 "Switch"라는 문언이 기재된 B/L로서 중계무역에 주로 사용되며, 중계업자가 원수출자를 노출시키지 않기 위해 선적항에서 발행된 B/L을 목적항 이외의 제3의 장소에서 원수출자를 중계업자로 변경하여 발행된 B/L이다.

(19) 기간경과선하증권(Stale B/L)

신용장거래 시 서류 제시 기간을 경과하여 제시된 B/L을 말한다. 서류 제시 기간은 신용장에 명시가 있는 경우 그 기간, 없는 경우 선적일 후 21일까지로 보며, 이 기간을 경과하여 제시된 B/L은 은행이 수리하지 않는다.

(20) 권리포기선하증권(Surrendered B/L)

송하인의 요청에 따라 선사가 B/L에 "Surrendered" 스탬프를 날인하여 발행하는 B/L로서, 화주 및 선사가 원본B/L의 권리증권성을 포기하여, 원본B/L 없이 수하인이 물품을 수령할 수 있도록 하기 위한 B/L이다. 이는 근거리 운송에서 물품이 B/L보다 먼저 도착하는 경우 사용한다(Surrender의 주체는 선사).

(21) 목적지선하증권(Destination B/L)

운송인이 송하인의 요구에 따라 선적지에서 B/L을 발행하는 대신 목적지 또는 송하인이 희망하는 목적지의 특정 장소에서 발행함으로써 수하인이 물품도착 즉시 물품을 인수할 수 있도록 편의를 제공하는 B/L이다. 서류보다 물품이 빨리 목적지에 도착하는 경우 지시식B/L의 사용을 촉진시키는 데 그 이용가치가 있으나, 매도인 자신에 의한 양도는 불가능하다.

(22) 통선하증권(Through B/L)

화물을 목적지까지 운송하는 데 선주가 다른 선박회사의 선박을 이용하거나 육상운송수단을 이용할 경우, 최초의 운송인이 전 구간의 운송에 대하여 책임을 지고 서명하여 발행한 B/L이다.

(23) 환적선하증권(Transhipment B/L)

운송경로의 표시에 있어 운송 도중에 환적되었음을 기재한 B/L이다.

(24) 적색선하증권(Red B/L)

선하증권과 보험증권을 결합시킨 것으로, 선사는 보험회사에 모든 Red B/L 발행분에 대해서 일괄부보하며, 화주는 일정한 보험료를 부담하여야 한다.

4. 선하증권의 발행

(1) 의의

선하증권은 권리증권이며 유가증권이므로 누구를 "수하인"으로 발행되는지에 따라 물품담보권 등의 확보와 관련하여 중요한 문제가 된다. 선하증권의 발행방식으로는 기명식·지시식·소지인식·무기 명식이 있다.

(2) 기명식 발행

B/L의 수하인 란에 특정인의 이름을 기입하는 발행방법이다. 예를 들면, "Consignee : E TOMATO Inc., New York"과 같이 한다.

(3) 지시식 발행

이 방식은 단순지시식, 기명지시식 및 선택지시식이 있다.

단순지시식	"to order"라고 기재하는 방식으로, 예를 들면, "Consignee : to order"와 같이 한다.
기명지시식	"to the order of ×××"로 기재하는 방식으로, 예를 들면 "Consignee : to the order of E TOMATO Co., Ltd."와 같이 한다.
선택지시식	"××× or order"로 기재하는 방식으로, 예를 들면 "Consignee : E TOMATO Inc., New York or order"와 같이 한다.

(4) 소지인식 발행

소지인식은 수하인 란에 ⓐ "Bearer"로 기재하는 단순소지인식과 ⓑ "××× or Bearer"로 기재하는 선택소지인식이 있다.

(5) 무기명식 발행

무기명식은 백지식이라고도 하며, 수하인 란을 공란으로 두어 발행하는 것으로서 소지인식과 동일한 법적효력이 있다.

5. 선하증권의 양도

선하증권의 양도는 화물의 양도와 같은 법적효력을 가지며, 서류의 발행방식에 따라 배서·교부를 통해 양도할 수 있다.

(1) 선하증권의 배서(Endorsement)

선하증권의 배서는 선하증권 원본 전통의 이면에 서명하는 방식으로, 배서방식에는 기명식·지시식·백지식이 있다.

기명식 배서 (Full endorsement)	피배서인(Endorsee)의 이름을 명기하고 배서인이 서명하는 방식을 말한다.
지시식 배서 (Order endorsement)	피배서인으로 "to the Order of ×" 또는 "× or Order"와 같이 기재하는 방식을 말한다.
백지식 배서 (Blank endorsement)	피배서인은 기재하지 않고 배서인 자신만이 서명하는 방식이며, 무기명식 배서라고도 한다. 또한, 권리 이전 시에는 배서가 필요하지 않다.

(2) 선하증권의 교부

선하증권이 소지인식·무기명식으로 발행된 경우 선하증권의 배서는 필요하지 않으며, 단순히 선하증권의 교부에 의해 양도가 가능하다.

6. 선하증권의 기재사항

(1) 법정기재사항(필수기재사항)

우리나라 상법 제853조에서는 선하증권의 법정기재사항을 다음과 같이 규정하고 있다.

- 선박의 명칭 · 국적 · 톤수
- 송하인이 서면으로 통지한 운송물의 종류 · 중량 · 용적, 포장의 종별, 개수와 기호
- 운송물의 외관상태
- 용선자 · 송하인의 성명 · 상호
- 수하인 · 통지수령인의 성명 · 상호
- 선적항
- 양륙항
- 운임
- 발행지 · 발행연월일
- 수통의 선하증권을 발행한 때에는 그 수
- 운송인의 성명 · 상호
- 운송인의 주된 영업소 소재지

(2) 임의기재사항

B/L에는 법정기재사항 이외에도 화물의 수령에서 인도에 이르기까지 운송계약 내용을 명료하게 하기 위한 보충 및 참고사항과 운송인과 화주 간의 특약사항을 B/L 표면 또는 이면에 기재할 수 있는데 이를 B/L의 임의기재사항이라 하며, 주요 임의기재사항은 다음과 같다.

- 항해번호
- B/L번호
- 컨테이너 번호 · 봉인번호
- 화물도착통지처
- 운임 지급지 및 환율
- 송하인 신고사항
- 면책약관

제2부 해상화물운송장(Sea WayBill)

1. 의의

해상운송에서 송하인과 운송인 간에 발행되는 운송계약의 증거로서, 기명식 · 비유통성으로 발행되는 단순 화물수취증이며, 기본적으로 B/L과 동일하지만 권리증권성이 없다.

2. 사용배경

B/L보다 화물이 먼저 도착하는 선하증권의 위기에 대한 해결책으로 L/G를 사용해 왔으나 까다로운 발급절차, 위조 · 비용 등의 문제점이 있어, 이를 해결하기 위해 물품수령 시 제시할 필요 없는 SWB가 B/L 대신 사용되었다.

3. 특징

(1) 운송계약의 증거

송하인과 운송인 간에 운송계약이 체결되었다는 증거서류가 된다.

(2) 화물수취증

운송인이 화물을 수취하였음을 나타내는 화물수취증이며, 운송인은 SWB에 기재된 화물을 수하인에게 인도해야 한다.

(3) 비유통성 발행

비유통성으로 발행되며, 운송서류의 양도나 교부를 통한 권리이전이 원칙적으로 불가능하다.

(4) 기명식 발행

기명식으로만 발행되며, 서류가 늦게 도착해도 수하인이 기명된 본인임을 입증하면 화물을 인도받을 수 있다.

4. 활용

'거래상대방의 신용이 높은 경우, 본지사 간 거래, 대금선불거래, 소액거래' 등에 활용할 수 있다. 또한, 신용장거래 시 은행의 담보권 확보를 위해 개설은행 기명식의 SWB를 발행하는 것이 바람직하며, 송하인이 물품처분권을 행사하지 못하도록 "처분권 금지조항"을 삽입하는 것이 바람직하다.

제3부 항공화물운송장(AWB : Air WayBill)

1. 의의

AWB는 기명식·수취식·비유통성으로 발행되며, 송하인과 운송인 간에 운송계약이 체결되었다는 증거서류이자 운송인이 화물을 수령하였다는 증거서류이다. 그러나 B/L과 같은 권리증권성이 없다.

2. 기능

- 운송계약의 증거 : 송하인과 운송인 간에 운송계약이 체결되었다는 증거서류이다.
- 화물수취증 : 운송인이 송하인으로부터 화물을 수취한 것을 증명하는 화물수취증이다.
- 운임계산서 : 화물과 함께 목적지에 보내져 수하인이 운임을 계산하는 근거자료로 사용된다.
- 보험계약증서 : 송하인이 AWB에 필요사항을 기재한 후 보험료를 지급하면 화물이 자동으로 보험에 가입된다.
- 세관신고서 : 수출입신고서·통관자료로 사용된다.

3. 특징

- 비유통증권 : AWB는 B/L과 달리 유통성이 없다. 이는 화물이 신속하게 운송되기 때문에 해상운송처럼 운송 중 전매가 필요 없기 때문이다.
- 기명식·수취식으로 발행된다.
- 불완전 처분증권 : AWB는 비유통증권이므로 송하인은 처분권이 인정되지만, 수하인은 처분권을 제한하고 있다.
- 운송지시서 : AWB에 송하인이 화물의 운송·인도·취급에 관한 지시를 기재할 수 있다.

4. 항공화물운송장의 구성

항공화물운송장은 원본(Original) 3통 및 부본(Copy) 6통 이상으로 구성되어 있고, 각 원본 및 부본에는 그 용도가 정해져 있다.

제1원본 (운송인용)	• 녹색으로 운송인용이라 기재하고 송하인이 서명한다. • 운임, 기타 회계처리에 사용되며 송하인과 운송인 간에 운송계약이 성립되었음을 증명하는 서류이다.
제2원본 (수하인용)	적색으로 송하인 및 항공사가 서명하여 화물과 함께 이를 도착지에서 수하인에게 인도한다.
제3원본 (송하인용)	• 청색이며 송하인용으로 운송인이 서명하여 화물인수 후 송하인에게 교부된다. • 운송인이 화물을 수령하였다는 수령증이 된다. • 운송계약을 체결했다는 증거서류이다.
부본	• 화물인도의 증명서이다. • 운송계약의 이행증거서류, 운송인의 대리점 보관용 등의 용도로 사용된다.

5. 선하증권과의 비교

(1) 공통점

- 운송인과 송하인 간에 운송계약이 체결되었다는 증거서류이다.
- 운송인이 화물을 수령하였다는 증거서류이다.

(2) 차이점

1) 권리증권 여부

B/L은 그 자체가 화물에 대한 권리를 나타내는 권리증권이며, AWB는 운송인이 송하인으로부터 화물을 수취한 것을 증명하는 화물수취증이다.

2) 유통성

B/L은 양도성·유통성이 있는 유통증권이며, AWB는 양도성·유통성이 없는 비유통증권이다. AWB는 "Non-negotiable"이라고 표시하여 비유통증권으로만 발행된다.

3) 발행방식

B/L은 대부분 지시식으로 발행되며, 배서에 의해 누구에게나 양도되는 권리증권이다. 반면, AWB는 기명식으로 발행되며, 운송장에 기재된 수하인이 아니면 화물을 인수할 수 없다.

4) 발행시기

B/L은 선적이 완료된 후에 발행되는 선적식인 반면 AWB는 수취식이며, 항공운송의 경우 항공기의 발착편이 많기 때문에 화물이 항공사 창고에 반입되면 AWB가 발행된다.

5) 발급방법

B/L은 선박회사가 작성하여 송하인에게 교부하지만, AWB는 송하인이 작성하여 항공사에 교부하도록 되어 있다.

6) 매매양도

B/L은 배서·교부에 의해 매매양도가 가능하지만, AWB는 처분증권이 아니므로 매매양도할 수 없다.

구분	선하증권(B/L)	해상화물운송장(SWB)	항공화물운송장(AWB)
운송계약증거	○	○	○
화물수취증	○	○	○
권리증권 여부	권리증권이며, 물품의 인도를 위해 B/L 제시 필요	권리증권(×) 화물수취증	권리증권(×) 화물수취증
유통성	**유통증권** •신용장거래 시 은행의 담보 가능 •운송 중 전매 가능	**비유통증권** •신용장거래 시 은행의 담보 불가능 •운송 중 전매 불가능	**비유통증권** •신용장거래 시 은행의 담보 불가능 •운송 중 전매 불가능
발행방식	**지시식** · 기명식 · 무기명식	기명식	기명식
발행시기	선적식(수취식도 있음)	수취식(선적식도 있음)	수취식
매매양도	배서에 의해 양도 가능	매매 · 양도 불가	매매 · 양도 불가
수하인 변경	가능	불가	불가

제4부 복합운송증권

1. 의의(MT조약 제1조)

복합운송증권(Multimodal Transport Document, MTD)이란 복합운송계약에 따라 복합운송인이 자신의 관리하에 물품을 수취하였다는 것, 그 계약내용에 따라 운송인이 물품을 인도할 의무를 부담하는 것을 증명하는 증권이다.

2. 특징

- 유통성 복합운송증권은 B/L과 마찬가지로 운송계약의 증거 · 화물수취의 증거 · 권리증권으로서의 기능을 가진다.
- 복합운송이 상이한 운송인에 의해 이루어지더라도 복합운송증권은 전 운송구간을 커버한다.
- B/L과 달리 운송인뿐만 아니라 운송주선인에 의해서도 발행된다.

3. 종류

(1) 유통가능 여부에 따른 분류

MT조약은 복합운송서류의 내용으로서 복합운송서류가 유통성인지 비유통성인지를 표시하도록 명시하고 있다.

1) 유통성증권

지시식 · 소지인식으로 발행되어야 하며, 지시식으로 발행된 경우 배서에 의해 양도 가능하다.

2) 비유통성증권

증거서류로서의 기능만 가지고 있을 뿐 유가증권의 성격이 없고, 화환취결에 따른 담보력이 부족하기 때문에 실무상 많은 문제가 있다.

(2) 선하증권형식의 복합운송서류

"Combined transport bill of lading" 또는 "Multimodal transport bill of lading"과 같이 선하증권의 명칭에 복합운송이라는 단어가 첨부된 것이 있고, 단지 "Combined transport document"와 같이 선하증권의 명칭이 사용되지 않은 것이 있다.

SECTION 4 ｜ 수입화물선취보증서와 수입화물대도, 기타 부속서류

제1장 수입화물선취보증서(L/G : Letter of Guarantee)

1. 의의

L/G란 수입상과 개설은행이 연대보증한 보증서로서 수입물품은 도착하였으나 선적서류가 도착하지 않은 경우, 선박회사에 선하증권의 원본 대신 제출하여 물품을 미리 인도받을 수 있는 보증서를 말한다.

2. 내용

- 선하증권의 원본 도착 즉시 선박회사에 제출하겠다는 것
- L/G발급으로 인한 모든 손해·비용을 은행이 부담하고 선박회사에는 책임을 묻지 않겠다는 것

3. 필요성

(1) 수입상

물품은 도착하였으나 운송서류가 도착하지 않아 물품을 인수할 수 없다면 물품을 장기간 창고에 보관하게 되어 불필요한 창고료가 발생하며, 판매 적기를 상실할 수 있는데 L/G를 활용하여 이를 방지한다.

(2) 은행

수입담보화물의 조기인도에 따른 대금회수가 적기에 이루어지므로 현실적인 채권확보수단이 될 수 있다.

(3) 선박회사

은행의 보증서를 받고 인도하는 것이므로 사고발생 시 이를 커버할 수 있다.

항공화물인도승낙서

1. 의의

항공화물 L/G란 수입화물은 도착하였으나 항공서류의 원본이 은행에 도착하지 않은 경우 은행이 화주로부터 수입대금을 확보한 후 발급하는 서류로서 "화주에게 화물을 인도하여도 좋다"는 내용이 기재된 항공화물인도승낙서를 말한다.

2. 필요성

AWB는 단순수취증에 불과하므로 항공회사는 AWB상의 수하인에게 물품을 인도해야 한다. 그러나 운송서류가 도착하지 않은 경우나 도착하였더라도 은행을 통해 대금결제를 하는 경우 화물의 권리자인 은행이 담보를 확보한 뒤 L/G를 발급하여 화물의 인도편의를 도모할 필요가 있다.

3. 해상화물L/G와 항공화물L/G의 비교

구분	발급기관	발급목적	서류양식	특성
해상L/G	개설은행	화주의 수입화물 선취	수입화물선취보증서	유가증권
항공L/G	개설은행	은행의 수입대금 채권 확보	수입화물인도승낙서	비유통증권

제2장 수입화물대도(T/R : Trust Receipt)

1. 의의

수입상은 일람출급신용장하에서 선적서류가 개설은행에 도착하면 대금을 결제하고 선적서류를 수령하여야 하지만, 결제자금이 부족한 경우 개설은행이 수입자 대신 대금결제 후 수입화물의 소유권을 유보한 상태로 수입상에게 선적서류를 인도하고, 추후에 판매대금으로 수입대금을 결제하도록 하는 제도를 말한다.

2. 효용

수입상	개설은행
• 적기에 수입화물 판매 가능 • 대금지급유예를 받아 자금부담 완화 • 판매대금으로 대금결제 가능 • 일람출급신용장을 기한부신용장처럼 사용	• 수입화물의 소유권 확보로 인해 추가 보관비용과 화물의 멸실 · 손상으로 인한 위험부담을 제거 • 담보로 확보한 수입화물의 판매로 인해 판매기회 상실위험 및 물품가치 감소 방지

<상업송장 양식>

COMMERCIAL INVOICE

Date		Invoice No	
Exporter Address City/State/ZIP Code Country Phone/Fax Contact Person		Consignee Address City/State/ZIP Code Country Phone/Fax Contact Person	

Tax ID No (EIN)	Total Gross Weight	Transportation	Tax ID No (EIN)	Terms of Sale:
Other	Total # of Pieces	AWB/BL #	Currency	

Commodity Description	HS	Country of Manufacture	Qty	UOM	Unit Price	Total Amount

These commodities, technologies, or softwares were exported from the United States in accordance with export administration regulations. Diversion contrary to United States law prohibited. We certify that this commercial invoice is true and correct.		
	Subtotal	
	Freight Cost	
	Insurance Cost	
	Total Invoice Value	

I/we hereby certify that the information on this invoice is true and correct and that the contents of this shipment are as stated above.

Name	Signature	Date

http://freewordtemplates.net/

〈선하증권 양식〉

BILL OF LADING / CONNAISSEMENT
Not negotiable / Non negociable

UNIT NO. / NO.D'UNITÉ			
BILL OF LADING NO. / Nº DE CONN.			PLEASE PLACE TOP OF BAR CODE STICKER STRAIGHT ON DOTTED LINE S.V.P. PLACER LA PARTIE SUPÉRIEURE DU CODE À BARRE AUTOCOLLANT EN LIGNE DROITE SUR LE POINTILLÉ
D/J	M	Y/A	

SHIPPER / EXPÉDITEUR CUSTOMER CODE / CODE DU CLIENT

NAME / NOM

ADDRESS / ADRESSE

CITY / VILLE

Declared Valuation $
Valeur déclarée _____

Per: ....

Maximum liability of $2.00 per pound unless declared valuation states otherwise. A surcharge is applicable when the declared value is in excess of $2.00 per pound.

/ Responsabilité maximum de $2.00/livre à moins d'indication contraire. Un supplément s'applique quand la valeur déclarée dépasse deux dollars la livre.

CONSIGNEE / CONSIGNATAIRE CUSTOMER CODE / CODE DU CLIENT

NAME / NOM

ADDRESS / ADRESSE

CITY / VILLE

FREIGHT CHARGES / FRAIS DE TRANSPORT

PREPAID / PORT PAYÉ Bill Shipper / Facturer l'Expéditeur	COLLECT / À PERCEVOIR Bill Consignee / Facturer le Destinataire

Freight charges will be collect unless marked prepaid.
Les frais seront à percevoir à moins d'avis contraire – OR / OU:

ROUTING / ROUTE	CARRIER / TRANSPORTEUR		TRANSFER POINT / POINT DE TRANSBORDEMENT		BILL THIRD PARTY FACTURER UNE TIERCE PARTIE
# PIECES MORCEAUX	PARTICULARS OF GOODS, MARKS AND EXCEPTIONS DESCRIPTION DES MARCHANDISES, MARQUES ET PARTICULARITÉS		DANGEROUS GOODS PROD. DANGEREUX CLASS P.I.N.	WEIGHT POIDS	Name of Third Party Nom de la troizieme partie
					Address Adresse

P.O. #	REF#	SHIPPER'S #

SHIPPER: PLEASE COMPLETE THE FOLLOWING / EXPÉDITEUR: S.V.P. REMPLIR CE QUI SUIT

TOTAL NO. OF PIECES NOMBRE TOTAL DE COLIS	DIMENSIONS OF SHIPMENT / DIMENSIONS DU CHARGEMENT			TOTAL CUBIC FEET TOTAL PIEDS CUBES	TOTAL WEIGHT POIDS TOTAL	DIMENSIONAL WEIGHT / POIDS DIMENSIONNEL *
	LENGTH / LONGUEUR	WIDTH / LARGEUR	HEIGHT / HAUTEUR			* 10 lb/cu.ft./li./p.c.

1. Any agreement covering transportation of the goods described herein with other than due dispatch, or for specific time, must be endorsed on this bill of lading and signed by the parties hereto.
2. When a shipment is at shipper's risk, the words "At Shipper's Risk" must be entered and initialed by both parties hereto.

1. Toute entente spéciale concernant le transport des biens décrits ci-haut, soit heure spéciale de livraison ou autre, doit être indiquée sur ce connaissement et signée par les partis concernés.
2. Si la marchandise est expédiée au risque de l'expéditeur, les mots "Au risque de l'expéditeur" doivent être inscrits et initialés par les deux parties concernées.

C.O.D.   C.O.D. FEE PREPAID FRAIS C.O.D. PAYÉS D'AVANCE

AMOUNT / MONTANT
$

C.O.D. FEE COLLECT FRAIS C.O.D. À PERCEVOIR

C.O.D. charges will be collect unless marked prepaid.
Les frais C.O.D. seront à percevoir à moins d'avis contraire.

SHIPPER / EXPÉDITEUR	CARRIER / TRANSPORTEUR	CHECKER CONTRÔLEUR
_____ PER:	PER: _____	

NOTE: UNCRATED MERCHANDISE AT SHIPPER'S RISK. / THIS BILL OF LADING TO BE SIGNED BY SHIPPER AND CARRIER.

NOTE: MARCHANDISE NON-EMBALLÉE AU RISQUE DE L'EXPÉDITEUR / CE CONNAISSEMENT DOIT ÊTRE SIGNÉ PAR L'EXPÉDITEUR ET LE TRANSPORTEUR.

〈원산지증명서 양식〉

U.S CERTIFICATE OF ORIGIN
FOR EXPORTS TO ISRAEL

1. Goods consigned from exporter's business (name, address):	Reference No.
USA DETECTION INC 502 LINE STREET WILMINGTON, MA 00017 U S A	U.S.—ISRAEL FREE TRADE AREA CERTIFICATE OF ORIGIN (Combined declaration and certificate)
2. Goods consigned to (consignee's name, address) HIGH SYSTEMS LTD 100 ARLOZEROV STREET RAMAT - GAN 90210 ISRAEL	(See notes over leaf)
3. Means of transport and route (as far as known) **AIRFREIGHT** **DHL GLOBAL FORWARDING** **BOS 5VS5024 TLV**	4. For official use

5. Item number	6. Marks and numbers of packages	7. Number and kind of packages, description of goods	8. Origin criterion (see notes over leaf)	9. Gross Weight or other quantity	10. Number and date of invoices
	AS ADDR	7 M000001-000-IL 7 PM000000 7 PM000002	**P.**	**200.5K**	**INV27222** **DD** **28MAR14**

11. CERTIFICATION

The Export Trade Chamber of Commerce, Inc.

a recognized chamber of commerce, board of trade, or _____ under the laws of the State of _NEW JERSEY_ _____ has examined the manufacturer's invoice or shipper's affidavit concerning the origin of the merchandise and, according to the best of its knowledge and belief, finds that the products named originated in the United States of America.

Certifying Official

EXPORTER AS PRODUCER

The undersigned hereby declares that he/she is the producer of the goods listed in this invoice and that they comply with the origin requirements specified for those goods in the U.S.—Israel Free Trade Area Agreement for goods exported to Israel.

Signature of Exporter

12. DECLARATION BY THE EXPORTER

The undersigned hereby declares that the above details and statements are correct; that all the goods were produced in the United States of America and that they comply with the origin requirements specified for those goods in the U.S.—Israel Free Trade Area Agreement for goods exported to Israel.

Signature of Exporter

Sworn to before me this _4TH_ day of _APR 2014_

Signature of Notary Public

CARMEN M. ROBLES
NOTARY PUBLIC-NEW JERSEY
Commission Expires 6/19/201

X-PORT FORMS 1-(800) 345-1996

제3장 부속서류

1. 포장명세서

포장명세서(Packing list)란 선적화물의 포장 및 포장단위별 명세, 순중량(Net weight), 총중량(Gross weight), 용적(Measurement), 화인(Shipping marks), 포장개수(Number of package) 등을 기재한 상업송장의 보조서류로 수출상이 수입상 앞으로 작성하는 서류이다. 특히, 포장명세서의 총중량과 용적은 선하증권의 그것과 각각 일치되어야 한다.

2. 중량 및 용적증명서

중량 및 용적증명서(Certificate of weight and measurement)란 수출화물을 선적하기에 앞서 공인검량인(Public weigher)에 의해 화물은 순중량, 총중량, 용적을 계량하여 발급해주는 서류로 선박회사 측은 총중량과 용적을 자료로 하여 선하증권을 발급하게 된다. 이는 운송화물에 대한 해상운임(Freight) 등을 산출하는 기초가 되기 때문에 정확히 작성되어야 한다.

3. 원산지증명서

원산지증명서(Certificate of Origin : C/O)란 수출물품의 원산지를 증명하는 서류이다. 원산지증명서는 수입상이 물품을 수입할 때 관세협약 등에 의해 협정관세율을 적용받거나 덤핑방지 등 무역정책상 또는 무역통제를 목적으로 요청하게 된다.

4. 검사증명서

검사증명서(Inspection certificate)란 물품의 품질에 대하여 매매계약 시 품질의 결정방법과 시기 등을 고려하여 수입상의 요청에 따라 수출상이 제공하는 검사결과에 대한 증명서이다. 신용장거래에서는 특별히 검사기관을 지정하지 않으면 수출상이 약정한 내용대로 자체검사기준에 따라 검사하고 수익자의 검사증(Beneficiary's inspection certificate)을 제공하면 된다.*

※ 이 경우 INCOTERMS 2000에서는 각 조건 B.9. Inspection of Goods상에 이른바 선적 전 검사(Pre-Shipment Inspection : PSI)라 하여 수출국 당국에 의해 강행된 경우를 제외하고는 선적 전 검사 비용은 매수인이 부담하도록 규정하고 있다.

5. 위생증명서

위생증명서(Health certificate ; Sanitary certificate ; Veterinary certificate)란 식료품, 약품, 동물의 가죽류 등을 수출하는 경우에 수입국 보건기준에 합치된 것을 수입할 수 있도록 관리하기 위하여 수입상의 요구에 의해 수출국의 위생검사 당국에서 발행하여 제공하는 서류이다.

6. 검역증명서

검역증명서(Quarantine certificate)는 위생증명서의 일종으로 특히 식물이나 동물 또는 동물의 부산물 등을 수출하는 경우 전염병 등 세균의 침입을 예방하기 위하여 수출국에서 소독 등 방역·검역을 실시하고 발급하여 주는 서류이다.

7. 차변표와 대변표

차변표(Debit Note : D/N)란 미정산대금의 청구 또는 누락금액의 청구 등에 이용하는 것으로, 거래 상대방의 차변계정에 기재한다고 하여 차변표라 부른다. 한편 대변표(Credit Note : C/N)는 상대방을 기준으로 상대방의 대변계정에 채권이 있음을 표시한 것이며, 이는 수출상의 수량 부족, 송장금액의 과다 발행 시에 이용되는 서식이다.

01 무역계약을 이행하고 거래조건에 따라 작성된 송장으로, 대금청구서와 물품명세서의 역할을 하는 서류를 상업송장(Commercial invoice)이라 한다. (   )

정답 | ○

02 상업송장은 개설의뢰인 앞으로 작성하여야 하며, 신용장금액과 상업송장 금액은 반드시 일치하여야 한다. 상업송장은 신용장과 동일한 통화로 작성되어야 하며 신용장에서 요구되지 않았다면 서명이나 일자가 필요 없다. (   )

정답 | ○

03 보험중개업자가 발행한 보험승낙서는 신용장에서 허용 여부와 관계없이 은행은 수리할 수 있다. (   )

정답 | ×

04 항공화물운송장은 선하증권과 같은 유가증권으로, 유통 가능하고, 선하증권과 달리 송화인이 작성한다. 선하증권은 지시식으로 발행되지만, 항공화물운송장은 기명식으로 작성된다. (   )

정답 | ×

05 "Full sets of clean on board ocean bill of lading made out to the order of E TOMATO Bank"라고 명시된 신용장에서 선하증권의 최초의 배서권자는 "E TOMATO Bank"가 된다. 이유는 "E TOMATO 은행의 지시식(the order of E TOMATO Bank)"으로 발행하라고 기재되어 있기 때문이며, 선하증권을 배서하고 양도할 수 있는 최초의 배서권자는 E TOMATO 은행이다. (   )

정답 | ○

06 보험계약 체결 당시 보험목적물의 부보할 보험금액이 미정인 경우 보험증권을 기평가보험증권이라 한다. (   )

정답 | ×

기출문제

01 운송 관련 서류를 선적절차에 따라 발행되는 순서대로 올바르게 나열한 것은?

> ㉠ 선적요청서(S/R)   ㉡ 선하증권(B/L)
>
> ㉢ 본선수취증(M/R)   ㉣ 검수표(Tally Note)
>
> ㉤ 선복예약서(B/N)

① ㉤ – ㉠ – ㉢ – ㉡ – ㉣   ② ㉤ – ㉣ – ㉢ – ㉡ – ㉠
③ ㉠ – ㉤ – ㉢ – ㉣ – ㉡   ④ ㉠ – ㉤ – ㉣ – ㉢ – ㉡

정답 | ④

해설 | 화주는 선사에 선적요청서를 보내고, 선사는 선복이 확보되었음을 확인하는 예약서를 화주에게 보내며, 화물이 부두에 입고되면 선사 담당자가 화물을 살핀 후 검수표를 화주에게 교부한다. 화물이 본선에 선적되면 1등 항해사가 본선수취증을 발급하며, 이를 선사에 제시하여 선하증권을 받는다.

02 선하증권의 종류 중 일부를 설명하고 있다. 다음 중 올바르게 연결된 것은?

> ⓐ 선하증권과 보험증권을 결합한 형태의 선하증권으로 선하증권에 기재된 화물에 사고가 발생하면 선사가 이를 보상해 주는 선하증권
>
> ⓑ 신용장상 서류제시기한을 경과하여 그 유효성에 의문이 있는 선하증권
>
> ⓒ 송하인의 요청에 따라 권리증권으로서의 기능을 배제하여 선하증권 원본 없이 수하인(수입상)이 물품을 인수할 수 있게 하려고 업계의 편의상 이용되는 선하증권

① ⓐ Red B/L, ⓑ Surrender B/L, ⓒ Stale B/L

② ⓐ Switch B/L, ⓑ Stale B/L, ⓒ House B/L

③ ⓐ Red B/L, ⓑ Stale B/L, ⓒ Surrender B/L

④ ⓐ Switch B/L, ⓑ Red B/L, ⓒ Short Form B/L

정답 | ③

해설 | • Red B/L : 보험증권 겸용 선하증권
      • Stale B/L : 기간경과 선하증권
      • Surrender B/L : 권리포기 선하증권

03 신용장에서 환어음의 만기에 대하여 "drafts to be drawn at 30. days from the bill of lading date"라고 명시한 경우, 제시된 환어음 및 선하증권의 발행일이 모두 2015년 4월 1일이라고 할 때, 다음 중 환어음상 만기일의 기재로 수리될 수 없는 것은?

① "May 1, 2015."

② "30. days from the bill of lading date."

③ "30. days after April 1, 2015."

④ "30. days date."

정답 | ②

해설 | "30. days from the bill of lading date."라고만 표기하면 해당 정보만으로는 만기일 계산이 되지 않으므로, 추가로 B/L date를 기재해 주어야 한다.

04 선하증권은 요식증권으로 반드시 기재해야 하는 법정기재사항과 계약당사자 간의 합의에 의한 임의기재사항으로 이루어진다. 다음 중 법정기재사항으로 옳지 않게 연결된 것은?

① 선박의 명칭 – 화물의 외관상태 – 운임

② 송하인이 통지한 화물의 종류 – 선적항 및 양륙항 – 선박의 국적

③ 선하증권 작성지 – 선박의 톤수 – 송하인이 통지한 화물의 종류

④ 선하증권의 발행통수 – 운송인의 면책사항 – 수하인

정답 | ④

해설 | 운송인의 면책사항은 임의기재사항이며, 나머지는 모두 법정기재사항이다.

SECTION 1 전자무역과 EDI

제1부 전자무역

1. 정의

전자무역은 재화 또는 서비스의 국제 간 거래인 무역행위의 본원적 업무는 물론 지원업무를 인터넷을 포함한 정보기술 수단을 활용하여 전자적 · 정보집약적 방법으로 수행하는 무역 활동이다. 한국의 대외무역법에서는 "전자무역이라 함은 무역의 전부 또는 일부가 컴퓨터 등 정보처리능력을 가진 장치와 정보통신망을 이용하여 이루어지는 거래를 말한다"라고 전자상거래(Electronic commerce)에 따른 무역 관련 용어를 규정하고 있다. 이는 국제상업회의소에서 새로 사용하고 있는 전자무역거래(Electronic Trade Transactions)라는 용어와 부합된다.

2. 무역거래관행의 변화

거래내용	전통적 무역거래	전자무역거래
해외시장 및 거래선 정보	간행물 이용, 방문, 매체광고	인터넷 활용, 홈페이지 구축
청약 및 승낙(의사표시)	우편, 텔렉스, 전보, 팩스	전자우편(E-mail)
계약체결	서면계약	• 전자상거래약정(E-Agreement) • 교환약정(I-Agreement)
국제물품운송 및 보험	해상 · 육상 · 항공운송 중심	온라인 전송, 특사배달 증가, 운송물류망 및 보험망 활용
제공서류(인도의 증거)	서면에 의한 운송서류 · 보험서류 · 상업송장 등	전자문서교환(EDI), 전자선하증권
대금결제	신용장, D/P · D/A, 송금환	전자수표, 무역카드(Trade Card), 전자자금이체(EFT), SWIFT L/C

제2부 EDI(Electronic Data Interchange)

1. 의의

EDI란 거래 당사자 간 또는 서로 다른 기업 간에 전통적인 종이서류의 전달에 따른 불편함을 제거하고 업무의 효율화를 위하여 표준화된 상거래 서식 또는 공적 행정 서식을 상호 간에 합의된 통신표준에 따라 컴퓨터를 통해 교환하는 새로운 정보전달방식인 전자자료교환을 말한다.

2. EDI 구성요소

EDI의 구성요소는 전통적인 종이서류 방식에서의 통상적 서류양식을 표준화한 표준양식과, 이 표준양식을 변환시키는 소프트웨어를 포함하는 사용자시스템, 각 기업 간의 컴퓨터와 컴퓨터를 연결해주는 통신망 등이다.

(1) EDI 표준

EDI 표준은 거래 당사자 간에 교환되는 전자자료의 내용이나 구조 등에 관한 표준양식의 규칙이며 전자자료를 자유롭게 전달 가능하도록 하는 공통언어를 의미한다. EDI 표준에는 국제적인 표준으로 UN/EDIFACT가 사용되고 있다.

(2) EDI 사용자 시스템

EDI 사용자 시스템은 EDI를 사용하는 데 필요한 컴퓨터 하드웨어와 소프트웨어 등을 말한다. 특히 일반 종이서류를 EDI 표준양식으로 변환시켜 주는 EDI 변환 소프트웨어와 EDI 표준양식을 수신하여 번역해 주는 번역 소프트웨어가 필수적이다.

SECTION 2 전자무역업무와 국제전자결제

제1부 전자무역업무

1. 전자무역방식을 통한 무역업무처리

(1) 전자무역 인프라

전자무역 인프라는 정형화된 전자무역문서를 거래당사자와 교환하기 위한 것으로, EDI를 기반으로 한 인프라와 인터넷을 기반으로 한 인프라로 구분할 수 있다. 이 중에서 EDI를 기반으로 한 인프라에는 전자문서표준, 메시지표준, 통신표준이 기본적인 표준 역할을 수행한다.

(2) 전자무역 플랫폼

1) 의의

인터넷 환경에서 무역업체가 언제 어디서나 인터넷을 통해 시장조사, 계약, 결제까지 모든 무역업무 프로세스를 끊김 없이 일괄 처리할 수 있도록 단일 창구를 제공하며, 기업들 상호 간의 협업적 상거래를 할 수 있도록 돕는 인프라를 총칭하는 말이다.

2) 구성요소

전자무역 플랫폼 구성요소에는 서비스, 인프라, 연계 등 3가지 구성요소가 있다.

구성요소	내용
서비스	무역업체가 전자문서를 작성·교환할 수 있는 기본적인 서비스를 의미
인프라	• 전자문서의 송수신 및 전자거래의 신뢰성 확립을 위한 기능 확보 등의 표준 정립 • 전자무역의 핵심 인프라는 전자문서보관소, 전자문서, 표준등록소, 전자문서중계시스템 등 전자무역문서 유통관리시스템을 말함
연계	전자무역 플랫폼과 사용자와 유관기관 간의 연계요소를 위한 하위요소를 의미

2. 기능

- 전자문서보관서를 전자무역 플랫폼과 연계하여 구축하고 보안, 장애관리 등을 포함한 운영자 역할을 수행한다.
- 주도적 플랫폼 모델을 기본적으로 콘텐츠, 커뮤니티, 커머스, 협업 등의 4C서비스를 제공하여 구체적인 기능별 서비스를 구현한다.
- 하나의 ID로 각 프로세스의 유기적 연계 및 통합 기능을 수행한다.
- 전자문서에 PKI(공개키암호화방식) 전자서명을 전용하여 거래의 신뢰성 및 안전성을 보장한다.

제2부 국제전자결제

1. 의의

전자결제란 물품이나 서비스의 대가를 전자적 수단을 통하여 지급 및 결제하는 것을 말한다. 전자결제시스템(Electronic payment systems)은 전자결제수단, 운영네트워크, 그리고 이와 관련된 모든 제도적 장치를 총칭하는 개념이라고 할 수 있다. 전자결제시스템은 결제 방식이나 시스템 구성, 기능 등 관점에 따라 다양하게 분류할 수 있다.

2. 전자화폐(Electronic Money)

가치저장(Store value)형으로 화폐가치를 전자화하여 집적회로(Integrated Circuit : IC) 카드에 저장하였다가 지급수단으로 사용하는 IC카드형과 화폐가치를 전자화하여 컴퓨터에 저장하였다가 인터넷 등의 네트워크를 통하여 지급수단으로 사용하는 네트워크형이 있다. 대표적인 예는 IC카드형으로 Visa Cash, Mondex 등이 있고, 네트워크형으로 E-Cash, E-Coin, CyberCash 등이 있다.

3. 전자수표(Electronic check)

이는 수표에 관한 정보를 네트워크를 통하여 결제하는 시스템으로 기존의 종이수표 거래를 인터넷상으로 구현하는 것과 유사하다. 그 대표적인 예로는 FSTC, NetBill, eCheck 등이 있다.

4. 트레이드 카드(Trade card)

무역카드란 글로벌 전자상거래에서 기업 간 무역대금결제를 인터넷상에서 서류의 일치성을 자동으로 점검하고 대금지급을 이행할 수 있는 기반으로 세계무역센터협회(World Trade Center Association : WTCA)가 개발한 무역결제카드 시스템이다. 주요한 특징은 무역거래의 이행 과정이 모두 전자적으로 이행되고, 거래 단계별로 필요한 자료를 알 수 있으며 거래 비용을 절감시킬 수 있다는 점이다.

5. 볼레로 시스템(Bolero System)

(1) 의의

무역거래에서 전통적으로 사용해 온 종이서류를 인터넷을 통한 전자적 메시지로 대체하는 상업적 시스템으로서 무역관련 당사자가 볼레로에 가입하여 무역업무를 전자적으로 처리하도록 하는 시스템이다.

(2) 볼레로 선하증권의 기능

운송계약의 추정적 근거, 화물수취증, 권리등록기록에 의한 권리증권적 기능이 있다.

(3) 특징

- 중립적인 서비스를 제공하여 이용자들이 안심하고 데이터를 전송할 수 있다.
- 교환약정을 다자 간 관계로 전환한 "Rule Book"을 도입하여 실용화 가능성을 높였다.
- 전자문서에 대한 권한의 명확화를 통해 종이문서와 동일한 효력을 확보하였다.
- SURF에 의한 자동결제서비스를 제공한다.
- 볼레로 XML을 통한 표준화된 정의문서가 존재하기 때문에 무역서류의 데이터교환을 효율적으로 할 수 있다.
- 안전한 메시징(Messaging) 기반을 확보하였다.

(4) 절차

ID를 가지고 있는 자가 볼레로 시스템의 중앙신호처리소를 통하여 권리변경지시를 하면 자신의 ID는 폐기되고 양수인에게 새로운 ID가 부여된다.

C/h/e/c/k CMI규칙의 전자식 선하증권과 볼레로 선하증권의 비교

구분	CMI 선하증권	볼레로 선하증권
공통점	• 선하증권의 권리이전방식이 전자적 배서 • 표준메시지로 UN/EDIFACT를 채택 • 종이 B/L이 발급되지 않으며, 불가피한 경우에만 발급 • 메시지 보안방법으로 비대칭키 방식의 디지털 서명 활용	
당사자 간 법률관계	당사자 간 약정을 통해 보완	다자 간 약정인 Rule Book을 통해 보완
중앙관리기관	운송인	중앙등록기관
권리성 이전도구	PIN(개인식별코드)	공개키의 암호화

C/h/e/c/k 볼레로 시스템과 트레이드카드의 비교

구분	볼레로 시스템	트레이드카드
목표	• 전자식 B/L의 구현 • 무역서류의 전자화	계약체결 · 이행증명 · 세류제공/심사, 대금지급 수권지시 등을 전자화
특징	B/L의 전자화	• 신용장 없는 무역거래 수행 • 신용카드 개념의 온라인 무역결제
추진 주체	SWIFT · TT Club	WTCA · Coface 그룹 · 토머스쿡
주요 기능	전자서명 인증, 무역서류 관리, 통신 방법 제공(무역서류 전자화)	전자계약 확인, 계약이행 여부 확인, 대금지급 결정(신용장의 대체)
은행 역할	신용공여자, 역할 강조	자금공여자, 역할 축소
대금결제	결제는 은행에 위임, SWIFT와 연계 가능	토머스쿡(결제 수행) · Coface(지급 확약)
메시지 보안	RSA 방식의 디지털 서명	
서류 확인	종이로 출력 점검 가능	Tradecard SA에서 자동 확인
비용 절감	선하증권 지연 관련 비용 절감	신용장 관련 비용 절감

제3부 전자무역 계약 및 무역 관련 규범

1. 전자적 의사표시에 의한 전자무역계약

- UNCITRAL 전자상거래 모델법은 전자적 의사표시에 의해 성립된 계약의 유효성과 집행력을 인정하고 있다.
- 컴퓨터 프로그램의 오작동으로 가격, 단위 등이 잘못 전달된 하자 있는 전자적 의사표시는 취소할 수 있다.
- 전자무역 계약은 특별한 형식 요건이 없으며, 전자적 의사표시의 법적 효력은 자연적 의사표시와 동일하다.
- 의사표시자의 중대한 과실에 의한 하자있는 의사표시는 일반적인 착오로 간주되지 않기 때문에 취소할 수 없다.

2. 전자문서 및 전자거래기본법

(1) 송신·수신의 시기 및 장소

1) 송신시기

전자문서(전자화문서 포함, 이하 같음)는 수신자 또는 그 대리인이 해당 전자문서를 수신할 수 있는 정보처리시스템에 입력한 때에 송신된 것으로 본다.

2) 수신시기

전자문서는 다음 각 호의 어느 하나에 해당하는 때에 수신된 것으로 본다.

① 수신자가 전자문서를 수신할 정보처리시스템을 지정한 경우 : 지정된 정보처리시스템에 입력된 때. 다만, 전자문서가 지정된 정보처리시스템이 아닌 정보처리시스템에 입력된 경우에는 수신자가 이를 출력한 때

② 수신자가 전자문서를 수신할 정보처리시스템을 지정하지 아니한 경우 : 수신자가 관리하는 정보처리시스템에 입력된 때

3) 송수신 장소

전자문서는 작성자 또는 수신자의 영업소 소재지에서 각각 송신 또는 수신된 것으로 보며, 영업소가 둘 이상일 때에는 해당 전자문서를 주로 관리하는 영업소 소재지에서 송신·수신된 것으로 본다. 다만, 작성자 또는 수신자가 영업소를 가지고 있지 아니한 경우에는 그의 상거소(상시 거주하는 곳)에서 송신·수신된 것으로 본다.

(2) 작성자가 송신한 것으로 보는 경우

다음의 어느 하나에 해당하는 전자문서에 포함된 의사표시는 작성자가 송신한 것으로 본다.

① 작성사의 대리인에 의하여 송신된 전자문서

② 자동으로 전자문서를 송신·수신하도록 구성된 컴퓨터프로그램이나 그 밖의 전자적 수단에 의하여 송신된 전자문서

(3) 수신한 전자문서의 독립성

수신한 전자문서는 문서마다 독립된 것으로 본다. 다만, 수신자가 작성자와 합의된 확인절차를 따르거나 상당한 주의를 하였더라면 동일한 전자문서가 반복되어 송신된 것임을 알 수 있었을 경우에는 그러하지 아니하다.

(4) 수신확인

① 작성자가 수신 확인을 조건으로 전자문서를 송신한 경우 작성자가 수신 확인 통지를 받기 전까지는 그 전자문서는 송신되지 아니한 것으로 본다.

② 작성자가 수신 확인을 조건으로 명시하지 아니하고 수신 확인 통지를 요구한 경우에 상당한 기간(작성자가 지정한 기간 또는 작성자와 수신자 간에 약정한 기간이 있는 경우에는 그 기간) 내에 작성자가 수신 확인 통지를 받지 못하였을 때에는 작성자는 그 전자문서의 송신 철회가 가능하다.

3. 전자서명법

(1) 용어의 정의

1) 전자문서

정보처리시스템에 의하여 전자적 형태로 작성되어 송신 또는 수신되거나 저장된 정보를 말한다.

2) 전자서명

서명자를 확인하고 서명자가 당해 전자문서에 서명을 하였음을 나타내는 데 이용하기 위하여 당해 전자문서에 첨부되거나 논리적으로 결합된 전자적 형태의 정보이다.

3) 공인전자서명

다음 각 목의 요건을 갖추고 공인인증서에 기초한 전자서명을 말한다.

① 전자서명생성정보가 가입자에게 유일하게 속할 것

② 서명 당시 가입자가 전자서명생성정보를 지배·관리하고 있을 것

③ 전자서명이 있은 후에 당해 전자서명에 대한 변경여부를 확인할 수 있을 것

④ 전자서명이 있은 후에 당해 전자문서의 변경여부를 확인할 수 있을 것

4) 전자서명생성정보

전자서명을 생성하기 위하여 이용하는 전자적 정보를 말한다.

5) 개인정보

생존하고 있는 개인에 관한 정보로서 성명·주민등록번호 등에 의하여 당해 개인을 알아볼 수 있는 부호·문자·음성·음향·영상 및 생체특성 등에 관한 정보(당해 정보만으로는 특정 개인을 알아볼 수 없는 경우에도 다른 정보와 용이하게 결합하여 알아볼 수 있는 것을 포함)를 의미한다.

(2) 전자서명의 효력 등

① 다른 법령에서 문서 또는 서면에 서명, 서명날인 또는 기명날인을 요하는 경우 전자문서에 공인전자서명이 있는 때에는 이를 충족한 것으로 본다.

② 공인전자서명이 있는 경우에는 당해 전자서명이 서명자의 서명, 서명날인 또는 기명날인이고, 당해 전자문서가 전자서명된 후 그 내용이 변경되지 아니하였다고 추정한다.

③ 공인전자서명 외의 전자서명은 당사자 간의 약정에 따른 서명, 서명날인 또는 기명날인으로서의 효력을 가진다.

진정성 (Authentication)	거래당사자가 상대방의 신원을 확인할 수 있도록 하는 기능으로 송신자와 수신자 간 합법적 사용자임을 증명할 수 있어야 한다.
무결성 (Integrity)	정보가 오직 허가된 사람들에게만 개방되고, 또 그들에 의해서만 수정될 수 있음을 보장하는 것이다.
부인 방지 (Non-Repudiation)	메시지의 송수신이나 교환 후, 또는 통신이나 처리가 실행된 후에 그 사실을 사후에 증명함으로써 사실 부인을 방지하는 보안 기술이다.
기밀성 (Confidentiality)	• 허락된 사용자만 정보자산에 접근할 수 있는 것을 의미한다. • 보안과 관련된 많은 시스템과 소프트웨어가 기밀성과 밀접한 관련이 있다.

핵심 ○/×

01 GUIDEC는 전자서명을 통한 인증 및 증명방법 지침이다. (   )

정답 | ○

02 전자인증이란 정보를 보내오는 자가 실제 정보와 일치하는지를 인증키를 통하여 신원을 확인하는 것을 말하며, 전송될 내용을 보낼 자와 받을 자 모두 미리 알고 있는 상황에서 보내는 자가 그 내용을 자신의 개인키(Private key)를 이용한 공개키암호방식으로 보내는 것을 의미한다. (   )

정답 | ○

03 전자서명이란 전자서명생성정보가 가입자에게 유일하게 속할 것, 서명 당시 가입자가 전자서명생성정보를 지배·관리하고 있을 것, 전자서명이 있고 난 뒤에 당해 전자서명에 대한 변경 여부를 확인할 수 있을 것, 전자서명이 있고 난 뒤에 당해 전자문서의 변경 여부를 확인할 수 있을 것 등의 4가지 요건을 갖추고 공인인증서에 기초한 전자서명을 말한다. (   )

정답 | ×

04 전자문서 및 전자거래 기본법에서 규정하고 있는 것으로, "수신한 전자문서"는 문서마다 연결된 것으로 본다. 다만, 수신자가 작성자와 합의된 확인절차를 따르거나 상당한 주의를 하였더라면 동일한 전자문서가 반복되어 송신된 것임을 알 수 있었을 경우에는 그러하지 아니하다. (   )

정답 | ×

05 무역거래에서 전통적으로 사용해 온 종이서류를 인터넷을 통한 전자적 메시지로 대체하는 상업적 시스템으로서 무역 관련 당사자가 볼레로에 가입하여 무역업무를 전자적으로 처리하도록 하는 시스템을 "볼레로 시스템"이라 한다. ( )

정답 | ○

06 전자무역 인프라는 정형화된 전자무역문서를 거래당사자와 교환하기 위하여 EDI를 기반으로 한 인프라와 인터넷을 기반으로 한 인프라로 구분할 수 있다. 이 중에서 EDI를 기반으로 한 인프라에는 전자문서표준, 메시지표준, 통신표준이 기본적인 표준역할을 수행한다. ( )

정답 | ○

기출문제

01 전자문서 및 전자거래 기본법에서 규정하고 있는 전자문서의 송수신에 대한 설명으로 옳은 것은?

① 송신자가 전자문서를 송신자의 컴퓨터에 입력한 때에 송신된 것으로 본다.

② 수신자가 전자문서를 수신할 정보처리시스템을 지정한 경우에는 지정된 정보처리시스템에서 수신자가 이를 출력한 때를 수신된 것으로 본다.

③ 수신자가 전자문서를 수신할 정보처리시스템을 지정하지 아니한 경우에는 송신자가 관리하는 정보처리시스템에 입력된 때를 수신된 것으로 본다.

④ 수신자가 영업소를 가지고 있지 아니한 경우에는 그의 상거소에서 수신된 것으로 본다.

정답 | ④

02 한국기업이 온라인(신용카드)으로 1회 최대 미화 1만 달러까지 수출거래대금을 결제받을 수 있도록 KOTRA가 운영하는 결제솔루션은?

① TradeCard
② SURF
③ Paypal
④ KOPS

정답 | ④

03 전자적 의사표시에 의한 전자무역계약에 관한 설명으로 옳지 않은 것은?

① 표시자의 중대한 과실에 의한 하자 있는 전자적 의사표시는 동기의 착오로 간주하여 취소할 수 있다.

② UNCITRAL 전자상거래 모델법은 전자적 의사표시에 의해 성립된 계약의 유효성과 집행력을 인정하고 있다.

③ 컴퓨터 프로그램의 오작동으로 가격, 단위 등이 잘못 전달된 하자 있는 전자적 의사표시는 취소할 수 있다.

④ 전자무역계약은 특별한 형식 요건이 없으며, 전자적 의사표시의 법적 효력은 자연적 의사표시와 동일하다.

정답 ┃ ①
해설 ┃ 일반적인 착오로 간주될 수 없어 취소할 수 없다.

04 전자무역에 대한 설명으로 옳지 않은 것은?

① 무역의 일부 또는 전부가 전자무역문서로 처리되는 거래를 말한다.

② 전자무역은 글로벌 B2C이다.

③ 신용장에서 전자서류가 이용될 때 eUCP가 적용될 수 있다.

④ 선하증권의 위기를 해결하기 위해 CMI에서 해상운송장과 전자선하증권에 관한 규칙을 각각 제정하였다.

정답 ┃ ②
해설 ┃ 전자무역은 기업과 기업 사이에 이루어지는 전자무역으로 B2B(Business to Business)에 해당한다.

SECTION 1 관세환급특례법

제1부 관세환급의 개요

관세환급특례법상 환급이란 수출용 원재료를 수입하는 때 납부하였거나 납부할 관세 등을 관세법 등의 규정에도 불구, 이 법에 따라 수출자 또는 수출물품의 생산자에게 되돌려주는 것을 말한다. 수출물품에 사용된 수입원재료에 대한 관세 등 환급은 세계무역기구의 수출보조금지급금지규정에서 제외되어 있고, 교토협약에서도 관세 등 환급절차가 규정되어 있어 세계 각국은 자국의 수출산업을 지원하기 위해 환급제도를 운영하고 있다.

제2부 관세환급의 방법

1. 정액환급제도

(1) 의의

정액환급이란 국가가 수출물품별로 전년도 평균환급액 또는 평균납부세액을 기초로 환급액을 책정하고, 기업은 국가가 책정한 금액을 수출물품 제조에 소요된 원재료의 납부세액으로 간주하여 환급받는 방법이다. 국가가 책정한 금액을 환급액으로 간주하기 때문에 기업입장에서는 간편한 방법으로 환급을 받는 장점이 있으나 과다·과소환급의 문제도 발생하게 된다. 따라서 일정 요건을 갖춘 기업이 신청한 경우에만 적용되며, 중소기업 등의 수출지원을 위하여 간편하게 환급하려는 데 그 의의가 있다.

(2) 정액환급의 종류

1) 특수공정물품 정액환급제도

기업의 업종·규모에 관계없이 특수공정물품 정액환급률표에 게기된 업체가 이용할 수 있는 제도이다.

2) 간이정액환급제도

환급업무의 전문인력 부족 등으로 개별환급을 적용받기 어려운 중소제조업체만이 이용할 수 있는 제도이다. 현재 간이정액환급률표가 공표되어 시행되고 있다. 따라서 정액환급이라고 하면 간이정액환급을 말한다.

3) 적용순위

특수공정물품의 정액환급률표가 적용되는 물품에 대하여는 간이정액환급률표를 적용하지 아니한다.

(3) 간이정액환급

1) 의의

환급업무의 전문인력 부족 등으로 개별환급을 적용받기 어려운 중소제조업체만이 이용할 수 있는 제도이다. 현재 간이정액환급률표가 공표되어 시행되고 있다. 따라서 정액환급이라고 하면 간이정액환급을 말한다.

2) 적용대상

간이정액환급률표는 중소기업기본법 제2조의 중소기업자로서 다음 각 호의 요건을 모두 갖춘 자를 말한다.

- 환급신청일이 속하는 연도의 직전 2년간 매년도 환급실적(기초원재료납세증명서 발급실적을 포함)이 6억원 이하일 것
- 환급신청일이 속하는 연도의 1월 1일부터 환급신청일까지의 환급실적(해당 환급신청일에 기초원재료 납세증명서의 발급을 신청한 금액과 환급을 신청한 금액을 포함)이 6억원 이하일 것

(4) 개별환급제도

개별환급이란 수출물품 제조에 소요된 원재료의 품명·규격·수량 및 수입 시의 납부세액을 개별적으로 확인하여 환급금을 산출함으로써 비교적 정확히 환급하는 제도이다. 개별환급에 의한 환급액 산출 시 소요량의 파악과 수출물품과 소요원재료의 동일성 확인에 정확성을 기해야 한다.

제3부 수출원재료의 국내거래와 양도세액증명서류

1. 의의

수출용 원재료를 수입한 자가 직접 수출물품을 제조하여 수출하는 경우를 제외하고는 수출용 원재료의 수입자와 동원재료의 제조된 물품의 수출자가 다르게 되는데 이 경우 수입자와 수출자 간 이루어지는 수출용 원재료의 양수도를 수출용 원재료의 국내거래라고 한다.

2. 기초원재료납세증명서

외국으로부터 수입 또는 국내에서 매입한 원재료를 제조·가공한 후 수출용 원재료로 국내에서 공급하는 경우 수입신고필증 등에 갈음하여 수출용 원재료에 대한 납부세액을 증명하는 서류로서 기초원재료납세증명서가 발급된다. 즉, 기초원재료납세증명서는 기초원재료에 대하여 수입 시 납부한 세액 및 해당 공급사실을 증명하는 서류이다.

3. 수입세액분할증명서

외국으로부터 수입 또는 국내에서 매입한 원재료를 수입 또는 매입한 원상태로 수출용 원재료로 국내에서 공급하는 경우 수입신고필증 등에 갈음하여 수출용 원재료에 대한 납부세액을 증명하는 서류로서 수입세액분할증명서가 발급된다.

SECTION 2 관세법

제1부 개요

1. 관세(Customs duties ; tariffs)의 의의

관세영역(관세선)을 출입하는 물품에 대하여 법률이나 조약에 따라 부과하는 조세이다. 관세선은 관세부과 영역과 부과되지 않는 영역의 경계선으로 관세선과 국경선은 반드시 일치하는 것은 아니다.

2. 관세의 효과

(1) 소비효과(Consumption effect)

수입물품에 관세를 부과하면 수입물품의 가격이 그만큼 상승하여 소비자가 비싸게 구입해야 하므로 소비가 억제된다.

(2) 재정수입효과(Revenue effect)

관세를 부과하면 정부는 재정수입을 얻게 된다.

(3) 보호효과(Protective effect)

관세를 부과하면 수입물품에 대한 가격은 상승하고 이에 따라 국내수요가 줄어들게 되어 이와 경쟁관계에 있는 국내산업은 보호된다.

(4) 재분배효과(Redistribution effect)

관세의 부과에 따라 소비자는 전보다 비싼 가격으로 물품을 구입해야 하는데 이는 곧 생산자가 높은 가격으로 물품을 공급한다는 것을 뜻한다. 따라서 소비자로부터 생산자에게 소득이 재분배되는 효과를 발생시키게 된다.

3. 관세법의 성격

관세법은 조세법적 성격과 통관법적 성격을 동시에 가지고 있으며, 이들의 이행을 확보하기 위한 엄격한 법규를 마련하여 준사법적 또는 형사법적인 법규로서 작용, 관세법 내에 불복절차를 마련하여 소송법적 성격을 지닌다. 또한, 국제관세협력의 연장선에 있으므로 국제법적 성격을 지닌다.

제2부 총칙

1. 관세법의 목적

관세법은 관세의 부과·징수 및 수출입물품의 통관을 적정하게 하고 관세수입을 확보함으로써, 국민경제의 발전에 이바지함을 목적으로 한다.

2. 용어의 정의

(1) 수입

1) 수입의 정의

수입이라 함은 외국물품을 우리나라에 반입(보세구역을 경유하는 것은 보세구역으로부터 반입하는 것을 말함)하거나 우리나라에서 소비 또는 사용하는 것(우리나라의 운송수단 안에서의 소비 또는 사용을 포함, 법 제239조 수입으로 보지 아니하는 소비 또는 사용을 제외)을 말한다.

2) 외국물품

① 외국으로부터 우리나라에 도착된 물품으로서 수입신고가 수리되기 전의 것

② 외국의 선박 등에 의하여 공해에서 채집 또는 포획된 수산물 등으로서 수입신고가 수리되기 전의 것

③ 수출신고가 수리된 물품

④ 보세구역에서 보수작업으로 외국물품에 부가된 내국물품

⑤ 보세공장에서 외국물품과 내국물품을 원재료로 제조한 물품 중 수입신고가 수리되기 전의 것

3) 수입으로 보지 아니하는 소비 또는 사용(법 제239조)

외국물품의 소비 또는 사용이 다음에 해당하는 때에는 이를 수입으로 보지 아니한다.

① 선박용품 · 항공기용품 또는 차량용품을 운송수단 안에서 그 용도에 따라 소비 또는 사용하는 경우

② 선박용품 · 항공기용품 또는 차량용품을 관세청장이 정하는 지정보세구역에서 출입국관리법에 따라 출국심사를 마치거나 우리나라에 입국하지 아니하고 우리나라를 경유하여 제3국으로 출발하려는 자에게 제공하여 그 용도에 따라 소비 또는 사용하는 경우

③ 여행자가 휴대품을 운송수단 또는 관세통로에서 소비 또는 사용하는 경우

④ 관세법의 규정에 의하여 인정된 바에 따라 소비 또는 사용하는 경우

(2) 수출

1) 수출의 정의

내국물품을 외국으로 반출하는 것을 말한다.

2) 내국물품

① 우리나라에 있는 물품으로서 외국물품이 아닌 것

　예 국내에서 생산되어 수출신고가 수리되지 않은 물품, 수입신고가 수리된 물품 등

② 우리나라의 선박 등에 의하여 공해(외국의 영해가 아닌 경제수역을 포함)에서 채집 또는 포획된 수산물 등

③ 입항 전 수입신고가 수리된 물품

④ 수입신고 수리 전 반출승인을 얻은 물품

⑤ 수입신고 전 즉시반출신고를 하고 반출된 물품

(3) 반송

국내에 도착한 외국물품이 수입통관 절차를 거치지 아니하고 다시 외국으로 반출되는 것을 의미한다.

(4) 통관

이 법의 규정에 의한 절차를 이행하여 물품을 수출 · 수입 또는 반송하는 것을 말한다.

(5) 선박용품, 항공기용품 및 차량용품

① 선박용품 : 음료, 식품, 연료, 소모품, 밧줄, 수리용 예비부분품 및 부속품, 집기 기타 이와 유사한 물품으로서 해당 선박에서만 사용되는 것

② 항공기용품 : 선박용품에 준하는 물품으로서 해당 항공기에서만 사용되는 것

③ 차량용품 : 선박용품에 준하는 물품으로서 해당 차량에서만 사용되는 것

3. 관세의 납부기한

(1) 일반적인 관세의 납부기한

1) 신고납부(제38조)규정에 의한 납세신고를 한 경우

납세신고수리일부터 15일 이내

2) 부과고지(제39조)규정에 의한 납부고지를 한 경우

납부고지를 받은 날부터 15일 이내

3) 수입신고 전 즉시반출신고(제253조)를 한 경우

수입신고일부터 15일 이내

4) 세액을 정정하는 경우

- 세액을 정정한 경우 : 당초의 납부기한
- 세액의 보정 신청 시 : 보정신청을 한 날의 다음 날까지
- 수정신고 시 : 수정신고한 날의 다음 날

(2) 예외적인 납부기한

① 납세의무자는 수입신고가 수리되기 전에 당해 세액 납부 가능

② 세관장은 관세청장이 정하는 요건을 갖춘 성실납세자가 신청하는 때에는 납부기한이 동일한 달에 속하는 세액에 대하여는 동 기한이 속하는 달의 말일까지 일괄하여 납부하게 할 수 있음

4. 납부고지서의 송달

(1) 직접교부 · 인편 · 우편

① 관세의 납부고지서는 납세의무자에게 직접 발급하는 경우를 제외하고는 인편이나 우편으로 송달

② 납부고지서가 송달받아야 할 자에게 도달한 때 송달된 것으로 봄(효력 발생 시기)

(2) 공시송달

① 세관장은 관세 납세의무자의 주소, 거소, 영업소 또는 사무소가 모두 분명하지 아니하여 관세의 납부고지서를 송달할 수 없을 때는 해당 세관 게시판이나 그 밖의 적당한 장소에 납부고지 사항 공시 가능

② 이 경우 공시일부터 14일이 지나면 납부고지서가 납세의무자에게 송달된 것으로 봄

5. 신고서류의 보관기간

관세법에 따라 가격신고 · 납세신고 · 수출입신고 · 보세화물 반출입신고 · 보세운송신고를 하거나 적하목록을 제출한 자는 신고 또는 제출한 자료를 신고 또는 제출한 날부터 5년의 범위 내에서 대통령령이 정하는 기간 동안 이를 보관하여야 한다.

(1) 해당 신고에 대한 수리일부터 5년

① 수입신고필증

② 수입거래 관련 계약서 또는 이에 갈음하는 서류

③ 지적재산권거래 관련 계약서 또는 이에 갈음하는 서류

④ 수입물품 가격결정에 관한 자료

(2) 해당 신고에 대한 수리일부터 3년

① 수출신고필증

② 수출물품 가격결정에 관한 자료

③ 수출거래 관련 계약서 또는 이에 갈음하는 서류

(3) 해당 신고에 대한 수리일부터 2년

① 보세화물 반출입에 관한 자료

② 적하목록에 관한 자료

③ 보세운송에 관한 자료

제3부 과세요건

1. 개요

납세의무의 성립에 필요한 법률상의 요건으로 과세물건, 과세표준, 관세율, 납세의무자가 있으며, 과세요건이 충족되는 시점에 납세의무가 성립한다.

2. 과세물건

(1) 정의

조세법규가 과세의 대상으로 정하고 있는 물건·행위·사실로서 관세법 제14조에서는 "수입물품에는 관세를 부과한다"라고 규정하고 있다.

(2) 과세물건 확정시기

1) 일반적인 경우

관세는 수입신고(입항 전 수입신고 포함)를 하는 때의 물품의 성질과 그 수량에 의하여 부과한다.

2) 예외

다만, 다음에 해당하는 물품에 대하여는 각 호에 규정된 때의 물품의 성질과 수량에 의하여 관세를 부과한다.

① 선박용품 등이나 국제무역선(기) 등 안에서 판매하는 물품을 허가받은 대로 적재하지 아니하여 관세를 징수하는 물품 : 하역허가를 받은 때

② 보세구역 외 보수작업 승인기간 경과 시 : 보세구역 외 보수작업 승인을 얻은 때

③ 수입신고가 수리되기 전에 소비 또는 사용하는 물품 : 당해 물품을 소비하거나 사용한 때

④ 수입신고 전 즉시반출신고를 하고 반출한 물품 : 수입신고 전 즉시반출신고를 한 때

⑤ 우편에 의하여 수입되는 물품(수입신고하여야 하는 우편물 제외) : 통관우체국에 도착된 때

3. 과세표준

(1) 관세의 과세표준

수입물품의 가격 또는 수량으로 한다.

종가세 (ad valorem duties)	• 종가세 : 물품의 가격을 과세표준으로 하여 세액을 부과하는 방법 • 세액 계산방식 : 물품의 과세가격×세율 = 관세액 • 장점 : 물품의 가격에 따라 과세하므로 공평성이 있고, 물가 상승 시에도 세율의 변경 없이 세수입을 올릴 수 있어 세부담의 균형을 유지할 수 있음 • 단점 : 물품의 과세기준가격을 정확히 산출하기 어렵고, 과세가격 확정에 복잡한 절차와 비용이 소요됨
종량세 (specific duties)	• 물품의 수량을 과세표준으로 하는 조세 • 세액 계산방식 : 물품의 수량×세율 = 관세액 • 장점 : 과세 방법이 간단하여 행정상 편리하고, 물품가격신고에 부정의 여지가 없음 • 단점 : 과세의 공평성이 결여되고, 물가 상승 시 재정수입확보가 어려움

(2) 과세가격 결정방법

1) 관세평가의 방법

수입물품의 과세가격은 제1평가방법부터 제6평가방법을 순차적으로 적용한다. 다만, 납세의무자가 요청하면 제5평가방법을 제4평가방법에 우선하여 적용할 수 있다. 즉, 납세의무자는 제4평가방법을 적용하기 전에 제5평가방법의 적용을 요청할 수 있는 선택권을 갖는다.

① 제1평가방법 : 해당 수입물품의 거래가격을 기초로 한 과세가격의 결정방법
② 제2평가방법 : 동종·동질물품의 거래가격을 기초로 한 과세가격의 결정방법
③ 제3평가방법 : 유사물품의 거래가격을 기초로 한 과세가격의 결정방법
④ 제4평가방법 : 국내판매가격을 기초로 한 과세가격의 결정방법
⑤ 제5평가방법 : 산정가격을 기초로 한 과세가격의 결정방법
⑥ 제6평가방법 : 합리적 기준에 의한 과세가격의 결정방법

2) 과세가격결정의 원칙

수입물품의 과세가격은 우리나라에 수출하기 위해 판매되는 물품에 대하여 ⓐ 구매자가 실제로 지급하였거나 지급하여야 할 가격에 ⓑ 다음의 금액을 더하여 조정한 거래가격으로 한다. 여기서 ⓐ는 해당 수입물품의 대가로서 구매자가 지급하였거나 지급하여야 할 총금액을 말하며, ⓑ는 법정가산요소를 의미한다.

※ 법정가산요소
• 구매자가 부담하는 수수료 및 중개료(다만, 구매수수료 제외)
• 당해 물품과 동일체로 취급되는 용기는 비용과 당해 물품의 포장에 소요되는 노무비 및 자재비로서 구매자가 부담하는 비용
• 구매자가 당해 물품의 생산 및 수출거래를 위하여 무료 또는 인하된 가격으로 직접 또는 간접으로 물품 또는 용역을 공급하는 때에는 그 가격 또는 인하차액
• 특허권·실용신안권·의장권·상표권 및 이와 유사한 권리를 사용하는 대가로 지급하는 금액
• 수입 후의 전매·처분 또는 사용에 따른 수익금액 중 수출자에게 직(간)접으로 귀속되는 금액
• 수입항까지의 운임·보험료 기타 운송에 관련되는 비용

4. 납세의무자

(1) 원칙적인 납세의무자

① 수입신고를 한 물품인 경우에는 그 물품을 수입한 화주

② 화주가 불분명한 경우

- 수입을 위탁받아 수입업체가 대행 수입한 물품인 경우 : 그 물품의 수입을 위탁한 자
- 수입을 위탁받아 수입업체가 대행 수입한 물품이 아닌 경우 : 대통령령으로 정하는 상업서류에 적힌 수하인
- 수입물품을 수입신고 전에 양도한 경우 : 그 양수인

(2) 특별납세의무자

① 선박용품, 항공기용품 등이나 국제무역선기 등에서 판매하는 물품을 허가받은 대로 적재하지 아니하여 관세를 징수하는 물품 : 하역허가를 받은 자

② 보세구역 외 보수작업 승인기간 경과로 관세 징수하는 물품 : 보세구역 외 보수작업 승인을 얻은 자

③ 보세구역 장치물품의 멸실·폐기로 관세 징수하는 물품 : 운영인 또는 보관인

④ 보세공장 외 작업·보세건설장 외 작업 허가기간 경과, 종합보세구역 외 작업기간 경과로 관세 징수하는 물품 : 작업의 허가를 받거나 신고를 한 자

⑤ 보세운송기간 경과로 관세 징수하는 물품 : 보세운송 신고를 하거나 승인을 얻은 자

⑥ 수입신고 수리되기 전에 소비 또는 사용하는 물품(소비 또는 사용을 수입으로 보지 않는 물품 제외) : 소비자 또는 사용자

⑦ 수입신고 전 즉시반출신고를 하고 반출한 물품 : 즉시반출한 자

⑧ 우편에 의하여 수입되는 물품 : 수취인

⑨ 도난물품 또는 분실물품

- 보세구역 장치물품 : 운영인 또는 화물관리인
- 보세운송물품 : 보세운송 신고를 하거나 승인을 얻은 자
- 기타 물품 : 보관인 또는 취급인

⑩ 관세법 또는 다른 법률의 규정에 의하여 따로 납세의무자로 규정된 자

(3) 확장된 납세의무자

① 연대납세의무자

ㄱ 수입신고가 수리된 물품이나 수입신고수리 전 반출승인을 받아 반출된 물품에 대하여 납부하였거나 납부해야 할 관세액에 부족이 있을 때에는 → 해당물품을 수입한 화주의 주소 및 거소가 분명하지 않거나 수입신고인이 화주를 명백히 하시 못하는 경우에 ㄱ 신고인이 해낭물품을 수입한 화주와 연대하여 해당 관세를 납부해야 한다.

ㄴ 자가사용물품을 수입하려는 화주의 요청에 따라 사이버몰(컴퓨터 등과 정보통신설비를 이용하여 재화 등을 거래할 수 있도록 설정된 가상의 영업장을 말한다) 등으로부터 해당 수입물품의 구매를 대행하는 것을 업으로 하는 자(이하 "구매대행업자"라 한다)가 다음의 모두에 해당하는 경우 : 구매대행업자와 수입신고하는 때의 화주

- 화주로부터 해당물품에 대하여 납부할 관세 등에 상당하는 금액을 수령하였을 것
- 수입신고인 등에게 과세가격 등의 정보를 거짓으로 제공하였을 것

(4) 납세의무자의 경합

원칙적인 납세의무자인 화주 또는 연대납세의무자인 신고인과 특별납세의무자가 경합되는 경우에는 특별납세의무자를 납세의무자로 한다.

5. 관세율

(1) 기본세율

관세법 별표인 관세율표상의 세율로서 국회에서 법률로 제정하며, 수입물품에 대하여 원칙적으로 적용되는 세율이다.

(2) 잠정세율

기본세율과는 다른 세율을 잠정적으로 적용하기 위한 세율로, 잠정세율을 적용받는 물품에 대하여는 그 물품의 전부 또는 일부에 대하여 잠정세율의 적용을 정지하거나 기본세율과의 세율 차를 좁히도록 올리거나 내릴 수 있다.

(3) 탄력관세

탄력관세는 관세율의 변경권을 행정부에 위임하여 관세율을 변경 또는 조정함으로써 급격하게 변동하는 국내외적 경제여건 변화에 신축성 있게 대응할 수 있도록 한 관세율을 의미한다.

1) 적용순위

① 1순위 : 덤핑방지관세, 상계관세, 보복관세, 긴급관세, 특정국물품긴급관세, 농림축산물에 대한 특별긴급관세

② 2순위 : 편익관세, 국제협력관세

③ 3순위 : 조정관세, 할당관세, 계절관세

④ 4순위 : 일반특혜관세(GSP)

⑤ 5순위 : 잠정세율

⑥ 6순위 : 기본세율

2) 탄력관세의 종류

① 덤핑방지관세 : 덤핑수입으로 인한 동종의 상품을 생산하는 국내산업에 실질적인 피해 등이 있음이 판명되고, 국내산업을 보호할 필요가 있는 경우에 당해 물품의 정상가격과 덤핑가격의 차액에 상당하는 금액 이하의 관세를 기본관세에 추가하여 부과하는 관세

② 상계관세 : 외국에서 제조 · 생산 또는 수출에 관하여 직접 · 간접으로 보조금 또는 장려금을 받은 물품의 수입으로 인하여 국내산업이 실질적인 피해를 받거나 받을 우려가 있는 경우 또는 국내산업의 발전이 실질적으로 지연된 경우, 당해 국내산업을 보호할 필요가 있다고 인정된다면 기획재정부령으로 그 물품과 수출자 또는 수출국을 지정하여 당해 물품에 대하여 보조금 등의 금액 이하의 관세를 추가하여 부과 가능

③ 보복관세 : 우리나라의 수출물품 · 선박 · 항공기 등에 불리한 대우를 하는 국가로부터 수입되는 물품에 대하여 관세 할증 부과 가능

④ 긴급관세 : 특정 물품의 수입 증가로 인하여 동종 물품 또는 직접적인 경쟁관계에 있는 물품을 생산하는 국내산업이 심각한 피해를 받거나 받을 우려가 있음이 조사를 통하여 확인되고, 당해 국내산업을 보호할 필요가 있다고 인정되는 때에는 당해 물품에 대하여 심각한 피해 등을 방지하거나 치유하고 조정을 촉진하는 데 필요한 범위 안에서 관세 추가 부과 가능

⑤ 특정국물품긴급관세 : 국제조약 또는 일반적인 국제법규에 따라 허용되는 한도에서 특정국물품의 수입 증가가 국내시장의 교란 또는 교란 우려의 중대한 원인이 되는 경우, 세계무역기구 회원국이 해당 물품의 수입 증가에 대하여 자국의 피해를 구제하거나 방지하기 위하여 한 조치로 인하여 중대한 무역전환이 발생하여 해당 물품이 우리나라로 수입되거나 수입될 우려가 있는 경우 피해를 구제하기 위하여 부과하는 관세

⑥ 농림축산물에 대한 특별긴급관세 : 관세법상 국제협력관세 규정(제73조)에 의하여 국내외가격 차에 상당한 비율로 양허한 농림축산물의 수입 물량이 급증하거나 수입가격이 하락하는 때에는 대통령령이 정하는 바에 의하여 양허한 세율을 초과하여 관세("특별긴급관세") 부과가 가능

⑦ 조정관세 : 산업구조의 변동 등으로 물품 간의 세율이 현저히 불균형하여 이를 시정할 필요가 있는 경우 등 정부의 수입자동화정책이 시행되면서 나타날 수 있는 부작용을 관세정책 면에서 시정 · 보완하기 위해 부과하는 관세

⑧ 할당관세 : 특정물품의 수입에 대하여 일정한 수량의 쿼터를 설정하여 놓고, 그 수량 또는 금액만큼 수입되는 분에 대하여는 무세 내지 저세율을 적용하고, 그 이상 수입되는 분에 대하여는 고세율을 적용하는 이중관세제도

⑨ 계절관세 : 가격이 계절에 따라 현저하게 차이가 있는 물품으로서, 동종물품 · 유사물품 또는 대체물품의 수입으로 국내시장이 교란되거나 생산기반이 붕괴될 우려가 있는 경우 계절 구분에 따라 관세율을 인상 또는 인하하여 부과하는 관세

⑩ 편익관세 : 관세에 관한 조약에 의한 편익을 받지 아니하는 나라의 생산물로서 우리나라에 수입되는 물품에 대하여 이미 체결된 외국과의 조약에 의한 편익의 한도 안에서 관세에 관한 편익 부여가 가능

3) 관세율의 적용

간이세율	• 여행자 휴대품이나 우편물 등 소액물품에 대하여 신속한 통관을 위해 당해 물품에 부과되는 관세 및 내국세 등 제세율을 통합한 하나의 세율을 적용하여 과세하는 제도
	• 적용대상
	  − 여행자 또는 외국에 왕래하는 운송수단의 승무원이 휴대하여 수입하는 물품
	  − 우편물. 다만, 수입신고를 하여야 하는 것을 제외함
	  − 외국에서 선박 또는 항공기 일부를 수리 또는 개체하기 위하여 사용된 물품
	  − 탁송품 또는 별송품

합의세율	• 일괄하여 수입신고된 물품으로서 물품별 세율이 다른 물품에 대하여는 신고인의 신청에 의하여 그 세율 중 가장 높은 세율을 적용할 수 있음 • 합의세율은 이의신청, 심사청구 및 심판청구와 같은 행정쟁송을 할 수 없음
용도세율	• 동일한 물품에 대한 세율이 용도에 따라 상이한 경우 세율이 낮은 특정 용도에 사용하고자 하는 자는 세관장의 승인을 얻어 낮은 세율로 사용 가능 • 용도세율이 적용된 물품은 그 수입신고의 수리일부터 3년의 범위 내에서 대통령령이 정하는 기준에 따라 관세청장이 정하는 기간 내에는 당해 용도 외의 다른 용도에 사용 · 양도가 불가 • 수입신고수리 진까지 세관장의 승인을 얻어야 함

제4부 부과와 징수

1. 신고납부

(1) 의의

신고납부란 납세의무자가 수입신고를 하는 때에 과세표준 및 납부세액 등을 스스로 결정·신고하여 신고한 내용대로 관세를 납부하는 제도를 말한다. 부과고지대상물품을 제외한 모든 수입물품이 신고납부의 대상이 된다.

(2) 납세신고

물품을 수입하려는 자는 수입신고를 할 때 세관장에게 관세의 납부에 관한 신고("납세신고")를 하여야 한다.

(3) 세액심사

세관장은 수입신고수리 후 세액심사하는 것이 원칙이나, 다음 물품의 경우에는 수입신고를 수리하기 전에 심사한다.

① 법률 또는 조약에 의하여 관세 또는 내국세를 감면받고자 하는 물품

② 관세를 분할납부하고자 하는 물품

③ 관세를 체납하고 있는 자가 신고하는 물품(체납액이 10만원 미만이거나 체납기간 7일 이내에 수입신고하는 경우를 제외)

④ 납세자의 성실성 등을 참작하여 관세청장이 정하는 기준에 해당하는 불성실신고인이 신고하는 물품

⑤ 물품의 가격변동이 큰 물품, 기타 수입신고수리 후에 세액을 심사하는 것이 적합하지 아니하다고 인정하여 관세청장이 정하는 물품

(4) 자율심사

세관장은 납세실적 및 수입규모 등을 고려하여 관세청장이 정하는 요건을 갖춘 자가 신청하는 때에는 납세신고한 세액을 자체적으로 심사(자율심사)하게 할 수 있다.

(5) 납부세액의 변경

납세신고 또는 신고납부를 한 후 신고내용에 오류가 발견되면 당초의 신고내용을 변경할 수 있다.

정정	• 납세의무자는 납세신고한 세액을 납부하기 전에 그 세액이 과부족하다는 것을 알게 되었을 때는 세액을 정정할 수 있다. • 납부기한 : 당초의 납부기한
보정	• 신고납부한 세액이 부족하다는 것을 알게 되거나 세액산출의 기초가 되는 과세가격 또는 품목분류 등에 오류가 있는 것을 알게 되었을 때는 신고납부한 날부터 6개월 이내에 세관장에게 보정 신청할 수 있다. • 납부기한 : 해당 보정 신청을 한 날의 다음 날까지 • 보정이자도 납부하여야 한다.
수정신고	• 신고납부한 세액이 부족한 경우에는 보정기간(신고납부한 날부터 6개월 이내)이 지난 날부터 관세부과 제척기간이 끝나기 전까지 수정신고를 할 수 있다. 이 경우 가산세도 납부하여야 한다. • 납부기한 : 수정신고한 날의 다음 날까지
경정청구	납세의무자는 신고납부한 세액이 과다한 것을 알게 되었을 때는 최초로 납세신고를 한 날부터 5년 이내에 신고한 세액의 경정을 세관장에게 청구할 수 있다.

2. 부과고지 방식

① 세액을 처음부터 세관장이 결정하여 이를 고지하면, 납세의무자가 고지된 세액을 납기 내에 납부하는 방식을 말한다.

② 부과고지 규정에 의해 세관장이 관세를 징수하려는 경우에는 납세의무자에게 납부고지를 하여야 하며, 납부고지를 받은 자는 그 납부고지를 받은 날부터 15일 이내에 해당 세액을 세관장에게 납부하여야 한다.

제5부 통관

1. 의의

통관이란 관세법에 따른 절차를 이행하여 물품을 수출·수입 또는 반송하는 것을 말한다.

2. 통관의 요건

(1) 허가, 승인 등의 증명 및 확인

수출입에 있어서 법령이 정하는 바에 따라 허가·승인·표시 그 밖의 조건의 구비를 요하는 물품은 세관장에게 그 허가·승인·표시 그 밖의 조건을 갖춘 것임을 증명하여야 한다.

(2) 의무이행의 요구

세관장은 다른 법령에 따라 수입 후 특정 용도로 사용 등 의무를 이행하도록 되어 있는 물품에 대하여는 문서로써 해당 의무를 이행할 것을 요구할 수 있다. 또한, 의무의 이행을 요구받은 자는 특별한 사유가 없는 한 당해 물품에 대하여 부가된 의무를 이행하여야 한다.

(3) 통관표지

세관장은 관세보전을 위하여 필요하다고 인정하는 때에는 수입하는 물품에 통관표지의 첨부를 명할 수 있다. 통관표지 첨부대상은 다음과 같다.

① 관세법에 의하여 관세의 감면 또는 용도세율의 적용을 받은 물품

② 관세의 분할납부승인을 얻은 물품

③ 부정수입물품과 구별하기 위하여 관세청장이 지정하는 물품

(4) 원산지증명서 제출

1) 원산지증명서 제출대상

원산지 확인이 필요한 물품을 수입하는 자는 수입신고 시에 원산지증명서를 세관장에게 제출하여야 하여야 하며, 원산지증명서 제출대상은 다음과 같다.

① 법·조약·협정 등에 의하여 다른 국가의 생산(가공을 포함)물품에 적용되는 세율보다 낮은 세율을 적용받고자 하는 자로서 원산지 확인이 필요하다고 관세청장이 정하는 자

② 관세율의 적용 기타의 사유로 인하여 원산지 확인이 필요하다고 관세청장이 지정한 물품을 수입하는 자

2) 원산지증명서 제출 면제대상

① 세관장이 물품의 종류 · 성질 · 형상 또는 그 상표 · 생산국명 · 제조자 등에 의하여 원산지를 확인할 수 있는 물품

② 우편물(수입신고 대상은 제외)

③ 과세가격(종량세의 경우 과세표준을 수량으로 하여 산출한 가격)이 15만원 이하인 물품

④ 개인에게 무상으로 송부된 탁송품 · 별송품 또는 여행자의 휴대품

⑤ 기타 관세청장이 관계행정기관의 장과 협의하여 정하는 물품

3. 통관의 제한

(1) 원산지허위표시물품 등의 통관제한

세관장은 법령의 규정에 의하여 원산지를 표시하여야 하는 물품이 다음에 해당하는 때에는 당해 물품의 통관을 허용하여서는 아니 된다. 다만, 그 위반사항이 경미한 때에는 이를 보완 · 정정하도록 한 후 통관을 허용할 수 있다.

① 원산지표시가 법령에서 정하는 기준과 방법에 부합되지 아니하게 표시된 경우

② 부정한 방법으로 원산지표시가 사실과 다르게 표시된 경우

③ 원산지표시가 되어 있지 아니한 경우

(2) 수출입의 금지

다음에 해당하는 물품은 수출 또는 수입할 수 없다.

① 헌법질서를 문란하게 하거나 공공의 안녕질서 또는 풍속을 해치는 서적 · 간행물 · 도화 · 영화 · 음반 · 비디오물 · 조각물 기타 이에 준하는 물품

② 정부의 기밀을 누설하거나 첩보활동에 사용되는 물품

③ 화폐 · 채권 기타 유가증권의 위조품 · 변조품 또는 모조품

(3) 지식재산권

다음의 어느 하나에 해당하는 지식재산권을 침해하는 물품은 수출하거나 수입할 수 없다.

① 상표권, ② 저작권과 저작인접권, ③ 품종보호권, ④ 지리적표시권 또는 지리적표시, ⑤ 특허권, ⑥ 디자인권

Check **적용 배제**

여행자휴대품 또는 우편물 등 상업적 목적이 아닌 개인용도에 사용하기 위하여 소량으로 수출입되는 물품에 대하여는 상기 (3)의 규정을 적용하지 아니한다.

---

4. 통관 후 유통이력 관리

(1) 외국물품을 수입하는 자, 수입물품을 국내에서 거래하는 자(소비자에 대한 판매를 주된 영업으로 하는 사업자 제외)

사회안전 또는 국민보건을 해칠 우려가 현저한 물품 등으로서 관세청장이 지정하는 물품(유통이력 신고물품)에 대한 유통단계별 거래내역(유통이력)을 관세청장에게 신고하여야 한다.

(2) 유통이력 신고의무자

유통이력을 장부에 기록(전자적 기록방식을 포함)하고, 그 자료를 거래일부터 1년간 보관하여야 한다.

(3) 유통이력을 신고하지 아니하거나 거짓으로 신고한 자, 장부기록 자료를 보관하지 아니한 자

500만원 이하의 과태료를 부과한다.

제6부 수출 · 수입 및 반송

1. 수출 · 수입 또는 반송의 신고

(1) 물품을 수출 · 수입 또는 반송하고자 하는 때

해당 물품의 품명 · 규격 · 수량 및 가격 그 밖에 대통령령이 정하는 사항을 세관장에게 신고하여야 한다.

C/h/e/c/k 대통령령으로 정하는 사항

포장의 종류, 번호 및 개수, 목적지, 원산지 및 선적지, 원산지표시 대상물품인 경우에는 표시 유무, 방법 및 형태, 상표, 사업자등록번호, 통관고유부호 및 해외공급자부호 또는 해외구매자 부호, 물품의 장치장소, 그 밖의 참고사항

---

(2) 반송 신고 생략 · 간소화

다음에 해당하는 물품에 대하여는 수출 · 수입 또는 반송 신고를 생략하게 하거나 관세청장이 정하는 간소한 방법으로 신고하게 할 수 있다.

① 휴대품 · 탁송품 또는 별송품

② 우편물

③ 종교 · 장애인용품 등 면세, 정부용품 등 면세, 특정물품 면세 등, 소액물품 등 면세, 여행자 휴대품 · 이사물품 등 면세, 재수출면세 규정에 의하여 관세가 면제되는 물품

④ 국제운송을 위한 컨테이너(관세율표 중 기본세율이 무세인 것)

(3) 신고의 시기

수입 또는 반송을 하고자 하는 물품을 지정장치장 또는 보세창고에 반입하거나 보세구역이 아닌 장소에 장치한 자는 그 반입일 또는 장치일부터 30일 이내에 수입 · 반송 신고를 하여야 한다.

(4) 수출 · 수입 · 반송 등의 신고인

신고는 화주 또는 관세사 등의 명의로 하여야 한다. 다만, 수출신고의 경우에는 화주에게 당해 수출물품을 제조하여 공급한 자(완제품공급자)의 명의로 할 수 있다.

(5) 신고의 요건

수입신고는 해당물품을 적재한 선박이나 항공기가 입항된 후에만 할 수 있으며, 반송의 신고는 해당 물품이 관세법에 따른 장치 장소에 있는 경우에만 할 수 있다.

(6) 신고 시 제출서류

수출·수입(입항 전 수입신고 포함) 또는 반송신고를 하는 자는 과세가격결정자료 외에 ⓐ 선하증권 또는 항공화물운송장 사본, ⓑ 원산지증명서(제출대상인 경우로 한정), ⓒ 기타 참고서류를 제출하여야 한다.

2. 입항 전 수입신고의 시기

(1) 의의

입항 전 수입신고는 당해 물품을 적재한 선박 또는 항공기가 그 물품을 적재한 항구 또는 공항에서 출항하여 우리나라에 입항하기 5일 전(항공기의 경우 1일 전)부터 할 수 있다.

(2) 물품검사

1) 검사대상으로 결정된 경우

검사대상으로 결정된 물품은 수입신고를 한 세관의 관할보세구역(보세구역이 아닌 장소에 장치하는 경우 그 장소를 포함)에 반입되어야 한다. 다만, 세관장이 적재상태에서 검사가 가능하다고 인정하는 물품은 당해 물품을 적재한 선박 또는 항공기에서 검사할 수 있다.

2) 검사대상으로 결정되지 않은 경우

검사대상으로 결정되지 아니한 물품에 대하여는 입항 전에 그 수입신고를 수리할 수 있다.

(3) 입항 전 수입신고를 할 수 없는 물품

다음에 해당하는 물품은 당해 물품을 적재한 선박 등이 우리나라에 도착된 후에 수입신고하여야 한다.

① 세율이 인상되거나 새로운 수입요건을 갖추도록 요구하는 법령이 적용되거나 적용될 예정인 물품

② 수입신고하는 때와 우리나라에 도착하는 때의 물품의 성질과 수량이 달라지는 물품으로서 관세청장이 정하는 물품

3. 물품의 검사

세관공무원은 수출·수입 또는 반송하고자 하는 물품에 대하여 검사를 할 수 있다.

4. 신고의 처리

(1) 신고의 수리

세관장은 수출·수입(입항 전 수입신고 포함)·반송신고가 관세법의 규정에 적합하게 이루어진 때에는 이를 지체 없이 수리하고 신고인에게 신고필증을 발급하여야 한다. 국가관세종합정보망의 전산처리설비를 이용하여 신고를 수리하는 경우에는 신고인이 직접전산처리설비를 이용하여 신고필증을 발급받을 수 있다. 신고수리 전에는 운송수단·관세통로·하역통로 또는 관세법에 따른 장치장소로부터 신고된 물품을 반출하여서는 아니 된다.

(2) 신고사항의 보완

세관장은 다음에 해당하는 경우에는 수출 · 수입(입항 전 수입신고 포함) 또는 반송신고가 수리되기 전까지 이를 보완하게 할 수 있다. 다만 해당 사항이 경미하고 신고수리 후 보완이 가능하다고 인정되는 경우에는 신고수리 후 이를 보완하게 할 수 있다.

① 수출 · 수입 또는 반송에 관한 신고서의 기재사항이 미비된 경우

② 신고 시 제출서류가 갖추어지지 아니한 경우

(3) 신고의 취하 및 각하

신고의 취하	• 신고는 정당한 이유가 있는 때에 한하여 세관장의 승인을 얻어 이를 취하할 수 있다. 다만, 수입 및 반송은 운송수단 · 관세통로 · 하역통로 또는 관세법에 규정된 장치장소에서 물품을 반출한 후에는 이를 취하할 수 없다. • 수출 · 수입 또는 반송의 신고를 수리한 후 신고의 취하를 승인한 때에는 신고수리의 효력이 상실된다.
신고의 각하	수출 · 수입(입항 전 수입신고 포함) · 반송 신고가 그 요건을 갖추지 못하였거나 부정한 방법으로 신고된 때에는 해당 수출 · 수입 또는 반송의 신고를 각하할 수 있다.

(4) 수출신고수리물품의 적재

수출신고가 수리된 물품은 수출신고가 수리된 날부터 30일 이내 운송수단에 적재하여야 한다. 다만, 1년의 범위 내에서 적재기간 연장 승인을 얻은 것은 그러하지 아니하다.

5. 통관절차의 특례

(1) 수입신고수리 전 반출

수입신고를 한 물품을 세관장의 수리 전에 해당 물품이 장치된 장소로부터 반출하고자 하는 자는 납부하여야 할 관세에 상당하는 담보를 제공하고 세관장의 승인을 얻어야 한다. 수입신고수리 전 반출 승인을 얻어 반출된 물품은 내국물품으로 보며 수입신고수리 전 반출 승인일은 수입신고수리일로 본다.

(2) 수입신고 전의 물품반출

① 수입하려는 물품을 수입신고 전에 운송수단 · 관세통로 · 하역통로 또는 관세법에 따른 장치장소로부터 즉시 반출하고자 하는 자는 세관장에게 즉시반출신고를 하여야 한다. 이 경우 세관장은 납부하여야 하는 관세에 상당하는 담보를 제공하게 할 수 있다. 즉시반출신고를 하고 반출하는 자는 즉시반출신고를 한 날부터 10일 이내에 수입신고를 하여야 한다. 당해 세액의 납부기한은 수입신고를 한 날부터 15일 이내이다.

② 즉시반출신고 후 수입신고를 지정된 기간 내에 이행하지 않는 경우, 부과고지 규정에 의하여 세관장이 관세를 부과 · 징수하며, 이 경우 해당물품에 대한 관세의 100분의 20에 상당하는 금액을 가산세로 징수하고, 즉시반출대상의 지정을 취소할 수 있다. 수입신고 전 즉시 '반출신고를 하고 반출된 물품은 내국물품으로 본다.

6. 우편물 통관

(1) 수출 · 수입 또는 반송하려는 우편물(서신 제외)

통관우체국을 경유하여야 한다.

(2) 통관우체국

체신관서 중에서 관세청장이 지정한다.

(3) 관세의 납부

우편물에 대한 납세통지를 받은 자는 해당 관세를 수입인지 또는 금전으로 납부하여야 한다.

(4) 우편물에 대한 관세를 납부하고자 하는 자

세관으로부터 납세고지를 받은 경우에는 세관장에게, 기타의 경우에는 체신관서에 각각 금전으로 이를 납부하여야 한다.

(5) 체신관서

관세를 징수할 우편물을 관세를 징수하기 전에 수취인에게 교부할 수 없다.

(6) 우편물에 대한 관세의 납세의무

해당 우편물이 반송되면 소멸한다.

C/h/e/c/k 신고대상 우편물

원칙적으로 수출 · 수입 · 반송 신고의 생략이 가능하다. 단, 수출입신고대상 우편물은 통관절차를 거쳐야 하며 수출입신고대상 우편물은 법령에 따라 수출입이 제한되거나 금지되는 물품, 가공무역을 위하여 우리나라와 외국 간에 무상으로 수출입하는 물품 및 그 물품의 원 · 부자재 등이 법 제258조에 규정되어 있다.

제7부 보세구역

1. 개요

(1) 보세제도

외국물품을 보세상태에서 장치, 검사, 제조 · 가공, 전시, 건설, 판매, 운송할 수 있도록 허용한 관세법상의 제도로 크게 보세구역제도와 보세운송제도로 구분된다.

(2) 보세구역

보세구역은 지정보세구역 · 특허보세구역 및 종합보세구역으로 구분하고, 지정보세구역은 지정장치장 및 세관검사장으로 구분하며, 특허보세구역은 보세창고 · 보세공장 · 보세전시장 · 보세건설장 및 보세판매장으로 구분한다.

2. 물품의 장치

(1) 원칙

외국물품과 내국운송의 신고를 하고자 하는 내국물품은 보세구역이 아닌 장소에 장치할 수 없다.

(2) 보세구역 외 장치 가능 물품

위의 원칙에도 불구하고 다음에 해당하는 물품은 보세구역이 아닌 장소에 장치할 수 있다.

① 수출신고가 수리된 물품, ② 크기나 무게의 과다 기타의 사유로 보세구역에 장치하기 곤란하거나 적당한 물품, ③ 재해 기타 부득이한 사유로 임시로 장치한 물품, ④ 검역물품, ⑤ 압수물품, ⑥ 우편물품

(3) 보세구역 장치물품의 제한

① 보세구역에는 인화질 또는 폭발성 물질을 장치하지 못한다.

② 보세창고에는 부패할 염려가 있는 물품 또는 살아있는 동식물을 장치하지 못한다.

③ 특수물품과 위의 물품은 특수설비를 한 보세구역에 장치할 수 있다.

3. 물품의 반입·반출

① 보세구역에 물품을 반입·반출하고자 하는 자는 세관장에게 신고하여야 한다.

② 세관장은 보세구역에 반입할 수 있는 물품의 종류를 제한할 수 있다.

③ 관세청장이 정하는 보세구역에 반입되어 수입신고가 수리된 물품의 화주 또는 반입자는 장치기간 규정에 불구하고 그 수입신고수리일부터 15일 이내에 당해 물품을 보세구역으로부터 반출하여야 한다.

4. 자율관리보세구역

① 보세구역 중 물품의 관리 및 세관감시에 지장이 없다고 인정하여 세관장이 지정하는 보세구역("자율관리보세구역")에 장치한 물품에 대하여는 ⓐ 보세구역에 물품 반입 또는 반출 시 세관공무원의 참여와 ⓑ 관세법에 따른 절차 중 관세청장이 정하는 절차를 생략한다.

② 보세구역의 화물관리인 또는 운영인이 자율관리보세구역의 지정을 받고자 하는 때에는 세관장에게 지정을 신청하여야 한다.

③ 자율관리보세구역의 지정을 신청하고자 하는 자는 해당보세구역에 장치된 물품을 관리하는 자("보세사")를 채용하여야 한다.

C/h/e/c/k 보세사의 직무
- 보세화물 및 내국물품을 반입 또는 반출에 대한 입회 및 확인
- 보세구역 안에 장치된 물품의 관리 및 취급에 대한 입회 및 확인
- 보세구역출입문의 개폐 및 열쇠관리의 감독
- 보세구역의 출입자관리에 대한 감독
- 견품의 반출 및 회수
- 기타 보세화물의 관리를 위하여 필요한 업무로서 관세청장이 정하는 업무

---

5. 지정보세구역

지정보세구역이란 통관을 하고자 하는 물품을 일시장치하거나 검사하기 위한 장소로서, 지정장치장과 세관검사장이 있다.

지정장치장	• 지정장치장은 통관을 하고자 하는 물품을 일시장치하기 위한 장소로서 세관장이 지정하는 구역으로 한다. • 지정장치장의 물품의 장치기간은 6개월의 범위 내에서 관세청장이 정한다. 다만, 관세청장이 정하는 기준에 의하여 세관장은 3개월의 범위 이내에서 그 기간을 연장할 수 있다. • 지정장치장에 반입한 물품에 대하여는 화주 또는 반입자가 그 보관의 책임을 진다. 단, 세관장은 지정장치장의 질서유지와 화물의 안전관리를 위하여 필요하다고 인정하는 때에는 화주에 갈음하여 보관의 책임을 지는 화물관리인을 지정할 수 있다.
세관검사장	• 세관검사장은 통관을 하고자 하는 물품을 검사하기 위한 장소로서 세관장이 지정하는 지역으로 한다. • 세관검사장에 반입되는 물품의 채취·운반 등에 관한 비용은 화주가 부담한다.

6. 특허보세구역

특허보세구역은 보세창고, 보세공장, 보세건설장, 보세전시장, 보세판매장으로 구분된다.

(1) 보세창고

① 보세창고에는 외국물품이나 통관을 하려는 물품을 장치함

② 운영인은 미리 세관장에게 신고하고 외국물품이나 통관을 하려는 물품의 장치에 방해되지 아니하는 범위에서 보세창고에 내국물품을 장치할 수 있음. 단, 동일한 보세창고에 장치되어 있는 동안 수입신고가 수리된 물품은 신고 없이 계속하여 장치할 수 있음

③ 운영인이 보세창고에 1년(동일한 보세창고에 장치되어 있는 동안 수입신고가 수리된 물품은 6개월) 이상 계속하여 내국물품만을 장치하고자 하는 때에는 세관장의 승인 필요

④ 내국물품으로서 장치기간 또는 승인기간이 경과한 물품은 그 기간 경과 후 10일 내에 그 운영인의 책임으로 반출하여야 함

(2) 보세공장

① 보세공장에서는 외국물품을 원료 또는 재료로 하거나 외국물품과 내국물품을 원료 또는 재료로 하여 제조·가공 기타 이와 비슷한 작업이 가능함. 보세공장에서는 세관장의 허가를 받지 아니하고는 내국물품만을 원료로 하거나 재료로 하여 제조·가공 기타 이와 비슷한 작업이 불가능함

② 세관장은 수입통관 후 보세공장에서 사용하게 될 물품에 대하여는 보세공장에 직접 반입하여 수입신고를 하게 할 수 있음

③ 운영인은 보세공장에 반입된 물품을 그 사용 전에 세관장에게 사용신고해야 하며 이 경우 세관공무원은 그 물품의 검사가 가능

④ 보세공장원재료

• 당해 보세공장에서 생산하는 제품에 물리적 또는 화학적으로 결합되는 물품

• 당해 보세공장에서 생산하는 제품을 제조·가공하는 공정에 투입되어 소모되는 물품. 다만, 기계·기구 등의 작동 및 유지를 위한 물품 등 제품의 생산에 간접적으로 투입되어 소모되는 물품을 제외함

• 당해 보세공장에서 생산하는 제품의 포장용품

(3) 보세공장물품의 과세

① 제품과세 : 외국물품 또는 외국물품과 내국물품을 원료로 하거나 재료로 하여 작업을 하는 때에는 그로써 생긴 물품은 외국으로부터 우리나라에 도착된 물품으로 보기 때문에 관세를 부과하며, 해당 완제품가격에 해당 완제품의 관세율을 곱하여 과세함

② 원료과세 : 보세공장에서 제조된 물품을 수입하는 경우 사용신고 전에 미리 세관장에게 해당 물품의 원료인 외국물품에 대한 과세의 적용을 신청한 때에는 제16조에도 불구하고 사용신고를 하는 때의 그 원료의 성질 및 수량에 의하여 관세를 부과함

(4) 보세전시장

보세전시장에서는 박람회, 전람회, 견본품 전시회 등의 운영을 위하여 외국물품을 장치 · 전시하거나 사용할 수 있다.

(5) 보세건설장

보세건설장에서는 산업시설의 건설에 소요되는 외국물품인 기계류 설비품 또는 공사용 장비를 장치 · 사용하여 당해 건설공사를 할 수 있다. 이때 운영인은 보세건설장에서 건설된 시설을 수입신고가 수리되기 전에 가동하여서는 아니 된다.

(6) 보세판매장

보세판매장에서는 다음 각 호의 어느 하나에 해당하는 조건으로 물품을 판매할 수 있다.

① 해당 물품을 외국으로 반출할 것. 다만, 외국으로 반출하지 아니하더라도 대통령령으로 정하는 바에 따라 외국에서 국내로 입국하는 자에게 물품을 인도하는 경우에는 해당 물품을 판매할 수 있다.

② 제88조제1항제1호부터 제4호까지의 규정에 따라 관세의 면제를 받을 수 있는 자가 해당 물품을 사용할 것

7. 종합보세구역

(1) 종합보세구역의 기능

종합보세구역에서는 보세창고 · 보세공장 · 보세전시장 · 보세건설장 또는 보세판매장의 기능 중 둘 이상의 기능("종합보세기능")을 종합적으로 수행할 수 있다.

(2) 종합보세구역의 지정

관세청장은 직권 또는 관계중앙행정기관의 장이나 지방자치단체의 장 그 밖에 종합보세구역을 운영하고자 하는 자("지정요청자")의 요청에 의하여 무역진흥에의 기여 정도, 외국물품의 반입 · 반출물량 등을 고려하여 일정한 지역을 종합보세구역으로 지정할 수 있다.

(3) 지정대상지역

① 「외국인투자촉진법」에 의한 외국인투자지역

② 「산업입지 및 개발에 관한 법률」에 의한 산업단지

③ 「유통산업발전법」에 의한 공동집배송센터

④ 「물류시설의 개발 및 운영에 관한 법률」에 의한 물류단지

⑤ 기타 종합보세구역으로 지정됨으로써 외국인투자촉진 · 수출증대 또는 물류촉진 등의 효과가 있을 것으로 예상되는 지역

(4) 장치기간

종합보세구역에 반입한 물품의 장치기간은 이를 제한하지 아니한다. 다만, 보세창고의 기능을 수행하는 장소 중에서 관세청장이 수출입물품의 원활한 유통을 촉진하기 위하여 필요하다고 인정하여 지정한 장소에 반입되는 물품에 대하여는 1년의 범위 안에서 관세청장이 정하는 기간을 그 장치기간으로 한다.

8. 보세운송

(1) 정의

보세운송이란 외국물품을 보세상태로 내국운송하는 것을 말한다.

(2) 보세운송구간

외국물품은 다음의 장소 간에 한하여 외국물품 그대로 운송할 수 있다. 다만, 수출신고가 수리된 물품은 해당 물품이 장치된 장소에서 다음의 장소로 운송할 수 있다

① 개항   ② 보세구역

③ 보세구역 외 장치허가를 받은 장소   ④ 세관관서

⑤ 통관역   ⑥ 통관장

⑦ 통관우체국

(3) 기타 주의사항

① 보세운송을 하려는 자는 세관장에게 보세운송의 신고를 하여야 함

② 보세운송은 관세청장이 정하는 기간 내에 끝내야 함

③ 세관장은 보세운송물품의 감시 · 단속을 위하여 필요하다고 인정될 때에는 운송통로 제한 가능

━ SECTION 3   대외무역법

제1부 총칙

1. 대외무역법의 목적

대외무역을 진흥하고 공정한 거래 질서를 확립하여 국제 수지의 균형과 통상의 확대를 도모함으로써 국민 경제를 발전시키는 데 이바지함을 목적으로 한다.

2. 용어의 정의

(1) 무역

무역이란 물품 등(물품, 경영상담업 등 대통령령으로 정하는 용역, 전자적 형태의 무체물)의 수출과 수입을 말한다.

(2) 물품

물품은 외국환거래법에서 정하는 지급수단(예 신용장, 환어음, 은행수표 등), 외국환거래법에서 정하는 증권(예 채무증권, 지분증권 등), 외국환거래법에서 정하는 채권을 화체한 서류(예 선하증권 등)를 제외한 동산(動産)을 말한다.

(3) 무역거래자

수출 또는 수입을 하는 자, 외국의 수입자 또는 수출자에게서 위임을 받은 자 및 수출과 수입을 위임하는 자 등 물품 등의 수출행위와 수입행위의 전부 또는 일부를 위임하거나 행하는 자를 말한다.

(4) 정부 간 수출계약

외국 정부의 요청이 있을 경우, 정부 간 수출계약 전담기관이 국내 기업을 대신하여 또는 국내 기업과 함께 계약의 당사자가 되어 외국정부에 물품 등(「방위사업법」에 따른 방산물자 등은 제외)을 유상(有償)으로 수출하기 위하여 외국 정부와 체결하는 수출계약을 말한다.

(5) 전자적 형태의 무체물

대통령령으로 정하는 "전자적 형태의 무체물"이란 다음 각 호의 어느 하나에 해당하는 것을 말한다.

① 소프트웨어(소프트웨어산업 진흥법 제2조제1호)

② 부호·문자·음성·음향·이미지·영상 등을 디지털 방식으로 제작하거나 처리한 자료 또는 정보 등으로서 영상물(영화, 게임, 애니메이션, 만화, 캐릭터를 포함), 음향음성물, 전자서적, 데이터베이스

③ 상기 ①과 ②의 집합체와 그 밖에 이와 유사한 전자적 형태의 무체물로서 산업통상자원부장관이 정하여 고시하는 것

제2부 수출입 거래

1. 정의

(1) 수출

① 매매, 교환, 임대차, 사용대차, 증여 등을 원인으로 국내에서 외국으로 물품이 이동하는 것(우리나라의 선박으로 외국에서 채취한 광물 또는 포획한 수산물을 외국에 매도하는 것을 포함)

② 유상으로 외국에서 외국으로 물품을 인도하는 것으로서 산업통상자원부장관이 정하여 고시하는 기준에 해당하는 것(중계무역, 외국인도수출을 말함)

③ 거주자가 비거주자에게 다음의 방법으로 용역을 제공하는 것
  • 용역의 국경을 넘은 이동에 의한 제공
  • 비거주자의 국내에서의 소비에 의한 제공
  • 거주자의 상업적 해외주재에 의한 제공
  • 거주자의 외국으로의 이동에 의한 제공

④ 거주자가 비거주자에게 정보통신망을 통한 전송과 그 밖에 산업통상자원부장관이 정하여 고시하는 방법으로 전자적 형태의 무체물을 인도하는 것

(2) 수입

① 매매, 교환, 임대차, 사용대차, 증여 등을 원인으로 국내에서 외국으로부터 국내로 물품이 이동하는 것

② 유상으로 외국에서 외국으로 물품을 인수하는 것으로서 산업통상자원부장관이 정하여 고시하는 기준에 해당하는 것

③ 비거주자가 거주자에게 산업통상자원부장관이 정하여 고시하는 방법으로 용역을 제공하는 것

④ 비거주자가 거주자에게 정보통신망을 통한 전송과 그 밖에 산업통상자원부장관이 정하여 고시하는 방법으로 전자적 형태의 무체물을 인도하는 것

2. 수출입의 원칙

물품 등의 수출입과 이에 따른 대금을 받거나 지급하는 것은 이 법의 목적의 범위에서 자유롭게 이루어져야 한다. 또한, 무역거래자는 대외신용도 확보 등 자유무역질서를 유지하기 위하여 자기 책임으로 그 거래를 성실히 이행하여야 한다.

3. 수출입의 제한 등

산업통상자원부장관은 다음의 경우 필요하다고 인정하면 물품 등의 수출 또는 수입을 제한하거나 금지할 수 있다.

① 헌법에 따라 체결·공포된 조약이나 일반적으로 승인된 국제법규에 따른 의무를 이행하기 위하여 지식경제부장관이 지정·고시하는 물품 등

② 생물자원을 보호하기 위하여 지식경제부장관이 지정·고시하는 물품 등

③ 교역상대국과의 경제협력을 증진하기 위하여 지식경제부장관이 지정·고시하는 물품 등

④ 방위산업용 원료·기재, 항공기 및 그 부분품, 그 밖에 원활한 물자 수급과 과학기술의 발전 및 통상·산업정책상 필요하다고 인정하여 산업통상자원부장관이 해당 품목을 관장하는 관계 행정기관의 장과 협의를 거쳐 지정·고시하는 물품 등

4. 제한물품의 수출입 승인

(1) 승인대상

산업통상자원부장관이 헌법에 따라 체결·공포된 조약과 일반적으로 승인된 국제법규에 따른 의무의 이행, 생물자원의 보호 등을 위하여 지정하는 물품 등을 수출하거나 수입하려는 자는 산업통상자원부장관의 승인을 받아야 한다.

(2) 승인면제대상

긴급히 처리하여야 하는 물품 등과 그 밖에 수출 또는 수입 절차를 간소화하기 위한 물품 등으로서 다음에 해당하는 물품 등의 수출 또는 수입은 그러하지 아니하다.

① 외교관 등이 출국하거나 입국하는 경우에 휴대하거나 세관에 신고하고 송부하는 물품 등

② 다음에 해당하는 물품 중 산업통상자원부장관이 관계 행정기관의 장과의 협의를 거쳐 고시하는 물품 등

• 긴급히 처리하여야 하는 물품 등으로서 정상적인 수출·수입 절차를 밟아 수출·수입하기에 적합하지 아니한 물품

• 무역거래를 원활하게 하기 위하여 주된 수출 또는 수입에 부수된 거래로서 수출·수입하는 물품 등

• 공공성을 가지는 물품 등이거나 이에 준하는 용도로 사용하기 위한 물품 등으로서 따로 수출·수입을 관리할 필요가 없는 물품 등

• 그 밖에 상행위 이외의 목적으로 수출·수입하는 물품 등

③ 외국환 거래 없이 수입하는 물품 등으로서 그 반입의 목적, 사유 등에 의하여 세관장이 타당하다고 인정하는 물품 등

④ 해외이주자가 해외이주를 위하여 반출하는 원자재, 시설재 및 장비

(3) 승인의 유효기간

수출 또는 수입 승인의 유효기간은 1년으로 한다. 다만, 다음에 해당하는 경우에는 유효기간을 1년 미만으로 하거나 최장 2년의 범위에서 유효기간을 정할 수 있다.

① 국내의 물가 안정이나 수급 조정을 위하여 수출 또는 수입 승인의 유효기간을 1년보다 단출할 필요가 있는 경우

② 수출입계약 체결 후 물품 등의 제조·가공 기간이 1년을 초과하는 경우

③ 수출입계약 체결 후 물품 등이 1년 이내에 선적되거나 도착하기 어려운 경우 등

(4) 승인의 변경

승인을 받은 자가 승인을 받은 사항 중 물품 등의 수량·가격, 수출 또는 수입의 당사자에 관한 사항 등 중요한 사항을 변경하려면 산업통상자원부장관의 변경승인을 받아야 하고, 그 밖의 경미한 사항을 변경하려면 산업통상자원부장관에게 신고하여야 한다.

(5) 승인의 갈음

전략물자의 수출허가를 받거나 플랜트 수출 승인을 받은 자는 수출승인을 받은 것으로 본다.

5. 통합공고

(1) 의의

관계 행정기관의 장은 수출·수입요령을 제정하거나 개정하는 경우에는 그 수출·수입요령이 그 시행일 전에 공고될 수 있도록 이를 산업통상자원부장관에게 제출하여야 하며, 산업통상자원부장관은 제출받은 수출·수입요령을 통합하여 공고하여야 한다.

(2) 수출입공고와의 관계

한 개의 수출입물품에 대하여 통합공고상의 수출입요건확인과 수출입공고의 제한내용이 동시에 적용될 경우에는 통합공고상의 요건확인내용과 수출입공고 등의 제한내용이 모두 충족되어야 해당 물품에 대한 수출 또는 수입이 가능하다.

6. 수출입실적

(1) 의의

수출입실적이란 산업통상자원부장관이 정하여 고시하는 기준에 해당하는 수출통관액·입금액, 가득액과 수출에 제공되는 외화획득용 원료·기재의 국내공급액을 말한다.

(2) 유상으로 거래되는 수출(대북한 유상반출실적 포함)

〈수출통관하는 경우〉

- 인정금액 : 수출통관액(FOB가격 기준)
- 인정시기 : 수출신고수리일
- 확인기관 : 한국무역협회

〈수출통관하지 않는 경우〉

구분	중계무역	외국인도수출	용역의 수출	전자적 형태의 무체물 수출
인정금액	수출통관액(FOB)에서 수입통관액을 제외한 가득액	외국환은행 입금액	한국무역협회장 등 수출입실적 확인 및 증명발급기관의 장이 외국환은행을 통해 입금 확인한 금액	한국무역협회장 또는 한국소프트웨어산업협회장이 외국환은행을 통해 입금 확인한 금액
인정시기	입금일	입금일	입금일	입금일
확인기관	외국환은행의 장	외국환은행의 장	한국무역협회장, 한국선주협회장(해운업만 해당) 등	한국무역협회장 또는 한국소프트웨어산업협회장

(3) 무상수출로서 수출승인이 면제되는 수출 중 다음에 해당되는 수출

구분	외국에서 개최되는 박람회, 전람회, 영화제 등 출품을 위해 무상 반출한 물품 중 현지에서 매각된 것	해외건설공사에 직접 공하여지는 원료·기재, 공사용 장비 또는 기계류의 수출(수출신고필증에 재반입하지 않는다는 조건이 명시된 것만 해당)
인정금액	외국환은행의 입금액	수출통관액(FOB)
인정시기	입금일	수출신고수리일
확인기관	외국환은행의 장	한국무역협회장

(4) 외화획득용 원료·물품 등의 국내공급 중 수출에 공하여지는 것

구분	내국신용장(Local L/C)에 의한 공급	구매확인서에 의한 공급
인정금액	외국환은행의 결제액	• 외국환은행을 통해 대금이 결제된 경우 : 결제액 • 외국환은행을 통하지 않고 결제된 경우 : 외국환은행의 확인액
인정시기	결제일	• 외국환은행을 통해 대금이 결제된 경우 : 결제일 • 외국환은행을 통하지 않고 결제된 경우 : 당사자 간 대금결제일
확인기관	외국환은행의 장	• 외국환은행을 통해 대금이 결제된 경우 : 외국환은행의 장 • 외국환은행을 통하지 않고 결제된 경우 : 외국환은행의 장 또는 전자무역기반사업자

C/h/e/c/k **무역업 고유번호**

산업통상자원부장관은 전산관리체제의 개발·운영을 위하여 무역거래자별 무역업 고유번호를 부여할 수 있다. 무역업 고유번호를 부여받으려는 자는 우편, 전자문서교환체제(EDI) 등의 방법으로 한국무역협회장에게 신청하여야 하며, 한국무역협회장은 접수 즉시 신청자에게 고유번호를 부여하여야 한다.

제3부 외화획득용 원료·기재의 수입과 구매 등

1. 개요

산업통상자원부장관은 원료, 시설, 기재(機材) 등 외화획득을 위하여 사용되는 물품 등(이하 "원료·기재"라 함)의 수입에 대하여는 수출입승인 대상 물품 등의 품목별 수량·금액, 규격 및 수출 또는 수입지역 등을 한정하여 적용하지 아니할 수 있다. 다만, 국산 원료·기재의 사용을 촉진하기 위하여 필요한 경우에는 그러하지 아니하다.

2. 용어의 정의

(1) 외화획득용 원료

외화획득에 제공되는 물품과 용역 및 전자적 형태의 무체물(이하 "물품 등"이라 함)을 생산하는 데 필요한 원자재·장치·부품 및 구성품을 말한다.

(2) 외화획득용 시설기재

외화획득에 제공되는 물품 등을 생산하는 데에 사용되는 시설·기계·장치·부품 및 구성품을 말한다.

(3) 외화획득용 제품

수입한 후 생산과정을 거치지 아니한 상태로 외화획득에 제공되는 물품 등으로 (주)한국관광용품센터가 수입하는 식자재, 부대용품, 수입선용품, 군납용 물품만 해당된다.

3. 외화획득의 범위

(1) 직접외화획득

① 수출

② 주한 국제연합군이나 그 밖의 외국군 기관에 대한 물품 등의 매도

③ 관광

④ 용역 및 건설의 해외 진출

⑤ 국내에서 물품 등을 매도하는 것으로서 산업통상자원부장관이 정하여 고시하는 기준에 해당하는 것

(2) 외화획득에 준하는 행위(수출알선)

무역거래자가 외국의 수입업자로부터 수수료를 받고 행한 수출알선을 말한다.

4. 외화획득 이행기간

다음의 기간 범위에서 산업통상자원부장관이 정하여 고시하는 기간으로 한다.

① 외화획득용 원료·기재를 수입한 자가 직접 외화획득의 이행을 하는 경우 : 수입통관일 또는 공급일로부터 2년

② 다른 자로부터 외화획득용 원료·기재 또는 그 원료·기재로 제조된 물품 등을 양수한 자가 외화획득 이행을 하는 경우 : 양수일부터 1년

③ 외화획득을 위한 물품 등을 생산하거나 비축하는 데에 2년 이상의 기간이 걸리는 경우 : 생산하거나 비축하는 데에 걸리는 기간에 상당하는 기간

5. 구매확인서

(1) 의의

구매확인서란 외화획득용 원료·기재를 구매하려는 경우 또는 구매한 경우 외국환은행의 장 또는 전자무역기반사업자가 내국신용장에 준하여 발급하는 증서를 말한다.

(2) 발급신청

구매확인서를 발급받으려는 자는 외국환은행의 장 또는 전자무역기반사업자에게 구매확인서의 발급을 신청할 수 있다.

(3) 2차 구매확인서 발급 및 재발급

외국환은행의 장 또는 전자무역기반사업자는 신청하여 발급된 구매확인서에 의하여 2차 구매확인서를 발급할 수 있으며, 외화획득용 원료·기재의 제조, 가공, 유통과정이 여러 단계인 경우 단계별로 순차적으로 발급할 수 있다. 구매확인서 발급 후 외화획득용 원료·기재의 내용변경 등으로 이미 발급받은 구매확인서와 내용이 상이하여 재발급을 요청하는 경우 새로운 구매확인서를 발급할 수 있다.

제4부 전략물자의 수출입

1. 전략물자의 개념

"전략물자"라 함은 국제평화 및 안전유지와 국가안보를 위하여 수출허가 등 제한이 필요한 물품 등으로서 전략물자수출입고시상 별표 2 및 별표 3에 해당되는 물품 등을 말한다.

2. 전략물자의 고시

산업통상자원부장관은 관계 행정기관의 장과 협의하여 국제수출통제체제의 원칙에 따라 국제평화 및 안전유지와 국가안보를 위하여 수출허가 등 제한이 필요한 물품 등(대통령령으로 정하는 기술을 포함)을 지정하여 고시하여야 한다.

3. 수출허가 및 상황허가

(1) 수출허가

전략물자를 수출하려는 자는 대통령령으로 정하는 바에 따라 산업통상자원부장관이나 관계 행정기관의 장의 허가(수출허가)를 받아야 한다.

(2) 상황허가

전략물자에는 해당되지 아니하나 대량파괴무기 등의 제조·개발·사용 또는 보관 등의 용도로 전용될 가능성이 높은 물품 등을 수출하려는 자는 그 물품 등의 수입자나 최종 사용자가 그 물품 등을 대량파괴무기 등의 제조·개발·사용 또는 보관 등의 용도로 전용할 의도가 있음을 알았거나 그 수출이 다음에 해당되어 그러한 의도가 있다고 의심되면 산업통상자원부장관이나 관계 행정기관의 장의 허가를 받아야 한다.

① 수입자가 해당 물품 등의 최종 용도에 관하여 필요한 정보 제공을 기피하는 경우

② 수출하려는 물품 등이 최종 사용자의 사업 분야에 해당되지 아니하는 경우

③ 수출하려는 물품 등이 수입국가의 기술수준과 현저한 격차가 있는 경우

④ 최종 사용자가 해당 물품 등이 활용될 분야의 사업경력이 없는 경우

⑤ 최종 사용자가 해당 물품 등에 대한 전문적 지식이 없으면서도 그 물품 등의 수출을 요구하는 경우

⑥ 최종 사용자가 해당 물품 등에 대한 설치·보수 또는 교육훈련 서비스를 거부하는 경우

⑦ 해당 물품 등의 최종 수하인(受荷人)이 운송업자인 경우

⑧ 해당 물품 등에 대한 가격 조건이나 지불 조건이 통상적인 범위를 벗어나는 경우

⑨ 특별한 이유 없이 해당 물품 등의 납기일이 통상적인 기간을 벗어난 경우

⑩ 해당 물품 등의 수송경로가 통상적인 경로를 벗어난 경우

⑪ 해당 물품 등의 수입국 내 사용 또는 재수출 여부가 명백하지 아니한 경우

⑫ 해당 물품 등에 대한 정보나 목적지 등에 대하여 통상적인 범위를 벗어나는 보안을 요구하는 경우

⑬ 그 밖에 국제정세의 변화 또는 국가안전보장을 해치는 사유의 일시적 발생 등으로 산업통상자원부장관이나 관계 행정기관의 장이 상황허가를 받도록 정하여 고시하는 경우

(3) 수출허가 및 상황허가의 기준

산업통상자원부장관이나 관계 행정기관의 장은 수출허가 신청이나 상황허가 신청을 받으면 다음의 기준에 따라 수출허가나 상황허가를 할 수 있다.

① 해당 물품 등이 평화적 목적에 사용되는지 여부

② 해당 물품 등의 수출이 안전유지와 국가안보에 영향을 미치는지 여부

③ 해당 물품 등의 수입자와 최종 사용자 등이 거래에 적합한 자격을 가졌는지 여부 및 그 사용 용도를 믿을 수 있는지 여부

④ 그 밖에 다자간 국제수출통제체제의 원칙 중 산업통상자원부장관이 정하여 고시하는 사항을 지키는지 여부

(4) 수출허가 및 상황허가의 면제

산업통상자원부장관 또는 관계 행정기관의 장은 다음의 경우 전략물자의 수출허가 또는 상황허가를 면제할 수 있다. 수출자는 수출 후 7일 이내에 산업통상자원부장관 또는 관계 행정기관의 장에게 수출거래에 관한 보고서를 제출하여야 한다.

① 재외공관, 해외에 파견된 우리나라 군대 또는 외교사절 등에 사용될 공용물품을 수출하는 경우

② 선박·항공기의 안전운항을 위하여 긴급 수리용으로 사용되는 기계, 기구 또는 부분품 등을 수출하는 경우

③ 그 밖에 수출허가 또는 상황허가의 면제가 필요하다고 인정하여 산업통상자원부장관이 관계 행정기관의 장과 협의하여 고시하는 경우

(5) 전략물자의 판정

1) 정의

물품 등의 무역거래자는 대통령령으로 정하는 바에 따라 산업통상자원부장관이나 관계 행정기관의 장에게 전략물자에 해당하는지에 대한 판정을 신청할 수 있다. 이 경우 산업통상자원부장관이나 관계 행정기관의 장은 전략물자관리원장 또는 한국원자력통제기술원에 판정을 위임하거나 위탁할 수 있다.

2) 결과 통보

전략물자판정신청에 대하여 산업통상자원부장관이나 관계 행정기관의 장은 15일 이내에 그 결과를 신청인에게 알려야 한다.

3) 유효기간

판정의 유효기간은 2년으로 한다.

4) 서류의 보관

무역거래자(기술이전 행위의 전부 또는 일부를 위임하거나 기술이전 행위를 하는 자를 포함)는 다음의 서류를 5년간 보관하여야 한다.

① 판정을 신청한 경우에는 그 판정에 관한 서류

② 전략물자 등을 수출 · 경유 · 환적 · 중개한 자의 경우 그 수출허가 · 상황허가, 경유, 환적허가, 중개허가에 관한 서류

③ 그 밖에 대통령령으로 정하는 서류

제5부 원산지제도

1. 개요

원산지(Country of Origin)란 해당 물품이 성장했거나 생산 · 제조 · 가공된 지역을 말한다. 즉, 수출입물품의 국적을 의미하는 것으로 원산지제도란 해당 물품의 원산지가 어느 국가인지 판정 · 확인 및 표시하는 제도이며 일반적으로 대외무역법에 의한 비특혜원산지규정과 관세법에 의한 특혜원산지규정을 두는 이원적 관리체제로 구성되어 있다.

2. 수입물품 원산지 표시의 일반원칙

원산지표시대상물품을 수입하려는 자는 다음의 방법에 따라 해당 물품에 원산지를 표시하여야 한다.

① 한글 · 한문 또는 영문으로 표시할 것*

② 최종 구매자가 쉽게 판독할 수 있는 활자체로 표시할 것

③ 식별하기 쉬운 위치에 표시할 것

④ 표시된 원산지가 쉽게 지워지거나 떨어지지 아니하는 방법으로 표시할 것

　※ 아래의 방법으로 한글 · 한자 · 영문으로 표시할 것

　　• "원산지 : 국명" 또는 "국명 産"

　　• "Made in 국명" 또는 "Product of 국명"

　　• "Made by 물품 제조자의 회사명, 주소, 국명"

　　• "Country of Origin : 국명"

3. 수입물품 원산지표시의 면제

① 외화획득용 원료 및 시설기재로 수입되는 물품

② 개인에게 무상 송부된 탁송품, 별송품 또는 여행자 휴대품

③ 수입 후 실질적 변형을 일으키는 제조공정에 투입되는 부품 및 원재료로서 실수요자가 직접 수입하는 경우(실수요자를 위하여 수입을 대행하는 경우 포함)

④ 판매 또는 임대목적에 제공되지 않는 물품으로서 실수요자가 직접 수입하는 경우. 다만, 제조에 사용할 목적으로 수입되는 제조용 시설 및 기자재(부분품 및 예비용 부품 포함)는 수입을 대행하는 경우 인정 가능

⑤ 연구개발용품으로서 실수요자가 수입하는 경우(실수요자를 위하여 수입을 대행하는 경우 포함)

⑥ 견본품(진열 · 판매용이 아닌 것에 한함) 및 수입된 물품의 하자보수용 물품

⑦ 보세운송, 환적 등에 의하여 우리나라를 단순히 경유하는 통과 화물

⑧ 재수출조건부 면세 대상 물품 등 일시 수입 물품

⑨ 우리나라에서 수출된 후 재수입되는 물품

⑩ 외교관 면세 대상 물품

⑪ 개인이 자가소비용으로 수입하는 물품으로서 세관장이 타당하다고 인정하는 물품

⑫ 그 밖에 관세청장이 산업통상자원부장관과 협의하여 타당하다고 인정하는 물품

4. 원산지 판정

(1) 의의

산업통상자원부장관은 필요하다고 인정하면 수출 또는 수입 물품 등의 원산지 판정을 할 수 있다.

(2) 수입물품에 대한 원산지 판정기준

수입 물품에 대한 원산지 판정은 다음의 기준에 따라야 한다.

1) 완전생산기준

수입 물품의 전부가 하나의 국가에서 채취되거나 생산된 물품(완전생산물품)인 경우에는 그 국가를 그 물품의 원산지로 한다.

① 해당국 영역에서 생산한 광산물, 농산물 및 식물성 생산물

② 해당국 영역에서 번식, 사육한 산동물과 이들로부터 채취한 물품

③ 해당국 영역에서 수렵, 어로로 채포한 물품

④ 해당국 선박에 의하여 해당국 이외 국가의 영해나 배타적 경제수역이 아닌 곳에서 채포한 어획물, 그 밖의 물품

⑤ 해당국에서 제조, 가공공정 중에 발생한 잔여물

⑥ 해당국 또는 해당국의 선박에서 위의 물품을 원재료로 하여 제조 · 가공한 물품

2) 실질적 변형기준

① 세번변경기준 : "실질적 변형"이란 해당국에서의 제조 · 가공과정을 통하여 원재료의 세 번과 상이한 세 번(HS 6단위 기준)의 제품을 생산하는 것

② 부가가치기준 : 역내에서 일정한 수준의 부가가치가 창출된 경우에 원산지 물품으로 인정하는 것

(3) 단순가공활동

수입물품의 생산 · 제조 · 가공 과정에 둘 이상의 국가가 관련된 경우 단순한 가공활동을 하는 국가를 원산지로 하지 아니한다. 단순한 가공활동이란 다음과 같다.

① 운송 또는 보관 목적으로 물품을 양호한 상태로 보존하기 위해 행하는 가공활동

② 선적 또는 운송을 용이하게 하기 위한 가공활동

③ 판매목적으로 물품의 포장 등과 관련된 활동

④ 제조 · 가공결과 HS 6단위가 변경되는 경우라도 다음에 해당되는 가공과 이들이 결합되는 가공은 단순한 가공활동의 범위에 포함된다.

- 통풍, 건조 또는 단순가열, 냉동, 냉장
- 손상 부위의 제거, 이물질 제거, 세척
- 기름칠, 녹 방지 또는 보호를 위한 도색, 도장
- 거르기 또는 선별, 정리, 분류 또는 등급선정
- 시험 또는 측정 등

5. 원산지 사전판정

① 무역거래자 또는 물품 등의 판매업자 등은 수출 또는 수입 물품 등의 원산지 판정을 산업통상자원부장관에게 요청 가능

② 산업통상자원부장관은 원산지 사전판정의 요청을 받은 경우 60일 이내에 원산지 사전판정을 하여 그 결과를 요청한 사람에게 문서로 알려야 함

③ 통보를 받은 자가 원산지 판정에 불복하는 경우에는 통보를 받은 날부터 30일 이내에 산업통상자원부장관에게 이의 제기 가능

④ 산업통상자원부장관은 이의를 제기받은 경우에는 이의 제기를 받은 날부터 150일 이내에 이의 제기에 대한 결정을 알려야 함

6. 원산지 확인

(1) 의의

산업통상자원부장관은 원산지를 확인하기 위하여 필요하다고 인정하면 물품 등을 수입하려는 자에게 그 물품 등의 원산지 국가 또는 물품 등을 선적한 국가의 정부 등이 발행하는 원산지증명서를 제출하도록 할 수 있다.

(2) 원산지증명서 제출대상 및 시기

1) 제출대상

① 통합공고에 의하여 특정지역으로부터 수입이 제한되는 물품

② 원산지 허위표시, 오인·혼동표시 등을 확인하기 위하여 세관장이 필요하다고 인정하는 물품

③ 그 밖에 법령에 따라 원산지 확인이 필요한 물품

2) 제출시기

대외무역법령 등의 규정에 따라 원산지를 확인하여야 할 물품을 수입하는 자는 수입신고 전까지 원산지증명서 등 관계 자료를 제출하고 확인을 받아야 한다.

(3) 원산지증명서 등의 제출 면제

다음의 어느 하나에 해당하는 물품은 원산지증명서 등의 제출을 면제한다.

① 과세가격이 15만원 이하인 물품

② 우편물(수입신고 대상은 제외)

③ 개인에게 무상 송부된 탁송품, 별송품 또는 여행자 휴대품

④ 재수출조건부 면세 대상 물품 등 일시 수입물품

⑤ 보세운송, 환적 등에 의하여 우리나라를 단순히 경유하는 통과화물

⑥ 물품의 종류, 성질, 형상 또는 그 상표, 생산국명, 제조자 등에 의하여 원산지가 인정되는 물품

⑦ 그 밖에 관세청장이 산업통상자원부장관과 협의하여 타당하다고 인정하는 물품

(4) 직접운송원칙

1) 원칙

수입물품의 원산지는 그 물품이 원산지 국가 이외의 국가를 경유하지 아니하고 원산지 국가로부터 직접 우리나라로 운송 반입된 물품에만 해당 물품의 원산지를 인정한다.

2) 예외

다음에 해당하는 경우에는 해당 물품이 비원산국의 보세구역 등에서 세관 감시하에 환적 또는 일시장치 등이 이루어지고, 이들 이외의 다른 행위가 없었음이 인정되는 경우에만 이를 우리나라로 직접 운송된 물품으로 본다.

① 지리적 또는 운송상의 이유로 비원산국에서 환적 또는 일시장치가 이루어진 물품의 경우

② 박람회, 전시와 그 밖에 이에 준하는 행사에 전시하기 위하여 비원산국으로 수출하였던 물품으로서 해당 물품의 전시목적에 사용 후 우리나라로 수출한 물품의 경우

SECTION 4 외국환거래법

제1부 외국환거래법의 목적과 적용 대상

1. 목적

외국환거래법은 외국환거래와 그 밖의 대외거래의 자유를 보장하고 시장기능을 활성화하여 대외거래의 원활화 및 국제수지의 균형과 통화가치의 안정을 도모함으로써 국민경제의 건전한 발전에 이바지함을 목적으로 한다.

2. 적용 대상

(1) 인적대상

1) 의의

외국환거래법은 인적대상을 거주자와 비거주자로 구분하여 법을 달리 적용하고 있으며, 구분기준이 되는 거주성은 국적과는 관계없이 일정기간을 거주하고 있거나 거주할 의사를 가지고 있고, 경제적으로 밀착되어 있는지에 따라 결정된다.

2) 거주자

대한민국 안에 주소 또는 거소를 둔 개인과 대한민국 안에 주된 사무소를 둔 법인을 말한다. 단, 거주자의 구분이 불분명한 경우 다음의 자는 거주자로 본다.

① 대한민국 재외공관

② 대한민국 재외공관에서 근무할 목적으로 외국에 파견되어 체재하고 있는 대한민국 국민

③ 국내에 주된 사무소가 있는 단체·기관 기타 이에 준하는 조직체

④ 비거주자였던 자로서 입국하여 국내에 3개월 이상 체재하고 있는 자

⑤ 국내에서 영업활동에 종사하는 외국인

⑥ 6월 이상 국내에 체재하고 있는 외국인

3) 비거주자

"비거주자"란 거주자 외의 개인 및 법인을 말한다. 다만, 비거주자의 대한민국 안의 지점·출장소 기타 사무소는 법률상 대리권의 유무를 불구하고 거주자로 본다. 이런 비거주자의 정의에도 불구하고 비거주자의 구분이 명백하지 아니한 경우 다음의 자는 비거주자로 본다.

① 국내에 있는 외국정부의 공관과 국제기구

② 국내에 있는 외국정부의 공관 또는 국제기구에서 근무하는 외교관·영사 또는 그 수행원이나 사용인

③ 미합중국군대 및 이에 준하는 국제연합군, 미합중국군대 등의 구성원·군속·초청계약자 및 그 동거가족과 미합중국군대 등의 비세출자금기관·군사우편국 및 군용은행시설

④ 외국에 있는 국내법인 등의 영업소 그 밖의 사무소

⑤ 외국에 주된 사무소가 있는 단체·기관 기타 이에 준하는 조직체

⑥ 외국에 있는 국제기구에서 근무하는 대한민국 국민

⑦ 외국에서 영업활동에 종사하고 있는 대한민국 국민

⑧ 2년 이상 외국에 체재하고 있는 대한민국 국민

⑨ 외국정부 또는 국제기구의 공무로 입국하는 자

⑩ 거주자였던 외국인으로서 출국하여 외국에서 3개월 이상 체제 중인 자

4) 가족의 거주성

거주자 또는 비거주자에 의해 주로 생계를 유지하는 동거가족은 해당 거주자 또는 비거주자의 구분에 따라 거주자 또는 비거주자로 구분한다.

(2) 행위대상

외국환거래법은 다음의 어느 하나에 해당하는 경우에 적용한다.

① 대한민국에서의 외국환과 대한민국에서 하는 외국환거래 및 그 밖에 이와 관련되는 행위

② 대한민국과 외국 간의 거래 또는 지급·수령, 그 밖에 이와 관련되는 행위(외국에서 하는 행위로서 대한민국에서 그 효과가 발생하는 것 포함)

③ 외국에 주소 또는 거소를 둔 개인과 외국에 주된 사무소를 둔 법인이 하는 거래로서 대한민국 통화(通貨)로 표시되거나 지급받을 수 있는 거래와 그 밖에 이와 관련되는 행위

④ 대한민국에 주소 또는 거소를 둔 개인 또는 그 대리인, 사용인, 그 밖의 종업원이 외국에서 그 개인의 재산 또는 업무에 관하여 한 행위

⑤ 대한민국에 주된 사무소를 둔 법인의 대표자, 대리인, 사용인, 그 밖의 종업원이 외국에서 그 법인의 재산 또는 업무에 관하여 한 행위

(3) 물적대상

물적대상에는 외국환, 내국지급수단, 귀금속이 있다.

1) 외국환

대외지급수단	• 외국통화, 외국통화로 표시된 지급수단 및 그 밖에 표시통화에 관계없이 외국에서 사용할 수 있는 지급수단 • 지급수단에는 정부지폐, 은행권, 주화, 수표, 우편환, 신용장, 환어음, 약속어음 등이 있음
외화증권	• 외국통화로 표시된 증권 또는 외국에서 지급받을 수 있는 증권 • "증권"이란 지급수단에 해당하지 아니하는 것으로서 채무증권, 지분증권, 수익증권, 파생결합증권 등을 말함
외화파생상품	외국통화로 표시된 파생상품 또는 외국에서 지급받을 수 있는 파생상품
외화채권	• 외국통화로 표시된 채권 또는 외국에서 지급받을 수 있는 채권 • "채권"이란 모든 종류의 예금, 신탁, 보증, 대차 등으로 생기는 금전 등의 지급을 청구할 수 있는 권리를 의미함

2) 내국지급수단

대외지급수단 외의 지급수단을 말한다.

3) 귀금속

"귀금속"이란 금, 금합금의 지금(地金), 유통되지 아니하는 금화, 그 밖에 금을 주재료로 하는 제품 및 가공품을 말한다.

제2부 외국환업무취급기관 등

1. 의의

외국환업무를 업으로 하려는 자는 대통령령으로 정하는 바에 따라 외국환업무를 하는 데에 충분한 자본·시설 및 전문인력을 갖추어 미리 기획재정부장관에게 등록하여야 한다. 다만, 기획재정부장관이 업무의 내용을 고려하여 등록이 필요하지 아니하다고 인정하여 대통령령으로 정하는 금융회사 등(미래창조과학부장관이 지정하는 체신관서)은 그러하지 아니하다.

2. 등록요건

외국환업무등록을 하려는 자는 다음의 요건을 갖추어야 한다.

① 금융위원회가 정하는 해당 금융회사 등에 적용되는 재무건전성 기준에 비추어 자본규모와 재무구조가 적정할 것

② 외환정보집중기관과 전산망이 연결되어 있을 것

③ 외국환업무 및 그에 따른 사후관리를 원활하게 수행할 수 있는 전산설비를 갖출 것

④ 외국환업무에 2년 이상 종사한 경력이 있는자 또는 기회재정부장관이 정하는 교육을 이수한 자를 영업소별로 2명 이상 확보할 것

3. 외국환업무

"외국환업무"란 다음 각 목의 어느 하나에 해당하는 것을 말한다.

① 외국환의 발행 또는 매매

② 대한민국과 외국 간의 지급 · 추심(推尋) 및 수령

③ 외국통화로 표시되거나 지급되는 거주자와의 예금, 금전의 대차 또는 보증

④ 비거주자와의 예금, 금전의 대차 또는 보증

⑤ 그 밖에 상기 규정과 유사한 업무로서 대통령령으로 정하는 업무

C/h/e/c/k 외환건전성부담금

기획재정부장관은 외화자금의 급격한 유입 · 유출에 따른 금융시장의 불안을 최소화하고 국민경제의 건전한 발전을 위하여 금융시장에서의 역할, 취급 외국환업무 및 외국통화 표시 부채의 규모 등을 종합적으로 고려하여 대통령령으로 정하는 금융회사 등에 외환건전성부담금을 부과 · 징수할 수 있다.

제3부 지급 등의 방법

1. 지급 또는 수령의 방법의 신고

거주자 간, 거주자와 비거주자 간 또는 비거주자 상호 간의 거래나 행위에 따른 채권 · 채무를 결제할 때 거주자가 다음 각 호의 어느 하나에 해당하면 그 지급 또는 수령의 방법을 기획재정부장관에게 미리 신고하여야 한다. 다만, 외국환수급 안정과 대외거래 원활화를 위하여 대통령령으로 정하는 거래의 경우에는 사후에 보고하거나 신고하지 아니할 수 있다.

① 상계 등의 방법으로 채권 · 채무를 소멸시키거나 상쇄시키는 방법으로 결제하는 경우

② 기획재정부장관이 정하는 기간을 넘겨 결제하는 경우

③ 거주자가 해당 거래의 당사자가 아닌 자와 지급 또는 수령을 하거나 해당 거래의 당사자가 아닌 거주자가 그 거래의 당사자인 비거주자와 지급 또는 수령을 하는 경우

④ 외국환업무취급기관 등을 통하지 아니하고 지급 또는 수령을 하는 경우

2. 상계

(1) 상계의 신고

① 거주자 간, 거주자와 비거주자 간 또는 비거주자 상호 간의 거래나 행위에 따른 채권 · 채무를 결제할 때 상계 등의 방법으로 채권 · 채무를 소멸시키거나 상쇄시키는 방법으로 결제하는 경우 그 지급 또는 수령의 방법을 기획재정부장관에게 미리 신고하여야 한다.

② 신고예외의 경우를 제외하고 거주자가 수출입, 용역거래, 자본거래 등 대외거래를 함에 있어서 계정의 대기 또는 차기에 의하여 결제하는 등 비거주자에 대한 채권 · 채무를 비거주자에 대한 채무 · 채권으로 상계하고자 하는 경우로는 외국환은행의 장에게 신고하여야 한다.

③ 외국환은행의 장 신고대상에도 불구하고, 다국적 기업의 상계센터를 통하여 상계하거나 다수의 당사자의 채권 또는 채무를 상계하고자 하는 경우 한국은행총재에게 신고하여야 한다.

(2) 신고예외

상호계산계정을 통하여 채무·채권으로 상계하고자 하는 경우, 신용카드발행업자가 외국에 있는 신용카드발행업자와 상계하거나 그 상계한 잔액을 지급·수령하는 경우, 물품의 수출입대금과 당해 수출입거래에 직접 수반되는 중개·대리점 수수료 등을 상계하고자 하는 경우 등과 같은 방법으로 지급 등을 하고자 하는 경우 신고를 요하지 않는다.

(3) 서류의 보관

상계를 실시하는 자는 관계증빙서류를 5년간 보관하여야 한다.

3. 상호계산

(1) 정의

상대방과의 거래가 빈번하여 상호계산방법으로 지급 등을 하고자 하는 자는 상호계산신고서를 지정거래외국환은행의 장에게 제출하여 신고하여야 하며, 폐쇄하고자 하는 경우에도 신고하여야 한다. 즉, "상호계산"이란 상계가 빈번하게 발행되는 경우 일정 기간의 거래내역을 상호계산하여 정산하는 방식을 통하여 채권, 채무를 서로 상계하는 제도이다.

(2) 서류의 보관

상호계산을 실시하는 자는 장부 및 관계증빙서류를 5년간 보관하여야 한다.

C/h/e/c/k 상계와 상호계산의 비교

구분	상계	상호계산
대상	이미 발생된 채권·채무 차액결제	향후 발생할 채권·채무 차액정산
다자 간 거래	가능(한국은행총재 신고사항)	불가능

4. 기획재정부장관이 정하는 기간을 초과하는 지급 등의 방법

(1) 신고요건

거주자 간, 거주자와 비거주자 간 또는 비거주자 상호 간의 거래나 행위에 따른 채권·채무를 결제할 때 기획재정부장관이 정하는 기간을 넘겨 결제하는 경우 그 지급 또는 수령의 방법을 기획재정부장관에게 미리 신고하여야 한다.

(2) 신고예외

정부 또는 지방자치단체가 수입대금을 지급하는 경우, 차관자금으로 수입대금을 지급하는 경우, 대외무역관리규정 별표 3(수출승인 면제) 및 별표 4(수입승인 면제)에서 징한 물품의 수출입대금을 지급 또는 수령하는 경우에는 신고를 요하지 않는다.

5. 제3자 지급 등에 의한 지급 등의 방법

(1) 신고요건

① 거주자 간, 거주자와 비거주자 간 또는 비거주자 상호 간의 거래나 행위에 따른 채권·채무를 결제할 때 거주자가 해당 거래의 당사자가 아닌 자와 지급 또는 수령을 하거나 해당 거래의 당사자가 아닌 거주자가 그 거래의 당사자인 비거주자와 지급 또는 수령을 하는 경우 그 지급 또는 수령의 방법을 기획재정부장관에게 미리 신고하여야 한다.

② 신고예외에 해당하는 경우를 제외하고, 거주자가 미화 2천불을 초과하고, 미화 1만불 이내의 금액(분할지급 등의 경우 각각 금액을 합산한 금액)을 제3자와 지급 등을 하려는 경우 외국환은행의 장에게 신고하여야 한다.

(2) 신고예외

거래당사자가 회원으로 가입된 국제적인 결제기구와 지급 또는 수령하는 경우, 비거주자가 인터넷으로 판매자인 다른 비거주자로부터 물품을 구매하고 구매대금을 거주자인 구매대행업체를 통하여 지급하는 경우 및 구매대금을 받은 거주자인 구매대행업체가 판매자인 다른 비거주자에게 지급하는 경우 등은 신고를 요하지 않는다.

6. 외국환은행을 통하지 아니하는 지급 등의 방법

(1) 신고요건

거주자 간, 거주자와 비거주자 간 또는 비거주자 상호 간의 거래나 행위에 따른 채권·채무를 결제할 때 외국환업무취급기관을 통하지 아니하고 지급 또는 수령을 하는 경우 그 지급 또는 수령의 방법을 기획재정부장관에게 미리 신고하여야 한다.

(2) 신고예외

거주자가 외국환은행을 통하지 아니하고 지급수단을 수령하고자 하는 경우, 거주자가 인정된 거래에 따른 지급을 위하여 송금수표, 우편환 또는 유네스코쿠폰으로 지급하는 경우, 거주자와 비거주자 간에 국내에서 내국통화로 표시된 거래를 함에 따라 내국지급수단으로 지급하고자 하는 경우 등에는 신고를 요하지 않는다.

01 입항 전 수입신고한 품목으로서 검사대상으로 결정된 물품은 수입신고지 관할 세관장이 적재 상태에서 검사가 가능하다고 인정하는 경우, 해당 물품을 적재한 선박이나 항공기에서 검사할 수 있다. (   )

정답 | ○

02 수입신고 시 관세의 과세표준은 실제로 지급하였거나 지급하여야 할 금액에 가산요소 및 공제요소를 조정한 가격을 기초로 하여 확정하는 것이 일반적이다. (   )

정답 | ○

03 대외무역법상 수출입 승인을 받은 자가 물품의 규격을 변경하고자 하는 경우 변경신고를 받아야 한다. (   )

정답 | ○

04 단기수출보험은 결제기간 2년 이내의 수출거래를 대상으로 한다. (   )

정답 | ○

05 분할증명서는 외국으로부터 수입한 원재료를 제조·가공하지 않고 수입한 상태 그대로 수출용 원재료로 공급할 때 세관장이 이를 증명하는 제도이다. (   )

정답 | ○

06 대외무역법상 원화를 받고 외항선박에 선용품을 공급하거나 급유하는 경우는 외화획득 범위에 포함된다. (   )

정답 | ×

01 선상수출신고를 할 수 있는 경우로 옳지 않은 것은?

① 선적한 후 공인검정기관의 검정서(SURVEY REPORT)에 의하여 수출물품의 수량을 확인하는 물품

② 물품의 신선도 유지 등의 사유로 선상수출신고가 불가피하다고 인정되는 물품

③ 자동차운반전용선박에 적재하여 수출하는 중고자동차

④ 내항선에 적재된 수산물을 다른 선박으로 이적하지 아니한 상태로 외국무역선으로 자격변경하여 출항하고자 하는 경우

정답 | ③

해설 | 신품자동차는 선상수출신고가 가능하다. 수출통관사무처리고시에 관한 고시 제32조에 따르면 수출하려는 물품이 다음 각 호의 어느 하나에 해당하는 경우에는 해당 물품을 선적한 후 선상에서 수출신고를 할 수 있다고 규정하고 있다.
  • 선적한 후 공인검정기관의 검정서에 의하여 수출물품의 수량을 확인하는 물품
  • 자동차운반전용선박에 적재하여 수출하는 신품자동차 등

02 대외무역법상 외화획득용 원료·기재의 수입승인을 받을 수 있는 외화획득의 범위에 속하지 않는 것은?

① 외국의 수입업자로부터 수수료를 받고 행한 수출알선

② 국내에서 물품 등을 구매하는 것으로서 산업통상자원부장관이 정하여 고시하는 기준에 해당하는 것

③ 주한 국제연합군이나 그 밖의 외국군 기관에 대한 물품 등의 매도

④ 용역 및 건설의 해외 진출

정답 | ②

해설 | 외화를 벌어들이는 것이 중요하며, 국내에서 매도하더라도 그 대금을 외국으로부터 수령하는 등 외화를 벌어들이면 해당된다.

03 세관장이 원산지표시 대상물품을 제한할 수 있는 경우로 옳지 않은 것은?

① 환적되는 외국물품 중 원산지를 우리나라로 허위 표시한 경우

② 원산지표시가 법령에서 정하는 기준과 방법에 부합되지 아니하게 표시된 경우

③ 정정지시를 수행한 경미한 원산지표시 위반의 경우

④ 원산지표시가 되어 있지 아니한 경우

정답 | ③
해설 | 위반내용이 경미한 경우 보완 또는 정정하여 통관 가능하다.

04 대외무역법상 수출입 승인을 받은 자가 승인받은 사항을 변경하고자 하는 경우, 변경승인을 받아야 하는 사항으로 옳지 않은 것은?

① 물품의 규격

② 물품의 수량

③ 물품의 가격

④ 수출당사자에 관한 사항

정답 | ①
해설 | 물품의 규격은 변경신고사항이다.

05 관세법상 외국물품으로 보기 어려운 것은?

① 수출신고 수리된 물품

② 우리나라 선박이 공해에서 채집한 수산물

③ 외국에서 우리나라에 반입된 물품으로서 수입신고 수리되기 전의 물품

④ 보세구역으로부터 우리나라에 반입된 물품으로서 수입신고 수리되기 전의 물품

정답 | ②
해설 | 관세법상 "내국물품"에 대한 정의는 다음과 같다.
　　① 우리나라에 있는 물품으로서 외국물품이 아닌 것
　　② 우리나라의 선박 등에 의하여 공해(외국의 영해가 아닌 경제수역을 포함)에서 채집 또는 포획된 수산물 등
　　③ 입항 전 수입신고가 수리된 물품
　　④ 수입신고 수리 전 반출승인을 얻은 물품
　　⑤ 수입신고 전 즉시 반출신고를 하고 반출된 물품

06 관세법의 법적 성격에 대한 설명으로 적절하지 않은 것은?

① 관세법은 행정법의 일종으로 관세의 부과·징수와 통관절차에 대한 규율을 중심으로 하고 있기 때문에 권력행위로서 부담적 행정행위가 대부분을 차지한다.

② 관세는 수입되는 물품에 대해 부과된다는 점에서 보통세, 소비행위를 전제로 한다는 점에서 소비세, 다른 조세와 상관없이 과세한다는 점에서 독립세이다.

③ 관세법은 다수의 WTO협정, 세계관세기구(WCO)협약, 특정국과의 협정, 일반적으로 승인된 국제법규가 관세제도나 관세율로서 반영되어 있다.

④ 관세법은 상품이 국경을 통과하여 이동하는 수출, 수입, 또는 경유하는 과정에서 폭발물 차단, 마약단속 등의 불법적인 차단이라는 점에서 통관절차법적 성격이 있다.

정답 | ②

해설 | 관세는 소비세, 간접세, 대물세, 수시세 등의 성격을 가진다. 보통세의 경우 국가 또는 지방자치단체의 일반적 지출에 충당하기 위한 조세로 관세의 법적 성격으로 볼 수 없다.

SECTION 1   **서비스무역과 판매·대리점**

제1부 서비스무역

1. 의의

서비스무역이란, 일반적인 물품을 대상으로 한 무역이 아닌 의료, 금융, 관광, 운송, 노동력 등 서비스를 거래의 대상으로 하여 이루어지는 국제 간의 거래를 의미한다. 즉, 물품의 이동 없이 어떠한 행위의 대가로 금전거래를 했다고 하는 경우 이것은 용역에 대한 무역 즉, 서비스무역에 해당한다고 볼 수 있다.

2. 서비스무역의 특징

서비스의 경우 공급과 수요가 함께 존재하며 생산과 소비가 동시에 이루어지고, 저장할 수 없으며, 선진국과 후진국 간의 무역 불균형이 심하다.

3. 서비스무역의 형태

① 서비스의 국경 간 이동 **예** 인터넷이나 전화기 등 통신매체를 통한 교육 및 진료, 동영상 전송 등

② 소비자의 이동 **예** 유학, 관광 등

③ 상업적 주재 **예** 외국회사가 직접투자를 통해 현지 회사를 설립하여 운영 등

④ 자연인 이동 **예** 외국 로펌회사 변호인이 직접 국내에 방문하여 서비스 제공 등

제2부 판매점, 대리점 계약

1. 판매점 계약

(1) 의의

판매점(Distribution)은 자기 자신의 자금과 책임으로 재고를 유지하면서 판매차익 획득을 목적으로 한다.

(2) 특징

① 자기 명의와 계산으로 직접 거래를 하고, 이에 따른 손실과 이익은 자신에게 귀속되는 본인계정(own's account)으로 하는 본인으로서의 거래(Business as Principal)

② 재고를 보유하며 광고 활동 및 사후서비스까지 담당

③ 판매차익(판매가격−조달가격)을 획득

판매점(Distributor)	판매대리점(Selling Agent)
• 물품을 직접 수입	• 매수인이 수입
• 자기계산으로 매입	• 물품대금과 결제에 무관
• 판매이익을 획득	• 판매수탁물품의 일정 비율의 수수료 수취
• 물품의 운송	• 물품을 운송하지 않음
• A/S에 대한 책임	• A/S에 대한 매수인 책임
• 판매가격 결정의 권한	• 가격 조정 불가능

2. 대리점 계약

(1) 의의

대리점(Agent)이란 재고를 보유하지 않으며 중개수수료(Commission)를 받으므로 자신의 자금 부담과 법적 책임이 없다. 즉, 대리인은 본인(Principal)으로부터 일정한 권한을 위임받아 제3자에 대해 본인을 대표하거나 본인을 대신하여 특정업무를 수행하는 자를 말한다.

(2) 판매대리점(Selling Agent)과 매입대리점(Buying Agent)

1) 판매대리점

해외에서 판매계약을 체결하는 것으로, 거래가 해외의 판매대리점을 통해 이루어지며 판매대리점은 수출자의 대리인으로서 수출자의 명의와 계산으로, 그 지역의 고객으로부터 주문을 받아 수출자를 위해 계약을 체결하고 판매수수료(Selling commission)를 수취하는 무역대리업자를 말한다. 판매대리점에 의한 수출의 경우 수출자에게 물품인도에 대한 수입자의 지불보증을 확약하는 지불보증대리점(Del Credere Agent)을 이용하는 경우도 있다. 독점판매대리점(exclusive selling agent)의 경우 판매대리점을 경유하지 않은 특수주문에 대해서도 전액수수료 또는 배당수수료를 본점으로부터 받을 수 있다.

2) 매입대리점

국내에서 물품을 매입하는 것으로, 해외 수입업자의 위탁에 의해 국내에서 물품을 매입하여 수출하고 매입수수료(Buying commission)를 수취하는 무역대리업자를 말한다.

(3) 대리와 구별하여야 할 특수한 업자

1) 위탁매매인(Factor)

위탁매매인이란 자신의 이름으로 위탁자인 제3자의 위탁에 의해 매매를 업으로 하는 자로, 무역거래에서는 자신의 비용으로 수입하고 매매가격도 자신이 정하게 된다. 무역거래 시 위탁매매인으로서 대표적인 형태는 위탁판매점을 예로 들 수 있다.

2) 중개인(Broker)

중개인은 직접 매매계약을 체결하지 않고, 단지 계약의 체결을 주선하거나 준비하는 데 불과한 자로 대리인이 아니다. 무역거래에서 중개인은 매매당사자 간의 계약체결을 중개하기 때문에 그 대가로 매도인·매수인 쌍방으로부터 중개수수료(Brokerage)를 받는다.

3) 지급보증대리인(Del Credere Agent)

대리점수수료 외에 지급보증수수료(Del Credere Agent Commission)라는 특별보수를 받고 대리인의 거래선인 매수인이 대금지급을 하지 않을 경우 대금손해까지 본인에게 배상할 책임이 있는 대리인이다. 지급보증대리인은 보증(Guarantee)하는 것이 아니라 보상(Indemnity)하는 데 특징이 있으며, 그 밖의 채무불이행까지 본인에 대해 책임을 부담하지는 않는다.

4) 컨퍼밍 하우스(Confirming house)

신용장발행은행과 유사한 기능을 하는 수입상의 대리인과 같은 업자로서, 매도인과 매수인 사이에 개입하여 매도인에 대해서는 직접매수인, 매수인에 대해서는 본인으로 행동한다.

C/h/e/c/k **독점 대리점 영문표현**

Type of agent who makes himself responsible for any bad debts through insolvency, etc. This usually offers a higher commission and also has a considerable bearing on the exporter's methods of payment.

━━ SECTION 2 | **기술무역과 해외투자**

제1부 기술무역

1. 의의

기술무역이란 기술 및 기술서비스와 관련된 국가 간 상업적 거래로 특허 판매 및 사용료, 발명, 노하우의 전수, 연구개발 서비스 등을 포함하며, 한 나라에서 특정 기술을 소유하고 있는 기업이 무역상대국에 기술을 이전하기로 하고, 이에 대한 대가로 일정의 기술료를 받기로 하는 계약을 기술무역계약이라 한다.

2. 기술이전계약

노하우 등 기술보유자가 기술을 필요로 하는 자에 대해 특허발명과 노하우 등의 기술적 지식을 제공하는 계약으로 기술이전계약의 내용은 다양하지만, 특허발명과 노하우에 기초하여 물건의 제조 · 사용 · 판매 등을 하는 것을 타인에게 허락하는 라이선스 계약의 방식으로 이루어지는 것이 일반적이다.

3. 라이선스 계약

(1) 의의

라이선스 계약은 지식재산권의 소유자가 상대방에게 그 권리의 사용을 허락하고 사용허락을 받은 자가 대가로서 로열티를 지급할 것을 약속하고, 해당 기술에 관한 비밀을 유지하는 등의 의무를 지는 모든 종류의 계약을 말한다.

(2) 장점과 단점

장점	단점
• 무역장벽을 피할 수 있다. • 현지정보의 입수가 용이하다. • 경영자원의 직접 투입이 적다. • 현지경영의 노하우를 갖고 있지 않아도 외국시장에 잠입할 수 있다.	• 자사의 경영 노하우의 기밀 유지가 어렵다. • 기술사용자가 장래 경쟁 대상이 될 수 있다. • 기술사용자의 컨트롤이 어렵다.

(3) 특허라이선스(Patent license)

특허라이선스계약이란 특정 발명품에 대한 특허권을 가지고 있는 자가 상대방에게 특허권을 실시할 수 있도록 허락하는 계약을 말한다. 특허라이선스는 독점적 실시허락(Exclusive license)과 비독점적 실시허락(Non-exclusive license), 단독 실시허락(Sole license), 재실시허락(Sub-license)이 있으며 다음과 같다.

1) 독점적 실시허락

기술제공자가 특정인에게 특허권의 실시허락을 할 때 거래당사자 외에 제3자에게는 이와 중복되는 내용의 허락을 하지 아니할 것을 약속하는 것을 의미한다.

2) 비독점적 실시허락

거래당사자인 특정인에게 실시허락한 것과 동일한 내용을 제3자에게도 허락할 수 있다는 조건의 계약을 의미한다.

3) 단독 실시허락

특정인에게 라이선스를 주지만 기술제공자가 일반적으로 특허발명을 실시하는 권리를 유부하는 것을 의미한다.

4) 재실시허락

기술사용자가 특허의 사용을 허락받아 제 3자에게 다시 특허를 사용할 권리에 대한 실시권을 허락받은 계약을 말하며, 제3자에게 재실시권을 허락할 때에는 기술제공자의 승낙이 있어야 한다.

C/h/e/c/k 특허권과 노하우의 차이점

• 특허권 : 특허권은 기술을 공개하면서 특허권리 기간에 특허권자가 독점성, 절대적 배타성을 갖게 되므로 법적으로 기술보호를 받을 수 있으며, 특허권은 특허권 이전, 특허권 라이선스, 통상실시권, 전용실시권 등 권리이전 등이 가능하다.
• 노하우 : 노하우 이전은 영업비밀에 속하는 것으로 주로 기술적인 정보로서 경제적인 가치가 높은 정보를 제공하는 것을 말한다. 노하우 이전은 특허권 라이센싱과 달리 독점성, 배타성이 없으므로 기술보호 측면에서 비밀 유지가 중요하다. 존속기간은 특허권은 특허권리 기간이지만, 노하우는 비밀이 유지될 때까지 영구적이다.

4. 플랜트수출

(1) 의의

플랜트(Plant)는 일반적으로 기계와 장치를 기술적으로 복합화하여 생산자가 목적으로 하는 원료 또는 중간재, 최종제품을 제조할 수 있는 대규모 생산설비를 의미한다. 따라서 플랜트수출이란 기계 및 자치 등의 하드웨어(Hardware)뿐만 아니라 관련 기계를 설치해서 가동하기까지의 엔지니어링, 노하우 및 건설시공 등의 소프트웨어(Software)가 모두 포괄된다는 점에서 생산단위체의 종합수출을 의미한다.

(2) 특징

① 거래단위가 대규모로서 거액임

② 수출이행기간과 대금회수기간이 장기간임

③ 주 대상이 지식집약형 방식의 수출임

④ 금융기관으로부터의 연불수출금융이 일반적으로 요구됨

⑤ 수입국에 대한 경제협력의 수단

(3) 플랜트수출의 승인

1) 의의

산업통상자원부장관은 플랜트수출을 하려는 자가 신청하는 경우에는 그 플랜트수출을 승인할 수 있다.

2) 승인대상

① 농업 · 임업 · 어업 · 광업 · 제조업, 전기 · 가스 · 수도사업, 운송 · 창고업 및 방송 · 통신업을 경영하기 위하여 설치하는 기계 · 장치 등 본선인도(FOB) 가격으로 미화 50만 달러 상당액 이상인 산업설비

② 산업설비 · 기술용역 및 시공을 포괄적으로 행하는 수출(일괄수주방식에 의한 수출)

3) 플랜트수출승인의 신청

① 플랜트수출의 승인을 받으려는 자는 신청서에 수출신용장, 수출계약서 등을 첨부하여 산업통상자원부장관에게 신청하여야 함

② 산업통상자원부장관은 플랜트수출승인 또는 변경승인 신청이 있는 경우 접수일부터 5일 이내에 이를 처리하여야 함

③ 산업통상자원부장관은 승인 또는 변경승인을 하기 위하여 필요하면 플랜트수출의 타당성에 관하여 관계 행정기관의 장의 의견을 들어야 함

④ 산업통상자원부장관은 플랜트수출의 승인 또는 변경승인을 한 경우에는 이를 관계 행정기관의 장에게 지체 없이 알려야 함

4) 일괄수주방식에 의한 수출 동의

산업통상자원부장관이 일괄수주방식에 의한 수출에 대하여 승인 또는 변경승인하려는 때에는 미리 국토교통부장관의 동의를 받아야 한다.

(4) 플랜트수출계약의 유형 분류

1) 발주형식에 따른 분류

① 턴키(Turn-key) 방식 : 열쇠(Key)를 돌리면(Rurn) 모든 설비가 가동되는 상태에서 인도하는 플랜트수출의 계약방식. 즉, 먼저 플랜트수출의 기술적 가능성과 기업화의 가능성을 검토하기 위해 타당성(Feasibility) 조사를 시작으로, 국제입찰 · 계약성립, 기기의 제작, 조달, 현지 토목공사, 건설, 기계의 설치, 시운전, 요원훈련 및 조업지도까지의 일체를 포함하는 것으로 일괄수주계약이라고도 함

현지조립방식이란 완제품으로 수출하는 것이 아니라, 조립할 수 있는 설비와 능력을 갖춘 거래처에 상품을 부품이나 반제품의 형태로 수출하고, 실수요지에서 부품이나 반제품을 조립하여 제품을 완성시키는 수출을 말한다. 이는 주로 자동차 등과 같은 기계류 수출에서 활용된다.

② 기기공급계약(FOB 계약) : 턴키 방식과는 달리 수주자는 시설 건설을 위한 필요 기재의 공급과 기재의 설치 지도에만 그 책임이 한정되는 계약

2) 계약자 선정방식에 따른 분류

입찰하여 계약이 체결되는 경쟁입찰계약방식(Competitive bid contract)과 발주자가 특정 업체와 일대일 교섭을 통해 계약이 체결되는 수의계약(Negotiated contract)이 있다.

3) 수출대금기준에 따른 분류

수출자와 발주자가 계약할 당시 계약대금 총액을 정하는 고정가격계약방식(Lum-sum contract)과 계약시 계약대금 총액을 확정하지 않고, 비용과 수수료를 합한 수출대금을 사후에 지급하는 방식으로, 공사변경이 예상될 경우 사용되는 실비정산계약방식(Cost reimbursable contract)이 있다.

4) 컨소시엄계약

참여 기업이 각자 자신의 참여부분에 대해서만 개별적으로 계약을 체결하지만, 책임은 참여기업들이 연대부담하는 Join&Several Contract 방식, 하나의 기업이 수주하지만 발주자의 동의하에 하도급을 줄 수 있는 Main Subcontract 방식, 다수 기업이 설립한 합작투자회사를 통해 계약을 체결하는 방식으로 발주자가 합작투자회사의 주주인 참여회사의 이행보증을 받아야 하는 Joint Venture 방식 등이 있다.

정의	보증은행이 수익자(발주자)에게 플랜트수출계약 시 신청인(수주자)가 계약 내용을 위반한 경우 보증서에 기재된 내용에 따라 발주자가 지급청구를 하면 보증서에 정해진 금액을 지급하겠다는 약정
특징	• 독립보증 청구를 위해서는 수익자가 신청인이 계약위반을 했음을 진술하는 내용의 서면을 제출하는 것으로 충분 • 독립보증은 플랜트수출계약과 독립적이므로, 이를 발급한 기관은 실제 보증청구 사유의 타당성까지 조사할 의무 없음 • Standby L/C와 마찬가지로 독립보증도 독립추상성의 특성이 있음. 즉, 서류만으로 대금지급 여부를 결정함

계약준비서, 협약서라고도 하며, 계약이 최종적으로 이루어지기 전에 두 당사자 이상이 협약의 대략적인 사항을 문서화한 것을 의미한다. 예를 들어 국제건설계약에서 낙찰 후 계약서의 정식조인으로 계약이 성립하기까지는 수 개월이 소모되므로 발주자는 LOI를 수주자에게 발급하는 것이 일반적인 관행이다.

제2부 해외투자

1. 의의

해외투자란 기업이 장래수익을 목적으로 국내의 자본·기술·인력 등의 생산요소를 해외에 투자하는 것을 말한다. 즉, 국내의 자본 등을 해외로 이전하는 거래를 의미한다.

2. 해외투자의 유형

(1) 해외간접투자

해외 법인의 경영에 참가하지 않고 단순한 자본투자를 통한 시세차익이나 배당수익만을 추구하기 위한 목적으로 하는 투자이다.

(2) 해외직접투자

단순히 해외에서 주식, 채권과 같은 자산을 운용하기 위한 목적이 아닌, 경영참가와 기술제휴를 목적으로 한 해외투자를 말한다.

3. 해외직접투자

(1) 거래 및 행위에 따른 해외직접투자

거주자가 외국법령에 따라 설립된 법인이 발행한 증권을 취득하거나 그 법인에 대한 금전의 대여 등을 통하여 그 법인과 지속적인 경제 관계를 맺기 위한 거래 또는 행위로서 아래에서 정하는 것을 말한다.

① 외국법인의 경영에 참가하기 위하여 취득한 주식 또는 출자지분이 해당 외국법인의 발행주식 총수 또는 출자총액에서 차지하는 비율("투자비율")이 100분의 10 이상인 투자

② 투자비율이 100분의 10 미만인 경우로서 해당 외국법인과 다음의 어느 하나에 해당하는 관계를 수립하는 것
   • 임원의 파견
   • 계약기간이 1년 이상인 원자재 또는 제품의 매매계약 체결
   • 기술의 제공·도입 또는 공동연구개발계약의 체결
   • 해외건설 및 산업설비공사를 수주하는 계약의 체결

③ 상기 ① 또는 ②에 따라 이미 투자한 외국법인의 주식 또는 출자지분을 추가로 취득하는 것

④ 상기 ①부터 ③까지의 규정에 따라 외국법인에 투자한 거주자가 해당 외국법인에 대하여 상환기간을 1년 이상으로 하여 금전을 대여하는 것

(2) 자금의 지급에 따른 해외직접투자

① 지점 또는 사무소의 설치비 및 영업기금

② 거주자가 외국에서 법인 형태가 아닌 기업을 설치, 운영하기 위한 자금

③ 해외자원개발사업 또는 사회간접자본개발사업을 위한 자금. 다만, 해외자원개발을 위한 조사자금 및 해외자원의 구매자금은 제외

(3) 해외직접투자의 수단

① 지급수단

② 현지법인의 이익유보금 및 자본잉여금

③ 자본재

④ 산업재산권 기타 이에 준하는 기술과 이의 사용에 관한 권리

⑤ 주식

⑥ 기타 그 가치와 금액의 적정성을 입증할 수 있는 자산

⑦ 해외법인 또는 해외지점·사무소를 청산 경우의 그 잔여재산

4. 리스계약

(1) 의의

리스이용자가 선정한 특정 물건을 리스회사가 취득하거나 대여받아 리스이용자에게 일정기간 사용하게 하고, 그 기간 동안 정기적으로 일정대가를 분할하여 지급받는 계약을 말한다.

(2) 리스계약의 유형

1) 금융리스

금융리스란 자산의 소유에 따른 위험과 보상의 대부분이 리스이용자, 즉 자산을 빌린 사람에게 이전되는 리스를 의미하며 다음과 같다.

① 소유권이전약정으로서 리스계약의 종료 시점에 자산의 소유권이 그것을 임차하여 사용한 리스이용자에게로 이전되는 경우

② 리스자산이 일반적으로 누구나 이용할 수 있는 자산이 아니라 리스이용자만이 사용할 수 있는 특수한 성격의 자산(범용성 없는 자산)인 경우

③ 리스자산의 소유권이 이전되지 않더라도, 리스이용자가 자산을 사용하는 기간이 해당 자산을 경제적으로 사용할 수 있는 예상 기간의 대부분(약 75% 이상)을 차지하는 경우

2) 운용리스

금융리스 이외의 리스를 말하며, 리스자산을 소유함으로써 발생하는 위험과 효익이 리스제공자로부터 리스이용자에게 이전되지 않는 리스거래이다. 즉, 리스자산은 리스제공자의 것이다.

3) 레버리지드리스

해외투자를 목적으로 하는 리스 중 리스제공자가 자산을 구입할 때, 그 자산가격의 일정 비율만을 부담하고, 나머지 구입대금은 다른 출자자로부터 출자하는 방식으로 차입하여 자산을 구매 후 리스이용자에게 대여해 주는 리스방식이다.

5. 국제프랜차이즈 계약

(1) 의의

프랜차이즈 계약이란 특정한 상호, 상표, 서비스표 등을 보유한 프랜차이저(Franchisor)가 독립된 판매업자인 프랜차이지(Franchisee)에게 이것을 이용할 수 있도록, 사용허가를 함과 동시에 프랜차이지(Franchisee)에게 사업운영 및 판매전략 등에 조력하는 계약을 의미한다.

(2) 프랜차이즈의 장점 및 단점

1) 장점

① 제품 공급뿐만 아니라 판촉 및 운영에 관련된 모든 노하우를 가맹본부가 지원하기 때문에 개인이 단독으로 시행하는 타 사업보다 상대적으로 실패의 위험성이 낮음

② 가맹본부로부터 장비 지원을 비롯한 초기투자비 등 운영지원을 받을 수 있기 때문에 상대적으로 소액의 자본으로도 시작 가능

③ 가맹본부는 여러 가맹점에 공급할 물품들을 일괄 구매해 각기 가맹점에게 공급하기 때문에 비교적 저렴한 비용으로 구매 및 공급이 가능

④ 가맹본부가 각종 전문가에 의해 지속적으로 시장의 흐름과 변화를 관찰하기 때문에 이를 통한 대처 능력 향상과 빠른 신제품 개발이 가능

⑤ 프랜차이즈의 경우 이미 시장에서 알려진 상품을 취급하기 때문에 가맹점은 별다른 광고, 홍보 전략 없이도 고객 확보가 가능

2) 단점

① 프랜차이즈는 가맹본부에 의해 짜인 기본적인 틀에 따라 사업을 추진해야 하기 때문에 가맹점은 독립적인 운영을 하기 힘들며, 새로운 아이디어 실현이 어려움

② 똑같은 상호를 걸고 여러 프랜차이지가 영업을 하기 때문에 어느 한 가맹점이 저지른 실수라도 공동으로 이미지 손상이 가능

③ 가맹점은 계약과 동시에 정기적으로 가맹본부에게 로열티를 납부해야 함. 즉, 운영에 따라 이익 또는 손해 여부와 상관없이 로열티 납부의 부담 존재

> **C/h/e/c/k** 프랜차이저(Franchisor)가 프랜차이지(Franchisee)로부터 이익을 회수해 가는 방법
>
> 가맹점이 납부하는 것으로는 로열티, 기술훈련비, 가맹비 등이 있다. 그러나 상가관리비, 전기세 등 가맹본부가 아닌 별도의 그 밖의 계약에 따라 납부하는 비용은 제외된다.

---

④ 대부분 가맹본부는 공급되는 상품뿐만 아니라 인테리어, 광고용 전단, 간판 등 일률적인 공급을 주로 하며, 따라서 각기 가맹점이 보다 유리한 조건으로 구입할 수 있는 물품을 발견하더라도 구매선 변경이 불가능함

⑤ 가맹점의 경우 판매 지역이 한정됨

핵심 O/X

01 대리점(Agent)이란 재고를 보유하지 않으며 중개수수료(Commission)를 받으므로 자신의 자금 부담과 법적 책임이 없다. 즉, 대리인은 본인(Principal)으로부터 일정한 권한을 위임받아 제3자에 대해 본인을 대표하거나 본인을 대신하여 특정업무를 수행하는 자를 말한다. (   )

정답 | ○

02 턴키(Turn-key)방식 수출이란 완제품으로 수출하는 것이 아니라, 조립할 수 있는 설비와 능력을 갖춘 거래처에 상품을 부품이나 반제품의 형태로 수출하고, 실수요지에서 부품이나 반제품을 조립하여 제품을 완성시키는 수출을 말한다. (   )

정답 ┃ ×

03 서비스무역이란 유통, 금융, 운수, 여행 등 상품무역 이외의 서비스업의 국제 거래를 말한다. (   )

정답 ┃ ○

04 AEO란 사전 물류통관 공인제도라고 할 수 있는데 이는 일정 수준 이상 기준을 충족하게 되면 통관 시에 필요한 절차를 간소화시켜주는 제도이다. (   )

정답 ┃ ○

05 운용리스란 소유에 따른 위험과 보상의 대부분이 리스이용자, 즉 자산을 빌린 사람에게 이전되는 리스를 의미한다. (   )

정답 ┃ ×

06 컨소시엄계약은 복수의 당사자가 단기간 내에 한정된 사업목적의 달성을 위하여 역할분담계약에 의한 공동수주와 이행을 위한 공동사업 관계의 한 형태로, Join&Several Contract, Main Subcontract, Joint Venture가 있다. (   )

정답 ┃ ○

01 빈칸에 들어갈 기술무역계약으로 옳은 것은?

> (   )은 지식재산권의 소유자가 타인에게 그 권리의 사용을 허락하고 사용허락을 받
> 은 자가 대가로서 로열티를 지급할 것을 약속하는 모든 종류의 계약을 말한다.

① 플랜트수출계약   ② 컨소시엄계약

③ 프랜차이즈계약   ④ 라이선스계약

정답 | ④

02 기술도입계약에서 착수금을 지급하고 계약제품의 제조량이나 판매량에 따라 일정률의 기술료를
정기적으로 지급하도록 정하는 기술료 금액의 결정방식을 무엇이라 하는가?

① 정액기술료   ② 경상기술료

③ 분할기술료   ④ 기술개량료

정답 | ②

03 서비스무역의 형태로 옳지 않은 것은?

① 외국인의 간접투자(주식 등)를 통한 기존 국내기업의 인수형태

② 환자가 외국의 병원에서 진료를 받는 의료서비스

③ 경제적 교환에 의하여 양도 가능한 물품의 소유권을 이전하는 형태

④ 케이블이나 위성에 의한 국가 간 방송프로그램의 전송

정답 | ③
해설 | 이는 상품의 무역에 해당된다.

04 국제특허계약에 대한 내용으로 옳지 않은 것은?

① 소극적 실시허락(Negative license)의 경우에 원칙적으로 기술제공자인 특허권자는 기술도입자에게 특허권의 실시만을 허락할 뿐이고 제3자의 권리침해에 대한 책임을 지지 않는다.

② 적극적 실시허락(Positive license)의 경우에 기술제공자인 특허권자는 기술도입자에게 특허기술을 제공할 적극적 의무를 부담한다.

③ 특허교환계약(Cross license)의 경우에 특허권자는 타인의 특허권에 대한 라이선스를 받는 대가로 자신의 특허권을 상대방에게 교차하여 라이선스를 부여한다.

④ 특허양도(Patent assignment)의 경우에 기술제공자인 특허권자는 기술도입자에게 특허권 자체를 양도하며, 기술도입자인 특허양수인은 보통 특허의 존속기간이 만료되면 그 양도계약을 해제할 권리를 갖는다.

정답 | ④

해설 | 특허의 존속기간이 만료되면 특허의 독점권이 자연스럽게 없어진다. 따라서 양도계약 해제와 같은 일이 발생할 이유가 없다.

05 대리점의 권한과 관련 본인으로부터 권한을 부여받지는 못하였으나 법률의 규정에 의하여 본인의 동의 여부를 불문하고 대리점이 권한을 소유하는 것을 무슨 권한이라고 하는가?

① actual authority

② apparent authority

③ presumed authority

④ doctrine of ratification

정답 | ②

해설 | apparent authority(표현대리)에 대한 설명이다.

06 기술도입계약에 있어 당사자의무에 대한 설명으로 옳지 않은 것은?

① 기술제공자는 기술도입자에게 계약의 존속기간 동안 기술제공의무가 부담된다.

② 기술제공자는 제공하는 기술에 대한 유효성을 보장해야 한다.

③ 기술도입을 위해 독점적 라이선스계약을 체결한 경우, 기술제공자는 제3자의 권리침해를 배제할 의무가 있다.

④ 기술도입자는 계약을 통해 정해진 시기와 방법에 따라서 기술제공자에게 기술료를 제공해야 한다.

정답 | ③

해설 | 기술도입을 위해 독점적 라이선스계약을 체결한 경우, 기술제공자가 아닌 기술도입자는 제3자의 권리침해를 배제할 의무가 있다.

07 다음 대리점계약에서 대리인과 본인 즉, 당사자 관계에 대한 설명으로 적절하지 않은 것을 고르시오.

① 대리점계약은 계약에 합의된 수수료를 본점이 대리점에게 지급하지만, 본점이 직접 주문을 받았다면 수수료를 지급할 의무가 없다.

② 대리점계약 상에 명시규정이 없는 한, 대리인은 본점을위해 주문을 수취하였더라도 그 지출한 거래비용을 본점으로부터 청구할 수 없다.

③ 본점이 계약만료 전에 정당한 사유 없이 계약을 종료하였을 때, 자신이 이미 제공한 서비스 수수료는 배상 청구할 수 있지만 이후 취득할 수수료 등 직접적인 손해발생액은 배상청구할 수 없다.

④ 대리점은 본점에게 회계보고의 의무를 지고, 대리점의회계보고는 계약조건이나 본점의 요구에 따라 행하여야 한다.

정답 | ③

해설 | 본점이 계약만료 전에 정당한 사유 없이 계약을 종료한 경우에는 자신이 이미 제공한 서비스 수수료도 배상청구할 수 없다.

MEMO

무역용어 및 무역영어 정리

1. 상품 관련 용어

〈goods : 상품, 화물, 물품〉

- goods in stock : 재고품
- goods in process : 제작 중인 상품
- goods in bond : 보세품
- goods in hand : 현품
- goods made to order : 주문품
- defective goods : 결함품
- rejected goods : 불합격품
- manufactured goods : 완성품
- semi-manufactured goods : 미완성품
- piece goods : 옷감

〈article(s) : 물품, 물건〉

- article(s) of export : 수출품
- article(s) of food : 식료품
- article(s) of furniture : 가구
- article(s) of utility : 실용품
- inflammable article(s) : 가연성상품
- toilet article(s) : 화장품

〈commodity : 상품, 일회용품〉

- commodity exchange : 상품거래소
- commodity market : 상품시장
- perishable commodity : 신선상품
- household commodity : 가정용품
- marketable commodity : 시장성 높은 상품

〈produce : 농산물, 수확물〉

- agricultural produce : 농산물
- produce of factory : 공산품

〈product : 생산물, 제품〉

- natural products : 천연산물
- forestry products : 임산물
- industrial products : 공업제품

〈ware : 제품, 세공품〉

- hardware, software : 하드웨어, 소프트웨어
- a salesman and his ware : 취급상품
- tableware : 식품류

〈그 밖의 상품 관련 용어〉

- item : 품목
- line of business : 업종
- line : 제품계역, 품종
- lot : 무더기 품목
- order : 주문품
- cargo, freight : 화물
- shipment : 적화
- consignment : 탁송품, 적송품, 적화

2. 시황용어

- active : 활발한
- quite : 평온한
- excited : 활기 있는
- animated : 왕성한
- slack : 완만한
- firm : 안정된
- brisk : 활발한
- soft : 약세의
- improving : 호전되는
- dead : 침체하는
- stiff : 오름세의
- irregular : 불규칙적인
- depressed : 부진한
- unchanged : 변치않는
- panicky : 공황상태의
- easy : 완만한
- advancing : 등귀하는
- reacting : 반동적인
- feverish : 열광적인
- bearish : 약세의
- sluggish : 부진한

- flat : 활기 없는
- bullish : 상승하는
- steady : 안정된
- inactive : 활기 없는
- declining : 하강기미
- strong : 강세의
- overstocked : 재고과잉의
- dull : 침체한
- weak : 약세의

3. Market 관련 용어

- bund market : 채권시장
- buyer's market : 구매자시장
- contract market : 계약시장
- domestic market : 국내시장
- foreign market : 외국시장
- home market : 국내시장
- inland market : 국내시장
- money market : 금융시장
- overseas market : 해외시장
- produce market : 생산물시장
- securities market : 주식시장
- seller's market : 판매자시장
- share market : 주식시장
- spot market : 현물시장
- market area : 판매지역
- market claim : 시장클레임
- market condition : 시황
- market fluctuation : 시장변동
- market index : 시장지수
- market information : 시장정보
- market level : 시장가격수준
- market price : 시가
- market quotation : 시장상장
- market report : 시장보고
- market research : 시장조사
- market risk : 시장위험
- market survey : 시장조사
- market target : 시장목표

4. 수량에 관한 어구

- additional quantity : 추가 수량
- average quantity : 평균 수량
- considerable quantity : 상당 수량

- corresponding quantity : 상응 수량
- enormous quantity : 막대한 수량
- entire quantity : 전체 수량
- equal quantity : 같은 수량
- exact quantity : 정확한 수량
- extra quantity : 잔여 수량
- fixed quantity : 고정 수량
- great quantity : 거대한 수량
- large quantity : 대량
- liberal quantity : 충분한 수량
- limited quantity : 한정된 수량
- moderate quantity : 적당한 수량
- negligible quantity : 하찮은 수량
- reasonable quantity : 적정 수량
- sizeable quantity : 상당한 수량
- small quantity : 소량
- some quantity : 약간의 수량
- sufficient quantity : 충분한 수량
- total quantity : 총수량
- whole quantity : 전체 수량
- workable quantity : 실행 가능한 수량
- quantity discount : 수량할인
- quantity production : 대량생산
- quantity standard : 수량표준
- quantity variation : 수량상위

5. 보험용어

- average : 해손
- average bond : 해손계약서
- against all risks : 전위험담보
- abandonment : 위부
- average deposit : 해손공탁금
- average statement : 해손정산서
- beneficiary : 보험금수취인
- barratry : 선원악행
- cover note : 보험승낙서
- free of particualr average : 난독해손부담보
- general average : 공동해손
- insurance underwriting : 보험업
- insurer : 보험업자
- insurance underwriter : 보험회사
- insurance policy : 보험증권
- insured goods : 피보험물품
- insurance rate : 보험료율

- insured amount : 보험금액
- insured value : 보험가격
- insurance money : 보험금
- jettison : 투하
- leakage : 누손
- marine insurance : 해상보험
- particular average : 단독해손
- premium : 보험료
- pilferage : 좀도둑질
- total loss only : 전손담보
- the insured person : 피보험자
- time policy : 정기보험증서
- with average : 단독해손담보

6. 주문에 관한 용어

- additional order : 추가주문
- back order : 이월주문
- cable order : 전신주문
- initial order : 최초주문
- limited order : 한정주문
- market order : 시세주문
- open order : 무조건주문
- opening order : 최초주문
- original order : 원주문
- regular order : 정기주문
- repeat order : 재주문
- sample order : 견본주문
- sizeable order : 대량주문
- substantial order : 대량주문
- telephone order : 전화주문
- trial order : 시험주문
- verbal order : 구두주문
- order backlog : 주문잔여
- order blank : 주문용지
- order book : 주문기장
- order form : 주문서식
- order goods : 지시인도화물
- order memo : 주문메모
- order number : 주문번호
- order production : 주문생산
- standing order : 연속주문

7. 그 밖의 무역용어

- attainment : 성과, 성취, 달성
- attorney : 변호사, 대리인
- authenticity : 진짜임
- authorize : 인가하다, 검증하다
- basin : 대야, 양푼
- be drawn : ～에 끌려들다
- beating back : ～을 물리치다
- behalf : 이익,(내)편
- beneath : ～의 아래
- beneficiary : 수혜자, 수령인
- bill of landing : 선하증권
- breach : 위반, 저버림
- a bid on : ～에 대한 입찰
- a cheque : 수표
- acceptance : 수락, 동의
- accompanying : 수반하는, 동봉한
- accordance : 일치, 합치
- adequate : 충분한
- admit : 인정하다, 자백하다
- advise : 조언하다, 충고하다
- affiliate : 제휴하다, 가입하다
- airway : 항공로
- airway bill : 항공화물 운송장
- alert : 정신이 초롱초롱한
- amend : 개정하다, 수정하다
- amendment : 개정, 수정
- in error : 잘못하여
- in favor of : ～에 지지하여
- in vain : 허사가 되어, 헛되어
- in which : ～라는
- inferiority : 열등함
- inquiry : 연구, 조사
- inspection : 점검, 사찰
- inspectorate : 조사단
- instructed : 지시받은
- instruction : 설명, 지시
- insurer : 보험회사
- integration : 통합
- fad : 유행
- fairly : 상당히, 꽤, 공정히
- faulty : 흠이 있는
- favorably : 호의적으로

- feasible : 실현 가능한
- file : 제출하다
- flow : 흐름
- fluctuation : 변동
- force maejure : 불가항력
- forced upon : 강요되다
- foreseen : 예측된
- fragile : 부서지기/손상되기 쉬운
- freight : 화물
- furnish : 공급하다, 비치하다
- whereas : ~하는 반면
- variation : 변화, 변동
- subsequent : 뒤의, 그 이후의
- subsequent carrier : 후속 운송인
- reference : 위탁, 부탁
- freight : 화물운송
- thereof : 그것에 관해서
- defective : 결함이 있는
- revert to : 환원되다, 복귀하다
- proceed with : 수행하다
- correspondent : 거래은행
- progressive payment : 누전적 지급
- assess : 평가하다, (손해, 세금 등을) 사정하다
- take up the matter with : 본 사안을 ~에게 제기하다
- insolvency : 지급 불능
- Open account : 청산결제
- Remitting Bank : 추심의뢰은행
- Collecting Bank : 추심은행
- Advising Bank : 통지은행
- debit note(D/N) : 차변표(돈받을 것)
- credit note(C/N) : 대변표(돈줄 것)
- in exchange for : ~와 상환으로
- for account of A : A계정에 대해
- document draft : 화환어음
- d/s : 일람후 정기불(after sight)
- d/d : 일부후 정기불(after date)
- specifically : 명확히 지정하다
- effect payment : 지급하다
- presentation of the required documents : 요구서류의 제시
- fixed or determinable date : 특정, 혹은 확정 일자
- nominate : 지정하다
- client : 의뢰인
- Ginduce : 권유하다, 유도하다
- Document L/C : 화환신용장
- Clean L/C : 무담보신용장
- Negotiation L/C : 매입신용장
- Straight L/C : 지급신용장(매입 X)
- Back to Back L/C : 구상무역신용장
- Escrow L/C : 기탁신용장
- Thomas L/C : 토마스신용장
- Stand-by L/C : 보증신용장
- General or Open L/C : 보통신용장(자유매입신용장)
- Special or Restricted L/C : 특정신용장
- take delivery of : ~을 인수하다
- quarterly settlement : 분기별 결제
- amount to : 금액이 ~에 달하다
- total up to : 총계가 ~이 되다
- examine : 검토하다
- bear = incorporate : 포함하다
- advance = advance funds : 선금
- pending : ~까지
- subject to : ~을 조건으로 하는
- value : 발행하다 n. 금액
- outstanding : 미불의, 미지급의
- due on : ~에 만기가 되다
- fall due on : 만기가 되다
- covering : as regards : ~에 관해
- an overdue balance : 미지급 잔액
  = amount in arrear
  = deliquent account
- address = surrender : 제출하다
- honor = protect : 지급하다
- forward : 송부하다
- validity : 유효기일
- mere : 단순한, ~에 불과한
- owing to~ : ~에 기인하는
- meet : 충족시키다, 부응하다
- recognition : 승인, 인정
- combined with : ~와 동일하다, ~에 해당하다
- endeavor = devote oneself in : 최선을 다하다, 헌신하다
- courtesy : 호의, 승낙
- amendment : 변경, 수정
- workable price : 실행 가능한 가격, 실질가격
- refer A to B : A에게 B를 언급하다

- render : 양도하다
- engage to : 보증하다
- come up to : ~와 비슷하다
- stock : 재고
- be quaranteed : 보증이 되다
- open an account with
  = enter into business relations with
  : 거래를 개설하다, 거래를 시작하다
- settlement : 결제
- agent : 대리인
- conditions : 조건
- quotation : 견적, 가격, 호가
- in return : 답으로써, 그 대가로
- principal = party : 당사자
- brench : 위반, 불이행
- mitigate : 경감시키다
- award : 중재판정
- jurisdiction : 재판관할권
- without loss of time = without delay = promptly
  = as soon as possible = immediately = urgently
- bidding : 입찰호가
- particular : 까다로운
- have no objection to : ~에 이의가 없다
- be liable for : ~에 책임이 있다
- lapse : 소멸하다
- so long as : ~하는 한
- liability : 채무
- allowance = discount = deduction = abatement
  : 할인
- rebate : 환급, 할인, 공제
- in reference to = for = for as to : 즉시, 바로, 지
  체 없이
- as for = concering = with regard to : ~에 관해
- unqualified = unconditional : 무조건적인, 절대
  적인
- at the lastest : 늦어도
- at the earliest : 일러도
- specify = stipulate = provide = state : 명시하
  다, 규정하다
- the following = as follows : 다음의~, 다음과 같이
- somewhat : 얼마간, 다소
- duly : 정히, 틀림없이
- refrain : 억제하다, 삼가다
- backlog : 주문 잔고

- hereof : 이것에 관하여
- irresponsible : 책임이 없는
- book an order : 주문을 인수하다
- make = effect delivery : 인도하다
- take delivery : 화물을 인수하다
- refuse delivery : 인수를 거절하다
- in favor of you : 귀사를 수익자로 하여
- grant : 부여하다
- every = complete : 완전한, 완벽한
- arrage : ~와 계약을 하다
- cover : 담보하다, 부보하다, 대금결제하다
- tab : 타진하다
- note = pay attention to = keep in mind : 유의
  하다
- Korean Commercial Arnitration
- Board : 대한상사중재위원회
- case by case contract : 개별계약
- master contract : 포괄계약
- exclusive contract : 독점계약
- as regards : ~에 관해서
- be about to : ~하려 한다
- firm : 회사
- leading and old established : 주도적이고 역사
  깊은
- consignition = lot = article
- merchandise : 상품
- vendor : 매도인 = seller
- frachise : 독점판매권, 총 판매권
- at once : 즉시
- avail oneself of : ~을 사용하다, ~을 이용하다
- cumulative : 누적의, 누적적인
- Revolving L/C : 회전신용장
- cumulative method : 누전적 방식
- non-cumulative method : 비누전적방식의 두가
  지 방법에 의해 갱신된다
- Authorized Bank : 수권은행
- Nominated Bank : 지정은행
- Straight B/L : 기명식 선하증권
- Order B/L : 지시식 선하증권
- Stale B/L : 기간경과 선하증권
- clear : 통관하다
- clear for = sail for : ~를 향해 출항하다
- Preferential tariff : 특혜관세
- drawback : 환급

- detour : 우회하다
- deviate : 이로하다
- fail to : ~를 하지 않다
- make out to : ~형태로 발행된
- null and void : 무효인
- deck : 갑판
- sustain : 손해, 피해 등을 입히다
- approches : 접근로
- quay = berth : 안벽
- vis-a-vis : 마주보고, ~에 대하여
- convey : 이전하다, 운송하다
- relinquish : 양도하다
- prima facie evidence : 추정적 증거
- carrier : 운송인
- chaterer : 용선자
- shipowner : 선주
- shipper : 송화인
- Seaworthiness : 감항성
- as requested : 요청하신 대로
- stuffing = vanning : 컨테이너, 적입작업
- tort : 불법행위
- P/O : 구매주문
- bound for : ~를 향하는
- regardless of~ : ~에 관계없이
- Liner : 정기선
- Tramper : 부정기선
- whilst : ~하는 반면
- in consequence : 따라서
- take over : 인수하다
- be to : ~해야 한다
- bear : 부담하다
- demote : 나타내다
- discharge = 양륙하다 : unload
- laydays : 정박기간
- at the case maybe : 경우에 따라서
- prevail : 우세하다, 우선적용되다
- agreed unloading point : 약정된 양륙지점
- cargo is in the custody of the ship : 화물이 선박의 보관하에 있다
- in respect of : ~에 관한
- in the custody of ~ : ~의 보관하에
- aboard subject vessel : 해당선박에 선적되어
- release of goods held under warrant : 담보하에 묶여진 물품의 반출

- Authority : 관계당국
- be granted to : ~하도록 허용되다
- subject to ~ : ~을 조건으로
- whereby : 그에 의해
- conference system : 해운동맹
- fundamentally revised : 근본적으로 수정되다
- by reference : 참조로
- any one but~ : ~를 제외하고 누구에게도
- forwarding agents : 운송주선인
- forming the subject-matter of different export transactions : 다른 수출거래의 내용을 형성하는
- represent the goods : 물품을 대표하다
- made out to order : 지시식으로 발행된
- make up for = to compensate for : 보상하다
- on the verge of shipment : 막 선적하려는 순간
- reserve the right of disposal : 처분권을 유보하다
- quality certificate : 품질증명서
- quarantin certificate : 검역증명서
- suffice : 충분하다
- customs law : 관세법
- an allowance made by the goverment : 정부에 의한 공제
- a return of import duty : 수입관세의 환급
- kindly be advised : 통지를 받아달라, 상기하라
- acknowledgement : 통지, 인지
- unloading costs : 양륙비
- lighterage : 부선료
- wharfage charges : 부두사용료
- berth term : 선적품질조건
- place : 적치하다
- at the disposal of : ~의 임의처분하에
- premises : 구내(작업장, 공장, 창고)
- not cleared for export : 수출통관되지 않은 채
- export formalities : 수출절차
- alongside the ship : 선측
- render : 주다, 부여하다
- premature passing of the risks : 위험의 조건이전
- contemplate : 규정하다
- effect insurance
  = place an insurance
  = conclude an insurance
  : 보험을 체결하다
- recover : 보상을 받다, 보상하다

- indemnify : 보상하다, 상환하다
- declare : 선언하다, 규정하다
- conquent to : ～의 결과인, 결과로
- ordinary leakage : 통상의 누손
- ordinary loss in weight, or volume : 통상의 중량, 용적 부족
- ordinary wear and tear : 자연소모
- latent defect : 잠재하자
- pro rata contribution : 공동해손의 비례적 부담금
- subject-matter insured : 피보험목적물
- waiver : 포기
- hull : 선체
- mutiny : 반란을 일으키다
- undertaking contract : 확약의 계약
- assured : 피보험자
- up to the extent of : ～의 범위(한도)까지
- against : ～에 대해
- undertake : 확약하다
- incidental to : ～에 부수하다
- the voyage contemplated by the policy : 보험증권에 의해 정해진 항로
- be discharged from : ～로부터 면책되다
- unvalued policy : 미평가 보험증권
- insurable value : 보험가액
- anticipated (expected) profit : 희망이익
- the measure of indemnity : 보상의 한도
- where ～ : ～한 경우
- effected for a round sum : 거액의 계약을 체결하다
- in deemed to be : ～으로 간주하다
- policy : 보험증권
- insurable interest : 피보험이익
- cargo insurance : 적화보험
- adventure : 항해
- suppression : 숨김
- communicate : 통지하다
- material fact : 중요한 사실
- particular average loss : 단독해손
- general average loss : 공동해손
- sufferer : 손해자
- climant : 클레임신청인
- waiver of acceptance of abandonment : 위부의 승낙 혹은 포기
- losses sustained or expenses incurred : 입은 손해와 발생한 경비
- adjust : 정산하다
- adjustment : 정산
- preserving : 보호하는, 보존하는
- terminate : 종료시키다
- loss settlement : 손해의 청산(결제)
- cover note : 보험인수증
- underwriter : 보험자
- placing of insurance : 보험계약의 체결
- rate and security obtained : 획득된 요율과 담보
- provide : 규정하다
- a document forwarded : 송부된 서류
- claims : 보상금
- casualty insurance policy : 상해보험증권
- deliberately : 고의적으로
- open policy : 포괄보험예정증권
- Theft Pilferage and Non-delivery : 도난, 발화, 불착
- commencement : 시작, 개시
- transit : 운송
- exceptionally low rate : 예외적으로 낮은 요율
- expropriation : 정부수용, 공용징수
- embargo : 입출항금지
- reasonable and customary inspection : 합리적이고 일상적인 검사
- lot : 상품, 물품
- barratry : 선원악행
- indemnity : 보험금(보상액)
- indemnity allowed insurable value : 보험가액
- make a claims on A for B : A에게 B에 대해 클레임을 제기하다
- file(lodge, enter, put in) a claims with A for(on) B : B에 대하여 A에게 클레임을 제기하다
- bring an action against～ : ～에 대하여 소송을 제기하다
- take a legal proceeding against～ : ～에 대해 소송을 제기하다
- take legal steps for ～ : ～을 위해 소송을 제기하다
- resort to litigation : 소송에 호소하다
- place the matter to the hand of our attorney : 본건을 변호사의 수중에 넘기다
- insert : (조항 등을) 삽입하다
- oversight : 간과, 실수

- look into : ～을 조사하다
- put the matter right : 본건을 바로잡다
- apologize A to B : A에게 B에 대해 사과하다
- by return mail : 회신편으로
- settle : (클레임, 문제 등을) 해결하다
- regard A with disfavor : A를 마땅치 않게 보다
- recourse : 의뢰
- to such an extent that : ～할 정도로
- in compensation for : ～에 대한 보상으로
- be as per : ～과 일치하는
- trace : 주적하다
- have no choice but to ～ : ～하는 수밖에 없다
- arrange for～ : ～을 준비하다
- be attributable to : ～에 기인한
- legal action : 소송행위
- proceedings : 소송절차
- court of law : 법정
- enforce : 집행하다
- remedy : 구제책
- established tribunals of justice : 기존 법정
- taking and abiding by : 받아들이고 지키다
- with a view to ～ing : ～할 목적으로
- save your inconvenience and considerable cost of a legal proceeding : 불편과 소송절차에 따르는 막대한 비용을 덜다
- check for this balance : 이 계정에 대한 귀사의 수표
- shall be compelled to ～ : ～할 수밖에 없다
- collection : 추심, 징수
- be up to ～ : ～에 일치하다, 충족시키다
- inferior : 저급한
- cuttings : 견본, 일부분
- upon v + ing : ～함과 동시에
- unpack : 개봉하다
- missing : 누락된, 사라진
- replace A with B : A를 B로 교체하다
- preter A to B : A보다 B를 선호하다
- substitute B for A : A를 B로 교체하다
- quality ordered : 주문한 품질
- make an investigation : 조사하다
- investigate
- dispatch : 발송(주로 항공, 택배)
- shipping section = dispatching department : 선적부

- refer to : 언급하다
- preliminary loss advice : 사전손해통지
- captioned claims = 해당 클레임 : subject claims
- advice A of B : A에게 B를 알리다
- orders : 주문품들
- second to none : 무엇에도 뒤지지 않는
- letting us known : 당사에 알려달라
- be held up : 억류되다
- representation : 대리
- a par value : 액면 가액
- in blank : 백지배서
- special delivery : 속달 우편
- correspondent agreement : 약정계약
- In reply to : ～에 대한 회답으로
- tolerance : 과부족
- engage in : ～에 종사하다
- reputable : 평판 좋은
- franchise : 면책비율
- floor price : 최저가격
- ceiling price : 최고가격
- ruling price : 시가
- future price : 선물가격
- spot price : 현물가격
- sluggish = bearish = dull = inactive : 침체의
- bullish = brisk = strong = firm = active : 호황의
- be up to : 완전일치요구
- be as per = be identical to : 유사일치요구
- with our compliments : 당사의 경의로, 공짜로
- with me value specified : 유상으로
- concluded : 성립되다
- nrevised price : 변경된 가격
- riots : 폭동
- civil commotion : 소요
- ordinances : 법령
- ninsurrection : 반란
- contingencies : 우발사건
- amicably : 우호적으로, 원만하게
- del credere : 대금지급보증
- result from : ～에 기인하다
- resulting in : 결과로서 ～ 되다
- infringement clause : 권리침해조항(매도인의 권리)
- inquire for + (some goods) : (물품에) 대하여 문의하다

- inquire about + (a person) : (사람에) 관하여 문의하다
- place an order with A for B : A에게 B의 주문을 하다
- circular letter = invitation to offer
  = proforma invoice : 거래 권유장
- distributorship : 총판매권, 판매권
- distributor : 유통업자
- ad valorem : 종가세
- offset : 상쇄하다, 차감계산하다
- curtail : 감소시키다
- be not in request : 수요가 없는
- owe A to B : A는 B의 덕분이다
- be ready to buy A = be in the market for A
  : A를 구매하려 한다
- be held up : 중지되다
- discretion : 신중
- good for : 지급할 수 있는
- stiff : 비싼
- subcontractor : 하청업자
- n meagre : 미약한, 아주 적은
- appropriation : 충당
- be consistent with : ～과 일치하다
- as it stands : 현 상태로
- entrust you with the bulk of our business : 귀사에게 당사영업의 대부분을 위탁하다
- favor A with B : A에게 B를 주다
- make a discount of 5%
  = give you a 5% discount
  = give you an allowance of 5%
  = offer a discount of 5% off
  = allow a discount of 5%
  : 5%를 할인하다
- and over = or more : 그 이상
- through the courtesy of A
  we have learned that
  = we are indebted your name to A
  = your name has been
  recommended to us by A
  = we have received your name
  from A
  = your name was given to us by A
  : A에 의해 귀사의 이름을 알게 되었다.
- good sellers : 잘 팔리는 물건
- at competitive prices : 경쟁적인 가격에
- meet with a ready sale : 잘 팔리다
- act for : 대표하다
- n bookable price = acceptable price
  : 예약할 수 있는(받아들여지는) 가격
- warkable price : 채산성 있는 가격
- go into effect : 발효하다
- beyond reach : 불가항력적인

1. 무역서신의 원칙

완전성 completeness	간결성 conciseness	명료성 clearness
정확성 correctness	예의성 courtesy	−

2. 중계무역(Intermediate) : "거래의 당사자가 되며, 거래차익 취득"

수출할 것을 목적으로 물품을 수입하여 제3국으로 수출하는 수출입으로, 수입한 물품을 가공을 거치지 아니하고 원형 그대로 수출, 단지 수출액(FOB가격)과 수입액의 차이를 중계차익의 형태로 수취하는 무역

3. 중개무역(Merchandising Trade) : "단순한 중개 · 알선인(수수료수익)"

수출국과 수입국의 중간에서 제3국의 상인이 수출입을 중개함으로써 거래가 이루어지는 무역

4. 연계무역(Counter Trade) : "sale과 buy 단어가 필수"

🔘 This involves the <u>sale</u> of goods or services to a country which is linked contractually to an obligation to <u>buy</u> goods or services from that country.

5. 연계무역(Counter Trade)의 종류

- Barter Trade(물물교환)
- Compensation Trade(구상무역)
- Counter Purchase(대응구매)
- Industrial Cooperation or Buy-Back Trade(산업협력 또는 제품환매무역)
- Off-Set Trade(절충교역거래)

6. 보세창고도거래(Bonded Warehouse Transaction, BWT)

수출자가 자기의 책임으로 수입국 내에 지사나 대리인을 지정하여 수입국 보세창고에 물품을 입고한 후 구매자를 물색하여 계약을 체결하고 현지에서 판매하는 방식
→ "Stale B/L acceptable"과 연계

7. 주문자상표부착생산(Original Equipment Manufacturing, OEM)

수입상으로부터 상품의 생산을 의뢰받아 생산된 상품에 수입상이 요구한 상표를 부착하여 인도하는 무역거래 방식

8. KD(Knock-Down) 방식

완제품생산에 필요한 부품 또는 반제품을 공급하는 수출상과 최종제품을 조립할 수 있는 설비와 능력을 갖춘 수입상 사이에 이루어지는 무역, <u>수입국에서 현지 조립 후 판매됨</u>

9. Turn-key 방식

공장, 선박, 철도, 교량 등 광범위한 산업설비 수출입거래 중 특히 수입상이 원하는 플랜트의 설계에서부터 기계·설비의 조달, 시설공사, 시운전에 이르기까지 모든 것을 수출상이 일괄적으로 이행하는 무역거래

🔵 Turn-key is method of construction whereby the contractor assumes <u>total responsibility</u> from design through completion of the product.

10. 신용조회(Credit Inquiry)

🔵 It is to assess the future payment capability of a business counter-party by investigating its credit worthiness and analysing its financial standing.

11. 무역계약의 성립절차

(1) 해외시장조사

① 해외시장조사를 통해 목표시장을 선정하고 잠재고객을 파악한다.

② 이는 무역협회, KOTRA, 외국공관 등 유관기관의 자료를 이용, 전 세계적 조직망을 갖춘 무역진흥공사를 통한 위탁조사, 등의 방법을 통해 이루어진다.

(2) 거래처 선정

목적시장의 잠재고객을 고려하여 유능한 거래선을 선정한다.

(3) 거래관계의 권유(Circular letter)

수출자가 거래상품, 신용도, 경력 등 회사소개와 함께 거래를 제의하는 일종의 거래권유장(<u>Invitation to treat, Invitation to offer, Proforma invoice 등</u>)이다.

(4) 조회(Inquiry)

수입자 입장에서 거래관계의 권유를 받고 구체적인 거래조건(<u>catalog, offer</u>)을 보내 달라고 요구하거나, 거래관계의 권유 없이 수입업자가 먼저 오퍼를 보내 달라고 요청하는 것. 즉 구체적인 조건을 처음으로 상대방에게 요구하는 과정이다.

※ "Circular letter, Invitation to offer(treat), Inquiry는 단지 거래를 제의하거나 거래관련사항을 문의하는 것으로, 계약을 체결(conclude)하고자 하는 확정적인 의사표시인 offer와 구분된다. 즉 offer는 계약을 체결하고자 하는 뜻을 가지고 어떠한 조건을 제시하여야 하고, 이를 수락하면 그 조건에 구속된다는 뜻을 표시해야 한다. offer가 오가는 와중에도 이 오퍼의 구체적인 조건에 대한 Inquiry가 있을 수 있는데, 단순한 Inquiry는 counter offer와 달리 기존 offer의 효력을 상실시키지 않는다.

(5) 청약

일정한 조건으로 '계약을 체결'하고 싶다는 의사표시로, <u>Selling offer</u>가 주를 이루며 Inquiry에 의해서 또는 일방적으로 발행한다.

(6) 승낙

여러 번의 Counter offer를 거쳐 합의에 이르게 되면 일방이 <u>offer</u>를 승낙함으로써 곧 무역계약이 체결된다.

(7) 매매계약

Memorandum, Sales note, Purchase Order form(P/O) 등의 방법으로 계약을 체결한다.

12. 청약의 유인(Invitation to offer)

A proposal other than one addressed to one or more specific person is to be considered merely as an invitation to make offers, unless the countrary is clearly indicated by the person making the proposal.

- **예** 최종확인 조건부청약(offer subject to our final confirmation), 정찰제 상품진열, 권유장(circular letter), 광고(advertisement), 카탈로그(catalogue), 경매(auction), 견적서(quotation), 견적송장(pro forma invoice)

  → 예시에 나온 문제가 나오면 정답은 "<u>청약의 유인</u>"

13. Estoppel Theory

영미법에서, 일단 행한 표시나 행위를 번복할 수 없다는 원칙을 말한다.

Party is prevented by his own acts from claiming a right to detriment of other party who entitled to rely on such conduct and has a acted accordingly.

14. 청약의 효력소멸사유

- 피청약자의 승낙 or 거절(Acceptance or Rejection)
- 반대청약(Counter offer)
- 철회(Withdrawal) : 청약이 도달하기 전에 없었던 것으로 소급
- 취소(Revocation) : 청약이 도달하고 난 후, 취소
- 당사자의 사망(Death)
- 유효기간의 경과(Lapse of Time)

15. 승낙(Acceptance)

승낙은 청약자의 청약에 대하여 피청약자가 계약성립을 목적으로 행하는 <u>무조건적(Unconditional/Unqualified)</u>이고 <u>절대적(Absolute)</u>인 동의의 의사표시로 승낙에 의해 계약이 체결되는 것이다. 청약의 내용과 조금이라도 다른 점이 있다면, Acceptance가 아니라 원청약의 거절(Rejection)임과 동시에 Counter offer가 된다.

16. 무역계약(Trade contract) – SGA

- **예** A contract of sale of goods is a contract by which the seller transfers or agrees to transfer the <u>property in goods</u> to the buyer for a money <u>consideration</u>, called the price.

17. 계약의 종류

(1) 의의

Offer와 counter offer, acceptance 등 일련의 과정을 거쳐서 매매당사자 간 합의가 이루어지면, Memorandum, Purchase order form, Sales notes 등의 형식으로 계약이 이루어지게 된다. 이러한 계약의 종류는 아래와 같이 다양하다.

(2) 종류

① 개별계약(Case by case contract)

어떤 거래가 성립될 때마다 그 거래에 대한 계약서를 작성하는 것을 말한다. Offer의 내용을 중심으로 주로 매도인에 의해 작성되고, Offer에서 다루어지지 못한 환적, 분할선적, Claim 해결 문제도 다루어진다.

② 포괄계약(Master contract)

매매당사자 간 서로 잘 알고 장기간 거래하는 경우 개별계약의 번거로움을 피하기 위해 1년에 1~2회 Master 계약을 체결하고 이에 의거하여 필요할 때마다 선적해 주는 방식이다.

③ 독점판매계약(Exclusive contract)

  ㉠ 수출업자는 수입국의 지정수입자 이외의 다른 수입자에게 offer하지 않으며, 수입업자는 수출국 다른 업자의 해당물품을 취급하지 않는 조건으로 이루어지는 계약

  ㉡ 이 계약서에는 매매당사자 간 준수해야 할 의무가 명시되어야 하는데 매도인은 저렴한 가격의 offer, 매수인시장의 다른 업자에게 offer하지 않을 것, 다른 명의나 제3자를 통해서 우회적으로 침투하지 않을 것, 일정수준의 품질을 보장해 줄 것을 약정

  ㉢ 매수인은 최대한 물품을 판매할 것, 가장 좋은 값을 받도록 노력할 것, 수출국 다른 회사의 동종 물품을 취급하지 않을 것, 연간 최소판매량을 보장해 줄 것을 약정

  ※ 관련 단어 : Exclusive contract agent, sole agent, distributor, particular territory

18. 일반거래조건협정서(Agreement on general terms and the condition/General agreement)

(1) 의의

① 무역당사자 사이에 그 거래의 기준이 되는 일반적 조건을 결정하고 이를 문서화한 다음, 이에 서명하여 보관, 소지하는 agreement로 이후 계속, 반복적으로 거래함에 있어서 계약의 토대가 된다.

② 통상적으로 Terms and conditions between –, Contract for 등의 문구를 제목으로 한다.

③ 이후 매수인이 발송하는 order sheet, 매도인이 작성하는 contract sheet은 이를 토대로 작성된다.

(2) 내용

① 거래의 기본조건, 매매계약에 관한 조건, 분쟁해결에 관한 조건 등이 포함된다.

② 거래상품에 관한 기본조건에는 품질, 가격, 수량, 선적, 보험, 결제 등의 조건이 포함된다.

(3) 중요성

협정서상의 제 조건들은 계약 구성의 필수적 요소이고, 조건의 불완전 및 오해는 claim을 발생시킬 소지가 있다.

※ Governing law(준거법)

2개국 이상의 당사자 간에 매매계약이 체결될 때 당해 계약을 규율할 근거가 되는 법을 말하며, 대부분 무역계약에서 계약서나 일반거래협정서에 한 조항으로 포함된다. 무역계약에서 준거법은 당사자 간의 명시적 약정이 있는 경우 그 법이 최우선적으로 적용되고 없는 경우는 계약조항을 보아 법원에서 준거법을 결정한다. 우리나라는 당사자가 준거법을 지정하지 않은 경우 행위지법에 따르도록 규정한다.

19. 충당(Appropriation)

불확정한 상태의 물품을 확정상태의 물품으로 소속시키는 행위이다.

※ Where there is a contract for the sale of <u>unascertained</u> goods, no property in the goods is transferred to the buyer unless and until the goods are <u>ascertained.</u>

20. 숫자 무역용어

low : 1~2	moderate : 3~4	medium : 5~6	high : 7~9

21. 견본매매(Sale by sample)

(1) 의의

무역거래의 품질조건에는 상표매매, 표준품매매, 규격매매, 점검매매, 명세서매매 등이 있는데 견본매매는 이 중 가장 대표적인 방식으로서 오늘날 국제매매의 대부분이 견본매매에 의해 이루어진다.

(2) 방식

① 수출상이 보내는 것이 원칙이나 수입상이 보내는 경우도 있으며, 수입상이 보낸 견본을 보고 수출상이 유사견본(Similar sample)을 만들어 보내는 반대견본(Counter sample) 방식도 있다.

② 수입상이 보내는 원견본(Original sample), 수출상이 보관하는 비치견본(Duplicate sample, Keep sample, File sample), 공급자 보관용인 견본(Triplicate sample)이 한 세트를 이루어 동일 견본번호가 부여된다.

③ 분쟁의 예방을 위하여 Quality to be same as sample, Quality to be up to sample과 같은 조건보다는 Quality to be about equal to sample , to be as per sample , to be identical to sample과 같은 문구로 융통성을 확보하는 것이 필요하다.

※ Shipment sample : 선적되거나 막 선적하려는 물품의 실제 부분을 매도인이 수취하고, 가장 빠른 운송수단으로 매수인에게 송부하는 sample로서, 매도인은 이를 물품 도착 전에 도착할 물품을 처분하거나, 물품 도착 후 비교 검토하는 등의 용도로 사용한다.

22. 표준품매매(Sale by standard or type)

(1) 의의

무역계약의 품질조건에는 상표매매, 표준품 매매, 견본매매, 규격매매, 점검매매, 명세서 매매 등이 있는데 이 중 표준품 매매는 주로 미수확농산물과 같은 천연산물의 거래에 주로 쓰이는 방식으로 정확한 견본매매가 어려운 경우 유용한 방식이다.

(2) 종류

① 평균중등품질조건(Fair Average Quaility : FAQ)
  ㉠ 동종 상품 중 평균적이며 중등의 품질을 뜻하는 것으로 표준품 매매의 대표적 경우
  ㉡ 계약체결 시 전년도 수확물의 중등품을 표준으로 가격을 책정하고, 인도할 상품은 당해 계절의 평균 중등품일 것을 조건으로 하는 경우가 이에 해당함
  ㉢ 주로 농산물의 선물거래에 활용
② 판매적격품질조건(Good merchantable Quality : GMQ)
  ㉠ 표준품이 제시되더라도 내부 부패, 잠재하자가 외관상 확인되기 어려운 경우 주로 쓰이는 방식으로 판매에 적합한 품질이 보장되어야 한다는 조건
  ㉡ 주로 목재가 냉동어류의 경우 이용되는 방식
③ 보통표준품질조건(Usual Standard Quality : USQ)
  ㉠ 공인검사기관, 공인표준기준에 의한 보통 품질을 표준품의 품질로 결정하는 방식
  ㉡ 주로 미국산 원면거래에 이용됨
  ※ 판매적격품질조건(GMG)
  📕 timber(냉동어류)
  When the contracting parties agree to sell the goods to arrive, they can choose GMQ as a way of determining the quality.
  ※ 보통품질조건(USQ)
  📕 raw cotton

23. 점검매매(Sale by Inspection)

매수인이 현품을 직접 확인한 후 매매계약을 체결하는 것을 말한다.

예 BWT(Bonded Warehouse Transaction)거래, COD(Cash on Delivery), Offer on Approval

24. S. D.(Sea Damaged)

원칙적으로 선적품질조건이나 해상운송 중에 발생한 해수에 의한 품질 손해에 한해서 매도인이 부담하는 조건

예 The contract on <u>sea-damaged</u> terms is rather more favorable for the buyer than on <u>tale quale</u>. The contract on <u>rye terms</u> is the most favorable one for the buyer, as it means that seller guarantee the condition of grain on arrival.

25. 운임톤(Revenue ton)

해상운임의 산정 시 중량톤과 용적톤이 모호하거나 경합될 경우 적용되는데, 선사에서는 보통 둘 중에 더 높은 운임을 부과한다.

26. 길이(Length)

1 inch = 2.54cm	1 foot = 30.48cm	1 yard = 91.438cm

27. 설명조항(Whereas clause)

계약의 설명조항은 단지 "~고려하여" 또는 "그것이~ 하는 경우이므로"를 의미하는 도입 또는 서두의 진술이고 계약의 운영 부분의 중요한 내용이 아니다.

예 This memorandum of general terms and conditions of business made and ectered into between "A" co., Ltd. and "B" Co., Ltd..

28. 완전합의조항, 통합조항(Entire agreement clause)

계약의 모든 내용은 양당사자가 합의하여 작성한 것이며, 그 내용의 변경 시에는 반드시 양당사자의 합의하에 가능하다는 것을 규정하였다.

예 This Agreement constitutes the entire agreement between the parties, all prior representations having been <u>merged</u> here in, and may not be <u>modified</u> except by a duly authorized representatives of both parties.

29. 증가비용조항 또는 우발비용조항(Increased cost clause ; Contingent cost clause ; Escalation clause)

계약체결 시 예상치 못했던 비용의 증가를 누구의 부담으로 할 것인가에 대한 약정조항이다.

예 <u>Increase in freight,</u> insurance premiums, and/or surcharge, due to war, threat of war, warlike conditions, port congestion or other emergency or contingency unforeseen or not existent at the time of <u>concluding the agreement, shall be for the buyer's account.</u>

30. 대금교환도방식

(1) 상품인도결제방식(Cash On Delivery : COD)

① 상품이 목적지에 도착하면 '상품과 상환'으로 현금결제하는 방식

② 수출자가 상품선적 후 선적서류 등을 수입국 소재 자신의 대리인 또는 지사에 송부하여 상품이 목적지에 도착하면 수입업자가 검사 후 상품을 인도받으며 대금을 결제하는 방식

예 A method of remittance where <u>payment is made against delivery of goods.</u>

(2) 서류인도방식(Cash Against Document : CAD)

① 상품 선적 후 수출국에서 '서류와 상환'으로 현금결제하는 방식

② 수출업자가 선적 후 선적서류 등(선화증권, 보험서류, 상업송장 등)을 수출국 소재 수입업자의 대리인 또는 거래은행에 제시하여 서류와 상환으로 대금을 결제하는 방식

예 Payment for goods <u>upon presentation of documents evidencing shipment.</u>

31. CWO(Cash With Order)

주문불방식의 선지급 조건으로, 수입자가 '주문과 동시'에 대금을 M/T, T/T, 송금환수표 등으로 송금하는 방식으로서 자회사 간 거래나 소액거래(견본품 등)에 주로 쓰인다. 주문불방식의 선급조건이라는 점에서 상품, 서류와 상환으로 대금 지급하는 COD, CAD와 구분된다.

예 Payment for goods in which the buyer pays when ordering and in which the transaction is binding on both parties.

32. Debit Note와 Credit Note

(1) 차변표(Debit Note : D/N)

전표의 발행자가 그 상대방에 대하여 전표에 기재된 금액을 청구할 권리가 있음을 표시한 전표이다(상대방의 부채). 미정산대금의 청구 또는 누락금액의 청구 등에 이용하는 것으로 거래상대방의 차변계정에 기재한다.

(2) 대변표(Credit Note : C/N)

전표의 발행자가 그 상대방에 대하여 지급계정이 있는 경우에 그 내용과 금액을 상대방에게 통지하는 전표이다(상대방의 자산). 대리점 수수료의 지급 또는 수출물품의 수량 부족, 송장금액의 과다 발행 시 이용된다. 매 분기마다 이들을 합산하여 정리한 것이 계산서(statement of account)이다. 계산서에 의해 지급계정만큼 어음을 발행하거나 다음 신용장 개설 시 신용장금액을 증액 개설하여 계정을 청산할 수 있다.

33. 지급, 인수, 매입신용장

(1) 지급 신용장

① 일람지급 신용장
    ㉠ 신용장과 일치하는 서류제시 경우 이와 상환으로 즉시 대금지급할 것을 약정함
    ㉡ 대체로 환어음을 발행하지 않음
    ㉢ ⓐ 일람출급 신용장, ⓑ 지급은행의 지정, ⓒ 원칙적 무어음 신용장

② 연지급 신용장
    ㉠ 환어음 발행 인지세 높은 국가에서 발행하는 환어음을 요하지 않는 신용장
    ㉡ 신용장 조건과 일치하는 서류가 제시될 경우 개설은행은 연지급 약정서를 발급, 대금지급은 규정된 만기일에 함
    ㉢ ⓐ 기한부 신용장, ⓑ 지급은행의 지정, ⓒ 무어음 신용장

(2) 인수 신용장

① '신용장 조건과 일치하는 서류+환어음'이 제시되면 환어음을 인수하고 어음만기일에 대금을 지급하는 기한부 신용장

② 개설은행이 인수하는 경우와 지정된 은행이 인수하는 경우가 있음. 후자의 경우 인수하지 않으나 대금지급이 없을 시 개설은행이 대신 지급해야 함

③ 개설의뢰인을 지급인으로 하는 환어음 발행은 금지됨

④ ⓐ 기한부 신용장, ⓑ 인수은행의 지정, ⓒ 어음부 신용장의 특징

(3) 매입 신용장

① 개설은행 이외의 은행이 추심 전 매입할 수 있다고 규정한 신용장

② 개설은행은 수익자가 제시한 서류 및 환어음과 상환으로 수익자, 선의의 소지인(매입은행)에게 상환청구권을 행사하지 않는 조건으로 지급해야 함

③ ⓐ 주로 일람출급에 사용, ⓑ 매입은행이 제한 또는 자유매입신용장도 존재함, ⓒ 어음부신용장

34. 유보조건부(Pay under reserve)

형식적 지급이나 매입 등 일반 신용장을 베이스로 이루어지지만, 그 매입대금의 현실적 결제는 서류가 발행은행 및 확인은행에 확인된 경우에 한한다. 즉 조건 불충족의 점이 발행은행, 발행의뢰인에게 용인되는 경우에 한한다.

35. 환어음(Bill of Exchange ; Draft)

채권자인 어음발행인(Drawer)이 채무자인 지급인(Drawee)에 대하여 그 채권금액을 지명인 또는 소지인(수취인, Payee)에게 일정한 시일 및 장소에서 무조건 지불할 것을 위탁하는 요식의 유가증권이다.

📝 Bill of exchange is an <u>unconditional order</u> in writing, addressed by <u>one person</u> to <u>another</u>, signed by the <u>person</u> giving it, requiring the person to whom it is addressed to <u>pay on demand</u> or at fixed or determinable future time a sum certain on money to or to the order of a specified person, or <u>to bearer</u>.

📝 Bill of exchange is written order signed by the person drawing it, which directs a second person to pay to a third person a fixed sum of money at a certain time. The <u>First</u> is called <u>drawer</u>. The second is called the <u>drawee</u>, the third called the <u>payee</u>.

36. 약속어음(Promissory note)

발행인이자 지급인이 수취인에게 일정한 금액을 일정한 날짜에 지급할 것을 약속한 어음이며, 어음 당사자는 발행인과 수취인이다.

📝 It is a financial statement in favour of the payee drawn up by the person who owes the money while a draft is a demand for payment, drawn by the beneficiary to the payee.

37. 만기일(Maturity date)

어음, 환어음, 채권 또는 다른 채무증서의 원금이 만기가 되고 지급되어야 하는 일자를 말한다.

📝 The date on which principal amount of a note, draft, bond, or other debt instrument <u>becomes due and payable</u>.

38. 유효기일(Expiry date)

신용장거래에 있어서 서류를 제시하는 최종기일

📝 It is the deadline for the seller to present documents to the negotiating bank for payment.

39. 은혜일(Grace Period)

이음의 민기일에 지급인이 지급을 못하는 경우 이음상의 권리권자는 즉시 이음의 부도처리를 하지 않고, 며칠 간의 유예기간을 주는 경우가 있는데, 이를 Grace Period 라 한다. 영국과 아일랜드가 지급지로 되는 경우에 는 만기일에 3일간의 은혜일이 인정되고 있다.

40. 선의의 소지인(Bona fide holder)

어음을 정당하게 소지한 자를 말한다. 표면상 완전하고 정상적인 어음으로 그 어음의 만기일 전에 이 어음에 대 하여 이미 지급 거절이 있었거나 어음의 유통상 하자가 있었던 것을 모르고 유상으로 취득한 소지인을 말한다.

예 One who has taken the negotiable documents in good faith for a valuable consideration in the ordinary course of business and when it was not overdue.

41. 거절증서(Protest)

어음이 어음지급인에 의하여 지급 또는 인수 거절된 경우, 어음법상의 권리행사 또는 보전을 위하여 공증인 등 에 의하여 작성되는 공정증서를 가리킨다.

예 The formal representation of a dishonoured bill of exchange : the bill is presented by a notary public to the drawee − if <u>refused</u> again, it is "noted".

The notary public then issues a formal protest, an official certificate that the <u>bill has been refused</u> : the drawer can use this certificate to sue the drawee in court.

42. 불일치(Discrepancy)

신용장조건 혹은 신용장하에서 제시되는 서류로부터의 일탈 혹은 서류 자체 간의 어떤 모순을 말한다.

예 Any deviation from the terms and conditions of a documentary credit, or the documents present− ed thereunder, or any inconsistency between the documents themselves.

43. UCP상 신용장거래의 기본 당사자

(1) 개설은행

Issuing Bank	Opening Bank	Establishing Bank	Grantor	Issuer

(2) 수익자

Beneficiary	Seller	Accounter	Consignor	Drawer
User	Exporter	Addressee	Accreditee	

(3) 확인은행

Confirming Bank	Confirmer

44. 신용장거래의 기타 당사자

(1) 개설의뢰인

Applicant	Opener	Buyer	Consignee
Drawee	Importer	Customer	

(2) 통지은행

Advising Bank	Notifying Bank	Transmitting Bank	Adviser

(3) 지정은행(Nominated Bank)

(4) 양도은행(Transferring Bank)

45. 지급불능(Insolvency)

지급불능이란 만기가 되었을 때 자신의 채무를 변제할 수 없거나 통상의 거래와 영업과정에서 채무를 변제할 수 없는 자의 상태를 말한다.

예 Insolvency is the condition of a person who is unable to pay his debts as they <u>fall due</u>, or in the usual course of trade and business.

46. 수입화물선취보증서(Letter of Guarantee : L/G)

① 운송인이 아직 선하증권을 소지하지 못한 수하인에게 물품을 인도하도록 하고 선하증권 없이 물품을 인도함으로써 어떤 재정적 손실을 보지 않을 것이라는 것을 운송인에게 보증하는 국제무역거래에서 일반적으로 사용되고 있는 서류

② 물품은 목적지에 도착하였지만 선하증권을 포함한 선적서류가 발행은행에 도착하지 않은 경우, 선사에게 선하증권을 제출할 것이라는 발행은행의 보증으로 화물을 획득하기 위해 수화인이 선사에 제시하는 서류

예 The document that the <u>consignee</u> presents to <u>a shipping company</u> to obtain the cargo under <u>the guarantee of the issuing bank</u> to surrender the bill of lading to the shipping company in case that the cargo arrived at destination and the shipping documents including the bill of lading have not arrived at the issuing bank.

47. 파손화물보상장(Letter of Indemnity : L/I)

수출업자가 화물 또는 포장의 손상 시에 대체품이 없거나 시간부족, 원재료부족 등으로 사고 물품을 그냥 선적해야 할 경우, 무사고 선하증권을 발급 받기 위해 선박회사에 제출하는 손상화물에 대한 보증서를 말한다.

예 This documet signed by the shipper may be given to the steamship company in order to make up for the inconvenience, holding the company harmless against issuing a <u>clean B/L</u> for shipment in foul condition.

48. 정기선 및 부정기선

(1) Liner – General cargo / LCL cargo – Contract of affreightment – 공시운임률(tariff rate) – Marine(Ocean) B/L – Berth terms

(2) Tramper – Bulk cargo – Charter party – 수요, 공급에 따른 운임 – Charter party B/L – FI, FO, FIO

49. 계약체결 및 선적절차

(1) 계약체결 절차

화주는 직접, 또는 운송업자를 통해 S/R(Shipping Request)을 선박회사에 제출하고 선박회사는 인수확약서인 선복예약서(Booking notes)를 발행한다.

(2) 선적절차

① 운송계약을 체결하고, 약정된 시점에 화주는 선사로부터 S/O(Shipping Order : 선적지시서)를 입수
② 송하인이 S/O를 선장에게 제시하면 일등항해사(Chief mate ; Chief ; First officer)의 서명 후 선적
③ 적재수량에 관하여 본선 측과 화주 측의 검수인(Tally man)이 선적 시 입회하여 각각의 검수결과를 검수표(Tally sheet)에 기재하고 Remarks란에 쌍방이 협의하여 기입
④ 선적 후 본선의 일등항해사는 이들 검수표를 받아 M/R을 작성하고 화주에게 M/R(Mates Receipt)을 교부
⑤ 송하인은 M/R과(필요시 : Paid, Prepaid) 운임을 선사에 지급하고, 선사는 B/L(Bill of Lading : 선화증권)을 발급

50. 적하목록(Manifest : MF)

선적항의 선박회사(대리점)는 출항과 함께 적하목록(Manifest)을 작성하여 목적항의 선박대리점에게 도착화물의 내용을 알린다. 이 적하목록에는 운송기관의 명칭, 선화증권기호, 도착지, 출항지, 송화인, 수화인, 화물의 품명, 수량 등이 기재되고 이에 의해 수입항에서 D/O가 발행된다.

예 The record or list of cargo loaded or discharged.

51. 본선수취증(Mate's Receipt : M/R)

일등항해사에 의해 작성되고, 본선에 적재된 물품의 수량과 상태를 진술한 수취증을 말한다.

예 A cargo receipt signed by the chief officer.

52. 화물도착통지(Arrival Notice : A/N)

선박회사로부터 화물이 도착했거나 곧 도착할 것이라는 뜻을 담은 화물도착통지서를 지칭한다. 이때 Arrival Notice를 받는 당사자가 Notify party로 대개 수입업자나 수출업자의 대리점, 전속통관사가 된다.

53. 화물인도지시서(Delivery Order : D/O)

Arrival Notice를 받은 수입상이 선화증권이나 L/G를 선사에게 제출하면 선사는 이를 MF와 대조, 심사하여 D/O를 발급해 준다. 수입상은 이를 본선에 제출하고 수입화물을 인수받게 된다.

예 This (D/O) can be obtained by presenting B/L or L/G

※ 서류는 S/R → Booking note → S/O → Tally sheet → M/R → B/L → Arrival notice → D/O 순으로 발급된다.

54. Bill of lading의 기능

- 화물수령증(Receipt of goods)
- 운송계약의 증거(Evidence of contract)
- 권리증권(Document of title)

예 Documents that represented the goods.

55. 정박기간(Laydays, Laytime)

용선계약에서 화주가 계약 화물의 전량을 선적 또는 양륙하기 위해서 본선을 선적항 또는 양륙항에 정박시킬 수 있는 기간을 말한다.

(예) Laydays are the number of days permitted in a charter party for loading and discharging the vessel.

56. 부적운임(Dead Freight)

용선자가 선적하기로 계약한 수량의 화물을 실제로 선적하지 아니한 경우, 그 선적부족량에 대해서도 지급되는 운임이다.

(예) The amount paid by a charterer for that part of the vessel's capacity which he does <u>not occupy</u> although he has contracted for it.

57. 재화중량톤수(Dead Weight Tonnage : DWT)

선박이 적재할 수 있는 화물의 최대중량을 의미한다.

(예) Estimated number of tons of cargo a vessel can carry when loaded to <u>maximum depth</u>.

58. 국제항공운송협회(International Air Transport Association : IATA)

항공운송인이 사용하는 항공화물운송장의 서식을 표준화하였고, 표준운송약관 등을 제정한 국제적인 민간단체이다.

59. 국제운송주선인협회(International Federation of Forwarding Agent's Association : FIATA)

운송주선인의 이익을 옹호하기 위해 설립된 비영리단체이다. 주로 운송주선인의 업무에 대한 인식을 높이고, 운송주선업무를 보급하고, 정보교환과 직업훈련 등을 실시하고 있다. 정회원과 준회원으로 구성되는데, 각국의 운송주선인으로 구성된 단체는 정회원이 될 수 있고 통관업자 등이 준회원이 된다. 과거 UCP에서는 FIATA가 발행한 운송서류를 우대 취급한다는 규정이 있었으나 개정 당시 삭제되었다.

60. 해상보험

보험자와 피보험자 사이에 체결되는 일종의 손해보상계약으로 보험자가 피보험자에 대하여 그 계약에 의해 합의된 방법과 범위 내에서 해상손해, 즉 해상사업에 수반하여 발생하는 손해를 보상할 것을 약속하는 계약이다.

(예) A contract of marine insurance is a contract whereby the insurer undertakes to indemnify the assured in a manner and to the extent thereby agreed, against <u>marine losses</u>, that is to say, the losses incidental to <u>marine adventure</u>.

61. 해상보험계약의 당사자

(1) 보험자(Insurer, Assurer, Underwriter)

보험계약을 인수하고 이에 따라 피보험자에게 손실보상을 약속하는 당사자. 즉 일정 보험료를 받고 보험사고 발생 시 보험금(claim amount)을 지급하는 자를 말한다.

(2) 보험계약자(Policy holder)

보험회사와 보험계약을 체결하고 보험료(Insurance premium)를 지불하는 자를 말한다.

(3) 피보험자(Insured, Assured)

① 손실이 발생할 경우, 보험계약에 의해 보상을 받을 수 있는 당사자. 보험목적물에 대해 경제적 이해관계, 즉 피보험이익(Insurable interest)을 가져야 함

② 보험계약자와 피보험자는 계약조건에 따라 동일인이 될 수도 있고 서로 다른 사람이 될 수도 있음. CIF 계약의 경우는 수출업자가 수입업자를 위해 보험계약을 체결하므로 수출업자가 보험계약자, 수입업자가 피보험자가 됨. FOB계약의 경우는 수입업자가 보험계약자인 동시에 피보험자가 됨

※ CIF계약에서 수출업자는 자신을 피보험자로 하여 보험계약을 체결한 후(수출자가 보험계약자인 동시에 피보험자), 보험 증권에 배서하여 수입자에게 양도한다(수출자가 보험계약자, 수입자가 피보험자).

62. 피보험목적물(Subject, Matter insured)

해상보험에서 보험을 통하여 보호되는 객체를 의미한다.

예 적화, 선박, 운임 등

63. Insurable interest의 내용

선박(Marine hull), 적화(Marine cargo), 운임(Freight), 선비(Disbursement), 희망이익(Expected profit) 등

64. 보험금액(Claim)

담보된 위험에 의하여 손해의 발생 시 보험자가 피험자에게 실제로 지급하는 금액을 말한다.

65. 위험사건(Peril)

Peril is the event that brings about a loss. For example, it can be a fire, collision and a flood.

66. 위험상황(Hazard)

Hazard is a situation which increases the probability of a peril and therefore of a loss. It would be a storm, which increases the probability of the peril of water damage or a poorly trained crew.

67. 해상 고유의 위험(Perils of the Sea)

오직 바다의 우연한 사고나 재난만을 의미한다. 풍파의 통상적인 작용은 포함하지 아니한다.

예 The term "Perils of the Sea" refers only to fortuitous accident or causalities of the seas. It does not include the ordinary action of the winds and waves.

① S.S.C(Sinking, Stranding, Collision) : 침몰, 좌초, 충돌
② 악천후(Heavy Weather)
③ 행방불명(Missing)

68. 약관명 - 1

구분	약관명
담보위험 (Risks covered)	• 1조 : 위험약관(Risks clause) • 2조 : 공동해손조항(General average clause) • 3조 : 쌍방과실충돌조항(Both to blame clause)
면책조항 (Exclusions)	• 4조 : 일반면책약관(General exclusion clause) • 5조 : 불내항성, 부적합성 면책약관(Unseaworthiness and unfitness exclusion clause) • 6조 : 전쟁면책약관(War exclusion clause) • 7조 : 동맹파업 면책약관(Strikes exclusion clause)
보험기간 (Duration)	• 8조 : 운송약관(Transit clause) • 9조 : 운송계약종료약관(Termination of contract of carriage clause) • 10조 : 항해변경약관(Change of voyage clause)
보험금청구 (Claims)	• 11조 : 피보험이익약관(Insurable interest clause) • 12조 : 계반비용약관(Forwarding charges clause) • 13조 : 추정전손약관(Constructive clause) • 14조 : 증액약관 (Increased value clause)
보험이익 (Benefit of Insurance)	15조 : 보험이익불공여약관(Not to insure clause)
손해경감 (Minimizing Loses)	• 16조 : 피보험자의무약관(Duty of assured clause) • 17조 : 포기약관(Waiver clause)
지연의 방지 (Avoidance of Delay)	18조 : 신속조치약관(Reasonable despatch clause)

69. 약관명 - 2

구분	약관명
보험이익 (Benefit of Insurance)	15조 : 보험이익불공여약관(Not to insure clause)
손해경감 (Minimizing Loses)	• 16조 : 피보험자의무약관(Duty of assured clause) • 17조 : 포기약관(Waiver clause)
지연의 방지 (Avoidance of Delay)	18조 : 신속조치약관(Reasonable despatch clause)

70. ICC 확장담보조건

(1) 내육운송확장담보조건(Inland Transit Extension : ITE)

최종목적지가 보험증권 상의 도착할 행정구역을 벗어난 지역인 경우와 항구를 벗어난 육상운송 시 육상운송을 연장담보 받기 위한 경우, 보험회사에 추가보험료를 지불하고 체결하는 특약이다.

(2) 내륙보관확장담보조건(Inland Storage Extension : ISE)

보세구역에서 담보기간을 초과할 경우 화주가 추가 보험료를 지불하고 수입화물의 보험기간을 연장하여 창고 보관중의 손해를 보상받기 위해 체결하는 특약이다.

71. 중재요건

① 당사자의 계약에 의하여 성립한다.

② 재판을 받을 수 있는 권리를 포기해야 한다.

③ 제3자의 판정은 최종적인 것이고 당사자는 그 판정에 복종해야 한다. 즉 중재판정(award)은 당사자 간에 확정적인 것이고 그 효력은 법원의 판결과 동일한 효력을 인정받는다.

72. 조정(Mediation, Conciliation)

논쟁하는 두 당사자들 사이에서 당사자들 간의 분쟁을 조정하거나 해결하기 위하여 두 당사자를 설득할 목적으로 조정하는 데 있어서 제3자의 행위를 말한다.

예 The act of a third person in intermediating between two contending parties with a view to persuading them to adjust or settle their dispute.

73. 중재(Arbitration)

A process of dispute resolution in which a neutral third party(arbitrator) renders a decision after a hearing at which both parties have an opportunity to be heard.

74. 대리인(Agency)

The term that signifies relations existing between two parties by which one is authorized to perform of transact certain business for the others.

75. 지급보증대리인(Del credere agency)

지급불능 등을 통한 어떤 불량채권에 대하여 자신이 책임을 지는 대리점의 형태를 말한다.

예 One who guarantee collection of dues and payment by customers in a particular territory.

76. 독점대리인(Sole agent)

특정 지역에서 수출업자의 상품을 판매하는 독점적 권리를 제공받은 대리인을 말한다.

예 An agent who is gained the sole right to sell the exporter's product in a particular area.

77. 라이선싱(Licensing)

타인 소유의 지적재산권을 사용할 수 있는 법적 권리이다.

예 The sale of a license permitting the use a patents, trademarks, or other technology to another firm.

78. 환급(Drawback)

관세법에서 수입자가 수입된 물품을 국내에 판매하는 대신에 재수출하는 경우, 수입된 물품에 대하여 지급한 관세에 대하여 정부에 의하여 이루어지는 공제를 의미한다.

예 In the customs law, an allowance made by the government upon the duties due on imported merchandise when the importer, instead of selling it at home, re-exports it.

79. 종량세(Specific tariff)

A customs duty based on <u>weight</u>, <u>quantity</u> or <u>other physical characteristics</u> of imported items.

80. 종가세(Ad valorem tariff)

A customs duty based in proportion to the estimated <u>value</u> of the goods taxed.

PART 03

기출문제

합격으로 가는 하이패스
토마토패스

> **유형 01 서신 목적**

1. 서신목적 문제의 경우 반드시 회차별 1~2문제 출제
2. 지문내용 읽기 전 문제부터 확인 후 핵심 단어 체크
3. 대부분 서신 목적 추론 문제의 경우 지문 1문단에서 유추 가능

기출문제	Read the following and answer. (18년 1회 1번) Dear Ann, **Please** quote for collection from our office and delivery to Busan port. Our goods are : － 6 divans and mattresses, 700cm×480cm － 7 bookcase assembly kits packed in cardboard boxes, each measuring 14m³ － 4 coffee－table assembly kits, packed in cardboard boxes. 　　　　　　　　　　　　　　　　　　　　　　　: 1. What is the purpose of the letter above? 　① request for a quotation of delivery 　② request to deliver the goods by a deadline 　③ offer of goods price being sold out 　④ request for proper packing
기출해석 및 분석	Ann에게, 당사에서 보낸 상품의 견적을 내주시고, 부산항으로 운송해주기를 바랍니다. 상품 : － 6개의 다이븐 베드와 매트리스, 700cm x 480cm － 판지상자에 포장된 7개 책장 조립세트, 1세트당 14m³ － 판지상자에 포장된 4개 커피테이블 조립세트 📄 ① (배송견적요청) 대부분 서신내용의 경우 **앞부분에 서신을 작성한 목적이 기재**되어 있기 때문에 **지문읽기 전 문제 순서별로 핵심단어 체크** 후 지문 첫문장을 확인한다. 또한, 지문내용의 문장과 **유사한 의미를 가진 단어**를 찾는 것도 중요하다.

[check point]
① 문제 읽고 핵심 단어 체크, ② 지문 첫 번째 문장 확인을 통한 답안 확인

주요 목적 찾기

01 What is the **main** purpose of the letter?(18년 2회 18번)

Dear Mr. Edwards,

Thank you for letting us know about the roses that arrived at your company in less perfect condition. I enclose a check refunding your full purchase price.

An unexpected delay in the repair of our loaded delivery van, coupled with an unusual rise in temperatures last Thursday, caused the deterioration of your roses. Please accept our apology and our assurance that steps will be taken to prevent this from happening again.

During the past fifteen years, it has been our pleasure to number you among our valued customers, whose satisfaction is the goal we are constantly striving to achieve. I sincerely hope you will continue to count on us for your needs.

Yours very truly,

Thomas Sagarino

---

① Goodwill with the customers
② Confirming the order
③ Apology for damaged goods
④ Appreciation for the business

해석 | **귀사의 회사에 상태가 좋지 않은 장미가 도착했음을 알게 해주셔서 감사드립니다. 당사는 귀사의 구매가 격전액을 환불하는 수표를 동봉합니다.**

지난 목요일 비정상적으로 온도가 급격히 상승하고 물품이 적재된 배송 트럭의 수리가 예상치 못하게 지연됨에 따라 귀사의 장미의 품질이 저하되었습니다. 당사의 사과를 받아주시고, 당사는 다시는 이런 일이 발생하지 않도록 확실하게 조치하도록 하겠습니다.

지난 15년 동안 당사는 귀사를 당사의 소중한 고객들 중 하나로 꼽을 수 있어서 기뻤고, 그 고객들의 만족은 당사가 지속적으로 성취하기 위해 노력하고 있는 목표입니다. 당사는 귀사의 요구를 만족시키기 위해 계속적으로 최선을 다할 것입니다.

정답 | ③

해당 서신은 손상된 제품에 대하여 사과하기 위하여 작성한 것으로, 첫 번째 문장에서 볼 수 있듯이 계약된 조건과 달리 상태가 좋지 않은 장미의 배송에 따른 사과를 하기 위한 내용으로 문제에서 핵심 단어 확인 후 지문상 첫 번째 문장을 읽고 바로 체크할 수 있다.

02 What is the **main purpose** of this letter? (18년 3회 43번)

Dear Mr Cupper,

I am sorry that at present I am unable to settle your invoice dated 9 May for your invoice No. 1555. The reason for this is that our stockroom was flooded after recent heavy rain, and much of the stock were damaged or destroyed.

Unfortunately, I am unable to pay any of my suppliers until I receive compensati on from my (   ). They have promised me this within the next four weeks. As soon as I receive payment, I will settle the invoice in full.

I hope that you will understand the situation.

Yours sincerely

① Request for more time to settle a debt
② Explain why suppliers do not meet compensation
③ Chase payments for unsettled account
④ Ask claims to insurance company

해석 | **유감스럽게도 당사는 현재 귀사의 송장번호 1555번에 대한 5월 9일자의 송장을 결제할 수 없습니다.** 그 이유는 최근 폭우로 인해 당사의 창고가 침수되어 많은 재고품들이 손상되었거나 파괴되었습니다.
불행하게도 당사는 (보험회사)로부터 보상금을 받을 때까지 당사의 모든 공급업체에게 대금 지급을 할 수 없습니다. 그들은 4주 내에 보상금 지급을 약속했습니다. 당사가 금액을 받는 대로 인보이스 전액을 결제하도록 하겠습니다.

정답 | ①
해당 서신은 채무 결제에 대하여 시간을 더 달라고 하기 위해 작성한 것으로 첫 번째 문장을 통해 답안을 유추할 수 있다.

03 What is the **main reason** of the letter? (19년 2회 21번)

Dear Corporate Section Manager:

We are writing to inquire about the companies for our products in Bahrain. Your branch in Seoul, Korea, has told us that you may be able to help us.

We manufacture radio telephones. At present, we export to Europe and Latin America, but we would like to start exporting to the Arabian Gulf.

Could you please forward this letter to any companies in Bahrain that might be interested in representing us? We enclose some of our catalogs.

---

① to enlarge the branches in Seoul.
② to inquire about an agent in Bahrain
③ to inquire about the radio telephones
④ to export to Europe and Latin America

해석 | **당사는 바레인에 있는 당사 제품의 회사들에 대해 문의하기 위해 서신을 쓰고 있습니다.** 한국, 서울에 있는 귀사의 지사에서 당사에게 귀사가 당사를 도울 수 있을지도 모른다고 말했습니다.
당사는 라디오 전화기를 제조합니다. 현재 우리는 유럽과 라틴 아메리카에 수출하고 있지만, 페르시아 만으로 수출을 시작하고 싶습니다.
당사를 대신하여 이 서신을 관심이 있을 지도 모르는 바레인의 모든 회사에 보내 주시겠습니까? 당사는 카탈로그를 몇 개를 동봉합니다.

정답 | ②
해당 서신은 바레인에 있는 고객사를 찾기 위한 서신으로 "바레인에 있는 대리점에 대하여 문의하기 위하여"가 맞는 답이다.

1. 빈칸에 적절한 답안 찾기의 경우 반드시 회차별 12~15문제 출제
2. 각종 주제별 핵심 단어, 주어, 당사자 찾기 등 다양한 방식으로 출제
3. 빈칸 앞 뒤 내용을 파악하는 것이 중요
4. 특정용어 찾는 문제 시 회차별 반복적으로 나올 수 있음

기출문제	**Read the following and answer the questions. (19년 2회 8번)** We must express surprise that the firm mentioned in your enquiry of 25th May have given our name as a reference. As far as we know, they are a reputable firm, but we have no certain knowledge of their financial position. It is true that they have placed orders with us on a number of occasions during the past two years, but the amounts involved have been small compared with the sum mentioned in your letter; and even so, accounts were not always settled on time. _____. We accept your assurance that the information we give will be treated in strict confidence and regret that we cannot be more helpful. **1. According to the context, which is the best sentence in the blank?** ① Therefore, we find this company to be a good credit rating. ② This, we feel, is a case in which caution is necessary and suggest that you make additional enquiries through an agency. ③ Our company was established in 1970 and has been enjoying steady growth in its business with excellent sales. ④ We regret that the amount of obligations you now carry makes it difficult for us to agree to allow you credit terms.
기출해석 및 분석	당사는 5월 25일 귀사의 문의에 언급된 회사가 당사의 이름을 조회처로 제공했다는 것에 대해 놀라움을 표해야만 했습니다. 당사가 아는 한 그들은 평판이 좋은 회사지만, 당사는 그들의 재정상태에 대해 확실한 지식을 가지고 있지 않습니다. 그들이 지난 2년 동안 여러 차례에 걸쳐 우리 회사에 주문을 한 것은 사실이지만, 귀사의 서신에 언급된 금액에 비하면 그 액수는 적었고, 그렇다고 해서 제 때에 결제된 것은 아니었습니다. <u>이것은 귀사가 주의할 필요가 있다고 느끼며 대리점을 통해 추가적으로 문의할 것을 제안합니다.</u> 당사는 당사가 제공하는 정보가 엄격한 비밀로 처리될 것이라는 귀사의 보장을 믿으며, 당사가 더 도움이 될 수 없다는 것에 유감스럽게 생각합니다. **답** ② 해당 서신은 신용조회 문의 건에 대하여 답변을 하는 내용으로 빈칸 앞부분에 **문의 대상인 업체가 제 때에 물품금액을 결제한 것이 아님을 언급한 것으로 보아** 실제 거래 시 주의할 것을 당부한 내용이 와야 하며, 추가적으로 문의 대상업체의 재정상태를 확실히 알 수 없다고 언급한 것으로 보아 대리점을 통해 추가적으로 문의할 것을 권고하는 내용이 와야 한다. 즉, 빈칸 전후 부분을 유념해서 읽어야 하되 서신 초반도 체크해야 한다.

[check point]
① 문제 읽고 핵심 단어 체크, ② 첫 번째 문단 확인, ③ 빈칸 앞뒤 내용 확인

밑줄 친 부분에 해당하는 단어 찾기

01 What is *THIS* ? (18년 3회 36번, 19년 1회 47번)

> *THIS* is the term used to describe the offence of trying to conceal money that has been obtained through offences such as drug trafficking.
>
> In other words, money obtained from certain crimes, such as extortion, insider trading, drug trafficking and illegal gambling is "dirty".

① money laundering

② fraud

③ illegal investment

④ abnormal remittance

해석 | 이것은 마약 밀매와 같은 **범죄를 통해 얻은 돈을 숨기려고 하는 범죄를 묘사하기 위해 사용되는 용어**이다. 다시 말해서, 강탈, 내부거래, 마약 밀매, 불법 도박 등 특정 범죄에서 얻은 "더러운" 돈을 말한다.

정답 | ①

"돈세탁"에 대한 내용으로 뒷 부분에 해당 용어에 대한 내용이 기재되어 있다. **해당 문제는 연속으로 동일하게 출제된 문제로 생소한 단어 문제가 출제될 경우에는 지문에 특정 문장 및 단어를 정리해두어야 한다.**

빈칸에 가장 적절한 문장 찾기

02 Which sentence is **MOST** proper for the blank? (20년 1회 45번)

> Thank you for submitting your proposal. (   ), as it is still too early to judge whether or not we will be needing to hire an outside house to take care of the website redesign.

① I accept your proposal

② Perhaps we could work together to make this project happen

③ Please let us know the final result of this bid

④ I'm afraid my response will be delayed

해석 | 귀사의 제안서를 제출해주셔서 감사합니다. **웹사이트 재디자인을 위하여 외부업체를 고용할 필요가 있는지 여부를 판단하기에는 아직 이르기 때문에** (저의 답변이 늦어질 것 같습니다.)

문맥상 외부업체를 고용할 필요가 있는지 여부를 판단하기에는 아직 이르기 때문에 결정하는 데 시간이 소요되므로 가장 적합한 문장은 ④번이다.

빈칸에 가장 적절한 단어 찾기

03 Which is the **best pair** for the blanks? (19년 3회 28번)

We are a chain of retailers based in Birmingham and are looking for a manufacturer who can supply us with a wide range of sweaters for the men's leisurewear market. We were impressed by the new designs displayed on your stand at the Hamburg Menswear Exhibition last month.

As we usually (ⓐ) large orders, we would expect a quantity discount in addition to a 20% trade discount off net list prices. Our terms of payment are normally 30-day bill of exchange, D/A.

If these conditions interest you, and you can (ⓑ) orders of over 500 garments at one time, please send us your current catalogue and price list.

We hope to hear from you soon.

① ⓐ take – ⓑ meet
② ⓐ place – ⓑ meet
③ ⓐ take – ⓑ provide
④ ⓐ place – ⓑ provide

해석 | **당사는 Birmingham에 본사를 둔 소매체인점으로 남성 레저용 의류 시장을 위해 다양한 스웨터를 공급할 수 있는 제조업체를 찾고 있습니다.** 당사는 지난 달 Hamburg Menswear 전시회에서 귀사의 부스에서 전시된 새로운 디자인에 감명을 받았습니다.

당사는 보통 대량 (주문)을 하기 때문에, 순 리스트가격에서 거래할인의 20%을 추가한 수량할인을 받을 수 있을 것으로 예상합니다. 당사의 결제조건은 일반적으로 30일 환어음조건의 D/A입니다.

만약 이러한 조건들이 귀사에게 흥미롭고, **귀사가 한번에 500개 이상의 의류 주문을 (충족)시킬 수 있다면 당사에게 귀사의 현재 카달로그와 가격표를 보내주시기 바랍니다.**

정답 | ②

첫 번째 문장에서 제조업체를 찾고 있음을 확인한 결과 뒤의 내용에는 거래 관련 내용이 올 수 있음을 유추할 수 있다. 일반적으로 place order는 "주문을 하다"라는 뜻으로 대량주문을 하는 경우 거래관행상 수량할인을 요청하게 된다. 또한, 제조업체의 경우 제품을 주문자의 요청에 맞도록 생산할 수 있어야 하므로 문맥상 500개 이상의 의류주문을 충족시키다(meet)가 되어야 한다.

1. 밑줄 친 부분 의미 찾기 문제는 매 회차별 3~4문제 / 지문 당사자 찾기 문제는 회차별 1~2문제 출제됨
2. 밑줄 친 부분 의미 찾기 문제의 경우 비슷한 주제가 반복적으로 출제되기 때문에 기출 풀이 및 유사한 의미를 가진 단어별로 정리 필요
3. 지문 당사자 찾기 문제의 경우 첫 번째 문장 확인 및 지문상 당사자가 몇 명 나오는지, 어떠한 거래인지, 각자의 역할이 무엇인지 체크 필요

기출문제	**Read the following and answer. (19년 3회 30번)** We would like to place an order on behalf of Tokyo Jewelers Inc. Please reserve 5,000 uncut diamonds and once it is available, Tokyo Jewelers will surely buy it to be forwarded at the Quanstock Diamond Mine. We really would appreciate if you could accommodate this order. Hans International **1. What is the purpose of the letter above?** ① buying agent ② selling agent ③ importer ④ exporter
기출해석 및 분석	당사는 Tokyo Jewelers Inc.를 대신하여 주문을 하고 싶습니다. 커팅하지 않은 다이아몬드 5,000개를 예약(유보)해주시면, 도쿄 보석상들은 그것을 구매하여 콴스톡 다이아몬드 광산에 보낼 것입니다. 귀사가 이 주문에 응해 주시면 정말 감사하겠습니다. **답 ①** **첫 번째 문장에서 서신을 보낸 당사자가 어떠한 역할을 하는지 확인할 수 있다.** 해당 문장에서 "당사는 **Tokyo Jewelers Inc.를 대신하여 주문**을 하고 싶습니다."라고 기재된 것으로 보아 서신 작성자는 실제 구매자인 Tokyo Jewelers Inc.를 대신하여 제품을 주문하고 있으므로 정답은 "구매대리점"이다.

밑줄 친 부분에 포함되지 않는 단어 찾기

01 What would **NOT be included** in the underlined 'financial information'? (18년 1회 19번)

> Thank you for your inquiry regarding opening an account with our company. Please, fill in the enclosed *financial information* form and provide us with two or more trade references as well as one bank reference. Of course, all information will be kept in the strictest confidence.
>
> Thank you very much for your cooperation.

① balance sheet
② profit and loss account
③ cash flow
④ business registration certificate

해석 | 저희 회사에 계좌 개설과 관련하여 문의해 주셔서 감사합니다. 동봉된 *재무 정보* 양식을 작성하여 주시고, 하나 이상의 은행 조회선과 함께 2개 이상의 무역 조회선을 제공해 주십시오. 물론 모든 정보는 가장 엄격한 기밀로 다뤄질 것입니다.

귀사의 협조에 진심으로 감사드립니다.

정답 | ④

재무정보에는 대차대조표, 손익계정, 현금유동성이 포함되며, 사업자등록증은 금융정보에 해당하지 않는다. **해당 유형의 경우 변형하여 출제될 수 있는 문제로 관련 단어들을 정리하여 암기하도록 한다.**

02 What would **NOT be included** in the financial information? (20년 2회 21번)

Thank you for your letter regarding opening an account with our company for trading our goods.

Please fill in the enclosed _financial information_ form for 3 years and provide us with two or more trade references as well as one bank reference.

Of course, all information will be kept in strict confidence.

Thank you very much for your cooperation.

Your sincerely,

---

① cash flow
② profit and loss account
③ balance sheet
④ draft

해석 | 당사의 제품거래를 위하여 당사에 계좌를 개설해 주시는 건에 대한 귀사의 서신에 감사드립니다.
동봉해드린 양식에 3년 동안의 _재무정보_ 기입을 부탁드리며 2개 이상의 은행신용조회처뿐만 아니라 동업자신용조회처를 당사에 제공해 주시기 바랍니다.
물론 모든 정보는 엄격히 비밀로 지켜질 것입니다.
귀사의 협조에 대단히 감사합니다.

정답 | ④
재무정보에 포함되지 않는 것을 고르는 문제로 ④번의 환어음은 무역거래의 지급수단으로 수출자가 물품에 대한 대금을 지급받기 위하여 발행하는 것이기 때문에 재무정보에 해당되지 않는다. **동 문제의 경우 답안이 business registration certificate(사업자등록증)에서 draft(환어음)로 변경된 것 외에는 18년 1회 19번과 동일하게 출제되었다.**

03 Which document is **most far from** the underlined 'relevant documents'? (18년 2회 4번)

Dear Mr Han,

We are pleased to tell you that the above order has been shipped on the SS Marconissa and should reach you in the next 30 days.

Meanwhile, our bank has forwarded the _relevant documents_ and draft for USD3,000,000 which includes the agreed trade and quantity discounts, to HSBC Seoul for your acceptance of the draft.

We are sure you will be very satisfied with the consignment and look forward to your next order.

Best wishes,

William Cox

Daffodil Computer

---

① bill of exchange

② commercial invoice

③ packing list

④ bill of lading

해석 | 당사는 상기 주문품이 SS Marconissa에 선적되었으며, 해당 물품은 앞으로 30일 내에 귀사에게 도착할 것임을 알려드리게 되어 기쁩니다.

그 동안에 당사의 은행은 _관련 서류_ 와 합의된 거래 및 수량할인을 포함한 3,000,000달러의 환어음을 귀사가 환어음을 인수할 수 있도록 서울 HSBC은행으로 송부하였습니다.

당사는 귀사가 탁송품에 대하여 만족할 것을 확신하며, 귀사의 다음 주문을 기다리겠습니다.

정답 | ①

밑줄 친 관련서류와 가장 거리가 먼 것을 찾는 문제로 ①번의 "bill of exchange"는 환어음으로 지문상에 기재된 draft와 동일한 뜻이다. 결론적으로 환어음은 청구수단이지 관련서류가 아니다.

04 Which can **Not be inferred?** (20년 1회 9번)

Dear Mr. Simpson,

Could you please ⓐ <u>pick up</u> a consignment of 20 C2000 computers and make the necessary arrangements for them to be ⓑ <u>shipped</u> to Mr. M. Tanner, NZ Business Machines Pty, 100 South Street, Wellington, New Zealand?

Please ⓒ <u>handle</u> all the shipping formalities and insurance, and send us five copies of the bill of lading, three copies of the commercial invoice, and the insurance certificate. We will ⓓ <u>advise</u> our customers of shipment ourselves.

Could you handle this as soon as possible? Your charges may be invoiced to us in the usual way.

Neil Smith

① Mr. Simpson is a staff of freight forwarder.
② Neil Smith is a shipping clerk of computer company.
③ Mr. M. Tanner is a consignee.
④ This email is from a shipper to a buyer.

해석 | C2000 컴퓨터 20대를 픽업하셔서 뉴질랜드, 웰링턴, 100 사우스 스트릿, NZ 비즈니스 머신스 유한회사의 엠 태너 씨에게 **선적될 수 있도록 필요한 준비를** 부탁드립니다.
모든 선적 절차와 보험을 처리해 주시고, 선하증권 5통, 상업송장 3통, 보험증명서를 당사로 보내주시기 바랍니다. **당사는 직접 당사의 고객에게 선적통지를 할 것입니다.**
이것을 가능한 한 빨리 처리해주실 수 있을까요? 귀사의 비용은 평소대로 당사에 청구해주시면 됩니다.

정답 | ④
해당 email의 경우 수출자(Neil Smith)가 수입자(M Tanner)에게 보낸 것이 아니고, 수출자(Neil Smith)가 운송주선인(Simpson)에게 보낸 것이다.

1. 다른 주제 찾기 문제의 경우 회차별로 출제되지 않거나 2~3문제씩 출제되는 경우도 있음
2. 다른 주제(different topic), 다른 의미(different meaning), 다른 목적(different purpose) 등의 유형으로 출제
3. 보기별 주요 핵심단어 및 공통되는 내용이 무엇인지 확인 필요

기출문제	**Which of the following has a different purpose of replying from the others?** (20년 1회 3번) We would appreciate it if you would inform us of their financial standing and reputation. Any information provided by you will be treated as strictly confidential, and expenses will be paid by us upon receipt of your bill. Your prompt reply will be much appreciated. ① The company is respected through the industry. ② Their accounts were not always settled on time. ③ As far as our information goes, they are punctually meeting their commitments. ④ They always meet their obligations to our satisfaction and their latest financial statements show a healthy condition.
기출해석 및 분석	그 회사의 재정상태와 평판에 대하여 알려주시면 감사하겠습니다. 귀사가 제공한 정보는 극비로 다뤄질 것이며, 비용은 귀사의 청구서를 수령하면 즉시 지불될 것입니다. 신속한 회신을 주시면 대단히 감사하겠습니다. **답** ② ① 그 회사는 업계에서 높이 평가받고 있다. → 긍정 ② 그 회사의 계정은 항상 제 때에 결제된 적이 없다. → 부정 ③ 당사가 아는 한, 그 회사는 약속을 정확히 지킵니다. → 긍정 ④ 그 회사는 항상 당사가 만족하도록 의무를 이행하고 있으며, 그들의 최근 재정상태는 건실합니다. → 긍정 해당 문제의 경우 서신에 대한 목적이 다른 답변을 고르는 문제로, 문맥상 ②번을 제외하고는 모두 긍정적인 답변이다.

[check point]
① 문제 읽고 핵심 단어 체크, ② 보기별 공통되는 내용이 무엇인지 확인

다른 주제 찾기

01 Which has a **different topic** from others? (18년 2회 2번)

① We are pleased to say that we can deliver the goods by November 1, so you will have stock for the Christmas sales period.

② As there are regular sailings from Busan to New York, we are sure that the goods will reach you well within the time you specified.

③ We have the materials in stock and will ship them immediately on receipt of your order.

④ All list prices are quoted FOB Busan and are subject to a 25% trade discount with payment by letter of credit.

해석 | ① 11월 1일까지 상품을 **배송**할 수 있게 되어 기쁩니다. 귀사는 크리스마스 세일 기간 동안 재고를 보유하실 수 있습니다.

② 부산에서 뉴욕으로 가는 정기항로가 있기 때문에 지정된 시간 내에 **상품이 잘 도착할 것**이라 확신합니다.

③ 당사는 자재 재고가 있으며 귀사의 주문을 받는 **즉시 배송**할 것입니다.

④ 모든 정가는 FOB Busan으로 견적되었으며, 신용장으로 결제 시 25% 거래할인이 적용됩니다.

정답 | ④

보기 중 다른 주제를 찾는 문제로, ④번의 경우 계약체결 전 가격조건 및 거래할인에 대한 내용을 다루고 있으며 나머지의 경우 계약 이행을 위한 배송기간에 대하여 답변하고 있다.

다른 의도 찾기

02 Which of the following has **different intention** from the others? (20년 1회 35번)

① Your patience and understanding would be greatly appreciated.

② A short extension would be very helpful to us, as it would give us an extra month to clear the checks.

③ We ask that you grant the extension this one time. We assure you that this will not happen again.

④ We are sorry to hear that the bankruptcies of two of your clients have been causing you difficulties.

해석 | ① 귀사의 인내심과 이해에 감사드립니다.

② 수표를 정산하는 데 한 달이 더 걸리기 때문에 기한을 조금만 연장해 주시면 당사에게 큰 도움이 될 것입니다.

③ 이번 한 번만 연장해 주시길 부탁드립니다. 다시는 이런 일이 없도록 하겠습니다.

④ 귀사의 고객 중 두 곳이 파산하여 귀사가 어려움을 겪고 있다는 소식을 듣게 되어 유감입니다.

정답 | ④

보기 ①번부터 ③번까지는 대금을 결제할 당사자가 **대금지급**을 제때에 하지 못하는 상황에 대하여 기재된 내용이고, ④번의 경우 경제적 어려움을 겪고 있는 상대방에게 위로를 전하는 내용이다. **해당 문제의 경우에는 보기별로 핵심적인 문구를 찾기는 어렵기 때문에 해석을 통해 의도를 유추할 수 있다.**

다른의미 찾기

03 Which of the followings has a **different meaning** with others? (20년 2회 29번)

① We will give you a special discount if you order by May 12.

② You will be given a special discount if you take order until May 12.

③ If you order on or before May 12, you will get a special discount.

④ A special discount is available for your order being received on or before May 12.

해석 | ① 당사는 **귀사가 5월 12일까지 주문을 하면** 특별할인을 해드리겠습니다.

② 5월 12일까지 귀사가 주문을 받으면 귀사는 특별할인을 받을 수 있습니다.

③ 만약 **귀사가 5월 12일 또는 그 전에 주문하시면** 특별할인을 받으실 수 있습니다.

④ 5월 12일 또는 그 전에 **받은 주문에 대해** 특별할인이 제공됩니다.

정답 | ②

②번의 경우 "만약 귀사가 5월 12일까지 주문을 받으면 귀사는 특별할인을 받을 수 있다"는 내용으로, 주문을 받는 것은 매도인측에서 하는 행위이므로 문맥상 맞지 않다.

일반적으로 계약서에 자주 쓰이는 조항들은 Escalation Clause(신축조항), Hardship Clause(사정변경조항, 이행가혹조항), Non-waiver Clause(권리불포기조항), Severability Clause(분리가능조항, 가분성조항), Arbitration Clause(중재조항), Force Majeure Clause(불가항력 조항), Applicable Law, Governing Law(준거법 조항) 등이 있으며, 해당 조항들은 단독으로 출제되는 경우가 많기 때문에 **각 조항 내용을 반드시 숙지**하고 있어야 함

기출문제	**The following statement is a part of contract. What kind of clause is it? (19년 1회 25번)** If any provision of this Agreement is subsequently held invalid or unenforeable by any court or authority agent, **such invalidity or unenforceability** shall in no way affect **the validity or enforceability of any other provisions thereof.** **1. What is the purpose of the letter above?** ① Non-waiver clause ② Infringement clause ③ Assignment clause ④ Severability Clause
기출해석 및 분석	이 계약의 어떤 조항이 이후에 법원 또는 권한 대리인에 의해 무효 또는 시행 불가능으로 유지되는 경우, 그러한 무효 또는 시행 불가능은 그 밖의 조항의 타당성 또는 집행 가능성에 어떤 식으로도 영향을 미치지 않습니다. 해당 내용은 "분리가능조항(Severability clause)"을 의미한다. 분리가능조항은 매매계약에 있어서 해당 계약의 일부조항이 중재 또는 법원 판결에 의해 효력을 상실하였더라도 기타 조항은 유효하다는 것을 명시한 조항이다. 이는 특정 조항이 무효이더라도 다른 조항에 영향이 없으며 준거법에 따라 중요조항이 무효인 경우 계약 전체가 무효가 되는 것을 방지하기 위한 조항이다. **답** ④ ① **권리불포기조항** 　(당사자 일방이 계약을 위반하는 경우 상대방이 이에 대해 이의를 제기하지 않았다는 것이 그의 어떠한 권리를 포기하는 것으로 해석되어서는 안되며, 클레임이나 권리의 포기를 서면으로 인정하거나 확정한 경우에만 포기한 것으로 간주한다는 조항) ② **권리침해조항** 　(**매수인의 주문에 따라** 생산하여 수출한 물품에 대하여 제3자가 특허권을 보유한 경우라도 매도인은 권리침해와 관련된 모든 책임으로부터 면책된다는 조항) ③ **양도금지조항** 　(어느 일방이 당사자도 상대방의 서면에 의한 합의 없이는 제3자에게 양도하지 못한다는 조항)

지문에 해당하는 조항 찾기

01 The following statement is a part of contract. **What kind of clause is it?** (18년 1회 23번)

> If any provision of this Agreement is subsequently held invalid or unenforceable by any court or authority agent, such invalidity or unenforceability shall in no way affect the validity of enforceability of any other provisions thereof.

① Non-waiver clause
② Infringement clause
③ Assignment clause
④ Severability clause

해석 | 본 계약의 조항이 이후 법원이나 법원에 의해 무효 또는 시행 불가능한 경우 그러한 무효 또는 집행 불가능성은 다른 조항의 집행 가능성의 유효성에 영향을 미치지 않습니다.

정답 | ④

"계약분리조항"에 대한 내용이다. 계약분리 조항은 일부조항이 무효가 되어도 계약전체가 무효되는 것을 방지하는 조항이다. 해당문제는 **2019년 1회**에도 동일하게 문제가 출제되었다.

02 Which of the following words is **not suitable** for the blank below? (20년 2회 26번)

The more geographic reach your company has, the more important this clause will become. For example, if you're a small local business dealing 100% exclusively with locals, you may not really need a clause telling your customers which law applies. Everyone will expect it to be the law of whatever state that little local business is in.

Now, take a big corporation with customers and offices in numerous countries around the world. If a customer in Korea wants to sue over an issue with the product, would Korean law apply or would the law from any of the other countries take over? Or, what if you're an American business that has customers from Europe.

In both cases, a/an (   ) clause will declare which laws will apply and can keep both companies from having to hire international lawyers.

① controlling law   ② governing law
③ applicable law   ④ proper law

해석 | 귀사의 지리적 범위가 커질수록 이 조항은 더욱 중요해질 것입니다. 예를 들어, 귀사가 국내업체와 100% 독점적으로 거래하는 소규모국내업체라면 귀사는 고객에게 어떠한 법이 적용되는지 알려주는 조항이 실제로 필요하지 않을 수 있습니다. 모든 사람들은 해당 법이 무엇이든 간에 소규모 국내업체가 소재하고 있는 그 국가에 명시된 것이라고 생각할 것입니다.

이제, 전 세계의 많은 국가에 있는 고객과 사무실이 있는 대기업을 생각해봅시다. 만약, 한국에 있는 고객이 제품에 대한 문제로 소송을 제기하고 싶다면, 한국법이 적용될까요? 아니면 다른 어떠한 국가의 법이 적용될까요? 아니면, 귀사가 유럽고객이 있는 미국기업이라면 어떻게 할 것인가요?

두 경우 모두 (**준거법**) 조항이 어떠한 법이 적용될지 분명히 해줌으로 양사가 국제변호사를 고용하지 않도록 할 수 있습니다.

정답 | ①

빈칸에 들어가기 적절하지 않은 단어를 고르는 문제이며, 해당 내용은 "준거법 조항"에 해당하는 것으로 ①의 controlling law는 사용되지 않는 표현이다.

CISG는 국제물품매매계약에 관한 UN협약으로 **계약의 성립(청약과 승낙에 따른 계약의 성립)**과 **물품의 매매(매도인의 의무, 매수인의 의무, 권리구제)** 파트에서 주로 출제되고 있음

기출문제	**What is NOT obligation of seller according to CISG?** (18년 3회 11번) If any provision of this Agreement is subsequently held invalid or unenforeable by any court or authority agent, **such invalidity or unenforceability** shall in no way affect **the validity or enforceability of any other provisions thereof.** **1. What is the purpose of the letter above?** ① delivery of the goods ② hand over any documents relating to the delivery ③ transfer the property in the goods ④ examine the goods after arrival
기출해석 및 분석	**CISG 제30조(매도인의 의무요약)** The seller must deliver the goods, hand over any documents relating to them and transfer the property in the goods. as required by the contract and this Convention. 매도인은 계약과 이 협약에 의하여 요구된 바에 따라 **물품을 인도**하고, **이에 관련된 모든 서류를 교부**하며, 또 **물품에 대한 소유권을 이전**하여야 한다. **답** ④ CISG에 따라 매도인의 의무 중 잘못된 문장을 찾는 것으로, ①~③번은 CISG 제30조에 정확히 명시되어 있으며, ④번의 물품이 목적지에 도착 후 검사할 의무는 **매수인으로 규정**하고 있으므로 오답이다.

- - - 연 습 훈 련

CISG 제19조(변경된 승낙의 효력)

01 Which is **NOT suitable** for the blank? (18년 1회 4번)

According to CISG, additional or different terms relating, among other things, to (   ) are considered to alter the terms of the offer materially.

① the price, payment, quality and quantity of the goods
② place and time of delivery
③ late acceptance
④ the settlement of disputes

해석 | 비엔나 협약에 따르면, 무엇보다도, 추가적이거나 다른 조건과 관련하여 (   )은, 청약의 조건을 실질적으로 변경하기 위한 것으로 본다.

정답 | ③

CISG "제19조(변경된 승낙의 효력)"에 명시된 내용으로 **지연된 승낙**은 청약의 조건을 실질적으로 변경한 것에 해당되지 않는다. 제19조에서는 "**대금, 지급, 물품의 품질 및 수량, 인도의 장소 및 시기, 상대방에 대한 당사자 일방의 책임의 범위 또는 분쟁해결에 관한 추가적 또는 상이한 조건은** 청약의 조건을 실질적으로 변경하는 것으로 본다."고 규정하고 있다.

CISG 제15조(청약의 효력발생) · 제18조(승낙의 시기 및 방법)

02 Which is **NOT correct** in accordance with CISG? (19년 1회 21번)

① An offer becomes effective when it reaches the offeree.

② An offer, even if it is irrevocable, may be withdrawn if the withdrawal reaches the offeree before or at the same time as the offer.

③ A statement made by or other conduct of the offeree indicating assent to an offer is an acceptance.

④ Silence or inactivity in itself amounts to acceptance.

해석 | ① 청약은 피청약자에게 도달한 때 효력이 발생한다(제15조).

② 청약은 그것이 취소 불능한 것이라도 그 철회가 청약의 도달 전 또는 그와 동시에 피청약자에게 도달하는 경우에는 이를 철회할 수 있다(제15조).

③ 청약에 대한 동의를 표시하는 피청약자의 진술 또는 기타의 행위는 이를 승낙으로 한다(제18조).

정답 | ④

CISG에 따라 적절하지 않는 것을 찾는 문제로 CISG 제18조(승낙의 시기 및 방법)에서는 "**침묵(Silence) 또는 부작위(inactivity) 그 자체는 승낙으로 되지 아니한다.**"로 규정하고 있다. 즉 올바른 표현이 되기 위해서는 "Silence or inactivity **does not** in itself amounts to acceptance."가 되어야 한다.

03 Chose what is **NOT correct** 1) ~ 3). (20년 1회 49번)

> According to CISG provision, the seller may declare the contract avoided;
>
> 1) _____
>
> 2) _____
>
> 3) _____

① If the failure by the buyer to perform any of his obligations under the contract or this Convention amounts to a fundamental breach of contract.

② If the buyer does not, within the additional period of time fixed by the seller, perform his obligation to pay the price.

③ If the buyer does not, within the additional period of time fixed by the buyer, perform his obligation to deliver the goods.

④ If the buyer declares that the buyer will not perform his obligation to pay the price or take delivery of the goods within the period within the additional period of time fixed by the seller.

해석 | CISG 제64조(매도인의 계약해제권)

CISG 조항에 따라, 매도인은 다음의 경우 계약의 해제를 선언할 수 있다.

1) 계약 또는 이 협약에 따른 매수인의 어떠한 의무의 불이행이 계약의 본질적인 위반에 상당하는 경우
2) 매수인이 매도인에 의하여 지정된 추가기간 내에 대금지급의 의무를 이행하지 않은 경우
3) 만약 매수인이 매도인에 의하여 지정된 추가기간 내에 대금의 지급 또는 물품의 인도 수령의 의무를 이행하지 아니하겠다는 뜻을 선언한 경우

정답 | ③

③번의 경우 "**매도인(seller)에 의하여** 지정된 추가기간 내에 **매수인이 인도수령의 의무(take delivery of the goods)**를 이행하지 않은 경우"로 수정되어야 한다.

1. 인코텀즈 문제는 매 회차별로 **평균 3~12문제**가 출제되기 때문에 반드시 숙지하고 있어야 함
2. **매도인의 의무 중심으로** 공부하되, 매도인의 **인도의무 · 위험의 분기점 · 비용의 분기점을** 이해하고 있어야 함

기출문제	**Select the wrong one in the blank under Incoterms® 2020.** (20년 3회 48번) The seller must pay (　　　　　) under FCA. ① all costs relating to the goods until they have been delivered in accordance with this rule other than those payable by the buyer under this rule ② the costs of providing the transport document to the buyer under this rule that the goods have been delivered ③ where applicable, duties, taxes and any other costs related to export clearance under this rule ④ the buyer for all costs and charges related to providing assistance in obtaining documents and information in accordance with this rule
기출해석 및 분석	FCA규칙에서 매도인은 반드시 (　　　　　) 지급해야 한다. 🔑 ② 인코텀즈2020 규칙에서 빈칸에 잘못된 것을 고르는 문제로, 매도인은 자신의 비용으로 매수인에게 운송서류(transport document)가 아닌 물품이 인도되었다는 **통상적인 증거(usual proof)**를 제공해야 한다. **(FCA A9)** 매수인이 물품이 적재되었음을 기재한 운송서류가 필요한 경우 **매수인은 자신의 위험과 비용으로 운송서류를 매도인에게 발행하도록 운송인에게 지시해야 한다.**

••• 연 습 훈 련

CIF조건

01 The following are on **CIF** under Incoterms®2020. Select the **wrong** one. (20년 3회 46번)

① The insurance shall cover, at a minimum, the price provided in the contract plus 10% (ie 110%) and shall be in the currency of the carriage contract.

② The insurance shall cover the goods from the point of delivery set out in this rule to at least the named port of destination.

③ The seller must provide the buyer with the insurance policy or certificate or any other evidence of insurance cover.

④ Moreover, the seller must provide the buyer, at the buyer's request, risk and cost, with information that the buyer needs to procure any additional insurance.

해석 | ① 보험금액은 최소한 매매계약에 규정된 대금에 10%를 더한 금액(매매대금의 110%)이어야 하고, 운송계약의 통화와 같아야 한다.

② 보험은 물품에 관하여 이 규칙에서 규정된 인도지점부터 적어도 지정목적항까지 부보되어야 한다.

③ 매도인은 매수인에게 보험증권이나 보험증명서, 그 밖의 부보의 증거를 제공하여야 한다.

④ 매도인은 매수인의 요청에 따라 매수인의 위험과 비용으로 매수인이 추가보험을 부보하는 데 필요한 정보를 제공하여야 한다.

정답 | ①

인코텀즈2020에서 CIF조건에 대한 설명 중 잘못된 것을 찾는 문제로, CIF조건의 경우 운송계약이 아닌 **매매계약(contract)과 동일한 통화**이어야 하며, **매매대금의 110% 이상**으로 부보되어야 한다.

CPT 조건

02 Which of the following is **NOT true** about the **CPT** rule under Incoterms 2020? (20년 1회 4번)

① The seller delivers the goods to the carrier or delivers the goods by procuring the goods so delivered.

② The seller contracts for and pay the costs of carriage necessary to bring the goods to the named place of destination.

③ The seller fulfills its obligation to deliver when the goods reach the place of destination.

④ The seller must pay the costs of checking quality, measuring, weighing and counting necessary for delivering the goods

해석 | ① 매도인은 물품을 운송인에게 인도하거나 그렇게 인도된 물품을 조달한다.

② 매도인은 목적지의 지정된 장소까지 물품을 가져오는 데 필요한 운송에 대해 운송계약을 체결하고 운송비용을 부담한다.

③ 매도인은 물품이 목적지에 도착했을 때 인도의무를 이행한 것으로 본다.

④ 매도인은 물품의 인도에 필요한 품질, 측정, 무게 그리고 개수를 점검하는 비용을 부담해야 한다.

정답 | ③

"CPT"의 경우 선적지 인도조건으로 매도인의 인도의무는 목적지가 아닌 **선적지에서 매도인이 지정한 운송인에게 물품을 인도하였을 때 인도의무가 완료**되며, **운송비용만 목적지까지 부담**하게 된다. 즉, place of destination이 아닌 place of shipment가 맞는 내용이다.

03 The following is on Incoterms®2020. Select the right ones in the blanks. (20년 3회 23번)

> The Incoterms® rules explain a set of (A) of the most commonly-used three-letter trade terms, e.g.
> CIF, DAP, etc., reflecting (B) practice in contracts for the (C) of goods.

① (A) twelve, (B) business-to-consumer, (C) sale and purchase
② (A) eleven, (B) business-to-business, (C) sale and purchase
③ (A) eleven, (B) business-to-consumer, (C) sales
④ (A) twelve, (B) business-to-business, (C) sales

해석 | 인코텀즈 규칙은 가장 일반적으로 사용되는 (A **11개 규칙**)을 세 글자로 설명하는데 예를 들면 물품의 (C **매매**) 계약에서 (B **기업 간의**) 실무를 반영하는 CIF, DAP 등이 있다.

정답 | ②

인코텀즈 규칙은 **11개 조건**으로 구성되어 있으며, 크게 **모든운송방식에 사용되는 규칙**(EXW, FCA, CPT, CIP, DAP, DPU, DDP)과 **해상 · 내수로 운송규칙**(FAS, FOB, CFR, CIF)으로 구분한다.

1. UCP600은 신용장통일규칙으로 매 회차별로 **평균 4~9문제**가 출제되기 때문에 반드시 숙지하고 있어야 함
2. 제1조부터 제39조까지 공부하되 특히, **제2조(정의) · 제3조(해석) · 제14조(서류심사의 기준) · 제18조(상업송장) · 제20조(선하증권) · 제28조(보험서류 및 담보) · 제38조(양도가능신용장)** 조항은 반드시 정리해야 함

기출문제	**Select the one which fits the blanks under the UCP600. (20년 1회 27번)** A nominated bank acting on its nomination, a confirming bank, if any, or the issuing bank may accept a **commercial invoice** issued for an amount (　　　), and its decision will be binding upon all parties, provided the bank in question has **not** honoured or negotiated for an amount (　　　). ① in excess of the amount permitted by the credit － less than that permitted by the credit ② less than the amount permitted by the credit － less than that permitted by the credit ③ less than the amount permitted by the credit － in excess of that permitted by the credit ④ in excess of the amount permitted by the credit － in excess of that permitted by the credit
기출해석 및 분석	지정에 따라 행동하는 지정은행, 확인은행(있는 경우) 또는 발행은행은 **신용장에 의하여 허용된 금액을 초과한 금액으로** 발행된 상업송장을 수리할 수 있으며, 그러한 결정은 모든 당사자를 구속한다. 다만 문제의 은행은 **신용장에 의하여 허용된 금액을 초과한 금액으로 지급이행 또는 매입하지 아니하여야 한다.** 🔑 ④ • UCP600 제18조(상업송장) b항에 대한 내용으로 제18조는 빈출되는 조항으로 반드시 정리한다. • 상업송장은 ① **수익자에 의하여** 발행된 것으로 보여야 한다. ② **발행의뢰인 앞으로 작성**되어야 한다. ③ **신용장과 동일한 통화**로 작성되어야 하며 그리고 ④ **서명될 필요가 없다.** • 상업송장상의 물품, 용역 또는 이행의 명세는 **신용장에 보이는 것과 일치**하여야 한다.

UCP600 제11조(전송 및 사전통지신용장과 조건변경)

01 Under the UCP 600, what is the **obligation of the issuing bank?** (19년 3회 20번)

> A documentary credit pre-advice was issued on 1 March for USD 510,000 with the following terms and conditions :
>
> – Partial shipment allowed
>
> – Latest shipment date 30 April
>
> – Expiry date 15 May
>
> On 2 March the applicant requested amendments prohibiting partial shipment and extending the expiry date to 30 May.

① Clarify with the beneficiary the period for presentation.
② Issue the documentary credit as originally instructed.
③ Issue the documentary credit incorporating all the amendments.
④ Issue the documentary credit incorporating the extended expiry date only.

해석 | **3월 1일**자에 다음의 제조건과 함께 510,000달러에 대한 화환신용장 사전통지가 발행되었다.
　　　– 분할선적 허용
　　　– 최종선적일 4월 30일
　　　– 유효기간 5월 15일

　　　3월 2일 개설의뢰인은 분할선적을 금지하고 유효기간을 5월 30일까지로 연장하는 조건변경을 요청하였다.

정답 | ②
　　　UCP600 제11조 b항에서는 "신용장의 발행 또는 조건변경의 "사전통지"는 개설은행이 **유효한 신용장 또는 조건변경을 발행할 용의가 있는 경우에만 송부된다.** 사전통지를 송부하는 개설은행은 지체없이 사전통지와 모순되지 아니한 조건으로 유효한 신용장 또는 조건변경을 개설할 것을 취소불능적으로 약속한다."고 규정하고 있다. 결론적으로 해당 지문에서 사전통지된 내용은 분할선적 허용 및 유효기간 5월 15일로 되어 있기 때문에 **개설은행은 반드시 사전통지된 대로 신용장을 발행해야 된다.**

02 In accordance with UCP 600, which of the following terms may **NOT** be **reduced or curtailed on a transferred documentary credit?** (18년 3회 16번)

① the amount of the credit
② any unit price
③ the latest shipment date
④ the percentage for which insurance cover must be effected

해석 | ① 신용장 금액
② 단가
③ 최종선적일
④ 보험부보가 이행되어야 하는 비율

정답 | ④

UCP600 제38조에서는 "양도된 신용장은 **신용장의 금액**, 신용장에 명기된 **단가, 유효기일, 제시를 위한 기간**, 또는 **최종선적일** 또는 정해진 **선적기간**"은 **감액 또는 단축될 수 있다**고 규정하고 있지만, **보험부보가 이행되어야 하는 비율**은 이 규칙 또는 신용장에 명기된 부보금액을 충족시킬 수 있도록 **증가**될 수 있다고 규정하고 있다.

03 **A letter of credit requires to present bill of lading and insurance certificate.** If the **shipment date of bill of lading is 20 May, 2020,** which of following document can **be matched** with such bill of lading? (20년 3회 35번)

> A. An insurance certificate showing date of issue as 20 May, 2020
>
> B. An insurance certificate showing date of issue as 21 May, 2020
>
> C. An insurance policy showing date of issue as 20 May, 2020
>
> D. A cover note showing date of issue as 20 May, 2020

① A only ② C only
③ A and C only ④ all of the above

해석 | 신용장이 선하증권과 보험증명서를 요구하고 있다. 만약 선하증권의 **선적일이 5월 20일**인 경우 이러한 선하증권에 적합한 서류는 다음 중 어느 것인가?

> A. 발행일을 2020년 5월 20일로 표시한 보험증명서
>
> B. 발행일을 2020년 5월 21일로 표시한 보험증명서
>
> C. 발행일을 2020년 5월 20일로 표시한 보험증권
>
> D. 발행일을 2020년 5월 20일로 표시한 보험승인서

정답 | ③

UCP600 제28조에서는 "**보험서류의 일자는 선적일보다 늦어서는 안 된다.**"고 규정하고 있다. B의 경우 보험증명서가 **선적일보다 늦게 발행**되었기 때문에 오답이며, D의 경우 **보험승인서**는 UCP600에 근거하여 은행에서 수리되지 않는 서류이기 때문에 오답이다.

보험증권은 포괄예정보험에 의한 **보험증명서 또는 통지서를 대신하여 수리**될 수 있다.

(An **insurance policy** is **acceptable** in lieu of an **insurance certificate or a declaration** under an open cover.)

1. UCP600과 함께 가장 많이 빈출되는 주제는 신용장 종류를 포함한 신용장 실무 문제로 화차별 평균 1∼7문제
   가 출제되고 있음
2. 신용장 거래 **당사자 및 각각의 역할, 신용장 거래 과정, 신용장 종류**에 대하여 알고 있어야 함

기출문제	**Read the following and answer.** (20년 2회 48∼49번) Compared to other payment type, the role of banks is substantial in documentary Letter of Credit (L/C) transactions. The banks provide additional security for both parties in a trade transaction by playing the role of intermediaries. The banks assure the seller that he would be paid if he provides the necessary documents to the issuing bank through the *nominated bank*. The banks also assure the buyer that their money would not be released unless the shipping documents such as (　　　　　　) are presented. **1. What expression is normally stated for nominated bank in L/C?** 　① available with　　　　　② available for 　③ available by　　　　　　④ claims at **2. Which is NOT suitable for the blank?** 　① packing list　　　　　② bill of exchange 　③ invoice　　　　　　　④ inspection certificate
기출해석 및 분석	다른 결제형태와 비교했을 때, 화환신용장 거래에서 은행의 역할은 상당하다. 은행은 중개인의 역할을 함으로써 무역거래에서 양당사자를 위한 추가적인 안전을 제공한다. 은행은 만약 수익자가 **지정은행을 통하여** 개설은행에게 필요한 서류를 제시할 경우 그가 대금 지급을 받을 것이라고 보증한다. 은행은 또한 매수인에게 (　　　　　　)와 같은 **선적서류**를 제시하지 않는 한 대금지급을 하지 않을 것을 보증한다. 1. **답** ① 　신용장하에서 지정은행은 일반적으로 어떻게 표시되는지 묻는 문제로 일반적으로 은행은 "available with XXX 은행(XXX 은행을 통하여)"으로 표시한다. 　available by의 경우 일반적으로 "available by negotiation∼ / available by sight payment" 등 대금지급 방식 앞에 사용된다. 2. **답** ② 　• 빈칸에 적절하지 않은 것을 찾는 문제로 ②번의 "환어음"은 선적서류가 아닌 지급수단이다. 　• 선적서류에는 포장명세서, 상업송장, 검사증명서, 보험서류, 원산지증명서 등이 있다.

신용장 종류 찾기

01 Fill in the blank with **suitable word.** (19년 3회 48번)

> Sellers must trust that the bank issuing the letter of credit is sound, and that the bank will pay as agreed. If sellers have any doubts, they can use a (   ) letter of credit, which means that another (presumably more trustworthy) bank will undertake payment.

① confirmed
② irrevocable
③ red—clause
④ None of the above

해석 | 매도인은 신용장을 발행하는 은행이 건실하고, 은행이 합의한 대로 지급할 것임을 믿어야 한다. 만약 매도인이 의심이 있을 경우 (확인) 신용장을 사용할 수 있는데, 이는 다른 (아마도 더 신뢰할 수 있는) 은행이 대금지급을 확약하는 의무를 부담한다는 뜻이다.

정답 | ①

해당 보기는 "**확인신용장(confirmed letter of credit)**"에 대한 내용이다. 확인신용장이란 개설은행 이외의 **제3의 은행**이 수익자가 발행하는 환어음의 **지급, 인수, 매입을 확약**하고 있는 신용장으로 **확인은행의 확인은 발행은행과는 별개의 독립**된 것으로서 수익자의 입장에서는 발행은행 신용도가 안 좋거나 못 믿을 경우 확인신용장 요청을 하게 된다.

02 Which of the following is **the payment method** involved? (18년 3회 24번)

> This is to notify you that the goods invoiced by you on December 12 have arrived here. In settlement of the amount of invoice, Korea Exchange Bank accepted your bill of exchange, for USD35,800 at 120 days after sight together with shipping documents. The proceeds will be sent to you at maturity accordingly.

① Deferred payment credit
② Standby credit
③ Usance credit
④ D/P

해석 | 12월 12일 이곳에 도착된 귀사의 물품청구서에 대하여 알려드립니다. 해당 청구서의 금액을 결제하는 부분에 있어서 한국외환은행은 선적서류와 함께 일람 후 120일 조건의 35,800달러의 귀사의 환어음을 **인수**하였습니다. 해당 금액은 **만기일**에 귀사에게 **송금**될 예정입니다.

정답 | ③

보기에 있는 결제방법이 무엇인지 찾는 문제로, 해당 보기내용에서는 은행에서 **환어음을 인수한 후, 만기일에 대금을 결제**해준다는 것으로 보아 **기한부 신용장**임을 알 수 있다.
deferred payment credit(연지급신용장) · standby credit(보증신용장) · D/P (지급인도조건, 추심거래에서 사용) · bill of exchange(환어음)

03 Select the **best answer suitable** for the blank under letter of credit operation. (20년 2회 9번)

> The beneficiary usually (　　　　　　　) after loading the goods on board to tender documentary drafts to the negotiating bank within expiry date.

① looks for business connection abroad

② dispatches to the importer Trade Circulars including catalogue

③ applies for the issuance of a Letter of Credit

④ prepares shipping documents and draws a draft for negotiation

해석 | 수익자는 물품을 본선에 적재한 후 유효기일 내에 매입은행에 화환어음을 제시하기 위하여 일반적으로 (선적서류를 준비하고 매입을 위해 어음을 발행한다.)

정답 | ④

수익장 거래에서 수익자는 물품을 선적 후 수출국에 소재한 매입은행에게 선적서류 및 어음을 발행하면 매입은행은 환가료 등을 공제 후 수출대금을 지급한다.

1. 회차별 평균 1~4개 문제가 출제됨
2. 무신용장 결제방식에는 **송금방식 · 추심방식** · 팩토링 · 포페이팅 · **청산결제** 방식 등이 있으며, 각각의 결제방식 내용에 대해서 숙지하여야 하고, 특히 송금 방식과 추심방식에는 어떠한 종류가 있는지 공부해야 함

기출문제	**Read the following and answer the questions. (19년 3회 39~40번)** We were pleased to receive your fax order of 29 June and have arranged to ship the electric shavers by SS Tyrania leaving London on 6 July and due to arrive at Sidon on the 24th. As the urgency of your order left no time to make the usual enquiries, we are compelled to place this transaction <u>this way</u> and have **drawn on you** through Midminster Bank Ltd for the amount of the enclosed invoice. The bank will instruct their correspondent in Sidon to pass ⓐ _____ to you against payment of the draft. **1. What is the underlined 'this way'?** ① D/P ② on credit ③ by letter of credit ④ by cash **2. What is the most appropriate word(s) for the blank ⓐ?** ① the bill of lading ② invoice ③ credit reference ④ letter of credit
기출해석 및 분석	당사는 6월 29일자 귀사의 팩스주문을 받고 기뻤으며, 7월 6일 런던으로부터 출항하여 24일에 Sidon에 도착할 예정인 Tyrania SS호에 의해 전기면도기를 선적하기로 하였습니다. 귀사의 주문의 긴급성 때문에 일반적인 문의를 할 시간이 없어, 당사는 해당 거래를 <u>이 방법</u>으로 해야 하며, 동봉된 송장의 금액에 대하여 Midminster Bank Ltd를 통해 **귀사를 지급인으로** 하였습니다. **은행은 Sidon에 있는 환거래은행에게 귀사가 어음 결제 시 (선하증권)을 귀사에게 전달하도록 지시할 것입니다.** 1. **답** ① 해당 지문에서 은행은 매수인이 어음을 결제해야만 관련 서류를 전달하기로 되어 있기 때문에 이는 D/P(지급인도)조건을 의미한다. 또한, 지급인을 매수인으로 하였기 때문에 신용장거래가 아님을 확인할 수 있다. 2. **답** ① **매수인은 물품이 수입국에 도착 후 물품을 인도받기 위해서는 반드시 선하증권 및 관련 선적서류를 제출**해야 한다. 즉, 보기에서 매수인이 어음결제를 하면 은행은 선하증권을 매수인에게 전달하게 되고, 매수인은 이 서류로 인하여 물품을 회수할 수 있다.

청산결제 방식

01 Choose the **right** word(s) for the blank below. (19년 1회 32번)

> (   ) in international trade is a sale where the goods are shipped and delivered before payment is due, which is typically in 30, 60 or 90 days. Obviously, this option is advantageous to the importer in terms of cash flow and cost, but it is consequently a risky option for an exporter.

① A COD transaction
② A CAD transaction
③ An open account transaction
④ A D/P transaction

해석 | 국제무역거래에서 (청산결제방식)은 대금 지급을 받기 전에 물품을 선적하거나 인도하는 판매방식이다. 그것은 일반적으로 **30, 60 또는 90일 기준으로 결제**된다. 분명히 이 선택권은 **현금흐름이나 비용적으로 수입자에게 유리**하다. 그러나 결과적으로는 **수출자에게는 위험한 선택**이다.

정답 | ③
- 해당거래는 청산결제방식에 대한 내용으로, 매매당사자 간에 매 거래 시에 물품대금을 결제하지 않고 장부상에 상쇄하고 **일정 기간마다 그 차액만을 청산**하여 결제하는 방식이다.
- **COD(현물상환방식)** : 수출상이 물품 선적 후 **수입국에 소재하는 수출상의 지사나 대리인**에게 물품을 송부하고 수입상이 물품의 품질을 검사한 후 **물품과의 상환**으로 대금을 결제하는 방식이다.
- **CAD(서류상환방식)** : 수출상이 물품선적 후 이를 증명할 수 있는 선하증권 · 상업송장 등 운송서류를 수입상에게 직접 또는 **수출국에 소재하는 수입상의 대리인이나 지사에게 제시**하여 **서류와 상환**으로 대금을 결제하는 방식이다.

02 Which of the followings is **NOT suitable** for the blanks below? (20년 3회 11번)

> A factor is a bank or specialized financial firm that performs financing through the purchase of (A). In export factoring, the factor purchases the exporter's (B) foreign accounts receivable for cash at a discount from the face value, generally (C). It sometimes offers up to 100% protection against the foreign buyer's inability to pay – with (D).

① (A) account receivables
② (B) long−term
③ (C) without recourse
④ (D) no deductible scheme or risk−sharing

해석 | 팩터는 **(A 매출채권)** 매입을 통한 자금조달을 수행하는 은행 또는 전문 금융회사입니다. 수출팩토링에서, 팩터는 수출자의 **(B 장기)** 외국환 매출채권을 일반적으로 **(C 소구권 없이)** 액면가액에서 할인된 금액으로 매입합니다. 때로는 **(D 공제계획이나 위험분담 없이)** 외국인 구매자의 지급불능에 대하여 100%까지 지급보증을 제공합니다.

정답 | ②
빈칸에 적절하지 않은 것을 찾는 문제로, 수출팩토링의 경우 팩터(factor)가 구매자에게 물품이나 용역을 제공함에 따라 발생하는 외상매출채권관련 신용위험의 인수, 전도금융의 제공, 회계처리업무 등을 대행하는 무신용장방식의 단기금융서비스이다. 즉, long−term이 아닌 **short−term**이 되어야 한다.

1. 회차별 평균 1~2개 문제가 출제됨
2. 무역서류에는 크게 **송장 · 운송서류 · 보험서류 · 부속서류**로 구분가능하며, 각각의 서류의 기능 및 종류를 숙지해야 함

기출문제	Where a bill of lading is tendered under a letter of credit, which is LEAST appropriate? (20년 3회 41번) The bill of lading is usually (A) drawn in sets of three negotiable copies, and goods are deliverable against (B) any one of the copies surrendered to the shipping company. The number of negotiable copies prepared would be mentioned on the bill which would also provide that "(C) one of the copies of the bill being accomplished, the others to stand valid". It is, therefore, essential that (D) the bank obtains all the copies of the bill of lading. ① A ② B ③ C ④ D
기출해석 및 분석	선하증권은 일반적으로 (A) 3통의 유통가능 세트로 발행되며, (B) 그 중 한통이 선사에 권리가 이전되면 물품을 인도할 수 있다. 이 준비된 유통 가능 서류가 증권상에 명시되어 있고, 또한 증권상 (C) "하나의 통수가 사용된 경우, 나머지는 유효하다"라고 표시되어 있다. 그러므로 (D) 은행은 선하증권 전통을 입수하는 것이 필수적이다. **답** ③ 신용장거래에서 선하증권이 양도되는 내용으로 적절하지 않은 것을 고르는 문제로, 답은 ③번이다. **선하증권의 경우 한통이 제시되어 사용된 경우에는 나머지는 무효처리**가 된다. 즉, 효력이 없어지기 때문에 선하증권으로 사용할 수 없게 된다. "one of the copies of the bill being accomplished, the others to stand **invalid**"

수입화물선취보증서

01 What is **the subject** of the passage below? (20년 3회 10번)

> A written statement usually issued by the issuing bank at the request of an importer so as to take delivery of goods from a shipping company before the importer obtains B/L.

① Letter of Guarantee
② Letter of Surrender
③ Bill of Exchange
④ Trust Receipt

해석 | 통상적으로 **수입자가 선하증권을 획득하기 전에** 선박회사로부터 물품을 인도받기 위해 수입자의 요청에 따라 개설은행에서 발행하는 서면진술서

정답 | ①

해당 서류는 "수입화물선취보증서(Letter of Guarantee)"에 대한 설명이다. 수입화물선취보증서(L/G)란 **수입상과 개설은행이 연대보증한 보증서**로서 수입물품은 도착하였으나 선적서류가 도착하지 않은 경우, 선박회사에 선하증권의 원본 대신 제출하여 물품을 미리 인도받을 수 있는 보증서를 말한다.

※ **2019년 3회 11번 "수입화물선취보증서(L/G)" 문제 출제**

> Whereas you have issued a Bill of Lading covering the above shipment and the above **cargo has been arrived** at the above port of discharge (or the above place of delivery), we hereby request you to give delivery of the said cargo to the above mentioned party **without production of the original Bill of Lading.**

02 Fill in the blank with a **suitable word.** (18년 3회 35번)

> Letter of Indemnity is issued by a merchandise shipper to a steamship company as an inducement for the carrier to issue a clean bill of lading, where it might not otherwise do so, and this document serves as a form of guarantee whereby the shipper agrees to settle a claim against the line by a (   ) of the bill of lading arising from issuance of a clean bill.

① carrier   ② grantor

③ consignor   ④ holder

해석 | 파손화물보상장은 이것 말고는 다른 방법이 없는 경우 선사로 하여금 **무사고선화증권을 발행하도록** 운송인을 유도하기 위하여 물품의 **송하인이 발행**하는 것으로, 이 서류는 무사고 선하증권 발행으로부터 발생하는 **선하증권의 (소지인)에 의하여 선사를 상대로 한 클레임을 송하인이 해결하는 데 동의하는 보증의 한 형태**로 작용한다.

정답 | ④

사고부 B/L은 은행이 수리를 거절하므로 수출상에게 대체품이 없거나, 원재료의 부족 등으로 사고물품을 그냥 선적해야 할 경우, **수출상이 무사고B/L을 발급받기 위해 선박회사에 제출하는 보증서**이다. 즉, L/I란 본선수취증상의 비고란에 기재된 하자로 인해 운송 중 물품이 손상되어 **운송인이 수하인에게 손해배상을 하는 경우, 송하인이 운송인에게 손해배상액을 보상하겠고 약속하는 것**을 말한다.

1. 회차별 평균 1~4개 문제가 출제됨
2. 무역운송은 크게 **해상운송 · 복합운송 · 항공 및 철도운송**으로 구분가능하며, **해상운송 및 복합운송** 중심으로 공부해야 함

기출문제	**Which of the following words is** NOT suitable **for the blanks (a)~(d) below? (20년 1회 30번)** In all break-bulk and bulk vessels, there is a document called ((a)). This document is like a delivery note and has all the information pertaining to the shipment like cargo description, number of bundles, weight, measurement, etc and this document is handed over to the ship at the time of loading. If any discrepancies are found between the actual cargo delivered and the ((a)), the Chief Mate will check the cargo and document such discrepancies to confirm that the cargo was received in that condition. This was possible in the era of pre-containerization because the ship/agents were able to physically check and verify the cargo. However, in the case of containerized cargoes and especially ((b)) cargoes, the carrier/agents are not privy to the packing of the containers and the nature of the cargo. The carrier relies on the information provided by the shipper in terms of the cargo, number of packages, weight and measurement. Hence the clauses ((c)) is put on the ((d)) to protect the carrier from any claims that the shipper might levy on them at a later stage. ① (a) Mate's Receipt ② (b) LCL ③ (c) SHIPPER'S LOAD, STOW, AND COUNT ④ (d) Bill of Lading
기출해석 및 분석	모든 브레이크 벌크와 벌크 선박에는 "**본선수취증**"이라 불리는 서류가 있다. 이 서류는 인도증서 같은 것으로 화물 명세, 묶음 개수, 중량, 측정 등 선적품과 관련된 모든 정보를 포함하고 있으며, 이 서류는 선적 시 선박에 전달된다. 만약 인도된 실제 화물과 **본선수취증** 간에 불일치 사항이 발견되면, 1등 항해사는 화물이 해당 조건대로 수취되었는지를 확인하기 위하여 그러한 불일치 사항에 대하여 화물과 서류를 검사한다. 이는 선사/대리인들이 물리적으로 화물을 점검하고 확인할 수 있었기 때문에 컨테이너 운송 이전의 시기에는 가능했다. 단, 컨테이너 화물 및 특히 **LCL화물**의 경우 운송인/대리인들이 컨테이너의 포장 및 화물의 성질에 대하여 알 수가 없다. 운송인은 화물의 상태, 포장의 개수, 중량 및 측량에 대하여 송하인에 의해 제공된 정보에 의존하게 된다. 그러므로 나중에 그들에게 부과할 수 있는 모든 청구로부터 운송인을 보호하기 위해 "**송하인이 적재, 적입하고 검수하였음**" 조항을 **선하증권**에 삽입한다.

답 ②

컨테이너운송에서 1단위 컨테이너에 한 수출자의 화물로 채우는 **Full Container Load(FCL 화물)**가 되면 수출자는 수출통관절차를 마친 후 자신의 공장으로 빈 컨테이너를 요청하여 화물을 적입(Stuffing)하게 된다.

적입 후에는 봉인(sealing)하여 운송 절차를 거쳐 선적한다. 이러한 경우 **운송인은 화물의 상태를 확인할 수 없으므로 만일의 경우에 생길 수 있는 화물파손 책임에서 벗어날 목적으로 B/L상에 "Shipper's Load and Count"라는 표시**를 하게 된다. 즉, 화물의 종류, 내용, 수량 등은 수출자의 책임하에 선적된 것이므로 운송인은 책임이 없다는 취지의 내용이다.

→ 해당 문제는 지문은 길지만 각각의 무역운송 관련 용어만 알고 있다면 쉽게 풀 수 있는 문제로, 해당 내용과 비슷하게 나올 경우 **공란 앞 뒤 문장**을 읽고 답을 유추할 수 있다.

••• 연습훈련

각각에 해당하는 무역용어 찾기

01 Which is a **LEAST appropriate** match? (18년 2회 23번)

> A (a) forwarder booked 2×20′ containers with (b) a shipping line to Doha on behalf of (c) his client. Due to a mistake of the shipping line staff, the shipping line shipped 1×20′ to Doha and put the other 1×20′ with some other clients' container and shipped it to Bremerhaven. By the time the forwarder found this mistake out, the container was already on its way to (d) Bremerhaven. The shipping line has advised that this container will be rerouted but the container will take about 60 days to reach Doha instead of the original transit time of 20 days if it had gone directly.

① (a) is a NVOCC
② (b) is a VOCC
③ (c) is an exporter
④ (d) is an original destination

해석 | (a) 포워더는 (c) 그의 고객을 대신하여 (b) 선사에 **도하로 가는** 20피트 컨테이너 2대를 예약하였다. **선사 직원의 실수 때문에**, 20피트 컨테이너 1대는 도하로 운송되었고, 나머지 20피트 컨테이너 1대에는 다른 고객사들의 컨테이너와 함께 선적되어 (d) Bremerhaven로 운송되었다. **포워더가 이 실수를 알아차렸을 때에, 컨테이너는 이미 Bremerhaven로 가고 있었다.** 선사는 이 컨테이너의 운송경로를 변경하겠지만 도하까지 직항으로 갔다면 당초 운송시간인 20일 대신에 60일 정도 걸릴 것이라고 통지했다.

정답 | ④

- 원래 목적지는 Bremerhaven가 아니고, Doha이다. 해당문제의 경우 첫 문장에서 목적지가 어디인지 확인할 수 있다.
- NVOCC(무선박운송인) : 계약운송인인 운송주선인(Freight Forwarder)을 법적으로 실체화시킨 것으로, 자기 스스로 선박을 직접 운항하지 않으면서 해상운송인인 VOCC(Vessel Operating Common Carrier)에 대해서는 화주의 입장으로, 화주에 대해서는 Common Carrier의 입장이 되는 운송인을 말한다.

02 Which of the following **best fits the blank?** (20년 1회 42번)

> (   ) are used for taking goods from a port out to a ship, or vice versa. They can also do the same work as a barge.

① Car ferry   ② Oil-tanker
③ Lighters   ④ Trailors

해석 | (부선)은 항구에서 선박으로 물품을 운반하거나 그 반대로도 사용된다. 그들은 또한 바지선과 같은 일을 한다.

정답 | ③
- 밑바닥이 평평한 화물선박으로 원래 강이나 운하에서 사용하였다. 보통 다른 배에 의해서 끌리거나 밀려 이동하나 스스로의 동력으로 이동하기도 한다.
- LASH(Lighter Aboard Ship/래시선) : 화물을 적재한 부선(Lighter)을 그대로 선창에 싣고 운반하는 선박

운송 실무 및 용선계약 종류 찾기

03 Read the following and answer. (18년 1회 27-18번)

> Dear Mr Kang,
>
> With reference to your fax of 10 January 2018, we are pleased to inform you that we have identified a vessel that will meet your requirements.
>
> She is the Arirang and is currently docked in Busan. She is a bulk carrier with a cargo (   ) of seven thousand tons. She has a maximum speed of 24 knots, so would certainly be capable of ten trips in the period you mentioned.
>
> Please fax us to confirm the charter and we will send you the charter party.

01 Fill in the blank with **suitable word.**

① capacity   ② entrance
③ permission   ④ Insurance

02 What type of transportation arrangement would **best fit?**

① voyage charter   ② time charter
③ speed charter   ④ bareboat charter

해석 | 2018년 1월 10일 귀사가 팩스에서 언급하였듯이, 당사는 귀사의 요구사항을 충족하는 선박을 발견하였음을 알리게 되어 기쁘게 생각합니다.

선박은 아리랑호이고 현재 부산의 부두에 정박해 있습니다. 선박은 **7,000톤의 화물**의 (수용력)을 가진 벌크운반선입니다. 선박은 **귀사가 언급한 기간 동안** 10번의 운항을 할 수 있는 최대 시속 24놋트를 냅니다. 용선 확정을 위해 팩스로 당사에게 보내주시면 당사는 용선계약서를 귀사에게 보내드리도록 하겠습니다.

01. 정답 | ①

capacity는 "용량, 수용력"이란 뜻으로 문맥상 **공란 앞에 7,000톤**의 화물을 실을 수 있는 운반선이 오는 것이 가장 정확하므로 답은 ①번이다.

02. 정답 | ②

지문에서 "귀사가 언급한 기간 안에~"라는 내용이 나와 있으므로 "정기(기간)용선계약"이 적합하다. 정기용선계약이란 **"용선기간"을 기준**으로 대가를 산정하는 방식으로 선박에 필요한 모든 용구를 갖추고 있으며, 선원까지 승선시킨 내항성을 갖춘 선박을 일정기간 용선하는 것이다.

1. 회차별 평균 1~4개 문제가 출제됨
2. 무역PART에서 보험은 **해상보험 · 협회적하약관(ICC) · 수출보험**으로 구분할 수 있으며, 특히 **해상보험(위부와 대위 포함) 및 협회적하약관(ICC)**은 반드시 숙지해야 함

기출문제	**Which of the following is** NOT appropriate **for the blank below? (20년 2회 31번)** Types of marine insurance can be differentiated as follows: (A) caters specifically to the marine cargo carried by ship and also pertains to the belongings of a ship's voyagers. (B) is mostly taken out by the owner of the ship to avoid any loss to the vessel in case of any mishaps occurring. (C) is that type of marine insurance where compensation is sought to be provided to any liability occurring on account of a ship crashing or colliding and on account of any other induced attacks. (D) offers and provides protection to merchant vessels' corporations which stand a chance of losing money in the form of freight in case the cargo is lost due to the ship meeting with an accident. ① (A) : voyage insurance ② (B) : hull insurance ③ (C) : liability insurance ④ (D) : freight insurance
기출해석 및 분석	해상보험의 종류는 다음과 같이 구분할 수 있다. (항해보험)은 선박에 의하여 운송하는 **해상화물에 특화**되어 있으며 선박 항해자의 소유물에도 제공한다. (선체보험)은 어떠한 사고가 발생할 경우 **선박의 손실을 방지**하기 위하여 대부분 **선주가 가입**하는 것이 일반적이다. (책임보험)은 **선박이 충돌하여 발생하는 책임**과 어떠한 기타 유발된 공격에 의해 발생한 책임에 대해 보상을 요구하는 경우 대비를 위한 것이다. (운임보험)은 선박과의 사고로 화물이 유실될 경우 **운임형태의 금전 손실**이 발생할 가능성이 있는 상선사에 보상을 제공하는 보험이다. **답** ① 빈칸에 적절하지 않은 것은 ①번으로 항해보험은 "특정 **항해구간**을 정하여 이를 보험기간으로 할 때 항해보험이라 한다." A의 경우 항해보험이 아닌 **적하보험(cargo insurance)**이다. 해당 문제의 경우 각 문단별 **핵심어구**를 확인한 후 답을 유추할 수 있다.

ICC(B) · ICC(C)

01 Which is **NOT a difference** between **Institute Cargo Clause (B)** and **Institute Cargo Clauses (C)**? (18년 2회 37번)

① Only difference between ICC (B) and ICC (C) is the additional risks covered under ICC (B) cargo insurance policies.

② ICC (C) is the minimum cover cargo insurance policy available in the market.

③ ICC (B) covers loss of or damage to the subject-matter insured caused by entry of sea lake or river water into vessel, craft, hold, conveyance, container or place of storage but ICC (C) does not.

④ ICC (B) covers loss of or damage to the subject-matter insured caused by general average sacrifice but ICC (C) does not.

해석 | ① ICC(B)와 ICC(C)약관의 유일한 차이점은 ICC(B)적하보험증권에 담보되는 부가위험이다.
② ICC(C)는 이용할 수 있는 적하보험 중 최소담보조건이다.
③ ICC(B)는 선박, 부선, 선창, 운송용구, 컨테이너 또는 보관장소로의 해수, 호수 또는 하천수의 유입으로 기인하는 피보험목적물의 멸실 또는 손상을 담보하나 ICC(C)는 그렇지 않다.
④ ICC(B)는 공동해손희생에 의해 기인하는 피보험목적물의 멸실 또는 손상을 담보하나 ICC(C)는 그렇지 않다.

정답 | ④
• ICC(B)와 ICC(C)약관 모두 공동해손희생에 의해 발생된 피보험목적물의 멸실 및 손상에 대하여 담보한다.
• ICC(B)와 ICC(C)약관에서 **공통**으로 담보하는 위험은 다음과 같다.
  – 화재 · 폭발
  – 선박 · 부선의 좌초, 교사, 침몰, 전복
  – 육상운송용구의 전복 · 탈선
  – 선박 · 부선 · 운송용구의 타물과의 충돌 · 접촉
  – 조난항에서의 화물의 양륙하역
  – 공동해손희생
  – 투하

02 **Who** is doing export credit insurance agencies in Korea? (20년 2회 15번)

> In international trade, export credit insurance agencies sometimes act as bridges between the banks and exporters. In emerging economies where the financial sector is yet to be developed, governments often take over the role of the export credit insurance agencies.

① Korea International Trade Association

② K-Sure

③ Kotra

④ Korcham

해석 | 국제무역에서 수출신용보험사는 때때로 **은행과 수출자 사이의 다리 역할**을 한다. 금융분야가 아직 개발되지 않은 개발도상국에서는 정부가 종종 수출신용보험사의 역할을 맡는 경우가 있다.

정답 | ②

- 해당내용은 **K-Sure(한국무역보험공사)**에 대한 설명이다.
- Korea International Trade Association(한국무역협회)
- Kotra(대한무역투자진흥공사)
- Korcham(대한상공회의소)

2020년 1회(117회) 기출문제

SECTION 1 영문해석

[01~02] Read the following and answer the questions.

We received your letter on April 5, in which you asked us to issue immediately a letter of credit (ⓐ) your order No.146.

We have asked today the Korean Exchange Bank in Seoul to issue an irrevocable and confirmed letter of credit in your favor for USD250,000

only, and this credit will be valid until May 20. This credit will be advised and confirmed by Ⓐthe New York City Bank, N.Y. They will accept your (ⓑ) drawn at 60 days after (ⓒ) under the irrevocable and confirmed L/C.

Please inform us by telex or fax immediately of the (ⓓ) as soon as the goods have been shipped.

Faithfully yours,

Dear Sirs,

01 Choose the wrong role which the underlined Ⓐ does not play.

① confirming bank   ② advising bank

③ issuing bank   ④ accepting bank

02 Select the wrong word in the blanks ⓐ~ⓓ.

① ⓐ covering   ② ⓑ draft

③ ⓒ sight   ④ ⓓ maturity

03 Which of the following has a different purpose of replying from the others?

> We would appreciate it if you would inform us of their financial standing and reputation. Any information provided by you will be treated as strictly confidential, and expenses will be paid by us upon receipt of your bill.
>
> Your prompt reply will be much appreciated.

① The company is respected through the industry.

② Their accounts were not always settled on time.

③ As far as our information goes, they are punctually meeting their commitments.

④ They always meet their obligations to our satisfaction and their latest financial statements show a healthy condition.

04 Which of the following is NOT true about the CPT rule under Incoterms 2020?

① The seller delivers the goods to the carrier or delivers the goods by procuring the goods so delivered.

② The seller contracts for and pay the costs of carriage necessary to bring the goods to the named place of destination.

③ The seller fulfills its obligation to deliver when the goods reach the place of destination.

④ The seller must pay the costs of checking quality, measuring, weighing and counting necessary for delivering the goods.

05 Which of the followings is CORRECT according to the letter received by Mr. Beals below?

Dear Mr. Beals,

Our Order No.14478.

We are writing to you to complain about the shipment of blue jeans we received on June 20, 2019 against the above order.

The boxes in which the blue jeans were packed were damaged, and looked as if they had been broken in transit. From your invoice No.18871, we estimated that twenty–five blue jeans have been stolen, to the value of $550. Because of the damages in the boxes, some goods were also crushed or stained and cannot be sold as new articles in our shops.

As the sale was on a CFR basis and the forwarding company was your agents, we suggest you contact them with regard to compensation. You will find a list of the damaged and missing articles enclosed, and the consignment will be put to one side until we receive your instructions.

Your sincerely,

Peter Jang

Encl. a list of the damaged and missing articles

① Mr. Beals will communicate with their forwarding company for compensation.

② Mr. Jang intends to send back the damaged consignment to Mr. Beals.

③ Mr. Beals would receive the damaged consignment.

④ Mr. Jang believes that Mr. Beals sent the damaged article.

06 Which of the following is LEAST likely to be included in a reply?

Dear Mr. Song,

Thank you for your letter of December 21, making a firm offer for your Ace A/V System. All terms and conditions mentioned in your letter, including proposed quantity discount scheme, are quite acceptable, and we would like to place an initial order for 200 units of the Ace System.

The enclosed Order Form No. KEPP–2345 gives the particulars concerning this order. For further communication and invoicing, please refer to the above order number.

① Provided you can offer a favorable quotation and guarantee delivery within 6 weeks from receipt of order, we will order on a regular basis.

② Once we have received your L/C, we will process your order and will ship the units as instructed.

③ We are afraid that the product listed in your order has been discontinued since last January this year.

④ As we do not foresee any problem in production and shipment of your order, we expect that this order will reach you on time.

07 Select the right words in the blanks under negotiation letter of credit operation.

> We hereby engage with (   ) that draft(s) drawn under and negotiated in (   ) with terms and conditions of this credit will be duly (   ) presentation.

① drawers and/or drawee − accordance − paid on

② drawers and/or bona fide holders − conformity − honoured on

③ drawers and/or payee − conformity − accepted on

④ drawers and/or bone fide holders − accordance − accepted on

08 Which is right under the following passage under

> Letter of Credit transaction? Where a credit calls for insurance certificate, insurance policy is presented.

① Insurance policy shall accompany a copy of insurance certificate.

② Insurance certificate shall only be presented.

③ Insurance policy can be accepted.

④ Insurance certificate shall accompany a copy of insurance policy.

[09~10] Read the following letter and answer the questions.

Dear Mr. Simpson,

Could you please ⓐ <u>pick</u> up a consignment of 20 C2000 computers and make the necessary arrangements for them to be ⓑ <u>shipped</u> to Mr. M. Tanner, NZ Business Machines Pty, 100 South Street, Wellington, New Zealand?

Please ⓒ <u>handle</u> all the shipping formalities and insurance, and send us five copies of the bill of lading, three copies of the commercial invoice, and the insurance certificate. We will ⓓ <u>advise</u> our customers of shipment ourselves.

Could you handle this as soon as possible? Your charges may be invoiced to us in the usual way.

Neil Smith

---

09 Which can Not be inferred?

① Mr. Simpson is a staff of freight forwarder.

② Neil Smith is a shipping clerk of computer company.

③ Mr. M. Tanner is a consignee.

④ This email is from a shipper to a buyer.

10 Which could not be replaced with the underlined?

① ⓐ collect   ② ⓑ transported

③ ⓒ incur   ④ ⓓ inform

11 Select the right words in the blanks (A)~(D) under

((A)) means a nominated bank that transfers the credit or, in a credit available with any bank, a bank that is specifically authorized by ((B)) to transfer and that transfers the credit. ((C)) may be ((D)).

---

① (A) Transferring bank − (B) the issuing bank − (C) An issuing bank − (D) a transferring bank

② (A) Transferring bank − (B) the negotiating bank − (C) A negotiating bank − (D) a transferring bank

③ (A) Issuing bank − (B) the transferring bank − (C) A negotiating bank − (D) an Issuing bank

④ (A) Advising bank − (B) the issuing bank − (C) A negotiating bank − (D) a transferring bank

[12~13] Read the following and answer the questions.

Dear Mrs. Reed,

Thank you for choosing Madam Furnishing. Further to our telephone discussion on your delivery preference for the Melissa table and modification to the table design, kindly review and confirm the terms below as discussed.

Your order, which was scheduled for shipping today, has been put on ((A)) to ensure your requirements are incorporated and that you receive your desired furniture. Your desire to change the colour of the table and delivery schedule has been documented and your order ((B)).

Please be informed that:The Melissa table is commercially available in Black, Brown, and Red. The production of the table in a different colour is considered as a custom order and attracts an additional fee of $20.

Delivery of the Melissa table on Sunday between 12 noon and 3 pm is possible but will attract an additional fee of $10 which is our standard weekend/public holiday delivery fee.

12 Which of the following statements is TRUE about the message above?

① The message is written to confirm customer's requirements.

② The production of the Melissa table in a different colour other than Black, Brown, and Red is not available.

③ Delivery of the table will attract an additional fee of $10.

④ The customer is not desiring to change color of the table and delivery schedule.

13 Select the right words in the blanks (A), (B).

① hold − modified   ② document − modified

③ document − cancelled   ④ hold − cancelled

14 Which documentary credit enables a beneficiary to obtain pre−shipment financing without impacting his banking facility?

① Transferable   ② Red Clause

③ Irrevocable   ④ Confirmed irrevocable

[15~16] Read the following letter and answer the questions.

Your order was shipped on 17 April 2018 on the America, will arrive at Liverpool on 27 April.

We have informed your agents, Eddis Jones, who will make ((A)) for the consignment to be sent on to you as soon as they receive the shipping documents for ((B)).

Our bank's agents, Westmorland Bank Ltd, High Street, Nottingham, will ((C)) the documents : shipped clean bill of lading, invoice, and insurance certificate, once you have accepted our bill.

15 Which can NOT be inferred?

① This letter is an advice of shipment to the importer.

② Eddis Jones is a selling agent for the importer.

③ Westmorland Bank Ltd is a collecting bank in importing country.

④ In documentary collection, financial documents are accompanied by commercial documents.

16 Select the right words in the blank (A), (B), (C).

① (A) arrangements − (B) clearance − (C) hand over

② (A) arrangements − (B) transit − (C) hand over

③ (A) promise − (B) clearance − (C) take up

④ (A) promise − (B) transit − (C) take up

17 Select the best translation.

By virtue of B/L clauses, the carrier and its agents are not liable for this incident. Therefore, we regret to repudiate your claim and suggest that you redirect your relevant documents to your underwriters accordingly.

① B/L약관에 따라서 운송인과 그 대리인은 본 사고에 대해 책임이 없으므로 당사는 귀사의 클레임을 거부하게 되어 유감이고 따라서 귀사의 보험업자에게 귀사의 관련서류를 다시 보내도록 제안합니다.

② B/L조항에 따라서 운송인과 그 대리인은 본 사고에 대해 책임이 없으므로 당사는 귀사의 요구를 부인하게 되어 유감이고 따라서 귀사의 보험업자에게 귀사의 관련 서류를 재지시하도록 제안합니다.

③ B/L조항에 따라서 운송인과 그 대리인은 본 사고에 대해 책임이 없으므로 당사는 귀사의 클레임을 거부하게 되어 유감이고 따라서 귀사의 보험중개업자에게 귀사의 관련서류를 재지시하도록 제안합니다.

④ B/L약관에 따라서 운송인과 그 대리인은 본 사고에 대해 책임이 없으므로 당사는 귀사의 클레임을 부인하게 되어 유감이고 따라서 귀사의 보험중개업자에게 귀사의 관련서류를 다시 보내도록 제안합니다.

18 Select the right words in the blanks (A)~(D).

> We have been very satisfied with your handling of our orders, and as our business is growing we expect to place even larger orders with you in the future. As you know we have been working together for more than 2 years now and we will be glad if you can grant us ((A)) facilities with quarterly settlements. This arrangement will save us the inconvenience of making separate payments on ((B)). Banker's and trader's ((C)) can be provided upon your ((D)). We hope to receive your favorable reply soon.

① (A) open − account − (B) invoice − (C) references − (D) request
② (A) open − account − (B) invoice − (C) referees − (D) settlement
③ (A) deferred payment − (B) check − (C) references − (D) settlement
④ (A) deferred payment − (B) check − (C) referees − (D) request

19 Which of the following clauses is NOT appropriate for describing the obligations of the seller and the buyer as for the Dispute Resolution?

① The parties hereto will use their reasonable best efforts to resolve any dispute hereunder through good faith negotiations.

② A party hereto must submit a written notice to any other party to whom such dispute pertains, and any such dispute that cannot be resolved within thirty (30) calendar days of receipt of such notice (or such other period to which the parties may agree) will be submitted to an arbitrator selected by mutual agreement of the parties.

③ The decision of the arbitrator or arbitrators, or of a majority thereof, as the case may be, made in writing will be final and binding upon the parties hereto as to the questions submitted, and the parties will abide by and comply with such decision.

④ If any term or other provision of this Agreement is invalid, illegal or incapable of being enforced by any law or public policy, all other terms and provisions of this Agreement shall nevertheless remain in full force and effect so long as the economic or legal substance of the transactions contemplated hereby is not affected in any manner materially adverse to any party.

We were sorry to learn from your letter of 10 January that some of the DVDs supplied to this order were damaged when they reached you.

(1) Replacements for the damaged goods have been sent by parcel post this morning.

(2) It will not be necessary for you to return the damaged goods; they may be destroyed.

(3) Despite the care we take in packing goods, there have recently been several reports of damage.

(4) To avoid further inconvenience and (   ) to customers, as well as expense to ourselves, we are now seeking the advice of a packaging consultant in the hope of improving our methods of handling.

20 Which is suitable for the blank?

① annoyance   ② discussions

③ negotiation   ④ solution

21 This is a reply to a letter. Which of the following is NOT likely to be found in the previous letter?

① We can only assume that this was due to careless handling at some stage prior to packing.

② We are enclosing a list of the damaged goods and shall be glad if you will replace them.

③ We realize the need to reduce your selling price for the damaged one and readily agree to the special allowance of 10% which you suggest.

④ They have been kept aside in case you need them to support a claim on your suppliers for compensation.

22 Which of the following is the best title for the passage?

A system used within some conference systems, whereby a shipper is granted a rebate of freight paid over a specified period subject to his having used Conference line vessels exclusively during that period.

① Contract rate system   ② Dual rate system

③ Fidelity rebate system   ④ Fighting ship

[23~24] Read the followings and answer the questions.

Thank you for your recent order, No. 234-234-001.

We have received your letter about the $10,000 handling charge that was applied to this shipment. This was indeed an error on our ((A)). We do apply a special handling charge to all orders for ((B)) items such as porcelain birdbaths but somehow that notice was deleted temporarily in the page that described the product. We have ((C)) that error on our Web site. In the meantime, though, we have placed $10,000 to your credit. We apologize for any inconvenience and hope that we will have the opportunity to serve you again in the near future.

23 Which is LEAST correct about the letter?

① The buyer have ordered brittle items.

② There was a miscommunication about the quality of products.

③ The buyer got the information about the product in the web homepage.

④ For the orders which deal with brittle items, there must be an additional handling charge.

24 Select the right words in the blanks (A), (B), (C).

① part − fragile − corrected

② side − fragile − contemplated

③ part − solid − corrected

④ side − solid − contemplated

25 Which is NOT properly translated into Korean?

(a) We regret having to remind you that we have not received payment of the balance of £105.67 due on our statement for December. (b) This was sent to you on 2 January and a copy is enclosed. (c) We must remind you that unusually low prices were quoted to you on the understanding of an early settlement. (d) It may well be that non-payment is due to an oversight, and so we ask you to be good enough to send us your cheque within the next few days.

① (a) 12월 계산서에 지급되어야 하는 105.67파운드가 아직 정산되지 않아 독촉장을 보내게 되어 유감입니다.

② (b) 계산서는 1월 2일에 발송하였으며 여기 사본을 동봉합니다.

③ (c) 귀하에게 상기시켜 드리기는 이번 건은 유독 낮은 가격을 빨리 견적해 드린 것임을 이해해 주시기 바랍니다.

④ (d) 혹시 실수로 금액 지불이 늦어진 것이라면 2~3일 내로 수표를 보내 주셨으면 감사하겠습니다.

SECTION 2 영작문

26 Which of the following BEST fits the blank (a)~(c)?

1. The negotiating bank pays the seller or ((a)) B/E drawn by the seller, and sends the shipping documents to the issuing bank in the buyer's country.
2. The issuing bank releases the shipping documents to the buyer in importing country against ((b)).
3. The accounter gets the consignment by presenting the ((c)) to the shipping company.

① (a) discounts – (b) payment – (c) shipping documents

② (a) honours – (b) negotiation – (c) bill of lading

③ (a) honours – (b) negotiation – (c) shipping documents

④ (a) discounts – (b) payment – (c) bill of lading

27 Select the one which fits the blanks under the UCP600.

> A nominated bank acting on its nomination, a confirming bank, if any, or the issuing bank may accept a commercial invoice issued for an amount (   ), and its decision will be binding upon all parties, provided the bank in question has not honoured or negotiated for an amount (   ).

① in excess of the amount permitted by the credit − less than that permitted by the credit

② less than the amount permitted by the credit − less than that permitted by the credit

③ less than the amount permitted by the credit − in excess of that permitted by the credit

④ in excess of the amount permitted by the credit − in excess of that permitted by the credit

28 Select the wrong word in the blank.

① (   ) means a bank, other than the issuing bank, that has discounted or purchased a draft drawn under a letter of credit. (A negotiating bank)

② (   ) issued by a bank in Korea in favour of the domestic supplier is to undertake the bank's payment to the supplier of raw materials or finished goods for exports on behalf of the exporter. (Local L/C)

③ (   ) has a condition that the amount is renewed or automatically reinstated without specific amendments to the credit. (Revolving L/C)

④ Banking charges in relation to L/C are borne by the parties concerned. All banking charges outside importer's country are usually for the account of (   ). (applicant)

29 What is NOT true about the Institute Cargo Clauses?

① Only difference between ICC (B) and ICC (C) is the additional risks covered under ICC (B) cargo insurance policies.

② ICC (B) covers loss of or damage to the subject — matter insured caused by entry of sea lake or river water into vessel craft hold conveyance container or place of storage but ICC (C) does not.

③ ICC (B) covers loss of or damage to the subject — matter insured caused by general average sacrifice but ICC (C) does not.

④ ICC (C) is the minimum cover for cargo insurance available in the market.

30 Which of the following words is NOT suitable for the blanks (a)~(d) below?

In all break—bulk and bulk vessels, there is a document called ((a)). This document is like a delivery note and has all the information pertaining to the shipment like cargo description, number of bundles, weight, measurement, etc and this document is handed over to the ship at the time of loading.

If any discrepancies are found between the actual cargo delivered and the ((a)), the Chief Mate will check the cargo and document such discrepancies to confirm that the cargo was received in that condition. This was possible in the era of pre—containerization because the ship/agents were able to physically check and verify the cargo.

However, in the case of containerized cargoes and especially ((b)) cargoes, the carrier/agents are not privy to the packing of the containers and the nature of the cargo. The carrier relies on the information provided by the shipper in terms of the cargo, number of packages, weight and measurement. Hence the clauses ((c)) is put on the ((d)) to protect the carrier from any claims that the shipper might levy on them at a later stage.

① (a) Mate's Receipt

② (b) LCL

③ (c) SHIPPER'S LOAD, STOW, AND COUNT

④ (d) Bill of Lading

31 Which of the following statement on General Average in the marine insurance is NOT correct?

① Defined by York Antwerp Rules 1994 of General Average, these rules lay guidelines for the distribution of loss in an event when cargo hasto be jettisoned in order to save the ship, crew, or the remaining cargo.

② A loss is deemed to be considered under general average if and only if the reason of sacrifice is extraordinary or the sacrifice is reasonably made for the purpose of common safety for preserving the property involved.

③ General average shall be applied only for those losses which are linked directly with the material value of the cargo carried or the vessel.

④ Any claims arising due to the delay, a loss or expense caused due to loss of market or any indirect loss must be accounted into general average.

32 Choose the most appropriate term to complete the sentence under UCP600.

The description of the goods in the (　　　　　) must correspond with the description in the credit, and the (　　　　　) must be made out in the name of the Applicant.

① bill of lading   ② commercial invoice

③ sea waybill   ④ bill of exchange

33 Choose one which can NOT replace each underline.

You have been with us for over 20 years. Such loyalty cannot be overlooked. We have looked into your credit account with us and have decided to help. As you are aware, (a) you have four overdue invoices, the latest is about six months overdue. This is unlike you; therefore we have assumed that these (b) delays are connected to the current economic situation your company (c) is going through.   We like to offer you a 20% discount on all the overdue invoices if (d) payment is made within the next 30 days from today. We have attached the new invoices to this email. We believe you place a great value on the credit relationship you have with us. Therefore, we hope to receive the payments at the stipulated date.

① (a) four invoices are still outstanding

② (b) timely payment

③ (c) is encountering

④ (d) the settlement of the invoice is organized

34 Which word fits best for the blank?

> We have already explained that it is essential for medical equipment to arrive (   ) due dates as late delivery could create a very serious problem.

① on   ② for

③ at   ④ from

35 Which of the following has different intention from the others?

① Your patience and understanding would be greatly appreciated.

② A short extension would be very helpful to us, as it would give us an extra month to clear the checks.

③ We ask that you grant the extension this one time. We assure you that this will not happen again.

④ We are sorry to hear that the bankruptcies of two of your clients have been causing you difficulties.

36 Select the wrong word in view of document examination.

> When the address and contact details of (ⓐ) appear as part of (ⓑ) or (ⓒ) details, they are not to (ⓓ) with those stated in the credit.

① ⓐ the applicant   ② ⓑ the consignee

③ ⓒ notify party   ④ ⓓ agree

37 Select the wrong word in the blank.

> Documents for which the UCP600 transport articles do not apply are (   ).

① Delivery Note

② Delivery Order

③ Cargo Receipt

④ Multimodal Transport Document

38 Fill in the blanks (a)~(b) with the best word(s).

> To date, no payments have been received from you, and we are assuming that this is merely (a) _____ on your side. Please remit the full (b) _____ due amount immediately

① (a) an oversight   (b) past

② (a) an oversight   (b) intended

③ (a) a fortnight   (b) intended

④ (a) a fortnight   (b) past

39 Which of the following sentences is Not correct?

> Dear Mr. Kim,
>
> Thank you for your inquiry on April 13, (a) <u>expressing interest in our software products.</u>
>
> In reply to your letter, we are enclosing a detailed catalog and price lists (b) <u>for our design software you required.</u>
>
> (c) <u>Beside those advertising in the Business Monthly</u>, the attached illustrated brochure shows various softwares available for you.
>
> If you have any questions or concerns (d) <u>that are not covered in the materials</u> we sent you, please do not hesitate to contact us at any time.

① (a)   ② (b)   ③ (c)   ④ (d)

Dear Mr. MacFee,

We are writing to you on the recommendation of Mr. David Han, Chief Accountant at Hannam Trading. He advised us to contact you as a referee concerning the <u>credit facilities</u> which his company has asked us for.

Could you confirm that the company is sound enough to meet credits of USD3,000,000?

We would be most grateful for a reply ((A)).

Yours sincerely,

40 What does the underlined credit facilities imply?

① The potential buyer wants to settle some days later.

② The seller wants to have some loans from bank.

③ The seller wants to have credit from the potential buyer.

④ The potential buyer may ask his bank to open credit.

41 Fill in the blank (A) with suitable word.

① at your earliest convenience

② by the time we arranged

③ at their early convenience

④ to my company's satisfaction

42 Which of the following best fits the blank?

(   ) are used for taking goods from a port out to a ship, or vice versa. They can also do the same work as a barge.

① Car ferry   ② Oil−tanker

③ Lighters   ④ Trailors

Read the following and answer the questions.

We were surprised to receive your letter of 20 November in which you said you had not received payment for invoice No.1555.

We instructed our bank, Seoul Bank to ((A)) your account in HSBC London, with USD2,000,000 on 2nd November.

As our bank statement showed the money had been debited from our account, ((B)) as well.

It is possible that your bank has not advised you yet.

Yours sincerely,

---

43 Fill in the blank (A).

① credit   ② debit

③ sort out   ④ draw

44 What is best for blank (B)?

① We thought that it was double paid to your account

② We assumed that it had been credited to your account

③ We are certain that payment was in order

④ You may debit our account if you want

45 Which sentence is MOST proper for the blank?

Thank you for submitting your proposal. (   ), as it is still too early to judge whether or not we will be needing to hire an outside house to take care of the website redesign.

---

① I accept your proposal

② Perhaps we could work together to make this project happen

③ Please let us know the final result of this bid

④ I'm afraid my response will be delayed

46 Which of the following statements about Stand-by L/C is NOT correct?

(a) A Stand-by Letter of Credit ('SBLC') can be used as a safety mechanism in a contract for service. (b) A reason for this will be to hedge out risk. In simple terms, (c) it is a guarantee of payment which will be issued by a bank on the behalf of a client and which is perceived as the "payment of last resort". (d) This will usually be avoided upon when there is a failure to fulfill a contractual obligation.

① (a)　　　　　② (b)　　　　　③ (c)　　　　　④ (d)

47 Which is NOT correct when the underlined ones (ⓐ~ⓓ) are replaced with the word(s) given.

당사는 귀사 앞으로 12월 10일까지 유효한 총액 10,000달러에 대한 취소불능 신용장을 발행하도록 지시했습니다.

→ We have ⓐ instructed our bank to open an irrevocable letter of credit ⓑ in your favor ⓒ for the sum of USD10,000 ⓓ valid until December 10.

① ⓐ instructed → arranged with

② ⓑ in your favor → in favor of you

③ ⓒ for the sum of → amounting to

④ ⓓ valid → expired

48 Which is best for the blank?

Under UCP 600, terms such as "first class", "well known", "qualified", "independent", "official", "competent" or "local" used to describe the issuer of a document allow (　　　　　).

① any issuer including the beneficiary to issue that document.

② any issuer except the beneficiary to issue that document.

③ certain issuer in the L/C to issue that document.

④ issuer who is not known to the beneficiary to issue that document.

49 Chose what is NOT correct 1) ~ 3).

> According to CISG provision, the seller may declare
>
> the contract avoided;
>
> 1) _____
>
> 2) _____
>
> 3) _____

① If the failure by the buyer to perform any of his obligations under the contract or this Convention amounts to a fundamental breach of contract.

② If the buyer does not, within the additional period of time fixed by the seller, perform his obligation to pay the price.

③ If the buyer does not, within the additional period of time fixed by the buyer, perform his obligation to deliver the goods.

④ If the buyer declares that the buyer will not perform his obligation to pay the price or take delivery of the goods within the period within the additional period of time fixed by the seller.

50 Which of the following words is NOT appropriate for the blanks below?

> Demurrage and detention is mostly associated with imports although it may happen in the case of exports as well. ((a)) is a charge levied by the shipping line to the importer in cases where they have not taken delivery of the full container and move it out of the port/terminal area for unpacking within the allowed free days. ((b)), on the other hand, is a charge levied by the shipping line to the importer in cases where they have taken the full container for unpacking (let's say within the free days) but have not returned the empty container to the nominated empty depot before the expiry of the free days allowed.
>
> If a customer took the full box out of the port/terminal on the 7th of July which is within the free days (expiring on the 8th of July), but returned the empty container to the line's nominated depot only on the 19th of July. So, the shipping line will be eligible to charge the consignee ((c)) for 11 days from the 9th July (after expiry of free days) till the 19th July at the ((d)) fixed by the line.

① (a) Demurrage　　　　　　　　② (b) Detention

③ (c) demurrage　　　　　　　　④ (d) commission

51 대금이 물품의 중량에 의하여 지정되는 경우, 의혹이 있을 때 대금은 무엇에 의해 결정되는가?

① 총중량　　　　　　　　　　　　② 순중량

③ 순순중량　　　　　　　　　　　④ 정미중량

52 Incoterms 2020의 FOB 조건에 관한 설명 중 옳지 않은 것은?

① 선적항에서 매수인이 지정한 본선에 계약상품을 인도하면 매도인의 인도 의무가 완료된다.

② FOB 조건은 매도인이 물품을 본선 갑판이 아닌 CY에서 인도하는 경우에도 사용한다.

③ FOB 조건은 FAS 조건에 매도인의 본선적재 의무가 추가된 조건이다.

④ 매수인은 자기의 책임과 비용부담으로 운송계약을 체결하고 선박명, 선적기일 등을 매도인에게 통지하여야 한다.

53 국제물품매매계약에 관한 UN협약(CISG, 1980)상 계약 위반에 따른 손해배상책임과 면책에 대한 내용으로 옳지 않은 것은?

① 매도인이 매수인으로부터 공급받은 원자재를 이용하여 물품을 제조하여 공급하기로 한 계약에서 원자재의 하자로 인하여 물품이 계약에 불일치하는 경우에는 매도인은 면책된다.

② 계약당사자가 계약체결 시 예견하지 못한 장해가 발생하여 계약의 이행이 불가능해지는 경우에 의무위반 당사자는 면책된다.

③ 면책은 양당사자가 모두 주장할 수 있으며 모든 의무에 적용이 된다.

④ 계약불이행 당사자는 계약체결 시 예견하지 못한 장해가 존속하는 기간 동안 손해배상책임으로부터 면제되며 그 장해가 제거된다 하더라도 그 당사자의 의무가 부활되는 것은 아니다.

54 내국신용장의 설명으로 옳지 않은 것은?

① 원신용장을 견질로 하여 발행되는 신용장이다.

② local credit이라고 한다.

③ 사용면에서 양도가능 신용장과 유사하다.

④ 수입국의 개설은행이 지급확약을 한다.

55 포페이팅(Forfaiting) 거래방식의 설명으로 옳은 것은?

① 포페이터(forfaiter)의 무소구조건부 어음의 할인매입

② 포페이터(forfaiter)의 조건부 지급확약

③ 포페이터(forfaiter)의 무조건부 지급확약

④ 포페이터(forfaiter)의 소구권부 어음의 할인매입

56 다음 내용은 해상운임 관련 부대운임 중 무엇에 대한 설명인가?

> 대부분의 원양항로에서 수출화물이 특정기간에 집중되어 화주들의 선복수요를 충족시키기 위해 선박
> 용선료, 기기확보 비용 등 성수기 비용상승을 보전받기 위해 적용되고 있는 할증료

① Port Congestion Charge   ② Peak Season Surcharge

③ Detention Charge   ④ Demurrage Charge

57 해상적하보험의 보험기간과 관련된 설명으로 옳지 않은 것은?

① 해상적하보험은 일반적으로 항해보험형태를 취한다.

② 운송약관(transit clause)에 따라 보험기간이 개시된 후 피보험화물이 통상의 운송과정을 벗어나더라도 보험자의 책임은 계속된다.

③ 2009년 협회적하약관(ICC)에서의 보험기간은 1982년 ICC상의 보험기간보다 확장되었다.

④ 보험기간과 보험계약기간은 일치하지 않을 수도 있다.

58 내국신용장과 구매확인서의 비교 설명으로 옳지 않은 것은?

구분		내국신용장	구매확인서
㉠	관련법규	무역금융관련규정	대외무역법
㉡	개설기관	외국환은행	외국환은행, 전자무역기반사업자
㉢	개설조건	원자재 금융한도	제한없이 발급
㉣	발행제한	2차까지 개설 가능 (단, 1차 내국신용장이 완제품 내국 신용장인 경우에는 차수 제한 없음)	차수 제한 없이 순차적으로 발급 가능

① ㉠   ② ㉡   ③ ㉢   ④ ㉣

59 UN국제물품복합운송조약상 복합운송서류의 유통성 조건에 해당되지 않는 것은?

① 지시식 또는 지참인식으로 발행

② 지시식의 경우 배서에 의해 양도

③ 지참인식의 경우 배서에 의해 양도

④ 복본으로 발행되는 경우 원본의 통수를 기재

60 함부르크규칙(Hamburg rules)상 화물인도의 지연에 따른 운송인의 책임으로 옳은 것은?

① 화물운임의 2배 반에 상당하는 금액

② 화물운임의 2배에 상당하는 금액

③ 화물운임의 3배 반에 상당하는 금액

④ 화물운임의 3배에 상당하는 금액

61 협회적하약관(2009) ICC(A), (B), (C) 조건 모두에서 보상하는 손해로 옳지 않은 것은?

① 지진 · 화산의 분화 · 낙뢰

② 피난항에서의 화물의 양륙

③ 육상운송용구의 전복 · 탈선

④ 본선 · 부선 · 운송용구의 타물과의 충돌 · 접촉

62 협회적하약관(2009) ICC(A) 조건에서 보험자의 면책위험으로 옳지 않은 것은?

① 피보험자의 고의적인 위법행위

② 운항자의 지급불능

③ 동맹파업위험

④ 해적행위

63 포괄보험제도를 활용한 해상보험 방법이 아닌 것은?

① Floating Policy

② Open Cover

③ Open Account

④ Open Slip

64 클레임 해결방법 중 하나인 알선(intercession)에 대한 설명으로 옳지 않은 것은?

① 공정한 제3자 기관이 당사자의 일방 또는 쌍방의 의뢰에 의하여 클레임을 해결하는 방법이다.

② 알선은 강제력이 있다.

③ 알선은 중재와는 달리 형식적 절차를 요하지 않는다.

④ ADR에서 타협 다음으로 비용과 시간차원에서 바람직한 해결방법이다.

65 극히 경미한 손상으로 클레임을 제기하기에 무리가 있는 경우나 무역계약 성립 후 시세가 하락하여 수입업자가 손해를 입을 것으로 예상되는 경우에 감가의 구실로 제기하는 클레임의 종류는?

① 일반적인 클레임

② 계획적 클레임

③ 마켓 클레임

④ 손해배상 클레임

66 중재에 의하여 사법상의 분쟁을 적정, 공평, 신속하게 해결함을 목적으로 하는 중재법에 관한 설명으로 틀린 것은?

① 법원은 중재법에서 정한 경우를 제외하고는 이 법에 관한 사항에 관여할 수 없다.

② 중재합의는 독립된 합의 또는 계약에 중재조항을 포함하는 형식으로 할 수 있다.

③ 중재인의 수는 당사자 간의 합의로 정하나, 합의가 없으면 중재인의 수는 5명으로 한다.

④ 중재판정은 양쪽 당사자 간에 법원의 확정판결과 동일한 효력을 가진다.

67 매도인의 계약위반에 따른 매수인의 권리구제수단으로 옳지 않은 것은?

① 물품명세의 확정

② 추가기간의 지정

③ 대체품 인도청구

④ 대금감액청구

68 송금방식의 특징으로 옳지 않은 것은?

① 은행수수료가 저렴하다.

② 어음법의 적용을 받지 않는다.

③ 결제상의 위험을 은행에 전가할 수 있다.

④ 적용되는 국제 규칙이 없다.

69 Incoterms 2020 가격조건 중 그 뒤에 지정목적지(named place of destination)가 표시되는 조건으로 옳은 것은?

① FOB

② CFR

③ CIF

④ CIP

70 곡물류거래에서 선적품질조건에 해당되는 것으로 옳은 것은?

① T.Q.

② S.D.

③ R.T.

④ G.M.Q.

71 기술도입계약에 있어 당사자의무에 대한 설명으로 옳지 않은 것은?

① 기술제공자는 기술도입자에게 계약의 존속기간 동안 기술제공의무가 부담된다.

② 기술제공자는 제공하는 기술에 대한 유효성을 보장해야 한다.

③ 기술도입을 위해 독점적 라이센스계약을 체결한 경우, 기술제공자는 제3자의 권리침해를 배제할 의무가 있다.

④ 기술도입자는 계약을 통해 정해진 시기와 방법에 따라서 기술제공자에게 기술료를 제공해야 한다.

72 복합운송인의 책임에 관한 법제도와 책임한도에 대한 설명으로 옳지 않은 것은?

① 이종책임체계(network liability system)는 손해발생 구간이 확인된 경우와 확인되지 않은 경우로 나누어 각각 다른 책임법제를 적용하는 방법이다.

② 복합운송인은 화물의 손해가 복합운송인의 관리하에 있는 경우에 책임을 져야 하지만 그 결과를 방지하기 위해 모든 조치를 취한 경우는 예외이다.

③ 수화인은 화물의 인도예정일로부터 연속하여 90일 이내에 인도지연의 통지를 하지 않으면 인도지연으로 인한 손해배상청구권이 상실된다.

④ 화물의 인도일로부터 2년이 경과한 법적 절차나 중재 절차의 개시는 무효이다.

73 관세법의 법적 성격에 대한 설명으로 적절하지 않은 것은?

① 관세법은 행정법의 일종으로 관세의 부과 · 징수와 통관 절차에 대한 규율을 중심으로 하고 있기 때문에 권력 행위로서 부담적 행정행위가 대부분을 차지한다.

② 관세는 수입되는 물품에 대해 부과된다는 점에서 보통세, 소비행위를 전제로 한다는 점에서 소비세, 다른 조세와 상관없이 과세한다는 점에서 독립세이다.

③ 관세법은 다수의 WTO협정, 세계관세기구(WCO)협약, 특정국과의 협정, 일반적으로 승인된 국제법규가 관세 제도나 관세율로서 반영되어 있다.

④ 관세법은 상품이 국경을 통과하여 이동하는 수출, 수입, 또는 경유하는 과정에서 폭발물 차단, 마약단속 등의 불법적인 차단이라는 점에서 통관절차법적 성격이 있다.

74 eUCP에 대한 설명으로 옳지 않은 것은?

① 준거문언에 따라 UCP의 부칙으로 적용한다.

② eUCP 신용장에 UCP600이 적용된다.

③ eUCP와 UCP600이 상충하는 경우 eUCP가 적용된다.

④ eUCP는 종이서류상 신용장 개설과 통지에 있어서도 적용된다.

75 Incoterms 2020에 대한 설명으로 부적절한 것은?

① 이전 버전과 같이 운송수단에 따라 2개 그룹으로 나뉜다.

② DAT규칙은 DPU규칙으로 변경되었으나 매도인의 위험과 비용은 DPU규칙에서도 동일하게 적용된다.

③ CPT규칙과 CIP규칙에서 매도인은 목적지에서 양하 의무가 없다.

④ CIF규칙과 CIP규칙에서 매도인의 부보의무는 ICC(C)에 해당하는 최소부보 의무로 이전 버전과 같이 유지되었다.

SECTION 1 영문해석

---

01 Followings are the clauses frequently used for a sales contract. Which of the following clauses LEAST represent 'Entire Agreement' between the seller and the buyer?

① This Agreement together with the Plan supersedes any and all other prior understandings and agreements, either oral or in writing, between the parties with respect to the subject matter hereof and constitutes the sole and only agreement between the parties with respect to the said subject matter.

② This Agreement alone fully and completely expresses the agreement of the parties relating to the subject matter hereof. There are no other courses of dealing, understanding, agreements, representations or warranties, written or oral, except as set forth herein.

③ The failure of any party to require the performance of any term or obligation of this Agreement, or the waiver by any party of any breach of this Agreement, shall not prevent any subsequent enforcement of such term or obligation or be deemed a waiver of any subsequent breach.

④ This Agreement is intended by the parties as a final expression of their agreement and intended to be a complete and exclusive statement of the agreement and understanding of the parties hereto in respect of the subject matter contained herein.

02 What is the purpose of the following correspondence?

> Dear Mr. Mike,
>
> We have organized a series of online coaching clinic for middle schools' table tennis coaches this winter. For the virtual training, we would like to provide all registered participants with a tablet PC for interactive real-time communication.
>
> I saw a catalogue with my colleague showing your company's ranges of tablets. We are planning to make an order for more than 1,000 sets at a time. Is there a discount package available for a bulk purchase? I will also like to know the minimum price if we order for 15 or more desktop PCs with webcam.

① Request For Proposal RFP)

② Request For Quotation(RFQ)

③ Purchase Order

④ Firm Offer

03 Select the wrong explanation of definitions under the UCP 600.

① Advising bank means the bank that advises the credit at the request of the issuing bank.

② Applicant means the party on whose request the credit is issued.

③ Beneficiary means the party in whose favour a credit is issued.

④ Honour means to incur a deferred payment undertaking and pay at maturity if the credit is available by sight payment.

04 Which documentary credit enables a beneficiary to obtain pre-shipment financing without impacting his banking facility?

① Standby L/C   ② Red clause L/C

③ Revolving L/C   ④ Back-to-back L/C

05 Under the UCP 600, which of the below shipments will be honoured on presentation?

A documentary credit for USD 160,000 calls for instalment ships of fertilizer in February, March, April and May. Each shipment is to be for about 500 tonnes. Shipments were effected as follows:

a. 450 tonnes sent 24 February for value USD 36,000.

b. 550 tonnes sent 12 April for value USD 44,000.

c. 460 tonnes sent 30 April for value USD 36,800.

d. 550 tonnes sent 04 June for value USD 44,000.

① a only　　　　　　　　　　　② a and b only

③ a, b, and c only　　　　　　　④ none

06 Which of the following statement about a B/L is LEAST correct?

① A straight B/L is a NEGOTIABLE DOCUMENT.

② An order B/L is one of the most popular and common form of bill of lading issued.

③ When a straight bill of lading is issued, the cargo may be released ONLY to the named consignee and upon surrender of at least 1 of the original bills issued.

④ A straight B/L could be used in international transaction between headquarter and branch.

07 Select the best answer suitable for the blank.

Premium means the (A) or sum of money, paid by the (B) to the (C) in return for which the insurer agrees to indemnify the assured in the event of loss from an insured peril. The insurer is not bound to issue a (D) until the premium is paid.

	(A)	(B)	(C)	(D)
①	consideration	assured	insurer	policy
②	consideration	insurer	assured	policy
③	fees	insurer	assured	certificate
④	fees	assured	insured	certificate

08 Select the best answer suitable for the following passage.

> Chartering term whereby the charterer of a vessel under voyage charter agrees to pay the costs of loading and discharging the cargo.

① FI   ② FO

③ FIO   ④ FIOST

09 Select the best answer suitable for the blank under letter of credit operation.

> The beneficiary usually (   ) after loading the goods
> on board to tender documentary drafts to the negotiating bank within expiry date.

① looks for business connection abroad

② dispatches to the importer Trade Circulars including catalogue

③ applies for the issuance of a Letter of Credit

④ prepares shipping documents and draws a draft for negotiation

10 Select the best one which explains well the following passage.

> The shipping documents are surrendered to the consignee by the presenting bank upon acceptance of the time draft. The consignee obtaining possession of the goods is thereby enabled to dispose of them before the actual payment falls due.

① D/A   ② D/P

③ Collection   ④ Open Account

11 Which of the followings is APPROPRIATE for (A)?

(A) transaction is a sale where the goods are shipped and delivered before payment is due. This option is the most advantageous for the importer in terms of cash flow and cost, but it is consequently the highest risky option for an exporter. However, the exporter can offer competitive (A) terms while substantially mitigating the risk of non–payment by using one or more of the appropriate trade finance techniques, such as export credit insurance.

① Telegraphic transfer   ② Cash with order

③ Open account   ④ Letter of credit

12 Followings are the replies to customer complaints. Which of the following is NOT appropriate?

B. This is to confirm that I have seen your email. I look forward to receiving my consignment next week as you promised.

C. However, we can neither receive the return nor refund you as you demanded. This is because of our company's policy. We make refunds only for orders whose complaints are received within two weeks of purchase.

A. Thank you for taking time out of your busy schedule to write us and express your grievances on how our products and services do not meet up with your expectations.

D. Despite our effort to deliver your order on time using Skynet Express Delivery Service, it's quite unfortunate that we didn't meet up with the time allotted for the delivery of those products.

① A   ② B   ③ C   ④ D

13 Select the best answer suitable for the blank.

We are (A) of being able to send you the (B) by the end of this week. We shall do (C) in our power to see that such an irregularity is not (D).

	(A)	(B)	(C)	(D)
①	convinced	substitute	all	replace
②	convinced	substitution	all	replace
③	confident	substitution	everything	replaced
④	confident	substitute	everything	repeated

14 Which of the following is LEAST correct according to the discourse?

Lee : Hello, Mr. Jung. Jack Lee speaking.

Jung : Hello, Mr. Lee. I'm with SRG Electronics. And I was hoping to talk to you about our line of electronic parts.

Lee : Oh, yes, I've heard of SRG. How are things going in Korea?

Jung : Good, thanks. In fact, recently there's been a lot of demand for our parts, so we've been very busy.

Lee : Glad to hear that. I'd certainly be interested in your prices.

Jung : Well, I'm going to be in San Francisco next week and wondering if you have time to get together.

Lee : When will you be here?

Jung : Next Wednesday and Thursday. What does your schedule look like?

Lee : Um... Let me check my calendar. Let's see, I have a meeting on Wednesday morning. How about Wednesday afternoon at about two o'clock?

Jung : That is fine.

① Jung works for SRG Electronics.

② Jung and Lee will meet in San Francisco.

③ Jung and Lee already know each other before this phone call.

④ There are few customers in SRG Electronics.

15 Who is doing export credit insurance agencies in Korea?

In international trade, *export credit insurance* agencies sometimes act as bridges between the banks and exporters. In emerging economies where the financial sector is yet to be developed, governments often take over the role of the export credit insurance agencies.

① Korea International Trade Association

② K-Sure

③ Kotra

④ Korcham

16 Select the best answer suitable for the blank.

> (   ) letter of credit states : "Credit available with any bank, by negotiation for payment of beneficiary's draft at sight. The L/C is subject to UCP600".

① Irrevocable Open   ② Revocable Open

③ Irrevocable Special   ④ Revocable Special

17 Which of the followings is NOT appropriate for the reply to a claim letter?

① Upon investigation, we have discovered that defective goods sometimes filter despite rigorous inspection before shipment.

② Ten cases of T.V. Set for our order No. 10 per m/s "Chosun" have reached here, but we immensely regret to have to inform you that six units in C/N 10 are different in quality from the specifications of our Order.

③ As a settlement, we have arranged to reship the whole goods by the first ship available, with a special discount of 3% off the invoice amount.

④ After careful investigation, we could not find any errors on our part, because we took every effort to fill your order as evident from the enclosed certificate of packing inspection.

18 Select the right one in regard to the situation.

> Documents presented under an L/C issued by Roori Bank are fully complied. The applicant has already made payment to his bank and then the issuing bank pays the negotiating bank. Some days after, the applicant finds that the goods are not in good quality. He goes to the issuing bank and requests the bank to refund such payment for him.

① Roori Bank has to refund payment to the applicant.

② Roori Bank has to ask for the opinion of the beneficiary.

③ Roori Bank shall ask refund of money to the beneficiary.

④ Roori Bank has no obligation to refund payment.

19 A credit requires an 'invoice' without further definition. Which of the following MUST be considered to be a discrepancy under UCP600?

A commercial invoice：

A. that appears to have been issued by the beneficiary.

B. that is made out in the name of the applicant.

C. that is made out in the different currency as the credit.

D. for which the beneficiary did not sign.

① A only   ② A+B only

③ C only   ④ D only

[20~21] Read the following and answer.

Thank you for your letter regarding opening an account with our company for trading our goods.

Please fill in the enclosed financial information form for 3 years and provide us with two or more trade references as well as one bank reference.

Of course, all information will be kept in strict confidence.

Thank you very much for your cooperation.

Your sincerely,

20 Who is likely to be the writer?

① banker   ② seller

③ buyer   ④ collector

21 What would NOT be included in the financial information?

① cash flow   ② profit and loss account

③ balance sheet   ④ draft

[22~23] Read the following and answer.

Dear Peter Park,

I intend to place a substantial order with you in the next few months.

As you know, over the past two years I have placed a number of orders with you and ***settled promptly***, so I hope this has established my reputation with your company. Nevertheless, if necessary, I am willing to supply references.

I would like, if possible, to settle future accounts every three months with payments against quarterly statements.

---

22 Which is LEAST similar to settled promptly?

① debited per schedule   ② paid punctually

③ cleared punctually   ④ paid on schedule

23 What can be inferred from the above?

① Peter Park is a buyer.

② The writer wants to place an initial order with the seller.

③ References are to be provided if the buyer is afraid of seller's credit.

④ The seller may send invoices for settlement on a quarterly basis provided that the request is accepted.

24 Choose the awkward one from the following underlined parts.

I am sorry to inform you that, due to an (A) <u>expected price increase from our manufacturers in USA</u>, (B) <u>we have no option but to raise the prices of</u> all our imported shoes by 4% from 6 May, 2020.

However (C) <u>orders received before this date will be invoiced</u> at the present price levels. (D) <u>We sincerely regret the need for the increase.</u>

However, we know you will understand that this increase is beyond our control.

---

① (A)   ② (B)   ③ (C)   ④ (D)

25 Choose the right one for the next underlined part.

> Protection and Indemnity (P&I) insurance contained in an ocean marine policy covers : _____
> _____

① Ordinary loss or damage in the voyage

② Loss of the shipper fees

③ Marine legal liability for third party damages caused by the ship

④ Damage to another vessel caused by collision

SECTION 2 영작문

---

26 Which of the following words is not suitable for the blank below?

> Now, take a big corporation with customers and offices in numerous countries around the world. If a customer in Korea wants to sue over an issue with the product, would Korean law apply or would the law from any of the other countries take over? Or, what if you're an American business that has customers from Europe. In both cases, a/an (   ) clause will declare which laws will apply and can keep both companies from having to hire international lawyers.
>
> The more geographic reach your company has, the more important this clause will become. For example, if you're a small local business dealing 100% exclusively with locals, you may not really need a clause telling your customers which law applies.
>
> Everyone will expect it to be the law of whatever state that little local business is in.

① controlling law   ② governing law

③ applicable law   ④ proper law

[27~28] Read the following and answer.

With an order bill of lading the shipper can consign the goods to the bank. This method is preferred in letter of credit transactions. The bank maintains control of the merchandise until the buyer pays the documents.

The most common negotiable document is the bill of lading. The bill of lading is a receipt given by the shipping company to the shipper. A bill of lading serves as a document of title and specifies who is to receive the merchandise at the designated port. In a straight bill of lading, the seller consigns the goods directly to the buyer. This type of bill is usually not desirable in a letter of credit transaction, because (   ).

27 What is nature of straight bill of lading?

① non-negotiable bill of lading

② negotiable bill of lading

③ foul bill of lading

④ order bill of lading

28 What is best for the blank?

① it allows the buyer to obtain possession of the goods directly.

② the shipper can consign the goods to the bank.

③ the bank maintains control of goods until the buyer pays the documents.

④ the bank can releases the bill of lading to the buyer.

29 Which of the followings has a different meaning with others?

① We will give you a special discount if you order by May 12.

② You will be given a special discount if you take order until May 12.

③ If you order on or before May 12, you will get a special discount.

④ A special discount is available for your order being received on or before May 12.

30 Which of the following is appropriate for the blank?

> In comparison with lawsuit case in a court, arbitration has advantages of the speedy decision, lower costs, nomination of specialized arbitrators, and (   ).

① international effect of judgement

② mandatory publication of arbitral award

③ legal approach by government

④ higher legal stability

31 Which of the following is NOT appropriate for the blank below?

> Types of marine insurance can be differentiated as follows:
>
> (A) caters specifically to the marine cargo carried by ship and also pertains to the belongings of a ship's voyagers.
>
> (B) is mostly taken out by the owner of the ship to avoid any loss to the vessel in case of any mishaps occurring.
>
> (C) is that type of marine insurance where compensation is sought to be provided to any liability occurring on account of a ship crashing or colliding and on account of any other induced attacks.
>
> (D) offers and provides protection to merchant vessels' corporations which stand a chance of losing money in the form of freight in case the cargo is lost due to the ship meeting with an accident.

① (A) : voyage insurance   ② (B) : hull insurance

③ (C) : liability insurance   ④ (D) : freight insurance

32 Which is NOT grammatically correct?

> Thank you for your order of February 23, 2020. We are pleased to inform you that (A) your order No.3634 has been loaded on the M/S Ventura, (B) leaving for Busan on March 10, 2020, and (C) arriving at Genoa around April 3, 2020. (D) The packing was carefully carried out according to your instructions, and we are sure that all goods will reach you in good condition.

① (A)   ② (B)   ③ (C)   ④ (D)

33 Select the wrong part in the following passage.

(A) Average adjuster is an expert in loss adjustment in marine insurance, particular with regard to hulls and hull interest. (B) He is more particularly concerned with all partial loss adjustments. (C) He is usually appointed to carry out general average adjustments for the shipowner on whom falls the onus to have the adjustment drawn up. (D) His charges and expenses form part of the adjustment.

① (A)　　　　② (B)　　　　③ (C)　　　　④ (D)

34 Select the wrong part in the following passage.

(A) Sea Waybill is a transport document for maritime shipment, which serves as prima-facie evidence of the contract of carriage (B) and as a receipt of the goods being transported, and a document of title. (C) To take delivery of the goods, presentation of the sea waybill is not required; (D) generally, the receiver is only required to identify himself, doing so can speed up processing at the port of destination.

① (A)　　　　② (B)　　　　③ (C)　　　　④ (D)

35 Which is NOT grammatically correct?

(A) All disputes, controversies or differences which may raise (B) between the parties out of or in relation to or (C) in connection with contract, for the breach there of (D) shall be finally settled by arbitration in Seoul.

① (A)　　　　② (B)　　　　③ (C)　　　　④ (D)

36 Which of the following is LEAST correctly written in English?

① 당사는 귀사에게 당사의 늦은 답장에 대해 사과드리고 싶습니다.

    – We would like to apologize you to our late reply.

② 귀사의 담당자는 당사의 어떤 이메일에도 답을 하지 않았습니다.

    – The person in charge at your company did not respond to any of our emails.

③ 귀사의 제안은 다음 회의에서 다루어질 것입니다.

    – Your suggestion will be dealt with at the next meeting.

④ 신상품 라인에 대하여 설명해 주시겠습니까?

    – Would you account for the new product line?

37 Which of the following is LEAST correctly written in English?

① 이 계약서의 조건을 몇 가지 수정하고 싶습니다.

    – I'd like to amend some of the terms of this contract.

② 가격을 원래보다 20달러 더 낮출 수 있을 것 같네요.

    – I think I can lower the price of $20.

③ 계약 기간은 2년입니다.

    – The contract is valid for two years.

④ 3년간 이 소프트웨어 독점 사용권을 제공해 드릴 수 있습니다.

    – We can offer you an exclusive license to this software for three years.

38 Which of the following is LEAST correctly written in English?

① 제품 No.105와 106호의 즉시 선적이 불가능하다면, 제품 No.107과 108호를 대신 보내주십시오.

    – If Nos.105 and 106 are not available for immediate shipment, please send Nos.107 and 108 instead.

② 이 가격이 귀사에게 괜찮다면 우리는 주문양식을 보내 드리고자 합니다.

    – If this price is acceptable to you, we would like to send you an order form.

③ 귀사가 제품을 공급해줄 수 없다면, 이유를 알려주시기 바랍니다.

    – If you cannot supply us with the products, please let us have your explanation.

④ 당사의 송장은 주문한 안락의자들을 7월 12일 오후 5시까지 설치해줄 것을 구체적으로 명시하고 있습니다.

    – Our invoice specifically is stated that the armchairs ordering should be furnished until 5:00 p.m. on July 12.

39 Select the best answer suitable for the blank.

> (   ) are taxes assessed for countering the effect of subsidies provided by exporting governments on goods that are exported to other countries.

① Retaliatory duties   ② Countervailing duties

③ Dumping duties   ④ Anti-dumping duties

[40~41] Read the following and answer.

> As we wrote you previously about the delays in the delivery of your order, the situation is still the same, the trade union strike is on-going. We apologize for this occurrence, but there is not much that we can do to (   ) this, as it is out of our hands. We again apologize and regret the delay in delivery of your order. Yours faithfully,

40 What situation is excused in the above letter?

① late payment   ② force majeure

③ non payment   ④ early delivery

41 Fill in the blank with suitable word.

① rectify   ② examine

③ arrange   ④ file

[42~43] Below is part of shipping letter of guarantee. Answer to each question.

Whereas (A) <u>you</u> have issued a bill of lading covering the above shipment and the above cargo has been arrived at the above port of discharge, we hereby request you to give delivery of the said cargo to the above mentioned party without presentation of the original bill of lading.

In consideration of your complying with our above request, we hereby agree to *indemnify* you as follows : Expenses which you may sustain by reason of delivering the cargo in accordance with our request, provided that the undersigned Bank shall be exempt from liability for freight, demurrage or expenses in respect of the contract of carriage.

As soon as the original bill of lading corresponding to the above cargo comes into our possession, we shall surrender the (B) <u>same</u> to you, whereupon our liability hereunder shall cease.

42 Which is the right match for A and B?

① (A) carrier – (B) Letter of Guarantee

② (A) carrier – (B) Bill of Lading

③ (A) buyer – (B) Bill of Lading

④ (A) seller – (B) Letter of Guarantee

43 Which is similar to the word indemnify?

① register　　　　　　　　　　② reimburse

③ recourse　　　　　　　　　　④ surrender

[44~45] Read the following and answer.

Blank endorsement is an act that the (A) <u>endorser</u> signs on the back of Bill of Lading (B) <u>with</u> bearing a specific person when a bill of lading is made out (C) <u>to order or shipper's order.</u> The bill of lading then becomes a bearer instrument and the (D) <u>h older</u> can present it to the shipping company to take delivery of the goods.

44 Which is WRONG in the explanation of blank endorsement?

① (A)　　　　　② (B)　　　　　③ (C)　　　　　④ (D)

45 What is correct about the bearer?

① Bearer is someone who owns or possesses a B/L.

② Bearer is not able to assign the B/L to others.

③ Bearer is normally bank in negotiable B/L operation.

④ Bearer can not hold the B/L but endorse it to third party for assignment.

[46~47] Read the following and answer.

All risks is an insurance term to denote the conditions covered by the insurance.

(A) It is to be construed that the insurance covers each and every loss all the times. In cargo insurance, the term embraces all fortuitous losses such as (   ) occurring during transit and (B) the term incorporates a number of excluded perils.

In other words, all risks insurance is a type of property or casualty insurance policy that (C) covers any peril, as long as the contract does not specifically exclude it from coverage. This means that, (D) as long as a peril is not listed as an exclusion, it is covered.

---

46 Which is NOT suitable in the explanation of all risks insurance?

① (A)   ② (B)   ③ (C)   ④ (D)

47 Which is NOT appropriate for the blank?

① inherent vice   ② fire

③ earthquake   ④ jettison

[48~49] Read the following and answer.

> Compared to other payment type, the role of banks is substantial in documentary Letter of Credit (L/C) transactions.
>
> The banks provide additional security for both parties in a trade transaction by playing the role of intermediaries. The banks assure the seller that he would be paid if he provides the necessary documents to the issuing bank through the *nominated bank*.
>
> The banks also assure the buyer that their money would not be released unless the shipping documents such as (   ) are presented.

48 What expression is normally stated for nominated bank in L/C?

① available with   ② available for

③ available by   ④ claims at

49 Which is NOT suitable for the blank?

① packing list   ② bill of exchange

③ invoice   ④ inspection certificate

50 Fill in the blanks with right words.

> It must be remembered that the Letter of Credit is a contract between the issuing bank and the (A), regardless of any intermediary facilitating banks. Therefore, regardless of a place of presentation different from that of the issuing bank as stated on the Letter of Credit, the beneficiary is at liberty to make a (B) presentation to the issuing bank and the issuing bank is obliged to honour if the presentation is compliant.

① (A) beneficiary — (B) direct

② (A) applicant — (B) direct

③ (A) beneficiary — (B) indirect

④ (A) applicant — (B) indirect

51 UN 국제물품매매에 관한 협약(CISG)의 적용 대상인 것은?

① sales of goods bought for personal, family and household use

② sales by auction

③ sales of ships, vessels, hovercraft or aircraft

④ contracts for the supply of goods to be produced

52 계약형태의 진출방식인 국제라이센스(internationallicense)에 대한 설명으로 옳지 않은 것은?

① 해외시장에서 특허나 상표를 보호하는 동시에 크로스 라이센스를 통해 상호교환을 기대할 수 있다.

② 노하우가 라이센스의 대상이 되기 위해서는 공공연히 알려진 유용한 경영상의 정보이어야 한다.

③ 현지국에서 외환통제를 실시할 경우, 해외자회사에서 라이센스를 통해서 본국으로 과실송금이 어느 정도 가능하다.

④ 비독점적 라이센스는 기술제공자가 특정인에게 허락한 것과 동일한 내용의 권리를 제3자에게 허락할 수 있는 조건이다.

53 인코텀즈(Incoterms) 2020의 CIF조건에 대한 설명으로 옳지 않은 것은?

① 매도인이 부담하는 물품의 멸실 또는 손상의 위험은 물품이 선박에 적재된 때 이전된다.

② 물품이 컨테이너터미널에서 운송인에게 교부되는 경우에 사용하기 적절한 규칙은 CIF가 아니라 CIP이다.

③ 매도인은 물품이 제3국을 통과할 때에는 수입관세를 납부하거나 수입통관절차를 수행할 의무가 있다.

④ 매도인은 목적항에 물품이 도착할 때까지 운송 및 보험비용을 부담하여야 한다.

54 관세법상 외국물품으로 보기 어려운 것은?

① 수출신고 수리된 물품

② 우리나라 선박이 공해에서 채집한 수산물

③ 외국에서 우리나라에 반입된 물품으로서 수입신고 수리되기 전의 물품

④ 보세구역으로부터 우리나라에 반입된 물품으로서 수입신고 수리되기 전의 물품

55 한국의 (주)Haiyang은 베트남의 Hochimin Co., Ltd.로 Chemical 제품 15톤을 수출하기로 하였다. 거래조건은 CIP, 결제조건은 sight L/C이다. Hochimin Co., Ltd.가 거래은행을 통하여 발행한 신용장상에 다음과 같은 문구가 있다. 이에 대한 설명으로 옳지 않은 것은?

> +Insurance Policy in duplicate issued to Beneficiary's order and blank endorsed for the invoice value plus 10 pct.

① 보험증권의 피보험자란에 (주)Haiyang이 기재된다.

② 보험증권 상에 Hochimin Co., Ltd.의 백지배서가 필요하다.

③ 보험부보금액은 송장금액의 110%이다.

④ 보험증권은 총 2부가 발행된다.

56 신용장 양도 시 확인사항으로 옳지 않은 것은?

① 당해 신용장이 양도가능(Transferable) 신용장인지의 여부

② 개설은행이 신용장상에 지급, 인수 또는 매입을 하도록 수권받은 은행인지의 여부

③ 분할양도의 경우 원수출신용장상에 분할선적을 허용하고 있는지의 여부

④ 제시된 원수출신용장에 의하여 기 취급한 금융이 없는지의 여부

57 신용장의 기능에 대한 설명으로 옳지 않은 것은?

① 개설은행의 지급 확약을 임의로 취소 또는 변경할 수 없으므로 대금회수의 확실성을 높일 수 있다.

② 수출업자는 대금지급에 대한 은행의 약속에 따라 안심하고 상품을 선적할 수 있다.

③ 수출업자는 신용장을 담보로 하여 대도(T/R)에 의해 수출금융의 혜택을 누릴 수 있다.

④ 수입업자는 선적서류를 통해 계약 물품이 선적기간 및 신용장 유효기간 내에 선적되었는지를 알 수 있다.

58 화물의 형태나 성질에 관계없이 컨테이너 1개당 얼마라는 식으로 운송거리를 기준으로 일률적으로 책정된 운임은?

① ad valorem freight

② minimum all kinds rate

③ freight all kinds rate

④ revenue ton

59 성격이 다른 계약서의 조항을 고르면?

① 품질조건
② 수량조건
③ 결제조건
④ 중재조건

60 추심결제방식에 대한 설명으로 옳지 않은 것은?

① 환어음의 지급인이 선적서류를 영수함과 동시에 대금을 결제하는 것은 지급도(D/P)방식이다.

② 추심결제는 수출상이 환어음을 발행하여 선적서류를 첨부하여 은행을 통해 송부하는 방식이다.

③ 은행에 추심업무를 위탁하는 자는 지급인(drawee)이다.

④ 'URC'라는 국제규칙이 적용되며 신용장거래와 비교하면 은행수수료 부담이 적다.

61 전자선하증권이 사용될 경우 사용이 감소될 문서는?

① Letter of Indemnity
② Manifest
③ Letter of Guarantee
④ Delivery Order

62 선하증권의 기능에 대한 설명으로 옳지 않은 것은?

① 선하증권은 권리증권의 기능이 있기 때문에 정당한 소지인이 화물인도를 청구할 수 있다.

② 선하증권은 수취증 기능을 하므로 목적지에서 동일한 물품이 인도되어야 한다.

③ 선하증권이 일단 양도되면 그 기재내용은 양수인에 대해 확정적 증거력을 가진다.

④ 선하증권은 운송계약의 추정적 증거가 되며 운송계약서라고 할 수 있다.

63 항해용선계약에 대한 설명으로 옳지 않은 것은?

① GENCON 1994 서식이 이용되고 있다.

② 선복에 대하여 일괄하여 운임을 결정하는 용선계약을 lumpsum charter라고 한다.

③ 약정된 정박기간 내에 하역을 완료하지 못한 경우에 demurrage가 발생한다.

④ 용선자는 약정된 정박기간을 전부 사용할 수 있도록 하역작업을 수행하는 것이 바람직하다.

64 보험에 대한 설명으로 옳지 않은 것은?

① 일부 보험의 경우 보험금액의 보험가액에 대한 비율로 비례보상한다.

② 초과보험은 초과된 부분에 대해서는 무효이다.

③ 피보험이익은 보험계약 체결 시에 존재하여야 한다.

④ 해상적하보험의 보험가액은 보험기간 중 불변인 것이 원칙이다.

65 청약의 효력이 소멸되는 경우가 아닌 것은?

① 피청약자의 청약거절　　　　　　　② 유효기간 경과

③ 당사자의 사망　　　　　　　　　　④ 청약조건의 조회

66 청약의 유인에 대한 설명으로 옳지 않은 것은?

① 피청약자가 승낙하여도 청약자의 확인이 있어야 계약이 성립한다.

② 청약자는 피청약자의 승낙만으로는 구속되지 않으려는 의도를 가진다.

③ 불특정인, 불특정집단을 대상으로 이루어진다.

④ Sub-con Offer와는 전혀 다른 성격을 지닌다.

67 해상보험에 대한 설명으로 옳지 않은 것은?

① 해상보험은 가입대상에 따라 선박보험과 적하보험으로 나눌 수 있다.

② 해상적하보험은 우리나라 상법상 손해보험에 해당된다.

③ 추정전손은 현실전손이 아니지만 현실적, 경제적으로 구조가 어려운 상태이다.

④ 현실전손인 경우에는 반드시 위부통지를 해야 한다.

68 매도인이 계약을 위반했을 때 매수인의 권리구제 방법으로 볼 수 없는 것은?

① 매도인이 계약을 이행하지 않는 경우에 매수인은 원칙적으로 계약대로의 이행을 청구할 수 있다.

② 매수인은 매도인의 의무이행을 위하여 합리적인 추가 기간을 지정할 수 있다.

③ 계약상 매도인이 합의된 기일 내에 물품의 명세를 확정하지 아니한 때에는 매수인이 물품 명세를 확정할 수 있다.

④ 물품이 계약에 부적합한 경우에 모든 상황에 비추어 불합리하지 않는 한, 매수인은 매도인에 대하여 하자 보완을 청구할 수 있다.

69 우리나라 중재법상 임시적 처분의 주요 내용으로 옳지 않은 것은?

① 분쟁의 해결에 관련성과 중요성이 있는 증거의 보전

② 본안(本案)에 대한 중재판정이 있을 때까지 현상의 유지 또는 복원

③ 중재판정의 집행 대상이 되는 부채에 대한 보전 방법의 제공

④ 중재절차 자체에 대한 현존하거나 급박한 위험이나 영향을 방지하는 조치 또는 그러한 위험이나 영향을 줄 수 있는 조치의 금지

70 비용의 분기가 선적지에서 이뤄지는 Incoterms 2020 조건으로 옳은 것은?

① FOB　　　　　② DAP　　　　　③ DDP　　　　　④ CIF

71 중재계약에 대한 설명으로 옳지 않은 것은?

① 중재조항은 직소금지의 효력이 있다.

② 중재계약은 주된 계약에 대하여 독립성을 갖는다.

③ 중재계약에는 계약자유의 원칙이 적용되지 않는다.

④ 중재는 단심제이다.

72 대리점의 권한과 관련 본인으로부터 권한을 부여받지는 못하였으나 법률의 규정에 의하여 본인의 동의 여부를 불문하고 대리점이 권한을 소유하는 것을 무슨 권한이라고 하는가?

① actual authority　　　　　　　② apparent authority

③ presumed authority　　　　　　④ doctrine of ratification

73 신용장 조건 점검 시 성격이 다른 하나는?

① 검사증명서에 공식검사기관이 아닌 자의 서명을 요구하는 경우

② 화주의 책임과 계량이 표시된 운송서류는 수리되지 않는다는 조건

③ 개설의뢰인의 수입승인을 신용장 유효조건으로 하는 경우

④ 매매계약의 내용과 불일치한 조건이 있는지의 여부

74 전자무역에 대한 설명으로 옳지 않은 것은?

① 무역의 일부 또는 전부가 전자무역문서로 처리되는 거래를 말한다.

② 전자무역은 글로벌B2C이다.

③ 신용장에서 전자서류가 이용될 때 eUCP가 적용될 수 있다.

④ 선하증권의 위기를 해결하기 위해 CMI에서 해상운송장과 전자선하증권에 관한 규칙을 각각 제정하였다.

75 다음은 일반거래조건협정서의 어느 조건에 해당하는가?

All the goods sold shall be shipped within the time stipulated in each contract. The date of bills of lading shall be taken as a conclusive proof of the date of shipment. Unless specially arranged, the port of shipment shall be at Seller's option.

① 품질조건   ② 선적조건
③ 정형거래조건   ④ 수량조건

01 What can you infer from the sentence below?

> Trade finance generally refers to export financing which is normally self-liquidating.

① All export amounts are to be paid, and then applied to extend the loan. The remainder is credited to the importer's account.

② Pre-shipment finance is paid off by general working capital loans.

③ Export financing is a bit difficult to use over general working capital loans.

④ All export amounts are to be collected, and then applied to payoff the loan. The remainder is credited to the exporter's account.

02 Below is about del credere agent. Which is NOT in line with others?

> (A) An agreement by which a factor, when he sells goods on consignment, for an additional commission (called a del credere commission), (B) guaranties the solvency of the purchaser and his performance of the contract. Such a factor is called a del credere agent. (C) He is a mere surety, liable to his principal only in case the purchaser makes default. (D) Agent who is obligated to indemnify his principal in event of loss to principal as result of credit extended by agent to third party.

① (A)　　　　　② (B)　　　　　③ (C)　　　　　④ (D)

[03~04] Read the following and answer.

We are pleased to state that KAsia in your letter of 25th May is a small but well-known and highly respectable firm, (A) <u>who has established in this town for more than five years.</u> We ourselves have now been doing business with them (B) <u>for more than five years on quarterly open account terms</u> and although (C) <u>they have not taken advantage of cash discounts</u>, they have always paid promptly on the net dates. The credit we have allowed the firm (D) <u>has been well above USD100,000 you mentioned.</u>

03 Who might be the writer?

① Bank   ② Referee   ③ Seller   ④ Buyer

04 Which is grammatically WRONG?

① (A)   ② (B)   ③ (C)   ④ (D)

05 Which of the following CANNOT be inferred from the passage below?

Dear Mr. Cooper,

Thank you for your letter in reply to our advertisement
in EduCare.

Although we are interested in your proposition, the 5% commission you quoted on the invoice values is higher than we are willing to pay. However, the other terms quoted in your quotation would suit us.

Again we do not envisage paying more than 3% commission on net invoice values, and if you are willing to accept this rate, we would sign a one-year contract with effect from 1 August.

One more thing we would like to add is that the volume of business would make it worth accepting our offer.

Yours sincerely,
Peter

① Peter is an agent.

② Cooper is engaged in a commission based business.

③ 3% commission is a maximum to the Principal to go with.

④ Low commission might be compensated by large volume of business.

06 Select the wrong explanation of negotiation under UCP 600.

> (A) Negotiation means the purchase by the nominated bank of drafts (drawn on a bank other than the nominated bank) (B) and/or documents under a complying presentation, (C) by advancing or agreeing to advance funds to the beneficiary (D) on or before the banking day on which reimbursement is due to the issuing bank.

① (A)　　　　　② (B)　　　　　③ (C)　　　　　④ (D)

07 What is correct about the bearer in bill of lading operation?

① Bearer is someone who owns or possesses a B/L.

② Bearer is not able to assign the B/L to other.

③ Bearer is normally second consignor in negotiable B/L operation.

④ Bearer can not hold the B/L but endorse it to third party for assignment.

08 Select the wrong explanation of credit under UCP 600.

> (A) Credit means any arrangement, (B) however named or described, (C) that is irrevocable or revocable and thereby constitutes a definite undertaking of (D) the issuing bank to honour a complying presentation.

① (A)　　　　　② (B)　　　　　③ (C)　　　　　④ (D)

09 Select the best answer suitable for the blanks.

> Excepted perils mean the perils exempting the insurer from liability where the loss of or damage to the subject-matter insured arises from certain causes such as (A) of the assured, delay, (B), inherent vice and vermin or where loss is not (C) by perils insured against.

① (A) wilful misconduct　　(B) ordinary wear and tear　　(C) proximately caused

② (A) wilful misconduct　　(B) wear and tear　　(C) proximately caused

③ (A) misconduct　　(B) wear and tear　　(C) caused

④ (A) misconduct　　(B) ordinary wear and tear　　(C) caused

10 What is the subject of the passage below?

> A written statement usually issued by the issuing bank at the request of an importer so as to take delivery of goods from a shipping company before the importer obtains B/L.

① Letter of Guarantee

② Letter of Surrender

③ Bill of Exchange

④ Trust Receipt

11 Which of the followings is NOT suitable for the blanks below?

> A factor is a bank or specialized financial firm that performs financing through the purchase of (A). In export factoring, the factor purchases the exporter's (B) foreign accounts receivable for cash at a discount from the face value, generally (C). It sometimes offers up to 100% protection against the foreign buyer's inability to pay − with (D).

① (A) account receivables

② (B) long−term

③ (C) without recourse

④ (D) no deductible scheme or risk−sharing

[12~13] Read the following letter and answer the questions.

> Thank you for your advice of 15 May. We have now effected (A) to our customers in New Zealand and enclose the (B) you asked for and our draft for £23,100 which includes your (C). Will you please honour the (D) and remit the (E) to our account at the Mainland Bank, Oxford Street, London W1A 1AA.

12 Select the wrong one in the blank (C)?

① discount

② commission

③ charges

④ proceeds

13 Which of the following BEST completes the blanks (A), (B), (D) and (E)?

① (A) dispatch   (B) transport documents

    (D) documentary draft   (E) proceed

② (A) shipment   (B) transport documents

    (D) clean draft   (E) proceed

③ (A) shipment   (B) shipping documents

    (D) documentary draft   (E) proceeds

④ (A) dispatch   (B) shipping documents

    (D) clean draft   (E) proceeds

14 Please put the following sentences in order.

(A) After having dealt with you for many years, I deserve better treatment.

(B) Your competitors will be happy to honor my credit, and I will transfer my future business elsewhere.

(C) I did not appreciate the curt letter I received from your Credit Department yesterday regarding the above invoice, a copy of which is attached.

(D) I've been disputing these charges for two months.

---

① (C)–(D)–(A)–(B)   ② (A)–(B)–(D)–(C)

③ (B)–(D)–(C)–(A)   ④ (D)–(A)–(B)–(C)

15 Select the different purpose among the following things.

① The finish is not good and the gilt comes off partly.

② By some mistake the goods have been wrongly delivered.

③ When comparing the goods received with the sample, we find that the color is not the same.

④ All marks must be same as those of invoice in accordance with our direction.

[16~19] Read the following passage and answer.

The UCP 600 definition of complying presentation means a presentation that is in accordance with the terms and conditions of the documentary credit, the applicable provisions of these rules and international standard banking practice.

This definition includes three concepts. First, (A) Second, the presentation of documents must comply with the rules contained in UCP 600 that are applicable to the transaction, i.e., (B). Third, the presentation of documents must comply with international standard banking practice. The first two conditions are determined by looking at the specific terms and conditions of the documentary credit and the rules themselves. ⓐ The third, international standard banking practice, reflects the fact that the documentary credit and ⓑ the rules only imply some of the processes that banks undertake in the examination of documents and in the determination of compliance. ⓒ International standard banking practice includes practices that banks regularly undertake in determining the compliance of documents. ⓓ Many of these practices are contained in the ICC's publication International Standard Banking Practice for the Examination of Documents under Documentary Credits ("ISBP") (ICC Publication No. 681); however, the practices are broader than what is stated in this publication. Whilst the ISBP publication includes many banking practices, there are others that are also commonly used in documentary credit transaction beyond those related to the examination of documents. For this reason, (C).

16 Select the suitable one in the blank (A).

① the presentation of documents must comply with the terms and conditions of the documentary credit.

② the presentation of documents must represent the goods.

③ the passing of the documents by the beneficiary to the issuing bank must be punctual.

④ the presentation of complying documents must made to the nominated banks under the documentary credit.

17 Select the wrong one for the underlined parts.

① ⓐ   ② ⓑ   ③ ⓒ   ④ ⓓ

18 Select the best one in the blank (B).

① those that have been modified or excluded by the terms and conditions of the documentary credit

② those that can not be applied by way of special conditions that exclude the rules

③ those that can not be applied by way of special conditions that modify or exclude the rules

④ those that have not been modified or excluded by the terms and conditions of the documentary credit

19 Select the best one in the blank (C).

① the definition of complying presentation specifically refers to the International Standard Banking Practice publication

② the definition of complying presentation does not specifically refer to the International Standard Banking Practice and UCP publications

③ the definition of complying presentation does not specifically refer to the International Standard Banking Practice publication

④ the definition of complying presentation specifically refers to the International Standard Banking Practice and UCP publications

20 Which is right pair of words for the blanks?

A sight draft is used when the exporter wishes to retain title to the shipment until it reaches its destination and payment is made.

In actual practice, the ocean bill of lading is endorsed by the (A) and sent via the exporter's bank to the buyer's bank. It is accompanied by the draft, shipping documents, and other documents that are specified by the (B). The foreign bank notifies the buyer when it has received these documents. As soon as the draft is paid, the foreign bank hands over the bill of lading with other documents thereby enabling the (C) to take delivery of the goods.

	(A)	(B)	(C)
①	exporter	buyer	buyer
②	exporter	exporter	buyer
③	buyer	exporter	buyer
④	buyer	buyer	buyer

21 Which is NOT suitable in the blank?

> The Incoterms® 2020 rules do NOT deal with (   ).

① whether there is a contract of sale at all

② the specifications of the goods sold

③ the effect of sanctions

④ export/import clearance and assistance

22 Which of the following is the LEAST appropriate Korean translation?

① We are very sorry to have to inform you that your latest delivery is not up to your usual standard.

    ⇒ 귀사의 최근 발송품은 평소의 수준에 미치지 못하는 것이었음을 알려드리게 되어 유감입니다.

② We must apologize once again for the last minute problems caused by a clerical error on our side.

    ⇒ 당사 측의 사소한 실수로 인해 발생한 문제에 대해 마지막으로 다시 사과드려야 하겠습니다.

③ In consequence we are compelled to ask our agents to bear a part of the loss.

    ⇒ 따라서 당사는 당사 대리점들이 이번 손실의 일부를 부담해줄 것을 요청하지 않을 수 없습니다.

④ Thank you for your quotation for the supply of ABC but we have been obliged to place our order elsewhere in this instance.

    ⇒ ABC의 공급에 대한 견적을 보내주셔서 감사합니다. 하지만 이번에 한해서는 타사에 주문할 수밖에 없게 되었습니다.

23 The following is on Incoterms® 2020. Select the right ones in the blanks.

> The Incoterms® rules explain a set of (A) of the most commonly-used three-letter trade terms, e.g. CIF, DAP, etc., reflecting (B) practice in contracts for the (C) of goods.

① (A) twelve   (B) business-to-consumer   (C) sale and purchase

② (A) eleven   (B) business-to-business   (C) sale and purchase

③ (A) eleven   (B) business-to-consumer   (C) sales

④ (A) twelve   (B) business-to-business   (C) sales

24 Select the wrong explanation of changes in Incoterms® 2020.

① Bills of lading with an on-board notation could5 be required under the FCA Incoterms rule.

② Obligations which are listed in one clause.

③ Different levels of insurance cover in CIF and CIP.

④ Arranging for carriage with seller's or buyer's own means of transport in FCA, DAP, DPU and DDP.

25 Select the term or terms which the following passage does not apply to.

> The named place indicates where the goods are "delivered", i.e. where risk transfers from seller to buyer.

① E-term   ② F-terms

③ C-terms   ④ D-terms

SECTION 2 영작문

[26~28] Please read the following letter and answer each question.

(A) We have instructed our bank, Korea Exchange Bank, Seoul to open an irrevocable letter of credit for USD22,000.00 (twenty two thousand US dollars) to cover the shipment (CIF London). The credit is (a) until 10 June 2020.

(B) Bill of Lading (3 copies) Invoice CIF London (2 copies) AR Insurance Policy for USD24,000.00 (twenty four thousand US dollars)

(C) We are placing the attached order for 12 (twelve) C3001 computers in your proforma invoice No.548.

(D) You will receive confirmation from our bank's agents, HSBC London, and you can draw on them at 60 (sixty) days after sight for the full amount of invoice. When submitting our draft, please enclose the following documents. Please fax or email us as soon as you have arranged (b).

26 Put the sentences (A)~(D) in the correct order.

① (D)-(B)-(A)-(C)   ② (C)-(A)-(D)-(B)

③ (D)-(C)-(B)-(A)   ④ (B)-(A)-(C)-(D)

27 Which word is Not suitable for (a)?

① invalid   ② in force

③ effective   ④ available

28 Which word is most suitable for (b)?

① shipment   ② insurance

③ negotiation   ④ invoice

29 Select the right term for the following passage.

> The freight is calculated on the ship's space or voyage rather than on the weight or measurement.

① Lumpsum Freight   ② Dead Freight

③ Bulky Freight   ④ FAK

30 Choose the one which has same meaning for the underlined part under UCP 600.

> We intend to ship a consignment of (A) dinghies and their equipment to London at (B) the beginning of next month under the letter of credit.

① (A) boats − (B) the 1st to the 10th

② (A) yachts − (B) the 1st to the 15th

③ (A) machines − (B) the 1st to the 10th

④ (A) hull − (B) the 1st to the 15th

31 What kind of draft is required and fill in the blank with suitable word?

> This credit is available by draft at sight drawn on us for (   )

① usance − invoice value plus 10%

② demand − the full invoice value

③ demand − invoice value plus 10%

④ usance − the full invoice value

32 Select the wrong part in the following passage.

(A) <u>Authority to Pay is not a letter of credit,</u> (B) <u>but merely an advice of the place of payment and also specifies documents needed to obtain payment.</u> (C) <u>It obliges any bank to pay.</u> (D) <u>It is much less expensive than a letter of credit and has been largely superseded by documents against payment.</u>

① (A)   ② (B)   ③ (C)   ④ (D)

33 Which of the following is MOST appropriate in the blanks?

If a credit prohibits partial shipments and more than one air transport document is presented covering dispatch from one or more airports of departure, such documents are (A), provided that they cover the dispatch of goods on the same aircraft and same flight and are destined for the same airport of destination. In the event that more than one air transport document is presented incorporating different dates of shipment, (B) of these dates of shipment will be taken for the calculation of any presentation period.

① (A) unacceptable − (B) the latest

② (A) unacceptable − (B) the earliest

③ (A) acceptable − (B) the latest

④ (A) acceptable − (B) the earliest

34 Select the best one in the blank.

If a nominated bank determines that a presentation is complying and forwards the documents to the issuing bank or confirming bank, whether or not the nominated bank has honoured or negotiated, and issuing bank or confirming bank must (   ) that nominated bank, even when the documents have been lost in transit between the nominated bank and the issuing bank or confirming bank, or between the confirming bank and the issuing bank.

① reimburse

② honour or reimburse

③ negotiate or reimburse

④ honour or negotiate, or reimburse

35 A letter of credit requires to present bill of lading and insurance certificate. If the shipment date of bill of lading is 20 May, 2020, which of following document can be matched with such bill of lading?

> A. An insurance certificate showing date of issue as 20 May, 2020
>
> B. An insurance certificate showing date of issue as 21 May, 2020
>
> C. An insurance policy showing date of issue as 20 May, 2020
>
> D. A cover note showing date of issue as 20 May, 2020

① A only ② C only

③ A and C only ④ all of the above

36 Which of the followings is NOT correctly explaining the Charter Party Bill of Lading under UCP 600?

① The charter party B/L must appear to be signed by the master, the owner, or the charterer or their agent.

② The charter party B/L must indicate that the goods have been shipped on board at the port of loading stated in the credit by pre-printed wording, or an on board notation.

③ The date of issuance of the charter party bill of lading will be deemed to be the date of shipment unless the charter party bill of lading contains an on board notation indicating the date of shipment.

④ A bank will examine charter party contracts if they are required to be presented by the terms of the credit.

37 Select the right terms in the blanks?

> Payments under (A) are made direct between seller and buyer whereas those under (B) are made against presentation of documentary bills without bank's obligation to pay.

① (A) Documentary Collection − (B) Letter of Credit

② (A) Remittance − (B) Documentary Collection

③ (A) Letter of Credit − (B) Documentary Collection

④ (A) Remittance − (B) Letter of Credit

38 Which of the following is LEAST correct about the difference between Bank Guarantee and Letter of Credit?

① The critical difference between LC and guarantees lie in the way financial instruments are used.

② Merchants involved in exports and imports of goods on a regular basis choose LC to ensure delivery and payments.

③ Contractors bidding for infrastructure projects prove their financial credibility through guarantees.

④ In LC, the payment obligation is dependent of the underlying contract of sale.

39 Which of the followings is NOT APPROPRIATE as part of the reply to the letter below?

Thank you for your fax of July 5, requesting an offer on our mattress. We offer you firm subject to your acceptance reaching us by July 20.

Our terms and conditions are as follows :

    Items : mattress (queen size)

    Quantity : 300 units

    Price : USD1,100.00 per unit, CIF New York

    Shipment : During May

    Payment : Draft at sight under an Irrevocable L/C

---

① We need the goods in early June, so we want to change only shipment term.

② Thank you for your firm offer, and we are pleased to accept your offer as specified in our Purchase Note enclosed.

③ Thank you for your letter requesting us to make an offer, and we would like to make an offer.

④ We regret to say that we are not able to accept your offer because of high price comparing with that of your competitor.

40 Put the sentences A~D in the correct order?

(A) Finally, in accordance with the instructions of our buyer, we have opened an insurance account with the AAA Insurance Company on W.A. including War Risk.

(B) We enclose a check for $50.00 from Citibank in payment of the premium.

(C) As you know, our buyer directed us to make a marine insurance contract on W.A. including War Risk with you on 300 boxes of our Glasses Frames, which we are shipping to New York by the S.S. "Ahra" scheduled to leave Busan on the 15th February.

(D) We want you to cover us on W.A. including War Risk, for the amount of $2,050.00 at the rate you suggested to us on the phone yesterday, and one copy of our invoice is enclosed herein.

① A−B−C−D   ② C−D−B−A

③ D−B−C−A   ④ B−C−D−A

41 Where a bill of lading is tendered under a letter of credit, which is LEAST appropriate?

The bill of lading is usually (A) drawn in sets of three negotiable copies, and goods are deliverable against (B) any one of the copies surrendered to the shipping company. The number of negotiable copies prepared would be mentioned on the bill which would also provide that "(C) one of the copies of the bill being accomplished, the others to stand valid". It is, therefore, essential that (D) the bank obtains all the copies of the bill of lading.

① A   ② B   ③ C   ④ D

42 What does the following refer to under marine insurance operation?

After the insured gets the claim money, the insurer steps into the shoes of insured. After making the payment of insurance claim, the insurer becomes the owner of subject matter.

① Principle of Subrogation

② Principle of Contribution

③ Principle of Abandonment

④ Principle of Insurable Interest

43 Which of the followings is NOT correctly explaining the arbitration?

① With arbitration clause in their contract, the parties opt for a private dispute resolution procedure instead of going to court.

② The arbitration can only take place if both parties have agreed to it.

③ In contrast to mediation, a party can unilaterally withdraw from arbitration.

④ In choosing arbitration, parties are able to choose such important elements as the applicable law, language and venue of the arbitration. This allows them to ensure that no party may enjoy a home court advantage.

44 Select the right term for the following passage.

> A principle whereby all parties to an adventure, who benefit from the sacrifice or expenditure, must contribute to make good the amount sacrificed or the expenditure incurred.

① General average ② Jettison

③ Particular charges ④ Particular average

45 Select the wrong term in view of the following passage.

> A negotiation credit under which negotiation is not restricted to one nominated bank or which is available through any bank.

① general L/C ② unrestricted L/C

③ open L/C ④ freely acceptable L/C

46 The following are on CIF under Incoterms® 2020. Select the wrong one.

① The insurance shall cover, at a minimum, the price provided in the contract plus 10% (ie 110%) and shall be in the currency of the carriage contract.

② The insurance shall cover the goods from the point of delivery set out in this rule to at least the named port of destination.

③ The seller must provide the buyer with the insurance policy or certificate or any other evidence of insurance cover.

④ Moreover, the seller must provide the buyer, at the buyer's request, risk and cost, with information that the buyer needs to procure any additional insurance.

47 Select the wrong part in the following passage under UCP600.

> (A) <u>Letter of Credit means an engagement by a bank or other person made at the request of a customer</u> (B) <u>that the issuer will honor drafts or other demands for payment upon compliance with the conditions specified in the credit.</u> (C) <u>A credit must be irrevocable.</u> (D) <u>The engagement may be either an agreement to honor or a statement that the applicant or other person is authorized to honor.</u>

  ① (A)   ② (B)   ③ (C)   ④ (D)

48 Select the wrong one in the blank under Incoterms® 2020.

> The seller must pay (   ) under FCA.

① all costs relating to the goods until they have been delivered in accordance with this rule other than those payable by the buyer under this rule

② the costs of providing the transport document to the buyer under this rule that the goods have been delivered

③ where applicable, duties, taxes and any other costs related to export clearance under this rule

④ the buyer for all costs and charges related to providing assistance in obtaining documents and information in accordance with this rule

49 The following are the purpose of the text of the introduction of Incoterms® 2020. Select the wrong one.

① to explain what the Incoterms® 2020 rules do and do NOT do and how they are best incorporated

② to set out the important fundamentals of the Incoterms rules such as the basic roles and responsibilities of seller and buyer, delivery, risk etc.

③ to explain how best to choose the right Incoterms rules for the general sale contract

④ to set out the central changes between Incoterms® 2010 and Incoterms® 2020

50 Which of the following is logically INCORRECT?

① A person authorized by another to act for him is called as principal.

② Co-agent means one who shares authority to act for the principal with another agent and who is so authorized by the principal.

③ Agents employed for the sale of goods or merchandise are called mercantile agents.

④ Del credere agent is an agent who sell on behalf of a commission and undertakes that orders passed to the principal will be paid.

SECTION 3   무역실무

---

51 다음 DPU조건에 대한 설명 중 틀린 것을 고르시오.

① 매도인은 지정목적지까지 또는 있는 경우 지정목적지에서의 합의된 지점까지 물품의 운송을 위해 자신의 비용으로 계약을 체결하거나 준비하여야 한다.

② 매도인은 목적지까지 운송을 위해 어떠한 운송관련 보안요건을 준수하여야 한다.

③ 매도인은 자신의 비용으로 매수인이 물품을 인수할 수 있도록 하기 위해 요구되는 서류를 제공하여야 한다.

④ 매도인은 수출통관절차, 수출허가, 수출을 위한 보안 통관, 선적 전 검사, 제3국 통과 및 수입을 위한 통관 절차를 수행하여야 한다.

---

52 다음 중 권리침해조항의 설명으로 틀린 것을 고르시오.

① 특허권, 실용신안권, 디자인권, 상표권 등의 지적재산권의 침해와 관련된 조항이다.

② 매도인의 면책내용을 규정하고 있고 매수인의 주문 내용에 따른 이행에 한정된다.

③ 매수인은 제3자로부터 지적재산권 침해를 받았다는 이유로 매도인에게 클레임을 제기할 수 있다.

④ 선진국으로 수출되는 물품을 주문받았을 경우 특히이 조항을 삽입해야 한다.

53 다음 인코텀즈(Incoterms) 2020에 대한 설명으로 적절하지 않은 것을 고르시오.

① CIF 조건에서는 협회적하약관 C 약관의 원칙을 계속 유지하였다.

② 물품이 FCA 조건으로 매매되고 해상운송 되는 경우에 매수인은 본선적재표기가 있는 선하증권을 요청할 수 없다.

③ 인코텀즈 2020 규칙에서는 물품이 매도인으로부터 매수인에게 운송될 때 상황에 따라 운송인이 개입되지 않을 수도 있다.

④ 매도인이 컨테이너화물을 선적 전에 운송인에게 교부함으로써 매수인에게 인도하는 경우에 매도인은 FOB 조건 대신에 FCA 조건으로 매매하는 것이 좋다.

54 다음 중 매입은행과 개설은행의 서류 심사와 관련된 내용으로 옳지 않은 것을 고르시오.

① 은행의 서류심사와 수리여부 결정은 선적서류를 영수한 익일로부터 제7영업일이내에 이루어져야 한다.

② 신용장 조건과 불일치한 서류가 제시된 경우 개설은행은 개설의뢰인과 하자 서류의 수리 여부를 교섭할 수 있다.

③ 신용장에 서류의 지정 없이 조건만을 명시한 경우 그러한 조건은 없는 것으로 간주된다.

④ 은행이 선적서류가 신용장조건과 일치하는지 여부를 심사할 때 신용장통일규칙과 국제표준은행관행(ISBP)에 따라야 한다.

55 다음 중 해운동맹의 운영수단으로 성격이 다른 하나를 고르시오.

① Sailing Agreement   ② Pooling Agreement

③ Fidelity Rebate System   ④ Fighting Ship

56 관세법상 입국 또는 입항하는 운송수단의 물품을 다른 세관의 관할구역으로 운송하여 출국 또는 출항하는 운송 수단으로 옮겨 싣는 것을 의미하는 용어로 옳은 것을 고르시오.

① 통관(通關)   ② 환적(換積)

③ 복합환적(複合換積)   ④ 복합운송(複合運送)

57 다음 중 수출입을 총괄하는 대외무역법의 성격에 대한 설명으로 적절하지 않은 것을 고르시오.

① 수출입공고상 상품분류방식은 HS방식을 따르고 있다.

② 통합공고는 대외무역법에 물품의 수출입요령을 정하고 있는 경우 이들 수출입요령을 통합한 공고이다.

③ 수출입공고는 우리나라 수출입품목을 관리하기 위한 기본공고체계이다.

④ 수출입공고, 통합공고, 전략물자수출입공고 등의 품목 관리는 대외무역법에서 규정하고 있다.

58 다음 중 해상운송에서 사용되는 할증운임으로 그 성격이 다른 하나를 고르시오.

① Heavy Cargo Surcharge
② Length Cargo Surcharge
③ Bulky Cargo Surcharge
④ Optional Surcharge

59 다음은 내국신용장과 구매확인서의 비교설명표이다. 옳지 않은 것을 모두 고르시오.

구분	내국신용장	구매확인서
㉠ 관련법규	대외무역법 시행령	무역금융 규정
㉡ 개설기관	외국환은행	외국환은행
㉢ 개설조건	제한 없이 발급	무역금융 융자한도 내에서 개설
㉣ 수출실적	공급업체의 수출실적 인정	공급업체의 수출실적 인정
㉤ 부가가치세	영세율 적용	영세율 미적용

① ㉠, ㉡, ㉤
② ㉠, ㉢, ㉤
③ ㉡, ㉢, ㉤
④ ㉡, ㉣, ㉤

60 다음 서류상환인도(CAD) 방식에 대한 설명으로 옳게 짝지어진 것을 모두 고르시오.

㉠ 수입상이 자신 앞에 도착된 상품의 품질검사를 완료한 후에 구매여부를 결정할 수 있는 결제방식이다.

㉡ 선하증권상 수하인은 수입국 소재의 수출상의 지사나 대리인이며, 대금의 결제와 동시에 선하증권을 배서 양도하여 물품을 인도하게 된다.

㉢ 수출업자가 선적을 완료한 상태에서 수입업자가 수출 국에 소재하는 자신의 해외지사 또는 대리인에게 지시 하여 서류의 인수를 거절하게 되는 경우에는 수출업자는 곤란한 상황에 처하게 된다.

㉣ 수입자의 대리인을 수입국 소재 수입자의 거래은행 으로 지정하는 경우 European D/P라고도 한다.

① ㉠, ㉡
② ㉡, ㉢
③ ㉡, ㉣
④ ㉢, ㉣

61 다음 중 선하증권의 법적 성질에 대한 설명으로 옳지 않은 것을 고르시오.

① 요인증권성 : 화물의 수령 또는 선적되었음을 전제로 발행한다.

② 요식증권성 : 상법 등에서 정한 기재사항을 증권에 기재하여야 한다.

③ 문언증권성 : 선의의 B/L 소지인에게 운송인은 B/L 문언에 대하여 반증할 수 없다.

④ 지시증권성 : 화물에 대하여 B/L이 발행된 경우, 그 화물을 처분할 때에는 반드시 B/L로써 한다.

62 다음 항공화물운송에서 품목분류요율(CCR) 관련 할인요금 적용대상 품목으로 옳지 않은 것을 고르시오.

① 서적

② 카탈로그

③ 정기간행물

④ 점자책 및 Talking books(calendar, price tag, poster도 적용 가능)

63 다음 선하증권(B/L)에 대한 설명으로 적절하지 않은 것을 고르시오.

① FOB 조건이나 CIF 조건처럼 본선 상에 물품의 인도를 의무화하고 있는 거래에서는 선적 선하증권을 제시해야 한다.

② 적색 선하증권(Red B/L)은 선하증권과 보험증권을 결합한 증권으로 선사가 보험회사에 일괄보험으로 가입하게 된다.

③ FIATA 복합운송선하증권은 운송주선인이 운송인이나 운송인의 대리인으로 행동한다는 것이 운송서류에 나타나 있지 않아도 수리된다.

④ 최초의 운송인이 전구간에 대하여 책임을 지고 화주에게 발행해 주는 선하증권을 통선하증권(Through B/L)이라 한다.

64 다음 하역비부담 및 할증운임 조건에 대한 설명으로 틀린 것을 고르시오.

① Berth term은 정기선조건에 사용되어 liner term이라고도 하고 선적과 양륙비용을 선주가 부담한다.

② FIO는 선적과 양륙이 화주의 책임과 비용으로 이루어지는 조건이다.

③ Bulky cargo surcharge는 벌크화물에 대하여 할증되는 운임이다.

④ Optional surcharge는 양륙지가 정해지지 않은 화물에 부가되는 할증운임이다.

65 다음 해상손해의 보상에 대한 설명으로 적절하지 않은 것을 고르시오.

① 공동의 해상항해와 관련된 재산을 보존할 목적으로 공동의 안전을 위하여 이례적인 희생이나 비용이 의도적으로 지출된 때에 한하여 공동해손행위가 있다.

② 구조비(salvage charge)는 구조계약과 관계없이 해법상으로 회수할 수 있는 비용이라고 정의하고 있어 구조계약과 관계없이 임의로 구조한 경우에 해당한다.

③ 손해방지비용(sue and labor expense)은 근본적으로 보험자를 위한 활동이라고 할 수 있기 때문에 손해방지 비용이 보험금액을 초과하는 경우에도 보험자가 보상한다.

④ 특별비용(particular charge)은 피보험목적물의 안전이나 보존을 위하여 피보험자에 의하여 지출된 비용으로서 공동해손비용과 손해방지비용은 제외된다.

66 미국의 신해운법(Shipping Act, 1984)상 특별히 인정되는 복합운송인을 고르시오.

① Carrier형 복합운송인

② CTO형 복합운송인

③ NVOCC형 복합운송인

④ 운송주선업자

67 다음 분쟁해결조항상 사용할 수 없는 분쟁해결방법을 고르시오.

Dispute Resolution. The Parties agree to attempt initially to solve all claims, disputes or controversies arising under, out of or in connection with this Agreement by conducting good faith negotiations. If the Parties are unable to settle the matter between themselves, the matter shall thereafter be resolved by alternative dispute resolution.

① Amicable Settlement

② Conciliation

③ Arbitration

④ Litigation

68 다음 국제복합운송 경로에 대한 설명으로 옳은 것을 고르시오.

① ALB(American Land Bridge)는 극동아시아의 주요 항만에서부터 북미서안의 주요항만까지 해상운송하여 철도로 내륙운송 후 북미 동남부에서 다시 해상운송으로 유럽의 항만 또는 내륙까지 연결하는 복합운송 경로이다.

② MLB(Mini Land Bridge)는 극동아시아에서 캐나다 서안에 있는 항만까지 해상운송 후 캐나다 철도를 이용하여 몬트리올 또는 캐나다 동안까지 운송한 다음 다시 캐나다 동안의 항만에서 유럽의 각 항만으로 해상운송하는 복합운송경로이다.

③ MB(Micro Bridge)는 미국 서안에서 철도 등의 내륙 운송을 거쳐 동안 또는 멕시코만 항만까지 운송하는 해륙복합운송시스템이다.

④ SLB(Siberian Land Bridge)는 중국과 몽골을 거쳐 시베리아 철도를 이용하여 극동, 유럽 및 북미간의 수출입화물을 운송하는 복합운송경로이다.

69 다음 해상손해의 형태 중 성격이 다른 하나를 고르시오.

① 구조료
② 손해방지비용
③ 충돌손해배상책임
④ 특별비용

70 다음 중재제도에 관한 설명 중 옳지 않은 것을 고르시오.

① 중재계약은 계약자유의 원칙이 적용되는 사법상의 계약이라고 할 수 있다.
② 중재법정은 자치법정이라고 볼 수 있다.
③ 구제제도로서 중재판정취소의 소를 인정하고 있다.
④ 중재심문에는 증인을 출석시킬 수 있으며 선서도 시킬 수 있다.

71 제3자가 개입되지만 제3자는 당사자로 하여금 일치된 해결안에 도달하도록 도와주는 대체적 분쟁해결방법(ADR)의 한 유형을 고르시오.

① 화해
② 알선
③ 조정
④ 중재

72 다음 조건부 청약(Conditional Offer) 중 성격이 다른 것을 고르시오.

① 예약불능청약(Offer without engagement)

② 통지없이 가격변동 조건부 청약(Offer subject to change without notice)

③ 시황변동조건부 청약(Offer subject to market fluctuation)

④ 승인부 청약(Offer on approval)

73 다음 중 분쟁의 해결방법에 대한 설명으로 부적절한 것을 고르시오.

① Amicable Settlement는 당사자 간 클레임을 해결하는 방법이다.

② 중재과정에서 Amicable Settlement에 이르는 경우도 있다.

③ 당사자 간 분쟁해결 방법으로 Mediation 또는 Conciliation도 고려해 볼 수 있다.

④ 중재는 서면에 의한 합의가 있어야 활용이 가능하다.

74 다음 대리점계약에서 대리인과 본인, 즉 당사자 관계에 대한 설명으로 적절하지 않은 것을 고르시오.

① 대리점계약은 계약에 합의된 수수료를 본점이 대리점에게 지급하지만, 본점이 직접 주문을 받았다면 수수료를 지급할 의무가 없다.

② 대리점계약상에 명시규정이 없는 한, 대리인은 본점을 위해 주문을 수취하였더라도 그 지출한 거래비용을 본점으로부터 청구할 수 없다.

③ 본점이 계약만료 전에 정당한 사유 없이 계약을 종료하였을 때, 자신이 이미 제공한 서비스 수수료는 배상청구할 수 있지만 이후 취득할 수수료 등 직접적인 손해발생액은 배상청구할 수 없다.

④ 대리점은 본점에게 회계보고의 의무를 지고, 대리점의 회계보고는 계약조건이나 본점의 요구에 따라 행하여야 한다.

75 다음 중 설명이 틀린 것을 고르시오.

① 한국 등 대륙법 국가에서 확정청약은 유효기간 내에 철회가 불가능하다.

② 영미법상 청약이 날인증서로 되어 있는 경우 철회가 불가능하다.

③ 영미법상 피청약자가 약인을 제공한 경우 철회가 불가능하다.

④ UCC 상 청약의 유효기간이 3개월이 초과하는 경우에도 청약의 철회가 불가능할 수 있다.

01 In what circumstance does the following apply?

> Incoterms 2010 rules include the obligation to procure goods shipped as an alternative to the obligation to ship goods in the relevant Incoterms rules.

① deliver to the carrier

② deliver on board the vessel

③ sale of commodities sold during transit

④ arrange goods at seller's premises

02 Below is about demand guarantee which is internationally used. Which is wrong?

> A. Demand guarantee is a non-accessory obligation towards the beneficiary.
>
> B. The guarantor remains liable even if the obligation of the applicant is for any reason extinguished.
>
> C. The guarantor must pay on first demand with making objection or defence.
>
> D. URDG758 is an international set of rules produced by ICC governing the rights and obligations of parties under demand guarantees.

① A only   ② A+B only   ③ C only   ④ C+D only

03 What has a similar function with Demand guarantee?

> A. Surety Bond   B. Commercial L/C
> C. Standby L/C   D. Aval

① A only   ② B only   ③ C only   ④ all of them

04 Which is NOT correct according to following situation?

> Goods are taken in charge at Daegu, Korea for transport to Long Beach, California, under a price term "CIP Long Beach, California, Incoterms 2010."

① The seller will arrange transportation.

② The seller will pay for freight to Long Beach.

③ Risk will pass to the buyer upon delivery of the goods to the carrier at Daegu.

④ The Buyer will take risk from the time the goods arrive at Long Beach.

05 What does the following explain?

> This is nonnegotiable transport document and simply evidences that goods are on the way and should only be used when title and financing are not issues. Its function is contract, receipt, and invoice for the goods carried by sea.

① Charter party B/L

③ Air waybill

② Bill of Lading

④ Sea waybill

06 If seller and buyer enter into sales contract incorporating 'FCA Busan Container Depot', which of the following transport documents would be acceptable to the buyer?

> A. Air Waybill marked 'freight paid at destination'.
>
> B. Bill of Lading marked freight paid.
>
> C. Combined Bill of lading marked freight payable at destination.
>
> D. Multimodal Bill of lading marked freight paid.

① A only

③ C only

② A+B only

④ C+D only

07 Incoterms are a series of pre–defined commercial terms published by the International Chamber of Commerce(ICC) relating to international trade rules. What is WRONG in the explanation of Incoterms 2010?

① Incoterms by themselves do not define where title transfers.

② Incoterms support the sales contract by defining the respective obligations, costs and risks involved in the delivery of goods from the Seller to the Buyer.

③ Incoterms are used in the Sales Contract, suitable INCOTERM rule and place or port are to be specified.

④ DDP and DAP are the Incoterms where the Seller has responsibility for import.

08 Below explains Bill of Exchange. Who is the underlined one?

> A bill of exchange is an unconditional order, in writing addressed by one person to another, signed by the person giving it, requesting the person to whom it is addressed to pay certain amount at sight or at a fixed date.

① drawer   ② drawee   ③ payee   ④ payer

09 What is NOT watching point in application of Incoterms 2010?

① DDP : Some taxes such as VAT are only payable by a locally–registered business entity, so there may be no mechanism for the seller to make payment.

② CPT : The buyer should enquire whether the CPT price includes THC, so as to avoid disputes after arrival of goods.

③ EXW : Although the seller is not obliged to load the goods, if the seller does so, it is recommended to do at the buyer's risk.

④ FOB : If the goods are in containers, FOB may be appropriate.

10 What is most WRONG in the explanation of global business ?

① Protectionism holds that regulation of international trade is important to ensure the markets protection.

② Tariffs, subsidies and quotas are common examples of protectionism.

③ FDI leads to a growth in the gross domestic product of investing country.

④ As a result of international trade, the market becomes more competitive by bringing a cheaper product to the consumer.

[11~12] Read the following and answer the questions.

I recently purchased from your catalog OEM Toner Cartridge No. 123 for USD74.99 per piece, which was advertised to be 20 percent below the normal price. I received the toner cartridge two days later and felt completely satisfied with my purchase.

While looking through the Sunday edition of THE BOSTON GLOBE yesterday, I noticed the same toner cartridge selling for USD64.99 at Global Computer Outlet.

You say you won't be undersold on any merchandise. If that's true, I'd appreciate a refund of USD(   ) since we bought 100,000 cartridges.

Thank you.

Sncerely,

Skip Simmons

---

11 What is MOST suitable for the blank?

① 10   ② 1,000,000

③ 100,000   ④ 6,499,000

12 Which is MOST likely to be enclosed in this letter?

① writer's first inquiry letter

② a copy of invoice and Global Computer Outlet's advertisement

③ a copy of catalog

④ a copy of price list which Simmons sent

[13~14] Read the following and answer the questions.

I read your ad in the January issue of *Mobile Homes Monthly* looking for Carefree Mobile Homes in the Atlanta area.

I would like to learn more about Carefree Mobile Homes and their incentive program for dealers.

Mobile Homes are very popular in this area, and I am most interested in hearing more about your products and marketing opportunities.

---

13 What is being sought in Mobile Homes Monthly?

① job offer for technician

② retail dealership

③ customer recruitment for Mobile Homes service

④ promotion to offer special discount

14 Who is the receiver of the letter?

① magazine editor

② dealer in Atlanta

③ Carefree Mobile Homes company

④ customer center for mobile service

[15~17] Read the following letter and answer the questions.

I have now received our (A) <u>assessor</u>'s report with reference to your claim in which you asked for (B) <u>compensation</u> for damage to two turbine engines which were shipped ex–Liverpool on the Freemont on 11 October, for delivery to your customer, D.V. Industries, Hamburg.

The report states that the B/L was **claused** by the captain of the vessel, with a (C) <u>comment</u> on cracks in the casing of the machinery.

Our assessor believes that these cracks were the first signs of the weakening and splitting of the casing during the (D) <u>voyage</u>, and that this eventually damaged the turbines themselves.

(   )

I am sorry that we cannot help you further.

---

15 Which could NOT be replaced with the underlined (A), (B), (C) and (D) parts?

① A : surveyor

② B : compliment

③ C : remark

④ D : trip

16 Which could not be replaced with the underlined <u>claused</u>?

① commentary

② dirty

③ unclean

④ foul

17 Which of the following BEST fits the blank in the letter?

① I regret that we can accept liability for goods if they are shipped clean.

② I regret that we cannot accept liability for goods unless they are shipped clean.

③ I am very happy that we accept liability for goods as they are shipped clean.

④ I regret that we cannot accept liability for goods even though they are shipped clean.

18 Under UCP600, what is NOT correct?

> − Seller is in Seoul, Korea
>
> − Buyer is in Frankfurt, Germany
>
> − Seller sells USD 100,000.00 worth of goods to Buyer
>
> − Buyer uses Deutche Bank to open the Letter of Credit
>
> − This unconfirmed letter of credit requires a '90 days after sight' draft from the beneficiary.

① The drawer of draft is seller.

② Issuing bank is to reimburse for complying presentation, whether or not the nominated bank purchased before the maturity of draft.

③ The draft shall be drawn on the buyer.

④ The seller may apply silent confirmation.

19 What kind of charter does the following explain?

> It is a charter, an arrangement for the hiring of a vessel, whereby no administration or technical maintenance is included as part of the agreement.
>
> In this case, the charterer obtains possession and full control of the vessel along with the legal and financial responsibility for it. Also the charterer pays for all operating expenses, including fuel, crew, port expenses and P&I and hull insurance.

① Demise charter   ② Voyage charter

③ Time charter   ④ Trip charter

20 What is the MAIN purpose of the letter?

> Dear Mr. Colson :
>
> Thank you for your application for credit at Barrow.
>
> We appreciate your interest.
>
> Your personal references are exceptionally good, and your record of hard work indicates that your business prospects are good for the near future. Unfortunately, at the present, your financial condition only partially meets Barrow's requirements. We cannot extend the USD500,000 open credit you requested.
>
> Please call me at your convenience. I am sure we can set up a program of gradually increasing credit that will benefit both of us. Meanwhile, remember that deliveries on cash purchase are made within two days.
>
> Let me hear from you soon. We are interested in your business venture.

① to praise the good credit report

② to offer the credit increase

③ to deny credit extension

④ to continue the business with the company

21 Which is NOT correct in accordance with CISG?

① An offer becomes effective when it reaches the offeree.

② An offer, even if it is irrevocable, may be withdrawn if the withdrawal reaches the offeree before or at the same time as the offer.

③ A statement made by or other conduct of the offeree indicating assent to an offer is an acceptance.

④ Silence or inactivity in itself amounts to acceptance.

22 Which of the following is NOT covered by ICC(C)?

① explosion   ② washing overboard

③ jettison   ④ general average sacrifice

23 What is WRONG with the roles of freight forwarders?

① They act as an agent on behalf of shipper in moving the cargo to the destination.

② They are familiar with the methods of shipment and required documents relating to foreign trade.

③ They have primary responsibility for paying duties and taxes for import customs charges.

④ They assist the customers in preparing price quotations by advising on freight costs, port charges, cost of documentation, handling fee, etc.

24 Under UCP600, what is NOT an appropriate statement for the amendments of Letter of Credit?

① A credit can neither be amended nor cancelled without the agreement of Seller, Buyer and issuing bank.

② The terms and conditions of the original credit will remain in force for Seller until Seller communicates its acceptance of the amendment.

③ If Seller fails to give notification of acceptance or rejection of an amendment, a presentation that complies with any not yet accepted amendment will be deemed to be notification of acceptance of such amendment.

④ Partial acceptance of an amendment is not allowed and will be deemed to be notification of rejection of the amendment.

25 The following statement is a part of contract. What kind of clause is it?

> If any provision of this Agreement is subsequently held invalid or unenforceable by any court or authority agent, such invalidity or unenforceability shall in no way affect the validity or enforceability of any other provisions thereof.

① Non-waiver clause   ② Infringement clause

③ Assignment clause   ④ Severability clause

26 Which of the following BEST fits the blank?

> In the event of (　　　　　　), the assured may claim from any underwriters concerned, but he is not entitled to recover more than the statutory indemnity.

① reinsurance   ② double insurance

③ coinsurance   ④ full insurance

27 Which of the following statements has a different purpose?

① We would advise you to proceed with caution in your dealings with the firm in question.

② We regret that we have to give you unfavorable information about that firm.

③ According to our records, they have never failed to meet our bills since they opened an account with us.

④ You would run some risk entering into a credit transaction with that company.

28 Which of the following BEST completes the blanks in the letter?

> We would like to send (A)–Heathrow (B) Riyadh, Saudi Arabia, 12 crates of assorted glassware, to be delivered (C) the next 10 days.

① A : ex, B : to, C : within   ② A : ex, B : to, C : in

③ A : from, B : through, C : within   ④ A : from, B : through, C : in

29 Which is the proper Incoterms 2010 term for the following?

> The seller delivers the goods on board the vessel nominated by the buyer at the named port of shipment or procures the goods already so delivered. The risk of loss of or damage to the goods passes when the goods are on board the vessel, and the buyer bears all costs from that moment onwards.

① FAS   ② FCA   ③ FOB   ④ CFR

30 The following is related to insurance. What are the proper words to be filled in the blanks A and B?

In order to recover under this insurance, the (A) must have an insurable interest in the subject-matter insured at the time of (B).

① A : assurer, B : the loss

② A : assured, B : the loss

③ A : assurer, B : the insurance contract

④ A : assured, B : the insurance contract

31 Put the right words in the blanks.

[Complaint]

I strongly object to the extra charge of USD9,000 which you have added to my statement. When I sent my cheque for USD256,000 last week, I thought it cleared this balance.

[Answer]

We received your letter today complaining of an extra charge of USD9,000 on your May statement. I think if you check the statement you will find that the amount (A) was USD265,000 not USD256,000 which accounts for the USD9,000 (B).

① A : due, B : difference

② A : for, B : price

③ A : of, B : charges

④ A : received, B : less

32 Choose the right word(s) for the blank below.

(   ) in international trade is a sale where the goods are shipped and delivered before payment is due, which is typically in 30, 60 or 90 days. Obviously, this option is advantageous to the importer in terms of cash flow and cost, but it is consequently a risky option for an exporter.

① A COD transaction

② A CAD transaction

③ An open account transaction

④ A D/P transaction

[33~34] Read the following and answer.

> While we cannot give you an explanation at present, we are looking into the problem and will contact you again shortly.
>
> As we are sending out orders promptly, I think these delays may be occurring during (   ). I shall get in touch with the haulage contractors.
>
> Would you please return samples of the items you are dissatisfied with, and then I will send them to our factory in Daejon for tests.

33 What is the main purpose of the letter above?

① To give complaints in the soonest manner

② To ask for more time to investigate the complaint

③ To investigate the delay with carrier

④ To return samples damaged

34 What is best for the blank?

① investigation   ② transit

③ arrival   ④ despatch

35 Which is MOST appropriate for the blank?

> I was surprised and sorry to hear that your Order No.1555 had not reached you. On enquiry I found that it had been delayed by a local dispute on the cargo vessel SS Arirang on which it had been loaded. I am now trying to get the goods transferred to the SS Samoa which is scheduled to sail for Yokohama before the end of next week.
>
> (   )

① I shall remind you if this happens again.

② Please keep me be informed of the sailings.

③ We can reach an amicable agreement in the near future.

④ I shall keep you informed of the progress.

[36~37] Which of the pairs does NOT have the similar intention?

36 ① Can you give me some cost estimates on that? — I was wondering roughly how much your service would cost.

② I am not convinced that acting on this plan is in the best interests of my team. — I am behind this plan 100%.

③ We appreciate your asking us and are willing to comply with your request. — Thank you very much for asking. Let me give you a hand, please.

④ We have been forced to withdraw ourselves from this project. — We have no choice but to pull ourselves out of the project.

37 ① The contents of the meeting should be kept strictly confidential. — Please keep the things discussed in the meeting to yourself.

② I am not completely against your thoughts. — I give my conditional support to your proposal.

③ I am wondering whether you could let me put off the deadline. — I would be grateful if you could grant me an extension of the original deadline.

④ The pleasure of your company is requested when we visit them. — We hope that all the people in your firm will be very satisfied at this.

[38~39] Read the following and answer the questions.

Dear Mrs Johnson

Thank you for your letter inquiring for electric heaters. I am pleased to enclose (a) <u>a copy of our latest illustrated catalogue</u>.

You may be particularly interested in our newest heater, the FX21 model. Without any increase in fuel consumption, it gives out 15% (b) <u>more heat than earlier models</u>. You will find (c) <u>details of our terms in the price list</u> printed on the inside front cover of the catalogue. Perhaps you would consider (   ) to (d) <u>provide you of an opportunity</u> to test its efficiency. At the same time this would enable you to see for yourself the high quality of material. If you have any questions, please contact me on 6234917.

---

38 Which is MOST suitable for the blank?

① taking an order   ② placing a volume order

③ placing a trial order   ④ to place an initial order

39 Which of the following is grammatically INCORRECT?

① (a)   ② (b)   ③ (c)   ④ (d)

40 Fill in the blank with the BEST word(s).

A written one to pay a determinate sum of money made between two parties is a (   ).
The party who promises to pay is called the maker; the party who is to be paid is the payee.

① promissory note   ② letter of credit

③ draft   ④ Bill of Exchange

41 Which is NOT a good match?

An insurance document, such as (A), (B) or (C) under an open cover, must appear to be issued and signed by an insurance company, an underwriter or their agents or their (D).

① (A) cover note   ② (B) insurance policy

③ (C) insurance certificate   ④ (D) proxies

42 Which is INCORRECT under UCP600?

① The words "from" and "after" when used to determine a maturity date include the date mentioned.

② Banks deal with documents and not with goods, services or performance to which the documents may relate.

③ Branches of a bank in different countries are considered to be separate banks.

④ Applicant means the party on whose request the credit is issued.

43 Choose the INCORRECT one about arbitration?

① Arbitration decisions are final and binding on the both parties.

② Disputes are resolved more quickly by arbitration than by litigation, saving time and cost.

③ Both parties may choose the arbitrators, place, language.

④ Proceedings are open to the public and the arbitral award is disclosed.

44 What does Blank refer to?

> (   ) literally means "as it arrives". It is used in contract for shipment of grain in bulk to signify that the consignor will accept the goods in whatever condition they arrive, so long as they were in good order at time of shipment, as evidenced by a certificate of quality issued by an impartial inspection agency.

① GMQ   ② Tale Quale

③ Rye Term   ④ Sea Damaged Term

45 Which is NOT a replacement for the underlined?

① We shall be compelled to place the matter in the hands of our lawyer. (institute legal proceeding for the matter)

② We have to inform you that it is not yet possible for us to meet our obligations. (fulfill our commitments)

③ Thank you for writing to us so frankly about your inability to pay your debt. (competence to meet your debt)

④ There have, however, been several instances in the past when you have asked for extra time to settle your account. (balance your account)

46 Choose a correct one in O/A payment?

① It is dangerous to use when the importer has favorable payment history.

② It is safe to use if the freight forwarder has been deemed to be creditworthy in order for the trade transaction.

③ O/A is the most advantageous option to the importer in terms of cash flow and cost, but it is consequently the highest risky option for an exporter.

④ O/A means Opening Applicant.

47 What is *THIS*?

THIS is the term used to describe the offence of trying to conceal money that has been obtained through offences such as drugs trafficking.

In other words, money obtained from certain crimes, such as extortion, insider trading, drug trafficking and illegal gambling is 'dirty'.

① money laundering   ② fraud

③ illegal investment   ④ abnormal remittance

48 According to the letter, what would be MOST suitable for the blank in common?

We certainly appreciate your interest in Maxoine Sportswear. Nevertheless, I am afraid we cannot give you the information you requested.

Because we do not sell our garments directly to the consumer, we try to keep _____ between ourselves and our dealers. It is our way of meriting both the loyalty and good faith of those with whom we do business. Clearly, divulging _____ to a consumer would be a violation of a trust.

① our dealer lists   ② our wholesale prices

③ the highest price   ④ our consumers' information

49 Which is most AWKWARD English writing?

① 우리 소프트웨어 제품에 관심을 보여주신 귀사의 4월 8일자 문의에 대해 감사드립니다.

→ Thank you for your inquiry on April 4, expressing interest in our software products.

② 오늘 주문서 No.9087에 대한 배송을 받고 포장을 풀었을 때, 우리는 전 품목이 완전히 파손되었음을 발견했습니다.

→ Today we received delivery of our order No.9087, and unpacked, we found all items were completely damaging.

③ 신용장의 잔액은 미화 15,000달러이므로 그 범위 내에서 선적해 주십시오.

→ As the balance of L/C is USD15,000, please make shipment within the amount.

④ 귀사가 신용장의 유효 기간 내에 주문을 이행하지 않았으므로 당사는 신용장을 취소하겠습니다.

→ As you have not executed the order within the validity of L/C, we will make cancellation of the L/C.

50 Which is NOT grammatically correct?

① 귀하가 겪은 불편에 대해 깊이 사과드립니다.

→ We deeply apologize for the inconvenience you have experienced.

② 2월 20일까지 귀사 부담으로 XT-4879 케이블 모뎀 500개를 항공 화물편으로 보내주시기 바랍니다.

→ Please send us 500 XT-4879 cable modems by February 20 by air freight at your expense.

③ 귀사의 8월 5일자 주문서에 대한 신용장이 개설되도록 귀사 거래 은행에 신용장 개설을 촉구하여 주십시오.

→ Please arrange with your bank to open a letter of credit for your order of August 5.

④ 귀사가 주문하신 Model No.289E 재봉틀이 단종되었음을 알려드리게 되어 유감입니다.

→ We are sorry to inform you of the sewing machine(Model No.289E) you ordered have discontinued.

51 아래 글상자는 무역계약에서 국제상관습의 의의에 관한 설명이다. 공란에 들어갈 내용을 바르게 연결한 것은?

> (ⓐ)의 (ⓑ)은 극히 간결한 형태로 표현되고 있음에도 불구하고, 대량의 무역거래가 신속 안전하게 이행되는 것은 수백 년에 걸쳐서 형성된 (ⓒ)이란 형태의 (ⓓ)에 의하여 (ⓐ)을 보완하여 왔기 때문이다.

① ⓐ 국제상관습, ⓑ 명시조항, ⓒ 무역계약, ⓓ 묵시조항

② ⓐ 국제상관습, ⓑ 묵시조항, ⓒ 무역계약, ⓓ 명시조항

③ ⓐ 무역계약, ⓑ 묵시조항, ⓒ 국제상관습, ⓓ 명시조항

④ ⓐ 무역계약, ⓑ 명시조항, ⓒ 국제상관습, ⓓ 묵시조항

52 해상보험에서 사용하는 용어에 대한 설명으로 옳지 않은 것은?

① 손인은 손해의 원인으로 좌초, 충돌, 화재 등을 들 수 있다.

② 위험은 손해발생가능성을 말하는 것으로 반드시 손해로 연결되는 것을 말한다.

③ 위태는 손해발생의 가능성을 증가시키는 상태를 말한다.

④ 보험금액은 보험사고 발생 시 보험자가 보상하는 최고한도가 된다.

53 결제방식에 대한 설명으로 옳지 않은 것은?

① 대금회수와 관련하여 신용장은 안전하지만 국제팩토링은 다소 위험하다.

② 신용장에서는 환어음네고로 결제가 이루어지고 국제팩토링의 경우 전도금융이 이루어진다.

③ 신용장은 일람불환어음이나 기한부환어음을 요구하지만 국제팩토링은 환어음을 요구하지 않는다.

④ 신용장과 추심결제에서 사용되는 서류는 환어음과 선적서류이다.

54 양도된 신용장의 최종적인 지급의무를 지는 당사자로 옳은 것은?

① 제1수익자　　　　　　　　　　② 신용장 양도은행

③ 개설의뢰인　　　　　　　　　　④ 원신용장 개설은행

55 보험관련 설명 중 옳지 않은 것은?

① 화물보험의 보험기간은 장소로 표시한다.

② 해상보험에서 부보되는 위험은 Warehouse to warehouse Clause에 의한 해륙혼합위험이다.

③ 소급약관이나 포괄예정보험은 보험계약기간과 보험기간이 일치하게 된다.

④ 전쟁위험의 보험기간은 화물이 육상에 있는 동안에는 해당되지 않는다.

56 컨테이너와 관련된 설명으로 옳지 않은 것은?

① 컨테이너선의 대형화는 항구에서의 하역작업에 많은 시간을 요하는 한계성이 있다.

② 컨테이너의 한계성은 컨테이너에 적입하는 데 한계상품이나 부적합상품이 있다는 것이다.

③ LCL화물들은 CFS에 반입되어 FCL화물로 혼재되어 목적지별로 분류된다.

④ 컨테이너의 사용으로 포장비용을 줄일 수 있고 선박의 정박일수도 단축할 수 있다.

57 추정전손에 대한 설명으로 옳지 않은 것은?

① Constructive Total Loss이라고 하고 해석전손이라고도 한다.

② 화물손해 발행 시, 손상을 수선하는 비용과 화물을 그 목적항까지 운송하는 비용을 합산한 비용이 도착 시의 화물 가액을 초과할 것으로 예상되는 경우가 추정전손에 포함된다.

③ 추정전손이 있을 경우에는 피보험자는 그 손해를 분손으로 처리할 수도 있고 보험자에게 보험목적물을 위부하고 그 손해를 현실전손에 준하여 처리할 수도 있다.

④ 선박이 행방불명되고 상당한 기간 경과 후까지 그 소식을 모를 경우는 추정전손으로 처리될 수 있다.

58 적하보험에 대한 설명으로 옳지 않은 것은?

① 객관적 위험이 이미 발생했거나 위험이 없는 경우, 보험계약당사자가 이 사실을 모르는 경우에는 보험계약 체결이 가능한데 이러한 보험을 소급보험이라고 한다.

② 보험금액이 보험가액보다 적은 경우의 보험은 일부보험(under insurance)이다.

③ premium은 보험자의 위험부담에 대한 대가로서 피보험자나 보험계약자가 보험자에게 지급하는 금전이다.

④ 피보험자는 보험계약이 체결될 때 보험목적물에 이해관계를 가져야 하나 손해 발생 시에는 보험목적물에 이해관계를 가질 필요는 없다.

59 다음은 어떤 원칙에 관한 것인가?

> • UN국제물품복합운송조약에서 채택한 원칙
>
> • 손해발생구간의 확인 여부에 관계없이 동일한 책임원칙을 적용하지만, 손해발생구간이 확인되어 그 구간에 적용될 법에 의한 책임한도액이 UN국제물품복합운송조약에서의 금액보다 높을 경우 높은 한도액을 적용한다는 원칙
>
> • 운송도중 발생한 물품의 멸실이나 손상에 대한 손해배상액은 손해발생구간이 판명되면 구간의 단일 운송협약상 책임한도액이 적용되며, 손해발생구간이 불명일 때는 일반원칙이 적용되도록 함

① Network Liability System

② Uniform Liability System

③ Modified Uniform Liability System

④ Liability for Negligence

60 Incoterms 2010에 대한 설명으로 옳은 것은?

① 매도인과 매수인 간에 강제적으로 적용되는 국제규칙이다.

② 국제매매계약뿐만 아니라 국내매매계약에도 사용 가능하다.

③ 당사자 간에 합의되었더라도 전자적 형태의 통신은 종이에 의한 통신과는 다른 효력이 부여된다.

④ 물품소유권의 이전 및 계약위반의 효과를 매도인, 매수인 입장에서 각각 다루고 있다.

61 양도가능 신용장에 대한 설명으로 옳지 않은 것을 모두 고르면?

> ㉠ 중계무역은 양도가능 신용장이 발행되는 경우에만 가능하다.
>
> ㉡ 제2의 수익자가 1개 회사인 경우, L/C금액의 전부를 양도하는 전액양도만 허용된다.
>
> ㉢ 제1의 수익자는 복수의 제2수익자에게 분할양도할 수 있다.
>
> ㉣ 제2의 수익자가 제3의 수익자에게 양도하는 경우 개설의뢰인과 개설은행 모두에게 사전 양해를 얻는다면 가능하다.
>
> ㉤ 국내 소재 제2의 수익자에게도 양도하는 경우 local L/C라고 한다.

① ㉠, ㉡, ㉢, ㉣

② ㉠, ㉡, ㉢, ㉤

③ ㉠, ㉡, ㉣, ㉤

④ ㉡, ㉢, ㉣, ㉤

62 B/L상에 "Shipper's Load & Count"와 같은 문구가 있는 경우, 이에 대한 설명으로 옳지 않은 것은?

① Liner를 이용한 운송이다.

② Container 운송이다.

③ 하역비는 FIO 조건이 적용된다.

④ B/L의 발행일자 외에 선적일자가 별도로 기재되어야 한다.

63 청약 등에 대한 내용 설명으로 옳지 않은 것은?

① 주문서도 청약으로 볼 수 있으나 확인(confirmation)이나 승인(acknowledgement)이 있어야 계약이 성립된다.

② 청약조건을 실질적으로 변동시키는 것은 대금지급 변경, 분쟁해결 변경, 인도조건의 조회 등이다.

③ Cross offer는 동일한 조건으로 매도청약과 매수청약이 동시에 이루어지는 것으로 영미법에서는 계약이 성립되지 않는다.

④ 조건부청약은 청약자의 최종확인이 있어야 계약이 성립되며 서브콘 오퍼라고도 한다.

64 Frustration에 대한 설명으로 옳은 것은?

① Frustration의 성립요건은 계약목적물의 물리적 멸실, 후발적 위법 등이며 계약목적물의 상업적 멸실은 해당되지 않는다.

② Frustration은 신의성실의 원칙에서의 사정변경의 원칙과 관련이 있다.

③ 주요 공급원의 예기치 못한 폐쇄는 Frustration에 해당되지만 농작물의 흉작, 불작황은 해당되지 않는다.

④ Frustration의 성립은 즉각 소급하여 계약을 소멸시키고 양당사자의 의무를 면제한다.

65 신협회적하약관 ICC(B) 조건에서 보상하는 손해로 옳지 않은 것은?

① 쌍방과실충돌

② 공동해손·구조비

③ 약관상 면책사항 이외의 우연적 사고에 의한 손해

④ 본선·부선에의 선적 또는 양륙작업 중 바다에 떨어지거나 갑판에 추락하여 발생한 포장단위당의 전손

66 복합운송증권의 특징에 대한 설명으로 옳지 않은 것은?

① 화물의 멸실, 손상에 대한 전 운송구간을 커버하는 일관책임을 진다.

② 선하증권과 달리 운송인뿐만 아니라 운송주선인에 의해서도 발행된다.

③ 화물이 본선적재 전에 복합운송인이 수탁 또는 수취한 상태에서 발행된다.

④ 지시식으로 발행된 경우 백지배서에 의해서만 양도가 가능하다.

67 포페이팅에 대한 설명 중 옳지 않는 것은?

① 환어음 또는 약속어음 등 유통가능한 증서를 상환청구권 없이(without recourse) 매입하는 방식이다.

② 포페이팅은 신용장 또는 보증(aval) 방식으로 이루어지며 어음에 대한 할인은 보통 수출상이 최종적으로 부담한다.

③ 기계, 중장비, 산업설비, 건설장비 등 연불조건 구매가 이루어지는 경우 중요한 결제수단이다.

④ 포페이팅의 가장 큰 장점은 연불조건 구매와 같이 중장기 거래에 따른 신용위험(credit risk) 등을 회피할 수 있다는 것이다.

68 해상보험에서 위험에 대한 설명으로 옳지 않은 것은?

① Perils of the Seas는 해상고유의 위험으로 stranding, sinking, collision, heavy wheather를 포함한다.

② Perils on the Seas는 해상위험으로 fire, jettison, barratry, pirates, rovers, thieves를 포함한다.

③ 포괄담보 방식에서는 보험자가 면책위험을 제외한 모든 손해를 담보하는데, ICC(A) 또는 W/A가 여기에 속한다.

④ 갑판적, 환적, 강제하역, 포장불충분 등 위험이 변경되는 경우 보험자는 원칙적으로 변경 후 사고에 대해 면책된다.

69 해상보험의 보상원칙으로 옳지 않은 것은?

① 보험사고가 발생하더라도 보험금액을 보상하는 것이 아니라 피보험자의 실손해만을 보상하는 실손보상원칙을 따른다.

② 적하보험은 기평가보험으로서 통상 CIF가액의 110%로 보험금액이 결정된다.

③ 보험자는 피보험자에게 보험금을 지급하면 피보험목적물에 대한 권리를 이전받는 대위원칙을 따른다.

④ 보험자는 피보험자가 입은 직접적인 손해뿐만 아니라 간접 손해도 보상하는 손해보상원칙을 따른다.

70 선하증권에 대한 설명으로 옳지 않은 것은?

① 운송계약의 추정적 증거(prima facie evidence)이다.

② 운송인이 물품을 수취했다는 물품의 수령증이다.

③ 'said by shipper to contain'과 같은 부지약관이 있어도 신용장 거래에서 수리된다.

④ 권리증권으로 유통이 가능하며 'consignee'란에 수화인이 기재되어 유통될 수 있다.

71 Incoterms 2010상 FOB 규칙에 대한 설명으로 옳지 않은 것은?

① 매도인이 선적항에서 매수인이 지정한 본선에 수출 통관된 계약상품을 선적하면 매도인의 물품 인도 의무가 완료된다.

② FCA 조건에 매도인의 본선으로의 선적의무가 추가된 조건이다.

③ 매수인은 자기의 책임과 비용부담 하에 운송계약을 체결하고 선박명, 선적기일 등을 매도인에게 통지해 주어야 한다.

④ 컨테이너 운송에서 매도인이 물품을 갑판이 아닌 CY 등 다른 장소에 인도하는 경우에는 FOB 대신 FCA 조건을 사용해야 한다.

72 계약서에 들어가는 선적조건에 대한 설명으로 옳지 않은 것은?

① 신용장상에 할부선적 횟수가 규정되었을 때는 어느 한 부분이라도 선적이 이행되지 않았다면 그 선적분과 모든 잔여 선적분은 무효가 된다.

② 선적일은 수취선하증권이 발행된 경우에는 발행일이 곧 선적일이다.

③ 'on or about'에 대한 선적 시기에 대한 해석은 선적이 지정일자로부터 양끝의 일자를 포함하여 5일 전후까지의 기간 내에 선적되어야 한다.

④ 천재지변, 전쟁 등 불가항력에 의한 선적지연의 경우 원칙적으로 매도인은 면책된다.

73 화물손해에 대한 해상운송인의 면책 사유로 옳지 않은 것은?

① 운송인은 항해 중 선장, 선원의 행위, 태만 또는 과실로 인하여 발생한 화물의 손해는 면책된다.

② 포장의 불충분성으로 인하여 발생하는 멸실이나 손상은 면책된다.

③ 선박의 화재로 인하여 발생한 화물의 손해는 면책되나 운송인의 고의로 인한 것이 아니어야 한다.

④ 운송인은 침몰, 좌초와 통상적인 풍파로 인하여 발생한 화물의 멸실이나 손상은 면책된다.

74 환어음의 필수기재사항에 해당되는 것만으로 옳게 나열된 것은?

① 지급인, 지급기일, 수취인, 발행일 및 발행지

② 환어음표시문자, 지급인, 지급지, 신용장 번호

③ 금액, 지급지, 어음번호, 발행인의 서명

④ 상환불능문언, 환어음표시문자, 발행인의 서명, 환율문언

75 CISG상 유효한 승낙으로 간주되는 것은?

① 침묵에 의한 승낙

② 청약에 대해 동의의 의사를 표시하는 피청약자의 행위

③ 무행위(inactivity)에 의한 승낙

④ 동일한 거래조건을 담은 교차 청약(cross offer)

SECTION 1 영문해석

---

01 Choose WRONG part of L/C explanation.

> The letter of credit is probably the most widely used method of financing for both (A) <u>export and import</u> shipments.
>
> In establishing a letter of credit, the buyer applies to his own bank for a specified amount (B) <u>in favor of the buyer</u>. The buyer stipulates the (C) <u>documents which the seller must present</u>, the duration of the credit, (D) <u>the tenor of drafts which may be drawn, on whom they may be drawn, when shipments</u> are to be made, and all other particulars in the transaction.

① A   ② B   ③ C   ④ D

[02~03] Read the following and answer.

> Dear Mr. Cox
>
> We are a large motorcycle wholesale chain with outlets throughout Korea, and are interested in the heavy touring bikes displayed on your stand at the Tokyo Trade Fair recently.
>
> There is an increasing demand here for this type of machine. Sales of larger machines have increased by more than 70% in the last two years, especially to the 40–50 age group, which wants more powerful bikes and can afford them.
>
> We are looking for a supplier who will offer us an exclusive agency to introduce heavy machines. At present we represent a number of manufacturers, but only sell machines up to 600cc, which would not compete with your 750cc, 1000cc, and 1200cc models.
>
> We operate on a 10% commission basis on net list prices, with an additional 3% <u>del credere</u> commission if required, and we estimate you could expect an annual turnover in excess of US $5,000,000.00 With an advertising allowance we could probably double this figure.
>
> We look forward to hearing from you.
>
> Steve Kim

02 What can NOT be inferred?

① Steve would like to represent same line of bikes with their current suppliers.

② Mr. Cox's company is engaged in heavy touring bikes.

③ Steve Kim may take endbuyers' credit risk.

④ 40-50 age Korean consumers tend to buy bikes with large engine displacement.

03 Which is NOT related with del credere?

① Del credere agent here guarantees that a buyer is trustworthy.

② Del credere agent here compensates the principal in case the buyer defaults.

③ To cover credit risk, del credere agents charge higher commission rates.

④ A del credere agent is an agent who guarantees the solvency of third parties with whom the agent contracts on behalf of the buyer

04 What could mostly represent the underlying transaction?

> The terms of a credit are independent of the underlying transaction even if a credit expressly refers to that transaction. To avoid unnecessary costs, delays, and disputes in the examination of documents, however, the applicant and beneficiary should carefully consider which documents should be required, by whom they should be produced and the time frame for presentation.

① sales contract
② carriage contract
③ proforma invoice
④ certificate of origin

05 The following is about DAT under Incoterms 2010. Choose the wrong part.

> The seller delivers when the goods, (a) once unloaded from the arriving means of transport, are placed at the disposal of (b) the buyer at a named terminal at the named port or place of destination. "Terminal" (c) includes any place, whether covered or not, such as a quay, warehouse, container yard or road, rail or air cargo terminal. (d) If the parties intend the buyer to bear the risks and costs involved in transporting and handling the goods from the terminal to another place, then the DAP or DDP rules should be used.

① (a)
② (b)
③ (c)
④ (d)

06 Choose the LEAST correct translation.

① If a credit is transferred to more than one second beneficiary, ② rejection of an amendment by one or more second beneficiary does not invalidate the acceptance by any other second beneficiary, ③ with respect to which the transferred credit will be amended accordingly. ④ For any second beneficiary that rejected the amendment, the transferred credit will remain unamended.

① 신용장이 하나 이상의 제2수익자에게 양도된 경우에는

② 하나 또는 그 이상의 제2수익자에 의한 조건변경의 거절은 어떤 다른 제2수익자에 의한 승낙을 무효로 하지 아니하고

③ 따라서 승낙한 제2수익자와 관련하여 양도된 신용장은 조건변경이 되고

④ 조건변경을 거절한 제2수익자에 대하여는, 양도된 신용장은 조건변경 없이 유지된다.

07 Which is NOT correct according to the letter?

Dear Mr. Richardson

We were pleased to receive your order of 15 April for a further supply of CD players.

However, owing to current difficult conditions, we have to ensure that our many customers keep their accounts within reasonable limits. Only in this way we can meet our own commitments.

At present the balance of your account stands at over US $1,800.00 We hope that you will be able to reduce it before we grant credit for further supplies. In the circumstances we should be grateful if you would send us your check for half the amount owed. We could then arrange to supply the goods now requested and charge them to your account.

① The writer is a seller.

② This is not the first time that the writer has business with Mr. Richardson.

③ The writer asks the receiver to send the check for current order.

④ This is a reply to the order.

[08~09] Read the following and answer the questions.

We must express surprise that the firm mentioned in your enquiry of 25th May have given our name as a reference.

As far as we know, they are a reputable firm, but we have no certain knowledge of their financial position. It is true that they have placed orders with us on a number of occasions during the past two years, but the amounts involved have been small compared with the sum mentioned in your letter; and even so, accounts were not always settled on time.

_____. We accept your assurance that the information we give will be treated in strict confidence and regret that we cannot be more helpful.

---

08 According to the context, which is the best sentence in the blank?

① Therefore, we find this company to be a good credit rating.

② This, we feel, is a case in which caution is necessary and suggest that you make additional enquiries through an agency.

③ Our company was established in 1970 and has been enjoying steady growth in its business with excellent sales.

④ We regret that the amount of obligations you now carry makes it difficult for us to agree to allow you credit terms.

09 The passage in the box is a reply to the letter. Which of the following is LEAST to be included in the previous letter?

① Their requirements may amount to approximately US $200,000.00 a quarter and we should be grateful for your opinion of their ability to meet commitments of this size.

② They state that they have regularly traded with you over the past two years and have given us your name as a reference.

③ We should appreciate it if you would kindly tell us in confidence whether you have found this company to be thoroughly reliable in their dealings with you and prompt in settling their accounts.

④ We would appreciate a prompt decision concerning our order once you have contacted our references.

10 Which can NOT be inferred from the following correspondence?

Dear Mr. Han,

With reference to your letter, we are pleased to inform you that we have been able to secure the vessel you asked for.

She is the SS Eagle and is docked at present in Busan. She is a bulk carrier with a cargo capacity of seven thousand tons, and has a speed of 24 knots which will certainly be able to make the number of trips in two months.

Once the charter is confirmed, we will send you a charter party.

Yours sincerely

---

① Shipper has a lot of goods in containers.

② Time charter is appropriate for the transaction.

③ The charter party to be issued is not negotiable.

④ The writer is a chartering broker.

11 Which of the following is the LEAST appropriate Korean translation?

① Over the past decade, our revenues have increased by double digit annually.

→ 지난 10년간 당사 수익은 매년 두 자리 수로 증가했습니다.

② Even though the domestic economy has been stagnant this year, we have managed for the third year in a row to sustain a 15% annual growth rate.

→ 올해 국내 경기가 침체되었지만, 당사의 경영은 세번째 해에 드디어 연 15% 성장률을 유지하게 해 주었습니다.

③ Your order has been completed and is now ready for shipment. When we receive the credit advice on or before July 21, as agreed, we will ship your order on C/S "Zim Atlantic" leaving Busan on August 6 and reaching Los Angeles on August 17.

→ 주문하신 상품은 완성되어 선적준비가 되어 있습니다. 합의에 따라 7월 21일까지 신용장 통지를 받으면, 8월 6일 부산항을 출항해 8월 17일 Los Angeles에 입항할 예정인 Zim Atlantic호에 선적하겠습니다.

④ We have to point out that all the product you are offering must be guaranteed to meet the requirements of the specifications we indicated.

→ 귀사가 제공하는 모든 상품은 당사가 제시한 명세서의 요구에 부합한다는 보증을 해 주셔야 합니다.

12 Which is the LEAST appropriate English-Korean sentence?

① What we're looking for is a year-long contract for the supply of three key components.

→ 오늘 당사가 이루고자 하는 것은 세 가지 주요 부품의 공급에 관한 1년간의 계약을 체결하는 것입니다.

② When do you think we'll get the results of the market analysis? When could we see a return on our investment?

→ 시장 분석결과는 언제쯤 받을 수 있다고 생각합니까? 언제쯤 당사가 돌아와서 다시 투자할 수 있을까요?

③ Most other agencies don't have the expertise to handle our request.

→ 대부분의 다른 대리점은 당사의 요구를 들어줄 만한 전문기술이 없습니다.

④ If the contract is carried out successfully, it will be renewed annually.

→ 계약이 성공적으로 이행되면 1년마다 연장이 될 겁니다.

13 Which of the following is MOST likely to appear <u>right BEFORE</u> the passage below?

Because we do not sell our garments directly to the consumer, we try to keep our wholesale prices between ourselves and our dealers. It is our way of meriting both the loyalty and good faith of those with whom we do business. Clearly, divulging our wholesale prices to a consumer would be a violation of a trust.

However, I have enclosed for your reference a list of our dealers in the Bronx and Manhattan. A number of these dealers sell Maxine Sportswear at discount.

Very truly yours

① If you are interested in importing the products, please feel free to contact us.

② We assure you that our price and quality are the most competitive.

③ We certainly appreciate your interest. Nevertheless, I am afraid I cannot supply you with the information you requested.

④ We regret to inform you that now is not an occasion for price hike.

14 Which of the following insurance documents on the below are acceptable?

A documentary credit for US $150,000.00 calls for a full set of bills of lading and an insurance certificate to cover all risks. The bill of lading presented indicates an on board date of 15 December.

A. Policy for US $150,000.00.	B. Certificate dated 17 December.
C. Declaration signed by a broker.	D. Subject to a franchise.

① A+B only   ② A+D only   ③ B+C only   ④ C+D only

15 If the CIF or CIP value cannot be determined from the documents, a nominated bank under UCP600 will accept an insurance document, which covers:

A. 110% of the gross amount of the invoice.

B. 100% of the gross amount of the invoice.

C. 110% of the documentary credit amount.

D. 110% of the amount for which payment, acceptance or negotiation is requested under the credit.

① A+C only   ② B+D only   ③ A+B+D only   ④ A+C+D only

16 What action should the negotiating bank take?

A documentary credit advised to a beneficiary payable at sight calls for documents to include an invoice made out in the name of the applicant. Documents presented to the negotiating bank by the beneficiary include a customs invoice but not commercial invoice. All other terms and conditions have been met.

① Reject the documents as non-complying.

② Refer to the issuing bank for authority to pay.

③ Return the documents for amendment by the beneficiary.

④ Pay the documents as fully complying with the terms of the credit.

17 What is NOT appropriate as a reply to customer complaints?

① Thank you for taking time out of your busy schedule to write us and express your grievances on how our products and services do not meet up with your expectations.

② This is to confirm that I have seen your email. I look forward to receiving my consignment next week as you promised.

③ However, we can neither receive the return nor refund you as you demanded. This is because of our company's policy. We make refunds only for orders whose complaints are received within two weeks of purchase.

④ Despite our effort to deliver your order on time using Skynet Express Delivery Service, it's quite unfortunate that we didn't meet up with the time allotted for the delivery of those products.

18 What is "This" in the sentences?

> • This should be located in a conspicuous place to tell the purchases where the product was produced.
>
> • This is used to clearly indicate to the ultimate purchaser of a product where it is made.

① Packaging　　　　　　　　　　② Country of origin marking

③ Carton number marking　　　　④ Handling caution marking

19 Which is LEAST proper Korean translation?

① The selling prices of goods delivered to the customers in exchange are included in the computation of gross sales.

　→ 고객에게 교환으로 인도된 상품의 판매가는 매출총액 계산에 포함된다.

② There is an implied warranty by the shipper that the goods are fit for carriage in the ordinary way and are not dangerous.

　→ 화물이 통상적인 방법으로 운송에 적합하고 위험하지 않다는 화주의 묵시적 보증이 있다.

③ The consular invoice shall be certified by the consul of the country of destination.

　→ 영사송장은 수입국의 영사가 인증하여야 한다.

④ If a bank loan is initially extended with a five-year tenor, after three years, the loan will be said to have a tenor of two years.

　→ 만약 은행 대출이 처음에 5년이었는데, 그 후 3년 연장되면, 그 대출은 2년간의 기한이 생겼다고도 말할 수 있다.

20 Which of the following is LEAST correct?

> Dear Ms. Jones :
>
> Thanks for your recent prompt payments. Our records reflect your current account.
>
> Given these circumstances, I am happy to restore your full credit line. In fact, your recent payment record enables me to extend your credit line from the previous US $5,000.00 to US $8,000.00 This will enable you to stock the added inventory you need to accommodate the growing demands of your customers.
>
> On a personal note, I admire your cooperation and appreciate your sincere efforts. You have made my job easier, and I appreciate it.

① The letter offers thanks and praises the customer's good payment record.

② Ms. Jones' company gets a credit extension up to US $13,000.00

③ There is a positive change in the terms of credit.

④ The letter announces that the credit line is now restored.

21 What is the main reason of the letter?

> Dear Corporate Section Manager :
>
> We are writing to inquire about the companies for our products in Bahrain. Your branch in Seoul, Korea, has told us that you may be able to help us. We manufacture radio telephones. At present, we export to Europe and Latin America, but we would like to start exporting to the Arabian Gulf.
>
> Could you please forward this letter to any companies in Bahrain that might be interested in representing us? We enclose some of our catalogs.

① to enlarge the branches in Seoul

② to inquire about an agent in Bahrain

③ to inquire about the radio telephones

④ to export to Europe and Latin America

22 Which is LEAST happening if transaction is conducted as intended below?

> Thank you for the email expressing your interest in our goods, which comes with the Intel xCPU and MS Window CE OS. Our export price is US $250,000.00 CIF LA per unit, and we do have various volume discount plans.

① Seller shall insure the goods with 110% of invoice

② Buyer is responsible for damage of goods in transit

③ Seller may take ICC (C) on the goods which will be delivered

④ Seller shall deliver the goods up to LA at his risk

23 What situation is being explained in the letter below?

> As we wrote you previously about the delays in the delivery of your order, the situation is still the same, the trade union strike is on-going. We apologize for this occurrence, but there is not much that we can do to rectify this, as it is out of our hands.
>
> We again apologize and regret the delay in delivery of your order.

① negotiation with union   ② force majeure

③ nonpayment   ④ early delivery

[24~25] Read the following and answer.

> A lot of customers have been asking about your bookcase and coffee-table assembly kits. We would like to test the market and have 6 sets of each kit on approval before placing a (ⓐ) order. I can supply trade references if necessary.
>
> I attach a (ⓑ) order (No. KM1555) in anticipation of your agreement. There is no hurry but we hope to have your response by the end of April.

24 Why trade references might be needed?

① Because the seller would not trust the buyer in this transaction.

② Because the buyer intends to pay upon arrival of goods.

③ Since the seller requires some references after shipment.

④ Since the buyer would not be satisfied with seller's performance.

25 Which is the best pair for the blanks?

① ⓐ firm − ⓑ provisional

② ⓐ provisional − ⓑ firm

③ ⓐ provisional − ⓑ provisional

④ ⓐ firm − ⓑ firm

SECTION 2　영작문

26 Which of the following BEST fits the blanks?

> A constructive total loss is a situation where the cost of repairs plus the cost of salvage equal or exceed the (ⓐ) of the property, therefore insured property has been abandoned because its actual total loss appears to be unavoidable or because as mentioned above could not be preserved or repaired without an expenditure which would exceed it's value. One example : in the case of damage to the goods, where the cost of repairing the damage and forwarding the goods to their destination would exceed their value on (ⓑ)

① ⓐ cost − ⓑ inspection
② ⓐ value − ⓑ arrival
③ ⓐ cost − ⓑ receipt
④ ⓐ value − ⓑ sales

27 Put best right word(s) in the blank.

> In reference to your letter concerning delayed payment, we wish to inform you that we are accepting your suggestion.
>
> The one condition we would like to add is that if there would be delayed payment beyond what has been agreed upon in the payment schedule and if there is no proper notice given then, we will (　　　　　) to seek legal action against your company.

① have no choice
② be inevitably
③ not help
④ be forced

28 Which CANNOT be included in the underlined these?

When <u>these</u> are used, the seller fulfills its obligation to deliver when it hands the goods over to the carrier and not when the goods reach the place of destination.

① CPT   ② EXW   ③ CIF   ④ FOB

29 Which of the following is LEAST grammatically appropriate?

We have received (a) <u>the number of enquiry for floor coverings</u> suitable for use on the rough floors which seem to be a feature of much of the new building (b) <u>taking place in this region</u>.

It would be helpful (c) <u>if you could send us samples</u> showing your range of suitable coverings. A pattern-card of the designs (d) <u>in which they are supplied</u> would also be very useful.

① (a)   ② (b)   ③ (c)   ④ (d)

30 Fill in the blank with the BEST word(s).

I was very pleased to receive your request of 12 March for waterproof garments on approval.

As we have not previously done business together, you will appreciate that I must request either the usual _____, or the name of a bank to which we may refer. As soon as these enquiries are satisfactorily settled we shall be happy to send you a good selection of the items mentioned in your letter.

I sincerely hope that our first transaction will be the beginning of a long and pleasant business association.

① trade references   ② credit terms

③ letter of credit   ④ bank references

31 Which of the (a)~(d) is LEAST appropriate?

Please correct the following error in my credit report: The loan account number listed for Citizens Bank on the report reads : "137547899." This is incorrect. The correct account number is 137557899.

(a) To verify this information call my branch manager, Len Dane, at 123-456-7890. This correction should change the report (b) by deleting the erroneous statement that says I have twice been late in making payments.

Please (c) open my credit report and (d) send me the corrected clean copy within the next 10 days.

① (a)　　　　　② (b)　　　　　③ (c)　　　　　④ (d)

32 What is best for the blank?

Thank you for your letter of 15 January regarding our November and December invoice No. 7713

We were sorry to hear about the difficulties you have had, and understand the situation. However, we would appreciate it if you could (　　　　) the account as soon as possible, as we ourselves have suppliers to pay.

We look forward to hearing from you soon.

① clear　　　　② make　　　　③ debit　　　　④ arrange

33 Which of the following words is NOT appropriate for the blanks below?

EXW rule places minimum responsibility on the seller, who merely has to make the goods available, suitably packaged, at the specified place, usually the seller's factory or depot. The (ⓐ) is responsible for loading the goods onto a vehicle ; for all export procedures ; for onward transport and for all costs arising after collection of the goods. In many cross-border transactions, this rule can present practical difficulties. Specifically, the (ⓑ) may still need to be involved in export reporting and clearance processes, and cannot realistically leave these to the (ⓒ). Consider (ⓓ) instead.

① ⓐ exporter　　　　　　　　② ⓑ exporter

③ ⓒ buyer　　　　　　　　　④ ⓓ FCA(seller's premise)

34 Which of the following is the LEAST appropriate one as part of the reply to the letter?

> For a number of years we have imported electric shavers from the United States, but now learn that these shavers can be obtained from British manufacturers. We wish to extend our present range of models and should be glad if you could supply us with a list of British manufacturers likely to be able to help us.
>
> If you cannot supply the information from your records, could you please refer our enquiry to the appropriate suppliers in London.

① They are the product of the finest materials and workmanship and we offer a worldwide after-sales service.

② We hope you will send us a trial order so that you can test it.

③ We are pleased to inform you that your order was shipped today.

④ We learn that you are interested in electric shavers of British manufacture and enclose our illustrated catalogue and price list.

35 Which of the following is the MOST appropriate English sentence?

> 하지만 당사는 합작투자보다는 기술이전을 선호합니다. 기술이전 계약을 하는 것이 가능한지요? 당사는 기술 지향적인 회사입니다.

① We, yet, prefer technology transfer by joint venture. I wonder whether you are in a position to enter into the technology transfer agreement or not. We are a technology-oriented company.

② We, however, prefer technology transfer than joint venture. I wonder if you are in a position to enter the technology transfer agreement. We are a technology-orienting company.

③ We, however, prefer technology transfer to joint venture. I wonder whether you are in a position to enter into the technology transfer agreement. We are a technology-oriented company.

④ We, however, prefer joint venture of technology transfer. I wonder whether you are in a position to enter the technology transfer agreement or not. We are a technology-orienting company.

36 Which of the following has similar meaning for the sentence underlined?

> We are a large music store in Korea and would like to know more about the mobile phones you advertised in this month's edition of "Smart World".
>
> Could you tell us <u>if the mobile phones are out of intellectual property issue</u> and are playable in Korean language? Also please let us know if there are volume discount. We may place a substantial order if the above matters are answered to our satisfaction.

① whether the mobile phones are free from intellectual property issue.

② if the mobile phones are abided by intellectual property problems.

③ provided that the mobile phones are free from intellectual property issue.

④ should the mobile phones are out of intellectual property issue.

[37~38] Read the following letter and answer the questions.

> On behalf of the Board of Directors and Officers of the Stone Corporation, I would like to express sincere appreciation and congratulations to your company for successfully completing the reconstruction of our headquarters building in Incheon, which was devastated by fire last year.
>
> Your company has distinguished itself as a leader in the construction industry by performing what appeared to be an almost impossible task. <u>With working under difficult conditions and accelerated construction schedules, your company completed the building as scheduled.</u>

37 Which of the following is the BEST to summarize the underlined sentence above?

① Thanks to your hard work, we could come back to work exactly on the expected date.

② Without your sincere help, the buildings have been restored to its original state perfectly.

③ Although the working plans were tough and tight, your company did fulfill our needs.

④ We had worked hard despite the difficulties, and the construction was finished on time.

38 Which of the following is MOST likely to come after the letter above?

① This accomplishment is attribute to the fine group of professional engineers and skilled craftsmen you assembled on site and to the individual skill and dedication of your project manager, Charles Shin.

② We want to express our deepest appreciation for your hard work during our activities. Your untiring energy and labor made our company the most successful since our foundation began ten years ago.

③ All the people who explored were extremely pleased with your accommodations as well as the friendliness and attentiveness of your entire staff. Please extend my appreciation to the staff and, in particular, to Ms. Han.

④ Please accept my sincere appreciation for the prompt and courteous assistant you gave us in planning the type of event. We were quite pleased with your facility and with the friendly service during the seminar.

[39~40] Read the following letter and answer the questions.

We (ⓐ) to your company by Hills Productions in San Francisco.

Our company produces and distributes (ⓑ) travel and educational DVDs in Korea. These include two 30 minute DVDs on Gyeongju and Buyeo and a 50 minute DVD on Hong Kong. With the overseas market in mind, these (ⓒ) with complete narration and packaging in English.

So far, they have sold very well to tourists in Korea and Hong Kong. We would now like to market the DVDs directly in the United States. We feel that potential markets for these DVDs are travel agencies, video stores, book stores, schools and libraries.

We would appreciate your advice on whether your company would be interested in acting as a (ⓓ) in the United States or if you have any recommendations on any other American associates. (ⓔ) for your evaluation. We look forward to your reply.

---

39 Which of the following does NOT fit in the blanks?

① ⓐ were referred   ② ⓑ a number of

③ ⓒ have also produced   ④ ⓓ distributor

40 Which is MOST suitable for the underlined (ⓔ)?

① Enclosed are English copies of the DVDs

② Same samples are produced

③ Like other agencies, we send originals

④ Originals and copies of sample are attached

41 Choose a different intention from others.

① We shall have to cancel the order, and take all necessary actions for the claim for delayed shipment.

② As you have shipped a machine damaged packaging, all costs of the repairs should be borne by your company.

③ You're requested to substitute any damaged products by brand-new products packed properly at your expense. Otherwise, we have no choice but to raise a claim for a bad packing.

④ It's our regret to inform you that some boxes are terribly broken due to a bad packing. We found that several products seemed to be replaced promptly as they were damaged, bended, and even broken.

42 Below is a part of meeting memo between a seller and a buyer. Which CANNOT be inferred?

Point Discussed and Agreed

1) Both parties have agreed to sell and purchase 100 units of the control box for US $500,000.00

2) Robert Corporation should make an irrevocable Letter of Credit issued payable at sight in favor of Hannam International by OCT 27, 2018.

3) Hannam International should ship the above products within two months after receiving the L/C from Robert Corporation

---

① Robert Corporation agreed to buy some control boxes.

② Hannam International would be a beneficiary of the L/C.

③ Robert Corporation would be a drawee of the Bill of Exchange.

④ Robert Corporation would be an applicant of the L/C.

43 Which is most AWKWARD English writing?

① 당사가 주문을 했을 때, 귀사는 3월 2일까지 FB-900의 선적을 마칠 수 있다고 보장했습니다.

→ When we placed the order, you guaranteed us that you could finish the shipment of FB-900 no later than March 2.

② 오늘 주문서 no.4587의 배송을 받고 상자를 개봉하자, 당사는 보내주신 상품의 일부가 없어졌음을 발견했습니다.

→ Today we received delivery of order no.4587, and on opening the box, we discovered some of the items were missing.

③ 향후 4주간 그 품목의 재고 확보를 기대할 수 없으므로, 이를 대신할 상품들을 제공해 드리고자 합니다.

→ We do not anticipate having inventory of the item for another 4 weeks, so we would like to suggest some alternatives for it.

④ 당사는 귀사의 주문서에 언급된 냉장고(Model no.876)의 재고가 없음을 알려드리게 되어 유감으로 생각합니다.

→ We regret to inform you that the refrigerators(Model no.876) mentioning in your order is not in stock.

[44~45] Read the following and answer.

May we draw your attention to special discount which are given to our most valued customers for bulk purchases.

These discounts comprise 5% for order over US $10,000.00 10% for orders over US $50,000.00 and 15% for orders over US $100,000.00 As your company has always placed <u>sizeable</u> orders with us, we hope you take advantage of this event.

We look forward to continued business relationship with you.

44 What amount of discount is allowed when US $10,000.00 worth order is placed?

① $9,500.00　　② $5,000.00　　③ $500.00　　④ nothing

45 What can be best replacement for the underlined sizeable?

① minimum　　② average　　③ small　　④ large

46 What is best written for the blank?

> There is still some risk in D/P transaction where a sight draft is used to control transferring the title of a shipment. The buyer's ability or willingness to pay might change from the time the goods are shipped until the time the drafts are presented for payment;
>
> (   )

① the presenter is liable for the buyer's payment.

② the seller shall ask the presenting bank to ship back the goods.

③ the carrier ask the buyer to provide indemnity for release of the goods.

④ there is no bank promise to pay.

47 What does the following explain?

> A provision in the contact of insurance which specifies a minimum of damage which must occur to the property insured for the insurer to be liable ; where such specified cover is reached, the insurer then becomes liable for all the damages suffered as a consequence of a peril insured against.

① deduction   ② limit   ③ immunity   ④ franchise

48 What is NOT true about Incoterms 2010?

① Under EXW rule, the seller has no obligation to the buyer to load the goods.

② Under FCA rule, the seller is not responsible to the buyer for loading the goods at the seller's premises.

③ Under CIF rule, the seller is responsible for delivery of the goods at the agreed place of shipment.

④ Under DAT rule, the seller is obliged to unload the goods at the terminal at the named port or place of destination.

49 Which has the LEAST proper explanation?

① Negotiable B/L — Bills of lading which are made out to one's order.

② Received B/L — A bill of lading evidencing that the goods have been received into the care of the carrier, but not yet loaded on board.

③ Foul B/L — A bill of lading which has been not qualified by the carrier to show that the goods were not sound when unloaded.

④ Straight B/L — A bill of lading which stipulates that the goods are to be delivered only to the named consignee.

50 Which pair does NOT have similar meaning?

① Your bank has been given to us as a reference by Brown & Co.
   – Brown & Co. have been referred by our bank to you.

② Please inform us of their credit standing.
   – Please furnish us with information about their credit status.

③ We will treat your information in strict confidence.
   – Your information will be treated as absolutely confidential.

④ We have had no previous dealings with the above company.
   – We have not had any business transactions with the above company so far.

SECTION 3 무역실무

51 신용장거래 중 은행의 서류심사 기준에 관한 설명으로 옳지 않은 것은?

① 지정은행, 확인은행, 개설은행은 서류가 문면상 일치하는지 여부를 서류만으로 심사해야 한다.

② 운송서류는 신용장의 유효기일 이내, 그리고 선적일 후 21일 이내에 제시되어야 한다.

③ 신용장에서 요구되지 아니한 서류는 무시되며, 제시자에게 반환될 수 있다.

④ 서류상의 화주 또는 송화인은 반드시 신용장의 수익자이어야 한다.

52 매도인의 계약위반과 이에 대한 구제의 방법이 아닌 것은?

① 물품이 계약에 부적합한 경우 계약에 적합한 물품의 가액에 대한 비율에 따라 대금을 감액할 수 있다.

② 매수인은 매도인의 의무이행을 위하여 상당한 기간만큼의 추가기간을 지정할 수 있다.

③ 매도인이 상당한 기간 내에 그 물품명세를 지정하지 아니할 때는 매수인이 스스로 이를 확정할 수 있다.

④ 매도인이 약정된 기일 전에 물품을 인도한 경우, 매수인은 인도를 수령하거나 거절할 수 있다.

53 고지의무위반과 담보위반에 대한 다음 설명 중 적절하지 않은 것은?

① 고지내용은 실질적으로 충족되면 고지의무위반으로 보지 않는다.

② 피보험자가 고지의무의 중요한 사항을 위반하면 보험계약이 취소될 수 있지만, 담보위반은 보험계약이 해지될 수 있다.

③ 고지의무위반은 보험계약이 무효가 될 수 있고, 담보위반은 위반시점 이후의 계약이 무효가 될 수 있다.

④ 고지의무위반의 경우는 보험료가 일부 반환되나, 담보위반은 보험료가 전부 반환된다.

54 다음 서류 제목 중 신용장이 요구하는 송장(invoice)으로 인정할 수 없는 것은 무엇인가?

① consular invoice
② tax invoice
③ provisional invoice
④ customs invoice

55 다음 중 연관성이 있는 것끼리만 연결된 것을 고르시오.

㉠ Container B/L
㉡ Consolidation
㉢ Container Freight Station
㉣ Less than Container Loaded Cargo
㉤ House B/L

① ㉠, ㉡, ㉢, ㉣
② ㉠, ㉡, ㉢, ㉤
③ ㉠, ㉡, ㉣, ㉤
④ ㉡, ㉢, ㉣, ㉤

56 권리포기 선화증권(surrendered B/L)에 관한 내용으로 옳은 것은?

① 원본의 선화증권을 의미한다.　　　② non-negotiable이다.

③ 주로 중계무역 시에 사용한다.　　　④ 권리증권이다.

57 B/L상에 기재된 화물은 다음과 같다. 이와 관련된 설명으로 가장 관련이 적은 것을 고르시오.

> GROUND GRANULATED BLAST FURNACE SLAG 30,000M/T
>
> PACKING TO BE IN JUMBO BAGS OF 1.5 M. TON WITH TOLERANCE OF +/- 10 PERCENT IN EACH BAGS

① CHARTER PARTY B/L이다.

② 하역비용은 선사가 부담하게 된다.

③ 화물이 담긴 점보백의 총 개수는 2만개이다.

④ 각 점보백의 중량은 1.35톤~1.65톤 범위 이내이어야 한다.

58 결제방식에 대한 다음 설명 중 옳지 않은 것은?

① 수출입은행은 선적 후 무역금융으로서 수출팩토링, 포페이팅, 수출환어음매입 제도를 운영하고 있다.

② 수출팩토링은 수출채권을 수출기업으로부터 상환청구권 없이 매입하는 수출금융상품이다.

③ 포페이팅은 수출의 대가로 받은 어음을 수출업자에게 상환청구권 없이 고정금리로 할인하는 금융기법이다.

④ 포페이터는 환어음에 추가하는 지급확약(Aval)을 담보로 활용하며 수출상에게도 별도의 보증을 요구한다.

59 화환신용장방식에 의한 매입 관련 주의사항으로 옳지 않은 것은?

① 유효기일이 은행의 영업일이 아닐 경우, 그 다음 영업일까지 유효기일이 연장된다.

② 매입은 서류제시기간 이내로서 유효기일 이내에 이루어져야 한다.

③ 매입을 위하여 은행이 지정된 경우 지정은행이 아닌 수익자의 거래은행에 유효기일까지 서류를 제시하면 하자이다.

④ General L/C의 경우 지정된 은행에서 매입절차를 진행해야 하지만, 지정은행이 아닌 수출상의 거래은행에 매입을 의뢰할 경우 재매입 절차가 필요하다.

60 복합운송의 기본요건에 대한 설명으로 옳지 않은 것은?

① 운송책임의 단일성
② 복합운송증권의 발행
③ 단일운임의 설정
④ 복합운송인의 이종의 운송수단 보유

61 해상보험계약의 법률적 성격으로 옳지 않은 것은?

① 낙성계약
② 요식계약
③ 부합계약
④ 쌍무계약

62 해상보험에 대한 설명으로 옳지 않은 것은?

① 일부보험은 보험금액이 보험가액보다 많은 경우를 말한다.
② 전부보험은 보험금액과 보험가액이 같은 경우를 말한다.
③ 초과보험은 실제로 초과보험이 인정된다면 도덕적 위태가 발생할 수 있으므로 고의에 의한 초과보험은 무효로 우리나라 상법에서 규정하고 있다.
④ 병존보험은 동일한 피보험목적물에 수 개의 보험계약이 존재하는 경우이다.

63 양도가능 신용장에 관한 설명으로 옳은 것은?

① 신용장 양도와 관련하여 발생한 모든 수수료는 제2수익자가 지급해야 한다.
② 개설은행은 양도은행이 될 수 없다.
③ 제2수익자에 의한 또는 그를 위한 제시는 양도은행에 대하여 이루어져야 한다.
④ 양도된 신용장은 제2수익자의 요청에 의하여 수회 양도될 수 있다.

64 신용장 문구가 "available with ANY BANK by negotiation of your draft at 180 days after sight for 100 percent of invoice value."일 때 발행은행인 KOOKMIN BANK가 해외의 매입은행에게 대금을 즉시 지급하고, 수출업자가 선적 후 즉시 대금 지급을 받는 경우를 무엇이라 하는가?

① shipper's usance
② domestic banker's usance
③ overseas banker's usance
④ European D/P

65 내국신용장이나 구매확인서에 대한 설명으로 옳지 않은 것은?

① 수출신용장은 Master L/C, 내국신용장은 Local L/C라고 한다.

② 원신용장이 양도신용장인 경우에 한하여 내국신용장 발급이 가능하다.

③ 내국신용장으로 국내에서 물품을 공급받는 경우 부가가치세 영세율이 적용된다.

④ 구매확인서와 달리 내국신용장은 개설은행의 지급확약이 있다.

66 은행이 서류심사를 할 때 신용장상의 표현과 엄격일치가 적용되는 서류는?

① 상업송장   ② 원산지증명서   ③ 선화증권   ④ 포장명세서

67 대외무역법상의 특정거래형태에 관한 설명으로 옳지 않은 것은?

① 위탁판매거래는 수출자가 물품의 소유권을 수입자에게 이전하지 않고 수출한 후 판매된 범위 내에서만 대금을 영수한다.

② 외국인수수입은 물품을 외국에서 조달하여 외국의 사업현장에서 인수하고 그 대금을 국내에서 지급하는 거래방식이다.

③ 중계무역의 경우 수수료를 대가로 물품과 선적서류가 최초 수출자에게서 최종수입자에게 직접 인도된다.

④ 위탁가공무역은 가공임을 지급하는 조건으로 가공 후 국내에 재수입하거나 제3국에 판매하는 수출입거래이다.

68 다음은 항공운임 관련 부대운임 중 무엇에 대한 설명인가?

> 항공화물 운임을 후불로 항공운송대리점에 지불할 경우 항공운송대리점이 환전 및 송금에 필요한 경비를 보전하기 위해 징구하는 요금을 말하며, 보통 인보이스 금액의 2%를 징구하며 최소 10달러를 징구한다.

① Handling Charge

② Documentation Fee

③ Collect Charge Fee

④ Terminal Handling Charge

69 신용장상에 "available with issuing bank by payment"라는 문구가 의미하는 것은?

① 거래은행을 통하여 발행은행에게 지급을 요청한다.

② 일람불 환어음을 발행하여 상환은행에 매입을 요청한다.

③ 기한부 환어음을 발행하여 발행은행에 지급을 요청한다.

④ 일람불 환어음을 발행하여 발행은행에 인수를 요청한다.

70 국제팩터링(International Factoring)의 수입국 팩터(Import factor)에 대한 설명으로 옳지 않은 것은?

① 수입국에서 수입자와 국제팩터링계약을 체결하다.

② 수입자의 외상수입을 위하여 신용승낙의 위험을 인수한다.

③ 팩터링채권을 회수하고 전도금융을 제공한다.

④ 수출팩터에게 송금하는 팩터링회사를 말한다.

71 외국중재판정의 승인과 집행을 위한 뉴욕협약(1958)상의 요건으로 옳게 설명하고 있는 것은?

① 중재판정의 승인과 집행국 이외에 영토에서 내려진 중재판정은 제외한다.

② 중재판정이 이루어진 후에는 중재합의가 무효라 해도 승인 및 집행이 가능하다.

③ 중재판정이 공서양속에 반하는 때에는 중재판정의 승인과 집행이 거부될 수 있다.

④ 중재판정이 구속력을 가지지 않아야 한다.

72 무역클레임의 간접적 발생원인이 아닌 것은?

① 상관습 및 법률의 상이

② 계약의 유효성 문제

③ 이메일 사용 시 전달과정상의 오류

④ 언어의 상위

73 신용장 통일규칙(UCP 600)상 보험서류의 발행요건에 관한 설명 중 옳지 않은 것은?

① 보험서류는 문면상 필요하거나 요구가 있는 경우에는, 원본은 모두 정당하게 서명되어 있어야 한다.

② 보험서류는 필요한 경우 보험금을 지급하도록 지시하는 당사자의 배서가 나타나 있어야 한다.

③ 보험서류의 피보험자가 지정되지 않은 경우, 화주나 수익자 지시식으로 발행하되 배서가 있어야 한다.

④ 신용장에서 보험증권이 요구된 경우, 보험증명서나 포괄예정보험 확정통지서를 제시하여도 충분하다.

74 신용장거래에서 서류상의 일자(date)에 관한 설명으로서 옳지 않은 것은?

① 신용장상에 일자의 요구가 없더라도 환어음, 운송서류, 보험서류 등은 반드시 일자가 있어야 한다.

② 선적전검사증명서(PSI)는 반드시 선적일자 이전의 일자에 발행된 사실이 나타나 있어야 한다.

③ "Within 2 days of"는 어떠한 사실 이전의 2일에서 동 사실 이후의 2일까지의 기간을 말한다.

④ 서류는 준비일자와 함께 서명일자가 따로 명시되어 있는 경우, 서명일자에 발행된 것으로 본다.

75 신용장에서 무고장의 운송서류(clean transport document)가 요구된 경우, 운송서류상의 다음과 같은 문언 중에서 인수가능한 것은?

① Packaging is not sufficient.

② Packaging contaminated.

③ Goods damaged/scratched.

④ Packaging may be insufficient.

SECTION 1 영문해석

※ Below are correspondences between buyer and seller.

> This is to inform you that we received the shipment of Celltopia on December 15. Our technicians have thoroughly tested all the machines and found 25 defective batteries. We listed the serial numbers of them in the attached sheet.
>
> We have already sent the replacement batteries via Fedex. Meanwhile, please send us the defective ones at our cost. You may use our Fedex account

01 Which can NOT be inferred from the above?

① Defective batteries have their own serial numbers.

② Replacement batteries have been sent via courier service.

③ Buyer will pay freight for the returning batteries.

④ Seller agrees that some of their products were against the sales contract.

02 Which can be inferred from the below?

> Several of my customers have recently expressed an interest in your remote controlled window blinds, and have enquired about its quality.
>
> We are a wide distributor of window blinds in Asia. If quality and price are satisfactory, there are prospects of good sales here.
>
> However, before placing an order I should be glad if you would send me a selection of your remote—controlled window blinds on 20 days' approval. Any of the items unsold at the end of this period and which I decide not to keep as stock would be returned at our expense.
>
> I hope to hear from you soon.
>
> Alex Lee
> HNC International

① Alex shall pay for the goods 20 days after arrival of goods.

② Alex has confidence on the window blinds, so cash with order is acceptable.

③ Freight for the returning goods will be borne by HNC International.

④ Seller shall deliver the goods within 20 days after order.

03 Which does NOT belong to 'some documents' underlined below?

> Some documents commonly used in relation to the transportation of goods are not considered as transport documents under UCP 600.

① Delivery Order

② Forwarder's Certificate of Receipt

③ Forwarder's Certificate of Transport

④ Forwarder's Bill of Lading

04 In accordance with UCP 600, which of the following alterations can a first beneficiary request to a transferring bank to make under a transferable L/C?

① Extend the expiry date

② Decrease the unit price

③ Extend the period for shipment

④ Decrease insurance cover

[05~06] Read the following and answer.

> Dear Mr. Han,
>
> Thank you for your enquiry about our French Empire range of drinking glasses. There is a revival of interest in this period, so we are not surprised that these products have become popular with your customers.
>
> I am sending this fax pp. 1–4 of our catalogue with CIF Riyadh prices, as you said you would like an immediate preview of this range. I would appreciate your comments on the designs with regard to your market.
>
> I look forward to hearing from you.

05 What kind of transaction is implied?

① a reply to a trade enquiry

② a firm offer

③ an acceptance of an offer

④ a rejection of an offer

06 Which is NOT similar to the underlined with regard to?

① regarding

② about

③ concerning

④ in regard for

07 What would Jenny's representative do on the coming visit?

> Dear Jenny,
>
> With reference to our phone conversation this morning, I would like one of your representatives to visit our store at 443 Teheran Road, Seoul to give an estimate for a complete refit. Please could you contact me to arrange an appointment?
>
> As mentioned on the phone, it is essential that work should be completed before the end of February 2018, and this would be stated in the contract.
>
> I attach the plans and specifications

① offer

② credit enquiry

③ trade enquiry

④ compensation

[08~09] Read the following and answer.

> A sight draft is used when the exporter wishes to retain title to the shipment until it reaches its destination and payment is made.
>
> In actual practice, the ocean bill of lading is endorsed by the exporter and sent via the exporter's bank to the buyer's bank. It is accompanied by the sight draft with invoices, and other shipping documents that are specified by either the buyer or the buyer's country(e.g., packing lists, consular invoices, insurance certificates). The foreign bank notifies the buyer when it has received these documents. As soon as the draft is paid, the (A) foreign bank turns over the bill of lading thereby enabling the buyer to obtain the shipment.

08 Which payment method is inferred from the above?

① Sight L/C   ② D/P   ③ Usance L/C   ④ D/A

09 What is the appropriate name for the (A) foreign bank?

① collecting bank   ② remitting bank

③ issuing bank   ④ nego bank

10 Which of the following BEST completes the blanks in the letter?

> We would like to send (A)–Heathrow (B) Seoul, Korea, 12 crates of assorted glassware, to be delivered (C) the next 10 days.

① ex – to – within

② ex – to – off

③ from – through – within

④ from – through – above

11 What is the appropriate title of the document for the following?

> Whereas you have issued a Bill of Lading covering the above shipment and the above cargo has been arrived at the above port of discharge (or the above place of delivery), we hereby request you to give delivery of the said cargo to the above mentioned party without production of the original Bill of Lading.

① Fixture Note

② Trust Receipt

③ Letter of Guarantee

④ Letter of Indemnity

12 What is TRUE about the CPT term of the Incoterms 2010?

① The seller delivers the goods to the carrier or another person nominated by the buyer at an agreed place.

② The seller fulfils its obligation to deliver when the goods reach the place of destination.

③ If several carriers are used for the carriage and the parties do not agree on a specific point of delivery, risk passes when the goods have been delivered to the first carrier at a point entirely of the seller's choosing.

④ If the seller incurs costs under its contract of carriage related to unloading at the named place of destination, the seller is entitled to recover such costs from the buyer.

13 Which is LEAST proper Korean translation?

① The Manufacturer grants to the HNC the exclusive and nontransferable franchise.

→ 제조사는 HNC에게 독점적 양도불능 체인영업권을 부여한다.

② Despite its diminished luster, Apple remains the most valuable U.S. company with a market value of USD432 billion.

→ 비록 빛을 다소 잃기는 했어도 애플사는 432억불의 시장가치를 가진 가장 값진 미국 회사로 남아 있다.

③ Rejection of nonconforming goods should be made by a buyer in a reasonable time after the goods are delivered.

→ 불일치 상품의 인수거절은 상품이 인도된 후 합리적인 기간 내에 매수인이 해야 한다.

④ Please sign and return the duplicate to seller after confirming this sales contract.

→ 이 매매 계약서를 확인한 후 서명하고 그 부본을 매도자에게 보내 주십시오.

14 What is the writer's purpose?

> ·······Your prices are not competitive and therefore we are unable to place an order with you at this time, even though we are favorably impressed with your samples·······. Under such circumstances, we have to ask for your most competitive prices on the particular item, your sample No.10 which is in high demand. We trust you will make every effort to revise your prices.

① an acceptance of an offer   ② a trade inquiry

③ an inquiry to search a new product   ④ a purchase order

15 The following is about CIF, Incoterms 2010. Choose the wrong one.

① The seller delivers the goods on board the vessel or procures the goods already so delivered.

② The seller must contract for and pay the costs and freight necessary to bring the goods to the named port of destination.

③ The seller contracts for insurance cover for the seller's risk of loss of or damage to the goods during the carriage.

④ The buyer should note that the seller is required to obtain insurance only on minimum cover.

16 What is LEAST correct about a distributor and an agent?

① A distributor is an independently owned business that is primarily involved in wholesaling.

② A distributor doesn't take title to the goods that he's distributing.

③ The agent's role is to get orders and usually earn a commission for his services.

④ The initial investment and costs of doing business as an agent are lower than those of doing business as a distributor.

17 What does the following explain?

> The purchase of a series of credit instruments such as drafts drawn under usance letters of credit, bills of exchange, promissory notes, or other freely negotiable instruments on a "nonrecourse" basis.

① forfaiting   ② factoring

③ negotiation   ④ confirmation

18 What is NOT correct about the FAS rule of the Incoterms 2010?

① Where merchandise is sold on an FAS basis, the cost of the goods includes delivery to alongside the vessel.

② Seller is responsible for any loss or damage, or both, until the goods have been delivered alongside the vessel.

③ Buyer must give seller adequate notice of name, sailing date, loading berth of, delivery time to, the vessel.

④ Buyer is not responsible for any loss or damage, while the goods are on a lighter conveyance alongside the vessel within reach of its loading tackle.

19 What is NOT correct about the CIF rule of the Incoterms 2010?

① Where merchandise is sold on a CIF basis, the price includes the cost of the goods, insurance coverage and freight to the named port of destination.

② Seller must provide and pay for transportation to named port of destination.

③ Seller must pay export taxes, or other fees or charges, if any, levied because of exportation.

④ Buyer must receive the goods upon shipment, handle and pay for all subsequent movement of the goods.

20 Under the UCP 600, what is the obligation of the issuing bank?

> A documentary credit pre-advice was issued on 1 March for USD 510,000 with the following terms and conditions:
>
> – Partial shipment allowed.
>
> – Latest shipment date 30 April
>
> – Expiry date 15 May.
>
> On 2 March the applicant requested amendments prohibiting partial shipment and extending the expiry date to 30 May.

① Clarify with the beneficiary the period for presentation.

② Issue the documentary credit as originally instructed.

③ Issue the documentary credit incorporating all the amendments.

④ Issue the documentary credit incorporating the extended expiry date only.

21 Which of the following is LEAST inferred?

> Dear Mr. Smith
>
> We appreciate receiving your order for 1,000 XTM—500 linear circuit amplifiers.
>
> Our credit department has approved a credit line of USD10,000 for you. Because the total on your current order exceeds this limit, we need at least partial payment (half up front) to ship the goods to your factory.
>
> If you anticipate more purchases of this size, call me and we'll see what we can do about extending your limit. We value your business, hope this is a satisfactory solution, and thank you for the opportunity to serve you.
>
> Sincerely yours,
>
> John Denver

① John requires minimum USD4,500 cash for accepting this order.

② Mr. Smith must have ordered the products for more than USD10,000.

③ The seller is granting credit, but not in the amount the customer wants.

④ John explains the balance required to deliver the entire order, and invite the customer to further discuss extending the credit limit.

22 Which of the following is NOT acceptable as the maturity date for the draft below?

> A documentary credit is issued for an amount of USD 60,000 and calls for drafts to be drawn at 30 days from bill of lading date. Documents have been presented with a bill of lading dated 09 November 2018. (09 November + 30 days = 09 December)

① 09 December 2018

② 30 days from bill of lading date

③ 30 days after 09 November 2018

④ December 9th, 2018

23 Which explains "pro-forma invoice" correctly?

① It is a commercial bill demanding payment for the goods sold.

② It is usually issued by diplomatic officials of the importing country to verify the export price.

③ It is completed on a special form of the importing country to enable the goods to pass through the customs of that country.

④ It is a preliminary bill of sale sent to buyer in advance of a shipment or delivery of goods.

24 Which is CORRECT about the letter?

> Enclosed please find a CI nonmetallic wind shifter, model BRON-6SJ7. As we discussed on the telephone, the device has recently developed a noticeable skew to the west.
>
> You suggested that we send the unit to your attention for evaluation and an estimate of the cost of repair of the unit. Please call me when you have that estimate; we will decide at that time whether it makes sense to repair the device or to purchase a new model.

① The letter is from Production Department to shipping company.

② The letter is from shipping company to Production Department.

③ The letter is from Customer Service to customer.

④ The letter is from customer to Customer Service.

25 What is NOT a good example in consideration of the following?

> In international trade, the seller should make certain that the essential elements of the contract are clearly stated in the communications exchanged by the buyer.

① The description of goods shall include the HS Cord of exporting country.

② The purchase price and the terms of payment should be stated.

③ The terms of delivery should be set out.

④ Instructions for transportation and insurance is to be specified.

26 Which is most AWKWARD English writing?

① 이번 지불 연기를 허락해 주신다면 정말 감사하겠습니다.

  → We would be very grateful if you could allow us the postponement of this payment.

② 귀사가 품질 보증서를 보내주실 수 없다면, 주문을 취소할 수밖에 없습니다.

  → If you cannot send us a guaranty, we will have no choice but canceling the order.

③ 매도인은 매수인의 요구조건에 따라 매도인 스스로 물품명세를 작성한다.

  → The Seller makes the specification himself in accordance with the requirements of the Buyer.

④ 매수인은 판촉에 대한 책임을 진다.

  → Buyer shall be responsible for sales promotion.

[27~28] Read the following and answer.

We are a chain of retailers based in Birmingham and are looking for a manufacturer who can supply us with a wide range of sweaters for the men's leisurewear market. We were impressed by the new designs displayed on your stand at the Hamburg Menswear Exhibition last month.

As we usually (ⓐ) large orders, we would expect a quantity discount in addition to a 20% trade discount off net list prices. Our terms of payment are normally 30-day bill of exchange, D/A.

If these conditions interest you, and you can (ⓑ) orders of over 500 garments at one time, please send us your current catalogue and price list.

We hope to hear from you soon.

27 Which is best rewritten for the underlined sentence?

① If you can meet these conditions,

② Provided that if we can meet these conditions,

③ Should you need interest to these conditions in advance,

④ If the interest brings you to the conditions above,

28 Which is the best pair for the blanks?

① ⓐ take − ⓑ meet   ② ⓐ place − ⓑ meet

③ ⓐ take − ⓑ provide   ④ ⓐ place − ⓑ provide

[29~30] Read the following and answer.

> We would like to place an order on behalf of Tokyo Jewelers Inc.
>
> Please (   ) 5,000 uncut diamonds and once it is available, Tokyo Jewelers will surely buy it to be forwarded at the Quanstock Diamond Mine. We really would appreciate if you could accommodate this order.
>
> Hans International

29 Fill in the blank with a suitable word.

① repair   ② replace   ③ reserve   ④ revoke

30 Who is mostly likely to be Hans International?

① buying agent   ② selling agent   ③ importer   ④ exporter

[31~32] Read the following and answer.

> In reference to your order No. 458973, we regret to inform you that we cannot supply the goods that were stated therein due to an outstanding (   ) from your preceding order. So far we have received no reply from you concerning this outstanding amount.
>
> We are very disappointed about this fact, and hope that you can help us to clear out this problem, very soon. Should you have any comments regarding payments, we should appreciate hearing from you.
>
> Please give this matter an immediate attention. We, therefore, expect to receive remittance without any further delay, before we can process future orders.

31 What is the most appropriate word for the blank?

① balance   ② order   ③ offer   ④ complaint

32 Rephrase the underlined sentence.

① settle the discrepancy

② settle the overdue amount

③ pay the money in advance

④ pay interest first

33 How many televisions were expected to be unloaded at the port of destination?

> Thank you for the fast dispatch of our order, but I regret to inform you that, unfortunately you have not completed our order, three of the televisions were missing, and only 34 were received.
>
> We will be happy to receive a credit note for the missing goods or three televisions in this discrepancy.

① 3   ② 31   ③ 34   ④ 37

34 Which of the following BEST fits the blank?

> (   ) comprehends all loss occasioned to ship, freight, and cargo, which has not been wholly or partly sacrificed for the common safety or which does not otherwise come under the heading of general average or total loss.

① Abandonment

② Average

③ Particular average

④ Marine adventure

[35~36] Read the following and answer

> I would like your quotation for silicon used in automobile keypads with the following park number :
>
> KOA11164B – 100,000pcs.
>
> KOA50473A – 200,000pcs.
>
> We require keypads appropriate for Mercedes Benz and Ford. It would be (   ) if you could state your prices, including delivery up to our works. Delivery would be required within three weeks from order date.
>
> Peter Han
>
> K– Hans International

35 What is suitable for the blank?

① appreciated   ② delayed   ③ depreciated   ④ appreciating

36 Which rules of the Incoterms 2010 would be applied for the above situation?

① D terms   ② E term   ③ C terms   ④ F terms

37 What is (A)?

The more geographic reach your company has, the more important (A) this clause will become. For example, if you're a small local business dealing 100% exclusively with locals, you may not really need a clause telling your customers which law applies.

Now, take a big corporation with customers and offices in numerous countries around the world. If a customer in Japan wants to sue over an issue with the product, would Japanese law apply or would the law from any of the other countries take over? Or, what if you're a Korea-based business that has customers from Europe.

In both cases, (A) this clause will declare which laws will apply and can keep both companies from having to hire international lawyers.

① Arbitration Clause   ② Governing Law Clause

③ Severability Clause   ④ Infringement Clause

38 Fill in the blanks with the MOST proper word(s) in common.

(ⓐ) cannot be final if a contract is subsequently made on suppliers' term such as ; all (ⓑ) are subject to confirmations and acceptance by us upon receipt of an order and will not be binding unless so confirmed by us in writing.

① ⓐ Quotations, ⓑ quotations

② ⓐ Letters of credit, ⓑ letters of credit

③ ⓐ Invoices, ⓑ invoices

④ ⓐ Contracts, ⓑ contracts

[39~40] Read the following and answer the questions.

We were pleased to receive your fax order of 29 June and have arranged to ship the electric shavers by SS Tyrania leaving London on 6 July and due to arrive at Sidon on the 24th.

As the urgency of your order left no time to make the usual enquiries, we are compelled to place this transaction this way and have drawn on you through Midminster Bank Ltd for the amount of the enclosed invoice. The bank will instruct their correspondent in Sidon to pass (ⓐ   ) to you against payment of the draft.

Special care has been taken to select items suited to your local conditions. We hope you will find them satisfactory and that your present order will be the first of many.

39 What is the underlined 'this way'?

① D/P   ② on credit

③ by letter of credit   ④ by cash

40 What is the most appropriate word(s) for the blank ⓐ?

① the bill of lading   ② invoice

③ credit reference   ④ letter of credit

41 Which is best rewritten for the underlined words?

We received your email of October 20 requesting a reduction in price for our Celltopia II. Your request has been carefully considered, but we regret that <u>it is not possible to allow a discount at this time</u> due to the recent appreciation of Korean won against US dollar.

① we are not acceptable to discount at this moment

② we are not in a position to discount at this moment

③ it is discounted for this time

④ it is discountable this time

42 What is the most appropriate for the blank?

> We regret to inform you that payment of USD75,000 has not been made for order No. 3038.
>
> We sent your company a (　　　　　) notice three weeks ago, and so far we have received no reply from you. We hope that you can help us to clear this amount immediately.

① shipping　　　　② payment　　　　③ check　　　　④ reminder

43 Which is NOT similar to the underlined (A)?

> This is (A) <u>in reference to</u> product No. 34. Our supplier has informed us that there is a price increase due to the increase in the price of materials used for this product.

① With reference to　　　　　　② With regard to

③ As per　　　　　　　　　　④ Regarding

[44~45] Read the following and answer.

> We have gained an impressive exports contract of USD100 million TV monitors. For this, we will need a fund for machinery and materials that will be used on this contract. Due to this massive outlay, we are requesting for an increase in our company's credit limit from USD30 million to USD50 million.
>
> ~~~~~~~~~~~~~~~~~~~~~~~~~~~~~~~~~~~~
>
> With reference to your letter, we are pleased to advise that the credit limit is (A) as per your request with effect from 1 November 2019. However please note that (B) <u>the interest rate will be increased from 6.5% to 7.5%.</u>

44 Which is best for the blank (A)?

① increased by USD20 million

② improved to USD20 million

③ decreased by USD20 million

④ between USD30 million to USD50 million

45 Rephrase the underlined (B).

① we will raise the interest rate from 6.5% to 7.5%

② we will rise the interest rate from 6.5% to 7.5%

③ the interest rate will exceed 6.5% for 1.0%

④ the interest rate will surpass 7.5% from 1.0%

[46~47] Read the following and answer.

Dear Mr. Hong,

Thank you for your letter of 15 October concerning the damage to the goods against Invoice No.1555. I can confirm that the goods were checked before they left our warehouse, so it appears that the damage occurred during shipment.

Please could you return the goods to us, carriage forward?
We will send a refund as soon as we receive them.

Please accept my (   ) for the inconvenience caused.

Yours sincerely

---

46 What can NOT be inferred from the letter above?

① Seller wants to pay freight for retuning goods.

② Buyer claimed for the goods damaged.

③ Goods were in good order at seller's warehouse.

④ Seller would like to replace goods.

47 Put the right word in the blank.

① thanks   ② regards

③ apologies   ④ relief

48 Fill in the blank with suitable word.

> Sellers must trust that the bank issuing the letter of credit is sound, and that the bank will pay as agreed. If sellers have any doubts, they can use a (   ) letter of credit, which means that another (presumably more trustworthy) bank will undertake payment.

① confirmed

② irrevocable

③ red—clause

④ None of the above

49 Fill in the blank with suitable word.

> A _____ letter of credit allows the beneficiary to receive partial payment before shipping the products or performing the services. Originally these terms were written in red ink, hence the name. In practical use, issuing banks will rarely offer these terms unless the beneficiary is very creditworthy or any advising bank agrees to refund the money if the shipment is not made.

① simple

② anticipatory

③ black

④ None of the above

50 What is best for the blank?

> We are a large engineering company exporting machine parts worldwide, and have a contract to supply a Middle Eastern customer for the next two years.
>
> As the parts we will be supplying are similar in nature and are going to the same destination over this period for USD50,000,000 annually.
>
> Would you be willing to provide (   ) against all risks for this period?
>
> We look forward to hearing from you.

① insurance policy

② insurance certificate

③ open cover

④ insurance premium

51 승낙의 효력발생에서 국제물품매매계약에 관한 유엔 협약(CISG)의 규정으로 옳지 않은 것은?

① 서신의 경우 승낙기간의 기산일은 지정된 일자 또는 일자의 지정이 없는 경우에는 봉투에 기재된 일자로부터 기산한다.

② 승낙이 승낙기간 내에 청약자에게 도달하지 아니하면 그 효력이 발생하지 아니한다.

③ 구두청약에 대해서는 특별한 사정이 없는 한, 즉시 승낙이 이루어져야 한다.

④ 지연된 승낙의 경우 청약자가 이를 인정한다는 뜻을 피청약자에게 통지하더라도 그 효력이 발생하지 아니한다.

52 다음 무역계약에 대한 설명 중 옳지 않은 것은?

① 협의의 무역계약은 국제물품매매계약이라고 볼 수 있으며 이외의 기타계약을 포함하면 광의의 무역 계약이 된다.

② 매도인과 매수인 간에 오랜 거래관계를 가지고 있는 경우에는 case by case contract보다는 master contract가 바람직하다.

③ 미국의 계약법 리스테이트먼트는 기존판례들을 약술하여 정리한 것이다.

④ 양도승인에 의한 인도에는 점유개정, 간이인도, 목적물 반환청구권의 양도가 있다.

53 신용장 개설 시 유의사항에 대한 설명으로 옳지 않은 것은?

① 수익자, 개설의뢰인의 회사명 등은 약어를 사용하지 않는 것이 좋다.

② 신용장은 명시적으로 'Transferable'이라고 표시된 경우에 한해 양도될 수 있다.

③ 선적기일, 유효기일 및 서류제시기일 표기 시 해석상 오해의 소지가 없도록 월(month) 표시는 문자로 하지 않는 것이 좋다.

④ 신용장 금액 앞에 'about', 'approximately' 또는 이와 유사한 표현이 있는 경우 10% 이내에서 과부족을 인정한다.

54 추심결제방식에 대한 설명으로 옳지 않은 것은?

① 은행을 통해 환어음을 수입상에게 제시하여 대금을 회수한다.

② D/P(Documents against Payment) 방식과 D/A(Documents against Acceptance) 방식이 있다.

③ URC522(Uniform Rules for Collection 522)이 적용되며 은행은 이에 따라 서류를 심사할 의무를 부담한다.

④ 신용장 거래에 비해 은행수수료가 낮다.

55 EXW 조건과 FCA 조건의 차이를 설명한 것 중 옳은 것은?

	매도인이 운송수단에 적재하여 인도할 의무	매도인의 수출통관 의무
㉠	EXW, FCA	EXW, FCA
㉡	EXW, FCA	FCA
㉢	FCA	EXW, FCA
㉣	FCA	FCA

① ㉠   ② ㉡   ③ ㉢   ④ ㉣

56 신용장의 조건변경 시 유의사항으로 옳지 않은 것은?

① 사소한 분쟁을 사전에 예방하기 위하여 수익자는 조건 변경에 대해 수락하거나 거절한다는 의사표시를 명시적으로 하는 것이 좋다.

② 수익자는 여러 개의 조건변경이 포함된 하나의 조건 변경통지서에서의 일부의 조건만 선택적으로 수락할 수 있다.

③ 수익자가 조건변경에 대한 승낙 또는 거절의 통고를 해야 하지만 그런 통고를 하지 않은 경우, 신용장 및 아직 승낙되지 않은 조건변경에 일치하는 제시는 수익자가 그러한 조건변경에 대하여 승낙의 통고를 행하는 것으로 본다.

④ 조건변경을 통지하는 은행은 조건변경을 송부해 온 은행에게 승낙 또는 거절의 모든 통고를 하여야 한다.

57 해상운송장(Sea Waybill)에 대한 설명으로 옳지 못한 것은?

① 해상운송계약을 증빙하는 서류로 운송회사의 화물수령증이라는 점에서 선하증권(B/L)과 같은 기능을 한다.

② 해상운송장(Sea Waybill)이 유통불능이라는 점에서 기명식 선하증권(straight B/L)과 유사하다.

③ 해상운송장(Sea Waybill)은 제3자 양도가 불가능하다.

④ 수하인이 화물수령을 위해 해상운송장(Sea Waybill) 원본을 운송회사에 제출해야 한다.

58 제3자 개입에 의한 무역클레임 해결방법에 대한 설명으로 옳지 않은 것은?

① 조정안에 대하여 당사자가 수락할 의무는 없으며 어느 일방이 조정안에 불만이 있는 경우에는 조정으로는 분쟁이 해결되지 못한다.

② 알선은 형식적 절차를 거치며, 성공하는 경우 당사자 간에 비밀이 보장되고 거래관계를 계속 유지할 수 있다.

③ 중재는 양 당사자가 계약체결 시나 클레임이 제기된 후에 이 클레임을 중재로 해결할 것을 합의하는 것이 필요하다.

④ 소송은 사법협정이 체결되어 있지 않은 한, 소송에 의한 판결은 외국에서의 승인 및 집행이 보장되지 않는다.

59 신용장의 양도와 관련된 설명으로 옳지 않은 것은?

① 분할양도는 분할선적이 허용된 경우에만 가능하다.

② 양도취급 가능은행은 원신용장에 지급, 인수, 매입 은행이 지정된 경우에 그 은행이 양도은행이 된다.

③ 양도는 1회에 한해서만 허용된다.

④ 양수인이 원수익자에게 양도환원(transfer back)하는 경우는 허용되지 않는다.

60 다음은 청약의 취소(revocation)와 철회(withdrawal)에 대한 설명이다. ( ) 안에 들어갈 내용이 옳게 나열된 것은?

> (a)가 청약의 효력 발생 후 효력을 소멸시키는 반면, (b)는 청약의 효력이 발생되기 전에 그 효력을 중지시키는 것이다. 비록 청약이 (c)이라도 청약의 의사표시가 상대방에 도달하기 전에 또는 도달과 동시에 (d)의 의사표시가 피청약자에게 (e)한/된 때에는 (d)가 가능하다.

① (a) 청약의 취소, (b) 청약의 철회, (c) 취소불능, (d) 철회, (e) 도달
② (a) 청약의 철회, (b) 청약의 취소, (c) 철회불능, (d) 취소, (e) 도달
③ (a) 청약의 취소, (b) 청약의 철회, (c) 취소불능, (d) 철회, (e) 발송
④ (a) 청약의 철회, (b) 청약의 취소, (c) 철회불능, (d) 취소, (e) 발송

61 환어음의 임의기재사항으로 옳지 않은 것은?

① 환어음의 번호   ② 지급인의 명칭
③ 환어음의 발행매수 표시   ④ 신용장 또는 계약서 번호

62 우리나라에서 유럽대륙, 스칸디나비아반도 및 중동 간을 연결하는 시베리아횡단철도 복합운송 경로로 옳은 것은?

① SLB   ② ALB
③ Mini Land Bridge   ④ Interior Point Intermodal

63 신용장통일규칙(UCP600)에서 규정하고 있는 선하증권의 수리요건으로 볼 수 없는 것은?

① 운송인의 명칭과 운송인, 선장 또는 지정 대리인이 서명한 것
② 화물의 본선적재가 인쇄된 문언으로 명시되어 있거나 본선 적재부기가 있는 것
③ 신용장에 지정된 선적항과 양륙항을 명시한 것
④ 용선계약에 따른다는 명시가 있는 것

64 화물, 화주, 장소를 불문하고 운송거리를 기준으로 일률적으로 운임을 책정하는 방식은?

① Ad Valorem Freight   ② Minimum Rate
③ Discrimination Rate   ④ Freight All Kinds Rate

65 해상보험에 대한 설명 중 옳지 않은 것은?

① 해상위험은 항해에 기인하거나 항해에 부수하여 발생되는 사고를 말한다.

② 해상손해는 피보험자가 해상위험으로 인해 보험의 목적인 선박, 적하 등에 입는 재산상의 불이익을 말하며 물적 손해, 비용손해, 책임손해가 포함된다.

③ 추정전손은 보험목적물을 보험자에게 정당하게 위부함으로써 성립되며, 만약 위부(abandonment)를 하지 않을 경우 이는 현실전손으로 처리될 수 있다.

④ 적하보험에서 사용되고 있는 ICC(B)와 ICC(C)에서는 열거책임주의 원칙을 택하고 있다.

66 국제팩토링결제에 관한 설명으로 옳지 않은 것은?

① 수출팩터가 전도금융을 제공함으로써 효율적으로 운전 자금을 조달할 수 있다.

② 수출자는 대금회수에 대한 위험부담 없이 수입업자와 무신용장 거래를 할 수 있다.

③ 국제팩토링결제는 L/C 및 추심방식에 비해 실무절차가 복잡하다.

④ 팩터가 회계업무를 대행함으로써 수출채권과 관련한 회계장부를 정리해 준다.

67 ICC(C)조건의 담보위험에 해당되지 않는 것은?

① 공동해손희생　　　　　　　② 화재, 폭발

③ 갑판 유실　　　　　　　　　④ 육상운송 용구의 전복, 탈선

68 인코텀즈(Incoterms) 2010에 관한 내용 중 옳지 않은 것은?

① FCA의 경우 Buyer가 자신을 위하여 지정된 도착지까지 적하보험에 부보한다.

② CPT의 경우 Buyer가 자신을 위하여 지정된 도착지까지 적하보험에 부보한다.

③ CIP의 경우 Buyer가 자신을 위하여 지정된 도착지까지 적하보험에 부보한다.

④ CIF의 경우 Seller가 buyer를 위하여 도착항까지 적하보험에 부보한다.

69 최저운임으로 한 건이 화물운송에 적용할 수 있는 가장 적은 운임을 의미하는 것은?

① minimum charge　　　　　② normal rate

③ quantity rate　　　　　　　④ chargeable weight

70 신용장에서 송장(invoice)을 요구하는 경우 수리되지 않는 송장(invoice) 명칭으로 옳은 것은?

① commercial invoice
② final invoice
③ proforma invoice
④ tax invoice

71 선하증권의 법적 성질에 대한 설명으로 옳지 않은 것은?

① 선하증권은 실정법에 규정된 법정기재사항을 갖추어야 유효하므로 요식증권이다.
② 선하증권은 화물수령이라는 원인이 있어야 발행하는 것이기 때문에 요인증권이다.
③ 선하증권은 권리의 내용이 증권상의 문언에 의하여 결정되기 때문에 유가증권이다.
④ 선하증권은 배서나 인도에 의하여 권리가 이전되기 때문에 유통증권이다.

72 해상보험의 주요 용어 및 내용에 대한 설명으로 옳지 않은 것은?

① amount insured는 보험금액으로 사고 발생 시 보험자가 보상하는 최고 한도액이 된다.
② insurable value는 피보험목적물의 평가액이다.
③ under insurance는 보험가액보다 보험금액이 적은 경우로 둘 간의 비율에 따라 보상한다.
④ 담보는 명시담보와 묵시담보로 구분되는데 감항성 담보는 명시담보에 해당된다.

73 신용장통일규칙(UCP600) 서류심사의 기준에 대한 설명으로 옳지 않은 것은?

① 은행은 서류의 제시일을 포함하여 최장 5은행영업일 동안 서류를 심사한다.
② 운송서류는 선적일 후 21일보다 늦지 않게 제시되어야 하고 신용장 유효기일 이전에 제시되어야 한다.
③ 일치하는 제시는 신용장, 국제표준은행관행, UCP600에 따라 제시된 서류를 말한다.
④ 서류 발행자에 대한 내용을 명시하지 않은 채로 운송 서류, 보험서류, 또는 상업송장 이외의 서류가 요구된다면 은행은 제시된 대로 수리한다.

74 보험계약의 법적 성질에 대한 내용으로 옳지 않은 것은?

① bilateral contact : 보험계약당사자 쌍방이 계약상의 의무를 부담한다.

② consensual contract : 당사자 간의 의사표시의 합치만으로 계약이 성립하며 그 의사표시에 특별한 방식이 필요하지 않다.

③ remunerative contract : 보험자는 계약상 합의된 방법과 범위에서 피보험자의 손해를 보상할 것을 확약하는 대가로 보험료를 수취한다.

④ formal contract : 보험증권이 발행되어야만 해상보험 계약이 성립한다는 것으로 보험계약 당사자 간의 정해진 계약방식이 필요하다.

75 국제물품매매계약에 관한 유엔협약(CISG)에 따라 수입상이 계약의무를 위반한 수출상에게 원래 물품을 대체할 대체물의 인도를 청구하려고 한다. 이에 대한 내용으로 옳지 않은 것은?

① 매수인이 매도인의 계약위반에 대해서 대체물을 청구한다면 발생한 손해에 대해서는 배상을 청구할 권리가 없다.

② 매도인의 계약위반이 본질적인 계약위반에 해당할 때에만 매수인이 대체물의 인도를 청구할 수 있다.

③ 매수인이 물품을 수령했으나 계약에 부적합한 인도가 있었고 수령한 상태와 동등한 상태로 물품을 반환할 수 있어야만 매도인은 대체물을 청구할 수 있다.

④ 매수인은 물품이 계약에 부적합하다는 사실에 대해 매도인에게 통지해야 하며 이 통지와 동시에 또는 그 후 합리적인 기간 안에 대체물을 청구해야 한다.

[01~03] Read the following and answer.

Dear Ann,

Please quote for collection from our office and delivery to Busan port.

Our goods are :

– 6 divans and mattresses, 700cm×480cm

– 7 bookcase assembly kits packed in cardboard boxes, each measuring 14m^3

– 4 coffee–table assembly kits, packed in cardboard boxes.

– 4 armchairs, 320×190×260cm

The divans and armchairs are fully protected against knocks and scratches by polythene and corrugated paper wrapping, and the invoiced value of the goods is USD50,500. The freight will be borne by our customer. I would appreciate a prompt reply, as delivery must be made before the end of next week.

---

01 What is the purpose of the letter above?

① request for a quotation of delivery

② request to deliver the goods by a deadline

③ offer of goods price being sold out

④ request for proper packing

02 Who is most likely to be Ann?

① buyer ② seller

③ insurer ④ freight forwarder

03 What Incoterms would be applied for the above transaction?

① FCA   ② CIP   ③ CFR   ④ FOB

04 Which is NOT suitable for the blank?

> According to CISG, additional or different terms relating, among other things, to (   ) are considered to alter the terms of the offer materially.

① the price, payment, quality and quantity of the goods

② place and time of delivery

③ late acceptance

④ the settlement of disputes

[05~06] Read the following and answer the questions.

> Dear Sirs,
>
> We will be sending on behalf of our clients, Delta Computers, Ltd., a consignment of 20 computers to N.Z. Business Machines Pty.,
>
> Wellington, New Zealand. The consignment is to be loaded on to the SS Northen Cross which sails from Tilbury on the 18th of May and is due in Wellington on the 25th of June.
>
> We would be grateful if you could quote a rate covering all risks from port to port.
>
> As the matter is urgent, we would appreciate a prompt reply.
>
> Thank you.
>
> Yours faithfully,

05 What is NOT included in the above?

① the subject-matter insured   ② the name of vessel

③ the departing port and arriving port   ④ insurable value

06 What is being sought?

① insurance premium   ② freight

③ exchange rate   ④ insurance amount

07 Below is a part of document. What is it?

> Whereas you have issued a bill of lading covering the above shipment and the above cargo has been arrived at the above port of discharge, we hereby request you to give delivery of the said cargo to the above mentioned party without production of the original bill of lading.
>
> In consideration of your complying with our above request, we hereby agree to indemnify you as follows:
>
> Expenses which you may sustain by reason of delivering the cargo in accordance with our request, provided that the undersigned Bank shall be exempt from liability for freight, demurrage or expenses in respect of the contract of carriage.
>
> As soon as the original bill of lading corresponding to the above cargo comes into our possession, we shall surrender the same to you, whereupon our liability hereunder shall cease.

① Shipping Letter of Guarantee   ② Letter of Insurance

③ Delivery Guarantee   ④ Demand Guarantee

08 According to the CISG, which one is regarded as a valid acceptance?

① Acceptance by silence

② Offerree's conduct indicating assent to the offer

③ Acceptance by inactivity

④ Counter offer for expiry extension

09 Which is NOT correct according to the following?

> Insurance policy in duplicate, endorsed in blank for 110% of the invoice cost. Insurance policy must include Institute Cargo Clauses ICC(B).

① Insurance certificate can be presented instead of insurance policy.

② In negotiating, blank endorsement must be made by a beneficiary.

③ 10% is added to the invoice cost as expected profit.

④ Insurance policy shall be issued in two original copies.

10 What is NOT proper contractual position according to CISG?

> We received your offer of April 1. 2018. After careful examination, we decided to accept your offer if you can reduce the price per set by US$2.

① The offeree rejects the original offer.

② This terminates the offer.

③ This is a conditional acceptance.

④ This is a counter offer.

[11~12] Read the following and answer the questions.

> (A   ) Not only are we still waiting for part of our order to arrive, but once again we have received components (a) that should have sent to another department. We have forwarded them to the correct factory, and of course (b) we expect you to cover these costs.
>
> This is not the first time that this kind of mix-up has happened. (c) These delivery problems are causing us extra work as well as delays in production. We cannot accept this, and (d) will have to cancel the contract if it happens again.

11 Which of (a)~(d) is most grammatically INCORRECT?

① (a)　　　　② (b)　　　　③ (c)　　　　④ (d)

12 What is the BEST sentence for blank (A)?

① I'm writing to amend our contract.

② I'm writing to complain about your latest delivery.

③ I'm writing to collect the money which you did not send.

④ I'm writing to inform you that I sent the components to the factory.

13 Who might be underlined 'you'?

> We will shortly have a consignment of tape recorders, valued at £50,000 CIF Quebec, to be shipped from Manchester by a vessel of Manchester Liners Ltd.
>
> We wish to cover the consignment against all risks from our warehouse at the above address to the port of Quebec. Will <u>you</u> please quote your rate for the cover.

① buyer   ② carrier

③ insurance company   ④ freight forwarder

14 Which is RIGHT statement according to UCP600?

① In the absence of an indication to the contrary, the credit is deemed to be revocable.

② A revocable credit may be amended or cancelled only if all the basic parties of letter of credit agree with such amendment or cancellation.

③ A transferable credit can be transferred only no more than once.

④ An irrevocable credit may be amended or cancelled only by the issuing bank or the confirming bank.

15 Which of the following is not covered by Incoterms 2010?

① The parties are well advised to specify as clearly as possible the point within the named place of delivery.

② If the seller incurs costs under its contract of carriage related to unloading at the named place of destination, the seller is not entitled to recover such costs from the buyer unless otherwise agreed between the parties.

③ The seller is liable for any lack of conformity with the contract which is due to a breach of any of his obligations.

④ The buyer may provide the seller with appropriate evidence of having taken delivery.

16 Read the following and choose WRONG one in explaining Incoterms.

> Different countries have different business cultures so it is a good idea to make sure we have a clear written contract to minimize the risk of misunderstandings. The contract should set out where the goods are being delivered. It should cover who is responsible for every stage of the journey, including customs clearance, and what insurance is required. It should also make it clear who pays for each different cost.
>
> To avoid confusion, internationally agreed Incoterms should be used to spell out exactly what delivery terms are being agreed, such as:

① Where the goods will be delivered

② Who arranges transport

③ When the ownership of goods is transferred

④ Who handles customs procedures, and who pays any duties and taxes

17 Below is about contanerization. Which is NOT related to the practical container works?

> Containerization is a method of distributing the goods in a unitized form thereby allowing a multimodal transport system to be developed providing a possible combination of rail, road and ocean transport.
>
> As containers are becoming a very common method in multimodal transport, the course of business in container transport will be specified. Although not all containerized transport is multimodal, and vice versa, they are so often inter-related that it is useful to consider these two concepts together.

① Container transports are frequently arranged by freight forwarders.

② Containers are not necessarily owned by the carrier but often by companies specializing in containers which lend them to carriers.

③ If the exporter intends to stuff a full container load (FCL), shipping line may send an empty container to the exporter for loading.

④ If the cargo is less than a full container load (LCL), the exporter will send it to the container yard.

[18~19] Read the following and answer the questions.

18 Which of the following is MOST likely to be found in the previous letter?

> Thank you for your inquiry regarding opening an account with our company. Please, fill in the enclosed <u>financial information</u> form and provide us with two or more trade references as well as one bank reference. Of course, all information will be kept in the strictest confidence.
>
> Thank you very much for your cooperation.

① We therefore request you to send us the names of three department stores with which your company already has accounts at present.

② If your company can supply us with two additional credit references as well as current financial statements, we will be pleased to reconsider your application.

③ We request that you open an account with us on 30-day credit terms, starting with the order listed.

④ I have enclosed our company's standard credit form for you to complete and would appreciate it if you would return it to me as soon as possible.

19 What would NOT be included in the underlined 'financial information'?

① balance sheet   ② profit and loss account

③ cash flow   ④ business registration certificate

20 Which is (are) suitable for the underlined 'rules'?

> When banks are asked to make payments as specified documents are presented to them, banks decide whether to pay or not based only upon the conformity or otherwise of the documents. The banks normally subscribe to an accepted set of definitions and rules of conduct and strict adherence to the <u>rules</u> is key to the efficient operation of banks' international trade finance.
>
> A. UCP 600   B. Incoterms 2010
>
> C. URC 522   D. ISP 98

① A only   ② A+B only

③ A+C+D only   ④ all of the above

21 Which of the following is NOT appropriate for the obligation of banks that are defined under URC 522?

① Banks will examine documents in order to obtain instructions.

② In the event that goods are dispatched directly to the address of a bank, such banks shall have no obligation to take delivery of the goods.

③ Banks will determine that the documents received appear to be as listed in the collection instruction.

④ Banks will act in good faith and exercise reasonable care.

22 Which of the following is right applicable law clause?

① Neither party shall be liable for failure to perform its part of this agreement when such failure is due to fire, flood, strikes, labour, troubles or other industrial disturbances, inevitable accidents, ware, embargoes, blockades, legal restrictions, riots, insurrections, or any cause beyond the control of the parties.

② All claims which can not be amicably settled between Sellers and Buyers shall be submitted to Arbitration in Seoul.

③ Unless specially stated, the trade terms under this contract shall be governed and construed under and by the latest Incoterms and the formation, validity, construction and the performance of this agreement are governed by CISG.

④ This agreement must be construed and take effect as a contract made in Korea, and the parties hereby submit to the jurisdiction of the court of Korea.

23 The following statement is a part of contract. What kind of clause is it?

> If any provision of this Agreement is subsequently held invalid or unenforceable by any court or authority agent, such invalidity or unenforceability shall in no way affect the validity of enforceability of any other provisions thereof.

① Non-waiver clause   ② Infringement clause

③ Assignment clause   ④ Severability clause

24 As defined by UCP 600, complying presentation means a presentation that is in accordance with:

A. the terms and conditions of the credit	B. the applicable provisions of UCP 600
C. ISBP 745	D. international standard banking practice

① A   ② A+B   ③ A+B+C   ④ A+B+D

25 In accordance with UCP 600, what MUST the issuing bank do?

A documentary credit pre-advice is issued on 1 March for USD500,000 with the following terms and conditions:

− Partial shipment allowed.

− Latest shipment date 30 April.

− Expiry date 15 May.

On 2 March the applicant requests an amendment prohibiting partial shipment and extending the expiry date to 30 May.

① Clarify with the applicant the period for presentation.

② Issue the documentary credit as originally instructed.

③ Issue the documentary credit incorporating all the amendments.

④ Issue the documentary credit incorporating only the extended expiry date.

SECTION 2   영작문

26 Who might be the underlined party?

Gentlemen,

As for the shipment of used furniture by S/S Arirang due to leave for Darkar in Senegal on the 21 May. <u>Our partner, Socida Ltd,</u> is to effect insurance on the goods as the contract is based on FOB.

They instructed us to effect a marine insurance contract with you on ICC(B) including War Risks at the rate which was mutually agreed upon by both of you.

① exporter   ② importer

③ freight forwarder   ④ underwriter

[27~28] Read the following and answer.

Dear Mr Kang,

With reference to your fax of 10 January 2018, we are pleased to inform you that we have identified a vessel that will meet your requirements.

She is the Arirang and is currently docked in Busan. She is a bulk carrier with a cargo (   ) of seven thousand tons. She has a maximum speed of 24 knots, so would certainly be capable of ten trips in the period you mentioned.

Please fax us to confirm the charter and we will send you the charter party.

27 Fill in the blank with suitable word.

① capacity   ② entrance

③ permission   ④ insurance

28 What type of transportation arrangement would best fit?

① voyage charter   ② time charter

③ speed charter   ④ bareboat charter

[29~31] Choose one which is NOT correctly composed into English.

29 ① 귀사의 서신에서 귀사가 면제품에 특별히 관심이 많다는 것을 알 수 있는데 이 분야에서는 당사가 전문가라 할 수 있습니다.
  → Your letter conveys us that you are specially interested in cotton goods, and we can say that we are specialists in this line.

② 당사는 25년 전에 설립된 전자제품 수출업체입니다.
  → Twenty five years have passed since we were established as an exporter of electronic goods.

③ 현재 시장상황이 불경기임에도 불구하고 만일 귀사가 경쟁력이 있다면 당사는 귀사와 거래를 시작할 수 있습니다.
  → Since at present the dullness rules the market, we are able to start a business with you unless you are in a competitive position.

④ 귀사가 다른 회사들처럼 가격을 10% 정도 할인해 주시거나 60일의 인수인도조건을 허용해 주시면 귀사의 청약을 수락하겠습니다.
  → If you would either discount the price by about 10% like other companies do or allow D/A at 60 days, we will accept your offer.

30 ① 계약이 체결되기 전까지 청약은 취소될 수 있습니다. 다만 이 경우에 취소의 통지는 피청약자가 승낙을 발송하기 전에 피청약자에게 도달하여야 합니다.

→ Until a contract is concluded, an offer may be revoked if the revocation reaches the offeree before an acceptance is dispatched by offeree.

② 매매계약은 서면에 의하여 체결되거나 또는 입증되어야 할 필요가 없으며, 또 형식에 관하여도 어떠한 다른 요건에 구속받지 아니합니다.

→ A contract of sales needs not be concluded in or evidenced by writing and is not subject to any other requirement as to form.

③ 보험서류에서 담보가 선적일보다 늦지 않은 일자로부터 유효하다고 보이지 않는 한 보험서류의 일자는 선적일보다 늦어서는 안 됩니다.

→ The date of the insurance document must be no later than the date of shipment if it appears from the insurance document that the cover is effective until a date not later than the date of shipment.

④ 송하인의 지시식으로 작성되고 운임선지급 및 착하통지처가 발행의뢰인으로 표시된 무고장 선적해상선하증권의 전통을 제시하십시오.

→ Please submit full set of clean on board bill of lading made out to the order of shipper marked freight prepaid and notify applicant.

31 ① 동봉해 드린 주문서 양식에 정히 기입하셔서 즉시 반송해 주시길 바랍니다.

→ We suggest that you return to us straightway the enclosed order form duly filled in.

② 주문이 쇄도해서 귀사가 주문한 미니 컴퓨터는 매진되었습니다.

→ The mini-computers you ordered are sold out owing to the rush of orders.

③ 면셔츠 가격이 상당히 치솟았으나 종전 가격으로 귀사 주문품을 조달해 드리겠습니다.

→ The prices of cotton shirts have soared considerably, but we can fill your order at the former prices.

④ 이번 구매로 상당한 이익이 될 것이며 더 많은 주문을 하게 될 것으로 믿습니다.

→ We believe this purchase will bring you a good profit and result from your further orders.

32 What is the correct wordings for the consignee column of the B/L under the following L/C requirement?

A Credit, which was issued by American Commercial Bank, requires a document that "full set of clean on board ocean bills of lading made out to our order and notify applicant".

① To order of American Commercial Bank

② To order of Shipper

③ To order

④ To order of applicant

[33~34] Read the following and answer the questions.

I regret to inform you that an error was made on our invoice number B 832 of 18 August. 100 pieces of polyester shirts were sent. The correct charge for polyester shirts, medium, is £26.70 per piece and not £26.00 as stated. We are therefore enclosing a (ⓐ) for the amount undercharged, namely £(ⓑ). This mistake was due to an input error and we are sorry it was not noticed before the invoice was sent.

33 Fill in the blanks with the most suitable answer.

① ⓐ charge − ⓑ 26.70

② ⓐ debit note − ⓑ 70.0

③ ⓐ payment − ⓑ 26.0

④ ⓐ credit note − ⓑ 267.0

34 Who is the sender of the letter?

① buyer

② banker

③ supplier

④ shipping agent

[35~36] Read the following and answer the questions.

Dear Mr. Sheridan,

We are currently planning to add yard and garden tractors to our line of leased equipment. It is my pleasure to announce that we shall feature your line

of Titan tractors.

Would you please send us a catalog containing a complete list of models, specifications, and price terms for Titan tractors. In particular, we require data in attached file on each model.

We need <u>this information</u> no later than September 30 in order to include it in our November catalog. We are delighted to have found such an excellent line of products, and we look forward to a pleasant and profitable business relationship.

---

35 Which is LEAST likely to be included in the underlined 'this information'?

① sales terms   ② credit reference

③ product lines   ④ product specifications

36 Who is Mr. Sheridan MOST likely to be?

① sales manager   ② credit manager

③ personnel manager   ④ accountant

37 Fill in the blank with suitable word(s).

Trade finance generally refers to the financing of individual transactions or a series of revolving transactions. And, trade finance loans are often (   ), that is, the lending bank stipulates that all sales proceeds are to be collected, and then applied to payoff the loan. The remainder is credited to the exporter's account.

---

① self liquidating   ② repaid later

③ added separately   ④ easily taken

38 Below explains voyage charter. Fill in the blank with right word.

> A voyage charter is the hiring of a vessel and crew for a voyage between a load port and a discharge port. The charterer pays the vessel owner on a per ton or lump-sum basis. The owner pays the port costs, fuel costs and crew costs. The payment for the use of the vessel is known as freight. A voyage charter specifies a period, known as (   ), for loading and unloading the cargo.

① tenor

② transit time

③ off hire

④ laytime

39 Below is about marine insurance. Fill in the blank with right word(s).

> While cargo is usually insured against the perils of the sea, which are defined as natural accidents peculiar to the sea, most ship owners carry hull insurance on their ships and protect themselves against claims by third parties by purchasing (   ) insurance.

① protection and indemnity

② vessel

③ Institute Cargo Clauses

④ open policy

40 What could best replace the underlined words?

> Forfaiting involves the purchase of trade receivables without recourse, meaning that the purchasing bank or finance company cannot claim against the original ⓐ trade creditor in the event that the ⓑ trade debtor refuses or is unable to pay its obligations when due. A frequent exception is when non-payment is due to a trade dispute between the seller and buyer, who claims the seller did not ship the right goods or otherwise committed fraud in the transaction.

① ⓐ seller − ⓑ buyer

② ⓐ bank − ⓑ seller

③ ⓐ insurer − ⓑ buyer

④ ⓐ buyer − ⓑ insurer

41 Below explains some characteristics of insurance. Make a suitable pair for (ⓐ) and (ⓑ).

Some policies include either an (ⓐ) or (ⓑ) clause. (ⓐ) represents a predetermined amount that is deducted from a claim and is used to discourage irresponsible, malicious and small claims.

(ⓑ) means a percentage of the value of a loss, below which no payment is made but above which total compensation is paid.

① ⓐ Excess − ⓑ Franchise   ② ⓐ Franchise − ⓑ Excess

③ ⓐ minimum − ⓑ maximum   ④ ⓐ maximum − ⓑ minimum

42 This is a letter advising the issuance of L/C. Which is a right match?

Gentlemen :

ⓐ We have arranged with ⓑ the Bank of America for an Irrevocable Letter of Credit in your favor for US.$125,000. ⓒ Korea Exchange Bank, in your city, will send you the L/C which ⓓ you will receive within a few days.

① ⓐ We − beneficiary

② ⓑ the Bank of America − reimbursing bank

③ ⓒ Korea Exchange Bank − advising bank

④ ⓓ you − applicant

43 What is MOST suitable for the blank below?

Payment can be deferred in the case of a/an (   ) which gives time for the buyer to inspect or even sell the goods.

① restricted L/C   ② usance L/C

③ straight L/C   ④ revocable L/C

44 Choose the most appropriate set of words to complete the sentences.

> For carriers, (ⓐ) simply means the seller/shipper is responsible for stuffing the container and the cost thereof. The shipping line receives the containers at (ⓑ) and does not commit itself as regards the contents.
>
> On the other hand, (ⓒ) means that the carrier is responsible for the suitability and condition of the container, and the stuffing thereof. The containers are filled or stuffed on the carrier's premises, ideally at a (ⓓ). Therefore, it has become accepted practice combining (ⓔ) with (ⓕ), and (ⓖ) with (ⓗ).

	ⓐ	ⓑ	ⓒ	ⓓ	ⓔ	ⓕ	ⓖ	ⓗ
①	LCL	CY	FCL	CFS	LCL	CY	FCL	CFS
②	LCL	CFS	FCL	CY	LCL	CFS	FCL	CY
③	FCL	CY	LCL	CFS	FCL	CY	LCL	CFS
④	FCL	CFS	LCL	CY	FCL	CFS	LCL	CY

45 Choose the most appropriate set of words to complete the sentences.

> A bill of lading is a (   ) instrument and can be passed from a shipper through any number of parties, each party (   ) it to assign title to the next party. The only condition is that (   ) can be assigned only by the party shown on the bill as having (   ) at the time. Any failure to respect this condition breaks what is known as the chain of title; all purported assignments of title after such a break are invalid.

① negotiable – endorsing – title – title

② transferable – naming – delivery – delivery

③ transferable – endorsing – delivery – delivery

④ negotiable – naming – title – delivery

46 Choose the WRONG one which explains EXW in respect of loading.

① The seller has no obligation to the buyer to load the goods, even though in practice the seller may be in a better position to do so.

② If the seller does load the goods, it does so at the buyer's risk and expense.

③ In cases where the seller is in a better position to load the goods, FCA is usually more appropriate.

④ EXW obliges the seller to load at its own risk and expense.

47 What does the following refer to?

> Any extraordinary sacrifice or expenditure is voluntarily and reasonably made or incurred in time of peril for the purpose of preserving the property imperilled in the common adventure.

① total loss   ② particular average

③ general average   ④ partial loss

[48~49] Read the following and answer.

> The most common transfer document is the bill of lading. The bill of lading is a (ⓐ) given by the freight company to the shipper. A bill of lading serves as a document of title and specifies who is to receive the merchandise at designated port. It can be in non—negotiable or in negotiable form.
>
> In a ⓑ straight bill of lading, the seller consigns the goods directly to the buyer. This type of bill is usually not desirable in a letter of credit transaction, because it allows the buyer to obtain possession of the merchandise without regard to any bank agreement for repayment.

48 Fill in the blank (ⓐ) with right word.

① receipt   ② evidence

③ proof   ④ exchange

49 What is best substitute for 'ⓑ straight'?

① order   ② usance

③ sight   ④ special

50 Fill in the blank with suitable words.

> If a contract is silent on the country of the proper court, the parties involved in a dispute may want to invoke the jurisdiction of the national courts in which they think they have the highest likelihood of success, or the courts which are most convenient for them. This practice is known as (   ).

① forum seeking　　　　　　　　② forum shopping

③ court tour　　　　　　　　　　④ court reference

51 (   )안에 들어갈 용어를 올바르게 나열한 것은?

> (a)는 선박의 밀폐된 내부 전체용적을 나타내며 100ft³을 1톤으로 하되 기관실, 조타실 따위의 일부 시설물의 용적은 제외한다. 각국의 보유 선복량 표시, 관세, 등록세, 도선료 등의 부과 기준이 된다. 반면 (b)는 상행위에 직접적으로 사용되는 장소만을 계산한 용적으로 전체 내부용적에서 선원실, 갑판창고, 통신실, 기관실 따위를 제외한 부분을 톤수로 환산한 것이며, 톤세, 항세, 항만시설사용료, 운하통과료 등의 부과 기준이 된다.

① a : 총톤수(G/T : gross tonnage) / b : 순톤수(N/T : net tonnage)

② a : 순톤수(N/T : net tonnage) / b : 총톤수(G/T : gross tonnage)

③ a : 재화중량톤수(DWT : dead weight ton) / b : 배수톤수(displacement ton)

④ a : 배수톤수(displacement ton) / b : 재화중량톤수(DWT : dead weight ton)

52 Incoterms 2010상 FCA조건에 대한 설명이다. (   ) 안에 들어갈 내용을 올바르게 나열한 것은?

> 물품의 지정된 인도장소가 매도인의 영업장 구내인 경우에는, (a)이 매수인 지정 운송수단에 적재책임을 부담한다. 그리고 기타의 경우에는, 물품이 매도인의 (b) 상태로 매수인이 지정한 운송인이나 제3자의 임의처분하에 놓인 때이다.

① a : 매도인, b : 운송수단에 실린 채 양륙 준비된

② a : 매수인, b : 운송수단으로부터 양륙 완료된

③ a : 매수인, b : 운송수단에 실린 채 양륙 준비된

④ a : 매도인, b : 운송수단으로부터 양륙 완료된

53 산업설비수출계약이나 해외건설공사계약을 체결한 수출자가 계약상의 의무이행을 하지 않음으로써 발주자가 입게 되는 손해를 보상받기 위해 발행하는 수출보증서로 옳은 것은?

① Retention Bond
② Performance Bond
③ Maintenance Bond
④ Advanced Payment Bond

54 무역계약의 성립요건에 대한 설명으로 옳지 않은 것은?

① 계약의 목적과 내용이 위법이거나 실현 불가능한 것이어서는 안 된다.
② 계약당사자의 행위능력이 있어야 한다.
③ 사기나 강박 등에 의한 것이 아니어야 한다.
④ 착오에 의한 계약도 유효하므로 계약체결 시 유의하여야 한다.

55 Incoterms 2010상 복합운송조건에 대한 설명으로 옳지 않은 것은?

① 해상운송이 전혀 포함되지 않은 경우에도 사용 가능하다.
② 해상운송만 이용되는 경우에도 문제없이 사용할 수 있다.
③ 선택된 운송방식이 어떤 것인지, 운송방식이 단일운송인지 복합운송인지 불문하고 사용 가능하다.
④ 복합운송 중 최초의 운송방식이 해상운송인 경우에도 사용 가능하다.

56 신용장통일규칙(UCP600)에서 규정하고 있는 선하증권의 수리요건으로 볼 수 없는 것은?

① 운송인의 명칭과 운송인, 선장 또는 지정 대리인이 서명한 것
② 신용장에 지정된 선적항과 양륙항을 명시한 것
③ 화물의 본선적재가 인쇄된 문언으로 명시되어 있거나 본선 적재필이 부기된 것
④ 용선계약에 따른다는 명시가 있을 것

57 환어음을 작성할 필요가 없는 결제방법은?

① Freely Negotiable Credit
② D/P
③ D/A
④ COD

58 신용장 방식의 경우 곡물, 광산물과 같은 bulk cargo의 선적수량에 대한 설명으로 옳은 것은?

① 일반적으로 3%의 과부족을 용인한다.

② 일반적으로 5%의 과부족을 용인한다.

③ 일반적으로 10%의 과부족을 용인한다.

④ 일체의 과부족을 용인하지 않는다.

59 수출상과 수입상이 동종의 물품을 일정기간에 걸쳐 반복적으로 거래할 경우 한 번 개설된 신용장의 효력이 일정기간 경과 후 다시 갱생되는 신용장은?

① 선대신용장

② 회전신용장

③ 기탁신용장

④ 토마스신용장

60 국제물품매매계약에 관한 UN협약(CISG)에서 매도인이 계약을 위반했을 때 매수인에게 부여할 권리구제의 방법에 대한 설명으로 옳지 않은 것은?

① 매도인이 계약을 이행하지 않는 경우에 매수인은 원칙적으로 계약대로의 이행을 청구할 수 있다.

② 매수인은 매도인의 의무이행을 위하여 합리적인 추가기간을 지정할 수 있다.

③ 매수인이 수령당시와 동등한 상태로 반환할 수 없는 경우에도 대체물품인도청구권을 가질 수 있다.

④ 매도인이 물품의 하자를 보완하였거나 매수인이 매도인의 보완제의를 부당하게 거절하는 경우 대금감액은 인정되지 않는다.

61 Incoterms2010상 DAP와 DAT 조건에 대한 설명이다. (   ) 안에 들어갈 내용을 올바르게 나열한 것은?

> DAP와 DAT는 모두 도착지인도 규칙(delivered rule)으로서, (a) 사용될 수 있다. DAP와 DAT는 인도(delivery)가 지정목적지(named place of destination)에서 일어난다는 공통점이 있으나, 구체적으로 (b)에서는 물품이 그러한 목적지에서 운송수단으로부터 양륙된 상태로 매수인의 처분하에 놓인 때에, (c)에서는 물품이 그러한 도착지에서 운송수단에 실린 채 양륙 준비된 상태로 매수인의 임의처분하에 놓인 때에 인도가 일어난다는 차이가 있다.

① a : 운송방식에 관계없이, b : DAT, c : DAP

② a : 해상운송 및 내수로 운송에, b : DAT, c : DAP

③ a : 운송방식에 관계없이, b : DAP, c : DAT

④ a : 해상운송 및 내수로 운송에, b : DAP, c : DAT

62 청약의 소멸사유로 옳지 않은 것은?

① 청약에 대한 상대방의 승낙   ② 청약의 철회(withdrawal)

③ 당사자의 사망   ④ 청약의 거절 또는 반대청약

63 신용장에서 "Manually Signed Commercial Invoice in triplicate certifying goods as per 'Description of Goods' and to be of CHINESE origin. Original Invoice to be legalized by UAE Embassy/Consulate"라고 기재된 경우, 옳지 않은 것은?

① 송장 상에 서명은 반드시 수기로 하여야 한다.

② 송장 3부 모두 반드시 원본으로 제시하여야 한다.

③ 송장 상에 물품의 원산지가 중국임을 증명하는 내용이 포함되어 있어야 한다.

④ 송장 원본은 반드시 아랍에미레이트 대사관에서 직인(확인)을 받아야 한다.

64 해상운임에 대한 설명으로 옳지 않은 것은?

① 귀금속 등 고가의 운송에 있어 화물의 가격을 기초로 일정률을 징수하는 종가운임이 있다.

② 화물의 용적이나 중량이 일정기준 이하일 경우 최저 운임이 적용된다.

③ 중량 또는 용적 중 운임이 높은 쪽으로 실제운임을 부과하는 중량톤(revenue ton)이 있다.

④ 화물, 장소, 화주에 따라 운임을 차별적으로 부과하는지의 여부에 따라 차별운임과 무차별운임이 있다.

65 공동해손비용손해(general average expenditure)에 해당하지 않는 것은?

① 인양비용   ② 피난항 비용

③ 임시 수리비   ④ 손해방지비용

66 Incoterms2010상 EXW(Ex Works) 조건에 대한 설명으로 옳지 않은 것은?

① 매도인은 매매계약과 일치하는 물품을 자신의 영업장 구내에서 매수인에게 인도한다.

② 당사자 사이에 합의되었거나 관습이 있는 경우에 서류는 그에 상당하는 전자적 기록이나 절차로 할 수 있다.

③ 매수인은 매도인의 영업장 구내에서 물품을 수령하고 이를 입증하는 적절한 증빙을 제공하여야 한다.

④ 매도인은 수출국에 의하여 강제적인 검사를 포함하여 모든 선적 전 검사 비용을 부담하여야 한다.

67 혼재서비스(Consolidation Service)에 대한 설명으로 옳지 않은 것은?

① 공동혼재(Joint Consolidation)는 운송주선인이 자체적으로 집화한 소량화물을 FCL로 단위화하기에 부족한 경우 동일 목적지의 LCL을 확보하고 있는 타 운송주선인과 FCL 화물을 만들기 위해 업무를 협조하는 것이다.

② Buyer's Consolidation은 운송주선인이 한 사람의 수입상으로부터 위탁을 받아 다수의 수출상으로부터 화물을 집화하여 컨테이너에 혼재한 후 그대로 수입상에게 운송하는 형태이다. CFS-CY형태로 운송된다.

③ Forwarder's Consolidation은 운송주선인이 여러 화주의 소량 컨테이너화물을 CFS에서 혼재한다. 혼재된 화물은 목적항의 CFS에서 화주별로 분류되어 해당 수입상에게 인도된다. CY-CY 형태로 운송된다.

④ Shipper's Consolidation은 수출상이 여러 수입상에게 송부될 화물을 혼재하는 것이다. CY-CFS 형태로 운송된다.

68 중재(Arbitration)에 의한 분쟁의 해결에 대한 설명으로 옳지 않은 것은?

① 중재합의의 주요 내용으로 중재지, 중재기관, 준거법을 포함해야 한다.

② 중재합의는 반드시 서면으로 이뤄져야 한다.

③ 중재절차의 심문은 비공개를 원칙으로 서면주의와 구술주의를 병행한다.

④ 중재절차에서 당사자 일방이 심문에 출석하지 아니하면 심문절차는 진행되지 않는다.

69 원산지 증명서에 대한 설명으로 옳지 않은 것은?

① 원산지증명서는 양허세율의 적용 시 기준으로 이용되기도 한다.

② 일반적인 원산지증명서는 대한상공회의소에서 발급하고 있다.

③ 관세양허 원산지증명서는 세관에서도 발급하고 있다.

④ 원산지증명서에서 수화인의 정보는 운송서류상의 수화인의 정보와 다르게 표시할 수 있다.

70 서류의 용도가 다른 하나는?

1) 거래금액 : USD800,000	2) 거래조건 : A/S
3) 환가료율 : 2.00%	4) 우편일수 : 9일
5) 환율(장부가격) : USD1=KRW1,100	

① Letter of Guarantee ② Letter of Indemnity

③ Surrendered B/L ④ Sea Waybill

71 무역금융 융자대상이 되지 않는 것은?

① D/A, D/P 방식에 의한 물품 수출

② 중계무역방식에 의한 물품 수출

③ CAD, COD 방식에 의한 물품 수출

④ 구매확인서에 의한 수출용 원자재의 국내 공급

72 다음의 경우 환가료를 원화로 계산한 것으로 옳은 것은?

① 1,600원   ② 4,400원

③ 16,000원   ④ 44,000원

73 신용장통일규칙(UCP 600)상 '신용장양도'에 관한 설명으로 옳지 않은 것은?

① 신용장이 양도가능하기 위해서는 신용장에 "양도가능(transferable)"이라고 기재되어야 한다.

② 양도은행이라 함은 신용장을 양도하는 지정은행을 말하며, 개설은행은 양도은행이 될 수 없다.

③ 양도와 관련하여 발생한 모든 수수료는 제1수익자가 부담하는 것이 원칙이다.

④ 제2수익자에 의한 또는 그를 대리하여 이루어지는 서류의 제시는 양도은행에 이루어져야 한다.

74 운송계약의 당사자인 운송인은 용선자가 아니라 선주 또는 선박임차인이고, 선하증권의 효력이 선하증권 소지인과 선주 간에만 미치므로 운송 중 화물의 손해에 대해 용선자는 아무런 책임도 부담하지 않는다는 취지의 조항은?

① Jason Clause   ② Himalaya Clause

③ Demise Clause   ④ Indemnity Clause

75 수출자 또는 수출 물품 등의 제조업자에 대한 외화획득용 원료 또는 물품 등의 공급 중 수출에 공하여지는 것으로 수출실적의 인정범위에 해당하지 않는 것은?

① 내국신용장(Local L/C)에 의한 공급

② 내국신용장(Local L/C)의 양도에 의한 공급

③ 구매확인서에 의한 공급

④ 산업통상자원부장관이 지정하는 생산자의 수출 물품 포장용 골판지상자의 공급

01 What is WRONG in Incoterms 2010 explanation?

① CIF : Seller is not responsible for the condition of the goods while they are in pre-carriage transit.

② CIF : Same as CFR, except for the insurance coverage.

③ CPT : Direct extension of the FCA Incoterm. It switches the contract of main-carriage task from the buyer to the seller.

④ CPT : Seller is not responsible for the condition of the goods during vessel loading when the loading takes place after the goods have been delivered to the previous carrier.

02 Which has a different topic from others?

① We are pleased to say that we can deliver the goods by November 1, so you will have stock for the Christmas sales period.

② As there are regular sailings from Busan to New York, we are sure that the goods will reach you well within the time you specified.

③ We have the materials in stock and will ship them immediately on receipt of your order.

④ All list prices are quoted FOB Busan and are subject to a 25% trade discount with payment by letter of credit.

[03~04] Read the following and answer.

Dear Mr Han,

We are pleased to tell you that the above order has been shipped on the SS Marconissa and should reach you in the next 30 days.

Meanwhile, our bank has forwarded the _relevant documents_ and draft for USD3,000,000 which includes the agreed trade and quantity discounts, to HSBC Seoul for your acceptance of the draft.

We are sure you will be very satisfied with the consignment and look forward to your next order.

Best wishes,

William Cox

Daffodil Computer

---

03 What payment method can be inferred?

① COD   ② CAD   ③ D/P   ④ D/A

04 Which document is most far from the underlined 'relevant documents'?

① bill of exchange   ② commercial invoice

③ packing list   ④ bill of lading

05 Which is most far from usage of export credit insurance?

① It protects against financial cost of non-payment by buyer.

② It enables exporters to offer buyers competitive payment terms.

③ It helps to obtain working capital loans from banks.

④ It protects against losses from damage of goods in transit.

06 Who might be A?

Transport documents are required both to assure that the goods are being properly transported and for the A to claim possession of the goods at destination.

① buyer   ② seller   ③ carrier   ④ banks

07 Which is MOST suitable for (A)?

A credit requiring an "invoice" without further definition will be satisfied

by any type of invoice presented except : (A)

① customs invoice   ② tax invoice

③ consular invoice   ④ pro−forma invoice

08 Which is correct according to CISG?

On 1 July Seller delivered an offer, which is valid until 30 Sep 2018, to Buyer.

On 15 July Buyer sent letter "I do not accept your offer because the price is too high" but on 10

August the Buyer sent again "I hereby accept your prior offer of 1 July". Seller immediately responded that he could not treat this "acceptance" because of Buyer's earlier rejection.

① Buyer can not insist his last acceptance.

② Seller shall accommodate the buyer's acceptance.

③ As long as the offer is valid, buyer can claim his last acceptance.

④ Buyer is able to withdraw his first acceptance.

09 Choose one which describes BEST for (a)–(d).

> _(a) We_ have drawn a draft at sight for US$35,000 on _(b) the Bank of New York_, N.Y. under the L/C No. 089925 and negotiated it through _(c) the Korea Exchange Bank_, Seoul, Korea.
>
> Please note that all documents required in the Letter of Credit were forwarded to our _(d) negotiating bank_ as per copies attached.

① (a) is an applicant of the Credit.

② (b) is a drawee of the Bill of Exchange.

③ (c) is a drawer of the Bill of Exchange.

④ (d) is Bank of New York.

10 In the following situation, which BEST suits the exporter's needs?

> An exporter is willing to release the shipping documents directly to the buyer, but wishes to retain some guarantee of payment should the buyer fail to pay on the due date.

① Red Clause L/C   ② Transferable L/C

③ Confirmed L/C   ④ Standby L/C

11 What is the maximum value available for this final drawing?

> A beneficiary receives an irrevocable documentary credit for which USD20,000 may be drawn during each month of the documentary credit's one year validity. The documentary credit also indicates that reinstatement is on a cumulative basis. Full monthly drawings were made during the first, second, fourth, fifth and seventh months and there have been no other drawings. In the last month of the documentary credit's validity, the beneficiary expects to make a final shipment.

① USD80,000   ② USD100,000

③ USD120,000   ④ USD140,000

12 What kind of contract is the below?

> Bailment of goods to another (bailee) for sale under agreement that bailee will pay bailor for any sold goods and will return any unsold goods.

① contract of sale

② offer on approval

③ sole agent agreement

④ consignment contract

13 Below is a reply to a letter. Which of the following is the MOST appropriate title for the previous letter?

> Thank you for your interest in our solutions at Bespoke Solutions Inc. We are a leading software development firm with an impressive track record creating responsive solutions to support organizational objectives. We offer a broad range of website development solutions.
>
> Attached is our comprehensive price list, please find.

① Request for Acceptance

② Request for Quotation(RFQ)

③ Purchase Order(P/O)

④ Shipment Notice

[14~15] Read the following and answer the questions.

> Dear Chapman,
>
> We were pleased to receive your order of 15th April for a further supply of transistor sets, but as the balance of your account now stands at over USD400,000, we hope you will be able to reduce it before we grant credit for further supplies.
>
> We should therefore be grateful if you could send us your check for, say, half the amount you owe us. We could then arrange to supply the goods you now ask for and charge them to your account.
>
> Yours faithfully,
>
> Brown Kim

14 Which is MOST similar to the underlined 'charge'?

① remove　　　② allow　　　③ credit　　　④ debit

15 Which is LEAST correct about the letter?

① Chapman placed an order with Brown.

② The writer is reluctant to extend credit.

③ The action of this letter resulted from the previous account which remains unpaid.

④ Brown Kim wants the overdue to be reduced at least by USD200,000 this time.

16 Which of the following is grammatically INCORRECT?

> _(a) I am afraid I have noticed_ there is a word missing _(b) in the final version of our contract._ _(c) I would like you to take a look at it_ and determine _(d) whether it is enough big to cause a dispute._ Once again, I give you my sincerest apologies for the inconvenience.

① (a)　　　　　② (b)　　　　　③ (c)　　　　　④ (d)

[17~18] Read the following and answer the questions.

> Dear Mr. Edwards,
>
> Thank you for letting us know about the roses that arrived at your company in less perfect condition. I enclose a check refunding your full purchase price. An unexpected delay in the repair of our loaded delivery van, coupled with an unusual rise in temperatures last Thursday, caused the deterioration of your roses. Please accept our apology and our assurance that steps will be taken to prevent this from happening again.
>
> During the past fifteen years, it has been our pleasure to number you among our valued customers, whose satisfaction is the goal we are constantly striving to achieve. I sincerely hope you will continue to count on us for your needs.
>
> Yours very truly,
>
> Thomas Sagarino

17 Which is LEAST correct about the letter?

① Mr. Edwards is a longtime customer.

② Thomas believes that Edwards has a legitimate complaint.

③ Mr. Edwards asked for an exchange because some of the roses were missing.

④ Thomas Sagarino is a supplier.

18 What is the main purpose of the letter?

① Goodwill with the customers

② Confirming the order

③ Apology for damaged goods

④ Appreciation for the business

19 Which is most WRONG about the difference between EXW and FCA under Incoterms 2010?

① In terms of EXW, the obligation of delivery of goods by the seller is only limited to arrange goods at his premises.

② In terms of FCA, the export cleared goods are delivered by the seller to the carrier at the named and defined location mentioned in the contract.

③ In terms of FCA, the delivery of goods also can be at the seller's premises, if mutually agreed between buyer and seller.

④ If the buyer can not carry out the export formalities, either directly or indirectly, EXW terms are opted in such business transactions.

[20~21] Read the following and answer the questions.

We have received your letter of 23rd May enclosing your Debit Note No.123. We are sorry not to have paid your account earlier by (a).

In payment of these accounts, we enclose a check for USD5,000,000 *(b) covering your invoice up to the end of May 2018*.

We shall be obliged if you will send us a receipt by return of post.

20 Which of the following is MOST appropriate for (a)?

① an oversight

② a request

③ a credit

④ an order

21 What is the MOST accurate Korean translation on (b)?

① 2018년 5월 말까지 보내올 송장을 해결하기 위하여

② 2018년 5월 말까지 귀사의 송장 대금을 결제하는

③ 2018년 5월 말에 보낼 귀사의 송장에 포함시키기 위하여

④ 2018년 5월 말에 보내 주신 송장을 처리하기 위하여

22 Which of the following is the MOST appropriate purpose of the letter below?

> Dear Alice,
>
> Thank you for your call this afternoon and your interest in my business development services. It was great talking to you and discussing your business concept and expansion plans for Alize Catering.
>
> As discussed during our telephone conversation: You would like me to develop a detailed business plan for Alize Catering. The business plan will set out guidelines for Alize Catering operations in terms of the: Organizational plan, Production plan, Marketing Plan, and Financial plan.
>
> The total cost for the development of the business plan is USD3,000 payable in 3 installments, with the first installment due immediately as confirmation of this engagement, the 2nd due on receipt of the draft document, and the 3rd due on delivery of the final document.

① To confirm a verbal agreement

② To inform about a new product

③ To request free product samples

④ To cancel the order

23 Which is a LEAST appropriate match?

A *(a) forwarder* booked 2×20′ containers with *(b) a shipping line* to Doha

on behalf of *(c) his client*. Due to a mistake of the shipping line staff, the shipping line shipped 1×20′ to Doha and put the other 1×20′ with some other clients' container and shipped it to Bremerhaven. By the time the forwarder

found this mistake out, the container was already on its way to *(d) Bremerhaven*. The shipping line has advised that this container will be rerouted but the container will take about 60 days to reach Doha instead of the original transit time of 20 days if it had gone directly.

① (a) is a NVOCC

② (b) is a VOCC

③ (c) is an exporter

④ (d) is an original destination

24 Which of the following has a different intention from others?

① They deserve your confidence and credit in the sum you mentioned.

② The company enjoys an excellent reputation among the business circles here.

③ You may run the least risk in granting the said credit in this deal.

④ After three months' experience of delay, we were obliged to withdraw credit privileges from them.

25 What is LEAST likely to be the one which the seller writes?

① A batten−reinforced case would meet your needs and be much lower in price than a slid wooden case.

② The 1lb. size cans of chemicals will be shipped in strong cartons, each containing 24 cans.

③ When all items of the order are collected at our factory, we will pack them into suitable sizes for delivery.

④ Overall measurements of each case must not exceed 80cm(L) × 50cm(W) × 40cm(D).

[26~28] Read the following and answer.

> A sight draft is used when the exporter wishes to retain title to the shipment until it reaches its destination and payment is made.
>
> In actual practice, the ocean bill of lading is endorsed by the exporter and sent via the exporter's bank to the buyer's bank. It is accompanied by the sight draft, invoices, and other supporting documents that are specified by either the buyer or the buyer's country. The foreign bank notifies the buyer when it has received these documents. As soon as the draft is paid, the *(A) foreign bank* turns over the bill of lading thereby enabling the buyer to obtain the shipment.
>
> There is still some risk when a sight draft is used to control transferring the title of a shipment. The buyer's ability or willingness to pay might change from the time the goods are shipped until the time the drafts are presented for payment ; (B)

26 What is suitable payment method for the above transaction?

　① D/P　　　　　　　　　　　② D/A

　③ Sight L/C　　　　　　　　④ Usance L/C

27 Who is (A)?

　① collecting bank　　　　　② remitting bank

　③ issuing bank　　　　　　④ nego bank

28 What is a most proper sentence for blank (B)?

　① there is no bank promise to pay on behalf of the buyer.

　② the presenting bank is liable for the buyer's payment.

　③ the seller shall ask the presenting bank to ship back the goods.

　④ the carrier asks the buyer to provide indemnity for release of the goods.

29 Which is NOT proper replacement for the underlined?

Dear team,

Our company is facing *regular* shipments to East Asian countries so that we will need to review cost scheme in relation to transportation and insurance. Please note that meeting will be held on next week Monday 9:00 A.M. in my office.

Tony Han

General Manager

① customary   ② usual   ③ normal   ④ punctual

30 Which of the following statements on INCOTERMS 2010 is NOT correct?

ⓐ The Incoterms 2010 rules are standard shipment term designed to assist traders when goods are sold and transported. ⓑ Each Incoterms rule specifies the obligations of each party (e.g. who is responsible for services such as transport; import and export clearance etc), and ⓒ the point in the journey where risk transfers from the seller to the buyer. ⓓ By agreeing on an Incoterms rule and incorporating it into the sales contract, the buyer and seller can achieve a precise understanding of what each party is obliged to do, and where responsibility lies in event of loss, damage or other mishap.

① ⓐ   ② ⓑ   ③ ⓒ   ④ ⓓ

[31~32] Read the following and answer.

Dear Mr. Cho,

Your name was given to us (A) Mr. L. Crane, the chief buyer of F. Lynch & Co. Ltd, who have asked us to allow them to settle their account by 90-day Bill of Exchange.

We would be grateful if you could confirm that this company settles promptly on due dates, and are sound enough to (B) credits of up to USD50,000 in transactions.

Thank you in advance for the information.

31 Who is MOST likely to be Mr. Cho?

① referee   ② seller

③ broker   ④ drawee

32 Fill in the blank (A) and (B) with right words.

① by − meet   ② from − fill

③ by − grant   ④ from − allow

33 Which of the following words is MOST suitable for the blank below?

Factoring companies provide a flexible and cost effective way to free up

capital and improve cash flow. Factoring is a form of (   ) which allow business to raise funds or aid cash flow by providing funds against unpaid invoices. The banks then collect payment from the customer for you, saving you the time and hassle of chasing payments. Once payment is collected, the bank pays the balance of the invoice value, minus agreed fees.

---

① draft finance   ② invoice finance

③ ordering service   ④ overdraft service

[34~35] Read the following and answer.

Dear Herr Kim,

We would like to invite you to our annual dinner on 15 February, and *당신이 우리의 초청 연사 중 한 분이 되어 주실지 궁금합니다*.

Our theme this year is 'The effects of the USD', and we would appreciate a contribution from your field on how this is affecting exporting companies.

Please let us know as soon as possible if you are able to speak.

(A) a formal invitation for yourself and a guest.

Yours sincerely,

---

34 What is best written for the underlined part?

① wonder if you would consider being one of our guest speakers.

② doubt if you would be one of our inviting speaker.

③ want you would accept as one of our speakers.

④ question goes for your acceptance as one of our host speakers.

35 Which is best for the blank (A)?

① Enclosed you will find

② Attached is our file

③ You may put out

④ We appreciate if you could sign

36 Which of the following is the right match for blanks below?

(ⓐ) Average Loss is a voluntary and deliberate loss, while (ⓑ) Average Loss is purely accidental and unforeseen loss. (ⓒ) Average Loss falls entirely upon the owner of the cargo. In (ⓓ) Average Loss the loss shall be shared by all the owners of cargo.

	ⓐ	ⓑ	ⓒ	ⓓ
①	General	Particular	General	Particular
②	General	Particular	Particular	General
③	Particular	General	General	Particular
④	Particular	General	Particular	General

37 Which is NOT a difference between Institute Cargo Clause (B) and Institute Cargo Clauses (C)?

① Only difference between ICC (B) and ICC (C) is the additional risks covered under ICC (B) cargo insurance policies.

② ICC (C) is the minimum cover cargo insurance policy available in the market.

③ ICC (B) covers loss of or damage to the subject-matter insured caused by entry of sea lake or river water into vessel, craft, hold, conveyance, container or place of storage but ICC (C) does not.

④ ICC (B) covers loss of or damage to the subject-matter insured caused by general average sacrifice but ICC (C) does not.

[38~39] Read the following and answer the questions.

Thank you very much for your letter of March 20th inquiring about our model number HW-118.

(a) _We have quoted our best prices and terms as attached price list_. We trust that you can figure out our eagerness (b) _to do business with you as we quoted special prices for you_. As a matter of fact, (c) _we may have to raise our prices since (d) the prices of raw materials have been expensive from early this year_. Therefore, we would ask you to (e) without delay.

38 Which of the following is grammatically INCORRECT?

① (a)　　　　　② (b)　　　　　③ (c)　　　　　④ (d)

39 Which answer best fits the blank (e)?

① place a backorder　　　　② place an initial order

③ take a bulk order　　　　④ take a volume order

40 Which has the same meaning with the following sentence?

> Shipment is to be made within the time stated in the contract, except in circumstances beyond the Seller's control.

① Shipment is to be made within the time without exceptions.

② Shipment is allowed to be made later, if the seller is unable to secure promised materials.

③ The seller is not responsible for delay in shipment in the case of force majeure.

④ The buyer is likely to ignore whatever the seller asks for an excuse.

41 Choose the answer which is MOST similar to the following sentence.

> Shipment not later than October 10.

① Shipment anytime after October 10.

② Shipment must be made by October 10.

③ Shipment must be made on October 10.

④ Shipment is no earlier than October 10.

42 Fill in the blank with the best answer.

> Regarding your order number HW—07133, we are pleased to inform you that the goods are ready for shipment.
>
> On such a short notice, please note that we made special effort to meet your required delivery date.
>
> We trust that the excellent quality and the fashionable design of our products will give your customers full satisfaction. Please let us have your (   ).

① quotation about this order　　　② letter of credit

③ invoice as soon as possible　　　④ shipping instructions

[43~46] Which is the most INACCURATE translation in English?

43　① 선적되어 온 것을 풀어보고 당사는 제품이 귀사의 견본과 품질이 동등하지 않다는 것을 발견하였습니다.

→ While we were unpacking the shipment, we realized that the quality of the goods is not equal to your sample.

② 이 지연으로 말미암아 당사는 큰 불편을 겪었습니다. 더 이상 지연되면 당사는 판매할 기회를 많이 놓친다는 점을 이해해 주십시오.

→ This delay has caused us great disconvenience. You will understand that you would lose much of your chance of selling them if their delivery were put off any further.

③ 귀하께서 당사의 클레임의 타당성을 인정하실 수 있도록 동봉한 견본을 조사해 주시기 바랍니다.

→ We ask you to examine the sample enclosed so that you will admit the reasonableness of our claim.

④ 이 문제를 해결하기 위하여 귀사가 생각하고 있는 할인액을 알려주시기 바랍니다.

→ We would be glad to hear of the allowance you consider in settling this matter.

44　① 당사는 영국에 거래처가 없으므로 귀사께서 당사가 이 특수 분야의 영업을 할 수 있는 기회를 얻도록 협력해 주신다면 감사하겠습니다.

→ We have no contacts in England, so we would be highly appreciated all the assistance you could render in let us have a chance of doing a business in this particular area.

② 우리들 상호의 이익을 도모하기 위하여 빠른 시일 내에 귀사와 거래를 시작하기를 바랍니다.

→ We hope that we can soon enter into business relations with you which we are sure will lead to our mutual profit.

③ 당사는 서울에 위치한 무역회사로 세계의 주요 무역중심지에 지점들을 두고 있으며 광범위하고 다양한 상품을 취급하고 있습니다.

→ We are a trading firm in Seoul with branches covering the world's principal trade centers handling a wide range of various goods.

④ 당사는 일반 상품, 기계류 및 장비의 수출입상으로 20년이 넘는 역사를 가지고 있습니다.

→ We have a proud record of more than 20 years in our business as an exporter-importer dealing in general goods, machinery and equipment.

45 ① 보증에 대한 정보도 받아보고 싶습니다.

→ We are also interested in receiving information about the warranty.

② 귀하의 주문품을 오늘 신속히 항공 속달편으로 발송하였습니다.

→ We have today promptly shipped your order by air express.

③ 선적이 지연된 이유는 최근 오클랜드 항구 직원들의 파업 때문입니다.

→ The shipping delay is due to the recent strike of port workers in Oakland.

④ 거듭된 시도에도 불구하고, 귀사로부터 아무런 답변도 받지 못했습니다.

→ Despite of repeated attempts, we have unable to receive an answer from you.

46 ① 귀사가 2개월 전 당사에 공급한 배터리에 문제가 있었습니다.

→ There has been a problem with the batteries you had supplied us two months ago.

② 당사 기록을 철저하게 검토한 결과, 추가 금액이 실수로 청구된 것이 확실합니다.

→ Having made a thorough check of our records, I am certain that the extra charge was made in error.

③ 귀사의 22-A01번 주문에 대한 청구서를 보내드린 지 2주가 되었습니다.

→ It was two weeks since we have sent you the billing for your order 22-A01.

④ 사무실 책상과 의자 품목의 사진을 보내주시겠습니까?

→ Would you mind sending me pictures of your line of office desks and chairs?

47 Choose the one which does NOT have the same meaning with the underlined.

> If the payment should not be made, then I am afraid that we shall have no choice but to *start proceedings* for dishonor.

① resume negotiation

② take a legal step

③ sue

④ bring an action

48 Which is LEAST proper in explanation of Transhipments?

① Transhipments are usually made where there is no direct air, land, or sea link between the consignor's and consignee's countries.

② Transhipments can be made where the intended port of entry is blocked.

③ Transhipments are not allowed in L/C operation, unless the goods are containerised.

④ Transhipments exposes the shipment to a lower probability of damage.

49 What does the underlined mean?

> _Underlying transaction_ is a deal between the account party and beneficiary of a letter of credit (L/C). An L/C is said to be independent of the _underlying transaction_.

① sales contract　　　　　　　② carriage contract

③ negotiation contract　　　　　④ payment terms

50 Which is right for the blank?

> One of the ways how to deal with the negotiation is that the exporter can get a discount from negotiating bank through (　　　　　　　) for discrepant documents presented under the Documentary Credit.

① under reserve negotiation　　　② forfaiting

③ factoring　　　　　　　　　　④ confirmation

SECTION 3　무역실무

51 신용장 양도 시 확인사항으로 옳지 않은 것은?

① 2회 이상 양도 가능한지 여부

② 원신용장에 명기된 조건대로 양도되는지 여부

③ 당해 L/C가 양도가능(Transferable) 신용장인지 여부

④ 양도은행이 신용장상에 지급, 인수 또는 매입을 하도록 수권 받은 은행인지 여부

52 Incoterms 2010상의 '매도인의 의무(The seller's obligations)'에 관한 항목이 아닌 것은?

① Licences, authorizations, security clearance and other formalities

② Transfer of risks

③ Assistance with information and related costs

④ Provision of goods in conformity with the contract

53 무역계약이 체결된 장소 또는 국가에서 계약의 전부 또는 일부가 이행될 때 계약이 체결된 국가의 법률을 적용해야 한다는 원칙으로 옳은 것은?

① 무명조건   ② 계약이행지법

③ 중재지법   ④ 계약체결지법

54 다음 설명에 해당하는 수출보증보험의 대상이 되는 보증서는 무엇인가?

> 계약체결 시에 제출하는 것으로서 낙찰자가 약정된 계약을 이행하지 않을 경우에 대비하여 상대방(발주자)이 요구하며 보증금액은 보통 계약금액의 10% 전후이다.

① bid bond   ② performance bond

③ advance payment bond   ④ retention payment bond

55 다음의 경우 환가료를 원화로 계산한 것으로 옳은 것은?

> 1) 거래금액 : JPY3,600,000
>
> 2) 거래조건 : 120d/s
>
> 3) 환가료율 : 2.00%
>
> 4) 우편일수 : 8일
>
> 5) 환율(장부가격) : JPY100 = KRW1,000

① 128,000원   ② 240,000원

③ 256,000원   ④ 480,000원

56 해상운송에 관한 헤이그─비스비 규칙의 설명으로 옳지 않은 것은?

① 운송인의 책임은 과실책임주의에 기초하고 있다.

② 선적 시로부터 양륙 시까지의 기간 동안에 대해서만 적용된다.

③ 운송인은 자신에게 과실이 없음을 입증해야만 책임을 면할 수 있다.

④ 운송인은 항해과실에 대해서 책임을 부담하지 않는다.

57 선하증권의 법적 성질로 옳지 않은 것은?

① 요인증권

② 요식증권

③ 상환증권

④ 금전증권

58 신용장에 대한 내용으로 옳지 않은 것은?

① 신용장은 개설은행의 조건부 지급확약으로 상업신용을 은행신용으로 전환시켜 주는 금융수단이다.

② 신용장상에 아무런 언급이 없는 경우 양도가 불가능하다.

③ 무역거래에 일반적으로 사용되는 신용장은 'Documentary Credit'이다.

④ 신용장에 의해 발행되는 환어음의 만기가 'at 90 days after sight'라면 'Sight Credit'이 된다.

59 해상운송 과정 중에 발생한 해상사고로 화물손해가 발생하였고, surveyor의 조사결과 general average에 해당하지 않는 사고로 판명되었다. 이 경우 화주가 손해를 보상받을 수 있는 해상적화보험조건으로 구성된 것은?

① ICC(A), ICC(B)

② ICC(A), ICC(C)

③ ICC(B), ICC(C)

④ ICC(A), ICC(B), ICC(C)

60 정기선의 해상운임에 대한 설명으로 옳지 않은 것은?

① 정기선의 해상운임은 기본운임(Basic Rates)에 할증료(Surcharges), 추가요금(Additional Charges) 등으로 구성된다.

② 품목별무차별운임(Freight All Kinds, FAK)은 품목에 관계없이 동일하게 적용하는 운임이다.

③ BAF는 유류할증료, CAF는 통화할증료로 운임 외에 부가되는 할증료(Surcharge)이다.

④ THC는 터미널화물처리비를 말하는데 통상적으로 해상운임에 포함되어 있다.

61 중재합의에 대한 설명으로 옳지 않은 것은?

① 유효한 중재합의가 존재하는 경우에는 직소금지의 원칙에 따라 소송으로 분쟁을 해결할 수가 없다.

② 분쟁 발생 후에도 중재합의는 별도의 중재계약에 의해 이루어질 수 있다.

③ 우리나라 중재법에 따르면 중재합의는 서면으로 하여야 한다.

④ 중재합의의 한 형태로서 매매계약서상에 삽입되어 있는 중재조항은 동 계약서가 무효가 되면 동 중재조항도 그 효력을 자동적으로 상실하게 된다.

62 Incoterms 2010에 대한 설명으로 옳지 않은 것은?

① Incoterms 2010은 국내매매계약에도 사용 가능하다.

② EXW에서 매도인은 물품을 매수인의 운송수단에 적입할 의무가 없다.

③ 컨테이너 운송에서는 FOB나 CIF 조건은 부적절하다.

④ FAS조건에서 매도인은 외항에 정박한 본선까지의 부선료를 부담할 필요가 없다.

63 원신용장을 견질로 하여 국내의 공급업자 앞으로 개설하는 내국신용장에 대한 설명으로 옳지 않은 것은?

① 내국신용장상에서는 표시통화는 원화, 외화, 원화 및 외화금액 부기 중 하나이어야 한다.

② 유효기일은 물품의 인도기일에 최장 10일을 가산한 기일 이내이어야 한다.

③ 부가가치세 영세율을 적용한다.

④ 어음 형식은 개설의뢰인을 지급인으로 하고, 개설은행을 지급장소로 하는 기한부환어음이어야 한다.

64 매도인 계약위반과 매수인 권리구제에 대한 설명으로 옳지 않은 것은?

① 매도인이 계약을 이행하지 않는 경우에 매수인은 원칙적으로 계약대로의 이행을 청구할 수 있다.

② 매수인은 매도인의 의무이행을 위하여 추가기간을 지정할 수 없다.

③ 매수인이 수령당시와 동등한 상태로 반환할 수 없는 경우에는 대체물품인도 청구권을 상실한다.

④ 계약의 해제는 정당한 손해배상의무를 제외하고는 당사자 쌍방을 모든 계약상의 의무로부터 해방시킨다.

65 승인조건부 청약이나 보세창고도거래 등에서 품질을 결정하는 데 가장 바람직한 방법은?

① 표준품매매   ② 상표매매

③ 명세서매매   ④ 점검매매

66 Incoterms 2010상 FCA 조건에 대한 설명으로 옳지 않은 것은?

① 매도인은 매수인이 지정한 장소(수출국 내륙의 한 지점)에서 매수인이 지정한 운송인에게 물품 인도

② 인도장소가 매도인의 구내인 경우, 매수인의 집화용 차량에 적재하여 인도

③ 인도장소가 매도인의 구내 이외의 장소인 경우, 물품을 적재한 차량을 매수인이 지정한 장소에 반입함으로써 인도(반입된 차량으로부터 양륙할 의무는 없음)

④ 매도인이 지정 운송인에 인도한 물품에 대해 매수인이 수출통관의무 부담

67 무역계약에서 수량조건에 대한 설명으로 옳지 않은 것은?

① 수량을 표시하는 용어는 piece, length, measurement, weight, package 등이 있다.

② 용적을 표시하는 용어는 CBM, TEU, liter, square, drum 등이 있다.

③ 중량 1톤에 대하여 영국계는 1,016kg, 미국계는 907kg, 유럽계는 1,000kg으로 사용한다.

④ UCP 600에는 산화물의 과부족 용인에 대해 어음발행 금액이 신용장금액을 초과하지 않는 범위 내에서 5%의 과부족을 허용하는 규정을 두고 있다.

68 운임에 관한 설명으로 옳지 않은 것은?

① Port Congestion Surcharge – 도착항에 체선(滯船)이 있어 선박의 가동률이 저하되는 경우에 발생하는 선사의 손해를 화주에게 전가하기 위하여 부과하는 할증요금

② Bunker Adjustment Factor – 선박의 연료인 벙커유의 가격변동에 따른 손실을 보전하기 위하여 부과하는 할증요금

③ Lump Sum Charge – 선적할 때에 지정하였던 양륙항을 선적 후에 변경할 경우에 추가로 부과되는 운임

④ Transhipment Charge – 화주가 환적을 요청하는 경우에 선사가 그에 따른 추가비용을 보전하기 위하여 부과하는 운임

69 Incoterms 2010의 사용법에 대한 내용으로 옳지 않은 것은?

① Incoterms 2010 규칙을 적용하고자 하는 경우, 그러한 취지를 계약에서 명확히 하여야 한다.

② 선택된 Incoterms 규칙은 당해 물품과 운송방법에 적합한 것이어야 한다.

③ Incoterms 규칙은 매매대금이나 그 지급방법 등과 관련 매도인과 매수인의 부담을 명확히 규정하고 있다.

④ Incoterms 규칙보다 국내법의 강행규정이 우선한다.

70 해상화물을 컨테이너 방식으로 선적할 때 이에 대한 설명으로 옳지 않은 것은?

① 운송계약의 청약에 해당하는 선복요청서와 승낙에 해당하는 인수확인서에 의해서 실제적인 운송계약이 성립한다.

② FCL화물인 경우에 수출상의 공장 또는 창고에서 화주의 책임하에 컨테이너에 화물을 적재한다.

③ 구체적인 선적일정에 의해 본선이 입항하면 컨테이너는 CY에서 마샬링야드(Marshalling Yard)로 이송되어 본선적재가 이루어진다.

④ LCL화물인 경우 화물인수도증을 근거로 운송주선인은 개별화주에게 Master B/L을 발급해 줄 수 있다.

71 무역운송을 이해하는 데 가장 기초를 이루는 해상운송에 대한 설명으로 옳지 않은 것은?

① 해상운송계약은 정기선에 의한 개품운송계약과 부정기선에 의한 용선운송계약으로 나눈다.

② 개품운송에 사용되는 운송서류로는 선하증권과 해상화물운송장이 있다.

③ 용선자가 제3자의 화물을 운송하는 경우에 화주에게 용선계약부 선하증권을 발급해 줄 수 있다.

④ 신용장이 용선계약부 선하증권과 관련하여 용선계약서 제시를 요구하는 경우에는 은행은 반드시 용선계약서를 심사해야 한다.

72 개별계약과 포괄계약의 내용 및 상호관계에 대한 설명이다. (ⓐ), (ⓑ), (ⓒ) 안에 들어갈 용어로 올바르게 연결한 것은?

> 개별계약서에는 (ⓐ) 등을 명기한다. 포괄계약서에는 (ⓑ) 등이 명기된다. 포괄계약과 개별계약은 상호 보완적이며, 서로 모순될 경우 (ⓒ) 내용이 우선한다.

① ⓐ 단가, ⓑ 청약 및 주문의 방식, ⓒ 개별계약

② ⓐ 청약 및 주문의 방식, ⓑ 선적일의 증명방법, ⓒ 개별계약

③ ⓐ 인도시기, ⓑ 수량, ⓒ 포괄계약

④ ⓐ 품명, ⓑ 불가항력조항, ⓒ 포괄계약

73 리네고(재매입)가 발생할 수 있는 신용장으로 올바르게 짝지은 것은?

> ㉠ available with JAKARTA BANK by SIGHT PAYMENT
>
> ㉡ available with JAKARTA BANK by ACCEPTANCE
>
> ㉢ available with JAKARTA BANK by DEFERRED PAYMENT
>
> ㉣ available with ANY BANK by NEGOTIATION
>
> ㉤ available with JAKARTA BANK by NEGOTIATION

① ㉠, ㉢, ㉣   ② ㉡, ㉢, ㉤   ③ ㉢, ㉣, ㉤   ④ ㉡, ㉣, ㉤

74 송화인의 요구에 따라 항공사, 송화인 또는 대리인이 선불한 비용을 수화인으로부터 징수하는 금액은?

① THC   ② CFS Charge

③ Documentation Fee   ④ Disbursement Fee

75 청약의 요건으로 옳지 않은 것은?

① 1인 혹은 그 이상의 특정인에 대한 의사표시일 것

② 물품의 표시, 대금 및 수량에 관하여 충분히 확정적인 의사표시일 것

③ 승낙이 있는 경우 이에 구속된다는 의사표시가 있을 것

④ 상대방의 거래문의에 대한 응답으로 절대적이고 무조건적인 거래개설의 의사표시

01 Which is related to "offer subject to prior sale"?

① We are pleased to offer firm subject to receiving your reply by September 30, 2018.

② We are pleased to offer you the following items subject to our final confirmation.

③ We have the pleasure in offering you the following items subject to being unsold.

④ We have the pleasure in offering you the following items subject to receiving your reply by September 30, 2018.

02 Which deals with a different topic from others?

① We would only be prepared to supply on a cash basis.

② Our factory does not have facilities to turn out 30,000 units a week.

③ The shirts we manufacture are sold by the dozen in one colour. I regret that we never sell individual garments.

④ Our factory only sells material in 30-meter rolls which cannot be cut up.

03 Which is most awkward when it is used in closing part of the business letter?

① We hope that this will be the first of many orders we place with you.

② We will place further orders if this one is completed to our satisfaction.

③ If our sales targets are met, we shall be placing further orders in near future.

④ The carpets should be wrapped, and the packaging reinforced at both ends to avoid wear.

04 Which has a different topic from others?

① It is essential that the goods should be delivered in time before the beginning of November for the Christmas sales period.

② Delivery before 28 February is a firm condition of this order, and we reserve the right to refuse goods delivered after that time.

③ Please confirm that you can complete the work before the end of March, as the opening of the store is planned for early April.

④ We would like to confirm that the 25% trade discount is quite satisfactory.

05 What does the following refer to?

> The shipper is liable to pay freight if the goods shipped are carried, on his instructions or in his interest, to a place other than the port of destination.

① Dead freight   ② Lump sum freight

③ Put option freight   ④ Back freight

06 Which is WRONG in the explanation of CIP under Incoterms 2010?

① The seller must contract or procure a contract for the carriage of the goods from the agreed point of destination.

② The contract of carriage must be made on usual terms at the seller's expense and provide for carriage by the usual route and in a customary manner.

③ The seller must obtain at its own expense cargo insurance at least with the minimum cover.

④ The buyer must pay the costs of any mandatory pre-shipment inspection, except when such inspection is mandated by the authorities of the country of export.

07 What is WRONG in the explanation of Incoterms 2010?

① DAT requires the seller to bear all transportation-related costs and risks up to the delivery point at the agreed destination, which may be in the buyer's country.

② CPT requires the seller to clear the goods for export, where applicable. However, the seller has no obligation to clear the goods for import, pay any import duty.

③ FOB requires the seller to deliver the goods on board the vessel or to procure goods already so delivered for shipment.

④ CIF requires the parties to specify the port of destination, which is where risk passes to the buyer.

08 Which of the following is NOT appropriate as shipping documents when presented for the negotiation of L/C under FCA term?

① On board Bill of Lading
② Commercial Invoice
③ Forwarder's Cargo Receipt
④ Packing list

[09~10] Read the following and answer.

Dear Mr. Merton,

Please find attached an order(R1432) from our principals, Mackenzie Bros Ltd, 1–5 Whale Drive, Dawson, Ontario, Canada.

They have asked us to instruct you that the 60 sets of crockery ordered should be packed in 6 crates, 10 sets per crate, with each piece individually wrapped, and the crates marked clearly with their name, the words 'fragile' and 'crockery', and numbered 1–6.

Please send any further correspondence relating to shipment or payment direct to Mackenzie Bros, and let us have a copy of the commercial invoice when it is made up.

Many thanks,

David Han

09 Who might be Mackenzie Bros Ltd?

① buyer
② seller
③ freight forwarder
④ carrier

10 Why does David Han want a copy of commercial invoice?

① to calculate an agent commission to be charged to the Mackenzie Bros Ltd later.

② to ask an agent commission to Mr. Merton after supply of goods.

③ to keep it as a record for principal.

④ to calculate import tax for his customer.

11 What is NOT obligation of seller according to CISG?

① delivery of the goods

② hand over any documents relating to the delivery

③ transfer the property in the goods

④ examine the goods after arrival

12 What does the following refer to?

> A document required by certain foreign countries for usually tariff purposes, certifying the country in which specified goods have been manufactured, processed, or produced in the exporting country.

① Commercial Invoice ② Bill of Exchange

③ Bill of Lading ④ Certificate of Origin

13 Choose one that is NOT correct about the remedies regulated in the CISG(United Nation Convention on Contracts for the International Sale of Goods).

① The buyer may require the delivery of substitute goods only when non-conformity constitutes a fundamental breach of contract.

② The buyer may require to repair the goods only when non-conformity constitutes a fundamental breach of contract.

③ When non-delivery of goods constitutes a fundamental breach of goods, the buyer may declare avoidance of contract.

④ The buyer may claim for damage even when non-conformity does not constitute a fundamental breach of contract.

14 Which of the following statements on the documentary credit under UCP 600 is CORRECT?

① It is an undertaking enforceable against the advising bank even if the issuing bank is unable to pay.

② It is an undertaking enforceable against the applicant even if the issuing bank is unwilling to pay.

③ It is a guarantee enforceable against the nominated bank even if the issuing bank is willing to pay.

④ It is an irrevocable undertaking enforceable against the issuing bank even if the confirming bank is unwilling to pay.

15 Which is NOT correct about order B/L?

① It is negotiable transport document.

② When it is issued "TO ORDER", the buyer may endorse.

③ The cargo may be transferred ONLY to the party to whom the bill of lading has been endorsed.

④ The cargo may be released when at least 1 of the issued originals is surrendered.

16 In accordance with UCP 600, which of the following terms may NOT be reduced or curtailed on a transferred documentary credit?

① the amount of the credit

② any unit price

③ the latest shipment date

④ the percentage for which insurance cover must be effected

17 Which is correct about Bill of Exchange?

(a) It is used only in international trade.

(b) Draft is another name for Bill of Exchange.

(c) It is used as a payment guarantee.

(d) Drawee under negotiation L/C is applicant.

① (a)　　　　　② (b)　　　　　③ (c)　　　　　④ (d)

[18~19] Read the following and answer the questions.

Dear Mr. Brown,

We thank you very much for your inquiry of July 5th and are glad to hear that you are interested in our products.

In your letter, you requested a special price discount of 5% off the list prices. While appreciating your interest in our products, we have to point out that we have already cut our prices to the minimum possible and that these goods are not obtainable elsewhere at these prices.

However, 'in case' you are ready to increase your order for over 100,000 pieces at a time, please be advised that we can allow you quantity discount of 5% as you requested.

Sincerely yours,

Mike Son

18 Which does NOT have similar meaning to 'in case'?

① in spite   ② provided

③ if   ④ when

19 Which is MOST appropriate about the letter?

① Mr. Brown asked Mike Son to raise the price.

② The writer accepts Mr. Brown's offer.

③ Mike Son is a buyer.

④ Mike Son suggests a volume discount.

20 Which of the followings words is NOT appropriate for the blanks below?

Under the letter of credit transaction, bill of lading is consigned directly "to order" or "to the order of" a designated party, usually (ⓐ) or (ⓑ). The phrase "to order" or "to the order of (ⓐ)" signifies (ⓒ) permitting the title of the merchandise to be transferred many times by means of appropriate (ⓓ).

① ⓐ the shipper   ② ⓑ the buyer

③ ⓒ "negotiable"   ④ ⓓ endorsement

21 Which of the following is LEAST proper about the letter?

> Dear Mr. Steve,
>
> We are obliged for your letter of 22nd May quoting for "Kleenkwick" cleaning powder at USD9,000 per case, but regret that at this price we cannot place an order. If your prices are within our reach, we could place regular large orders. We therefore hope you will reconsider your quotation and find it possible to offer a lower price, calculated on the basis of a monthly order for a minimum of forty cases.
>
> Your faithfully,
>
> Grace Yang

① Mr. Steve have sent a quotation to Grace before, and the price is a bit higher than what Grace expected.

② Grace asks to lower the price.

③ Mr. Steve expresses regret at inability to accept.

④ Grace may make a firm offer if the price is lowered.

22 The following is a part of the contract. Which document is MOST appropriate for transport under the price terms?

> Description : TV Monitors (Item No. 123−ABS)
>
> Quantity : 2,000 pcs
>
> Price : USD200/pcs *FCA Daejeon*
>
> Place of Destination : New York

① Multimodal Transport Bill of Lading

② Air Waybill

③ Ocean Bill of Lading

④ Inland Waterway Transport Document

23 Which of the following is NOT appropriate as the obligation of the buyer under FCA term of Incoterms 2010?

① Payment of all costs relating to the goods from the time they have been delivered by the seller.

② Payment of any additional costs incurred by failing to take delivery of the goods when they have been placed at the buyer's disposal.

③ Payment of the costs of carrying out customs formalities payable upon import.

④ Reimburse all costs incurred by the seller in loading the goods at the seller's premises.

24 Which of the following is the payment method involved?

> This is to notify you that the goods invoiced by you on December 12 have arrived here. In settlement of the amount of invoice, Korea Exchange Bank accepted your bill of exchange, for USD35,800 at 120 days after sight together with shipping documents. The proceeds will be sent to you at maturity accordingly.

① Deferred payment credit　　　② Standby credit

③ Usance credit　　　　　　　　④ D/P

25 Which of the following is LEAST appropriate about the letter?

> Dear Mr. Kirchoffer:
>
> This is the third time we have called your attention to your long-overdue account. So far we have received neither your check nor the courtesy of a reply.
>
> Credit and friendly relations are complementary efforts. We feel we have done our part and are counting on you as a fair-minded businessman to meet your obligations.
>
> Please send your check by this week. Otherwise, we will take a legal action.
>
> Sincerely,
>
> Anthony T. Legere

① Kirchoffer's account has long been past due.

② Anthony has sent several reminders to Kirchoffer requesting payment.

③ Kirchoffer replied to Anthony but did not send the check.

④ This is a stern ultimatum for collection.

26 What is the seller's DDP price under the following cost break down? (excluding optional cost)

> Cost of Goods : USD100
>
> freight : USD10
>
> Insurance : USD5
>
> Export TAX : USD5
>
> THC in Seller's country : USD5
>
> Import TAX : USD5

① USD125   ② USD130   ③ USD120   ④ USD115

[27~28] Read the following and answer.

> Dear Mr Couper,
>
> The above order has now been completed and sent to Busan Port where it is awaiting to be loaded on to the SS Arirang, sailing for London on 06 July and arriving on 30 July. When we have the necessary documents, we will forward them to *(A) Seoul Bank*, here, and they will forward them to HSBC London for collection.
>
> We have taken particular care to see that the goods have been packed (   ) your instructions: the six crates have been marked with your name.
>
> If you need any further information, please contact us.
>
> Yours sincerely,
>
> Peter Han

27 What role may *(A) Seoul Bank* assume if D/A is employed as payment?

① Remitting Bank   ② Advising Bank

③ Collecting Bank   ④ Confirming Bank

28 Fill in the blank with suitable word.

① as per   ② regarding

③ with reference   ④ into

29 Which word fits best for the blanks?

Dear Simon Lee,

I intend to place a substantial order with you in the next few months.

As you know, over the past two years I have placed a number of orders with you and settled promptly, so I hope this has established my reputation with your company. Nevertheless, if necessary, I am willing to supply (   ).

I would like, if possible, to settle future accounts every three months with payments (   ) quarterly statements.

① credits − for   ② references − against

③ credits − against   ④ debits − from

30 What is the name of the surcharge?

Apart from normal freight, an additional surcharge is levied by shipping company to cover a foreign exchange loss from the fluctuation of exchange rate of the currency of its own country and US Dollars in which freight is paid.

① CAF   ② BAF

③ IAF   ④ Currency Surcharge

[31~32] Read the following and answer.

I have enclosed an order No.1555 for seven more 'SleepAid' beds which have proved to be a popular (   ) here, and will pay for them as usual on invoice. However, I wondered if in future you would let me settle my accounts by monthly statement as this would be more convenient for me.

As we have been dealing with one another for some time, I hope you

will agree to trade on the basis of (   ) facilities.

Yours sincerely,

31 What does the underlined 'on invoice' imply?

① settlement by cash   ② payment by sight LC

③ payment by sight draft   ④ settlement by open account

32 Fill in the blanks with suitable words.

① products − escrow account

② line − open account

③ offer − escrow account

④ agenda − open account

[33~34] Read the following and answer.

Dear Mr Cooper,

We wrote to you on two occasions, 21 October and 14 November, concerning the above account, which now has an outstanding balance of USD3,541.46 and is made up of the copy invoices enclosed.

We have waited three months for (   ) a reply to explain why the balance has not been cleared, (   ) a remittance, but have received (   ).

We are reluctant to take legal action to recover the amount, but you leave us no alternative. Unless we receive your remittance within the next ten days, we will instruct our solicitors to start proceedings.

Yours sincerely,

33 Choose best words for the blanks.

① either − or − neither

② neither − nor − either

③ either − and − neither

④ neither − and − either

34 Why did the writer enclose the 'copy invoices'?

① To request double payment

② Copy invoices prove better than original invoices

③ To back up original invoices sent previously

④ Copy invoice is more cost saving over original invoice

35 Fill in the blank with a suitable word.

Letter of Indemnity is issued by a merchandise shipper to a steamship company as an inducement for the carrier to issue a clean bill of lading, where it might not otherwise do so, and this document serves as a form of guarantee whereby the shipper agrees to settle a claim against the line by a (   ) of the bill of lading arising from issuance of a clean bill.

① carrier   ② grantor   ③ consignor   ④ holder

36 What is THIS?

> *THIS* is the term used to describe the offence of trying to conceal money that has been obtained through offences such as drug trafficking.
>
> In other words, money obtained from certain crimes, such as extortion, insider trading, drug trafficking and illegal gambling is "dirty".

① money laundering   ② fraud

③ illegal investment   ④ abnormal remittance

37 Choose the WRONG English composition for Korean meaning.

> 당사의 정보에 따르면, 해당 상사는 제때에 채무를 변제하고 있습니다.

① According to our records, they are punctually meeting their credits.

② As far as our information goes, they are punctually meeting their liabilities.

③ According to our records, they are punctually meeting their commitments.

④ As far as our information goes, they are punctually meeting their obligations.

38 Which of the following statements on forfaiting is NOT correct?

① It helps exporters to obtain cash flow by selling their receivables with a discounted price to forfaiting companies.

② Forfaiting can be applied to a wide range of trade related and purely financial receivables.

③ Forfaiting can be applied to both international and domestic transactions.

④ Under a forfaiting agreement, 100% financing is made with recourse to the seller of the debt.

39 Which of the following statements on the UCP600 is NOT correct?

① The UCP600 rules are voluntarily incorporated into contracts and have to be specifically outlined in trade finance contracts when LC is used for finance.

② An accompaniment to the UCP600 is the ISBP, which assists with understanding whether a document complies with the terms of Letters of Credit.

③ UCP600 rules apply to any documentary credit except for the standby letter of credit.

④ Credits that are issued and governed by UCP 600 will be interpreted in line with the entire articles contained in UCP600. However, exceptions to the rules can be made by express modification or exclusion.

40 Considering Incoterms 2010, which of the following statement is NOT correct about the case below?

> Consider goods that are taken in charge at Felixstowe, UK, for transport to Long Beach, California, under the rule "CIP Long Beach, California, Incoterms 2010".

① The seller will arrange and pay for freight to Long Beach.

② The seller will arrange and pay for the export clearance.

③ The buyer will arrange and pay for the inland transportation to his premise in the importing country.

④ The risk will pass from the seller to the buyer upon delivery of the goods to the carrier at Long Beach.

41 Which of the following is LEAST appropriate?

> Thank you very much for your samples and price list of silk fabrics we received today.
>
> *(a) Upon inspecting them, we appreciate the excellence of your products* in both material and finish, but we have to tell you that *(b) your prices are substantially high compared with those of Italian origin*.
>
> We are afraid that *(c) there is little chance of doing business* with you *(d) unless* five percent discount off your list prices is not granted.

① (a) ② (b) ③ (c) ④ (d)

42 Which of the following words is NOT appropriate for the blanks below?

One of the most common mistakes in using Incoterms rules is the use of a traditional "sea and inland waterway only" rule such as (ⓐ) for containerized goods, instead of the "all transport modes" rule (ⓑ). This has exposed the exporter to unnecessary risks. A dramatic recent example was the Japanese tsunami in March 2011, which wrecked the Sendai container terminal. Many hundreds of consignments awaiting despatch were damaged. Exporters who were using (ⓒ) found themselves responsible for losses that could have been avoided!

Another common mistake is attempting to use (ⓓ) without thinking through whether the seller can undertake all the necessary formalities in the buyer's country, such as paying GST or VAT.

① ⓐ FOB   ② ⓑ FCA   ③ ⓒ FCA   ④ ⓓ DDP

[43~44] Read the following and answer.

Dear Mr Cupper,

I am sorry that at present I am unable to settle your invoice dated 9 May for your invoice No. 1555. The reason for this is that our stockroom was flooded after recent heavy rain, and much of the stock were damaged or destroyed.

Unfortunately, I am unable to pay any of my suppliers until I receive compensation from my (   ). They have promised me this within the next four weeks. As soon as I receive payment, I will settle the invoice in full.

I hope that you will understand the situation.

Yours sincerely

43 What is the main purpose of this letter?

① Request for more time to settle a debt

② Explain why suppliers do not meet compensation

③ Chase payments for unsettled account

④ Ask claims to insurance company

44 Fill in the blank with right word(s).

① Insurer   ② Insurance policy holder

③ Surveyor   ④ Insured

45 Which of the following is a correct set of words for the blanks at the message below?

> Both letter of credit(L/C) and bill of exchange (B/E) facilitate international transactions between buyers and sellers. The main difference between the two is that a (ⓐ) is a payment mechanism whereas a (ⓑ) is a payment instrument.
>
> The (ⓒ) will set up the conditions that are to be met in order for the payment to be made, and is not the actual payment itself. On the other hand, a (ⓓ) is a payment instrument where the seller can discount the (ⓔ) with the bank and receive payment. At maturity, the (ⓕ) will become a negotiable payment instrument that can be traded, and the holder of the (ⓖ) (either the seller or the bank) will receive payment.

	ⓐ	ⓑ	ⓒ	ⓓ	ⓔ	ⓕ	ⓖ
①	L/C	B/E	B/E	L/C	B/E	B/E	L/C
②	L/C	B/E	L/C	B/E	B/E	B/E	B/E
③	B/E	L/C	L/C	B/E	B/E	B/E	L/C
④	B/E	L/C	B/E	L/C	B/E	B/E	B/E

46 Fill in the blank with right expression.

> Your order No.1555 is being sent express rail-freight and can be delivered after 09:00 tomorrow.
>
> Enclosed is consignment note No.051202, which should be presented on delivery. You should contact us immediately if any problems arise.
>
> Thank you for your order, and we hope (   ) in the future.
>
> Yours faithfully,

① we can be of further service

② the problem is sorted out soon

③ an enhanced credit allowance

④ an extended credit period

47 Choose the WRONG word for each blank.

Draft means a written order by the first party, called the (ⓐ), instructing a second party, called the (ⓑ)(such as the bank), to pay money to a third party, called the (ⓒ). An order to pay a sum certain in money, signed by a drawer, payable on (ⓓ) or at a definite time.

① ⓐ drawer
② ⓑ drawee
③ ⓒ payee
④ ⓓ future

48 Choose the WRONG part from (a)~(d).

(a) Stranding means the drifting, driving, or running aground of a ship on a shore or strand. (b) This term includes bumping over a bar, a mere touch and go or a grounding (c) by reason of the rise and fall of the tide. (d) The vessel must be hard and fast for a appreciable period of time.

① (a)
② (b)
③ (c)
④ (d)

49 Fill in the blank (ⓐ) and (ⓑ) with right word(s).

Where the insurance policy specifies the extent of value of the insured property, the policy is called a(n) (ⓐ) and where the insurance policy does not show or declare the subject-matter insured, the policy is called the (ⓑ).

① ⓐ floating policy, ⓑ valued policy
② ⓐ valued policy, ⓑ time policy
③ ⓐ unvalued policy, ⓑ valued policy
④ ⓐ valued policy, ⓑ floating policy

50 Which of the following statements on 'transferable credit' is NOT appropriate?

① A transferable credit may be made available in whole or in part to another beneficiary ("second beneficiary") at the request of the beneficiary ("first beneficiary").

② Transferring bank means a nominated bank that transfers the credit or, in a credit available with any bank, a bank that is specifically authorized by the issuing bank to transfer and that transfers the credit.

③ Unless otherwise agreed at the time of transfer, all charges (such as commissions, fees, costs or expenses) incurred in respect of a transfer must be paid by the issuing bank.

④ Transferred credit means a credit that has been made available by the transferring bank to a second beneficiary.

SECTION 3 무역실무

51 화인(shipping marking) 가운데 표시되어야 할 필수사항으로 옳지 않은 것은?

① 주화인(main mark) ② 화번(case number)
③ 항구표시(port mark) ④ 주의표시(attention mark)

52 CISG상 일방당사자의 청약 의사표시가 충분히 확정적이기 위한 요건으로 옳지 않은 것은?

① 물품을 표시하고 있을 것
② 대금을 정하고 있거나 이를 정하는 규정을 두고 있을 것
③ 수량을 정하고 있거나 이를 정하는 규정을 두고 있을 것
④ 분쟁해결방법을 정하고 있거나 이를 정하는 규정을 두고 있을 것

53 해상보험에서 물적손해(Physical Loss)에 대한 설명으로 옳지 않은 것은?

① 현실전손은 보험의 목적이 파괴(destroyed)된 경우 또는 물적으로 존재하고 있지만 보험에 부보된 종류의 물품으로서 존재할 수 없을 정도로 심한 경우를 말한다.

② 추정전손은 현실전손은 아니지만 보험목적물을 구조하기 위한 비용과 구조 후의 수리비용이 보험목적 가액을 초과하여 경제적 전손이라고 인정되는 경우가 해당된다.

③ 추정전손은 위부의 행위를 수반하게 되는데 보험목적물의 일부에 대해서도 위부가 가능하다.

④ 공동해손이란 선박이나 화물이 해난에 직면하였을 때 선박 및 화물을 위험으로부터 구조하기 위하여 선장이 임의적으로, 그리고 합리적으로 선박이나 화물의 일부를 희생시키거나 비용을 지출함으로서 발생한 분손을 말한다.

54 수출환변동과 수입환변동 두 제도의 비교 설명으로 옳지 않은 것은?

	구분	수출환변동	수입환변동
①	가입목적	환율상승에 따른 손실방지	환율하락에 따른 손실방지
②	가입기업	수출기업	수입기업
③	보험금지급 (K-sure → 기업)	환율 하락 시	환율 상승 시
④	이익금환수 (기업 → K-sure)	환율 상승 시	환율 하락 시

55 Incoterms 2010상 CPT(Carriage Paid To)에 대한 설명으로 옳지 않은 것은?

① 매도인은 해상운송서류를 제공할 필요가 없으며, 해당되는 운송방식에서 통상적으로 사용되는 운송서류를 제공하면 된다.

② 매도인은 물품의 적재비를 포함하여 목적지까지의 운송계약에 따른 비용과 운반비를 부담해야 한다.

③ 매수인은 목적지에서 양하비가 운송비에 포함되어 있지 아니할 경우 이를 지급해야 한다.

④ 매수인은 매도인에 대한 통지 불이행으로 인하여 물품의 인도가 지연되어 발생하는 모든 위험과 추가적인 비용을 지급할 필요가 없다.

56 무역계약의 품질조건에 대한 설명으로 옳지 않은 것은?

① 선적품질조건에는 EXW, FAS, FCA, FOB 조건이 속한다.

② 선적품질조건에는 Tale Quale, FAQ가 속한다.

③ 양륙품질조건에는 CFR, CIF, CPT, CIP, DAT, DAP, DDU, DDP 조건이 속한다.

④ 양륙품질조건에는 Rye Term, GMQ가 속한다.

57 도착항의 항만사정이 선박으로 혼잡할 경우 신속히 하역할 수 없고, 선박의 가동률이 저하되어 선박 회사에 손해가 발생하므로 이를 화주에게 전가하는 정기선 운임의 할증료를 무엇이라 하는가?

① 장척할증료　　　　　　　　　　　② 항만변경료

③ 체화할증료　　　　　　　　　　　④ 환적할증료

58 환어음의 필수기재사항에 해당하는 것은?

① 지급인 – 지급기일 – 수취인 – 발행일 및 발행지

② 환어음표시문자 – 지급인 – 지급지 – 신용장 번호

③ 금액 – 지급지 – 어음번호 – 발행인의 서명

④ 상환불능문언 – 환어음표시문자 – 발행인의 서명 – 환율문언

59 해상운송에서 정기선 운송과 부정기선 운송을 비교한 내용으로 옳지 않은 것은?

① 부정기선 운송은 미리 정해진 항로가 없다.

② 정기선 운송은 미리 공시된 운임률표에 따라 운임이 결정된다.

③ 정기선 운송의 화물은 완제품 내지 반제품이 주종을 이루지만, 부정기선의 화물은 원자재나 농 · 광산물이 주종을 이룬다.

④ 부정기선의 운임은 물동량(수요)과 선복(공급)에 영향을 받지 않는다.

60 무역계약의 계약자유원칙에 대한 내용으로 옳지 않은 것은?

① 계약체결의 자유

② 불평등초래 약관을 포함한 계약내용 결정의 자유

③ 계약체결방식의 자유

④ 계약 상대방 선택의 자유

61 신용장에 대한 내용으로 옳지 않은 것은?

① 신용장에서 단순히 "Invoice"라고만 표기된 경우, 송장상에 서명이 없어도 된다.

② 신용장에서 단순히 "Invoice"라고만 표기된 경우, 송장상에 발행일자가 없어도 된다.

③ 신용장에서 복합운송증권을 요구하는 경우 B/L 명칭도 사용 가능하다.

④ 신용장에서 복합운송증권을 요구하는 경우 Charter Party B/L도 사용 가능하다.

62 Transferable Credit에 대한 설명으로 옳은 것은?

① L/C상에 "transferable" 등 양도가 가능하다는 표현이 없어도 가능하다.

② L/C금액의 전부를 transfer하는 전액양도만 허용된다.

③ 2nd Beneficiary가 3rd Beneficiary에게 양도하는 경우 Applicant의 사전 양해를 얻는다면 가능하다.

④ 국내는 물론 국외에 소재하고 있는 2nd Beneficiary에게도 양도가 가능하다.

63 (ⓐ), (ⓑ), (ⓒ) 안에 들어갈 용어로 옳은 것은?

> (ⓐ)조건은 선적지 인도조건이기 때문에 계약에 별도의 명시가 없으면 선적 시를 품질기준시기로 보아야 한다. 곡물류의 거래에 있어서 (ⓑ)는 선적품질조건을 의미하며 (ⓒ)는 조건부 선적품질조건으로 해상운송 중 생긴 유손(damaged by wet) 등으로 야기되는 품질손해에 대하여는 매도인이 도착 시까지 책임을 지는 조건이다.

① ⓐ FCA, ⓑ TQ(tale quale), ⓒ SD(sea damage)

② ⓐ CPT, ⓑ RT(rye term), ⓒ SD(sea damage)

③ ⓐ DAP, ⓑ SD(sea damage), ⓒ RT(rye term)

④ ⓐ CIF, ⓑ TQ(tale quale), ⓒ RT(rye term)

64 수출 컨테이너화물의 선적 시 진행순서를 옳게 나열한 것은?

① Booking Note → S/R → B/L → EIR → Dock's Receipt

② EIR → S/R → B/L → Booking Note → Dock's Receipt

③ S/R → Booking Note → EIR → Dock's Receipt → B/L

④ EIR → S/R → Dock's Receipt → B/L → Booking Note

65 "freight forwarder"가 하는 역할로 옳지 않은 것은?

① Customs brokerage provider

② Port agent

③ Inspector

④ Multimodal transport operator

66 UCP 600에서 Honour의 의미에 해당되지 않는 것은?

① 신용장이 일람지급으로 이용이 가능하다면 일람출금으로 지급하는 것

② 신용장이 연지급으로 이용이 가능하다면 연지급을 확약하고 만기에 지급하는 것

③ 신용장이 매입으로 이용이 가능하면 환어음 및 서류를 매수하는 것

④ 신용장이 인수에 의해서 이용이 가능하다면 수익자가 발행한 환어음을 인수하고 만기에 지급하는 것

67 중재제도에 관한 다음 설명에 해당하는 것은?

> 중재절차에서 중재판정부는 당사자들의 지위를 보호하고 중재판정의 결과를 기다리는 동안 중재대상의 목적물의 처분이나 재산 도피 등을 제한하고 그 상태를 유지하도록 한다.

① 임시적 처분(interim measure)

② 최종판정(final award)

③ 자기심사권한(competence-competence)

④ 보수청구(remuneration)

68 무역보험에서 보험계약자나 피보험자에 의한 보험사고의 역선택을 방지하기 위한 내용으로 옳지 않은 것은?

① 보험기간의 제한   ② 보험책임 시기(始期)의 제한

③ 포괄보험의 실시   ④ 보험계약자의 통시의무

69 신용장거래에서 서류심사기준에 관한 설명으로 옳지 않은 것은?

① 상업송장상 물품의 기술은 신용장의 기술과 정확하게 일치하여야 한다.

② 신용장에서 별도의 언급이 없는 한, 운송서류의 원본은 유효기일 이내 그리고 선적일 후 21일 이내에 제시되어야 한다.

③ 신용장에서 요구되지 않은 서류가 제시된 경우 은행은 이를 무시하고 제시인에게 반송할 수 있다.

④ 신용장 발행일자 이전에 발행된 서류는 그 제시일자 보다 늦게 발행된 것일 수도 있다.

70 국제물품매매계약에 관한 협약(CISG)상 매도인의 계약위반에 따른 매수인의 구제권에 대한 설명으로 옳지 않은 것은?

① 대체물품인도청구권 – 물품이 계약과 불일치하고 그 불일치의 정도가 근본적 계약위반에 해당하는 경우에 매수인은 매도인에게 대체물품의 인도청구를 할 수 있다.

② 하자보완청구권 – 물품이 계약과 불일치하고 그 불일치의 정도가 근본적 계약위반에 해당되고 매수인이 모든 사정을 고려하여 자신에게 불리하지 않는 한 매도인에게 그 불일치의 보완을 청구할 수 있다.

③ 추가기간지정권 – 매수인은 매도인의 의무이행을 위하여 상당한 추가기간을 지정할 수 있는데, 추가기간의 허용은 매수인의 의무가 아니라 재량에 따라 행사가 가능하다.

④ 계약해제권 – 매도인의 인도 불이행의 경우 근본적 계약위반이 아니더라도 매수인이 정한 최고기간 이내에 인도의 의무를 이행하지 않겠다는 의사를 명백히 한 경우에는 계약해제가 가능하다.

71 D/P, D/A거래에 대한 설명으로 옳지 않은 것은?

① 수출상 입장에서는 D/P보다 D/A가 위험부담이 크다.

② D/P, D/A거래가 신용장거래에 비하여 수입상에게 은행에 대한 비용부담이 적다.

③ D/P at sight뿐만 아니라 D/P usance도 있다.

④ D/P, D/A는 수출보험공사의 수출보험 대상이 되지 않는다.

72 무역클레임에 대비하여 계약서에 삽입하는 조항에 관한 설명으로 옳지 않은 것은?

① Arbitration clause는 분쟁해결방법을 중재로 선택하는 경우에 사용하는 조항이다.

② Entire agreement clause는 계약서가 유일한 합의서이고, 다른 것의 내용은 인정하지 않는다는 완전합의 조항이다.

③ Non waiver clause는 클레임이나 권리의 포기는 서면으로 승인하거나 확인한 경우에만 포기한 것으로 간주한다는 조항이다.

④ Warranty Disclaimer clause는 통상적으로 요구되는 정도의 안정성 또는 기능 등에 대해 묵시적으로 보장하는 조항이다.

73 무역계약의 수량조건에 대한 설명으로 옳지 않은 것은?

① 중량의 단위는 ton, lb, kg 등이 있다.

② 영국식(long ton) 1ton의 무게는 1,024kg이다.

③ 순중량(net weight)은 포장무게 및 함유잡물의 무게를 공제한 순 상품 자체만의 무게이다.

④ 길이의 단위는 주로 생사(silk), 면사(cotton yearn), 인조견사(rayon)의 직물류 및 필름 등의 거래에 사용된다.

74 무역운송관련 헤이그-비스비 규칙상 운송인의 면책항목 중 나머지 셋과 가장 거리가 먼 것은?

① 포장이나 화인의 불충분성

② 해상의 인명이나 재산의 구조

③ 선장, 운송인의 사용인 등의 과실

④ 상당주의를 요하는 선박의 불내항성

75 두 국가가 외환위기대비나 무역결제를 지원하기 위해 자국 통화를 맡겨놓고 상대국 통화를 빌려오는 외환 거래형태는?

① 통화선물(currency futures)　　② 통화옵션(currency options)

③ 통화스왑(currency swap)　　④ 팩도링(factoring)

2020년 117회 기출문제 정답 및 해설

1	2	3	4	5	6	7	8	9	10
③	④	②	③	①	①	②	③	④	③
11	**12**	**13**	**14**	**15**	**16**	**17**	**18**	**19**	**20**
①	①	①	②	②	②	①	①	④	①
21	**22**	**23**	**24**	**25**	**26**	**27**	**28**	**29**	**30**
③	③	②	①	③	④	④	④	③	②
31	**32**	**33**	**34**	**35**	**36**	**37**	**38**	**39**	**40**
④	②	②	①	④	④	④	①	③	①
41	**42**	**43**	**44**	**45**	**46**	**47**	**48**	**49**	**50**
①	③	①	②	①	④	③	③	③	③,④
51	**52**	**53**	**54**	**55**	**56**	**57**	**58**	**59**	**60**
②	②	④	④	①	②	②	④	③	①
61	**62**	**63**	**64**	**65**	**66**	**67**	**68**	**69**	**70**
①	④	③	②	③	④	①	③	④	①
71	**72**	**73**	**74**	**75**					
③	③	②	④	④					

━ SECTION 1   영문해석

[01~02]

귀사의 주문번호 146번에 해당하는 신용장을 당사에게 즉시 발행해달라고 요청하는 4월 5일자 서신을 받았습니다.

당사는 USD 250,000에 대하여 귀사를 수익자로 하는 취소 불능확인신용장을 발행해줄 것을 서울에 있는 한국외환은행에 금일 요청하였으며, 이 신용장은 5월 20일까지 유효합니다.

이 신용장은 뉴욕에 있는 Ⓐ더 뉴욕시티뱅크에 의해 확인되고 통지될 것입니다.

이 은행은 취소불능확인신용장에 의거 일람 후 60일 출급 환어음을 인수할 것입니다.

물품이 선적되는대로 만기일을 즉시 팩스나 텔렉스로 알려 주시기 바랍니다.

01 [더 뉴욕시티뱅크의 경우 통지은행 및 확인은행 역할을 하며, 60일 출급 환어음을 인수하는 인수은행 역할을 한다. 개설은행은 서울시에 소재한 한국외환은행이다.]

02 [문맥상 물품이 선적되었다는 사실을 텔렉스나 팩스를 통하여 즉시 알려달라는 내용으로, 만기일과는 무관하다.]
  • covering : ~에 해당하는

03

> 당사는 그 회사의 재정상태와 평판에 대하여 알려주시면 감사하겠습니다. 귀사가 제공한 정보는 극비로 다뤄질 것이며, 비용은 귀사의 청구서를 수령하면 즉시 지불될 것입니다.
> 신속한 회신을 주시면 대단히 감사하겠습니다.

① 그 회사는 업계에서 높이 평가받고 있다.

② 그 회사의 계정은 항상 제때에 결제된 적이 없다.

③ 당사가 아는 한, 그 회사는 약속을 정확히 지킵니다.

④ 그 회사는 항상 당사가 만족하도록 의무를 이행하고 있으며, 그들의 최근 재정상태는 건실합니다.

[②번을 제외하고는 모두 긍정적인 답변이다.]

04 "CPT"의 경우 선적지 인도조건으로 매도인의 인도의무는 목적지가 아닌 선적지에서 매도인이 지정한 운송인에게 물품을 인도하였을 때 인도의무가 완료되며, 운송비용만 목적지까지 부담하게 된다. 즉, place of destination이 아닌 place of shipment가 맞는 내용이다.

05

> Beals 씨에게
>
> 당사의 주문번호 14478.
>
> 당사는 상기 주문번호에 대하여 2019년 6월 20일에 수취한 청바지 선적물에 대한 항의를 위하여 서신을 작성하였습니다.
>
> 청바지가 포장된 박스는 손상되었으며 그것은 운송 중에 파손된 것으로 보입니다. 귀사의 송장번호 18871번에 따르면 당사는 $550 가치의 청바지 25벌이 도난당한 것으로 추정됩니다. 박스 안에 있는 손상품 때문에 몇몇의 상품은 구겨지거나 얼룩이 져서 당사의 상점에서 새로운 상품으로 판매할 수 없습니다.
>
> CFR조건으로 매매계약을 하고 포워딩회사의 경우 귀사의 대리인이므로 보상과 관련하여 그 회사에 연락해 볼 것을 제안합니다.
>
> 귀사는 동봉된 손상 및 분실된 품목 리스트를 확인할 수 있을 것이며, 귀사의 지시가 있을 때까지 탁송품은 보관하고 있겠습니다.

서신을 받은 후 빌즈씨는 보상을 위하여 그의 포워딩 회사에 연락할 것이다. 그러므로 답은 ①번이 맞는 답이다.

06

> 귀사의 에이스 A/V 시스템에 대한 확정청약을 하는 12월 21일 귀사의 서신에 감사드립니다. 제안하시는 수량할인계획을 포함한 귀사의 서신에서 언급된 모든 조건은 수락 가능하며, 당사는 에이스 시스템 200대를 첫 주문하고 싶습니다. 동봉된 주문서 KEPP-2345에 이 주문에 대한 세부사항이 수록되어 있습니다. 추가 연락 및 송장발행에 대해서는 상기 주문번호를 참고해주시기 바랍니다.

해당서신의 경우 해외 바이어의 주문요청에 대한 내용으로 이에 대한 회신은 판매자의 답변 내용이어야 한다. 즉, 회신에 포함될 가능성이 가장 적은 내용은 ①번이다.

①번의 경우 "귀사가 주문 접수 후 6주 내로 유리한 견적과 배송 보증을 청약하실 수 있다면 당사는 정기적으로 주문할 것입니다"로 이는 바이어가 판매자에게 답변하는 내용이다.

07

> We hereby engage with (drawers and/or bona fide holders) that draft(s) drawn under and negotiated in (conformity) with terms and conditions of this credit will be duly (honoured on) presentation.
>
> 당행은 발행인 및 선의의 소지인에게 이 신용장의 조건에 일치하게 발행되고 매입된 환어음을 제시할 때 정히 지급할 것을 확약합니다.

매입신용장은 수익자가 발행한 환어음이 매입될 것을 예상하여 개설은행이 어음발행인인 수익자뿐만 아니라 선의 의소지인에게도 지급확약을 하는 신용장으로 해당 문구는 매입확약 문언에 해당된다.

08

> 신용장에서 보험증명서를 요청하였으나, 보험증권이 제시되었다.

③번의 "보험증권은 수리될 수 있다."가 맞는 답이다. UCP600 제28조에서는 "An insurance policy is acceptable in lieu of an insurance certificate or a declaration under an open cover(보험증권은 포괄예정보험에 의한 보험증명서 또는 통지서를 대신하여 수리될 수 있다.)"고 규정하고 있다.

[09~10]

> C2000 컴퓨터 20대를 픽업하셔서 뉴질랜드, 웰링턴, 100 사우스 스트릿, NZ 비즈니스 머시스 유한회사의 엠 태너씨에게 선적될 수 있도록 필요한 준비를 부탁드립니다.
>
> 모든 선적 절차와 보험을 처리해 주시고, 선하증권 5통, 상업송장 3통, 보험증명서를 당사로 보내주시기 바랍니다. 당사는 직접 당사의 고객에게 선적통지를 할 것입니다.
>
> 이것을 가능한 한 빨리 처리해 주실 수 있을까요? 귀사의 비용은 평소대로 당사에 청구해 주시면 됩니다.

09 해당 email의 경우 수출자(Neil Smith)가 수입자(M Tanner)에게 보낸 것이 아니고, 수출자(Neil Smith)가 운송주선인(Simpson)에게 보낸 것이다.

10 "incur"은 '초래하다, (비용을)발생시키다'라는 뜻으로, handle을 대체할 수 없다.

- handle : 다루다, 처리하다
- collect : 수거하다, 수집하다
- inform : 알리다, 통지하다

11

> (양도은행)은 신용장을 양도하는 지정은행 또는 모든 은행에서 사용될 수 있는 신용장에 있어서, (개설은행)에 의하여 양도하도록 특별히 수권되고 그 신용장을 양도하는 은행을 말한다. (개설은행)은 (양도은행)일 수 있다.

UCP600 제38조 "b"항에 대한 내용이다.

[12~13]

Madam Furnishing을 선택해 주셔서 감사합니다. Melissa 테이블에 대한 배송 선호도와 테이블 디자인의 변경에 관하여 우리가 유선상 추가적으로 논의한 것에 대하여 아래와 같이 논의된 조건들을 검토하고 확인 부탁드립니다.

오늘 선적 예정이었던 귀사의 주문은 귀사가 원하는 요구조건이 반영되어 귀사가 원하는 가구를 확실히 받을 수 있도록 하기 위해 보류되었습니다. 테이블 색상과 배송일정을 변경하고자 하는 귀사의 요구사항이 문서화되어 귀사의 주문이 변경되었습니다.

다음 사항을 알려주시기 바랍니다.

Melissa 테이블은 블랙, 브라운 그리고 레드 색상으로 판매되고 있습니다. 다른 색상의 테이블 생산은 고객의 주문에 따르며 20달러의 추가비용이 발생됩니다.

Melissa 테이블은 일요일 낮 12시에서 오후 3시 사이에 배송이 가능하지만 주말/공휴일 배송비 기준 10달러의 추가비용이 발생됩니다.

12 해당 서신의 경우 "고객의 요구사항을 확인하기 위해 작성된 메시지"이다.

13 • put on hold : ～을 보류하다, ～을 연기하다
• modified : 수정된, 변경된
• document : 서류, (상세한 내용을) 기록하다

14 수익자가 그의 은행업무에 영향 없이 선적 전에 대금을 수령할 수 있도록 한 화환신용장은 "전대(선대)신용장"이다.
• Red Clause Credit = Advance Payment Credit = Packing Credit : 전대신용장

[15~16]

2018년 4월 17일에 America호에 선적된 귀사의 주문품이 4월 27일에 Liverpool에 도착할 예정입니다.
당사는 귀사의 대리인인 Eddis Jones에게 알려주었으며, 그 대리인은 통관을 위한 선적서류를 받는 즉시 탁송품을 귀사에게 보낼 수 있도록 준비할 것입니다. High Street, Nottingham에 위치한 당사의 거래은행인 Westmorland Bank Ltd는 귀사가 당사의 어음을 인수하면 무사고선적선하증권, 송장, 그리고 보험증명서의 서류를 넘겨줄 것입니다.

15 [Eddis Jones는 수입자를 위한 판매대리인이 아니다. Eddis Jones는 선적서류를 받은 후 탁송품을 수입자에게 운송하기 위한 운송준비를 하는 것으로 보아 운송중개인(forwarder)이다.]
• consignment : 탁송품

16 • arrangement : 준비, 마련
• clearance : 통관
• hand over : 인도하다, 전달하다

17

B/L약관에 따라서 운송인과 그 대리인은 본 사고에 대해 책임이 없으므로 당사는 귀사의 클레임을 거부하게 되어 유감이고 따라서 귀사의 보험업자에게 귀사의 관련서류를 다시 보내도록 제안합니다.

• B/L Clause : 선하증권약관
• repudiate a claim : 클레임을 거부하다
• underwriter : 보험업자

18

당사는 귀사의 주문 처리에 매우 만족하고 있으며, 당사의 사업이 성장하고 있음에 따라 앞으로 귀사에게 더 많은 주문을 할 수 있을 것으로 기대하고 있습니다.
아시다시피 당사는 현재 2년 이상 함께 거래를 해왔기 때문에 귀사가 분기별 결제방식인 청산계정 방식을 당사에 제공해 주시면 감사하겠습니다.
이렇게 해 주시면 당사가 인보이스 건마다 별도로 결제하는 불편함을 덜어줄 수 있습니다. 귀사의 요청에 따라 은행과 동업자 신용조회처를 제공할 수 있습니다. 당사는 곧 귀사의 호의적인 답변을 받기를 희망합니다.

상기 해석내용을 참고한다. open-account인 청산계정 방식의 경우 거래당사자 간에 수출입이 빈번하게 발생하는 경우 개별 건마다 거래대금을 수수하지 않고 약정된 기간 동안 거래에서 발생한 금액을 상계하고 잔액만 정기적으로 결제하는 방식을 의미한다.

• open-account : 청산계정 방식
• deferred payment : 연지급 방식

19 분쟁해결을 위한 매도인과 매수인의 의무에 대해 적절하지 않은 조항을 찾는 문제로, ④번의 경우 분리가능조항(Severability clause)을 의미한다. 분리가능조항은 특정조항이 무효이더라도 다른 조항에는 영향을 주지 않으며, 준거법에 따라 중요조항이 무효인 경우 그 계약의 전체가 무효로 처리되는 것을 방지하기 위한 조항을 의미한다.

[20~21]

당사는 귀사의 1월 10일자 서신으로부터 해당 주문건에 따라 공급된 DVD 몇 개가 귀사에 도착 당시 파손되었다는 것을 알게 되어 유감스럽습니다.
(1) 파손된 물품에 대한 대체품이 오늘 아침 특송으로 발송되었습니다.
(2) 귀사는 파손된 물품을 반환하실 필요는 없으며, 그 물품들을 파기하셔도 됩니다.
(3) 당사가 물건을 포장하는 데 주의를 다하였음에도 불구하고, 최근에 몇 건에 대하여 파손신고가 접수되고 있습니다.
(4) 앞으로 고객에게 불편함과 골칫거리를 피하게 하기 위하여 당사의 비용으로 취급방법을 개선하기 위해 포장 컨설턴트의 조언을 구하고 있습니다.

20 문맥상 "annoyance(짜증, 약이 오름, 골칫거리)"가 맞는 답이다.
- discussion : 논의, 상의
- negotiation : 협상, 협의
- solution : 해법, 해결책

21 지문내용은 서신에 대한 답변으로 이전 서신에서 확인할 수 없는 내용은 어떤 것인지 묻는 문제이다. ③번의 경우 "당사는 파손된 물품에 대해 귀사의 판매가격을 인하해줘야 한다는 것을 알았으며, 귀사가 제안한 10%의 특별할인에 기꺼이 동의합니다"란 뜻으로 이는 매수인이 매도인의 보상 제안에 대하여 수락하는 뜻으로 이전 서신에 나오기 부적절하다.

22 일부 해운항공 내에서 사용되는 제도로, 송하인은 특정 기간동안 독점적으로 동맹선사의 선박을 사용한 것에 따라 지불된 운임에 대하여 리베이트를 받는다.

지문에서 설명하고 있는 제도는 ③번의 "Fidelity rebate system(성실할려제도)"으로 이 제도는 일정기간 동안 화물을 동맹선사를 통해 선적한 경우, 그 기간 동안 지급한 운임을 일정비율 환불해 주는 제도이다.
- Contract rate system : 계약운임제
- Dual rate system : 이중운임제
- Fighting ship : 대항선

[23~24]

귀사의 최근 주문 NO. 234-234-001에 대하여 감사드립니다. 당사는 이 선적건에 적용된 10,000달러의 취급수수료에 대한 귀사의 편지를 받았습니다.
이것은 확실한 당사측의 실수입니다. 당사는 자기쟁반과 같은 깨지기 쉬운 제품의 모든 주문에 대해서는 특별 취급수수료를 적용하지만, 어떻게 된 일인지 제품을 설명하는 페이지 안에 그 통지가 일시적으로 삭제되었습니다.
당사는 웹사이트에서 그 오류를 수정하였습니다. 그래서 그 사이에 당사는 1만 달러를 귀사의 계좌에 송금하였습니다. 불편을 끼쳐드려 죄송하며, 가까운 시일 내에 다시 귀사와 거래할 수 있는 기회가 있기를 희망합니다.

23 서신에 대해서 옳지 않은 것을 찾는 문제로 ②번의 "제품 품질에 대한 의사소통 오류가 있었다"가 잘못된 답이다. 해당 서신의 경우 특별 취급수수료 부과 오류에 대한 내용이다.
- miscommunication : 의사소통 오류
- in the meantime : 그 사이에
- porcelain : 자기

24 빈칸에 적절한 단어를 찾는 문제로 상기 지문 해석을 참고한다.
- part : 부분, 측
- fragile : 부서지기 쉬운, 깨지기 쉬운
- correct : 수정하다, 정정하다

25 "조기결제를 양해한다는 전제로 유독 낮은 가격을 견적해 드린 것을 귀사에 다시 한번 알려드립니다."가 맞는 해석이다.
- remind : 상기시키다, 다시 한번 알려주다
- unusually : 흔치 않은, 드문

--- **SECTION 2**　　**영작문**

26 1. 매입은행은 매도인에게 내금을 시급하거나 매노인이 발행한 환어음을 할인하고, 선적서류를 매수인의 국가에 소재한 개설은행에게 송부한다.
2. 개설은행은 수입국에 있는 매수인이 대금지급을 하면 선적서류를 전달한다.
3. 매도인은 선사에 선하증권을 제시함으로써 물품을 받도록 해 준다.

빈칸에 적절하게 들어갈 단어를 찾는 문제로 신용장거래에서 "discount"는 어음할인이라는 뜻으로 환가료 등 수수료를 공제하고 대금을 지급한다는 뜻이며, 개설은행은 매수인이 물품대금을 지급(payment)하면 선적서류를 전달한다.

- bill of lading : 선하증권
- accounter : 수출자, 대금수령인

27 지정에 따라 행동하는 지정은행, 확인은행(있는 경우) 또는 발행은행은 신용장에 의하여 허용된 금액을 초과한 금액으로 발행된 상업송장을 수리할 수 있으며, 그러한 결정은 모든 당사자를 구속한다. 다만 문제의 은행은 신용장에 의하여 허용된 금액을 초과한 금액으로 지급이행 또는 매입하지 아니하여야 한다.

UCP600 제18조(상업송장) b항에 대한 내용이다.

28 신용장거래와 관련된 은행 수수료는 신용장거래 당사자들이 부담한다. 수입국 외에서 발생하는 모든 은행 수수료는 "수익자(beneficiary)"가 부담한다.

- negotiating bank : 매입은행
- Local L/C : 내국신용장
- Revolving L/C : 회전신용장

29 "ICC (B)약관은 공동해손희생으로 발생한 피보험목적물의 멸실 또는 손상에 대하여 담보하나 ICC(C)에서는 담보하지 않는다"는 오답이다. 공동해손희생의 경우 ICC(A), ICC(B), ICC(C)에서 모두 담보한다.

- general average sacrifice : 공동해손희생
- subjectmatter insured : 피보험목적물

30 모든 브레이크 벌크와 벌크 선박에는 "본선수취증"이라 불리는 서류가 있다. 이 서류는 인도증서와 같은 것으로 화물 명세, 묶음 개수, 중량, 측정 등 선적품과 관련된 모든 정보를 포함하고 있으며, 이 서류는 선적 시 선박에 전달된다.

만약 인도된 실제 화물과 본선수취증 간에 불일치사항이 발견되면, 1등 항해사는 화물이 해당 조건대로 수취되었는지 확인하기 위하여 그러한 불일치사항에 대하여 화물과 서류를 검사한다. 이는 선사/대리인들이 물리적으로 화물을 점검하고 확인할 수 있었기 때문에 컨테이너 운송 이전의 시기에는 가능했다.

단, 컨테이너 화물 및 특히 LCL화물의 경우 운송인/대리인들이 컨테이너의 포장 및 화물의 성질에 대하여 알 수가 없다. 운송인은 화물의 상태, 포장의 개수, 중량 및 측량에 대하여 송하인에 의해 제공된 정보에 의존하게 된다. 그러므로 나중에 그들에게 부과할 수 있는 모든 청구로부터 운송인을 보호하기 위해 "송하인이 적재, 적입하고 검수하였음" 조항을 선하증권에 삽입한다.

컨테이너운송에서 1단위 컨테이너에 한 수출자의 화물로 채우는 Full Container Load(FCL 화물)가 되면 수출자는 수출통관절차를 마친 후 자신의 공장으로 빈 컨테이너를 요청하여 화물을 적입(Stuffing)하게 된다. 적입한 후, 봉인(sealing)하여 운송 절차를 거쳐 선적하게 된다. 이러한 경우 운송인은 화물의 상태를 확인할 수 없으므로 만일의 경우에 생길 수 있는 화물파손 책임에서 벗어날 목적으로 B/L상에 "Shipper's Load and Count"라는 표시를 하게 됩니다. 즉, 화물의 종류, 내용, 수량 등은 수출자의 책임하에 선적된 것이므로 운송인은 책임이 없다는 취지의 내용이다.

- LCL : 혼재화물
- Bill of Lading : 선하증권
- clause : 조항
- Hence : 그러므로, 그런 이유로

31 해상보험의 공동해손과 관련된 설명으로 틀린 것을 찾는 문제로 ④번 "지연 때문에 발생한 모든 클레임, 시장의 상실에 따른 손해 또는 비용, 간접손해는 공동해손으로 간주된다."는 오답이다. 공동해손이 성립되기 위해서는 선박과 적하에 공통된 위험이 현실적이고 객관적으로 존재하여야 되며, 중대한 것이어야 한다. 또한 선장의 합리적이며 이례적인 처분이 있어야 하고, 처분이 직접적인 결과인 손해 및 비용에 한하여 공동해손으로 인정된다.

- extraordinary : 이례적인, 놀라운
- sacrifice : 희생
- property : 재산

32 상업송장상의 물품의 명세는 신용장상의 명세와 반드시 일치하여야 하고, 상업송장은 개설의뢰인 이름 앞으로 작성되어야 한다.

빈칸에 들어갈 내용은 "상업송장(commercial invoice)"으로, UCP 600 제18조를 참고한다.

- sea waybill : 해상화물운송장
- bill of exchange : 환어음

33

> 귀사는 당사와 거래한 지 20년이 넘었습니다.
>
> 이러한 충성심은 간과할 수 없습니다. 당사는 귀사의 신용계정을 검토하였고 돕기로 결정하였습니다. 귀사도 아시다시피 (a) 귀사는 청구된 4건에 대한 연체가 있으며, 최근 건은 약 6개월 정도 연체되었습니다. 이것은 귀사답지 않습니다. 그러므로 당사는 이러한 (b) 지연이 귀사가 (c) 겪고 있는 현재 경제상황과 연계되어 있다고 가정하였습니다.
>
> 만약 오늘부터 30일 이내에 (d) 결제를 하시면 연체된 모든 청구건에 대하여 20%의 할인을 해드리고자 합니다. 당사는 이 이메일에 새로운 청구서를 첨부하였습니다. 당사는 귀사가 당사와의 신용관계에 큰 가치를 부여할 거라 믿습니다. 그러므로 당사는 정해진 일자에 대금을 지급받기를 희망합니다.

밑줄 친 부분과 바꿔쓸 수 없는 것을 고르는 문제로 ②번의 "timely"의 경우 "때맞춘", "시기적절한"이란 뜻으로 지연과 대체하여 사용할 수 없다.

- encounter : 맞닥뜨리다, 접하다

34

> 당사는 인도 지연은 매우 심각한 문제를 발생시킬 수 있기 때문에 정해진 일자에 의료장비가 도착하는 것이 필수적이라는 것을 미리 설명드렸습니다.

"on"의 경우 특정일을 나타낼 때 주로 사용되는 전치사로 on due date는 정해진 일자에, 예정된 일자라는 뜻으로 사용된다.

35 ④번의 경우 "당사는 귀사의 고객들 중 두 곳이 파산하여 귀사가 어려움을 겪고 있다는 소식을 듣게 되어 유감스럽습니다."란 뜻으로 ①번부터 ③번까지는 대금지급과 관련하여 기재된 내용이고, ④번의 경우에는 경제적 어려움을 겪고 있는 상대방에게 쓰는 내용이다.

36

> 개설의뢰인의 주소 및 연락처 명세가 운송서류상의 수하인 또는 착화통지처 명세의 일부로서 보이는 경우에는 이들은 신용장에 명시된 것과 내용이 다르지 않아야 한다.

해당 지문내용의 경우 UCP600 제14조 j항에 있는 내용으로 "개설의뢰인의 모든 주소 및 연락처 명세가 운송서류상의 수하인 또는 착화통지처 명세의 일부로서 보이는 경우에는 이러한 주소 및 연락처 명세는 신용장에 명기된 대로이어야 한다."로 결국 해당 내용은 신용장과 일치해야 한다는 뜻이다.

37

> UCP600 운송조항 규정에 따라 적용되지 않는 서류들은 ( )이다.

[UCP600에서 규정된 운송서류는 복합운송서류(제19조), 선하증권(제20조), 해상화물운송장(제21조), 용선계약 선하증권(제22조), 항공운송서류(제23조), 도로, 철도 또는 내륙수로운송서류(제24조), 특송화물수령증, 우편수령증 또는 우송증명서(제25조)이다.]

- Delivery Note : 인도증서
- Delivery Order : 인도지시서
- Cargo Receipt : 화물수취증

38

> 현재까지 귀사로부터 어떠한 대금결제도 받지 못하였으며, 당사는 이것이 단순히 귀사가 (a) 간과한 것이라고 예측합니다. 기한을 (b) 넘긴 금액을 즉시 송금해 주시기 바랍니다.

지문내용은 상대방이 대금결제 기한을 지나서 지급이 안된 부분에 대하여 기재한 서신 내용이다.

- oversight : 간과, 실수
- past : 지난
- fortnight : 2주일(간)

39

> (a) 당사의 소프트웨어 제품에 관심을 표한 4월 13일 귀사의 문의에 감사합니다. 귀사의 서신에 대한 회신으로 당사는 (b) 귀사가 요청하신 당사의 소프트웨어 디자인에 대한 상세한 카탈로그와 가격표를 동봉합니다. (c) 뿐만 아니라 비즈니스 월간호에 광고도 실려있는데, 첨부된 그림 책자에는 귀사를 위한 이용 가능한 다양한 소프트웨어가 나와 있습니다. 만약 당사가 귀사에게 보낸 (d) 자료에서 다루지 않은 모든 질문사항이나 관심사항이 있으시다면 언제든지 주저하지 마시고 연락주시기 바랍니다.

③번의 "Beside"의 경우 "옆에, ~에 비해"라는 뜻으로 지문내용상 Beside가 아닌 "Besides"가 와야 한다.

- Besides : ~외에, 게다가, 뿐만 아니라
- illustrated : 삽화를 넣은

[40~41]

> 당사는 한남트레이딩의 최고 회계사인 데이비드 한씨의 추천으로 귀사에게 서신을 작성합니다. 그는 그의 회사가 당사에 요청한 신용거래와 관련된 추천인으로서 귀사에게 연락할 것을 권고하였습니다. 귀사는 이 회사가 3,000,000달러의 신용거래를 이행할 만큼 건실하다는 것을 확인해 주실 수 있나요?
> (가능한 한 빠르게) 회신해 주시면 대단히 감사하겠습니다.

40 밑줄 친 신용거래가 의미하는게 무엇인지 묻는 문제로, ① 번의 "잠재적 매수인은 며칠 후에 결제하기를 원하고 있다"가 맞는 답이다.

41 문맥상 "가능한 한 빠르게"가 가장 적합하다.
- potential : 잠재적인
- settle : 결제하다

42 (부선)은 항구에서 선박으로 물품을 운반하거나 그 반대로도 사용된다. 그들은 또한 바지선과 같은 일을 할 수 있다.

"부선"에 대한 설명이다.
- vice versa : 거꾸로, 반대로
- Car ferry : 여객과 자동차를 싣고 운항하는 배
- Oil-tanker : 유조선

[43~44]

당사는 귀사가 인보이스 1555번에 대하여 지불을 받지 못했다는 귀사의 11월 20일자 서신을 받고 놀랐습니다.
당사는 11월 2일에 2,000,000달러를 런던에 있는 귀사의 계좌에 입금하라고 당사의 거래은행인 서울은행에게 지시하였습니다.
당사의 은행 거래내역서에서 그 돈이 당사의 계좌에서 차감된 것으로 보여지기 때문에, 당사는 마찬가지로 (귀사의 계좌에 입금된 것으로 추측됩니다.)
귀사의 은행이 귀사에게 아직 통지하지 않았을 가능성이 있습니다.

43 "credit"은 신용거래, 입금하다라는 뜻이 있으며 문맥상 "입금하다"가 맞는 답이다.
- debit : 인출액, 인출하다

44 문맥상 "귀사의 계좌에 입금된 것으로 추측됩니다."가 가장 적합하다.
- statement : 명세서, 내역서

45 귀사의 제안서를 제출해 주셔서 감사합니다.
웹사이트 재디자인을 위하여 외부업체를 고용할 필요가 있는지 여부를 판단하기에는 아직 이르기 때문에 (저의 답변이 늦어질 것 같습니다.)

문맥상 외부업체를 고용할 필요가 있는지 여부를 판단하기에는 아직 이르기 때문에 결정하는 데 시간이 소요되므로 가장 적합한 문장은 ④번이다.

- judge : 판단하다.
- Perhaps : 아마, 어쩌면

46 (a) 보증신용장('SBLC')은 용역계약에서 안전장치로 사용될 수 있다. (b) 이것이 위험을 회피하는 이유가 될 것이다. 간단히 말해서, (c) 은행은 발행의뢰인을 대신하여 지급보증서를 발행하고 이는 "최후지급수단"으로 여겨진다. (d) 이것은 일반적으로 계약상의 의무를 이행하지 않을 때 회피하기 위한 것이다.

보증신용장은 발행의뢰인이 이행하여야 하는 의무를 이행하지 않은 경우 개설은행이 지급을 이행하겠다는 채무보증용 신용장이므로 (d)의 계약상의 의무를 이행하지 않을 경우 회피하기 위한 것은 잘못된 내용이다.
- perceive : 인지하다, ~로 여기다
- Stand-by Letter of Credit : 보증신용장

47 밑줄 친 ⓐ~ⓓ를 대체할 수 있는 단어로 잘못된 것을 고르는 문제로 "valid"는 "유효한"으로 해석되며, "expired"는 "만료된, 기한이 지난"이란 뜻으로 대체할 수 없다.

48 서류의 발행인을 기술하기 위하여 사용되는 "일류의", "저명한", "자격있는", "독립적인", "공인된", "유능한" 또는 "국내의"와 같은용어는 수익자 이외의 모든 서류 발행인이 서류를 발행하는 것을 허용한다.

UCP600 제3조에 규정된 내용이다.

49 CISG 조항에 따라, 매도인은 다음의 경우 계약의 해제를 선언할 수 있다.
1) 계약 또는 이 협약에 따른 매수인의 어떠한 의무의 불이행이 계약의 본질적인 위반에 상당하는 경우
2) 매수인이 매도인에 의하여 지정된 추가기간 내에 대금지급의 의무를 이행하지 않은 경우
3) 만약 매수인이 매도인에 의하여 지정된 추가기간 내에 대금의 지급 또는 물품의 인도 수령의 의무를 이행하지 아니하겠다는 뜻을 선언한 경우

③번의 경우 "매도인(seller)에 의하여 지정된 추가기간 내에 매수인이 인도수령의 의무(take delivery of the goods)를 이행하지 않은 경우"로 수정되어야 한다. UCP600 제64조

50 체선료와 지체료는 수출의 경우에도 발생할 수 있지만 수입과 관련된 것이 대부분이다.

(a 체선료)는 수입자가 허용된 기간 내에 풀 컨테이너의 인도를 수령하지 않고 포장을 풀 수 있도록 항구/터미널 구역 밖으로 옮기지 않은 경우에 선사가 수입자에게 부과하는 요금이다. 반면에 (b 지체료)는 수입자가 포장을 풀기 위해(말하자면 허용된 기간 내에) 풀 컨테이너를 가져갔으나 허용된 기간의 만료일 이전에 빈 컨테이너를 지정된 빈 창고에 반환하지 않을 경우 선사가 수입자에게 부과하는 요금이다. 만약 고객이 허용일(7월 8일에 만료되는) 내인 7월 7일에 항구/터미널에서 전체화물을 수령했으나, 빈 컨테이너를 7월 19일에 선사의 지정된 창고로 반납한 경우이다. 따라서 선사는 7월 9일(허용일의 만료 후)부터 선사가 정한 (c 수수료)를 7월 19일까지의 11일에 대하여 수하인에게 (d 체선료)를 청구할 수 있다.

지체료는 수하인이 컨테이너를 정해진 기간 내에 반납하지 않았을 때 지연된 반납에 대하여 지체료를 선사가 화주에게 부과하는 비용이다. 특히 수입의 경우 수입된 풀 컨테이너를 CY에 반출한 뒤 수입자의 공장에서 물건을 빼고 다시 빈 컨테이너를 CY에 반납시켜야 하는데 시간이 지연된 경우 지체료를 납부하여야 한다. 즉, (c)와 (d) 모두 지체료가 와야 한다.


```
━━ SECTION 3      무역실무
```

51 [CISG 제56조에서는 "대금이 물품의 중량에 따라 지정되는 경우에 이에 의혹이 있을 때에는, 그 대금은 순중량(net weight)에 의하여 결정되어야 한다."고 규정하고 있다.]

52 FOB조건은 매수인이 지정한 본선에 적재하였을 때 매도인의 인도의무를 다한 것으로 보는 조건으로 이는 해상 및 내수로 운송에 사용된다. 만약, 매도인이 물품을 CY에서 인도하는 경우에는 FCA조건을 사용하여야 한다.

53 CISG 제79조에서는 "본조에 규정된 면책은 장해가 존재하는 동안의 기간에만 효력을 갖는다."라고 규정하고 있다.

54 내국신용장의 경우 수입국의 개설은행이 지급확약을 하는 것이 아닌 수출자 요청에 따라 국내의 수출자 거래은행이 내국신용장을 발행하며, 대금지급확약을 하게 된다.

55 포페이팅은 소구권 없이 어음을 할인하므로 수입자가 어음만기 시 대금지급불능 상태이더라도 수출자는 책임지지 않는다.

56 해당 내용은 ②번의 "성수기 할증료(PSS)"에 대한 설명이다.
  • Port Congestion Charge : 체선할증료

57 피보험화물이 통상의 운송과정을 벗어난 경우 보험자는 면책된다. 보험기간의 종기는 다음 중 먼저 발생한 때가 된다.

  1) 최종창고에서 운송차량 등으로부터 양하가 완료된 때
  2) 피보험자 등이 통상의 운송과정이 아닌 보관·할당·분배를 위하여 선택한 임의의 창고·보관 장소에서 운송차량 등으로부터 양하가 완료된 때
  3) 피보험자 등이 통상의 운송과정이 아닌 보관을 목적으로 운송차량·기타 운용용구·컨테이너를 사용하고자 선택한 때
  4) 최종양륙항에서 외항선으로부터 보험의 목적을 양륙 완료한 후 60일이 경과한 때

58 내국신용장도 차수제한 없이 발급 가능하다.

59 지참인식의 경우 배서 없이 유통 가능하다.

60 함부르크 규칙의 경우 운송인은 화물의 멸실·손상·인도지연으로 인한 사고가 운송인의 관리하에 있는 동안 발생한 때에는 그로 인한 손해에 대하여 책임을 진다. 화물인도 지연에 따른 운송인의 책임은 지연된 화물운임의 2.5배에 상당하는 금액이며, 총운임을 초과할 수 없다.

61 지진·화산의 분화·낙뢰의 경우 ICC(C)에서는 담보하지 않는다.

62 ICC(A)에서는 "해적행위"는 담보하지만, 물품 고유의 하자 및 성질, 포장·포장준비의 불완전, 부적합등은 담보하지 않는다.

63 "Open Account"는 청산계정방식으로 매매당사자 간에 매거래 시에 물품대금을 결제하지 않고, 장부상에 상쇄하고 일정기간마다 그 차액만을 청산하여 결제하는 방식이다. 즉, 해상보험과는 무관하다.

64 알선기관은 단순한 해결방안이나 조언을 제시할 뿐이며, 당사자들이 알선에 응하지 않으면 해결은 불가능하다. 즉, 쌍방의 협력이 있어야 하며 강제력이 없다.

65 마켓클레임은 무역계약 성립 후 물품의 시세가 하락하여 손해를 입을 것으로 예상될 때 평소 같으면 클레임의 대상이 되지 않을 경미한 과실을 감가의 구실로 제기하는 클레임이다.

66 [중재인의 수는 당사자 간의 합의로 정하나, 합의가 없으면 중재인의 수는 3명으로 한다.]

67 물품명세 확정권은 매도인의 권리구제 수단이다. 물품명세 확정권이란 매도인은 계약상 매수인이 물품명세를 지정하기로 되어 있을 경우에, 매수인이 합의된 기일 또는 합리전 기간 내에 그 물품명세를 지정하지 않은 경우 매도인은 매수인의 요구조건에 따라 스스로 물품명세를 작성할 수 있으며, 이 경우 매수인에게 세부사항을 통지하여야 한다.

68 송금결제방식은 물품대금을 외화로 영수 또는 지급하는 방식으로 송금결제방식을 통한 물품의 수출입은 결제자금의 금융적 편의 안정성의 문제를 커버하지 못한다. 즉, 은행에 결제상의 위험을 전가할 수 없다.

69 [CIP 조건은 복합운송방식에 사용되는 조건이며, 비용분기점이 지정목적지이기 때문에 답은 ④번이다. CFR, CIF의 경우 해상내수로 운송으로 뒤에는 지정목적항이 온다.]

70 T.Q.는 "Such as it is"라는 의미로 이 조건은 선적품질조건으로 매도인은 약정한 물품의 품질을 선적할 때까지만 책임을 지는 조건이다. G.M.Q는 판매적격품질조건으로 표준품에 의한 품질결정방법이다.

71 기술도입을 위해 독점적 라이센스계약을 체결한 경우, 기술제공자가 아닌 기술도입자는 제3자의 권리침해를 배제할 의무가 있다.

72 함부르크 규칙에서는 인도지연은 화물이 명시된 기간 내에 또는 그러한 합의가 없는 경우에는 당해 사안의 사정을 고려하여 성실한 운송인에게 요구되는 상당한 기간 내에 양륙항에 인도되지 않을 경우에 생긴다고 규정하고 있고, 상당한 인도기간 경과 후 60일 이내에 인도가 되지 않는 경우에 화주는 그 화물이 멸실된 것으로 취급할 수 있도록 하고 있다.

73 관세는 소비세, 간접세, 대물세, 수시세등의 성격을 가진다. 보통세의 경우 국가 또는 지방자치단체의 일반적 지출에 충당하기 위한 조세로 관세의 법적성격으로 볼 수 없다.

74 eUCP신용장이 수익자에게 전자기록과 종이서류의 제시를 선택할 수 있도록 허용하고 수익자가 종이서류의 제시만을 선택한 경우 그 제시에 대해서는 UCP만 적용된다. eUCP 신용장이 종이서류만을 허용한 경우 UCP만 적용된다.

75 CIF 규칙의 경우 이전과 동일하게 매도인은 ICC(C)에 해당하는 최소부보의무가 있으며, CIP의 경우 ICC(A)에 해당하는 최대부보의무로 변경되었다.

Trade English PART 03

1	2	3	4	5	6	7	8	9	10
③	②	④	②	①	①	①	③	④	①
11	12	13	14	15	16	17	18	19	20
③	②	④	④	②	①	②	④	③	②
21	22	23	24	25	26	27	28	29	30
④	①	④	①	③	①	①	①	②	①
31	32	33	34	35	36	37	38	39	40
①	②	③	④	②	①	②	④	②	②
41	42	43	44	45	46	47	48	49	50
①	②	④	④	①	①	①	①	②	①
51	52	53	54	55	56	57	58	59	60
④	②	③	②	②	②	③	④	③	③
61	62	63	64	65	66	67	68	69	70
③	④	④	③	④	④	④	③	③	①
71	72	73	74	75					
③	②	④	②	②					

SECTION 1   영문해석

01 [매도인과 매수인 간 완전합의조항을 나태는 것으로 보기 어려운 것을 고르는 문제로 ③번은 "어느 당사자가 이 계약하에서의 어떠한 조건 또는 의무의 이행을 요구하지 않거나, 이 계약의 위반에 대하여 어느 당사자가 권리포기를 하지 않았다고 해서 해당 기간 또는 의무의 후속 집행을 방지하거나 후속위반의 포기로 간주되지 않는다."로 해석되며 해당 내용은 권리불포기조항(non-waiver clause)에 대한 설명이다.]

02 당사는 이번 겨울에 중학교 탁구 코치들을 위한 온라인 코칭 클리닉을 계획하였습니다.

가상훈련을 위해 당사는 등록된 모든 참가자에게 실시간 대화를 위하여 태블릿 PC를 제공하고자 합니다. 저는 제 동료와 함께 귀사의 태블릿 범위를 보여주는 카탈로그를 보았습니다. 당사는 한 번에 1,000세트 이상 주문하려고 합니다. 대량구매에 대해 이용 가능한 패키지 할인이 있나요? 저는 웹캠이 설치된 데스크탑을 15대 이상 주문할 경우 최저 가격을 알고 싶습니다.

해당 서신의 목적에 대하여 묻는 문제로, ②번의 "견적요청서"가 가장 적합하다.

- Purchase Order : 구매주문서
- Firm Offer : 확정청약
- Request for Proposal : 제안요청서

03 UCP600에서 규정하고 있는 정의로 잘못 설명한 것을 고르는 문제로 UCP600 제2조에서 "Honour means to incur a deferred payment undertaking and pay at maturity if the credit is available by deferred payment."로 규정하고 있다. "지급이행은 신용장이 연지급에 의하여 사용될 수 있는 경우 연지급 확약의무를 부담하고 만기일에 지급하는 것."을 의미한다.

04 수익자가 그의 은행업무에 영향 없이 선적 전에 대금을 수령할 수 있도록 한 화환신용장은 "전대(선대)신용장"이다.

- Standby L/C : 보증신용장
- Revolving L/C : 회전신용장
- Back-to-back L/C : 동시개설신용장

05 160,000달러에 대한 화환신용장에서 2월, 3월, 4월 그리고 5월에 비료의 할부선적을 요구하고 있다. 각각의 선적은 약 500톤이 될 것이다. 선적은 다음과 같이 진행되었다.

a. 36,000달러 가치의 450톤을 2월 24일에 선적하였음.
b. 44,000달러 가치의 550톤을 4월 12일에 선적하였음.
c. 36,800달러 가치의 460톤을 4월 30일에 선적하였음.
d. 44,000달러 가치의 550톤을 6월 4일에 선적하였음.

UCP600하에서, 다음의 어떤 선적이 서류 제시 시 지급될 것인지 묻는 문제로 할부선적의 경우 지정된 기간 내에 일정한 할부 선적분을 반드시 이행하여야 되며, 만약 어떠한 할부분이 그 할부분을 위하여 허용된 기간 내에 선적되지 아니한 경우에는, 그 할부분과 그 이후의 모든 할부분에 대하여 효력을 상실하게 된다. 즉, a의 2월 선적분은 유효하나 신용장에서 3, 4, 5월에 할부선적하기로 되어 있기 때문에 b의 경우 3월에 선적되어야 하나 4월에 선적되었으므로 b, c, d는 모두 효력을 상실하게 된다.

06 [선하증권에 대한 설명으로 잘못된 것을 고르는 문제로, ①번의 "기명식 선하증권은 유통증권이다."는 잘못된 내용이다. 기명식 선하증권의 경우 수하인란에 특정인이 기재된 선하증권으로 양도가 불가능하다.]

- order B/L : 지시식 선하증권
- negotiable : 유통 가능한, 양도 가능한

07

> 보험료는 담보위험으로부터 손실이 일어난 경우 보험자가 피보험자에게 보상하는 데 동의하는 대가로 (피보험자)가 (보험자)에게 지급하는 대가 또는 (약인)을 의미한다. 보험자는 보험료가 지급될 때까지 (보험증권)을 발행할 의무가 없다.

상기 내용을 참고한다.

- consideration : 약인
- assured: 피보험자
- insurer : 보험자
- certificate : 증명서
- indemnify : 보상하다

08

> 항해용선계약에서 선박의 용선자가 화물을 적재하고 양하는 비용을 지불할 것을 합의하는 용선조건

용선계약에서 용선자가 화물을 선박에 적재하고 양하하는 비용을 지불하는 조건은 FIO이다.

- F.I (Free In) : 적적비용은 용선자가 부담하고, 양하비용은 선주가 부담
- F.O (Free Out) : 선적비용은 선주가 부담하고, 양하비용은 용선자가 부담
- F.I.O.S.T(Free In, Free Out, Stowed, Trimmed) : 선적, 양륙, 본선 내의 적부, 선창 내 화물정리비 모두 용선자가 부담

09

> 수익자는 물품을 본선에 적재한 후 유효기일 내에 매입은행에 화환어음을 제시하기 위하여 일반적으로 (선적서류를 준비하고 매입을 위해 어음을 발행한다.)

신용장 거래에서 수익자는 물품을 선적 후 수출국에 소재한 매입은행에게 선적서류 및 어음을 발행하면 매입은행은 환가료 등을 공제 후 수출대금을 지급한다.

10

> 선적서류는 기한부환어음이 인수되면 제시은행에 의하여 수하인에게 양도된다. 물품의 소유권을 획득한 수하인은 실제 지급기한이 도래하기 전에 해당 물품을 처분할 수 있다.

해당 내용은 D/A (인수인도조건)에 대한 설명이다. 인수인도 조건은 수출상이 물품선적 후 수입상을 지급인으로 하는 기한부환어음을 발행하고, 운송서류가 은행을 통하여 수입상에게 제시되었을 때 어음의 인수가 있는 경우 운송서류를 인도하는 방법이며, 수입상은 어음의 만기일에 대금을 지급하는 방식이다.

- D/P : 지급인도조건
- Collection : 추심

11

> (A)거래는 지급일이 되기 전에 물품을 선적하고 인도하는 거래이다. 이 조건은 현금흐름과 비용측면에서 수입자에게 가장 유리하지만 결과적으로 수출자에게 가장 위험한 조건이다.
>
> 그러나 수출자는 수출신용보험과 같은 하나 이상의 적절한 무역금융수단을 사용하여 지급불능의 위험을 실질적으로 감소시킬 수 있는 경쟁력 있는 (A)조건을 제공할 수 있다.

"청산결제방식(Open account)"에 대한 설명이다.

- Telegraphic transfer (T/T) : 전신환송금방식
- Cash with order(CWO) : 주문불지급방식
- Letter of credit (L/C) : 신용장거래

12

> A. 바쁘신와중에도 시간을 내어 당사의 제품과 서비스가 귀사의 기대에 미치지 못한 점에 대해 당사에게 서신을 보내주시고 불만을 표해 주셔서 감사합니다.
>
> B. 당사는 귀사에게 이메일을 보냈다는 것을 확인하기 위함입니다. 당사는 귀사가 약속하신 대로 다음주에 당사의 탁송품을 받을 수 있기를 바랍니다.
>
> C. 그러나 당사는 귀사가 요청하신 대로 반품이나 환불을 해드릴 수가 없습니다. 이는 당사의 회사 정책이기 때문입니다. 당사는 구입 후 2주 이내에 불만사항이 접수된 주문에 대해서만 환불을 해드리고 있습니다.
>
> D. Skynet Express Delivery 서비스를 이용하여 제때에 귀사의 주문을 배송하기 위해 노력했음에도 불구하고, 그러한 제품들의 배송을 위해 할당된 시간을 맞추지 못한 것은 매우 유감스러운 일입니다.

고객불만에 대한 답변으로 적절하지 않은 것을 찾는 문제로 ②번은 고객불만에 대한 답변내용과는 무관하다.

- grievance : 불만, 불만사항
- expectation : 기대
- consignment : 탁송품, 배송물

13

> 당사는 이번주 말까지 귀사에게 (대체품)을 보낼 수 있을 것으로 (확신)합니다. 당사는 그러한 불미스러운 일이 (반복)되지 않도록 당사의 힘이 닿는 데까지 (모든 노력을 다할 것입니다.)

상기 해석 내용을 참고한다.

- convince: 납득시키다, 확신시키다
- confident : 자신감 있는, 확신하는
- do everything in : 모든 노력을 다할 것이다, 무엇이든지 돕겠습니다
- repeated : 반복되는

14

> Lee : 여보세요. 미스터 정씨. 잭 리입니다.
>
> Jung : 여보세요. 미스터 리씨. 저는 SRG Electronics에 소속되어 있습니다. 그리고 저는 당사의 전자부품라인에 대해서 당신에게 말씀드리고 싶었습니다.
>
> Lee : 네, SRG에 대해서 들어본 적 있습니다. 한국에서는 어떻습니까?
>
> Jung : 좋습니다. 감사합니다. 사실상 최근에 당사의 부품에 대한 많은 수요에 따라 당사는 매우 바빴습니다.
>
> Lee : 그 말을 듣게 되어 기쁩니다. 저는 귀사의 가격에 관심이 있습니다.
>
> Jung : 저는 다음주에 샌프란시스코에 있을 예정이고 당신이 함께할 시간이 있는지 궁금합니다.
>
> Lee : 이곳에 언제 오시는데요?
>
> Jung : 다음주 수요일과 목요일이요. 당신의 스케줄은 어떻게 되시죠?
>
> Lee : 음... 제 일정을 확인해 보겠습니다. 보자, 저는 수요일 아침에 회의가 있습니다. 수요일 오후 2시쯤 어떠신지요?
>
> Jung : 괜찮습니다.

다음의 담화에 따라 옳지 않은 것을 선택하는 문제로 ④번의 경우 "SRG Electronics는 고객이 거의 없다."로 해석되며 이는 틀린 내용이다. 대화 내용에서는 SRG Electronics 사는 수요가 증가하여 매우 바빴다라고 대답하고 있다.

15

> 국제무역에서 *수출신용보험사*는 때때로 은행과 수출자 사이의 다리 역할을 한다. 금융분야가 아직 개발되지 않은 개발도상국에서는 정부가 종종 수출신용보험사의 역할을 맡는 경우가 있다.

해당 내용은 K-Sure(한국무역보험공사)에 대한 설명이다.

- Korea International Trade Association : 한국무역협회
- Kotra : 대한무역투자진흥공사
- Korcham : 대한상공회의소

16

> 수익자가 발행한 일람불환어음의 매입에 의한 지급에 대해 어느 은행에서나 이용 가능한 신용장. 이 신용장은 UCP600의 적용을 받는다.

해당 내용은 취소불능자유매입신용장(Irrevocabl Open)에 대한 설명이다. UCP600은 취소불능 신용장을 대상으로 한다.

- Irrevocable Special : 취소불능매입제한신용장
- negotiation : 매입

17 클레임 서신에 대한 답변으로 적절하지 않은 것을 찾는 문제로 ②번은 "조선호에 선적된 당사의 주문 10번에 대한 TV 10세트가 이곳에 도착했지만, 당사는 10번 카툰에 있는 여섯 대가 당사의 주문 명세의 품질과 다르다는 것을 알리게 되어 대단히 유감스럽습니다."란 뜻으로 이는 수입자의 클레임에 대한 답변이 아닌 수입자가 클레임을 제기하는 내용이다.

- m/s (motor ship) : 디젤기관 등 내연기관을 가진 선박을 말하며, 일반적으로 M/S "Chosun"처럼 사용한다.
- immensely : 대단히

18

> 루리은행에 의하여 발행된 신용장하에 제시된 서류들은 완전히 일치하였다. 개설의뢰인은 대금을 이미 그의 은행에 지급하였고 개설은행은 매입은행에게 지급하였다. 며칠 후 개설의뢰인은 물품의 품질이 좋지 않다는 것을 알게 되었다. 그는 개설은행에 가서 지급된 금액을 환불해 달라고 요청하였다.

해당 상황에 관련된 것으로 옳은 것을 찾는 문제로, 답은 ④ "루리은행은 대금을 반환할 의무가 없다."가 맞는 내용이다. 신용장 거래의 경우 서류거래 원칙에 따라 개설은행은 계약이행 여부를 신용장 조건에 기재된 대로 서류가 일치하는지 여부를 심사하여 대금을 지급할 의무가 있다. 상기 내용에서는 수출자가 신용장 조건에 일치된 서류를 제시하였고 이에 따라 개설은행이 대금을 지급하였기 때문에 개설의뢰인인 수입자가 대금을 반환할 의무는 없다.

19

> 상업송장 :
>
> A. 수익자에 의하여 발행된 것으로 보여야 한다.
>
> B. 개설의뢰인 앞으로 작성되어야 한다.
>
> C. 신용장과 다른 통화로 작성되어야 한다.
>
> D. 수익자는 서명하지 않았다.

UCP600하에서 불일치로 간주되는 것을 고르는 문제로, 답은 ③번이다. UCP600 제18조에서는 a항에서는 "신용장과 동일한 통화로 작성되어야 한다"로 규정하고 있다.

[20~21]

> 당사의 제품거래를 위하여 당사에 계좌를 개설해 주시는 건에 대한 귀사의 서신에 감사드립니다. 동봉해드린 양식에 3년 동안의 *재무정보*를 기입 부탁드리며 2개 이상의 은행신용조회처뿐만 아니라 동업자신용조회처를 당사에 제공해 주시기 바랍니다.
>
> 물론 모든 정보는 엄격히 비밀로 지켜질 것입니다. 귀사의 협조에 대단히 감사합니다.

20 해당 서신을 누가 작성한 것인지 묻는 문제로, 매도인의 제품을 구매하기 위한 매수인의 서신에 대하여 작성한 것으로 답은 ②번이다.

21 재무정보에 포함되지 않는 것을 고르는 문제로 ④번의 환어음은 무역거래의 지급수단으로 수출자가 물품에 대한 대금을 지급받기 위하여 발행하는 것이기 때문에 재무정보에 해당되지 않는다.
- cash flow : 현금흐름
- profit and loss account : 손익계정
- balance sheet : 대차대조표

[22~23]

> 당사는 앞으로 몇 달 안에 귀사에게 대량주문을 할 예정입니다. 귀사도 아시다시피 지난 2년 동안 당사는 귀사에게 많은 주문을 해왔고 *즉시 결제*를 하였기 때문에 귀사에 대한 당사의 평판이 확고해졌기를 바랍니다.
> 그럼에도 불구하고, 필요하시다면 당사는 신용조회처를 제공할 용의가 있습니다.
> 가능하다면 분기별 명세서에 대한 지급을 매 3개월마다 한 번씩 다음 계정을 결산하고 싶습니다.

22 즉시결제와 유사하지 않은 것을 고르는 문제로, "debited per schedule"의 경우 정해진 일자에 따라 대금이 지급된다는 의미이다.

23 상기 내용으로부터 유추할 수 있는 것을 고르는 문제로, ④번의 "매도인이 요청을 수락할 경우 분기별 결제를 위하여 인보이스를 보낼 것이다."가 맞는 내용이다.

24
> (A) 미국에 소재한 당사 제조업체로부터 예상된 가격 인상 때문에 당사도 2020년 5월 6일부터 당사의 모든 수입 신발의 가격을 4% (B) 올리는 것 외에는 다른 방법이 없음을 알려드리게 되어 유감입니다.
> 그러나 (C) 이 날짜 이전에 접수된 주문은 현재가격으로 청구될 것입니다. (D) 당사는 가격인상이 필요한 점에 대하여 대단히 유감스럽게 생각하고 있습니다. 그러나 당사는 이러한 인상이 당사의 통제력을 벗어난 일임을 귀사가 이해해 주실거라 알고 있습니다.

다음 밑줄 친 부분에서 어색한 것을 찾는 문제로, 문맥상 "미국에 소재한 당사 제조업체로부터 예상된 가격 인상 때문에"는 어색하다. 예상된 가격인상이 아닌 "예상하지 못한 가격인상(unexpected price increase)"이 문맥상 자연스럽다.

25
> 선주상호보험은 해상보험으로 다음을 담보하는 보험이다.

선주상호보험에서 담보하고 있는 것을 고르는 문제로, ③번의 "선박에 의한 제3자의 손해에 대한 해상 법적 책임"을 담보한다. 선주상호보험(P&I)은 선박 운항 시 발생한 해난 사고로 인해 제3자가 입은 피해에 대한 선주의 배상책임을 선주 상호 간 보장해 주는 보험으로 기름 유출 등 피해가 발생하여 제3자에게 보상해야 하는 경우 선주들끼리 보상액을 나누어 보상하는 보험이다.

SECTION 2   영작문

26
> 귀사의 지리적 범위가 커질수록 이 조항은 더욱 중요해질 것이다. 예를 들어, 귀사가 국내업체와 100% 독점적으로 거래하는 소규모 국내업체라면 귀사는 고객에게 어떠한 법이 적용되는지 알려주는 조항이 실제로 필요하지 않을 수 있다. 모든 사람들은 해당 법이 무엇이든 간에 소규모 국내업체가 소재하고 있는 그 국가에 명시된 것이라고 생각할 것이다.
>
> 이제, 전 세계의 많은 국가에 있는 고객과 사무실이 있는 대기업을 생각해보자. 만약, 한국에 있는 고객이 제품에 대한 문제로 소송을 제기하고 싶다면, 한국법이 적용될까? 아니면 다른 어떠한 국가의 법이 적용될까? 아니면, 귀사가 유럽고객이 있는 미국기업이라면 어떻게 할 것인가? 두 경우 모두 (준거법) 조항이 어떠한 법에 적용될지 분명히 해줌으로써 양사가 국제변호사를 고용하지 않도록 할 수 있다.

빈칸에 들어가기 적절하지 않은 단어를 고르는 문제로 해당 내용은 "준거법 조항"에 대한 것으로 답은 ①번이다.
- controlling law : 분쟁 해결에 의존하게 될 국가의 법을 말한다. 또한 두 당사자 간의 공식 협정에 규정 중 하나로 명시된다. 이 용어는 동일한 주에 거주하지 않는 두 당사자 간의 계약에 가장 자주 사용된다. 그러한 경우, 청구당사자는 대개 계약과 관련된 소송이 반드시 청구당사자의 본국 법률에 따라 이루어져야 한다는 주장을 하는 조항을 포함한다.

[27~28]

> 가장 일반적으로 유통할 수 있는 서류는 선하증권이다. 선하증권은 선사가 화주에게 주는 인수증이다. 선하증권은 지정된 항구에서 물품을 수취할 사람을 명시한 권리증권으로 제공한다. 기명식 선하증권은 매도인이 물품을 매수인에게 직접 보낸다. 이러한 종류의 선하증권은 신용장거래에서는 바람직하지 않으며, (   ). 지시식 선하증권에서 화주는 물품을 은행에 보낸다. 이 방식은 신용장 거래에서 선호된다. 은행은 매수인이 서류에 대한 대금을 지급할 때까지 물품을 통제할 수 있다.

27 기명식 선하증권은 ①번의 "유통불능선하증권(non-negotiable bill of lading)"이다.
- negotiable bill of lading : 유통가능선하증권
- foul bill of lading : 사고부선하증권
- order bill of lading : 지시식선하증권

28 빈칸에 들어가기 적절한 것을 찾는 문제로 ①번의 "이것은 매수인에게 물품을 직접 소유할 수 있게 허용하기 때문이다"가 가장 적절하다.

29 ②번의 경우 "만약 귀사가 5월 12일까지 주문을 받으면 귀사는 특별할인을 받을 수 있다"는 내용으로 맞지 않은 문장이다. 주문을 받는 것은 매도인측에서 하는 행위로 문맥상 맞지 않다.

30
> 법원 내 소송과 비교하여, 중재는 신속한 결정과 비용절감, 전문 중재인의 지정 그리고 (   )의 장점이 있다.

중재는 ①번의 "판정의 국제적인 효력"에 대한 이점이 있다.
- mandatory : 의무적인
- government : 정부

31
> 해상보험의 종류는 다음과 같이 구분할 수 있다.
> (항해보험)은 선박에 의하여 운송하는 해상화물에 특화되어 있으며 선박 항해자의 소유물에도 제공한다.
> (선체보험)은 어떠한 사고가 발생할 경우 선박의 손실을 방지하기 위하여 대부분 선주가 가입하는 것이 일반적이다.
> (책임보험)은 선박이 충돌하여 발생하는 책임과 어떠한 기타 유발된 공격에 의해 발생한 책임에 대해 보상을 요구하는 경우 대비를 위한 것이다.
> (운임보험)은 선박과의 사고로 화물이 유실될 경우 운임형태의 금전 손실이 발생할 가능성이 있는 상선사에 보상을 제공하는 보험이다.

빈칸에 적절하지 않은 것은 ①번으로 항해보험은 "특정 항해구간을 정하여 이를 보험기간으로 할 때 항해보험이라 한다." A의 경우 항해보험이 아닌 적하보험(cargo insurance)이다.

32
> 2020년 2월 23일 귀사의 주문에 감사드립니다. 귀사의 주문번호 3634가 (B) 2020년 3월 10일 부산으로 출항하여 (C) 2020년 4월 3일에 제노바에 도착하는 (A) 벤추라호에 선적되었음을 알려드리게 되어 기쁘게 생각합니다. 귀사의 지시에 따라 (D) 주의깊게 포장하였으며 모든 물품이 양호한 상태로 도착할 것입니다.

leave for의 경우 "~로 떠나다"란 뜻으로 올바르게 오기 위해서는 "leaving"이 와야 한다.
- leave : (장소에서) 떠나다, 출발하다

33
> (A) 공동해손정산인은 특히 선체와 선체 이익과 관련하여 해상보험의 손실을 정산하는 전문가이다. (B) 그는 특히 모든 분손의 정산에 관해 관련이 있다. (C) 그는 일반적으로 정산이 제기된 데 책임이 있는 선주에게 공동해손을 정산하기 위하여 임명된다. (D) 그의 청구와 비용은 정산의 일부를 구성한다.

공동해손정산인은 모든분손의 정산에 관련있는 것이 아니고, 모든 "공동해손(General Average)"의 정산에 관련이 있다.

34
> (A) 해상화물운송장은 운송계약에 의한 추정적인 증거로서 제공되는 해상운송을 위한 운송서류이며, (B) 운송 중인 물품의 인수증이자 권리증권이다. (C) 물품을 인도받기 위해서 해상화물운송장의 제시가 요구되지 않는다. (D) 일반적으로 수취인은 오직 본인 확인만 요구되며 그렇게 하면 목적항에서 신속하게 처리될 수 있다.

해상화물운송장은 물품의 인수증이자 운송계약의 증빙서류이지만 권리증권은 아니다. 즉, 화물에 대한 청구권을 갖는 유가증권이 아니며 양도될 수가 없다.

35
> (C) 계약의 위반에 대해, 계약과 관련하여 또는 (B) 계약에 벗어난 것과 관련하여 당사자 간에 (A) 발생하는 모든 분쟁, 논쟁 또는 이견은 (D) 서울에서 중재로 최종적으로 해결되어야 한다.

문법적으로 올바르지 않은 것을 찾는 문제로 (A)의 경우 당사자 간에 "발생하는(arise)"이 문맥상 정확하다.
- raise : (무엇을 위로) 들어올리다
- arise : 발생하다

36 ①번의 경우 문맥상 "We would like to apologize for our late reply to you"가 맞는 답이다.

37 "20달러 더 낮출 수 있을 것 같네요"의 경우 "the price by $20"가 올바른 표현이다.

38 "armchairs ordering"이 아닌 "armchairs ordered"가 올바른 표현이다.

39 (상계관세)는 다른나라로 수출되는 물품에 대하여 수출국 정부에 의해 제공되는 보조금의 효과를 상쇄하기 위하여 평가된 세금이다.

"상계관세(Countervailing duties)"에 대한 설명으로 상계관세는 국내산업에 실질적으로 손실을 입혀왔거나 손실을 야기할 수 있는 물품을 국내로 수출하는데 보조금 또는 장려금을 지급한 경우, 이를 상계하기 위해 정상 관세에 추가하여 부과되는 관세이다.

- Retaliatory duties : 보복관세
- Anti-dumping duties : 덤핑방지관세

[40~41]

귀사의 주문의 인도지연에 대하여 이전에 당사가 서신을 작성하였듯이, 상황은 여전히 그대로이고 파업은 계속되고 있습니다. 당사는 이런 일이 발생된 것에 대해 사과드리지만, 이것은 당사의 손을 벗어난 일이기 때문에 당사가 (   ) 할 수 있는 일이 많지 않습니다.
당사는 다시 한번 인도지연에 대해 사과드리고 유감스럽게 생각합니다.

40 상기 서신은 노조파업인 불가항력(force majeure)적인 사유에 의해 인도지연된 상황에 대하여 해명하기 위해 작성되었다.

41 빈칸에 들어가기에 적절한 것을 고르는 문제로, ①번의 "rectify(바로잡다)"가 문맥상 가장 적합하다.

- rectify : (잘못된 것을) 바로잡다
- examine : 조사하다, 검토하다
- arrange : 정리하다, 처리하다
- file : 보관하다, 제기하다

[42~43]

(A)귀사는 상기 선적물에 대한 선하증권을 발행한 사실이 있으므로, 상기 화물이 상기 양하항에 도착하였으므로, 당행은 귀사가 언급된 화물을 상기 당사자에게 원본 선하증권 제시 없이, 인도해 주길 요청합니다.
당행의 상기와 같은 요청을 귀사가 따를 것을 고려하여, 당행은 다음과 같이 보상할 것을 합의합니다.
당행의 요청에 따라 화물을 인도하는 것을 이유로 귀사가 부담할 수 있는 비용은 하기에 서명하는 은행이 운송계약과 관련하여 운임, 체선료 또는 비용에 대한 책임에서 면제되는 경우에 한해 제공됩니다.
상기 화물에 해당하는 선하증권의 원본이 당행에 수취되는 즉시 당행은 귀사에게 (B)원본선하증권을 넘겨줄 것이며, 이에 따라 당행의 책임은 종료됩니다.

42 A와 B에 어울리는 것을 찾는 문제로 A는 운송인(carrier), B는 선하증권(Bill of Lading)"을 의미한다.

- Letter of Guarantee : 수입화물선취보증서

43 "indemnify"보상하다와 가장 유사한 것을 찾는 문제로 답은 ②번의 "reimburse(배상하다)"이다.

- register : 등록하다, 신고하다
- recourse : 청구하다
- surrender : 넘겨주다

[44~45]

백지식배서는 선하증권이 (C) 지시식 또는 화주 지시식으로 작성되었을 때 특정인을 (B) 명시한 선하증권의 뒷면에 (A) 배서인이 서명하는 행위이다. 이렇게 된 선하증권은 소지인식 증권이 되고 (D) 소지인은 화물을 인도받기 위해 선사에 그것을 제시할 수 있다.

44 [백지식 배서에 대하여 잘못 설명하고 있는 것은 (B)이다. (B)의 경우 without이 되어야 한다. 백지식배서는 선하증권에 특정인을 명시하지 않고 선하증권의 뒷면에 배서인이 서명을 하여 선하증권을 소지하거나 양도하게 된다.]

45 소지인에 대하여 올바른 것을 고르는 문제로 ①번의 "소지인은 선하증권을 소유하거나 보유한 어떤 사람이다."가 맞는 답이다.

- endorse : 배서하다
- assignment : 양도

[46~47]

전위험 담보는 보험에 의하여 담보되는 조건을 표시하기 위한 보험용어이다.
(A) 이것은 언제나 각각의 모든 손실을 보험에서 담보하는 것으로 해석된다. 적하보험에서, 이 용어는 운송 중에 발생하는 (　　　　)와 같은 우연한 손실에 대한 모든 것을 포함하며, (B) 이 용어는 많은 면책위험도 포함한다.

다시 말해서, 전위험담보 보험은 (C) 보험계약에서 담보로부터 특별히 제외되지 않는 한 모든 위험을 담보하는 재산 또는 손해보험의 일종이다. 즉, (D) 위험이 면책으로 나열되지 않는 한, 해당 위험은 담보된다.

46 [전위험 담보 보험에 대하여 설명한 것으로 적절하지 않은 것을 찾는 문제로, 답은 ①번이다. 전위험 담보조건은 각각의 명시된 모든 위험에 대하여 담보하는 것이 아닌 면책되는 것으로 명시된 위험을 제외한 모든 위험에 대하여 담보하게 되는 것이다.]

47 [빈칸에 적절하지 않은 것을 고르는 문제로 ①번의 "inherent vice(고유의 하자)"는 물품이 고유의 성질로 인한 손해로 특약이 없는 한 보험자에게 면책된다.]
- earthquake : 지진
- jettison : 투하

[48~49]

다른 결제형태와 비교했을 때, 화환신용장 거래에서 은행의 역할은 상당하다.
은행은 중개인의 역할을 함으로써 무역거래에서 양당사자를 위한 추가적인 안전을 제공한다. 은행은 만약 수익자가 지정은행을 통하여 개설은행에게 필요한 서류를 제시할 경우 그가 대금지급을 받을 것이라고 보증한다.
은행은 또한 매수인에게 (　　　　)와 같은 선적서류를 제시하지 않는 한 대금지급을 하지 않을 것을 보증한다.

48 [신용장하에서 지정은행은 일반적으로 어떻게 표시되는지 묻는 문제로 답은 ①번이다.]
- compared to : ∧와 비교하어
- assure : 보증하다
- shipping documents : 선적서류

49 [빈칸에 적절하지 않은 것을 찾는 문제로 ②번은 "환어음"으로 선적서류가 아닌 지급수단이다.]
- inspection certificate : 검사증명서

50

신용장은 어떠한 중간거래은행과는 상관없이 개설은행과 (A) 간의 계약임을 명심해야 한다.
그러므로 신용장에 명시된 바와 같이 개설은행과 다른 제시 장소와 관계없이, 수익자는 자유롭게 개설은행에게 (B) 제시할 수 있으며 개설은행은 만약 제시가 일치하는 경우 지급을 해야 할 의무가 있다.

빈칸에 적절한 단어를 고르는 문제로, (A)의 경우 beneficiary(수익자), (B)는 direct(직접)이 가장 적절하다.
- compliant : 부응하는, 일치하는
- regardless : 상관없이

SECTION 3　**무역실무**
---

51 CISG의 경우 생산된 물품의 매매 계약에 적용된다. CISG 제2조에서는 협약의 적용제외대상에 대하여 규정하고 있다.
- sales of goods bought for personal, family and household use : 개인용, 가족용 또는 가사용으로 구입되는 물품의 매매
- sales by auction : 경매의 의한 매매
- sales of ships, vessels, hovercraft or aircraft : 선박, 부선, 수상익선 또는 항공기에 의한 매매

52 노하우는 영업비밀에 속하는 것으로서 주로 기술적인 정보로서 경제적인 가치가 높은 정보를 제공하는 것을 말한다. 노하우 이전은 특허권 라이센싱과 달리 독점성, 배타성이 없으므로 기술보호측면에서 비밀유지가 중요하다. 존속기간은 특허권은 특허권리기간 동안이지만, 노하우는 비밀이 유지될 때까지 영구적이다.

53 매도인은 물품이 제3국을 통과할 때에는 수입관세를 납부하거나 수입통관절차를 수행할 의무가 없다.

54 관세법상 "내국물품"에 대한 정의는 다음과 같다.
① 우리나라에 있는 물품으로서 외국물품이 아닌 것
② 우리나라의 선박 등에 의하여 공해(외국의 영해가 아닌 경제수역을 포함)에서 채집 또는 포획된 수산물 등
③ 입항 전 수입신고가 수리된 물품
④ 수입신고수리 전 반출승인을 얻은 물품
⑤ 수입신고 전 즉시반출신고를 하고 반출된 물품

55 수익자의 지시식으로 발행되고 송장금액에 10%을 더한 백지배서된 보험증권 2부

수익자의 지시식으로 발행되어야 하기 때문에 수출자인 (주)Haiyang의 백지배서가 필요하다.

56 [UCP600 제38조에서는 "양도은행은 신용장을 양도하는 지정은행 또는, 모든 은행에서 사용될 수 있는 신용장에 있어서, 발행은행에 의하여 양도하도록 특별히 수권되고 그 신용장을 양도하는 은행을 말한다."고 규정하고 있다. 즉, 개설은행이 아닌 양도은행이 신용장상에 지급, 인수 또는 매입을 하도록 수권받은 은행인지 여부를 확인하여야 한다.]

57 수입화물대도(T/R)는 "수입업자는 일람출급신용장하에서 선적서류가 개설은행에 도착하면 대금을 결제하고 선적서류를 수령하여야 하지만, 결제자금이 부족한 경우 개설은행이 수입업자 대신 대금결제 후 수입화물의 소유권을 유보한 상태로 수입업자에게 선적서류를 인도하고, 추후에 판매대금으로 수입대금을 결제하도록 하는 제도를 말한다.

58 "품목무차별운임(freight all kinds rate)"에 대한 설명이다.
- ad valorem freight : 종가운임
- minimum all kinds rate : 최저운임
- revenue ton : 운임톤

59 품질조건, 수량조건, 결제조건은 매매당사자 간 무역계약 체결 시 합의하는 기본조건이며, 중재조건은 계약체결 후 당사자 간 일방이 계약 위반 시 분쟁을 해결하는 조건 중 하나이다.

60 [은행에 추심업무를 위탁하는 자는 지급인이 아닌 환어음을 발행하여 선적서류를 첨부하여 은행을 통해 추심을 의뢰하는 수출자인 추심의뢰인(Principal)이다.]
- 지급인(Drawee) : 추심지시서에 따라 제시은행으로부터 지급·인수를 위한 제시를 받고 만기일에 대금을 지급하는 자(수입자)

61 수입화물선취보증서(L/G)란 수입상과 개설은행이 연대보증한 보증서로서 수입물품은 도착하였으나 선적서류가 도착하지 않은 경우, 선박회사에 선하증권의 원본 대신 제출하여 물품을 미리 인도받을 수 있는 보증서를 말한다. 즉, 전자선하증권이 사용될 경우 사용이 감소될 것이다.

62 선하증권은 운송계약의 추정적 증거가 되며 권리증권이지만 운송계약서 자체가 아니다.

63 항해용선계약이란 한 항구에서 다른 항구까지의 일항차 또는 수개항차에 걸쳐 물품운송을 의뢰하는 용선주와 선박회사 사이에 체결하는 용선계약으로, 선주가 용선자에게 선원이 승무하고 항해장비를 갖춘 선박을 제공하여 항해에 사용하게 하고, 이에 대한 대가로써 용선료를 지급할 것을 약정하는 계약을 말한다. 항해용선계약상 약정된 정박기간을 전부 사용할 수 있도록 하역작업을 수행할 경우 정박기간을 초과하게 되어 체선료를 납부할 수 있으므로 정박기간 내에 하역작업을 수행하는 것이 좋다.

64 피보험이익은 보험계약 체결 시가는 "손해발생 시"에 반드시 존재하여야 된다.

65 청약의 효력소멸 사유로는 청약의 철회, 승낙, 청약의 취소, 청약의 거절, 유효기간의 경과, 당사자의 사망, 후발적 위법이 있다.

66 Sub-con Offer(최종확인조건부청약)는 피청약자가 offer를 승낙하면 offer발행자의 재고, 선적기한 등을 재검토하여 확인해 주게 되고 계약이 성립한다. 사실상 피청약자의 승낙이 offer에 해당하고 청약자의 확인이 승낙이 되기 때문에 청약의 유인에 해당된다.

67 추정전손의 경우 위부통지가 필요하나, 현실전손의 경우 위부통지가 필요없다.

68 [물품명세확정권은 매도인의 권리구제 중 하나로 계약상 매수인이 합의된 기일 내에 물품의 명세를 확정하지 아니한 때에는 매도인이 물품명세를 확정할 수 있다.]

69 무역거래 당사자 일방은 중재판정이 내려지기 전에 긴급한 사유가 있다고 판단되는 경우 중재판정부에 임시적 처분을 요구할 수 있으며, 해당 임시적 처분에는 부채에 대한 보전방법은 제공하지 않는다.

70 F조건의 경우 선적지 인도조건으로 FOB조건은 선적항에서 매도인의 물품인도의무가 완료되며, 본석에 적재할 때가 위험 및 비용의 분기점이 된다.

71 중재계약은 계약자유의 원칙이 적용되어 당사자 간 합의에 따라 결정할 수 있다. 중재계약은 직소금지의 효력, 국제적 효력, 재산 보전처분권의 효력을 가지고 있다.

72 apparent authority(표현대리)에 대한 설명이다.

73 신용장은 신용장조건에 일치하는지 여부를 점검하여야 한다. 신용장의 독립성(independence)이란, 신용장과 매매당사자 간의 근거계약이나 기타거래와는 별개의 독립된 거래로 간주한다는 원칙이며, 이에 따라 매매계약의 내용과 불일치한 조건이 있는지의 여부는 신용장 조건의 점검 대상이 될 수 없다.

74 전자무역은 기업과 기업 사이에 이루어지는 전자무역으로 B2B(Business to Business)에 해당한다.

75
> 판매된 모든 물품은 각 계약에서 정한 기한 내에 선적되어야 한다. 선하증권의 일자는 선적일의 결정적인 증거가 된다. 특별히 합의되지 않는 한, 선적항은 매도인의 선택에 따라야 한다.

②번의 "선적조건"에 대한 내용이다.

1	2	3	4	5	6	7	8	9	10
④	①	②	①	①	④	①	③	①	①
11	12	13	14	15	16	17	18	19	20
②	④	③	①	④	①	②	④	③	①
21	22	23	24	25	26	27	28	29	30
④	②	②	②	③	②	①	①	①	①
31	32	33	34	35	36	37	38	39	40
②	③	③	④	③	④	②	④	③	②
41	42	43	44	45	46	47	48	49	50
③	①	③	①	④	①	④	②	③	①
51	52	53	54	55	56	57	58	59	60
④	④	②	①	③	④	③	④	②	④
61	62	63	64	65	66	67	68	69	70
④	④	④	④	③	④	③	④	①	④
71	72	73	74	75					
②	④	③	③	④					

SECTION 1 영문해석

01
> 무역금융은 일반적으로 자가변제되는 수출금융을 말한다.

지문에서 추론할 수 있는 것이 무엇인지 찾는 문제로 답은 ④번이다. "모든 수출금액은 회수되어 대출금 상환에 사용된다. 나머지 남은 금액은 수출자의 계좌로 입금된다."로 해석되며 해당 내용이 자기 변제에 해당되는 내용이다. 은행은 수출금액에서 대출금을 공제한 후 남은 금액을 수출자의 계좌에 입금한다.

• self-liquidating : 자기 변제(회수)적인, 차입금을 변제할 수 있는
• remainder : 나머지, 남은 금액

02
> (A) 대리인이 추가 수수료(지급보증수수료라고 불리운다.)를 받고 물품의 위탁판매를 할 때 (B) 구매자의 지급불능과 계약이행을 보증하는 계약이다. 그러한 대리인을 지급보증대리인이라고 한다. (C) 그는 오직 구매자가 불이행한 경우에만 매도인에게 책임을 지는 단순한 보증인이다. (D) 대리인은 제3자에게 보증을 한 결과에 따라 매도인에게 손해를 입힌 경우 손해보상을 할 의무가 있다.

지급보증대리인에 대한 내용으로 일치하지 않는 것을 찾는 문제이다. 지급보증대리인이란 대리인의 거래선인 고

객이 채무불이행으로 대금지급을 하지 않는 경우 본인(매도인)이 입은 손해를 배상하는 대리인을 의미한다. 지급보증계약은 대리인과 본인(매도인)이 체결하는 계약이므로 "An agreement by which a factor, when principal sells goods on consignment"가 되어야 한다.

[03~04]

당사는 귀사의 5월 25일 서신에 기재된 KAsia는 소규모이지만 잘 알려져 있고 평판이 매우 좋으며, (A) 그 회사는 5년 이상 이 지역에서 사업을 하고 있음을 알려드립니다. 당사는 그 회사와 (B) 5년 이상 분기별 청산결제방식으로 거래를 하고 있으며, 비록 (C) 그 회사는 현금 할인에 대한 이점을 받고 있지는 않지만, 항상 정해진 일자에 즉시 대금을 결제하고 있습니다. 당사가 그 회사에 대하여 허용하고 있는 신용은 (D) 귀사가 언급한 100,000USD보다 훨씬 이상입니다.

03 해당 서신의 작성자를 묻는 문제로 답은 ②번의 "신용조회처"이다.

04 문법적으로 잘못된 것을 고르는 문제로, firm의 경우 직접 설립하는 것이 아닌 설립되었다로 기재되어야 한다. 즉, 수동사는 be동사+과거분사로 되어야 하는데 문장에는 "has established"로 기재되어 있어 능동이다. 올바른 문장이 되기 위해서는 "has been established"가 되어야 한다.

05 에듀케어에 실린 당사의 광고에 대한 귀사의 서신에 감사드립니다.
비록 당사는 귀사가 견적하신 송장금액의 5% 수수료를 제안한 것에 대해 관심이 있지만, 당사가 지불하고자 하는 금액보다 더 높습니다. 그러나 귀사의 견적서에 있는 다른 조건들은 당사에게 적합합니다. 다시 한번 당사는 순 송장금액에 3% 이상의 금액을 지불할 의사는 없으며, 만약 귀사가 이 요율을 받아들일 의사가 있는 경우 당사는 8월 1일부터 효력이 있는 1년짜리 계약을 체결할 것입니다. 한 가지 더 추가하고자 하는 것은 거래량이 당사의 제안을 받아들일 만큼 있어야 합니다.

해당 내용에서 추론할 수 없는 것을 고르는 문제로 ①번의 경우 "피터는 대리인이다."라고 기재되어 있으나, 해당 서신을 작성한 피터는 대리인이 아닌 판매자이다.

06 매입은 (D) 상환이 지정은행에 행해져야 할 은행영업일에 또는 그 이전에 수익자에게 (C) 대금을 선급하거나 또는 선지급하기로 약정함으로써, (B) 일치하는 제시에 따른 (A) 환어음(지정은행이 아닌 은행을 지급인으로 하여 발행된) 및/또는 서류의 지정은행에 의한 구매를 말한다.

UCP600 제2조 "정의" 부분에서는 매입에 대하여 개설은행이 아닌 지정은행(the nominated bank)에 의한 구매를 말한다고 규정하고 있다.

07 선하증권에 대한 기능에서 소지자에 대하여 올바르게 설명하고 있는 것을 고르는 문제로 ①번의 경우 "소지인은 선하증권을 소유하거나 점유하는 어떠한 자이다."가 정확한 설명이다.

08 (A) 신용장이라 함은 (B) 그 명칭이나 기술에 관계없이 (C) 취소불능 또는 취소가능이며 (D) 일치하는 제시를 지급이행할 발행은행의 (C) 확약을 구성하는 (A) 모든 약정을 말한다.

UCP600 제2조에서 신용장에 대한 정의에 해당하는 내용으로 UCP600에서는 "취소불능(irrevo cable)" 신용장에 적용된다.

09 면책위험이란 피보험자의 (A 고의적인 불법행위), 지연, (B 자연소모), 고유의 하자, 해충 또는 담보위험에 의해서 (C 기인되지) 않은 손실로부터 발생하는 책임을 보험자에게 면제하는 위험을 말한다.

빈칸에 적절한 답을 찾는 문제로 답은 ①번이다.

- wilful misconduct : 고의적인 불법행위
- ordinary wear and tear : 자연소모
- vermin : 해충
- inherent vice : 고유의 하자

10 통상적으로 수입자가 선하증권을 획득하기 전에 선박회사로부터 물품을 인도받기 위해 수입자의 요청에 따라 개설은행에서 발행하는 서면진술서

해당 서류는 "수입화물선취보증서(Letter of Guarantee)"에 대한 설명이다.

- Bill of Exchange : 환어음
- Trust Receipt : 수입화물대도

11 팩터는 (A 매출채권) 매입을 통한 자금조달을 수행하는 은행 또는 전문 금융회사이다.

수출팩토링에서, 팩터는 수출자의 (B 장기) 외국환 매출채권을 일반적으로 (C 소구권 없이) 액면가액에서 할인된 금액으로 매입한다. 때로는 (D 공제계획이나 위험분담 없이) 외국인 구매자의 지급불능에 대하여 100%까지 지급보증을 제공합니다.

빈칸에 적절하지 않은 것을 찾는 문제로, 수출팩토링의 경우 팩터(factor)가 구매자에게 물품이나 용역을 제공함에 따라 발생하는 외상매출채권관련 신용위험의 인수, 전도금융의 제공, 회계처리업무 등을 대행하는 무신용장방식의 단기금융서비스이다. 즉, long–term이 아닌 short–term이 되어야 한다.

[12~13]

귀사의 5월 15일 통지서에 감사드립니다. 당사는 뉴질랜드에 있는 당사의 고객들에게 (A 선적)하였으며, 귀사가 요청한 (B 선적서류)와 귀사의 (C　　　)를 포함한 23,100 파운드의 환어음을 동봉합니다. (D 화환어음)을 지급해 주시고, 런던 W1A 1AA 옥스퍼드 가, 메인랜드 은행의 당사 계좌로 (E 금액)을 송금해 주시기 바랍니다.

12 빈칸 C의 경우에는 각종 수수료를 포함한 23,100파운드 금액에 해당하는 환어음을 동봉한다고 기재되어 있으므로, ④번의 "금액"이 빈칸에 들어가는 것은 적절하지 못하다.

· discount : 할인료

· commission : 수수료

13 빈칸에 들어가기에 적절한 것을 고르는 문제로 답은 ③번이다.

· dispatch : 발송

· clean draft : 보통환어음

14 (A) 귀사와 오랜세월을 거래해 왔기 때문에, 당사는 더나은 대우를 받을 자격이 있다고 생각합니다.

(B) 귀사의 경쟁사들은 당사의 신용거래를 받아들일 것이고, 당사는 장래의 거래처를 어디로든 이전할 것입니다.

(C) 당사는 어제 귀사의 신용부서에서 상기 송장에 대하여 첨부된 통명스런 서신을 받은 것에 대하여 불쾌하였습니다.

(D) 당사는 두 달 동안 이 비용에 대하여 논쟁해 왔습니다.

문장을 순서대로 나열한 것을 고르는 문제로, 문맥상 답은 ①번이다.

15 ④번의 경우 "모든 표시는 당사의 지시에 따라 송장의 표시와 같아야 합니다."의 내용으로 ④번은 당사의 지시에 따라 표시하라는 내용이고, ①번부터 ③번까지는 이미 물품이 포장된 후 배송된 후의 상황을 다룬 내용이다.

[16~19]

일치하는 제시에 대한 UCP600 정의는 신용장의 제 조건, 이 규칙 및 국제표준은행관행의 적용 가능한 규정에 따른 제시를 말한다.

이 정의는 세 가지 개념을 포함한다. 첫째, (A 서류제시는 신용장의 제 조건과 반드시 일치해야 한다.) 둘째, 서류의 제시는 UCP600이 적용 가능한 거래, 예를 들어 (B 신용장의 제 조건에 따라 변형되거나 제외되지 않은)에 포함된 규칙과 일치하여야 한다. 셋째, 서류의 제시는 국제표준은행관행과 반드시 일치하여야 한다. 첫 번째 두 조건은 화환신용장의 제 조건과 그 규칙을 살펴봄으로써 결정된다.

ⓐ 세 번째, 국제표준은행관행은 화환신용장의 사항을 반영하며, ⓑ 이 규칙은 오직 은행은 서류심사 및 서류준수의 결정만으로 지급을 확약한다는 과정만을 내포하고 있다는 사실을 반영한다. ⓒ 국제표준은행관행은 은행이 서류일치 여부를 판단할 때 정기적으로 수행하는 실무를 포함한다. ⓓ 이러한 관행의 대부분은 ICC 화환신용장하에서 서류심사를 위한 국제표준은행관행(ISBP)(ICC 출판물 번호 681번)에 포함되어 있다. 그러나 해당 관행은 본 출판물에 명시된 것보다 더 광범위하다. ISBP는 많은 은행 관행을 포함하고 있지만, 서류심사와 관련된 것을 넘어서 화환신용장 거래에 사용되는 다른 사항도 있다. 이러한 이유로(C 일치하는 제시의 정의는 국제표준은행관행물에만 특별히 언급된 것은 아니다.)

16 빈칸 (A)에 적합한 것을 고르는 문제로 문맥상 서류의 제시는 신용장의 제 조건에 따라 변형되거나 제외되지 않으며, 국제표준은행관행에도 일치해야 한다고 기재되어 있으므로 ①번이 옳은 답이다.

17 밑줄 친 부분 중 잘못된 것을 찾는 문제로, ⓑ의 <u>이 규칙은 오직 은행은 서류심사 및 서류준수의 결정만으로 지급을 확약한다는 과정만을 내포하고 있다는 사실을 반영한다.</u>로 기재되어 있으나, 서류심사의 결정만으로 지급을 확약한다는 과정만을 내포한 것이 아닌 전체를 내포하기 때문에 답은 ②번이다.

18 [빈칸 (B)에 적합한 것을 고르는 문제로, ④번의 "서류의 제시는 화환신용장의 조건들에 의해 수정되거나 배제되지 않아야 한다"가 가장 적합하다.

UCP600 제1조에서는 "신용장에 명시적으로 수정되거나 또는 배제되지 아니하는 한, 이 규칙은 모든 관계당사자를 구속한다."고 규정하고 있다.]

19 빈칸 (C)에 적합한 것을 고르는 문제로, ③번의 "일치하는 제시의 정의는 국제표준은행관행물에만 특별히 언급된 것은 아니다."가 가장 적합하다.

해당 지문내용 첫 번째 문단에 기재된 바와 같이 UCP600 제2조에서 "일치하는 제시란 신용장의 제 조건, 이 규칙 및 국제표준은행관행의 적용 가능한 규정에 따른 제시를 말한다."고 정의하고 있다.

20 일람불 어음은 수출자가 물품이 목적지에 도착하고 대금지급이 이루어질 때까지 물품에 대한 권리를 보유하고자 할 때 사용된다. 실제적으로 해상선하증권은 (A 수출자)에 의해서 배서되고 수출자의 은행을 통해 수입자의 은행으로 전달된다. 선하증권에는 환어음, 선적서류, (B 수입자)에 의해서 명시된 기타 서류가 첨부된다. 외국은행은 그러한 서류를 수취하면 수입자에게 통보한다. 환어음이 지급되는 즉시 외국은행은 (C 수입자)가 물품을 인도받을 수 있도록 선하증권과 다른 서류들을 전달한다.

빈칸에 알맞은 단어는 무엇인지 고르는 문제로 답은 ①번이다.

21 인코텀즈 2020 규칙은 (   )을 다루지 않는다.

빈칸에 들어가기에 적절하지 않은 것을 고르는 문제이다. 즉, 인코텀즈 2020규칙에서 다루는 사항을 고르면 되는 문제로 답은 ④번의 "수출/수입 통관과 협조"이다.

22 한국어 번역으로 가장 적절하지 않은 것을 고르는 문제로, ②번의 경우 "당사 측의 오기재에 의한 마지막 사소한 실수로 발생한 문제에 대해 다시 한번 사과드려야 하겠습니다"가 올바른 해석이다.

23 인코텀즈 규칙은 가장 일반적으로 사용되는 (A 11개 규칙)을 세 글자로 설명하는데 예를 들면 물품의 (C 매매) 계약에서 (B 기업 간의) 실무를 반영하는 CIF, DAP 등이 있다.

빈칸에 가장 적절한 것을 고르는 문제로 답은 ②번이다.

• business-to-business : 기업 간의

24 인코텀즈 2020의 변형에 대하여 잘못 설명하고 있는 것을 고르는 문제로 ②번의 경우 "의무사항은 하나의 조항으로 열거되어 있다."로 해석되며, 인코텀즈 2020의 경우 의무사항을 매도인의 의무인 "A"와 매수인의 의무 "B"로 나누어 설명하고 있다.

25 지정장소는 물품이 인도된 곳을 의미한다. 예를 들어, 위험이 매도인으로부터 매수인에게 이전하는 것이 있다.

다음에 적용할 수 없는 조건을 고르는 문제로, C조건 중 CPT, CIP조건의 경우 매도인이 지정한 운송인에게 물품을 인도하였을 때 위험이 이전되며, 특히 C조건의 경우 위험의 분기점과 비용의 분기점이 상이하다.

━━ SECTION 2   영작문

[26~28]

(A) 당사는 선적물(CIF 런던)을 커버하기 위한 22,000달러 (2만 2천 US 달러)에 대한 취소불능 신용장을 개설할 것을 서울에 있는 한국외환은행인 당사의 거래은행에 지시하였습니다. 신용장은 2020년 6월 10일까지 (ⓐ).

(B) 선하증권 (3통) / CIF 런던 송장(2통) / 24,000달러에 해당하는 전위험담보조건으로 된 보험증권(2만 4천 US 달러)

(C) 당사는 귀사의 견적송장 넘버 548번에 해당하는 C3001 컴퓨터 12대에 대한 주문서를 첨부합니다.

(D) 귀사는 당사의 대리은행인 런던 HSBC은행으로부터 확인을 받게 될 것이고, 귀사는 송장 전액에 대한 일람 후 60일 출급 환어음을 그 은행을 지급인으로 하여 발행할 수 있습니다. 당사의 환어음을 제시할 때 다음의 서류를 동봉해 주시기 바랍니다.

귀사가 (ⓑ)을 준비하는 즉시 팩스 또는 이메일을 보내주십시오.

26 (A)~(D)까지 순서상 가장 올바른 것을 고르는 문제로 답은 ②번이다.

27 문맥상 신용장은 6월 10일까지 "유효"하단 뜻이 적절하므로 ①번의 "무효한(invalid)"이 답이다.

28 계약이 체결되어 결제조건까지 완료된 상황이기 때문에 문맥상 ①번의 "선적(shipment)"이 준비되는 대로 팩스 또는 이메일을 보내주십시오가 가장 적절하다.

29 운임은 중량이나 용적보다 선박의 선복 또는 항해에 따라 계산된다.

해당 내용은 ①번의 "총괄운임(Lumpsum Freight)"에 대한 설명이다.

30 당사는 신용장 하에 다음 달 (B) 초에 (A) 딩기보트와 그 장비를 런던으로 선적할 예정입니다.

UCP600에 따라 밑줄 친 부분과 같은 의미를 선택하는 문제로 답은 ①번이다.

- dinghies : 소형보트
- beginning : 해당 월의 1일부터 10일까지

31 이 신용장은 (송장 전액)에 대해 당행을 지급인으로 하는 일람출급어음으로 이용가능합니다.

해당 내용에 따라 어떠한 어음이 요구되고, 빈칸에 적절한 단어를 고르는 문제로 일람출급어음의 경우 즉시 대금이 지급되는 요구불 어음이며, 송장전액이 지급된다.

32 (A) 어음지급수권서는 신용장이 아닌, (B) 단지 지급장소의 통지와 지급을 위한 필요서류를 명시할 뿐이다. (C) 어떠한 은행이든 지급할 의무가 있다. (D) 이는 신용장보다 훨씬 저렴하며, 지급인도방식으로 대체되어 널리 사용되고 있다.

다음에서 잘못된 것을 고르는 문제로, (C)의 경우 어떠한 은행이든 지급할 의무가 있다고 기재되어 있지만, 실제 추심거래에서는 은행은 대금지급의무가 없다.

33 만약 신용장이 분할선적을 금지하고 하나 이상의 출발공항에서 발송을 포함하는 둘 이상의 항공운송서류가 제시되는 경우, 동일한 항공기와 동일한 비행기에서 물품의 발송으로 커버하고 동일한 도착지공항으로 예정된 경우, 그러한 서류는 (A 허용될 수 있다.)
선적일이 다른 둘 이상의 항공운서류가 제시되는 경우 이러한 선적일 중 (B 최종날짜를) 제시 기간의 계산으로 사용될 것이다.

빈칸에 가장 적합한 것을 찾는 문제로 답은 ③번이다.

34 만약 지정은행이 제시가 일치한다고 판단하여 개설은행 또는 확인은행에게 서류를 송부한 경우, 서류가 지정은행과 개설은행 또는 확인은행 간에 또는 확인은행과 개설은행 간에 송달 중에 분실된 경우 시정은행이 지급이행 또는 매입하였는지 상관없이 개설은행 또는 확인은행은 반드시 지정은행에게 (지급이행 또는 매입, 또는 상환)하여야 한다.

빈칸에 적절한 것을 찾는 문제로 해당 내용은 UCP600 제35조에 규정된 송달 및 번역에 관한 면책 부분이다.

35 A. 발행일을 2020년 5월 20일로 표시한 보험증명서
B. 발행일을 2020년 5월 21일로 표시한 보험증명서
C. 발행일을 2020년 5월 20일로 표시한 보험증권
D. 발행일을 2020년 5월 20일로 표시한 보험승인서

신용장이 선하증권과 보험증명서를 요구하고 있다. 만약 선하증권의 선적일이 2020년 5월 20일인 경우 다음 중 이러한 선하증권과 일치할 수 있는 문서는 무엇인지 찾는 문제로, UCP600 제28조에서는 "보험서류의 일자는 선적일보다 늦어서는 안 된다."고 규정하고 있다. B의 경우 선적일보다 늦게 발행되었기 때문에 오답이며, D번의 경우 보험승인서는 UCP600에 근거하여 은행에서 수리되지 않기 때문에 오답이다.

36 용선계약선하증권에 대한 내용 중 틀린 답을 고르는 문제로, UCP600 제22조에서는 "A bank will not examine charter party contracts, even if they are required to be presented by the terms of the credit(용선계약서가 신용장의 조건(terms)에 따라 제시되도록 요구되더라도, 은행은 그 용선계약서를 심사하지 아니한다.)"고 규정하고 있다.

37 (송금방식)하에서 지급은 매도인과 매수인 사이에 직접 이루어지지만, (추심방식)에서는 은행의 대금지급의무 없이 화환어음 제시로 이루어진다.

빈칸에 적절한 단어를 고르는 문제로 답은 ②번이다. 송금방식의 경우 어음 사용 없이 당사자 간 직접 지급되지만, 추심거래방식의 경우 어음을 통해 결제가 이루어지며, D/P조건과 D/A조건으로 구분된다.

38 은행지급보증과 신용장의 차이점으로 적절하지 않은 것을 찾는 문제로, UCP600 제4조에서는 "A credit by its nature is a separate transaction from the sale or other contract on which it may be based(신용장은 그 성질상 그것이 근거될 수 있는 매매계약 또는 기타 계약과는 독립된 거래이다)."로 규정하고 있다.

- dependent : 의존하는, 종속적
- Bank Guarantee : 은행지급보증

39

당사의 매트리스 거래를 요청하는 귀사의 7월 5일자 팩스에 감사드립니다. 당사는 7월 20일까지 당사에 귀사의 승낙이 도착하는 것을 조건으로 하여 확정청약드립니다.

당사의 조건은 다음과 같습니다.
- 물품 : 매트리스
- 수량 : 300개
- 금액 : 개당 1,100 USD, CIF 뉴욕
- 선적 : 5월 중
- 결제방식 : 취소불능신용장하에 일람출급어음

상기 서신에 대한 회신으로 적절하지 않은 것을 찾는 문제로, ③번의 경우 "당사는 청약을 하고자 합니다"란 표현의 경우 서신에 대한 회신이 아니다.

40

(A) 마지막으로, 당사의 구매자의 지시에 따라 당사는 전쟁위험을 포함한 W.A.(분손담보조건)으로 AAA보험사와 보험계정을 개설했습니다.
(B) 당사는 보험료를 지불하기 위하여 씨티은행 앞 50달러 수표를 동봉합니다.
(C) 아시다시피 당사의 구매자는 전쟁위험을 포함한 W.A.(분손담보조건)으로 2월 15일 부산항을 출항하여 뉴욕으로 가는 S.S."Ahra"호에 당사가 선적하는 안경테 300박스에 대해 귀사에게 해상보험계약을 체결할 것을 지시했습니다.
(D) 당사는 어제 유선상으로 귀사가 당사에게 제안하신 비율로 2,050달러 금액 대비 전쟁위험을 포함한 W.A.(분손담보조건)으로 담보되길 원하며, 당사의 송장사본 1부를 동봉합니다.

문맥상 올바른 순서인 것을 찾는 문제로 지문상 당사는 매도인으로 고객사인 매수인의 요청에 따라 보험대리인에게 전쟁위험을 포함한 W.A.조건으로 보험계약을 체결해줄 것을 요청하는 내용이므로 답은 ②번이다.

41

선하증권은 일반적으로 (A) <u>3통의 유통가능 세트로 발행되며, (B) 그 중 한통이 선사에 권리가 이전되면 물품을 인도할 수 있다.</u>
이 준비된 유통가능 서류가 증권상에 명시되어 있고, 또한 증권상 (C) <u>"하나의 통수가 사용된 경우, 나머지는 유효하다"</u>라고 표시되어 있다. 그러므로 (D) <u>은행은 선하증권 전통을 입수하는 것이 필수적이다.</u>

신용장거래에서 선하증권이 양도되는 내용으로 적절하지 않은 것을 고르는 문제로, 답은 ③번이다. 선하증권의 경우 한 통이 제시되어 사용된 경우에는 나머지는 무효처리가 된다. 즉, 효력이 없어지기 때문에 선하증권으로 사용할 수 없게 된다.

42

피보험자가 보험금을 수령한 후 보험자는 피보험자의 입장이 된다. 보험금의 지급이 이루어진 후 보험자는 보험목적물의 소유자가 된다.

해당 내용은 "대위"에 관한 설명이다. 대위란 보험자가 보험사고로 인한 손해를 피보험자에게 보상하는 경우, 지급한 보험금의 한도 내에서 피보험자가 보험의 목적이나 제3자에 대하여 가지는 권리를 법률상 취득하는 것을 말한다.

43 중재에 관한 설명 중 잘못된 것을 고르는 문제로, 중재의 경우 당사자 간 일방적으로 합의 없이 철회할 수 없다.

- withdraw : 철회하다
- unilaterally : 일방적으로

44

희생이나 비용의 지출로부터 이익을 보는 해상사업의 모든 당사자들은 반드시 희생되거나 지출된 금액에 대해 공평하게 분담해야 하는 원칙

해당 내용은 "공동해손"에 대한 설명이다.

- Jettison : 투하
- particular charges : 특별비용
- particular average : 단독해손

45

매입에 있어서 매입신용장은 하나의 지정은행으로 제한되지 않으며 또는 모든 은행에서 이용 가능하다.

해당 내용은 "자유매입신용장"에 대한 내용으로. 답은 ④번이다.

46 인코텀즈2020에서 CIF조건에 대한 설명으로 잘못된 것을 찾는 문제로, CIF조건의 경우 운송계약이 아닌 매매계약(contract)과 동일한 통화이어야 하며, 매매대금의 110%이상으로 부보되어야 한다.

47

(A) 신용장은 (B) 신용장상에 명시된 조건을 준수하여 개설은행이 어음을 지급하거나 기타 지급요구를 이행할 것을 (A) <u>고객의 요청으로 이루어지는 은행 또는 제3자에 의한 확약을 의미한다.</u> (C) 신용장은 취소불능이어야 한다.
(D) 확약은 지급에 대하여 확약하는 것이거나 개설의뢰인 또는 제3자의 지급을 위해 권한을 부여받은 진술일 수 있다.

UCP600에 따라 틀린 부분을 고르는 문제로, 신용장거래는 개설은행이 독립적으로 대금지급을 확약하는 것이기 때문에 (D)번에 개설의뢰인이 아닌 개설은행(the issuing bank)으로 수정되어야 한다.

48 FCA규칙에서 매도인은 반드시 (　　　) 지급해야 한다.

인코텀즈2020 규칙에서 빈칸에 잘못된 것을 고르는 문제로, 매도인은 자신의 비용으로 매수인에게 운송서류(transport document)가 아닌 물품이 인도되었다는 통상적인 증거(usual proof)를 제공해야 한다. 매수인이 물품이 적재되었음을 기재한 운송서류가 필요한 경우 매수인은 자신의 위험과 비용으로 운송서류를 매도인에게 발행하도록 운송인에게 지시해야 한다.

49 인코텀즈2020의 경우 당사자 간 일반적인 거래가 아닌 특정한 거래에 대해 올바른 인코텀즈 규칙을 선택하는 최선의 방법을 설명하는 것이다.

50 논리적으로 잘못된 것을 고르는 문제로, ①번의 자신을 위해 행동하도록 다른자로부터 권한을 위임받은 사람은 "본인"이 아닌 "대리인(agent)"이다.

SECTION 3   무역실무

51 DPU조건의 경우 매도인은 수입통관 의무가 없으며, DDP조건일 경우에만 매도인에게 수입통관 의무가 있다.

52 권리침해조항(Infringement Clause)이란 매수인의 지시에 따라 매도인이 사용한 특허, 상표 등의 의장등록, 디자인 등에 대한 어떠한 책임도 매도인이 부담하지 않는 면책되는 조항을 의미한다.

53 인코텀즈2020 FCA B6에서는 "물품이 적재되었음을 기재한 운송서류(⑩ 본선적재 선하증권)가 필요한 경우 매수인은 자신의 위험과 비용으로 운송서류를 매도인에게 발행하도록 운송인에게 지시해야 하며 매도인은 그 서류를 매수인에게 제공해야 한다고 규정하고 있다.

54 UCP600 제14조에서는 "제시가 일치하는지 여부를 결정하기 위하여 제시일의 다음 날로부터 최대 제5은행영업일이 주어진다"고 규정하고 있다.

55 ③번을 제외하고 모두 대내적 결속수단에 해당된다. ③번은 "성실환급제"이며, 성실환급제는 일정기간 동안 자신의 모든 화물을 동맹선에만 선적한 화주에 대하여 동맹선사가 받은 운임의 일정비율을 일정기간이 지나면 환급하는 제도로 대외적 운영방법이다.

56 관세법상 "복합환적"에 대한 정의이다.

57 통합공고는 대외무역법 이외의 다른 법령(전기생활용품안전법, 전파법, 수입식품안전관리 특별법 등)에서 해당물품의 수출입 요건 및 절차 등을 규정하고 있는 경우 다른 법령이 정한 물품의 수출입 요건 및 절차에 관한 사항을 조정하고 이를 통합 규정하고자 산업통상자원부장관이 일괄적으로 수출입 요령을 발표하는 공고이다.

58 Optional Surcharge(양륙항 선택 할증료)의 경우 출항시 양륙항을 복수로 하였다가 목적항에 입항 전 양륙항을 선택하는 옵션에 대해 부과하는 비용으로, 나머지는 물품 자체의 성질 때문에 부과되는 할증료이다.

59

구분	내국신용장	구매확인서
㉠ 관련법규	무역금융규정	대외무역법
㉢ 개설조건	제한 없이 발급	제한 없이 발급
㉣ 부가가치세	영세율 적용	영세율 적용

60 ㉠의 결제방식은 COD(현물상환방식)을 의미하며, ㉡은 선하증권상 수하인은 수출국 소재의 수입상의 지사나 대리인이 된다.

61 ④번의 경우 유통(유가)증권성에 대한 설명이다.

62 품목분류요율은 특정지역, 특정품목에만 적용되는 요율로 일반화물요율(GCR)에 우선하며 할증 또는 할인으로 적용된다. 품목분류요율에서 할인적용품목으로는 서적, 카탈로그, 정기간행물이 있다.

63 FIATA 복합운송선하증권은 운송주선인이 운송인이나 운송인의 대리인으로 행동한다는 것이 운송서류에 나타나 있어야 수리된다.

64 Bulky cargo surcharge란 일정기준 이상의 부피나 길이의 화물에 부과하는 할증료를 말한다.

65 특별비용이란 보험의 목적의 안전·보존을 위해 피보험자가 지출한 비용으로서, 공동해손과 구조비 이외의 비용을 말하며, 특별비용은 단독해손에 포함되지 않는다.

66 미국의 신해운법에 명시된 NVOCC형 복합운송인은 해상운송에 있어서 자기 스스로 선박을 직접 운항하지 않으면서 해상운송인에 대해서는 화주의 입장이 되는 것으로 정의하고 있다.

67 분쟁이 발생된 경우 당사자 간 대화와 의견조율 등의 타협을 통해 해결해야 되는 것이 가장 바람직하나, 이러한 방식으로 해결되지 않는 경우에는 대안적 분쟁해결 수단에 의해 해결해야 한다는 내용으로 소송의 경우 법원의 판결에 의해 분쟁을 강제적으로 해결하는 수단이다.

68 • 미니 랜드브리지 (Mini-Land Bridge) : 한국 등의 극동에서 선적된 화물이 미국 서해안 항구에서 양화되어 육상운송수단을 이용하여 북미 대륙을 횡단 미국 동부해안 및 걸프지역항구까지 운송되는 복합운송서비스를 말한다.

• MB(Micro Bridge) : 한국 등의 극동지역에서 미국 내륙의 주요 도시까지 화물을 운송하는 방식을 말한다. 즉, 한국·일본 등의 극동지역의 항만에서 선적된 화물을 북미서안까지는 선박에 의해 해상운송된 후, 북미대륙의 횡단철도를 이용하여 미국 주요 내륙지점인 철도터미널 또는 내륙컨테이너터미널에서 화물의 인도가 행해지는 복합운송을 말한다.

• SLB(Siberian Land Bridge) : 극동지역의 한국, 일본 등으로부터 대륙운송의 접점인 러시아의 나오트카(Nakhodka)나 보스토치니(Vostochny)까지 컨테이너선으로 해상운송하고 그곳에서 시베리아 철도에 의해 육상운송하여 유럽과 중동의 운송기관가 연결하여 목적지까지 운송하는 "극동-유럽-중동" 간 "해상-육상-해상" 경로에 의한 국제복합운송의 한 형태이다.

69 구조료, 손해방지비용, 특별비용은 모두 비용손해(Expense Loss)에 해당되는 내용이다.

70 중재제도의 경우 중재심문에 있어서 증인을 출석시킬 수 있는 강제규정은 없다. 또한 실제로 증인심문이 이루어지는 경우는 드문 편이다. 중재에서의 증인은 법원의 소송에서와는 달리 선서를 하지 않기 때문에 위증의 책임을 지지 않는다.

71 알선에 대한 설명으로, 알선은 단순한 해결방안이나 조언을 제시할 뿐이며, 당사자들이 알선에 응하지 않으면 해결은 불가능하다.

72 ④번의 "점검매매조건부 청약"의 경우 청약과 함께 물품을 보내 구매자가 점검 후 구매의사가 있으면 대금지급을 하고 구매의사가 없으면 반품하는 조건을 의미하며, 나머지 조건들은 청약하는 당시 가격이 결정되지 않은 조건부청약을 의미한다.

73 "조정"은 양 당사자가 공정한 제3자를 조정인으로 선임하고, 조정인이 제시하는 조정안에 합의함으로써 분쟁을 해결하는 방식으로, 문제에 기재된 "당사자 간" 분쟁해결 방식이 아니다.

74 본점이 계약만료 전에 정당한 사유 없이 계약을 종료한 경우에는 자신이 이미 제공한 서비스 수수료도 배상청구할 수 없다.

75 당사자 간 물품을 매매하고, 서명한 후 일정기간 동안 철회금지조항이 있는 경우 약인(Consideration)이 없어도 3개월 내에 청약을 철회할 수 없다. 해당 지문의 경우 청약의 유효기간이 이미 3개월을 초과했다고 설명되어 있기 때문에 청약의 철회는 가능하다.

1	2	3	4	5	6	7	8	9	10
③	③	③	④	④	③	④	①	④	③
11	12	13	14	15	16	17	18	19	20
②	②	②	③	②	①	②	③	①	③
21	22	23	24	25	26	27	28	29	30
④	②	③	④	②	①	②	①	③	②
31	32	33	34	35	36	37	38	39	40
①	③	②	④	②	②	④	③	④	①
41	42	43	44	45	46	47	48	49	50
①	①	④	④	③	③	①	②	②	④
51	52	53	54	55	56	57	58	59	60
④	②	①	④	③	①	④	④	③	④
61	62	63	64	65	66	67	68	69	70
③	③	②	②	③	④	②	③	④	④
71	72	73	74	75					
②	②	④	①	②					

SECTION 1   **영문해석**

01 해당 보기 내용은 인코텀즈 2010 규칙은 인코텀즈 규칙과 관련하여 물품을 선적할 의무에 대한 대안으로서 선적된 물품을 조달할 의무를 포함한다는 내용으로 이는 "운송 중 판매되는 일차산품"에 대하여 적용된다.

- String sales(연속매매) : 일차산품매매의 경우 화물은 운송 중에 연속적으로 수차례 전매된다. 이 경우 연속거래 중간에 있는 매도인은 물품을 선적하지 않고 선적된 물품을 조달(procure)함으로써 매수인에 대한 의무를 이행한다. 이를 명확하게 하고자 물품을 선적할 의무의 대신하는 의무로서 "선적된 물품을 조달"할 의무를 인코텀즈 2010에서는 신설하였다.

02 "The guarantor must pay on first demand without making objection or defence."는 "보증인은 거절이나 항변 없이 첫 요구 시에 대금을 지급하여야 한다."라는 의미이다. 즉 C만 옳지 않다.

03 청구보증과 유사한 기능을 가진 것은 보증신용장이다.

- Surety Bond(보증증서) : 채무자가 계약상의 채무의 확실한 이행을 담보하기 위하여 일정의 Bond Form에 보증인(일반적으로 보험회사)의 연서를 받아 채권자에게 제출하는 보증서이다.

- Aval(어음보증) : 수입자의 거래은행이 지급보증서 대신에 사용하는 간단한 형식의 보증을 의미하는 것으로서 Approval의 약자이다. 따라서 환어음이나 약속어음의 뒷면에 수입상거래은행인 보증은행이 지급을 보증한다는 문구를 기입한다.

04 "CIP Long Beach, California"에 따라 정확하지 않은 것을 찾는 문제로, ④번의 경우 "매수인은 Long Beach에 물품이 도착했을 시점에 위험을 인수한다."라고 되어 있다. CIP 조건의 경우 선적지인도조건으로 매도인이 비용은 목적지까지 지불하나, 위험의 이전은 선적지에서 매도인이 지정한 운송인에게 물품을 인도했을 때 매수인에게 이전한다.

05 해당 설명은 "해상화물운송장(Sea waybill)에 대한 설명으로 해상화물운송장의 경우 운송계약 및 물품수령의 증거는 있으나, 유가증권 및 권리증권이 아니며 유통이 불가능하다.

- Air waybill : 항공화물운송장
- Charter party B/L : 용선계약선하증권

06 매도인과 매수인이 'FCA Busan Container Depot' 조건으로 매매계약을 체결한 경우 매수인에 의하여 수락 가능한 운송서류를 찾는 문제로, FCA조건의 경우 선적지에서 매수인이 지정한 운송인에게 매도인이 물품 인도 시 매도인의 모든 인도 의무가 완료되며, 그때부터 위험이 이전되고 비용도 매수인이 부담한다. 그렇기 때문에 이는 운임후불조건이며 FCA의 경우 모든 운송방식에 사용 가능하기 때문에 답은 ③번이다.

- freight paid : 선불운임

07 DDP조건은 매도인의 최대의무를 표방한 조건으로, 수입통관의무도 매도인에게 있다. DAP조건은 매수인에게 수입통관 의무가 있다.

08
> 환어음은 한 사람이 다른 상대방에게 발행한 서면으로 된 무조건적인 지시서이다. 이는 발행인에 의해서 서명되고, 그 상대방이 일시에 또는 지정된 일자에 특정금액을 지급하도록 요구하고 있다.

환어음을 발행하고 서명하는 자는 "발행인"이다. 무역거래에서는 "발행인"이 "수출자"가 된다.

- drawee : 지급인
- payee : 수취인
- unconditional order : 무조건적인 지시서

09 물품을 컨테이너를 통해서 운송해야 한다면, 해상내수로 운송규칙인 FOB 대신에 FCA규칙을 사용하여야 한다.

10 외국인직접투자란 외국인의 경영참여와 기술제휴 등 국내기업과 지속적인 경제관계를 수립할 목적으로 국내기업의 주식 또는 지분을 취득하는 것을 말하는 것이다. 하지만 이는 투자국가의 국내생산성을 증가시키는 것과는 무관하다.

- Protectionism : 보호주의 무역
- Tariff : 관세
- subside : 보조금
- FDI : 외국인직접투자

[11~12]

저는 최근에 1개당 74.99달러를 주고 당신의 카탈로그에 있던 OEM 토너 카트리지 NO.123번을 구매했고 그 가격은 정상가격에서 20% 할인된 가격이라고 광고되었습니다. 저는 이틀 뒤 토너카트리지를 받았고 구매한 것에 완전한 만족감을 느꼈습니다.

그러던 중 어제 보스턴글로브 일요일 에디션을 통해 같은 토너 카트리지가 글로벌 컴퓨터 아울렛에서 64.99달러에 판매되고 있다는 것을 알았습니다. 당신은 어떠한 상품도 이보다 싸게 팔순 없다고 하였습니다. 만약 그게 사실이라면 저는 100,000개의 카트리지를 샀기 때문에 (1,000,000)달러를 환불해주시면 감사하겠습니다.

Skip Simmons 드림

11 정가는 USD74.99이고 아울렛에서 판매한 가격은 USD64.99이다. 74.99-64.99=USD10이고, 서신의 작성자는 총 100,000개의 카트리지를 구매했으므로 100,000개×USD10=USD1,000,000달러의 환불액을 요청하고 있는 것이다.

12 환불액을 요청하기 위한 송장 사본과 64.99달러에 판매한다고 되어 있는 글로벌 컴퓨터 아울렛 광고문을 동봉하는 것이 맞다.

[13~14]

저는 애틀란타 지역에서 Carefree Mobile Homes를 찾는 Mobile Homes Monthly 1월 발행물에서 귀사의 광고를 보았습니다. 저는 Carefree Mobile Homes와 대리점을 위한 인센티브 프로그램에 대하여 더 알고 싶습니다. Mobile Homes는 이 지역에서 인기가 많으며, 저는 귀사의 제품과 마케팅 기회에 대하여 더 많이 듣고 싶습니다.

13 Mobile Homes Monthly에서는 소매대리점을 찾고 있다.

14 서신작성자는 "Carefree Mobile Homes"에 대한 프로그램에 대하여 관심이 있음을 작성한 것으로 서신을 받는 자는 Carefree Mobile Homes 회사임을 알 수 있다.

[15~17]

함부르크 D.V.Industries의 귀사의 고객에 인도하기 위해 10월 11일 프리몬트에서 전 리버풀로 선적된 터빈 엔진 2개에 대한 손상에 대해서 귀사는 (B) 보상을 요청하였고 귀사의 클레임을 참고하여 우리의 (A) 평가사정인에게 지금 보고서를 받았습니다. 그 보고서에 따르면 선하증권은 선박선장에 의해서 **사고부선하증권**으로 발행되었으며, 기계 케이스의 균열이라는 (C) 코멘트가 있었습니다. 우리의 평가 사정인은 이러한 균열들이 (D) **운송하는** 동안 케이싱의 약화와 분열의 첫 징후이며, 그리고 이것이 결국 터빈 자체를 손상시켰다고 믿고 있습니다. (당사는 그들이 온전한 제품을 선적하지 않는 한 우리가 책임을 질 수 없다는 것을 유감스럽게 생각합니다.) 우리가 더 이상 도움을 드릴 수 없게 되어 죄송합니다.

- compensation : 보상, 보상금
- voyage : 항해, 운송

15 대체할 수 없는 단어를 찾는 것으로 "compliment"는 "칭찬, 찬사"의 뜻으로 "보상금"과 대체될 수 없다.

16 대체할 수 없는 것을 찾는 문제로 "commentary"는 "주석, 해설"의 뜻으로 "사고부"와 대체될 수 없다.

17 해당 내용은 물품손상에 대하여 수출자가 아닌 운송업체에 책임이 있기 때문에 보상을 해주지 못한다는 내용인 ② 번 문장이 가장 적절하다.

18 UCP600규정에 따라 정확하지 않은 것을 찾는 것으로 ③ 번의 경우 "환어음은 매수인을 지급인으로 하여 발행한다."라는 내용은 옳지 않다. 신용장 거래에서 지급인은 "개설은행(Issuing bank)"으로 하여야 한다.

19 해당 내용은 "나용선"에 대한 설명이다. 나용선의 경우 선주가 내항성 있는 나선박을 운송업을 영위하는 선사에 용선하는 것으로 선박임대차라고도 하며, 용선자는 다시 재용선하여 그 차액을 얻는 경우가 많다.

- Voyage charter : 항해용선계약
- Time charter : 기간용선계약

20

> Mr. Colson에게
>
> Barrow에 있는 신용을 위한 귀사의 지원에 감사드립니다. 당사는 귀사의 관심에 감사하고 있습니다. 귀사의 개인적인 언급은 매우 훌륭하며, 열심히 일한 기록은 귀사의 사업전망이 가까운 미래에 좋다는 것을 나타냅니다.
>
> 불행하게도, 현재 귀사의 재정 상태는 Barrow의 요구 조건을 부분적으로 충족시키고 있습니다. 당사는 귀사가 요청한 50만 달러의 계좌를 연장할 수 없습니다. 귀사가 편하실 때 연락 부탁드립니다. 당사는 우리 둘 모두에게 이익이 되는 신용을 점진적으로 증가시키는 프로그램을 만들어 갈 수 있다고 확신합니다. 현금구매에 대한 배송은 이틀 이내에 이루어진다는 것을 기억하시기 바랍니다.

해당 내용은 조회처를 통해서 확인 후 상대방의 재정상태가 좋지 않다는 사실을 확인하여 신용연장을 거절하는 목적으로 작성된 서신이다.

- deny : 부인하다. 거절하다

21 CISG에 따라 적절하지 않는 것을 찾는 문제로 CISG 제18조(승낙의 시기 및 방법)에서는 "청약에 대한 동의를 표시하는 피청약자의 진술 또는 기타의 행위는 이를 승낙으로 한다. 침묵(Silence) 또는 부작위(inactivity) 그 자체는 승낙으로 되지 아니한다."로 규정하고 있다.

22 ICC(C) 비담보 대상은 갑판유실(washing overboard), 보관 장소 등으로의 해수 · 강물 유입, 지진 · 화산의 분화 · 낙뢰와 상당인과관계가 있는 보험의 목적의 멸실 · 손상 등이 있다.

23 운송주선인에 대하여 잘못설명하고 있는 것을 찾는 문제로, ③번의 경우 "운송주선인은 수입통관비용에 대한 세금 및 관세를 지불해야 하는 일차적인 책임이 있다."고 규정하고 있는데 운송주선인은 물품운송에 있어서 중간에서 핸들링을 해주는 것뿐이지 세금 납부 및 검사 등에 대한 당사자들의 기본적인 의무까지 대신하지 않는다.

24 신용장의 조건 변경과 관련하여 잘못 설명하고 있는 것을 찾는 문제로, ①번의 경우 Buyer가 아닌 The confirming bank(확인은행)이 들어가야 한다. "신용장은 발행은행, 확인은행(있는 경우) 및 수익자의 합의 없이는 변경 또는 취소될 수 없다."는 UCP600 제10조에 조건 변경이 규정되어 있다.

25 해당 내용은 "분리가능조항(Severability clause)"을 의미한다. 분리가능조항은 매매계약에 있어서 해당 계약의 일부조항이 중재 또는 법원 판결에 의해 효력을 상실하였더라도 기타 조항은 유효하다는 것을 명시한 조항이다. 이는 특정 조항이 무효이더라도 다른 조항에 영향이 없으며 준거법에 따라 중요조항이 무효인 경우 계약 전체가 무효가 되는 것을 방지하기 위한 조항이다.

- Assignment clause(양도금지조항) : 어느 일방의 당사자도 상대방의 서면에 의한 합의 없이는 제3자에게 양도하지 못한다는 조항이다.
- Non-waiver clause(권리불포기조항) : 상대방이 일정 기간 어느 계약조건의 이행청구를 하지 않더라도 이를 이행청구권의 포기로 간주하는 것을 의미하지 않는다는 조항이다.

SECTION 2   **영작문**

26 "double insurance(중복보험)"에 대한 내용으로, 중복보험은 동일한 피보험이익 및 위험에 대하여 복수의 보험계약이 존재하고, 보험금액의 합계액이 보험가액을 초과하는 보험이다. 만약 선의로 성립된 경우 보험계약의 성립을 인정하지만 실제 손해액을 한도로만 보상받을 수 있다.

- coinsurance(공동보험) : 중복보험과 같이 동일한 피보험이익 및 위험에 대하여 복수의 보험계약이 체결되지만, 보험금액의 합계액이 보험가액의 범위 내인 경우로, 다수의 보험자가 각각 위험의 일부를 인수하는 경우이며, 각 보험자는 자신이 인수한 금액에 대해서만 보상한다.

27 보기 중 다른 목적을 가진 문제를 찾는 것으로 ③번의 경우에는 신용이 좋다는 내용이고, 나머지의 경우에는 신용상태가 좋지 않다는 내용을 다루고 있다.

28

> 당사는 다양한 종류의 유리제품 12상자 (전) 히스로를 사우디아라비아 리야드(로) 보내고 싶습니다. 그리고 그것은 앞으로 10일(내에) 배송될 것입니다.

29 해당 내용은 "FOB"에 대한 설명이다. FOB는 본선인도조건으로 매도인은 지정된 선적항에서 매수인이 지정한 본선에 물품을 적재하거나 그렇게 인도된 물품을 조달할 의무가 있으며, 물품에 대한 위험은 물품이 본선에 적재됐을 때 이전되며, 모든 비용도 매수인이 부담하게 된다.

30

> 이 보험에 따라 보상을 받기 위해서는 (피보험자)는 (손해)가 발생된 시점에 피보험목적물에 대한 피보험이익을 가지고 있어야 한다.

피보험이익은 보험계약체결 시에는 존재하지 않아도 되지만 손해발생 시에는 반드시 존재하여야 하며, 피보험자는 손해발생 사실을 안 후에는 어떠한 행위에 의해서도 피보험이익을 취득할 수 없다.

- assured : 피보험자
- insurable interest : 피보험이익
- subject-matter insured : 피보험목적물

31

[항의]
당사의 명세서에 추가된 9,000달러의 추가 청구에 대하여 강력하게 반대합니다. 지난주 256,000달러의 수표를 보냈을 때, 당사는 그것이 이 잔액을 청산했다고 생각합니다.

[답변]
당사는 오늘 5월 명세서에 9,000달러 추가청구에 항의하는 귀사의 서신을 받았습니다. 당사는 만약 귀사가 명세서를 확인한다면 (내야 할) 돈이 256,000달러가 아닌 265,000달러임을 발견할 것이라고 생각하며, 그렇기 때문에 9,000달러의 (차액)이 있는 것입니다.

- due : (돈을) 지불해야 하는
- difference : 차액

32

국제무역거래에서 (청산결제방식)은 대금 지급을 받기 전에 물품을 선적하거나 인도하는 판매방식이다. 그것은 일반적으로 30, 60 또는 90일 기준으로 결제된다. 분명히 이 선택권은 현금흐름이나 비용적으로 수입자에게 유리하다. 그러나 결과적으로는 수출자에게는 위험한 선택이다.

해당 지문은 "청산결제방식"에 대한 설명이다.

[33~34]

현재로서는 귀사에게 설명을 드릴 수 없지만, 당사는 그 문제를 조사하고 있으며 곧 귀사에 다시 연락할 것입니다.
당사가 주문품을 신속하게 발송하고 있기 때문에, 이러한 지연이 아마도 (운송 중)에 발생한 것이라고 생각합니다. 당사는 화물운송업자들에게 연락을 취할 것입니다.
귀사가 불만족스러웠던 물품의 샘플을 돌려주시면, 그 후 당사는 제품의 검사를 위해 그것들을 대전에 있는 공장에 보낼 것입니다.

- haulage : 화물수송

33 상기 서신은 "불편사항을 조사할 시간을 더 요청하기 위해서" 작성된 것이다.
- investigate : 수사하다, 살피다
- complaint : 불평

34 문맥상 "불완전한 물품의 문제가 운송(transit) 중 발생한 것이라고 생각한다"가 가장 적절하다.

35

당사는 귀사의 주문번호 No.1555에 대하여 귀사에게 아직 도착하지 않았다는 말을 듣고 놀라고 죄송했습니다. 문의한 결과 물품이 선적된 SS Arirang 화물선에 대하여 지역분쟁이 발생하여 지연되었다는 것을 알게 되었습니다. 당사는 현재 물품을 SS Samoa로 옮기기 위해 노력 중이고, 해당 선박은 다음 주 주말 전에 요코하마로 출항 예정입니다.
(당사는 계속하여 진행상황을 보고드리도록 하겠습니다.)

- be scheduled to : ~할 예정이다
- amicable : 우호적인

36 "I am not convinced that acting on this plan is in the best interests of my team."은 "나는 이 계획을 실행하는 것이 우리 팀에게 최선의 이익이라고 확신하지 않는다."라는 의미이고, "I am behind this plan 100%."는 "나는 이 계획을 100% 지지한다."라는 의미이므로 둘의 의미가 비슷하다고 볼 수 없다.

37 "The pleasure of your company is requested when we visit them."은 "당사가 그들을 방문했을 때 귀사의 기쁨이 요구된다."라는 의미이고, "We hope that all the people in your firm will be very satisfied at this."은 "당사는 귀하 회사의 모든 사람들이 이것에 대해 매우 만족하기를 바란다."라는 의미이므로 둘의 의미가 비슷하다고 볼 수 없다.

[38~39]

Mrs Johnson에게
전기 히터에 대하여 문의주신 귀사의 서신에 감사드립니다. 당사는 삽화를 넣은 최신 카탈로그 한 부를 동봉합니다. 귀사는 특히 당사의 최신 히터제품인 FX21 model에 관심이 있을 것입니다. 연료소비량 증가 없이 이전 모델보다 15% 더 많은 열을 방출합니다. 귀사는 카탈로그의 안쪽 앞표지에 인쇄된 가격 리스트에서 당사의 세부조건을 찾을 수 있습니다. 아마도 귀사는 그것의 효율성을 테스트할 기회를 제공하고자 (시운전 명령)을 고려할 것입니다. 동시에 이것은 귀사가 높은 품질의 재료를 직접 보실 수 있을 겁니다. 만약 문의사항 있으시면 6234917로 연락 주십시오.

- consumption : 소비량
- illustrated : 삽화를 넣은

38 상대방의 거래문의에 대하여 답변을 하는 내용으로 해당 제품의 카탈로그와 최신 제품에 대하여 홍보를 하고 있으며, 최신 제품에 대한 장점으로 상대방이 "시험주문"을 고려할 것이라는 내용이 빈칸에 오기 가장 적절하다.

39 (d)의 문맥상 "provide A with B"인 "A에게 B를 제공하다."가 맞다. 지문에 나와 있는 "provide A to B"의 경우 "A를 B에게 제공하다."란 뜻으로 문맥상 맞지 않다.

40 해당 내용은 "약속어음(promissory note)"에 대한 설명이다. 약속어음은 발행인이 소지인에게 장래의 특정한 시기에 일정한 금액을 지급할 것을 약속하는 어음으로 환어음은 발행인, 지급인, 수취인 간 3자 계약이라면, 약속어음은 발행인, 소지인 간 2인 계약이므로 발행인이 무조건적인 지급의무를 가지게 된다.

- letter of credit : 신용장
- draft, Bill of Exchange : 환어음

41

> (보험증권), 포괄예정보험에 의한 (보험증명서) 또는 (통지서)와 같은 보험서류는 보험회사, 보험업자 또는 이들 대리인 또는 이들 (대리업자) 의해서 발행되고 서명된 것으로 보여야 한다.

cover note(보험 인수증)의 경우 보험중개인이 발급하는 것으로 UCP600 제28조에서는 보험인수증은 수리되지 않는다고 규정되어 있다.

42 UCP600에서 잘못된 것을 찾는 문제로, "The words "from" and "after" when used to determine a maturity date exclude the date mentioned" ("부터" 및 "이후"라는 단어는 만기일을 결정하기 위하여 사용된 경우에는 언급된 당해일자를 "제외"한다.) 해당 조항은 UCP600 제2조에 규정되어 있다.

43 중재에 대하여 잘못 설명된 것을 고르는 문제로, 중재는 절차(proceedings) 및 중재판정(arbitral award)은 비공개이다. 반면에 소송은 공개주의가 원칙이다. 그 외에도 중재제도의 장점은 저렴한 비용, 국제적인 효력, 신속성 등이 있다. ④번의 경우 "Proceedings are open to the public and the arbitral award is disclosed."는 "과정은 공개되고, 중재상도 공개된다."라는 의미이므로 잘못된 설명이다.

44 해당 내용은 "Tale Quale"에 대한 설명으로 Tale Quale은 곡물의 품질결정시기 중 하나로 "Such as it is"라는 의미의 선적품질 조건으로 매도인은 약정한 물품의 품질을 선적할 때까지만 책임진다.

- GMQ : 판매적격품질조건

- Rye Term : 양륙품질조건으로 호밀거래에 사용되면서 물품이 도착 시 손상되어 있는 경우에 그 손해에 대하여 매도인이 변상하는 제도이다.
- Sea Damaged Term(S·D) : 원칙적으로 선적품질조건이지만, 해상 운송 중 발생한 해수에 의한 손해는 매도인이 부담하는 조건이다.

45 "inability to pay your debt"은 "빚을 갚지 못하는 상황을 나타낸 것"이고, "competence to meet your debt"은 "빚을 갚을 수 있는 능력이 있는 것"으로 서로 대체될 수 없다.

- inability : 무능력
- competence : 능숙함, 권한
- instance : 사례, 경우, ~을 예로 들다

46 청산결제방식으로 정확하게 설명한 것을 찾는 문제로, ③번의 경우 "청산결제방식은 현금흐름과 비용적인 부분에서 수입자에게 가장 유리한 옵션이지만 결과적으로 수출자에게는 가장 위험한 옵션이다."가 맞는 내용이다.

47

> 이것은 마약 밀매와 같은 범죄를 통해 얻은 돈을 숨기려고 하는 범죄를 묘사하기 위해 사용되는 용어이다. 다시 말해서 강탈, 내부거래, 마약 밀매, 불법 도박 등 특정 범죄에서 얻은 "더러운" 돈을 말한다.

해당 내용은 "돈세탁(money laundering)"에 대한 설명이며, 이미 113회 1급 시험에서 출제되었다.

48

> 당사는 귀사의 Maxoine Sportswear에 대하여 관심을 가져주셔서 정말 감사드립니다. 그럼에도 불구하고, 당사는 귀사가 요청한 정보를 전달할 수 없어서 유감스럽습니다. 당사는 옷을 소비자에게 직접 팔지 않으며 당사와 거래업체 사이에 도매가격을 유지시키기 위해 노력합니다. 그것은 당사가 함께 거래하는 사람들의 충성심과 신의 둘 다를 위한 방법입니다. 분명히, 당사의 도매가격을 소비자에게 누설하는 것은 신의를 저버리는 것입니다.

해당 업체는 제품을 도매업체들에게만 판매하고 있는 상황이기 때문에 문맥상 답은 ②번이 와야 한다.

49 능동태면 뒤에 현재분사가 나오고, 수동태면 뒤에 과거분사가 나온다. 해당 문장에서 주어는 "all items"로 손상을 시킨 것이 아니고 당한 것이므로 과거분사가 와야 한다. 즉, "were completely damaged"가 와야 한다.

50 "That+주어+동사" 구조이므로 of가 아닌 that이 와야 하며, 주어가 재봉틀이라는 단수이기 때문에 동사는 have가 아닌 has가 와야 한다. 즉 "We are sorry to inform you that the sewing machine(Model No.289E) you ordered has discontinued"로 수정되어야 한다.

SECTION 3 **무역실무**

51 상관습은 수백 년에 걸쳐 형성된 것으로, 대량의 무역거래가 발생할 경우 명시조항이 아닌 무역거래 당사자 간 묵시조항에 따라 신속하게 거래가 이루어진다. 반면에 개별 무역계약 하에서는 거래당사자 간 계약체결 시 명시조항을 두게 된다.

52 위험은 손해발생가능성을 의미하지만 이것이 반드시 손해로 연결되지는 않는다.

53 대금회수부분에서 신용장과 국제팩토링 모두 안전하다. 국제팩토링의 경우 수입팩터가 수입자의 신용부분을 확인하고 보장해 주기 때문이다.

54 양도된 신용장의 최종적인 지급의무는 원신용장의 개설은행이다.

55 보험계약기간이란 보험계약이 유효하게 존속하는 기간을 의미하며, 소급보험은 보험기간이 보험계약기간보다 빠르고, 포괄예정보험은 보험계약기간이 보험기간보다 빠르다.

56 컨테이너 운송의 경우 하역작업에 많은 시간을 소요할 필요가 없다. 즉, 화물의 중간적입 또는 적출작업이 불필요하며, 화물의 손상과 도난위험이 감소한다.

57 선박이 행방불명되고 상당한 기간 경과 후까지 그 소식을 모를 경우는 현실전손으로 처리된다.

58 피보험자는 보험계약이 체결될 당시에는 피보험목적물에 대한 피보험이익을 가질 필요가 없으나, 반드시 손해발생시점에는 피보험이익이 있어야 한다.

59 해당 내용은 "수정단일체계"에 대한 내용이다.
- Network Liability System(이종책임체계) : 손해 발생 시 손해발생구간이 판명된 경우 해당 운송구간에 적용되는 국제규칙 또는 국내법을 적용하여 복합운송인의 책임원칙과 한도를 결정한다.
- Uniform Liability System(단일책임체계) : 손해발생구간이 어떤 운송구간이었는지에 관계없이 단일책임 원칙과 한도에서 복합운송인이 책임을 부담하게 된다.

- Liability for Negligence(과실책임원칙) : 선량한 관리자로서 적절한 주의를 다하지 못하였을 경우 발생한 손해에 대해서 책임을 지는 것으로 운송인이 입증하는 것이 아니고 화주가 운송인의 과실책임이 있음을 입증해야 한다.

60 인코텀즈의 경우 매도인과 매수인의 당사자 간의 합의에 따라 적용 가능하며, 강제적으로 적용되지 않는다. 또한 당사자 간의 합의나 관습이 있는 범위 내에서 전자적 형태의 통신과 종이에 의한 통신에 동일한 효력을 부여한다. 인코텀즈 2010에서는 물품소유권 이전 및 계약위반의 효과를 다루고 있지 않다.

61 양도가능신용장의 경우 L/C금액의 전부 또는 일부에 대하여 양도 가능하며, 양도는 제1회에 한하여 양도 가능하다. 즉, 제2수익자가 제3수익자에게 양도할 수 없다. 또한 국내소재 제2의 수익자에게 양도하는 경우에도 양도가능신용장이 된다.

62 부지약관에 대한 것으로, 해당 부지약관은 정기운송에 사용되며 하역비는 Berth Terms(=Liner Terms)가 사용된다. 해당 조건은 선적비용 및 양륙비용 모두 선주가 부담하는 조건이다.

63 대금지급, 물품의 품질 및 수량, 인도의 장소 및 시기, 상대방에 대한 당사자 일방의 책임의 범위 또는 분쟁의 해결에 관한 추가적 또는 상이한 조건은 청약의 조건을 실질적으로 변경하는 것으로 본다(CISG 제19조).

64 프러스트레이션의 성립요건은 계약목적물의 멸실, 후발적 위법, 사정의 본질적 변화, 당사자의 사망이 있다. 프러스트레이션은 계약을 소급하여 소멸시키는 것이 아니라 성립과 동시에 소멸하므로 장래의 계약이행만을 면제시킨다.

65 신협회적하약관 중 ICC(B)와(C)는 열거책임주의로 ICC(B)에서 "약관상 면책사항 이외의 우연적 사고에 의한 손해"가 아닌 "면책위험을 제외한 ① 화재·폭발, 선박·부선의 좌초·교사·침몰·전복 "등"의 사유에 상당인과관계가 있는 보험의 목적의 멸실·손상 및 ② 투하·공동해손희생으로 인한 보험의 목적의 멸실·손상에 대한 위험을 담보한다.

66 지시식으로 발행된 경우 백지배서에 한정된 것은 아니고 지참인에 의한 배서, 특정인에 의한 배서도 가능하게 된다.

67 포페이팅은 포페이터(Forfaitor)가 수출거래에 따른 환어음을 소구권이 없는 조건으로 매입하므로 수입상이 만기에 대금을 결제하지 않더라도 수출상은 포페이터에게 상환의 의무가 없으며, 신용장 방식이 아닌 무신용장 방식으로 환어음이나 약속어음만을 그 할인 대상으로 한다.

68 ICC(A)와 (A/R)의 경우 포괄위험에 대하여 담보하고, ICC(B) 및 ICC(C)와 (W/A) 및 (FPA)의 경우 열거위험에 대하여 담보한다.

69 해상보험의 보상원칙은 손해보상의 원칙 또는 실손보상의 원칙이라고 하며, 해상보험계약에서 손해발생 시 피보험목적물에 대하여 직접적으로 발생한 손해에 대해서만 보상한다. 즉, 손해발생 시 손해금액을 한도로 지급되며 보험자가 피보험자에 대한 해상손해만을 보상하고 그 외의 손해는 보상하지 않는다.

70 선하증권은 권리증권으로 유통이 가능하지만 'consignee'란에 수화인이 기재된 경우에는 유통이 불가능하다.

71 FCA 규칙은 운송인 인도조건으로 선적지에서 매수인에 의하여 지정된 운송인에게 매도인이 물품을 인도하면 인도의무가 완료되는 규칙으로 본선으로의 선적의무가 추가된 경우에는 FOB조건을 사용하여야 한다.

72 수취선하증권이 발행된 경우에는 본선적재부기일이 선적일이 된다.

73 운송인은 일반적으로 해상고유의 위험에 대하여 면책된다. 즉, 침몰 및 전복, 좌초 및 교사, 충돌, 악천후가 있으며 그 중에서 해상의 우연한 사고나 재난을 포함하지만 통상의 풍파로 인한 사고는 제외한다.

74 환어음의 필수기재사항에는 환어음의 표시, 무조건 지급위탁문언, 금액, 지급인의 표시, 지급기일의 표시, 지급지의 표시, 수취인의 표시, 발행일 및 발행지의 표시, 발행인의 기명날인 또는 서명이며, 임의 기재사항으로는 환어음의 번호. 신용장 발행은행명, 신용장 및 계약서 번호 등이 있다.

75 CISG 제18조에서는 "피청약자가 청약자에게 아무런 통지 없이 물품의 발송이나 대금의 지급에 관한 행위를 이행함으로써 동의의 의사표시를 할 수 있는 경우에는 승낙은 그 행위가 이행된 때에 그 효력이 발생한다."고 규정되어 있다.

1	2	3	4	5	6	7	8	9	10
②	①	④	①	④	①	③	②	④	①
11	**12**	**13**	**14**	**15**	**16**	**17**	**18**	**19**	**20**
②	②	③	모두 정답	④	④	②	②	④	②
21	**22**	**23**	**24**	**25**	**26**	**27**	**28**	**29**	**30**
②	④	④	①	①	④	④	②	①	①
31	**32**	**33**	**34**	**35**	**36**	**37**	**38**	**39**	**40**
③	①	①	③	③	①	③	①	③	①
41	**42**	**43**	**44**	**45**	**46**	**47**	**48**	**49**	**50**
①	③	④	④	④	④	②	②	③	①
51	**52**	**53**	**54**	**55**	**56**	**57**	**58**	**59**	**60**
④	④	③	④	②	②	④	④	④	④
61	**62**	**63**	**64**	**65**	**66**	**67**	**68**	**69**	**70**
②	①	③	②	②	①	③	③	①	③
71	**72**	**73**	**74**	**75**					
③	②	④	②	④					

※ 14번 : 모두 정답 처리

SECTION 1 영문해석

01 신용장의 경우 in favor of 다음에는 수익자(beneficiary, seller)가 온다.
- duration : 기간

[02~03]

당사는 한국 전역의 아울렛에 있는 대형 오토바이 도매 체인점이며, 최근 Tokyo Trade Fair에서 귀사의 스탠드에 진열된 heavy touring bikes에 매우 흥미가 있습니다.

이곳에서는 이런 종류의 기기에 대한 수요가 증가하고 있습니다. 대형기기의 판매가 40대에서 50대 연령층 그룹에서 지난 2년 동안 70% 이상 증가했고, 그들은 더욱더 강력한 자전거를 원하며 그것을 구매할 여유가 있습니다.

당사는 중장비기기에 대하여 독점적으로 판매할 공급자를 찾고 있습니다. 현재 당사는 수많은 제조업체를 대표하고 있으나 오직 600cc까지만 판매를 하고 있기 때문에 750cc, 1000cc, 1200cc 모델과는 경쟁을 할 수 없습니다.

우리는 10% 수수료 정책을 운영하며, 필요한 경우 3%의 지급보증 수수료를 추가로 요청할 수 있습니다. 우리는 당신이 연간 5백만달러 이상의 연매출액을 기대할 수 있을 것으로 예상하고 있으며, 광고 진행(허용) 시 위 금액의 2배를 예상하고 있습니다.

- throughout : 도처에, ~ 동안 쭉
- annual turnover : 연간매출액
- allowance : 허용량

02 서신 작성자는 독정대리 판매업체를 찾고자 하는 내용의 서신이며, 제조업체들을 대표한다는 내용은 나와 있지만 ①번의 내용은 없다.

03 지급보증대리점(del crede agent)이란 지급보증수수료를 받고 대리점의 고객이 채무불이행으로 대금을 지급하지 않는 경우에도 매도인이 입은 손해를 배상할 책임이 있는 대리인을 말한다. 즉, 대리인이 본인(매도인)의 위탁에 의거 상품을 현지에서 판매하는 경우 현지의 구매자의 지급에 대하여 보증한다는 지급보증계약을 본인(매도인)과 체결하고 있는 대리인을 의미한다.

④ "지급보증대리점은 대리인이 구매자를 대신하여 계약을 체결하는 제3자의 지불능력을 보증하는 대리인"이라고 설명하고 있지만, 해당 지급보증대리인은 제3자의 지불능력을 보증하는 대리인 아니고 매수인이 지급하지 않을 경우 지급보증을 하는 대리인이다.

- solvency : 지불능력

04 "Underlying transaction" 기본거래와 같은 의미인 것을 찾는 문제로, 기본거래는 sales contract(매매계약)와 같은 뜻이다. 해당 문제는 제112회 시험에도 기출되었던 문제이다.

- carriage contract : 운송계약
- certificate of origin : 원산지증명서

05 "If the parties intend the seller to bear the risks and costs involved in transporting and handling the goods from the terminal to another place." 즉, D조건의 경우 목적국까지 매도인의 위험과 비용으로 인도해야 하기 때문에 터미널에서 다른 장소로 물품을 인도하더라도 매수인의 위험과 비용이 아니고, 매도인의 위험과 비용으로 진행하여야 한다.

06 "If a credit is transferred to more than one second beneficiary"는 "신용장이 둘 이상의 제2수익자에게 양도된 경우에는"이라고 해석되어야 한다.

07 당사는 CD 플레이어 추가공급을 위한 4월 15일자 귀사의 주문을 받아 기뻤습니다. 그러나 현재 어려운 상황 때문에, 당사는 많은 고객들이 그들의 계좌를 합리적인 한도 내에서 유지하도록 보장해야만 합니다. 오직 이렇게만 당사는 당사의 약속을 지킬 수 있습니다. 현재 귀사의 계좌잔액은 1,800달러가 넘습니다. 당사는 당사가 추가 공급에 대한 신용을 부여하기 전에 귀사가 해당 잔액을 줄여 주길 원합니다. 만약 귀사가 당사에게 지불해야 할 금액의 절반에 대한 수표를 보내준다면 당사는 감사해할 것입니다. 그러면 당사는 현재 요청된 물품을 공급하도록 하겠고 귀사의 계좌로 청구할 수 있습니다.

해당 서신에 따라 잘못된 것을 찾는 문제로 ③번의 경우 "작성자는 현재 주문에 대한 수표를 보내달라고 수신자에게 요청하고 있다."라고 설명하고 있다. 그러나 해당 서신에서는 현재 주문에 대한 수표를 요청한 것이 아니라 잔액, 즉 지불해야 할 금액의 절반에 대하여 그에 해당하는 수표를 보내 달라고 요청하고 있다.

- commitment : 전념, 약속
- owe : (돈을) 빚지고 있다
- balance : 잔액

[08~09]

당사는 5월 25일 귀사의 문의에 언급된 회사가 당사의 이름을 조회처로 제공했다는 것에 대해 놀라움을 표해야만 했습니다.

당사가 아는 한 그들은 평판이 좋은 회사지만, 당사는 그들의 재정상태에 대해 확실한 지식을 가지고 있지 않습니다. 그들이 지난 2년 동안 여러 차례에 걸쳐 우리 회사에 주문을 한 것은 사실이지만, 귀사의 서신에 언급된 금액에 비하면 그 액수는 적었고, 그렇다고 해서 제때에 결제된 것은 아니었습니다.

이것은 당사가 주의할 필요가 있다고 느끼며 귀사가 대리점을 통해 추가적으로 문의할 것을 제안합니다.

당사는 당사가 제공하는 정보가 엄격한 비밀로 처리될 것이라는 귀사의 보장을 믿으며, 당사가 더 도움이 될 수 없다는 것에 유감스럽게 생각합니다.

- occasion : 때, 적절한 때
- compared with : ~와 비교하여
- assurance : 확언, 장담

08 해당 문제는 빈칸에 가장 적절한 문장을 찾는 문제이다. 대상업체에 대한 신용조회를 하는 내용으로 문맥상 대리점을 통해 추가적으로 문의할 것을 제안한다는 내용이 가장 자연스럽다.

09 해당 서신을 통하여 추론된 이전 서신 내용으로 잘못된 것을 찾는 문제로, ④번의 경우 "그들의 필요조건은 분기당 약 20만 달러에 달할 수 있으며, 당사는 이 정도의 약속을 이행하는 그들의 능력에 대한 귀사의 의견에 감사할 수 밖에 없습니다."라는 내용으로서 이전 서신에서 추론할 수 없는 문장이다. 오히려 서신을 작성한 담당자는 문의한 업체의 재정상태에 대하여 확언하지 못했으며 제때에 결제 받지 못한 경우도 있다고 하였다.

10 해당 서신은 용선계약에 대한 내용으로 ①번의 경우 "송하인은 컨테이너에 많은 물품을 가지고 있다."는 설명은 정기선에 해당하는 내용이다. 부정기선에는 컨테이너를 이용하지 않는다.
- charter party : 용선계약
- Time charter : 기간용선계약

11 "세 번째 해에 드디어 연 15% 성장률을 유지하게 해주었습니다."가 아니고 "3년 연속으로"로 해석되어야 한다.

12 "언제쯤 당사가 돌아와서 다시 투자할 수 있을까요"가 아니고 "언제 투자수익률을 볼 수 있습니까"로 해석되어야 한다.
- Return on Investment : 투자수익률

13
> 당사는 당사의 옷을 소비자에게 직접 팔지 않으며 당사와 당사의 거래업체 사이에 도매가격을 유지시키기 위해 노력합니다. 그것은 당사가 함께 거래하는 사람들의 충성심과 신의 둘 다를 위한 방법입니다. 분명히, 당사의 도매가격을 소비자에게 누설하는 것은 신의를 저버리는 것입니다. 그러나 당사는 Bronx와 Manhattan에 있는 당사의 거래처들의 목록을 귀사가 참고할 수 있도록 동봉하였습니다. 많은 거래처들이 맥신 스포츠웨어를 할인 판매합니다.

해당 서신의 이전 페이지에 나올만한 적절한 문장을 찾는 문제이다. ③번 "당사는 귀사의 관심에 정말 감사합니다. 그럼에도 불구하고 당사는 귀사가 요청하신 정보를 제공할 수 없어 유감스럽습니다."가 적절한 문장이다.
- wholesale price : 도매가격
- violation : 위반

14 모두 정답 처리되었다.

15 UCP600 제28조 f항에서는 "보험담보의 금액은 적어도 물품의 CIF 또는 CIP가격의 110%이어야 한다. CIF 또는 CIP 가격이 서류로부터 결정될 수 없는 경우 보험담보금액은 지급이행 또는 매입이 요청되는 금액 또는 송장에 표시된 물품 총가액 중에서 보다 큰 금액을 기초로 하여 산정되어야 한다."고 규정하고 있으므로 답은 ④번이 맞다.

16 수익자에 의하여 매입은행에게 제시된 서류는 상업송장이 아닌 세관송장이었고, 대신 다른 모든 조건은 충족한다는 내용이다. 이 경우 매입은행은 수익자에게 조건변경을 위하여 서류를 반송해야 한다.

17 고객 불평에 대한 회신으로 적절하지 않은 것을 찾는 문제이다. ②번은 "이것은 당사가 귀사의 이메일을 보았다는 것을 확인하는 것이고, 당사는 귀사에 약속한 대로 다음 주에 당사의 물품을 받기를 기대합니다."라는 내용으로서 일반적인 배송 내용이기 때문에 적절하지 않다.

18
> - 이것은 제품이 어디에서 생산되었는지 구매자에게 알리기 위해 눈에 잘 띄는 곳에 위치해야 한다.
> - 이것은 제품이 어디에서 만들어졌는지 최종구매자에게 명확하게 표시하기 위해 사용된다.

"원산지 표시"에 대한 내용이다.
- conspicuous : 눈에 잘 띄는, 뚜렷한
- ultimate : 최종

19 "은행 대출이 처음에 5년 기한으로 연장되면, 3년 후에 그 대출은 2년 간의 기한이 생겼다고 말할 수 있다."가 맞는 해석이다.
- tenor : 기한

20 해당 서신으로 보아 Ms. Jones의 회사는 8,000달러까지 신용을 연장할 수 있다.
- inventory: 물품, 재고
- accommodate : 수용하다

21
> 당사는 바레인에 있는 당사 제품의 회사들에 대해 문의하기 위해 서신을 쓰고 있습니다. 한국, 서울에 있는 귀사의 지사에서 당사에게 귀사가 당사를 도울 수 있을지도 모른다고 말했습니다.
> 당사는 라디오 전화기를 제조합니다. 현재 우리는 유럽과 라틴아메리카에 수출하고 있지만, 페르시아만으로 수출을 시작하고 싶습니다.
> 이 서신을 당사를 대신하여 관심이 있을지도 모르는 바레인의 모든 회사에 보내주시겠습니까? 당사는 카탈로그를 몇 개를 동봉합니다.

해당 서신은 바레인에 있는 고객사를 찾기 위한 서신으로, "바레인에 있는 대리점에 대하여 문의하기 위하여"가 맞는 답이다.

22 해당 지문에서 "CIF LA per unit"를 확인한 후 풀면 되는 문제이다. CIF 조건은 선적지 인도조건으로 선적지의 본선에 물품을 적재할 때 매도인의 위험이 매수인에게로 이전하고, 인도의무가 완료된다. 단, 비용은 목적항까지 매도인이 부담한다. ④번의 경우 '매도인의 위험으로 LA까지 물품을 인도한다.'라고 했으므로 틀린 답이다. 매도인의 위험이 아닌 "매수인"의 위험이 와야 정답이다.

23 해당 지문은 "불가항력(force majeure)"에 대한 설명으로, 지진, 해일, 가뭄이나 홍수, 전쟁 등 피할 수 없는 재난으로 인해 계약의무를 이행하지 못할 경우 의무의 불이행에 따른 책임을 면하게 되는 것이다. 계약 자체를 소멸시키는 것이 아니고 계약조건의 불이행에 따른 면책을 인정하는 것이다.

[24~25]

> 많은 고객들이 귀사의 책장과 커피 테이블 조립 키트에 대하여 문의해 왔습니다. 당사는 (확정)주문을 하기 전에 시장에서 테스트하고 각 키트의 6세트를 점검하고 싶습니다. 당사는 필요하다면 신용조회처를 제공할 수 있습니다. 당사는 귀사의 동의를 기대하며 (일시적인) (No. KM1555) 주문을 첨부합니다. 서두르실 필요는 없지만 당사는 4월 말까지 귀사의 답변을 받기를 희망합니다.

- on approval : 점검하고 나서
- anticipation : 예상, 예측, 기대

24 매도인은 이 거래에서 매수인을 신뢰하지 않을 것이기 때문에 신용조회처(trade references)가 필요하다.

25 빈칸에 가장 적절한 단어를 찾는 문제로, 업체는 확정주문을 하기 전 해당 제품의 일부를 받아 테스트할 예정에 있으므로 일시적인 주문을 한다는 내용이 가장 적절하다.

■ **SECTION 2**   영작문

26

> 추정전손은 수리비용과 그 재산의 (가치)가 같거나 그 이상의 수리비용을 더한 것으로서 실제 총 손실을 피할 수 없는 것으로 보이거나, 위에서 언급한 바와 같이 초과 지출이 없으면 보존하거나 수리할 수 없기 때문에 피보험재산은 폐기된다. 예를 들어 물품이 손상된 경우, 손상의 수리 및 물품의 목적지까지의 운송비용이 (도착) 시의 물품 가액을 초과할 수 있다.

- constructive total loss : 추정전손
- actual total loss : 현실전손

27

> 지급 지연과 관련한 귀사의 서신에 대하여, 당사는 귀사의 제안을 받아들이겠음을 통지합니다. 당사가 추가하고 싶은 한 가지 조건은 만약 지불 일정에 합의된 것 이상으로 지급이 지연되고, 만약 적절한 통지가 없다면 당사는 (강제적으로) 귀사에 대해 법적 조치를 취할 것입니다.

문맥상 "'강제적으로' 법적 조치를 취하다."가 가장 적절하다.

28 EXW조건은 국내 거래에 적합하며, 매도인의 최소의무를 표방한다. "공장인도" 조건은 매도인이 자신의 영업구내 또는 기타 지정장소(공장·창고 등)에서 물품을 매수인의 임의처분하에 두는 때에 인도되는 것을 말하며, 위험과 비용의 분기점은 인도기간 내에 매도인이 자신의 영업구내에서 물품을 수취용 차량에 적재하지 않은 상태로 매수인의 임의처분하에 두는 때이다. 따라서 밑줄 친 곳에 대체될 수 없다.

29 the number of 뒤에는 반드시 "복수명사"가 와야 한다. 즉, the number of 뒤에 enquiry라는 단수명사가 왔기 때문에 문법적으로 틀린 답이다. "enquiries"가 와야 한다.

30

> 당사는 방수복들을 점검한 후 마음에 들면 구매한다는 조건으로 3월 12일자 귀사의 요청을 받게 된 것에 대해 기쁘게 생각합니다. 당사는 이전에 함께 일해 온 적이 없기 때문에 당사는 반드시 신용조회처 또는 은행명을 귀사께 요청해야만 한다는 사실에 대해 죄송하게 생각합니다. 이러한 조회들이 만족스럽게 해결되자마자, 당사는 귀사의 서신에서 언급된 품목들의 좋은 선별품을 귀사에 기쁘게 보내드릴 것입니다. 당사는 진심으로 우리의 첫 거래가 서로 장기간에 걸친 즐거운 사업 협력으로 이어지길 희망합니다.

31 해당 지문은 신용보고서에 오류를 발견하여 오류 부분을 삭제하고 변경하려는 목적으로 작성된 것이기 때문에 문맥상 ③번의 open my credit report는 적절하지 않다. 즉, 오류 반영된 신용보고서는 폐기해 주시고 정확하게 반영된 것을 보내 달라는 내용이 와야 한다.

32 우리 회사의 11월 및 12월 인보이스 7713번에 대한 1월 15일자 귀사의 서신을 잘 받았습니다.

우리는 귀사가 겪은 어려움을 듣게 되어 유감스러우며, 귀사의 상황을 이해하였습니다. 그러나 우리 스스로 공급업체에게 지불할 수 있도록 귀사가 가능한 한 빨리 계좌를 (청산)해 주시면 감사드리겠습니다.

상대방의 상황이 안 좋은데도 불구하고 대금 지급을 요청하고 있는 상황이기 때문에 "계좌를 청산하다(clear the account)"라는 문구가 와야 한다.

33 EXW규칙에 대한 설명으로, EXW규칙은 매도인의 최소의 무를 표방하고 있기 때문에 매도인은 매도인의 영업구장이나 다른 지정장소에서 물품을 매수인의 임의처분상태로 두면 모든 인도의무가 완료된다. 또한 매도인이 물품을 수취용 차량에 적재하기 좋은 위치에 있다 하더라도 해당 물품을 적재할 의무는 "매수인(buyer)"에게 있다. 그러므로 답은 ①번이다.

34 수년 동안 당사는 미국에서 전기면도기를 수입해 왔습니다. 그러나 현재 이러한 면도기를 영국 제조업체로부터 구매할 수 있다는 것을 알게 되었습니다. 당사는 당사의 현재 모델 범위를 확장하길 원하며 만약 귀사가 당사를 도울 수 있을 것 같은 영국 제조업체들의 리스트를 제공해 주신다면 정말 감사드리겠습니다.

만약 귀사가 귀사의 기록에 있는 정보를 제공해 줄 수 없다면, 당사의 문의사항을 런던에 있는 알맞은 공급업체들에게 보내주시겠습니까?

해당 서신에 대한 회답으로 적절하지 않은 것을 찾는 문제이다. ③번의 "귀사의 주문품이 오늘 선적되었다는 것을 알려드리게 되어 기쁩니다."라는 문장은 서신에 대한 답변으로 볼 수 없다.

- electric shaver : 전기면도기

35 한글로 된 문장을 가장 적절하게 영작한 것을 찾는 문제로 ③번이 답이다.

- joint venture : 합작투자
- the technology transfer agreement : 기술이전계약

36 우리는 한국에 있는 대형 음악 가게이며, "Smart World"라는 이번 달 호에서 귀사가 광고한 핸드폰에 대하여 더 많은 것을 알고 싶습니다.

저희에게 핸드폰이 지적재산권으로부터 자유로운지와 한국어로 이용 가능한지 알려주시겠습니까? 또한 수량할인이 가능한지 알려주시기 바랍니다. 우리는 상기 부분에 대하여 우리가 만족할만한 답변을 받을 경우 상당량의 주문을 할 것입니다.

①번의 경우 "지적재산권 문제로부터 자유로운지 여부"로 해석되며, 밑줄 친 부분과 유사한 의미이다.

- free from : ~로부터 자유로운
- intellectual property issue : 지적재산권 문제

[37~38]

Stone Corporation의 이사회와 사무관을 대신하여, 당사는 지난해 화재로 인하여 폐허가 된 인천 본사 건물을 성공적으로 재건축 완료한 귀하의 회사에 진심으로 감사와 축하를 표하고자 합니다. 귀사의 회사는 거의 불가능한 것으로 보이는 일을 수행함으로써 건설업계의 선두주자로 우뚝 섰습니다. 귀사는 어려운 조건하에서 작업하고 공사 일정이 빨라졌음에도 예정대로 건물을 완공하였습니다.

- Board of Directors : 이사회
- reconstruction : 재건축
- accelerate : 속도가 붙은, 가속된

37 밑줄 친 부분의 문장은 ③번의 "비록 그 작업계획이 까다롭고 빡빡했지만, 귀사는 당사의 요구를 충족시켰다"로 요약될 수 있다.

38 서신을 받은 후 상대방에서 보낸 답변으로 가장 적절한 것을 찾는 문제이다. ①번 "이 성과는 귀사의 프로젝트 매니저의 개인적인 기술과 헌신 그리고 현장에 모인 전문 기술자와 숙련된 장인의 훌륭한 그룹의 덕택입니다."가 적절하다.

- accomplishment : 업적, 성과
- dedication : 전념, 헌신

[39~40]

당사는 샌프란시스코에 있는 힐즈 프로덕션에 의해 귀사를 (알게 되었습니다.) 당사는 한국에서 수많은 여행용 그리고 교육용 DVD를 생산하고 배포하고 있습니다. 여기에는 경주와 부여의 30분짜리 DVD 2개와 홍콩의 50분짜리 DVD가 포함됩니다. 해외시장을 염두에 두고 이것들은 영어로 된 완벽한 해설과 포장을 하여 (역시 생산했습니다.) 지금까지 그것들은 한국과 홍콩의 관광객들에게 매우 잘 팔렸습니다. 당사는 이제 미국에서 직접 DVD를 판매하고 싶습니다. 당사는 이 DVD의 삼재석인 시상은 여행대리섬, 비디오가게, 서점, 학교, 도서관이라고 생각합니다. 당사는 귀사가 미국에서 (대리점)으로 활동하는 데 관심이 있는지 또는 만약 다른 미국에 있는 사람들에 대한 추천이 있는지 여부에 대한 귀사의 조언에 감사드릴 것입니다. 귀사의 평가를 위하여 (DVD 영문 사본을 동봉합니다.) 당사는 귀사의 답장을 기다리고 있습니다.

39 these의 경우 여행용과 교육용 DVD를 의미한다. "C"의 문장의 경우 "해외시장을 염두에 두고 이것들은 영어로 된 완벽한 해설과 포장을 하여"로 해석되고 있는데, 여기서 주어는 DVD로, 이 경우 DVD가 해설과 포장을 하여 생산한 것이 아니고 생산된 것이기 때문에 have also been produced가 되어야 한다.

40 문맥상 귀사의 평가를 위하여 "DVD 영문사본을 동봉합니다."가 가장 적절하다.

41 ①번의 경우에는 주문을 취소하고 선적 지연 건에 대하여 법적 절차를 진행하겠다는 내용이다. 나머지는 포장 불량에 대한 내용이다.

42 일반적으로 일람불 최소불능신용장에서 in favor of 뒤에는 "매입은행"이 온다.

43 "the refrigerators mentioned in your order is not in stock."이 되어야 한다. 'mentioned'가 수식하는 명사인 'refrigerators'와의 관계가 수동이다.

[44~45]

> 대량구매를 위하여 당사의 가장 가치 있는 고객들에게 제공되는 특별할인에 주목하시겠습니까.
> 이 할인은 5만 달러 이상의 주문의 경우 5%, 10만 달러 이상의 주문의 경우 15%로 구성되며, 귀사는 항상 우리 회사에 상당한 양의 주문을 해 왔기 때문에 이번 행사를 이용하길 희망합니다.

44 미화 10,000달러 가치만큼 주문을 할 경우 어느 정도 금액이 할인되는지 묻는 문제로, 지문에서는 최소 50,000달러 이상 주문 시 5%의 할인이 적용된다고 되어 있으므로, 10,000달러 주문 시 할인을 받지 못한다.

45 "sizeable"은 꽤 큰, 상당하이란 뜻으로 대체 가능한 단어는 "large"이다.
- minimum : 최소
- average : 평균

46
> 선적된 제품에 대한 권리의 이전을 통제하기 위해서 일람불환어음을 사용한 D/P(지급인도조건)거래에는 여전히 약간의 위험이 있다. 구매자의 지급능력 또는 지급의지는 물품이 선적된 시점부터 지급을 위해 환어음이 제시되는 시점까지 변경될 수 있다. ; (그리고 은행의 지급보증이 없다.)

신용장거래의 경우 개설은행의 지급보증이 있기 때문에 매도인의 신용위험이 없으나, 추심거래의 경우 은행은 단순히 서류를 전달해 주는 역할만 할 뿐 대금지급을 보증하지 않기 때문에 일람불 환어음을 발급하더라도 여전히 수출자에게는 신용위험이 존재한다.
- 신용위험 : 매수인에게 돈을 받지 못할 위험

47 해당 내용은 "소손해면책률(franchise)"에 대한 설명이다.

48 인코텀즈2010에 대한 설명 중 틀린 것을 찾는 문제이다. FCA규칙에서는 인도 장소가 매도인의 영업구내인 경우 물품이 매수인이 제공한 운송수단에 적재되는 때 매도인의 인도의무가 완료되고, 그 외의 장소인 경우에는 물품이 매도인 운송수단에 실린 채 양하 준비된 상태로 매수인이 지정한 운송인이나 제3자의 처분하에 놓인 때 매도인의 인도의무가 완료된 것으로 본다.

49 사고부 선하증권(Dirty=foul=claused BL)의 경우 "선적된" 물품에 하자가 있는 경우 비고란에 해당 내용이 기재되어 발행된 선하증권을 의미한다.
- Straight B/L : 기명식 선하증권

50 "Your bank has been given to us as a reference by Brown & Co."
→ 귀사의 은행은 Brown & Co에 의해 우리에게 신용조회처로서 주어졌습니다.
"Brown & Co. have been referred by our bank to you."
→ Brown & Co사는 우리 은행에 의해 귀사에게로 언급되었습니다.
즉, 주체가 다르기 때문에 유사한 의미로 볼 수 없다.

SECTION 3   무역실무

51 UCP600 제14조 k항에서는 "모든 서류상에 표시된 물품의 화주 또는 송화인은 신용장의 수익자일 필요는 없다"고 규정되어 있다.

52 ③번의 경우 CISG 제65조 물품명세확정권에 대한 내용으로 이는 "매수인의 계약위반에 대한 구제"에 대한 내용이다.

53 고지의무 위반 시 보험료가 전부 반환되나, 담보위반의 경우에는 해지일자 이전의 경과보험료는 사고가 없더라도 환급되지 않는다. 즉, 일부만 반환된다.

54 견적송장은 송장으로 인정되지 않는다.

55 "LCL"화물에 대한 내용이다.

56 권리포기 선하증권은 B/L보다 물품이 수입국에 먼저 도착했을 때 수출자가 FAX나 이메일로 surrendered B/L을 보내주면, 수입자가 원본B/L 없이도 화물을 찾을 수 있다. surrendered B/L의 경우 B/L상의 수취인만이 화물을 찾을 수 있는 유통성이 없는 물품인수증으로 "non-negotiable"이 맞는 답이다.

57 해당 B/L은 용선운송선하증권으로 하역비용은 화주가 부담한다.

58 포페이터는 수출자에게 일정한 대가를 지불하고 환어음 또는 약속어음을 무소구 조건으로 매입하는 형태의 금융거래로, 수출자에게 별도의 보증을 요구하지 않는다.

59 General L/C의 경우 자유매입신용장으로 매입은행부지정 신용장이라고도 하며, 신용장상에 어음의 매입은행을 지정하지 않고 어느 은행에서나 매입할 수 있는 신용장을 의미한다.

60 복합운송의 요건으로 복합운송인이 이종의 운송수단을 보유하여야 한다는 요건은 없다.

61 해상보험계약의 법적 성질로는 낙성계약, 쌍무계약, 유상계약, 부합계약, 사행계약, 최대선의계약 및 불요식계약이 있다.

62 일부보험은 보험금액이 보험가액보다 적은 경우이며, 보험계약 체결 시 보험료 절감을 위해 체결하기도 하고, 계약체결 시에는 전부보험이었지만 물가의 등귀로 일부보험이 되는 경우도 있다.

63 신용장 양도와 관련하여 발생한 모든 수수료는 제1수익자가 지급해야 하며, 개설은행은 양도은행이 될 수 있다. 양도는 1회로 끝나며, 제2수익자는 제3수익자에게 양도할 수 없다.

64 • 수입자에게 외상 기간 동안의 신용을 공여해 주는 주체가 개설은행 또는 매입은행일 경우 이를 Banker's Usance라 하며, 이자부담주체에 따라 수출자가 이자를 부담하면 "Shipper's Usance"이고, 이자를 수입자가 부담하는 조건이면 "Banker's Usance"라 한다.
• Banker's Usance는 환어음의 인수지역에 따라 해외은행이 인수하게 되면 Overseas Banker's Usance라 부르며, 해외 인수은행이 인수금융을 공여하고 수출자는 일람출급 조건으로 수출대금을 회수하게 된다. 반면, 국내의 개설은행 등이 인수하면 Domestic Banker's Usance라고 한다. 이는 신용장 개설은행이 인수금융을 공여하고 수출자가 일람출급조건으로 대금을 회수하게 된다.

65 내국신용장은 원신용장이 양도신용장이 아닌 경우에도 발급이 가능하다.

66 UCP600 제14조 e항에서는 "상업송장 이외의 서류에 있어서, 물품, 용역 또는 이행의 명세는 명기된 경우 신용장상의 이들 명세와 상충되지 아니하는 일반 용어로 기재될 수 있다."라고 규정하고 있다. 따라서 엄격일치가 적용되는 서류는 상업송장이다.

67 대외무역법상 특정거래형태 중 "중계무역은 수출할 것을 목적으로 물품 등을 수입하여 관세법에 따른 보세구역 및 보세구역외 장치의 허가를 받은 장소 또는 「자유무역지역의 지정 등에 관한 법률」에 따른 자유무역지역 이외의 국내에 반입하지 아니하고 수출하는 수출입을 말한다."라고 규정되어 있다.

68 "Collect Charge Fee"란 착불수수료란 뜻으로 보통 항공운임과 부대비용 총액의 5%를 청구하게 된다.

69 "available with (A) by payment"에서 A에는 지급이 가능한 은행이 기입되어야 한다. 해당 문제에 따른 해석으로 발행은행에게 지급을 요청한다가 맞으며, 환어음에 대한 문구가 없기 때문에 나머지는 오답이다.

70 "팩터링채권을 회수하고 전도금융을 제공한다."는 수출팩터에 대한 설명이다.

71 • 뉴욕협약의 경우 집행국 이외의 국가에서 내려진 판정과 집행국에서 국내판정이라고 인정하지 않는 판정에 대하여 적용된다.
• 승인과 집행의 요건 중 중재계약이 무효 · 실효 · 이행불능이 된 경우는 집행이 불가능하다.
• 중재판정은 구속력을 갖는다.

72 무역클레임의 간접적 발생원인은 언어의 상위, 상관습 및 법률의 상이, 이메일 사용 시 전달과정상의 오류, 신용조사의 미비로 선정된 상대방의 대금결제능력 및 도덕성 결여, 상대국 법규에 대한 무지 등이 있다. 무역클레임의 직접적 발생원인으로는 계약의 성립, 계약의 내용, 계약이행이 있다.

73 제28조에서는 "보험증권은 포괄예정보험에 의한 보험증명서 또는 통지서를 대신하여 수리될 수 있다."고 규정하고 있다.

74 선적전검사의 경우 수입물품의 품질, 수량, 외관, 과세표준 등의 적정성 여부를 수입국 정부가 지정한 검사기관이 선적 전에 수출국에서 검사하고, 검사결과를 반영한 증명서는 검사 자격을 위임받은 검사기관이 발급한다. 해당 선적전검사증명서는 반드시 선적일자 이전의 일자에 발행된 사실이 나타나 있을 필요는 없으며, 해당 인증서는 통관 시 제출서류 중 하나이다.

75 하자를 명백하게 표시하지 않고, may be라고 기재되어 있기 때문에 해당 서류는 인수가 가능하다.

2019년 116회 기출문제 정답 및 해설

Trade English **PART 03**

1	2	3	4	5	6	7	8	9	10
③	③	④	②	①	④	①	②	①	①
11	12	13	14	15	16	17	18	19	20
③	③	②	②	③	②	①	④	④	②
21	22	23	24	25	26	27	28	29	30
①	②	④	④	①	②	①	②	③	①
31	32	33	34	35	36	37	38	39	40
①	②	④	③	①	①	②	①	①	①
41	42	43	44	45	46	47	48	49	50
②	④	③	①	①	④	③	①	②	③
51	52	53	54	55	56	57	58	59	60
④	②	③	③	④	②	④	②	④	①
61	62	63	64	65	66	67	68	69	70
②	①	④	④	③	①	②	①	①	③
71	72	73	74	75					
③	④	①	④	①					

SECTION 1 영문해석

01

우리가 12월 15일에 Celltopia 선적품을 받은 것을 귀사에게 알립니다. 우리의 기술자들은 모든 기계를 철저히 테스트하였고, 25개의 결함이 있는 배터리를 발견했습니다. 우리는 첨부된 시트에 그것들의 일련번호를 리스트화했습니다.

우리는 이미 페덱스를 통해서 대체배터리를 보냈습니다. 그동안 결함 있는 제품을 우리의 비용으로 하여 보내주시기 바랍니다. 귀사는 우리의 페덱스 계정을 사용하셔도 됩니다.

"매수인은 배터리를 반송하기 위하여 운임을 부담할 것이다."는 틀린 답이다. 지문에서 수출자는 물품을 반송할 시 발생하는 비용은 수출자가 부담하겠다고 하였다.

• replacement : 대체품
• defective : 결함 있는, 하자 있는

02 몇몇 고객들이 최근에 원격제어 창문 블라인드에 관심을 보이고 그것의 품질에 대하여 문의하였습니다.

우리는 아시아에서 창문 블라인드를 널리 판매하고 있습니다. 만약 품질과 가격이 만족스럽다면, 이곳에서 판매 전망이 좋을 것 같습니다.

하지만, 주문하기 전에 20일 점검부 조건으로 리모컨으로 작동되는 창문 블라인드를 선택해서 보내주시면 감사하겠습니다. 이 기간 말까지 판매되지 않은 물품과 당사에서 재고로 보유하지 않기로 결정한 모든 품목은 우리의 비용으로 반송될 것입니다.

"물품반송에 대한 운임은 HNC International(서신작성회사)에서 부담할 것이다."가 맞는 답이다.

· place an order : 주문하다

03 해당 지문은 "물품운송과 관련하여 일반적으로 사용되는 일부 서류는 UCP600에 따른 운송 서류로 간주되지 않는다"라는 내용으로 해당 "일부 서류"에 속하지 않는 것을 찾는 문제이다. 즉, UCP600상 운송서류로 간주되는 서류를 찾으면 되는 것으로 선하증권은 대표적인 운송서류 중 하나이다.

04 UCP600 제38조 g항에서는 양도된 신용장은 "신용장의 금액, 신용장에 명기된 단가, 유효기일, 제시를 위한 기간, 또는 최종선적일 또는 정해진 선적기간 중 일부 또는 전부를 감액 또는 단축할 수 있다"고 규정하고 있다. 즉, 보기 중에 유효기간 및 선적일은 기간을 단축할 수 있어도 연장할 수는 없으며 보험금액은 변경할 수 없다.

[05~06]

당사의 French Empire의 술잔에 대한 귀사의 문의에 감사드립니다. 이 시기에 관심이 다시 많아지기 때문에 당사는 이 제품들이 귀사의 고객들에게 인기가 있다는 것에 놀랍지 않습니다.
당사는 귀사가 이 종류의 술잔을 즉시 보고 싶다고 말한 대로 CIF Riyadh 조건으로 하여 당사의 카탈로그의 1-4페이지를 팩스를 통해 보냅니다. 당사는 귀사의 시장에 관한 설계에 대한 귀사의 의견을 고맙게 생각합니다.

05 해당 서신은 상대방의 거래조회에 대한 회신으로 작성한 것이다.

· firm offer : 확정청약
· rejection : 거절

06 "regarding/about/concerning"의 경우 "~에 관한", "~에 대한"이라는 뜻이고 "regard for"의 경우에는 "~에 대한 관심"이라는 의미이다.

07

Dear Jenny,

오늘 아침의 전화 통화와 관련하여, 나는 당신의 대리인 중 한 명이 서울 테헤란로 443번지에 있는 우리 매장에 방문하여 완벽한 수리에 대한 견적을 주었으면 합니다. 저에게 연락하셔서 약속을 잡아 주실 수 있겠습니까?

전화에서 언급했듯이 2018년 2월 말 이전에 작업을 완료하는 것이 필수적이며, 계약서에 이러한 내용이 명시될 것입니다.

[08~09]

일람불 환어음은 수출자가 해당 물품이 목적지에 도착하여 대금지급이 이루어질 때까지 물품에 대한 권리 보유를 원할 때 사용된다.
실무에서 해상선하증권은 수출자에 의하여 배서되고 수출자의 은행을 통하여 수입자의 은행에 전달된다. 환어음과 함께 인보이스, 수입자 또는 수입국의 나라에서 요구하는 기타 선적서류들이 첨부된다(예 팩킹리스트, 영사송장, 보험증명서). (A) 외국은행은 그러한 서류들을 받았을 때 매수인에게 통지한다. 환어음이 결제되자마자 외국은행은 매수인이 선적물품을 획득할 수 있도록 선하증권을 전달한다.

· In actual practice : 실무에서
· sight draft : 환어음
· turn over : 전달한다
· shipment : 물품, 선적품

08 해당 지문에서는 은행이 대금지급보증을 한다는 내용이 없다. 매도인은 은행이 지급보증을 하지 않기 때문에 대금회수 안전을 위하여 일람불 환어음을 사용하고 있고, 은행은 단순히 서류 및 어음을 전달하는 역할을 하고 있기 때문에 추심거래방식 중에서도 일람불환어음을 사용하는 D/P(지급인도조건)가 맞는 결제방식이다.

09 수입국에서 수입자에게 어음제시 및 대금회수, 서류를 전달하는 역할을 하는 은행은 추심은행(collecting bank)이다.

· remitting bank(추심의뢰은행) : 수출국에서 수출자의 거래은행으로 추심은행에게 추심을 의뢰하는 역할을 하는 은행

10 당사는 다양한 종류의 유리제품 12상자 (전) 히스로를 한국 서울(로) 보내고 싶습니다. 그리고 그것은 앞으로 10일(내에) 배송될 것입니다.

해당 문제와 비슷한 문제가 제114회 시험에 사우디아라비아에서 한국 서울로만 변경되어 출제되었다.

11 해당 내용은 "수입화물선취보증서(Letter of Guarantee)"에 대한 설명이다. 수입화물선취보증서는 수입물품은 이미 도착했으나 원본선하증권이 도착하지 않아 수입자가 물품을 못 받고 있는 경우 수입상과 발행은행이 연대하여 보증한 보증서를 선박회사에 선하증권 원본 대신 제출하고 수입화물을 인도받는 것으로, 원본 선하증권을 수취 시 반드시 선박회사에 제출하여야 한다.

- Letter of Indemnity : 파손화물보상장
- Trust Receipt : 수입화물대도
- Fixture Note : 선복확약서

12 "CPT"조건은 운송비지급인도조건으로 매도인이 합의된 장소에서 매도인에 의해 지정된 운송인 또는 다른 당사자에게 물품을 인도하고, 그 밖에 매도인이 지정된 목적지까지 물품을 운송하는 데 소요되는 운송비를 지급하는 조건으로, ③번처럼 운송계약 체결 시 만일 합의된 목적지까지 운송을 위해 여러 운송인이 운송에 이용될 경우에, 그리고 당사자가 특정한 인도지점을 합의하지 않을 경우에는 위험은 물품이 매도인의 선택에 따라 전적으로 첫 번째 운송인에게 인도되는 지점에서 이전이 된다.

13 "빛이 다소 줄었음에도 불구하고, 애플은 시장가치가 4억 3,200만 달러인 가장 귀중한 미국 기업으로 남아 있다."가 맞는 해석이다.

- diminish : 줄어들다, 약화시키다
- market value : 시장가치

14 "Under such circumstances, we have to ask for your most competitive prices on the particular item, your sample No.10 which is in high demand."는 "이러한 상황에서, 당사는 귀사의 특정 품목에 대한 가장 경쟁력 있는 가격, 즉 수요가 높은 귀사의 10번 견본을 요청해야만 합니다."라는 의미이다. 즉 해당 내용은 물품조회(거래조회)에 대한 내용이다.

15 "seller's risk of loss of or damage to the goods during the carriage."가 아니고 "buyer's"가 와야 한다.

16 distributor(판매점)는 물품에 대하여 독자적으로 물건을 판매할 수 있는 자로, 제조자 및 수출자로부터 물품을 자기 책임과 비용으로 구매하여 구매자에게 판매한다.

17 포페이팅 거래에 대한 설명으로, 포페이터는 수출자로부터 약속어음 또는 환어음을 할인하여 무소구 조건으로 구매하여, 수입국에 있는 수입자의 거래은행으로부터 지급보증(aval)을 받게 된다.

18 "Buyer is not responsible for~" → "Buyer is responsible for"로 수정되어야 한다. 즉, 수입자는 물품이 선적태클의 범위 내에서, 선창에서 선적을 기다리는 동안 또는 선박에 적재될 때까지 선박과 함께 부선이나 다른 운반물에 있는 동안 손실 또는 손상에 대한 책임이 있다.

19 CIF규칙은 매도인이 합의된 선적항에서 매도인에 의해 지정된 선박의 본선에 물품을 인도하거나 이미 선적을 위해 인도된 물품을 조달하는 것을 의미하며, 물품이 CIF 조건으로 판매된 경우 해당 가격에는 지정목적지까지의 물품 비용, 보험료, 운임이 포함된다. 또한 매도인은 반드시 지정목적항까지 운송을 위한 대금을 지급하여야 하며 수출로 부과되는 각종 세금 및 비용을 지급하여야 한다.

20 UCP600 제11조 b항에서는 "신용장의 발행 또는 조건변경의 '사전통지'는 발행은행이 유효한 신용장 또는 조건변경을 발행할 용의가 있는 경우에만 송부된다. 사전통지를 송부하는 발행은행은 지체 없이 사전통지와 모순되지 아니한 조건으로 유효한 신용장 또는 조건변경을 발행할 것을 취소불능적으로 약속한다."라고 규정하고 있다. 결론적으로 해당 지문에서 사전통지된 내용은 분할선적 허용이라고 되어 있기 때문에 발행은행은 반드시 사전통지된 대로 신용장을 발행해야 한다.

21 당사는 1,000개의 XTM−500 선형회로 증폭기에 대한 귀사의 주문에 감사드립니다.
우리의 신용 부서가 귀사를 위하여 10,000달러의 신용 거래를 승인했습니다. 귀사의 현재 주문의 총액이 이 한도를 초과하기 때문에, 당사는 귀사 공장에 물품을 선적하기 위해 적어도 부분결제(선불절반)가 필요합니다.
이 정도의 크기의 물건을 더 구매할 것으로 예상되면, 저에게 전화하셔서 귀사의 한도 연장에 대해서 우리가 어떻게 할 수 있는지 확인할 것입니다. 당사는 귀사의 사업을 가치 있게 생각하고, 이것이 만족스러운 해결책이기를 바라며, 귀사에게 서비스를 제공할 수 있는 기회에 감사드립니다.

금액의 절반을 납부하기를 원하기 때문에 USD5,000이다.

- linear circuit : 선형회로
- amplifier : 증폭기

22 정확한 기준일자 없이 단순히 "선하증권발행일로부터 30일"은 환어음 만기일로서 수리되지 않는다.

23 "견적송장"에 대해서 정확하게 설명하고 있는 것을 찾는 문제로, "물품의 선적 또는 인도 전에 구매자에게 발송하는 예비판매견적서이다."가 맞는 답이다. 견적송장은 무역 거래에서 매도인이 매수인에게 가격을 산정할 수 있도록 매매계약 체결 전에 보내는 서류이며, 인보이스 그 자체는 아니다.

24 해당 지문은 물품 구매 후 작동 결과 불량이 있어 새로운 부품 및 수리를 요청할지 또는 새로운 모델을 구매할지 여부를 작성한 서신이다. 즉 이는 구매자가 고객센터에 보내는 서신이다.

25 계약서에 들어가야 할 필수요소들에 대한 설명 중 틀린 것을 찾는 문제로, 물품의 가격조건, 가격, 인도조건, 운송 및 보험 관련 지시는 계약서에 필수로 들어가야 할 사항이지만 수출국의 HS CODE를 포함한 물품명세는 필수사항이 아니다.

SECTION 2 **영작문**
---

26 have no choice but to+v, 즉 "If you cannot send us a guaranty, we will have no choice but to cancel"이 되어야 한다.

[27~28]

당사는 Birmingham에 본사를 둔 소매체인점으로 남성 레저용 의류 시장을 위해 다양한 스웨터를 공급할 수 있는 제조업체를 찾고 있습니다. 당사는 지난 달 Hamburg Menswear 전시회에서 귀사의 부스에서 전시된 새로운 디자인에 감명을 받았습니다.

당사는 보통 대량 (주문)을 하기 때문에, 순 리스트 가격에서 거래할인의 20%을 추가한 수량 할인을 받을 수 있을 것으로 예상합니다. 당사의 결제조건은 일반적으로 30일 환어음조건의 D/A입니다.

만약 이러한 조건들이 귀사에게 흥미롭고, 귀사가 한 번에 500개 이상의 의류 주문을 (충족)시킬 수 있다면 당사에게 귀사의 현재 카탈로그와 가격표를 보내주시기 바랍니다.

27 "만약에 귀사가 이 조건들을 충족시킬 수 있다면"으로 밑줄 친 부분을 대체하여 사용하기에 가장 적절한 문장이다.

28 "place order"는 "주문을 하다."라는 뜻이고, "meet"은 "충족시키다."라는 뜻이다.

[29~30]

딩사는 Tokyo Jewelers Inc.를 대신하여 주문을 하고 싶습니다. 커팅하지 않은 다이아몬드 5,000개를 예약(유보)해 주시고, 그것이 사용 가능하게 되면 도쿄 보석상들은 Quanstock Diamond Mine으로 보내기 위해 그것들을 구매할 것입니다. 만약 귀사가 이 주문에 응해주시면 감사드리겠습니다.

29 "reserve"는 남겨두다, 마련해놓다 라는 의미로 문맥상 빈칸에 가장 적절한 단어이다.

30 "Hans International"은 구매대리점이다.

[31~32]

귀사의 주문번호 458973호와 관련하여, 당사는 귀사의 이전 주문으로부터 미지불(잔액)으로 인해 그 안에 기입된 물품을 공급할 수 없음을 알려드리게 되어 유감스럽습니다. 지금까지 당사는 이 미지불금액에 대해 귀사로부터 아무런 회신도 받지 못했습니다.

당사는 이 사실에 매우 실망하였고 곧 귀사에 우리가 이 문제를 빨리 해결하도록 도와줄 수 있기를 바랍니다. 결제와 관련하여 의견이 있으신 경우 말씀해 주시면 감사드리겠습니다.

이 문제를 즉시 처리해 주시기 바랍니다. 즉, 당사가 추가 주문을 처리하기 전에 추가적인 지연 없이 송금을 받을 수 있을 것으로 기대합니다.

• outstanding : 미지불된
• balance : 잔액
• remittance : 송금

31 "outstanding"이란 미지불된이란 뜻으로 문맥상 미지불된 잔액이 가장 자연스러운 문장이 된다.

32 • overdue : 기한이 지난
　　• money in advance : 선금
　　• interest : 이자

33 해당 지문은 수입자가 주문한 텔레비전 개수는 원래 37대인데, 실제 수출자는 3대를 누락했고, 수입자는 오직 34개만 받은 상황을 설명하는 내용이다. 결론적으로 매수인이 받을 텔레비전은 총 37대이다.
　　• discrepancy : 불일치
　　• unfortunately : 불행하게도

34 해당 내용은 "단독해손(Particular average)"에 대한 설명이다. 단독해손은 보험의 목적 일부의 멸실 또는 손상으로 인한 손해 중 공동해손을 제외한 손해를 말하며, 피보험자가 단독으로 부담하는 손해를 의미한다.

- Abandonment : 위부
- occasion : 적절한 때

[35~36]

> 당사는 다음의 주차번호가 있는 자동차 키패드에서 사용되는 실리콘을 위한 귀사의 견적을 원합니다.
>
> K0A11164B – 100,000pcs.
>
> K0A50473A – 200,000pcs.
>
> 당사는 메르세데스 벤츠와 포드에게 적절한 키패드를 요구했습니다. 만약 귀사가 우리 회사까지의 배송을 포함하여 귀사의 가격을 명시해 주시면 (감사하겠습니다.) 주문일로부터 3주 이내에 배송이 요구됩니다.

35 문맥상 ①번이 가장 적절하다.

36 수입자인 K – Hans International 회사는 "본인 사업장까지 배송을 포함하여"라고 요청하였다. 따라서 도착지인도조건인 D조건을 사용하여야 한다.

37 "clause"는 조항이라는 뜻으로, 해당 지문상으로 보아 중재조항이 와야 한다. 중재조항이란 계약과 관련한 분쟁 발생 시 법원의 재판에 의하지 않고, 중재에 의하여 분쟁을 해결하겠다고 약속하는 것을 말한다. 중재조항의 경우 계약서상 중재조항의 삽입방법과 독립문서에 의한 중재계약 방법이 있으며, 중재계약은 중재지·중재기관·준거법의 3가지 유효요건을 갖추어야 유효한 중재계약이 될 수 있다.

- Severability Clause : 분리가능조항
- Governing Law Clause : 준거법조항

38

> 모든 (견적서)는 주문서 수령 시 당사에 의한 확인 그리고 승인의 대상이 되며, 서면에 의해 확정되지 않는 한 당사자를 구속하지 않는 것과 같은 공급자의 조건에 따라 후속적으로 계약이 이루어진 경우 (견적)은 최종적일 수 없다.

문맥상 ①번이 가장 적절하다.

- Letters of credit : 신용장

[39~40]

> 당사는 6월 29일자 귀사의 팩스 주문을 받고 기뻤으며, 7월 6일 런던으로부터 출항하여 24일에 Sidon에 도착할 예정인 Tyrania SS호에 전기면도기를 선적하기로 하였습니다.
>
> 귀사의 주문의 긴급성 때문에 일반적인 문의를 할 시간이 없어, 당사는 해당 거래를 이 방법으로 해야 하며, 동봉된 송장의 금액에 대하여 Midminster Bank Ltd를 통해 귀사를 지급인으로 하였습니다. 은행은 Sidon에 있는 환거래은행에게 귀사가 어음 결제 시 (선하증권)을 귀사에게 전달하도록 지시할 것입니다.

39 해당 지문에서 은행은 매수인이 어음을 결제해야만 관련 서류를 전달하기로 되어 있다고 이야기하였다. 이는 D/P (지급인도)조건을 의미한다.

40 매수인은 물품이 수입국에 도착한 후 물품을 인도받기 위해서 반드시 선하증권 및 관련 선적서류를 제출해야 한다. 즉, 지문에서 매수인이 어음결제를 하면 은행은 선하증권을 매수인에게 전달하게 되고, 매수인은 이 서류를 통해 물품을 회수할 수 있다.

41 "it is not possible to allow a discount at this time"의 경우 "이 시점에 할인 허용이 불가능하다"란 뜻으로 거절의사를 표시한 것이다. 해당 내용과 비슷한 문장으로는 ②번이 가장 적절하다.

42

> 당사는 주문서 No. 3038에 대하여 75,000달러의 결제가 이루어지지 않았음을 전달하게 되어 유감스럽습니다.
>
> 당사는 3주 전에 귀사에 (독촉장)을 보냈는데, 지금까지 귀사로부터 어떠한 회신도 받지 못했습니다. 당사는 귀사가 이 금액을 즉시 청산하는 것을 도울 수 있기를 바랍니다.

해당 지문은 상대방으로부터 대금지급을 받고 있지 못하는 상황이며, 이에 대금 청산을 위하여 독촉장을 보낸 것이다.

43 "in reference to / With reference to / With regard to / Regarding"의 경우 "~와 관련하여"란 뜻이고, "As per"는 "~에 따라"라는 뜻이다.

[44~45]

당사는 1억 달러의 TV 모니터에 대하여 엄청난 수출계약을 따냈습니다. 이를 위해 당사는 이번 계약에 사용될 기계와 원자재를 위한 자금이 필요할 것입니다. 이 막대한 지출로 인하여 당사는 우리 회사의 신용한도를 3천만 달러에서 5천만 달러로 늘려줄 것을 요청합니다.

귀사의 서신에 관하여 당사는 귀사의 요청에 따라 2019년 11월 1일부터 신용한도가 (2천만 달러 증가되었음을) 알려드리게 되어 기쁘게 생각합니다. 그러나, 당사는 이자율을 6.5%에서 7.5%로 인상할 것이라는 점에 유의하시기 바랍니다.

44 수출업체의 신용한도는 원래 3천만 달러였고, 새로운 수출계약을 체결함에 따라 신용한도를 5천만 달러로 늘려 달라는 내용이므로 'USD50−USD30'하여 2천만 달러가 증가되는 것이 옳다.

· million : 백만

45 밑줄 친 부분을 바꾸어 표현한 것으로 올바른 것을 찾는 문제로 raise는 가격, 이자 등을 올리다라는 뜻으로 답은 ①번이다.

[46~47]

10월 15일자 인보이스 15555호에 대한 물품 손상에 관한 귀사의 서신에 감사합니다. 당사는 물품이 당사의 창고에서 떠나기 전에 점검되었다는 것을 확인하였기 때문에 그 손상은 선적하는 동안에 발생한 것으로 보입니다.
운송중개인을 통해서 당사에 물품을 반송해주실 수 있겠습니까? 당사는 그 물품을 받자마자 환불해 드릴 것입니다. 불편을 끼쳐 드린 점에 대하여 당사의 (사과)를 받아주시기 바랍니다.

46 해당 서신에서 알 수 없는 것을 찾는 문제이다. ④번의 경우 "매도인은 물품을 대체하고 싶어 한다."라고 하였으나 서신에서는 물품을 반송해 주면 바로 환불(refund)해 주겠다고 하였으므로 틀린 문장이다.

· warehouse : 창고

47 서신의 내용은 물품이 파손된 건에 대하여 수출자가 사과를 하고 있는 상황이므로 답은 ③번이다.

48 해당 지문은 "확인신용장(confirmed letter of credit)"에 대한 내용이다. 확인신용장이란 개설은행 이외의 제3의 은행이 수익자가 발행하는 환어음의 지급, 인수, 매입을 확약하고 있는 신용장으로 확인은행의 확인은 발행은행과는 별

개의 독립된 것으로서, 수익자의 입장에서는 발행은행의 신용도가 안 좋거나 발행은행을 믿지 못할 경우 확인신용장 요청을 하게 된다.

49 해당 내용은 "수출선지급신용장(anticipatory letter of credit)"에 대한 것이다.

50

당사는 전 세계적으로 기계부품을 수출하는 대형 엔지니어링 회사로 향후 2년간 중동 고객에게 공급하기로 계약을 맺었습니다.

당사가 공급할 부품들은 현실적으로 유사하기 때문에 기간 동안 연간 50,000,000달러에 같은 목적지로 갈 예정입니다.

이 기간 동안 전위험담보 조건으로 (포괄예정보험)을 제공하시겠습니까?

일정 기간 계속해서 동일한 물품을 반복적으로 수출할 예정이기 때문에 "포괄예정보험"이 문맥상 가장 적절하다.

━━ SECTION 3   무역실무

51 CISG 제21조 (1)항에서는 "지연된 승낙은 그럼에도 불구하고 청약자가 지체 없이 구두로 피청약자에게 유효하다는 취지를 통지하거나 그러한 취지의 통지를 발송한 경우에는 이는 승낙으로서의 효력을 갖는다."라고 규정하고 있다.

52 수출입 본 계약의 체결에는 개별계약(case by case contract)과 포괄계약(master contract)이 있으며, 개별계약은 매 거래마다 매도인과 매수인이 거래조건에 합의하면 계약이 성립되고, 그 계약에 대한 거래가 종결되면 계약이 종료되는 계약을 말한다. 최초의 거래인 경우 또는 중장기연불방식에 의한 수출입 등 거래내역이 복잡한 경우 주로 사용된다. 포괄계약은 같은 거래상대방과 동일한 품목으로 지속적으로 거래하는 경우, 매번 거래조건에 대해 합의하고 문서화하는 것을 생략하고 일정기간 동안 이루어질 계약들을 한꺼번에 포괄하여 체결하는 계약을 의미한다.

53 신용장개설 시 유의사항 중 선적기일(S/D), 유효기일(E/D) 및 서류제시기일 표기 시 해석상 오해의 소지가 없도록 월 표시는 문자로 하는 것이 좋으며, 날짜 표시 앞에 to, until 등의 표현이 있을 경우 그날 자체도 포함된다.

54 추심거래은행의 경우 신의성실 및 상당주의 의무, 물품의 인수·보관 의무, 서류 확인 및 통지의무가 있으며, 추심통일규칙 제12조에서는 "은행은 접수된 서류가 추심지시서에 기재된 것과 일치하는가를 확인하여야 하며, 누락사항이 있을 때에는 추심의뢰를 한 상대방에게 즉시 통지하여야 한다. 그러나 서류심사 의무는 부담하지 않는다."라고 규정하고 있다.

55 FCA의 경우 "지정장소가 매도인의 영업구내인 경우에는 매수인이 제공한 운송수단에 물품이 적재되는 때, 그 밖의 장소의 경우 물품이 매도인의 운송수단에 실린 채 양하 준비된 상태로 매수인이 지정한 운송인이나 제3자의 처분하에 놓인 때" 인도의무를 다한 것으로 보며, 매도인이 수출통관 의무도 부담하게 된다.

56 UCP600 제10조의 e항에서는 "조건변경의 부분승낙은 허용되지 아니하며 그 조건변경의 거절의 통지로 본다."라고 규정하고 있다.

57 해상화물운송장은 해상운송에서 송화인과 운송인 간에 발행되는 운송계약의 증거로서, 기명식·비유통성으로 발행되는 단순 화물수취증이기 때문에 수하인은 화물 수령 시 해상운송장 원본을 제출할 필요가 없이 기명된 본인임을 입증하기만 하면 된다.

58 알선기관은 단순한 해결방안이나 조언을 제시할 뿐이며, 당사자들이 알선에 응하지 않으면 해결은 불가능하다. 즉, 쌍방의 협력이 있어야 하며 강제력은 없다. 또한 중재와 달리 "형식적 절차"를 요하지 않는다.

59 UCP600 제38조 d항에서는 "양도된 신용장은 제2수익자의 요청에 의하여, 그 이후의 어떠한 수익자에게도 양도될 수 없다. 제1수익자는 그 이후의 수익자로 보지 아니한다."라고 규정하고 있다.

60 비엔나협약 제15조(청약의 효력발생)에서는 "청약은 피청약자에게 도달할 때 효력이 발생한다. 청약은 그것이 취소불능한 것이라도 그 철회가 청약의 도달 전 또는 그와 동시에 피청약자에게 도달하는 경우에는 이를 철회할 수 있다."고 규정하고 있으며 제16조(청약의 취소)에서는 "계약이 체결되기까지는 청약은 취소될 수 있다. 다만 이 경우에 취소의 통지는 피청약자가 승낙을 발송하기 전에 피청약자에게 도달하여야 한다."고 규정하고 있다.

61 지급인의 명칭은 환어음의 필수 기재사항이다.

62 • SLB : 해륙복합운송형태 중 하나인 시베리아 랜드 브릿지로 우리나라에서 유럽대륙, 스칸디나비아반도 및 중동 간을 연결한다.

• ALB : 아메리카 랜드 브릿지로 극동의 항구에서 미국 태평양연안의 항구까지 해상운송을 하고, 거기서 미국 동부의 대서양연안 항구까지 철도로 육상운송을 한 후, 다시 선박을 통하여 유럽까지 해상운송을 하는 형태이다.

• Mini Land Bridge : 미니 랜드 브릿지는 극동항구에서 미국 태평양연안의 항구까지 해상운송 한 후 미국 동부의 대서양연안 항구까지 철도운송을 한다.

• Interior Point Intermodal(IPI) : 마이크로 랜드 브릿지라고도 하며 극동에서 미국 서안까지 해상운송을 하고 내륙운송을 거쳐 미국 중부 또는 동부를 목적지로 하는 복합운송방식을 의미한다.

63 "용선계약에 따른다는 어떠한 표시도 포함하고 있지 아니한 것"이 선하증권의 수리요건이다.

64 품목무차별운임에 해당되는 내용이다.

• Ad Valorem Freight : 종가운임

65 만약 위부를 하지 않을 경우 손해는 분손으로만 처리할 수 있다.

66 국제팩토링은 판매자가 구매자에게 물품을 외상 판매함에 따라 발생하는 외상매출채권을 팩토링 회사에 양도하면 팩토링 회사가 판매자 대신 구매자에 관한 신용조사·지급보증·대금회수·회계처리 등의 서비스를 제공하는 금융기법으로 신용장 및 추심보다 절차가 간편하다.

67 ICC(C)조건에서 비담보 대상은 갑판유실, 보관장소 등으로의 해수·강물 유입, 지진·화산의 분화·낙뢰와 상당인과 관계가 있는 보험의 목적의 멸실·손상 등이 있다.

68 CIP의 경우 매도인이 매수인을 위하여 지정된 도착지까지 적하보험에 최소담보조건으로 하여 부보하여야 한다.

69 "minimum charge"란 최저운임으로 한 건의 화물운송에 적용할 수 있는 가장 적은 운임을 의미한다.

70 견적송장은 송장으로 인정되지 않으며, 이미 시험에 출제된 문제이다.

71 ③번의 경우 "문언증권"이며, 유가증권성은 주식이나 어음처럼 유가증권의 범위에 해당하고 일정한 요건을 갖출 경우 현금화할 수 있는 것을 말한다.

72 명시담보는 담보의 내용이 보험증권에 기재되어 있거나 명시적으로 언급되는 내용의 담보를 의미하며 안전담보, 중립담보, 항해담보, 선비담보 등이 있다. 반면에 묵시담보는 보험증권에 명시되어 있지는 않지만 법적으로 요구되는 담보이므로 피보험자가 묵시적으로 반드시 충족시켜야 하는 담보이다. 묵시담보의 종류에는 내항성(감항성) 담보와 적법성 담보가 있다.

73 은행은 제시가 일치하는지 여부를 결정하기 위하여 제시일의 다음 날부터 최대 제5은행영업일을 각각 가진다.

74 보험계약의 법적 성질은 낙성계약, 쌍무계약, 유상계약, 부합계약, 사행계약, 불요식계약 등이 있으며 불요식계약은 계약체결에 있어서 어떤 형식적인 요건이 없다.

75 CISG 제45조 (2)항에서는 "매수인은 손해배상 이외의 구제를 구하는 권리의 행사로 인하여 손해배상을 청구할 수 있는 권리를 박탈당하지 않는다."라고 규정하고 있으므로 매수인이 매도인에게 대체물을 청구하더라도 손해배상청구권을 가진다.

2018년 111회 기출문제 정답 및 해설

Trade English **PART 03**

1	2	3	4	5	6	7	8	9	10
①	④	①	③	④	①	①	②	①	③
11	**12**	**13**	**14**	**15**	**16**	**17**	**18**	**19**	**20**
①	②	③	③	③	③	④	③	④	③
21	**22**	**23**	**24**	**25**	**26**	**27**	**28**	**29**	**30**
①	③	④	④	②	②	③	②	③	③
31	**32**	**33**	**34**	**35**	**36**	**37**	**38**	**39**	**40**
④	①	②	③	②	①	①	④	①	①
41	**42**	**43**	**44**	**45**	**46**	**47**	**48**	**49**	**50**
①	③	②	③	②	③	①	④	②	
51	**52**	**53**	**54**	**55**	**56**	**57**	**58**	**59**	**60**
①	①	②	④	②	④	②	②	②	③
61	**62**	**63**	**64**	**65**	**66**	**67**	**68**	**69**	**70**
①	②	②	③	④	④	③	④	④	②
71	**72**	**73**	**74**	**75**					
②	모두 정답	②	③	②					

※ 72번 : 모두 정답 처리

SECTION 1 **영문해석**

[01~03]

다음을 읽고 답하시오.

Dear, Ann
당사에서 보낸 상품의 견적을 내주시고, 부산항으로 운송해 주기를 바랍니다.
상품 :
– 6개의 다이븐 베드와 매트리스, 700cm×480cm
– 판지상자에 포장된 7개 책장 조립세트, 1세트당 14m³
– 판지상자에 포장된 4개 커피테이블 조립세트
– 4개의 안락의자, 320×190×260cm

다이븐 베드와 안락의자는 폴리에틸렌과 골판지 포장으로 충격과 흠집으로부터 완벽하게 보호되었으며, 본 상품의 송장 가격은 USD50,500입니다. 운임은 소비자가 부담할 것입니다.

신속하게 답변해 주시면 대단히 감사하겠으며, 운송은 다음 주 금요일 전까지 되어야 합니다.

01 이 서신의 목적은 무엇인가?

배송 견적요청을 위한 것이다.

- armchairs : 안락의자
- freight : 운임

02 Ann이 될 가능성이 높은 사람은 누구인가?

서신에서는 Ann에게 물품의 특성 및 포장, 운임은 소비자가 부담할 것임을 기재하고 있으며, 운송은 다음 주 금요일 전까지 되어야 한다고 요청한 것을 보아, Ann은 운송주선인임을 알 수 있다.

- freight forwarder : 운송주선인
- insurer : 보험회사, 보험자

03 다음 무역거래에서 적용 가능한 인코텀즈 규칙은 무엇인가?

인코텀즈 조건에서 "C"조건은 운임을 수출자가 부담한다. 서신에서 운임은 수입자가 부담하기로 되어 있으므로 "F" 조건이 와야 되며 운송주선인에게 서신을 보내고 있고, 수출자 회사에서 수거한 물품이라고 기재되어 있으므로 "FCA"가 적절하다.

04 빈칸에 들어가기에 적절하지 않은 것은 무엇인가?

> 비엔나 협약에 따르면, 무엇보다도, 추가적이거나 다른 조건과 관련하여 (　　)은, 청약의 조건을 실질적으로 변경하기 위한 것으로 본다.

CISG "제19조 (변경된 승낙의 효력)"에 명시된 내용으로 지연된 승낙은 청약의 조건을 실질적으로 변경한 것에 해당되지 않는다.

- the settlement of disputes : 분쟁의 해결
- place and time of delivery : 인도의 장소 및 시기

[05~06]

다음을 읽고 질문에 답하시오.

> Sirs 씨에게
>
> 당사는 당사의 고객인 Delta Computers, Ltd.,를 대신하여 20대 컴퓨터 위탁화물을 뉴질랜드 Wellington에 위치한 N.Z. Business Machines Pty.,로 보낼 것입니다. 이 물품은 5월 18일에 Tilbury로부터 온 SS Northen Cross에 선적될 것이며, 25일에 Wellington에 도착할 것입니다. 항해 간 모든 위험을 보장하는 견적을 해주신다면 감사하겠습니다. 급한 사항이므로, 신속하게 답변해 주시면 대단히 감사하겠습니다. 감사합니다.

05 상기 내용에 포함되기에 적절하지 않은 것은 무엇인가?

보험견적을 위한 것으로, 피보험목적물(보험대상인 물품), 선박명, 출발항과 도착항이 서신상 포함될 내용에 적합하다.

- insurable value : 보험금액
- departing port : 출발항
- arriving port : 도착항

06 무엇을 알아내기 위함인가?

항해 간 전 위험담보에 대한 견적으로 물어보는 것이므로, 결론적으로 보험부보에 따른 보험료를 확인하기 위함이다.

- insurance premium : 보험료
- freight : 운임
- exchange rate : 환율

07 다음은 서류의 일부로, 무엇인가?

> 귀사께서 위 최종목적지의 항에서의 선적과 도착한 화물을 보장하는 선하증권을 발행하였으므로, 우리는 이에 의하여 귀사께서 위 화물들을 원본 선하증권의 발행 없이 위 언급된 당사자에게 배송해 주시길 부탁드립니다. 귀사께서 우리의 요구를 들어주실 것을 감안하여, 당사는 다음에 오는 사항을 배상할 것에 동의합니다 :
> 당사의 요구를 이행함에 따라 화물 배송의 이유로 귀사께서 유지하게 되는 비용은 서명된 은행이 화물에 대한 법적 책임비용인 체선료 또는 운송계약에서 발생한 비용을 제외하고 지급할 것입니다.
> 위 화물에 해당하는 선하증권을 우리가 받는 즉시 선하증권원본을 제출할 것이고, 아래의 당사의 법적 책임은 중단될 것입니다.

해당 내용은 "수입화물선취보증서"에 대한 내용으로, 해상운송에서 물품이 선적서류보다 먼저 도착했을 경우, 수입자가 물품을 먼저 받기 위해 은행의 보증을 받아 선박회사에 제출하는 서류이다. 수입자는 선하증권이 도착하면 선박회사에 제출할 것을 서명한 뒤, L/G를 제출하고 화물을 인도받을 수 있다.

- Letter of Guarantee : 수입화물선취보증서
- Demand Guarantee : 청구보증

08 비엔나 협약에 따라, 유효한 승낙으로 간주되는 것은 무엇인가?

CISG 제18조(승낙의 시기 및 방법)에 규정된 것으로, 청약에 대하여 동의를 표하는 피청약자의 행위는 승낙으로 간주된다.

① 승낙의 침묵은 승낙으로 인정되지 않는다.
③ 부작위 그 자체는 승낙으로 인정되지 않는다.
④ 유효기간 연장에 대한 반대청약은 승낙으로 인정되지 않는다.

09 다음에 따라 정확하지 않은 것은 무엇인가?

> 인보이스금액의 110%의 백지식으로 배서된 누 통의 보험증권. 보험증권에는 반드시 ICC(B)를 포함하고 있어야 합니다.

UCP600 제 28조에는 "보험서류 및 담보범위"에 대하여 규정하고 있다.

보험증권은 포괄예정보험에 의한 보험증명서 또는 통지서를 대신하여 수리 가능하지만, 보험증명서가 보험증권을 대신하여 제시될 수는 없다. 즉 ①번이 오답이다.

보험서류가 2통 이상의 원본으로 발행되었다고 표시되는 경우에는 모든 원본은 제시되어야 한다.

- insurance policy : 보험증권
- insurance certificate : 보험증명서
- blank endorsement : 백지식 배서

10 비엔나협약에 따라, 적절한 계약적 위치가 아닌 것은 무엇인가?

> 당사는 2018년 4월 1일에 귀사의 청약을 받았습니다. 신중히 검토결과 만약 세트당 $2의 금액을 인하해 주시면 귀사의 청약을 승낙하기로 결정하였습니다.

해당 내용은 "반대청약"에 대한 내용으로 CISG 제19조에 따라 "승낙을 의도하고는 있으나 이에 추가, 제한 또는 기타의 변경을 포함하고 있는 청약에 대한 회답은 청약의 거절이면서 또한 반대청약을 구성한다"라고 규정되어 있다. ③번의 "조건부승낙"은 옳지 않다.

- counter offer : 반대청약
- per : ~당

[11~12]

다음을 읽고 질문에 답하시오.

> (귀사의 최근 배송에 대하여 항의하기 위해 작성합니다.) 당사는 지금까지 주문품의 일부가 도착하기를 기다리고 있고, (a) 다른 부서로 보내져야 할 부품들을 다시 받았습니다. 당사는 이 부품들을 원래의 공장으로 다시 보냈으며, 당사는 물론 (b) 귀사께서 이 비용을 부담하실 것으로 생각하고 있습니다.
> 이러한 착오들은 이번 처음으로 발생한 것이 아닙니다. (c) 이러한 배송 문제들은 우리에게 잔업을 부과하고 생산을 지연시킵니다. 당사는 이러한 문제를 용납할 수 없으며, (d) 이러한 일이 다시 발생한다면 계약을 취소할 것입니다.

11 (a)~(d) 중에서 문법적으로 부정확한 것은 무엇인가?

should have + pp가 과거의 하지 못했던 일에 대한 후회나 유감의 의미가 담겨있는 표현이라 ~ 했었어야 했다라고 해석이 되는데, 이 문장에서는 과거의 일을 얘기하는 것이 아니라 단순히 should라는 조동사의 의무를 나타내어 다른 부서로 보내야 하는 부품들을 받았다라는 의미라 ①이 문법적으로 틀리다. 즉, should send가 와야 한다.

12 A 빈칸에 들어가기에 가장 적합한 문장은 무엇인가?

해당 지문에 대한 내용은 잘못된 배송 및 지연배송에 대한 클레임에 대한 내용으로 ②번이 가장 적절하다.

13 밑줄친 "YOU"는 누구인가?

> 당사는 곧 Manchester에서 Manchester Liners Ltd의 선박에 선적될 것인 £50,000의 상당의 녹음기 위탁화물을 CIF Quebec조건으로 받을 것입니다.
> 당사는 위 주소에 위치한 당사의 창고로부터 Quebec 항까지의 위탁화물의 모든 위험으로부터 보장받기를 희망합니다. 이에 대한 귀사의 비용을 제시해 주실 수 있으신가요?

화물의 운송에 의한 위험에 대하여 부보하기 위하여 작성된 것으로, 여기서 "YOU"는 보험회사를 의미한다.

- insurance company : 보험회사

14 UCP600에 따른 올바른 내용은 무엇인가?

① 반대의 표시가 없는 한 신용장은 "취소불능"으로 간주된다.

② 취소불능 신용장의 경우 신용장거래 당사자[발행은행, 수익자, 확인은행(있는 경우)]가 그런한 조건변경 또는 취소하기로 합의한 경우에는 조건변경 또는 취소될 수 있다. 반면, 취소가능 신용장은 당사자 중 일방의 조건변경 및 취소만으로 가능하다.

④ 취소불능 신용장은 발행은행, 확인은행뿐만 아니라 수익자의 동의가 필요하다.

- irrevocable credit : 취소불능신용장
- revocable credit : 취소가능신용장
- amendmen : 조건변경
- cancellation : 취소

15 인코텀즈2010에 따라 다음의 상황하에서 담보되지 않는 것은 무엇인가?

매도인이 본인의 의무위반에 기인하여 계약의 불일치됨에 따라 책임을 지는 부분에 대하여는 인코텀즈2010하에서 담보되지 않는다. 즉, 본인이 책임을 져야 한다.

- named place of delivery : 지정된 인도장소
- breach : 위반

16 다음을 읽고, 인코텀즈에서 설명하는 것 중 잘못된 것을 선택하시오.

> 서로 다른 나라는 다른 기업문화를 가지고 있으므로 오해에 따른 위험을 최소화하기 위하여 명확하게 계약서를 작성하는 것이 좋습니다. 계약서에는 물품이 인도되는 곳을 명시해야 합니다. 통관을 포함해서 모든 항해구간을 누가 책임을 지는지, 어떤 보험이 요구되는지, 각기 다른 비용을 누가 지불해야 하는지 분명히 해야 합니다.
> 혼란을 피하기 위하여 국제적으로 합의된 인코텀즈는 다음과 같이 합의된 인도조건이 무엇인지 설명하기 위함으로 사용되고 있습니다.

인코텀즈에서는 물품의 소유권이 이전되는 시기에 대해서는 다루고 있지 않다.

- ownership : 소유권
- customs procedure : 통관절차
- such as : 다음과 같이

17 컨테이너 수송에 대한 내용이다. 컨테이너 작업과 관련하여 틀린 것은 무엇인가?

LCL화물의 경우에는 CY가 아닌 CFS에서 혼재작업을 거친 후 CY로 이동하게 된다.

- CY(Container Yard) : 컨테이너 야적장을 의미하며, FCL화물을 보관, 적재하거나 반출입하는 구역을 말한다.
- CFS(Container Freight Station) : 컨테이너 조작장을 의미하며, 일반적으로 LCL화물을 1개의 컨테이너에 혼적하여 적입 또는 적출하는 곳이다.

[18~19]

다음을 읽고 질문에 답하시오.

> 저희 회사에 계좌 개설과 관련하여 문의해 주셔서 감사합니다. 동봉된 금융 정보 양식을 작성하여 주시고, 하나 이상의 은행 조회선과 함께 2개 이상의 무역 조회선을 제공해 주십시오. 물론 모든 정보는 가장 엄격한 기밀로 다뤄질 것입니다.
> 귀사의의 협조에 진심으로 감사드립니다.

18 다음 중 이전 서신에서 발견할 수 있는 것은 무엇인가?

해당 내용은 계좌 개설과 관련하여 필요정보 및 양식 작성을 요청하는 것으로, 이전에는 계좌 개설하기를 희망한다는 내용의 ③번이 가장 적절하다.

- financial information : 금융정보
- open an account : 계좌를 개설하다

19 밑줄 친 "금융정보"에 포함되기에 적절하지 않은 것은 무엇인가?

금융정보에 "사업자등록증"은 불필요한 정보이다.

- balance sheet : 대차대조표
- profit and loss account : 손익계정
- cash flow : 현금 유동성
- business registration certificate : 사업자등록증

20 밑줄 친 "규칙"으로 적절한 것은?

해당 내용은 은행의 경우 오직 "서류"만을 가지고, 대금지급여부를 결정하며, 이러한 규칙들은 국제무역금융에 있어서 은행이 효율적으로 운영하기 위한 핵심적인 것이라고 설명하고 있다. 대금지급 여부를 결정하고, 금융과 관련된 국제규칙으로는 UCP600, URC522, ISP98이 있으며, 인코텀즈2010규칙은 적절하지 않다.

- operation : 운영
- international trade finance : 국제무역금융
- URC522 : 추심에 관한 통일규칙
- ISP98 : 보증신용장통일규칙

21 다음 중 URC522에 정의된 은행의 의무에 적합하지 않은 것은 무엇인가?

"Banks will not examine documents in order to obtain instructions"이 옳은 문장이다.

- take delivery of the goods : 물품을 인수하다
- collection instruction : 추심지시서

22 다음 중 올바른 준거법 조항은 무엇인가?

"특별하게 명시하고 있지 않는다면, 이 계약의 무역조건은 최근 인코텀즈하에서 적용되고 규율되어질 것이다. 그리고 계약의 성립, 유효성, 해석, 이행은 비엔나 협약에 의해서 규율될 것이다."가 맞는 내용이다. 비엔나협약의 경우 무역계약의 성립부터 당사자 간 의무, 분쟁발생 시 해결 등 전반적인 무역계약의 내용을 규율하고 있다.

- amicably : 우호적인
- jurisdiction : 사법권

23 다음 진술은 계약의 일부이다. 어떤 종류의 조항인가?

> 본 계약의 조항이 이후 법원이나 법원에 의해 무효 또는 시행 불가능한 경우 그러한 무효 또는 집행 불가능성은 다른 조항의 집행 가능성의 유효성에 영향을 미치지 않습니다.

해당 내용은 "계약분리조항"에 대한 내용이다. 계약분리조항은 일부 조항이 무효가 되어도 계약전체가 무효되는 것을 방지하는 조항이다.

- Non-waiver clause(권리불포기조항) : 어느 계약조건의 이행청구를 하지 않더라도 그 후 동조항 또는 조건의 이행청구를 포기로 간주하지 않는다는 조항을 의미한다.
- Infringement clause(권리침해조항) : 매수인이 선정하거나 고안한 특허, 상표권, 디자인 그리고 저작권의 권리침해로부터 매도인은 면책된다는 조항이다.
- Assignment clause(양도약관) : 어느 당사자 일방도 상대방의 서면에 의한 동의 없이는 계약을 제3자에게 양도하지 못하며, 상대방의 서면동의에 의해 계약을 양도하는 경우에도 양도한 당사자는 이 계약에 대한 의무를 면하지 못하며 계약이행에 대하여 책임을 지는 것으로 계약의 양도를 금지하는 조항이다.

24 UCP600에 정의된 대로, 일치하는 제시는 다음에 따른 제시를 의미한다.

A. 신용장 조건	B. UCP600의 해당규정
C. ISBP745	D. 국제표준은행관행

"일치하는 제시"라 함은 신용장 조건, 신용장통일규칙 및 국제표준은행관행의 적용규정과 일치하는 제시를 말한다.

25 UCP600에 따라, 발행은행이 반드시 해야 할 일은 무엇인가?

> 3월 1일에 미화 50만 달러에 대해 다음 계약조건과 함께 화환신용장 예비통지가 발행되었습니다.
> – 분할 선적이 허용됩니다.
> – 최종선적일은 4월 30일
> – 유효기일은 5월 15일
> 3월 2일에 개설의뢰인은 분할 선적을 금지하고, 유효기간을 5월 30일로 연장하는 조건변경을 요청합니다.

UCP600제11조에 따라 신용장의 발행 또는 조건변경의 예비통지는 발행은행이 유효한 신용장 또는 조건변경을 발행할 준비가 되어 있는 경우에만 송부되어야 한다. 예비통지를 송부한 발행은행은 지체없이 예비통지와 모순되지 아니한 조건으로 유효한 신용장 또는 조건변경을 발행할 것을 취소불능적으로 약속한다. 즉, 발행은행은 3월 1일에 발행된 조건으로 화환신용장을 발행하여야 한다.

- Expiry date : 유효기일
- partial shipment : 분할선적
- documentary credit : 화환신용장

26 밑줄 친 당사자는 누구인가?

> 5월 21일 세네갈에 위치한 Darkar로 떠날 예정인 S/S 아리랑호에 의해서 중고가구가 선적됨에 따라 우리의 파트너인 Socida Ltd는 본선인도조건인 계약에 따라 물품에 대한 보험계약을 체결하였습니다. 그들은 당사에게 귀사와 당사 간 상호 합의된 비율로 전쟁위험을 포함하여 ICC(B)조건에 따라 당사와 해상보험계약을 체결하도록 지시하였습니다.

FOB조건의 경우 수출자는 물품을 본선에 적재함에 따라 모든 의무가 종결된다. 즉, 이 경우 수입자의 필요에 따라 운송 및 보험계약은 수입자가 체결하게 된다.

- freight forwarder : 운송주선인
- underwriter : 보험계약자

[27~28]

다음을 읽고 질문에 답하시오.

> Dear, Mr Kang
> 2018년 1월 10일 귀사가 팩스에서 언급하였듯이, 당사는 귀사의 요구사항을 충족하는 선박을 발견하였음을 알리게 되어 기쁘게 생각합니다.
> 선박은 아리랑호이고 현재 부산의 부두에 정박해 있습니다. 선박은 7,000톤의 화물의 (수용력)을 가진 벌크운반선입니다. 선박은 귀사가 언급한 기간 동안 10번의 운항을 할 수 있는 최대시속 24노트를 냅니다.
> 용선 확정을 위해 팩스로 당사에게 보내주시면 당사는 용선계약서를 귀사에게 보내드리도록 하겠습니다.

27 빈칸에 적절한 단어를 채우시오.

지문에서 7,000톤의 화물을 수용할 수 있다가 오는 것이 가장 정확하다.

- entrance : 입구
- permission : 허가
- insurance : 보험

28 가장 적합한 운송계약 종류는 무엇인가?

지문에서 "귀사가 언급한 기간 안에~"라는 내용이 나와 있으므로 "정기(기간)용선계약"이 적합하다. 정기용선계약이란 "용선기간"을 기준으로 대가를 산정하는 방식으로 선박에 필요한 모든 용구를 갖추고 있으며, 선원까지 승선시킨 내항성을 갖춘 선박을 일정기간 용선하는 것이다.

- voyage charter : 항해용선계약
- bareboat charter : 나용선계약

- She : 선박을 의미한다
- charter party : 용선계약서

[29~31]

영어로 올바르게 구성되지 않는 것을 선택하십시오.

29 "만일 귀사가 경쟁력이 있다면"이므로 unless가 아닌 if가 와야 한다.
- since : ~때문에

30. "보험서류에서 담보가 선적일보다 늦지 않은 일자로부터 유효하다고 보이지 않는 한"이므로 if가 unless로 와야 한다.

31. result from에서 result in이 와야 된다. 문장에서 "더 많은 주문을 유발시킬 것이라는 의미"이므로, cause와 동일한 뜻인 result in이 와야 한다.
- result from ~에서 기인하다.

32 다음 신용장 요구조건 하에서 선하증권 수취인 문구로 올바른 것은 무엇인가?

"당사를 지시식으로 하는 본선적재 해상 선하증권"이라고 기재된 바에 따라 "당사"의 경우 신용장을 발행한 "American Commercial Bank"이므로 답은 ①번이다.
- issued : 발행된
- clean : 무고장

[33~34]

다음을 읽고 질문에 답하시오.

> 8월 18일 당사의 인보이스 번호 B 832에 대하여 오류가 있었음을 귀사에게 알려드리게 되어 유감입니다. 폴리에스테르 셔츠 100장이 보내졌습니다.
> 중간의 폴리에스테르에 대한 정확한 금액은 명시된 £26.00가 아닌 한 장당 £26.70입니다. 그러므로 당사는 미청구된 금액, 즉 (£70.0)의 금액에 대한 (차변표)를 동봉합니다.
> 이러한 실수는 입력오류에 의한 것이며, 인보이스가 발송되기 전에 알려드리지 못한 점 죄송합니다.

33 빈칸을 가장 적합한 단어로 채우시오.

차변표는 청구서란 뜻으로, 실수로 청구가 안된 £70.00에 대하여 청구서를 보내는 것이므로, debit note가 와야 적절하고, 70.0의 경우 26.70 − 26.00에서 나온 금액이다.
- credit note : 대변표

34 이 서신을 보낸 자는 누구인가?

인보이스를 발행하는 자는 수출자, 즉 물품의 공급자이므로 답은 ③번이다.

[35~36]

다음을 읽고 질문에 답하시오.

> Dear Mr. Sheridan,
> 당사는 현재 마당과 정원 트랙터를 임대 장비 라인에 추가할 계획입니다. 당사는 귀사의 타이탄트랙터를 선보일 것이라고 발표하는 것이 기쁩니다.
> 타이탄트랙터의 가격조건, 명세서, 전체 모델리스트를 포함한 카탈로그를 당사에게 보내주십시오.
> 특히, 당사는 각각의 모델의 첨부된 파일 안의 자료도 요청합니다.
> 당사는 11월 카탈로그에 이를 포함시키려면 늦어도 9월 30일까지 이 정보가 필요합니다.
> 우리는 이러한 훌륭한 제품라인을 발견하게 된 것을 기쁘게 생각하며 즐겁고 유익한 비즈니스 관계를 기대합니다.

35 밑줄 친 "이 정보"에 포함되기에 적절하지 않은 것은 무엇인가?

아직 계약이 체결된 것이 아니기 때문에 "신용조회선"은 불필요한 정보이다.
- credit reference : 신용조회처
- sales terms : 매매조건
- product lines : 제품라인

36 Sheridan은 누구인가?

타이탄트랙터의 각종 정보 및 카탈로그를 요청받는 당사자이므로, ①번이 가장 적합하다.
- announce : 발표하다
- specification : 물품명세

37 빈칸에 들어가기에 가장 적합한 단어로 채우시오.

> 무역금융은 일반적으로 개별거래 또는 일련의 회전 거래 업무를 의미한다. 그리고 무역금융 대출은 (   ), 즉 대출은행은 모든 판매대금을 추심하여 대출금을 지불하게 한 후 나머지 잔액은 수출자 계좌에 지급한다.

자기 회수적이다가 가장 적합하다.
- payoff : 지불
- refer : ~을 나타내다

38 다음은 항해용선계약에 대한 설명이다. 빈칸에 올바른 단어로 채우시오.

> 항해용선계약은 적재항과 양륙항 사이에서 항해를 위한 선박 및 승무원을 고용하는 것이다. 용선자는 톤당 또는 선복기준으로 선주에게 비용을 지불한다. 선주는 항구비용, 연료비 그리고 승무원비용을 지불한다. 선박 사용에 대한 지불은 운임이라고 알려져 있다. 항해용선계약은 화물을 적재하고 양하하기 위한 (정박시간)이라고 알려진 기간을 명시한다.

"laytime"이란, 용선자에게 선적과 하역에 허용된 시간 및 날짜를 의미한다.

- voyage charter : 항해용선계약
- load port : 적재항
- discharge port : 양륙항
- owner : 선주, 선박 소유자
- freight : 운임
- cargo : 화물
- lump–sum charter(선복용선계약) : 운임이 적재수량에 따라 계산되지 않고, 적재항에서 양륙항까지의 계약 선복에 의해서 합계로 얼마로 정하고 실제의 적재수량과는 상관없는 계약을 말한다.

39 다음은 해상보험에 대한 것이다. 빈칸에 알맞은 단어로 채우시오.

> 화물은 일반적으로 해상 고유의 자연재해로 정의되는 해상고유위험에 대비하여 보험을 드는 반면, 대부분의 선주는 그들의 선박에 대한 선체보험과 (선주상호보험)을 구입함으로써 제3자가 제기한 배상청구로부터 자신을 보호할 수 있다.

"선주상호보험"이란 해상운송에서 선주들이 서로의 손해를 상호 간에 보호하기 위한 보험으로, 일반적인 해상보험에서 담보되지 않는 선원의 과실에 의한 손해, 여객에 의한 선주의 손해 등을 보상해 주는 보험으로 P&I보험이라고도 한다.

- While : ~ 반면에
- perils of the sea : 해상고유의 위험

40 밑줄 친 단어를 가장 잘 대체할 수 있는 것은 무엇인가?

포페이팅이란 현금을 대가로 채권을 포기 또는 양도한다는 것을 의미한다. 이는 국제금융기법의 일종으로써 수출거래에 따른 환어음이나 약속어음을 소구권 없이 할인하여 신용판매를 현찰판매로 환원시키는 금융기법으로 구매은행이나 금융회사가 소구권 없이 할인하는 것이기 때문에 수입자가 대금지급을 거절하거나 기간 내에 대금지급을 못받더라도 수출자에게 소구권을 행사할 수 없다. 즉,

trade creditor는 수출자가 되고, trade debtor는 수입자가 된다.

- without recourse : 소구권 없이, 상환청구 없이
- fraud : 사기

41 다음은 보험의 특징을 설명한 것으로, A와 B에 들어가기에 가장 적절한 것을 고르시오.

소손해 면책비율(Franchise, Excess) : 소손해면책에는 비공제면책과 공제면책이 있다. 비공제면책(Non–deductible Franchise)은 면책비율이 5%라고 하면, 손해가 9%가 발생하는 경우 면책비율에 관계없이 손해금액 전체를 보상하는 것이며, 공제면책(Excess=deductible Franchise)은 면책에 속하는 5%만큼은 공제하고 4%만 보상한다. 만약 손해가 5% 미만인 경우에는 둘 다 보상하지 않는다.

- Excess : 공제면책
- Franchise : 비공제면책
- Maximum : 최고보험금
- policy : 증권
- claim : 보험금청구

42 다음은 L/C 발행에 관한 내용이다. 올바르게 짝지어진 것은?

> 당사는 미국의 은행과 취소불능신용장의 발행을 위하여 $125,000의 귀사를 수익자로 하는 계약을 체결했다. 당신의 도시에 있는 한국외환은행이 당신에게 L/C를 발송할 것이며, 당신은 며칠 뒤에 받을 수 있을 것이다.

통지은행이란 발행은행이 직접수익자에게 신용장을 통지하지 않고 수익자 소재의 환거래은행 또는 본인의 지점을 통하여 통지하는 경우 통지받를 의뢰받은 은행을 통지은행이라 한다.

43 빈칸에 들어갈 말로 가장 적절한 것은?

> (   ) 경우 결제는 연기될 수 있다. 이는 수입자가 물품을 검사하거나 판매할 때까지 시간을 준다.

"기한부신용장"에 대한 설명으로, 기한부신용장이란 신용장에 의해 발행되는 어음이 지급인에게 제시된 후 일정기간이 경과한 후에 지급받을 수 있도록 어음지급기일이 특정기일로 된 기한부환어음을 발행할 수 있는 신용장을 말한다.

44 다음 빈칸에 들어갈 알맞은 단어를 고르시오

> 운송인의 경우, (FCL)은 단순히 수출자 또는 송하인이 컨테이너에 물품을 적입하고 비용을 지불하는 책임이 있는 것을 의미한다. 선사는 (CY)에서 컨테이너를 받으며, 컨테이너 안에 있는 내용물은 건드리지 않는다. 반면에 (LCL)은 운송인이 컨테이너의 상태 및 적합성에 책임을 진다. 그리고 물품을 적입한다. 컨테이너는 완벽하게 (CFS)의 운송인의 영업구장에서 채워지거나 적입된다. 그러므로 (FCL)과 (CY), (LCL)과 (CFS)를 결합하는 관행이 되었다.

LCL과 같은 소량화물은 CFS에서 다른 수출자들의 소량화물과 혼재되어 CY로 운송하여 선적되며, FCL과 같은 만재화물은 CY에서 바로 선적된다.

45 빈칸에 알맞은 말을 고르시오.

> 선하증권은 (유통가능한) 증권이며, 송하인으로부터 다른 당사자에게 이전될 수 있다. 어느 한 당사자는 (배서)를 통해 다음 당사자에게 권리를 양도할 수 있다. 이러한(권리)의 유일한 조건은 (권리)를 보유하고 있을 때 선하증권상에 나타나 있는 당사자에 의해 양도된 것이어야 한다.

유통가능한 선하증권은 배서에 의해서 다른 자에게 양도될 수 있으며, 이러한 권리는 선하증권상에 기재되어 있는 자만이 할 수 있다.

- negotiable : 유통 가능한, 매입 가능한
- naming : 지정된
- assign : 양도하다

46 EXW에 대하여 잘못 설명한 것을 고르시오.

> "EXW 조건은 판매자 본인의 위험 및 비용으로 적재 의무가 있다."는 틀린 내용이다. 인코텀즈 조항에 따르면 매도인은 비록 실무상 물품을 적재하기 유리한 입장에 있다고 해도 물품을 적재할 의무가 없다. 만약 매도인이 물품을 적재하였다면 그것은 매수인의 위험 및 비용부담으로 한 것이다.

- own risk and expense : 자신의 위험 및 비용
- practice : 관행

47 다음은 무엇을 의미하는가?

> 위험에 처한 공동의 재산을 보전하기 위해 어떠한 이례적인 희생 및 비용으로서, 자발적 그리고 합리적으로 발생된 것

해당 내용은 "공동해손"에 대한 설명이다.

- total loss : 현실전손
- particular average : 단독해손
- partial loss : 분손

[48~49]

다음을 읽고 답하시오.

> 가장 일반적인 양도서류는 선하증권이다. 선하증권은 운송사로부터 선적인에게 발행되는 (인수증)이다. 선하증권은 권리증권으로, 지정된 항구에서 상품을 수취할 수 있는 자를 명시하고 있다. 선하증권은 양도가능 선하증권과 양도불능 선하증권으로 사용될 수 있다. ⓑ 기명식선하증권의 경우 판매자는 화물을 구매자에게 직접 탁송한다. 이런 종류의 선하증권은 대게 신용장거래가 바람직하지 않다. 그 이유는 이러한 선하증권은 은행이 상환에 관계없이 구매자에게 해당 물품을 소유하는 것을 허락하기 때문이다.

48 빈칸 (ⓐ)에 들어갈 말로 적절한 것은?

> 선하증권은 운송사가 화주에게 물품을 받아 선적하였다는 영수증, 인수증 기능을 한다.

- possession : 점유
- merchandise : 상품, 화물
- evidence : 증거

49 'ⓑ straight (기명식)'을 가장 잘 대체할 수 있는 것은 무엇인가?

> 기명식선하증권이란 선하증권의 수하인란에 특정인이 기입된 것을 말한다. 기명식 선하증권은 straight B/L, special B/L이라고 부른다.

- sight : 일람불
- usance : 기한부
- order : 지시식

50 다음 빈칸을 적합한 단어로 채우시오.

> 만약 계약이 적절한 법원의 국가에서 묵시적인 경우, 분쟁에 관련된 당사자는 성공가능성이 가장 높은 국내 법원 또는 자신에게 가장 편리한 법원의 관할권을 요구할 수 있습니다. 이러한 관행은 포럼쇼핑이라고 알려져 있습니다.

법원쇼핑(포럼쇼핑)이란 원고가 소송을 제기하는 데 있어서 자신에게 가장 유리한 판단을 받을 수 있는 재판소를 선택하는 것을 의미한다.

- jurisdiction : 관할권, 사법권
- court : 법원, 법정

51 G/T(Gross Tonnage, 총톤수)는 배의 무게를 표시할 때 나타내는 단위로, 배 안에 막혀 있는 모든 공간의 부피(용적)를 나타내는 용적톤수이다. N/T(Net Tonnage, 순톤수)는 총톤수에서 기관실, 선실 등과 같은 배의 운항에 필요한 공간의 용적을 뺀 톤수로 상선으로서 수입을 올릴 수 없는 부분의 용적을 뺀 순수 화물적재공간의 용적을 나타낸 톤수라고 볼 수 있다.

52 FCA조건에서 매도인의 의무는 매수인이 지명한 운송인 또는 그 밖의 당사자에게 인도한다(인도장소가 매도인의 구내인 경우 매수인의 집하차량에 적재하여야 하고, 그 밖의 장소인 경우 매도인의 운송수단에서 양하하지 않은 상태로 인도한다).

53 "계약이행보증"에 대한 설명이다.

- Retention Bond(유보금환급보증) : 유보금을 시공업체가 하자보수기간 종료 전에 미리 환급받기 위해 발주처에 제출하는 보증서로 하자 발생 시에 시공자가 보수를 이행한다는 보증이다.
- Advanced Payment Bond(선수금환급보증) : 시공업체가 발주처로부터 선수금을 받을 경우, 먼저 받은 선수금을 단계적으로 발주처에 환급한다는 보증이다.
- Maintenance Bond(하자보증)

54 무역계약의 성립요건에는 1) 의사표시의 합치, 2) 합의가 법정방식에 의해 행하여졌거나 약인이 수반된 것이어야 한다. 3) 계약당사자가 행위능력을 가지고 있어야 한다. 4) 계약의 성립과정이나 내용에 하자가 없어야 한다. 즉, 사기, 강박, 착오, 부당위협 등 의사표시의 하자에 의해 계약이 성립하는 경우 계약은 유효하게 성립될 수 없다.

55 해상운송만 이용되는 경우 복합운송방식이 아닌 해상운송방식인 "FAS, FOB, CFR, CIF"를 사용해야 된다.

56 UCP600 제20조에서는 "용선계약에 따른다는 어떤 표시도 포함하지 않아야 한다."고 규정하고 있다.

57 COD방식은 "현품인도결제방식"으로, 수출업자가 상품을 선적한 후 선적서류를 수입국에 있는 자신의 대리인 또는 지사에게 송부하여 물품이 목적지에 도착하면 수입업자가 품질이나 수량을 직접 검사 후에 상품을 인도받으면서 대금을 현금으로 결제하는 방식으로 환어음이 사용되지 않는 단순송금방식 중 하나이다.

- Frely Negotiable Credit(자유매입신용장) : 매입은행이 지정되지 않은 신용장으로 신용장거래의 경우 환어음이 사용된다.

- D/P(지급인도조건) : 추심결제방식 중 하나로 수출상이 수입상과 계약체결 후 물품을 선적한 후, 관련서류가 첨부된 일람불환어음을 수입상을 지급인으로 발행하여 자신의 거래은행인 추심의뢰은행에 추심을 의뢰하면, 수출자의 거래은행은 그러한 서류가 첨부된 환어음을 수입자의 거래은행인 추심은행으로 송부하여 추심을 의뢰하고, 추심은행은 수입상으로부터 대금을 지급받고 서류를 인도하며, 추심의뢰은행을 통해 수출자에게 대금을 송금하는 결제방법이다.
- D/A(인수인도조건) : 추심결제방식 중 하나로 수출상이 수입상과 계약 체결 후 물품을 선적한 후, 관련서류가 첨부된 기한부환어음을 수입상을 지급인으로 발행하여 자신의 거래은행인 추심의뢰은행에 추심을 의뢰하면, 수출자의 거래은행은 그러한 서류가 첨부된 환어음을 수입자의 거래은행인 추심은행으로 송부하여 추심을 의뢰하고, 추심은행은 수입상으로부터 어음의 인수를 받으며 서류를 인도하고, 어음의 만기일에 대금을 지급받아 송금한다.

58 일반적으로 물품의 수량에서 5%를 초과하지 않는 범위 내의 많거나 적은 과부족은 허용된다. UCP제30조에 따르면, 5% 과부족이 허용되기 위해서는 3가지 적용요건이 있다.

- 신용장상에 과부족 금지문언이 없어야 한다.
- 어음발행 금액이 신용장 금액을 초과하지 않아야 한다.
- 수량 표시가 포장단위, 개별품목으로 표시되지 않아야 한다.

59 "회전신용장"에 대한 내용으로, 회전신용장이란 동일한 거래처에 동일종류의 물품으로 매매당사자 간에 계속적인 거래관계가 이루어질 경우 일정한 기간 동안 일정한 금액의 범위 내에서 신용장금액이 자동적으로 갱신될 수 있도록 발행되는 신용장을 회전신용장이라고 한다.

- 기탁신용장(escrow credit) : 구상무역에서 사용되는 신용장으로 수입자인 개설의뢰인이 신용장 개설의뢰 시 신용장조건으로 그 신용장에 의하여 발행되는 어음의 매입대금은 수익자에게 지급되지 아니하고, 수익자명의로 상호약정에 따라 매입은행, 발행은행 또는 제3국의 환거래은행 등의 기탁계정(excrow account)에 기탁하여 두었다가 그 수익자가 원신용장발행국으로부터 수입하는 물품의 대금결제에만 사용하도록 하는 조건의 신용장을 밀한다.
- 토마스신용장(TOMAS credit) : 수출자와 수입자 상호 간 상호 일정액의 신용장을 서로 발행하기로 하되, 일방이 먼저 신용장을 발행할 경우 상대방은 이에 대응하는 신용장을 일정기간 후에 발행하겠다는 보증서를 발행하여야만 상대방 측에 도착한 신용장이 유효하게 되는 신용장을 말한다.

60 매수인이 물품을 수령한 상태와 실질적으로 동등한 물품을 반환하는 것이 불가능한 경우에는, 매도인에게 대체품의 인도를 요구하는 권리를 상실한다.

61 DAT, DAP조건의 경우 복합운송방식에서 사용할 수 있으며, 목적지에서 "물품의 양하 여부"에 따라 DAT조건과 DAP조건으로 구분된다. DAT조건의 경우에는 목적지에서 운송수단으로부터 양륙된 상태로 매수인의 처분하에 놓인 때이고, DAP조건의 경우 목적지에서 물품을 양하하지 않고, 운송수단에 실은 채 매수인의 임의 처분하에 놓은 때 매도인의 의무를 다한 것으로 본다.

62 청약의 철회란 청약으로서 효력이 발생하기 이전의 상태에서 청약자가 임의로 청약의 효력을 소멸시키려는 의사표시를 말하는 것으로 도달주의에서 논의대상이다.

63 UCP 제18조에 따라, 신용장이 복수의 서류의 제시를 요구하는 경우, 이 조건은 그 서류 자체에서 달리 정함이 없는 한 적어도 한 통의 원본과 나머지 수량의 사본을 제시함으로써 충족된다.

64 운임톤은 약어로 R/T로 표기하기도 한다. 운임톤은 중량과 용적 중에서 운임이 높게 계산되는 편을 택하여 표시한다. 즉, 중량톤이 아닌 운임톤이 맞다.

65 • 공동해손비용손해에는 피난항비용, 구조비용, 대체비용, 정산비용이 포함되며, 손해방지비용은 포함되지 않는다. 손해방지비용은 피보험자가 손해방지의무를 이행하기 위하여 소요되는 비용을 의미하며, 특약이 없어도 보험자가 이를 부담하고, 물적손해 등 다른 손해에 대한 보상액과 손해방지비용의 합계액이 보험금액을 초과하는 경우에도 이를 보험자가 부담한다.

• 손해방지비용은 피보험자가 자신의 손해를 방지하는 비용에 한하고, 선박과 화물의 공동의 이익을 위해 지출되는 비용은 공동해손비용에 속한다.

66 EXW 조건은 매도인의 최소의무조건으로, 수출국에 의하여 강제적인 검사를 포함하여 모든 선적 전 검사 비용을 부담하는 자는 매도인이 아닌 매수인이 된다. 반면에 DDP 조건은 매도인의 최대의무조건으로, 수입국 선적 전 검사를 포함하여 수출허가 취득 및 통관수행과 수입허가 취득 및 통관수행 의무는 매도인에게 있다.

67 혼재된 화물은 목적항의 CY에서 화주별로 분류되어 해당 수입상에게 인도되며, CFS–CY형태로 운송된다.

68 어느 한쪽 당사자가 구술심리에 출석하지 아니하거나 정하여진 기간 내에 서증을 제출하지 아니하는 경우 중재판정부는 중재절차를 계속 진행하여 제출된 증거를 기초로 중재판정을 내릴 수 있다.

69 원산지증명서 발행 시 수하인의 정보는 운송서류상의 수하인의 정보와 같아야 한다. 단 3국 거래일 경우 수출자는 다를 수 있다.

70 파손화물보상장이란 사고부 B/L은 은행이 수리를 거절하므로 수출상에게 대체품이 없거나, 원재료의 부족 등으로 사고물품을 그냥 선적해야 할 경우, 수출상이 무사고 B/L을 발급받기 위해 선박회사에 제출하는 보증서이다. 즉, L/I란 본선수취증상의 비고란에 기재된 하자로 인해 운송 중 물품이 손상되어 운송인이 수하인에게 손해배상을 하는 경우, 송하인이 운송인에게 손해배상액을 보상하겠다고 약속하는 것을 말한다.

Leter of Guarantee(수입화물선취보증서)와 Surrendered B/L(권리포기 선하증권), Sea Waybill(해상화물운송장)의 경우 물품이 선하증권보다 먼저 도착지에 도착하는 경우를 대비하여 사용되는 서류이다.

71 무역금융은 중소기업기본법에 의한 중소기업에 대한 대출이며, 중계무역방식에 의한 수출은 융자대상에서 제외한다.

72 환가료 계산방법 : (우편일수/360)×연환가요율×(외화금액×적용환율)

∴ (9/360)×2%×(800,000×1,100) = 440,000원

※ 보기 오류로 모두 정답 처리

73 UCP600 제38조 b항에서는 "양도은행이라 함은 신용장을 양도하는 지정은행. 또는 어느 은행에서나 이용할 수 있는 신용장의 경우에는 발행은행으로부터 양도할 수 있는 권한을 특정하여 받아 신용장을 양도하는 은행을 말한다. 발행은행은 양도은행이 될 수 있다."고 규정하고 있다.

74 해당 설명은 "Demise Clause"에 대한 설명이다.

• Himalaya Clause(히말라야 약관) : 일반적으로 운송인이 누리는 책임면제의 권리나 그에 따르는 이익을 직접적인 계약당사자가 아닌 제3자에게도 인정하는 면책약관을 말한다.

75 대외무역관리규정 제25조 제1항에 따라 수출자 또는 수출물품 등의 제조업자에 대한 외화획득용 원료 또는 물품 등의 공급 중 수출에 공하여 지는 것으로 다음의 어느 하나에 해당하는 경우
- 내국신용장에 의한 공급
- 구매확인서에 의한 공급
- 산업통상자원부장관이 지정하는 생산자의 수출물품 포장용 골판지상자의 공급

2018년 112회 기출문제 정답 및 해설

1	2	3	4	5	6	7	8	9	10
①	④	④	①	④	①	④	①	②	④
11	12	13	14	15	16	17	18	19	20
④	④	②	④	④	④	③	③	④	①
21	22	23	24	25	26	27	28	29	30
②	①	④	④	④	①	①	④	④	①
31	32	33	34	35	36	37	38	39	40
①	①	②	①	①	②	④	④	②	③
41	42	43	44	45	46	47	48	49	50
②	④	②	①	④	③	①	④	①	①
51	52	53	54	55	56	57	58	59	60
①	④	④	②	③	③	④	④	①	④
61	62	63	64	65	66	67	68	69	70
④	④	④	②	④	④	②	④	③	④
71	72	73	74	75					
④	①	②	④	④					

SECTION 1 영문해석

01 인코텀즈 2010에 대하여 다르게 설명하고 있는 것을 찾는 문제로, ①번의 경우 "CIF조건의 경우 본선 적재 전 운송에 따른 물품의 상태에 대해서는 책임이 없다."라고 설명하고 있다. 그러나 CIF조건의 경우 선적지인도조건으로 물품을 본선에 적재했을 때 매도인의 인도의무가 완료되고 위험이 매수인에게 이전되기 때문에 본선적재 전 내륙 운송 중 물품의 상태에 대해서는 매도인에게 책임이 있다.

02 보기 중 다른 주제를 찾는 문제로, ④번의 경우에는 가격조건 및 거래할인에 대한 내용을 다루고 있고 나머지의 경우 배송기간에 대한 내용을 다루고 있다.

[03~04]

Mr. Han에게

당사는 상기 주문품이 SS Marconissa에 선적되었으며, 해당 물품은 앞으로 30일 내에 귀사에게 도착할 것임을 알려드리게 되어 기쁩니다.

그동안에 당사의 은행은 관련서류와 합의된 거래 및 수량할인을 포함한 3,000,000달러의 환어음을 귀사가 환어음을 인수할 수 있도록 서울 HSBC은행으로 송부하였습니다.

당사는 귀사가 탁송품에 대하여 만족할 것을 확신하며, 귀사의 다음 주문을 기다리겠습니다.

William Cox

Daffodil Computer

- Meanwhile : 그동안에, 한편
- draft : 환어음
- relevant document : 관련서류
- consignment : 탁송품

03 해당 지문에서 언급하고 있는 결제방법을 찾는 문제로, 수출자는 수입자가 환어음을 인수할 수 있도록 관련서류 및 환어음을 서울은행으로 송부하였다고 설명하고 있다. 즉, 수입자가 관련서류를 받자마자 결제하는 일람출급방식이 아닌 인수 후 만기일에 결제하는 조건으로 해당 결제방식은 ④번의 D/A(인수인도조건)이다.

04 밑줄 친 관련서류와 가장 거리가 먼 것을 찾는 문제로 ①번의 "bill of exchange"는 "환어음"으로 지문상에 기재된 draft와 동일한 뜻이다. 결론적으로 ①은 청구 수단일 뿐 관련서류가 아니다.

05 수출신용보험의 경우 운송 중 물품손상에 대해서는 담보하지 않는다. 운송 중 물품손상에 대해서는 해상보험에서 담보된다.

06 운송서류는 물품이 적절히 운송되고 목적지에서 매수인(buyer)이 물품의 소유권을 주장할 수 있음을 보장해야 한다.

07 신용장에서 송장을 추가적인 설명 없이 요구한 경우 견적송장(pro-forma invoice)을 제외하고 제시된 인보이스의 모든 종류에 의하여 만족된다. 견적송장의 경우 수출자가 거래를 유발하기 위한 수단으로 또는 수입허가 등을 받기 위하여 수출자가 선적 전에 작성하여 발송하는 송장으로 송장에 표시된 정보에 대해 법적 구속력이 없다. 결론적으로 단지 수입자의 신용장 발행을 위해 형식을 갖추어 주는 것에 불과하여 선적물품에 대한 증거가 될 수 없다.
- customs invoice : 세관송장
- consular invoice : 영사송장

08
> 2018년 9월 30일까지 유효한 청약을 7월 1일에 매도인이 전달했다. 7월 15일에 매수인은 "당사는 가격이 너무 높기 때문에 귀사의 청약을 수락할 수 없다."고 전달하였으나 8월 10일에 매수인은 다시 "당사는 귀사의 이전 7월 1일의 청약을 수락한다."고 보냈다. 매도인은 "당사는 이것을 수락으로 인정하지 않는다. 그 이유는 귀사가 이전에 거절했기 때문"이라고 즉시 회신하였다.

CISG에 따르면 이미 7월 15일에 매수인의 거절의사표시로 인해 청약은 소멸하였기 때문에, 매수인은 최종 승낙에 대하여 주장할 수 없다가 맞는 답이다.
- last acceptance : 최종승낙
- accommodate : 수용하다
- insist : 고집하다, 주장하다

09
> (a) 당사는 신용장 번호 089925번에 대하여 (b) 뉴욕은행을 지급인으로 하여 35,000달러의 일람출급환어음을 발행하였으며, 그것은 서울에 있는 (c) 한국외환은행을 통하여 매입되었습니다.
> 신용장에서 요구하는 모든 서류는 사본이 첨부된 채로 당사의 (d) 매입은행에 송부되었음을 알고 계십시오.

보기 내용 중 (a)는 당사는 수출자이며, (b)의 경우는 지급인이다. (c)는 매입은행이고, (d)의 경우 해당 매입은행은 지급인인 뉴욕은행이 아닌 한국외환은행이 된다.
- applicant : 개설의뢰인
- drawee : 지급인
- drawer : 발행인
- negotiating bank : 매입은행

10 해당 보기에서 설명하는 내용은 "보증신용장"에 대한 설명이다. 보증신용장의 경우 주 채무자의 채무이행에 대한 담보로 제공되는 것으로 수익자가 보증신용장에 적힌 조건에 따라 단순 지급청구를 하면 개설은행은 보증신용장에서 정한 금액을 기본계약과 별도로 지급을 약정하게 된다. 결론적으로 수출자가 수입자에게 서류를 직접 인도하더라도 수입자가 지정된 일자에 지급을 하지 않을 위험이 있기 때문에 수출자는 일정수준의 지급보증을 하길 원하므로 그때에 사용되는 신용장이 보증신용장이 된다.
- Red Clause L/C : 선대신용장

11
> 수익자는 신용장의 1년의 유효기간 동안 월별로 20,000달러의 환어음을 발행할 수 있는 취소불능 화환신용장을 받았다. 해당 화환신용장은 또한 누적기준으로 금액이 복원됨을 표시하였다. 첫째, 둘째, 넷째, 다섯째, 일곱 번째 달에는 월별로 환어음 전액이 발행되었고, 그 외에 다른 환어음은 발행되지 않았다. 화환신용장 유효기간의 마지막 달에 수익자는 최종선적을 진행할 예정이다.

신용장의 유효기간이 1년이면 총 12개월이다. 12개월에서 매달 20,000달러의 환어음을 발행할 수 있으므로 20,000달러×12개월=240,000달러이며, 이 중 1, 2, 4, 5, 7월은 발행했기 때문에 20,000달러×5=100,000달러이고, 발행 가능한 240,000달러에서 이미 발행한 100,000달러를 제외하면 140,000달러가 답이 된다.

- reinstatement : 복원
- cumulative basis : 누적기준
- final shipment : 최종선적

12

> 수탁자가 위탁자에게 판매된 모든 물품에 대하여 지급할 것이고, 미 판매된 물품에 대해서는 반송한다는 계약 하에 물품을 판매하기 위해 다른 자(수탁자)에게 물품을 위탁하는 것

해당 내용은 "위탁판매 계약"에 대한 내용이다.
- Bailment : 위탁
- bailor : 위탁자
- bailee : 수탁자
- sole agent agreement : 독점 대리점 계약

13

> 당사의 Bespoke Solutions Inc.의 솔루션에 관심을 가져주셔서 감사합니다. 당사는 조직목표를 뒷받침하기 위한 대응적인 솔루션을 개발하는 데 뛰어난 실적을 보유한 선도적인 소프트웨어 개발회사입니다. 당사는 광범위한 웹사이트 개발 솔루션을 제공합니다. 당사의 종합 가격표를 첨부하오니 확인 부탁드립니다.

해당 서신의 이전에 나올 서신의 주제를 찾는 문제로, 주어진 보기 하단에는 회사의 종합 가격표를 첨부한다고 되어 있으므로, 그 이전에는 견적요청을 받았을 것이다. 결론적으로 답은 "가격 견적요청" ②번이다.
- responsive : 즉각 반응하는, 관심을 보이는
- objective : 목적, 목표

[14~15]

> 고객에게
> 당사는 트랜지스터 세트의 추가공급을 위해서 4월 15일자 귀사의 주문을 받게 되어 기쁘지만, 현재 귀사의 계좌잔액이 400,000달러가 넘는 만큼, 당사가 추가 공급에 대한 신용을 제공하기 전에 해당 잔액분을 차감해 주셨으면 합니다. 그러므로 당사는 귀사가 당사에게 지불해야 될 금액의 절반의 수표를 당사에 전달해 주셨으면 합니다. 당사는 현재 귀사에서 요청하는 물품을 공급하도록 하고 해당 금액은 귀사의 계좌에 올려두도록 하겠습니다.
> Brown Kim

- balance : 잔액
- owe : 빚지고 있다
- half : 반, 절반

14 해당 서신에서 물품을 공급하고 해당 금액은 상대편 계좌에 올려두겠다고 한 내용으로 보아 외상으로 달아놓겠다는 의미이다. 즉, DEBIT NOTE의 경우 상대방에게 받을 돈이 있을 때 사용하는 문서이며, CREDIT NOTE의 경우 상대방에게 줄 돈이 있을 때 사용하는 문서이다.

15 해당 서신에서 가장 적절하지 않는 내용을 찾는 것으로 ④번의 경우 "Brown Kim은 이번에 최소 200,000달러의 잔액을 줄이길 원한다."라고 기재되어 있다. 해당 서신에서는 Chapman에게 못 받은 돈이 400,000달러를 넘는다고 되어 있고 그 중에 절반의 돈을 받길 원하고 있으므로 서신 작성자인 Brown Kim은 200,000달러를 넘는 금액을 받길 원한다.

16

> (a) 당사는 (b) 최종버전인 계약서에서 누락된 단어가 있음을 통지하게 되어 유감스럽습니다. (c) 귀사는 그 계약서를 한번 봐주시고, (d) 그것이 분쟁을 유발을 일으키기에 충분한지 판단해 주시기 바랍니다. 다시 한번 불편을 끼쳐 드려 진심으로 죄송합니다.

(d) whether it is enough big to cause a dispute 문장에서 "enough big"이 틀린 문장이다. enough의 경우 형용사는 뒤에서 수식하기 때문에 big enough가 와야 한다.

[17~18]

> Mr. Edwards에게
> 귀사의 회사에 상태가 좋지 않은 장미가 도착했음을 알게 해주셔서 감사드립니다. 당사는 귀사의 구매가격 전액을 환불하는 수표를 동봉합니다. 지난 목요일 비정상적으로 온도가 급격히 상승하고 물품이 적재된 배송트럭의 수리가 예상치 못하게 지연됨에 따라 귀사의 장미의 품질이 저하되었습니다. 당사의 사과를 받아주시고, 다시는 이런 일이 발생하지 않도록 확실하게 조치하도록 하겠습니다. 지난 15년 동안 귀사를 당사의 소중한 고객들 중 하나로 꼽을 수 있어서 기뻤고, 그 고객들의 만족은 당사가 지속적으로 성취하기 위해 노력하고 있는 목표입니다. 귀사의 요구를 만족시키기 위해 계속적으로 최선을 다할 것입니다.
> Thomas Sagarino 드림

17 해당 서신에서 정확하지 않은 것을 찾는 문제로, ③번의 경우 "Mr. Edwards는 몇몇의 장미의 유실로 환불을 요청하고 있다"라는 내용으로 서신에 나타나 있지 않다.
- legitimate : 정당한, 타당한

18 해당 서신은 손상된 제품에 대하여 사과하기 위하여 작성한 것이다.

19 인코텀즈 2010에서 EXW와 FCA조건 사이에서 가장 큰 차이점으로 틀린 것을 고르는 문제이다. ④번의 경우 "만약 매수인이 직접 또는 간접으로 수출통관절차를 이행할 수 없는 경우, EXW조건은 해당 거래에서 선택된다."로 기재되어 있다. EXW조건의 경우 매수인의 최대의무조건으로 수출통관도 매수인이 하여야 하며, 만약 매수인이 수출통관이행을 할 수 없는 경우 FCA조건을 사용하여야 한다.

[20~21]

당사는 귀사의 데빗노트 NO.123을 동봉한 5월 23일자에 귀사의 서신을 받았습니다. 당사는 (a 착오)에 의하여 대금을 결제하지 못해 죄송합니다. 이 계좌의 대금결제를 함에 있어 당사는 (b) *2018년 5월 말까지의 귀사의 송장금액을 결제할* 5,000,000달러의 수표를 동봉합니다. 만약 귀사가 당사에게 반송우편으로 영수증을 보내주신다면 감사드리겠습니다.

• enclose : 동봉한다

20 서신 작성자가 상대방에 지불할 금액을 실수로 인해 결제하지 못해 사과하는 내용으로, 해당 ⓐ 빈칸에 들어갈 답은 ①이 가장 적절하다.

21 ⓑ의 영어문장을 가장 올바르게 번역한 것으로는 "2018년 5월 말까지 귀사의 송장대금을 결제하겠다는" ②번이 답이다.

22

Alice에게

오늘 오후에 전화해 주셔서 당사의 사업개발서비스에 관심을 주셔서 감사합니다. 귀사와 이야기를 나누고 Alize Catering에 대한 사업컨셉과 확장 계획을 논의하게 되어 기쁩니다. 전화 통화 시 논의된 내용은 다음과 같습니다.

귀사는 저에게 Alize Catering에 대한 자세한 사업계획 수립을 요청하였습니다.

이 사업계획은 조직계획, 생산계획, 마케팅계획 그리고 재무계획 측면에서 Alize Catering 운영에 관한 가이드라인을 정합니다.

사업계획 개발을 위해 소요되는 총 비용은 3,000달러로 3회 분할 지급이 가능하며, 1회분 지급은 이번 계약에 대한 확약으로서 즉시 지급해 주셔야 하고, 2회분은 환어음 서류 수취 시 지급하셔야 하며, 3회분은 최종서류 인도 시 지급해 주셔야 합니다.

해당 서신에서 가장 적절한 목적을 기술한 것이 무엇인지 찾는 문제로 ①번의 "구두계약을 확정하기 위해서"가 옳다.

23

(a) 운송업자는 (c) 그의 고객을 대신하여 (b) 선사에 도하로 가는 20피트 컨테이너 2대를 예약하였다. 선사직원의 실수 때문에, 20피트 컨테이너 1대는 도하로 운송되었고, 나머지 20피트 컨테이너 1대에는 다른 고객사들의 컨테이너와 함께 선적되어 (d) Bremerhaven로 운송되었다. 운송업자가 이 실수를 알아차렸을 때에, 컨테이너는 이미 Bremerhaven로 가고 있었다. 선사는 이 컨테이너의 운송경로를 변경하겠지만 도하까지 직항으로 갔다면 당초 운송시간인 20일 대신에 60일 정도 걸릴 것이라고 통지했다.

원래 목적지는 Bremerhaven가 아니고, Doha이다.

• NVOCC : 무선박운송인
• VOCC : 선박을 보유한 운송인

24 ④번의 경우에는 신용특권을 철회한다는 내용이고, 나머지의 경우에는 신용이 있는 거래를 다루고 있다.

25 판매자가 작성하는 것과 거리가 먼 것을 찾는 문제로 ④번의 경우 매수인이 정하는 내용이다.

SECTION 2   영작문

[26~28]

일람불환어음은 수출자가 물품이 목적지에 도착하고 대금지급을 받을 때까지 선적물품에 대한 권리를 보유하길 원할 때 사용된다. 실제로 해양선하증권은 수출자가 배서한 후 수출자의 은행을 통해서 수입자의 은행으로 송부된다. 이는 일람불 어음, 송장 그리고 수입자 또는 수입자의 국가에 의해서 지정된 그 밖의 서류가 첨부된다. 외국은행은 이러한 서류들을 수취했을 때 매수인에게 통지한다. 어음금액이 지급되자마자 *(A) 외국은행*은 수입자가 선적물품을 수취할 수 있도록 선하증권을 전달한다. 여기에서 선적물품의 권리를 이전하는 것을 통제하기 위해 일람불 어음을 사용할 경우 여전히 약간의 위험이 있다. 수입자의 지급능력 또는 지급의지는 물품의 선적 시점부터 지급을 위해 어음이 제시될 때까지 변할 수도 있다; (은행은 매수인을 대신하여 어떠한 지급확약도 하지 않는다.)

• endorse : 배서하다
• accompany : 동반하다, 첨부하다
• turn over : 전달하다
• willingness : 의지

26 상기거래에 따른 적절한 결제방식을 찾는 문제로 일람불 어음을 사용하며, 은행이 대금지급확약을 하지 않고 단순히 중간에서 서류 전달 역할을 하기 때문에 D/P(지급인도방식)조건이 옳다.

27 수출자가 수출지의 은행에 어음 및 서류를 전달하면, 수출지의 은행(추심의뢰은행)은 수입지의 은행(추심은행)에게 어음 및 서류를 전달하고 수입지에 있는 추심은행은 매수인이 대금지급을 하면 관련서류를 수입자에게 전달한다. 즉, 수입지에서 수입자에게 대금회수 및 서류를 전달하는 은행은 "추심은행(collecting bank)"이다.

28 추심거래에서는 신용장거래와 달리 은행은 대금지급확약을 하지 않는다.

29 "regular"와 대체할 수 없는 단어를 찾는 문제로, "regular"는 정기적인, 규칙적이란 뜻으로 customary(관습적인), usual(평상시의, 통상적인), normal(일상적인)과 대체하여 사용할 수 있지만, punctual(시간을 지키는)로 대체하여 사용할 수 없다.

30

> ⓐ 인코텀즈2010규칙은 물품이 판매되고 운송될 때 무역거래자들을 돕기 위하여 고안된 정형화된 선적조건이다. ⓑ 각각의 인코텀즈 규칙은 각각의 당사자(⑩ 운송, 수입 그리고 수출통관등과 같은 용역을 책임지는 사람)의 의무와 ⓒ 판매자로부터 구매자에게 위험이 이전되는 운송지점을 명시한다. ⓓ 인코텀즈 규칙에 동의하고 매매계약에 삽입함으로써, 구매자와 판매자는 각 당사자가 해야 할 의무와 손실, 손상 또는 기타의 사고 발생 시 책임이 어디에 있는지를 정확하게 파악할 수 있다.

인코텀즈 2010 규칙은 표준이 되는 선적조건이 아니라 정형거래조건(Trade Terms)이다.

[31~32]

> 귀사의 성명을 당사에 90일 환어음 만기조건으로 결제 허용을 요청해 온 F.Lynch&Co. Ltd사의 Mr. L. Crane에 (의해) 알게 되었습니다. 당사는 만약 귀사가 해당 업체가 만기일에 즉시 결제할 수 있는지 여부와 해당 거래에서 50,000달러에 이르는 외상금액을 (결제)할 수 있을 만큼 충분히 믿을 만한 업체인지 확인해 주시면 감사드리겠습니다.

31 해당 서신은 신용조회를 하기 위한 서신으로 Mr. Cho는 해당 서한의 수신자로 "신용보증인"이다.

32 문맥상 (A)에는 "~의해"가 기입되어야 하고, (B)에서는 외상금액을 "결제"할 수 있을 만큼으로 meet이 올바른 정답이다.

33 팩토링이란 수출자가 외상거래를 하게 될 때 부담할 위험을 어느 정도 절감시켜는 무신용장 결제방식으로 외상 매출채권을 팩터가 수출자로부터 매입하여 대금을 사전지급을 하고 기한에 맞춰 수입자에게 대금을 받는 형태의 금융서비스로 송장금융의 한 유형이다.

[34~35]

> Herr Kim에게
> 우리는 당신을 2월 15일 연례 디너행사에 초대하고 싶습니다. 그리고 당신이 우리의 초청 연사 중 한 분이 되어 주실지 궁금합니다. 올해 주제는 "달러화의 영향"이며 이것이 수출기업에게 어떠한 영향을 미치는가에 대하여 공헌해 주시면 감사드리겠습니다. 만약 귀하가 연설할 수 있으면 최대한 빨리 알려주시기 바랍니다. 귀하와 게스트를 위하여 정식 초대장을 (동봉합니다).

• formal invitation : 정식 초대장

34 올바른 영작으로 "①"번이 답이다.

35 문맥상 귀하와 게스트를 위하여 정식 초대장을 "동봉합니다"가 와야 한다.

36 (ⓑ 단독해손)은 순전히 우발적이고 예상치 못한 손실인 반면에 (ⓐ 공동해손)은 자발적이고 의도적인 손실이다. (ⓒ 단독해손)은 전적으로 화물의 소유자가 부담하여야 한다. (ⓓ 공동해손)은 화물 소유주 모두가 분담하여야 한다.

• voluntary : 자발적인

• deliberate : 고의의

• unforeseen : 예상치 못한

37 ICC(B)약관과 ICC(C)약관 모두 공동해손희생손에 의해 발생된 피보험목적물의 멸실 및 손상에 대하여 담보한다.

• subject-matter insured : 피보험목적물

• general average sacrifice : 공동해손희생손해

[38~39]

당사의 HW-118넘버 모델에 대하여 3월 20일자에 문의주신 귀사의 서신에 감사드립니다. *(a) 당사는 첨부된 가격표와 같이 최고의 가격과 조건을 견적하였습니다.* 당사는 *(b) 귀사를 위하여 특별가격을 제시한 바와 같이 귀사와 거래하고자 하는* 당사의 열망을 이해할 수 있을 것으로 믿습니다. 사실 *(d) 금년 초기부터 원재료가격이 비싸졌기 때문에* 당사의 가격을 인상해야 할 수도 있습니다. 그러므로 당사는 귀사에게 지체 없이 *(c) 첫 주문을 해주시길* 요청드립니다.

38 "the price of raw materials is high"가 와야 한다. price(가격)은 low/high의 개념으로 표현하여야 하고, expensive/inexpensive는 물건 자체를 대상으로 쓰인다.

39 해당 서신 작성자는 상대방에서 온 거래문의에 견적서를 첨부하여, 곧 원재료가격이 올라갈 예정임을 알리는 상황으로 문맥상 원재료가격이 올라갈 예정이기 때문에 지체 없이 "첫 주문을 해주시길 요청합니다."가 답이다.

40 매도인은 통제할 수 없는 상황을 제외하고는 계약서에 명시된 시간 내에 선적이 이루어져야 한다.

보기의 문장과 같은 의미를 찾는 것으로, ③번은 "매도인은 불가항력 상황의 경우 선적지연에 대해서 책임지지 않는다"와 동일한 의미이다.

41 보기의 문장은 "선적은 10월 10일까지 반드시 이루어져야 한다."라는 의미이다. 따라서 "Shipment must be made by October 10."은 "발송은 10월 10일까지 해야 한다." 의미이므로 보기와 가장 유사하다.

42 귀사의 주문번호 HW-07133에 대하여 당사가 선적준비가 되었다는 것을 귀사에게 알려드리게 되어 기쁩니다. 이렇게 짧은 통지에, 당사는 귀사의 필수 배송날짜를 맞추기 위해 특별한 노력을 기울였다는 것을 알아주시기 바랍니다. 당사의 제품의 우수한 품질과 세련된 디자인은 귀사의 고객들에게 완전한 만족감을 줄 것이라 믿습니다. 당사에게 귀사의 (선적지시서)를 주시기 바랍니다.

43 ②번의 내용은 다음과 영작할 수 있다. "This delay has caused us great **inconvenience**. You will understand that <u>We</u> would lose much of <u>Our</u> chance of selling them if their delivery was put off any further."

44 해당 문장은 전치사 in 뒤에 전치사의 목적어로 동명사인 letting이 와야 한다.

45 "we have unable to"에서 "unable to" 앞에는 Be동사가 와야 한다.

46 "since"가 "~이래로"로 사용될 경우 "have p.p"형태로 와야 한다. 즉, "It has been two weeks since we sent you."가 되어야 한다.

47 만약 지급이 이루어지지 않는다면, 부도절차를 밟는 수밖에 없을 것 같아 유감입니다.

①번의 "협상재개"는 다른 의미로, 나머지는 "법적절차 및 소송을 제기하다."이므로 보기 문장과 같은 의미이다.

48 환적에 대하여 잘못 설명하고 있는 것을 찾는 문제로, ④번의 경우 "환적은 선적물품이 손상될 가능성이 낮다."라는 의미이다. 환적은 운송 중 한 운송수단에 다른 운송수단으로 물품을 옮겨 싣는 것으로 오히려 물품이 환적 중에 손상될 가망성이 높다.

49 "Underlying transaction" 기본거래와 같은 의미인 것을 찾는 문제로, 기본거래는 sales contract(매매계약)와 같은 뜻이다.
- carriage contract : 운송계약
- negotiation contract : 매입계약

50 매입으로 거래하는 방법 중 하나는 수출업자가 화환신용장하에 제시된 불일치 서류에 대해 (유보부 매입)을 통해 매입은행으로부터 할인을 받는 것이다.

"under reserve negotiation"은 유보부 매입, 보증부 매입이라고 하며 이는 매입한 서류가 하자로 인하여 매입어음이 부도되는 경우 매입은행에 수출환어음 매입대전을 상환하겠다고 약정한 후 매입하는 방법이다. 유보부 매입은 개설은행의 지급보증과 관계없이 수출자의 신용만으로 매입하는 것이므로 담보 제공이 필요하다.

51 신용장 양도는 1회에 한하여 양도 가능하다.

52 인코텀즈의 경우 계약에 따른 물품의 일치성 부분에 대해서는 다루고 있지 않다.

53 무역계약이 체결된 장소 또는 국가에서 계약의 전부 또는 일부가 이행될 때 계약이 체결된 국가의 법률을 적용해야 한다는 원칙을 "계약체결지 법"이라 한다.

54 • bid bond(입찰보증) : 수출 등과 관련하여 수출자가 낙찰되고서도 입찰조건에 따라 계약을 체결하지 않아 수입자가 손실을 입는 경우, 금융기관이 수출자와 연대하여 배상한다는 내용의 보증서를 의미한다.

• advance payment bond(선수금 환급보증) : 수출 등과 관련해 수출자의 잘못으로 계약이 취소되어 이들이 이미 수령한 선수금을 수입자에게 환급하여야 하는 경우 금융기관이 연대하여 선수금의 환급을 보장한다는 내용의 보증서를 의미한다.

• retention payment bond(유보금환급보증) : 하자가 발생할 경우 하자보수비에 충당할 목적으로 발주자가 기성고의 일부를 유보해 둔 금액을 '유보금'이라고 하는데, 발주자는 이러한 유보금을 각 기성단계마다 지급하지 않고 유보하게 된다. 따라서 시공사는 이를 지급받기 위해 유보금상당의 보증서를 제출하여 대금을 지급받는데 이를 유보금환급보증이라고 한다.

55

> 환가료 = 수출(거래)금액 × 은행매매기준율 × 연 환가료율 ×(우편일수/360)

• $3,600,000 \times 1000 \times (0.02 \times (120+8)/360)$
  $= 25,600,000$

• $25,600,000/100 = 256,000$원

56 헤이그–비스비 규칙은 과실책임주의에 따라 운송인은 자신에게 과실이 없음을 입증할 필요가 없다.

57 선하증권 법적성질로는 권리증권, 선적화물수취증, 요인증권(선하증권은 운송계약에 의해 화물의 선적을 전제로 하여 발행되는 것이므로 법률상 요인증권이 된다), 채권증권(선하증권의 소지인은 화물의 인도를 청구할 수 있기 때문에 채권효력을 갖는다), 요식증권(필수기재사항과 임의기재사항이 있으며, 필수기재사항이 기입되지 않으면 법률상 효력이 없다), 유통증권, 지시증권이 있다.

58 환어음의 만기가 'at 90 days after sight'인 경우는 일람 후 90일이 되는 때에 대금을 지급해야 하는 것으로 이는 기한부신용장(Usance Credit)을 의미한다.

59 공동해손 손해의 경우에는 ICC(C)도 담보 대상이지만, 해당 내용으로 보아 공동해손에 해당하지 않는 사고로 판명되었기 때문에 ICC(A)와 ICC(B)에서만 보상된다.

60 정기선 운임은 "기본운임+할증료+추가요금+기타부대비용"으로 계산하는데, THC(터미널화물처리비)의 경우 해상운임에 포함되어 있지 않고, 기타 부대비용 종류 중 하나로 운임에 포함될 수도 있고 안 될 수도 있다. 터미널 화물처리비는 화물이 CY에 입고된 순간부터 본선이 선측까지 반대로 본선의 선측에서 CY게이트를 통과하기까지 발생하는 비용을 말한다.

61 중재조항은 독립성 원칙이 있다. 즉, 중재합의의 형태로서 매매계약서상에 삽입되어 있는 중재조항은 동 계약서가 무효가 되도 해당 중재조항은 그 효력이 유지된다. 결론적으로 다른 조항이 무효처리가 되더라도 중재조항에 영향을 미치지 않는다.

62 FAS는 선적지 인도조건이며, 본선의 선측에 매도인이 인도 시 인도의무가 완료되며 그 시점에서 위험과 비용이 매수인에게로 이전된다. 결론적으로 FAS조건에서 매도인은 외항에 정박한 본선까지의 부선료를 부담할 의무가 있다. 이유는 본선의 선측까지 인도된 게 아니기 때문에 인도의무를 완료한 것으로 볼 수 없기 때문이다.

63 기한부환어음이 아닌 일람출급 환어음이어야 한다.

64 매수인 및 매도인 모두 추가기간지정권이라는 구제권이 있다. 매도인이 매매계약을 위반한 경우 매수인의 구제권리로는 특정이행청구권, 대체품인도청구권, 하자보완청구권, 추가기간지정권, 계약해제권, 대금감액청구권, 손해배상청구권이 있다.

65 • 표준품 매매 : 견본을 대신하여 표준으로 인정되는 것을 기초로 하여 가격을 결정하고 실제로 인도된 물품의 품질이 해당 표준품과 다른 경우 가격의 증감으로 조정하는 거래를 말한다. 표준품 매매에는 FAQ(평균중등품질조건), GMQ(판매적격품질조건), USQ(보통표준품질조건)이 있다.

• 명세서 매매 : 주로 기계공업제품의 매매에서는 재료, 구조, 성능 기타의 필요사항에 대하여 그 명세를 표시한 계약서, 설계도, 청사진, 카탈로그(illustrated catalog) 등에 있는 기재로서 당해 상품의 품질을 설명하고 표시하

는 것을 볼 수 있다. 즉 정밀한 기계나 정교한 물품의 국제거래에서는 형상, 치수, 재료 등을 자세히 일정한 명세서에 의해 품질을 표시하고 거래가 이루어지는 것을 의미한다.

66 FCA조건은 매도인이 아닌 매수인이 지정한 운송인에게 물품을 인도한 경우 매도인의 인도의무는 완료되며, FCA조건의 경우 수출통관의무도 매도인에게 있다. 매수인이 수출통관의무를 부담하는 조건은 EXW조건이다.

67 TEU의 경우 20피트 컨테이너 박스를 의미하고, square는 면적단위이다.

68 해당 내용은 양륙향변경료에 대한 설명이며, Lump Sum Charge의 경우 선복운임이라고 하며 부정기선운임의 종류로 화물의 수량, 중량, 용적과 전혀 관계없이 항해 단위나 선복의 크기를 기준으로 하여 일괄 계산하는 운임이다.

69 인코텀즈 2010에서는 당사자 간 매매대금이나 그 지급방법 등과 관련하여 규정하고 있지 않다. 이는 당사자 간 합의에 따라 결정하고 있다.

70 LCL화물인 경우 화물인수도 등을 근거로 운송주선인은 개별화주에게 HOUSE B/L을 발급해 준다.
  • House B/L : 운송주선인이 화주에게 발급하는 선하증권으로 일반적으로 소량 단위의 화물(LCL)의 거래 시 사용된다. House B/L은 Issued by에 운송주선인 이름과 주소가 기재되어 있다.
  • Master B/L : 선박회사가 운송주선인에게 발급하는 선하증권으로 FCL화물 거래 시 사용되며, 해당 B/L을 통해서 수출대금을 결제받을 수 있다. Master B/L은 Issued by에 선박회사 이름과 주소가 기재되어 있다.

71 신용장이 용선계약부 선하증권과 관련하여 용선계약서 제시를 요구하는 경우에도 은행은 용선계약서를 심사할 의무가 없다. 이는 UCP600 제22조에 규정되어 있다.

72 개별계약서에는 단가, 금액 등을 명기하고, 포괄계약서에는 청약 및 주문의 방식 등이 명기된다. 또한, 포괄계약과 개별계약이 모순될 경우 개별계약 내용이 우선된다.

73 재매입(Renego)이란 제3은행이 최초 매입은행의 요청에 따라 선적서류를 매입하는 것을 말한다. 매입은행지정신용장, 즉 제한매입신용장에 의하여 수출자가 매입은행에 선적서류를 매입시키면, 해당 매입은행인 거래은행은 매입지정은행에 재매입을 의뢰하게 된다. 리네고는 매입은행이 특정되어 있는 매입제한신용장(Restricted L/C)인 경우에 발생하며, 매입은행이 지정되어 있지 않은 자유매입신용장(Freely Negotiable L/C)인 경우에는 Renego가 거의 일어나지 않는다. ㉠의 일람지급신용장의 경우에는 매입이 발생하지 않으며, ㉣의 경우 자유매입신용장이기 때문에 리네고가 발생하지 않는다.

74 입체지불수수료란 항공운송 전 송하인 또는 그 대리인의 비용으로 이미 지불한 경우 수하인이 부담하여야 할 육상운송료, 보관료, 통관수수료 등을 말한다. 즉, 출발지에서 항공운송 전 발생된 기타 비용이 착지불로 되어 수하인이 지불해야 되는 수수료를 의미한다.

75 ④번의 경우 "승낙의 요건"에 해당된다.

1	2	3	4	5	6	7	8	9	10
③	②	④	④	④	①	④	①	①	①

11	12	13	14	15	16	17	18	19	20
④	④	②	④	②	④	②	①	④	②

21	22	23	24	25	26	27	28	29	30
③	①	④	③	④	②	①	①	②	①

31	32	33	34	35	36	37	38	39	40
①	②	①	③	④	①	①	④	③	④

41	42	43	44	45	46	47	48	49	50
④	③	①	①	④	④	②	②	④	③

51	52	53	54	55	56	57	58	59	60
④	④	③	①	④	③	③	①	④	②

61	62	63	64	65	66	67	68	69	70
④	④	①	④	③	①	③	①	④	②

71	72	73	74	75
④	④	②,③	④	③

--- **SECTION 1**   영문해석 ---

01 해당 지문은 선착순 판매조건부 청약과 관련된 문장을 찾는 것으로, ③번에 "당사는 재고잔류 조건부로 하여 다음 제품을 청약합니다."가 맞는 답이다. 선착순 판매조건부 청약은 다른 뜻으로 재고잔류 조건부 청약이라고도 하며, 피청약자의 승낙만으로 거래가 성립되는 것이 아니라 승낙을 한 시기에 재고가 남아있어야 거래가 성립되게 되는 조건부 청약이다.

02 주어진 보기 중에 다른 주제를 찾는 문제로, ②번의 경우 "당사의 공장은 일주일에 3만 대를 생산할 설비가 없다."라는 내용으로 생산설비에 대한 내용을 다루고 있으며, 나머지 지문의 경우 판매조건을 다루는 주제이다.
- garment : 옷, 의복
- facility : 시설, 설비

03 해당 문제는 비즈니스 서신의 마무리 부분에 쓰이기 어색한 문장을 찾는 것으로, ④번의 경우 카페트 포장과 관련된 내용이다.
- reinforce : 강화하다, 보강하다

04 보기 중에 다른 주제를 찾는 문제로, ④번의 경우 "당사는 25%의 거래할인이 상당히 만족스럽다는 것을 알리고 싶다."라는 뜻으로, 나머지 지문의 경우에는 배송 및 배송 일자에 대한 내용이다.
- trade discount : 거래할인, 무역할인
- firm condition : 확정 조건

05 해당 내용은 후불운임 또는 반송운임에 대한 내용으로 후불운임은 송하인의 지시나 그의 이익에 따라 목적지 또는 목적항 외에 다른 곳으로 운송하는 경우 부과하는 일종의 할증운임이다.
- Dead freight : 부적운임으로 공적운임이라고도 하며 화물의 실제 선적량이 계약된 선적량보다 미달할 경우 그 부족분에 대해 지급되는 운임
- Lump sum freight : 선복운임

06 CIP조건에 대하여 잘못 설명하고 있는 문장을 찾는 것으로 ①번의 경우 "매도인은 합의된 목적지의 지점으로부터 물품의 운송계약을 체결 또는 조달해야만 한다."고 설명하고 있다. CIP조건의 경우에는 매도인은 합의된 목적지까지 운송계약을 체결하고 관련 비용을 부담하여야 한다. 결론적으로 "합의된 목적지로부터(From)가 아닌, 합의된 목적지까지(To)"가 맞는 답이다.
- minimum cover : 최소담보
- pre-shipment inspection : 선적 전 검사
- mandate : 권한, 명령하다

07 인코텀즈 2010에 대하여 잘못된 설명을 찾는 문제로 ④번의 경우 "CIF조건은 당사자에게 목적항을 정확히 명시하도록 요구하고 있고, 그 곳에서 위험은 매수인에게 이전된다." 라고 기재되어 있다. CIF조건의 경우 선적지인도조건으로 위험은 선적지에서 본선에 물품이 적재되었을 때 위험이 매수인에게 이전되는 것으로 틀린 답이다.
- clear : 통관

08 해당 문제는 FCA 조건하에서 신용장 매입을 위해 제시되는 선적서류로 적절하지 않은 것을 찾는 문제로 FCA조건의 경우 매수인이 지정한 운송인에게 매도인이 물품을 인도하는 조건이다. 이 경우 운송인은 매도인에게 화물을 수취했음을 증명하는 화물수취증을 발급해 준다. 즉, ①번의 경우 본선에 적재된 후 발급되는 선하증권으로 선적서류는 맞지만 해당 조건하에서 사용되는 서류는 아니므로 오답이다.
- Forwarder's Cargo Receipt : 화물수취증
- Commercial Invoice : 상업송장
- On board Bill of Lading : (본선적재)선하증권

[09~10]

> Mr. Merton에게
>
> 당사의 주 거래처인 캐나다, 온타리오, 도슨, 훼일 드라이브 1-5에 소재한 맥켄지브로스사의 주문서를 첨부합니다. 그들이 주문한 60세트의 그릇을 각각 개별로 포장하여 크레이트 당 10개 세트씩, 6개의 크레이트로 포장하고, 크레이트에는 그들의 회사명, '취급주의' 그리고 '그릇'이라는 단어, 그리고 1번부터 6번까지 번호를 선명하게 기입할 것을 귀사에게 지시해달라고 요청했습니다. 선적 또는 결제와 관련된 추가 서신은 직접 맥켄지브로스사에 해주시고, 그것이 끝나면 당사에게 상업송장 사본을 보내주십시오.
>
> 대단히 감사합니다.
>
> David Han

- principal : 주된 거래처
- crockery : 그릇
- fragile : 취급주의, 파손주의
- correspondence : 서신, 연락

09 맥켄지브로스사가 누구인지 찾는 문제로, 해당 지문에서는 제품을 주문하고 포장방법에 대하여 상세히 설명하고 있는 것으로 보아 매수인임을 알 수 있다.

- freight forwarder : 운송주선인
- carrier : 운송인

10 David Han의 경우 맥켄지브로스사에 청구할 에이전트 수수료를 계산하기 위하여 Mr. Merton에게 상업송장 사본을 요청하였다.

- calculate : 계산하다, 산출하다

11 CISG에 따라 매도인의 의무 중 잘못된 문장을 찾는 것으로, ①~③번은 CISG 제30조에 정확히 명시되어 있으며, ④번의 물품이 목적지에 도착 후 검사할 의무는 매수인으로 규정하고 있으므로 오답이다.

12

> 일반적으로 관세부과 목적을 위해서 특정 물품이 제조, 가공, 또는 생산된 수출국가를 증명하기 위해 특정 외국에서 요구하는 서류

문제에 제시된 내용은 ④번의 원산지증명서에 대한 설명이다.

- Bill of Exchange : 환어음
- Bill of Lading : 선하증권

13 CISG에서 규정한 구제에 대한 설명 중 부적절한 것을 찾는 문제로, ②번의 경우 "매수인은 불일치가 본질적 위반을 구성하는 때에만 물품의 수리를 요청할 수 있다."로 설명하고 있다. CISG에서 매수인의 구제에 대한 내용 중 제46조 제3항에서는 물품이 계약과 일치하지 않는 경우 매수인은 불합리한 경우를 제외하고 매도인에게 불일치의 치유를 청구할 수 있다고 규정하고 있으며, 이것이 바로 매수인의 하자보완청구권으로 반드시 본질적 위반이 있어야 하는 것은 아니다.

- fundamental breach of contract : 본질적 계약위반
- non-conformity : 불일치
- avoidance of contract : 계약해제

14 UCP600에서 규정한 화환신용장에 대하여 옳은 문장을 고르는 문제로, ④번의 경우 "확인은행이 비록 지급하기를 꺼려하더라도 발행은행에 대하여 취소불능 지급 확약을 강제할 수 있다."는 내용으로 UCP600에 따른 신용장의 최종 지급 확약자는 발행은행이기 때문에 해당 내용이 맞는 답이다.

- enforceable : 강제(집행)할 수 있는
- confirming bank : 확인은행
- unwilling : 꺼리는, 싫어하는

15 지시식 B/L에 대하여 정확하지 않은 것을 찾는 문제로, 지시식으로 발행되었을 때에는 매수인(Buyer)이 아닌 매도인(Seller)이 배서한다.

- negotiable : 유통 가능, 양도 가능

16 UCP600 제38조에서는 "양도된 신용장은 신용장의 금액, 신용장에 명기된 단가, 유효기일, 제시를 위한 기간, 또는 최종선적일 또는 정해진 선적기간"은 감액 또는 단축될 수 있다고 규정하고 있지만, 보험부보가 이행되어야 하는 비율은 이 규칙 또는 신용장에 명기된 부보금액을 충족시킬 수 있도록 증가될 수 있다고 규정하고 있다.

17 환어음은 국내거래에도 사용될 수 있으며, 수출자가 수입자에 대금지급을 요청하는 청구수단이며 지급보증은 아니다. 또한 매입신용장에서 지급인은 발행은행이다.

- payment guarantee : 지급보증
- Drawee : 지급인
- applicant : 발행의뢰인

[18~19]

> Mr. Brown에게
>
> 당사는 7월 5일에 귀사가 문의를 준 것에 대해 매우 감사드리고, 귀사가 당사 제품에 관심이 있음을 알고 기뻤습니다. 귀사의 서신에서 귀사는 가격표에서 5%의 특별할인을 요청하였습니다. 우리 제품에 대한 귀사의 관심에 매우 감사드리오나 당사는 이미 가격을 가능한 최소한으로 낮췄으며, 해당 제품들은 이 가격으로는 다른 어떤 곳에서도 구할 수 없다는 것을 알려드리고 싶습니다. 그러나 귀사가 이 시점에 10만개 이상의 주문을 늘릴 준비가 된 경우에는 귀사가 요청한 5%의 수량 할인을 해 드릴 수 있음을 알려드립니다.
>
> Milke Son 드림

• obtainable : 얻을 수 있는, 획득할 수 있는

• quantity discount : 수량할인

18 "in spite"는 ~에도 불구하고 라는 해석으로 해당 문맥과 어울리지 않는다.

19 해당 서신에 대하여 가장 적절한 문장을 찾는 문제로, ④번의 경우 "Mike Son은 수량할인을 제안하였다"가 가장 적절하다.

• quantity discount=volume discount : 수량할인

• writer : 작성자

20 > 신용장 거래하에서 선하증권은 "지시식" 또는 지정된 자의 "지시식"으로 직접 탁송되는데, 지정된 자는 일반적으로 (ⓐ 송하인) 또는 (ⓑ 수하인)이다. "지시식" 또는 "(ⓐ 송하인)의 지시식"이란 문구는 적절한 (ⓓ 배서)의 수단에 의해 여러 번 물품의 권리를 양도할 수 있도록 허용하는 (ⓒ 양도 가능)을 의미한다.

해당 문제는 빈칸에 적절하지 않은 단어를 찾는 문제로, 지시식의 경우 송하인 또는 개설은행의 지시에 따라 권리가 이전하게 된다.

• phrase : 문구

• to order : 지시식

• merchandise : 물품, 상품

21 > Mr. Steve에게
>
> 당사는 클리닝가루인 "Kloonkwick"를 케이스 개당 9,000달러에 견적을 해주신 5월 22일의 귀사의 서신을 감사히 잘 받았습니다. 그러나 유감스럽게도 이 가격으로는 우리가 주문을 할 수 없습니다. 만약 귀사의 가격이 당사가 생각할 수 있는 범위 내에 있는 경우, 당사는 정기적으로 대량 주문을 할 수 있을 것입니다. 그러므로 귀사의 견적을 재고하여, 매월 최소 40케이스의 주문을 기초로 계산하신 후 더 낮은 가격을 제시하실 수 있길 바랍니다.
>
> Grace Yang 드림

서신에서 가정 적절하지 않은 문장을 찾는 것으로, ③번의 경우 "Mr. Steve는 수락 할 수 없게 되어 유감임을 표현하였다."로 기재되어 있다. 해당 가격을 수락할 수 없다고 서신을 보낸 자는 Steve가 아닌 Grace Yang이므로 틀린 답이다.

• reconsider : 재고하다

• large order : 대량주문

• place an order : 주문하다

22 해당 가격조건은 FCA조건으로, FCA조건은 복합운송에 사용되기 때문에 답은 ①번이다.

23 FCA조건하에서 매수인의 의무로 적절하지 않은 문장을 찾는 문제로, FCA조건의 경우 매도인의 영업소에서 인도하는 경우에는 매도인의 위험과 비용으로 물품적재에 대한 책임이 있으며, 그 밖의 장소의 경우에도 적재의무가 있기 때문에, 매도인의 영업소에서 적재될 때 발생하는 모든 비용은 매도인이 부담한다.

• disposal : 처리, 처분

• premises : 부지, 구내

• carry out : 수행하다

24 > 12월 12일 이곳에 도착된 귀사의 물품청구서에 대하여 알려드립니다. 해당 청구서의 금액을 결제하는 부분에 있어서 한국외환은행은 선적서류와 함께 일람 후 120일 조건의 35,800달러의 귀사의 환어음을 인수하였습니다. 해당 금액은 만기일에 귀사에게 송금될 예정입니다.

보기에 있는 결제방법이 무엇인지 찾는 문제로, 해당 보기 내용에서는 은행에서 환어음을 인수한 후, 만기일에 대금을 결제해 준다는 것으로 보아 기한부 신용장임을 알 수 있다.

• Deferred payment credit : 연지급신용장

• Standby credit : 보증신용장

• D/P : 지급인도조건(추심거래에서 사용됨)

• bill of exchange : 환어음

25

> Mr. Kirchoffer에게
>
> 이는 귀사의 장기 미지불 계정에 대하여 주의를 주기 위한 세 번째 연락입니다. 당사는 지금까지 귀사의 수표뿐만 아니라 답변의 호의도 받지 못했습니다. 신용과 우호적인 관계는 상호보완적인 노력에서 나오는 것입니다. 당사가 해야 되는 부분은 이미 다 한 것이라 생각이 들고, 귀사의 의무를 다하기 위해 공정한 사업가 정신으로서 귀사를 믿었습니다. 이번 주까지 귀사의 수표를 보내주십시오. 그렇지 않으면 당사는 법적조취를 취할 것입니다.
>
> Anthony T. Legere

이 서신에서 적절하지 않은 것을 찾는 문제로, ③번의 경우 "Kirchoffer는 Anthony에게 답변은 했지만 수표를 보내진 않았다."는 내용이 틀린 문장이다.

- complementary : 상호보완적인
- long-overdue account : 장기미지불계정

SECTION 2　　영작문

26 보기의 비용 명세서 중에 DDP가격이 얼마인지 찾는 문제로, 수출국의 THC비용의 경우에는 이미 운임에 포함되어 있기 때문에, 해당 THC비용을 제외한 금액이 맞는 답으로 총 USD125가 맞는 답이다.

- freight : 운임
- THC : 터미널화물처리비

[27~28]

> Mr. Couper에게
>
> 상기주문은 현재 완료되어 7월 6일 런던으로 출항하여 7월 30일에 도착하는 SS 아리랑호에 적재하기 위하여 부산항으로 보내졌습니다. 당사가 필요서류들을 갖추었을 때, 당사는 해당 서류들을 이곳에 있는 서울은행으로 송부할 것이며, 그리고 은행은 그 서류들을 추심을 위하여 런던 HSBC로 송부할 것입니다. 당사는 귀사의 지시에 따라 물품이 포장되었는지 확인하기 위해 특별한 주의를 기울였습니다 : 6개 상자에서 귀사의 이름이 표시되었다. 만약 추가정보가 필요하시면 당사에 연락 부탁드립니다.
>
> Peter Han 드림

- sailing for : ~로 출항하다
- collection : 추심

27 지급방법을 D/A조건으로 하기로 할 경우 서울은행의 역할은 무엇인지 찾는 문제로, 수출자의 소재지의 은행이 서울

은행이고 서울은행이 추심을 위하여 런던 HSBC은행으로 서류를 송부할 것이라고 한 내용으로 보아 해당 서울은행은 추심의뢰은행으로 확인할 수 있다.

28 빈칸에 적절한 단어를 찾는 문제로, 문맥상 ~따라가 와야 되기 때문에 답은 ①번이다.

29

> Simon Lee에게
>
> 당사는 다음 몇 개월 안으로 귀사에게 상당량의 주문을 할 예정이다. 귀사도 아시다시피 지난 2년 동안 당사는 상당량의 주문을 하고 결제도 즉시 해주었으므로 귀사는 당사의 평판을 잘 알고 있으리라 믿습니다. 그렇기는 하지만 필요한 경우 당사는 기꺼이 (신용조회처)를 제공하고자 합니다. 가능한 경우 당사는 향후 계정에 대하여 분기별 계산(에 대해) 매 3개월 기준으로 결제하고 싶습니다.

- reference : 신용조회처
- against : ~에 대하여

30

> 기본운임과는 별도로 선사가 자국통화의 환율 변동에 따른 환차손를 커버하기 위하여 부과하는 추가할증료로 그러한 운임은 달러로 지급한다.

보기에서 설명하는 할증료의 이름을 찾는 문제로 해당 할증료는 선사에 발생하는 환차손을 커버하기 위한 것으로 답은 통화할증료이다.

- additional surcharge : 추가할증료
- shipping company : 선박회사
- freight : 운임
- BAF : 유가할증료

[31~32]

> 당사는 이곳에서 인기 있는 (제품)으로 입증된 "SleepAid" 침대를 일곱 개 더 주문하기 위하여 주문서인 NO.1555를 동봉합니다. 그리고 귀사에서 청구하시면 평상시대로 결제하도록 하겠습니다. 그러나, 당사는 귀사가 월별 결제방식으로 당사의 계정을 처리해 주실 수 있는지 궁금하며, 만약 그렇게 될 경우 당사는 더욱 더 편리할 것입니다. 한동안 서로 거래해왔으니, (청산결제방식)을 기본으로 한 거래에 동의해주시길 희망합니다.

- as usual : 평상시대로
- monthly : 월별
- open account : 청산결제방식
- deal with : ~을 다루다

31 해당 지문에서 "청구하시는 대로 결제하도록 하겠습니다." 라고 하는 것으로 보아 현금결제방식인 것을 알 수 있다.

32 해당 서신에서 작성자는 현지시장에서 인기있는 "제품"으로 입증된 침대를 일곱 개 더 주문한다는 내용으로, 계속해서 거래하는 업체이기 때문에 서로 간에 신뢰가 있음에 따라 결제방식을 건별이 아닌 사후결제방식인 "청산결제" 방식으로 변경하면 안 되는지 여부를 묻는 내용이다.

[33~34]

Mr Cooper에게
당사는 3541.46달러에 대한 미불잔액을 가지고 있으며, 동봉한 송장사본으로 구성된 상기 계좌와 관련하여 10월 21일과 11월 14일 두 번에 걸쳐 귀사에게 서신을 보냈습니다. 당사는 잔액이 청산되지 않는 이유를 설명하는 회신이나 송금을 3개월을 기다렸지만, 어느 것도 받지 못했습니다. 당사는 해당 금액을 지급받기 위하여 법적조치를 취하는 것은 꺼려지지지만, 귀사가 당사에게 어떤 대안도 찾지 못하도록 만들었습니다. 당사는 10일 이내에 귀사의 송금을 받지 못한다면, 당사는 당사의 변호사들에게 법적 절차를 진행하라고 지시할 것입니다.

• reluctant : 꺼리는, 마지못한
• legal action : 법적 조치, 법적 절차
• Unless : ~하지 않는 한
• solicitor : 변호사

33 • either A or B : A나 B 둘 중 어느 하나
　　• neither : (둘 중) 어느 것도 ~아니다.

34 작성자가 송장사본을 동봉한 이유를 찾는 문제로 ③번의 경우 "이전에 보낸 원본송장을 뒷받침하기 위해"가 맞는 답이다.

35
파손화물보상장은 이것 말고는 다른 방법이 없는 경우 선사로 하여금 무사고선화증권을 발행하도록 운송인을 유도하기 위하여 물품의 송하인이 발행하는 것으로, 이 서류는 무사고 선하증권 발행으로부터 발생하는 선하증권의 (소지인)에 의하여 선사를 상대로 한 클레임을 송하인이 해결하는 데 동의하는 보증의 한 형태로 작용한다.

• Letter of Indemnity : 파손화물보상장
• merchandise : 제품
• clean bill of lading : 무사고선하증권
• inducement : 유인책

36
이것은 마약 밀매와 같은 범죄를 통해 얻은 돈을 숨기려고 하는 범죄를 묘사하기 위해 사용되는 용어이다.
다시 말해서, 강탈, 내부거래, 마약 밀매, 불법 도박 등 특정 범죄에서 얻은 "더러운" 돈을 말한다.

• money laundering : 돈세탁
• fraud : 사기
• abnormal : 비정상적인
• conceal : 감추다, 숨기다

37 한국어를 잘못 영작한 문제를 찾는 것으로, ①번에서 "credits"의 경우 신용거래, 외상이란 뜻으로 보기에 한국어로 기재된 "채무"라는 의미와는 상이하다.

38 포페이팅에 대하여 잘못 설명하고 있는 것을 찾는 문제로 ④번의 경우 "포페이팅 거래하에서, 100%의 자금조달은 매도인의 채무를 소구가능조건으로 이루어진다."로 설명되고 있다. 포페이팅은 현금을 대가로 채권을 포기 또는 양도한다는 뜻으로, 수출 거래에 따른 환어음이나 약속어음을 소구권 없이 고정 이자율로 할인하여 신용 판매(외상 판매)를 현금 판매로 전환시키는 금융기법의 일종으로 포페이팅은 소구가능조건이 아니다.

• recourse : 소구가능
• debt : 빚, 부채

39 UCP600에 대하여 잘못 설명하고 있는 것을 찾는 문제로 ③번의 경우 "UCP600은 보증신용장을 제외한 모든 화환신용장에 적용된다."라고 설명하고 있다. UCP600 제1조에서는 "적용 가능한 범위에서 모든 보증신용장을 포함(including)한다."고 규정하고 있으므로 해당 내용은 틀린 답이다.

40 해당 보기 내용은 "CIP Long Beach, California, Incoterms 2010" 조건과 관련하여 잘못 설명하고 있는 것을 고르는 문제로 ④번의 경우 "위험은 롱 비치에서 운송인에게 물품을 인도할 때 매도인에게서 매수인에게로 이전한다."라고 잘못 해석되어 있다. CIP조건의 경우 적선지 인도조건으로 매도인의 인도의무와 위험의 이전은 적선지에서 매수인에게 이전된다. 즉, 적선지에서 운송인에게 물품을 인도했을 때 위험이 이전된다.

41

견직물에 대한 귀사의 샘플과 가격표를 오늘 감사히 잘 받았습니다. (a) 그것들을 검사해본 결과, 직물과 마무리에 있어서 귀사의 제품의 훌륭함을 인정하지만, 당사는 (b) 귀사의 가격이 이탈리아산의 제품들과 비교하여 상당히 높음을 얘기할 수밖에 없습니다. (d) 귀사가 귀사의 가격표에서 5%의 할인을 하지 않겠다고 허용하지 않는다면, 당사는 (c) 귀사와의 거래를 하기 어려울 것 같아 유감입니다.

자연스러운 문맥이 되기 위해서는 (d)에서 "귀사가 귀사의 가격표에서 5%의 할인을 하지 않겠다고 허용한다면"이 되어야 한다. 즉, "not granted"에서 "not"을 삭제하여야 한다.

- silk fabric : 견직물
- material : 원재료, 원단

42

인코텀즈 규칙을 사용할 때 가장 흔한 실수 중 하나는 컨테이너 물품에 대하여 "모든 운송수단에 사용 가능한 규칙"인 (FCA)규칙 대신에 (FOB)규칙과 같은 전통적인 "내수로운송규칙"을 사용하는 것이다. 이것은 수출자를 불필요한 위험에 노출시킨다. 최근에 극적인 예로, 2011년 3월 센다이 컨테이너 터미널을 파괴시킨 일본 쓰나미이다. 출항을 기다리고 있던 수많은 제품들이 손상되었다. (FCA)조건을 사용했던 수출자들은 충분히 피할 수 있었던 손실이었음을 알게 되었다. 또 다른 공통된 실수는 수입국에서 상품용역세 또는 부가가치세 지불과 같은 모든 필요한 절차를 이행할 수 있다는 생각도 없이 (DDP)조건을 사용하려는 것이다.

FCA조건의 경우 선적지에서 수입자가 지정한 운송인에게 물품을 인도했을 때 인도의무가 완료되는 조건이고, FOB조건의 경우 선적지에서 본선에 적재되었을 때 인도의무가 완료되는 조건이다. 결론적으로 컨테이너 물품에 대해서 수출자들이 FOB조건으로 사용했기 때문에 컨테이너 터미널에 보관된 물품에 대하여 위험이 수입자에게 이전하지 못하여, 그 비용을 수출자가 부담하는 상황이므로, FCA조건을 사용했으면 쓰나미에 따른 물품손상비용을 수출자가 부담할 필요가 없었다. 결론적으로 빈칸에는 "FOB"가 들어가야 한다.

[43~44]

Mr Cupper에게

유감스럽게도 당사는 현재 귀사의 송장번호 1555번에 대한 5월 9일자의 송장을 결제할 수 없습니다. 그 이유는 최근 폭우로 인해 당사의 창고가 침수되어 많은 재고품들이 손상되었거나 파괴되었습니다. 불행하게도 당사는 (보험회사)로부터 보상금을 받을 때까지 당사의 모든 공급업체에게 대금 지급을 할 수 없습니다. 그들은 4주 내에 보상금 지급을 약속했습니다. 당사가 금액을 받는 대로 인보이스 전액을 결제하도록 하겠습니다.

- unable : ~할 수 없는
- stockroom : 창고, 보관소
- compensation : 보상금
- heavy rain : 폭우

43 해당 서신은 채무 결제에 대하여 시간을 더 달라고 하기 위해 작성한 것이다.

44 문맥상 보험회사로부터 보상금을 받는 것이다.

45

신용장과 환어음은 모두 매수인과 매도인 사이의 국제거래를 촉진한다. 둘 사이의 주된 차이점은 (신용장)이 결제 방식인 반면 (환어음)은 결제수단이라는 것이다. (신용장)은 지급을 하기 위해 충족해야 할 조건을 구성한 것이며, 실제 지급 자체가 아니다. 한편, (환어음)은 매도인이 (환어음)을 은행과 할인하여 지급받을 수 있는 결제수단이다. 만기가 되면 (환어음)은 거래할 수 있는 협상 가능한 결제수단이 되며, (환어음)의 소지자(매도인 또는 은행)는 대금지급을 받게 된다.

46

귀사의 주문번호 1555는 철도특송으로 보내질 예정이며, 내일 오전 9시 이후에 배송될 예정입니다. 배송 시 제시하여야 할 탁송화물운송장 NO.051202를 동봉합니다. 만약 어떠한 문제가 발생할 경우 즉시 귀사는 당사에게 연락하셔야 합니다. 귀사의 주문에 감사드리고, 당사는 앞으로 (더 많은 서비스를 제공할 수 있기를) 바랍니다.

- express rail-freight : 철도특성
- consignment note : 탁송화물운송장
- immediately : 즉시

47 환어음은 (ⓐ 발행인)이라 불리는 첫 번째 당사자가 (ⓑ 지급인)(은행과 같음)이라 불리는 두 번째 당사자에게 (ⓒ 수취인)이라 불리는 세 번째 당사자에게 대금을 지급하라고 지시하는 서면으로 된 지시이다. 발행인에 의해 서명되고 (ⓓ 장래에) 또는 특정일에 특정대금을 지급하라는 지시.

빈칸 중 ⓓ의 경우 장래가 아닌 "만기일(maturity)"이 와야 적절하다. 환어음의 경우 지급일은 특정기일 또는 만기일이다.

48 (a) 좌초는 선박이 해변이나 물가에 표류, 처박힘, 좌초되는 것을 의미한다. (c) 이 용어는 조류의 오르내림에 의해 (b) 난간을 넘은 부딪침, 단순한 접촉 또는 전진 또는 뒹구는 것을 포함한다. (d) 선박은 반드시 상당한 기간 동안 단단하게 묶어둬야 한다.

좌초의 경우 단순한 사고들은 포함하지 않는다.
- tide : 조류, 밀물과 썰물
- strand : 좌초

49 보험증권이 피보험재산의 가격의 범위를 명시하고 있는 경우, 이 증권은(ⓐ 기평가보험증권)이라고 하며, 보험증권이 피보험이익을 표시하거나 신고하지 않는 경우 이 보험증권은 (ⓑ 예정보험증권)이라고 한다.

50 양도가능신용장에 대한 설명 중 올바르지 않은 것을 찾는 문제로, ③번의 경우 "양도를 이행할 때에 별도의 합의가 없는 한, 양도와 관련하여 부담된 모든 비용(이를 테면 수수료, 요금, 비용, 경비)은 개설은행에 의하여 지급되어야 한다."라고 기재되어 있다. UCP600 제38조 C항에서는 해당 양도관련 비용은 "제1수익자(the first beneficiary)"가 지급하도록 규정하고 있다.

--- **SECTION 3**　　**무역실무**

51 화인의 필수기재사항은 주화인, 목적지 표시, 화물번호, 원산지 표시이며, 임의기재사항으로는 부화인, 중량표시, 주의표시 등이 있다.

52 CISG 제14조 제1항에서는 "어떠한 제의가 물품을 표시하고, 또한 그 수량과 대금을 명시적 또는 묵시적으로 지정하거나 또는 이를 결정하는 규정을 두고 있는 경우에는 이 제의는 충분히 확정적인 것으로 한다."고 규정하고 있다.

53 추정전손을 전손으로 처리하기 위해서는 피보험자가 보험의 목적을 보험자에게 위부하여야 한다. 결론적으로 보험목적물의 일부에 대해서는 위부가 불가능하다.

54 수출환변동 보험의 경우 계약체결 당시보다 대금회수시기에 환율이 하락하는 것에 대비하여 가입하는 보험이며, 수입환변동 보험은 계약체결당시보다 대금지급 시에 환율이 상승하는 것에 대비하여 가입하는 보험이다.

55 매수인은 매도인에 대한 통지불이행으로 인하여 합의된 발송일자 또는 합의된 발송기간의 만료일로부터 발생하는 추가비용을 부담해야 한다.

56 "C"조건은 선적지품질조건이다.

57 해당 내용은 "체화(체선)할증료"에 대한 설명이다.
- 장척할증료 : 화물의 길이가 긴 경우 등 장척화물에 대하여 부과하는 할증료
- 항만변경료 : 선적할 때에 계약되어 있던 양륙항을 선적 후에 변경한 경우 추가로 부과하는 할증료

58 환어음의 필수기재사항은 환어음의 표시, 무조건 지급위탁문언, 금액(화폐종류표시), 지급인의 표시, 지급기일의 표시, 지급지의 표시, 수취인의 표시, 발행일 및 발행지의 표시, 발행인의 기명날인 또는 서명

59 부정기선 운송의 경우 대상 화물이 "벌크화물"이기 때문에 국제시세 등에 영향이 있으며, 이에 따라 물품의 수요와 공급에 영향을 많이 받는다.

60 사적자치원칙이라고도 하며, 계약에 의한 법률관계의 형성은 법의 제한에 저촉되지 않는 한, 완전히 각자의 자유에 맡겨지며, 법도 그러한 자유의 결과를 될 수 있는 대로 존중한다는 원칙으로 ②번에 따른 불평등초래 약관은 제외한다.

61 신용장에서 특별히 허용하고 있지 않는 한, 용선계약 선하증권은 수리되지 않는다. UCP600 제20조 a항 vi에서는 용선계약에 따른다는 어떠한 표시도 포함하고 있지 아니한 것이라고 규정하고 있다.

62 양도가능 신용장의 경우 반드시 "양도가능"의 표시가 있어야 사용 가능하며, 신용장 금액의 전액 또는 일부 양도도 가능하다. 또한, 양도된 신용장은 제2수익자의 요청에 의하여 그 이후의 어떠한 수익자에게도 양도될 수 없다.

63 ⓐ는 "FCA(운송인 인도조건)"에 대한 내용이고, ⓑ의 경우 "TQ"에 대한 설명으로 매도인이 품질을 선적할 때까지 책임지는 방법이며, ⓒ의 경우 "SD"조건으로 기본적으로 선적품질조건이 원칙이지만, 해상운송 도중 발생한 손해는 매도인이 책임지는 조건으로 선적품질조건과 양륙품질조건을 절충한 조건이다.

64 화주는 선사에 선적요청서(shipping request)를 통하여 선적을 의뢰한다. 선적요청서(S/R)를 받은 선사는 화주에게 예약확인서(booking note)를 발급해준다. 화주는 컨테이너 운송인에게 연락하여 CY에 보관되어 있는 공 컨테이너를 화주의 창고까지 인도받으면 기사는 화주가 컨테이너를 인수했음을 입증하는 서류인 기기수도증(EIR)을 제시하고 화주는 여기에 서명을 한다. 세관원의 입회하에 인도받은 공 컨테이너에 화물을 적재한다. 적재가 완료된 후 화물의 봉인(sealing)을 한 후 CY까지 보세운송을 하게 되고, 해당 선사에서는 컨테이너를 수취했음을 증명하는 부두수취증(Dock's Receipt)을 교부한다. 화물이 본석에 적재되면 선사는 화주에게 선하증권(B/L)을 발급해 준다.

65 'forwarder'의 경우 검사자의 역할은 하지 않는다.

66 UCP600 제2조에서 "Honour"의 의미로 일람지급, 연지급, 인수에 대하여 정의하고 있지만, 매입은 따로 정의하고 있다. 즉, 매입은 상환이 지정은행에 행해져야 할 은행영업일에 또는 그 이전에 수익자에게 대금을 선지급하거나 또는 선지급하기로 약정함으로써, 일치하는 제시에 따른 환어음 또는 서류의 지정은행에 의한 구매를 말한다고 규정하고 있다.

67 해당 보기 내용은 중재제도 중에서도 "임시적 처분"에 대한 내용이다.

68 보험계약자의 통지의무는 사고가 발생하였거나, 계약한 보험내용과 달라지는 상황발생 시 피보험자가 보험자에게 통지해야 되는 의무로 이는 피보험자에 의한 보험사고의 역 선택을 방지하기 위한 내용으로 볼 수 없다.

69 UCP600 제14조 l항에서는 "서류는 신용장의 일자보다 이전의 일자가 기재될 수 있으나 그 서류의 제시일보다 늦은 일자가 기재되어서는 아니 된다."라고 규정하고 있다.

70 CISG 제46조에 따르면 "매수인은 매도인에게 그 의무의 이행을 청구할 수 있다. 다만 매수인이 이러한 청구와 모순되는 구제를 구한 경우에는 그러하지 아니하다."라고 규정하고 있다. 결론적으로 하자보완청구권의 경우 불일치가 근본적 예약위반에 해당된다는 조항은 없다.

71 추심거래도 수출보험공사의 수출보험 대상이다.

72 Warranty disclaimer clause이라 함은 명시적으로 약속한 것 외에 일반적으로 요구되는 수준의 제품의 안정성이나 기능에 대해서 보장하지 않는다는 조항이다.

73 L/T(Long Ton, English Ton, Gross Ton)의 경우 영국식 톤으로 1,016kgs이며, 2,240lbs이다. 또한 순중량의 경우 총중량에서 외 포장 무게를 제외한 중량이며, 정미중량조건이 포장무게 및 함유잡물의 무게를 공제한 순상품 자체만의 무게이다.

74 헤이그-비스비 규칙에서는 운송인의 책임으로 "선박의 불내항성(감항성 주의의무)" 및 "상업과실에 대한 책임"을 규정하고 있다.

75 해당 내용은 "통화스왑"에 대한 내용이다.
- 통화선물 : 외환위험에 대한 대비로 일정 기간 후 실제로 특정 통화를 인수하거나 인도하는 것이 아닌 선물환 포지션을 보유하는 것을 의미한다. 여기서 선물환은 장래의 일정기간 또는 기일 내에 일정액의 외국환을 일정한 환시세로 매매할 것을 미리 약속한 외국환을 의미한다.
- 통화옵션 : 미래 특정 만기일에 특정 통화를 미리 약정한 가격으로 사거나 팔 수 있는 권리가 부여된 파생상품을 의미한다.

PART 04

실전모의고사

합격으로 가는 하이패스

토마토패스

SECTION 1 영문해석

[01~02] Read the following and answer the questions.

Dear Mr. Harry,

The above order was shipped on March 10, 2024 on the FORWARD 0141S which is due in JAKARTA on April 20.

We have informed your agents, Olivia, who will make arrangements for the consignment to be sent on to you, as you requested.

Our bank's agent, The TOMATO Bank will hand over the documents which consist of bill of lading, invoice and insurance certificate, once you have accepted our bill.

We are sure you will be delighted when you see the goods, and look forward to hearing from you again in the near future.

Celina

---

01 What is the main purpose of this letter?

① to ask for a prompt payment on the recent orders

② to introduce a new product

③ to inform about shipment

④ to confirm the order

02 Who is mostly likely to be Celina?

① exporter ② freight forwarder

③ buying agent ④ carrier

03 Which is NOT a seller's obligation under the following terms?

> • Item : X-RAY
>
> • Quantity : 2,000 unit
>
> • Price : USD$2.80 per unit. CFR Long Beach
>
> • Payment : at 30 days after sight under L/C
>
> • departure : Busan Port

① arrange transportation from Busan Port for delivery

② procure an insurance from Busan to a destination

③ provide the buyer with the B/L for the Long Beach

④ carry out and pay for all export clearance formalities required by the country of export

04 The following statement is a part of contract. What kind of clause is it?

> No claim right of either party under this agreement shall be deemed to be renounced in whole or in part unless the waiver or renunciation of such claim or right is acknowledged and confirmed in writing by such party.

① Infringement clause   ② Non-waiver clause

③ Assignment clause   ④ Entire agreement clause

05 What is the main purpose of the letter?

> Our company deals in material handling and shop equipment. We specialize in trucks, fork lifts, conveyors.
>
> With the proper equipment you can reduce injuries in your plant and increase productivity. Many of our customers find that the right equipment can pay for itself within seven months. We invite you to visit our exhibition and test some of our equipment yourself. You can call our 24-hour-toll free number.

① to appreciate for the previous letter

② to negotiate a contract

③ to introduce of new goods

④ offer to exhibit the items

06 Which is appropriate for the blank?

(   ) is a from of export trade finance involving the discount of trade—related debt obligations due to mature at a future date without recourse to the exporter. (   ) is typically medium—term finance concluded at a fixed interest—bearing basis for period from six month to ten years or more.

① forfaiting   ② factoring

③ open account   ④ project financing

07 Which of the following insurance documents are acceptable under the following case?

A L/C for USD100,000 calls for a full set of bills of lading and an insurance certificate to cover all risks. The bill of lading presented indicates an on board date of 6 January.

A. Insurance Certificate just dated 7 January

B. Insurance Certificate for USD110,000

C. Insurance Policy for USD120,000

D. Insurance Cover Note dated 6 January

① A and B   ② B and C

③ C and D   ④ all of the above

08 Which document is being explained?

A. The record or list of cargo loaded or discharged.

B. A statement listing all the consignments on board a vessel

C. After the completion of shipment, the shipper publishes the inventory of cargo shipped. It is used for the customs clearance or the cargo inspection.

① Cargo Manifest   ② Mate's Receipt

③ Delivery Order   ④ bill of Lading

[09~10] Read the following and answer the questions.

> Mr. Grayson, KING Corporation
>
> The above order is now on board the STAR, sailing for New York tomorrow, arriving on Friday.
>
> As there was no time to check references, we drew a sight draft for the total amount of USD1,500,000. This was sent to America Bank and will be presented to you for payment.
>
> If you can supply two business references before your next order, we will put the transaction on a (   ) basis with 90 days credit drawn on you.
>
> Best wishes, Aria
>
> HJ Global

09 Fill in the blank with most appropriate word(s).

   ① cash against document

   ② sight L/C

   ③ documents against acceptance

   ④ documents against payment

10 Who is the drawee?

   ① KING Corporation   ② Bank of America

   ③ HJ Global   ④ STAR

11 Which is WRONG according to UCP 600?

   ① UCP 600 are rules that apply to any documentary credit (excluding standby letter of credit) when the text of the credit expressly indicates that it is subject to these rules.

   ② A credit is irrevocable even when there is no indication of irrevocability in the credit.

   ③ Branches of a bank in different countries are considered to be separate banks.

   ④ If the credit indicates that 'the shipment date : from January 6, 2024 to February 5, 2024', it includes January 6, 2024 and February 5, 2024.

12 The following is about FCA under Incoterms 2020. Choose the wrong part.

> "Free Carrier" means that the seller delivers the goods to the buyer in one or other of two ways. First when the named place is the seller's premises, the goods are delivered. (a)whetheyn are loaded on the means of transport arranged by the seller. Second, when the named place is another place, the goods are delivered. (b)when, having been loaded on the seller's means of transport, they reach the named other place and (c)are ready for unloading from that seller's means of transport and (d)at the disposal of the carrier or of another person nominated by the buyer

① (a)   ② (b)

③ (c)   ④ (d)

13 Which is NOT correct according to the letter?

> Dear Mr. Jayden
>
> We were pleased to receive your order of 10 March for a further supply of laptop.
>
> However, owing to current difficult conditions, we have to ensure that our many customers keep their accounts within reasonable limits. Only in this way we can meet our own commitments.
>
> At present the balance of your account stands at over US $2,000. We hope that you will be able to reduce it before we grant credit for further supplies. In the circumstances we should be grateful if you would send us your check for half the amount owed. We could then arrange to supply the goods now requested and charge them to your account.

① The writer is a seller.

② This is first time that the writer has business with Mr. Jayden.

③ The writer asks the receiver to send the check for past order.

④ This is a reply to the order.

14 Which of the following is LEAST correct according to the letter below?

We are pleased to inform you that above order has been loaded on to the HAYANG Arirang, which sails tomorrow and is due in Jakarta on 7 March.

The shipping documents have been handed to Korea Bank with our draft drawn on you for USD100,000 at 60 days after Sight. Korea Bank will forward the documents to KABC who may advise you for collection by next week.

We are confident that you will completely be satisfied the products and the overall manner in which we handle this order.

① The buyer shall pay the payment on the due date

② KABC is responsible for the buyer's credit risk

③ Korea Bank would be a remitting bank

④ KABC would be a collecting bank

15 What is right type of LC explained below?

A credit intended to assist the exporter in the production or procurement of the goods contracted. The credit is payable at a time prior to the shipment of the goods and against a document other than a transport document.

① Restricted L/C   ② Revolving L/C

③ Stand by L/C   ④ Anticipatory L/C

16 Which one is CORRECT according to the letter?

Dear Steve,

We have received your quotation of January 07, 2024. We appreciate the supply of samples No. 256–PMX which are according to our expectation.

Your present prices are actually not competitive in this market, however. Therefore, we are unable to place an order with you at this time even though we are favorably impressed by your samples.

Under such circumstances, we have to ask you to revise the prices of the sample No. 256–PMX In the meantime, we would like to request you to ship the goods (item No. 238–PCX) under the same conditions as those in the previous transaction. We would be most grateful for a reply at your earliest convenience.

Yours sincerely,

---

① The writer is in financial difficulties

② There was some overdue before this correspondence

③ The writer is asking for a price discount

④ The writer asks to improve the quality of the sample

17 What is the explanation below?

- In the customs law, an allowance made by the government upon the duties due on imported merchandise when the importer, instead of selling it at home, re–exports it.

- A return of import duty by the customs authorities to an exporter when the goods are re–exported in one form or another.

---

① Discount   ② Restoration

③ Drawback   ④ Subsidies

18 What is THIS?

Called an _THIS_, an international customs document which incorporates guarantees to be used in lieu of customs documents to enter goods into certain countries temporarily without paying import duty or posting bonds.

---

① ATA Carnet   ② Remedy

③ Certificate of origin   ④ Import declaration

19 What is NOT Demurrage?

① The money paid to the shipowner if the charterer delays the sailing of the vessel.

② A charge made by a shipowner when a charterer keep a ship idle beyond agreed-upon laydays.

③ If a ship loads or discharges in less than the prescribed time, the owners pay the money as a reward for time saved.

④ Should the number of laydays be exceeded, the charterer must pay money.

[20~21] Read the following and answer.

We are the leading sports clothes dealers in this city where exercise is popular, and have branches in eleven neighbouring towns.

If the quality of your products is satisfactory and the prices are reasonable, we would place large orders. please indicate whether you will allow us a quantity discount. this would enable us to maintain the low selling prices which are important for the growth of our business. in return we would be prepared to place orders for a guaranteed annual minimum number of sports clothes, the figure to be mutually agreed.

20 What is the subject of the letter?

① To inquire the discount about large orders

② To confirm the order

③ Appreciation for the business

④ To confirm a verbal agreement

21 What CANNOT be inferred from the above?

① Seller and buyer have never done business before.

② The buyer could handle large number of sports clothes.

③ Buyer will pay for new product.

④ The buyer wants a detailed price terms.

22 Which of the following has different intention from the others?

① Order cancellation is not possible because of cancellation charge as from today.

② We have no option but to cancel the order if you can't ship our order.

③ We can't keep doing business with the company who keeps silent at the quality problem that it caused.

④ Unless you give us countermeasure for quality problem, our remaining order shall be automatically cancelled, as we mutually agreed.

[23~24] Which is the LEAST appropriate Korean translation?

23 ① We must remind you that unusually low prices were quoted to you on the understanding of an early settlement.
→ 귀사에게 상기시켜 드리는 이번 건은 유독 낮은 가격을 빨리 견적해 드린 것임을 이해해 주시기 바랍니다.

② Despite our several requests, we have not been successful in collecting the outstanding balance from your company.
→ 여러 차례 독촉을 하였으나, 귀사로부터 미불금을 수금하지 못했습니다.

③ The subcontractors are asking for a two-week time extension.
→ 하청업자들이 2주 기한 연장을 요구하고 있습니다.

④ I am afraid that we are unable to fulfill your request as we have discontinued the item.
→ 유감스럽게도 그 품목은 단종되었기 때문에 귀하의 요청을 처리할 수 없습니다.

24 ① Despite its diminished luster, HSA remains the most valuable U.S. company with a market value of USD723 billion.
→ 비록 빛을 다소 잃기는 했어도 HSA사는 723억불의 시장가치를 가진 가장 값진 미국 회사로 남아 있다.

② Please open a Letter of Credit for US$800,000 in favor of KING Corporation.
→ KING사 앞으로 80만 달러짜리 신용장을 개설해 주시기 바랍니다.

③ Having made a thorough check of our records, I am certain that the extra charge was made in error.
→ 당사 기록을 철저하게 검토한 결과, 추가 금액이 실수로 청구된 것이 확실합니다.

④ The shipment is estimated to arrive at the Manila port on October 27.
→ 선적물은 10월 27일에 마닐라 항구에 도착할 예정입니다.

25 Which date is taken as the date of shipment?

> A presentation is made under a credit that prohibits partial shipment. Bill of Lading presented represents : bills of lading dated 27 October, 28 October and 29 October covering the full shipment of goods on the same vessel and journey.

① 27 October

② 28 October

③ 29 October

④ any of those 3 days

SECTION 2 영작문

26 Below explains commercial invoice under UCP600. which is a wrong match?

> A commercial invoice :
>   i . must appear to have been issued by the (A) ;
>   ii . must be made out in the name of the (B) ;
>   iii. must be made out in the same currency as the (C) ; and
>   iv. (D) be signed.

① A : beneficiary

② B : applicant

③ C : sales contract

④ D : need not

27 Please put the sentences in the most proper order.

> (A) It will not be necessary for you to supply references.
>
> (B) We hope the expansion of your business leads to increased orders.
>
> (C) We refer to your letter of 10 March requesting payment from invoice to open-account terms.
>
> (D) As our business relations with you over the past 3 years have been entirely satisfactory, we are prepared to make the transfer, based on a 90-day settlement period.

① (C)-(A)-(C)-(B)

② (C)-(D)-(A)-(B)

③ (D)-(C)-(B)-(A)

④ (B)-(A)-(C)-(D)

28 What is the name of the invoice?

> Invoice that is a form of quotation by the seller to a potential buyer. It is an invitation to the buyer to place a firm order and is often required by him so that the authorities of the importer's country will grant him an import licence or foreign exchange permit.

① Consular invoice   ② Shipping invoice

③ Customs invoice   ④ Pro forma invoice

29 What is NOT proper contractual position according to CISG?

> We received your offer of October 1. 2024. After careful examination, we decided to accept your offer if you can reduce the price per set by US$10.

① The offeree rejects the original offer.

② This terminates the offer.

③ This is a counter offer

④ This is a conditional acceptance.

30 Among the underlined ones(ⓐ~ⓓ), choose one that is NOT CORRECT.

> We want to thank you for your initial order for our XR machine, model X−893R and want to welcome you as one of ⓐ <u>our valued customers</u> We are confirming that the items ordering are in stock and available ⓑ <u>at the terms stated in your order</u> so we have already made arrangements for shipment. ⓒ <u>The goods should be reached them</u> by the end of August, provided there is any unforeseen delay. We are confident that ⓓ <u>you will be completely satisfied the products</u> and the overall manner in which we handle this order.

① ⓐ our valued customers

② ⓑ at the terms stated in your order

③ ⓒ The goods should be reached them

④ ⓓ you will be completely satisfied the products

31 Under the following situation, what is true according to Incoterms 2020?

> A contract called for Seller to ship 1000 pounds of No.1 quality corn in new hemp bags "F.O.B. Seller's City." The contract term places transit risk on Buyer. Seller shipped 50 bags of No.1 quality corn but one of the bags was old and so weak that it broke open during transit and the corn was lost.

① The carrier shall indemnify fully the damaged goods.

② The buyer is not responsible for the damage.

③ The risk is transferred to the Buyer at port of destination.

④ The seller has obligation to the buyer to make a contract of insurance.

[32~33] Read the following and answer.

> (A) We require accommodation for 80 delegates, 20 of whom will be accompanied by their spouses. Therefore, we will need 60 single and 20 double rooms for three nights.
>
> (B) We are holding our annual conference this year in Busan and are lookingfor a hotel which can offer us accommodation and conference facilities from January 10 to January 13.
>
> (C) We would also like coffee and tea to be served to the delegates mid–morning and mid–afternoon on each day of the conference. for the sessions we will need a room with full conference facilities, that can accommodate 100 people.
>
> (D) Please would you send us a list of your tariffs and let us know what discounts you allow for (ⓐ)?

32 Please put the sentences in order.

① (A) − (B) − (C) − (D)

② (A) − (C) − (D) − (B)

③ (B) − (A) − (C) − (D)

④ (C) − (A) − (B) − (D)

33 Which of the following best fits the blank (ⓐ)?

① group booking

② big gathering

③ double reservation

④ group dinner

34 Choose one which is NOT suitable word.

> For carriers, (ⓐ) simply means the seller/shipper is responsible for stuffing the container and the cost thereof. The shipping line receives the containers at (ⓑ) and does not commit itself as regards the contents.
>
> On the other hand, (ⓒ) means that the carrier is responsible for the suitability and condition of the container, and the stuffing thereof. The containers are filled or stuffed on the carrier's premises, ideally at a (ⓓ).

① ⓐ FCL   ② ⓑ CY

③ ⓒ LCL   ④ ⓓ MARSHALLING YARD

35 Below is about marine insurance. Fill in the blank with right word(s).

> Where the subjectmatter insured is destroyed, or so damaged as to cease to be a thing of the kind insured, or where the assured is irretrievably deprived thereof, there is an (   ).
> In the case of an (   ) no notice of abandonment need be given.

① actual total loss   ② constructive total loss

③ particular average loss   ④ subrogation

36 Which of the following is LEAST likely to appear right after the passage below?

> We regret to inform you that it has become impossible to complete the shipment of your Order No.235 as scheduled due to a recent civil commotions. (   )

① Therefore, we are asking to extend the shipping date until the end of this month.

② Though the delay is beyond our control, we must apologize for any inconvenience you might have.

③ We will complete your order as soon as the force-majeure disappears.

④ Meanwhile I am sure you will understand that we cannot either provide a free replacement.

37 Below is a cost analysis applying Incoterms. Which is MOST appropriate for amount?

> Cost of Goods — USD100,000
>
> Export licensing and loading costs (in exporting country) — USD1,000
>
> Ocean freight — USD5,000
>
> Minimum insurance cover — USD300
>
> import clearance costs and import duties — USD6,000

① EXW – USD100,000　　　　　　② FOB – USD106,000

③ CFR – USD106,300　　　　　　④ DPU – USD112,300

38 In the following situations, what is wrong with the indication of the tenor for a bill of exchange(B/E)?

> – A documentary letter of credit for drafts at a tenor 30 days after the B/L date
>
> – Date of Shipment : 27 October 2024
>
> – 26 November 2024 is 30 days after the B/L date

① 26 November 2024

② 30 days after b/l date

③ 30 days after b/l date 27 October 2024

④ 30 days after 27 October 2024

39 Choose a wrong explanation under UCP600.

① A proposal other than one addressed to one or more specific persons is to be considered merely as an invitation to make offers, unless the contrary is clearly indicated by the person making the proposal.

② An offer, even if it is irrevocable, may be withdrawn if the withdrawal reaches the offeree before he has dispatched an acceptance.

③ An offer cannot be revoked if it indicates, whether by stating a fixed time for acceptance or otherwise, that it is irrevocable.

④ An offer, even if it is irrevocable, is terminated when a rejection reaches theofferor.

40 If the bill of lading is issued as follows, which is wrong?

– SHIPPER : TOMATO CO.,LTD, SEOUL KOREA

– CONSIGNEE : TO THE ORDER OF ABC BANK, BEIJING CHINA

– PORT OF LOADING : BUSAN PORT

– PORT OF DISCHARGE : BEIJING PORT

– SHIPPER'S LOAD AND COUNT

– FREIGHT COLLECT

---

① The exporter is TOMATO CO.,LTD

② SHIPPER'S LOAD AND COUNT is applicable to the Unknown Clause

③ This bill of lading is so called an "order B/L"

④ CIF terms may be used

[41~42] Read the following and answer.

Dear Mr. Han,

We acknowledge receipt of your samples and CPT quotation of June 10. Please find enclosed our order No. XRP1090, for 200 fans Model 28A.

Please let us have the fans before June 30, which we informed through the letter of May 1. because our special Summer Sales Week will start from July 6.

Sincerely,

---

41 Which of the following is LEAST appropriate to replace the underlined sentence?

① We would ask you to ensure that we must get the fans before June 30, as we wrote in our letter of May 1.

② We would remind you that, as stipulated in our letter of May 1, the fans must be delivered to our warehouse before June 30.

③ Please remember to dispatch the fans no later than June 30, as we stated in the letter of May 1.

④ Please let us have the fans before June 30, which we informed through the letter of May 1.

42 Which of the following is MOST likely to be the reply to the letter?

① We acknowledge receipt of your order, which we received today. Your order is now being processed for immediate dispatch and will be ready for shipment for delivery early next week.

② I read about your company in the March issue of Trade Canada. We are happy to enclose our trial order No. XRP1090. Please sign the duplicate of the enclosed order form and return it to us as your acknowledgement.

③ Thank you for your order. In accordance with your terms of payment we have instructed Trust Bank to open a credit. Please acknowledge the order and also confirm that you will make delivery before June 30.

④ We thank you for your quotation for the supply of fans and find your terms acceptable. We would appreciate delivery within one month and look forward to your acknowledgement.

43 Which is NOT correct when the underlined ones (ⓐ~ⓓ) are replaced with the word(s) given.

당사는 귀사 앞으로 1월 11일까지 유효한 총액 20,000달러에 대한 확인신용장을 발행하도록 지시했습니다.

→ We have ⓐ<u>instructed</u> our bank to open an confirmed letter of credit ⓑ<u>in your favor</u> ⓒ<u>for the sum of</u> USD10,000 ⓓ<u>valid</u> until January 1.

---

① ⓐ instructed → retrieve

② ⓑ in your favor → in favor of you

③ ⓒ for the sum of → amounting to

④ ⓓ valid → subsisted

44 What is NOT covers under the Institute Cargo Clauses(C)?

① jcttison

② general average sacrifice

③ collision or contact of vessel craft or conveyance with any external object other than water

④ entry of sea lake or river water into vessel craft hold conveyance container liftvan or place of storage

45 Which of the following statement on UCP 600 is NOT correct?

> A bank will only accept a clean <u>transport document</u>. A clean transport document is one bearing no clause or notation expressly declaring a defective condition of the goods or their packaging. The word "clean" need not appear on a transport document, even if a credit has a requirement for that transport document to be "clean on board".

① bill of lading　　　　　　　　② sea waybill

③ bill of exchange　　　　　　　④ air waybill

46 Which is NOT suitable for the blank?

① If your goods are satisfactory in quality and delivery, we will place an order of 2,000 (　　　　) on a trial basis. → ⟨dozens⟩

② The extension of shipment will be subject to (　　　　) from the invoice amount of penalty money for late shipment equivalent to 2 percent per day of the price for the portion thus delayed. → ⟨deduction⟩

③ We are enclosing our (　　　　) No.10 for 50 bales of wool and shall be glad if you will make an immediate shipment. → ⟨indent⟩

④ We conclude that the (　　　　) "partial shipments are allowed in three lots" could not be same as saying "shipment must be effected in three equal lots". → ⟨clause⟩

47 Which of the following is the most appropriate English composition?

① 주문서에 기재한 수량과 기타 상세한 사항에 유의해 주시기 바랍니다.
→ Please take note the quantity and details concerned the items in our order.

② 너무 심하게 부패되었으므로 공항 검역에서 억류되었습니다.
→ The high level of impurities has resulted in the shipment being held up by quarantine at the airport.

③ 어음 제출 시의 필요서류를 동봉합니다.
→ Enclosed are all of the documents that must present with your draft.

④ 귀사의 장갑에 대해 손님들로부터 환불해 달라는 요청을 받았습니다.
→ We have had the number of customers asking about refunds for your gloves.

48 Which of the following would most likely appear right after the passage below?

> Thank you for your email today pointing out the discrepancy between our contract and the L/C. Upon checking it we found that we made a mistake in L/C application. We immediately ordered our banker to amend the L/C, and notify this to all the concerning parties including you and Seoul Bank.

① Please note that the amendment notice should reach us by the end of this week.

② We appreciate your order, and looking forward to hearing from you again soon.

③ We are sorry for this mistake and thank you again for your email regarding this.

④ The merchandise description and unit price conform to the sales contract.

49 Below explains parties to a collection. choose one that is NOT correct.

① the "principal" who is the party entrusting the handling of a collection to a bank

② the "collecting bank" which is any bank, other than the remitting bank, involved in processing the collection

③ the "presenting bank" which is the collecting bank making presentation to the remitting bank

④ the "drawee" is the one to whom presentation is to be made in accordance with the collection instruction.

50 What is the name of the surcharge?

> Apart from normal freight, an additional surcharge is levied by shipping company to cover a foreign exchange loss from the fluctuation of exchange rate of the currency rate.

① BAF   ② Congestion surcharge

③ PSS   ④ CAF

51 로테르담 규칙(Rotterdam rules, 2009)상 화물인도의 지연에 따른 운송인의 책임으로 옳은 것은?

① 화물운임의 1.5배에 상당하는 금액

② 화물운임의 2배에 상당하는 금액

③ 화물운임의 2.5배에 상당하는 금액

④ 화물운임의 3배에 상당하는 금액

52 다음은 무역계약 기본조건에서 사용되는 용어들이다. 올바른 것을 모두 고른 것은?

> ㉠ L/T = Long Ton = 1,016kgs = 2,240lbs
>
> ㉡ Small gross = 144개
>
> ㉢ T.Q. = Tale Quale = 양륙품질조건
>
> ㉣ F.A.Q = Fair Average Quality = 평균중등품질조건
>
> ㉤ CBM = Cubic meter = 용적의 단위

① ㉠, ㉡, ㉢　　　　　　　　　　　② ㉠, ㉣, ㉤

③ ㉡, ㉢, ㉣　　　　　　　　　　　④ ㉢, ㉣, ㉤

53 다음 빈칸에 해당되는 서류로 옳은 것은?

> 사고부선하증권(Foul B/L)이란 선적된 물품의 포장상태의 불완전, 수량부족 등 물품에 이상이 있을 경우 비고란에 사고문언의 표시가 기재되는 선하증권을 말한다. 은행은 사고부 B/L을 수리하지 않으며, 이를 수리하기 위해서 수출상은 선박회사에 (　　　　　　　　)을/를 제출하고 무사고 B/L을 교부받을 수 있다.

① Letter of Indemnity　　　　　　② Letter of Guarantee

③ Trust Receipt　　　　　　　　　④ Cargo Manifest

54 중재제도의 장단점에 대한 설명으로 옳지 않은 것은?

① 중재는 공개주의가 원칙이므로 영업상 비밀 등이 외부에 누설될 위험이 있다.

② 중재는 단심제로서 절차가 간단하고 분쟁이 신속히 종결된다.

③ 중재는 뉴욕협약에 가입한 국가에 대해 그 집행을 보장받을 수 있으므로 판정의 국제 효력이 발생한다.

④ 동일사건도 중재인에 따라 다른 판정이 가능하므로 법적안정성이 결여될 수 있다.

55 다음 중 대외무역법상 우리나라에서 교역상대국과의 수출입을 제한하거나 금지할 수 있는 경우로 옳지 않은 것은?

① 교역상대국에 전쟁이 일어난 경우

② 교역상대국이 우리나라에 부당한 제한을 가할 경우

③ 우리나라의 국내 자원보호를 위하여 필요할 경우

④ 교역상대국에 외환위기가 발생한 경우

56 Transferable Credits에 대한 설명으로 옳은 것은?

① 양도가능신용장은 신용장에 "양도가능"이라는 표시가 없어도 이용 가능하다.

② 양도시에 달리 합의된 경우를 제외하고, 양도와 관련하여 발생한 모든 수수료는 양도받는 자가 지급해야 한다.

③ 양도된 신용장은 제2수익자의 요청에 의하여 그 다음 제3수익자에게 양도가능하다.

④ 양도된 신용장은 신용장의 조건을 정확히 반영하여야 한다. 다만, 신용장의 금액은 감액되거나 단축될 수 있다.

57 추심결제방식에 대한 설명으로 옳지 않은 것은?

① 추심결제방식은 환어음 사용, 역환방식, 은행을 통한 거래 부분에서 신용장과 동일하다.

② 추심서류 중 금융서류에는 환어음, 송장, 권리증권, 운송서류를 포함한다.

③ 추심결제방식의 종류에는 D/P(지급인도조건) 및 D/A(인수인도조건)이 있다.

④ D/P Usance란 추심은행에 서류가 도착하는 즉시 인도하는 것이 아니라 Usance기간 동안 보관 후에 지급인에게 제시하여 대금지급과의 상환으로 서류를 인도하는 방식을 말한다.

58 관세법 제2조(정의)에 규정된 내용으로 올바른 것을 모두 고르시오.

> ㉠ 반송이란 국내에 도착한 외국물품이 수입통관절차를 거치지 아니하고 다시 외국으로 반출되는 것을 말한다.
>
> ㉡ 입항전수입신고가 수리된 물품은 내국물품이다.
>
> ㉢ 외국으로부터 우리나라에 도착한 물품으로 수입신고된 물품은 내국물품이다.
>
> ㉣ 우리나라의 운송수단안에서의 소비 또는 사용은 수입에 해당되지 않는다.
>
> ㉤ 복합환적이란 동일한 세관의 관할구역에서 입국 또는 입항하는 운송수단에서 출국 또는 출항하는 운송수단으로 물품을 옮겨 싣는 것을 말한다.

① ㉠, ㉡   ② ㉡, ㉢

③ ㉠, ㉢, ㉣   ④ ㉢, ㉣, ㉤

59 다음 중 간접무역(Indirect Trade)의 형태로 올바르지 않은 것은?

① 중개무역   ② 구상무역

③ 중계무역   ④ 스위치무역

60 국제물품매매계약에 관한 UN협약(CISG)에서 매도인과 매수인 중 일방이 계약위반 시 공통으로 사용할 수 있는 구제권이 아닌 것은?

① 추가기간지정권   ② 계약해제권

③ 손해배상청구권   ④ 물품명세확정권

61 부정기선 운임에 대한 설명으로 올바르지 않은 것은?

① 부적운임(Dead Freight) – 선적하기로 계약했던 화물량보다 실제 선적량이 적은 경우 용선자(Charterer)인 화주가 그 부족분에 대해서도 지불하는 운임

② 선복운임(Lump Sum Freight) – 화물의 개수, 중량, 용적과 관계없이 항해(voyage) 또는 선복을 기준으로 하여 일괄계산하는 운임

③ 조출료(Dispatch) – 허용된 정박기간 이전에 하역이 완료된 경우 계약된 정박기간만큼 화주가 선주에게 지급하는 금액

④ 일대용선운임(Daily Charter Rate) – 본선이 계약 지정 선적항에서 화물을 적재한 날로부터 기산하여 계약 지정 양륙항까지 운송하여 화물을 인도 완료할 때까지 "1일" 기준으로 계산하는 운임

62 2009년 협회적하약관(ICC)에 따라 적화보험 부보 시 화물의 성질이나 종류에 따라 특수위험이나 면책위험을 담보받고자 할 경우 보험자와 합의하여 추가보험료를 납부하고 부가조건을 부보할 수 있다. 다음 중 화물이 바닷물 이외의 민물에 젖어 발생한 손해를 담보하는 부가조건으로 올바른 것은?

① TPND

② RFWD

③ COOC

④ WOB

63 무역계약에 대한 설명 중 올바른 것을 모두 고른 것은?

> ㉠ 무역계약의 법적성격은 낙성계약 · 쌍무계약 · 유상계약 · 요식계약이다.
>
> ㉡ 곡물의 품질결정시기 중 Sea Damaged(S.D.)는 원칙적으로 선적품질조건이지만, 해상운송 중에 발생한 해수에 의한 손해는 매도인이 부담하는 조건으로 선적품질조건과 양륙품질조건을 절충한 조건부 선적품질조건이다.
>
> ㉢ 국제물품매매계약에 관한 UN협약(CISG)에 따라 매수인은 인도된 물품이 계약에 적합하지 않은 경우 대금이 이미 지급된 경우를 제외하고 대금을 감액해 줄 것을 매도인에게 청구할 수 있다.
>
> ㉣ 선적조건 중 "on or about"은 지정일자를 기준으로 전후 5일의 기간 내에 선적이 이행되는 것으로 해석되며, 당해일자 포함 총 11일이 된다.

① ㉠, ㉢

② ㉡, ㉢

③ ㉠, ㉣

④ ㉡, ㉣

64 Incoterms 2020상 CIF 조건에 대한 설명으로 옳지 않은 것은?

① CIF는 운임 · 보험료 포함인도 조건으로 CIF 뒤에는 지정목적항을 기입한다.

② CIF는 도착지인도조건으로 매도인은 수출허가 등 모든 수출통관절차를 수행하고 그에 관한 비용을 부담하여야 한다.

③ 매도인은 ICC(C)에 따른 최소담보조건으로 적하보험을 취득하여야 한다.

④ 매도인은 매수인에게 목적항에서 필요한 통상적인 운송서류를 제공해야 하고, 그 운송서류는 운송 중에 물품을 매각할 수 있도록 하는 것이어야 한다.

65 헤이그-비스비(Hague-Visby) 규칙상 운송인의 책임에 관한 내용으로 옳지 않은 것은?

① 헤이그-비스비(Hague-Visby) 규칙은 화물에 대한 운송인의 책임범위를 'from tackle to tackle'로 규정한다.

② 헤이그-비스비(Hague-Visby) 규칙에서 운송인은 항해 또는 선박의 취급에 있어서 선장ㆍ선원ㆍ도선사ㆍ사용인의 작위, 부주의, 과실로 인한 손해에 대해서 책임을 부담한다.

③ 헤이그-비스비(Hague-Visby) 규칙은 화물이 실제로 갑판에 적재되었더라도 그러한 사실을 선하증권에 기재하지 않은 무고장 선하증권이 발행된 경우에는 적용된다.

④ 헤이그-비스비(Hague-Visby) 규칙에서 운송인은 선박의 감항능력을 유지하도록 상당한 주의를 다하여야 하며, 이러한 선박의 감항능력은 선박의 발항 당시뿐만 아니라 발항 전에도 요구된다.

66 해운동맹은 특정항로에 배선하고 있는 2 이상의 해운업자들이 상호 간의 독립성을 유지하면서 경쟁을 피하고 상호이익을 증진시키기 위해 해상화물의 운임ㆍ항로 등에 대해서 협정을 체결하는 국제카르텔로 해운동맹의 운영방식 중 동맹선사가 특정항로에서 일정기간 동안 벌어들인 운임에서 순수입을 미리 정한 배분율에 따라 배분하는 협정은 무엇인가?

① Pooling Agreement

② Rate Agreement

③ Contract Rate System

④ Deferred Rebate System

67 라이센스 계약에 대한 설명으로 옳지 않은 것은?

① 라이센스 계약은 지식재산권의 소유자가 상대방에게 그 권리의 사용을 허락하고 사용허락을 받은 자가 대가로서 로열티를 지급할 것을 약속하고, 해당 기술에 관한 비밀을 유지하는 등의 의무를 지는 모든 종류의 계약을 말한다.

② 라이센스계약은 현지경영의 노하우를 갖고 있지 않아도 외국시장에 진입할 수 있는 장점이 있다.

③ 특허라이센스 중 특정인에게 라이센스를 주지만 기술제공자가 일반적으로 특허발명을 실시하는 권리를 유보하는 것을 독점적 실시허락이라 한다.

④ 노하우는 영업비밀에 속하는 것으로서 주로 기술적인 정보로서 경제적인 가치가 높은 정보를 제공하는 것을 말하며, 존속기간은 비밀이 유지될 때까지 영구적이다.

68 다음과 같은 경로와 방법으로 수행되는 국제복합운송을 무엇이라 하는가?

> 한국·일본 등의 극동지역의 항구에서 선적된 화물을 북미서안까지는 선박에 의해 해상운송된 후, 북미 대륙의 횡단철도를 이용하여 미국 주요 내륙지역으로 육상운송되어 화물의 인도가 행해지는 복합운송

① Micro Land Bridge

② Mini-Land Bridge

③ American Land Bridge

④ Canadian Land Bridge

69 선하증권의 종류 중 옳지 않은 것은?

① Surrendered B/L : 송하인의 요청에 따라 선사가 B/L에 "Surrendered" 스탬프를 날인하여 발행하는 B/L로서, 화주 및 선사가 원본 B/L의 권리증권성을 포기하여, 원본 B/L 없이 수하인이 물품을 수령할 수 있도록 하기 위한 B/L이다.

② Through B/L : 화물을 목적지까지 운송하는데 선주가 다른 선박회사의 선박을 이용하거나 육상운송수단을 이용할 경우, 최초의 운송인이 전 구간의 운송에 대하여 책임을 지고 서명하여 발행한 B/L이다.

③ Red B/L : 선하증권과 보험증권을 결합시킨 것으로써, 선사는 보험회사에게 모든 Red B/L 발행분에 대해서 일괄 부보하며, 화주는 일정한 보험료를 부담하여야 한다.

④ Groupage B/L : 운송주선업자가 선사로부터 House B/L을 발급받아 이를 개별 화주들에게 발행해 주는 B/L을 말한다.

70 협회적하약관 ICC(A) · (B) · (C)에 관한 설명으로 옳지 않은 것은?

① ICC(B)와 ICC(C)약관은 보험자의 위험부담원칙이 열거책임주의이기 때문에 위험약관에 보험자가 담보하는 위험이 구체적으로 열거되어 있다.

② 전쟁위험, 동맹파업, 해적행위에 의한 위험은 ICC(A) · (B) · (C)에서 모두 면책된다.

③ 보험에 부보하더라도 피보험자의 고의적인 불법행위로 인한 손해는 보험자가 보상하지 않는다.

④ 화재 · 폭발, 선박 · 부선의 좌초 · 교사 · 침몰 · 전복의 사유에 상당인과관계가 있는 보험의 목적의 멸실 · 손상은 ICC(A) · (B) · (C)에서 모두 담보한다.

71 환어음(Draft, Bill of Exchange) 발행에 대한 설명으로 옳지 않은 것은?

① 환어음의 경우 필수기재사항과 임의기재사항이 있으며, 필수기재사항 중 어느 하나라도 누락이 되면 어음으로서의 법적효력을 갖지 못한다.

② 환어음의 본문 중에 "환어음"이라는 문구가 있어야 하며, 보통 복본으로 발행되므로 "first(second) bill of exchange"로 표시된다.

③ 환어음금액은 상업송장금액과 일치되어야 하며, 신용장거래 시 신용장금액을 초과하여 발행될 수 있다.

④ 어음금액(문자), 환어음번호, 어음금액(숫자), 대기수취문언, 계정결제인은 임의기재사항이다.

72 송금결제방식에 대한 설명으로 옳지 않은 것은?

① COD(Cash on Delivery)방식은 보석류·귀금속 등 고가이면서 검사가 필요한 물품의 거래방식에 적합하다.

② CAD(Cash Against Document)방식은 수출국에 수입상 대신 대금결제를 해 줄 지사·대리인, 은행 등이 있을 경우 사용 가능하다.

③ CWO(Cash With Order)방식은 T/T in advance방식이라고도 하며, 주문과 함께 대금이 먼저 지급되기 때문에 수입상은 안전장치로 수출자에게 수출계약이행보증서 등을 요구한다.

④ D/D(Demand Draft)방식은 수입업자의 요청에 따라 송금은행이 지급은행에게 송금수표를 발행해 주면 지급은행이 수출자에게 직접 우송하는 방식이다.

73 다음 결제방식에 해당되는 것으로 옳은 것은?

- 매매당사자 간에 매거래 시에 물품대금을 결제하지 않고, 장부상에 상쇄하고 일정 기간마다 그 차액만을 청산하여 결제하는 방식
- 수출상이 물품을 선적하고 "선적통지"를 하면 매 선적통지일로부터 일정기간이 경과한 후에 물품대금을 수출자의 계정으로 송금하여 결제하는 "선적통지 조건의 기한부 사후송금방식

① ESCROW   ② OPEN ACCOUNT
③ INKASO   ④ CIA

74 수입물품의 과세가격은 우리나라에 수출하기 위하여 판매되는 물품에 대하여 구매자가 실제로 지급하였거나 지급하여야 할 가격에 법정가산요소를 더하여 조정한 거래가격이며, 과세가격의 결정방법은 제1평가방법부터 제6평가방법까지 순차적으로 적용한다. 이 중 제1평가방법의 기준이 되는 가격은 무엇인가?

① 수입물품의 거래가격

② 산정가격을 기초로 한 과세가격

③ 합리적 기준에 의한 과세가격

④ 국내판매가격을 기초로 한 과세가격

75 전자무역에 대한 설명으로 틀린 것은?

① 전자무역 계약은 특별한 형식 요건이 없으며, 전자적 의사표시의 법적 효력은 자연적 의사표시와 동일하다.

② 전자문서 및 전자거래 기본법상 전자문서는 전자적 형태로 되어 있다는 이유만으로 법적 효력이 부인되지 아니한다.

③ 신용장에서 전자서류가 이용될 때 eUCP가 적용될 수 있다.

④ 전자서명의 기능 중 정보가 오직 허가된 사람들에게만 개방되고, 또 그들에 의해서만 수정될 수 있음을 보장하는 것을 부인방지(Non-Repudiation)라 한다.

SECTION 1 영문해석

[01~02] Read the following and answer each question.

We are sorry that the model A−128 desk you purchased have not lived up to your expectations. Honestly, we are surprised they have proved so fragile and appreciate your returning them to us.

Researchers of our lab are already at work trying to discover the source of the problem. We are glad to assume the shipping costs you incurred, Mr. Jason. But may we suggest that, instead of a refund, you apply the price of these desks to the cost of an order of model B−526 desk. Your own experience will bear out their reliability.

If you will approve the shipment, your model B−526 desk will be on their way within the week.

---

01 Which of the following is NOT true about the letter?

① Near the start, it lets the reader know what is being done, and this news isfollowed by an explanation.

② It begins with a suspicious statement, expressing that the company is not at fault.

③ The letter ends by reaffirming the company's good intentions and the value of its products.

④ In this type of the letter, the company's image and goodwill depend on how the writer responds.

02 Who does the underlined their refer to?

① A−128 DESK   ② researchers

③ customers   ④ B−526 DESK

03 Which of the following BEST completes the blanks in the letter?

> We would like to send (A) – Heathrow (B) Busan, Korea, 10 crates of assorted glassware, to be delivered (C) the next 20 days.

① ex – to – above   ② ex – to – within

③ by – through – within   ④ from – through – off

04 Under the UCP 600, what is the obligation of the issuing bank?

> A documentary credit pre–advice was issued on 2 January for USD 710,000 with the following terms and conditions :
>
> – Partial shipment allowed.
>
> – Latest shipment date 27 February.
>
> – Expiry date 15 March.
>
> On 3 January the applicant requested amendments prohibiting partial shipment and extending the expiry date to 30 March.

① Issue the documentary credit as originally instructed.

② Clarify with the beneficiary the period for presentation.

③ Issue the documentary credit incorporating prohibiting partial shipment only.

④ Issue the documentary credit incorporating the extended expiry date only.

05 What does the following explain?

> The purchase by the nominated bank of drafts (drawn on a bank other than the nominated bank) and/or documents under a complying presentation, by advancing or agreeing to advance funds to the beneficiary on or before the banking day on which reimbursement is due to the nominated bank.

① forfaiting   ② factoring

③ negotiation   ④ confirmation

06 Which is MOST suitable for (A)?

> Transport documents are required both to assure that the goods are being properly transported and for the (A) to claim possession of the goods at destination.

① issuing bank ② carrier

③ manufacturer ④ buyer

07 What is LEAST likely to be the one which the seller writes?

① A batten−reinforced case would meet your requests and be much lower in price than a slid wooden case.

② Overall measurements of each case must not exceed 40cm(L)×70cm(W)×60cm(D).

③ When all items of the order are collected at our factory, we will pack them into suitable sizes for delivery.

④ The cans of glue will be shipped in strong cartons, each containing 8 cans.

[08~09] Read the following and answer the questions.

> We have received your letter of 5th January enclosing your Debit Note No. 8796. We are sorry not to have paid your account earlier by (a).
>
> In payment of these accounts, we enclose a check for USD3,000,000 (b) <u>covering your invoice up to the end of January 2024</u>. We shall be obliged if you will send us a receipt by return of post.

08 Which of the following is MOST appropriate for (a)?

① a demand ② a request

③ an order ④ an oversight

09 What is the MOST accurate Korean translation on (b)?

① 2024년 1월 말까지 보내올 송장을 해결하기 위하여

② 2024년 1월 말에 보낼 귀사의 송장에 포함시키기 위하여

③ 2024년 1월 말까지 귀사의 송장 대금을 결제하는

④ 2024년 1월 말에 보내 주신 송장을 처리하기 위하여

10 What is right status of the following correspondence?

> We checked your offer dated 4 January, 2024. Thank you for your offer but we think that the price seems too high. So, we want to ask you what your position is as to a discount if we place large orders?

① Refusing offer   ② Cancellation of contract

③ Conditional Order   ④ Acceptance of offer

11 Which of the following is NOT properly translated?

> All risks — A term to denote the conditions covered by the insurers. It is ① <u>not to be construed as meaning</u> that the insurance covers each and every loss. In cargo insurance the term ② <u>embraces all fortuitous losses</u> occurring ③ <u>during the currency of insurance</u> and the term always ④ <u>incorporate a number of excluded perils.</u>

① 의미인 것으로 해석되지는 않는다.

② 모든 예측된 손해를 포함하다.

③ 보험의 기간 중에

④ 많은 면책위험을 포함하고 있다.

12 Select the best answer suitable for the following passage.

> Chartering term whereby the shipowner of a vessel under voyage charter agrees to pay the costs of loading and discharging the cargo.

① BERTH TERMS   ② F.O

③ F.I.O   ④ F.I

13 Which is the LEAST appropriate English–Korean translation?

① We wonder whether our price hike can be approved by your purchasing manager or not.

→ 당신의 구매 과장이 우리의 가격 인상을 허락해줄지 의문이다.

② It is our understanding that cooperative research will be conducted informally pending formal approval of the agreement.

→ 계약서가 정식으로 승인되기까지 공식적으로 공동 조사를 할 것으로 이해하고 있습니다.

③ Customs clearance of export goods does not take long.

→ 수출품의 통관은 시간이 별로 걸리지 않는다.

④ We feel that we can count on your cooperation in correcting this problem.

→ 우리는 당신의 협력해 통해 이 문제를 진전시킬 것이라 생각합니다.

14 What is the purpose of the letter?

> Your neglect of our previous reminders and personal telephone calls concerning your account, which is long overdue and defaulting, leaves our company no choice but to consider legal action. If your check for US$740,580 is not in our hands by January 19, your account will automatically be referred to the Bernstein Agency.

① ultimatum of payment chase

② adjustment of payment schedule

③ complaint of late delivery

④ price negotiation of problem goods

15 Put the following sentences in order.

> a. Your order for fifty sets of Clothespin is being processed and will be ready for shipment on January 21.
>
> b. If you have any questions concerning this order, please feel free to contact Mark Joe, our sales representative in your area.
>
> c. Your goods will be delivered directly to your office by U–Pickup service in New York City.
>
> d. We are pleased to acknowledge your order of January 9.

① d – c – a – b   ② c – a – b – d

③ d – a – c – b   ④ a – c – b – d

16 Which department does Olivia belong to?

> We are sorry that the cable we delivered was damaged. Our trucking company determined that the damage occurred during shipment. We made every effort to guarantee that our product is delivered in perfect condition. Occasionally, unpredictable events happen.
>
> A replacement cable has already been shipped. It is expected to arrive in two to three weeks. If you have any further questions, please call Olivia.

① Purchasing department

② Marketing department

③ Production department

④ Customer service department

17 Which has similar meaning with the sentence below under CISG.

> Our offer is open until 24 January 2024.

① Our offer expires on your side by 24 January 2024 but subject to youracceptance.

② Our offer is free until 24 January 2024 and revocable unless otherwise agreed.

③ Our offer is not bound until 24 January 2024 but irrevocable unless otherwise agreed.

④ Our offer is valid until 24 January 2024 and irrevocable unless otherwise agreed.

18 Which is most appropriate interpretation to the following?

> You may draw a promissory note on us for the full invoice amount.

① 귀사는 당사 앞으로 송장전액에 대해 약속어음을 발행해도 좋습니다.

② 귀사는 당사 앞으로 송장전액에 대한 청구를 취소해도 좋습니다.

③ 귀사는 당사 앞으로 송장전액에 대해 일람불환어음을 발행해도 좋습니다.

④ 귀사는 송장전액에 대해 당사 앞으로 즉시 청구해도 좋습니다.

19 Which is most appropriate interpretation to the following?

> The insured is obligated to notify the insurer of an unexpected incident.

① 피보험자는 보험자에게 예상치 않게 발생한 사건에 대해 고지할 의무가 있다.

② 보험자는 발생 가능한 예상치 못한 사건에 대해 피보험자에게 고지해야 한다.

③ 피보험자는 보험자의 예상치 못한 사건에 대해 고지해야 한다.

④ 보험자의 예상치 못한 사건은 피보험자에 의해 고지되어야 한다.

20 Which is NOT suitable in the blank?

> The Incoterms 2020® rules do NOT deal with (   ).

① the time, place, method or currency of payment of the price

② the imposition of tariffs

③ intellectual property rights

④ allowance of export or import

21 Put the following sentences in order.

> a. All terms and conditions mentioned in your letter, including proposed quantity discount scheme, are quite acceptable, and we would like to place an initial order for 100 units of the Ace System.
>
> b. The enclosed Order Form No. K-5262 gives the particulars concerning this order.
>
> c. Thank you for your letter of December 21, making a firm offer for your Ace S/H System.
>
> d. For further communication and invoicing, please refer to the above order number.

① d - c - a - b   ② c - a - b - d

③ d - a - c - b   ④ a - c - b - d

22 Which is suitable in the blank?

> The expression "(A) or about" or similar will be interpreted as a stipulation that an event is to occur during a period of (B) calendar days before until (B) calendar days after the specified date, both start and end dates (C).

① (A) on — (B) five — (C) included

② (A) on — (B) five — (C) excluded

③ (A) on — (B) three — (C) excluded

④ (A) on — (B) seven — (C) included

[23~24] Read the following and answer each question.

> Dear Mr. Jason,
>
> We have organized a series of online Pilates for pregnant woman this summer.
>
> For the virtual training, we would like to provide all registered participants with a tablet PC for interactive real-time communication.
>
> I saw a catalogue with my colleague showing your company's ranges of tablets. We are planning to (   ) an order for more than 500 sets at a time. Is there a discount package available for a bulk purchase? I will also like to know the minimum price if we order for 10 or more desktop PCs with webcam.

23 Which one is INCORRECT according to the letter?

① They want to purchase tablets more than 500 sets at a time.

② They want to take a discount by ordering a large purchase.

③ They organized face to face teaching Pilates.

④ They need not only tablets but also desktop PCs.

24 Which is the most appropriate in the blank?

① start   ② place

③ suppose   ④ ask

25 Which is suitable in the blank?

The Incoterms rules describe :

(A) : Who does what as between seller and buyer, e.g. who organises carriage or insurance of the goods or who obtains shipping documents and export or import licences;

(B) : Where and when the seller "delivers" the goods, in other words where (B) transfers from seller to buyer; and

(C) : Which party is responsible for which (C), for example transport, packaging, loading or unloading (C), and checking or security-related (C). The Incoterms rules cover these areas in a set of ten articles, numbered A 1/B 1 etc., the A articles representing the seller's obligations and the B articles representing the buyer's obligations.

---

① (A) Risk — (B) Obligations — (C) Costs

② (A) Prohibitions — (B) Costs — (C) Obligations

③ (A) Obligations — (B) Risk — (C) Costs

④ (A) Assurance — (B) Risk — (C) Costs

SECTION 2 영작문

26 Select the right terms in the blanks?

An (A) undertakes to reimburse a nominated bank that has honoured or negotiated a complying presentation and forwarded the documents to the issuing bank. (B) for the amount of a complying (C) under a credit available by acceptance or deferred payment is due at maturity, whether or not the nominated bank prepaid or purchased before maturity. An issuing bank's undertaking to reimburse a nominated bank is (D) of the issuing bank's undertaking to the beneficiary.

---

① (A) issuing bank — (B) Reimbursement — (C) presentation — (D) independent

② (A) advising bank — (B) Honour — (C) presentation — (D) independent

③ (A) advising bank — (B) Reimbursement — (C) presentation — (D) dependent

④ (A) issuing bank — (B) Honour — (C) presentation — (D) dependent

27 Which of the followings is NOT correctly explaining the Bill of Lading under UCP 600?

① A bill of lading must appear to be signed by the carrier, the master, or their agent.

② A bill of lading may indicate that the goods will or may be transhipped provided that the entire carriage is covered by one and the same bill of lading.

③ A bill of lading must appear to contain indication that it is subject to a charter party.

④ Clauses in a bill of lading stating that the carrier reserves the right to tranship will be disregarded.

28 This is the explanation about D/A. Select best answer suitable for the blank.

> The shipping documents are surrendered to the consignee by the (A) upon acceptance of the time draft. The (B) obtaining possession of the goods is thereby enabled to dispose of them (C) the actual payment falls due.

① (A) confirming bank – (B) consignor – (C) presentation

② (A) presenting bank – (B) consignee – (C) before

③ (A) presenting bank – (B) consingee – (C) after

④ (A) issuing bank – (B) consignor – (C) presentation

29 Which is NOT grammatically correct?

> Dear Thomas,
>
> (A) I intend to place a substantial order with you in the next few months. As you know, over the past two years (B) I have placed a number of orders with you and settled promptly, so I hope this has established my reputation with your company. Nevertheless, if necessary, (C) I am willing to supplying references. I would like, if possible, to settle future accounts (D) every three months with payments against quarterly statements.

① (A)   ② (B)

③ (C)   ④ (D)

30 Which of the followings has a different meaning with others?

① We received catalog of your products and samples, and we impressed about the quality of your one.

② The quality of your samples is as we expected.

③ After checking the samples you send to us, we think your products are at the level we want.

④ Your products is suitable for us with some supplementation.

[31~33] Choose one which is NOT correctly composed into English.

31 ① 현재 시장상황이 불경기임에도 불구하고 만일 귀사가 경쟁력이 있다면 당사는 귀사와 거래를 시작할 수 있습니다.

→ Since at present the dullness rules the market, we are able to start abusiness with you unless you are in a competitive position.

② 귀사가 다른 회사들처럼 가격을 10% 정도 할인해 주시거나 60일의 인수인도조건을 허용해 주시면 귀사의 청약을 수락하겠습니다.

→ If you would either discount the price by about 10% like other companies door allow D/A at 60 days, we will accept your offer.

③ 귀사의 서신에서 귀사가 면제품에 특별히 관심이 많다는 것을 알 수 있는데 이 분야에서는 당사가 전문가라 할 수 있습니다.

→ Your letter conveys us that you are specially interested in cotton goods, and we can say that we are specialists in this line.

④ 당사는 25년 전에 설립된 전자제품 수출업체입니다.

→ Twenty five years have passed since we were established as an exporter of electronic goods.

32 ① 매매계약은 서면에 의하여 체결되거나 또는 입증되어야 할 필요가 없으며, 또 형식에 관하여도 어떠한 다른 요건에 구속받지 아니합니다.

　　→ A contract of sales needs not be concluded in or evidenced by writing and isnot subject to any other requirement as to form.

② 계약이 체결되기 전까지 청약은 취소될 수 있습니다. 다만 이 경우에 취소의 통지는 피청약자가 승낙을 발송하기 전에 피청약자에게 도달하여야 합니다.

　　→ Until a contract is concluded, an offer may be revoked if the revocationreaches the offeree before an acceptance is dispatched by offeree.

③ 송하인의 지시식으로 작성되고 운임선지급 및 착하통지처가 발행의뢰인으로 표시된 무고장 선적 해상선하증권의 전통을 제시하십시오.

　　→ Please submit full set of clean on board bill of lading made out to the order of shipper marked freight prepaid and notify applicant.

④ 보험서류에서 담보가 선적일보다 늦지 않은 일자로부터 유효하다고 보이지 않는 한 보험서류의 일자는 선적일보다 늦어서는 안 됩니다.

　　→ The date of the insurance document must be no later than the date of shipment if it appears from the insurance document that the cover is effective until a date not later than the date of shipment.

33 ① 면셔츠 가격이 상당히 치솟았으나 종전 가격으로 귀사 주문품을 조달해 드리겠습니다.

　　→ The prices of cotton shirts have soared considerably, but we can fill yourorder at the former prices.

② 이번 구매로 상당한 이익이 될 것이며 더 많은 주문을 하게 될 것으로 믿습니다.

　　→ We believe this purchase will bring you a good profit and result from your further orders.

③ 동봉해 드린 주문서 양식에 정히 기입하셔서 즉시 반송해 주시길 바랍니다.

　　→ We suggest that you return to us straightway the enclosed order form duly filled in.

④ 주문이 쇄도해서 귀사가 주문한 미니 컴퓨터는 매진되었습니다.

　　→ The mini-computers you ordered are sold out owing to the rush of orders.

34 Below explains some characteristics of insurance. What does the following refer to?

> Originally, the term meant 'free from' but in marine insurance practice it came to mean an amount or percentage specified in the policy which must be reached before a claim is payable. once the amount or percentage is attained, the claim is payable in full.

① Sue and Labor Charges   ② Salvage Charge

③ Subrogation   ④ Franchise

35 Which of the following pairs is the LEAST appropriate one?

① 당사는 직접 광고를 하고 있으므로 귀사의 판매액이 증가할 것이라고 믿습니다.
→ Since we operate our advertising directly, we believe your account will increase.

② 대부분의 다른 대리점은 당사의 요구를 들어줄 만한 전문기술이 없습니다.
→ Most other agencies don't have the expertise to handle our request.

③ D1은 재고가 있고 D2는 내일 들어옵니다.
→ We have D1 in stock, and the D2 is coming tomorrow.

④ 불량물품을 다른 물품으로 바꾸실 수 있습니다.
→ You can exchange the faulty goods for other goods.

36 Which is LEAST correspondent to the underlined?

> B/L presented to (가) a bank after (나) the last date specified in the relevant letter of credit and which, therefore, is not acceptable as a (다) valid document.
>
> According to UCP, a B/L may be (라) rejected if presented more than 21 days after the date of the shipment.

① (가) nominated bank

② (나) last day for presentation

③ (다) available

④ (라) returned

37 What is NOT proper for the blank?

> [CISG] Article 64
>
> The seller may declare the contract avoided :
>
> (a) if the failure by the buyer to perform any of his obligations under thecontract or this Convention amounts to a (가); or
>
> (b) if the buyer does not, within the (나) period of time fixed by the seller in accordance with paragraph (1) of article 63, perform his obligation to (다) or take delivery of the goods, or if he (라) that he will not do so within the period so fixed;

① (가) fundamental breach of contract

② (나) additional

③ (다) hand over any documents

④ (라) declares

38 Choose one that can NOT be replaced for the underlined parts.

① We kindly ask you to dispatch your engineers to visit here for inspection.

→ reinstate your engineers

② This offer is open for your acceptance on or before June 6.

→ not later than June 6

③ If your order is large enough, then we may allow you a special discountconsiderably.

→ substantially

④ Because of rise in cost, we are reluctantly compelled to adjust our prices to cover at least part of this rise.

→ obliged to

39 What does the below indicate?

> This credit stipulates that a sum will be paid to the beneficiary on demand in the beneficiary submitting a signed statement setting forth that there has been default or non-performance.

① Stand-by L/C

② Back-to-Back Credit

③ Tomas L/C

④ Revolving Credit

40 Fill in the blanks.

The marine insurance will be valid if the person is having (ⓐ) at the time of loss. The (ⓑ) will depend upon the nature of sales contract. If exporter sends the goods to buyer on an FOB basis, for any loss arises during transit the buyer is entitled to get the compensation from the insurance company.

① ⓐ insurance certificate — ⓑ insurance certificate

② ⓐ insurance amount — ⓑ insured amount

③ ⓐ insurable interest — ⓑ insurable interest

④ ⓐ insurance amount — ⓑ insurable interest

41 How many dresser were expected to be unloaded at the port of destination?

Thank you for the fast dispatch of our order, but I regret to inform you that, unfortunately you have not completed our order, five of the dressers were missing, and only 47 were received. We will be happy to receive a credit note for the missing goods or five dressers in this discrepancy.

① 5   ② 47

③ 52   ④ 56

[42~43] Read the following and answer.

We would like to (   ) an order on behalf of Korea Bio Inc. Please prepare 2,000 capsule and once it is available, Korea Bio Inc. will surely buy it to be forwarded at the warehouse. We really would appreciate if you could accommodate this order.
S&H

42 Fill in the blank with a suitable word.

① suggest   ② place

③ ready   ④ ask

43 Who is mostly likely to be S&H?

① exporter   ② selling agent

③ importer   ④ buying agent

[44~45] Read the following and answer.

As we wrote you previously about the delays in the delivery of your order, the situation is still the same, the trade union strike is on-going. We apologize for this occurrence, but there is not much that we can do to (   ) this, as it is out of our hands. We again apologize and regret the delay in delivery of your order.

Yours faithfully,

---

44 What situation is excused in the above letter?

① peril

③ hazard

② hardship

④ force majeure

45 Fill in the blank with suitable word.

① arrange

③ correct

② examine

④ file

46 Which is LEAST appropriate for the blank?

Thank you for your order, NO. 8796 which we received today. Unfortunately, we cannot offer the 25% trade discount you asked for. 20% is our maximum discount, even on larger orders, as our prices are extremely competitive. Therefore, in this instance, I regret that we have to (   ) your order.

---

① turn down

③ concede

② deny

④ reject

47 The following is about infringement clause. Put the right words for the blanks.

> The (ⓐ) shall not be held responsible for infringement of the right of design, trademark, patent and copyright which are caused out of the observance of the (ⓑ)'s instructions to the (ⓒ) and any disputes or claims raised thereon shall be settled by the (ⓓ).

① ⓐ buyer − ⓑ seller − ⓒ buyer − ⓓ seller

② ⓐ seller − ⓑ buyer − ⓒ seller − ⓓ buyer

③ ⓐ buyer − ⓑ seller − ⓒ seller − ⓓ seller

④ ⓐ seller − ⓑ seller − ⓒ buyer − ⓓ buyer

[48~49] Read the following and answer.

> Dear Mr Mike,
>
> The above order has now been completed and sent to Busan Port where it is awaiting to be loaded on to the ship, sailing for Tokyo on 01 March and arriving on 30 March. When we have the necessary documents, we will forward them to (A) KOREA Bank, here, and they will forward them to JP Tokyo for collection.
>
> We have taken particular care to see that the goods have been packed (   ) your instructions. If you need any further information, please contact us.
>
> Yours sincerely,

48 What role may (A)KOREA Bank?

① Issuing Bank ② Advising Bank

③ Collecting Bank ④ Remitting Bank

49 Which one is not suitable for a blank?

① according to ② as per

③ in agreement with ④ with reference

50 Fill in the blank with a suitable word.

A (   ) means a promissory (   ) that is to say, a (   ) by which the assured undertakes that some particular thing shall or shall not be done, or that some condition shall be fulfilled, or whereby he affirms or negatives the existence of a particular state of facts.

① abandonment   ② warranty

③ disclosure   ④ security

SECTION 3   무역실무

---

51 무역의 유형에 대한 설명으로 옳지 않은 것은?

① KNOCK-DOWN : 완제품이 아닌 조립할 수 있는 설비와 능력을 갖춘 거래처에 상품을 부품이나 반제품의 형태로 수출하고, 실수요지에서 조립하여 제품을 완성시키는 수출

② BWT : 수출상이 계약체결 후 수입국의 보세창고에 물품을 반입하여 보관하고 있는 상태에서 수입상에게 직접 물품인도가 이루어지는 거래형태

③ COUNTER TRADE : 물물교환, 구상무역, 대응구매, 제품환매 등의 형태에 의하여 수출과 수입이 연계되어 이루어지는 수출입

④ CTS : 수출상이 교역상대국의 인가를 받아 해외에 현지법인을 설립하고, 그 법인 명의로 수입하여 현지에서 직접 판매하고 판매된 범위 내에서 대금을 결제하는 거래

52 양륙품질조건에 해당하는 것은?

① F.A.Q.   ② T.Q.

③ R.T.   ④ S.D.

53 협회적하약관(2009) ICC(A), (B), (C) 조건 모두에서 보상하는 손해로 옳지 않은 것은?

① 지진 · 화산의 분화 · 낙뢰

② 선박 · 부선의 좌초, 교사, 침몰, 전복

③ 화재 · 폭발

④ 투하

54 클레임 해결방법 중 하나인 중재(Arbitration)에 대한 설명으로 옳지 않은 것은?

① 판정에 국제적으로 효력을 미친다.

② 단심제이므로 분쟁해결이 신속하며, 경비가 소송에 비해 저렴하다.

③ 당사자가 중재판정을 거부할 수 있다.

④ 중재판정은 법원의 확정판결과 동일한 효력을 가진다.

55 팩토링(Factoring)과 포페이팅(Forfaiting)을 비교한 내용 중 옳지 않은 것은?

	팩토링	포페이팅
① 거래금액	일반적으로 소액(30만불 미만)	비교적 거액(100만불 이상)
② 거래방식	송금방식이 가장 많음	환어음·약속어음 등을 활용
③ 어음기간	단기(1년 미만)	중장기(6개월~10년)
④ 지급근거	수입팩터의 신용승인	수입자의 지급보증서

56 신용장의 기능에 대한 설명으로 옳지 않은 것은?

① 신용장은 수출자에게는 상품의 선적 즉시 대금회수를 가능케 하고, 수입자에게는 계약된 상품을 반드시 수취할 수 있다는 보장의 기능이 있다.

② 신용장은 신용장에 기재된 조건에 일치하는 서류를 제시해야만 하는 조건부 지급확약서이다.

③ 개설은행의 지급 확약을 임의로 취소 또는 변경할 수 없으므로 대금회수의 확실성을 높일 수 있다.

④ 수입업자는 선적서류를 통해 계약 물품이 선적기간 및 신용장 유효기간 내에 선적되었는지를 알 수 있다.

57 비용의 분기가 하역지에서 이뤄지는 Incoterms 2020 조건으로 옳은 것은?

① FOB

② EXW

③ FCA

④ CIF

58 항해용선계약에 대한 설명으로 옳지 않은 것은?

① 항해용선계약은 선주가 용선자에게 선원이 승무하고 항해장비를 갖춘 선박을 제공하여 항해에 사용하게 하고, 이에 대한 대가로써 용선료를 지급할 것을 약정하는 계약을 말한다.

② 용선료 산출의 기준은 용선기간을 기준으로 한다.

③ 선주는 직접비, 간접비, 운항비등을 부담하므로 선주가 선박의 지배권을 가지고 있다.

④ 항해용선계약 정박기간 산정방법 중 Running Laydays는 하역개시일부터 종료일까지의 경과일수를 계산하는 방법이며, 불가항력 · 일요일 · 공휴일에 관계없이 모두 정박기간에 산입한다.

59 청약의 효력이 소멸되는 경우가 아닌 것은?

① 승낙

② 청약조건의 조회

③ 청약의 취소

④ 유효기간 경과

60 분쟁해결방법인 ADR 설명으로 옳은 것은?

① 화해, 조정, 중재와 같이 법적 소송이 아닌 방법으로 문제를 해결하는 방법을 통틀어 ADR이라고 표현한다.

② ADR은 당사자 간 분쟁해결방식과 제3자에 의한 분쟁해결방식으로 나눌 수 있다.

③ 조정은 제3자인 조정인이 제시하는 조정안에 합의함으로써 분쟁을 해결하는 방식으로 당사자는 조정안을 수락할 의무가 없다.

④ 중재는 당사자 일방이 합의 없이 중재를 요청하여 분쟁해결을 요청할 수 있다.

61 신용장거래 중 은행의 서류심사 기준에 관한 설명으로 옳지 않은 것은?

① 개설은행은 서류에 대하여 문면상 일치하는 제시가 있는지 여부를 단지 서류만에 의해서 심사하여야 한다.

② 운송서류는 신용장의 유효기일 이내, 그리고 선적일 후 21일 이내에 제시되어야 한다.

③ 서류는 신용장 개설일 이전 일자에 작성된 것일 수 있으나 제시일자보다 늦은 일자에 작성된 것이어서는 안 된다.

④ 제시된 서류가 신용장에서 요구되지 아니한 서류일 경우 개설은행은 수익자에게 1회에 한하여 보완요청을 할 수 있다.

62 양도 가능 신용장에 관한 설명으로 옳지 않은 것은?

① 신용장이 두 사람 이상의 제2수익자에게 양도될 때, 조건변경을 거부한 제2수익자에 대하여는 양도된 신용장은 변경되지 않은 상태로 남는다.

② 개설은행은 양도은행이 될 수 있다.

③ 제2수익자에 의한 또는 그를 위한 제시는 양도은행에 대하여 이루어져야 한다.

④ 분할청구 또는 분할선적이 허용되는 경우에도 신용장은 두 사람 이상의 제2수익자에게 분할양도 될 수 없다.

63 다음에서 설명하고 있는 할증료로 적합한 것은?

> 최종 화주에게 물건을 운송하기 위해 터미널에 반입된 컨테이너를 창고로 이동하여 화주의 물품을 혼재, 분류하는 데 발생하는 비용

① Terminal Handling Charge
② Detention Charge
③ CFS Charge
④ Congestion Surcharge

64 해상보험에 대한 설명으로 옳지 않은 것은?

① 초과보험은 보험금액이 보험가액을 초과하는 경우의 보험을 말하며, 초과부분에 대해서도 효력이 발생한다.

② 전부보험은 보험금액과 보험가액이 같은 경우를 말한다.

③ 일부보험은 보험금액이 보험가액보다 적은 경우를 말한다.

④ 병존보험은 동일한 피보험목적물에 수개의 보험계약이 존재하는 경우이다.

65 해상운송에서 정기선 운송과 부정기선 운송을 비교한 내용으로 옳지 않은 것은?

① 부정기선은 대량화물을 운송하기 때문에 정기선 운임보다 가격이 낮다.

② 정기선 운송은 고정된 항로를 규칙적으로 운항하기 때문에 선적기일을 맞추는 데 적합하다.

③ 정기선 운송의 화물은 완제품 내지 반제품이 주종을 이루지만, 부정기선의 화물은 원자재나 농·광산물이 주종을 이룬다.

④ 부정기선의 운임은 물동량과 선복에 영향을 받지 않는다.

66 해상보험에서 물적손해(Physical Loss)에 대한 설명으로 옳지 않은 것은?

① 분손이란 보험의 목적의 일부에 생긴 손해를 말하며, 전손이 아닌 손해는 모두 분손으로 간주한다.

② 보험목적의 현실전손을 피할 수 없거나 회복비용이 보험목적의 가액을 초과하는 경우, 선박의 행방불명은 추정전손에 해당한다.

③ 추정전손은 위부의 행위를 수반하게 되는데 보험목적물의 전부에 대하여 전손처리할 수 있다.

④ 공동해손손해는 공동해손행위로 인한 손해 또는 공동해손행위의 직접적인 결과로 발생하는 손해를 말하며, 공동해손희생 · 공동해손비용을 포함한다

67 다음 중 송장(invoice)에 대한 설명으로 옳지 않은 것은?

① 송장(invoice)은 그 용도에 따라 상거래용으로 작성되는 상업송장(Commercial Invoice)과 영사관이나 세관용으로 작성되는 공용송장(Official Invoice)으로 대별할 수 있다.

② 추심결제방식인 D/P 및 D/A조건에서는 송장 자체가 대금지급청구서의 역할을 하게 된다.

③ 상업송장상의 금액은 환어음(Bill of Exchange)의 발행금액과 일치할 필요는 없다.

④ 견적송장은 일반적으로 수입상의 요청으로 수출상이 판매상품에 대한 견적서로 제시하는 경우가 많다.

68 신용장 방식의 경우 곡물, 광산물과 같은 bulk cargo의 선적수량에 대한 설명으로 옳은 것은?

① 일반적으로 5%의 과부족을 용인한다.

② 일반적으로 10%의 과부족을 용인한다.

③ 일반적으로 15%의 과부족을 용인한다.

④ 일체의 과부족을 용인하지 않는다.

69 다음에서 설명하고 있는 위험의 변경 유형으로 옳은 것은?

> 선박이 선적 · 목적항 변경없이 항로가 보험증권에 특정되어 있는 경우에는 그 항로, 특정되어 있지 않은 경우에는 통상적이고 관습적인 항로를 이탈하거나 보험증권에 정해진 순서에 따르지 않고 기항하는 것을 의미한다.

① 항해의 변경(Change of voyage)

② 환적(transshipment)

③ 이로(Deviation)

④ 강제하역(forced discharge)

70 공동해손비용손해(general average expenditure)에 해당하지 않는 것은?

① 손해방지비용
② 자금조달비용
③ 피난항 비용
④ 구조비

71 리스계약에 대한 설명으로 옳지 않은 것은?

① 리스계약이란, 리스이용자가 선정한 특정 물건을 리스회사가 취득하거나 대여받아 리스이용자에게 일정기간 사용하게 하고, 그 기간 동안 정기적으로 일정대가를 분할하여 지급받는 계약을 말한다.

② 금융리스는 소유권이전 약정으로서, 리스계약의 종료 시점에 자산의 소유권이 그것을 임차하여 사용한 리스이용자에게로 이전된다.

③ 리스이용자만이 사용할 수 있는 특수한 성격의 자산이 아닌 일반적으로 누구나 이용할 수 있는 자산은 금융리스에 해당한다.

④ 운용리스는 리스자산을 소유함으로써 발생하는 위험과 보상이 리스제공자로부터 리스이용자에게 이전되지 않는 리스거래를 말한다.

72 다음 내용에서 설명하고 있는 운임의 종류로 옳은 것은?

> 용선자가 선적하기로 계약한 수량의 화물을 실제로 선적하지 아니한 경우, 그 선적 부족분에 대해서도 지급되는 운임. 일반적으로 톤당 운임으로 계약한다.

① Freight All Kinds Rate
② Lump Sum Freight
③ Dead Freight
④ Ad Valorem Freight

73 무역계약의 법적 성질에 대한 설명으로 옳지 않은 것은?

① 매도인은 물품인도의무를 부담하고 매수인은 대금지급 의무를 부담하는 것은 쌍무계약으로 볼 수 있으며, 이는 편무계약과 반대되는 개념이다.

② 유상계약은 무상계약의 반대 개념이며, 계약당사자가 서로 대가적 관계에 있는 급부를 목적으로 하는 계약을 말한다.

③ 무역계약은 낙성계약이며 그 반대는 요물계약(要物契約)으로 당사자의 합의 이외에 일방의 물품 인도나 기타의 행위를 필요로 하는 계약을 말한다.

④ 불요식계약은 특별한 형식 없이 의사의 합치만 확인되면 계약이 성립되는 것으로 불요식계약에는 구두로 합의된 계약은 포함되지 않는다.

74 Incoterms 2020의 FOB 조건에 관한 설명 중 옳지 않은 것은?

① 선적항에서 매수인이 지정한 본선에 계약상품을 인도하면 매도인의 인도 의무가 완료된다.

② FOB 조건은 물품이 컨테이너터미널에서 운송인에게 교부되는 경우에는 적절하지 않으며, 이 경우 FCA 조건을 사용해야 한다.

③ FOB 조건은 FAS 조건에 매도인의 본선적재 의무가 추가된 조건이다.

④ 매도인은 매수인의 요청이 있는 경우 자신의 위험과 비용으로 통상적인 조건으로 운송계약을 체결해야 한다.

75 국제특허계약에 대한 내용으로 옳지 않은 것은?

① 소극적 실시허락(negative license) : 원칙적으로 기술제공자인 특허권자는 기술도입자에게 특허권의 실시만을 허락하며, 제3자의 권리침해 책임을 부담한다.

② 적극적 실시허락(positive license) : 기술제공자인 특허권자는 기술도입자에게 특허기술을 제공할 적극적 의무를 부담한다.

③ 특허교환계약(cross license) : 특허권자는 타인의 특허권에 대한 라이센스를 받는 대가로 자신의 특허권을 상대방에게 교차하여 라이센스를 부여한다.

④ 특허양도(patent assignment) : 기술제공자인 특허권자는 기술도입자에게 특허권 자체를 양도하며, 기술도입자인 특허양수인은 특허의 존속기간이 만료되면 특허의 독점권이 없어진다.

실전모의고사 1회 정답 및 해설

1	2	3	4	5	6	7	8	9	10
③	①	②	②	③	①	②	①	③	①

11	12	13	14	15	16	17	18	19	20
①	①	②	②	④	③	①	③	①	③

21	22	23	24	25	26	27	28	29	30
③	①	①	①	③	③	②	④	④	③

31	32	33	34	35	36	37	38	39	40
②	③	①	④	④	④	①	②	②	④

41	42	43	44	45	46	47	48	49	50
③	①	①	④	①	④	②	③	③	④

51	52	53	54	55	56	57	58	59	60
③	②	①	①	④	③	②	①	②	④

61	62	63	64	65	66	67	68	69	70
③	②	④	②	②	①	③	①	④	②

71	72	73	74	75					
③	④	②	①	④					

━ SECTION 1   **영문해석**

[01~02]

> 수신 : Mr. Harry,
> 4월 20일에 자카르타에 도착 예정인 FORWARD 0141S호에 2024년 3월 10일 상기 주문이 선적되었습니다.
> 당사는 귀사의 요청에 따라 귀사에게 배송품을 전달할 수 있도록 처리해 줄 귀사의 대리인 Olivia에게 통지하였습니다.
> **당사 거래은행의 대리인 TOMATO은행은 귀사가 환어음을 인수하면 선하증권, 인보이스, 보험증명서로 구성된 서류를 교부할 것입니다.**
> 당사는 귀사가 제품을 확인했을 때 만족할 것이라 확신하며, 가까운 장래에 귀사의 다음 주문을 기대하고 있겠습니다.
> Celina

01 동 서신은 수입자가 요청한 주문품의 선적을 알리는 목적으로 작성되었으므로 대금지급요청, 신규제품 소개, 주문확인을 위해 작성된 것과는 거리가 멀다.

02 서신작성자는 주문을 받아 선적을 하고 환어음을 인수할 수 있도록 물품관련 서류를 전달하기 때문에 수출자이다.

03
> • 제품 : X-RAY
> • 수량 : 2,000개
> • 가격 : USD$2.80개당, CFR Long Beach
> • 대금지급 : 일람 후 30일 결제조건
> • 출발지 : 부산항

① CFR조건에서 매도인은 지정목적항까지 운송계약을 체결해야 한다.
② 매도인은 매수인에 대하여 보험계약을 체결할 의무가 없다.
③ 매도인은 매수인에게 합의된 목적항인 롱비치에서 필요한 통상적인 운송서류인 선하증권을 제공해야 한다.
④ 매도인은 수출국에 의하여 부과되는 모든 수출통관절차를 수행하고 그에 관한 비용을 부담하여야 한다.

04
> 계약 당사자가 서면으로 클레임이나 권리를 포기하겠다고 인정하지 않는 한 본 계약에 따른 양 당사자의 어떠한 권리도 전부 또는 일부를 포기하는 것으로 간주되지 않는다.

권리불포기조항은 한쪽의 계약 당사자가 자신의 권리를 명시적으로 주장하지 아니하였다 하여 그 권리를 포기하는 것으로 볼 수 없다는 취지의 계약조항이다.

05
> 당사는 자재관리 및 공장설비를 취급합니다. 당사는 트럭, 포크 리프트, 컨베이어를 전문으로 합니다.
> 적절한 장비를 사용하면 귀사는 공장의 부상을 줄이고 생산성을 높일 수 있습니다. 당사의 대부분의 고객들은 적절한 장비가 7개월 이내의 투자금을 회수할 수 있다고 생각합니다. 전시회에 방문하셔서 당사 장비 중 일부를 직접 테스트 해보실 수 있도록 귀사를 초대합니다. 24시간 무료 전화번호로 전화하시면 됩니다.

판매자가 취급하는 제품의 종류 및 장점을 소개하는 신규제품의 소개를 목적으로 작성된 서신이다.

06 (포페이팅)은 수출자에게 무소구조건으로 미래 날짜에 만기가 도래하는 무역관련 채무를 할인하는 것을 포함하는 수출 무역 금융이다. (포페이팅)은 일반적으로 6개월에서 10년 이상의 기간 동안 고정금리 기준으로 체결되는 중기 금융이다.

07 미화금액 100,000만 달러인 신용장은 선하증권 원본전통과 보험증서를 요구하고 있다. 제시된 선하증권의 본선적재일자는 1월 6일이다.

> A. 1월 7일자로 기재된 보험증서
> B. 11만불의 보험증서
> C. 12만불의 보험증권
> D. 1월 6일자로 기재된 보험인수증

A. 보험서류의 일자는 선적일보다 늦어서는 안 된다. 본선적재 일자가 1월 6일이기 때문에 별도의 소급문언이 기재되어 있지 않는 한 1월 7일자로 기재된 보험증서는 수리되지 않는다.

B. 신용장에 부보 범위에 부보금액에 대한 명시가 없는 경우, 부보금액은 최소한 물품의 CIF 또는 CIP 가액의 110%가 되어야 한다. 따라서 110%로 가입한 11만불의 보험증서는 수리될 수 있다.

C. 보험증권은 보험증서나 포괄보험의 확인서를 대신하여 수리 가능하다. 따라서 12만불의 보험증권은 수리될 수 있다.

D. 보험중개인이 발행하고 서명하는 보험인수증은 수리되지 않는다(UCP600 제28조).

08
> A. 선적되거나 양륙된 화물의 기록이나 목록
> B. 선박에 적재된 모든 화물을 기재한 명세서
> C. 선적 완료 후, 송하인은 선적된 화물의 목록을 기재한다. 이것은 통관이나 화물검사에 사용된다.

상기내용은 "적하목록(Cargo Manifest)"에 대한 설명이다.

• 본선수취증(Mate's Receipt)은 일등항해사에 의하여 작성되고 본선상에 적재된 물품의 수량과 상태를 진술한 수취증을 말한다.

• 인도지시서(Delivery Order)는 정상적인 영업과정에서 창고증권과 선하증권을 발행한 창고업자, 운송인 또는 다른 자에게 송부된 물품을 인도하라는 서면의 지시이다.

[09~10]

> Mr. Grayson, KING Corporation
> 상기 주문건은 내일 뉴욕으로 출항하는 STAR호에 현재 선적되었으며, 금요일에 도착할 것입니다. 신용조회를 확인할 시간이 없어 총 미화 1,500,000달러에 대한 일람불어음을 발행했습니다. 이것은 America 은행으로 전달됐으며 결제를 위해 귀사에게 제시될 것입니다.
> 만약 귀사가 다음 주문 전에 2개의 신용조회처를 제공해 주실 수 있다면 당사는 귀사를 지급인으로 하는 90일의 기한부 ( )로 거래를 진행할 수 있습니다.

09 수입자를 지급인으로 하며 환어음이 발행되는 기한부 조건이므로 documents against acceptance(인수인도조건)이 정답이 된다. ④번은 환어음이 제시되면 바로 결제해야 되는 지급인도조건이다. ③번과 ④번은 추심결제방식에 사용된다. ①번은 환어음이 발행되지 않는 서류상환방식이다. ②번은 은행이 대금지급보증을 해주는 일람불신용장이며, 신용장 거래의 경우 환어음발행시 지급인은 은행으로 기재된다.

10 수입자를 지급인으로 하기 때문에 KING Corporation이 지급인이다.

11 신용장통일규칙은 신용장의 문면에 위 규칙이 적용된다는 것을 명시적으로 표시한 경우 모든 화환신용장[위 규칙이 적용 가능한 범위 내에서는 보증신용장(standby letter of credit)을 포함한다. 이하 "신용장"이라 한다]에 적용된다(UCP600 제1조).

12 "운송인인도"는 매도인이 물품을 매수인에게 다음과 같은 두 가지 방법 중 어느 하나로 인도하는 것을 의미한다. 첫째, **지정장소가 매도인의 영업구내인 경우,** 물품은 다음과 같이 된 때 인도된다. (a) 물품이 매도인이 마련한 운송수단에 적재된 때. 둘째, 지정장소가 그 밖의 장소인 경우, 물품은 다음과 같이 된 때 인도된다. (b) 매도인의 운송수단에 적재되어서 지정장소에 도착하고 (c) 매도인의 운송수단에 실린 채 양하준비된 상태로 (d) 매수인이 지정한 운송인이나 제3자의 처분하에 놓인 때

지정장소가 매도인의 영업구내인 경우 매수인이 마련한 운송수단에 적재된 때 매도인의 인도의무가 완료된다. "when they are loaded on the means of transport arranged by the <u>buyer</u>."

13

> 당사는 노트북의 추가공급을 위한 3월 10일자 귀사의 주문을 받아 기뻤습니다.
>
> 그러나 현재 어려운 상황 때문에, 당사는 많은 고객들이 그들의 계좌를 합리적인 한도 내에서 유지하도록 보장해야만 합니다. 오직 이 방법만이 당사의 약속을 지킬 수 있습니다.
>
> 현재 귀사의 계좌 잔액은 2,000달러가 넘습니다. 당사는 당사가 추가 공급에 대한 신용을 부여하기 전에 귀사가 해당 잔액을 줄여 주길 원합니다. 만약 귀사가 당사에 지불해야 할 금액의 절반에 대한 수표를 보내주신다면 당사는 감사해 할 것입니다. 그러면 당사는 현재 요청된 물품을 공급하도록 하겠고 귀사의 계좌로 청구하도록 하겠습니다.

서신작성자는 노트북 판매업자로 추가 주문을 받은 후 주문자의 외상한도초과로 추가 주문건에 대한 공급의 어려움을 알리며, 기존 주문건에 대한 외상금 중 일정금액을 지급해 주길 요청하고 있으므로 매수인인 Jayden과 서신작성자는 기존부터 거래를 하고 있던 관계이기 때문에 ②번이 틀린 답이다.

14

> 당사는 상기 주문건이 내일 출항하여 자카르타에 3월 7일에 도착 예정인 HAYANG Arirang호에 선적되었음을 알려드립니다.
>
> 선적서류는 미화 100,000의 일람 후 60일 출급조건으로 귀사를 지급인으로 하여 한국은행에 교부되었습니다. 한국은행은 KABC은행에 서류를 송부할 예정이며 KABC은행이 귀사에게 추심을 통보할 것입니다.
>
> 당사의 제품과 해당 주문을 처리하는 전반적인 방법에 대해 귀사가 완전히 만족할 것이라고 확신합니다.

추심거래에서 은행은 대금지급보증을 하지 않으며, 단순히 추심지시서에 따라 서류를 전달하는 역할로 매수인의 신용위험에 대해 책임을 지지 않는다. 한국은행은 추심의뢰은행이며, KABC은행은 추심은행이다.

15

> 계약된 물품의 생산 또는 조달에서 수출업자를 지원하는 것을 의도한 신용장. 이 신용장은 물품의 선적 이전의 시기에 그리고 운송서류 이외의 서류와 상환으로 지급 가능하다.

상기 신용장은 전대신용장을 의미한다. 전대신용장은 "Red Clause Credit, Packing Credit, Advance payment credit"이라고도 표기된다.

16

> Dear Steve,
>
> 2024년 1월 7일 귀사의 견적을 받았습니다. 예상대로 견본 No. 256-PMX를 공급해 주셔서 감사합니다.
>
> 그러나 귀사의 현재가격은 사실 이 시장에서 경쟁력이 없습니다. 따라서 귀사의 견본에 대해 좋은 인상을 받았음에도 불구하고 현재 귀사에게 주문을 할 수 없습니다. 이러한 상황하에서 당사는 견본 No. 256-PMX의 가격 변경을 요청하며, 이전거래와 같은 조건으로 물품(No. 238-PCX)을 선적해 줄 것을 요청드립니다. 빠른 회신을 주시면 가장 감사드리겠습니다.
>
> Yours sincerely,

서신작성자는 매수인이며, Steve는 매도인임을 알 수 있다. 동 서신에 매수인은 견적받은 금액이 높아 매수인 시장에서 경쟁력이 없다는 것을 알리며 가격 할인을 요청하고 있다.

17

> • 관세법에서 수입자가 수입된 물품을 국내에 판매하는 대신에 재수출하는 경우, 수입된 물품에 대하여 지급한 관세를 정부에서 해주는 공제
> • 물품이 여하한 형태로 재수출된 경우 관세당국에 의해 수입관세를 수출자에게 돌려주는 것

일반적으로 관세환급은 수입자가 수출용 원재료를 수입할 때에 관세 등을 징수하였다가 그 원재료를 통해 제조되거나 가공된 제품을 수출할 때에 징수하였던 관세를 환급해주는 제도를 의미하며, 이는 ③번에 해당한다.

18

> 'ATA 까르네'라고 불리며, 수입관세나 담보를 제공함 없이 물품을 특정 국가로 일시 반입하기 위하여 관세신고 서류 대신에 사용되는 보증용 국제 관세신고 서류를 말한다.

ATA 까르네란 일시적으로 수출 → 수입된 후 다시 수입 → 수출되는 물품들에 대한 통관절차를 간소화하고 관세부담을 면제하기 위한 증서를 말한다.

19 체선료는 선적이나 양륙 시 하역기간이 용선계약에서 정한 정박기간을 초과할 경우 용선자가 선주에게 일정금액을 지불해야 하는 추가비용을 말한다. ③번은 조출료에 대한 설명으로 선박이 규정된 시간보다 일찍 선적 또는 양륙하는 경우 선주는 절약된 시간에 대한 보수로서 조출료를 지급한다.

[20~21]

당사는 운동이 대중화 되어 있는 이 도시의 선도하는 스포츠 의류 딜러이며, 인근마을에 11개의 지점을 두고 있습니다.
만약 귀사의 제품의 품질이 만족스럽고 가격이 합리적이라면 대량 주문을 하고자 합니다. 귀사가 수량할인이 가능한지 알려주시기 바랍니다. 당사의 사업확장은 중요하기 때문에 낮은 가격을 유지해야 합니다. 그 대가로 당사는 연간 합의된 최소수량의 주문을 보증할 준비가 되어 있습니다.

20 서신작성자는 대량주문에 대한 할인이 가능한지 여부를 문의하기 위하여 작성하였다.

21 상기 서신은 계약 체결 전 매수인에 대한 소개 및 할인가능여부를 문의하는 내용으로 매수인은 매도인과 기존에 거래를 한 적이 없으며, 상세한 가격조건을 원하고 있다. ③번은 당사자 간 계약 체결 후에 새로운 제품에 대하여 대금을 지급한다는 내용으로 틀린 답이다.

22
① 오늘부터 취소수수료가 발생하기 때문에 주문취소는 불가능합니다.
② 귀사께서 당사의 주문을 선적할 수 없다면 당사는 주문을 취소할 수밖에 없습니다.
③ 당사는 그로 인해 발생한 품질문제건에 대해 침묵하는 회사와 계속 거래할 수 없습니다.
④ 귀사가 품질문제에 대한 대책을 제시하지 않는 경우, 상호 합의한 대로 남은 주문건은 자동으로 취소될 것입니다.

①번은 매도인이 매수인에게 기발생된 거래에 대한 주문취소가 불가능함을 알리는 내용이고, 나머지는 매수인이 매도인에게 요구된 조건을 이행하지 않을 경우 주문을 취소하겠다는 내용이다.

23 당사가 귀사에게 상기시켜 드리는 이번 건은 조기 결제를 위해 이례적으로 낮은 가격으로 견적해 드린 것임을 이해해 주시기 바랍니다. early settlement는 빠른 견적이 아닌 조기결제로 해석해야 한다.

24 비록 명성을 다소 잃기는 했어도 HSA사는 7,230억의 시장가치를 가진 가장 값진 미국회사로 남아 있다. 문맥상 luster는 명성으로 해석되어야 하며, 723 billion은 7,230억으로 해석해야 한다.

25 분할선적을 금지하는 신용장 조건하에 서류가 제시되었다. 제시된 선하증권은 다음과 같다 : 동일한 선박과 항로에 물품이 전량 선적된 선하증권 일자는 10월 27일, 10월 28일, 10월 29일이다.

UCP600 제31조 b항에는 "같은 운송수단에서 개시되고 같은 운송구간을 위한 선적을 증명하는 두 세트 이상의 운송서류로 이루어진 제시는 그 운송서류가 같은 목적지를 표시하고 있는 한 비록 다른 선적일자 또는 다른 선적항, 수탁지 또는 발송지를 표시하더라도 분할선적으로 보지 않는다. 제시가 두 세트 이상의 운송서류로 이루어지는 경우 어느 운송서류에 의하여 증명되는 가장 늦은 선적일을 선적일로 본다."고 규정하고 있다.

SECTION 2 영작문

26
상업송장은,
ⅰ. 수익자가 발행한 것으로 보여야 한다.
ⅱ. 개설의뢰인 앞으로 발행되어야 한다.
ⅲ. 신용장(credit)과 같은 통화로 발행되어야 한다. 그리고
ⅳ. 서명될 필요는 없다.

27
(C) 당사는 10월 10일에 청산결제방식으로 인보이스금액의 지급을 요청한 건에 대해 말씀드립니다.
(D) 지난 3년 동안 귀사와의 사업 관계는 전적으로 만족했으므로, 당사는 90일 결제조건을 기초로 하여 송금하는 방식으로 준비하겠습니다.
(A) 귀사가 신용조회처를 제공할 필요는 없습니다.
(B) 당사는 귀사의 사업확장으로 주문이 증가하길 희망합니다.

28
매도인이 잠재적 고객에게 하는 견적서인 송장. 이것은 확정주문을 하도록 하는 매수인에게 대한 유인이며 수입국의 당국이 매수인에게 수입승인 또는 외환사용 허가를 내주도록 하기 위하여 매수인에 의해 종종 요구된다.

견적송장에 대한 설명이다.

29 당사는 2024년 10월 1일에 귀사의 청약을 받았습니다. 신중히 검토결과 만약 세트당 $10의 금액을 인하해 주시면 귀사의 청약을 승낙하기로 결정하였습니다.

CISG 제19조에 따라 "승낙을 의도하고는 있으나 이에 추가, 제한 또는 기타의 변경을 포함하고 있는 청약에 대한 회답은 청약의 거절이면서 또한 반대청약을 구성한다"라고 규정되어 있다. ④번의 조건부승낙은 옳지 않다.

30 당사의 XR 기계 모델 X-893R에 대한 귀사의 첫 주문에 감사드리며, 귀사를 소중한 고객 중 한 분으로 환영합니다. 주문하신 제품은 재고가 있으며 귀사의 주문서에 기재된 조건으로 이용 가능하므로 이미 선적주문을 마쳤습니다. 예상치 못한 지연이 발생하지 않는 한 제품은 8월 말까지 도착할 것입니다. 당사의 제품과 금번 주문건을 처리하는 전반적인 방식에 대해 귀사가 완전히 만족할 것이라고 확신합니다.

③번은 The goods should reach them이 되어야 한다.

31 계약서에 따르면 매도인은 "FOB 매도인 도시"조건으로 1등급 옥수수 1000파운드를 새로운 마대에 담아 선적해야 한다고 되어 있습니다. 계약조건은 매수인에게 운송위험을 부과합니다. 매도인은 1등급 옥수수 50포대를 선적했으나 이 중에서 한 포대는 오래되고 너무 낡아서 운송 중에 파손되어 옥수수가 손실되었습니다.

FOB Seller's City의 경우 매도인이 수출국에서 본선에 적재할 때까지의 위험 및 비용을 부담하기로 하는 가격조건으로 해상운임 및 해상보험료는 매수인의 부담이다. 그러나 문장에서 볼 수 있는 바와 같이 위험 이전 당시에 존재하였던 부적합이 매수인에게 이전된 후 드러난 상황이므로 이는 매도인이 책임져야 한다.

[32~33]

(B) 당사는 올해 연례회의를 부산에서 개최하고자 하며, 1월 10일부터 13일까지 숙박 및 회의시설을 제공해 줄 수 있는 호텔을 찾고 있습니다.

(A) 80명의 대표들이 묵을 숙소가 필요하며, 그 중 20명은 배우자와 동행할 것입니다. 그러므로 3일간 싱글룸 60개와 더블룸 20개가 필요할 것 같습니다.

(C) 또한, 회의가 열리는 날마다 오전과 오후 중반에 커피와 차를 제공하기를 원합니다. 이 기간에는 전체 회의시설이 완비된 룸이 필요하며, 100명을 수용할 수 있어야 합니다.

(D) 요금표를 보내주시고, (단체예약) 할인이 가능한지 알려주시겠습니까?

34 운송인의 경우, (FCL)은 단순히 수출자 또는 송하인이 컨테이너에 물품을 적입하고 비용을 지불하는 책임이 있는 것을 의미한다. 선사는 (CY)에서 컨테이너를 받으며, 컨테이너 안에 있는 내용물은 건드리지 않는다. 반면에 (LCL)은 운송인이 컨테이너의 상태 및 적합성에 책임을 진다. 그리고 물품을 적입한다. 컨테이너는 완벽하게 (CFS)의 운송인의 영업구장에서 채워지거나 적입된다.

마샬링야드는 선적을 위한 컨테이너를 목적지별 또는 선내의 적치계획에 따라 미리 정렬해 두는 넓은 면적으로 ⓓ는 CFS(컨테이너 화물조작장)를 의미한다.

35 보험의 목적이 파괴되거나 또는 보험에 가입된 종류의 물건으로서 존재할 수 없을 정도로 손상을 입은 경우, 또는 피보험자가 회복할 수 없도록 보험의 목적의 점유를 박탈당하는 경우에는 (현실전손)이 있는 것이다. (현실전손)의 경우에는 위부의 통지를 할 필요가 없다(MIA 제57조).

- constructive total loss : 추정전손
- particular average loss : 단독해손손해
- subrogation : 대위

36 귀사의 주문번호 235번의 선적이 최근 폭동으로 인해 예정대로 완료되는 것이 불가능하게 되었음을 알려드리게 되어 유감스럽게 생각합니다.

현재 폭동으로 인해 선적이 어려운 상황이므로 ④번의 "반면에 당사는 무료 대체품을 제공할 수 없다는 것을 이해해 주실 거라 확신합니다"는 자연스럽지 않은 문장이다.

37
- 물품가격 : 100,000달러
- 수출허가 및 선적비용(수출국 내) : 1,000달러
- 해상운임 : 5,000달러
- 최소부보비용 : 300달러
- 수입통관비용 및 수입관세 : 6,000달러

① EXW조건은 매도인의 최소의무조건으로 수출관련 비용을 부담하지 않으므로 100,000달러가 EXW조건의 가격이다.

② FOB조건은 매도인이 물품을 본선에 적재할 때까지 발생하는 비용을 부담하는 조건이므로 물품가격은 101,000달러이다.

③ CFR조건은 매도인이 해상운임을 부담하지만, 보험을 부보할 의무가 없기 때문에 물품가격은 106,000달러이다.

④ DPU조건은 물품이 운송수단에서 양하되어 인도된 때까지 물품과 그 물품의 운송에 관한 모든 비용을 부담하되, 매도인은 수입통관 의무가 없으므로 물품가격은 106,300달러이다.

38
> – 선적일 후 30일 만기 어음에 대한 화환신용장
> – 선적일 ; 2024년 10월 27일
> – 2024년 11월 26일은 선적일로부터 30일 후이다.

환어음상의 기한표시로 잘못된 것을 찾는 문제로 어음에 선적일이 표기되어 있지 않아 만기일을 산정할 수 없으므로 정답은 ②번이다.

39 ① 1인 이상의 특정한 자에게 통지된 것 이외의 어떠한 제의는 그 제의를 행한 자가 반대의 의사를 명확히 표시하지 아니하는 한, 이는 단순히 청약을 행하기 위한 유인으로만 본다.
② 청약은 그것이 취소 불능한 것이라도 그 철회가 청약의 도달 전 또는 그와 동시에 피청약자에게 도달하는 경우에는 이를 철회할 수 있다. "withdrawal reaches the offeree before or at the same time as the offer."가 맞는 표현이다.
③ 청약이 승낙을 위한 지정된 기간을 명시하거나 또는 기타의 방법으로 그것이 철회 불능임을 표시하고 있는 경우 청약은 취소될 수 없다.
④ 청약은 그것이 취소 불능한 것이라도 어떠한 거절의 통지가 청약자에게 도달한 때에는 그 효력이 상실된다.

40 SHIPPER'S LOAD AND COUNT는 송하인의 적재 및 수량확인이란 뜻으로 "부지약관"에 해당되며, FREIGHT COLLECT는 수입자가 수입국에서 운송비를 지불하는 운임후불조건으로 수출자가 운송비를 부담해야 하는 CIF조건은 적절하지 않다.

[41~42]
> 당사는 귀사의 샘플과 6월 10일자의 CPT 견적을 받았음을 알려드립니다. 선풍기 모델 28A 200개에 대한 당사의 주문서 XRP1090을 동봉합니다.
> 5월 1일자 서신을 통해 알려드린 바와 같이, 7월 6일부터 여름특별세일주간이 시작되기 때문에 당사가 6월 30일 전에 선풍기를 받을 수 있도록 해주시기 바랍니다.

41 밑줄 친 부분에서 여름특별세일 주간을 대비하여 6월 30일 전에 물품을 받을 수 있도록 요청하고 있는 내용과 달리 3번은 6월 30일까지 물품을 발송해달라는 내용이므로 적절하지 않다.

42 ①번은 "당사는 오늘 귀사의 주문서를 받았음을 알려드립니다. 귀사의 주문 건은 즉시 발송을 위해 처리되고 있으며, 다음 주 초 운송을 위해 선적준비가 될 것입니다."의 내용으로 서신에 대한 답변으로 적절하다.

43 밑줄 친 ⓐ~ⓓ를 대체할 수 있는 단어로 잘못된 것을 고르는 문제로 "instruct"는 "지시하다"로 해석되며, "retrieve"는 "회수하다"란 뜻으로 대체할 수 없다.

44
> ① 투하
> ② 공동해손희생
> ③ 본선, 부선 또는 운송용구와 물 이외의 타물과의 충돌 또는 접촉
> ④ 본선, 부선, 선창, 운송용구, 콘테이너, 지게차 또는 보관장소에 해수, 호수 또는 하천수의 침입

④번은 ICC(A), ICC(B)에서 담보한다. ICC(C)약관에서 다음은 담보하지 않는다.

- earthquake volcanic eruption or lightning(지진, 화산의 분화 또는 낙뢰)
- washing overboard(갑콘테이너판유실)
- entry of sea lake or river water into vessel craft hold conveyance container liftvan or place of storage(본선, 부선, 선창, 운송용구, 컨테이너, 지게차 또는 보관장소에 해수, 호수 또는 하천수의 침입)
- total loss of any package lost overboard or dropped whilst loading on to, or unloading from, vessel or craft(본선 또는 부선으로의 선적 또는 하역 작업 중에 바다로의 낙하 또는 갑판상에 추락한 포장단위 전손)

45 운송서류에는 선하증권, 해상화물운송장, 항공화물운송장은 해당되나, 환어음은 무역결제를 위한 지급수단이다.

46
> ① 만약, 귀사의 제품이 품질과 배송에서 만족스럽다면, 당사는 2,000다스를 초기주문할 것입니다.
> ② 선적의 연장은 인도지연에 대해 해당 물품가격의 2%에 상당하는 벌금의 송장금액으로부터 발생하는 공제를 조건으로 할 것입니다.
> ③ 당사는 주문번호 No.10번 양모 50더미를 첨부하였으므로 즉시 선적해 주시면 감사드리겠습니다.
> ④ 당사는 "분할선적은 3번에 걸쳐 허용된다"와 "선적은 동일하게 3번 이루어져야 한다"는 동일한 조항이 아닌 것으로 결론을 내렸습니다.

①번의 2000 dozen에서 dozen은 앞에 어떤 숫자가 오더라도 단수형태인 dozen으로 표기된다.

47 ① "유의하다"는 take note of로 표기되어야 한다.

③ must be presented로 표기되어야 한다.

④ the number of 뒤에는 단수형 동사가 사용되며 고객들 중 한 명을 뜻한다. 반면에 a number of는 뒤에 복수형 동사가 사용되므로 "a number of customers"가 되어야 한다.

48
> 오늘 계약서와 신용장 간의 불일치를 지적해 주셔서 감사합니다. 확인한 결과 신용장 신청서에 실수한 점을 발견하였습니다. 우리는 즉시 은행원에게 신용장을 수정하도록 지시하고, 이를 귀사와 서울 은행을 포함한 모든 관련 당사자들에게 통지하였습니다.

③번의 "이 실수로 인해 불편을 끼쳐 드려 죄송합니다. 귀사의 이메일에 대해 다시 한 번 감사드립니다."라는 내용이 오는 게 적절하다.

49 ① 은행에 추심업무를 의뢰하는 당사자인 "추심의뢰인"

② 추심의뢰인외에 추심의뢰 과정에 참여하는 모든 은행인 "추심은행"

④ "지급인"란 추심지시서에 따라 제시를 받아야 할 자를 말한다.

③번의 제시은행은 추심의뢰은행이 아닌 지급인(drawee)에게 제시를 행하는 추심은행이다.

50 환율의 변화에 따라 운송인에게 환차손의 위험이 있는 경우, 그 손해를 화주에게 부담시키기 위한 할증료는 통화할증료(CAF)를 의미한다.

• BAF : 유류할증료

• Congestion surcharge : 체선할증료

• PSS : 성수기 할증료

SECTION 3   **무역실무**

51 로테르담 규칙은 "국제물품 해상운송계약에 관한 UN협약"으로 운송인의 책임한도액 중 인도지연은 지연된 화물운임의 2.5배로 규정하고 있으며, **이와 동일한 인도지연 책임한도액으로 함부르크 규칙이 있다.**

52 ⓒ 개수의 단위인 Small gross는 120개(12×10)이다.

ⓒ 곡물의 품질결정시기를 나타낼 때 사용되는 T.Q.는 선적품질조건으로 매도인이 약정한 물품의 품질을 선적할 때까지만 책임을 지는 조건이다.

53 파손화물보상장(L/I)이란 본선수취증상의 비고란에 기재된 하자로 인해 운송 중 물품이 손상되어 운송인이 수하인에게 손해배상을 하는 경우, 송하인이 운송인에게 손해배상액을 보상한다고 약속하는 것을 말한다.

• Letter of Guarantee : 수입화물선취보증서

• Trust Receipt : 수입화물대도

• Cargo Manifest : 적하목록

54 소송은 공개주의가 원칙이므로 영업상 비밀 등이 외부에 누설될 위험이 있으나, 중재는 비공개주의이며 비밀이 보장된다.

55 대외무역법 제5조(무역에 관한 제한 등 특별 조치)에는 다음과 같이 규정하고 있다.

산업통상자원부장관은 다음 각 호의 어느 하나에 해당하는 경우에는 물품 등의 수출과 수입을 제한하거나 금지할 수 있다.

1. 우리나라 또는 우리나라의 무역 상대국(이하 "교역상대국"이라 한다)에 전쟁·사변 또는 천재지변이 있을 경우

2. 교역상대국이 조약과 일반적으로 승인된 국제법규에서 정한 우리나라의 권익을 인정하지 아니할 경우

3. 교역상대국이 우리나라의 무역에 대하여 부당하거나 차별적인 부담 또는 제한을 가할 경우

4. 헌법에 따라 체결·공포된 무역에 관한 조약과 일반적으로 승인된 국제법규에서 정한 국제평화와 안전유지 등의 의무를 이행하기 위하여 필요할 경우

4의2. 국제평화와 안전유지를 위한 국제공조에 따른 교역여건의 급변으로 교역상대국과의 무역에 관한 중대한 차질이 생기거나 생길 우려가 있는 경우

5. 인간의 생명·건강 및 안전, 동물과 식물의 생명 및 건강, 환경보전 또는 국내 자원보호를 위하여 필요할 경우

56 ① 양도가능신용장이란 신용장 자체가 **"양도가능"**이라고 **특정하여 기재하고 있는** 신용장을 말한다.

② 양도 시에 달리 합의된 경우를 제외하고, 양도와 관련하여 발생한 모든 수수료는 제1수익자가 지급해야 한다.

③ 양도된 신용장은 제2수익자의 요청에 의하여 그 다음 수익자에게 양도될 수 없다. 제1수익자는 그 다음 수익자로 간주되지 않는다.

④ 양도된 신용장은 만일 있는 경우 확인을 포함하여 신용장의 조건을 정확히 반영하여야 한다. 다만, **신용장의 금액, 그곳에 기재된 단가, 유효기일, 제시기간 또는 최종선적일 또는 주어진 선적기간 위의 내용은 일부 또는 전부 감액되거나 단축될 수 있다**(UCP600 제38조).

57 추심서류에는 금융서류 및 상업서류가 있으며 의미는 다음과 같다(URC522 제2조).

- "금융서류"란 환어음, 약속어음, 수표 또는 기타 금전의 지급을 취득하기 위하여 사용되는 이와 유사한 증서를 의미한다.
- "상업서류"란 송장, 운송서류, 권리증권 또는 이와 유사한 서류, 또는 그밖에 금융서류가 아닌 모든 서류를 의미한다.

58 ⓒ 외국으로부터 우리나라에 도착한 물품으로 수입신고된 물품은 외국물품이며, 수입신고가 수리된 경우 내국물품이 된다.

ⓔ "수입"이란 외국물품을 우리나라에 반입(보세구역을 경유하는 것은 보세구역으로부터 반입하는 것을 말한다)하거나 우리나라에서 소비 또는 사용하는 것(우리나라의 운송수단 안에서의 소비 또는 사용을 포함하며, 제239조 각 호의 어느 하나에 해당하는 소비 또는 사용은 제외한다)을 말한다.

ⓜ "복합환적"(複合換積)이란 입국 또는 입항하는 운송수단의 물품을 다른 세관의 관할구역으로 운송하여 출국 또는 출항하는 운송수단으로 옮겨 싣는 것을 말하며, ⓜ의 내용은 "환적"의 정의이다.

59 무역은 수출자와 수입자 이외의 제3자(제3국의 무역업자)의 개입 여부에 따라 직접무역과 간접무역으로 구분되며, 직접무역은 수출입 양국의 거래당사자가 직접 거래계약을 체결하는 것일 뿐 제3자는 개입하지 않는다. 반면에 간접무역은 제3자의 개입에 의하여 수출입 양 당사자가 간접적으로 거래계약을 체결하여 이루어지는 무역거래이다. 간접무역의 형태로는 중개무역, 중계무역, 통과무역, 스위치무역, 우회무역이 있으며 ②번의 구상무역은 연계무역 형태 중 하나이다.

60 물품명세확정권은 매수인이 정해진 날짜까지 주문한 물품의 성질이나 품질을 명시하지 아니한 경우의 매도인의 권리를 의미한다(CISG 제65조).

61 부정기선 운임에는 부적운임, 선복운임, 체선료, 조출료, 일대용선운임등이 있으며, 조출료는 허용된 정박기간 이전에 하역이 완료된 경우 **선주가 화주에게 지급**하는 금액을 말한다. 조출료는 보통 체선료의 절반 정도를 지급한다.

62 빗물손 또는 담수손(RFWD ; Rain &/or Fresh Water Damage)은 화물이 바닷물 이외의 민물에 젖어 발생한 손해를 담보한다.

① 도난, 발하 불착(TPND ; Theft, Pilferage and Non-Delivery) : 도난, 포장내용물의 일부를 빼내는 발하와 타항에서의 양륙 또는 분실을 원인으로 포장 전체가 불착한 경우 발생하는 손해를 담보한다.

③ 유류 및 타물과의 접촉(COOC ; Contact with Oil &/or Other Cargo) : 선박의 연료유 등에 의해 화물이 입게 되는 유손(oil damage), 적재된 타화물에 직접 접촉함으로써 피보험화물에 흠이 생기거나 파손 또는 오손되는 경우 등과 같은 위험이다.

④ 갑판유실(WOB ; Washing Over Board) : 갑판에 적재한 화물이 해수나 파도에 의하여 유실된 위험이다.

63 ㉠ 무역계약의 법적성격은 **낙성계약 · 쌍무계약 · 유상계약 · 불요식계약**이다.

ⓒ 국제물품매매계약에 관한 UN협약(CISG)에 따라 매수인은 인도된 물품이 계약에 적합하지 않은 경우 **대금이 이미 지급되었는지의 여부에 관계없이 대금을 감액**해 줄 것을 매도인에게 청구할 수 있다.

64 CIF조건은 매도인이 선적항에서 물품을 본선에 적재할 때 매도인의 인도의무가 완료되는 선적지 인도조건이다.

65 운송인은 항해 또는 선박의 취급에 있어서 선장 · 선원 · 도선사 · 사용인의 작위, 부주의, 과실로 인한 손해, 즉 항해과실로 인한 물품의 손해에 대해서는 면책되며, 그 외에도 헤이그─비스비 규칙은 화재 · 항해과실을 포함한 17가지의 운송인의 면책을 규정한 면책카탈로그를 두고 있다.

66 공동계산협정(Pooling Agreement)은 동맹선사가 특정항로에서 일정기간 동안 벌어들인 운임에서 순수입을 미리 정한 배분율에 따라 배분하는 협정이다.

② 운임협정(Rate Agreement) : 운임협정은 해운동맹에 공통되는 기본적 협정으로써, 운임의 과다경쟁으로 인한 운임하락을 막기 위해 운임을 협정하는 것을 말한다. 즉, 협정된 공정운임표를 제정하고 동맹선사들이 협정운임을 지키는 방식이다.

③ 계약운임제(Contract Rate System) : 계약운임제란 화주가 동맹선에만 선적할 것을 계약하면 낮은 계약운임률을 적용하고 일반화주는 비계약요율을 적용하는 이중운임제를 말한다.

④ 운임연환급제(Deferred Rebate System) : 운임연환급제란 일정기간 동맹선에 선적한 화주에 대하여 계속해서 동맹에서만 선적할 것을 조건으로 하여, 그로부터 받은 운임의 일부를 환급해주는 제도이다.

67 특허라이센스는 독점적 실시허락(exclusive license)과 비독점적 실시허락(non-exclusive license), 단독 실시허락(sole license), 재실시허락(sub-license)이 있으며 특정인에게 라이센스를 주지만 기술제공자가 일반적으로 특허발명을 실시하는 권리를 유보하는 것은 단독실시허락이다. 독점적 실시허락은 기술제공자가 특정인에게 특허권의 실시허락을 할 때 거래당사자 외에 제3자에게는 이와 중복되는 내용의 허락을 하지 아니할 것을 약속하는 것을 의미한다.

68 마이크로 랜드브리지에 대한 설명으로 IPI(Interior Point Intermodel) 또는 MBS(Micro Bridge Service)라고도 하며, 동아시아에서 미국 태평양 연안까지는 선박으로 해상운송하고 철도나 트럭으로 미국 내륙지역으로 육상운송하는 방식으로 1개 항구만 거친다는 점에서 미니랜드브리지와 다르다. 미니랜드브리지는 대륙횡단철도를 이용하여 항구에서 항구로(port to port) 화물을 운송하는 반면 마이크로 랜드브리지는 항구에서 주요 도시로(port to point) 화물을 운송한다.

69 • 집단선하증권(Groupage B/L)은 운송주선업자가 동일한 목적지로 가는 소량화물(LCL)을 혼재하여 하나의 그룹으로 만들어 선적하면, 선사가 운송주선업자에게 발행하는 B/L을 말한다. 이는 집단선하증권, Master B/L이라고도 한다.

• 혼재선하증권(House B/L)은 운송주선업자가 선사로부터 Groupage B/L을 발급받아 이를 개별 화주들에게 발행해 주는 B/L을 말한다.

70 피보험자의 고의적인 불법행위로 인한 일체의 손해, 화물 고유의 하자 또는 성질에 의한 손해 등 일반면책위험과 전쟁면책, 동맹파업, 선박의 불감항성·부적합성은 ICC(A)·(B)·(C)에서 모두 면책되지만, 해적행위에 의한 위험은 A에서는 담보하는 반면, B·C에서는 특약이 없는 한 담보하지 않는다.

71 환어음은 일정한 금액을 무조건으로 지급한다는 위탁문언이 표시되어 있어야 하며, 환어음금액은 상업송장금액과 일치되어야 하며, 신용장거래 시 신용장금액을 초과할 수 없다.

72 송금수표방식(D/D ; Demand Draft)은 수입상이 미리 물품대금을 은행에 불입하고 은행이 송금수표(D/D)를 발급해 주면, 이를 수입자가 수출자에게 직접 우송하여 결제하는 방식으로 개인적으로 소액을 송금하고 물품을 인도받는 경우에 사용된다.

73 O/A결제방식은 수출입당사자 간의 계약을 근거로 하여 지속적으로 발생하는 거래를 결제하는 방식으로, 수출상이 물품을 선적하고 "선적통지"를 하면 매 선적통지일로부터 일정기간이 경과한 후에 물품대금을 수출자의 계정(Account)으로 송금하여 결제하는 "선적통지 조건의 기한부 사후송금방식"이 있고, 일정기간의 거래를 장부상에 기록해 두고, 만기일에 정산하여 차액을 지급하는 방식이 있다.

74 수입물품의 과세가격은 제1평가방법부터 제6평가방법을 순차적으로 적용한다. 다만, 납세의무자가 요청하면 제5평가방법을 제4평가방법에 우선하여 적용할 수 있다.

• 제1평가방법 : 해당 수입물품의 거래가격을 기초로 한 과세가격의 결정방법

• 제2평가방법 : 동종·동질물품의 거래가격을 기초로 한 과세가격의 결정방법

• 제3평가방법 : 유사물품의 거래가격을 기초로 한 과세가격의 결정방법

• 제4평가방법 : 국내판매가격을 기초로 한 과세가격의 결정방법

• 제5평가방법 : 산정가격을 기초로 한 과세가격의 결정방법

• 제6평가방법 : 합리적 기준에 의한 과세가격의 결정방법

75 전자서명의 기능은 다음과 같다.

진정성 (Authentication)	거래당사자가 서로 상대방의 신원을 확인할 수 있도록 하는 기능으로 송신자와 수신자 간 합법적 사용자임을 증명할 수 있어야 한다.
무결성 (Integrity)	정보가 오직 허가된 사람들에게만 개방되고, 또 그들에 의해서만 수정될 수 있음을 보장하는 것이다.
부인 방지 (Non-Repudiation)	메시지의 송수신이나 교환 후, 또는 통신이나 처리가 실행된 후에 그 사실을 사후에 증명함으로써 사실 부인을 방지하는 보안 기술이다.
기밀성 (Confidentiality)	• 허락된 사용자만 정보자산에 접근할 수 있는 것을 의미한다. • 보안과 관련된 많은 시스템과 소프트웨어가 기밀성과 밀접한 관련이 있다.

실전모의고사 2회 정답 및 해설

1	2	3	4	5	6	7	8	9	10
②	④	②	①	③	④	②	④	③	①

11	12	13	14	15	16	17	18	19	20
②	④	②	①	③	④	④	①	①	④

21	22	23	24	25	26	27	28	29	30
②	①	③	②	③	①	③	②	③	④

31	32	33	34	35	36	37	38	39	40
①	④	②	④	①	④	③	①	①	③

41	42	43	44	45	46	47	48	49	50
③	②	④	③	④	④	②	④	④	②

51	52	53	54	55	56	57	58	59	60
②	③	①	③	③	①	④	②	②	③

61	62	63	64	65	66	67	68	69	70
④	④	③	①	①	②	③	①	③	①

71	72	73	74	75					
③	③	④	④	①					

■ SECTION 1   영문해석

[01~02]

> 귀사가 구입하신 모델 A-128 책상이 기대에 미치지 못해 죄송합니다. 솔직히 당사는 그 제품이 그렇게 부서지기 쉬운 것에 대해 놀랐으며 당사에게 반품해 주셔서 감사합니다.
> 당사 연구소의 연구원들은 이미 그 문제의 원인을 알아내기 위해 노력하고 있습니다. 당사는 귀사에게 발생한 선적비용을 기꺼이 부담할 것입니다.
> Jason씨, 그러나 환불 대신 귀사의 주문건과 같은 비용으로 모델 B-526 책상을 주문하실 것을 제안드립니다. 귀사의 경험을 통해 <u>그 제품이</u> 신뢰할 수 있는 제품임을 알게 될 것입니다.
> 만약 귀사가 선적승인을 해주신다면, 모델 B-526 책상을 금주내로 발송해 드리도록 하겠습니다.

01 해당 서신은 하자 있는 제품에 대한 사과와 대체품 발송을 제안하고 있는 내용으로 ②번의 서신 작성자인 수출자의 귀책이 없다는 내용은 사실과 다르다.

02 밑줄 친 their는 하자가 있는 모델 A-128 책상의 대체품인 B-526책상을 의미한다.

03
> 당사는 다양한 종류의 유리제품 10상자를 히드로(부터) 부산(까지) 20일 내에 인도할 것입니다.

문맥상 히드로부터 부산까지로 해석되기 때문에 from과 동일한 ex가 기재되어야 하며, 20일 기간 내로 해석되기 위해서는 within이 적절하다.

04
> 71만불에 대한 화환신용장 사전통지가 1월 2일자로 다음과 같은 조건으로 개설되었다.
> – 분할선적은 허용
> – 최종선적일은 2월 27일
> – 유효기일은 3월 15일
> 1월 3일에 개설의뢰인은 분할선적을 금지하고, 신용장 유효기일을 3월 30일까지 연장하는 조건변경을 요청하였다.

UCP600 제11조 b항에서는 "신용장의 발행 또는 조건변경의 '사전통지'는 발행은행이 유효한 신용장 또는 조건변경을 발행할 용의가 있는 경우에만 송부된다. 사전통지를 송부하는 발행은행은 지체없이 사전통지와 모순되지 아니한 조건으로 유효한 신용장 또는 조건변경을 발행할 것을 취소불능적으로 약속한다."고 규정하고 있다. 즉, 개설은행은 사전통지된 내용대로 신용장을 개설해야 된다.

05
> 매입(Negotiation)은 일치하는 제시에 대하여 지정은행이, 지정은행에 상환하여야 하는 은행영업일 또는 그 전에 대금을 지급함으로써 또는 대금지급에 동의함으로써 환어음(지정은행이 아닌 은행 앞으로 발행된) 및/또는 서류를 매수하는 것을 의미한다(UCP600 제2조).

06
> 운송서류는 물품이 적절히 운송되고 목적지에서 매수인(buyer)이 물품의 소유권을 주장할 수 있음을 보장해야 한다.

07 ②번은 매수인이 매도인에게 주문 시 작성하는 요청사항이며, 나머지는 매도인이 작성하는 내용이다.

[08~09]

> 당사는 귀사의 차변표 NO.8796을 동봉한 1월 5일자에 귀사의 서신을 받았습니다. 당사는 (착오)로 인해 대금을 결제하지 못해 죄송합니다. 이 계좌의 대금결제를 함에 있어 당사는 (b) *2024년 1월 말까지의 귀사의 송장금액을 결제할* 3,000,000달러의 수표를 동봉합니다. 만약 귀사가 당사에게 우편으로 영수증을 보내주신다면 감사드리겠습니다.

08 차변표는 대금을 지급받아야 할 경우에 보내는 청구서로 문맥상 서신작성자는 착오에 따라 대금지급을 못했기 때문에 ④번이 적절하다.

09 청구서에 따라 대금을 지급하기 위해 수표를 동봉했다는 내용으로 ③번이 적절하다.

10

> 당사는 2024년 1월 4일에 귀사의 청약을 수신하였습니다. 귀사의 청약에 감사하나 가격이 매우 높은 것 같습니다. 이에, 당사가 만약 대량주문을 할 경우 어느 정도 가격할인을 해주실 수 있는지 알려주실 수 있나요?

피청약자가 청약자의 청약내용에 가격 할인을 요청하고 있는 반대청약이다. 반대청약은 원래의 청약(original offer)에 대한 거절이 되고 동시에 새로운 청약이 되기 때문에 원래의 청약은 반대청약에 의하여 소멸된다.

11

> 전 위험담보 – 보험자가 담보하는 것들을 나타낸 조건. 보험이 모든 손실을 담보한다는 ① 의미인 것으로 해석되지 않는다. 적하보험에서 조건은 ③ 보험의 기간 중에 발생하는 ② 모든 우연한 손해를 포함하며 해당 조건은 항상 ④ 많은 면책위험을 포함하고 있다.

"fortuitous"는 "우연한"으로 해석되어야 한다.

12

> 항해용선계약에서 선박의 선주가 화물을 적재하고 양하하는 비용을 지불할 것을 합의하는 용선조건

화물을 적재하고 양하하는 비용을 모두 선주가 부담하는 조건을 Berth Terms(= Liner Terms)라고 한다.
- F.O : 적재비용 선주 부담, 양하비용 용선자 부담
- F.I.O : 화물을 적재하고 양하하는 비용 모두 용선자 부담
- F.I : 적재비용 용선자 부담, 양하비용 선주 부담

13 "informally"는 "비공식적으로"란 뜻으로, '계약서가 정식으로 승인되기까지 비공식적으로 공동 조사를 할 것으로 이해하고 있습니다.'가 적절하다.

14

> 귀사의 장기간 연체된 계정과 관련하여 당사의 사전 독촉장 및 개인적인 전화를 소홀히 하셨기 때문에 당사는 법적조치를 고려할 수밖에 없습니다. 만약, 귀사의 740,580달러 수표가 1월 19일까지 당사에 전달되지 않으면, 귀사의 계정은 자동적으로 Bernstein Agency로 보내질 것입니다.

체납된 계좌에 대하여 지급을 독촉하는 연락과 독촉장을 무시하였으므로, 법적조치를 취하겠다는 내용이다. 즉, 대금지급에 대한 최후통첩에 대한 내용의 서신이다.

15

> d. 당사는 1월 9일 귀사의 주문을 기쁘게 생각합니다.
> a. Clothespin 50세트 주문이 준비되고 있으며, 1월 21일에 선적 준비가 완료될 것입니다.
> c. 귀사의 상품은 곧바로 뉴욕시의 귀사의 사무실로 U-Pickup service가 배송할 것입니다.
> b. 만약 본주문과 관련하여 질문이 있으시면 언제든지 해당 지역의 판매담당자인 Mark Joe에게 연락하십시오.

16

> 당사가 배송한 케이블이 손상되어 유감입니다. 당사의 트럭운송사는 손상이 선적 중에 발생한 것으로 결론 내렸습니다. 당사는 당사의 제품이 완벽한 상태로 인도될 수 있도록 모든 노력을 기울였습니다. 때때로 예상치 못한 일이 발생하기도 합니다.
> 교체용 케이블은 이미 선적되었습니다. 그것은 2~3주 후에 도착할 것으로 예상됩니다. 추가 궁금하신 사항이 있으시면 Olivia에게 전화주시기 바랍니다.

손상된 물품이 배송되어 클레임이 제기된 건에 대한 내용을 다루고 있으므로 Olivia는 고객서비스부서에 있는 직원임을 알 수 있다.

17

> 당사의 청약은 2024년 1월 24일까지 유효하다.

확정청약의 일종으로 ④번의 "당사의 청약은 달리 합의가 없는 한 2024년 1월 24일까지 유효하며, 취소 불능이다."가 유사한 문장이라 할 수 있다.

18 promissory note는 약속어음이며, draw on 뒤에는 지급인이 나온다. 문제에서 무역용어만 암기하고 있으면 쉽게 풀 수 있는 문제이다.

19 insured는 피보험자, insurer은 보험자로 해상보험 용어는 암기하고 있어야 한다.

20

> 인코텀즈 2020 규칙은 (   )을 다루지 않는다.

④번의 수출입은 통관과 협조는 인코텀즈 2020규칙에서 다루고 있으며, ① 대금지급의 시기, 장소, 방법 또는 통화, ② 관세부과, ③ 지식재산권 외에도 매매계약의 존부, 계약상 의무이행의 지체 및 그 밖의 위반의 효과 등에 대해서는 다루고 있지 않다.

21 c. 귀사의 Ace S/H 시스템에 대해 확정청약을 하는 12월 21일 귀사의 서신에 감사드립니다.

a. 제안하시는 수량할인계획을 포함한 귀사의 서신에서 언급된 모든 조건은 수락가능하며, 당사는 Ace System 100대를 첫 주문하고 싶습니다.

b. 동봉된 주문서 K-5262에 이 주문에 대한 세부사항이 수록되어 있습니다.

d. 추가 연락 및 송장발행에 대해서는 상기 주문번호를 참고해 주시기 바랍니다.

22 The expression "(on) or about" or similar will be interpreted as a stipulation that an event is to occur during a period of five calendar days before until (five) calendar days after the specified date, both start and end dates (included).

"그 시경(on or about)" 또는 이와 유사한 표현은 어떠한 일이 첫날과 마지막 날을 포함하여 특정 일자의 전 5일부터 후 5일까지의 기간 중에 발생해야 하는 규정으로 해석된다(UCP600 제3조).

[23~24]

Dear Mr. Jason,

당사는 이번 여름에 임산부를 위한 온라인 필라테스를 계획하였습니다.

가상훈련을 위해 당사는 등록된 모든 참가자에게 실시간 대화를 위하여 태블릿 PC를 제공하고자 합니다. 저는 제 동료와 함께 귀사의 태블릿 범위를 보여주는 카탈로그를 보았습니다. 당사는 한 번에 500세트 이상 주문하려고 합니다. 대량구매에 대해 이용 가능한 패키지 할인이 있나요? 저는 웹캠이 설치된 데스크탑을 15대 이상 주문할 경우 최저 가격을 알고 싶습니다.

23 서신 작성자는 온라인 필라테스 강좌를 위해 태블릿을 대량 구매할 경우 할인 가능 여부와 데스크탑 주문 시의 최저 가격을 알기 위해 서신을 작성하였다. ③번의 경우 대면으로 필라테스를 알려 준다는 내용으로 사실과 다르다.

24 place an order는 "주문하다"는 뜻으로 가장 적절하다.

25 인코텀즈규칙은 다음 사항을 규정한다.
(의무) : 매도인과 매수인 사이에 누가 무엇을 하는지, 즉 누가 물품의 운송이나 보험을 마련하는지 또는 누가 선적서류와 수출 또는 수입허가를 취득하는지

(위험) : 매도인은 어디서 그리고 언제 물품을 "인도"하는지 다시 말해 위험은 어디서 매도인으로부터 매수인에게 이전하는지

(비용) : 예컨대 운송비용, 포장비용, 적재 또는 양하비용 및 점검 또는 보안관련 비용에 관하여 어느 당사자가 어떤 비용을 부담하는지 인코텀즈 규칙은 A1/B1 등의 번호가 붙은 일련의 10개의 조항에서 위와 같은 사항들을 다루는데, 여기서 A 조항은 매도인의 의무를, 그리고 B조항은 매수인의 의무를 지칭한다.

SECTION 2   영작문

26 (개설은행)은 일치하는 제시에 대하여 결제(honour) 또는 매입을 하고, 그 서류를 개설은행에 송부한 지정은행에 대하여 신용장 대금을 상환할 의무를 부담한다. 인수신용장 또는 연지급신용장의 경우 일치하는 (제시)에 대응하는 대금의 (상환)은 지정은행이 만기 이전에 대금을 먼저 지급하였거나 또는 매입하였는지 여부와 관계없이 만기에 이루어져야 한다. 개설은행의 지정은행에 대한 상환의무는 개설은행의 수익자에 대한 의무로부터 (독립적)이다(UCP600 제7조).

27 ① 선하증권은 운송인, 선장 또는 그들의 대리인에 의해 서명된 것으로 보여야 한다.
② 선하증권은 전운송이 하나의 동일한 선하증권에 의하여 포괄된다면 물품이 환적될 것이라거나 환적될 수 있다는 것을 표시할 수 있다.
④ 운송인이 환적할 권리를 갖고 있음을 기재한 선하증권의 조항은 무시된다.

용선계약에 따른다는 어떤 표시도 포함하지 않아야 한다.
→ contain no indication that it is subject to a charter party(UCP600 제20조).

28 선적서류는 기한부환어음이 인수되면 (제시은행)에 의하여 수하인에게 양도된다. 물품의 소유권을 획득한 (수하인)은 실제 지급기한이 도래하기 (전에) 해당 물품을 처분할 수 있다.

해당 내용은 D/A(인수인도조건)에 대한 설명이다. 인수인도 조건은 수출상이 물품선적 후 수입상을 지급인으로 하는 기한부환어음을 발행하고, 운송서류가 은행을 통하여 수입상에게 제시되었을 때 어음의 인수가 있는 경우 운송서류를 인도하는 방법이며, 수입상은 어음의 만기일에 대금을 지급하는 방식이다.

29
Dear Thomas
당사는 앞으로 몇 달 안에 귀사에게 (A) 대량주문을 할 예정입니다. 귀사도 아시다시피 지난 2년 동안 당사는 귀사에게 (B) 많은 주문을 해 왔고 즉시 결제를 하였기 때문에 귀사에 대한 당사의 평판이 확고해졌기를 바랍니다. 그럼에도 불구하고, 필요하시다면 (C) 당사는 신용조회처를 제공할 용의가 있습니다. 가능하다면 (D) 분기별 명세서에 대한 지급을 매 3개월마다 한 번씩 다음 계정을 결산하고 싶습니다.

③번은 "I am willing to supply references."가 되어야 한다.

30
① 귀사의 제품과 샘플 카탈로그를 받고, 귀사 제품의 품질에 대해 깊은 인상을 받았습니다.
② 귀사의 샘플에 대한 품질은 당사가 예상했던 대로입니다.
③ 귀사가 보내주신 샘플 확인 결과, 귀사의 제품이 당사가 원하는 수준이라 생각합니다.
④ 귀사의 제품은 약간의 보완을 해야 당사에게 적합할 것 같습니다.

①번부터 ③번은 매도인이 보내준 샘플에 대하여 매수인이 만족한다는 내용이고, ④번은 샘플에 대한 보완을 요청하고 있는 내용으로 ④번이 답이다.

31 "만일 귀사가 경쟁력이 있다면"이므로 unless가 아닌 if가 적절하다.

Since at present the dullness rules the market, we are able to start a business with you if you are in a competitive position.

32 "보험서류에서 담보가 선적일보다 늦지 않은 일자부터 유효하다고 보이지 않는 한"이므로 if가 unless로 수정되어야 한다.

The date of the insurance document must be no later than the date of shipment unless it appears from the insurance document that the cover is effective until a date not later than the date of shipment.

33 "더 많은 주문을 하게 될 것입니다"로 해석되려면 "result in(그 결과 ～가 되다)"이 적절하다.

We believe this purchase will bring you a good profit and result in your further orders.

34
원래 이 용어는 '로부터 면책되는'을 의미하였지만 해상보험관습에서 그것은 보험금이 지급될 수 있기 전에 도달되어야 하는 증권상에 명시된 금액 또는 비율을 의미하게 되었다. 일단 그 금액이나 비율이 달성되며, 보험금은 전부 지급 가능하다.

이는 "소손해면책률(Franchise)"에 대한 설명이다.

35 판매액은 "turnover"로, Since we operate our advertising directly, we believe your turnover will increase.가 맞는 문장이다.

36
신용장에 명시된 (나)기일 이후에 (가)은행에 제시된 B/L은 (다)유효한 서류로 인정되지 않습니다. UCP에 따르면 선적일로부터 21일 이상 지난 경우 선하증권이 제시되면 (라)거부될 수 있습니다.

④번의 returned은 반송하다, 돌려주다라는 뜻으로 틀린 답이며, "rejected"가 적절하다. ②번의 기일은 UCP600 제14조에 따라 "선하증권을 포함한 운송서류 원본이 포함된 제시는, 선적일 후 21일보다 늦지 않게 수익자에 의하거나 또는 그를 대신하여 이루어져야 하고, 어떠한 경우라도 신용장의 유효기일보다 늦게 이루어져서는 안 된다."고 규정하고 있다. 여기서 신용장의 유효기일은 "선적일 후 21일 이내"이며 서류제시기일을 의미한다.

37 CISG 제64조 매도인의 계약해제권
(1) 매도인은 다음과 같은 경우에 계약의 해제를 선언할 수 있다.
(a) 계약 또는 이 협약에 따른 매수인의 어떠한 의무의 불이행이 계약의 본질적인 위반에 상당하는 경우, 또는
(b) 매수인이 제63조 제1항에 따라 매도인에 의하여 지정된 추가기간 내에 대금의 지급 또는 물품의 인도수령의 의무를 이행하지 아니하거나, 또는 매수인이 그 지정된 기간 내에 이를 이행하지 아니하겠다는 뜻을 선언한 경우

매수인은 계약 및 이 협약에 의하여 요구된 바에 따라 물품의 대금을 지급하고 물품의 인도를 수령하여야 한다. 물품에 관련된 서류를 교부할 의무는 매도인의 의무이다.

38 이곳에 방문하여 검사를 위한 엔지니어를 보내달라는 요청으로 "reinstate"는 '복귀시키다'라는 뜻으로 대체하여 사용할 수 없다.

39 미이행이나 불이행이 있었다는 것을 설명하는 서명된 진술서를 제출하는 수익자의 요구로 수익자에게 대금이 지급될 것이라고 약정하고 있는 신용장은 보증신용장이다.
② Back-to-Back Credit은 동시발행신용장으로 수입상이 수입신용장을 발행한 경우, 그 신용장은 수출국에서 수출상도 같은 금액의 수입신용장을 발행한 경우에만 유효하다는 조건이 있는 신용장을 말한다.
③ Tomas L/C는 당사자 일방이 먼저 신용장을 발행한 경우, 상대방이 일정기간 후 동액의 신용장을 발행하겠다는 보증서를 발행한 경우에만 유효한 신용장을 말한다.

40 해상보험은 손해발생 시 당사자가 (피보험이익)을 가지고 있는 경우에 유효하다. (피보험이익)은 매매계약의 성격에 따른다. 만약 수출자가 FOB조건으로 매수인에게 물품을 인도할 경우, 운송 중에 발생하는 모든 손해에 대해 매수인은 보험회사로부터 보상받을 권리가 있다.

피보험이익이란 보험의 목적물에 대해 특정인이 갖는 **경제적 이해관계**를 말하며, 해상 사업에 이해관계가 있는 자는 모두 피보험이익을 가진다. 피보험이익은 보험계약 체결 시에는 존재하지 않아도 되지만 **손해발생 시에는 반드시 존재하여야 한다.** FOB조건은 매수인이 운송계약을 체결할 의무를 부담하기 때문에 운송 중 발생한 위험에 대해서는 매수인이 보험계약을 체결하며 이에 따라 손해발생 시 매수인이 보험금을 받게 된다.

41 당사의 주문에 대해 조속히 발송해주셔서 감사합니다만, 불행하게도 당사의 주문건을 완벽히 처리하지 못하였음을 알리게 되어 유감입니다. 서랍장 5대가 누락되었으며 오로지 47대만 수령하였습니다. 당사는 누락된 제품 또는 서랍장 5대의 불일치에 대한 대변표를 받길 원합니다.

내용에서 알 수 있듯이 매수인이 계약물품인 서랍장 5대가 누락된 47대만 도착했음을 언급하였으므로 52대가 정답이다. 대변표(credit note)는 당사자가 보낼 금액이 있을 때 작성하여 전달하는 양식으로 수출자 입장에서는 일반적으로 수출물품의 수량이 계약된 수량보다 적을 때, 물품의 하자가 있을 때 발행하게 된다.

[42~43]

당사는 Korea Bio Inc를 대신하여 주문합니다. 캡슐 2,000개를 준비해주세요. 이것이 가능하다면 Korea Bio Inc.는 창고에서 운송될 수 있게 확실히 구매할 것입니다. 이 주문을 수락해주시면 정말 감사하겠습니다.

42 ②번의 place an order는 '주문하다'라는 뜻으로 가장 적절하다.

43 첫 번째 문장에서 서신 작성자는 Korea Bio Inc를 대신하여 주문한다고 되어 있으므로 바로 알 수 있는 문제이다. 정답은 ④번의 구매대리인이다.

[44~45]

귀사의 주문의 인도지연에 대하여 이전에 당사가 서신을 작성하였듯이, 상황은 여전히 그대로이고 **파업은 계속되고 있습니다.** 당사는 이런 일이 발생된 것에 대해 사과드리지만, 이것은 당사의 손을 벗어난 일이기 때문에 당사가 (바로잡기) 위해 할 수 있는 일이 많지 않습니다. 당사는 다시 한 번 인도지연에 대해 사과드리고 유감스럽게 생각합니다.

44 동 서신은 파업에 대한 인도지연에 대해 사과하기 위한 목적으로 작성되었으며, 파업은 불가항력(force majeure)에 해당되므로 정답은 ④번이다.

45 문맥상 "바로잡다"가 가장 적절하다.

46 당사가 오늘 받은 모델 NO. 8796에 대한 귀사의 주문에 감사드립니다. 불행하게도, 당사는 귀사가 요청한 25%의 거래할인을 제공해드릴 수가 없습니다. 당사의 가격은 매우 경쟁적이기 때문에 비록 대량주문이더라도 20%가 당사의 최대할인금액입니다. 따라서 이러한 경우 당사는 귀사의 주문을 (거절)해야 하는 것에 대해 유감스럽게 생각합니다.

문맥상 요구된 할인을 받아들일 수 없어 상대방의 주문을 거절한다는 표현이 적절하므로 ③번의 "인정하다(concede)"는 틀린 답이다.

47 매도인은 매도인에 대한 매수인의 지시를 준수하여 발생한 디자인권, 상표권, 특허권 그리고 저작권 침해에 대한 책임을 지지 않으며, 이에 제기된 분쟁이나 클레임은 매수인이 해결해야 한다.

권리침해조항(Infringement Clause)에 대한 설명으로 매도인이 매수인의 지시 또는 주문으로 상품을 수출 시 매수인의 국가나 제3국의 산업재산권이나 특허권 등을 침해할 경우가 생길 수 있다. 이 경우 매도인은 면책조항을 삽입하여 사전에 대비하게 된다.

[48~49]

상기주문은 현재 완료되어 3월 1일 도쿄로 출항하여 3월 30일에 도착하는 선박에 적재하기 위하여 부산항으로 보내졌습니다. 당사가 필요서류들을 갖추었을 때, 당사는 해당 서류들을 이곳에 있는 서울은행으로 송부할 것이며, 그리고 은행은 그 서류들을 추심을 위하여 JP 은행으로 송부할 것입니다. 당사는 귀사의 지시에 따라 물품이 포장되었는지 확인하기 위해 특별한 주의를 기울였습니다. 만약 추가정보가 필요하시면 당사에 연락 부탁드립니다.

48 해당 서신은 계약된 대로 선적될 예정이며, 추심을 위해 KOREA Bank(추심의뢰은행)를 통하여 JP은행(추심은행)으로 서류를 전달한다는 내용이다.

49 문맥상 귀사의 지시에 "따라"가 적절하다. ④번은 '~을 참고로 하여'라는 뜻으로 적절하지 않다.

50 (담보)는 약속(담보)을 의미하고, 즉 그것에 의해 피보험자가 어떤 특정한 사항이 행하여지거나 행하여지지 않을 것 또는 어떤 조건이 충족될 것을 약속하는 담보, 또는 그것에 의해 피보험자가 특정한 사실 상태의 존재를 긍정하거나 부정하는 (담보)를 의미한다.

해상보험에서의 담보는 일반적인 개념과는 다르다. 담보는 피보험자가 반드시 지켜야 하는 약속으로 피보험자가 담보를 위반할 경우 보험자는 보험계약을 무효화할 권리를 갖는다.

SECTION 3 **무역실무**

51 BWT(Bonded Warehouse Transaction)는 수출상이 계약 체결 전에 자신의 위험 및 비용부담으로 수입국의 보세창고에 물품을 반입하여 보관하고 있는 상태에서 자신의 지사·대리인을 통하거나 또는 직접 수입상과 계약을 체결하여 수입국 보세창고에서 직접 물품인도가 이루어지는 거래형태이다.

52 R.T.(Rye Terms) 조건은 호밀(rye)거래에 사용되면서 물품이 도착 시 손상되어 있는 경우에 그 손해에 대하여 매도인이 변상하는 관례에서 생긴 것으로 양륙품질조건을 말한다.

① F.A.Q.(Fair Average Quality) : 동종 상품 중 평균적이며 중등의 품질을 뜻하는 것이고, 평균중등품질조건이 표준품 매매의 일반적인 것이다. 많은 농산물 및 천연산물의 선물거래에 채용되고 있다.

② T.Q.(Tale Quale) : "Such as it is"라는 의미로 이 조건은 선적품질조건으로 매도인은 약정한 물품의 품질을 선적할 때까지만 책임을 지는 조건이다.

④ S.D.(Sea Damaged) : SD는 원칙적으로 선적품질조건이지만, 해상운송 중에 발생한 해수에 의한 손해는 매도인이 부담하는 조건으로 선적품질조건과 양륙품질조건을 절충한 조건부 선적품질조건이다.

53 지진·화산의 분화·낙뢰의 경우 ICC(C)에서는 담보하지 않는다.

54 중재인의 중재판정은 법원의 확정판결과 동일한 효력을 가지기 때문에 중재인의 판정에 절대복종하여야 한다. 추가적으로 중재와 조정의 차이점으로는 조정은 당사자의 자유의사에 따라서 조정안의 수락 여부를 결정할 수 있으나, 중재는 당사자가 중재판정을 거부할 수 없으며 이러한 판정은 국제적으로 효력을 미친다. 또한 중재는 1회 판정으로 끝나며 중재에 의뢰한 사건은 소송에 의하여 다룰 수 없다.

55

구분	팩토링	포페이팅
거래금액	일반적으로 소액 (30만불 미만)	비교적 거액 (100만불 이상)
거래방식	송금방식이 가장 많음	환어음 · 약속어음 등을 활용
거래대상	현재뿐만 아니라 미래에 발생할 매출채권	현재 확정된 매출채권
어음기간	단기(1년 미만)	중장기(6개월~10년)
소구권	소구가능 · 불능 모두 인정	소구불능만 인정
금리	제한 없음	고정금리로 할인
지급근거	수입팩터의 신용승인	보증은행의 지급보증 · aval

56 신용장은 수입자가 계약된 상품을 반드시 수취할 수 있다는 보장은 없으나 신용장의 조건대로 계약상품이 선적될 것이라는 확인은 가질 수 있다.

57 C조건은 선적지인도조건이며, 선적지에서 매도인의 인도의무가 완료되고 위험이 이전된다. 반면에 비용은 하역지에서 이전된다.

58 용선기간을 용선료 산출의 기준으로 하는 것은 정기용선계약(time charter)이며, 항해용 선계약에서는 화물의 중량에 따라 결정되며, 용선기간은 선적항에서 선적준비가 완료된 때부터 양륙지에서 운송물이 양륙될 때까지 계속된다.

59 청약의 효력소멸사유로는 청약의 철회(Withdrawal), 승낙(Acceptance), 청약의 취소(Revocation), 청약의 거절(Rejection) 또는 반대청약(Counter Offer), 시간의 경과(Passing of Time), 후발적 위법(Subsequent Illegality), 당사자의 사망이 있다.

60 ① 알선, 조정, 중재와 같이 법적 소송이 아닌 방법으로 문제를 해결하는 방법을 ADR이라고 표현한다.
   ② ADR은 당사자 간 분쟁해결방식은 클레임의 포기, 화해 또는 타협에 의해 해결되지 않을 경우 제3자를 개입하여 분쟁을 해결하는 대체적 분쟁해결방식이다.
   ④ 중재는 원칙적으로 중재계약으로부터 중재판정에 이르는 모든 절차를 당사자의 합의로 결정할 수 있는 자주적 분쟁해결방식이다.

61 은행은 서류가 제시되었으나 신용장에서 요구되지 아니한 서류는 무시될 것이고 제시자에게 반환될 수 있다(UCP600 제14조).

62 분할청구 또는 분할선적이 허용되는 경우에 신용장은 두 사람 이상의 제2수익자에게 분할양도될 수 있다. 양도된 신용장은 제2수익자의 요청에 의하여 그 다음 수익자에게 양도될 수 없다. 제1수익자는 그 다음 수익자로 간주되지 않는다.
   ① 신용장이 두 사람 이상의 제2수익자에게 양도되면, 하나 또는 둘 이상의 수익자가 조건 변경을 거부하더라도 다른 제2수익자의 수락은 무효가 되지 않으며, 양도된 신용장은 그에 따라 변경된다. 조건변경을 거부한 제2수익자에 대하여는 양도된 신용장은 변경되지 않은 상태로 남는다.
   ② 양도은행이라 함은 신용장을 양도하는 지정은행, 또는 어느 은행에서나 이용할 수 있는 신용장의 경우에는 개설은행으로부터 양도할 수 있는 권한을 특정하여 받아 신용장을 양도하는 은행을 말한다. 개설은행은 양도은행이 될 수 있다.

63 CFS Charge에 대한 설명이며, 컨테이너 한 개의 분량이 못 되는 소량화물을 운송하는 경우 선적지 및 도착지의 CFS에서 화물의 혼재, 분류작업을 하는 데 발생하는 비용을 말한다.
   ① THC : 화물이 컨테이너터미널에 입고된 순간부터 본선의 선측까지, 반대로 본선 선측에서 CY의 게이트를 통과하기까지 화물의 이동에 따르는 비용
   ② Detention Charge : 선사가 수출 시 선하증권(B/L)을 발급해 줄 때, 수입 시는 화물인도지시서(D/O)를 발급해 줄 때 징수하는 비용
   ④ Congestion Surcharge : 도착항이 선박으로 복잡하여 바로 입항하지 못하고 지체되는 경우 받는 할증료

64 초과보험의 경우 보험금액이 보험가액을 초과하는 부분에 대해서는 무효가 된다.

65 정기선의 운임이 공정운임률과 개품운송계약에 따라 결정되는 것과는 달리, 부정기선은 그 당시의 수요와 공급에 의하여 결정되므로 운임의 변동폭이 크다.

66 추정전손은 보험목적의 현실전손을 피할 수 없거나 보험목적의 가액을 초과하는 비용의 지출 없이는 현실전손을 피할 수 없기 때문에 보험의 목적을 합리적으로 포기 한 경우를 말한다. 선박의 행방불명은 현실전손에 해당한다.

67 상업송장은 매매되는 물품의 계산서 및 대금청구서 역할을 하며, 송장상의 금액은 수출금액을 표시하므로 환어음(Bill of Exchange)의 발행금액과 일치하여야 한다.

68 신용장 방식하에 곡물, 광산물과 같은 bulk cargo는 수량을 포장단위 또는 개별단위의 특정 숫자로 기재할 수 없기 때문에 청구금액의 총액이 신용장의 금액을 초과하지 않는 경우에는 물품의 수량에서 5%를 초과하지 않는 범위 내의 많거나 적은 편차는 허용된다(UCP600 제30조).

69 ① 항해의 변경(Change of voyage) : 보험증권에 정해진 도착항 또는 목적지가 위험개시 후 임의로 변경되는 것을 의미한다. 항해의 변경이 되기 위해서는 보험증권에 규정된 도착항이 피보험자에 의하여 임의로 변경되어야 하며, 항해의 변경은 항해 변경의 의사가 명백해진 때 생기고, 규정된 항로를 떠났는지 여부는 중요하지 않다.

② 환적(transshipment) : 보험증권은 특정 선박에만 항해를 담보하기 때문에 화물이 항해 중에 환적되면 보험자는 그 시점부터 면책된다. 다만, 환적하여 목적지까지 운송하는 것이 정당화되는 상황에서는 보험자의 책임이 계속된다.

④ 강제하역(forced discharge) : 당사자와 상관없는 제3자에 의해서 강제적으로 하역되는 것을 의미한다.

70 공동해손비용손해(general average expenditure)는 **공동의 위험에 대처하기 위해** 선장이나 선주가 **이례적으로 지출한 비용손해를** 의미하며, ①번의 손해방지비용은 공동의 위험을 위해서가 아닌 보험사고 발생 시 손해를 방지·경감하기 위해 피보험자·그의 대리인이 합리적으로 지출하는 비용을 의미한다.

71 리스자산이 일반적으로 누구나 이용할 수 있는 자산이 아니라 리스이용자만이 사용할 수 있 는 특수한 성격의 자산(범용성 없는 자산)인 경우 금융리스에 해당한다.

72 부적운임(공적운임)에 대한 설명이다.

① 품목별 무차별 운임 : 품목 여부를 가리지 않고 일률적으로 부과하는 운임

② 선복운임 : 화물의 개수, 중량 또는 용적과 상관없이 본선의 선복단위로 포괄적으로 정해지는 운임

④ 종가운임 : 귀금속 등 고가의 물품 운송 시 적용되는 운임

73 불요식계약이란 계약의 성립에 있어 특정한 형식에 구애받지 않고 문서나 구두(oral)에 의한 명시계약(express contract)이나 묵시계약(implied contract)으로 성립되는 계약으로서 요식계약(Formal Contract)과 반대되는 개념이다.

74 매도인은 매수인에 대하여 운송계약을 체결할 의무가 없다. 그러나 합의가 있는 경우에 매도인은 **매수인의 위험과 비용으로** 통상적인 조건으로 운송계약을 체결하여야 한다. 매도인은 인도가 있을 때까지 운송관련 보안요건을 준수하여야 한다.

75 소극적 실시허락은 원칙적으로 기술제공자인 특허권자는 기술도입자에게 특허권의 실시만을 허락할 뿐이고 제3자의 권리침해에 대한 책임을 지지 않는다.

부록

| United Nations Convention on Contracts for the
International Sale of Goods, 1980(CISG, 비엔나협약)

United Nations Convention on Contracts for the International Sale of Goods, 1980(CISG, 비엔나협약)

T r a d e   E n g l i s h   **PART 05**

SECTION 1 Sphere of application and general provisions

제1부 적용범위 및 통칙

1. SPHERE OF APPLICATION(제1장 적용범위)

비엔나 협약의 적용대상		
영문	국문	
Article 1 (1) This Convention applies to contracts of sale of goods between parties whose places of business are in different States: (a) when the States are Contracting States; or (b) when the rules of private international law lead to the application of the law of a Contracting State.	제1조(적용의 기본원칙) (1) 이 협약은 다음과 같은 경우에 영업소가 상이한 국가에 있는 당사자 간의 물품매매계약에 적용된다. (a) 당해 국가가 모두 체약국인 경우, 또는 (b) 국제사법의 규칙에 따라 어느 체약국의 법률을 적용하게 되는 경우.	• 직접 적용 • 간접 적용
(2) The fact that the parties have their places of business in different States is to be disregarded whenever this fact does not appear either from the contract or from any dealings between, or from information disclosed by, the parties at any time before or at the conclusion of the contract.	(2) 당사자가 상이한 국가에 그 영업소를 갖고 있다는 사실이 계약의 체결 전 또는 그 당시에 당사자 간에 행한 계약이나 모든 거래에서, 또는 당사자가 밝힌 정보로부터 나타나지 아니한 경우에는 이를 무시할 수 있다.	국제성 인식
(3) Neither the nationality of the parties nor the civil or commercial character of the parties or of the contract is to be taken into consideration in determining the application of this Convention.	(3) 당사자의 국적이나 당사자 또는 계약의 민사상 또는 상사상의 성격은 이 협약의 적용을 결정함에 있어서 고려되지 아니한다.	국적, 계약성격 불문

비엔나 협약의 적용 배제대상		
Article 2	**제2조(협약의 적용세외)**	
This Convention does not apply to sales: (a) of goods bought for personal, family or household use, unless the seller, at any time before or at the conclusion of the contract, neither knew nor ought to have known that the goods were bought for any such use; (b) by auction; (c) on execution or otherwise by authority of law; (d) of stocks, shares, investment securities, negotiable instruments or money; (e) of ships, vessels, hovercraft or aircraft; (f) of electricity.	이 협약은 다음과 같은 매매에는 적용되지 아니한다. (a) 개인용, 가족용 또는 가사용으로 구입되는 물품의 매매. 다만 매도인이 계약의 체결 전 또는 그 당시에 물품이 그러한 용도로 구입된 사실을 알지 못하였거나 알았어야 할 것도 아닌 경우에는 제외한다. (b) 경매에 의한 매매 (c) 강제집행 또는 기타 법률상의 권한에 의한 매매 (d) 주식, 지분, 투자증권, 유통증권 또는 통화의 매매 (e) 선박, 부선, 수상익선(水上翼船) 또는 항공기의 매매 (f) 전기의 매매 등	• 알고 있는 자가용 물품 매매계약에 적용됨 • 암기법 : 개경강제주식선박항공전기
Article 3	**제3조(서비스계약 등의 제외)**	
(1) Contracts for the supply of goods to be manufactured or produced are to be considered sales unless the party who orders the goods undertakes to supply a substantial part of the materials necessary for such manufacture or production. (2) This Convention does not apply to contracts in which the preponderant part of the obligations of the party who furnishes the goods consists in the supply of labour or other services.	(1) 물품을 제조하거나 또는 생산하여 공급하는 계약은 이를 매매로 본다. 다만 물품을 주문한 당사자가 그 제조 또는 생산에 필요한 재료의 중요한 부분을 공급하기로 약정한 경우에는 그러하지 아니하다. (2) 이 협약은 물품을 공급하는 당사자의 의무 중에서 대부분이 노동 또는 기타 서비스의 공급으로 구성되어 있는 계약의 경우에는 적용되지 아니한다.	(1) 제조 · 생산 · 공급 ○, 위(수)탁가공 × (2) 노무, 서비스 ×
Article 4	**제4조(적용대상과 대상외의 문제)**	
This Convention governs only the formation of the contract of sale and the rights and obligations of the seller and the buyer arising from such a contract. In particular, except as otherwise expressly provided in this Convention, it is not concerned with: ① the validity of the contract or of any of its provisions or of any usage; ② the effect which the contract may have on the property in the goods sold.	이 협약은 단지 매매계약의 성립과 그러한 계약으로부터 발생하는 매도인과 매수인의 규율한다. 특히 이 협약에서 별도의 명시적인 규정이 있는 경우를 제외하고, 이 협약은 다음과 같은 사항에는 관계되지 아니한다. ① 계약 또는 그 어떠한 조항이나 어떠한 관행의 유효성, ② 매각된 물품의 소유권에 관하여 계약이 미칠 수 있는 효과.	매매계약권리의무 ○ ① 유효성(×) (계약, 관행) ② 소유권 × 관행의 유효성 (×)
Article 5	**제5조(사망 등의 적용제외)**	
This Convention does not apply to the liability of the seller for death or personal injury caused by the goods to any person.	이 협약은 물품에 의하여 야기된 어떠한 자의 사망 또는 신체적인 상해에 대한 매도인의 책임에 대해서는 적용되지 아니한다.	• 제조물책임 (P/L) × • 인적손해 × • 물적손해 ○

Article 6	제6조(계약에 의한 적용배제)	
The parties may exclude the application of this Convention or, subject to article 12, derogate from or vary the effect of any of its provisions.	당사자는 이 협약의 적용을 배제하거나 제12조에 따라 이 협약의 어느 규정에 관해서는 그 효력을 감퇴시키거나 변경시킬 수 있다.	합의 적용배제, 유보 적용배제, 전부 적용배제, 일부 적용배제 가능

2. GENERAL PROVISIONS(제2장 총칙)

Article 7		
(1) In the interpretation of this Convention, regard is to be had to its international character and to the need to promote uniformity in its application and the observance of good faith in international trade.	제7조(협약의 해석원칙) 이 협약의 해석에 있어서는 협약의 국제적인 성격과 그 적용상의 통일성의 증진을 위한 필요성 및 국제무역상의 신의성실의 준수에 대한 고려가 있어야 한다.	해석원칙 • 국제적 성격 • 적용의 통일 • 신의성실
(2) Questions concerning matters governed by this Convention which are not expressly settled in it are to be settled in conformity with the general principles on which it is based or, in the absence of such principles, in conformity with the law applicable by virtue of the rules of private international law.	이 협약에 의하여 규율되는 사항으로서 이 협약에서 명시적으로 해결되지 아니한 문제는 이 협약이 기초하고 있는 일반원칙에 따라 해결되어야 하며, 그러한 원칙이 없는 경우에는 국제사법의 원칙에 의하여 적용되는 법률에 따라 해결되어야 한다.	규정적용 순서 • 명시적 규정 • 일반원칙 • 국제사법에 따라 적용되는 준거법에 기초
Article 8		
(1) For the purposes of this Convention statements made by and other conduct of a party are to be interpreted according to his intent where the other party knew or could not have been unaware what that intent was.	제8조(당사자 진술이나 행위의 해석) 이 협약의 적용에 있어서 당사자의 진술 또는 기타의 행위는 상대방이 그 의도를 알았거나 또는 알 수 있었던 경우에는 당사자의 의도에 따라 해석되어야 한다.	당사자 의도에 따른 해석 원칙
(2) If the preceding paragraph is not applicable, statements made by and other conduct of a party are to be interpreted according to the understanding that a reasonable person of the same kind as the other party would have had in the same circumstances.	전항의 규정이 적용될 수 없는 경우에는 당사자의 진술 또는 기타의 행위는 상대방과 같은 종류의 합리적인 자가 동일한 사정에서 가질 수 있는 이해력에 따라 해석되어야 한다.	동종+합리적인 자+동일 상황의 이해

(3) In determining the intent of a party or the understanding a reasonable person would have had, due consideration is to be given to all relevant circumstances of the case including the negotiations, any practices which the parties have established between themselves, usages and any subsequent conduct of the parties.	당사자의 의도 또는 합리적인 자가 가질 수 있는 이해력을 결정함에 있어서는, 당사자 간의 교섭, 당사자 간에 확립되어 있는 관습, 관행 및 당사자의 후속되는 어떠한 행위를 포함하여 일체의 관련된 사정에 대한 상당한 고려가 있어야 한다.	고려사항 • 교섭 • 관례 • 관행 • 후속행위 • 상당한 고려
Article 9 (1) The parties are bound by any usage to which they have agreed and by any practices which they have established between themselves.	제9조(관습과 관행의 구속력) 당사자는 그들이 합의한 모든 관행과 당사자 간에서 확립되어 있는 모든 관습에 구속된다.	• 합의관행 • 확립된 관습에 구속
(2) The parties are considered, unless otherwise agreed, to have impliedly made applicable to their contract or its formation a usage of which the parties knew or ought to have known and which in international trade is widely known to, and regularly observed by, parties to contracts of the type involved in the particular trade concerned.	별도의 합의가 없는 한, 당사자가 알았거나 당연히 알았어야 하는 관행으로서 국제무역에서 해당되는 특정무역에 관련된 종류의 계약당사자에게 널리 알려져 있고 통상적으로 준수되고 있는 관행은 당사자가 이를 그들의 계약 또는 계약성립에 묵시적으로 적용하는 것으로 본다.	합의 ×시 통상관행 묵시 적용
Article 10 For the purposes of this Convention: (a) if a party has more than one place of business, the place of business is that which has the closest relationship to the contract and its performance, having regard to the circumstances known to or contemplated by the parties at any time before or at the conclusion of the contract;	제10조(영업소의 정의) 이 협약의 적용에 있어서, (a) 어느 당사자가 둘 이상의 영업소를 갖고 있는 경우에는 영업소라 함은 계약의 체결 전 또는 그 당시에 당사자들에게 알려졌거나 예기되었던 사정을 고려하여 계약 및 그 이행과 가장 밀접한 관계가 있는 영업소를 말한다.	둘 이상 영업소 → 계약, 이행 밀접한 관련 있는 곳
(b) if a party does not have a place of business, reference is to be made to his habitual residence.	(b) 당사자가 영업소를 갖고 있지 아니한 경우에는 당사자의 일상적인 거주지를 영업소로 참조하여야 한다.	영업소 × → 일상거주지
Article 11 A contract of sale need not be concluded in or evidenced by writing and is not subject to any other requirement as to form. It may be proved by any means, including witnesses.	제11조(계약의 형식) 매매계약은 서면에 의하여 체결되거나 입증되어야 할 필요가 없으며, 또 형식에 관해서도 어떠한 다른 요건에 따라야 하지 아니한다. 매매계약은 증인을 포함하여 여하한 수단에 의해서도 입증될 수 있다.	= 불요식계약
Article 13 For the purposes of this Convention "writing" includes telegram and telex.	제13조(서면의 정의) 이 협약의 적용에 있어서 "서면"이란 전보와 텔렉스를 포함한다.	서면⊃전보, 텔렉스

제2부 계약의 성립

청약(Offer)		
Article 14 (1) A proposal for concluding a contract addressed to one or more specific persons constitutes an offer if it is sufficiently definite and indicates the intention of the offeror to be bound in case of acceptance. A proposal is sufficiently definite if it indicates the goods and expressly or implicitly fixes or makes provision for determining the quantity and the price.	제14조(청약의 기준) 1인 이상의 특정한 자에게 통지된 계약체결의 제의는 그것이 충분히 확정적이고 또한 승낙이 있을 경우에 구속된다고 하는 청약자의 의사를 표시하고 있는 경우에는 청약으로 된다. 어떠한 제의가 물품을 표시하고, 또한 그 수량과 대금을 명시적 또는 묵시적으로 지정하거나 또는 이를 결정하는 규정을 두고 있는 경우에는 이 제의는 충분히 확정적인 것으로 한다.	청약의 요건 • 특정한 자에게 계약체결 제의 통지 • 충분히 확정적 = 물품, 수량, 대금(명시, 묵시지정) • 승낙에 구속
(2) A proposal other than one addressed to one or more specific persons is to be considered merely as an invitation to make offers, unless the contrary is clearly indicated by the person making the proposal.	1인 이상의 특정한 자에게 통지된 것 이외의 어떠한 제의는 그 제의를 행한 자가 반대의 의사를 명확히 표시하지 아니하는 한, 이는 단순히 청약을 행하기 위한 유인으로만 본다.	• 청약의 유인 = 청약 × • 불특정다수 제의
Article 15 (1) An offer becomes effective when it reaches the offeree.	제15조(청약의 효력발생) 청약은 피청약자에게 도달한 때 효력이 발생한다.	효력발생시기 → 도달주의
(2) An offer, even if it is irrevocable, may be withdrawn if the withdrawal reaches the offeree before or at the same time as the offer.	청약은 그것이 취소불능한 것이라도 그 철회가 청약의 도달 전 또는 그와 동시에 피청약자에게 도달하는 경우에는 이를 철회할 수 있다.	철회 가능 → 청약 도달 전 또는 동시 도달 시
Article 16 (1) Until a contract is concluded an offer may be revoked if the revocation reaches the offeree before he has dispatched an acceptance.	제16조(청약의 취소) 계약이 체결되기까지는 청약은 취소될 수 있다. 다만 이 경우에 취소의 통지는 피청약자가 승낙을 발송하기 전에 피청약자에게 도달하여야 한다.	청약취소 → 승낙발송 전까지 취소통지 도착
(2) However, an offer cannot be revoked: (a) if it indicates, whether by stating a fixed time for acceptance or otherwise, that it is irrevocable; or (b) if it was reasonable for the offeree to rely on the offer as being irrevocable and the offeree has acted in reliance on the offer.	그러나 다음과 같은 경우에는 청약은 취소될 수 없다. (a) 청약이 승낙을 위한 지정된 기간을 명시하거나 또는 기타의 방법으로 그 것이 철회불능임을 표시하고 있는 경우, 또는 (b) 피청약자가 청약을 취소불능이라고 신뢰하는 것이 합리적이고, 또 피청약자가 그 청약을 신뢰하여 행동한 경우	청약취소 × • 승낙기간지정 • 청약취소불능 표시 • 피청약자가 청약의 취소불능을 신뢰 → 행동
Article 17 An offer, even if it is irrevocable, is terminated when a rejection reaches the offeror.	제17조(청약의 거절) 청약은 그것이 취소불능한 것이라도 어떠한 거절의 통지가 청약자에게 도달한 때에는 그 효력이 상실된다.	청약은 청약자가 취소불능 하더라도 피청약자 거절로 효력 상실

승낙(Acceptance)		
Article 18 (1) A statement made by or other conduct of the offeree indicating assent to an offer is an acceptance. Silence or inactivity does not in itself amount to acceptance.	제18조(승낙의 시기 및 방법) 청약에 대한 동의를 표시하는 피청약자의 진술 또는 기타의 행위는 이를 승낙으로 한다. 침묵 또는 부작위 그 자체는 승낙으로 되지 아니한다.	승낙요건 • 진술, 행위 ○ • 침묵, 부작위 ×
(2) An acceptance of an offer becomes effective at the moment the indication of assent reaches the offeror. An acceptance is not effective if the indication of assent does not reach the offeror within the time he has fixed or, if no time is fixed, within a reasonable time, due account being taken of the circumstances of the transaction, including the rapidity of the means of communication employed by the offeror. An oral offer must be accepted immediately unless the circumstances indicate otherwise.	청약에 대한 승낙은 동의의 의사표시가 청약자에게 도달한 때에 그 효력이 발생한다. 승낙은 동의의 의사표시가 청약자가 지정한 기간 내에 도달하지 아니하거나 어떠한 기간도 지정되지 아니한 때에는 청약자가 사용만 통신수단의 신속성을 포함하여 거래의 사정을 충분히 고려한 상당한 기간 내에 도달하지 아니한 경우에는 그 효력이 발생하지 아니한다. 구두의 청약은 별도의 사정이 없는 한 즉시 승낙되어야 한다.	효력 발생 → 도달주의 • 기간 지정 시 → 기간 내 도달 • 기간 미지정 시 → 상당기간 내 도달 • 구두청약 → 별도 사정 없는 한 즉시 승낙
(3) However, if, by virtue of the offer or as a result of practices which the parties have established between themselves or of usage, the offeree may indicate assent by performing an act, such as one relating to the dispatch of the goods or payment of the price, without notice to the offeror, the acceptance is effective at the moment the act is performed, provided that the act is performed within the period of time laid down in the preceding paragraph.	그러나 청약의 규정에 의하거나 당사자 간에 확립된 관습 또는 관행의 결과에 따라, 피청약자가 청약자에게 아무런 통지 없이 물품의 발송이나 대금의 지급에 관한 행위를 이행함으로써 동의의 의사표시를 할 수 있는 경우에는 승낙은 그 행위가 이행되어진 때에 그 효력이 발생한다. 다만 그 행위는 전항에 규정된 기간 내에 이행되어진 경우에 한한다.	행위에 의한 승낙 ○(승낙기간 이내 물품발송, 대금지급 조건)
Article 19 (1) A reply to an offer which purports to be an acceptance but contains additions, limitations or other modifications is a rejection of the offer and constitutes a counteroffer.	제19조(변경된 승낙의 효력) 승낙을 의도하고는 있으나 이에 추가, 제한 또는 기타의 변경을 포함하고 있는 청약에 대한 회답은 청약의 거절이면서 또한 반대청약을 구성한다.	조건부 승낙 = 인정 × → 원청약의 거절 → 반대청약 (Counter offer)
(2) However, a reply to an offer which purports to be an acceptance but contains additional or different terms which do not materially alter the terms of the offer constitutes an acceptance, unless the offeror, without undue delay, objects orally to the discrepancy or dispatches a notice to that effect. If he does not so object, the terms of the contract are the terms of the offer with the modifications contained in the acceptance.	그러나 승낙을 의도하고 있으나 청약의 조건을 실질적으로 변경하지 아니하는 추가적 또는 상이한 조건을 포함하고 있는 청약에 대한 회답은 승낙을 구성한다. 다만 청약자가 부당한 지체 없이 그 상위를 구두로 반대하거나 그러한 취지의 통지를 발송하지 아니하여야 한다. 청약자가 그러한 반대를 하지 아니하는 경우에는 승낙에 포함된 변경사항을 추가한 청약의 조건이 계약의 조건으로 된다.	• 실질적 변경 × 조건부 승낙 = 승낙 ○ • 청약자 반대 시 = 승낙 ×

(3) Additional or different terms relating, among other things, to the price, payment, quality and quantity of the goods, place and time of delivery, extent of one party's liability to the other or the settlement of disputes are considered to alter the terms of the offer materially.	특히, 대금, 지급, 물품의 품질 및 수량, 인도의 장소 및 시기, 상대방에 대한 당사자 일방의 책임의 범위 또는 분쟁의 해결에 관한 추가적 또는 상이한 조건은 청약의 조건을 실질적으로 변경하는 것으로 본다.	(3) 실질적 변경 = 품질, 수량(Q), 대금(P), 인도(D), 책임범위, 분쟁 해결
Article 20 (1) A period of time of acceptance fixed by the offeror in a telegram or a letter begins to run from the moment the telegram is handed in for dispatch or from the date shown on the letter or, if no such date is shown, from the date shown on the envelope. A period of time for acceptance fixed by the offeror by telephone, telex or other means of instantaneous communication, begins to run from the moment that the offer reaches the offeree.	제20조(승낙기간의 해석) 전보 또는 서신에서 청약자가 지정한 승낙의 기간은 전보가 발신을 위하여 교부된 때로부터, 또는 서신에 표시된 일자로부터, 또는 그러한 일자가 표시되지 아니한 경우에는 봉투에 표시된 일자로부터 기산된다. 전화, 텔렉스 또는 기타의 동시적 통신수단에 의하여 청약자가 지정한 승낙의 기간은 청약이 피청약자에게 도달한 때로부터 기산된다.	기산일 • 격지자간 : 발신 – 전보교부 – 서신표시일자 – 봉투표시일자 • 동시수단 : 도달
(2) Official holidays or non-business days occurring during the period for acceptance are included in calculating the period. However, if a notice of acceptance cannot be delivered at the address of the offeror on the last day of the period because that day falls on an official holiday or a non-business day at the place of business of the offeror, the period is extended until the first business day which follows.	승낙의 기간 중에 들어 있는 공휴일 또는 비영업일은 그 기간의 계산에 산입된다. 그러나 기간의 말일이 청약자의 영업소에서의 공휴일 또는 비영업일에 해당하는 이유로 승낙의 통지가 기간의 말일에 청약자의 주소에 전달될 수 없는 경우에는 승낙의 기간은 이에 이어지는 최초의 영업일까지 연장된다.	승낙기간계산 • 공휴일, 비영업일 삽입 • 기간 말일이 공휴일, 비영업일 → 최초영업일까지 연장
Article 21 (1) A late acceptance is nevertheless effective as an acceptance if without delay the offeror orally so informs the offeree or dispatches a notice to that effect.	제21조(지연된 승낙) 지연된 승낙은 그럼에도 불구하고 청약자가 지체 없이 구두로 피청약자에게 유효하다는 취지를 통지하거나 그러한 취지의 통지를 발송한 경우에는 이는 승낙으로서의 효력을 갖는다.	지연 승낙 : 유효 통지 → 승낙 ○
(2) If a letter or other writing containing a late acceptance shows that it has been sent in such circumstances that if its transmission had been normal it would have reached the offeror in due time, the late acceptance is effective as an acceptance unless, without delay, the offeror orally informs the offeree that he considers his offer as having lapsed or dispatches a notice to that effect.	지연된 승낙이 포함되어 있는 서신 또는 기타의 서면상으로, 이것이 통상적으로 전달된 경우라면 적시에 청약자에게 도달할 수 있었던 사정에서 발송되었다는 사실을 나타내고 있는 경우에는 그 지연된 승낙은 승낙으로서의 효력을 갖는다. 다만 청약자가 지체 없이 피청약자에게 청약이 효력을 상실한 것으로 본다는 취지를 구두로 통지하거나 그러한 취지의 통지를 발송하지 아니하여야 한다.	• 사고부 지연 → 승낙 ○ • 실효(효력 상실) 통지 → 승낙 ×

Article 22 An acceptance may be withdrawn if the withdrawal reaches the offeror before or at the same time as the acceptance would have become effective.	제22조(승낙의 철회) 승낙은 그 승낙의 효력이 발생하기 이전 또는 그와 동시에 철회가 청약자에게 도달하는 경우에는 이를 철회할 수 있다.	승낙 효력 발생 이전, 동시 철회 통지 도달 → 철회 가능
Article 23 A contract is concluded at the moment when an acceptance of an offer becomes effective in accordance with the provisions of this Convention.	제23조(계약의 성립시기) 계약은 청약에 대한 승낙이 이 협약의 규정에 따라 효력을 발생한 때에 성립된다.	계약성립시기 = 승낙효력발생시
Article 24 For the purposes of this Part of the Convention, an offer, declaration of acceptance or any other indication of intention "reaches" the addressee when it is made orally to him or delivered by any other means to him personally, to his place of business or mailing address or, if he does not have a place of business or mailing address, to his habitual residence.	제24조(도달의 정의) 이 협약의 제2부의 적용에 있어서, 청약, 승낙의 선언 또는 기타의 모든 의사표시는 그것이 상대방에게 구두로 통지되거나 기타 모든 수단에 의하여 상대방 자신에게, 상대방의 영업소 또는 우편송부처에, 또는 상대방이 영업소나 우편송부처가 없는 경우에는 그 일상적인 거주지에 전달되었을 때에 상대방에게 "도달"한 것으로 한다.	도달의 정의 • 구두통지 • 모든 수단으로 • 영업소, 우편송부처에 • 일상 거주지에 전달된 때 = 도달

SECTION 3 Sale of goods

제3부 물품의 매매

1. GENERAL PROVISIONS(제1장 총칙)

Article 25 A breach of contract committed by one of the parties is fundamental if it results in such detriment to the other party as substantially to deprive him of what he is entitled to expect under the contract, unless the party in breach did not foresee and a reasonable person of the same kind in the same circumstances would not have foreseen such a result.	제25조(본질적 위반의 정의) 당사자의 일방이 범한 계약위반이 그 계약하에서 상대방이 기대할 권리가 있는 것을 실질적으로 박탈할 정도의 손해를 상대방에게 주는 경우에는 이는 본질적 위반으로 한다. 다만 위반한 당사자가 그러한 결과를 예견하지 못하였으며, 또한 동일한 종류의 합리적인 자도 동일한 사정에서 그러한 결과를 예견할 수가 없었던 경우에는 그러하지 아니하다.	본질적 위반 ○ = 실질적 손해 본질적 위반 × = 예견 × 위반당사자 and 동일부류 + 합리적인지 + 동일 사정
Article 26 A declaration of avoidance of the contract is effective only if made by notice to the other party.	제26조(계약해제의 통지) 계약해제의 선언은 상대방에 대한 통지로써 이를 행한 경우에 한하여 효력을 갖는다.	통지 → 해제 통지 × → 해제 ×

Article 27 Unless otherwise expressly provided in this Part of the Convention, if any notice, request or other communication is given or made by a party in accordance with this Part and by means appropriate in the circumstances, a delay or error in the transmission of the communication or its failure to arrive does not deprive that party of the right to rely on the communication.	제27조(통신상의 지연과 오류) 이 협약 제3부에서 별도의 명시적인 규정이 없는 한, 어떠한 통지, 요청 또는 기타의 통신이 이 협약 제3부에 따라 그 사정에 적절한 수단으로 당사자에 의하여 행하여진 경우에는 통신의 전달에 있어서의 지연 또는 오류, 또는 불착이 발생하더라도 당사자가 그 통신에 의존할 권리를 박탈당하지 아니한다.	당사자 + 적절 수단 + 통지, 요청, 기타 통신 → 지연, 오류, 불착 발생 → 그 통신 권리○ 예외 : 별도 명시적 규정
Article 28 If, in accordance with the provisions of this Convention, one party is entitled to require performance of any obligation by the other party, a court is not bound to enter a judgement for specific performance unless the court would do so under its own law in respect of similar contracts of sale not governed by this Convention.	제28조(특정이행과 국내법) 이 협약의 규정에 따라 당사자의 일방이 상대방에 의한 의무의 이행을 요구할 권리가 있는 경우라 하더라도, 법원은 이 협약에 의하여 규율되지 아니하는 유사한 매매계약에 관하여 국내법에 따라 특정이행을 명하는 판결을 하게 될 경우를 제외하고는 특정이행을 명하는 판결을 하여야 할 의무가 없다.	일방이 이행청구권이 있더라도, 비엔나 규율 × 유사매매계약 (例) 국내매매계약 국내법 → 특정이행 명령 판결 외 법원 특정이행명령 판결 의무 ×
Article 29 (1) A contract may be modified or terminated by the mere agreement of the parties.	제29조(계약변경 또는 합의종료) 계약은 당사자 쌍방의 단순한 합의만으로 변경되거나 종료될 수 있다.	단순 합의 → 변경, 종료 ○
(2) A contract in writing which contains a provision requiring any modification or termination by agreement to be in writing may not be otherwise modified or terminated by agreement. However, a party may be precluded by his conduct from asserting such a provision to the extent that the other party has relied on that conduct.	어떠한 변경 또는 합의에 의한 종료를 서면으로 할 것을 요구하는 규정이 있는 서면에 의한 계약은 그 이외의 방법으로 변경되거나 합의에 의하여 종료될 수 없다. 그러나 당사자 일방은 자신의 행위에 의하여 상대방이 그러한 행위를 신뢰한 범위에까지 위의 규정을 원용하는 것으로부터 배제될 수 있다.	예외 • 서면요구계약 → 서면 변경, 종료 • 상대방 단순신뢰 → 서면 변경종료 ×

2. OBLIGATIONS OF THE SELLER(제2장 매도인의 의무)

매도인의 의무		
Article 30 The seller must deliver the goods, hand over any documents relating to them and transfer the property in the goods, as required by the contract and this Convention.	제30조(매도인의 의무요약) 매도인은 계약과 이 협약에 의하여 요구된 바에 따라 물품을 인도하고, 이에 관련된 모든 서류를 교부하며, 또 물품에 대한 소유권을 이전하여야 한다.	매도인의무 • 물품인도 • 관련서류 교부 • 소유권이전
Section I. Delivery of the goods and handing over of documents **제1절 물품의 인도와 서류의 교부**		
Article 31 If the seller is not bound to deliver the goods at any other particular place, his obligation to deliver consists: (a) if the contract of sale involves carriage of the goods—in handing the goods over to the first carrier for transmission to the buyer;	제31조(인도의 장소) 매도인이 물품을 다른 특정한 장소에서 인도할 의무가 없는 경우에는 매도인의 인도의 의무는 다음과 같이 구성된다. (a) 매매계약이 물품의 운송을 포함하는 경우 – 매수인에게 전달하기 위하여 물품을 최초의 운송인에게 인도하는 것	인도장소 • 특정장소 인도 의무 원칙 • 운송 포함 시 : 최초운송인 인도
(b) if, in cases not within the preceding subparagraph, the contract relates to specific goods, or unidentified goods to be drawn from a specific stock or to be manufactured or produced, and at the time of the conclusion of the contract the parties knew that the goods were at, or were to be manufactured or produced at, a particular place—in placing the goods at the buyer's disposal at that place;	(b) 전항의 규정에 해당되지 아니하는 경우로서 계약이 특정물, 또는 특정한 재고품으로부터 인출되어야 하거나 또는 제조되거나 생산되어야 하는 불특정물에 관련되어 있으며, 또한 당사자 쌍방이 계약체결 시에 물품이 특정한 장소에 존재하거나 그 장소에서 제조되거나 생산된다는 것을 알고 있었던 경우 – 그 장소에서 물품을 매수인의 임의처분하에 두는 것	재고장소 또는 생산장소
(c) in other cases—in placing the goods at the buyer's disposal at the place where the seller had his place of business at the time of the conclusion of the contract.	(c) 기타의 경우 – 매도인이 계약체결 시에 영업소를 가지고 있던 장소에서 물품을 매수인의 임의처분하에 두는 것	매도인의 영업소
Article 32 (1) If the seller, in accordance with the contract or this Convention, hands the goods over to a carrier and if the goods are not dearly identified to the contract by markings on the goods, by shipping documents or otherwise, the seller must give the buyer notice of the consignment specifying the goods.	제32조(선적수배의 의무) 매도인이 계약 또는 이 협약에 따라 물품을 운송인에게 인도하는 경우에 있어서, 물품이 화인에 의하거나 선적서류 또는 기타의 방법에 의하여 그 계약의 목적물로서 명확히 특정되어 있지 아니한 경우에는 매도인은 물품을 특정하는 탁송통지서를 매수인에게 송부하여야 한다.	운송인 인도 시 물품 특정 • 화인, B/L 등 명확히 특정된 물품 • 탁송통지서 송부
(2) If the seller is bound to arrange for carriage of the goods, he must make such contracts as are necessary for carriage to the place fixed by means of transportation appropriate in the circumstances and according to the usual terms for such transportation.	매도인이 물품의 운송을 수배하여야 할 의무가 있는 경우에는 매도인은 사정에 따라 적절한 운송수단에 의하여 그러한 운송의 통상적인 조건으로 지정된 장소까지의 운송에 필요한 계약을 체결하여야 한다.	매도인 운송의무 ○ 적절 운송수단 통상 운송조건 지정 장소까지 필요계약 체결

(3) If the seller is not bound to effect insurance in respect of the carriage of the goods, he must, at the buyer's request, provide him with all available information necessary to enable him to effect such insurance.	매도인이 물품의 운송에 관련한 보험에 부보하여야 할 의무가 없는 경우에는 매도인은 매수인의 요구에 따라 매수인이 그러한 보험에 부보하는데 필요한 모든 입수 가능한 정보를 매수인에게 제공하여야 한다.	매도인 보험의무 × 경우 : 매수인에게 보험 부보 정보 제공
Article 33 The seller must deliver the goods: (a) if a date is fixed by or determinable from the contract, on that date;	제33조(인도의 시기) 매도인은 다음과 같은 시기에 물품을 인도하여야 한다. (a) 어느 기일이 계약에 의하여 지정되어 있거나 또는 결정될 수 있는 경우에 그 기일.	특정기일
(b) if a period of time is fixed by or determinable from the contract, at any time within that period unless circumstances indicate that the buyer is to choose a date; or	(b) 어느 기간이 계약에 의하여 지정되어 있거나 또는 결정될 수 있는 경우에는 매수인이 기일을 선택하여야 하는 사정이 명시되어 있지 않는 한 그 기간 내의 어떠한 시기, 또는	기간 지정 시 →기간 내 시기
(c) in any other case, within a reasonable time after the conclusion of the contract.	(c) 기타의 모든 경우에는 계약체결후의 상당한 기간 내	계약체결 후~상당기간
Article 34 If the seller is bound to hand over documents relating to the goods, he must hand them over at the time and place and in the form required by the contract. If the seller has handed over documents before that time, he may, up to that time, cure any lack of conformity in the documents, if the exercise of this right does not cause the buyer unreasonable inconvenience or unreasonable expense. However, the buyer retains any right to claim damages as provided for in this Convention.	제34조(물품에 관한 서류) 매도인이 물품에 관련된 서류를 교부하여야 하는 의무가 있는 경우에는 매도인은 계약에서 요구되는 시기와 장소와 방법에 따라 서류를 교부하여야 한다. 매도인이 당해 시기 이전에 서류를 교부한 경우에는 매도인은 당해 시기까지는 서류상의 모든 결함을 보완할 수 있다. 다만 이 권리의 행사가 매수인에게 불합리한 불편이나 불합리한 비용을 발생하게 하여서는 아니 된다. 그러나 매수인은 이 협약에서 규정된 바의 손해배상을 청구하는 모든 권리를 보유한다.	• 서류교부 : 시기, 장소, 방법 계약 준수 • 서류교부 이전 결함 보완 가능 • 매수인 불편, 불합리한 비용 발생 시 손해배상 가능

Article 35 (1) The seller must deliver goods which are of the quantity, quality and description required by the contract and which are contained or packaged in the manner required by the contract.	제35조(물품의 일치성) 매도인은 계약에서 요구되는 수량, 품질 및 상품명세에 일치하고, 또한 계약에서 요구되는 방법으로 용기에 담거나 또는 포장된 물품을 인도하여야 한다.	• 계약 물품 일치 • 수량 • 품질 • 상품명세 • 용기 포장방법
(2) Except where the parties have agreed otherwise, the goods do not conform with the contract unless they: (a) are fit for the purposes for which goods of the same description would ordinarily be used; (b) are fit for any particular purpose expressly or impliedly made known to the seller at the time of the conclusion of the contract, except where the circumstances show that the buyer did not rely, or that it was unreasonable for him to rely, on the seller's skill and judgement; (c) possess the qualities of goods which the seller has held out to the buyer as a sample or model; (d) are contained or packaged in the manner usual for such goods or, where there is no such manner, in a manner adequate to preserve and protect the goods.	당사자가 별도로 합의한 경우를 제외하고, 물품은 다음과 같이 아니하는 한 계약과 일치하지 아니한 것으로 한다. (a) 물품은 그 동일한 명세의 물품이 통상적으로 사용되는 목적에 적합할 것. (b) 물품은 계약 체결 시에 명시적 또는 묵시적으로 매도인에게 알려져 있는 어떠한 특정의 목적에 적합할 것. 다만 사정으로 보아 매수인이 매도인의 기량과 판단에 신뢰하지 않았거나 또는 신뢰하는 것이 불합리한 경우에는 제외한다. (c) 물품은 매도인이 매수인에게 견본 또는 모형으로서 제시한 물품의 품질을 보유할 것. (d) 물품은 그러한 물품에 통상적인 방법으로, 또는 그러한 방법이 없는 경우에는 그 물품을 보존하고 보호하는데 적절한 방법으로 용기에 담거나 또는 포장되어 있을 것	계약 일치 • 물품명세 • 특정 목적 • 견본 품질 • 적절 포장
(3) The seller is not liable under subparagraphs (a) to (d) of the preceding paragraph for any lack of conformity of the goods if at the time of the conclusion of the contract the buyer knew or could not have been unaware of such lack of conformity.	매수인이 계약체결 시에 물품의 어떠한 불일치를 알고 있었거나 알지 못하였을 수가 없는 경우에는 매도인은 물품의 어떠한 불일치에 대하여 전항의 제a호 내지 제d호에 따른 책임을 지지 아니한다.	매수인 계약체결 당시 고의적 불일치 계약 → 매도인 면책
Article 36 (1) The seller is liable in accordance with the contract and this Convention for any lack of conformity which exists at the time when the risk passes to the buyer, even though the lack of conformity becomes apparent only after that time.	제36조(일치성의 결정시점) 매도인은 위험이 매수인에게 이전하는 때에 존재한 어떠한 불일치에 대하여 계약 및 이 협약에 따른 책임을 진다. 이는 물품의 불일치가 그 이후에 드러난 경우에도 동일하다.	위험 이전 시, 물품불일치 이후 → 매도인 책임

(2) The seller is also liable for any lack of conformity which occurs after the time indicated in the preceding paragraph and which is due to a breach of any of his obligations, including a breach of any guarantee that for a period of time the goods will remain fit for their ordinary purpose or for some particular purpose or will retain specified qualities or characteristics.	매도인은 전항에서 규정된 때보다 이후에 발생하는 어떠한 불일치에 대해서도 그것이 매도인의 어떠한 의무위반에 기인하고 있는 경우에는 이에 책임을 진다. 그러한 의무위반에는 일정한 기간 동안 물품이 통상적인 목적 또는 어떠한 특정의 목적에 적합성을 유지할 것이라는 보증, 또는 특정된 품질이나 특질을 보유할 것이라는 보증의 위반도 포함된다.	매도인 의무위반에 따른 불일치 책임+보증 위반 포함
Article 37 If the seller has delivered goods before the date for delivery, he may, up to that date, deliver any missing part or make up any deficiency in the quantity of the goods delivered, or deliver goods in replacement of any non-conforming goods delivered or remedy any lack of conformity in the goods delivered, provided that the exercise of this right does not cause the buyer unreasonable inconvenience or unreasonable expense. However, the buyer retains any right to claim damages as provided for in this Convention.	제37조(인도만기전의 보완권) 매도인이 인도기일 이전에 물품을 인도한 경우에는 매수인에게 불합리한 불편이나 불합리한 비용을 발생시키지 아니하는 한 매도인은 그 기일까지는 인도된 물품의 모든 부족분을 인도하거나 수량의 모든 결함을 보충하거나 인도된 모든 불일치한 물품에 갈음하는 물품을 인도하거나 인도된 물품의 모든 불일치를 보완할 수 있다. 그러나 매수인은 이 협약에서 규정된 바의 손해배상을 청구하는 모든 권리를 보유한다.	• 매도인 인도기일 이전까지 결함 보완 가능 • 매수인 손해배상 청구권 보유
Article 38 (1) The buyer must examine the goods, or cause them to be examined, within as short a period as is practicable in the circumstances.	제38조(물품의 검사기간) 매수인은 그 사정에 따라 실행 가능한 짧은 기간 내에 물품을 검사하거나 물품이 검사되어지도록 하여야 한다.	실행 가능한 짧은 기간 내 검사 의무
(2) If the contract involves carriage of the goods, examination may be deferred until after the goods have arrived at their destination.	계약이 물품의 운송을 포함하고 있는 경우에는 검사는 물품이 목적지에 도착한 이후까지 연기될 수 있다.	계약+운송 포함 시 → 목적지 도착 후까지 연기 가능
(3) If the goods are redirected in transit or redispatched by the buyer without a reasonable opportunity for examination by him and at the time of the conclusion of the contract the seller knew or ought to have known of the possibility of such redirection or redispatch, examination may be deferred until after the goods have arrived at the new destination.	물품이 매수인에 의한 검사의 상당한 기회도 없이 매수인에 의하여 운송 중에 목적지가 변경되거나 전송(轉送)되고, 또한 계약 체결 시에 매도인이 그러한 변경이나 전송의 가능성을 알았거나 알았어야 하는 경우에는 검사는 물품이 새로운 목적지에 도착한 이후까지 연기될 수 있다.	운송 중 전매 → 새로운 목적지 도착 후까지 연기
Article 39 (1) The buyer loses the right to rely on a lack of conformity of the goods if he does not give notice to the seller specifying the nature of the lack of conformity within a reasonable time after he has discovered it or ought to have discovered it.	제39조(불일치의 통지시기) 매수인이 물품의 불일치를 발견하였거나 발견하였어야 한 때부터 상당한 기간 내에 매도인에게 불일치의 성질을 기재한 통지를 하지 아니한 경우에는 매수인은 물품의 불일치에 의존하는 권리를 상실한다.	불일치 발견 ~ 당기간 내 통지 × → 매수인 불일치 권리상실

(2) In any event, the buyer loses the right to rely on a lack of conformity of the goods if he does not give the seller notice thereof at the latest within a period of two years from the date on which the goods were actually handed over to the buyer, unless this time-limit is inconsistent with a contractual period of guarantee.	어떠한 경우에도, 물품이 매수인에게 현실적으로 인도된 날로부터 늦어도 2주 이내에 매수인이 매도인에게 불일치의 통지를 하지 아니한 경우에는 매수인은 물품의 불일치에 의존하는 권리를 상실한다. 다만 이러한 기간의 제한이 계약상의 보증기간과 모순된 경우에는 그러하지 아니하다.	현실 인도된 날 ~2주 이내 불일치통지 × 시 매수인 불일치 권리 상실 예외) 계약상 보증 기간이 있는 경우
Article 40 The seller is not entitled to rely on the provisions of articles 38 and 39 if the lack of conformity relates to facts of which he knew or could not have been unaware and which he did not disclose to the buyer.	제40조(매도인의 악의) 물품의 불일치가 매도인이 알았거나 알지 못하였을 수가 없는 사실에 관련되고, 또 매도인이 이를 매수인에게 고지하지 아니한 사실에도 관련되어 있는 경우에는 매도인은 제38조 및 제39조의 규정을 원용할 권리가 없다.	매도인이 불일치를 안 경우 → 매수인의 불일치통지 ×에 따른 면책 ×
Article 41 The seller must deliver goods which are free from any right or claim of a third party, unless the buyer agreed to take the goods subject to that right or claim. However, if such right or claim is based on industrial property or other intellectual property, the seller's obligation is governed by article 42.	제41조(제3자의 청구권) 매도인은 매수인이 제3자의 권리 또는 청구권을 전제로 물품을 수령하는 것에 동의한 경우가 아닌 한, 제3자의 권리 또는 청구권으로부터 자유로운 물품을 인도하여야 한다. 그러나 그러한 제3자의 권리 또는 청구권이 공업소유권 또는 기타 지적소유권에 기초를 두고 있는 경우에는 매도인의 의무는 제42조에 의하여 규율된다.	제3자의 권리(지재권 등)에 자유로운 물품 인도
Article 42 (1) The seller must deliver goods which are free from any right or claim of a third party based on industrial property or other intellectual property, of which at the time of the conclusion of the contract the seller knew or could not have been unaware, provided	제42조(제3자의 지적소유권) 매도인은 계약 체결 시에 매도인이 알았거나 알지 못하였을 수가 없는 공업소유권 또는 지적소유권에 기초를 두고 있는 제3자의 권리 또는 청구권으로부터 자유로운 물품을 인도하여야 한다.	(모르지 않는 한) 매도인은 제3자 권리로부터 자유로운 물품인도 의무
that the right or claim is based on industrial property or other intellectual property: (a) under the law of the State where the goods will be resold or otherwise used, if it was contemplated by the parties at the time of the conclusion of the contract that the goods would be resold or otherwise used in that State; or (b) in any other case, under the law of the State where the buyer has his place of business.	다만 그 권리 또는 청구권은 다음과 같은 국가의 법률에 의한 공업소유권 또는 기타 지적소유권에 기초를 두고 있는 경우에 한한다. (a) 물품이 어느 국가에서 전매되거나 기타의 방법으로 사용될 것이라는 것을 당사자 쌍방이 계약 체결 시에 예상한 경우에는 그 물품이 전매되거나 기타의 방법으로 사용되는 국가의 법률, 또는 (b) 기타의 모든 경우에는 매수인이 영업소를 갖고 있는 국가의 법률	제3자 권리 국가 • 전매되는 국가 • 매수인 영업소 국가

(2) The obligation of the seller under the preceding paragraph does not extend to cases where: (a) at the time of the conclusion of the contract the buyer knew or could not have been unaware of the right or claim; or (b) the right or claim results from the seller's compliance with technical drawings, designs, formulae or other such specifications furnished by the buyer.	전항에 따른 매도인의 의무는 다음과 같은 경우에는 이를 적용하지 아니한다. (a) 계약 체결 시에 매수인이 그 권리 또는 청구권을 알았거나 알지 못하였을 수가 없는 경우 또는 (b) 그 권리 또는 청구권이 매수인에 의하여 제공된 기술적 설계, 디자인, 공식 또는 기타의 명세서에 매도인이 따른 결과로 발생한 경우	매도인의 면책 • 몰랐던 경우 • 매수인이 제공한 경우
Article 43 (1) The buyer loses the right to rely on the provisions of article 41 or article 42 if he does not give notice to the seller specifying the nature of the right or claim of the third party within a reasonable time after he has become aware or ought to have become aware of the right or claim.	제43조(제3자의 권리에 대한 통지) 매수인이 제3자의 권리 또는 청구권을 알았거나 알았어야 하는 때로부터 상당한 기간 내에 매도인에게 그 제 3자의 권리 또는 청구권의 성질을 기재한 통지를 하지 아니한 경우에는 매수인은 제41조 또는 제42조의 규정을 원용할 권리를 상실한다.	매수인이 제3자 권리, 청구권을 알았거나 상당기간 내 통지 × → 매수인 불일치통지 권리 ×
(2) The seller is not entitled to rely on the provisions of the preceding paragraph if he knew of the right or claim of the third party and the nature of it.	매도인이 제3자의 권리 또는 청구권 및 그 성질을 알고 있었던 경우에 매도인은 전항의 규정을 원용할 권리가 없다.	매도인이 알았을 경우 면책 ×
Article 44 Notwithstanding the provisions of paragraph (1) of article 39 and paragraph (1) of article 43, the buyer may reduce the price in accordance with article 50 or claim damages, except for loss of profit, if he has a reasonable excuse for his failure to give the required notice.	제44조(통지불이행의 정당한 이유) 제39조 제1항 및 제43조 제1항의 규정에도 불구하고, 매수인은 요구된 통지의 불이행에 대한 정당한 이유가 있는 경우에는 제50조에 따라 대금을 감액하거나 이익의 손실을 제외한 손해배상을 청구할 수 있다.	매수인 통지불이행 정당사유 → 대금감액권 → 손해배상청구권

Section Ⅲ. Remedies for breach of contract by the seller		
제3절 매도인의 계약위반에 대한 구제			

Article 45 (1) If the seller fails to perform any of his obligations under the contract or this Convention, the buyer may: (a) exercise the rights provided in articles 46 to 52; (b) claim damages as provided in articles 74 to 77.	제45조(매수인의 구제방법) 매도인이 계약 또는 이 협약에 따른 어떠한 의무를 이행하지 아니하는 경우에는 매수인은 다음과 같은 것을 행할 수 있다. (a) 제46조 내지 제52조에서 규정된 권리를 행사하는 것, (b) 제74조 내지 제77조에서 규정된 바의 손해배상을 청구하는 것 등	매수인의 구제
(2) The buyer is not deprived of any right he may have to claim damages by exercising his right to other remedies.	매수인은 손해배상 이외의 구제를 구하는 권리의 행사로 인하여 손해배상을 청구할 수 있는 권리를 박탈당하지 아니한다.	구제권 행사 + 손해배상청구권 유보

(3) No period of grace may be granted to the seller by a court or arbitral tribunal when the buyer resorts to a remedy for breach of contract.	매수인이 계약위반에 대한 구제를 구할 때는 법원 또는 중재판정부는 매도인에게 어떠한 유예기간도 적용하여서는 아니 된다.	구제권 행사 시 유예기간 적용 불가
Article 46 (1) The buyer may require performance by the seller of his obligations unless the buyer has resorted to a remedy which is inconsistent with this requirement.	제46조(매수인의 이행청구권) 매수인은 매도인에게 그 의무의 이행을 청구할 수 있다. 다만 매수인이 이러한 청구와 모순되는 구제를 구한 경우에는 그러하지 아니하다.	매도인 이행청구 가능 → 모순된 구제권 동시 행사 불가
(2) If the goods do not conform with the contract, the buyer may require delivery of substitute goods only if the lack of conformity constitutes a fundamental breach of contract and a request for substitute goods is made either in conjunction with notice given under article 39 or within a reasonable time thereafter.	물품이 계약과 일치하지 아니한 경우에는 매수인은 대체품의 인도를 청구할 수 있다. 다만 이러한 청구는 불일치가 계약의 본질적인 위반을 구성하고, 또 대체품의 청구가 제39조에 따라 지정된 통지와 함께 또는 그 후 상당한 기간 내에 행하여지는 경우에 한한다.	• 불일치 물품 인도 → 대체품 인도 청구 • 요건 – 본질적 위반 – 기간 내 통지 (상당기간 내 통지)
(3) If the goods do not conform with the contract, the buyer may require the seller to remedy the lack of conformity by repair, unless this is unreasonable having regard to all the circumstances. A request for repair must be made either in conjunction with notice given under article 39 or within a reasonable time thereafter.	물품이 계약과 일치하지 아니한 경우에는 매수인은 모든 사정으로 보아 불합리하지 아니하는 한 매도인에 대하여 수리에 의한 불일치의 보완을 청구할 수 있다. 수리의 청구는 제39조에 따라 지정된 통지와 함께 또는 그 후 상당한 기간 내에 행하여져야 한다.	불일치 물품 → 보완청구 상당기간 내 불일치 통지 요건
Article 47 (1) The buyer may fix an additional period of time of reasonable length for performance by the seller of his obligations.	제47조(이행추가기간의 통지) 매수인은 매도인에 의한 의무의 이행을 위한 상당한 기간만큼의 추가기간을 지정할 수 있다.	추가기간설정권
(2) Unless the buyer has received notice from the seller that he will not perform within the period so fixed, the buyer may not, during that period, resort to any remedy for breach of contract. However, the buyer is not deprived thereby of any right he may have to claim damages for delay in performance.	매수인이 매도인으로부터 그 지정된 추가기간 내에 이행하지 아니하겠다는 뜻의 통지를 수령하지 않은 한, 매수인은 그 기간 중에는 계약위반에 대한 어떠한 구제도 구할 수 없다. 그러나 매수인은 이로 인하여 이행의 지연에 대한 손해배상을 청구할 수 있는 어떠한 권리를 박탈당하지 아니한다.	• 매도인 불이행 통지 → 추가이행기간 동안 구제권행사 불가 • 손해배상청구는 가능

Article 48 (1) Subject to article 49, the seller may, even after the date for delivery, remedy at his own expense any failure to perform his obligations, if he can do so without unreasonable delay and without causing the buyer unreasonable inconvenience or uncertainty of reimbursement by the seller of expenses advanced by the buyer. However, the buyer retains any right to claim damages as provided for in this Convention.	제48조(인도기일 후의 보완) 제49조의 규정에 따라, 매도인은 인도기일 후에도 불합리한 지체 없이 그리고 매수인에게 불합리한 불편을 주거나 매수인이 선지급한 비용을 매도인으로부터 보상받는 데 대한 불확실성이 없는 경우에는 자신의 비용 부담으로 그 의무의 어떠한 불이행을 보완할 수 있다. 그러나 매수인은 이 협약에 규정된 바의 손해배상을 청구하는 모든 권리를 보유한다.	• 매도인은 매수인의 불편, 불합리 없이 자신의 비용으로 불이행 보완 가능 • 매수인 손해배상청구권 보유
(2) If the seller requests the buyer to make known whether he will accept performance and the buyer does not comply with the request within a reasonable time, the seller may perform within the time indicated in his request. The buyer may not, during that period of time, resort to any remedy which is inconsistent with performance by the seller.	매도인이 매수인에 대하여 그 이행을 승낙할 것인지의 여부를 알려 주도록 요구하였으나 매수인시 상당한 기간 내에 그 요구에 응하지 아니한 경우에는 매도인은 그 요구에서 제시한 기간 내에 이행할 수 있다. 매수인은 그 기간 중에는 매도인의 이행과 모순되는 구제를 구하여서는 아니 된다.	• 추가기간설정권~상당기간 내 통지하지 않더라도 추가기간 내 이행 가능 • 매수인 모순구제 불가
(3) A notice by the seller that he will perform within a specified period of time is assumed to include a request, under the preceding paragraph, that the buyer make known his decision.	특정한 기간 내에 이행하겠다는 매도인의 통지는 매수인이 승낙여부의 결정을 알려주어야 한다는 내용의 전항에 규정하고 있는 요구를 포함하는 것으로 추정한다.	매도인 통지 매수인 무응답 = 응답요구 포함
(4) A request or notice by the seller under paragraph (2) or (3) of this article is not effective unless received by the buyer.	본조 제2항 또는 제3항에 따른 매도인의 요구 또는 통지는 매수인에 의하여 수령되지 아니한 경우에는 그 효력이 발생하지 아니한다.	도달주의 (효력 발생)
Article 49 (1) The buyer may declare the contract avoided: (a) if the failure by the seller to perform any of his obligations under the contract or this Convention amounts to a fundamental breach of contract; or (b) in case of non-delivery, if the seller does not deliver the goods within the additional period of time fixed by the buyer in accordance with paragraph (1) of article 47 or declares that he will not deliver within the period so fixed.	제49조(매수인의 계약해제권) 매수인은 다음과 같은 경우에 계약의 해제를 선언할 수 있다. (a) 계약 또는 이 협약에 따른 매도인의 어떠한 의무의 불이행키 계약의 본질적인 위반에 상당하는 경우 또는 (b) 인도불이행의 경우에는 매도인이 제47조 제1항에 따라 매수인에 의하여 지정된 추가기간 내에 물품을 인도하지 아니하거나 매도인이 그 지정된 기간 내에 인도하지 아니하겠다는 뜻을 선언한 경우	계약해제 사유 • 본질적 위반 • 물품인도 ×

(2) However, in cases where the seller has delivered the goods, the buyer loses the right to declare the contract avoided unless he does so: (a) in respect of late delivery, within a reasonable time after he has become aware that delivery has been made; (b) in respect of any breach other than late delivery, within a reasonable time: (i) after he knew or ought to have known of the breach; (ii) after the expiration of any additional period of time fixed by the buyer in accordance with paragraph (1) of article 47, or after the seller has declared that he will not perform his obligations within such an additional period; or (iii) after the expiration of any additional period of time indicated by the seller in accordance with paragraph (2) of article 48, or after the buyer has declared that he will not accept performances.	그러나 매도인이 물품을 이미 인도한 경우에는 매수인은 다음과 같은 시기에 계약의 해제를 선언하지 않는 한 그 해제의 권리를 상실한다. (a) 인도의 지연에 관해서는 매수인이 인도가 이루어진 사실을 알게 된 때로부터 상당한 기간 내 (b) 인도의 지연 이외의 모든 위반에 관해서는 다음과 같은 때로부터 상당한 기간 내 (i) 매수인이 그 위반을 알았거나 알았어야 하는 때 (ii) 제47조 제1항에 따라 매수인에 의하여 지정된 어떠한 추가기간이 경과한 때, 또는 매도인이 그러한 추가기간 내에 의무를 이행하지 아니하겠다는 뜻을 선언한 때, 또는 (iii) 제48조 제2항에 따라 매도인에 의하여 제시된 어떠한 추가기간이 경과한 때, 또는 매수인이 이행을 승낙하지 아니하겠다는 뜻을 선언한 때	계약해제권 기한 • 지연 : 인도~ 상당기간 내 • 기타 – 위반 안 때 – 추가기간 경과 또는 불이행 통보~상당기간 내
Article 50 If the goods do not conform with the contract and whether or not the price has already been paid, the buyer may reduce the price in the same proportion as the value that the goods actually delivered had at the time of the delivery bears to the value that conforming goods would have had at that time. However, if the seller remedies any failure to perform his obligations in accordance with article 37 or article 48 or if the buyer refuses to accept performance by the seller in accordance with those articles, the buyer may not reduce the price.	**제50조(대금의 감액)** 물품이 계약과 일치하지 아니하는 경우에는 이미 지급된 여부에 관계없이, 매수인은 실제로 인도된 물품이 인도시에 가지고 있던 가액이 계약에 일치하는 물품이 그 당시에 가지고 있었을 가액에 대한 동일한 비율로 대금을 감액할 수 있다. 그러나 매도인이 제37조 또는 제48조에 따른 그 의무의 어떠한 불이행을 보완하거나, 또는 매수인이 그러한 조항에 따른 매도인의 이행의 승낙을 거절하는 경우에는 매수인은 대금을 감액할 수 없다.	• 불일치물품 감액 청구 가능 • 감액불능 – 하자보완 – 매도인 하자보완의무 → 매수인 거절
Article 51 (1) If the seller delivers only a part of the goods or if only a part of the goods delivered is in conformity with the contract, articles 46 to 50 apply in respect of the part which is missing or which does not conform.	**제51조(물품일부의 불일치)** 매도인이 물품의 일부만을 인도하거나 인도된 물품의 일부만이 계약과 일치하는 경우에는 제46조 내지 제50조의 규정은 부족 또는 불일치한 부분에 관하여 적용한다.	일부 불일치 → 일부 적용

(2) The buyer may declare the contract avoided in its entirety only if the failure to make delivery completely or in conformity with the contract amounts to a fundamental breach of the contract.	인도가 완전하게 또는 계약에 일치하게 이행되지 아니한 것이 계약의 본질적인 위반에 해당하는 경우에 한하여 매수인은 계약 그 전체의 해제를 선언할 수 있다.	일부 불이행 = 전체 본질적 위반 → 계약 전체 해제
Article 52 (1) If the seller delivers the goods before the date fixed, the buyer may take delivery or refuse to take delivery.	제52조(기일전의 인도 및 초과수량) 매도인이 지정된 기일 전에 물품을 인도하는 경우에는 매수인은 인도를 수령하거나 또는 이를 거절할 수 있다.	조기인도 → 수령, 거절
(2) If the seller delivers a quantity of goods greater than that provided for in the contract, the buyer may take delivery or refuse to take delivery of the excess quantity. If the buyer takes delivery of all or part of the excess quantity, he must pay for it at the contract rate.	매도인이 계약에서 약정된 것보다도 많은 수량의 물품을 인도하는 경우에는 매수인은 초과수량의 인도를 수령하거나 이를 거절할 수 있다. 매수인이 초과수량의 전부 또는 일부의 인도를 수령하는 경우에는 매수인은 계약비율에 따라 그 대금을 지급하여야 한다.	초과인도 → 수령, 거절 (수령 시 지급)

3. OBLIGATIONS OF THE BUYER(제3장 매수인의 의무)

매수인의 의무		
Article 53 The buyer must pay the price for the goods and take delivery of them as required by the contract and this Convention.	제53조(매수인의 의무요약) 매수인은 계약 및 이 협약에 의하여 요구된 바에 따라 물품의 대금을 지급하고 물품의 인도를 수령하여야 한다.	매수인 의무 • 대금지급 • 인도수령
Section I. Payment of the price 제1절 대금의 지급		
Article 54 The buyer's obligation to pay the price includes taking such steps and complying with such formalities as may be required under the contract or any laws and regulations to enable payment to be made.	제54조(대금지급을 위한 조치) 매수인의 대금지급의 의무는 지급을 가능하게 하기 위한 계약 또는 어떠한 법률 및 규정에 따라 요구되는 그러한 조치를 취하고 또 그러한 절차를 준수하는 것을 포함한다.	대금지급의무 ⊃ • 지급가능 계약 • 요구조치 • 절차준수 포함
Article 55 Where a contract has been validly concluded but does not expressly or implicitly fix or make provision for determining the price, the parties are considered, in the absence of any indication to the contrary, to have impliedly made reference to the price generally charged at the time of the conclusion of the contract for such goods sold under comparable circumstances in the trade concerned.	제55조(대금이 불확정된 계약) 계약이 유효하게 성립되었으나, 그 대금을 명시적 또는 묵시적으로 지정하지 아니하거나 또는 이를 결정하기 위한 조항을 두지 아니한 경우에는 당사자는 반대의 어떠한 의사표시가 없는 한 계약 체결 시에 관련거래와 유사한 사정 하에서 매각되는 동종의 물품에 대하여 일반적으로 청구되는 대금을 묵시적으로 참조한 것으로 본다.	• 대금 불확정 계약(반대의사 표시 ×) • 유사계약, 사정 – 동종 매각 물품 – 일반 청구 대금 → 묵시 참조 간주

Article 56 If the price is fixed according to the weight of the goods, in case of doubt it is to be determined by the <u>net weight.</u>	제56조(순중량에 의한 결정) 대금이 물품의 중량에 따라 지정되는 경우에 이에 의혹이 있을 때에는, 그 대금은 <u>순중량</u>에 의하여 결정되어야 한다.	중량 → 대금 시 정시 = 순중량
Article 57 (1) If the buyer is not bound to pay the price at any other particular place, he must pay it to the seller: (a) at the seller's place of business; or (b) if the payment is to be made against the handing over of the goods or of documents, at the place where the handing over takes place.	제57조(대금지급의 장소) 매수인이 기타 어느 특정한 장소에서 대금을 지급하여야 할 의무가 없는 경우에는 매수인은 다음과 같은 장소에서 매도인에게 이를 지급하여야 한다. (a) 매도인의 영업소, 또는 (b) 지급이 물품 또는 서류의 교부와 상환으로 이루어져야 하는 경우에는 그 교부가 행하여지는 장소	• 특정 장소 • 매도인 영업소 • 교부장소
(2) The seller must bear any increase in the expenses incidental to payment which is caused by a change in his place of business subsequent to the conclusion of the contract.	매도인은 계약 체결 후에 그 영업소를 변경함으로 인하여 야기된 지급의 부수적인 비용의 모든 증가액을 부담하여야 한다.	매도인 영업소 변경→증가비용 매도인 부담
Article 58 (1) If the buyer is not bound to pay the price at any other specific time he must pay it when the seller places either the goods or documents controlling their disposition at the buyer's disposal in accordance with the contract and this Convention. The seller may make such payment a condition for handing over the goods or documents.	제58조(대금지급의 시기) 매수인이 기타 어느 특정한 대금을 지급하여야 할 의무가 없는 경우에는 매수인은 매도인이 계약 및 이 협정에 따라 물품 또는 그 처분을 지배하는 서류 중에 어느 것을 매수인의 임의처분에 인도한 때에 대금을 지급하여야 한다. 매도인은 그러한 지급을 물품 또는 서류의 교부를 위한 조건으로 정할 수 있다.	대금지급시기 물품, 서류 인도 시점
(2) If the contract involves carriage of the goods, the seller may dispatch the goods on terms whereby the goods, or documents controlling their disposition, will not be handed over to the buyer except against payment of the price.	계약이 물품의 운송을 포함하는 경우에는 매도인은 대금의 지급과 상환하지 아니하면 물품 또는 그 처분을 지배하는 서류를 매수인에게 교부하지 아니한다는 조건으로 물품을 발송할 수 있다.	운송포함 계약 시 매도인 : 지급상 환조건 서류 가능
(3) The buyer is not bound to pay the price until he has had an opportunity to examine the goods, unless the procedures for delivery or payment agreed upon by the parties are inconsistent with his having such an opportunity.	매수인은 물품을 검사할 기회를 가질 때까지는 대금을 지급하여야 할 의무가 없다. 다만 당사자 간에 합의된 인도 또는 지급의 절차가 매수인이 그러한 기회를 가지는 것과 모순되는 경우에는 그러하지 아니하다.	물품검사 시까지 지급 의무 × (합의계약과 모순 되는 경우 예외)
Article 59 The buyer must pay the price on the date fixed by or determinable from the contract and this Convention without the need for any request or compliance with any formality on the part of the seller.	제59조(지급청구에 앞선 지급) 매수인은 매도인 측의 어떠한 요구나 그에 따른 어떠한 절차를 준수할 필요 없이 계약 및 이 협약에 의하여 지정되었거나 또는 이로부터 결정될 수 있는 기일에 대금을 지급하여야 한다.	매도인 요구 × 계약, 협약 지급 시기에 지급 ○

Section II. Taking delivery		
제2절 인도의 수령		
Article 60 The buyer's obligation to take delivery consists: (a) in doing all the acts which could reasonably be expected of him in order to enable the seller to make delivery; and (b) in taking over the goods.	제60조(인도수령의 의무) 매수인의 인도수령의 의무는 다음과 같은 것으로 구성된다. (a) 매도인에 의한 인도를 가능케 하기 위하여 매수인에게 합리적으로 기대될 수 있었던 모든 행위를 하는 것, 그리고 (b) 물품을 수령하는 것	인도수령 의무 • 인도가능행위 • 물품수령

Section III. Remedies for breach of contract by the buyer		
제3절 매수인의 계약위반에 대한 구제		
Article 61 (1) If the buyer fails to perform any of his obligations under the contract or this Convention, the seller may: (a) exercise the rights provided in articles 62 to 65; (b) claim damages as provided in articles 74 to 77.	제61조(매도인의 구제방법) 매수인이 계약 또는 이 협약에 따른 어떠한 의무를 이행하지 아니하는 경우에는 매도인은 다음과 같은 것을 행할 수 있다. (a) 제62조 내지 제65도에 규정된 권리를 행사하는 것 (b) 제74조 내지 제77조에 규정된 바의 손해배상을 청구하는 것 등	매수인 불이행 시 → 매도인 구제권
(2) The seller is not deprived of any right he may have to claim damages by exercising his right to other remedies.	매도인은 손해배상 이외의 구제를 구하는 권리의 행사로 인하여 손해배상을 청구할 수 있는 권리를 박탈당하지 아니한다.	손해배상청구권 유보
(3) No period of grace may be granted to the buyer by a court or arbitral tribunal when the seller resorts to a remedy for breach of contract.	매도인이 계약위반에 대한 구제를 구할 때에는, 법원 또는 중재판정부는 매수인에게 어떠한 유예기간도 허용하여서는 아니 된다.	구제권 행사 중 유예판정 불가
Article 62 The seller may require the buyer to pay the price, take delivery or perform his other obligations, unless the seller has resorted to a remedy which is inconsistent with this requirement.	제62조(매도인의 이행청구권) 매도인은 매수인에 대하여 대금의 지급, 인도의 수령 또는 기타 매수인의 의무를 이행하도록 청구할 수 있다. 다만 매도인이 이러한 청구와 모순되는 구제를 구한 경우에는 그러하지 아니하다.	• 대금지급 • 인도수령 • 이행청구 예외) 모순구제권
Article 63 (1) The seller may fix an additional period of time of reasonable length for performance by the buyer of his obligations.	제63조(이행추가기간의 통지) 매도인은 매수인에 의한 의무의 이행을 위한 상당한 기간만큼의 추가기간을 지정할 수 있다.	추가기간설정권
(2) Unless the seller has received notice from the buyer that he will not perform within the period so fixed, the seller may not, during that period, resort to any remedy for breach of contract. However, the seller is not deprived thereby of any right he may have to claim damages for delay in performance.	매도인이 매수인으로부터 그 지정된 추가기간 내에 이행하지 아니하겠다는 뜻의 통지를 수령하지 않은 한, 매도인은 그 기간 중에는 계약위반에 대한 어떠한 구제도 구할 수 없다. 그러나 매도인은 이로 인하여 이행의 지연에 대한 손해배상을 청구할 수 있은 어떠한 권리를 박탈당하지 아니한다.	설정한 추가기간 중 매도인 구제 권행사 × : 손해배상 청구 가능 예외) 불이행 통지

Article 64 (1) The seller may declare the contract avoided: (a) if the failure by the buyer to perform any of his obligations under the contract or this Convention amounts to a fundamental breach of contract; or (b) if the buyer does not, within the additional period of time fixed by the seller in accordance with paragraph (1) of article 63, perform his obligation to pay the price or take delivery of the goods, or if he declares that he will not do so within the period so fixed;	제64조(매도인의 계약해제권) 매도인은 다음과 같은 경우에 계약의 해제를 선언할 수 있다. (a) 계약 또는 이 협약에 따른 매수인의 어떠한 의무의 불이행이 계약의 본질적인 위반에 상당하는 경우 또는 (b) 매수인이 제63조 제1항에 따라 매도인에 의하여 지정된 추가기간 내에 대금의 지급 또는 물품의 인도수령의 의무를 이행하지 아니하거나 매수인이 그 지정된 기간 내에 이를 이행하지 아니하겠다는 뜻을 선언한 경우	계약해제사유 • 본질적 위반 • 추가기간 내 지급, 수령의무 불이행 • 불이행 선언
(2) However, in cases where the buyer has paid the price, the seller loses the right to declare the contract avoided unless he does so: (a) in respect of late performance by the buyer, before the seller has become aware that performance has been rendered; or (b) in respect of any breach other than late performance by the buyer, within a reasonable time: (i) after the seller knew or ought to have known of the breach; or (ii) after the expiration of any additional period of time fixed by the seller in accordance with paragraph (1) of article 63, or after the buyer has declared that he will not perform his obligations within such an additional period.	그러나 매수인이 대금을 이미 지급한 경우에는 매도인은 다음과 같은 시기에 계약의 해제를 선언하지 않는 한 그 해제의 권리를 상실한다. (a) 매수인에 의한 이행의 지연에 관해서는 매도인이 그 이행이 이루어진 사실을 알기 전, 또는 (b) 매수인에 의한 이행의 지연 이외의 모든 위반에 관해서는 다음과 같은 때로부터 상당한 기간 내 (i) 매도인이 그 위반을 알았거나 알았어야 하는 때 또는 (ii) 제63조 제1항에 따라 매도인에 의하여 지정된 어떠한 추가기간이 경과한 때 또는 매수인이 그러한 추가기간 내에 의무를 이행하지 아니하겠다는 뜻을 선언한 때	매수인 대금 지급 시 계약해제 • 지연이행 → 이행 알기 전 • 위반 안 때 • 추가기간 경과, 불이행 선언 시 ~상당기간 내
Article 65 (1) If under the contract the buyer is to specify the form, measurement or other features of the goods and he fails to make such specification either on the date agreed upon or within a reasonable time after receipt of a request from the seller, the seller may, without prejudice to any other rights he may have, make the specification himself in accordance with the requirements of the buyer that may be known to him.	제65조(물품명세의 확정권) 계약상 매수인이 물품의 형태, 용적 또는 기타의 특징을 지정하기로 되어 있을 경우에 만약 매수인이 합의된 기일 또는 매도인으로부터의 요구를 수령한 후 상당한 기간 내에 그 물품명세를 작성하지 아니한 때에는 매도인은 그가 보유하고 있는 다른 모든 권리의 침해 없이 매도인에게 알려진 매수인의 요구조건에 따라 스스로 물품명세를 작성할 수 있다.	• 합의기일 • 요구수령 상당기간 내 → 명세 작성 ×시 매도인 명세 확정 가능

(2) If the seller makes the specification himself, he must inform the buyer of the details thereof and must fix a reasonable time within which the buyer may make a different specification. If, after receipt of such a communication, the buyer fails to do so within the time so fixed, the specification made by the seller is binding.	매도인이 스스로 물품명세를 작성하는 경우에는 매도인은 매수인에게 이에 관한 세부사항을 통지하여야 하고, 또 매수인이 이와 상이한 물품명세를 작성할 수 있도록 상당한 기간을 지정하여야 한다. 매수인이 그러한 통지를 수령한 후 지정된 기간 내에 이와 상이한 물품명세를 작성하지 아니하는 경우에는 매도인이 작성한 물품명세가 구속력을 갖는다.	매도인명세 작성 시 • 매수인에게 통지 • 매수인 상이명세 작성 가능 상당기간 지정 → 기간 내 매수인 지정 × 시 매도인 명세 = 구속력

4. PASSING OF RISK(제4장 위험의 이전)

위험의 이전		
Article 66 Loss of or damage to the goods after the risk has passed to the buyer does not discharge him from his obligation to pay the price, unless the loss or damage is due to an act or omission of the seller.	제66조(위험부담의 일반원칙) 위험이 매수인에게 이전된 이후에 물품의 멸실 또는 손상은 매수인을 대금지급의 의무로부터 면제시키지 아니한다. 다만 그 멸실 또는 손상이 매도인의 작위 또는 부작위에 기인한 경우에는 그러하지 아니하다.	위험 이전 후 물품 멸실, 손상 → 대금지급의무 ○ (예외 : 매도인 책임)
Article 67 (1) If the contract of sale involves carriage of the goods and the seller is not bound to hand them over at a particular place, the risk passes to the buyer when the goods are handed over to the first carrier for transmission to the buyer in accordance with the contract of sale. If the seller is bound to hand the goods over to a carrier at a particular place, the risk does not pass to the buyer until the goods are handed over to the carrier at that place. The fact that the seller is authorized to retain documents controlling the disposition of the goods does not affect the passage of the risk.	제67조(운송조건부 계약품의 위험) 매매계약이 물품의 운송을 포함하고 있는 경우에 매도인이 특정한 장소에서 이를 인도하여야 할 의무가 없는 때에는, 위험은 물품이 매매계약에 따라 매수인에게 송부하도록 최초의 운송인에게 인도된 때에 매수인에게 이전한다. 매도인이 특정한 장소에서 물품을 운송인에게 인도하여야 할 의무가 있는 경우에는 위험은 물품이 그러한 장소에서 운송인에게 인도되기까지는 매수인에게 이전하지 아니한다. 매도인이 물품의 처분을 지배하는 서류를 보유하는 권한이 있다는 사실은 위험의 이전에 영향을 미치지 아니한다.	위험이전 시점 • 특정장소 인도 시 • 최초운송인 인도 시(B/L등 매도인 서류 보유 무관)
(2) Nevertheless, the risk does not pass to the buyer until the goods are clearly identified to the contract, whether by markings on the goods, by shipping documents, by notice given to the buyer or otherwise.	그럼에도 불구하고, 위험은 물품이 하인, 선적서류, 매수인에 대한 통지 또는 기타의 방법에 의하여 계약에 명확히 특정되기까지는 매수인에게 이전하지 아니한다.	(2) 물품 불특정 시 위험이전 ×

Article 68 The risk in respect of goods sold in transit passes to the buyer from the time of the conclusion of the contract. However, if the circumstances so indicate, the risk is assumed by the buyer from the time the goods were handed over to the carrier who issued the documents embodying the contract of carriage. Nevertheless, if at the time of the conclusion of the contract of sale the seller knew or ought to have known that the goods had been lost or damaged and did not disclose this to the buyer, the loss or damage is at the risk of the seller.	**제08조(운송 중매매물품의 위험)** 운송 중에 매각된 물품에 관한 위험은 계약 체결 시로부터 매수인에게 이전한다. 그러나 사정에 따라서는 위험은 운송계약을 구현하고 있는 서류를 발행한 운송인에게 물품이 인도된 때로부터 매수인이 부담한다. 그럼에도 불구하고, 매도인이 매매계약의 체결 시에 물품이 이미 멸실 또는 손상되었다는 사실을 알았거나 알았어야 하는 경우에 이를 매수인에게 밝히지 아니한 때에는 그 멸실 또는 손상은 매도인의 위험부담에 속한다.	운송 중 전매 시 위험이전 • 계약 체결 시 • B/L발행 운송인에게 인도된 때 • 계약체결 전 물품 멸실, 손상 시 매도인 위험
Article 69 (1) In cases not within articles 67 and 68, the risk passes to the buyer when he takes over the goods or, if he does not do so in due time, from the time when the goods are placed at his disposal and he commits a breach of contract by failing to take delivery.	**제69조(기타 경우의 위험)** 제67조 및 제68조에 해당되지 아니하는 경우에는 위험은 매수인이 물품을 인수한 때, 또는 매수인이 적시에 이를 인수하지 아니한 경우에는 물품이 매수인의 임의처분하에 적치되고 매수인이 이를 수령하지 아니하여 계약위반을 범하게 된 때로부터 매수인에게 이전한다.	운송계약조건부 운송 중 전매 이외 • 물품 인수 시 • 수령의무 위반 시
(2) However, if the buyer is bound to take over the goods at a place other than a place of business of the seller, the risk passes when delivery is due and the buyer is aware of the fact that the goods are placed at his disposal at that place.	그러나 매수인이 매도인의 영업소 이외의 장소에서 물품을 인수하여야 하는 경우에는 위험은 인도의 기일이 도래하고 또 물품이 그러한 장소에서 매수인의 임의처분하에 적치된 사실을 매수인이 안 때에 이전한다.	영업소 외 인수 시 인도기일도래 +그 장소 임의처분적치 매수인이 안 때
(3) If the contract relates to goods not then identified, the goods are considered not to be placed at the disposal of the buyer until they are clearly identified to the contract.	계약이 아직 특정되지 아니한 물품에 관한 것인 경우에는 물품은 계약의 목적물로서 명확히 특정되기까지는 매수인의 임의처분하에 적치되지 아니한 것으로 본다.	불특정물품 =매수인 임의처분적치 ×
Article 70 If the seller has committed a fundamental breach of contract, articles 67, 68 and 69 do not impair the remedies available to the buyer on account of the breach.	**제70조(매도인의 계약위반시의 위험)** 매도인이 계약의 본질적인 위반을 범한 경우에는 제67조, 제68조 및 제69조의 규정은 그 본질적인 위반을 이유로 매수인이 원용할 수 있는 구제를 침해하지 아니한다.	본질적 위반 매수인 구제권 보유

5. PROVISIONS COMMON TO THE OBLIGATIONS OF THE SELLER AND OF THE BUYER(제5장 매도인과 매수인의 의무에 공통되는 규정)

Section I. Anticipatory breach and instalment contracts 제1절 이행기일전의 계약위반과 분할이행계약		
Article 71 (1) A party may suspend the performance of his obligations if, after the conclusion of the contract, it becomes apparent that the other party will not perform a substantial part of his obligations as a result of: (a) a serious deficiency in his ability of perform or in his creditworthiness; or (b) his conduct in preparing to perform or in performing the contract.	제71조(이행의 정지) 당사자 일방은 계약체결 후에 상대방이 다음과 같은 사유의 결과로 그 의무의 어떤 실질적인 부분을 이행하지 아니할 것이 명백하게 된 경우에는 자기의 의무의 이행을 정지할 수 있다. (a) 상대방의 이행능력 또는 그 신뢰성의 중대한 결함, 또는 (b) 상대방의 계약이행의 준비 또는 계약이행의 행위	의무이행정지사유 • 이행능력 중대 결함 • 이행준비, 행위 +실질 의무 불이행
(2) If the seller has already dispatched the goods before the grounds described in the preceding paragraph become evident, he may prevent the handing over of the goods to the buyer even though the buyer holds a document which entitles him to obtain them. The present paragraph relates only to the rights in the goods as between the buyer and the seller.	매도인이 전항에 기술된 사유가 명백하게 되기 전에 이미 물품을 발송한 경우에는 비록 매수인이 물품을 취득할 권한을 주는 서류를 소지하고 있더라도, 매도인은 물품이 매수인에게 인도되는 것을 중지시킬 수 있다. 본항의 규정은 매도인과 매수인 간에서의 물품에 대한 권리에만 적용한다.	매도인 발송 후 의무이행정지사유 발생시 → 물품 인도 중지 가능
(3) A party suspending performance, whether before or after dispatch of the goods, must immediately give notice of the suspension to the other party and must continue with performance if the other party provides adequate assurance of his performance.	이행을 정지한 당사자는 물품의 발송 전후에 관계없이 상대방에게 그 정지의 통지를 즉시 발송하여야 하고, 또 상대방이 그 이행에 관하여 적절한 확약을 제공하는 경우에는 이행을 계속하여야 한다.	• 이행정지 통지 즉시 발송 • 상대방 적절확약 → 이행 계속
Article 72 (1) If prior to the date for performance of the contract it is clear that one of the parties will commit a fundamental breach of contract, the other party may declare the contract avoided.	제72조(이행기일전의 계약해제) 계약의 이행기일 이전에 당사자의 일방이 계약의 본질적인 위반을 범할 것이 명백한 경우에는 상대방은 계약의 해제를 선언할 수 있다.	본질적 위반 명백 → 계약해제 선언 가능
(2) If time allows, the party intending to declare the contract avoided must give reasonable notice to the other party in order to permit him to provide adequate assurance of his performance.	시간이 허용하는 경우에는 계약의 해제를 선언하고자 하는 당사자는 상대방이 그 이행에 관하여 적절한 확약을 제공할 수 있도록 하기 위하여 상대방에게 상당한 통지를 발송하여야 한다.	계약해제 선언 전 상대방 계약이행 확약 제공 위한 상당한 통지 발송
(3) The requirements of the preceding paragraph do not apply if the other party has declared that he will not perform his obligations.	전항의 요건은 상대방이 그 의무를 이행하지 아니할 것을 선언한 경우에는 이를 적용하지 아니한다.	불이행 선언 시 미통지

Article 73	제73조(분할이행계약의 해제)	
(1) In the case of a contract for delivery of goods by instalments, if the failure of one party to perform any of his obligations in respect of any instalment constitutes a fundamental breach of contract with respect to that instalment, the other party may declare the contract avoided with respect to that instalment.	물품의 분할인도를 위한 계약의 경우에 있어서 어느 분할부분에 관한 당사자 일방의 어떠한 의무의 불이행이 그 분할부분에 관하여 계약의 본질적인 위반을 구성하는 경우에는 상대방은 그 분할부분에 관하여 계약의 해제를 선언할 수 있다.	분할인도계약 분할 위반 → 본질적위반 구성 = 분할부분 계약 해제 선언가능
(2) If one party's failure to perform any of his obligations in respect of any instalment gives the other party good grounds to conclude that a fundamental breach of contract will occur with respect to future installments, he may declare the contract avoided for the future, provided that he does so within a reasonable time.	어느 분할부분에 관한 당사자 일방의 어떠한 의무의 불이행이 상대방으로 하여금 장래의 분할부분에 관하여 계약의 본질적인 위반이 발생할 것이라는 결론을 내리게 하는 충분한 근거가 되는 경우에는 상대방은 장래의 분할부분에 관하여 계약의 해제를 선언할 수 있다. 다만 상대방은 상당한 기간 내에 이를 행하여야 한다.	분할의무 불이행 → 장래 본질적 위반 충분근거 = 장래분할부분 계약해제 상당 기간 내 선언 가능
(3) A buyer who declares the contract avoided in respect of any delivery may, at the same time, declare it avoided in respect of deliveries already made or of future deliveries if, by reason of their interdependence, those deliveries could not be used for the purpose contemplated by the parties at the time of the conclusion of the contract.	어느 인도부분에 관하여 계약의 해제를 선언하는 매수인은 이미 행하여진 인도 또는 장래의 인도에 관해서도 동시에 계약의 해제를 선언할 수 있다. 다만 그러한 인도부분들이 상호 의존관계로 인하여 계약 체결 시에 당사자 쌍방이 의도한 목적으로 사용될 수 없을 경우에 한한다.	현재, 장래분 상호의존관계가 있어 목적달성 어려운 경우 → 현재 + 장래분 동시 계약해제 선언 가능

Section II. Damages
제2절 손해배상액

Article 74	제74조(손해배상액산정의 원칙)	
Damages for breach of contract by one party consist of a sum equal to the loss, including loss of profit, suffered by the other party as a consequence of the breach. Such damages may not exceed the loss which the party in breach foresaw or ought to have foreseen at the time of the conclusion of the contract, in the light of the facts and matters of which he then knew or ought to have known, as a possible consequence of the breach of contract.	당사자 일방의 계약위반에 대한 손해배상은 이익의 손실을 포함하여 그 위반의 결과로 상대방이 입은 손실과 동등한 금액으로 한다. 그러한 손해배상액은 계약 체결 시에 위반의 당사자가 알았거나 알았어야 할 사실 및 사정에 비추어서 그 위반의 당사자가 계약 체결 시에 계약위반의 가능한 결과로서 예상하였거나 예상하였어야 하는 손실을 초과할 수 없다.	손해배상액 = 위반결과로 입은 손실 동등 금액 + 이익손실 포함(계약체결 시 예상불가 손실 이하)

Article 75 If the contract is avoided and if, in a reasonable manner and within a reasonable time after avoidance, the buyer has bought goods in replacement or the seller has resold the goods, the party claiming damages may recover the difference between the contract price and the price in the substitute transaction as well as any further damages recoverable under article 74.	제75조(대체거래시의 손해배상액) 계약이 해제되고, 또한 해제 후에 상당한 방법과 상당한 기간 내에 매수인이 대체품을 구매하거나 매도인이 물품을 재매각한 경우에는 손해배상을 청구하는 당사자는 계약대금과 대체거래의 대금과의 차액뿐만 아니라 제74조에 따라 회수 가능한 기타의 모든 손해배상액을 회수할 수 있다.	계약해제 후 상당방법 + 상당기간 내 • 대체품 구매 • 재매각 시 → 대체거래차액 + 손해배상액 청구가능
Article 76 (1) If the contract is avoided and there is a current price for the goods, the party claiming damages may, if he has not made a purchase or resale under article 75, recover the difference between the price fixed by the contract and the current price at the time of avoidance as well as any further damages recoverable under article 74. If, however, the party claiming damages has avoided the contract after taking over the goods, the current price at the time of such taking over shall be applied instead of the current price at the time of avoidance.	제76조(시가에 기초한 손해배상액) 계약이 해제되고 또한 물품에 시가가 있는 경우에는 손해배상을 청구하는 당사자는 제75조에 따라 구매 또는 재매각을 행하지 아니한 때에는 계약대금과 계약해제 시의 시가와의 차액뿐만 아니라 제74조에 따라 회수 가능한 기타의 모든 손해배상액을 회수할 수 있다. 그러나 손해배상을 청구하는 당사자가 물품을 인수한 후에 계약을 해제한 경우에는 계약해제 시의 시가에 대신하여 물품인수 시의 시가를 적용한다.	• 계약 해제 시 + 시가적용물품 Case 대체거래차액 + 손해배상액 청구 가능 • 계약 해제 시 시가 × • 물품인수 시 시가 적용 O
(2) For the purposes of the preceding paragraph, the current price is the price prevailing at the place where delivery of the goods should have been made or, if there is no current price at that place, the price at such other place as serves as a reasonable substitute, making due allowance for differences in the cost of transporting the goods.	전항의 적용에 있어서 시가라 함은 물품의 인도가 행하여졌어야 할 장소에서 지배적인 가격을 말하고, 그 장소에서 아무런 시가가 없는 경우에는 물품의 운송비용의 차이를 적절히 감안하여 상당한 대체가격으로 할 수 있는 다른 장소에서의 가격을 말한다.	시가 = 인도장소의 지배적 가격 = 운송비용 감안 상당 대체 다른 장소 가격
Article 77 A party who relies on a breach of contract must take such measures as are reasonable in the circumstances to mitigate the loss, including loss of profit, resulting from the breach. If he fails to take such measures, the party in breach may claim a reduction in the damages in the amount by which the loss should have been mitigated.	제77조(손해경감의 의무) 계약위반을 주장하는 당사자는 이익의 손실을 포함하여 그 위반으로부터 야기된 손실을 경감하기 위하여 그 사정에 따라 상당한 조치를 취하여야 한다. 그러한 조치를 취하지 아니하는 경우에는 위반의 당사자는 경감되었어야 하는 손실의 금액을 손해배상액에서 감액하도록 청구할 수 있다.	위반주장자 → 손실 경감 상당조치의무 경감조치의무 × 시 → 위반자 = 경감 손실금 감액 청구 가능

Section III. Interest		
제3절 이자		
Article 78	제78조(연체금액의 이자)	연체금액 미지급시
If a party fails to pay the price or any other sum that is in arrears, the other party is entitled to interest on it, without prejudice to any claim for damages recoverable under article 74.	당사자 일방이 대금 또는 기타 모든 연체된 금액을 지급하지 아니한 경우에는 상대방은 제74조에 따라 회수가능한 손해배상액의 청구에 침해받지 아니하고 그 금액에 대한 이자를 청구할 권리를 갖는다.	→ 손해배상청구 + 이자청구권

Section IV. Exemption		
제4절 면책		
Article 79	제79조(손해배상책임의 면제)	
(1) A party is not liable for a failure to perform any of his obligations if he proves that the failure was due to an impediment beyond his control and that he could not reasonably be expected to have taken the impediment into account at the time of the conclusion of the contract or to have avoided or overcome it or its consequences.	당사자 일방은 그 의무의 불이행이 자신의 통제를 벗어난 장해에 기인하였다는 점과 계약 체결 시에 그 장해를 고려하거나 그 장해나 장해의 결과를 회피하거나 극복하는 것이 합리적으로 기대될 수 없었다는 점을 입증하는 경우에는 자신의 어떠한 의무의 불이행에 대하여 책임을 지지 아니한다.	불이행자 장해 회피 극복 불가 입증 시 면책
(2) If the party's failure is due to the failure by a third person whom he has engaged to perform the whole or a part of the contract, that party is exempt from liability only if: (a) he is exempt under the preceding paragraph; and (b) the person whom he has so engaged would be so exempt if the provisions of that paragraph were applied to him.	당사자의 불이행이 계약의 전부 또는 일부를 이행하기 위하여 고용된 제3자의 불이행에 기인한 경우에는 그 당사자는 다음과 같은 경우에 한하여 그 책임이 면제된다. (a) 당사자가 전항의 규정에 따라 면책되고, 또 (b) 당사자가 고용한 제3자가 전항의 규정이 그에게 적용된다면 역시 면책되는 경우	고용자의 불이행 면책 : 당사자 장해에 따른 면책 입증+고용자 장해에 따른 면책 입증 시
(3) The exemption provided by this article has effect for the period during which the impediment exists.	본조에 규정된 면책은 장해가 존재하는 동안의 기간에만 효력을 갖는다.	장해 존재기간 한정 효력
(4) The party who fails to perform must give notice to the other party of the impediment and its effect on his ability to perform. If the notice is not received by the other party within a reasonable time after the party who fails to perform knew or ought to have known of the impediment, he is liable for damages resulting from such nonreceipt.	불이행의 당사자는 장해와 그것이 자신의 이행능력에 미치는 영향에 관하여 상대방에게 통지하여야 한다. 불이행의 당사자가 장해를 알았거나 알았어야 하는 때로부터 상당한 기간 내에 그 통지가 상대빙에게 도착하지 아니한 경우에는 당사자는 그러한 불착으로 인하여 발생하는 손해배상액에 대한 책임이 있다.	•불이행 당사자 장해 상당기간 내 통지 •통지 × 시 → 손해배상책임
(5) Nothing in this article prevents either party from exercising any right other than to claim damages under this Convention.	본조의 규정은 어느 당사자에 대해서도 이 협약에 따른 손해배상액의 청구 이외의 모든 권리를 행사하는 것을 방해하지 아니한다.	손해배상청구권 유보

Article 80 A party may not rely on a failure of the other party to perform, to the extent that such failure was caused by the first party's act or omission.	제80조(자신의 귀책사유와 불이행) 당사자 일방은 상대방의 불이행이 자신의 작위 또는 부작위에 기인하여 발생한 한도 내에서는 상대방의 불이행을 원용할 수 없다.	자신의 귀책사유 → 상대방 불이행 ×

Section V. Effects of avoidance
제5절 해제의 효과

Article 81 (1) Avoidance of the contract releases both parties from their obligations under it, subject to any damages which may be due. Avoidance does not affect any provision of the contract for the settlement of disputes or any other provision of the contract governing the rights and obligations of the parties consequent upon the avoidance of the contract.	제81조(계약의무의 소멸과 반환청구) 계약의 해제는 이미 발생한 모든 손해배상의 의무를 제외하고 양당사자를 계약상의 의무로부터 면하게 한다. 해제는 분쟁해결을 위한 어떠한 계약조항이나 계약의 해제에 따라 발생하는 당사자의 권리와 의무를 규율하는 기타 모든 계약조항에 영향을 미치지 아니한다.	계약의 해제 = 계약의무 소멸 (손해배상의무 O) 분쟁관련 등 영향 ×
(2) A party who has performed the contract either wholly or in part may claim restitution from the other party of whatever the first party has supplied or paid under the contract. If both parties are bound to make restitution, they must do so concurrently.	계약의 전부 또는 일부를 이행한 당사자 일방은 상대방에 대하여 그 계약하에서 자신이 이미 공급하였거나 지급한 것에 대한 반환을 청구할 수 있다. 당사자 쌍방이 반환하여야 할 의무가 있는 경우에는 양당사자는 동시에 이를 이행하여야 한다.	계약해제 시 공급한 물품, 지급한 대금 반환청구 가능
Article 82 (1) The buyer loses the right to declare the contract avoided or to require the seller to deliver substitute goods if it is impossible for him to make restitution of the goods substantially in the condition in which he received them.	제82조(물품반환이 불가능한 경우) 매수인이 물품을 수령한 상태와 실질적으로 동등한 물품을 반환하는 것이 불가능한 경우에는 매수인은 계약의 해제를 선언하거나 매도인에게 대체품의 인도를 요구하는 권리를 상실한다.	매수인 반환 불가 시 → 계약해제 선언 × → 대체품 인도 요구 ×

(2) The preceding paragraph does not apply: (a) if the impossibility of making restitution of the goods or of making restitution of the goods substantially in the condition in which the buyer received them is not due to his act or omission; (b) the goods or part of the goods have perished or deteriorated as a result of the examination provided for in article 38; or (c) if the goods or part of the goods have been sold in the normal course of business or have been consumed or transformed by the buyer in the course of normal use before he discovered or ought to have discovered the lack of conformity.	전항의 규정은 다음과 같은 경우에는 이를 적용하지 아니한다. (a) 물품을 반환하거나 매수인이 물품을 수령한 상태와 실질적으로 동등한 물품을 반환하는 것이 불가능한 사유가 매수인의 작위 또는 부작위에 기인하지 아니한 경우 (b) 제38조에 규정된 검사의 결과로 물품의 전부 또는 일부가 이미 멸실되었거나 또는 변질된 경우, 또는 (c) 매수인이 불일치를 발견하였거나 발견하였어야 하는 때 이전에 물품의 전부 또는 일부가 이미 매수인에 의하여 정상적인 영업과정에서 매각되었거나, 또는 정상적인 사용과정에서 소비되었거나 변형된 경우	매수인 반환불가 시라도 계약해제 선언 등 가능한 경우 • 매수인 귀책 × • 물품 검사 시 멸실/변질 시 • 이미 매수인 정상 매각, 소비 시
Article 83 A buyer who has lost the right to declare the contract avoided or to require the seller to deliver substitute goods in accordance with article 82 retains all other remedies under the contract and this Convention.	제83조(기타의 구제방법) 매수인은 제82조에 가라 계약의 해제를 선언하는 권리 또는 매도인에게 대체품의 인도를 요구하는 권리를 상실한 경우에도, 계약 및 이 협약에 따른 기타 모든 구제방법을 보유한다.	기타구제권 보유
Article 84 (1) If the seller is bound to refund the price, he must also pay interest on it, from the date on which the price was paid.	제84조(이익의 반환) 매도인이 대금을 반환하여야 할 의무가 있는 경우에는 매도인은 대금이 지급된 날로부터의 그것에 대한 이자도 지급하여야 한다.	대금반환 시 이자도 지급
(2) The buyer must account to the seller for all benefits which he has derived from the goods or part of them: (a) if he must make restitution of the goods or part of them; or (b) if it is impossible for him to make restitution of all or part of the goods or to make restitution of all or part of the goods substantially in the condition in which he received them, but he has nevertheless declared the contract avoided or required the seller to deliver substitute goods.	매수인은 다음과 같은 경우에는 물품의 전부 또는 일부로부터 취득한 이익을 매도인에게 반환하여야 한다. (a) 매수인이 물품의 전부 또는 일부를 반환하여야 하는 경우 또는 (b) 매수인이 물품의 전부 또는 일부를 반환하거나 또는 그가 물품을 수령한 상태와 실질적으로 동등하게 물품의 전부 또는 일부를 반환하는 것이 불가능함에도 불구하고, 매수인이 계약의 해제를 선언하였거나 또는 매도인에게 대체품의 인도를 요구한 경우	• 물품 반환 시 • 반환 불가함에도 계약해제+대체품 인도 청구 시 → 물품으로부터 취득한 이익 반환

Section VI. Preservation of the goods 제6절 물품의 보존		
Article 85 If the buyer is in delay in taking delivery of the goods or, where payment of the price and delivery of the goods are to be made concurrently, if he fails to pay the price, and the seller is either in possession of the goods or otherwise able to control their disposition, the seller must take such steps as are reasonable in the circumstances to preserve them. He is entitled to retain them until he has been reimbursed his reasonable expenses by the buyer.	제85조(매도인의 보존의무) 매수인이 물품의 인도수령을 지체한 경우에 또는 대금의 지급과 물품의 인도가 동시에 이행되어야 하는 때에 매수인이 그 대금을 지급하지 아니하고 매도인이 물품을 점유하고 있거나 또는 기타의 방법으로 그 처분을 지배할 수 있는 경우에는 매도인은 물품을 보존하기 위하여 그 사정에 합리적인 조치를 취하여야 한다. 매도인은 자신의 합리적인 비용을 매수인으로부터 보상받을 때까지 물품을 유치할 권리가 있다.	• 매수인 수령지체 • 대금 미지급 시 → 매도인 : 합리적 보존 조치 의무 → 합리적인 비용 보상 청구 가능
Article 86 (1) If the buyer has received the goods and intends to exercise any right under the contract or this Convention to reject them, he must take such steps to preserve them as are reasonable in the circumstances. He is entitled to retain them until he has been reimbursed his reasonable expenses by the seller.	제86조(매수인의 보존의무) 매수인이 물품을 수령한 경우에 있어서 그 물품을 거절하기 위하여 계약 또는 이 협약에 따른 어떠한 권리를 행사하고자 할 때에는 매수인은 물품을 보존하기 위하여 그 사정에 합리적인 조치를 취하여야 한다. 매수인은 자신의 합리적인 비용을 매도인으로부터 보상을 때까지 물품을 유치할 권리가 있다.	매수인 수령 후 물품 거절+구제권 행사 시 → 매수인 합리적 보존조치 → 합리적인 비용 보상 청구 가능
(2) If goods dispatched to the buyer have been placed at his disposal at their destination and he exercises the right to reject them, he must take possession of them on behalf of the seller, provided that this can be done without payment of the price and without unreasonable inconvenience or unreasonable expense. This provision does not apply if the seller or a person authorized to take charge of the goods on his behalf is present at the destination. If the buyer takes possession of the goods under this paragraph, his rights and obligations are governed by the preceding paragraph.	매수인 앞으로 발송된 물품이 목적지에서 매수인의 임의처분하에 적치된 경우에 있어서 매수인이 물품을 거절하는 권리를 행사할 때에는 매수인은 매도인을 위하여 물품을 점유하여야 한다. 다만 이것은 대금의 지급이 없이 그리고 불합리한 불편이나 불합리한 비용이 없이 행하여질 수 있는 경우에 한한다. 이 규정은 매도인이나 매도인을 위하여 물품을 관리하도록 수권된 자가 목적지에 있는 경우에는 이를 적용하지 아니한다. 매수인이 본항의 규정에 따라 물품을 점유하는 경우에는 매수인의 권리와 의무에 대해서는 전항의 규정을 적용한다.	매수인 물품 거절시 요건 • 물품점유 • 대금지급 × • 불합리 비용×
Article 87 A party who is bound to take steps to preserve the goods may deposit them in a warehouse of a third person at the expense of the other party provided that the expense incurred is not unreasonable.	제87조(제3자 창고에의 기탁) 물품을 보존하기 위한 조치를 취하여야 할 의무가 있는 당사자는 그 발생한 비용이 불합리한 것이 아닌 한, 상대방의 비용으로 물품을 제3자의 창고에 기탁할 수 있다.	상대방 비용으로 제3자 창고 보관 가능

Article 88		
(1) A party who is bound to preserve the goods in accordance with article 85 or 86 may sell them by any appropriate means if there has been an unreasonable delay by the other party in taking possession of the goods or in taking them back or in paying the price or the cost of preservation, provided that reasonable notice of the intention to sell has been given to the other party.	제88조(물품의 매각) 제85조 또는 제86조에 따라 물품을 보존하여야 할 의무가 있는 당사자는 상대방이 물품의 점유 또는 반송에 있어서 또는 대금이나 보존비용의 지급에 있어서 불합리하게 지연한 경우에는 적절한 방법으로 물품을 매각할 수 있다. 다만 상대방에 대하여 그 매각의 의도에 관한 합리적인 통지가 있어야 한다.	대금, 보존비용 지급 불합리 지연 시 → 상대방 점유 물품 합리적 통지 후 매각 가능
(2) If the goods are subject to rapid deterioration or their preservation would involve unreasonable expense, a party who is bound to preserve the goods in accordance with article 85 or 86 must take reasonable measures to sell them. To the extent possible he must give notice to the other party of his intention to sell.	물품이 급속히 변질되기 쉬운 것이거나 그 보존에 불합리한 비용이 요구되는 경우에는 제85조 또는 제86조에 따라 물품을 보존하여야 할 의무가 있는 당사자는 이를 매각하기 위한 합리적인 조치를 취하여야 안다. 보존의 의무가 있는 당사자는 가능한 한 상대방에게 매각의 의도에 관하여 통지를 하여야 한다.	급속변질물품 보존비용과다물품 → 상대방 통지, 매각 합리적 조치
(3) A party selling the goods has the right to retain out of the proceeds of sale an amount equal to the reasonable expenses of preserving the goods and of selling them. He must account to the other party for the balance.	물품을 매각하는 당사자는 매각의 대금으로부터 물품의 보존과 그 매각에 소요된 합리적인 비용과 동등한 금액을 유보할 권리를 갖는다. 그러나 그 당사자는 상대방에게 잔액을 반환하여야 한다.	매각자=매각 대금-보존, 매각비용 유보권리 → 잔액 반환

SECTION 4　Final Provisions

제4부 최종규정

[Article 89]

The Secretary-General of the United Nations is hereby designated as the depositary for this Convention.

[제89조] 협약의 수탁자

국제연합의 사무총장은 이 협약의 수탁자로서 이에 임명된다.

[Article 90]

This Convention does not prevail over any international agreement which has already been or may be entered into and which contains provisions concerning the matters governed by this Convention, provided that the parties have their places of business in States parties, to such agreement.

[제90조] 타협정과의 관계

이 협약은 이미 발효되었거나 또는 앞으로 발효되는 어떠한 국제적인 협정이 이 협약에 의하여 규율되는 사항에 관한 규정을 포함하고 있는 경우에는 이에 우선하지 아니한다. 다만 당사자 쌍방이 그러한 협정의 당사국에 영업소를 갖고 있는 경우에 한한다.

[Article 91]

(1) This Convention is open for signature at the concluding meeting of the United Nations Conference on Contracts for the International Sale of Goods and will remain open for signature by all States at the Headquarters of the United Nations, New York until 30 September 1981.

(2) This Convention is subject to ratification, acceptance or approval by the signatory States.

(3) This Convention is open for accession by all States which are not signatory States as from the date it is open for signature.

(4) Instruments of ratification, acceptance, approval and accession are to be deposited with the Secretary-General of the United Nations.

[제91조] 서명과 협약의 채택

(1) 이 협약은 국제물품매매계약에 관한 국제연합회의의 최종일에 서명을 위하여 개방되며, 또 1981년 9월 30일까지 뉴욕의 국제연합본부에서 모든 국가에 의한 서명을 위하여 개방해 둔다.

(2) 이 협약은 서명국에 의하여 비준, 승낙 또는 승인되는 것을 전제로 한다.

(3) 이 협약은 서명을 위하여 개방된 날로부터 서명국이 아닌 모든 국가에 의한 가입을 위하여 개방된다.

(4) 비준서, 승낙서, 승인서 및 가입서는 국제연합의 사무총장에게 기탁하는 것으로 한다.

[Article 92]

(1) A Contracting State may declare at the time of signature, ratification, acceptance, approval or accession that it will not be bound by Part Ⅱ of this Convention or that it will not be bound by Part Ⅲ of this Convention.

(2) A Contracting State which makes a declaration in accordance with the preceding paragraph in respect of Part Ⅱ or Part Ⅲ of this Convention is not to be considered a Contracting State within paragraph (1) of article 1 of this Convention in respect of matters governed by the Part to which the declaration applies.

[제92조] 일부규정의 채택

(1) 체약국은 서명, 비준, 승낙, 승인 또는 가입의 당시에 그 국가가 이 협약의 제2부에 구속되지 아니한다거나 또는 이 협약의 제3부에 구속되지 아니한다는 것을 선언할 수 있다.

(2) 이 협약의 제2부 또는 제3부에 관하여 전항의 규정에 따른 선언을 하는 체약국은 그 선언이 적용되는 각부에 의하여 규율되는 사항에 관해서는 이 협약의 제1조 제1항에서 규정하는 체약국으로 보지 아니한다.

[Article 93]

(1) If a Contracting State has two or more territorial units in which, according to its constitution, different systems of law are applicable in relation to the matters dealt with in this Convention, it may, at the time of signature, ratification, acceptance, approval or accession, declare that this Convention is to extend to all its territorial units or only to one or more of them, and may amend its declaration by submitting another declaration at any time.

(2) These declarations are to be notified to the depositary and are to state expressly the territorial units to which the Convention extends.

(3) If, by virtue of a declaration under this article, this Convention extends to one or more but not all of the territorial units of a Contracting State, and if the place of business of a party is located in that State, this place of business, for the purposes of this Convention, is considered not to be in a Contracting State, unless it is in a territorial unit to which the Convention extends.

(4) If a Contracting State makes no declaration under paragraph (1) of this article, the Convention is to extend to all territorial units of that State.

[제93조] 연방국가의 채택

(1) 체약국이 그 헌법에 의하여 이 협약에서 취급되는 사항에 관하여 상이한 법체계가 적용되는 둘 이상의 영역을 보유하고 있는 경우에는, 체약국은 서명, 비준, 승낙, 승인 또는 가입의 당시에 이 협약을 전부의 영역 또는 그 중의 하나 이상의 일부의 영역에만 적용한다는 것을 선언할 수 있으며, 또 언제든지 다른 선언을 제출함으로써 앞의 선언을 변경할 수 있다.

(2) 전항의 선언은 수탁자에게 통고되어야 하며, 또 이 협약이 적용되는 영역을 명시적으로 기재하여야 한다.

(3) 본조에 따른 선언에 의하여, 이 협약이 체약국의 하나 이상의 일부의 영역에 적용되고 그 전부의 영역에는 적용되지 아니한 경우에 당사자 일방의 영업소가 그 체약국에 있는 때에는, 그 영업소는 이 협약의 적용에 있어서 체약국에 있지 아니한 것으로 본다. 다만 그 영업소가 이 협약이 적용되는 영역에 있는 경우에는 그러하지 아니하다.

(4) 체약국이 본조 제1항에 따른 선언을 하지 아니하는 경우에는, 이 협약은 그 체약국의 전부의 영역에 적용되는 것으로 한다.

[Article 94]

(1) Two or more Contracting States which have the same or closely related legal rules on matters governed by this Convention may at any time declare that the Convention is not to apply to contracts of sale or to their formation where the parties have their places of business in those States. Such declarations may be made jointly or by reciprocal unilateral declarations.

(2) A Contracting State which has the same or closely related legal rules on matters governed by this Convention as one or more non-Contracting States may at any time declare that the Convention is not to apply to contracts of sale or to their formation where the parties have their places of business in those States.

(3) If a State which is the object of a declaration under the preceding paragraph subsequently becomes a Contracting State, the declaration made will, as from the date on which the Convention enters into force in respect of the new Contracting State, have the effect of a declaration made under paragraph (1), provided that the new Contracting State joins in such declaration or makes a reciprocal unilateral declaration.

[제94조] 관련법이 있는 국가의 채택

(1) 이 협약이 규율하는 사항에 관하여 이와 동일하거나 또는 밀접한 관계가 있는 법령을 두고 있는 둘 이상의 체약국은 당사자 쌍방이 이들 체약국에 영업소를 갖고 있는 경우의 매매계약 및 그 성립에 대하여 이 협약을 적용하지 아니한다는 것을 언제라도 선언할 수 있다. 그러한 선언은 체약국이 공동으로 또는 호혜주의를 조건으로 하여 일방적으로 행할 수 있다.

(2) 이 협약이 규율하는 사항에 관하여 하나 이상의 비체약국과 동일하거나 또는 밀접한 관계가 있는 법령을 두고 있는 체약국은 당사자 쌍방이 이들 해당 국가에 영업소를 갖고 있는 경우의 매매계약 및 그 성립에 대하여 이 조약을 적재하지 아니한다는 것을 언제라도 선언할 수 있다.

(3) 전항에 따른 선언의 대상이 된 국가가 그 후 체약국이 된 경우에는, 그 선언은 이 협약이 그 새로운 체약국에 대하여 효력을 발생한 날로부터 본조 제1항에 따른 선언으로서의 효력을 갖는다. 다만 새로운 체약국이 그러한 선언에 참가하거나 또는 호혜주의를 조건으로 하는 일방적인 선언을 행하는 경우에 한한다.

[Article 95]

Any State may declare at the time of the deposit of its instrument of ratification, acceptance, approval or accession that it will not be bound by subparagraph (1) (b) of article 1 of this Convention.

[제95조] 제1조 제1항 b호의 배제

어느 국가의 경우에도 이 협약의 비준서, 승낙서, 승인서 또는 가입서를 기탁할 당시에 이 협약의 제1조 제1항 b호의 규정에 구속되지 아니한다는 것을 선언할 수 있다.

[Article 96]

A Contracting State whose legislation requires contracts of sale to be concluded in or evidenced by writing may at any time make a declaration in accordance with article 12 that any provision of article 11, article 29, or Part Ⅱ of this Convention, that allows a contract of sale or its modification or termination by agreement or any offer, acceptance, or other indication of intention to be made in any form other than in writing, does not apply where any party has his place of business in that State.

[제96조] 계약형식요건의 유보

체약국의 법률상 매매계약을 서면으로 체결하거나 또는 입증하도록 요구하고 있는 체약국은 제12조의 규정에 따라, 어떠한 매매계약이나 그 변경 또는 합의에 의한 해지 또는 모든 청약, 승낙 또는 기타의 의사표시를 서면 이외의 어느 방법으로 행하는 것을 인정하고 있는 이 협약의 제11조, 제29조 또는 제2부의 어떠한 규정도 당사자의 어느 일방이 그 체약국에 영업소를 갖고 있는 경우에는 이를 적용하지 아니한다는 것을 선언할 수 있다.

[Article 97]

(1) Declarations made under this Convention at the time of signature are subject to confirmation upon ratification, acceptance or approval.

(2) Declarations and confirmations of declarations are to be in writing and be formally notified to the depositary.

(3) A declaration takes effect simultaneously with the entry into force of this Convention in respect of the State concerned. However, a declaration of which the depositary receives formal notification after such entry into force takes effect on the first day of the month following the expiration of six months after the date of its receipt by the depositary. Reciprocal unilateral declarations under article 94 take effect on the first day of the month following the expiration of six months after the receipt of the latest declaration by the depositary.

(4) Any State which makes a declaration under this Convention may withdraw it at any time by a formal notification in writing addressed to the depositary. Such withdrawal is to take effect on the first day of the month following the expiration of six months after the date of the receipt of the notification by the depositary.

(5) A withdrawal of a declaration made under article 94 renders inoperative, as from the date on which the withdrawal takes effect, any reciprocal declaration made by another State under that article.

[제97조] 협약에 관한 선언절차

(1) 서명 시에 이 협약에 따라 행한 선언은 비준, 승낙 또는 승인에 즈음하여 이를 확인하여야 하는 것으로 한다.

(2) 선언 및 선언의 확인은 서면으로 이를 행하여야 하며, 또 정식으로 수탁자에게 통고하여야 한다.

(3) 선언은 관련된 국가에 대하여 이 협약이 효력을 발생함과 동시에 그 효력을 발생한다. 그러나 이 협약이 그 국가에 대하여 효력을 발생한 이후에 수탁자가 정식의 통고를 수령한 선언은 수탁자가 이를 수령한 날로부터 6개월을 경과한 후 이어지는 월의 최초일에 그 효력을 발생한다. 제94조에 따른 호혜주의를 조건으로 하는 일방적인 선언은 수탁자가 최후의 선언을 수령한 날로부터 6개월을 경과한 후 이어지는 월의 최초일에 그 효력이 발생한다.

(4) 이 협약에 따른 선언을 행한 모든 국가는 수탁자 앞으로 서면에 의한 정식의 통고를 함으로써 언제든지 이를 철회할 수 있다. 그러한 철회는 수탁자가 통고를 수령한 날로부터 6개월을 경과한 후 이어지는 월의 최초일에 그 효력이 발생한다.

(5) 제94조에 따른 선언의 철회는 그 철회가 효력을 갖는 날로부터 동조에 따른 다른 국가의 모든 호혜적인 선언의 효력을 상실하게 한다.

[Article 98]

No reservations are permitted except those expressly authorized in this Convention.

[제98조] 유보의 금지

어떠한 유보도 이 협약에서 명시적으로 인정된 경우를 제외하고는 이를 허용하지 아니한다.

[Article 99]

(1) This Convention enters into force, subject to the provisions of paragraph (6) of this article, on the first day of the month following the expiration of twelve months after the date of deposit of the tenth instrument of ratification, acceptance, approval or accession, including an instrument which contains a declaration made under article 92.

(2) When a State ratifies, accepts, approves or accedes to this Convention after the deposit of the tenth instrument of ratification, acceptance, approval or accession, this Convention, with the exception of the Part excluded, enters into force in respect of that State, subject to the provisions of paragraph (6) of this article, on the first day of the month following the expiration of twelve months after the date of the deposit of its instrument of ratification, acceptance, approval or accession.

(3) A State which ratifies, accepts, approves or accedes to this Convention and is a party to either or both the Convention relating to a Uniform Law on the Formation of Contracts for the International Sale of Goods done at The Hague on 1 July 1964(1964 Hague Formation Convention) and the Convention relating to a Uniform Law on the International Sale of Goods done at The Hague on 1 July 1964(1964 Hague Sales Convention) shall at the same time denounce, as the case may be, either or both the 1964 Hague Sales Convention and the 1964 Hague Formation Convention by notifying the Government of the Netherlands to that effect.

(4) A State party to the 1964 Hague Sales Convention which ratifies, accepts, approves or accedes to the present Convention and declares or has declared under article 92 that it will not be bound by Part Ⅱ of this Convention shall at the time of ratification, acceptance, approval or accession denounce the 1964 Hague Sales Convention by notifying the Government of the Netherlands to that effect.

(5) A State party to the 1964 Hague Formation Convention which ratifies, accepts, approves or accedes to the present Convention and declares or has declared under article 92 that it will not be bound by Part Ⅲ of this Convention shall at the time of ratification, acceptance, approval or accession denounce the 1964 Hague Formation Convention by notifying the Government of the Netherlands to that effect.

(6) For the purpose of this article, ratifications, acceptances, approvals and accessions in respect of this Convention by States parties to the 1964 Hague Formation Convention or to the 1964 Hague Sales Convention shall not be effective until such denunciations as may be required on the part of those States in respect of the latter two Conventions have themselves become effective. The depositary of this Convention shall consult with the Government of the Netherlands, as the depositary of the 1964 Conventions, so as to ensure necessary co-ordination in this respect.

[제99조] 협약의 발효

(1) 이 협약은 본조 제6항의 규정에 따라 제92조에 의한 선언에 기재되어 있는 문서를 포함하여 제10번째 의 비준서, 승낙서, 승인서 또는 가입서가 기탁된 날로부터 12개월을 경과한 후 이어지는 월의 최초일 에 그 효력이 발생한다.

(2) 어느 국가가 제10번째의 비준서, 승낙서, 승인서 또는 가입서를 기탁한 후에 이 협약을 비준, 승낙, 승인 또는 가입하는 경우에는, 이 협약은 그 적용이 배제되는 부분을 제외하고 본조 제6항의 규정에 따라 그 국가의 비준서, 승낙서, 승인서 또는 가입서가 기탁된 날로부터 12개월을 경과한 후 이어지는 월의 최초일에 그 국가에 대하여 효력이 발생한다.

(3) 이 협약을 비준, 승낙, 승인 또는 가입하는 국가가 1964년 7월 1일 헤이그에서 작성된 국제물품매매계약의 성립에 관한 통일법에 관련한 협약(1964년 헤이그 성립협약) 및 1964년 7월 1일 헤이그에서 작성된 국제물품매매에 관한 통일법에 관련한 협약(1964년 헤이그 매매협약)의 일방 또는 쌍방의 당사국인 경우에는, 그 국가는 이와 동시에 네덜란드 정부에 폐기의 취지를 통고함으로써 경우에 따라서는 1964년 헤이그 매매협약과 1964년 헤이그 성립협약의 일방 또는 쌍방을 폐기하여야 한다.

(4) 1964년 헤이그 매매협약의 당사국으로서 이 협약을 비준, 승낙, 승인 또는 가입하는 국가가 제92조에 따라 이 협약의 제2부에 구속되지 아니한다는 것을 선언한 경우에는, 그 국가는 이 협약의 비준, 승낙, 승인 또는 가입 시에 네덜란드 정부에 폐기의 취지를 통고함으로써 1964년 헤이그 매매협약을 폐기하여야 한다.

(5) 1964년 헤이그 성립협약의 당사국으로서 이 협약을 비준, 승낙, 승인 또는 가입하는 국가가 제92조에 따라 이 협약의 제3부에 구속되지 아니한다는 것을 선언한 경우에는, 그 국가는 이 협약의 비준, 승낙, 승인 또는 가입 시에 네덜란드 정부에 폐기의 취지를 통고함으로써 1964년 헤이그 성립협약을 폐기하여야 한다.

(6) 본조의 적용에 있어서, 1964년 헤이그 성립협약 또는 1964년 헤이그 매매협약의 당사국에 의한 이 협약의 비준, 승낙, 승인 또는 가입은 당사국 측의 이 두 가지 협약에 대한 폐기의 통고가 스스로 효력을 발생하기까지는 그 효력을 발생하지 아니한다. 이 협약의 수탁자는 이러한 점에 대한 필요한 상호 조정을 확실히 하기 위하여 1964년 협약의 수탁자인 네덜란드 정부와 협의하여야 한다.

[Article 100]

(1) This Convention applies to the formation of a contract only when the proposal for concluding the contract is made on or after the date when the Convention enters into force in respect of the Contracting States referred to in subparagraph (1) (a) or the Contracting State referred to in subparagraph (1) (b) of article 1.

(2) This Convention applies only to contracts concluded on or after the date when the Convention enters into force in respect of the Contracting States referred to in subparagraph (1)(a) or the Contracting State referred to in subparagraph (1)(b) of article 1.

[제100조] 계약에 대한 적용일

(1) 이 협약은 제1조 제1항 a호에 언급된 체약국이나 또는 동조 제1항 b호에 언급된 체약국에 대하여 그 효력을 발생하는 날 또는 그 이후에 계약의 체결을 위한 제의가 행하여진 경우에만 계약의 성립에 적용한다.

(2) 이 협약은 제1조 제1항 a호에 언급된 체약국이나 또는 동조 제1항 b호에 언급된 체약국에 대하여 그 효력을 발생하는 날 또는 그 이후에 체결되는 계약에만 적용한다.

[Article 101]

(1) A Contracting State may denounce this Convention, or Part Ⅱ or Part Ⅲ of the Convention, by a formal notification in writing addressed to the depositary.

(2) The denunciation takes effect on the first day of the month following the expiration of twelve months after the notification is received by the depositary. Where a longer period for the denunciation to take effect is specified in the notification, the denunciation takes effect upon the expiration of such longer period after the notification is received by the depositary.

[제101조] 협약의 폐기

(1) 체약국은 수탁자 앞으로 서면에 의한 정식의 통고를 함으로써 이 협약 또는 이 협약의 제2부 또는 제3부를 폐기할 수 있다.

(2) 폐기는 수탁자가 그 통고를 수령한 날로부터 12개월을 경과한 후 이어지는 월의 최초일에 그 효력을 발생한다. 폐기가 효력을 발생하기 위한 보다 긴 기간이 그 통고에 명시되어 있는 경우에는, 폐기는 수탁자가 그 통고를 수령한 날로부터 그러한 기간이 경과한 때에 그 효력을 발생한다.

DONE at Vienna, this day of eleventh day of April, one thousand nine hundred and eighty, in a single original, of which the Arabic, Chinese, English, French, Russian and Spanish texts are equally authentic.

IN WITNESS WHEREOF the undersigned plenipotentiaries, being duly authorized by their respective Governments, have signed this Convention.

[협약의 작성]

이 협약은 1980년 4월 11일 당일에 비엔나에서 국제연합이 동등하게 인증한 아랍어, 중국어, 영어, 불어, 러시아어 및 스페인어를 정본으로 한 1통의 원본으로 작성되었다.

이상의 증거로서 아래에 명기된 전권위원들은 그 각각의 정부로부터 정당하게 위임을 받아 이 협약에 서명하였다.

UN Convention on International Contract of Sale of Goods(CISG) : Vienna Convention
국제물품매매계약에 관한 UN 협약 1980 : 비엔나협약

일명 UN협약이라고도 하며 국제상거래에서 각국의 법률이 달라 해석상의 문제가 빈번해지고 분쟁이 끊임없이 제기됨에 따라, UN상거래위원회는 국제물품매매에 대한 통일법 제정을 위해 1980년 3월 10일부터 4월 11일까지 오스트리아의 수도 비엔나에서 국제대회를 개최하여 동 협약을 채택하였다. 62개국이 참가하여 만장일치로 통과시킨 이 협약이 '국제물품매매계약에 관한 유엔 협약(The United Nations Convention on Contracts for International Sale of Goods : UNCCISG)'이다. 이 협약은 청약과 승낙, 물품인도의 시기, 국제 물품매매계약서에서의 당사자의 의무와 구제에 관한 사항을 담고 있으며, 비엔나협약은 1988년 1월1일부터 발효하여 국제무역거래의 통일법으로서 무역 당사자 간에 해석지침 역할을 하고 있다.

MEMO

참고문헌

 – 무역실무(강원진 저)   – 무역실무론(경윤범 저)
 – 무역실무(최권수 편저)   – 무역실무(박병호 저)
 – 무역영어연습(최상래 · 최병춘 · 김현지 공저)

MEMO

MEMO

MEMO

MEMO

MEMO

01 증권경제전문 토마토TV가 만든 교육브랜드

토마토패스는 24시간 증권경제 방송 토마토TV · 인터넷 종합언론사 뉴스토마토 등을 계열사로
보유한 토마토그룹에서 출발한 금융전문 교육브랜드 입니다.
경제 · 금융 · 증권 분야에서 쌓은 경험과 전략을 바탕으로 최고의 금융교육 서비스를 제공하고 있으며
현재 무역 · 회계 · 부동산 자격증 분야로 영역을 확장하여 괄목할만한 성과를 내고 있습니다.

뉴스토마토	Tomato tv	토마토증권통	e Tomato
www.newstomato.com	tv.etomato.com	stocktong.io	www.etomato.com
싱싱한 정보, 건강한 뉴스	24시간 증권경제 전문방송	가장 쉽고 빠른 증권투자!	맛있는 증권정보

02 차별화된 고품질 방송강의

토마토 TV의 방송제작 장비 및 인력을 활용하여 다른 업체와는 차별화된 고품질 방송강의를 선보입니다.
터치스크린을 이용한 전자칠판, 핵심내용을 알기 쉽게 정리한 강의 PPT,
선명한 강의 화질 등 으로 수험생들의 학습능력 향상과 수강 편의를 제공해 드립니다.

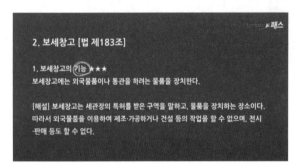

03 최신 출제경향을 반영한 효율적 학습구성

토마토패스에서는 해당 자격증의 특징에 맞는 커리큘럼을 구성합니다.
기본서의 자세한 해설을 통해 꼼꼼한 이해를 돕는 정규이론반(기본서 해설강의) · 핵심이론을 배우고
실전문제에 바로 적용해보는 이론 + 문제풀이 종합형 핵심종합반 · 실전감각을 익히는
출제 예상 문제풀이반 · 시험 직전 휘발성 강한 핵심 항목만 훑어주는 마무리특강까지!
여러분의 합격을 위해 최대한의 효율을 추구하겠습니다.

정규이론반   핵심종합반   문제풀이반   마무리특강

04 가장 빠른 1:1 수강생 학습 지원

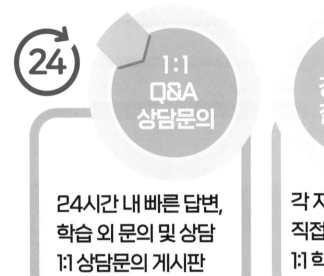

1:1 Q&A 상담문의

24시간 내 빠른 답변,
학습 외 문의 및 상담
1:1 상담문의 게시판

1:1 강사님께 질문하기

각 자격증 전담강사가
직접 답변해주는
1:1 학습질문 게시판

토마토패스에서는 가장 빠른 학습지원 및 피드백을 위해 다음과 같이 1:1 게시판을 운영하고 있습니다.
· Q&A 상담문의 (1:1) ㅣ 학습 외 문의 및 상담 게시판, 24시간 이내 조치 후 답변을 원칙으로 함 (영업일 기준)
· 강사님께 질문하기(1:1) ㅣ 학습 질문이 생기면 즉시 활용 가능, 각 자격증 전담강사가 직접 답변하는 시스템
이 외 자격증 별 강사님과 함께하는 오픈카톡 스터디, 네이버 카페 운영 등 수강생 편리에 최적화된
수강 환경 제공을 위해 최선을 다하고 있습니다.

05 100% 리얼 후기로 인증하는 수강생 만족도

2020 하반기 수강후기 별점 기준 (100으로 환산)

토마토패스는 결제한 과목에 대해서만 수강후기를 작성할 수 있으며,
합격후기의 경우 합격증 첨부 방식을 통해 100% 실제 구매자 및 합격자의 후기를 받고 있습니다.
합격선배들의 생생한 수강후기와 만족도를 토마토패스 홈페이지 수강후기 게시판에서 만나보세요!
또한 푸짐한 상품이 준비된 합격후기 작성 이벤트가 상시로 진행되고 있으니,
지금 이 교재로 공부하고 계신 예비합격자분들의 합격 스토리도 들려주시기 바랍니다.

강의 수강 방법
PC

01 토마토패스 홈페이지 접속

www.tomatopass.com ▼

02 회원가입 후 자격증 선택

· 회원가입시 본인명의 휴대폰 번호와 비밀번호 등록
· 자격증은 홈페이지 중앙 카테고리 별로 분류되어 있음

03 원하는 과정 선택 후 '자세히 보기' 클릭

04 상세안내 확인 후 '수강신청' 클릭하여 결제

· 결제방식 [무통장입금(가상계좌) / 실시간 계좌이체 / 카드 결제] 선택 가능

05 결제 후 '나의 강의실' 입장

06 '학습하기' 클릭

07 강좌 '재생' 클릭

· IMG Tech 사의 Zone player 설치 필수
· 재생 버튼 클릭시 설치 창 자동 팝업

강의 수강 방법
모바일

탭 · 아이패드 · 아이폰 · 안드로이드 가능

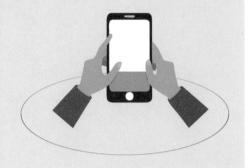

01 토마토패스 모바일 페이지 접속

WEB · 안드로이드 인터넷, ios safari에서
www.tomatopass.com 으로 접속하거나

 Samsung Internet (삼성 인터넷)

 Safari (사파리)

APP · 구글 플레이 스토어 혹은 App store에서
합격통 혹은 토마토패스 검색 후 설치

 Google Play Store

 앱스토어   *tomato* 패스 합격통

02 존플레이어 설치 (버전 1.0)

· 구글 플레이 스토어 혹은 App store에서 '존플레이어' 검색 후 버전 1.0 으로 설치
(***2.0 다운로드시 호환 불가)

03 토마토패스로 접속 후 로그인

04 좌측 👤아이콘 클릭 후 '나의 강의실' 클릭

05 강좌 '재생' 버튼 클릭

· 기능소개
과정공지사항 : 해당 과정 공지사항 확인
강사님께 질문하기 : 1:1 학습질문 게시판
Q&A 상담문의 : 1:1 학습외 질문 게시판
재생 : 스트리밍, 데이터 소요량 높음, 수강 최적화
다운로드 : 기기 내 저장, 강좌 수강 시 데이터 소요량 적음
PDF : 강의 PPT 다운로드 가능

👤   **토마토패스**   ☰

| 금융투자자격증 | 은행/보험자격증 | FPSB/국제자격증 | 회계/세무지 |

나의 강의실

| 과정공지사항 | 강사님께 질문하기 |
| 학습자료실 | Q&A 상담문의 |

과정명	증권투자권유대행인 핵심종합반	
수강기간	2021-08-23 ~ 2022-08-23	
최초 수강일	2021-08-23	최근 수강일 2021-09-09
진도율	77.0%	

강의명	재생	다운로드	진도율	PDF
1강 금융투자상품01	▶	⬇	0%	⬆
2강 금융투자상품02	▶	⬇	100%	⬆
3강 금융투자상품03	▶	⬇	100%	⬆
4강 유가증권시장, 코스닥시장01	▶	⬇	94%	⬆
5강 유가증권시장, 코스닥시장02	▶	⬇	71%	⬆
6강 유가증권시장, 코스닥시장03	▶	⬇	0%	⬆
7강 채권시장01	▶	⬇	96%	⬆
8강 채권시장02	▶	⬇	0%	⬆
9강 기타 증권시장	▶	⬇	93%	⬆

토마토패스
무역영어 1급 초단기완성＋기출문제

———

초 판 발 행	2018년 08월 30일
개정4판1쇄	2024년 06월 20일

편 저 자	이소현
발 행 인	정용수
발 행 처	(주)예문아카이브
주 소	서울시 마포구 동교로 18길 10 2층
T E L	02) 2038 - 7597
F A X	031) 955 - 0660
등 록 번 호	제2016 - 000240호
정 가	30,000원

홈페이지 http://www.yeamoonedu.com

I S B N   979-11-6386-294-9   [13320]